# 中華民國史檔案資料滙編

第五輯 第三編

財政經濟（二）

中國第二歷史檔案館編

鳳凰出版傳媒集團 鳳凰出版社

# 目　录

## 〔三〕金融货币

### （一）战后国民政府的金融概况

一、金融法规

# 〔三〕金融货币

## （一）战后国民政府的金融概况

### 一、金融法规

#### 1. 财政部公布收复区商业银行复员办法令

（1945 年 9 月 28 日）

财政部公布令　渝财参字第三五三三号<br>民国卅四年九月廿八日

兹制定收复区商业银行复员办法公布之。此令。

附收复区商业银行复员办法

部长　俞鸿钧

收复区商业银行复员办法

第一条　收复区商业银行暨分支行处之复业及推设，依本办法之规定办理。

第二条　凡经财政部核准注册之银行，因抗战发生停止营业或移撤后方者，得呈经财政部核准，在原设地方复业。

前项复业之银行，除原准分支行处外，在复业后一年以内不得增设分支行处。

第三条　凡经财政部核准注册之银行呈准在收复区已设立之分支行处，因抗战发生停止营业或移撤后方者，得呈经本部核准在原设地方复业。

第四条　凡经财政部核准注册在收复区设立之银行或分支行

处，在抗战期间继续营业者，依照收复区商营金融机关清理办法之规定办理。

第五条　凡经财政部核准注册之银行或银号、钱庄改组之银行，开业在四年以上者，得呈经财政部核准在收复区设立分支行处，但每一银行不得超过三处。其依第三条规定在收复区复业之分支行处，已逾一处者，不得增设。

前项所称银号、钱庄改组之银行，开业时间之计算，以改称银行开业之日为准。

第六条　凡银号、钱庄暂限制在收复区推设分支行处。

第七条　在收复区推设分支行处，不适用商业银行及其分支行处迁地营业办法之规定。

第八条　依照第五条规定呈请设立分支行处者，应具备左开各件一并呈核。

一、当地经济、金融状况概述。

二、营业计划。

三、分拨营运基金数目。

四、主持人姓名、履历表。

五、已设分支行处一览表。

第九条　本办法自公布之日起施行。

〔国民政府财政部档案〕

## 2. 财政部关于公布管理银行办法令

(1946年4月17日)

财政部公布令　渝财参字第六二一四号

民国卅五年四月十七日

兹制定财政部管理银行办法公布之。此令。

附财政部管理银行办法

部长　俞鸿钧

财政部管理银行办法

第一条　财政部对于银行之管理，除法令另有规定外，依本办法之规定办理。

凡经营收受存款及为放款、票据贴现、汇兑或押汇各项业务者，为银行。收受存款而不称银行者，视同银行。

第二条　银行除在本办法公布前已经财政部核准领有营业执照者外，一律不得设立。但县银行不在此限。

第三条　商业银行设立分支行处，应先呈请财政部核准。但经财政部命令，指令限制增设分支行处地方，不得请求增设。

商业银行在限制地点以外之分支行处，不得请求迁入限制地点营业。

第四条　银行经收普通存款，应照左列规定，以现款缴存准备金于中央银行或其指定代理银行。

一、活期存款：百分之十五至百分之二十。

二、定期存款：百分之七至百分之十五。

前项准备率，由中央银行就金融市场情形，商承财政部核定。

第五条　银行非经特准，不得买卖外汇及生金银。

第六条　商业银行资金运用，应以贷放下列事业为主要对象：

一、农、工、矿生产事业。

二、日用重要物品之运销事业（日用重要物品之范围，由财政部商同经济部订定之）。

三、对外贸易重要产品之运销事业。

银行对于前项业务贷款之数额，不得少于贷放总额百分之五十。

第七条　银行对农工矿商之放款，应以合法经营本业者为限，当地有同业公会组织者，并以加入各该公会者为限。

银行承做前项放款，无论以贷放或透支方式办理，均应于事前订立契约。

第八条　银行对于农工矿生产事业之放款期限，最长不得超过一年。其余放款期限，最长不得超过六个月。展期均以一次为限。

第九条　银行承做质押放款，其受押之栈单、提单、货品或原料，如主管机关定有管理办法者，应依照各该办法办理。

第十条　银行除左列附属业务外，不得兼营他业。

一、买卖有价证券。

二、代募公债或公司债。

三、仓库业。

四、保管贵重物品。

五、代理收付款项。

第十一条　银行不得为商店或他银行、他公司之股东，但经财政部之核准，得投资于生产建设事业。

第十二条　银行不得直接经营工商事业，并不得囤积货物，或设置代理部、贸易部等机构，或以信托部名义代客买卖货物，或为其他投机买卖之行为。

第十三条　银行不得收买本银行股票及承受本银行股票为质押品，除关于营业上所必需之不动产外，不得买入或承受不动产。

因清偿债务受领之本银行股票，应于四个月内处分。受领之不动产，应于一年内处分。

第十四条　银行放款，收受他银行之股票为抵押品时，不得超过该银行股本总额百分之十。如对该银行另有放款，连同上项受押股票，合计不得超过本银行实收资本及公积金百分之二十。

第十五条　银行每一交易发生，应即根据事实，填具传票，记入规定帐簿。

第十六条　财政部得派员或委托其他机关检查银行之业务情形及资产状况，或派员驻在银行监理其业务。

第十七条　银行业务情形及财产状况经财政部检查认为难于继续营业时，得命令于一定期间内变更执行业务之方法，或改选重要职员，或增资改组，并为保护公众之权利起见，得规定期间令其停止营业，或押扣其财产，及为其他必要处分。

第十八条　银行违反法令或其行为有害公益时，除依法处罚外，并得命令银行撤换其重要职员。情节重大者，并得撤销其营业执照，勒令停业清理。银行于撤销营业执照时解散之。

第十九条　违反本办法第二条之规定私设银行或经营银行业务者，除由财政部勒令停业外，并处以五十万元以下之罚锾。

第二十条　违反本办法第三条之规定者，除由财政部勒令撤销其增设之分支行处外，并处以三十万元以下之罚锾。

第二十一条　违反本办法第四条之规定者，处漏缴金额百分之十之罚锾，再犯者并得加倍处罚。

第二十二条　违反本办法第六条第二项之规定者，财政部得限期令饬调整。其限期届满仍未达标准或再犯者，处以五十万元以下之罚锾。情节重大者，并得照第十八条处办。

第二十三条　违反本办法第七条、第八条、第十条、第十二条及第十五条之规定者，除视其情节得照第十八条处办外，并得处以所营业务金额百分之五十以下罚锾。

第二十四条　银行拒绝或妨碍本办法第十六条规定行使职权之行为，或于帐册簿籍为不实之记载，或以其他方法欺蒙官署或公众者，除其重要职员应依刑法妨害公务或伪造文书论罪外，得视其情节处该银行以五十万元以下之罚锾，或依第十八条处断。

第二十五条　银行服务人员不得挪用行款，或以贷放方式利用行款，违者以侵占论罪。

第二十六条　国家银行之管理，依照各该银行法及条例办理。

第二十七条　本办法自公布日起施行。

〔国民政府财政部档案〕

## 3. 财政部公布商业银行设立分支行处及迁地营业办法令

(1946年4月24日)

财政部公布令 渝财参字第六二六七号 民国三十五年四月廿四日

兹制定商业银行设立分支行处及迁地营业办法公布之。此令。

部长 俞鸿钧

商业银行设立分支行处及迁地营业办法

第一条 本办法依照财政部管理银行办法第三条之规定订定之。

第二条 商业银行设立分支行处,应先备具左列各项文件,呈请财政部核准方得设立。

(一)拟设行处名称、地点、负责人姓名、履历及分拨营运基金数目表。

(二)最近总分行全体资产负债表。

(三)已设分支行处一览表(包括行处名称、地址,现任负责人姓名、履历及所拨营运基金数目)。

第三条 商业银行须注册已满四年,实收资本在贰千万元以上,业务正常者,方得设立分支行处,每超过五百万元,得增设一处。

本办法公布前已呈准设立之分支行处,得不受上项规定之限制。但其所设分支行处已超过上项规定者,不得再行增设。

第四条 凡经济上无增设金融机构需要之地方,财政部得限制商业银行增设分支行处。其地方另以部令定之。

第五条 商业银行总行及其分支行处迁地营业,应先陈明理由,呈请财政部核准方得迁移,但其迁移地方,须在原营业地方附近，而系适应经济上之需要为限，惟不得迁入上条所称之限制地方。

第六条　本办法自公布日施行。

〔国民政府财政部档案〕

## 4. 禁止外国币券流通办法①

（1947年2月17日）

一、禁止外国币券之流通与买卖，违者没收充公。

二、禁止以外国币券代替通货作为交易收付之用，违者没收充公。

三、中外人民出国境携带外国币券，每人不得超过美金一百元或其等值之他国币券。超过数额时，应没收其超过部分。

四、中外人民入国境，随身携带之外国币券，应向海关报明登记，于入境之日，向当地中央银行或其委托之兑换处所兑领国币。隐匿不报者，没收之。

五、中外人民或机关不得以其外国币券，支付薪津及其他用途。

六、外国币券之持有人，得以所有币券向中央银行按照公告汇价兑换国币。

七、除中央银行外，所有本国银钱行庄及外商银行，均不得为外国币券之收付及买卖，违者以投机、操纵、扰乱金融论罪，除没收其币券及吊销其营业执照外，并处经理人五年以下之徒刑。

八、各种报章杂志，不得以任何方式登载公告汇价以外之外币行市。

九、本办法自公布之日施行。

〔国民政府财政部档案〕

---

①该办法1947年2月17日由国民政府训令公布。

## 5. 国民政府公布之省银行条例及各项办法

（1947年4月29日）

省银行条例　三十六年四月三十九日公布

第一条　省银行以调剂本省金融、扶助本省经济建设、开发本省生产事业为宗旨，定名为某某省银行。

第二条　省银行隶属于财政厅，以一省一行为限，省立之其他银行应予裁并。

第三条　省银行除首都所在地或因其他特殊原因经财政部特准外，不得在省外设立分支机构。其已呈准设立之省外办事处，仅以办理本省汇兑为限，所有存款、放款、储蓄及投资等业务，一概不得经营。

第四条　省银行之资本由省库拨给，并由县市公库参加公股。

第五条　省银行之业务如左：

（一）代理省库。

（二）经理省公债。

（三）存款。

（四）放款。

（五）贴现及押汇。

（六）汇兑。

（七）储蓄业务。

（八）信托业务。

（九）其他财政部许可之合法银行业务。

（十）代理政府或自治团体之其他委托事项。

前项第四款之放款，以贷予省内农、林、渔、牧、工矿等生产事业及公用事业为限。

前项第七款、第八款之业务，应呈经财政部核准。

第六条　省银行得受中央、中国、交通、农民四行委托，代理各项业务。

第七条　省银行不得经营左列各项业务：

（一）无确实担保之放款、透支及保证。

（二）买卖及承受非营业用不动产。

（三）直接经营各种事业。

（四）法令禁止经营之其他银行业务。

第八条　省银行设董事十五人，分配如左：

（一）财政厅长、建设厅长。

（二）省政府聘请省内富有经济、财政、金融素识经验之专家三人。

（三）县市参议会各推定候选人一人，报由省参议会就候选人中选出十人。省参议员不得当选。

前项第二款、第三款董事，均任期三年。

第九条　省银行设监察人五人，分配如左：

（一）审计处长、会计长。

（二）省参议会推选三人。

前项第二款监察人任期一年。

第十条　省银行设常务董事三人至五人，由各董事互选之。

第十一条　省银行置总经理一人，副总经理一人或二人，均为专任职，由董事会遴聘之。

总经理综理全行事务，并对外代表本行，副总经理辅助总经理办理行务。

第十二条　董事会之职掌如左：

（一）资本增减之审定。

（二）分支行处设立或废止之审定。

（三）业务计划之审定。

（四）预算、决算之审定。

（五）盈余分配之审定。

（六）对外重要契约及委托、受托事项之审定。

（七）抵押品及担保品处分之审定。

（八）主任以上重要职员任免之审定。

（九）各项规章之审定。

（十）总经理提议事项之审定。

第十三条　监察人职权如左：

（一）稽核帐目。

（二）检查库款。

（三）审核预算、决算。

（四）监察本银行职员及业务。

第十四条　省银行每年决算两次，以六月终为半年决算期，十二月为全年决算期。每全年决算应造具左列各项表册，经董事会议决，监察人审核后，呈报财政厅查核备案，并公布之。

（一）营业报告书。

（二）资产负债表。

（三）财产目录。

（四）损益表。

（五）盈亏拨补表。

第十五条　各省银行年度决算有盈余时，除依法纳所得税、利得税外，所有盈余，如历年有积亏时，应先填补，再提百分之十法定公积金，百分之二十特别公积金，次按约定利率拨付公息，再有余额，照左列百分比例分配之：

（一）员工奖励及董事、监察人酬劳百分之二十，分配数员工占百分之十八，董监占百分之二，但员工奖励不得超过各员工全年薪给四分之一，照最高额分配有余时，应转入特别公积金。

（二）福利基金百分之十。

（三）股份红利百分之四十，股份红利按照股份比例分配之。

（四）地方公益事业经费基金百分之三十。

前项法定公积金累计数如已达资本总额时，得减低所提成数，特别公积金以提至累计数达到资本总额二分之一时为止。

第十六条　本条例自公布日施行。

省银行条例实施办法

第一条　各省银行章程应于本办法公布三个月内依照省银行条例修正，呈由各省政府转送财政部核准备案。凡一省已设有二省银行者，应由各省政府先行拟具裁并办法，送财政部核定办理。

第二条　省银行由县市银行及自治团体参加之公股，以不超过资本总额二分之一为原则。

前项自治团体系指尚未成立县市银行之县市政府。

第三条　凡参有商股之省银行，其商股应由各省银行拟具分期退还办法，呈请财政部核定办理。

第四条　凡参有地方公股之省银行，所有董事、监察人名额应按照股份比例分配。

地方公股分配之董事、监察人，由财政部、省政府及省参议会参照省银行条例第九条规定之比率，就参加股本之各县市银行及自治团体之股东代表人中分别遴选保荐，由财政部令派。

第五条　凡参加商股之省银行，在尚未将商股退还以前，所有董事、监察人名额，仍照特种股份有限公司条例规定，按股份比例分配。

商股分配之董事、监察人，由商股股东选举之，并报财政部备案。

第六条　由省政府保荐之董事，省参议会推选之监察人及商股选举之董事、监察人，应由各省政府于咨送修正章程时，一并报财政部分别核派〔准〕备案。

第七条　本办法自公布日施行。

## 省银行地方公益事业基金之保管及动用办法①

第一条　省银行地方公益事业基金,应由省政府、省参议会、省银行董事会及地方公正人士共同组织委员会保管之。

第二条　委员会设委员九人至十三人,其中省政府二人至三人,省参议会二人至三人,董事会二人至三人,地方公正人士三人至四人。

第三条　基金之用途如左:

一、奖助地方教育文化事业。

二、改善地方公共卫生及公用事业。

三、捐助地方救济事业。

四、补助其他地方公益事业。

第四条　基金应由保管委员会议决动用,并须报请财政部备案。

前项基金在未动用以前,应由省银行专户存储,不得移作别用。

〔国民政府财政部档案〕

## 6. 国民政府颁布银行法令稿

(1947年9月1日)

国民政府训令　处字第九六九号<br>中华民国卅六年九月一日

事由:为银行法公布后,经济紧急措施方案中之加强金融业务管制办法继续有效。又动员戡乱完成宪政实施纲要第六条,均得加以限制或管理之规定,关于银行法第四十六条与管制办法第九条

①该办法1946年12月17日由财政部呈奉行政院核准施行。

稍有不同者，仍应暂照管制办法之规定办理，合仰知照。

令行政院

查本年五月三日，立法院呈送银行法，请公布施行到府。正办理间，复据本府文官处签呈称：准国防最高委员会秘书厅来函，以奉常会决议：立法院审议中之银行法，尚未经本会核定原则，且其内容与行政院原拟草案亦多出入，应将该法原则核定后方可公布，请转陈鉴核等情。经提出国务会议第八次会议决议：交经济审查委员会审查。兹据审查报告：奉交本案，经详加商讨，佥以银行法全文与中央方针及现行办法，尚无甚出入，故无另订立法原则重行起草条文必要，本法似可公布施行。惟在实施经济紧急措施期间，经济紧急措施方案中之加强金融业务管制办法继续有效。又动员戡乱完成宪政实施纲要第六条，亦有金融业务均得加以限制或管理之规定，因此本法第四十六条之规定，有与此项管制办法第九条之规定稍有不同者，似仍应暂照管制办法之规定办理。以上意见是否有当，敬请裁决等语。复经提出本年八月三十五日本府委员会第十次国务会议决议：照审查意见通过。除公布银行法并分行外，关于经济紧急措施方案中之加强金融业务管制办法第九条规定，仍继续适用一年。合并令仰知照，并转饬知照。此令。

国民政府主席　蒋中正

立法院院长　孙　科

银行法①　立法院第四届第三二三次通过

第一章　定义

第一条　本法称银行，谓依公司法及本法组织登记，并依本法经营银行业务之机构。

---

①银行法目录从略。

第二条　本法称银行业务，为左列各款：

一、收受各种存款。

二、票据承兑。

三、办理各种放款或票据贴现。

四、国内汇兑。

五、特许经营之国外汇兑。

六、代理收付款项。

七、仓库及保管业务。

八、买卖有价证券及投资。

九、代募或承募公债、公司债及公司股份。

十、特许买卖生金银及外国货币。

十一、受托经管财产。

前项第一款至第六款为银行主要业务，第七款至第十一款为银行附属业务。

第三条　本法称活期存款，谓除定期存款外，无时期上限制，存款人得随时提取之存款。

第四条　本法称定期存款，谓有一定时期之限制，存款人于到期时提取，或一定时期前通知银行方能提取之存款。

第五条　本法称普通存款，谓除储蓄存款及信托款项以外之一般活期及定期存款。

第六条　本法称储蓄存款，谓以收取利息为目的，凭存单或存折储存银行之活期或定期之定额存款。

第七条　本法称信托款项，谓信托公司或银行信托部依照信托契约运用或经理之款项。

第八条　本法称存款总额，谓银行收受之活期存款、定期存款、储蓄存款及银行可以运用之其他一切存款之和。

第九条　本法称付现准备金，谓银行对于所收受之存款，提成储存现款于本行库内，或活存当地国家银行及其他银行之准备金。

第三十六条　银行之股票或股单应为记名式。

储蓄银行之股东，应以具有中华民国国籍者为限。

第三十七条　银行对于第二十一条所列第一款至第三款及第五款之事项，拟予变更或拟与他银行合并时，应先呈请中央主管官署核准，方得为之，并应声请变更营业登记。

前项变更营业登记，应于核准后十五日内，在本行及分支行所在地公告之。

违反第一项规定，得制止其变更，并得科银行各负责人一万元以下罚锾。违反第二项规定公告期限，得科银行各负责人五千元以下罚锾。

第三十八条　商业银行、实业银行得附设储蓄部及信托部，但各该部之资本、营业及会计必须独立，并依本法第十九条及第五章或第六章之规定，分别办理。

第二十九条　银行存入其他每一银行之款，不得超过其所收存款总额百分之十，但存入国家银行者，不在此限。

第三十条　银行各种存款及放款之最高利率，由所在地银钱业、信托业同业公会会同当地中央银行议定。当地无银钱业或信托业同业公会或中央银行者，参照附近地方所定标准办理。

第三十一条　凡向银行请求停止给付存户之存款、汇款或扣留担保品、保管物或为其他类似之行为者，应经法院之裁判。

凡向银行为前项之请求者，得向银行提供担保，请其暂行停止给付。如法院裁判不准停止给付时，请求人及银行对于因停止给付而遭受损害之人，应负赔偿之责。

第三十二条　银行不得对本行负责人或职员为任何方式之信用放款。

第三十三条　银行对其负责人所为抵押或质之放款，或对于与其负责人有利害关系之公司合伙或个人所为之放款，其利率与条件不得优于其他贷款人。

第三十四条　违反第三十二条或第三十三条之规定，得科银行各负责人一万元以下罚锾。

第三十五条　银行不得于规定利息外，以津贴赠与或其他给予方法吸引存款。但信托款项订有契约分给红利者，不在此限。

违反前项规定，得科银行各负责人一万元以下罚锾。

第三十六条　银行负责人及其他职员，不得以自己名义，向存户、贷款人或委托人收受佣金、酬金或其他不当得利。

违反前项规定者，得科一年以下有期徒刑、拘役或二万元以下罚金。

第三十七条　银行放款以不动产或动产为抵押或质者，每项放款之数，不得超过其抵押物或质物时价百分之七十。

对于为抵押之不动产已设定其他债权者，应合并计算，仍不得超过其时价百分之七十。

第三十八条　银行每届营业年度终了，应将营业报告书、资产负债表、财产目录、损益表、盈余分配之决议或议案，于股东同意或股东会承认后十五日内，呈报中央主管官署查核。

违反前项所定呈报期限，得科银行各负责人五千元以下罚锾。其呈报表册有故意为不实之记载者，得科银行各负责人一年以下有期徒刑、拘役或二万元以下罚金，其情节重大者，并得撤销其营业执照。

第三十九条　银行分派每一营业年度之盈余时，应先提十分之二为公积金。但公积金已达其资本总额时，不在此限。

除前项公积金外，银行得以章程规定或股东议决另提特别公积金。

第四十条　银行因不能支付其到期之债务，经中央银行停止其票据交换时，中央主管官署得令其停业，限期清算。

第四十一条　银行解散清算时，应将其营业执照缴销。

第四十二条　中央主管官署对于银行应缴存之保证准备金比

率，就第四十八条第一项、第五十七条第一项、第六十六条第一项最低及最高限度内，按照当地当时金融市场情形，商同中央银行分别核定之。

第四十三条　中央主管官署得随时派员或令地方主管官署派员检查银行业务及帐目，或令银行于限期内造具资产负债表、财产目录或其他报告呈核。

前项帐目、表册或报告，有故意为不实之记载者，得科银行各负责人一年以下有期徒刑、拘役或二万元以下罚金，其情节重大者，并得撤销其营业执照。

第四十四条　银行为保障存款人利益，应联合成立存款保险之组织。

第四十五条　中央主管官署得以命令规定银行营业时间及休假日。

第四十六条　银行违反法令，应撤销其营业执照，或其负责人应受罚金以上之处分时，主管官署应移送法院裁判。

第三章　商业银行

第四十七条　凡收受普通存款与办理一般放款、汇兑及票据承兑或贴现者，为商业银行。在本法公布施行前已核准营业登记之银行经营前项业务之一部或全部而不称商业银行者，视同商业银行。

第四十八条　商业银行所收普通存款，应照左列比率缴存保证准备金于中央主管官署所指定之银行：

一、活期存款百分之十至十五。

二、定期存款百分之五至十。

前项保证准备金经中央主管官署依第十九条规定，分区审核，得以公债、库券或国家银行认可之公司债抵充。

第四十九条　商业银行所收普通存款，应提存之付现准备金，其最低比率如左：

一、活期存款百分之十五。

二、定期存款百分之七。

第五十条　商业银行得经营左列业务：

一、收受普通活期、定期存款。

二、办理各种放款或贴现。

三、票据承兑。

四、办理国内汇兑。

五、经中央银行特许办理国外汇兑。

六、代理收付款项。

七、买卖公债、库券及公司债。

八、办理与其业务有关之仓库或保管业务。

九、投资于生产、公用或交通事业。

十、代募公债、公司债及公司股份。

十一、经中央银行特许收受外国货币或买卖生金银。

第五十一条　商业银行之信用放款，不得超过其所收存款总额百分之二十五。

第五十二条　商业银行得为以不动产为抵押之放款，但此项放款总额不得超过其所收存款总额百分之十五。

第五十三条　商业银行购入生产、公用或交通事业公司之有限责任股票，其股票购价每一公司不得超过其存款总额百分之二，总额不得超过其存款总额百分之二十。

第五十四条　商业银行信用放款期限不得超过六个月，抵押或质之放款期限不得超过一年。

第五十五条　商业银行违反前四条任何规定，得科银行各负责人一万元以下罚锾，其情节重大者，并得勒令撤换其负责人。

第四章　实业银行

第五十六条　凡对农工矿或其他生产、公用、交通事业经营银行业务者，为实业银行。

在本法公布施行前已经核准营业登记之银行，其业务合于前项规定而不称实业银行者，视同实业银行。

第五十七条　实业银行所收普通存款，应照左列比率缴存保证准备金于中央主管官署所指定之银行：

一、活期存款百分之八至十二。

二、定期存款百分之五至八。

前项保证准备金经中央主管官署依第十九条规定分区审核，得以公债、库券及国家银行认可之农工矿业或其他生产、公用、交通事业之股票或公司债抵充。

第五十八条　实业银行所收普通存款，应提存付现准备金，其最低比率如左：

一、活期存款百分之十二。

二、定期存款百分之六。

第五十九条　实业银行得经营左列业务：

一、收受普通活期、定期存款。

二、对农工矿及其他生产、公用或交通事业办理各种放款、票据承兑或贴现及汇兑。

三、代农工矿业及其他生产、公用或交通事业办理收付款项。

四、代农工矿及其他生产、公用、交通事业募集股份或公司债。

五、买卖公债、库券、公司债及其他债券。

六、办理与其业务有关之仓库及保管业务。

七、投资于农工矿业及其他生产、公用或交通事业。

八、办理国家银行指定代理之业务。

第六十条　实业银行所收存款总额，应有百分之六十五以上运用于实业。其以某种专业冠其名称者，至少应以其存款总额百分之四十运用于该专业，百分之二十五以上运用于其他实业。

第六十一条　第五十条及第五十三条之规定，于实业银行准用之。

第六十二条　实业银行得为以不动产为抵押之放款，但此项放款总额不得超过其所收存款总额百分之三十。

第六十三条　实业银行购入农工矿业及其他生产、公用或交通事业公司之有限责任股票，其股票购价每一公司不得超过其存款总额百分之四，总额不得超过其存款总额百分之四十。

第六十四条　实业银行违反前四条任何规定，得科银行各负责人一万元以下罚锾，其情节重大者，并得勒令撤换其负责人。

第五章　储蓄银行

第六十五条　凡以复利方法收受以储蓄为目的之定额存款者，为储蓄银行。

在本法公布施行前已经核准营业登记之银行，其业务合于前项规定而不称储蓄银行者，视同储蓄银行。

第六十六条　储蓄银行所收储蓄及普通存款，应照左列比率缴存保证准备金于中央主管官署所指定之银行：

一、活期存款百分之十至十五。

二、定期存款百分之五至十。

前项保证准备金得以公债、库券或国家银行所认可之有价证券抵充。

第六十七条　储蓄银行所收储蓄及普通存款，应提存付现准备金，其最低比率如左：

一、活期存款百分之十。

二、定期存款百分之五。

第六十八条　储蓄银行得经营左列业务：

一、收受活期储蓄存款及通知储蓄存款。

二、收受整存整付、零存整付、整存零付及分期付息之定期储蓄存款。

三、收受普通活期、定期存款。

四、办理各种放款。

五、办理国内汇兑。

六、代理收付款项。

七、买卖公债、库券及公司债。

八、办理以有价证券为担保之放款。

九、办理与其业务有关之仓库或保管业务。

十、办理生产、公用、交通事业及有确实收益之不动产抵押放款。

十一、购入他银行承兑之票据。

十二、以本银行定期存款为担保之放款。

十三、代募公债、库券及公司债。

第六十九条　前条储蓄存款以外之存款，视为普通存款，依第四十六条及第四十七条规定所存之准备金办理，但此项普通存款总额不得超过其储蓄存款之总额二分之一。

第七十条　银行之设有储蓄部者，该部对于本行其他部份款项之往来，视同他银行。

银行受破产之宣告时，储蓄部储蓄存款，得就储蓄部之资产优先受偿。

第七十一条　储蓄存款每户之最高限额如左：

一、活期不得超过该储蓄银行或储蓄部额定股本总额百分之三。

二、定期不得超过该储蓄银行或储蓄部额定股本总额百分之六。

超过前项定额之存款，视为普通存款，银行应在其所发给之存款证上注明为普通存款。

第七十二条　储蓄银行之信用放款，不得超过其所收存款总额百分之十。

第七十三条　储蓄银行所有不动产抵押放款，不得超过其所收存款总额百分之三十。

第七十四条　储蓄银行购入农工矿业及其他生产、公用或交通事业公司之有限责任股票，其股票购价每一公司不得超过其存款总额百分之二，总额不得超过其存款总额百分之二十五。

第七十五条　储蓄银行信用放款期限不得超过六个月，抵押或质之放款期限不得超过二年。

第七十六条　储蓄银行之负责人，不得为本银行向外借款之保证人。

第七十七条　储蓄银行违反前五条任何规定，得科银行各负责人一万元以下罚锾，其情节重大者，并得勒令撤换其负责人。

第七十八条　储蓄银行之资产不足清偿其储蓄存款时，其银行负责人应负连带无限清偿责任。

前项责任，于各位负责人卸职登记之日起，满二年解除。

第七十九条　银行兼设储蓄部者，其负责人及兼管储蓄业务之经理人，均视为储蓄部之负责人，应负前条规定之责任。

第八十条　储蓄银行之资产负债表及财产目录，每半年应公告一次，并将公报呈报中央主管官署备案。

前项公告有故意为不实之记载者，得科银行各负责人一年以下有期徒刑、拘役或二万元以下罚金，其情节重大者，并得撤销其营业执照。

第八十一条　有存款总额百分之五以上之储户，对于前条之公告及其业务有疑义时，得呈请主管官署派员会同储户所举代表检查之。

第八十二条　本章规定于银行之储蓄部份准用之。

第六章　信托公司

第八十三条　凡以信托方式收受、运用或经理款项及财产者，为信托公司。

在本法公布施行前已经核准营业登记之信托公司，其兼营商业或储蓄银行业务者，其兼营部份应依第三章或第五章规定办理。

第八十四条　第四十八条及第四十九条之规定，于信托公司准用之。

第八十五条　信托公司得经营左列业务：

一、管理财产。

二、执行遗嘱。

三、管理遗产。

四、为未成年人或禁治产人之财产监护人。

五、受法院命令管理扣押之财产及受任为破产管理人。

六、收受信托款项及存款。

七、办理信托投资。

八、代理发行或承募公债、库券、公司债及股票。

九、承受抵押及管理公债、库券、公司债及股票。

十、代理公司股票事务及经理公司债及其他债券担保品之基金。

十一、代理不动产孳息收付事项。

十二、代理保险。

十三、管理寿险债权及养老金、抚恤金等分期收付。

第八十六条　信托公司执行信托业务涉及法律、会计、人事及其他不属于财务之事项，应委托登记合格执行业务之律师、会计师或其他专门技师为之。

第八十七条　第七十二条至七十四条之规定，于信托公司准用之，但其信托契约另有规定者，从其订定。

信托公司违反前项各准用规定，得科公司各负责人一万元以下罚锾，其情节重大者，并得勒令撤换其负责人。

第八十八条　信托公司应以善良管理人之注意，运用信托款项。

第八十九条　信托公司有违反信托契约或重大过失致信托人

受损失时,应负全部赔偿责任。

信托公司负责人对前项赔偿不足时,对其不足额负连带无限赔偿责任。

前项连带无限责任,于各该负责人卸职登记之日起,满二年解除。

第九十条　信托公司除有契约特定者外,得为信托人投资于任何事业。

信托公司或其负责人自身有利害关系之事业或信托公司所出售之事业或财产上,不得代为投资。但信托人知情而证明于信托契约者,不在此限。

违反前项规定,公司各负责人应连带负赔偿责任,并得科公司各负责人一万元以下罚锾。

第九十一条　信托公司收受信托款项,在未依契约运用前或在运用中收回之时,准用第八十八条之规定。

第九十二条　本章规定于银行之信托部份准用之。

第七章　钱庄

第九十三条　凡按照各地钱业习惯经营商业银行业务者,为钱庄。

在本法公布施行前已经核准营业登记之钱庄,其资本合于第十九条第一项规定时,得改称为银行。

第九十四条　钱庄关于准备金及抵押放款等事项,准用第四十八条至第五十条及第五十二条至第五十五条之规定。

第九十五条　钱庄之信用放款不得超过其所收存款总额百分之五十。

违反前项规定,得科钱庄各负责人一万元以下罚锾,其情节重大者,并得勒令撤换其负责人。

第九十六条　钱庄兼营商业银行以外之他种银行业务,应先经中央主管官署之核准,依照关于各该银行之规定办理。

第九十七条　钱庄改组为银行时，应按其业务及公司种类，依第二十七条之规定为变更之登记。

第九十八条　本章规定于经营类似钱庄之银号、票号及其他名称之银钱业准用之。

## 第八章　外国银行

第九十九条　外国银行在依公司法呈请认许前，应依本法规定向中央主管官署呈请特许，非经特许，不得在中华民国境内设立分行。

第一百条　中央主管官署得按照国际贸易及生产事业之需要，指定外国银行得设分行之地区。

第一百零一条　外国银行呈请特许时，除依公司法第二百九十四条规定报明各款事项外，应加具本行最近资产负债表、损益表及其分行设立地区该国领事官对其信用之证明书。

第一百零二条　外国银行在中华民国境内设立分行经中央主管官署特许后，得在其分行所在地经营第五十条或第五十九条规定各种业务。

第一百零三条　外国银行在中华民国境内之分行，不得经营或兼营储蓄银行或信托公司业务。

第一百零四条　外国银行在中华民国境内之分行收付款项，以中华民国国币为限，非经中央银行特许，不得收受任何外国货币之存款或办理外汇。

第一百零五条　外国银行在中华民国境内之分行所收定期存款总额，应依第五十条及第五十九条规定，在中华民国境内运用。

第一百零六条　违反前三条任何规定，得科外国银行在中华民国境内之分行各负责人一万元以下罚锾，其情节重大者，并得勒令撤换其负责人。

第一百零七条　第二十五条、第二十七条、第三十条至第三十八条、第四十条至第四十六条之规定，于外国银行在中华民国境内之分行准用之。

第一百零八条　外国银行购置与其业务有关之不动产，准用公司法第二百九十八条之规定。

第一百零九条　第四十八条及第四十九条或第五十七条及第五十八条之规定，于外国银行在中华民国境内之分行准用之。

第九章　银行之登记及特许

第一百十条　银行之营业登记，外国银行之申请特许及银行之其他登记，其程序准用公司法公司设立登记、外国公司认许、外国分公司登记及其他登记之规定。

第一百十一条　银行之营业登记，外国银行之申请特许及其分行之营业登记，及银行之其他登记规费，准照公司法各种登记费率计算，随文缴纳。

第一百十二条　银行营业登记及外国银行特许及分行营业登记后，由中央主管官署发给营业执照。变更登记时，并换发执照，其营业执照费，准照公司法之规定。

第一百十三条　银行对外文件，应标明其营业执照之号数。

银行分行对外文件，除标明其本行营业执照号数外，并应标明该分行营业执照号数。

第一百十四条　银行营业登记领得执照后，应于十五日内，依公司法申请公司设立登记。其变更登记时亦同。

违反前项登记期限，得科银行各负责人五千元以下罚锾。

第一百十五条　银行营业登记领得执照后，公司设立登记完成前，银行股东视同合伙之合伙人。

第十章　附则

第一百十六条　本法规定不适用于国家银行，但其他银行除法律另有规定外，适用本法之规定。

第一百十七条　在本法公布前已经核准营业登记之银行，其章程规定有与本法抵触者，除本法另有规定外，应予本法施行后一年内修正，呈请中央主管官署核准备案。

第一百十八条　凡经营银公司、银号、票号及其他类似之银钱业者，应于本法施行后一年内，按其业务性质，依本法修正组织，申请中央主管官署为营业登记。

第一百十九条　本法自公布日施行。

〔国民政府行政院档案〕

## 7. 财政部公布银行停业清理办法令稿

(1947年9月8日)①

令　财参字第五四三一号

兹制定银行停业清理办法公布之。此令。

〔附〕银行停业清理办法

财政部

银行停业清理办法

第一条　银行停业清理时，除依公司法办理外，悉依本办法之规定办理。

第二条　银行之清算，其由股东决议所定之清算人或由股东会所选之清算人，应为合法执行会计师职业者。其由股东或董事为清算人者，并应选定会计师一人同为清算人。

前两项所列清算人，除应向法院依限呈报就任日期外，并应分报财政部备案。

第三条　不能依前条之规定选定清算人时，财政部得声请法院选派清算人。

第四条　银行各项资产经执行清算之会计师估值后，应即将

①此系财政部稿本摘由纸标注封发时间。

估值情形，分报法院及财政部备案。

第五条　清算人应将银行库存之现金、收回之各项债权、联行调拨之款项及财产之变价，在当地中央银行开立专户，随时存储，以备随时提取，偿付负债。提取时之支票，必须由担任清算人之会计师签章。

第六条　清算人应优先将银行所收之存款、汇款全部清偿，于清算之日起，三个月办理完竣。如遇某项债权债务或某种财产尚有纠葛时，仍应于专户存储款项内，尽先清偿存款、汇款。

第七条　清算人应将清算情形，按月呈报财政部查核，并应抄附有关表册案件，于翌月五日以前送出。

第八条　银行清算完结或依法宣告破产，均应呈报财政部备案。

第九条　本办法自公布日施行。

〔国民政府财政部档案〕

## 8. 财政部转发行政院关于加强金融业务管制办法令

（1948年1月7日）

财政部训令　财参字第二一二一〇号
民国三十七年一月七日

事由：抄发加强金融业务管制办法令仰知照，并饬属知照由。

令统计处

案奉行政院三十六年十二月二十三日（卅六）六财字第五三六零二号公布令开：兹制定加强金融业务管制办法公布之。此令。等因。奉此。除分令外，合行抄发该项加强金融业务管制办法，令仰知照并饬属知照。此令。

计抄发加强金融业务管制办法一份

部长　俞鸿钧

加强金融业务管制办法　卅六年十二月廿三日院令公布

第一条　为加强控制信用，安定金融，配合经济政策，特订定本办法。

第二条　国家行局库之业务，应依照四联总处之规定，以推行政府政策为主要任务。下列各款尤应切实办理：

（甲）各项放款应以协助交通公用事业、重要民生日用必需品生产事业及出口物资之增产、外销为限。

（乙）在设有金融管理局地方，国家行局库之各种放款，包括质押放款、透支、贴现、押汇等，应逐笔列表。其汇出汇入款，应按地名列表，报请管理局查核。其不合现行法令规定者，管理局得依情节轻重，令其作应有之纠正。

（丙）各行局库存放同业款项，在设有中央银行地方，应一律存放中央银行。其未设有中央银行地方，得互相存放。但均不得以买汇、贴现或其他任何方式，以资金转放省市银行或商营行庄。

（丁）各行局库因调拨联行间头寸必需汇款时，应先向中央银行商洽办理。如中央银行不克及时办理，得买入汇款，但以异地收支者为限，其期限不得过五日，其付款人并必需为原买汇行之联行。

第三条　省市银行之业务，应严格遵照省银行条例规定，下列各款尤应切实办理：

（甲）各项放款以协助地方生产、公用、交通等事业之发展为主。除日用重要物品及本省特产之运销业务外，不得对一般商业放款。

（乙）省市银行存放同业款项，除当地无中央银行者得存放于其他国家行局库外，应一律存放当地中央银行，不得以任何方式以资金存放其他国家行局库，或转放商业行庄。

（丙）凡已经核准设立之省银行省外办事处，除汇兑外，不得经营其他业务，违者撤销其办事处。

第四条　银钱行庄存款放款利率，不得超过中央银行核定牌告日拆。

第五条　任何银钱行庄对农工矿商之放款，应以合法经营本业者为限。当地有同业公会组织者，并以加入各该公会者为限。

行庄承做前项放款，无论以贷放或透支方式办理，均应于事前订立契约。

第六条　任何银钱行庄每一交易发生，应即根据事实填制传票，记入规定帐簿。各项放款必须逐笔记载其用途，以备查核。

第七条　任何银钱行庄对于存放户限用本名开户。其使用支票者，并须查明其确切之住址及身份，详为记载备查，并应取具保证。

第八条　支票出票人有违反票据法第一、三、六条规定时，付款行庄应负检举责任。

第九条　商营行庄在交换所退票金额，占该行庄当日交换总额百分之五以上，连续三次经查明显有藉辞退票，以图轧平交换差额者，得由当地金融管理机关规定限期饬令调整头寸，并饬当地行庄在限期内停止对该行庄拆放款项。

第十条　任何银钱行庄非经政府委托，不得经营物品购销业务，或另立字号别作经营。违反者以囤积居奇论罪，并得由财政部吊销其营业执照。

第十一条　银钱行庄不得收受以黄金、外币为借款之抵押品，除顾客租用保管库依照规定备具手续者外，一律不得收受顾客寄存或委托代管黄金、外币。违者一经发觉，作为该行庄自有，应即送交中央银行收兑。其有触犯黄金、外币买卖处罚条例罪嫌者，并照该条例究办。

第十二条　商营行庄因周转不灵，经中央银行停止票据交换时，应即由财政部勒令停业，吊销其营业执照，限期清理债务，尽先偿付所收之存款。

第十三条　国家行局库、省市银行违反本办法规定时，由财政部按情节轻重，令饬各该行局库予应负责任人员以申诫、记过、撤职处分，情节重大者，并应移送法院究办。

第十四条　商营行庄违反本办法第四条、第五条、第六条之规定时，除法律另有处罚规定者从其规定外，并得勒令撤换负责人或科或并科各该行庄以所营业务金额百分之五十以下之罚锾。

第十五条　军政机关公款之存汇，如有违反军政机关公款存汇办法之规定时，金融管理机关应向军政主管机关或各级审计机关切实检举。

第十六条　本办法自公布日施行。

〔国民政府财政部档案〕

## 9. 商业银行调整资本办法

（1948年9月6日）

商业银行调整资本办法　卅七年九月六日行政院（卅七）六财字第三九四九〇号令公布

第一条　本办法依照财政经济紧急处分令内整理财政及加强管制经济办法第三十条之规定订定之。

第二条　凡经财政部核准设立之商业银行（包括银行、钱庄及信托公司），其原有资本，应照金圆券发行办法折算金圆，其折算后资本未达本办法第三条所定最低资本额者，应于本办法公布后二个月内增达规定标准。

第三条　商业银行实收资本最低额规定如下：

一、商业银行、实业银行、储蓄银行及信托公司之资本最低额如左：

（1）上海、天津、广州三市股份有限公司及有限公司各为五十万圆，无限公司、两合公司及股份两合公司各为二十五万圆。

（2）南京、北平、汉口、青岛、重庆、沈阳、西安、昆明、成都等九市，股份有限公司及有限公司各为三十万圆，无限公司、【两合公司】及股份两合公司各为十五万圆。

(3) 无锡、吴县、镇江、武进、常熟、徐州、江都、杭州、鄞县、绍兴、永嘉、萧山、余姚、蚌埠、芜湖、南昌、九江、福州、厦门、中山、南海、新会、高要、台山、汕头、桂林、苍梧、长沙、衡阳、武昌、沙市、宜昌、内江、宜宾、万县、泸县、乐山、自贡、贵阳、济南、开封、郑州、太原、兰州、宝鸡等四十五市县，股份有限公司与有限公司各为二十万圆，无限公司、两合公司及股份两合公司各为十万圆。

(4) 全国其余各地(除一、二、三款已列各市县外)股份有限公司及有限公司各为十万圆，无限公司、两合公司及股份两合公司各为五万圆。

二、钱庄资本最低额比照上项标准减半计算。

三、商业银行、实业银行或钱庄附设信托部、储蓄部者，每附设一部，依照上列标准资本额之规定增加二分之一计算。其在不同市县区域设分支行处者，每设一行处，应增加十分之一计算。但总管理处或总行在低额资本地区，而设有分行于较高资本额地区者，各设分支行处应按所在地区资本额增加十分之一。

第四条　银行照本办法调整资本时，得以其本身资产重行估价，将其增值抵补一部，其增值之金额，应全数转作资本，并按照其资本原额比率，分配于各股东，不得折作现金分派之。

第五条　前条资产增值之总数，不得超过其应增资本总额之百分之五十。其余应增数额，由原股东比例认缴现金。其不愿增缴者，照公司法规定办理。

前项增资之现金部份，增资后三月内应存储于中央银行(或委托银行)。如有正当用途，应经财政部主管机关之核准，始得动用，其办法由财政部另订之。

前项增资之现金部份，如有蒙混情事，应由财政部查明，吊销该行营业执照。

第六条　银行得重行估价之资产，以下列资产科目为限，并应依下列标准办理：

一、有价证券不得超过时值之七成。

二、生产事业投资参照前款办理，惟增值后对于每一公司投资数额及银行投资总额，不得超过银行法第五十三条、第六十三条、第七十四条之规定。

三、营业用房地产：

甲、在二十六年底以前购入或建筑之房产，照购入或建筑时原价减去折旧计算。

乙、在二十七年以后购入或建筑之房屋，照下列公式计算法币价值再折成金圆券：

$$\text{（购入或建筑时原价—折旧损耗）}\times\frac{\text{三十七年六月全国趸售物价指数}}{\text{购入或建筑年全国趸售物价指数}}$$

丙、地产按照其所在地地政机关所估定价额为其重估价额。

四、营业用器具照前款房产部份办理。

第七条　银行依照本办法调整资本时，其资产增值部分，不得以损益科目处理。

第八条　银行依照本办法调整资本时，应由董事会（或无限公司执行业务之股东）拟具详细计划，提请股东会依法为调整资本之决议，并呈报财政部核定后，再为变更登记。

第九条　银行无力依照本办法调整资本时，得联合数银行合并改组，惟改组后之分支机构，不得超过合并前任一银行之最高行处数。

第十条　银行未能于规定期限内依照本办法增资足额者，由财政部勒令停业限期清理，并撤销其营业登记。

第十一条　本办法自公布之日施行。

〔国民政府财政部档案〕

## 10. 卫立煌为抄报规定长春汇沈汇款处理办法代电①

（1948年9月24日）

抄原代电

（衔略）查自本年七月以来，因长、沈两地高粮〔粱〕米价格悬殊，由长汇沈款项为数至巨，沈阳市场现有不胜压迫之感，华北及京、沪亦行将波及而受威胁。为预防经济趋于崩溃计，曾由中央银行东北区行电饬长春分行收紧汇款，并由本部政务委员会面谕各行局暂行停付，一面饬各主管部门核议补救对策，当经规定长春汇款处理办法，布告并分行各行局遵照。其要点以及〔其〕长、沈两地高粮〔粱〕米价格为基础，按交汇及付款日期比例折付。其在八一九以后者，则按两地该日高粮〔粱〕米限价比例兑付。就中三亿元以下之小额汇款，则以多属贫苦难民，为体恤起见，另按累进率折付之，业于九月十一日分饬各行局尽先办理。至三亿元以上者，亦已于九月十六日令饬遵照办法支付。理合检同长春汇款处理办法及本案办理经过，电请核备为祷。东北剿匪总司令卫立煌。申回。立务财七。印。

东北剿匪总司令部布告　　立务财字第一四五七一号

为规定长春汇款处理办法由

查由长春汇至沈阳款项处理办法，前经本部规定：

一、九月七日以前汇到之款，其额数在流通券伍千万元以下者支付全额。

二、其额数在流通券伍千万元以上叁亿元以下者，按下列累

---

①该件系1948年9月24日卫立煌给行政院代电，1948年10月5日再由行政院抄送财政部。

进办法兑付:(1) 五千万元以上一亿元以下者,其超额支付二分之一。(2) 一亿元以上二亿元以下者,其超额支付三分之一。(3) 二亿元以上三亿元以下者,其超额支付四分之一。(4) 三亿元以上者,另定支付办法。

三、折余尾数暂由各承汇行局专案保管。

兹再将由长汇沈九月七日以前汇到,而其额数在流通券三亿元以上及九月八日起汇到之款规定处理办法如次:

一、九月七日以前汇到,其额数在三亿元以上者,除其三亿元以下款额按照以上规定支付外,其三亿元以上数额一律按长、沈两地交汇及付款日之高粮〔粱〕米价格比例折付现钞,并照折付额加付百分之五十。但在八月十九日以后交汇及付款者,一律按八月十九日两地高粮〔粱〕米价格比例折付之。

二、九月八日起汇到者,无论款额多寡,概按八月十九日两地高粮〔粱〕米价格比例折付,并照折付额加付百分之五十。

三、所有折余尾款,均由各承汇行局专案保管。

以上各项规定,仰各汇款人及承汇行局一律遵照为要。此布。

总司令　卫立煌

中华民国三十七年九月十六日

〔国民政府财政部档案〕

## 11. 中央银行关于粤省府规定沪粤间汇款运现限制办法快邮代电

(1948 年 10 月 13 日)

中央银行快邮代电　沪央业(37)字第3747号
中华民国卅七年十月十三日

财政部公鉴:前准贵部财钱乙 312、0915 第 7224 号代电祗悉。兹奉总统府申巧府二丁第一四八四号代电,略以据粤省宋主席呈报，最近办理经济管制及缉私情形，并请限制沪、汉汇粤汇款数额，以免游资逃港等语，抄前原件饬对沪汉汇粤汇款数额迅予确定限制办法速付实施具报等因。奉查粤政府已规定粤汇限制办法，即每日解付总额，以廿万圆为度，并由当地金管局审核后再解，似已足控制。且因近来广州汇来上海者较汇往者为多，故拟将运现至穗先予限制，经与上海金管局洽议，当拟具运现钞赴粤限制二项，除电复总统府外，相应照抄该项运现限制办法二项，连同总统府申巧府贰丁1484号代电暨附件一并随电附奉烦请察照，将上项运现钞赴粤限制办法，核予通饬汉口及其他各地金管局等实施，并见复为荷。中央银行。附件。1013。印。

一、运现钞赴粤拟定办法如下：

(1) 国家行局库除中央银行外，对于头寸调拨，或其他正当用途必需运现钞赴粤者，应函报金管局将运送金额、用途叙明，经金管局核准后，填发运现证明书，方得起运。

(2) 商业行庄及人民携带现钞赴粤，以金圆券一千元为限，超过一千元者，应向金管局领取运现申请书照填，经金管局核准发给运现证明书后方准携带。

以上两项，如查出并未经金管局核准发给运现证明书者，拟将超过部份送当地中央银行保管，开给六个月期定期存单，不付利息。

二、沪粤汇款之限制

(A) 根据宋主席规定，每日粤汇付出总额以廿万金圆为限，除有正当用途经国行证明者不在此限。为与此一规定互相配合起见，由沪汇粤款项，除有正当用途经国行或金管局证明者外，每日汇出总数不得超过金圆十万元。每笔汇款超过金圆五千元者，必须送金管局审核后方得汇出。

(B) 凡国家行局库及商业行庄于当日业务终了后，应将汇粤汇款在金额五百元以上者，逐笔分列，在金额五百元以下者，列一总数，编制汇粤汇款日报表，报金管局备核。

三、沪粤汇款之检查

经金管局最近检查经营粤汇笔数与金额较多之银行有汇丰、广东、国华、中实、国货、泰和兴、和成七家银行，客户有华光火柴厂、百多洋行、东南大药房、慎生号、慎裕号、杨嘉平、郭仰青、陈培璇、梁梅安、钟碧矾、Eabroidery & Laxe Co.，Shell Co. of China等十二户，注意汇款之用途。

〔国民政府财政部档案〕

## 12. 财政部参事厅关于核议各省行发钞及准备金清理办法签呈意见稿

（1948年11月15日）

奉交核议钱币司签呈为拟订各省地方银行发行钞券暨准备金清理办法一种签请核示一案，查该项拟订之办法，系根据中央银行原拟意见，将各省地方银行原缴准备金内银元、银类折成法币，再折成金圆发还之，其原缴之黄金，如缴时已折成法币，亦同样办理。如缴交时未折成法币，由中央银行保管者，则照现行兑换率折成金圆发还，其余栈单、存单、储蓄【券】、证券，亦分别发还。关于如此规定，既符合在法币实施期间所有银币、银类均应照银币银类兑换法币办法之规定，而与省行按照法币与金圆券之比率收兑省钞同样办理，亦尚公允。原拟办法，似可准行。是否有当？仍候钧裁。

谨呈

总<br>次 长

附呈原案

卅七、十一、十五

参事厅谨签

案准中央银行函送各省地方银行发行券及准备金结束办法，请迅为核复，等由到部。查币制改革后，各省地方银行，除台湾银行、新疆商业银行外，前经本部核准发行之钞券，自应与法币同时收回，所有原缴准备金，并应予以清理，以资结束。关于各发行行缴交准备金，依照管理各省省银行或地方银行发行一元券暨辅币券办法第八条规定，现金准备四成，可以金银、法币、货物栈单充之，因之各发行省行所缴发行准备多有银币银类在内。惟此项银币银类或由前发行准备管理委员会兑换法币列帐移交中央银行接收保管，或由中央银行业务局换拨法【币】洽交由发行局列帐保管，或由本部电由原缴交行及中央银行改为法币列帐保管，因此该项银币银类早已视同法币。今以银币银类对金圆券之兑换率，与法币对金圆券之兑换率，两者相差甚大，湖南、湖北、广西等省银行，乃纷纷要求仍照银币银类对金圆券之兑换率发还金圆券，照此计算，约须发还金圆券近二亿元，为数甚巨。若接受各省行此项要求，则此项巨额支出，由国库负担，显嫌太重，代为保管之中央银行当更不愿负担。为顾及实际困难，似可照中央银行原拟意见，将各省地方银行原缴准备金内银元、银类折成法币再折成金圆发还之。其原缴之黄金，如缴交时已折成法币者，亦同样办理。如缴交时未折成法币，由中央银行保管者，则照现行兑换率折成金圆券发还，其余栈单、存单、储蓄券、证券亦分别发还。如此决定之根据，约可有两点：

（一）在法币实施期间，所有银币银类，均应照银币银类兑换法币办法之规定兑换法币，各省银行所缴准备金内银币银类，自亦应兑换法币列帐代为保管之，中央银行照此办理，自无不当。

（二）省行收兑省钞之比率，系照法币与金圆券之比率收兑，而省银行领回准备金，则须照银币银类对金圆券之比率发还，颇欠公平。

惟除上列两点外，亦有颇值考虑者两点。

（一）各省行所缴发行准备金，保管行只负保管之责，如原缴交之准备为银币银类，发还时各省行要求照银币银类之现行兑换率发还金圆券，亦不无理由。

（二）目前各省财政困难万分，如能将各省行原缴银币银类以现行兑换率折合金圆发还，对省财政不无补益，且省行因此所获之溢额，系使用省钞之本省人民之损失，得之于本省人民，用之于本省人民，似亦属正当。

不过目前实际困难之点，在此项支付数字过大，约占金圆券发行最高额十分之一，国库势难负担。同时如照银币银类发还，获利颇大者，为广东省银行，因该行所缴银币银类数量最多，该行在省银行中资力向称雄厚，亦无藉此补助之必要。并查统一发行后，中国、交通、中农各行现金准备，亦均一律移交国行，并未将现金发还清算。如对省行发行准备之现金仍照原物发还，难免中交等行不援例提出请求，将更引起纠纷。详此事实，本案似仍应照中央银行原意见办理，较为妥善。兹参照该行原拟办法拟具各省地方银行发行钞券及准备金清理办法一种，该项办法拟由部核定施行，并呈行政院备案。是否有当，理合检附所拟清理办法，并附具各省地方银行发行钞券未收回数额表、准备金内容表、缴交黄金白银数量表三份，一并签请总次长鉴核。

钱币司谨签

各省地方银行发行钞券暨准备金清理办法

一、各省地方银行经核准发行之钞券（以下简称省钞）暨准备金，除新疆币、台湾币另案办理外，概照本办法规定清理之。

二、省钞概以三百万元折合金圆券一元，统限于三十七年十二月二十日以前，由各省原发行行无限制兑换金圆券，过期作废。

三、省钞发行帐面，仍以法币记载，无须改折金圆券，所有收回之省钞，应即依法销毁具报，由中央银行查核发还准备金。

四、省钞未收兑完竣前原缴发行准备金，应照后列第五、六、七条规定先予调整。

五、省钞发行准备金原以法币缴充，或原以黄金、银币、银角折成法币缴充者，应折成金圆券抵充之。原以银币、银类缴充未折成法币者，仍按银币银类兑换法币办法所定比率，折成法币，再折成金圆抵充之。

上项准备金在抗战期间损失，经中央银行呈准有案者，由中央银行列付非常损失科目，按原抵充额以金圆券抵充之。

六、省钞发行准备金，原以黄金缴由中央银行保管未折成法币者，应依照人民所有金银外币处理办法内规定折成金圆券，除将其原抵充额折成金圆券扣缴抵充外，其余金圆券发还之。

七、省钞发行准备金原以栈单、存单、储蓄券、证券缴充者，一律发还原发行行自理，原抵充额应以金圆券折缴抵充之，其中一部公债被敌伪劫失经中央银行呈准有案无法发还者，由中央银行按公债票面十足作价，再折成金圆券。

上项损失由中央银行列付非常损失科目。

八、收兑期限届满未能收回之省钞数额，应即由原发行行列报，其准备金应即由中央银行解缴国库。

各省地方银行发行钞券尚未收回数额（单位法币）

| | |
|---|---|
| 河南省银行 | 六，〇四四，六六五．七七元 |
| 陕西省银行 | 三，五九一，五〇〇．〇〇元 |
| 青岛市农工银行 | 约六，九二一．〇〇元（未收回数未具报） |
| 广东省银行 | 一五八，九七九，四一五．二四元 |
| 福建省银行 | 三三，六八〇，〇〇〇．〇〇元 |
| 甘肃省银行 | 约八，〇八〇，〇〇〇．〇〇元（已饬收回未收数早经停止流通） |
| 湖南省银行 | 一七，八七一，五六四．〇〇元 |
| 西康省银行 | 约八三四，八一三．九四元（已饬收回未收数早经停止流通） |

续上表

| | |
|---|---|
| 四川省银行 | 七,三〇一,五一八.〇〇元 |
| 湖北省银行 | 元辅币　三三,五八五,〇〇〇.〇〇元 |
| | 鄂东流通券　一,七六三,九三二.〇〇元 |
| 江西省银行 | 二七,七八一,四四〇.〇〇元 |
| 江苏省农民银行 | 一三,二九一,六九三.六〇元 |
| 广西省银行 | 三一,八九五,五六四.五五元 |
| 河北省银行 | 约二四〇,〇〇〇.〇〇元(未收回数未据报) |
| 绥远省银行 | 一,〇〇〇,〇〇〇.〇〇元 |
| 山东民生银行 | 约二四,八三五,〇〇〇.〇〇元(未收回数字未据报) |
| 浙江省银行 | 二七,四〇八,三九五.八〇元 |
| 安徽省银行 | 一,〇〇〇,〇〇〇.〇〇元 |
| 宁夏省银行 | 约数十万 |

以上除甘肃、西康、宁夏三省行外,共计三九〇,二六六,五九九.四六元(共三亿九千余万元,合金圆券约一百卅元)。

各省地方银行发行钞券准备金内容表

| | | | | | |
|---|---|---|---|---|---|
| 河南省银行 | 法币 | 公债 | 存单 | | |
| 陕西省银行 | 法币 | 公债 | | | |
| 青岛市农工银行 | 法币 | 公债 | | | |
| 广东省银行 | 法币 | 毫银 | 国库证 | 储蓄券 | |
| 福建省银行 | 法币 | | | | |
| 甘肃省银行 | 法币 | 栈单 | 公债 | | |
| 湖南省银行 | 法币 | | | | |
| 西康省银行 | 法币 | 公债 | | | |
| 四川省银行 | 法币 | 生金 | 公债 | | |
| 湖北省银行 | 法币 | 存单 | | | |
| 江西省银行 | 法币 | 栈单 | 存单 | | |
| 江苏省农民银行 | 法币 | 存单 | 储蓄券 | 公债 | |
| 广西省银行 | 法币 | 储蓄券 | 省库券 | 公债 | 存单 |
| 河北省银行 | 法币 | 存单 | | | |
| 绥远省银行 | 法币 | 存单 | | | |

续上表

| | | | |
|---|---|---|---|
| 山东民生银行 | 法币 | 存单 | |
| 安徽省银行 | 法币 | 储蓄券 | 公债 |
| 宁夏省银行 | (迄未据报) | | |

## 各省地方银行发行钞券准备金黄金白银数量表

| | | | |
|---|---|---|---|
| 广东省银行 | 毫银计三笔如下共为 79,661,984.76 | | |
| | 1. 73,605,808.26 | | (改列法币帐) |
| | 2. 5,960,383.50 | | (改列法币帐) |
| | 3. 95,793.00 | | (仍列毫银帐) |
| | 大洋 | 152,074.00 | (改列法币帐) |
| | 滰毫 | 316,277.00 | (改列法币帐) |
| 四川省银行 | 赤金 | 87 两 4289 | (仍列黄金帐) |
| 湖北省银行 | 银元 | 796,306.00 | (由部电饬改列法币帐) |
| 广西省银行 | 生金 | 8,304 两 927 | |
| | 生银 | 91,716 两 658 | |
| | 银元 | 4,732,294 元 | |
| | □光 | 2,041 元 | |
| | 毫银 | 4,404,359.30 元 | |
| | 毫 | 10,980.50 元 | |
| | (上项准备金发行准备委员会移交中央银行时,早已改为法币帐,本部无案) | | |
| 湖南省银行 | 银元 法币 | 7,148,625.60 | (由中央银行概列为法币帐,其中银元若干,本部无案可查。) |

上开金银以现定比率,约合金圆 196,403,230 元,其中黄金约占 1,680,000金圆。

## 中央银行开封分行保管品月报明细表

中华民国37年6月19日

| 品名 | 单位 | 数量 | 面值金额 | | | | | | | | | | | 保管处 | 备考 |
|---|---|---|---|---|---|---|---|---|---|---|---|---|---|---|---|
| | | | 币名 | 千 | 百 | 十 | 万 | 千 | 百 | 十 | 单 | | | | |
| 豫农工行汇兑一元样本券 | 张 | 87 | | | | | | | | | | | | 北库房 | 被暴民抢去 |
| 豫农工行领回汇兑券收据 | 张 | 1 | 国币 | | 1 | 5 | 6 | 0 | 0 | 0 | 0 | 0 | 0 | 北库房 | 被暴民抢去 |
| 豫农工行统丁债票收据 | 张 | 1 | 国币 | | | | 8 | 6 | 0 | 0 | 0 | 0 | 0 | 北库房 | 被暴民抢去 |
| 豫农工行统戊、丁债票收据 | 张 | 2 | 国币 | | | 3 | 3 | 1 | 0 | 0 | 0 | 0 | 0 | 北库房 | 被暴民抢去 统戊271,000.— 统丁60,000.— |
| 河南省银行销毁5元券身 | 张 | 7720 | 国币 | | | | 3 | 8 | 6 | 0 | 0 | 0 | 0 | 北库房 | 被暴民抢去 |
| 河南省银行销毁10元券身 | 张 | 4040 | 国币 | | | | 4 | 0 | 4 | 0 | 0 | 0 | 0 | 北库房 | 被暴民抢去 |
| | | | | | | | | | | | | | | | |
| | | | | | | | | | | | | | | | |
| | | | | | | | | | | | | | | | |
| | | | | | | | | | | | | | | | |
| | | | | | | | | | | | | | | | |
| | | | | | | | | | | | | | | | |
| | | | | | | | | | | | | | | | |
| | | | | | | | | | | | | | | | |
| | | | | | | | | | | | | | | | |

〔国民政府财政部档案〕

## 13. 行政院为附送公营银行调整资本办法电

（1948年12月2日）

中央银行:查公营银行调整资本办法业经本院制定公布,应即通饬施行。除分行外,特抄同该办法电达查照。行政院。冬。印。

公营银行调整资本办法随电附送

公营银行调整资本办法

第一条　本办法依照财政经济紧急处分令各办法有关条文之规定订定之。

第二条　国家行局库及经财政部核准设立之省银行与县市银行(以下简称公营银行),其现有资本应照金圆券发行办法折算金圆。其折算后资本未达本办法第三条所定资本额标准者,应于本办法公布后二个月内增达规定标准。

第三条　公营银行实收资本额规定如下:

(一)国家行局库之资本总额,依照各该行局库法及条例规定数额,并按本办法升算为金圆券。但必要时,得呈准增减之。

(二)省银行最低资本额分为三等:(甲)广东、福建、浙江、江苏、江西、湖北、安徽、湖南、四川、云南、辽宁、台湾等十二省,各为伍佰万金圆。(乙)广西、山东、河北、河南、陕西、甘肃、新疆等七省,各为叁佰万金圆。(丙)热河、察哈尔、绥远、宁夏、青海、西康、贵州等七省,各为壹佰伍拾万金圆。

一省划入绥靖区之县份达该省县数半数以上者,其省银行得暂缓调整资本,俟半数以上之县份恢复常态后两个月内,再依规定调整资本。

省银行如确因情形特殊无法增筹足额者,得呈准财政部后酌减其资本额。其原有之商股,应于调整资本时全部退出,或转让于省政府。

(三) 县银行最低资本额为叁拾万金圆。

县银行调整资本后,官股数额不得少于原官股所占资本总额之比例。

(四) 市银行最低资本额分五等:(甲) 上海为伍佰万金圆,(乙) 广州、天津等二市,各为叁佰万金圆,(丙) 南京、北平、沈阳、汉口、重庆、成都、西安、昆明等八市,各为贰佰万金圆,(丁) 桂林、汕头、福州、厦门、杭州、徐州、蚌埠、济南、南昌、长沙、衡阳、贵阳、自贡、太原、兰州等十五市,各为壹佰万金圆,(戊)达〔连〕云、唐山等二市,各为伍拾万金圆。

(五) 县(市)合作金库最低资本额为贰拾万金圆。

划入绥靖区之县市,其县城或市区失陷者,得暂缓调整资本,俟收复后于两个月内,依照本办法调整之。

第四条　公营银行依照本办法调整资本时,应以其本身资产重行估价,将其增值金额转作资本,不能转作现金分派之。

第五条　前条资产增值转作资本之数,加入其原资本额(折合金圆后之金额)后,如不足第三条所定资本额标准时,其不足之数额由原出资人或原股东单独或比例认缴现金。

前项增资之现金部分,应由中央银行或其委托之银行验资。

第六条　公营银行重行估价之资产,以下列资产及标准为限:

(一) 有价证券不得超过时值之七成。

(二) 生产事业投资,参照前项办理。

(三) 营业用房地产。

(甲) 在二十六年底以前购入或建筑之房屋,照购入或建筑时原价减去折旧,照数列为金圆券。

(乙) 在二十七年以后购入或建筑之房屋,照下列公式计算法币价值,再折成金圆券。

$$(\text{购入或建筑时原价}-\text{折旧损耗})\times\frac{\text{37年8月上半月全国趸售物价指数}}{\text{购入或建筑时全国趸售物价指数}}$$

(丙) 地产按照其所在地地政机关所估定价额,为其重估价额。

(四) 营业用器具照前款房屋部份办理。

第七条　公营银行照本办法调整资本时,其资产增值后之数额,与原有资本额合计超过其最低资本总额时,其超过部份不作资本处理者,应暂行记入公积科目,并不得分派之。

第八条　公营银行依照本办法调整资本时,应由董(理)事会拟具详细计划,其为公司组织者,并提请股东会作成调整资本之决议,呈请财政部核定后,再为变更登记。

第九条　公营银行未能于规定期限内依照本办法增资足额者,财政部得勒令暂行停业,或改组其董事会,由新董事会依限筹足规定资本额后,再行申请登记。

第十条　本办法自公布之日施行。

〔中央银行档案〕

## 14. 徐堪关于广西省银行发钞及缴存准备金仍应依照部颁清理办法进行清理代电稿并附各省行发钞及准备金清理办法

(1949年3月19日)①

代电　595

南京李代总统钧鉴:丑、巧府二电谨悉。查各省地方银行发行钞券及准备金清理办法七项,前经本部核定,分饬遵行,并呈院备案在案。各省事同一律。广西省银行发行省钞缴交中央银行之准备金,似仍应由该行依照上项办法予以清理。谨抄附该项办法一

①此系发电时间。

份，随电奉复，敬乞鉴察。职徐○叩。财钱穗。印。附件。

## 各省地方银行发行钞券及准备金清理办法七项

（一）各省地方银行前经核准发行之钞券（以下简称省钞），除新疆币、台湾币另案办理外，概以三百万元折合金圆券一元，统限于三十七年十二月卅一日以前，由各省原发行行无限制兑换金圆券，逾期作废。

（二）所有收回之省钞，应即依法销毁具报，由中央银行查核发还准备金。

（三）省钞未收兑完竣前，原缴发行准备金，应依照后列第（四）、（五）、（六）项先予调整。

（四）省钞发行准备金原以法币缴充或原以黄金、银币、银角折成法币缴充者，应照原法币额折成金圆券抵充之。原以银币、银类缴充未折成法币者，仍按银币银类兑换法币办法所定比率折成法币，再折成金圆券抵充之。上项准备金在抗战期间损失，经中央银行呈准有案者，由中央银行列付非常损失科目，按原抵充额以金圆券抵充之。

（五）省钞发行准备金，原以黄金缴由中央银行保管未折成法币者，应依照修正人民所有金银外币处理办法第三条之规定折成金圆券，除将其原抵充额折成金圆券扣缴抵充外，其余金圆券发还之。

（六）省钞发行准备金原以栈单、存单、储蓄券、证券缴充者，一律发还原发行行自理，原抵充额应以金圆券折缴抵充之，其中一部份公债被敌伪劫失，经中央银行呈准有案无法发还者，由中央银行按公债票面十足作价，再折成金圆券发还。上项损失由中央银行列付非常损失科目。

（七）收兑期限届满未能收回之省钞数额，应即由原发行行列报，其准备金应即由中央银行解缴国库。

〔国民政府财政部档案〕

# 二、金融管制

## 1. 钱币司为拟订金融政策纲领呈核函

（1945年8月23日）

奉次长谕：本部另拟财政金融政策纲领等因，遵经就主管范围，草拟金融政策纲领一份，随函送请查收，汇同财政政策纲领，一并呈核为荷。

此致

秘书处

附件

钱币司　启　八月廿三日

金融政策纲领

一、调节法币发行，充实法币准备，以增强法币之购买力。同时参加国际货币平准基金，斟酌国内外经济情况，订定适当汇率，以稳定法币对内对外之价值。

二、按照国际货币平准基金协定，在战后过渡期内继续管理外汇。

三、参加国际建设开发银行，以利国际资金之运用与流通。

四、因战事而尚未收回之省钞，限期收回销毁，以符统一发行之旨。

五、提高中央银行地位，并加强其机能，俾能领导全国金融，控制信用，成为银行之银行，凡属普通银行业务，中央银行应完全停做。

六、厉行中国、交通及中国农民三行专业化，三行均应努力吸收存款，以为供应资金之主要来源。

七、成立中央合作金库，调整省县各级合作金库，使成为调剂农村短期资金之金融机构。并设立土地银行，以调剂农村长期资金，协助土地政策之推行。

八、加强中央信托局力量，使成为发展信托事业之专业机构。

九、加强邮政储金汇业局力量，以推广国民储蓄。

十、调整省银行，使成为调剂省区金融，开发本省生产事业之银行。

十一、推设县银行，使能调剂县区金融，以协助新县制建设之推行。

十二、确立商业银行为融通短期资金之银行，并改进旧式钱庄、银号之组织，提高其资本额，使成为现代化之金融机构。

十三、金融政策与农工业政策密切配合，以金融扶助生产建设，而促进经济之繁荣。

十四、各业银行在资金运用方面，应会同经济事业机关为有计划之联合投放，并监督其用途，考核其成果。

十五、平抑市场利率，并建立票据市场、证券市场，以吸引国内外资金，供应工商经济事业之所需。

十六、创办国营或扶助民营投资信托公司，代理发行各种产业证券，或自行发行信托投资证券，以指导人民之投资。

十七、普遍推行节约储蓄，以吸收社会游资，供应经济事业以中期资金。

十八、配合储蓄政策，调整国营寿险之机构及业务，并鼓励民营寿险事业之发展，尤着重推行相互社组织之寿险事业。

十九、督导寿险资金及责任准备金之运用，务使保障确实。

二十、扶助民营产物保险事业之发展，并奖励其设立。

二十一、发展海运险，俾与外商保险公司共同发展。

二十二、成立再保险公司，以统筹国内外分保业务。

〔国民政府财政部档案〕

## 2. 国民政府关于中央银行本票不适用票据法有关规定令

(1945年12月11日)

国民政府训令　处字第五八七号
中华民国三十四年十二月十一日

事由：国防最高委员会常会决议关于中央银行本票不适用票据法第十五、十六两条之规定一案，令仰知照。

令行政院

该院平伍字第四一九五号函国防最高委员会秘书厅，以据财政部呈为中央银行发行定额本票及中国、交通、中农三行呈部核准发行之代钞定额本票，拟请不适用票据法第十五、十六两条之规定，请转陈核示一案，业经国防最高委员会饬由法制、财政两专门委员会审查报称："查本案为应付现实一时权宜，且已经付之实施，无可置议。惟案关停止法效，似应准予补行备案。至其适用期间，应尽量缩短，可责成行政院斟酌情形予以核定。更有进者，现行之票据法，颁行已久，核与目前情形不尽适合。应由主管机关拟具修正草案送核后，转发立法院审议。"等语。复经国防最高委员会第一百七十八次常务会议决议，照审查意见办理。合行令仰遵照。此令。

国民政府主席　蒋中正
行政院院长　宋子文

〔国民政府行政院档案〕

## 3. 行政院关于贷放平津各工厂周转资金以利复工训令

（1946年2月9日）

行政院训令　第叁字第03860号
民国卅五年二月九日

令财政部

据本院院长临时驻平办公处呈为经济部特派员呈请贷放各工厂周转资金一案，经饬由中中交农四行联合办事处平津分处贷放十五亿二千四百万元等情，应准备案。除饬知并分令经济部外，合行抄检原件，令仰知照。此令。

附抄发呈文一件检发清单（甲）（乙）共乙件

抄原呈

案据经济部特派员王冀臣呈称：该处接收之工矿事业，除自给自足及移交中国纺织公司天津分公司者不计外，计已开工者四单位，即可开工者二十四单位，共需周转资金国币拾捌亿贰千四百万元，缮制清单，呈请核准，由中中交农四行联合办事处平津分处予以如数贷放，以利复工，而资生产等情。经河北平津区敌伪产业处理局审核，由华北制铁公司项下剔除三亿元，拟将贷放总额核减为十五亿二千四百万元，代电陈请核示前来。经职处复核，该特派员所拟各工厂复工需用周转资金及敌伪产业处理局核减数额，尚属可行，应准照核减数额十五亿二千四百万元，由中中交农四行联合办事处平津分处贷放。除指令经济部特派员，并电令该联合办事处平津分处遵照办理外，理合缮具经济部特派员原拟清单暨敌伪产业处理局核减清单，一并呈请钧院鉴核准予备案。谨呈。

经济部接收之工矿事业

(甲)已开工之工矿 共计四单位
共需周转金三二五,〇〇〇,〇〇〇圆

| 厂　　名 | 地　点 | 产品及产量 | 开工约期 | 周转资金(千元) | 备　　注 |
|---|---|---|---|---|---|
| 华北平津唐电业公司 | 北平天津唐山 | 发　　电 | 已开工 | 二〇〇,〇〇〇 | |
| 华北电线厂 | 天　津 | 电　　线 | 已开工 | 二五,〇〇〇 | |
| 东洋造纸 | 天　津 | 各种纸日产十一吨 | 已开工 | | 以上〔下〕两单位共需周转资金一万万元 |
| 燕京制纸会社 | 北　平 | 各种纸日产四至六吨 | 已开工 | | |

(乙)即可开工之工矿 共计二十四单位
共需周转金一,四九九,〇〇〇,〇〇〇元

| 厂　　名 | 地　点 | 产品及产量 | 开工约期 | 周转资金(千元) | 备　　注 |
|---|---|---|---|---|---|
| 北支电机厂 | 天　津 | 修理电机 | | 二〇,〇〇〇 | |
| 西山铁工厂 | 天　津 | 制造电信架线铁材 | | 二〇,〇〇〇 | |
| 中岛熔铜厂 | 天　津 | 炼制精铜 | | 二〇,〇〇〇 | |
| 日本电信电话厂及华北精工厂 | 天　津 | 制电话机交换机及精密机械等 | | 一七,〇〇〇 | |
| 谦宝铁工厂 | 天　津 | 制空气压缩机等 | | 二九,〇〇〇 | |
| 日华制钉株式会社 | 天　津 | 制铁丝洋钉等 | | 一五,〇〇〇 | |
| 渤海铁工厂 | 天　津 | 制矿山交通机件 | | 二〇,〇〇〇 | |
| 渤海化学工厂 | 河北汉沽 | 制无水芒硝等 | | 一五,〇〇〇 | |

续上表

| 厂　　名 | 地　点 | 产品及产量 | 开工约期 | 周转资金(千元) | 备　　注 |
|---|---|---|---|---|---|
| 内外化学及试剂工厂 | 天　津 | 制骨胶肥田粉等 | | 一七,〇〇〇 | |
| 华北盐业公司 | 大　沽 | 制盐及电解食盐 | | 九,〇〇〇 | |
| 协和制纸厂 | 天　津 | 各种纸日产三至四吨 | | 七四,〇〇〇 | |
| 东亚与北支两油厂 | 天　津 | 油漆月产二十吨 | | 二〇,〇〇〇 | |
| 华北炉材公司 | 古　冶 | 耐火砖月产约二千吨 | | 三〇,〇〇〇 | |
| 天津耐火器材株式会社 | 天　津 | 粘土坩埚等月产四万套 | | 一四,〇〇〇 | |
| 德水硝子工厂 | 天　津 | 玻璃瓶器月产六十万件 | | 一三,〇〇〇 | |
| 东华烧瓷公司 | 天　津 | 搪瓷器皿月产二万件 | | | 与天津耐火合并经营 |
| 协和印刷厂 | 天　津 | 印刷工 | | 一六,〇〇〇 | |
| 华北制铁公司 | 北平西郊 | 炼铁钢 | | 五〇〇,〇〇〇 | |
| 中山制钢所 | 天　津 | 炼铁钢 | | 五〇〇,〇〇〇 | 五厂合并经营 |
| 华北重石制炼所 | 天　津 | 锰矽钨铁等 | | | 五厂合并经营 |
| 太阳电极厂 | 天　津 | 炭精电极 | | | 五厂合并经营 |
| 伊藤兴业制钢所 | 天　津 | 拔丝制钉等 | | | 五厂合并经营 |
| 兴亚制钢所 | 天　津 | 与伊藤兴业同 | | | 五厂合并经营 |
| 华北洋灰公司 | 琉璃河 | 水泥日产六千桶 | | 一五〇,〇〇〇 | |

〔国民政府财政部档案〕

## 4. 吴晋航等为政府对银钱业管制过严请求修正有关法令呈

（1946年3月）①

窃以非常时期国家施行全面管制，钧部为配合经济国策，对于银钱业不断加强管理，前后所颁法令，不下五十余种，行庄业务虽渐纳入正轨，而因限制过严，几于无法生存。上月钧部为上赞国策，下求民隐，特召开金融法规研究委员会，以为修订管理法令之张本，下风逖听，无任仰企。惟兹有不得已于言者，属会等系属法团组织，对于官方为传达政令之转枢，同时对于同业疾苦，虽属事后收集材料，既有所知，未敢壅于上闻。爰就钧部现行管制法令，或于事实不无出入，或于习惯相距太远，行庄深感痛苦，又鲜裨于国家经济金融政策，急盼迅予修订者，分别胪陈如后：

一、转存准备金比率过高。修正非常时期管理银行暂行办法第三条规定："银行经收存款，除储蓄存款应照储蓄银行法规定办理外，其普通存款应以所收存款总额百分之二十为准备金，转存当地中央银行或其委托之银行"，所定比率之高，远过于当今任何一国。伏查是项准备金，依现行按月调整办法，实际上绝对不能充作各行存款支付之准备。因银行于存户支款时，并不能就是项转存准备金开给支票也。如谓仅系保证性质，则应准以证券或其他可靠资产缴充。如谓缴存作用在紧缩通货，则此戋戋数字，何足以影响千百倍游资之活跃。提缴准备之结果，不过限制行庄之活动能力，并使其坐受子金之亏累而已。抑查原颁办法，对于定存、活存未加区别。考之实际，甲种活期存款，多系工商业往来，存取频繁，变动倏忽，而每届月终，存户开发之支票，间不克当日提取，即存少数余额，亦不过短期浮存，兹规定与定存同一提缴，实欠允叶。拟恳准将定存转缴比率降低为百分之十，活存转缴比率降低为百分之五。又

①此系财政部收文时间。

前项缴存准备金给息，照钧部渝钱银字第一八六七四号训令解释，“应按四行公布之贴放息为准”，但中央银行重贴现业务迄未开放，今后可否改照公会所议同业日拆计算，以昭平允，而符合现情？

二、放款比率不宜硬性规定。管理银行信用放款办法第二条规定，银行承做工商各业信用放款，各户总计不得超过该行放款总额百分之五十。查银行承做放款，为求自身资金之安全，自应以抵押为原则。在非常时期内，货物运销情形纷乱，除管制外，可供质押之物品，更不多见，且仓储设备异常简陋。又内地商情对于押放，每多不肯就范，因是乐向黑市，用款行庄被迫乃有所谓变相信放之业务发生。为纠正此项弊端，并便利行庄资金之运用起见，拟恳及时将此硬性比率予以撤废。至若抢购、投资行庄固亦未尝不可参加，惟如即将信放比率限制取消，则行庄除照样供给抢购商以必要资金外，并可不负商业盈亏责任，对于本业资金之安全与合理营运，似觉裨益尤大。

三、银行承兑汇票，应附交易行为与合法证件之规定，似未臻合理。非常时期票据承兑贴现办法第二条第三项规定：“银行承兑汇票，凡商人因交易行为发生债权、债务，由债权人或债务人向订有承兑契约之往来行庄发票，请其承兑之票据属之。”查工商业承兑汇票，固往往基于一种交易行为之发生。但银行承兑汇票则有不然，其交易行为通常发生于贴现得款之后，合法证件事前无由提供。查票据法并未规定承兑汇票应附任何证件，乃行庄于承做押汇时，始须随时跟单，前项限制，殊非必要。拟恳将原有条文修正为：“凡商人因已成立或预期成立之交易行为，所发生或预期发生之债权、债务，由债权人或债务人向订有承兑契约之往来行庄发票，请其承兑之票据属之。”至承兑时商人提示之合法证件，应请改定为商业登记及公会之会员证。同时，为提高商业信用，健全票据制度起见，并恳明令开放商业本票之贴现。

四、中央银行对于“银行之银行”之责任，尚未圆满尽到。查中央银行负有控制全国金融之使命，而先决条件，必须真实做到其为银行之银行。方今我国中央银行对于金融市场，处于超然地位，其挂牌利率，与市场资金流动不生关系，一方面行庄逐日交换余额积存中央银行为数甚巨，只搏得最低利息，一方面行庄差额则不肯轻易贷放。即此而论，可谓缺乏合作精神。属会等认为中央银行如欲名符其实，应即密切注意市场动态，不分畛域，尽量开放转抵押、重贴现业务。盖中央银行果能增加商业行庄之依存性，即所以控制商业行庄为其操纵整个金融市场之工具也。抑按各国中央银行对于收存商业行庄之存款准备金，类多指定为调剂金融市场之用。我国中央银行对于收存准备金诚多致力，而对于市面银根之奇紧与市息之高涨，则熟视若无睹，此属会等百思不得其解者也。

五、限制银行增设信托部之规定似欠允当。查钧部三十三年三月渝钱银字第五一〇七六号训令，限制银行增设信托部，初意系为防杜银行藉以经营商业，实则信托业务有其法定之范围，未容假借。且信托业之兼营存放、汇兑、贴现业务者，并未受何拘束。最近渝市且有银联信托公司准备开业，乃触限制银行增设信托部，于理似有未妥，拟恳撤销前令。

六、限制银行在任何地方增设行处之禁令似应弛除。窃银行业为工商业之辅车，其兴起实基于经济社会之需要。抗战以还，后方都市商业畸形发达，行庄风起云涌。钧部为限制商业资本之活动，并解除同业不正常之竞争计，限制增设，用意良苦。但在多数乡镇，经济落后，而农民游资异常活跃。一方面民众需要银钱业之服务，藉以解除土劣高利贷之盘剥，一方面为吸收游资，以免刺激农产品价格起见，政府亦殊有鼓励银行下乡之必要。若罔顾经济环境与自然原则断然予以禁止（钧部三十三年七月渝钱戊字第三四九三号训令：“已成立之各商业银行，绝对不准在任何地方增设分支机构”），似非明智之举。矧对日战争瞬将告终，沦陷区之收复，乃指顾间事，亟盼早弛禁令，俾行庄得以从事准备，配合军事攻势，逐步向前推进。

七、股东红利及职员奖金限制分配，似有失平。钧部三十一年四月颁布银行盈余分配及提存特别公积金办法，规定“股东红息，每年支付股票官息、红利，合计应以各股东实缴股款年息二分为度”，又“职工奖励，应以各职工四个月薪级之总和为度”。查红利及奖金，原为企业者劳力经营之报酬，是为利润，与民法规定之约定利率不得超过百分之二十者，其性质迥不相同。故任何国家法律，鲜闻有加以限制者。例如盟国军事工业之股票涨至战前若干倍，端在红利分配较平时为优耳。今我国对于一般工商业，并未限制分配红奖，而独对于银行业施以限制，且所定标准，股票仅为股本百分之二十，尚远不及一般存户所享受之利益，殊失事理之平。至职工奖金，限于四个月之所得，在平时尚无大碍，而在战时，则因物价高涨，职工生活无法安定，每于年终提给奖金藉偿宿逋。若限制过低，银行势必被迫提高平时之待遇，但此断非合理经营银行者所能忍受。拟恳撤销前项限制，俾资允叶。

右列七项，为属会等管见所及，除经理事会决议，并另呈行政院鉴核外，理合备文呈请钧部俯赐鉴核示遵。谨呈

财政部部长俞

重庆市银行商业同业公会理事长吴晋航

常务理事范公（印）

重庆市钱商业同业公会理事长蔡鹤年（印）

〔国民政府财政部档案〕

## 5. 王文蔚拟调整东北金融之意见及其办法

（1946 年）①

查东北金融市场，在伪满时期，仅伪满券一种，行使市面，故截

①原件无成文时间，根据同卷文件考证，系 1946 年 5 月前之件。

至日本投降时止，东北之物价，约为战前之百倍。迨苏军进驻东北后，大量红军票随之充斥市面，与伪满券等价行使，通货数量骤增，金融市场颇形紊乱。又以原定法币与流通券之汇率为十三比一迄未变更，而关内外物价时有波动，法币与流通券之比价，因之发生黑市，对整个东北金融情形及经济状况影响颇大。兹为求有效之调整，爰就拟定法币与流通券之汇兑率紧缩通货与平抑物价及如何处理红军票三大端，拟具意见及办法如左：

一、法币与流通券汇兑率之厘定

（一）汇兑率之调整及公布——法币与流通券汇兑率，根据关内外物价，随时调整之，就定期挂牌与不定期挂牌两种办法中，择定一种施行。但在初期办理时，关外各地汇价采划一办法，于汇率决定时，立即密电各分行处，以免纷歧。

（二）采用变动汇率制之利益。

1. 富有弹性。

2. 压制黑市，消灭投机，以稳定金融市场。

3. 汇率随时调整，以显示法币与流通券之自然比价。

（三）汇款办法。

1. 汇款种类——汇款分党政军、慈善事业机关、公务人员赡家费，公营事业机关及普通汇款（包括同业汇款、商业汇款及个人汇款）等数种。

2. 审核及收费：

（1）汇出汇款：

（甲）军事汇款交汇时须持有师部以上或当地最高军事主管机关之正式公文为凭证，除邮电费照收外，免收汇费。

（乙）党政及慈善事业机关汇款交汇时须持有当地各该主管最高机关之正式公文为凭证，除邮电费照收外，政费汇款收汇费千分之十，党费及慈善事业机关汇款免收汇费。

（丙）公教人员赡家费汇款交汇时，除邮电费照收外，免收汇费，但每人每月限汇一次，每次汇额不得超过流通券壹万元，并由各汇款机关每月集中办理。其超过一万元以上者，超出数照收汇费。

（丁）公营事业机关汇款八折计算。

（戊）普通汇款交汇之前，先由汇款人填具汇款申请书，详述汇款用途、汇款数额，经审核后暂由当地中央银行承汇。审核办法另订之。其汇款数在一万元以下者，可不经审核手续，均按章收费。

（2）汇入汇款　　汇入汇款除党政军、慈善事业、公教人员赡家费、公营事业机关汇款，均按照汇出汇款手续办理外，普通汇款在初期试办时，暂以北平、天津两地为限，汇款人每月汇款数额最多不得超过流通券拾万元，按章收费。其审核办法另订之。

二、红军票收兑前应采取之措施

现苏军已撤离东北，其军用票仍未通知发行总额，政府对之尚无从规定适当处理办法，似应实行登记，以为治标之策，庶可免日久真伪莫辨，以及继续发行，游资充斥社会，困难益增，处理必感乏术。兹拟具登记办法如下：

（一）凡苏军撤退之区域，国军进驻后，即举行红军票登记，大小券同时办理。

（二）登记期限以一个月至三个月为限。

（三）以中央银行为办理登记之总机构，未设中央银行之地，委托其他国家银行、商业银行及邮局代为办理。

（四）登记后由承办机关发给寄存证，并将所登记之红军票无利代为保管。

（五）非中央银行代为保管之红军票，应于限期内全部解缴中央行。

（六）对大额之登记及持有未曾使用之红军票之登记，应申述其来源，以备查核。

（七）登记期满，即停止使用。

三、紧缩通货与平抑物价之方策

（一）厉行管制商业银行　目前东北已收复各地之商业银行，逐渐开业，各该行业务究竟是否健全，急待查核。财部似应提早办理审核注册，俾便本行执行检查工作，务使其存款准备金照章缴存，并注意其所收存款之运用是否合法。

（二）奖励储蓄存款　办理储蓄存款为收缩通货有效办法之一，理至明显，无待阐述。惟在战时后方之主要收储机构为中交农三行及中信、邮汇两局，现该五行局俱应从速在东北已收复各地开业办理储蓄存款，俾收紧缩通货之效。

（三）标卖敌伪物资　查中央各部门在东北已接收之敌伪物资，目前尚无正确统计，然数量当不在少。凡可以标卖者，似应尽速办理，以利民生而紧缩通货。

（四）开放商汇以调剂物资　东北物资经苏军抢夺及共军破坏后，大感缺乏，似应提早开放商汇，使关内外物资有调剂作用，藉以平抑物价。初期办理时，应严格审核，藉杜流弊。

（五）工厂应尽速复工以增加生产　此次东北之工厂大半已被苏军及共军破坏，其残余部分似应急速加以整顿，划分国营及民营两种，同时筹备复工，以增加生产，力求物资之供求平衡，物价当能稳定。

（六）便利交通以畅货源　目前东北城市物资缺乏，通货充斥，而乡村则实物充足，通货量少，因之城市物价较乡村为高，似应尽速便利交通，使各外县及乡间物资与集中城市之通货发生交流作用，物价藉以平抑。

（七）举办埠际贸易，采统购统销政策　现时东北情形特殊，一切工商事业均未步入常轨。在此工商业半停顿之环境中，对于一般人民生活之必需物品，似应以政府力量，运用统购统销政策，举办埠际贸易，管制市场，防止囤积居奇。同时各机关成立合作社，以减轻公务员之经济压迫。

（八）低价出售救济物资　请善后救济总署大量输入物资，以低价出售，俾吸收社会游资，使市场中通货流通量减少，物价亦可稳定。

〔中央银行档案〕

## 6. 财政部关于外商公司资本及帐簿记载货币单位使用文字等规定代电

（1946年8月16日）

代电二九三一

经济部公鉴：三十五年六月三日京商（35）字第三三九九号函奉悉。关于律师王建航呈询外国公司经呈准认许后，在中国营业时，其营业簿册，是否可以外国货币计算，及外国人民依公司法规定组织公司者，其资本一项，是否必须为中国法币，抑可用外币一案。查关于外国公司经呈准认许后在中国营业时，其营业帐册是否可以外国货币计算一节，因外国公司在中国营业之收付既均为国币，自应以国币记帐，其有与国外发生外币收付时，亦系汇兑行为，按照汇率折合国币记帐，仍不致有何困难。关于外国人民在中国组织公司，其资本一项，是否必须为中国法币，抑可用外币一节。查外人向我国投资，为国际收支之收入项目，外商银行在我国所设分行之资本，迭经指示应以国币计算，并经各外商银行遵办有案。当此汇率未臻绝对稳定之时，外人投资尤不便以外币计算，以引起将来合资事业之纠纷。英美各国虽有准许他国公司以外币计算资本先例，因系本国货币有领导作用，我国似难仿行，故亦不必迁就。至于贵部对于外商帐册簿使用文字之主张一节，中国官署依法有检查公司簿册之权，为便利检查、尊崇国体起见，自应以中文为主，而许其以外国文字记载副本，以便利其外籍股东、经理等之检阅。以上各点，相应电复查照为荷。

财政部京钱乙673。0816。印。

〔国民政府财政部档案〕

## 7. 财政部为检发银行检查工作纲要代电稿(节录)①

(1946年10月5日)

代电六九一二

热河省财政厅览:九月十二日财朝字第一七一号代电悉。查"银行检查工作纲要"最近业加修正,并将修正条文另令抄发。财政部京钱庚四41。1005。印。

银行检查工作纲要(修正案)

(甲)总纲

一、检查银行应注意其业务是否符合财政部管理银行办法之规定,尤以查核其资金运用情形为主要目标。

二、检查银行,以每一行庄每年至少二次为原则,除专案检查外,应确切把握时机,对左列情形,尤应特加注意:

1. 当地金融情形有必要时,如金融发生波动时,或预测可能发生波动时,或市场有某种因素足以造成金融业投机或变动时。

2. 当地经济情形有必要时,如物价波动时,或预测物价可能发生波动时,或商业萧条及非正常繁荣,足以引起不良影响时。

三、负责行主管人员应于指派检查人员出发前,将检查动机、注意要点及进行步骤,对检查人员详密指示。

四、检查人员出发检查前,应参阅关系行庄前次检查报告及其他有关书表案卷,以便检查时查明其业务情形有无进步,平时所报是否属实。

---

①原纲要系1945年4月28日部令公布,1946年10月9日修正公布。

五、检查时发现紧急事态，或有需同时另行调查或检查事项时，应尽速报告，以便相机处理，总期密取联系，力争时效。

六、检查人数，每一行庄每次以派二人同往为原则。

七、检查人应于接获检查命令后二日内出发，其不能如限出发者，应于报告中陈明原因。

八、每一行庄之检查时间，以三日查毕为准，检查报告应于检查完毕后三日内编就，呈送该管负责行，负责行应于收到报告后三日内，拟具检查意见，送部核办，并分送中央银行总行备查。其有不能如限办理者，应于报告中陈明原因。

九、负责行主管人员核阅原报告内容有未详尽或发现有可疑处者，应责由检查人补充说明，必要时并得饬由原检查人重查，或另行派员复查，一并核转本部。

十、检查动机及检查时间，在执行检查前，应严守秘密。检查后，对于受检查行庄之业务情形，亦不得对外泄露。

十一、负责行于某一地区检查报告核签完竣送部之后，应即指定人员就该次检查所得资料，整理分析，编为检查某地银钱行庄总报告，附列改进意见，分送部行。

(乙)检查要目

一、一般事项：

1. 已否呈准注册或核准设立。已注册者，其营业执照号码。

2. 重要股东姓名、职业、籍贯，董监事会是否依照规定执行职务，及内部人事情形。

3. 内部组织、业务部门之划分及会计系统。

4. 存款之主要来源，资金运用之显著偏向，及其形成之原因，各业贷放比例如何。

5. 头寸宽紧之常态，检查时之情形及其原因。

6. 联行间款项拨调及集中常态，检查时之情形及其原因。

7. 最近一年之损益情形及其原因。

8. 会计科目之应用，及会计手续之处理，是否合乎本部统一规定，账务有无稽延，记载是否确实。

9. 前次检查后，人事及业务之重要变更及其原因。

10. 有无另立帐目逃避管制情事。

11. 部令饬办事项之遵办情形。

12. 其他。

二、现金运送中现金及交换票据：

1. 库存现金数额是否与帐载相符，如有不符，原因何在。

2. 运送中现金数额起运日期、送达地点、委托书字号及其他有关起运之证明。

3. 交换票据之种类、金额、来源，其未能提付交换之原因，是否确实。

三、放款：

甲、放款及透支：

1. 放款及透支是否订有契约，其借款人及所订之期限，是否合于法令之规定。

2. 各透支户透支金额，是否超过所订契约限度。

3. 放款及透支其转期展期者，是否超过法令规定限制。

4. 放款及透支附有质押品，其质押品之种类、数量、品质、价值及存储情形如何，是否合于法令之规定。

5. 质押放款，受押之栈单、提单、货品或原料如系主管机关定有管理办法者，其受押情形与各该办法之规定有无违反。

6. 放款及透支之过期者，其未收回之原因何在。

7. 其他。

乙、贴现及押汇：

1. 贴现票据之种类、期限、格式及其发票人、承兑人是否合乎法令之规定。

2. 贴现票据是否附有合法商业行为证件，其内容如何。

3. 贴现票据到期不能收回者，原因何在，银行处理情形如何。

4. 贴现人应具各项书表，是否完备，填列是否核实。

5. 贴现票据之在他埠收款者，如已寄往收款，查明其寄出之证件。

6. 押汇放款，是否订有契约，其押汇人押汇物品之种类及押款期限、金额，是否合于法令之规定。

7. 押汇物品之品质、价值及运输情形。

8. 押汇人应具书表是否完备，填列是否核实。

9. 押汇放款过期者，未收回之原因何在，银行办理情形如何。

10. 其他。

四、投资及有价证券：

1. 有无违法投资情形。

2. 投资于生产建设事业是否经财政部核准。

3. 投资数额与股票面额不符者，原因何在。

4. 有价证券之种类及其购进原因。

5. 有价证券之票面金额及进价是否与帐载相符，不符者原因何在。

6. 有价证券之买卖，曾否有投机行为。

7. 其他。

五、存款：

1. 定存与活存之比例，存户总数与存款总额之平均情形。

2. 存户户名是否合于姓名使用条例之规定，有无公务机关非法存款。

3. 有无向国家银行贷款之厂商大批存款。

4. 存款准备金缴存情形如何，是否按期调整，有无假借科目或其他方式逃缴情事。

5. 大户存款其余额变更巨大或收付频繁者，注意其印鉴、职业、住址及与行方之关系。

6. 其他。

六、本票及保付：

1. 本票为即期者，开发时对方科目如何；为远期者，开发动机及用途如何。其属扯转头寸者，其经常数量若干，到期收回情形如何。

2. 保付支票发票人是否为存户，保付金额曾否随时由该户余额内转出，其未转出者原因何在。

3. 保付支票之支票，是否合乎票据法之规定。

4. 本票及保付支票于发票及保付后，有无未经列帐情事。

5. 即期本票及保付支票为期已久始行兑付，或尚未兑付者，有无支付利息情事。

6. 其他。

七、汇款：

1. 联行分布及通汇同业之地点。

2. 汇出及汇入汇款数量之偏向情形，偏向原因及汇款数额较巨之汇款人、收款人与银行之关系。

3. 汇款人或收款人为银行本身，或其负责人者，查明其内容。

4. 经营外汇者，是否为政府所指定，经营情形如何。

5. 汇出或汇入汇款久未冲转者，原因何在，并有无支付利息情事。

6. 经由本埠同业转汇之汇出汇款，有无不列帐册情事。

7. 活支汇款买入卖出期汇款之内容如何。

8. 其他。

八、同业往来：

1. 本外埠同业往来经常之轧差情形各如何。

2. 借入款及拆放同业来往较巨之行庄名称及其来往较巨之原因。

3. 外埠同业往来发生之原因，是否订有契约，内容如何，往来实情是否合乎契约规定。

4. 本外埠同业往来之定期存欠款项，其定期存欠原因及内容。

5. 向中央银行拆借之款项，其内容及质押情形。

6. 其他。

九、暂收付及期收付：

1. 暂收付及期收付发生之原因。

2. 暂收付之悬置已久者，期收付之过期者，其未冲转之原因。

3. 暂收暂付为期较久者，有无变相存放款情事。

4. 暂收付及期收付数额较巨各户与银行之关系。

5. 其他。

十、承兑及保证：

1. 承兑及保证是否订有契约。

2. 承兑票据所附合法商业行为证件之内容如何。

3. 承兑票款有无到期未收回情事，其未收回者原因何在。

4. 保证款项有无到期未解除保证责任情事，其未解除者原因何在。

5. 承兑及保证业务有无未记帐册情事，其记入帐册者，有无资负两方余额发生差额情事，及其发生差额之原因。

6. 承兑及保证数额较巨各户与银行之关系。

7. 其他。

十一、催收及坏帐：

1. 催收款项及坏帐来源，及发生之原因。

2. 催收款项之催收及收回情形。

3. 坏帐之收回情形。

4. 催收款项及坏帐与各项放款等之比例情形。

5. 催收款项及坏帐数额较巨各户与银行之关系。

6. 其他。

十二、联行往来：

1. 联行往来款项之转帐办法。

2. 联行往来差额划轧之方法。

3. 联行往来之定期款项，其定期存欠之原因及内容。

4. 联行往来数目较巨者，其发生之原因。

5. 其他。

十三、其他事项：

1. 资本总额是否与核准注册数额相符，其为分支行处者，营运基金划拨情形如何。

2. 房地产之帐载现值及使用情形。

3. 房地产及营业用器具之折旧情形。

4. 承受质押品之来源及处理情形。

5. 开办费之摊提情形。

6. 兑换业务之内容。

7. 仓库业务之内容。

8. 各对转科目之余额不平衡者，查究其原因。

9. 公积金及盈余分配是否依法办理。

10. 各科目之记载，其有特殊或可疑之现象者，详究其内容。

11. 其他。

十四、损益：

1. 定期、活期存放款利息之最高最低率。

2. 定期、活期同业往来利息之最高最低率。

3. 定期、活期联行往来利息之最高最低率。

4. 贴现及转贴现利息之最高最低率。

5. 汇款手续费率。

6. 承兑及保证手续费率。

7. 投资及有价证券损益情形。

8. 兑换损益情形。

9. 仓库损益情形。

10．杂损益内容。

11．各项开支之预算及实况。

12．各项摊销情形。

13．其他。

十五、储蓄部及信托部：

储蓄、信托等部业务之检查，除应参照前列各项要目办理，并应注意下列各项：

1．储蓄存款之运用，是否合乎储蓄银行法之规定。

2．储蓄存款保证准备缴存情形。

3．储蓄业务推进之情况。

4．信托业务之种类及其办理情形。

5．信托业务之内容有无违反法令规定之处。

6．其他。

（丙）报告格式及报告要目（格式略）

一、一般事项

根据检查结果，分类详叙。其关于业务方面者，应对被检查行庄之全盘业务勾无稽要，作深入之观察，为简括中肯之叙述。必须有重点、有系统、有条理，符合“总纲”所定主要目标，避免片断繁冗之列举。关于资金来源、运用倾向、头寸宽紧、调拨情形等项，尤应从纵的方面予以明晰之比较，从横的方面予以扼要之分析。

二、银行部业务

（1）资产类

根据检查结果，循科目次序逐一勾稽条述，其被检查行庄业务情形，前有详案可稽者，报告中应叙明其变动趋势，并分析其原因，检查人之意见，并应夹叙于报告之中。

（2）负债类

同前。

（3）损益类

同前。

三、储蓄部业务

同银行部。

四、信托部业务

同银行部。

检查人 ×××<br>×××（签章）。

附件：董监事名单、职员名单、组织系统表、检查所根据之日计表、各科目余额表、仓库货物表、其他。

五、负责行意见

负责行意见内容应包括下列事项：

(1) 对于原检查报告之意见。

（说明）此项意见应就本案检查工作进行情形与检查报告内容，剖析评注。究竟其事前准备是否充分，工作进行时间是否迅速，检查方法与技术是否完善，银行内容是否翔实，应有简明切实之考语，并将有关事实择要列叙。

(2) 受检查行庄全盘业务情形之详述。

（说明）立言应大处着眼，求其具体扼要，适合“总纲”所定主要目标，力避枝节琐细，对该行庄内部管理、资金来源与资金运用情形，贵有扼要叙述，俾本部对该受检查行庄业务实情一目了然。如有建议事项，涉及其他公司、行庄者，可于本节内分条列叙。

(3) 对被检查行庄业务应予指示事项。

（说明）本节专备本部据以指示各该总行、总庄之用，所列应予指示纠正各节，以“总纲”所定主要目标为着眼点，不容有重大遗漏，亦不可失之琐细，必须就有关事项列叙报告原文，剖析其事实，引据规定条文或部定通案，予以简明肯定之指示。除基于检查报告应为适当处理之事项，涉及其他行庄或其他机关者，应在前节叙报外，其关系该行事项应予指示者，统应列入本节分条叙明。

负责行经理(签章)

丁、总报告要目

一、经济概况——记载当地工商业概况,特别注意农工矿生产事业及物价两项。

二、金融机关概况——记载当地银钱行庄、合作金库、保险公司、银钱业同业公会、四联分支处、票据交换机构及其他金融组织之分布、沿革、资本、人事、业务及异动情形。

三、行庄资金来源之分析——记载检查时当地各行庄各种存款数额比例性质(以何种存户为大宗)及资本、公积、同业联行往来状况,其存款数额与上年上下两期比较消长情形如何,原因何在,并预测其将来可能之发展。

四、行庄资金运用之分析——记载检查时当地各行庄放款(包括各种放款、透支、贴现、买汇与押汇)对象(分工矿、农林、商业、交通公用事业、教育文化、军政机关、个人、其他等八类)、投资性质(分工矿、农林、交通公用事业、教育文化、商业、其他六类)、证券种类及同业与联行往来情形,其各种投放数额与上年上下两期比较消长情形如何,原因何在,并分析其对于当地生产事业与物价之影响。

五、行庄汇兑业务之分析——记载当地各行庄本期与上年上下两期汇出汇入款数额、性质(分军政、工商、同业等),与汇出入最多之地点及顺逆差额与季节性之关系。

六、利息汇率概况——记载日拆、存放款利息(以月息计算)、汇率(以千元计)涨落变动情形及原因,并调查市场利息实况。

七、行庄业务之特点——记载当地各行庄业务之一般倾向、共同特点及其形成原因与损益概况。

八、金融管制法令实施概况——记载金融管制法令奉行程度及实施时有无困难情形。

九、改进意见——对于当地金融状况及银行业务拟具必要之改进意见与办法。部颁法令如有变更必要者，亦分项列举具体办法，用备参考。

〔国民政府财政部档案〕

## 8. 蒋介石关于加强金融业务管制手令暨财政部管制银行业务各项措施呈稿

(1947年2月)

(1) 蒋介石手令(2月1日)

俞部长鸿钧：对于国内各大都市银行、钱庄与商号等之往来帐目，政府应照各国财政部管制各商行号汇款及检查其款项来源根由，使不正当与舞弊帐目皆能了如指掌，必须如此，方能控制经济与金融，以杜绝所有弊窦。现在政府对各银行虽有监督查核办法，但事实上执行极为松懈，此事务须认真办理，藉以防止其经营投机及不正当之业务，以免扰乱金融。希参照美国FBI之经济调查办法，研拟具体实施方案呈核为要。中正。

中华民国卅六年二月一日

(2) 财政部呈(2月27日)

呈 京钱庚二字第1709号

案奉钧座本年二月一日机秘(甲)字第一〇一六二号谕开："对于……为要"等因。遵查管制社会金融，以管制银行业务为主，管制银行业务以管制银行资金之来源及其运用为主。金融市场瞬息万变，管制之方，要在控制其必经之道路，是以规划统一会计制度，统一其记帐程序及业务手续，从而勾稽其帐目，审核其凭证，必视为主要管制手段，而银行定期报表之审核，则为补助管制手段。溯自廿九年非常时期管制银行暂行办法公布施行以来，本部即本斯旨，审慎因应，逐步推行。胜利以还，非常时期法令废止，另订管理银行办法以后，管制立法之尺度，较之战时，虽不无放宽，而督导银行业务纳入正轨之精神，较之已往，实更积极。

关于银行帐目之检查，目前规定有普查、抽查及专案检查三种。普查每年举行一次或两次，抽查或专案检查均根据银行业务登记结果及呈控案件随时举行。平时则经常根据银行定期报表，随时稽核银行业务之动态及静态。在会计处理及帐务记载上，则订有划一银行会计科目及统一银行会计制度，督责遵行，已收相当成效，舞弊帐目已不似前此之难加勾稽考核。至于美国联邦调查局(FBI)，据查原为美国司法部之附属机关，为违反刑章及有关国防案件之秘密侦探机构。一九三四年以后，美总统扩大其组织，成为联邦探查违法案件之总机构，调查范围虽极广泛，而所得资料仅供议会及法院作证参考，并不对外公开。该机构是否有经济调查办法之规划，其内容如何，现尚缺乏具体资料以为依据。

兹除一面赓续搜集该项 FBI 经济调查办法资料，再凭遵谕研讨外，谨先依据本部现有管制银行法令，拟具加强银行管制实施方案一种，其要点如下：

一、银行资本来源考核之加强

1. 规定限期严饬银行存户任用真实姓名，违者罚处，以杜绝银行不正当资金之来源，或隐匿资产。

2. 查对汇款来源，以杜绝银行假名汇划，及考核汇款厂商业务，并严禁商业银行套用国家银行头寸及国家银行暗营存放商业银行业务。

3. 请行政院重申取缔普通公司、商号吸收存款前令，以免游资脱离银行流入黑市，以收正本清源之效。

二、银行资金运用考核之加强

1. 除确属生产事业，并为建国时期政府奖励举办者外，一律不准银行投资入股。

2. 严格督责银行资金贷放，以生产事业及运销事业为对象，违者依法惩处。

3. 严格取缔银行直接兼【营】商业及投机买卖有价证券，违者从严惩处。

4. 查对银行放款客户帐目，一面杜绝银行舞弊帐目，一面考核客户借款用途。

三、银行舞弊帐目考核之加强及非法银行之严格取缔

1. 加强银行检查制度之实施，改良银行业务登记办法，严密采取抽查银行方式。

2. 从严惩处帐务舞弊情事，情节重大者，吊销营业执照，决不宽贷。

3. 严格取缔地下钱庄，并请列为地方政府工作成绩主要考核标准之一。

四、管制机构与联系配合之加强

1. 在各重要都市，由部与中央银行会同设立金融监理处，以补救目前机构上之缺点，俾宏管制实效。

2. 与各有关主管机关密切配合联系，以收互相参证事半功倍及全面管制之效。

奉谕前因，理合缮同该方案呈请鉴核示遵。

谨呈

主席蒋

财政部部长　俞〇〇谨呈

附呈加强银行管制实施方案一份

加强银行管制实施方案

一、银行资金来源考核之加强

1. 姓名使用限制条例之严格推行及可疑存户款项来源之追究

银行资金来源，除额定股本外，以存款为主，存户是否真实，自为考核其资金来源正当与否之唯一依据。以往本部对银行存户之不使用真实姓名及未留确实住址者，均经严饬纠正，今后拟再饬令

限期依照姓名使用限制条例之规定切实办理，其有违延者，除照原条例予存户以处罚外，并饬由银行将各该户存款转入专户存储[①]，提取时必须取具正式保证，列明真实姓名，方得支付。如有违反，即科银行相当罚锾，或撤换其负责人员，以杜绝银行不正当资金之来源，及自身隐匿之投机业务资金(此节已另拟具办法呈院核定)。

2. 汇款业务之考核

A、客户汇款可疑者之根究　　银行资金来源，除主要之存款外，即为客户汇款之汇划。此项汇款除核对其解汇行之解汇凭证，以防止其套用资金经营投机外，其大数客户汇款，纵令银行方面并无弊端，其客户如有可疑情事，如汇划频繁，或数额巨大，显与该客户所营业务不相称衡者，则由经济部或其他机关检查该汇款厂商之帐目及款项用途，一以杜绝银行假名汇划，一以监督厂商本身业务。

B、套用国家银行汇款之严格取缔　　银行汇款，除客户汇款外，尚有同业间为头寸调拨之相互汇划，以此关系，商业银行难免有套用国家银行头寸，国家银行亦难免以汇划为名，暗营存放商业银行业务情事，自属违反政府收缩银行信用政策。此后如查有商业银行代国家银行汇划情事，即就双方资产负债情形，查究有无调拨之需要，数量是否相称。倘商业银行有套用头寸情事，即以从严惩处。倘国家银行有暗营拆放情事，即行撤换其主办人员，以限制其银行资金之非法来源，而收紧缩信用之功。

3. 普通公司、商号吸收存款之严格取缔

查银行资金来源，固应经〔从〕严考核，而于管制施行程序中，尤应注意社会游资因银行管制之严格，而脱离银行流入黑市之事实，是故普通公司、商号吸收存款之严格取缔，倘不予配合执行，实不啻任听游资走入非法途径，自非正本清源之道，以故普通公司、

①所谓“专户存储”之存款，银行一律不给利息。

商号私擅吸收存款，依法应处予罚款并勒令停业，迭经由本部会同经济部通电各地方政府切实执行有案。惟日久玩法，各地普通公司、商号吸收存款者，仍复所在皆有。今后拟奖励检举，其经检举后查明属实者，立即依法予以惩处，并即以所科罚锾全数拨充检举奖金，并请由行政院通令各地方政府严格执行。

二、银行资金运用考核之加强

1. 投资业务之从严审核

按银行资金运用之属长期贷放性质者，即为投资入股。自新公司法公布施行后，银行投资限制之尺度业已放宽，而其对象必须为生产建设事业，并须事先报经本部核准。今后银行投资业务，其未事先报经核准者，拟一律饬令收回。其呈报审核者，除确属生产建设事业为建国时期政府奖励举办者外，一律不准投资入股，以免银行资金之呆滞，并免助长非必需之事业之发展。

2. 贷放对象规定之严格执行

银行资金运用之属于短期贷放性质者，可大别为放款、贴现及买汇三种方式，惟无论采取何种方式，其贷放对象均应以生产事业及日用重要物品或对外贸易物品之运销事业为主要对象。本部督导银行资金运用，向以此项规定为考核之准绳。管理银行办法第六条，并复规定银行资金运用于上述对象者，不得少于其资金运用总额之百分之五十。今后银行资金运用，其查明有未能遵照规定比率办理者，则先严定限期，令饬切实调整。倘有违延，即照管理银行办法有关之罚则规定，从严惩办，决不宽贷，以收督责银行资金运用切实扶助生产事业发展之功。

3. 投机业务之取缔

A、兼营商业　银行直接兼营商业，最易滋长投机风气，故向均悬为厉禁。目前银行之直接兼营其他商业者，虽已鲜见，仍拟就其放款户头切实勾稽查核，其有变相由银行兼营者，即规定内容，配合有关机关从严取缔，并依照管理银行办法之规定，从严科处罚锾，并令饬撤换其负责人员，务期杜绝此项风气之滋长。

B、有价证券　　有价证券之买卖，为银行资金运用之另一方式，其功能一面固为促进合法证券之流通，一面为避免银行本身多余资金之搁置。惟有价证券市价涨落无定，银行购售极易走入投机途径，今后拟从严考核各银行购买有价证券之数量，是否与其当时之资力相称，其购售时期是否与各该银行其他业务动态相配合，倘核明其有投机行为者，即行分别情节，严予警告，或令饬撤换负责人员。其非属建设性质之有价证券，并禁止银行购售，以与放款对象之规定，互相配合，藉杜取巧。

4. 可疑客户之根究

银行放款客户之真实与否，不但关系银行舞弊帐目之勾稽，且复关系银行资金运用之效果。其借款客户如有虚假，倘非银行别营投机，即属经办人员挪款营私。考核办法，端在客户之严密查对，倘发现有不实不尽情事，即行依照有关规定从严惩处，或将舞弊人员送交法院法办。其借款客户，纵属真实，而贷放数额过巨，或超过限期不予收回，或贷款时期及数量与该借款客户所营业务显不相称，或有其他可疑之处者，亦应由有关机关查对该借款客户之帐目，及考核其借款用途，一面以杜绝银行假名挪款别营投机，一面考核银行资金运用所发生之社会效果，从而督导厂商之资金运用，根绝投机不法行为。

三、银行舞弊帐目考核之加强及非法银行之严格取缔

1. 检查制度之加强　　胜利以后，因收复地区至为广大，管制银行事务视抗战期间增繁，奚止倍蓰，以原有之人力财力，自难应付。而复业行庄对于管制法令，亦尚未遽能熟谙体会，以故本部一方面责成中央银行普遍推设检查机构，他方面则对各复业行庄剀切晓谕政府法令，先之以因势利导，然后再采严竣轫置。上年度结束时，经责成主管员司严订展开管制办法，以为本年度加强实施之准备，其大要如次：

A、平时业务登记考核之改良　　责令银行分别按旬按月填具下列报告呈部：

（1）日计表及月计表（稽考银行头寸宽紧及业务趋势）。

（2）放款对象分类表（稽考资金运用方向及其比例）。

（3）各放款科目（包括贴现及拆放）分户余额表（考稽各户借款数额、期间及利率）。

以上各种报表规定，银钱行庄不遵规定期限填送者，撤换其负责人。所有各该项报表，概由部随时登记，分别考核。如发觉有趋向异常，或头寸周转有欠灵活或有其他情弊者，则随即派员撤〔彻〕查，以明真相，而杜弊端。

B、严密实行抽查制度　　本部对于银行之检查，过去均以普查为主，专案检查（根据密告及各方面之报道）为辅。兹以普查耗费时间人力过多，对于各行庄业务，往往仅能得其大要，而不能经常为深入之勾稽，拟自本年度起，举办抽查，以辅前述两种检查办法之不足。其办法即系根据平时业务登记及普查结果，观测行庄业务动向。对于业务有欠正常之行庄，随时举行抽查，必要时对于某一行庄，予以连续抽查，并着重前述银行弊端各节之严密勾稽，使各行庄随时知所警惕，而无法事先准备。倘有弊端，亦无法隐饰。

2. 从严惩处帐务舞弊　　银钱行庄帐务记载不实者（包括前述隐匿资金、假名套款、假名挪款、暗营投机及兼营商业等项），依照管理银行办法之规定，得视其情节轻重，处以罚款或撤换其重要职员，并得撤销其营业执照。惟因复员未久，本部对于收复区行庄，以其狃于敌伪时期积习，宜先善加督导，然后始绳之以法，故上年度内尚少从重处办。本年度拟即令申法旨，如再发现，定予从严核办，以挽颓风。

3. 严格取缔地下钱庄　　取缔地下钱庄即所以防杜资金逃避管制，本部曾再三严格通行办理。但各级地方政府，尚有执行不力者，今后似应列为地方政府工作成绩主要考核标准之一（详见后节）。

四、管制机构与联系配合工作之加强

1. 管制机构　　现在检查银行，京沪两地系由本部直接办理，此外各地一律由部授权中央银行办理，中央银行于各重要分支行所在地，设立检查课，负其责任。此项办法，目的原在藉以辅助中央银行，使其逐渐加强控制金融市场之力量，并以得本部人力财力之穷。实施以来，虽已获有相当效果，然究以中央银行在行政上不能直接对于银钱行庄有所处置，而本部在京沪以外地方又乏人事上之配备，故工作配合上不能如理想之紧凑，行政措施往往难期贯彻，甚或不能争取时效。今后为加强管制，似宜仿照经济部在各重要都市设立工商督导处之办法，由部与中央银行会同设立金融监理处，其经费由中央银行负担，人事配备及工作策进，则由双方会同办理，俾金融业务与行政上之控制配合无间，而与经济部之工商督导处密切联系，互为策应。

2. 联系配合工作之加强　　目前金融界投机舞弊诸种病态，实为当前整个经济问题之一环，其现象既非若干片面事实所构成，故其调查检核处理，必须有关各方密切联系配合推动，始克收事半功倍之效。其办法如下：

A、关于银行存放款，经本部查有可疑之处，今后拟即按其情节，分别行请主管机关根据线索予以追查，再将追查结果，依法处办，仍先由行政院通令各有关机关切实照办。

B、关于取缔地下钱庄及公司商号吸收存款者，目前各地方政府，多以此事与地方行政少有直接关系，以故本部虽经三令五申严责办理，但其成绩殊欠显著。今后拟请著为明令，将此项工作列入工作考核主要项目，倘有办理不力，或阳奉阴违之事，轻者交公务员惩戒委员会议处，重则并以渎职论罪，以宏实效，而彰功令。

〔国民政府财政部档案〕

## 9. 中央银行南昌分行报告经济紧急措施方案颁行后南昌金融市况代电

(1947年4月9日)

中央银行南昌分行快邮代电　　昌稽电字第九号
　　　　　　　　　　　　　　中华民国卅六年四月九日

稽核处钧鉴:案奉钧处卅六稽检字第十五号代电敬悉。遵查此案,前奉钧处稽字第九〇号电,以转准财政部钱币司电嘱遵照经济紧急措施方案,切实禁止黄金、外币买卖及加强金融业务管制等因,当经以代电转请南昌市商会及银楼业公会查照。并于本年二月十八日开始检查南昌市源长银行总行及上海商业储蓄银行南昌分行业务,所有检查情形,业经编制报告书专案呈核在卷。复查南昌市系属内地市场,向少美钞流通。自经济紧急措施方案公布后,各银楼业亦均停做黄金交易,迨至京沪各地银楼业先后恢复营业,本市银楼亦随之复业,其金饰兑出,每市两价格为五十七万元,惟兑入价格虽声称均照本行挂牌每市两四十八万元,而黑市价格每两竟达五十二万元上下。奉电前因。除继续检查各行庄业务及严行考核市面遵行情形外,理合电陈,敬乞察核为祷。南昌分行。卯佳。

〔中央银行档案〕

## 10. 中央银行西安分行陈报西安市办理禁止黄金外币买卖暨加强金融业务管制情形函

(1947年4月15日)

案准贵处0317稽检字第十五号通代电,以准财政部钱币司电嘱关于经济紧急措施方案各地执行查报情形应速转报查核一案,转嘱将办理情形具报凭转等由。准此。查西安市以地处西北,距离出口海岸较远,故以往美钞流通为数有限,自本行开始收购后,即无黑市交易发生。关于黄金之经营,在昔原有金店、银楼三十六家公开买卖,自紧急措施方案公布后,省政当局曾严切禁止,又复明密派员侦查,遂无公开交易,各种报纸并未见有黑市记载。而本行自奉到总行电令收金之日起,亦随即收购,并时常发布新闻,力加劝导。总计自本行收购美钞、黄金以来,截至四月九日止,美钞已有二百一十五户,共四万零二百二十三美元,兑换国币四亿六千七百四十八万一千二百五十元,黄金亦有九百七十户,共四百一十八两九钱五分七厘,兑换国币二亿零一百零九万九千三百六十元。至本区本年度检查工作,早已加紧展开,惟尚未发现各行庄有营做美钞、黄金情事。总之,西安市自政府颁布紧急措施方案后,因赖省政当局劝导之周详,管制之严密,以是一般物价尚鲜波动,仅棉花节节上涨,由每担二十余万已涨到四十余万元,因此布匹亦随之上涨。今后本行对所颁加强金融业务管制办法规定各点,仍当特加注意认真检查,期纳各行庄业务于正轨。除嗣后办理情形随时具报外,相应将最近办理情形,先行函请察转为荷。此致

稽核处

西安分行

副理　张彦三

检字第878号　　　　民国三十六年四月十五日

〔中央银行档案〕

## 11. 唐山市政府转报该市银市情形并转陈市商会关于暂缓查禁钱市呈①

(1947年4月16日)

河北省唐山市政府呈　唐财字第十九号
中华民国卅六年四月十六日

①该件系河北省政府抄呈财政部附件。

案于三月三十一日奉钧府省财四(36)字第一六二一号寅敬代电,饬即迅速查禁本市两钱市,仍将办理情形具报等因。当经饬据本府所属警察局及唐山市商会切实遵照办理。兹据先后呈报该两银市业于四月五日结束竣事,等情前来。正拟转报间,复据唐山市商会会长刘国仓呈称:为呈请事:案据全市商号永德成等二百余家呈称:为呈请事:顷准同业公会传知,以准唐山市商会商字第三六一号公函内开:案奉河北省政府省财四(36)字第一六二一号寅敬代电内开:准财政部京钱庚三(290)、(0225)代电开:据唐山市有银钱市场两处。大银市附于商会,会员由团员八十八家组成,每晨于商会集会,团员间互相存放,其利息视供求而定,去年最高日拆曾至卅分,现平均十五分,成交额并无记载精确数字可资统计,闻最多至每天二亿元以上,平均亦在四五千万元。小银市亦附属于商会,现有团员一百十一家,每日下午集会,利息以当日大银市为准,再视供求以定涨落。又该两银市实为一般身为团员之较大工商行号所操纵,甚至会员间放弃故有本位,非法吸收存款,因之金融机构受其影响,为害金融前途,殊非浅鲜。只以游资充斥,造成物价高涨,尤足戕断农村经济等情到部。查普通公司行号不得吸收存款,迭经本部分电各省政府,并令饬各商会分别转行遵照在案。所报唐山市银钱市场为一般工商行号所操纵,非法吸收存款,影响金融一节,殊属不合,亟应严行取缔,以免妨害金融,相应电请查照转饬当地政府即予查禁,仍具报转部查核为荷。等由。查一般商号不得兼营存款放款,前曾令饬查明取缔在案。而该市一部商号竟自设钱市吸收存款,不但影响地方金融,抑且有违法令。准电前由,合行电仰遵照,迅速查禁,仍将办理情形具报,以便转部为要。等因。奉此。除分行外,合行令仰该商会长即便遵照,会同警察局切实查禁,并将办理情形于文到二日内呈报来府,以凭转报,万勿延缓。此令。各等因。准此。查唐山始于光绪初年立镇而有商会之组织,为应地方实际环境之需要,共谋商业发展计,遂有银市之产生,相沿迄今已历六十余载。不但唐山有银市之设，凡冀东各县城镇，亦莫不皆有，按其当初办法，系市面各商家在商会内互相保证川换银子往来，乃有银市之称。迄今时代变迁，改用币制，但在目前各市县城镇调剂金融机构并不健全情况之下，商民为求谋生存，势不得不沿用过渡银市之办法名义，彼此以有济无，以合作之方式，调剂金融，互益互助，以图共存共荣，历久相沿，人民称便。虽俗称银市，实为商业资金互助团体。当兹通货澎〔膨〕胀，成本加高，资金拮据之秋，全市商号二千余家之资金周转，实多仰赖维持，关系市面兴衰，至深且巨。况唐山为冀东经济重心，贸易往来，商业素称繁盛，需要金融调剂，亟为迫切。但金融机构并不健全，市内虽设有中交两银行，惟存款无息，用款不贷，省市两银行实力薄弱，贷放甚少，又无银号可资调剂，以致不敷全市资金周转相差甚远，如无现在银市代为调剂，则唐山工商各业必陷于停顿，趋向衰败之途，影响所及，何堪设想。唐山为新兴都市，创设伊始，凡百待兴，工商各业，正有待于政府设法扶持，以期趋向繁荣。在无统筹办法之先，对其自力更生、调剂金融团体，应权衡轻重予以维持。法理人情，兼筹并顾，不可因小失大。复查本市银市，纯系以金融合作互益互助为宗旨，以有济无，确无违背法令吸收存款之情事。所有全市商号，均可自由参加，当无操纵之可言。至于利息高低，系以当前经济情况，参酌各地行情共同议定，核与平津各市商营银行银号所贷利息大致相同，此为各都市之一般现象，不独唐山一隅为然。事实俱在，不容讳言。现在银市直接参加商号，虽现有二百余家，但其周转活动范围，息息相通，间接关系，全市两千余家商号命脉，且使放款办法，每户均有一定限制，互相保证，维持信用，仅可供一时之有无，不足以操纵物价，如一旦查禁，必致市内资金既无出路，势必逃往平津，致本市金融枯竭。各商号转运不灵，逐渐凋敝，妨害建设，不可言喻。今我政府当局忽下令查禁，商民等闻悉之下，群情惶吓，地方人民生计，荣枯攸关，难安缄默。理合联名呈请大会据情转报唐山市政府鉴核，俯念商民困难情形，在本市调剂金融机构尚未健全之前，因地制宜，对于现在银市免予查禁，暂维现状。否则似此金融冻结有碍市面繁荣，妨害市政建设。并乞迅电河北省政府转咨财政部，按照地方实际情况，准予筹设合法银号二十家，以符法令而便商民，实为公便等情。据此。该商等所称各节，尚属实情，可否准予体念下情，于未奉准成立银号之前，暂免查禁，以恤商艰而维市面之处，理合据情呈请鉴核俯准转呈饬遵，实为公便。谨呈。等情。据此。理合据情一并转报，究应如何办理之处，伏乞鉴核示遵。谨呈

河北省政府主席孙

河北省唐山市市长郝侃曾

〔国民政府财政部档案〕

## 12. 财政部钱币司拟取缔投机操纵建立健全合理之证券市场稿

(1947年5月)①

取缔投机操纵建立健全合理之证券市场

查证券市场原为长期资本市场，应力求市况之稳定，使正当投资者投资安全，而需要资金之生产界得以低利吸收资金，故凡足以造成市场暴涨暴缩之因素，均应设法消除，而操纵投机之情事，尤须严予取缔。上海证券交易所开业以来，即予严密管理，除派员常驻交易所监理外，对于经纪人之审定，上市证券之遴选，均经严格办理，先谋本身之健全，次为根绝投机操纵起见，并规定各种证券之成交单位、价格升降限度，以制止市价之暴涨暴落。并为保障买卖双方之安全成交起见，除规定经纪人身份保证金及交易证据金

①根据内容推断系1947年5月以后之件。

外，并订有交割证据金或追加证据金，随时授权交易所在适当时机付之实施，藉以应付变幻之市场，加强卖买当事人之安全，凡此举措，胥在谋求证券交易之健全发展。故自上年九月间证券交易所开业① 以来，一般情形尚称良好，虽自二月份起，证券市场颇有激涨情形，但此项情形在今日物价日高之影响下，毋宁系属正常发展，且此项涨势因受升降限度之限制，与一般物价之遽涨，迥不相同，买卖双方在同一市内（每日二市），其最高盈亏情形，均可事前估计。惟目前各种上市股票，尤其热门股，如永纱、美亚均已涨达饱和，或竟超过其清算价格，此项情形，自应设法制止，以免厂家本身抛出股票，放弃经营，不但影响持股人之利益，而厂家停闭，生产萎缩，其严重较之民十三之信交风潮，必更过之。防制之道，首在增加交易证据金之成数，一以收缩交易额，俾多数之资金可被冻结，一以保障交割。其次为视市场之涨落、增加或减少多空之交割证据金，藉以抑低投机，如能灵活运用，措施得宜，对于稳定市价殊有成效。其次为检查厂家，公布其资负及生产暨盈亏情形，藉以指导正当投资者，并为抑制投机之一助。此外检查经纪人之业务，厉行成交单制度，似均应分别令饬交易所监理员及交易所当局严密办理。

〔国民政府财政部档案〕

## 13. 财政部拟平抑市场利率以安定金融问题稿

（1947年5月）

平抑市场利率以安定金融问题

利率之上涨，造因于物价高涨，商业利润之增高。利息为工

①上海证券交易所于1946年9月16日开业。

商成本之一，其上涨乃又转以增高物价。如此互为因果，渐形成高利之局面。自经济紧急措施方案施行以后，市场利率虽已略见降低，惟施行日久，不免松懈，物价已在蠢动，利息亦有回复高昂之趋势，治本之方，固在平衡预算，紧缩发行，但此事非一蹴可几。

在抗战时期，本部对利率政策，向照下列原则办理：

（一）农工矿生产事业资金之通融，由国家行局低利贷予，惟严密考核其用途，以防杜假名套利。

（二）银行一般存放款利率，由各地银钱业同业公会参酌市场实况议定利率，报请当地中央银行核定牌告。兹虽时移势迁，而上列原则似仍可适用于今日，惟在物价与利率互为因果之状态下，无论平抑物价或平抑利率，均非任何片面办法所可望其有效。为全盘配合以期实效起见，兹就消极、积极两方面拟具平抑市场利率之实施办法如下：

甲、消极措施

一、厉行核定利率办法　平抑市场利率，首应控制银行利率。拟责成中央银行取主动立场，切实运用银行存放款利率管理条例于各地普遍实施，并随时作适当之调整，严密监督各地银钱业切实奉行，俾银行利率有适当之控制。

二、取缔非法金融机构　非法金融机构，或高利盘剥，或揽收存款，均为创造高利之重要因素，亟应从严取缔。拟责成地方政府对当地地下钱庄及吸收存款之公司、商号负责检举，严格取缔。其有奉行不力者，惩罚其主管长官。

三、严格管制物价取缔投机买卖　管制物价取缔投机，实为平抑利率之釜底抽薪办法，经济紧急措施方案所定关于物价事项，应切实执行，尤以对于“评议物价方案”、“取缔违反限价议价条例”及“非常时期取缔日用重要物品囤积居奇办法”，应由有关主管加强实施，严格执行，各地方政府为制止投机买卖之必要，得暂时封闭某种市场。

乙、积极措施

一、诱导游资流入正当金融机构　　为诱导游资纳入正当金融机构，以控制黑市利率起见，下列措施拟分别加强实施：

（一）中央银行对于银行利率之核定，应注意接近市场水准，随时为适当之调整。

（二）责成三行两局举办优利储蓄，以吸收游资。

（三）责成三行两局及省地方银行举办特种信托存款及投资，除优给利息外，并酌分利润。

（四）责成中央银行以适当利率吸收商业行庄多余资金。

二、合理供应正当工商业资金　　凡正当工商业因增加生产、畅通运销所需之营运资金，尽量予以合理供应，不仅为扶助工商业正常业务之发展，且可避免其向黑市争取资金刺激利率，对下列措施拟加强实施：

（一）对农工矿生产事业及畅通重要物品之运销事业，除由国家行局低利贷予营运资金外，并督导商业行庄资金尽量投放于生产及运销事业。

（二）银行对于上列事业之放款，由中央银行切实办理重贴现、转抵押，以灵活并充实其资金之运用。

三、扩大库券劝募　　最近发行之短期库券，保障稳固利益优厚，实为投资之最好对象，亟应加强宣传，扩大劝募，俾游资有正当出路，对于平抑利率，当存显著效用。

以上办法如能同时切实配合推行，对于平抑利率、安定金融，可收相当成效。

〔国民政府财政部档案〕

## 14. 社会部为附送城市信用合作社管理要点草案快邮代电

(1947年7月4日)

财政部公鉴:本年六月十二日钱庚一字第二七一三八号代电敬悉。查信用合作社为人自助互助调剂金融之组织,政府为促进其发展,自应予以奖励与扶助。惟如假用名义,违反合作原则,变相经营业务者,应施予严格之取缔。本部为健全信用合作社业务,并加强其管理起见,特拟定城市信用合作社管理要点草案,电请查照核示意见以便正式订定,令发有关各省市合作主管机关切实施行,并希见复为荷。社会部合四。午。支。印。附城市信用合作社管理要点草案一份。

城市信用合作社管理要点草案

一、关于设立方面:

1. 凡发起组织城市信用合作社者,须先呈准当地合作主管机关许可。(按:一般合作社之设立原不必先经许可手续)

2. 合作主管机关接到申请筹备信用合作社之文件后,应按左列各点覆加调查审核:

(一)发起人是否有正当职业,声誉如何,动机如何,有否详细业务计划。

(二)发起人必须为社址所在地居民,而未参加其他信用合作社,且非现任新旧商业金融机关职员者。

(三)申请筹设地点是否有设立信用合作社之必要,已否有同性质合作社之设立。

3. 合作主管机关应按照该城市人口、地域及经济情形,核定信用合作社之最高社数,并呈报社会部备案。

4. 信用合作社核准筹备设立后,必须征求社员达三百人以上、筹集股金在三千万元以上,方准举行创立会。

5. 凡现在新旧金融机关服务者，不得兼任信用合作社理事主席或经理。

6. 信用合作社成立后，必须人事健全、业务计划详密，并备有社员签名盖章之名册后，方准登记。

7. 专业性及特殊性信用合作社之核准设立，必须先行呈准社会部。

二、关于业务方面：

1. 信用合作社应以提倡社员节约储蓄为中心业务。

2. 存款业务应注重小额存款之吸收。

3. 放款以办理社员生产上、运销上或生活上之必需资金为主。

4. 放款应注重小本经营之扶持。

5. 放款利率应低于一般市场利率，由各该社社务会比照一般银行放款利率规定之。

6. 各社为便于社员信用程度之评定，得按社员职业或住址分组。

7. 存放款业务均限于对社员交易。

8. 各合作社每月应将社业务经营情形及会计帐表，呈报合作主管机关查核。

9. 合作社经理以下职员，均应觅妥实保证。

10. 合作社监事会必须经常检查合作社社务、业务经营情形。

三、关于检查方法：

1. 信用合作社之检查，由所在地合作主管机关办理之，合作主管机关应专用稽核人员办理查帐工作。

2. 合作主管机关应将各社业务经营状况及检查情形，每三个月列表汇报社会部及财政部查核。

3. 经检查之信用合作社，如发现有违法情事，或不合规定时，主管机关应予适当之惩处，或命令解散之。

4. 管制地区暂定为南京、上海、天津、北平、济南、青岛、汉口、广州、重庆、西安、成都、杭州、苏州、绍兴、宁波、昆明、永嘉等十七地。

〔国民政府财政部档案〕

## 15. 国民政府关于战后都市经济管制方案中有关金融管制稿①

（1947年7月12日）

金融管制

抗战时期，政府对于金融管制，历经配合经济政策，积极办理。胜利以后，复员期间，经济、金融仍未趋入安定。管制金融办法，虽经检讨修正，立法尺度或较放宽，而督导金融业务纳入正轨之精神，较之以往实更积极。经济紧急措施方案公布以后，对于金融业务之管制，益臻加强。管制要点，并经适应当前环境，逐加调整，以资应因。兹为加强都市经济管制，关于金融部份，应加强实施者，其要点如下：

一、督导银行资金运用。国家行局之贷放，以发展农、工、矿、交通、公用等事业及协助民生必需品及出口物资之增产为主，省市银行之贷放，以发展省市区域内经济事业，便利特产运销及公用事业为主，商业行庄之资金，以用于协助重要必需品之运销为主，均由政府按各都市经济情形订定标准，监督实行，并严加考核，务使银行资金，用于协助生产，增加物资，以配合经济政策之实施。

二、改善贷款制度。国家行局供应生产资金，应注意增加生产之实际效果，工贷部份得以定货、收购、代购、代制等方式办理，农贷部份应酌量采用实物贷放办法。

---

①该件系财政部1947年7月12日函送全国经济委员会秘书处附件。

三、本紧缩信用之原则，加强控制市场信用，严格管理汇兑及货币之流通，以防杜游资之集中作祟。

四、督导票据之合法流通，严密制裁非法票据及空头支票之行使，以紧缩市场信用。

五、控制利率。中央银行应先切实控制银行存放款利率，进而控制市场利率。

六、诱导并监督游资之正常活动，取缔投机买卖，加强监督证券交易所业务，并严禁场外交易。

七、严密取缔金钞黑市及非法外汇交易，以稳定币值。

八、严禁银钱行庄经营物品购销业务及投机买卖有价证券。

九、严格取缔地下钱庄，并禁止普通公司、商号吸收存款。

十、健全各地银钱业同业公会组织，责成协助政府实施各项管制。

十一、纠正银行违法及负责人违法经营，或行员违法经营，及利用行款，予以严厉处分，使银行业务，趋于正常。

根据上列要点，订定实施办法如下：

一、关于督导银行资金运用者。

甲、国家行局之贷放，依照四联总处规定办理，应由四联总处及各该总行切实监督考核。其在规定数额以下，得自行贷放或先做后报之放款，仍由四联总处或分处切实考核。

乙、商业银行或省市银行之贷放，由财政部按照管理银行办法规定，并参照各重要都市经济状况，分别订定贷放标准，定期检查考核。

丙、对于银行贷放对象之考核，不仅注意其本身之帐目，并查考客户之真实与否，如发现贷款厂商有可疑情事，应会同有关主管加以根究，对于贷款之运用及其效果，并应严厉考核。

二、关于紧缩信用者。

甲、国家行局及省市银行多余头寸，应一律存放中央银行，对于各重要都市行局头寸之调拨，由中央银行统筹协助。

乙、军政机关及公营事业机关经费，按照军政机关公款存汇办法切实执行。军政机关及公营事业机关在各银行之普通存款，应先拨作公库存款，方能依法支用。

丙、国家行局之大宗贷款，在未动支前，得由贷款行局指定银行专户存储，支用时并应开具抬头支票。

三、关于管理汇兑及货币之流通者。

甲、国家行局、省市银行或商业行庄承做对口岸（其地点由财政部随时指定公告之）之工商汇款，除由中央银行运用汇水政策予以限制外，必要时并得由中央银行商承财政部为必要之管理。

乙、商业行庄、工商业及私人由内地携运大宗现钞至口岸者，得由财政部规定数额，酌予限制。

丙、中央银行对同业调拨，可斟酌当地实际情形，规定调拨限额。

丁、军政机关汇拨公款，应照军政机关公款存汇办法办理。

四、关于督导票据之合法流通者。

甲、对于承兑汇票之承兑或贴现，依照票据承兑贴现办法之规定从严监督，以防杜变相非法放款，或套用国家行局款项。

乙、注意票据交换时退票过多之行庄，查究其原因，其过失在客户者，并根究其客户。对于空头支票之行使，尤应切实查究。

丙、禁止远期支票之行使，规定银行代收票据，非收妥入帐，不得准其抵现支取。

丁、银行非应顾客之请求，不得开发本票、期付本票，并予以适当之限制。

五、关于控制利率者。

甲、生产事业所需之营运资金，由国家行局低利供应，惟应监督其用途，严防套用。

乙、银行同业间存放日拆，及一般存放款利率，由中央银行督导同业公会依照管理银行存放款利率条例之规定，切实核定，并予以合理之控制。

丙、严禁银行于规定利息外巧立名目，变相增加利息。

丁、奖励对高利贷之告密，如有发现，送法院以刑法重利罪论处。

六、关于诱导游资正常活动，取缔投机买卖者。

甲、加紧推销公债库券，发售国营事业机关股票，以开浚游资出路。

乙、监督交易所业务之正常发展，如有投机操纵，随时予以制裁。

丙、严密查禁证券之场外交易。

丁、严密查禁黄金外币之黑市买卖及外汇之非法交易，责成地方政府加强检查，奖励告密。

戊、限制新闻刊物登载刺激市场、助长投机之黑市行市，违者得予以停刊之处分。

七、关于加紧检查银行者。

甲、严密检查行庄业务，对于行庄资金之运用、存放款数字之增减、头寸调拨之实况，以及资金之伸缩与盈虚，均予特别注意。

乙、检查银行除对上款所列事项详加考查外，并详密根究其帐册、文件记载，侦查有无营私舞弊、隐匿记载或虚立户名利用行款及经营非法业务情事。

丙、检查银行对于行庄负责人员有无化名或勾结挪用行款，或利用地位经营非法业务情事，应特加注意查究。

八、关于纠正银行违法及负责人、行员违法者。

甲、银行违背法令经营业务者，依财政部管理银行办法及加强管制金融业务办法各条规定，分别情节，予以处罚，或吊销其营业执照。

乙、银行停业清理，其资产不足偿付负债时，银行负责人应负无限连带赔偿责任。

丙、银行负责人或行员图利本身违法经营，或利用行款者，依刑法规定送请法院治罪，并负民事赔偿责任。

九、关于取缔地下钱庄者。

甲、责成地方政府严格取缔当地地下钱庄，如以后再有发现，除依财政部管理银行办法处理外，并依刑法重利罪论处。

乙、禁止普通公司、商号直接吸收存款，违者勒令停业，并依法处罚。

丙、奖励对上列事项之告密。

十、关于加强同业公会组织者。

甲、政府对于金融管制之重要法令，均发由同业公会转行遵照。

乙、同业公会应自订业规，实施团体制裁。

〔国民政府财政部档案〕

## 16. 财政部关于贯彻国民党三中全会经济改革方案有关财政金融事项办理情形报告

(1947年7月25日)

三中全会经济改革方案有关财政金融事项财政部办理情形报告　三十六年七月二十五日编

原方案(乙)今后方策(二)之1及2以贷款促进生产各节。查国家行局办理贷款，向以扶助工矿生产事业及民生日用必需品之产销为主旨，历年均经尽力办理。最近四联总处拟对若干种民营工矿事业试用定货方式，供给资金，以便掌握其全部或一部出品。又对民生日用必需品贷款，并经洽由主管机关收购其部分物品，以充裕政府配给物资，如试行有效，自应督促推广办理。

（二）之3以贷款促进输出品之生产与输出，以充实外汇基金一节。查贷助出口商，四联总处原订有放宽各行局承做押汇放款办法暨打包放款原则施行，中央银行并订有办理出口国外物资贷款转质押暨转押汇办法，以协助贷款行庄。最近四联总处复另订"国家行局办理出口国外物资贷款办法"，以期加强协助。又中央银行现行贴放通则，亦以贷助出口商为主。此外，中信局复设有易货机构，经先后专责主持出口易货事宜。最近国家行局，并大量贷款，协导蚕丝产销，藉以促进输出。今后自当督促其酌察国外市场情形，对我国外销物资，多为收购输出，或代办出口，以期充实外汇基金。

原方案（三）稳定币值：1. 关于防禁通货膨胀一节。查本部为平衡预算，遏止通货膨胀，经不断多方努力，一面配合国民经济发展之需要，改进租税制度，并衡量纳税人负担能力，扩大各项可能之收入。一面运用公债及物资政策，以利用社会游资及处理美国剩余物资暨敌伪财产售价，作为收入之补助。至国营事业发行股票出售，本部已商准经济部积极筹议出售。敌伪产业及剩余物资，亦由各敌伪产业处理机关，依照院令加紧处理中。

（三）之2关于整理币制一节。查整理币制，关系重大，自当缜密规划，充分准备，选择适当之时机，予以实施。本部对此问题，现正不断研议中。

（三）之3关于东北、台湾、新疆等地货币问题一节。查东北、台湾收复之初，为避免各该地金融、物价发生剧烈波动起见，爰经决定分别行使中央银行东北流通券及新台湾银行券。惟该项措施系属权宜之计，俟至适当时期，仍须一律改用法币。至新疆货币问题，前曾由部核定统一新省币制分期实施办法，惟以该省情形特殊，迄未能依照实施，一俟该省局势稳定，即须予以整理，改用法币，俾全国币制归于统一。

原方案(四)改革金融制度之1关于扶植县银行一节。查自县银行法颁行后，本部即咨请各省政府酌量各地经济情形及实际需要，拟具分期推设计划，督促各县，积极筹设。除地瘠民贫及情形特殊之地方外，各省政府均经按照预订筹设计划，分别督饬推设。今后仍当由部继续督饬推设，以期普及全国。

(四)之2关于县银行之设行原则及资本等一节。查依照现行县银行法，县银行原以一县一行为原则，其资本由地方公款与人民合资设立，商股不得少于二分之一，原所以使人民参加此项组织，嗣以就实际经验推行之初，仍有赖于公家多多提倡，方足以观厥成，爰于修正县银行法草案时，将“商股至少二分之一”之规定废除，改为由“县政府以县乡镇之公款拨充，并可招收商股”。如此推动既易，又可无背提倡自治精神之原旨。又本部卅二年度施政计划，关于健全地方金融组织部份，曾订有“凡未设县银行各县，当采用中央与地方合办方式，由中央银行加入资本俾资提倡”等语，惟中央银行系负调剂全国金融之责，其资金应属于流动性质，投入县银行，于调剂力量，不无削弱之虞。为统筹兼顾起见，经与中央银行商定，以提倡股方式加入，并由该行拟具办法送部核定有案。经于修正案内规定，各县银行资本于必要时，得申请中央银行酌认提倡股，并应由县银行于三年内陆续筹募股款补足退还，俾于资力缺乏县份，得由中央银行酌量情形协助成立。既无背加入资本之原旨，而提倡股复可于限期内以其收得股款陆续退还。关于县银行业务上之监督管理，本部业经呈奉行政院令授权各省财政厅办理，并由部拟具授权各省财政厅监理县银行业务办法，呈奉核定施行，通令各省财政厅遵办。至县银行人才问题，似亦可责成各省财政厅就地甄选训练，分发各县银行任用。

(四)之3关于国家银行为县银行业务之后盾一节。查县银行法规定，县银行得不用抵押品，以分期摊还办法，向省市银行或其他银行借入资金，国家银行自可视其需要，予以协助。又本部前拟具之修正县银行法草案中，并经规定县银行得申请中央银行酌认提倡股，并得与中中交农等国家银行订立契约，代理约定事项，以增强与国家银行之联系。上项草案，现正由立法院审议中。

(四)之4关于土地金融一节。查土地银行法案，本部正研拟中，目前经济未臻稳定，组设土地银行，似仍须暂缓。土地金融业务，自农行兼办以来，尚称顺利。而终未能广为开展者，资金不足固为原因之一，惟贷款客观条件，亦有待地政、农林、水利、合作等工作之推展，设果能大规模从事土地改良、土地重划、土地征收、地籍整理、土地垦殖、扶植自耕农等，情形自可改观。至充实土地金融资金，农行除先后发行一般土地债券外，并在绥靖区发行实物本位土地债券，如客观条例许可，并能流通于证券市场中，当可顺利推行。目前拟暂缓拨发专款，免增国库负担。至透过县银行展开业务，须先健全县银行本身业务充实入手，由农行酌情委托办理。

(四)之5、6、7、8、9、10、11关于国家行局库等专业化各节。查现在各行局业务均本专业原则进行，迭有进步，其每年度业务，均由各该行订有详细工作计划，呈请本部核定施行，均以符合专业化为主旨。至邮汇局资金之运用，系遵照储蓄银行法办理，以安全为要件。

(四)之13关于省市银行及普通银行之管制一节。查省银行自卅四年省银行条例公布以后，即经由部督饬依照规定办理。现省银行条例，业经立法院修正，呈奉府令公布，正由部详细研拟实施办法中。至市银行，系准照县银行法之规定办理。又本部对于银行之管制，向以事前督导与事后考核并重。管制法规现用卅五年四月间公布之“财政部管理银行办理”，此项办法，系就非常时期管理银行暂行办法”加以修改，以适应复员期间之需要。

(四)之14关于国家银行应对其专业性质相同之普通银行予以辅导一节。查各国家行局，自卅一年专业化以来，年有进展，其资金运用于专业者，恒在百分之七十以上，本部正加强督促中。普通银行目前多系以商业为对象，此后或可因央行贴放政策得当，能鼓励商行投放生产事业，自可责成各国家行局予以辅导。至国家行局机构之布设，均经本部核准备案，并时加指示，惟其分布范围，须视经济发展情况而定，经迭电四联总处统筹，并已订有原则实行。

原方案(六)工业之8关于集合公私银行组织复兴金融公司一节。查原案组织复兴金融公司，系为扶助金融生产建设复兴经济事业，原则上自属可行。惟事实上尚须政府周密考虑，俾能充分发挥功用。

(六)之9关于银行应监督工矿事业贷款之用途，并接受固定资产为押品一节。查国家行局对于工矿事业贷款之用途，自来莫不注意监督考核。除承办行局随时派员或驻厂稽核外，四联总处并设有巡回稽核，分赴各地考查贷款成效。至贷款抵押品已接受部份厂房基地，尚能兼顾。关于各行局办理贷款时，四联总处经严定，除核定利率及规定费用外，不得另立名目额外取费，此后自当随时转促切实办理。

(六)之10国内现有敌伪工矿事业标售不易者，应租与民营一节，业经本部拟具拨用接收敌伪资产处理办法呈院核示中。

原方案(七)商业之2关于国际贸易之进口方面，除生产工具、原料及仪器、图书外，应设法严加限制一节，原则上当因由输入临时管理委员会办理。至国人存在国外之外汇存款，前经本部拟具中华民国人民存放国外资金申报登记办法草案，呈请行政院核办中。

(七)之3关于出口事业所得外汇，得采进出口许可联销办法一节，正由部缜密研究实施办法中。

原方案(九)财政之1政府应扶植工业以裕直货两税收入，扶植贸易事业以裕关税收入，扶植盐业以裕盐税收入一节。查本部一切财政措施，无一不顾及经济发展，以培养税源而裕税收。以盐业一项而论，本部对于食盐之增加生产疏运畅销历经列为中心工作。

复员以来，因沿海各场迭遭破坏，盐民资力薄弱，无法积极恢复生产，经由公家垫款进行必要之修复工程，并洽准四联总处指定银行组织银团办理盐业贷款。所有产运商人，均得依照规定，以盐斤作押，经由盐政机关之担保，向银团代理行局办理贷款。现在上海区（即淮盐区）、重庆区（即川盐区）、两广区银团已先后成立，天津区（即芦盐区）银团，亦还在组设中。此外，盐场较大工程，如公路、河道、桥梁、码头、仓坨、房舍等，则由公家按照计划拨款兴建，一面加强盐警武备布防场区，严密守护，另择主要盐场筹组公司，改良制盐方法，集体生产，在保障扶植盐业方面，均已次第举办。

（九）之2关于重行改订财政收支系统一节，前已由部拟具地方财政改进方案，呈院核示，一俟奉准，即可实施。

（九）之3关于目前直货关盐四税税率对于现时经济环境未能适合，因是未尽能充分把握税源，平均人民负担，应加以调整一节，兹就直货关盐四税税率分别检讨如次：

甲、直接税方面

1. 所利得税　　查所得税免税额及税率之调整，经拟订“所得税法免税额及课税级距调整条例”，奉府令公布施行，本年度各类所得税之免税额及税率，已依照该项条例调整竣事。

2. 遗产税　　现行遗产税法所定之起税点及税率，对于当前经济环境未能适合，业经按照实际情形，拟订修正遗产税法草案，即将呈送审议。

3. 特种营业税　　自财政收支系统改制，营业税划归地方接管后，依照规定，中央应举办特种营业税，以资抵补。其征课范围为银行、信托、保险等特种营业以及有竞争性之国营事业，依照税法规定征收特种营业税者，不再征课营业税。此项特种营业税法业经府令公布，自本年五月一日起开征，手续简便，税率轻微，并无繁苛之弊。

4. 印花税　　为适合现行经济情况，经将原印花税法加以修改，呈送审议通过，业奉府令公布，即可实施。按此次修改印花税法，着重把握税源，平均人民负担之旨。

乙、货物税方面

1. 糖类在专卖时期原征专卖利益百分之三十，迨三十三年七月改办统税征实后，税率仍照原征专卖利益订为百分之三十，嗣于三十四年五月呈准行政院减为百分之二十五。胜利后停止征实，回征税款，较办理专卖及征实时期，负担已大为减轻。

2. 茶类税率在战时原征百分之十五，上年十月恢复征税，已改订为百分之十，复以茶叶为我国出口大宗外销货品，并准予免税或退税，藉以鼓励输出。

3. 化妆品系属奢侈品，举办货物税原为平均负担，充裕库收，现行税率为百分之四十五，尚不为重。

4. 锡箔及迷信用纸课征货物税，旨在寓禁于征，充裕库收，现行税率百分之六十，已较战时税率百分之八十为低。

5. 火柴在未实施专卖前征收货物税时，其税率即为百分之二十，迨三十四年取销专卖改征实物税后，仍征百分之二十。

6. 皮毛并非民生日常服用必需品，现皮毛税亦仅征百分之十五。

7. 矿产税关于日用必需品部份，如煤、铁等类，业由百分之五减征百分之三。

8. 棉纱虽为民生日用必需品，但其课征范围仅以机制货品为限，对人工土纱并不课税，原征百分之七税率，并不为重。

9. 卷烟因系消耗品，各国税率均高。吾国现行百分之一百税率，系定自专卖时期。三十四年时，政府曾有提高为百分之一百五十至二百之议，嗣因卷烟原料薰烟叶税已征百分之三十，且衡之一般产销能力，遽难增加，故现行税率仍征百分之一百。至薰烟叶税因防止私制卷烟及土烟叶混充逃税计，事实上难以废除，惟因所制烟件尚须征税，故现行百分之三十税率比照烟叶为低。

10. 麦粉税为我国最初开办五种统税之一，去岁依据货物税条例恢复开征，课税范围仅以机制及半机制麦粉为限，土制麦粉及半机制麦粉不另行包装，专供门市零售者，均免征税，核定税率为从价征收百分之二·五，在现行货物税税率中为最低之一项。

11. 水泥亦为我国最初开办五种统税之一，现行税率仍照战前百分之十五征收，考察产销情形，是项税率尚属公允。

12. 饮料品系属消耗品，依据过去汽水税范围征收增加，果子汁、果子露等为一般富有阶级夏季之消耗品，现行税率定为百分之二十，尚不为重。

13. 洋啤酒及国产烟酒等均属奢侈品，课税原有寓禁于征之意，现行税率洋啤酒为从价征收百分之一百，土酒为百分之八十，土烟叶为百分之五十，土烟丝为百分之三十。

以上各税税率，除奢侈品及迷信用品，因有寓禁于征作用，课征较高外，其民生必需品则甚低微，对于消费者负担能力，尚能适合，似暂无调整必要。

丙、关税方面　　关税进口税则，已饬本部国定税则委员会研究拟议。

丁、盐税方面　　盐税税率历次调整，悉以逐渐划一平均民负为目的。胜利后，以收复区环境复杂，情形各异，分别适应，故征率曾达十余种，经重加调整，计为一万元、一万二千元、一万四千元及一万六千元等四种，平均率为一万四千元，较战前二十六年平均率六元一角，增加仅二千三百倍，与一般物价指数比较，相差尚远。现在系以多销为裕税办法，力求销额之恢复战前数量。

（九）之4 调整征收机构，严密控制税源，简化稽征手续，以革除积弊而裕税收一节，兹就调整征收机构、严密控制税源及简化稽征手续三项，分别叙之如次：

甲、调整征收机构

直接税机构　　在营业税归并直接税系统交由直接税机关办

理时期，以其税源普遍，征收简易，直接税征收机构之设置较多，综计三十四年复员后，全国共设县市分局二百五十余单位，至分局所辖之查征所，设置数约有八百单位左右，自三十五年改订财政收支系统法公布实施，营业税奉令划归地方政府接办，直接税主管之所、利、遗、印各税，重要税源系集中工商业繁盛之较大城市，本部为实行紧缩机构，节省开支，经将税收较差之直接税分局分别裁撤，计全国共裁撤分局一百十六所，连直辖局共保留一百四十二局。至各局在辖县内设置之查征所，亦经限制，平均每局不得超过三所。调整结果，征收机构较前减设百分之四十五，经费、员额均比例减少，现仍在检讨调整中。

货物税机构　三十五年度曾将税源稀少税收不畅之分局裁并十九处，并将三直辖局改为分局，至各省税收微末之驻县单位，令饬调整裁并者三百零一处。三十六年又陆续裁并分局三处，现核计本年度岁出预算，较岁入预算百分比仅为百分之六点七九，嗣后仍当本经济简化原则，随时检讨调整，务求机构配置逐渐臻于合理化。

关税机构　胜利复员后，所有内地关所业经分别裁撤，计沙市、洛阳、宜昌、万县、上饶、长沙、兰州、曲江各关及其所属关所及重庆关所属成都分关、贵阳一品场、雅安各支关，均已裁撤。现为切合稽征需要及防止华南私运起见，拟将海关分支机构调整如次：(一) 秦皇岛所属之葫芦岛分关改由营口关管辖。(二) 台北关移设基隆。(三) 梧州关改为支关，归粤海关管辖。(四) 南宁关予以裁撤。(五) 龙州支关升为总关。(六) 北海支关升为总关。(七) 于长江下游江阴或其他适当地点增设一分关，归江海关管辖。(八) 于九龙关辖区内百舌州、盐田、沙鱼涌、南澳等地方增设支关四处，支所十一处，并于各支关间货运冲要地区设立守望所二、三处，专司瞭望并查缉私盐。(九) 于香港外围庙湾地方增设支关一处。(十) 于澳门外围青龙山地方增设支关一处。此项调整计划，现正在详慎研议中。

盐务机构　　自胜利以后，即实施紧缩，凡业务上不必要之机构，均经予以裁并，计已裁机构六百余处，此后各区机构之存废，仍以充实产区紧缩销区为准则。

乙、严密控制税源

直接税方面：

（一）所利得税部份：

子、行商一时所得税　　原订“所得税纳税行住商申请登记办法”，规定普查纳税单位切实办理行商登记，以控制税源。又原订“行商一时所得税稽征办法”，规定严密控制牙业行栈厉行扣缴制度，奖励告密，以期控制。为便利扣缴征课普遍起见，拟将行商一时所得税税率以比例税率百分之六征课，现正呈院核示中。

丑、综合所得税　　原订“分类所得税征收资料整理办法”，以整理分类所得税征收资料，严密控制综合所得税，并为寻觅大户起见，经拟订“市县政府对于综合所得税纳税义务人提名办法”草案，规定由市县政府协助提名，以期征课普遍，现正呈院核示中。

（二）特种营业税部份：

子、规定每年二月以前普查辖区内之纳税单位，编制纳税单位总登记册，以为稽征之根据。

丑、各纳税商号应依法申请特种营业税，主管征收机关发给特种营业税调查证，俾对各纳税单位有确切之明瞭。

寅、规定各纳税单位应设立合法帐簿，以杜逃漏。

（三）遗产税部份：

子、遗产税税源散漫，除城区部份经已一再令饬各稽征机关加紧人口死亡调查，并与田赋地政户籍各有关机关切取联系外，至于乡镇各区，已饬由各区直接税局转行所属各分局聘用乡镇长或户籍员为人口死亡调查员，按月呈报，以为税源之控制，并分函请司法、行政、地政、卫生各部转饬所属，对于各地遗产税稽征机关搜集资料应予便利及切实协助。

丑、重申遗产税告密给奖办法，通饬广为推行。

货物税方面：

货物税征税货品之具有季节性及制产零散者，控制较难，为把握税源充裕库收，迭经严饬各产区货物税局切实办理，糖类查搞、酒类查缸及调查茶产、登记行栈等工作，一面择重要产区或产制厂场，推行驻征制度，并饬属注意货运集散重要地区之查验工作，以资控制而杜私漏。

关税方面：自出口税取消后，关税的进口税为主要税源，专对外国货物征收，海关依照修正进出口贸易暂行办法规定之进口手续，切实执行稽征，对于关税税源之控制，全以杜绝洋货走私为目标，经由海陆空三方面，加强缉私力量，以控制税源。兹分述如下：

子、经向美海军当局洽购扫雷舰十六艘，各种汽艇一百三十艘，分别加以改建及修理配备武器，并装置无线电机，分发沿海各关，担任缉私任务。

现有关警九十七队，计共员警一，一七二员名，分驻全国各关区，经由督察员制定详密训练日程表，责由督导员、队长、队附〔副〕切实训练。

经派员与香港政府洽商海关在香港境内执行职务办法，业经议定草案，惟英政府提出问题，现尚在继续洽商中。

丑、业经会同交通部拟订海关检查铁路客货办法草案，呈奉院示以该项办法限适用于特定地点，不宜普遍全国，应由财交两部重行考虑后报院办理等因。现正遵照院示与交通部会商特定地点中。

寅、海关暂行借调海军舰艇，指派关员驻舰查缉海军或军用船只及军人私运办法，已奉行政院核定，饬关遵照，并已由海军总司令部拨派军舰两艘，归粤海关税务司指挥，在华南一带海面执行查缉任务，并照下列步骤分别进行：（一）严密布置防线，（二）充实人员配备，（三）严格管制货运，（四）实施长程巡缉。

卯、调派关员在国际民航起落站执行查缉，并对民用航空公司飞机正机师与其他驾驶员及驾驶室，准由海关检查人员作必要之检查。

辰、经拟订惩治走私处罚办法，呈院转送立法院审议。依照该办法规定，对于走私人犯得按情节轻重，分别处以死刑、无期徒刑或有期徒刑。

盐税方面：盐税税率比较战前平均增加仅二千三百倍，与一般物价指数相去甚远。近以多销为裕税办法，力求销额恢复战前数量。现在盐税尽力推行就产区一次征收，以期加强控制税源。

丙、简化稽征手续

直接税方面：

（一）所利得税部份：

子、申报书表之省略：营利事业所得税之申报，规定有所得额申报表、资产负债表、损益计算书及财产目录四种，为节省手续，经规定纳税人除所得额报告表必须填送外，公司组织之营业，于申报时附送决算书，合伙、独资组织之营业，附送四柱清单，不另填送财产目录、资产负债表、损益计算书三种。至无帐册之小商，概免填送附表。

丑、查帐核税与标准计税并用：本年度营利事业所得税，恢复分区分业查帐，系就全国商业集中，商账组织完备之三十五个大都市先行实施，但其中三十五年度资本满一百万元、销货额未满贰千万元，或资本额未满一百万元、收益额未满一千万元之商店，仍采标准计税。至非查帐之地区，其公司组织之营业，官商合办之营业以及账簿完备而经主管征收机关指定之营业，仍应施行查帐。故本年度营利事业所得税之稽征，系采查帐与标准计税相辅而行，允称便商利民。

（二）特种营业税部份：以往普通营业税为按月查征，并按月将应纳税额缴库，似嫌烦扰。特种营业税法，则按各纳税单位之营业性质，分别改为按季及按半年查征一次，在稽征手续方面，简便更多。

（三）遗产税部份：自三十五年七月十二日遗产税审查委员会组织规程颁布后，原遗产评价委员会组织撤销，遗产税即改由稽征机关径行调查，决定税额，通知纳税义务人纳库，以减少召集困难拖延时日之弊，施行迄今，效率已大有增加。

货物税方面：货物税现行征收之货品，包括机制品与土产品两项，所有稽征手续均系针对产销情形妥为厘订，并力求简化，为上年度棉纱试行分级征收，并废止直接织成品补征纱税办法。国产酒类有酿制季节性者，酌定分期匀缴税款办法，计划卷烟税试行从价分级征收等。其他关于报运发照手续，如产量较多，厂商运照免填印花号码及分运照改善填写照号码办法等，亦经体察实际情形分别随时改善，期于税法商情兼筹并顾。

关税方面：海关机构设立于沿海沿边进出口货运冲要各埠，不仅职司征收关税、代征货物税，举凡禁运、结汇等有关进出口之法令，全由海关负执行之责，关系分别货运情形对进口、出口、转口各个规定具有条理之结关程序，并参照“化简税关则例国际公约”，对一切必备之通关手续尽量简化便商。

盐税方面：盐税稽征手续，抗战前系分产销两地分别征收，手续较繁，经极力简化，在设有国库各地，均依公库法规定办理。尚未设库各地，奉准由盐务机关自行收纳，依规定期限汇解就近国库，更以各区税率日趋接近，查验机构裁并颇多。

（九）之5出售敌伪产业剩余物资及由政府经营之生产与交通事业一节，其办理情形已详见（参看本报告（三）之1及（六）之10两节内）。

（九）之6发行有价证券，使富有财力者有较重之负担一节，本部本年度已发行短期美金库券三亿美元及美金公债一亿美元两种，藉使人民财力充归国用。

（九）之7紧缩过份庞大机构，裁并骈枝重复机关一节。查近年以来，本部所属之缉私、专卖、花纱布、贸易等机构早经裁撤，并将田赋征收机构归并于粮政机构，盐政司并入于盐政总局，财政、金融两研究委员会合并为财政研究委员会。上年度再就直、货、关、盐各税征收机关酌量裁减，现部内机构实已无骈枝可言，而直、货、关、盐四征税机关以税源分布情形不同，征收对象、方法各异，亦无可裁并。

（九）之8非国家迫切之需要及有利于生产建设之支出必须节约停止一节，自应遵于审核预算时切实注意办理。

原方案（十）粮政之6关于农行对农仓储押农产运销等业务应积极推广一节。查中国农民银行为活泼农村金融，调剂农产供应，业已举办农仓储押业务，期以保障农民生产利润，其业务计有保管押款、代理加工、运输及其他有关业务，其对象以农民自有产品为限，如主管官署或粮政机关认为有将受寄物限期出售调剂市场之必要时，通知仓库后，即转知遵限出仓应市，藉收调盈制〔剂〕虚控制粮源之效，据报浙、闽、川、赣、甘、湘、鄂、黔、苏等省均有设立，并正积极调查各地情况，以期普遍举办。

原方案（十一）引导游资纳入正轨：1关于国家银行对正当企业予以低利贷款一节。查凡合于四联总处所定申请贷款条件之企业，其所请贷款无不核实予以贷助，中央银行乃办理重贴现、转质押及转押汇目的，即亦在诱导游资入于生产途径。推行以来，尚具成效。

（十一）之2关于规定利率之最高额一节。查关于利率之管理，本部前经拟订“银行存放款利率管理条例”，呈经行政院转奉国民政府于三十五年二月十八日公布施行，本部即分转各金融机关遵办，并督促中央银行转饬各分行拟定牌告各该地银钱业同业日拆及放款日拆，以为最高限度，如有放款利率超过限度，或巧立名目额外需索者，亦经本部电请中央银行转饬各区负责检查行庄随时注意检举，以凭处办。又地下钱庄以高利贷放为常业，显系触犯刑法第三百四十五条之规定，亦经本部通电各地方政府切实检举，依法送究，并电请司法行政部转行各级法院遵办各在案。

（十一）之3关于国家银行以较高利率吸收游资一节。查本部颁订之“银行存放款利率管理条例”，目的即在诱导游资入于正当金融机构，商业行庄对于吸收存款极尽努力，国家银行限于功令未能竞争，最近四联总处订有“加强推进各行局存款业务纲要”七项，其要点有四：(a) 普遍推进农村储蓄，(b) 举办各种信托及特种储蓄存款，(c) 由各地四联分支处参酌当地市场情形，商拟调整存款利率标准，各行局一致办理，(d) 由中央银行优给转存利息，以收广集游资之效。此外，对简化存支手续，保障存户利益亦有规定。凡此，对于协助紧缩通货，与夫自身筹集资金，均大有裨益，自应加强推行，藉收宏效。

（十一）之4关于准许人民以黄金向中央银行按牌价请购外汇，为购许可进口物品及准人民以黄金优先购买政府出售国营生产事业及敌伪产业一节，利弊如何？殊堪研究，自应详为考虑，以期周妥。

（十一）之5关于指定国家行局举办黄金储蓄存款或发行金公债，优给利息，并予保障，特组监督委员会监督之一节。查三十六年美金公债正在推行，规定利息较以往为优，并以组织监理委员会监督。至举办黄金储蓄应否举办，似应俟美金公债推行成效如何，再为拟议。

（十一）之6关于取缔投机操纵，建立健全合理之证券市场一节。查上海证券交易所自开业以来，业务尚称发达，市面游资为证交所冻结者，经常在一千七百余亿元，对于物价之稳定，不无裨益。本部与经济部近为防止大户操纵起见，对于递延交易之办法，业已有所修正，呈请行政院核定施行。

原方案（十二）吸收国外资本加强生产建设：3关于便利侨汇

一节，本部迭经令饬经办侨汇银行尽速恢复其战前在国内外原有分支机构，并于重要地点设法筹设。对于侨汇手续力求改善，务期迅捷，业据各行陈报其战前在国外机构大体均已复业，对于重要地点或已有新设，或正在积极筹设有案。至于外汇汇率，本年二月业已适当调整，未容轻谓变更。惟如何加强吸收侨汇，勿使逃避，正在研拟办法中。

（十二）之4关于利用国民存放国外之外汇资产一节，本部业经拟具办法，呈请行政院鉴核示遵在案。

又原方案附录一般检讨：关于农业金融各节。查农业金融政策，中央历届大会均有决定，所有中国农民银行业务，莫不遵循推进。惟农业经济之发展，首有待于农业设施，以及土地行政既〔暨〕经营方式等之齐头改进，配合实施。农业金融之使命，则在于供给农民生产资金，协助其耕作，并辅以农产运销及仓库储押，藉能调节农产供应、保障农民生产利润，此在中国农民银行历经分别实行。而在生产方面，本部并经特加督促多予协助，无如资力有限，而需要特多，执行上亦未能尽善，致难收预期之效果，此后自当继续督促，期于农村生产，农民生活有普遍而真正之助益。至于土地抵押一般农贷，原无须土地为押品，而土地金融放款，以系长期性质，一般银行自难办理。但中国农民银行自兼办土地金融业务以来，经积极举办各种土地放款，配合土地、农林、水利、合作行政以来，土地政策之实现，农业生产之增加，凡农民购买或赎回土地自耕，或依法呈准征用土地，可向该行为土地抵押借款，以资营运。此外，上述之仓库储押业务，该行已于浙、闽、川、赣、甘、湘、鄂、黔、苏等省，先后办理，收受农产，活泼金融，并继续调查其他各地情况，以期普遍举办。

又原方案附录：一般检讨：关于工业金融、商业金融各节，所指押款押汇，应减少限制，普遍推行各点。查凡农工矿生产所需资金，以及日用重要物品暨对外贸易重要产品，于流动过程所需之资金，本部于管理银行办法第六条中，固已明文规定为商业银行资金运用之主要途径。惟鉴于一般商业银行资力脆弱，其资金之性能，本属短期性质，为防银行资金吊〔呆〕滞，故对于不动产之押款，不得不稍有限制。至国家行局之押放范围，现已酌予放宽，准以机件、设备及厂房、基地部份加入作押。至银行所承受之栈单押款，只求手续合法，尚无限于少数种类商品之规定，而内地向海口货款之划拨，如确系基于商品之运销，而非假借调集为投机之用者，亦未尝予以禁止，嗣后自应益加注意。

原方案附件要点表(2)第十号提案内，关于规定农贷总额低利贷放一节。查中国农民银行除办理土地金融及农贷业务外，历年均有预定计划。本年度计核定土地放款三百六十亿元，分为农地改良、市地改良、地籍整理、土地重划、土地征收、照价收买土地、扶植自耕农及乡镇造产八种，分配给苏、浙、皖、赣、湘、鄂、桂、黔、川、粤、闽、陕、甘、豫及东北各省外，至普通农贷核定为七百七十七亿元，其中农业生产及农村副业三百三十七亿元，农业推广及农产运销三百六十亿元，小型农田水利八十亿元，分配于川、康、鄂、湘、桂、黔、滇、粤、苏、闽、赣、浙、皖、豫、鲁、冀、陕、晋、宁、青、甘、热、察、绥及东北各省。又各项特种农产品生产事业，并另核定巨额专款办理，计四川粮贷四十一亿元，苏、浙、川三省制种养蚕贷款一百三十亿元，苏、浙收茧缫丝贷款二千八百亿元，各省棉贷一千三百余亿元，烟叶贷款二百八十亿余元，茶贷八百余亿元，综上共计六千二百余亿元，利息均较轻微，期限系视各种贷款之性质及用途分别规定。各地农民购买自耕土地或从事生产需资，可依照规定径向该行申请贷助。至合作金库，系以调剂合作金融为宗旨。中央合作金库本年度合作贷款预定为一千亿元，遵照主席手谕，先就绥靖区办理，其余各地合作事业，需资周转，可向当地合作金库洽商融通。

原提案附件要点表4第廿号提案之(二)简化贷款手续、放宽抵押品之限制一节。查关于贷款手续之简化，四联总处早即密切注意，并经部定各项业务章则实施，较前已多改善。至抵押品已酌准机件、设备及厂房、基地部份加入作押，范围已予放宽。

又第廿号提案之(三)关于推广中央银行重贴现及转抵押业务一节。查中央银行对于重贴现、转抵押等业务，早经注意办理。嗣为推广实施，并经先后订定“中央银行办理商业行庄重贴现、转质押暨转押汇暂行办法”及“中央银行贴放委员会办理上海商业行庄贴放通则”施行，本部当随时督促该行衡察经济实情酌量推广办理。

又第廿号提案之(四)利用合作社举办大量低利农贷，并速办土地金融建设农业仓库一节。查中国农民银行办理农贷，系利用合作社等组织为贷放机构，土地金融放款自卅一年办理以来，迄未停办。至农业仓库，该行已于浙、闽、川、赣、甘、湘、鄂、黔、苏各省先后设立，并正积极继续调查各地情况，以期普遍举办。

原提案附件要点表5第廿三号提案，有关渔贷各节，已由部转函四联总处办理。

原方案附件要点表9第四十六号提案，发行物价指数库券一节，正由本部缜密研究中。

原提案要点表11第七十三号提案(四)暨表15第八十四号提案(四)关于予农民以普通农贷及实物借贷各节。查中国农民银行为发展农村经济、促进农业生产，本年度计核定普通农贷七百七十七亿元，各省均配有贷额，现正积极办理中。至关于举办实物贷放一节及原提案要点表13第七十六号提案(一)及表14第八十三号提案(二)有关扩充农贷数额及茶贷数额，减低利息、简化手续各节，已由部函请四联总处查酌转饬办理。其余所有应行改进或加强实施各项，并经转行统为切实遵照办理。

〔国民政府财政部档案〕

## 17. 谷正纲为抄送视察江都县城区信用合作社业务经营情形报告咨稿

(1947年11月27日)

社会部咨　京合四字第48636号

案准贵部本年九月钱庚一字第34662号代电，以据报江都县城区信用合作社经营业务有假借取巧之嫌，嘱查照等由。经派本部合作事业管理局视察陈先瑀前往检查，兹据该员呈报检查情形到部，除俟城市信用合作社管理办法实施后，再予以甄别外，兹电前由。相应抄送原检查报告，咨复查照。

此咨

财政部

附抄送原检查报告一份

部长　谷正纲

中华民国三十六年十一月廿七日

奉派前往江都调查该县城区信用合作社营业情形，遵经于九月廿九日赴镇转扬，分访王县长、合作指导室陈主任、中央银行扬州分行蒋经理、中央合作金库扬州分理处束主任，并会同合作指导人员查阅该社文卷、帐册。兹将所得情形分别报告如左：

一、成立经过及社务概况　该社系于卅五年四月廿日创立，经江都县政府于卅五年五月一日核准登记，发给专扬字第五号登记证，于卅五年五月十五日正式开业。本年初，该社于年度结算书表完成审查程序后，正式召开社员大会，改选理监事，登记事项略有变更，均经依法办理变更登记，或呈准备案，兹将该社原登记事项、变更登记事项及最近情形列表如左：(见下页)

该社于本年五月，决议于左卫街成立分社一所，经拟具设立分社办法，呈准县政府备案，七月三日开业。分社吸收社员二九八人，股金七〇，七七一千元。经查该社会议记录，各项会议大体尚能按期召开，理事会主席经常到社办公，尚属尽职。

| | | | | | | |
|---|---|---|---|---|---|---|
| 原登记事项 | 有限责任 | 社址 | 左卫街三十六号 | 社员人数 四三 | 股金 一〇，二二〇千元 | 理事主席钟荫堂<br>监事主席冯仰乔 |
| 变更登记事项 | 保证责任 | | 旌忠寺巷 | 一七九 | 二〇，〇八五千元 | 理事主席江积余<br>监事主席谈炜青 |
| 最近情形 | 同上 | | 三义阁六十五号 | 三一六 | 六八，一二〇千元 | 同上 |

二、业务概况　　经根据该社九月卅日月结表，抽对传票、单据及分户帐、现金帐，尚未发现错误。（总社及分社月计表附后）该社所营业务，尚无超越社章规定事情，亦大体与该社业务计划相符。经查存款利率，为月息一角二分左右，放款利率为月息一角五分左右。就所查部份言，尚未发觉有超越当地中央银行挂牌利率者（当日中央银行挂牌放款日拆每千元五元），该社定期存放款均极少，主要系活期透支。所有存放款对象，均系社员，经查询多属织布业、酱菜业、碾米、榨菜油业、南货业、公教人员及当地住户等。该社总社有职员十一人，工友二人，分社有职员九人，工友一人。就该社最近营业收支观察，收支相抵，尚可略有盈余，惟因物价上涨，开支颇有增长之趋势。兹将总分社七、八、九月表列如左：

| 月别 | 总社 | | | 分社 | | |
|---|---|---|---|---|---|---|
| | 收息 | 支息 | 费用 | 收息 | 支息 | 费用 |
| 七月份 | 一五，〇〇〇千元 | 九，四〇〇千元 | 四，八〇〇千元 | 一九，〇〇〇千元 | 三，六七〇千元 | 一三，九三九千元 |
| 八月份 | 二八，九〇〇 | 一九，五〇〇 | 六，五〇〇 | 四三，〇〇〇 | 一三，五〇〇 | 一八，三二九 |
| 九月份 | 五四，〇〇〇 | 三九，八〇〇 | 一七，九〇〇 | 三八，〇〇〇 | 一四，二二二 | 二〇，〇三八 |

三、往县政府查询经过　　经往县政府查阅该社登记卷宗，其组织登记经过一如上述。复据合作室陈主任维衡面告：县政府对于信用合作社之组织非常慎重，江都城区除此一社外，虽申请组织者达十五家之多，迄未核准，故央行扬州分行所称“组织浮滥”一节，似无根据。

四、往中央银行扬州分行访问经过　　旋偕同合作室陈主任往访央行蒋经理，据谈初未注意此项组织，嗣因财部命令关系，乃发现该社门面有经营存款、放款、汇兑、储蓄、信托等字样，乃据以呈报。至该社是否有违法情形，以未经检查不能判定，当由合作室陈主任说明该社组织、登记经过及业务概况，并商定派员会同检查，经嘱陈主任将会查结果由县府层转本部。

查城市信用合作社之管理办法，尚在本部与财部会商研讨之中，该社经营业务情形，大体尚能依据县政府核定规章办理。惟该社成立不久，基础薄弱，不无应予改进之处，如：(一) 定存、活存比例悬殊，应谋定期存款之增加，以便运用。(二) 存款准备似应增加，以资稳妥。(三) 放款超过存款甚多，虽赖借款及汇款调节，似仍应紧缩或限制买汇，以策安全。(四) 紧缩放款暨增加存款准备后，收入减少时，应设法降低存款利率或减少开支，以资抵补。(五) 应谋社员社股之增加，并特别加强小额存放款业务，以便利贫苦民众。

以上各点是否有当，仍乞核示并拟请根据财部原电转函江苏省政府令饬江都县政府会查具报，再行会商财部核办。

谨呈。

〔国民政府财政部档案〕

## 18. 台湾省政府为检送台湾省信用合作社管理办法代电

（1948年1月3日）

代电　43892

财政部公鉴：查接管卷内前台湾省行政长官公署为加强管制，并适应本省事实需要起见，经订定台湾省信用合作管理办法一种，公布施行在案。兹以行政长官公署业经改制，所有该办法条文中载有“本省行政长官公署财政处”暨简称“财政处”等字样，均应修正为“本省财政厅”。兹特检同该项修正管理办法一份，随电送请查照备案为荷。台湾省政府。卅六。亥。（36）府财乙。印。附修正台湾省信用合作管理办法一份。

台湾省信用合作管理办法

第一条　本省信用合作社业务之管理，除法令别有规定外，依本办法之规定行之。

第二条　信用合作社之成立、变更、解散、合并及清算，应检同法定书类各三份，呈经所在地县市政府核转本省合作主管机关商同本省财政厅核准登记。

第三条　信用合作业务，在乡镇以由乡镇合作社兼营为原则，在城市以组设信用合作社专营为原则。

第四条　信用合作社得经营左列各款业务之一部或全部：

一、储金：如定期、活期及其他各种储金。

二、存款：如定期、活期及往来等各种存款。

三、贷款：如信用、保证及抵押等各种贷款。

四、票据贴现。

五、代理收付：如赋税、债款及汇款等。

信用合作社经营前项各款业务，均以社员为限，但第二款之存款，呈经所在地县市政府核转本省合作主管机关商同本省财政厅核准者，得收受非社员存款。

第五条　信用合作社对于非社员而为入社之预约时，其股金之缴纳，得以存款方法行之，俟存款数额到达认股金额时为止。在一年内尚未缴足者，合作社得以存款之总额折合股数。如经过一年尚未缴存者，合作社得取消其预约。

第六条　信用合作社办理储金及存款业务者，应按每月底所收储金及存款之总数计算，分别提存储金及存款准备金于台湾省合作金库。其提存标准如下：

一、专营信用合作社提存百分之二十五。

二、兼营信用合作社提存百分之十。

前项之储金、存款准备金，如因特殊事由，呈经所在地县市政府核转本省合作主管机关商同本省财政厅核准，得提存于其他金融机关。

第七条　非社员存款于信用合作社者，对于该合作社之存款准备金有优先受偿权。

第八条　信用合作社提存之储金及存款准备金，非经所在地县市政府核准，不得提取。

所在地县市政府为前项之核准时，应即分别呈报本省合作主管机关及本省财政厅核备。

第九条　所在地县市政府对于信用合作社认为其经营违反法令、章程，或继续经营显有重大困难，或妨害公益之虞时，得为左列之处置：

一、取消社员或社员代表大会之决议。

二、理事、监事或其他职员之解职。

三、停止业务。

四、解散或合并。

所在地县市政府为前项之处置时，应即分报本省合作主管机关及本省财政厅核备。

第十条　信用合作社业务上之余裕金【除】总额百分之五十以上，应提存于台湾省合作金库外，其余额之运用方法依左列之规定：

一、存入银行或经财政部核准设立之金融机关。

二、购买政府公债或其他经财政部核准发行之公司债。

第十一条　信用合作社应于每月十五日以前造具上月份报表，并于年度终了后三个月内造具年报表各四份，三份按期送由所在地县市政府存转本省合作主管机关商同本省财政厅查核，一份按期径送台湾省合作金库备查。

前项月报表、年报表包括之书表如左：

一、月报表包括资产负债表、总分类帐余额表及损益计算表。

二、年报表包括业务报告书、资产负债表、损益计算表、财产目录、营业收入明细表、营业费用明细表及盈余分配表。

第十二条　信用合作社盈余之分配，除专营者应提百分之二十五以上为公积金外，其余均依合作社法之规定办理。

第十三条　本办法自公布日施行，并咨社会部、财政部备案。

〔国民政府财政部档案〕

## 19. 钱币司为附送卅六年度工作检讨报告函稿

（1948年1月24日）

司函　币甲字第　　号

准贵会本月十五日财设字第九号函，嘱编送本司卅六年度工作检讨报告等由到司。自应照办。兹编就财政部三十六年度工作检讨报告金融部份，相应检同该项油印品十份，随函送请查照汇办为荷。

此致

设计考核委员会

附件

财政部卅六年度工作检讨报告金融部分

查三十六年度，本部工作计划中本司主管各项工作，经一年来努力实施，除“稳定法币价值”及“设立土地银行”二项，因情形特殊，未能达到预定进度外，其余各项工作大体均告完成。兹连同本年度未经工作计划列入之重要工作，一并检讨，逐项分述如次：

一、稳定法币价值

查稳定币值工作，本年度除配合国民经济发展之需要，改进租税制度，增加各项可能财政收入，运用公债政策，吸收社会游资，并以剩余物资及敌伪财产售价作为收入之补充，藉以紧缩发行外，同时积极督促中央银行办理票据交换，推进储蓄，并督促中央银行收兑金钞，督导中国、交通两行迅速恢复战前国外分支机构，便利侨汇，以金银、外汇充实准备金，藉固币信而稳币值。复随时督促中央银行切实推行外汇管理办法，察酌国内外情势，调整外汇价格，严格取缔黑市金钞买卖，以稳定法币对外价值。此外，并积极加强金融管制，督导资金运用于生产建设之途，以协助币值稳定，惟以共匪叛乱日形猖獗，交通阻滞，生产停顿，国库支出复因戡乱而增加，致稳定币值工作成效不彰。

二、规划整理币制

规划整理币制工作，本年度内经审察国内外经济情形，参酌各方意见，筹拟改革币制方案，并筹度有关各项准备事宜，俟时机成熟，即付诸实施。至整理省钞、肃清敌伪钞票，在整个币制改革之前，均为亟应积极进行之事项。本年度关于整理省钞方面，云南富滇新银行、甘肃省银行、西康省银行所发钞券，已分别饬令各该行以法币收回，其尚未收回部分，并经分饬克速收回，以资结束。广东省银行发行之毫券、大洋券、琼崖券，已由部核定收兑办法，令饬遵办。尚有少数边省省银行钞券，或因交通困难，券料不裕，或因情形特殊，尚未着手收换，须至适当时期，再斟酌情形规定收换办法，予以收换。关于肃清敌伪钞票方面，伪中储券、伪联银券业经收换完竣，伪蒙疆券收兑期间经展延至十一月底截止，惟尚未据报告齐全，伪满币以东北情形特殊，采用只收不发办法暗中收回，以免刺激物价，一俟全部收竣，整肃币制工作即告完成。

三、加强管制金融

查本部为配合国家经济政策，本年度加强管制金融业务，以安定金融，协助经济建设，对于国家行局方面，经由部督促中央银行，按照重贴现、转抵押暨转押汇办法办理重贴现等业务，并由该行在上海设立贴放委员会，按照贴放原则办理贴放，前者对象为银团，后者则为个别行庄，截至十一月底止，经贴放会核定者，已达一，四二一亿余元，已贷出九七七亿余元。又该行对于金融市场之控制，亦积极进行。至各行局专业之业务，均已达百分之七十以上，各项业务亦能配合国策。复督促各行局推设分支机构，仍照本部以往督洽四联总处拟订之统筹调整原则办理。计本年度国家行局在国内之分支机构共有八七三处，各行局库于各省农工矿商及交通重要地区，均设有分支机构，中央银行于各省政治、经济中心地区亦设有分行，惟康、新、青、宁、绥、热、察、鲁及东北诸省，或以地广人稀，交通阻塞，或以匪患未靖，一时无法推设。至于省县银行方面，自本年一月起，即由部规定各省行总分支行处，按月造送每月上中旬末日计表及月计表、各项放款明细表、放款对象分析表，对于各行放款对象予以严格考核，随时纠正，务使各行资金运用于当地生产建设之途。并督导积极推设县银行，本年经部登记给照之县银行，计有永嘉等一一六行，连原有者共五二四行。又经部核准增资换照之县银行，本年有武进等六二行，各省未增资县行，正由各该省财政厅分别督饬筹划增资，并加强监理其业务。东北各省因情形特殊，由部呈请行政院设立东北九省县银行监理委员会，以加强督导县银行之推设与监理工作。商业银行方面，对资力薄弱之行庄，督饬其增加资本，以利营运，并督饬旧式组织之行庄改为公司组织。自银行法公布后，依照该法第十九条之规定拟订各种银行资本之最低额，正呈请行政院核示中。又为使各地行庄分布均匀，以免过度集中，经依照经济紧急措施方案内加强管制金融业务办法之规定，斟酌各地经济及行庄分布情形，先后指定上海等十八地为限制地区，停止行庄复业及增设分支机构。关于业务方面，并督导行庄资金运用，以贷放于：一、农工矿生产事业，二、日用重要物品之运销事业，三、对外贸易重要产品之运销事业为主要对象。规定对上项事业贷放之数额，不得少于贷放总额百分之五十，一面由中央银行各地负责检查行，在各都市成立金融检查网实施检查。所有检查报告，均由部严格审核。经济紧急措施方案公布后，并曾派员赴沪会同中央银行人员专案严格检查可疑行庄。嗣为加强管制，复在沪、津、穗、汉四地设立金融管理局，以便就近严格管制各该地金融机构业务。

综观所述，本年管制金融业务较之以往，已大为增强。国家行局逐渐专业化，其分支机构及县银行，经普遍推设，以构成全国金融网。商业行庄之设行地区、资本额及其业务，亦均能由政府加以规范与控制，对于安定金融，成效尚著。

四、健全合作金融

本部为充实中央合作金库资金，加强其业务，经将主席核定之合作专款一百亿元，悉数拨交该库营运。至该库业务，本年仍以绥靖区为主，对于非绥靖区亦甚注意。现该库在各地设立之分支库处，已达三十余所，办理各种合作贷款达二百数十亿元，对于各旧制合作金库，该库经拟具处理办法，一俟核定，即将着手调整。又为加强管理信用合作社，本部并与社会部正研议管理信用合作社办法。一年以来，中央合作金库业务逐渐发展，机构亦日臻健全。

五、健全特种金融

特种金融，包括信托、保险、储蓄三种。关于信托方面，信托机构原系依照管理银行办法限制设立，并管理其业务。自银行法公布后，依照银行法第十三条之规定，信托公司为银行之一种，并设专章规定其业务，在管理上，自较以往更为简捷而有效。保险方面，本部为增厚保险业资金使其发展健全起见，经将保险业最低资本额酌为提高，规定保险业签单人员资格三项，凡新设立之产物保险公司，应将拟任用之签单人员资格报请审核，并为协助各公司解决分保困难及减少外汇漏卮起见，由部先后划拨再保险基金共五百亿元，交由中央信托局办理再保险。本年已设立之本国籍保险公司，呈部办理补行注册者，计一百七十八家，除已有旧公司四十五家，新公司一百一十七家，业经核准发给营业执照外，其余各家均已由部就其呈送各件分别改正饬知遵办。至外商保险公司呈部注册者计八十一家，其中业经核准发给执照者计十九家，本部为明了各公司营业情形起见，并经派员抽查各保险公司业务，已检查者计十七家，其有营业不合规定者，亦经分别令饬纠正。储蓄方面，自银行法公布后，储蓄银行法即行废止，所有有关储蓄银行法之各项规定，已列入银行法第五章。至各行局之储蓄业务，仍由本部督饬积极推进。并为加强推行起见，经呈奉核准由中央储蓄会办理团体分红储蓄，又交通银行举办优利分红储蓄，亦经本部核准。

六、参加国际货币基金及国际复兴开发银行

国际货币基金已于本年三月一日开始汇兑交易。我国因在此次大战中本土曾被敌人占领，经济、财政状况尚未恢复正常状态，经商准基金将我国通知通货平价之期限，作不定期之延长，并延期缴付其认缴之基金摊额。上项措施,系为获得一期限,以谋稳定对外汇率,复兴国内经济。国际复兴开发银行开业以来,业务日渐开展,资金亦较前增多,已将其股本百分之二十收齐,并曾发行债票美金二亿五千万元。我国应缴股款,业经分期缴付,自可相机商请该行贷款,以兴办国内复兴建设事业,促进经济发展。

七、督导证券交易市场正常发展

查上海证券交易所自卅五年九月中旬开业以来,上市股票迭经增加至卅二家。本部为发展其业务,以吸收游资,并增加税收起见,经呈准自同年十一月间起准其试办递延交割业务,嗣后每月成交股数及金融均见增加,尤以递交业务达全部交易额百分之五十至七十以上,复经呈奉行政院核定准其自卅七年元月起,将此项递交业务照现行办法正式办理。又天津证券交易所亦经筹备就绪,上市股票计已核定十三家,即可正式开业。

八、设立土地银行

查土地银行法草案早经本部研拟,惟目前经济未臻稳定,自应依照经济改革方案之规定,俟至适当时期再行筹设,原草案亦有待其他各种国家银行法案完成后再行提出。

九、实施绥靖区财政金融紧急措施

查国家银行及地方银行为配合绥靖区工作之推进,在绥靖区已设立及正在筹设中之国家行局分支机构,共八十三处(见附表一),已设立之省地方银行分支机构共五十处(见附表二)。关于运济绥靖区所需钞券,并由部督促中央银行拟订分期供应办法,指定南京等六分行负责随时匡计所需头寸,充分济运。办理以来,尚能适应实际需要。至小本贷款,本部于上年年底拨交中国农民银行第一期贷款一百廿亿元,该行于本年元月开始办理,计分配苏北、皖东、冀中、冀东、豫北、胶东、冀南、鲁西南、晋北、晋南、热、察、绥等十二区一〇六县市。本年六月复拨给第二期贷本一百廿亿元,计分配苏北、皖东南、豫、冀、鄂、察、热、察绥各蒙旗、陕甘宁边区及鲁、晋等十三省绥靖区。截至十一月底止，第一期之一百廿亿元，已贷放九十二县市，共贷出九十余亿元，其中八十八县市业经全部贷毕。第二期之一百廿亿元，已贷放卅八县市十五蒙旗，贷出卅七亿余元，其中十五蒙旗卅四县市全部贷放完毕，现仍继续分别推进中。此外，并奉核定淮泛区复耕贷款卅九亿元，黄泛区复耕贷款一千亿元，冀、晋、鲁、豫四省灾贷二百亿元，及苏北紧急灾贷一百五十亿元，分别办理。又为适应处理绥靖区土地问题之需要，经责令中国农民银行发行实物土地债券，计稻谷券及小麦券各一千万市石，现已全部印制妥当。各地推行土地征收，随时可向该行领用。以上绥靖区金融紧急措施，尚能配合军事推进及各地区急需，依照规定切实施行。

十、实施经济紧急措施方案

查经济紧急措施方案，于二月十七日奉国民政府公布，其关于加强金融业务管制办法、取缔黄金投机买卖办法及禁止外国币券流通办法诸规定，系属本部主管范围，遵即通电各省市政府切实执行。并另电中央银行稽核处，由该行各重要都市之负责行派员对于市面遵行情形严加考察，并随时予以检查，发现有违越情形，即检举法办，京沪二地则由部直接派员考查，除严密注意各项办法之实施及遵行情形外，并指派专员彻查上海黄金价格波动之投机操纵情形，予以究办。关于外币出境限额及取消出口补助暨进口附加办法各节，亦经令饬海关注意遵照。至于停止黄金买卖后，银楼业饰金之处理，并经订定“银楼业及首饰店金饰处理办法”，嗣复改订为“银楼业收兑及制造金饰管理办法”。关于商业行庄之限制，经参酌各地经济及商业行庄分布情形，先后指定南京、上海、天津、北平、青岛、广州、重庆、济南、汉口、西安、成都、杭州、昆明、苏州、宁波、绍兴、永嘉、沈阳等十八地为限制地区，停止商业行庄复业及增设分支机构，并对于上海市所有经部核准复业之银行钱庄及增设之分支行处，迄至卅六年二月廿六日尚未开业者，其核准原案即予撤销，不得再行开业，以资整饬。上项方案实施后，对于安定金融不无成效。

十一、设立金融管理局

查本部管理金融业务，除京沪两地行庄由部直接检查外，其他各地均系授权中央银行检查报部审核。县银行则系授权各该省财政厅监理，并另由部经常派员赴各重要都市巡回稽核，抽查各行庄业务，以资缜密。近为加强管制，俾能进一步就近迅速制止各地金融机关之投机及非法活动，以安定市场起见，经呈奉行政院颁定金融管理局组织规程，并由部订定其办事通则，首先于上海、汉口、天津、广州四地设置金融管理局，掌管各该地国家行局库、省市银行、中外商业银钱行庄、信托保险公司及信用合作社等金融机关业务之审查、检举、督导事项。其他重要都市于必要时，再呈准设置。至管理局辖区以外各地行庄，仍分别授权中央银行检查及由部派员巡回稽核。现上海、广州两金融管理局已先后于十二月十一及廿八两日成立，开始办公，其余二局亦将于卅七年元旦次第成立。

附表一：　绥靖区设立及筹设国家行局分支机构表

| 行　　别 | 已设分支机构数 | 筹设中之分支机构数 | 备　注 |
|---|---|---|---|
| 中央银行 | 7 | 2 | |
| 中国银行 | 8 | 4 | |
| 交通银行 | 16 | 5 | |
| 农民银行 | 21 | 10 | |
| 中央信托局 | 1 | 1 | |
| 邮政储金汇业局 | 0 | 0 | |
| 中央合作金库 | 6 | 2 | |

附表二：绥靖区已设立省银行分支机构表

| | | | |
|---|---|---|---|
| 江苏省农民银行 | 十一处 | 热河省银行 | 五处 |
| 江苏省银行 | 九处 | 绥远省银行 | 二处 |
| 安徽省银行 | 四处 | 湖北省银行 | 五处 |
| 山东省银行 | 三处 | 陕西省银行 | 二处 |
| 河南省银行 | 四处 | 甘肃省银行 | 二处 |
| 河北省银行 | 三处 | | |

〔国民政府财政部档案〕

## 20. 经济改革方案实施办法(金融部分)

(1948年4月22日)

本方案经三十六年八月一日第八次国务会议决议原则通过，并交行政院分别办理。全国经济委员会奉行政院三十六年八月十一日(卅六)六经字第三一六二九号训令研拟本方案实施办法。经依原方案，分别研拟实施办法草案，并提经第廿九至卅四次会议修正通过。

前言

我国以农立国，地大物博，劳力充沛。而目前经济上之危机日趋严重，亟应先探讨其症结所在，以为政策之依据。按经济活动，以生产为大前提。生产之要素有三，即土地、资本与劳力。农村所缺者唯资本，而一般金融机构，尚不能接受土地作抵押，亦尚无专业之土地金融机构。目前各银行之农贷，又为数甚微，无济于事。是我国地大物博、劳力充沛之优点，未尽发挥，实缘于缺乏充足金融的滋养。今后政策，如何从利用大多数人民之能力处着手，金融机构本身如何健全与充实，其资金如何与土地、劳力配合得宜，以得到农村繁荣，农民购买力提高，而奠定发展国内民生工业之基础。

至于各银行之业务，均应有明确之分立，各有所专司，各有其使命，互为发展经济之一环。此为金融上应亟求改革者。其须〔次〕如何使农业趋向于工业化，实为今后建国最主要之课题。我国各种生产建设事业之发展，应有全盘之计划，即使合人民与政府之力量，依照计划，分工合作，以求进展，尚虞不足。而事实上，工业则国营民营分际不清，致一方面力有未逮，一方面瞻顾不前。而政府扶植各种民营企业，未尽其功。至厂房、厂地与机器等固定资产，国营民营均未获得充分作抵押之便利，以作再生产之用，各种企业自难望其有计划之发展。今后如何以国家资本为前驱，辅导私人资本之活跃，以国营事业任其难，扶助民营事业任其易，使政府与人民通力合作。并以优惠方式，欢迎外国资本与技术人才，以达到工业化之目的，此为生产建设上应亟求改革者。再次，财政应自发达各种生产事业着手，方可期收入之比例增加。政府预算一日未臻平衡，通货不免增发，加以误认资金之真正用于生产者，亦为通货膨胀，致生产萎缩，物资缺乏，物价飞腾，利率激涨，因而税源枯涸，收支亦趋悬殊。过去不从增加及监督生产之有效方面以图解决，而仅顾及一时困难之补救，采取治标之措施，均属得不偿失。今后如何从币制本身切实考量，如何开源节流，改善征收方针，使财政基础随各种生产事业之发展而增厚，以数万万人之生产能力，及其总收入支持整个国家之财政，此为财政上应亟求改革者。兹简述以上三者改革方案要项如左：

甲、关于金融者：

金融制度之改革，必须特别注意为国家经济政策服务，以达到地尽其利（农）、物尽其用（工）、货畅其流（商）为其主要之目的。金融机构应各有其主要增进生产之专门业务，使普遍商业化之现象得以消除。公私银行并须有计划的分布全国，使之成为有系统之金融网，不致集中沿海少数都市，尤其是上海一隅，造成偏颇之现象。关于金融组织与业务之改革办法，兹列举于后：

原方案(一)　　(卅七年一月八日全国经济委员会第廿九次会议修正通过)

县银行为金融制度之基层机构,应彻底重建,并扶植其发展。其主要业务为发展农村经济,便利地方建设,并配合地方自治之推行。其设置以每县一行为原则,其资金由县政府以县乡镇之公款投资,并可招收民股,同时应由中央银行及省银行酌量投资,作为提倡股,并应供给专门人才及予以业务上之辅导与监督。县银行视其业务上之类别及需要,分别由中国农民银行、交通银行或中国银行予以协助。

实施办法:

1. 县银行为金融制度之基层机构,应普遍设置,以发展农村经济,协助地方建设,配合地方自治之推行为宗旨。其放款业务,应以投放于本县区内农、林、工矿、水利、仓储、卫生设备及其他有关地方建设事业为原则。

2. 由财政部于各省设立县银行设置计划委员会,由民、财、建三厅长、中央银行经理、省银行总经理暨财政部指定人员二人会同组织,以财政厅长为召集人,负计划县银行之设置暨已设县银行整理之责。

3. 县银行设置计划委员会,对于全省各地方应视其经济情形,拟定分期设置县银行计划,报请财政部备案。

4. 计划规定应设之县银行,其设置工作,指定省银行会同当地县政府筹组成立。如该地已设有省银行分支机构而无重复设置必要者,在县银行开业后,该项分支机构应即撤销,并将其业务委托县银行办理。

5. 凡已开业之县银行,应由财政厅派员考查业务,拟具整理办法,提请县银行设置计划委员会通过,令行该县银行办理,并由省银行派员监督,限期完成。如该地方已设有省银行分支机构而无重复设置必要者,在县银行业务整理完成后,该项分支机构应即撤销，并将其业务委托县银行办理。

6. 县银行之资金，由县政府以县乡镇之公款投资为原则。招收民股时，民股总额不得超过资本总额百分之五十。

7. 县银行得向中央银行或省银行申请投资，作为提倡股。提倡股总额不得超过县公股百分之五十，并应于三年内补足县公股，分等摊偿之。

8. 县银行办理其规定业务，资金不敷周转时，得视业务额〔类〕别，向当地中国农民银行或中央合作金库以转抵【押】或贴现等方式，请求融通资金。

9. 县银行应受省银行之监督辅导，必要时并得申请中央银行或国家行局库派专门人才协助。

10. 国家行局库办理发展农村经济之贷放，应尽量利用县银行，以期透过金融基层机构，深入农村。

原方案(二)

省银行以调剂本省金融，扶助经济建设，开发本省生产事业为其主要业务。省银行在省会所在地设置，其分行设置地点，仅以本省重要政治、经济中心地点为限。

实施办法：

(由财政部各地金融管理局切实查明各省省外银行办事处及通汇情形报会，再行讨论。)

原方案(三)

土地金融应由政府指定专款，并发行土地债券，在适当时期，另设专行，以司其事。

实施办法：

1. 督促中国农民银行推展土地金融业务，注意下列各种放款：

(1) 扶植及创设自耕农放款。

(2) 土地收买及土地征收放款。

(3) 土地重划、地籍整理及土地改良放款。

(4) 乡镇造产放款。

2. 积极推行土地债券。

(1) 于办理放款时，搭发土地债券。

(2) 视需要情形，大量发行实物土地债券。

3. 察酌国内经济情况及农行办理土地金融成果，筹设土地银行。

(1) 草拟土地银行法草案，呈转立法机关审议。

(2) 俟土地银行法完成立法程序，即筹设土地银行。

(3) 将农行土地金融业务，移并土地银行接办。

原方案(四)

中国农民银行以扶助农村繁荣为其专业之范围，经营农业生产、农田水利、农产运销以及土地金融等贷款，以便利农民。

实施办法：

中国农民银行之主要业务：

1. 办理农业生产、水利、农产运销之贴放与投资。

2. 办理农业仓库、农业保险业务。

3. 经募或承受农业有关之公司债及公司股票。

4. 发展土地金融业务，推行土地债券，俟土地金融机构设立后，再移归办理。

原方案(五)

交通银行以协助发展实业为其专业之范围，经营工矿、交通及公用事业等贷款。

实施办法：

交通银行之主要业务：

1. 办理工矿、交通及公用事业之贴放与投资。

2. 经募或承受实业有关之公司债及公司股票。

3. 发展仓库及运输业务。

原方案(六)

中国银行以协助发展国内外贸易为其专业之范围，经营有关国内外贸易及生产事业之放款、押汇及国际汇兑等业务。

实施办法：

中国银行之主要业务：

1. 办理国际贸易有关事业之贴放与押汇。

2. 承办国外汇兑及侨汇业务。

3. 承做国内外侨胞经营事业之放款。

4. 承办政府国外款项之收付。

原方案(七)

邮政储金汇业局以吸收人民储蓄存款，办理小额汇款为专业之范围。

实施办法：

邮政储金汇业局之主要业务：

1. 利用普通之邮政机构，吸收人民储蓄存款。

2. 办理小额汇兑、侨汇及简易人寿保险。

3. 办理法定之投资、贴放等银行业务。

原方案(八)

中央合作金库以合作贷款，扶助各种合作社之组织及发展为专业之范围。

实施办法：

中央合作金库之主要业务：

1. 办理各种合作事业之贴放及投资。

2. 办理合作组织之仓库及保险，并经募合作债券及股票。

3. 吸收各种合作存款。

4. 督导县市合作金库之设置及业务。

原方案(九)

中央信托局专司信托、再保险及公营事业之保险，并对民营之信托、保险业务负辅导之任务。

实施办法：

中央信托局之主要业务：

1. 办理再保险、团体寿险、公有产物保险。

2. 办理信托业务。

3. 扶助民营信托、保险事业。

4. 受托经办易货、购料业务。

5. 办理指定之储蓄业务。

原方案(十)

中央银行为银行之银行，以调剂全国金融，使金融与经济密切联系，以协助经济建设为其主要之业务职责。

实施办法：

中央银行除协助政府调度财政，集中钞券发行，统筹外汇收付，代理国库，汇解军政款项外，以调剂全国金融，协助经济建设发展为主要职责，其要点如下：

1. 对银行承做基本工矿业、民生日用必需品、出口贸易事业之放款、贴现、押汇等之转抵押、重贴现、转押汇。

2. 买卖银行或农工商业票据及政府发行或核准发行之债券。

3. 办理全国票据交换。

4. 收管各银行法定准备金。

原方案(十一)

四联总处俟复员完成后，改为设计与联系之机构，或与财政部钱币司合并，改为金融管理局，隶属于财政部，以一事权。

实施办法①（缺）

原方案(十二)

民营银行之分类及分布，由政府予以规定。其资本额度应予提

---

①原稿此处眉批：本项尚待继续研讨。

高，各小银行、钱庄应使之合并组织，以充实其资力。其资金运用，由政府规定标准，严格管理。

实施办法：

1. 依照银行法规定，由财政部视各地经济金融情形，从严指定限制增设行庄地区。

2. 提高规定各种银行资本最低【额】。对于银行法公布前设立之行庄，经查明其资力较薄者，由财政部限期勒令增资。

3. 对于重要都市小规模银行、钱庄未能依限增加资本充实资力者，由政府强迫合并改组。

4. 民营银行业务之规定及管理，照银行法规定办理。

5. 依照银行法规定，对民营银行种类之划分，切实督导实行。在银行法公布施行前核准设立之银行，并照银行法第十四条之规定，限定期间督察，调整业务。

6. 在动员戡乱完成宪政实施纲领施行期间，依照纲领第六条，由财政部规定民营银行资金运用范围及标准，监督实行。

7. 在经济紧急措施方案施行期间，对于银行业务之管制，并照加强金融业务管制办法之规定办理。

原方案(十三)

各国家银行应依其专业范围，对性质相同之普通银行业务，负联系辅导之任务。其设置分支行处之范围及地点，并应依其业务对象，分别予以规定。

实施办法：

1. 中央银行为银行之银行，负调剂全国金融之责，对国营、省市县营及民营银行业务经营，本其职责，予监督、协助及控制。

2. 国家行局库本其专业范围，对省市县银行、民营银行经营之同类业务，予以监督、协助。

3. 省银行对于省境内县市银行业务，负辅导、监督、协助之责。

4. 县银行除受中央银行及省银行之辅导、监督外，并视其业务之类别及需要，分别受中国农民银行、交通银行或中国银行之协助。

5. 为配合国家经济政策，利用民间资金，得由国家行局领导民营银行参加组织贷款银团，办理对生产事业之贷放。

6. 由财政部及四联总处根据专业范围及各地经济需要，拟定国家行局库分布计划，完成全国金融网。

7. 由财政部及四联总处根据前项计划，督促各行局库分别推设或裁并。

8. 各行局库所定专业范围，为配合经济政策及措施，得由政府随时为适当之调整。

9. 财政部及四联总处对国家行局库办理专业情形，应订定办法，定期考核。

乙、稳定币值：

原方案(一)

政府应积极增加收入，严格限制不必要之支出，使财政收支差额逐渐减少，以节制发行之数量。

实施办法：

详一、整理财政原方案(二)至(九)之实施办法。

原方案(二)

以有效方法，延缓货币之周转率。

实施办法：

(1) 由国家行局依照合理利率吸收存款，诱导游资投入生产途径，并提高人民储蓄兴趣。

(2) 由中央银行运用金融力量控制市场信用，防止信用膨胀。

(3) 监督银钱行庄授信业务。

原方案(三)

政府应有充分准备，并选择适当时机，整理币制。东北、台湾、新疆各地区现行特殊币制，亦应同时整理，以求划一。

实施办法：

1. 主管部对于整理币制之准备工作，应即积极筹拟进行。其具体实施办法，应俟适当时机再为确定。

2. 东北、台湾、新疆地区现行币制，原系适应特殊情势之权宜措施，俟整理币制时，应同时整理，以求划一。

原方案（四）

加强管制外汇，吸收侨汇，以充实外汇基金。

实施办法：

1. 中央银行应依照管理外汇办法，切实执行其管理外汇之任务，其以官价外汇进口之商品，并应会同主管机关对其销售情形及出售价格，予以查核。

2. 外汇平衡基金委员会对于外汇市价之核定，应斟酌汇价与物价变动，而为妥慎之因应，对于指定银行收售外汇，并应切实查核。

3. 输出入管理委员会对于输入许可证之发给及输出之推广，应切实依法办理，并按月报告行政院查核。

4. 办理侨汇之银行，手续应力求简便，收费应力求低廉。对于具有历史性之侨批业，并应加以组织，予以利用。

原方案（五）

政府应准许人民以黄金为购买政府出售国营生产事业及敌伪产业之用，以增加法币之准备。

实施办法：

（俟适当时期再行规划。）

原方案（六）

国人在国外资产，应限期申报，妥筹利用。

实施办法：

国人存放国外之外汇资产，主管部门应依照政府制定条例切实办理。

结论

总之，生产事业不可一日无金融之滋养，财政收入亦不可一日无生产事业之支撑。金融政策、经济政策与财政政策，三者互为因果，相济相成，不可须臾或离。本方案所述，其已由政府实施尚未著效者，应由主管部会加强实施。其应立即实施及准备实施者，应由行政院分交各主管部会妥拟详细办法，迅即施行。其次为本方案推行顺利，尤须注意者有三：(一)为合理解决官兵、公教人员之待遇，使能维持最低必需之生活，俾行政效率得以提高。(二)为国营企业与民营企业应立于同等地位，不可使有所轩轾，尤不可使一部分私人企业受特殊之待遇，致正当之民间事业增加困难。(三)为应在社会方面发动广大之经济建设运动，提高民间对经济之了解与兴趣，并以官兵协作之力量，排除经济建设之困难。以上各种改革措施，诚能本此配合进行，则现时之生产萎顿，物价飞腾，税源枯涸，收支失平之现象，立可改观，庶几生之者众，食之者寡，为之者疾，用之者舒，则财恒足，财政经济之危机，乃可挽救矣。

〔国民政府财政部档案〕

## 21. 社会部为附送视察徐州市信用合作社报告咨

(1948年6月4日)

社会部咨 社(37)合四字第15308号
中华民国卅七年六月四日发出

查前准贵部咨嘱取缔徐州市各信用合作社，以优利吸收军政机关、部队、学校存款，经营囤积投机生意一案，经饬本部合作事业管理局派员前往彻查，并咨复查照在案。兹据该局呈送徐州市各信用合作社视察报告到部，除分咨江苏省政府查核转饬参照改进外，相应抄附原报告，咨请查照为荷。

此咨

财政部

附送徐州市信用合作社视察报告一份

部长　谷正纲

中华民国三十七年六月四日

徐州市各信用合作社视察报告

徐州市信用合作组织，于卅五年八月间开始筹设，迄卅六年九月，计正式成立联社信用部一所，单位社五所，除第四信用社尚在修葺社址外，其余各社均已先后开业。当分别详加考查，兹将考查所得，计分各社概况、工作感想及改进意见数端，谨陈于后：

甲、各社概况

第一信用合作社

一、原登记情形：该社成立于卅五年八月卅日，时社员卅二名，共认社股一〇，〇二〇股，股金一〇，〇二〇，〇〇〇元，保证责任五倍，奉颁专徐字第四号登记证。

二、变更登记情形：截至卅七年三月止，社员为八〇四人，社股一三八，五四〇股，股金一三八，五四〇，〇〇〇元，保证责任为五倍。

三、各种会议情形：计开社员大会两次，社务会议十三次，理事会三次。

四、职员人数及负责人姓名：计理事九人，候补理事二人；监事五人，候补监事二人。总分社业务人员三二人。理主赵光涛，现任省民教馆馆长，监主刘汉川，现任省参议员，经理张庆常，原业政。

五、社员职业分类：商七六〇人，工三〇人，政教一二人，军二人。

六、社所布置：该社办公室、营业室，布置尚属整洁，惟除一社牌外，无足以表示合作组织之特质。

七、社职员对合作之认识：该社职员对社业务之推进颇为热心,惟对合作认识尚感缺乏,社员多属商人,对合作之认识亦多隔膜。

八、该社于三十五年十月十日开业,三十六年度决算已依章办理,各项帐务尚属清晰,全年收付总额为四六三,四五〇,三〇九,六一三.八〇元,纯益八一,四九八,一三九.九六元,惟尚未召开社员大会审查公布及依章分配盈余。

九、三月二十五日(查帐日)库存现金三〇二,一九二,六三四.九〇元,经查无讹。

十、三月二十五日存款余额,总约四十四亿元,计:

定期存款三六〇,〇〇〇,〇〇〇.〇〇元

乙活存款二,九二三,九五七,四九八.九七元

银行存款五五,五四一,七一七.九五元

十一、依该社章程第三六条之规定,呈准主管机关,得接收非社员存款,故存款来源,部份为非社员所存。

十二、该社有洁心助产学校定存九五,〇〇〇,〇〇〇.〇〇元,无其他军警政机关之存款。

十三、存款利息:甲活月息二分一至三分,乙活月息九分,定存月息十二分至十五分。

十四、三月二十五日放款余额,总约四十二亿余元,计:

| | |
|---|---|
| 定期放款 | 一三五,四〇〇,〇〇〇.〇〇元 |
| 押　　放 | 五〇,〇〇〇,〇〇〇.〇〇元 |
| 小本贷款 | 三,五〇〇,〇〇〇.〇〇元 |
| 贴　　现 | 四七〇,〇〇〇,〇〇〇.〇〇元 |
| 存放同业 | 二七九,五六八,七四六.四二元 |
| 透　　支 | 二,七九〇,三九二,七二二.六四元 |
| 存放银行 | 四七九,〇九五,二一三.九五元 |

十五、放款除存放同业及银行外,均以社员为对象。

十六、定放期最长一月。

十七、放款利息,贴现日拆五元半至六元,最长十四天;透支

日拆六元,定放月息十八分。

十八、同仁福利金七千万元,由社息拨。

十九、并无办理信托业务,以及囤积投机生意。

二十、二月份每项开支总约三亿元,交际费即占四分之一,应设法撙节。

二十一、人员待遇,照公务员标准支给,伙食由社供给。

二十二、该社帐簿登载,尚整齐清晰,业务处理手续亦称简捷,收解整理小额钞票颇得社会赞许。

第二信用合作社

一、原登记情形:该社于卅五年九月成立,社员一四四人,社股三万股,股金三千万元,保证责任五倍,登记证专徐字第五号。

二、变更情形:截至三十七年三月止,计有社员六〇七人,社股一九七,九五〇股,股金一九七,九五〇,〇〇〇.〇〇元,保证责任二十倍。

三、各种会议情形:计开社员大会两次,社务会十五次。

四、职员人数及负责人姓名:理事十一人,候补理事五人,监理五人,候补监理三人,业务人员二十四人。理主兼经理韩涛祥,副理刘伯英,均务商。监主杨振苍,现任市党部常委。

五、社员职业分类:商五九〇人,教五人,政六人,工三人,医三人。

六、社所布置:该社社址,位于彭城路四〇八号后偏院内,出入须曲折周绕,颇感不便,刻正计划改善中。营业室布置尚属整洁,但亦缺乏增进合作意识之各项设备。

七、社职员对合作之认识:该社职员多系商人,对合作认识,尚感乏缺,三十六年四月间,因人心涣散,曾一度停顿,嗣经改组,业务始渐趋发展,亟应加强合作教育,增进社职员合作之思想,以利社业务之齐头推进。

八、该社业务人员，多未入社，应予分别加入，以增强其对社之责任心，而提高其工作效能。

九、该社三十六年度决算已照章办理，各项簿据表册尚属整齐，全年收支总额四七九，〇〇九，七八七，五三二.九九元，纯益一〇二，一七二，一九六.一〇元，惟亦尚未召开社员大会审查公布，及依章分配盈余。

十、该社现时业务尚属发达，三月二十五日（检查日）库存现金二，〇三七，〇〇四，一八〇.七九元，经查相符，惟廿七日库存有两张未过帐之支票作抵，手续似有未合。

十一、三月二十五日存款余额，约壹佰零陆亿三千余万元，计定期存款四五三，〇〇〇，〇〇〇.〇〇元，甲活存款一，四九一，五四〇，五五九.二四元，乙活存款八，一〇四，八一七，〇〇一.七五元，同业存款五八九，六四三，三五六.七八元。

十二、该社存款来源多系商人社员，无军警政机关存款。

十三、依该社章程规定，亦得收受非社员存款，应予纠正。

十四、存款利息：甲活月息二分一，乙活月息九分，定期存款月息十二分至十五分。

十五、三月二十五日放款余额，总约八十亿三千余万元，计：

| | |
|---|---|
| 透　支 | 五，一七〇，一一三，六七〇.四一元 |
| 贴　现 | 六六二，〇〇〇，〇〇〇.〇〇元 |
| 存放同业 | 九二七，七二七，三九二.六〇元 |
| 存放银行 | 五七三，八〇八，一八五.九〇元 |
| 定期放款 | 一九三，〇〇〇，〇〇〇.〇〇元 |
| 分社往来 | 五一四，三五五，二二〇.〇〇元 |

十六、放款除存放同业及银行外，均以社员为对象。

十七、暂付款四亿贰千余万元，多系印刷、伙食等费，该科目处理不合，应转预付费用科目，每月终将已用完部份，转费用帐，已指示纠正。

十八、该社往来户姓名，多用商号名称，或商号与姓名并列，据称商号均系社员所开，亦属不合，当指示即日改正。

十九、放款利息：透支日拆六元，贴现日拆五元半至六元。同业日拆四元，定放月息十八分。

二十、该社各项开支，一、二、三月份共约五亿一千余万元，连同暂付款约十亿元，似属太大，应设法撙节。

二十一、人员待遇与其他信社同。

第三信用合作社

一、原登记情形：该社于卅五年十二月二十二日成立，社员二〇三人，社股一〇〇，〇〇〇股，股金一〇〇，〇〇〇，〇〇〇.〇〇元，保证责任五倍，登记证专徐字第六号。

二、变更情形：截至三十七年三月止，社员共为六六六人，社股二八五，六〇〇股，股金二八五，六〇〇，〇〇〇.〇〇元，保证责任二十倍。

三、各种会议情形：计曾开社员大会一次，社务会议三次，理事会六次，监事会六次。

四、社员职业分类：商五七〇人，工二九人，政二七人，教二三人，军一一人，法二人，农三人。①

五、职员人数及负责人姓名：计理事十一人，监理五人，业务人员十六人。理主李吉六，现任造冰厂厂长。监主李亮，陆总新闻处主任秘书。经理朱子庄，原业商。

六、社内布置：该社社所位于中正路中街，布置尚属整洁，惟内部亦缺乏合作特质之表现。

七、该社职员对合作认识，亦感欠缺，职员对社务颇具热忱。

---

①各业社员总数为六六五人，核与(二)所列六六六人不符。

八、该社各项簿据表册尚属齐全,登载亦甚清晰。

九、该社卅六年度决算亦已照章办竣,全年收支总额七二,三七四,八二一,九七八.〇二元,纯益一一九,六七六,九九〇.九四元,亦召开社员大会审查公布及依章分配盈余。

十、该社现时业务亦尚发达,三月二十七日库存现金二四八,九一二,一八九.五五元,经查相符。

十一、三月廿七日存款余额共约六十余亿元,计:

| | |
|---|---|
| 定期存款 | 五五七,〇〇〇,〇〇〇.〇〇元 |
| 甲活存款 | 九六一,三六九,二八四.六六元 |
| 同业存款 | 五五二,五一三,一七一.七〇元 |
| 乙活存款 | 三,七〇六,四三四,五一八.二二元 |
| 银行存款 | 二三八,七一三,八二八.九〇元 |

十二、该社依章程规定亦得接收非社员存款,但无军政警机关及学校之存款。

十三、存款利息,甲活月息三分,乙活月息八分至十二分,定存月息十二至十五分。

十四、三月廿七日放款余额约五十七亿元,计:

| | |
|---|---|
| 活存透支 | 三,八〇三,〇七〇,三六三.一一元 |
| 贴　　现 | 四三五,〇〇〇,〇〇〇.〇〇元 |
| 定期放款 | 四二〇,〇〇〇,〇〇〇.〇〇元 |
| 押　　放 | 一五〇,〇〇〇,〇〇〇.〇〇元 |
| 存放同业 | 六〇七,五一七,七六七.二一元 |
| 存放银行 | 二七七,六一五,〇三八.八三元 |

十五、放款除存放同业、银行外,均以社员为对象。

十六、放款息:透支、贴现均为日拆五元半至六元,定放月息十六分至十八分。

十七、帐户有用商号者,应予改正。

十八、该社开支项下,交际费为数亦大,应予撙节。

十九、人员待遇与其他信用社同。

第五信用合作社

一、登记情形：该社于卅六年七月十一日正式成立，奉颁登记证专徐字第一一号，原为社员一一九人，股金壹亿元，保证责任五倍，理主张吉荪。嗣经变更为社员二六五人，股金叁亿一千三百万元，理主黄乐山。

二、各种会议情形：计曾开社员大会一次，社员代表大会一次，社务会议一次，会议记录尚不完整。

三、职员人数及社员职业分类：该社计有理事十一人，监事三人，业务人员二十人，理主黄乐山现任市商会主席，监主张吉荪业商，经理马叔和原服务银行多年。社员职业，商二五〇人，公教七人，工三人，军二人，银行二人，新闻一人。

四、该社社址，位于彭承路三二八号，地点适中，布置庄丽，惟社职员对合作之认识，亦尚缺乏。

五、该社于本年九月廿七日开业，各项帐据表册，尚未设备齐全，社业务处理，亦未纳入正轨。

六、三月廿七日库存现金六八，三二〇，八六三．〇〇元，经查相符。

七、三月廿七日存款余额，约四十二亿元，计：

| | |
|---|---|
| 定期存款 | 八一四，〇〇〇，〇〇〇．〇〇元 |
| 甲活存款 | 一，六二二，二三六，四五三．〇〇元 |
| 同业存款 | 七八八，九〇九，八八八．〇〇元 |
| 乙活存款 | 九七七，〇二五，六八六．〇〇元 |

八、该社依章程规定亦接收非社员存款，但无军警政机关存款。

九、存款利息：甲活存款月息二分一，视存款情形，有高至六分、九分者；乙活月息九分至十二分，取款于前二日通知；定存月息十二分至十五分。

十、三月廿七日放款余额，约卅五亿元，计：

| | |
|---|---|
| 活期透支 | 二，一九二，四〇六，一一九.〇〇元 |
| 贴　现 | 二九〇，〇〇〇，〇〇〇.〇〇元 |
| 定期放款 | 九五，〇〇〇，〇〇〇.〇〇元 |
| 存放同业 | 七三二，五九四，二六八.〇〇元 |
| 存放银行 | 一八九，一〇一，四七八.〇〇元 |

十一、放款均以社员为限，放款息与其他信社略同。

十二、帐户亦有用商号名称，应予纠正。

十三、该社交际费约占各项开支三分之一，应予撙节，人员待遇与其他信社相同。

十四、该社因成立未久，帐务处理尚欠周全，应渐改进。

市联社信用部

一、组设情形：该联社于卅六年五月间由各单位社代表朱立人等发起筹备，同年六月廿八日举行创立会，九月间奉江苏省社会处核准，由市府颁发普徐字第二〇号登记证，本年一月八日正式开业。

二、社员及社股：该联社现有社员社十五单位，社股一二三，四六六股，股金一二三，四六六，〇〇〇.〇〇元，实收九九，二一六，八〇〇.〇〇元。刻正申请入社者十一单位。

三、会议情形：计开社员代表大会一次，理事会二次，常务理事会二次，社务会四次，业务【会】五次，监事会一次。

四、职员人数及负责人姓名：计理事十三人，候补理事五人，监事十一人，候补监事三人，业务人员卅五人，理主朱立人现任市府第四科长，监主杨振岑现任市党部常委，经理王毓生，现任市府合作主任指导员，各部人员对社业务颇为热心。

五、社所布置：该社社址设丁马市街五九号，颇为宽大通〔适〕用，布置亦尚整洁恰当，但内部亦缺有关合作之各项设置。

六、该社信用部业务尚称发达，每日收支总额约数十亿元至百亿元。三月卅一日库存现金二二七，九三〇，〇五五．〇〇元，经查相符。

七、三月卅一日该部存款余额约五十八亿二千余万元，计：

| | |
|---|---|
| 定期存款 | 五四八，二六〇，〇〇〇．〇〇元 |
| 通知存款 | 五三八，三五八，五〇三．〇〇元 |
| 甲活存款 | 二，一三一，一七六，九八五．〇〇元 |
| 乙活存款 | 一，四〇五，〇三一，五一三．〇〇元 |
| 同业存款 | 一，〇八二，九六六，五七四．五〇元 |
| 银行存款 | 一一八，七四〇，〇〇〇．〇〇元 |

上列各项存款并无军警政机关之存款。

八、同日放款余额约五十七亿九千余万元，计：

| | |
|---|---|
| 定期放款 | 五〇，〇〇〇，〇〇〇．〇〇元 |
| 转放款项 | 一六〇，〇〇〇，〇〇〇．〇〇元 |
| 活存透支 | 三，八一一，七九〇，二五七．五〇元 |
| 贴　　现 | 四六五，〇〇〇，〇〇〇．〇〇元 |
| 存放同业 | 一，二六三，七三七，〇一三．〇〇元 |
| 存放银行 | 四三，六八二，二三五．〇〇元 |

九、依该社章程规定得接收非社员存款。

十、对个人社员直接交易亦属不合，交易户应以社员社为限，对各社员社之存放款项，应一律透过各所属社员社，现有个人社员户，应分别转入各所属社员社帐户，以符规定。

十一、活存透支亦无契约之订定，应予纠正，以防风险。

十二、存放款利息与各信社略同。

十三、该社为扶植各社员社供销生产业务之发展与各信社订有联合放款办法，举办以来，颇收成效，先后计贷放一〇五，〇〇〇，〇〇〇，〇〇〇．〇〇元。

十四、该社三月份开支三八七，九七八，五〇〇．〇〇元，应予设法撙节，人员待遇与各信社同。

十五、该社因开业未久，帐务处理尚欠健全，现正力图改善中。

乙、工作感想

一、徐州位当津浦、陇海交通要冲，为豫、鲁、皖、苏边区物品之集散地，且为剿匪军事之中心，游资充斥，故信用业务颇为发达，良可运用合作组织，导纳市场游资于正轨，用以发展合作事业，调剂供需，开发土产，藉收平抑物价安定金融之效能。

二、信用合作社之推进，旨在运用合作方式，推行节约储蓄，吸收社会游资，调剂平民金融，如能加强管理，以谋社业务之健全发展，弗难完成新旨，此对社会经济不无贡献，较之商业银行及私人钱庄，自属合理。故今后亟应力求合作事业之合理推进，藉以建立社会经济之基础，而实现民生主义之理想鹄的。

三、徐州各信社社员多系有资者之商人，平民社员较少，但其实力较厚，业务易于展开，如能健全社股，扩征平民社员，利用有产者社员之基金，用以调剂经济弱者社员之需要，并疏导多余资金，发展他种合作业务，亦足发扬信用合作之效能。

四、徐州市合作空气普遍于社会各阶层，各社间联系甚为密切，合工人员对事业亦颇热心。若能善为扶植领导，并加强合作教育，增进合作意识，前途至有希望。

五、徐市各社为加强社业务之联系，每周举行联合检讨会一次，以期统一步伐，而谋社业务之合理机动。并订有联合贷款办法，由各信用社集资，透过联社信用部转放于各区社、消费等社，用以发展其业务，推行以来，均颇收实效。

六、迩来徐市小钞充斥，各银行多拒绝收兑，市民深感不便，各信社为服务人群，特予收兑整理，转解央行，颇得社会赞许。

丙、改进意见(略)

〔国民政府财政部档案〕

## 22. 财政部关于变动各地与沪穗间汇款及运现限额代电稿

(1948年8月4日)

代电4041

本部广州金融管理局览:本年六月十九日穗稽一字第一七六九号呈悉:查部颁各地对沪、穗两地汇款及运现管理实施办法内规定,各地对沪、穗两地汇款在两亿元以上者,应由汇款行报请当地金融管理局或中央银行审核,及运现赴沪每人不得超过两亿元,赴粤不得超过五千万元等语。原为适应当时各该地实际情形,并防止游资南流起见。现以目前物价较原办法施行时已有变动,原定两亿元以上汇款应予审核数额,拟提高为十亿元以上。携运现钞限制亦比照提高为运现至沪不得超过十亿元,运现至粤不得超过三亿元,以期适合事实,已由部电请中央银行核示意见,应俟复到再行核定公布施行,仰即知照。财政部财钱乙120、0804。印。

〔国民政府财政部档案〕

## 23. 中央银行转陈部院关于旧铸辅币暂准照面额行使的通电

(1948年9月27日)①

急。

各分行处:密。关于旧铸各种辅币行使及收回,应如何规定。顷准财部2925财钱甲266、8075代电略以兹奉行政院翁院长谕示:"各该项禁止行使之旧铸辅币,除铜元仍照铜斤收兑外,一律暂准通行,由本行另订办法收兑改铸。等由。除由部再为公告外,抄同该部公告一份,嘱查照办理分转遵照。至半分、二分铜币,一分、五

①此系中央银行发行局发电稿本标注之发电日期。

分铝币暨各省旧铸各种金属辅币收兑后，即不再发行。等由。合亟通电查照遵办，并希照下文，在当地日报公告周知：中央银行公告：奉总行转准财政部九月廿五日财钱甲字第八〇七五代电附该部九月廿五日财钱甲字第一一号公告开：查金圆券发行办法第四条规定："金圆辅币分为壹分、伍分、一角、二角、五角五种，以铜、镍、铝分别铸造，并由中央银行发行金圆辅币券，同时流通。"上项铜、镍、铝辅币，除饬由中央造币厂积极鼓铸外，为适应市场需要，经指定中央造币厂旧铸下列辅币九种，暂作金圆辅币，照面额行使，一俟新铸辅币发行，再为定期收回。其种类如次：〈1〉、〈2〉版一分铜币二种，〈1〉、〈2〉版五分镍币合金币二种，〈1〉、〈2〉版十分镍币合金币二种，〈1〉、〈2〉版廿分镍币合金币二种，〈1〉版半圆合金币一种。此外，中央造币厂旧铸半分、二分铜币，一分、五分铝币暨各省旧铸各种金属辅币，除铜元仍照铜斤收兑外，一律暂准通行，由中央银行另订办法收兑改铸，等由。转达查照遵办。等因。特此公告。希遵照，登报三天为荷。发行局。0927。〈7710〉。

〔中央银行档案〕

## 24. 台湾省政府转陈台省信用合作社联谊会以台省情形特殊有关信用社支票流通之禁令请暂缓实施代电

(1948年9月30日)

财政部公鉴：据财政厅案呈前准贵部财钱庚三字1295、0617第六三八号代电核示本府财政厅前转据台北市各信用合作社等呈，以本省合作事业情形特殊，对于禁止信用合作社支票流通一案，实际深感不便，拟请暂缓实施等情，以合作社非票据法第一百二十三条所称之银钱业，不得为支票付款人，所请各节，应毋庸议等由到府。复经饬据本省合作事业管理处签复，以"合作社支票问题，关系于本省合作金融前途至巨，目前本省合作社使用支票，均限于社员内关系，并无对外使用支票，且使用支票目的，亦仅在便利支付手续，并无使用支票购货付帐，亦无本票性质，似与票据法规定范围略有不同，且所有支付贴现关系，亦系合作范围内社员与合作社，合作社与合作金库间支付行为而已。月来，全省各信用合作社已迭次集会讨论，决定另行拟具妥善办法，并派员分向中央各有关机关陈请中，本件〔省〕可否暂缓实施，请核示”等语。正核办间，复据本省信用合作社联谊会卅七年八月五日呈称：“阅报载司法院三十七年五月三十一日院解字第三九七七号解释认为信用合作社非票据法第一百二十三条所称之银钱业，不得为支票之付款人，现闻财政部已再申前令，通饬取缔信用合作社使用支票，并请司法行政部转行各级法院注意办理”等因。查本省各地专营或兼营信用合作社，咸以是项解释不合本省实情，前项禁令不适施行于本省，经于本年七月二十四日在台北市中山堂召开全省信用合作社联谊会，一致决议联呈转请中枢变更解释及收回成命，或另订本省合作事业管理办法。兹列举理由及事实如次：“一、本省推行合作事业垂三十六年之历史，现有合作组织六百余单位，内专营信用合作社五十余社，分布于各城市及重镇，兼营信用合作社五百余社，分布于农村各乡镇，参加社员七十余万人，以全省户数总平均，参加合作社者达百分之八十以上。信用合作社使用支票，不仅于城市盛行，而在农村亦普遍利用，其范围之广泛，无一金融机关可以朋比。二、本省各专营及兼营信用合作社使用支票，已有三十五年之久，信用业务发达，其规模与基础不亚于一般银行，其支票在社会上已成为习惯性之票据，在金融界信用笃著，深得人民之信赖，如一旦遽尔禁止，无异封闭所有信用合作社。三、本省各专营及兼营信用合作社使用之支票，系谋社员提存之便利，并非信用合作社发行之本票，其使用范围仅限于社员与合作社之间，或社员与社员之间，收受之支票，数目不多金额少，绝不致发生信用膨胀影响社会金融。信用合作社使用支票，系适合社员之需求，亦系社会经济进化必然之趋势。倘予禁止，不仅社员不便，则系社会开倒车也。四、本省金融机关，除银行及信用合作社外，并无银号、钱庄或信托公司之设置，社会经济向称安定，银行与信用合作社各有业务对象，相处泰然。信用合作社使用支票，惟有收调剂金融之功，而无影响社会经济之嫌。五、本省合作事业，在农村为繁营〔荣〕农村发展地方产业及流通农业资金之中心。在城市，负有吸收社会游资，安定社会经济，融通中小工商业者及平民金融之使命。合作社在台湾社会所处地位之重要无以论次，政府应予积极扶植，岂可任意摧残。以上各点，系叙其重要性。总之，关于本省信用合作社使用支票问题，在日人军国主义统制经济政策时代，尚不禁止，而能在社会使用达三十五年之久，而我国标榜三民主义民主经济政策，反而禁止，殊令人费解。设若是项禁令施行于台湾，则同仁等深感宪法第一百四十五条所规定合作事业应受国家之奖励与扶植，系一纸具文。兹为因地制宜计，冀望中枢、有关院部指派干员来台视察，以明真相，其所得资料，可作为变更解释之参考。为此，理合联呈钧核，恳求转请是项禁令勿施行于台湾，或另订台湾合作事业管理办法，以利合作事业之发展"等情。查所陈各节，尚属实情。且该项支票与普通商业并无往来，不生关系，可否准照本省合作事业管理处签陈意见酌予采纳，对于原案暂缓实施之处，除分电社会部外，相应电请查核见复为荷。台湾省政府参柒甲（　）府纶乙。印。

〔国民政府财政部档案〕

## 25. 财政部关于整理国营金融机构意见稿

(1948年)①

整理国营金融机构意见

①原件无成文时间，根据内容推断系1948年或1949年上半年文件。

关于整理国营金融机构一案，立法与监察两院迭经向政院建议，专家学者亦时有论及，以国营金融机构，除中央银行为银行之银行外，其余有中国、交通、中国农民三行，中信、邮汇两局及中央合作金库。就其业务言之，如依组织法之规定，中国银行营业种类十项，交通银行营业种类十一项。交通银行营业种类中，除“发展实业投资”一项系标明该行之特质外，其余与中国银行相同。中国农民银行营业种类十二项，其与中交两行相同者有九项，中仅“农业水利及合作社之放款”一项系其专业。邮政储金汇业局营业种类十项，除“经营简易人寿保险”一项外，其他与上述各行完全相同。中央信托局营业种类十四项，其中关于保险业务五项，储蓄业务二项，其他办理存放款业务仍与普通银行相同。中央合作金库营业种类与中农行相似，仅于该库章程第十条，规定其业务以县合作金库以上及市之各级合作社合作业务机关及合作社团为主要对象，个人业务往来以合作社社员之存款、汇款及仓储为限。

数十年来，各该行局库业务实际概况，均与普通银行无大差异，总计机构一千余，职员二万余，每年徒耗巨额开支，对于政府专业化之金融政策，迄未能切实执行。年来，军事逆转，地域日蹙，各该行局库分支机构均相继后撤，业务更感无法开展。似此业务同，组织又同之骈枝金融机构，实有加以整理之必要。故对于国家金融机构之简化与整顿，迭有建议，在本司主管行政之立场，亦应求简化与整顿。但在目前情况之下，国家行局资产之移动与沦陷人员之流散，若即谈整个之整顿，似非其时，治本之整顿，只有待于来日。前由司拟具意见五项：

一、中央合作金库并入中国农民银行

查中央合作金库之业务对象，为县合作金库、县以上及市之各级合作社合作业务机关及合作社团，纯为一个合作金融机构。中国农民银行条例中亦有放款于农民组织之合作社及合作社联合社之规定，两者业务对象，似无不同，而农行业务并兼及农、林、渔、牧、垦殖、土地等，该两行库实无并存必要，拟将中央合作金库之业务并入中国农民银行，并将中国农民银行业务范围及于各种各级合作社业务机构暨合作社团。

二、中央信托局改隶中央银行

查中央信托局原为中央银行之附属事业，订有中央信托局章程，于二十四年十月呈奉行政院转呈国府备案设立。资本总额一千万元，由中央银行一次拨足，所有理监事、局长、副局长均由中央银行总裁派充之，以办理保险、储蓄为主要业务。嗣为加强发展国营信托、保险事业，将该局改为独立设置制度，由国库拨足资本，以建立经营系统，发挥专业精神，修改章程为条例，理事改为九人，由财政部指派，监事三人，由主计处、审计部、财政部各派一人充任之，内设会计、信托、购料、易货、储运、房屋地产、产物保险、人寿保险、储蓄业务、稽核、秘书等十一处。三十四年因业务无法开展，该局曾有部份裁并。最近受战事影响，业务更难推进，甚且趋于停顿状况，似应及时缩小范围，仍改隶中央银行，以节开支。

以上中合与中信两库局之裁并，似应由本部指定有关人员，并遴选专家学者，共同组织国营金融机构整理委员会督导实施之。关于中央合作金库之裁撤，并应会同内政部办理之。

三、整顿各行局业务

中合与中信两库局以外，其他如中国、交通、中农及邮汇等行局，并应切实整顿之。如组织条例，过去有称法规者，有称章程者，殊不统一，今后应即划一修正之。对于各行局之专业范围，更须明确规定。如中国银行办理国际贸易汇兑金融事业，交通银行办理工矿公用金融事业，中国农民银行办理农、林、垦殖、土地改良、合作金融事业为主要业务，资金运用，须针对其特定专业，同时应特别注意为国家经济政策服务，以增加农工生产为其主要目的。各行局并应有计划的分布全国，使之成为有系统之金融网。其设置分支行之范围及地点，应依其业务对象，分别予以规定，使不致有叠床架屋之弊，避免一切不必要之竞争，以开展其业务，达成其使命。

四、行局从业员工之待遇与考核

查国家行局员工待遇，迄未能遵照中央之规定办理，月之所入均较普通公务员优裕若干倍，国帑虚耗为数极巨。今后应本同工同酬原则，对员工待遇严格规定，不得巧立名目阳奉阴违。至中合与中信两库局裁并以后，人员减少自须由整理委员会举行严格之考核，择优留用。所有中中交农各行员工，更应同样予以甄审，分别留用或遣散之。

五、调整官股董监及加强各行局与本部间之联系

查行局董监，各有其一定之权责，行局一切行政计划与业务方针，均须由其决定与监督执行。过去各行局董监松弛懈怠之弊，应予矫正，尤以官股董监，应负责监督业务与行政。嗣后似应饬各董监，应常驻各行局总机构所在地，并应依章按期举行会议，将会议记录报部查核。其官股董监有兼任二行以上之董监者，似应分别予以调整，有消息不明已失联络者，应予改派。又各行局负责人，因时局变化与本部多失去联系，应设法纠正。今后似应饬随时将动态报告本部，以与本部保持密切联系。

〔国民政府财政部档案〕

## 26. 宋子文等报告广州金融物价情形及实施限制汇款运现措施密电

(1948年10月12日)

即刻到。行政院翁院长咏霓兄：并请分送财政部王部长岫庐兄、俞总裁鸿钧兄、徐秘书长柏园兄、蒋督导经国兄：密。(一)迩来大量游资南流，尤因时局关系，香港市场渐行活动，自本月五日起，波动程度愈见扩大，港币申电暗盘，四日(.八六五八)，五日(.八六五八)，六日(.九二五九)，七日(.九五二四)，八日(.八〇〇九)，九

日(一.一二九),十二日(一.七〇〇)。港穗汇价暗盘,四日(.七七五二),五日(.八〇六五),六日(.八六二一),七日(.八九六九),八日(一.〇二三),九日(.九六〇〇)。穗市物价指数,四日(一七九.〇),五日(一七九.八),六日(一八〇.四),七日(一八一.三),八日(一八三.〇),九日(一八三.五),十一日(一八三.四),十二日(一八八.六)。(二)为针对上述情形,必须取缔游资及加强检查管制。故最近措施为:(甲)本月初起,凡携现来穗超过一千元者,逾额部份,均强制汇回原地,十一日起照奉准限带现款一千元办法办理。并已令自十五日起所有穗市银楼金饰业及其从业人员持有外币者,一经查获,一律视同非法买卖外币论罪,并立即勒令停业,吊销执照,敬请核备。(丙)① 穗市商场习用港币,经严加查禁,已告绝迹。惟自资金大量南流,外帮客商勾结本地经纪【人】,间有在市区偏僻地点交易者,已经破获数起,移送特刑庭严办,仍在加紧查缉。(丁)② 物价经严厉管制,虽仍呈略涨,但无抢购现象,市面尚属安定,外围物价亦在派员管理,俾资配合。特电请察核。弟宋子文、霍宝树。酉。侵。秘。穗。印。

〔国民政府财政部档案〕

## 27. 钱币司撰管制金融与货币政策概况稿③

(1948年)

………

第五章　财政(金融)

第一节　货币制度

①系(乙)之笔误。

②系(丙)之笔误。

③该件钱币司为国民政府年鉴撰写的稿件修正稿。

查法币自三十一年统一发行后，中央银行成为惟一之发行银行。除台湾、东北九省外，法币流通普及全国。惟抗战八年后，继以复员、戡乱建国等艰巨工作，用度浩繁，国库收支失衡，生产停滞，物价高涨，法币之发行，亦不免于膨胀。政府为稳定币值起见，除管制信用，出售物资，以紧缩通货之发行，抑低通货之流通速度外，复经拨出价值四亿美元之国营事业资产，以充实法币准备。订定部分管理内汇及运现办法，以防止资金集中都市，助长投机之风，以安物价，稳定法币之对内价值。加强管理外汇，以掌握充分外汇，稳定法币对外价值。至于法币券料之供应，大小券额之调节，小额钞券之收回，亦由财政部督导中央银行统筹办理。

统一发行之后，各省银行间有发行省钞者，惟该项省钞之流通，各为区域所限，数额不多，面额甚小，市面已极少流通。现除富滇新银行、西康省银行、甘肃省银行所发省钞已予收回，绥远省行、广东省行所发者已呈由财部核准收回外，其他各省省钞，正由部拟议收回中。

此外，以各地区情况特殊，尚有台湾币、东北流通券及新疆券三种，在各该地区暂时流通行使。台湾、东北两地陷敌较久，各该地金融物价较内地迥异，收复之初，为避免各该地金融物价发生过渡波动起见，爰经分别核定发行台币券及东北九省流通券为当地行使之法定货币。实施迄今，台湾一地已收相当效果，复员工作得以顺利进行，生产事业亦日趋发展。惟东北自共匪倡乱后，交通阻绝，生产停滞，物价腾贵，因之流通券发行增加，币值贬落。政府为安定东北经济，维持币信，并兼顾人民利益起见，复经订定东北九省流通券行使及兑换办法公布施行，俾关内外资金得以调节。至新疆币，前经规定自三十一年十二月廿五日起，新疆币与关金券按一与二角五分之比同时行使，以利关内外资金之交流，现仍照旧办理，未予变更。该项钞券发行应缴交之准备金，亦已由中央银行迪化分行接收保管整理中。

第二节　管理外汇

管理外汇，以稳定货币价值，促进对外贸易，发达国民经济为目的。抗战胜利后，我政府审察国内状况，并斟酌国际情势，于三十五年二月廿五日公布中央银行管理外汇暂行办法，授权中央银行暂行办理有关管理外汇之任务。三十六年二月十七日，国防最高委员会通过经济紧急措施方案，修正中央银行管理外汇暂行办法，改订外汇汇率为法币一万二千元合美金一元，并禁止外国币券在国境内流通，以期取缔投机买卖，安定金融市场，改善国际收支。迄三十六年八月十八日，政府为加强吸收侨汇，鼓励输出，力谋国际收支之平衡，遂改订外汇管理及进出口贸易办法，公布中央银行管理外汇办法及进出口贸易办法。其内容要点如下：

（一）由中央银行设置外汇平衡基金委员会，调节进出口外汇买卖，随时调整外汇市价。

（二）输入物品除必需品之棉花、米、麦、面粉及煤焦等，其售价可由政府控制，仍按官价供给外汇外，其余经过核准之进口货物，输出物品及其他汇入汇款，均许其按照市价向指定银行结售外汇。

嗣上项中央银行管理外汇办法复经立法院修正通过，定名为中央银行管理外汇条例，于三十六年十二月廿五日由国民政府公布施行。

第三节　参加国际货币基金及国际复兴开发银行

国际货币基金协定及国际复兴开发银行协定，由各会员国签署后，该两机构即告成立，各国乃分别指派或选派职员参加其工作。我国指派之职员计有：兼基金暨银行理事俞鸿钧，基金代理理事席德懋，执行干事顾翊群，候补执行干事张悦联，银行代理理事宋子良，执行干事沈元鼎，候补执行干事俞国华。除俞理事鸿钧外，其余人员均常川驻美办公，并代表我国执行职务。

基金已于三十六年三月一日开始汇兑交易，经通知各会员国缴纳所认基金摊额，截至三十六年六月三十日止，已缴摊额总计美金六，五三五，〇〇〇，〇〇〇元。我国因战后经济金融尚未恢复正常状态，经商准基金将所认摊额延至我国取得向基金购买通货权利之时缴付。

基金办理汇兑交易以前，首须决定各会员国之通货平价，以为交易之依据。爰经于三十五年九月十二日分别电请各国通知其通货平价，当时即有三十一国将其通货平价通知基金，业经基金接受，并于三十五年十二月十八日公布。我国因在此次大战中本土曾被敌人占领，已根据基金协定第二十条第四款第四项之规定，申请延期决定通货平价。此外，巴西、多明尼加、希腊、波兰、南斯拉夫、法属越南、荷属印度等国，与我国情形相似，亦作同样申请，均经获得基金同意。

银行已于三十五年六月二十五日开业，经通知各会员国缴纳股款，其中百分之二应以黄金或美元缴纳，百分之十八应以各该国之本国货币缴纳，业经各国分期缴清，计前一项股款美金一六〇，三四七，〇〇〇元，后一项股款美金一，四八七，三五八，〇〇〇元。我国所认股本为美金六亿元，其中百分之二股款，除百分之〇．五由我国根据协定商准银行延期缴付外，余百分之一．五计美金九百万元，经以美元缴付，另百分之十八股款，计美金一亿零八百万元，亦经以国币现款暨国币票据缴付。

第四节　健全银行组织

我国银行机构大别可分为国家银行、省县银行及商业行庄三大类。国家银行除中央合作金库成立较晚，并已于另节叙述其简史外，余均具有悠久历史，经积年累月之发展成长，其组织已趋定型，尤以四行业务划分后，各本其专业积极发展，组织无多更易，其变化较多者，厥为分支行处之设撤合并，自卅五年底至卅七年五月，行处总数，计中央银行由七八处减至六三处，中国银行由二一六处减至一九八处，交通银行由一七九处增为二〇四处，中国农民银行由二三九处增至二四七处，中央信托局由三〇处增为四〇处，邮汇局仍旧。关于总行局方面，则有中央信托局之独立及在沪各国家总行局奉令迁京二事。兹分述如下：

（一）中央信托局原为中央银行所投资设立，但以其业务之繁，规模之大，实有独立之必要，卅六年五月，国民政府公布中央信托局条例，规定由国库拨资设置中央信托局，受财政部监督，承办政府委托之特种信托、保险、储蓄业务，组织方面，该局原隶属央行，故理事长由央行总裁兼任，统制全局。本条例规定设理事会，由财政部指派九人组织之，并互选常务理事五人，复由常务理事互选一人为主席，另由理事会聘任局长，秉承理事会之命综理局务。此外设监事，由财政部、主计处（部）、审计部各派代表一人任之。该局原资本五千万元，系由央行拨给，为便捷起见，此次改组独立，仅办国库转帐手续，不另拨付。（附中央信托局条例）

（二）中央、中国、交通三行及中央信托局之总行局处原设上海，复员后仍返沪复业。惟此于政府指挥监督以及联系方面殊多不便，实有移设首都之必要。卅六年七月，乃由行政院令饬财政部转饬各该行局限期迁沪〔京〕办公，当经财部分饬知照。十一月间，财政部为便于各行切实遵办，并统一迁移步骤起见，并拟订四项办法呈院修正核准，分饬遵照。现各该行局之首脑部份，已有一部份迁京办公，其未迁竣者，正由财政部严催遵办中。

至于省银行，原为我国地方金融中心，负有调剂本省金融，扶助地方经济建设，开发本省生产事业之重大使命。自三十四年国府公布省银行条例，由部督饬遵办以后，基础益形稳固，业务亦已渐纳正轨。惟自三十六年宪法公布以后，依照立宪原则，省银行属于省营事业，应归省办。旋经立法院将原颁省银行条例酌予修正，由国府于三十七年一月八日公布施行。其修改要点如下：

（一）省银行隶属于省政府。

（二）省银行资本由省库拨给，并得由县市库参与公股。

（三）省银行设董事十五人，其分配如左：

(1) 财政厅长、建设厅长。

(2) 省政府聘请省内富有经济、财政、金融学识经验之专家三人。

(3) 县市参议会各推定候选人一人,报由省参议会就候选人中选出十人。省参议员不得当选。

(四) 省银行设监察人五人,分配如左:

(1) 审计处长、会计长。

(2) 省参议会推选三人。

依据上项修正案,省银行董事、监察人不再由财政部令派,而大部份改由各该省民意机关产生。至省银行资本,自三十一年财政收支系统变更为二级制后,即已随同移归国库所有,嗣财政收支系统虽又恢复三级制,但省银行并无变更规定,依照修正规定,其资本应由省库拨给,原有资本依理仍应退还国库。惟财政部为免除处理困难起见,经呈准行政院核定,将省银行原有省库投资、国库投资暨二级制时在省预算内拨给之资本,以及由各该行历年盈余、公积金项下拨增之资本,一律拨归省库,以利进行。现各省省银行正遵照条例改组中。

我国银钱行庄之兴起,首应溯源于票号,以代人汇划款项为业,嬗变而以借贷为主之银钱业,北方多称银号,南方多为钱庄。狃于社会积习,均采独资或合伙方式经营,取公司组织形式者,实难多觏。至清末,西方文明制度逐渐传入我国后,沿海口岸及通都大邑,始有现代公司组织之银行出现。

商营银钱行庄之管理,系属财政部主管范围。战前政府原有银行注册章程及其施行细则之颁布施行,惟依照规定,并未严限各行庄必须向财部注册。自民国三十年十二月九日修正非常时期管理银行办法公布施行后,规定商业银行一概不得增设,已设行庄须于限期内呈请补行注册。财政部为使各行庄经营现代化及加强其营运资力起见,均督导改组为公司组织,依照公司法之规定程序,办理营业登记。卅六年九月一日银行法公布后，该法第一条载明："本法称银行，谓依公司法及本法组织登记，并依本法经营银行业务之机构。"又第十三条："本法所称银行，分左列五种：一商业银行，二实业银行，三储蓄银行，四信托公司，五钱庄"。故对于银行之组织及其种类，于法律上已有明确之规定，各行庄方能一体遵照办理，内部组织日趋健全。

公司组织依照公司法之规定，系分为无限公司、两合公司、有限公司、股份有限公司、股份两合公司五种。现全国所有行庄所采公司组织形式，以股份有限公司为最多，无限公司次之，有限公司为数甚鲜，两合公司及股份两合公司尚属鲜见。

第五节　管理银行业务

管理银行业务，仍以协助增加生产、配合物价管制为目标。对于银行之受授信用，予以加强控制，以期安定金融，防止助长投机。至管理方法，仍以事前督导与事后纠正并重，以免偏于消极的防制。兹将重要措施分述于次：

一、督导银行资金运用　　在前颁之"财政部管理银行办法"有效期间，关于商业银行资金运用，仍以贷放于农工矿生产事业、日用重要物品之运销事业及对外贸易重要产品之运销事业为主要对象，并以原定各行庄对上项各业贷款之数额，不得少于贷放总额百分之五十为考核之标准。自三十六年九月一日公布施行。"银行法"分列银行为五种。关于商业银行、实业银行、储蓄银行、信托公司、钱庄之资金运用，自应按照规定，各依其业务重心分别运用。惟前已登记之银行，其名称与其种类多不相符，现正核定限期，督饬调整业务，以便循名责实。国家行局、省县银行之资金运用，均各有法律规定。惟国家行局所办生产贷款，于三十六年十一月间因配合紧缩通货政策，曾一度停止，于三十七年三月间恢复，另详办理生产贷款节中。

二、考核银行资金来源　　银行资金来源正当与否，与银行自身业务暨因该项资金运用所发生之社会效果，所关甚巨。银行资金之来源，除额定股本外，以存款为主。存户是否真实，自为考核银行资金来源正当与否之唯一依据，以往银行存户不使用真实姓名者，均经主管官署督饬遵照“姓名使用限制条例”之规定办理。嗣复于三十六年五月间核定公布“财政部监督银钱业对于存款户限用本名推行办法”。该项办法内规定，前以堂名、记号为户名之存款，应于本办法公布之日起，于三个月内洽改本名，如逾期仍不洽改，应即将其存款退还，或设立专户存储，不再付息。俟其一次提清销户。此后对于存款户开户时，应嘱存户将真实姓名、职业及详细地址，在开户申请书内详细填注，不得遗漏。如系商号，并应填明负责人姓名及地址。如有违反，即依照规定处罚，以杜银行不正当资金之来源及自身隐匿之投机业务资金。又银行资金来源，除存款外，即为客户汇款。经规定，银钱行庄承做国内汇款，无论系属信汇、票汇或电汇，均应洽由汇款人在汇款申请书中，填具汇款人、收款人之真实姓名（或机关、公司、厂商之全名）及详实地址，并由承汇行庄随时登列汇款帐，不得有所遗漏，以备随时考查。此外，银行尚有同业间为头寸调拨之相互汇划，以此关系，商业银行难免有套用国家银行头寸，国家银行亦难免以划汇为名暗营存放商业银行业务情事，自属违反政府收缩银行信用政策。如发现此类情事，即就双方资产负债情形，查究有无调拨之需要，数量是否相称。倘商业银行有套用头寸情事，或国家银行有暗营拆放情事，即予以相当惩处，以限制银行资金之非法来源，而收紧缩信用之功。

三、厉行检查银行工作　　检查银行，为实际考核银行业务，四联总处、联合征信所、中央银行及警备司令部稽核及检查人员分别抽配，三人为一检查小组，实施抽查，□□□□□□□□□驻沪监查。迄至三十六年十一月底，上海金融管理局成立，上海市银行检查事务，始交由该局办理。汉口、广州、天津金融管理局亦相继成立，各就其指定之管理区域，施行检查工作。此外各地仍照以前所定办法办理。

第六节　办理生产贷款

国家行局对于工矿、交通、盐、粮以及农业贷款，卅五年之后，仍本以往方针继续办理。惟是年底，本部鉴于全国各地因久经日敌侵略，元气未复，资金贫乏，极为危殆，国家行局之贷款复不免偏废，乃函电四联总处对于此项情形注意改正，务期贷款分配较为平均，收效期其普遍。旋经该总处订定“办理各地生产事业贷款通则”施行(见附录法规)，指定就天津、北平、青岛、汉口、长沙、南昌、重庆、成都、昆明、广州等重要城市，举办生产事业贷款，由各当地国家行局领导地方银行及商业行庄推动办理。所有承办此项贷款之行庄，均得由中央银行叙做转抵押、转押汇或重贴现，并将押品范围予以放宽，俾便适应。卅六年二月，经济紧急措施方案施行，对国家行局放款业务，亦施以严格之管理。复经由四联总处重行订定“出口物资贷款办法”及“国家行局协助运销民生日用必需品押汇办法”，以积极协助物品生产运销。计是年一月至十一月，核定专案贷款共为六千七百六十六笔，金额达六万三千余亿(详见附表)。又各行局普通放款，除国库垫款外，计达十五万亿。惟十一月杪，政府鉴于市场动荡，为收缩信用，压制投机，平抑物价起见，乃饬令国家行局暂行停做全部贷款业务。但为顾全当时一般民营工矿事业资金周转困难，仍由部洽四联总处订定“政府委托国家行局收购厂商成品办法”，分别在上海、汉口、天津、青岛、西安、重庆、广州等各大都市实施。结果计上海市收购金额即达一千零一亿，天津市亦达千亿，其余各市均达数百亿，使一般正当生产事业得以安度新旧年关，惠及工商经济匪浅。然此项国家行局停止生产放款之措施，究系治标权宜之计，对于重要生产运销事业，仍须循适当途径，积极予以扶助。爰由部提出整个改进意见，于卅七年二月廿一日洽同四联总处暨有关各方面重新核定“卅七年度生产事业贷款方针”(见附录法规)规定今后国家行局贷款，应分为国策贷款及业务贷款，其贷款方式，应采定货贷款，或收购成品，或委托产制及短期资金周转。贷款对象，规定民生日用必需品之生产运销事业、基本工矿事业、公用交通事业及出口贸易事业，并由四联总处订定“生产贷款实施补充办法四项，对办理程序、资金、利率，均有合理之规定。关于农业土地金融贷款等项，均列为国策贷款范围，并增拨是年农贷总额共十五万亿，分配全国各地，由中国农民银行及中央合作金库分别贷放。同时，并订定“各行局办理出口物资定额结汇贷款纲要”，积极推广出口贸易。兹将自卅六年一月一日起至卅七年五月十九日止，专案核定生产贷款总额分类列表如后：

四联总处核定生产贷款分类统计表

（自卅六年一月至卅七年五月）　　单位：百万元

| 期别 | 总计 | 工矿 | 交通 | 盐务 | 粮食 | 贸易 | 其他 |
|---|---|---|---|---|---|---|---|
| 卅六年 | 6,319,218 ※1 | 2,070,960 | 642,135 | 721,203 | 474,549 | 690,063 | 340,298 |
| 卅七年三月至五月 | 24,938,928 ※2 | 6,956,506 | 255,050 | 1,095,000 | 691,770 | 22,000 | 443,600 |

附注：※1　总数已包括农业贷款1,380,010百万元在内。

※2　总数已包括农业贷款15,000,000百万元在内。

说明：本表所列数字，均系经四联总处核定交由各行局贷放者，其由各行局自行贷放之普通放款及卅七年度各行局业务贷款数均未予列入。

## 第七节　管理金融市场

### 一、管理市场利率

利率关系金融与工商业至大。法定利率，根据民法规定，仅为周息百分之五，法定最高约定利率，亦不得逾百分之二十。自物价高涨以来，商业利润增高，市场利率亦随而增高。银行既苦无法吸收存款，以趋向于有利国计民生之运用，工业则因受高利贷之重压，生产愈形萎缩。在此种矛盾情形之下，利息过高，固有碍于生产事业发展，且助长物价之上涨。但低至与商业利润相距过远，更使资金脱离金融机构，分散寄托于物品，不特为社会之大害，抑且影响金融机构之安全。政府为针对现状予以适当措施计，乃采差别利率政策，一方面责令国家行局对于农工矿生产事业之放款低利承做，一方面为使银行易于吸收游资，经公布“银行存放款利率管理条例”，解除原定利率之限制，使银行存放款利率接近市场水准，但不得超过中央银行随时核定牌告之标准，以资控制。嗣于三十六年十二月十九日废止上述条例，同日公布施行“利率管理条例”，规定凡银钱业以外之金钱债务，其约定利率，亦以中央银行核定之放款日拆为准。未经约定利率者，债权人得请求按照当地中央银行核定之放款日拆二分之一计算，以便对于一般利率，全面加以管制。

二、取缔金钞投机买卖

查自卅六年二月十七日国民政府公布经济紧急措施方案后，即禁止黄金买卖，暨外国币券在国境内流通，经颁布取缔黄金投机买卖办法，禁止外国币券流通办法。又于本年三月廿三日颁布银楼业收兑及制造金饰管理办法，对于银楼业收兑价格及制造金饰事项予以严格规定，以资配合加强对金融业务之管制，安定市场。嗣于本年四月廿八日将取缔黄金投机买卖办法、禁止外国币券流通办法予以明令废止，另行颁布黄金外币买卖处罚条例。旋于本年十二月十九日将该项条例予以修正公布，以适应需要。对于未经法令许可买卖黄金外币，或以黄金外币代替通货作为交易收付者，予以没收，或科以罚金或拘役。至携带黄金、外币出入国境，均有严格规定。

关于银币、银类只准人民持有或携带，不准有高价买卖贩运牟利或行使行为，违者按银币银类兑换法币办法处理。

三、管理内汇及运钞

三十七年初，本部为配合管制金融紧缩信用之加强实施，防杜内地资金过度集中都市，而对于正当工商业资金之流通仍不使阻滞起见，经订定各地对沪穗两地汇款及运现管理实施办法四项：

(一)各地国家行局库、省市银行及商营行庄汇至沪、穗两地之汇款及沪、穗两地国家行局库、省市银行及商营行庄之汇入汇款，其数目在两亿元以上者，应逐日将详细情形列表送当地金融管理局查核，当地未设金融管理局地方，送当地中央银行查核。金融管理局或中央银行认为必要时，得通知汇款行嗣后对于某一汇款人停止承汇，或对某一收款人停止解付。(二)各地国家行局库、省市银行及商营行庄每月向中央银行要求代调款项之额度，直接向当地中央银行洽商之。(三)凡由内地携运现钞至沪、穗两地，每人不得超过贰亿元，违者将其超过部份送交当地中央银行专户存储，发给三个月定期存单，到期发还。此项规定对于银钱行庄一律适用。(四)因正当用途未能向银行汇款或调拨，必须自行携带现钞至沪、穗两地者，得向当地金融管理局申请发给运现证明书，凭证携带，不受上项之限制。此项申请在未设金融管理局地方，向当地中央银行为之。各金融管理局或各地中央银行填发运现证明书，应按月列表报请财政部查核。经于同年二月四日呈报行政院鉴核备案，并由部公告分行。自该项办法实施后，现钞南流之风仍未稍戢。嗣为从严限制计，复将该办法内携运现钞赴穗以二亿元为限之规定，改为以五千万元为限。其后为彻底防止辗转携运现钞赴穗，又核准该项五千万元之限制，适用于粤省全境。至沪、粤以外其他地区，以及粤省境内各地间携运现钞，并无限制之规定。

关于空运钞券：卅六年元月，奉行政院宋院长手谕：除中央银行外，其他银行一概不准经由中国航空公司及中央航空运销公司运送钞票"等因，即经由部分行遵照。嗣以上项规定原为便利中央银行调拨钞券；撙节空运吨位起见，唯如中国、交通、农民三行为应付急需，商准中国或中央航空公司代运钞券，而经中央银行予以证明，即等于中央银行交运。复经由部规定中国、交通、农民三行为应付急需，商准中国或中央航空公司代运钞券，而经中央银行证明，并持有本部准运护照者，海关仍应放行。同年十一月，本部为节省手续计，复先后核准中国、交通、农民及中信局、邮汇局、合作金库空运钞券，除运沪者外，准予豁免中央银行证明，仍凭本部所发运钞证件放行。至其他各银行、商号、旅客，概不得以包裹货物空运钞券，唯如以随身行李携带现钞，除运沪、粤应仍照原定限额办理外，运至其他各地，如行李不超过十五公斤时，仍应予以放行。

关于东北九省对关内各地之汇兑及携现，仍按照本部卅四年十一月二日公布之东北九省汇兑管理办法办理。唯汇率问题，卅六年五月间，中央银行依据关内外金融实况，将汇入率改按十二元，汇出仍按十一元五角计算。此项汇率，对于东北军政、工商汇款，均尚称便。卅七年三月十三日，本部为安定东北经济金融，维持币信，并兼顾关内经济金融起见，经会商中央银行订定东北流通券行使及兑换办法六项：一、东北流通券行使区域，仍以东北九省为限。二、东北流通券与法币之兑换比率定为流通券一元合法币十元。三、自本办法公布之日起，法币准在东北九省与流通券按照兑换比率行使。四、入关旅客携带东北流通券，准在山海关及北平两地向中央银行兑换法币，在山海关应凭车票，在北平应凭机票副本兑换。其每人兑换额度，由中央银行斟酌情形拟订，报请财政部核定之。五、东北汇往关内汇款应酌量放宽，其审核办法由中央银行参酌现行法令拟订，报请财政部核定之。汇款汇率由当地四联分处议定之。六、本办法自公布之日施行。

关于台湾方面，台湾省政府以商人每由上海携带法币赴台，转运闽粤套取图利，致台省市面发生法币黑市买卖兑换情事，特规定粤各口岸携现限额亦应比照提高为五百万元，又旅客由台赴国内其他口岸及由国内各口岸赴台，携带法币之数额并应同样限额为五百万元，经由部电请台湾省政府办理。

### 第八节　健全合作金融

发展合作事业，为改善财富分配不均，消弭社会问题之重要方策。而合作金融，又为合作事业之命脉所系。欲期合作事业之健全发展，端赖合作资金之圆活流通。民国卅年，中国国民党中央五届九中全会，曾有“切实改善合作金融，发展合作事业，以奠定抗战建国之社会经济基础”案之决议，旋由社会部约集各有关机关筹设中央合作金库，以为合作金融之最高领导机关。一面在行政上督导各级合作金融机构，一面在金融上负调剂全国合作事业资金之责。卅二年国府公布“合作金库条例”(见附录法规)，规定合作金库以调剂合作事业资金为宗旨，分中央及省与县市合作金库二级，受合作及金融主管机关之监督指挥。其业务范围以各级合作社、合作社团及合作业务机关为限。卅三年六月，复由财政部会同社会部订定中央合作金库章程。卅五年十一月，中央合作金库即正式宣告成立。其初期工作：一面积极推设分支机构，扩展业务范围；一面辅导各种合作社及县市合作金库之组设，以资配合。截至卅六年底止，该库已成立分支机构四十六单位，贷出合作贷款余额六百余亿元，并承办专案救灾贷款，计黄泛区及河北难民生产贷款各五十亿元，苏北及冀、鲁、豫等省灾贷八十余亿元，卅七年度，农贷十五万亿元，该库亦承贷三万亿元。辅导工作方面，卅六年度辅导组成各种合作社一千余社。至县市合作金库之辅导，因自合作金库条例颁行后，前实业部原订合作金库规程，即告失效，各省县依照该项规程所设立之省县合作金库，自应分别改组或解散。因经财政部与社会部会商处理办法三项，规定旧制县市合作金库，应依照合作社法，限期办理解散或清算。一面由中央合作金库积极辅导设置新制县市合作金库。至旧制省市合作金库，应于中央合作金库在该省市设立分支库时，依照同法办理解散及清算。现新制县市合作金库之核准、登记有案者，计有吴县、常熟两县。核准筹备者，有武进、江阴等十八县。核派理监事者，有宜兴、青浦等廿一县。

又信用合作社，亦属合作金融组织之一种。就我国合作金融组织系统言，应属基层之第三级，而中央合作金库及其分支库则为第一级，县市合作金库为第二级。以往我国信用合作社虽经时贤倡导设立，然不甚发达。自胜利复员后，因中央合作金库既已成立，而银钱行庄复受限制，此种信用合作社，乃如雨后春笋，纷纷组设。截至卅六年，仅南京一地已达卅余社，然考其所营业务，多不甚健全，有失信用合作社之本旨。为予以合理管制起见，爰经财政、社会两部会商订定“城市信用合作社管理办法”十六条，呈准行政院于卅七年六月十五日公布施行。办法中举凡关于信用合作社之组设登记、存放业务、组成分子、每城社数，均分别予以规定。其已成立各社，并应重加审定甄别，纳入正轨。其主旨盖在使合作事业与金融管制，得同时兼顾焉。

第九节　管理保险业务

查在政府颁行战时保险业管理办法以前业已设立之保险公司，现仍继续营业者，全国计五十四家(除已有四十九家经部核准发给营业执照外，尚有五家未经发照)，新设立之保险公司呈部办理注册手续者，计二百三十家，其中已经核准注册给照者，计一百四十二家。至外商保险公司呈部办理注册手续者，计七十六家，其中业经本部核准注册给照者，计二十二家。保险业代理人、经纪人、公证人之登记领证，已经核准登记发给证书者，计代理人四十三人，经纪人八十四人，公证人十九人。其余因各项证件尚未齐全，现正督饬汇送查核。此外尚有外商保险业代理人二人，公证人二人，并已呈准本部登记给证。又本部为使各公司增厚资力，扩大保额起见，经规定保险业资本额应提高为至少一百亿元，其向国库缴纳之保证金额，并经规定一律提高为十亿元。又本部为使出口水险保费外汇不致悉成漏卮，经核定准由国内各保险公司签发外币保单，并制定管理办法四项，及签发出口水险外币保单办理手续一种，分行有案。

第十节　督导证券交易市场

卅五年九月，上海证券交易所开业，其业务逐渐开展。截至卅七年六月底止，计有上市证券三十家，其中纺织业十五家，化工业八家，百货业四家，文化事业一家，地产业二家，公用事业二家。卅七年五月底，并经由部核准以卅七年短期国库券上市买卖。该所经纪人共二百一十二人，交易所及其经纪人经营业务，概依交易所法及该所营业细则办理，本部与工商部各派交易所监理员一人监督之。其有违法交易，或漏缴税款者，一经查觉，即由交易所监理员办公处送请该管法院究办。天津证券交易所于卅七年初呈准设立，二月十五日正式开业，其业务并由本部与工商部依法会同监督，与上海交易所同。

〔国民政府财政部档案〕

## 28. 徐堪关于财政金融报告

（1949 年 7 月 16 日）

财政金融报告

我国自经八年抗战，继以三年戡乱，东北、华北及滨江各省富庶之区，先后陷入匪手，后方各省亦属工商不振，农村凋敝，人民生计、国家财政，同陷困境。本年一月以后，共匪窜扰江淮，政府被迫南迁，军政各费支出倍增，而各种税收反形锐减，收支差额益巨，钞券发行遂急遽膨胀，物资匮乏，物价愈涨，而金圆券贬值愈速。迨三月以后，京沪军事形势骤变，支出益漫无限度，观于左列金圆券发行额膨胀速度，即可见其梗概。

金圆券　一月份发行额二〇八亿

二月份发行额三七〇亿

三月份发行额一，二〇〇亿

四月份发行额一五，三一二亿

五月份发行额五六五，二九二亿

六月份发行额一，三〇三，〇四六亿

通货过度膨胀以后，物价疯狂上涨，政府开支急遽增加，其初预算为千万元者，越宿即倍增，而税务收入原定千万者，转瞬即折其半。益以领拨款项、运输钞券需时，迨款到之日已无法支用，而税款则经层层缴解手续，入库以后已等于零，收支相去既远，钞券贬值势如水泻，虽漏夜印制终有不及，各地筹码日见不足，钞荒现象日深一日，终至市场紊乱，人心惶惑，最后则为人民所拒用，纸币信用遂为隳坏无余。因之政府财政已无法为之收付，工业、商业资金无法周转，一般借款利率随货币贬值而自然提高。因果循环，愈演愈烈，士气益觉不振，民生愈陷困苦。凡此现象，言之可痛。此为本年五月以后一般情形。

金圆券既为人民拒用以后，民间日常所需，以及工业、商业交易媒介，必须有代用之物始克支应。其时内地各省最普遍流行者，则为旧铸之银元，通商大埠则以美金、港纸等外币代之，各种旧有铜、镍辅币，亦随时随地作价，为流通之筹码，甚至各商店、各学校亦多以纸片记数加戳以代筹码，紊乱现象达于极点。其时政府各种军政支出，又不容一日停顿，为环境所迫，只得以库存外币、黄金、银元以为支应，四、五、六三个月中，在国库方面，先后付出者计：

1. 银元三千四百四十三万五千九百七十元。
2. 白银七十万两。
3. 黄金十九万五千六百十一两。
4. 台币四千四百三十五亿余元。
5. 各种外币折合美金二千四百六十万零五千三百九十六元。

以上各项支付，皆为多数地方拒用金圆券以后国库金银、外币之支出。此外，应付未付之款，积欠之数尚达银元五千余万元。嗣经行政院切实检讨，必须补付之款减至银元二千六百余万元，所有部队冬季服装费及收换金圆券款，尚不计在内。

中央政府支付军政各款之艰苦情形既如上述，省地方政府之政费，目亦同在窘境。各省为谋自保起见，封存或提用中央银行各地分行库存金银者有之，干涉中央税收，任意附加，甚而截留税款者有之，径行提取当地存盐或其他物资者有之，干预关政、随地设卡检查、强迫缴税放私者有之，擅自印发钞券及辅币券者有之。凡此现象，皆足显示中央威信之低落。地方行政官吏各自为政之风突起，政府主管当局之未能因应得宜，实与有责焉。

国家久经战役，整个国家之经济陷入困境，自属必然现象。而多数人民生活陷于困苦之境，善良者辄生怨仇，刚愎者铤而走险。整个国民道德，日益低落，国家法纪，荡然无存。民穷不足虑，人心之向背实足忧。堪受命于危疑震撼之际，自维才轻任重，深恐弗胜。衹以服膺党训，危难不应言辞。受任半月，朝思夕虑，谨就管窥所得，作补苴于万一之计。兹将整理财政、安定金融之初步计划，分陈于后：

挽救当前财政危机，实以重建币信安定金融为当务之急。惟目前大局未靖，一切未复常态，各种条件未备，欲树立健全理想之币制，实非其时。默察近数月社会情形，民间多已习用银元，信任硬币，为求适合人民心理，顺应社会需要，必须先行恢复银元本位，以为公私会计计算之准绳，并为公私收付合法之工具，一面利用旧存银元使之流通，一面大量铸造以补不足。其为便于携带调拨收付起见，不能不发一种纸币以资替代，亦必实事求是采用兑现办法，币信始能建立，遂拟具银元及银元兑换券发行办法(附件一)，提经行政院会议、中央政治委员会暨中央常务委员会联席会议决议通过，于七月二日明令公布施行。此时采用硬币，并用兑现办法，实与现代进步之币制原则相违。无如法币、金圆两度贬值，再发新币，设仍不能兑现，绝难取信于民。但银元体质笨重，各地运输至为困难，故暂定以广州、重庆、成都、昆明、厦门、桂林、衡阳、兰州等九地办理兑现，其他各地则以平汇或委托代兑等方法处理。

整理财政必先确立币信，确立币信必先求财政之收支适合。衡之目前情况，则实相径庭，初步估计，每月军政各费之支出，须在银元五千万元左右，而各种赋税收入改征银元以后，每月不过一千万元之谱，收支不敷之数达四千万元之巨。嗣经多方策划，并秉承阎院长指示，一面设法减少支出，每月总额以四千五百万元为限，一面竭力增加收益，各项赋税收入逐步整理，使能达到每月二千万元，国营事业物资售价及各项规费收入，每月增至二百五十万元，其余不足之数，以动用库存基金及筹募公债、捐款等弥补。以上支出部份，现正由行政院主计处编拟本年下半年度预算，以资遵守。收入部份，现正由本部全力规划，俾达成预期之目的。谨再将整理财政增加收入计划要点分陈于次：

甲、各种税收之预算

1. 关税　　我国关税以江海关收入最巨，历年江海关之税收，占关税总收入百分之八十，自上海弃守以后，其余各关税收实已无多。现拟一面督饬加紧稽征，一面以津、青、沪、汉沦陷以后纺织工业几于全部丧失，酌量放宽纱布进口之限制，以裕民用，并增税收，预计每月关税收入可望达到二百五十万元。

2. 盐税　　盐税原为大宗税入之一，全国盐产年达五千余万市担，盐税税率在战前每担平均为六元，最高者则在十元以上。抗战后，随币值变动，陆续降低。至金圆券贬值以后，税入益微，以现况估计，目前西南、西北及闽、粤两省，每月产销数量大减。兹拟参照战前标准，将税率酌予调整，并积极清除积弊，严密稽征，预计每月收入可望达到五百万元。

3. 直接税及货物税　　直接税中之印花税、所得税、遗产税暨货物税中之卷烟税、棉纱税、糖类税、水泥税、矿产税等，酌将税率调整，并拟将印花税、糖类税等税率酌予提高，卷烟等税税率参酌战前标准，改行从量征收，预计每月可征印花税二百万元，卷烟税三百万元，棉纱税八十万元，糖类税一百二十余万元，其余各税约共可收一百五十万元，总计各项每月可望达到八百五十万元。

4. 田赋　　田赋征实办理已历七年，弊窦丛生，耗费极大，原拟及时回复征币，无如军粮需数仍巨，全年约需谷麦二千五百万市石，如全部以采购方式办理，不仅刺激粮价，军粮补给尤虞中断，故本年度拟仍以征收实物为主，并仍随赋征借。其偏远交通不便县份，尽量回征银元，以减繁费。预计中央应得征实征借粮以之供应军糈可列抵军费支出之一部，每月平均约为四百万元。

综观以上各项赋税收入，共计每月约可征收二千万元，为使达到预期之目的，自当于健全人事、调整机构、袪除积弊多方努力。又查上列各项税收，仍以间接税收入为大宗。此项间接税制，原非合于近代税制之理想设施，且不免因租税转嫁而影响物价。惟就我国社会经济现状言，目前又不能不以此为确实有效之筹款办法。一面仍当悉力办理财产登记收益调查，俟有相当头绪后，租税政策自当逐渐转移以直接税为主，以符负担公平之旨，且免层层转嫁之弊。

乙、其他收入之筹措

1. 除前述赋税收入外，各项国有营业收入、国有事业收入及国有财产售价收入、规费收入等，拟分别整理，每月收入以二百五十万元为目标。

2. 发行爱国公债，发动捐献，以三亿元为目标，并筹划举办临时财产税。

上拟各项增税募债所悬目标，均觉甚高，能否于最短时期之内完全达到，殊无确切把握。惟当此国家危急存亡之际，虽明知其困难多端，仍不能不力排万难，逐步推进。

复查上述收支之外，政府机关各项外汇支出，亦为国家极大之负担，就本年下半年度应行支付者约略估计，如外交使领馆经费、军事购料费、各项外债本息、参加各种国际组织经费会费等，共须美金五千万元左右。今后对于此类外汇用款之支出，固当尽量节省，而对于出口之鼓励，侨汇之吸收，亦当积极注意改善，以裕来源。其为增加新生力量，改进人民生活，从事军备上之扩充，经济上之建设，所需外汇用款更属巨大，所望国外侨胞尽力捐献，尤盼友邦同情援助。

中央与地方原属休戚相关，为期兼筹并顾计，一面将原属中央之特种营业税、土烟土酒税、薰烟叶税及锡箔迷信用纸税，一律划归地方接办，以裕地方库收，一面于银元及银元券发行办法内规定各省省银行经财政部之核准得发行面额一元以下之银元兑换券及银元辅币券，俾地方金融渐次活泼，地方财力亦得纾展，惟其发行数额实况，应按月报告财政部，并由财政部随时派员检查，以资复核而固信用。

上文前段所陈，系过去半年间财政金融上紊乱情形。前事不忘后事之师。故不嫌词费作较详尽之叙述，使吾人知所儆惕。其后各项为最近财政金融上之筹划与措施，或甫经施行阅时未久，或规划粗有头绪尚待研究决定再付实施，将来能否达到预期目的，端赖全国上下群策群力，精诚合作，共同赞助。兹再撮举要点以乞指正。

一、国家财政收支之适合及币信之建立，为整个大局成败所系，故阎院长扭转时局案内，以财政问题之解决，列为首要事项。而本报告内所拟之收支数目，即以该案内所定纲要为依据，其中支出总额定为每月四千五百万元，以四千万元分配于军事、政治、经济等全部政务与事业之费用，以五百万元为总预备金，备临时紧急事件之需用。此项数额几经斟酌考虑。在支用方面，颇觉极度紧缩难于支配。在负担方面，则深感筹维之不易，今后能否切实控制不再有所超越，端在军政各方面之共体共谅，对于一切开支力求核实节省，不涉丝毫浪费，并祈分别缓急，谨守范围。所有过去通货膨胀时期，国库开支，横竖以纸币为挹注，无妨从宽支拨之观念，尤须彻底改变。

二、政府库存金银外汇，经切实考查，除支拨刘前任积欠军政各费之外，今后可以动用者，约合银元三亿一千余万元。阎院长遵照总裁支持两年之指示，拟平均每月以一千三百万元弥补财政收支之不足，其余每月三千二百万元责成以增加税收、筹募公债、捐款等方法抵补之，其中税收月增至二千万元，国营事业财产、物资、规费等收入，月增至二百五十万元。现届七月中旬，各项增税计划尚未核定施行，发行公债等办法，则尚在计议中，均须假以时日逐步推动，并须藉社会力量、政治组织激发人民爱国热诚，使有钱出钱，钱多者多出，预计在三个月之后，方能有成效可睹。故在最近三个月内无法按计划所定分月摊筹数额视为经费来源，恃以指拨军政各费，必须宽筹基金，酌量增加发行，方能周转应付。

三、在现代经济生活中行使硬币，在全面战争状态下施行无限制兑现之纸币，实为币信扫地、财政破产后不得已之措施，亦属扭转时局挽救经济危机惟一之方法，实施未久，对内对外已获良好之反应，此为我国军事、政治、经济起死回生之枢机，必须极〔竭〕全力为之保持，深盼中央地方深切体认当前处境之困难与关系之重要。对于币券之流通基金之调拨，兑现秩序之维持，多方协助，其有投机操纵或阻止流通调拨足以影响币值妨碍币信者，必须予以制裁。

四、国家财政收支原应藉赋税收入以求平衡方属正办。值此国土大部沦陷，民生凋敝之际，骤然增加负担，势不可能。现以库存资产提拨一部抵补，原属不得已之举。而此项资产，中外属〔瞩〕目，为求自力更生，博得中外同情援助，当先尽其在我妥筹运用。今后拨用基金，虽分月计数，仍宜以半年为一期，俾有统筹周转余地。至于我国现行税制侧重间接税收，在在可以转嫁，增税之后，不免影响物价，进而影响国家支出。故在一方面当谋税制之改善，力避对物价之刺激，另一方面对于民生日用品之增加生产，调剂盈虚，节制消费，稳定价格等工作，亦须作切实有效之措施，以期财政、经济相互配合，国计民生均有裨益。

财政部长兼<br>中央银行总裁　徐堪

三十八年七月十六日

〔国民政府财政部档案〕

## 29. 钱币司奉令议定各地区银行存放款利率最高限额签呈稿

（1949年8月13日）

签呈

关于四川省财政厅长任师尚电请规定存放款利率最高五分，禁止高利贷一案，前经职司签奉批："由部约中央银行会商办法"等因。遵已于本月六日会同央行代表在本司举行座谈会，综合意见，佥认对于银行存放款利率之管制，应面对各地区经济现实情势，采取逐渐抑低政策，由部会同中央银行于每月初核定各地区银行存放款利率最高限度，分饬各地银钱业、信托业同业公会暨中央银行分行，在上项限度内，会同议定当地银行存放款利率，并分报财政部及中央银行查核。是日并参酌央行提供资料，拟定各区本月份最高利率数，理合检具会议结果，签请鉴核示遵。谨呈

部次长

钱币司谨签

八月十三日

银行存放款利率管理座谈会决定

一、原则：银行存放款利率管制，总要较不管制为愈。惟应面对各地区经济现实情势，采取逐渐抑低政策。

二、管制方式：由部会同中央银行总行于每月初核定各地区银行存放款利率最高限度，分饬各地银钱业、信托业同业公会暨中央银行分行，在上项限度内会同议定当地银行存放款利率，并分报财政部及中央银行查核。

三、利率之核定：

八月份各地区银行存放款最高利率拟定如次：

| 区域 | 最高利率(月息) | (最近市场利率实况) |
| --- | --- | --- |
| 广州 | 六分 | 九分 |
| 福州 | 六分 | 十二分 |
| 厦门 | 四分 | 九分 |
| 海口 | 四分 | 八一九分 |
| 重庆 | 五分 | 六一九分 |
| 成都 | 六分 | 十八分 |
| 桂林 | 六分 | 十五分 |
| 昆明 | 五分 | 十二分 |
| 兰州 | 三分 | 七分 |
| 西宁 | 二分 | 二一五分 |
| 贵阳 | 四分 | 九分 |
| 赣州 | 四分 | 一 |
| 衡阳 | 四分 | 一 |
| 南郑 | 三分 | 一 |
| 雅安 | 三分 | 一 |
| 宁夏 | 二分 | 一 |

四、配合工作

1. 由部分电中央银行、各省市政府重申前令,严格取缔非法行庄。

2. 由部修改商营银行资本调整办法,重行调整银行资本,充实其营运资力。

3. 由央行转饬各地负责检查行,严密监督行庄办理存放款利率情形,随时报核。

4. 由央行机动抛放,或吸收金银及港币,以稳定银元及银元兑换券之币值,一面并增加兑现机构,简化兑换手续,以消灭银元与银元兑换券间之差价。

〔国民政府财政部档案〕

## 30. 中央银行关于币改后取消解汇限款有关办法代电

（1949年8月16日）

财政部公鉴:本年七月一日财钱穗字第二四七号代电诵悉。关于广州银钱业公会呈请撤销解付汇款限制一节,经饬据本行广州分行召集各行局库代表会商,佥以(一)以前限制买汇及解汇款,系防范游资逃避南流刺激物价,现政府已恢复银本位制,硬币自有其流通价值,且本市筹码尚感缺乏,套汇及逃避自可减少。(二) 现时市面筹码尚感不足,影响商业停滞,亟宜推展汇兑业务,俾商场资金得以灵活运用。(三) 恢复银本位制后,民众尚未习惯使用,宜尽量予流通之便利,俾民众乐于使用等语,并据拟具办法如次:(一) 分别地区酌予开放行局调拨汇款,并准承做正当商汇,惟大额者须先经中央银行核准始得承做,每笔最高额暂以银元一千元为限,并参照前广州区经济管制督导员办公处所订办法,由行局及商业行庄将应解汇款开列清单,送经中央银行核准后照解,以资控制而便随时调整限额。(二) 中央银行各地联行头寸,现均在穗拨运,所需费用甚巨。如粤汇开放,应分别规定各联行代调广州头寸,酌收银元,以节运费等语。经核穗市限制解汇办法,原系去年九月间前广州区经济管制督导员办公处,鉴于八一九改币以后沪、汉等地游资纷纷逃避南流,以致刺激物价,并影响币值,故有此项限制办法之颁订,并同时规定限制携现办法,以资配合。现在恢复银本位后,穗市已成全国金融重心,所谓游资南流之现象,根本已成过去,且携现既无限制,只限制解付汇款,亦难收效。为增加人民行使新货币之便利,以提高币信起见,所拟撤销解汇限制一节,似属必要。但为便于控制计,对于一千元以上之巨额汇款,似仍应予以审核,事关金融政策,应请贵部查核见复,以凭办理,并径行令饬穗市银钱两业公会遵照为荷。中央银行。0816。

〔国民政府财政部档案〕

# 三、金银外汇管理

## 1. 国民政府修正公布黄金购户存户献金办法第四条令

（1945年10月22日）

国民政府训令 处字第四五三号
中华民国卅四年十月廿二日

事由：修正黄金购户存户献金办法第四条条文，业经国防最高委员会批准备案，令仰知照。

令行政院

该院本年十月九日平伍字第二二二四四号函国防最高委员会秘书厅，为修正黄金购户存户献金办法第四条条文，请查照转陈备案一案，业经国防最高委员会批准备案，合行令仰知照。此令。

国民政府主席　蒋中正
行政院院长　宋子文

行政院指令 平伍第22244号
中华民国卅四年十月九日

令财政部

卅四年九月廿五日财钱乙字第一七六一号呈报维持黄金价格案办理情形，并修正黄金购户存户献金办法第四条条文，请备案由。

呈悉。准予备案，并已转报国防最高委员会备案，仰即知照。此令。

财政部呈 财钱乙字第一七六一号
中华民国卅四年九月廿五日

为维持黄金价格案，呈请鉴核赐办。

关于稳定金价一案，前经本部签奉批开：“黄金价格可由中央银行或委任之银行维持之，其标准由行政院组织委员会随时决定。”并奉谕：黄金捐献应献缴黄金，前定法币折缴及作为捐献标准之牌价，应予取消。各等因。自应遵办，并已将处理意见签请鉴核在案。兹由部将原订黄金购户存户献金办法第四条修改为：“购户存户捐献黄金，于向经办行局兑取黄金时一次缴献之”，并将中央银行所挂十七万元牌价取消。再稳定黄金价格事项，并已由部指定中国银行依照评定标准买卖，由中央银行供应头寸与黄金。除将修正办法公告并函中央银行查照办理暨令饬中国银行遵办外，理合呈请鉴核，并将修正黄金购户存户献金办法第四条修正条文，转呈国防最高委员会备案，仍乞指令祇遵。谨呈
行政院

财政部部长　俞鸿钧呈

黄金购户存户献金办法①

一、政府为充实反攻军费起见，特举办黄金购户、存户储金，依照本办法规定办理。

二、本办法公布前，已向中央、中国、交通、中国农民、中国国货五行，中信、邮政两局购入黄金及存入法币折合黄金存款之购户、存户，于兑取黄金时，应依照本办法规定之定率捐献黄金，但其数额在一两以内者免于捐献。

三、捐献黄金定率定为所购所存黄金数额之百分之四十。

四、购户、存户捐献黄金于经办行局兑取黄金时一次献缴，但依购户、存户之便，得按兑取黄金时中央银行总行挂牌金价，以法币折合缴献之。

①该办法1945年7月30日由财政部部令公布。

五、本办法自公布之日施行。

〔国民政府行政院档案〕

## 2. 中央银行经济研究处关于今后外汇及贸易政策之建议书

（1945 年 12 月）

今后外汇及贸易政策之建议

经济研究处

过去政府之外汇政策，因于所保持之外汇资源相当充足，而国内物价问题极为严重，故以维持高汇率为主，以期廉价外货入口，俾缓和或改良物价趋势。

在维持高汇率之情况下，政府外汇资源之日益减少，原为意料中必然之事，重点既在维持高汇率以应付物价，则外汇政策之中心，自然不置于国际收支之平衡。

当初决定采此政策，乃因国内物资过分缺乏（实则现在亦然）。同时最大原因，则在于：第一，国内和平似短时期内即有希望；第二，外汇资源尚多，而美国亦应允继续贷款。

乃行之迄于今日，短时期内和平既无望，向外借款复可望不可即，于是乃不得不一再贬低汇率，同时极力紧缩外汇之出售。而纵然如此，仍不能稍阻外汇资源之枯竭，他方面实际上民间外汇资源则相当多，但政府无法运用。例如据美国大使馆专家估计，上海民间美钞即达一亿美元，而国人之在外存款，亦达三亿美元以上。

为今之计，政府既无充足之外汇资源以应付国际之支付，惟有设法使民间外汇资源出而偿付。

以后一年之内，若国内民间一亿元之美钞及国外存款三亿余元能加以运用，再加华侨汇款一亿美元（此为偏低之估计），再加美军在华用费，则以后一年内之国际收支可望平衡，盖去年之贸易入超为四亿七千万美元,以后一年内当不致超出此数也。且若采用以下所提议之办法,则出口当较去年为多,故大体言之,国际收支当不致不能平衡。

然欲运用上述国内外外汇资源,必须做到:(一)任令保有此项资源者可以自由采购政府所允许进口之货物。(二)任令保有此项资源者可以按其所希望之价格,自由售与采购政府所允许进口之货物之进口商。

欲达到以上两目的,政府必须继续管制贸易而简化外汇之管制。

根据以上论断,建议办法如次:

(一)中央银行一二〇〇〇之外汇挂牌不变。但实际上只核准政府机关(国营事业不在内)所需外汇之申请。

(二)禁止外币之出口、流通及民间交易。但得存入中央银行或其他指定银行,开立外币存款户。

(三)一切出口外汇、侨汇及其他国际汇入款,不必结汇,但必须存入中央银行或其他指定银行,开立外币存款户。

(四)外币存款户须订购政府所允许之进口货,或偿付进口货价时,经有外国出口行号之证明文件,得在其存款限度内,随时请其存款银行开付汇票。除对该证明文件发生疑问者外,存款银行不得拒绝。

(五)外币存款可自由售予在中央银行或指定银行曾经开立外币存款户之进口商,转入该户存款帐内,其价格由买卖双方自行协议,政府及中央银行不加过问。

(六)指定银行应将下列各项数字及其明细户名,按周列报中央银行:

(1)存入存款额及存款余额;

(2)汇票开出额——并附送进口商所缴之证明文件;

(3)存款转移额(即由甲户存帐转入乙存户帐之转移)。

（七）美国军政机关在华费用，及其他外国在华政府机关之费用，一律转入我国政府在外存款帐，由我国政府按官价折付法币，必要时可按月由财政部与各该国大使商定特殊折合率。

（八）政府（中央银行）所保有之外汇资源——即不属于私人、私法人外币存款之外汇资源。除以一部份供政府机关（国营事业不在内）之用外，留作必要时偶尔镇压外汇风波之用。

政府机关所需外汇，由财政部审核之。

中央银行向市场之出售汇票，由中央银行设立公开市场委员会决定之。

（九）重新厘定准许进口货表，其不在表内之货物，绝对禁止入口，遇有发现，即予没收，并加重罚。废除特许进口制。

（十）废除进口限额制。

（十一）废除进口申请制。

以上第一点中央银行之外汇挂牌，大体上虽形同虚设，但所以必须保持此牌价，并在经济未安定前尽可能不予变更者，目的在避免人民心理上之刺激，保持心理上之安定。盖若一旦中央银行放弃外汇挂牌，刺激必不小也。至于中央银行不供给国营事业以外汇，乃欲使民营事业得与国营事业处于平等地位，既可免民营事业之不满，复可防国营事业之腐败。

第二、第三、第四、第五各点，为本办法中外汇政策之主点，目的在使民间外汇资源得以作正当之运用，不逃避、不窖藏，以抵充国际贸易上之支付，而又防止外币之投机。

第六点之目的，在使政府随时得知民间外汇可用资源之确数，及其增减之情形，并考察外汇用途之是否得当及防止其逃避。

第七点之目的，在以公平方法使外国政府愿按其必须在我国支付之费用，供给我国政府以外汇，免使此等外汇资源流入民间，以坚强政府对外汇之管制。

第八点之目的，在限制政府外汇资源之消耗，以便有力镇压外汇方面因偶发事故或投机而引起之重大波浪。

第九点为本办法中贸易政策之主点，其目的在限制进口货于必需品之范围，以避免外汇资源之浪费，减轻外汇之波动。其所以必须废除特许进口制者，盖恐因此为贸易管制开一漏洞，至于政府军火之入口，则自当别论。

第十点之目的，在予进口商以平等地位，按以往若干国家进口限额制之采行，原系用以分别对付各个与之贸易之国家，非所以分别对付国内之进口商行，且我国必需进口品之需要额，实无法确知，加以中央银行既不负统筹外汇供求之义务，则自无设进口限额之必要。

第十一点之废除进口申请制，为本办法下当然之事理。

总之，本办法之精神，第一在使民间外汇资源不逃避、不窖藏。第二在使民间外汇收入增加(由于出口增加，侨汇增加)，第三在使进口货既限于必需品之质，复限于民间所保有之外汇之量，第四在使进出口业既在合理管制下获得公平之待遇，复无形实行今日国人之所谓进出口联锁。而最后目的，则在凭全部国际收入以抵充进口之支付，避免汇率因汇兑供求方面而生之变动；并增强政府外汇资源之保有，以应付外汇因其他原因而生之重大波动；藉举外汇管制之实，而达贸易管制之目的。

〔中央银行档案〕

## 3. 国民政府关于修正防止私运暨携带金银出口暂行办法令

(1946年3月6日)

国民政府训令 处字第一六八号
中华民国卅五年三月六日

事由：为防止私运暨携带金银出口暂行办法修正案，业经国防最高委员会批准备案，并经本府明令公布，令仰知照由。

令行政院

该院节伍字第四二三九号函国防最高委员会秘书厅，为函送防止私运暨携带金银出口暂行办法修正案，请转陈核定并送国民政府公布施行一案，业经国防最高委员会批准备案，并经本府明令公布，令仰知照。并转饬财政部知照。此令。

国民政府主席　蒋中正

行政院院长　宋子文

行政院公函　节伍字第04239号
中华民国卅五年二月十三日

据财政部卅五年元月廿四日财钱乙字第二四六二号呈称："查前奉……鉴核转呈审议公布，令示祇遵。"等情。核尚可行。惟标题"暂行"二字，依现行法规整理原则，应予删去。除指复外，相应函请查照转陈核定后送国民政府公布施行为荷。此致

国防最高委员会秘书厅

指令节伍04239

令财政部

卅五年元月廿四日财钱乙字第二四六二号呈拟修改防止私运暨携带金银出口暂行办法内关于封锁线之规定由。

呈件均悉。准予照办。惟标题"暂行"二字，依现行法规整理原则，应予删去。除报请国防最高委员会核定转送国民政府公布施行外，仰即知照。此令。

财政部呈　财钱乙字第二四六二号
中华民国三十五年六月二十四日

事由：拟修改防止私运暨携带金银出口暂行办法内关于封锁

线之规定，呈请鉴核转呈审议公布由。

查前奉钧院三十二年五月十三日仁伍字第一〇七〇六号训令，以“奉国民政府五月六日输文字第三二八号训令内开：‘查防止私运暨携带金银出口暂行办法，现经制定明令公布，应即通饬施行。’抄发原办法令仰知照，并转饬所属一体知照。”等因。经即通行遵办在案。兹查原办法第二条载：“本办法所称出口，依左列界限定之：一、国界，二、依封锁敌区交通办法规定之封锁线。”第三条：“本办法所称内地，指国界暨封锁线以内各地。”等语。现值战事胜利结束，关于封锁线之规定，已不适用，亟应将上开条文酌予修改，以符实际。理合拟具修正条文清单，并检同原办法，呈请鉴核转呈审议公布，令示祇遵。谨呈

行政院

附拟修正条文清单二份原办法二份〔各略一份〕

财政部部长俞鸿钧谨呈

拟修正条文清单

第二条　本办法所称出口，指出国界而言。

第三条　本办法所称内地，指国界以内各地。

防止私运暨携带金银出口暂行办法　三十二年五月六日公布

第一条　本办法所称金，包括矿金、沙金、金条、金叶、金块、金币及金制成品。所称银，包括银币、厂条、银锭、银块、杂银及银制成品。金银制成品系指备具饰物、器物形状，全部或一部为金银制成者而言。

第二条　本办法所称出口，依左列界限定之：

一、国界。

二、依封锁敌区交通办法规定之封锁线。

第三条　本办法所称内地，指国界封锁线以内各地。

第四条　金银一律不准私运出口。其因正当事由必须运送出

口者，应先向财政部请领准运护照，持凭报运。其在内地携运并不出口者，概免区域、数量及请领护照之限制。

第五条　旅客出口如携带金质或银质有关文化或纪念之物品，或古币、稀币等项，应先向海关估明价值，由旅客照价缴纳保证金放行。在一年期内，仍携原物进口，准将保证金发还，逾期即予没收充公。

旅客出口领有过境护照或购有轮船、火车、飞机客票，或持有其他合法文件可证明系绕道前往内地者，如携有金或银制成品，不论其系何性质品类，均依前项缴纳保证金之规定办理，于到达目的地后，可邀保证明原物并未出口，申请原收保证金机关准将保证金发还。逾一年未申明者，即予没收充公。

第六条　运送金银出口未持有部照，或持有部照而超过部照所填数量者，查获后应予悉数没收充公。其因私运触犯其他法令规定者，并应从其规定论处。

第七条　旅客出口或系绕道前往内地，携带金或银制成品并未报明遵缴保证金者，应将所携原件悉数没收充公。

第八条　本办法自公布日施行。

〔国民政府行政院档案〕

## 4. 财政部关于规定旅客出国携带国币限制办法及金银外币出口禁令训令稿

(1947年1月16日)①

财政部训令　京钱乙字第六五九三号

令海关总税务司

①此系财政部稿本摘由纸标注封发时间。

查迩来常有未经本部核准自行携带巨额国币、金银或外币钞券前往香港或其他国境以外之地区者，亟应予以取缔。兹特规定旅客出国携带国币限制办法及重申防止私运金银出口及外币进出口禁令共计三项如下：

一、由国内各地前往香港或其他国境以外之地区，每一旅客携带之本国货币，不得超过国币贰拾伍万元①。其携带超过规定者，所有超过数额部份，应一律予以没收。

二、应依照防止私运及携带金银出口办法之规定，对于出境旅客切实检查，防止私运金银出口。

三、应依照中央银行管理外汇暂行办法之规定，切实检查限制携带美金贰百元以上或其等值之其他外国货币出口。

以上各节，合行令仰遵照，并转饬遵照切实办理具报为要。此令。

〔国民政府财政部档案〕

## 5. 国民政府公布之取缔黄金投机买卖办法

（1947年2月17日）

取缔黄金投机买卖办法　三十六年二月十七日国民政府训令公布

一、禁止黄金条块及金饰之买卖，违者没收充公。

二、禁止以黄金代替通货作为交易收付之用，违者没收充公。

三、禁止携带黄金条块出国境，违者没收充公。

旅客携带金饰出国境者，每人不得超过关秤二两以上，超过者

①1947年4月10日修正限额为不得超过"伍拾万元"。

没收充公。

四、指定中央银行公告黄金价格。凡黄金持有人，得以所有之黄金，向当地中央银行或其委托之银行兑换国币。

五、淘采黄金，应由主管机关登记，予以保护。但其所产之黄金，应按照公告价格，向中央银行兑换国币。

六、工业及药疗需用之黄金，准向财政部申请核准，由中央银行按照公告价格售给之。

七、除中央银行或其委托之银行得收兑黄金外，其他银行、钱庄不得从事黄金之买卖，违者以投机、操纵、扰乱金融论罪，除没收其黄金外，并处经理人五年以下之徒刑，吊销商业行庄之营业执照。

八、各种报章杂志，不得以任何方式，登载公告价格以外之黄金行市。

九、银楼业及首饰店金饰之处理，其办法另定之。

十、本办法自公布之日施行。

〔国民政府财政部档案〕

## 6. 资源委员会关于与央行办理外汇移存经过并附送清表代电

(1947年3月11日)

财政部公鉴：案准贵部本年二月廿六日京钱乙字第一八一八〇〔二〕号代电，以奉主席面谕嘱将本会所存外汇应即悉数移存中央银行，并将移存外汇数目开列清单，克日报请转报鉴察等由，自应遵办。查本会及所属各单位所存外汇及用锡品向美国易得之黄金，前自中央银行管理外汇暂行办法公布之后，即经依照该办法规定之原则，与中央银行商定处理办法，由双方签订关于本会之外汇黄金处理办法协议书，遵行并经将该项协议书函送贵部，并呈奉行政院备案在案。该协议书大要如次:(一)本会部份结存外汇及后方结束各单位之外汇,应全数结交中央银行,计共美金三三八,三八〇.〇八元,美金公债二百元,美金储券一万三千五百元,英金四,九五五-五-九镑,港币六三,五〇四.五六元,业已全部结售该行。(二)本会外销矿产价款,应陆续缴售中央银行,旧存矿产品外币运什费周转金并应悉数缴还该行,已收到之价款,均经结售,计已缴售美金二,一九一,〇六三.〇九元。以后售得外汇,仍当陆续依照该办法缴售该行。(三)本会仍在进行之各事业单位,如须购买日常开工必需器材所需外汇,应先将各该单位原有之外汇充用,不足再向中央银行结汇。(四)本会售美锡品所得黄金,仍存中央银行,并仍由该行陆续代为配售。该协议书现仍由本会与中央银行双方遵行。目前本会部份所有外汇存户,仅结存美金约八万余元,系备暂存美方随时付与本会之偿债矿产价款,俟债款本息到期时仍提付美方之用,拟仍循例继续设立。至本会所属各单位所有外汇存户,除本会驻美代表办事处及国外贸易事务所在国外之经业费存户系逐期逐案申请,由中央银行核结留备日常业务上之支应者,拟仍予继续设立外,其他极少数所属单位所存外汇为数不多,均属上陈协议书第(三)项所存之外汇,兹遵已分饬克日悉数移存中央银行,一俟呈报到会,自当再行列单奉告。准电前由,相应检同本会各项外汇缴售中央银行清表一份,复请察照为荷。资源委员会。寅真。附清表一份(见下页)。

## 7. 财政部关于告密黄金外币买卖奖励办法代电

(1947年3月)

告密黄金外币买卖奖励办法① 卅六年三月财政部京钱乙字(三九〇)(〇二三六)号代电

①录自中央银行稽核处编印之《黄金外币买卖处罚条例及给奖办法》。

资源委员会缴售中央银行外汇清表

| 摘要 | 美金 | 美金公债 | 美金储券 | 英金 | 港币 |
|---|---|---|---|---|---|
| 一、本会及后方结束单位结存外汇缴售数： | | | | | |
| 1. 本会部份 | | | | | |
| (1)渝中行 c/c 4042 存折一扣取款单一纸 | 3,256.76 | | | | |
| (2)港中行 c/c 6213 #D04.955 支票一纸 | 116,014.99 | | | | |
| (3)昆中行 #K 0004372 汇票一纸 | 185,240.76 | | | | |
| (4)Aoncucaw Expoun Co. 旅行支票 28 纸 | 410.00 | | | | |

续上表

| 摘　　要 | 美　金 | 美金公债 | 美金储券 | 英　金 | 港　币 |
|---|---|---|---|---|---|
| (5)H. H. &ze 所开 Hamilton National Bank　支票一纸 | 15.21 | | | | |
| (6) 渝中行 a/c 6335 #CK 361626 支票一纸 | | | | 2,789-11-1 | |
| (7) 港中行 a/c6375 #C 00288/ 支票一纸 | | | | 2,101-14-7 | |
| (8) 昆中行　汇票一纸 | | | | 16-15-1 | |
| (9) 渝中行 #CK1874 付 法商修焊公司汇票一纸 | | | | 45-0-0 | |
| (10) 渝中行 #CK 1709 付 The Qround Coal Trades Review 汇票一纸 | | | | 2-5-0 | |

续上表

| 摘　　要 | 美　金 | 美金公债 | 美金储券 | 英　金 | 港　币 |
|---|---|---|---|---|---|
| (11)港中行 a/c 5447 #131977 支票一纸 | | | | | 63,504.56 |
| 小　计 | 304,937.72 | | | 4,955-5-9 | 63,504.56 |
| 2. 后方结束单位部份 | | | | | |
| (1)运务处缴会结售 | 9,536.54 | | | | |
| (2)运务处存中信局汇票已函中央银行转售 | 20,403.84 | | | | |
| (3)滇北矿务局缴会结售 | 3,501.98 | | | | |
| (4)云南钢铁厂缴会已中籤美金公债 | | 200.00 | | | |
| (5)资渝钢铁厂威远铁厂缴美金储券 | | | 13,500.00 | | |

续上表

| 摘要 | 美金 | 美金公债 | 美金储券 | 英金 | 港币 |
|---|---|---|---|---|---|
| 小计 | 33,442.36 | 200.00 | 13,500.00 | | |
| 本会及后方结束单位缴售外汇数合计 | 338,380.08 | 200.00 | 13,500.00 | 4,955-5-9 | 63,504.56 |
| 二、本会外销矿产款及旧存矿产品币运什费缴售数 | | | | | |
| (1)外销矿产价款陆续缴售数 | | | | | |
| 1. 截至34年底止外销矿产价款 | 466,787.19 | | | | |
| 2. 35年内外销矿产价款 | 829,111.87 | | | | |
| 3. 36年1月份外销矿产价款 | 673,867.39 | | | | |

续上表

| 摘要 | 美金 | 美金公债 | 美金储券 | 英金 | 港币 |
|---|---|---|---|---|---|
| 小计 | 1,969,766.45 | | | | |
| (2)旧存矿产品外币运什费缴售数 | 221,296.64 | | | | |
| 本会外销矿产价款及旧存矿产外币运什费缴售数合计 | 2,191,063.09 | | | | |
| 本会缴售中央银行外汇总计 | 2,529,443.17 | 200.00 | 13,500.00 | 4,955-5-9 | 63,504.56 |

〔中央银行档案〕

查取缔黄金投机买卖办法及禁止外国币券流通办法，业奉国民政府公布施行。为奖励查缉及举发以贯彻政令，并为处理划一起见，兹规定：凡依照上两办法应予没收之黄金或外国币券，应由缉获机关送交当地或附近中央银行保管，一面逐案报请财政部核定处分。其处分确定执行后，没收黄金、外国币券之变价，依照财务罚锾处理办法之规定，以五成解缴国库，五成充奖。如经告密而处分之案件，应先提三成给告密人，再按上开成数解、奖。又五成充奖之款，应再按十成支配，缉获机关五成，协助机关二成，主办机关（即处分机关）三成。除呈报并分行外，特电请查照并转饬遵照。

〔中央银行档案〕

## 8. 银楼业收兑及制造金饰管理办法[①]

（1947 年 3 月 23 日）

第一条　本办法依经济紧急措施方案“取缔黄金投机买卖办法”第九条之规定订定之。

第二条　本办法所称之银楼业，以经主管机关许可登记者为限。

第三条　银楼业兑出及制造金饰，每件不超过市秤二两。

第四条　银楼业收兑金饰，其收进价格不得超过中央银行挂牌金价，兑出价格应依照中央银行之黄金牌价，酌加工资、营业费用及合法利润，由当地同业公会议定，报经当地主管官署核定公告之。

第五条　银楼业不得收兑黄金条块，并不得以金饰熔成条块出售。

第六条　银楼业收兑改制及接收顾客委托将原金改制之金饰，均应登记帐册。

---

①该办法 1947 年 3 月 23 日由财政部颁布施行。

第七条　违反本办法第三条之规定者，没收其买卖之金饰。

第八条　违反本办法第四条、第五条之规定者，除勒令停业、没收其金饰或金条块外，并得处以所营业务金额五倍以下之罚锾。

第九条　违反本办法第六条之规定者，勒令停业。

第十条　本办法自公布日起施行。

〔国民政府财政部档案〕

## 9. 国民政府颁布之黄金外币买卖处罚条例

（1947 年 4 月 27 日）

黄金外币买卖处罚条例　卅六年四月廿七日 国民政府公布

第一条　银行、钱庄未受政府允准买卖黄金者，处经理人五年以下有期徒刑。

犯前项之罪者，所买卖之黄金没收之，并撤销其营业执照。

第二条　银行、钱庄未受政府允准买卖外国币券或以外国币券作为交易收付者，处经理人五年以下有期徒刑。

犯前项之罪者，所买卖或收付之外国币券没收之，并撤销其营业执照。

第三条　有左列情形之一者，其黄金条块、金饰为违禁物，不问属于何人，没收之。但法令许可者，不在此限。

一、以黄金条块、金饰为买卖者。

二、黄金代替通货，作为交易收付者。

三、携带黄金条块出中华民国国境者。

第四条　携带金饰出中华民国国境，每人以关秤二两为限，超过者没收其超过之数。

第五条　有左列情形之一者，其外国币券为违禁物，不问属于何人，没收之。但法令许可者，不在此限。

一、以外国币券为买卖者。

二、以外国币券代替通货作为交易收付者。

第六条　携带外国币券出中华民国国境，每人以美金一百元或英美钞等值之数额为限，超过者没收其超过之数。但法令许可者，不在此限。

第七条　携带外国币券入中华民国国境时，应向海关报明登记，入境之日向当地中央银行或其委托之兑领处所兑领国币。经海关查问而隐匿不报者，没收之。

第八条　本条例自公布日施行。

〔中央银行档案〕

## 10. 财政部关于中交农三行中信邮汇两局暨资委会所存外汇应悉数移存中央银行代电

（1947年5月3日）

财政部代电　财钱乙字第23680号<br>中华民国卅六年五月三日

中央银行公鉴：查本部前奉主席谕：自即日起，所有资源委员会及三行两局所存外汇，应悉数移存贵行等因，由部于本年二月廿六日以京钱乙字第一八一八二号代电请查照洽办。嗣准三行两局分别呈述外汇移存贵行之困难，并奉主席交核中国银行总经理宋汉章函呈该行外汇不能移存中央银行之理由一案到部，当以法币发行已由贵行统一办理，金银及外汇均为发行之准备，应集中贵行管理。各国家行局所存外汇移存贵行，原为充裕法币准备，巩固币信，自应遵办。惟查贵行在国外并无分行，贵行在国外之款项，仍须存放于国外之其他银行。兹拟三行两局所存外汇，仍先一律移存贵行，再由贵行审酌情形，量为转存各该海外行处，似于外汇集中之旨并无所悖，而于各行实际运用之便利，亦可兼顾。由部陈复主席鉴核去后。兹奉主席三十六年四月廿二日府交字第一〇八八〇号代电，略开：可如拟办理。等因。除陈复并分行三行两局外，相应电请查照办理，并将移存数额列表报部，以凭转陈为荷。财政部钱乙P32。0503。印。

〔中央银行档案〕

## 11. 刘佐人撰当前侨汇问题

（1947年5月）

当前侨汇问题　　　　　　　　刘佐人①

引言

当前侨汇问题，是中国经济问题中一个非常重要的问题。侨汇在过去，是平衡我国国际收支的重要项目，在今日，是补充我国外汇基金的主要泉源，对我国金融、财政、经济关系，至为重大。我国向为贸易入超的国家，抗战胜利后，此种情形迄未改变，而且由于外汇政策的未著成效，国内生产的日趋萎缩，贸易逆势，益形严重。据江海关发表的卅五年度全国进出口价值统计数字，全年进口总值为一，五〇一，一六五，二四六，〇〇〇元，出口总值为四一二，一一一，八一一，〇〇〇元，入超达一，〇八九，〇五三，四三五，〇〇〇元之巨。今年各个月来，我国对外贸易，仍是一面倒的入超，而侨汇不独未见增加，反争相逃港，国际收支差额日大，所以如何吸收侨汇，挽回这种逆势，实为当前一个重要问题。去年十二月中央银行总裁贝祖诒氏的往港商洽侨汇问题，今年三月中央银行侨汇小组委员会的在港举行会议，以及最近当局特派四联总处专员徐昌成的赴港调查侨汇，研究改善办法，都足证政府对当前侨汇问题的重视。笔者以此问题之解决，与国际贸易固有重大关系，而对

①刘佐人时任广东省银行董事兼总经理职。

经济建设，尤有莫大裨助，最近更积极发展侨汇业务，并深感本行办理侨汇多年，且备地利人和各种优越条件，倘非在海外各地广设分支机构，对于侨汇之吸收，殊难收获宏效。著者经于去年十二月晋京，向中枢及有关方面详陈此中情形，当蒙中央银行特许本行为办理侨汇银行，并得财政部除允许本行星洲、香港、澳门等原有海外行处继续营业外，在其他国外华侨集中地点，亦得斟酌情形设立分支机构，现谨将平日研究所得，草成“当前侨汇问题”，以就教于贤达。

一、侨汇与国际贸易

我国侨胞，散处海外各地，人数共约八百万。其中以粤、闽两省华侨为最多，大部集中于南洋暹罗、马来亚、荷属东印度、越南、缅甸、菲律宾一带，侨居美洲的，为数亦不少，此外在英、法、德、苏、澳洲、南非各国，也有相当数目。他们每年寄回祖国的汇款，战前达国币三万万元以上。我国生产事业，均甚落后，历年对外贸易，入口超过出口，此种入超数额，主要就靠这些华侨汇款去抵补，其对国家金设〔融〕、财政、经济，裨益甚大。

兹将历年华侨汇款与国际贸易入超数额分列于后：(单位国币百万元)

| 年度 | 华侨汇款数额 | 贸易入超数额 | 侨汇占入超的百分比 |
|---|---|---|---|
| 廿一年 | 三二三 | 八六七 | 三七.二五 |
| 廿二年 | 三〇五 | 七三三 | 四一.六一 |
| 廿三年 | 二三二 | 四九四 | 四六.九六 |
| 廿四年 | 三一六 | 三四三 | 九二.一三 |
| 廿五年 | 三二〇 | 二三五 | 一三六.一七 |
| 廿六年 | 四五〇 | 一一五 | 三九一.三〇 |
| 廿七年 | 六〇〇 | 一二三 | 四八七.八〇 |

续上表

| 年　度 | 华侨汇款数额 | 贸易入超数额 | 侨汇占入超的百分比 |
| --- | --- | --- | --- |
| 廿八年 | 一,二〇〇 | 三〇六 | 三九二.〇八 |
| 廿九年 | 一,八〇〇 | 五七 | 三,一五七.八九 |

注:廿一年至廿四年侨汇数字,系据中央研究院社会科学研究所调查估计。廿五至廿七年侨汇数字系据耿爱德(E. Kann)氏估计,廿八年侨汇数字系据顾翊群氏估计,廿九年侨汇数字系据叶渊氏估计。除廿九年侨汇数字外,余均见广东省银行经济研究室编印之廿九年度广东经济年鉴。

如上表所述,廿一年我国对外贸易入超数额为八亿六千七百万元,可说是我国战前历年入超的最高纪录,是年侨汇为三亿二千三百万元,彼此相差虽仍很远,但入超额之数得侨汇弥补,已很大。此后三年,由于入超数额的递减,更相对的提高了侨汇弥补入超的比率,由廿二年的百分之四一．六一,增至廿四年的百分之九二．一三,益见侨汇为平衡国际收支的重要项目。至廿五年,侨汇数额不特足以抵补入超数额而有余,且超过其数将近一亿元。至廿六年入超数额复减为一亿一千五百万元,可说是自第一次世界大战结束以后十八年来的最低纪录,是年侨汇数额更超过入超数额在二倍以上。

抗战期间,我国对外贸易虽然继续入超,但情形并不严重,此固由于战事爆发后,对外交通阻塞,国际贸易失常,同时亦说明了我国战时出口贸易已有长足之进步。抗战第一、二年,入超数字较前大减。廿八年虽骤增至三亿零六百万元,但并不及廿四年以前各年入超数字之多。且当时沦陷区域颇广,这仅是后方对外贸易的入超数字,殊不足以表示全国贸易的真实情况。廿九年入超额骤减为五千七百万元,益见我国出口贸易的突飞猛进。综观战时各年贸易入超额至多不过三亿余元,数极有限,而同期侨汇,如上表所列,逐年均有增加,不但足以抵补入超有余,而且尚有巨款可充战费,对于抗战伟业，裨助至大。战时侨汇与入超数字，虽欠确实，但侨汇在国际收支上所发生的平衡作用，似无疑义。

二、侨汇与经济建设

华侨汇款与国际贸易之关系，已如上述，而对经济建设，尤有莫大之裨助。在战前，我国经济建设，特别是广东、福建两省，许多公共交通事业，都离不开侨资。

据调查战前华侨在上海一地，投资于工厂、公司、商号及银行等，就达国币七千万元之巨。在广东、福建两省，因为这是大多数华侨的故乡，乡情至深，故其投资额亦至大。如在广东方面，一九〇四年敷设潮州、汕头间的潮汕铁路有限公司，资本大部即出自荷属东印度华侨。（荷属东印度华侨以广东嘉属人为多）台山的宁阳铁路有限公司，股东大多数为美洲及南洋各地华侨。（美洲华侨，以四邑人为多）汕头市内的自来水公司、电灯公司、火柴工厂，以及大规模冰厂，尽为华侨合资所创办。又如潮汕与粤南，特别是台山、开平等县公路的开辟，以及汽车公司的创设，也大都为华侨所投资或亲自经营。

在福建方面，福建铁路公司，就是福建华侨于一九〇五年出资创立的，其后因成绩欠佳，移归交通部经营，即今之漳厦铁路局。由漳州至程溪的轻便铁路，也是华侨出资经营的。厦门市内的自来水公司、电灯公司、电话公司及银行四家，皆由华侨倡议创办。又如闽南与漳泉间的公路和汽车公司，也大多是华侨投资经营的。

战时华侨投资亦复不少，如中国工业合作社兴办内地各种工业，即由中央拨款五百万元，与南洋侨胞所投资。其次如胡文虎先生领导的华侨企业公司，也招集了侨资一千万元，经营农、工、矿各种实业。又如新加坡华侨在桂设立的华侨种植公司，越南华侨组设的回国垦殖团，吉隆坡华侨的集资二百万元回国垦殖，檀香山华侨在粤设立的垦殖区，南洋侨胞组织的建设银公司，资本额定为五千万元，闽籍南侨组织的福建华侨实业公司，经营造林、畜牧、垦荒，并计划开采煤矿等事业，以及其他大小企业、商业投资，统计总额不下国币八亿元。

战后我国经济建设，在今日政府财力如此困难的情形下，自更须借助于侨资。如广东五年建设计划，预算全部建设所需资金总额为战前币值国币六亿元。其中预定华侨投资数额，为战前币值国币一亿五千万元，占总额四分之一，侨汇力量可知。假如国内政局安定，而投资又确有保障，吸收侨资，从事建设，可说是最可靠的。事实上，今日已有不少侨胞，回国投资，比较大规模的，如四邑华侨合办的广海渔民协会，计划集资美金四十万元，以建设广海渔港。又如福建经济建设公司，资本额达国币三百亿元，也多是华侨所投资。

三、抗战后侨汇增减的分析

抗战爆发后，我国侨汇在数量上逐年都有增加，如廿六年为四亿五千万元，廿七年增至六亿元，廿八年再增至十二亿元，廿九年又增至十八亿元。此中原因，第一是南洋华侨经济在不景气后渐复繁荣，促使华侨收入增加，返国数目亦多，且南洋华侨约占海外华侨总数百分之八十，而其汇款则约占全国侨汇总额百分之八十以上，故侨汇随之汇款增加。第二是华侨对祖国抗战伟业，踊跃捐输，华侨在外备受外人欺凌压迫，国家观念甚深，民族意识至强，无时不期望祖国富强，以提高国际地位。故抗战军兴，大家都极兴奋，认为这是中国翻身之日，对战时劳军各种捐款，莫不慷慨输将，因此侨款汇返祖国较前增加。第三是我国通货日趋膨胀，国币贬值，使侨汇数额激增。据调查我国通货，廿六年六月发行额为国币十四亿元，廿七年增至三十三亿元，廿八年再增至四十二亿元，廿九年又增到七十八亿元，这都使侨汇在数额上增加的原因。

自卅年底太平洋战事发生以后，一则因交通阻塞，与各地外汇统制，汇路未尽畅通，二则因汇价太低，侨胞亦不愿大量汇款返国，侨汇业务不特无往日的频繁，抑亦几陷于停顿状态。尤其是自马来亚、缅甸及荷属东印度相继沦陷后，南洋一带侨汇中断，侨汇数额顿形大减。据统计三十年以后，直到卅四年八月抗战胜利时止，中国银行一家经收的侨汇数字，有如下所列：(单位：国币百万元)

| | | | |
|---|---|---|---|
| 卅　年 | 一二二 | 卅一年 | 四三一 |
| 卅二年 | 一,二〇〇 | 卅三年 | 七四一 |
| 卅三年一月 | 一二〇 | | |
| 二月 | 一一六 | | |
| 三月 | 一三五 | | |
| 四月 | 一〇三 | | |
| 五月 | 一〇二 | | |
| 六月 | 六〇 | | |
| 七月 | 一八 | | |
| 八月 | 一六 | | |
| 九月 | 二六 | | |
| 十月 | 一二 | | |
| 十一月 | 一三 | | |
| 十二月 | 一〇 | | |
| 卅四年一月至八月 | 一四三 | | |
| 一月 | 一二 | | |
| 二月 | 一二 | | |
| 三月 | 一三 | | |
| 四月 | 一五 | | |
| 五月 | 一二 | | |
| 六月 | 一三 | | |
| 七月 | 一四 | | |
| 八月 | 五二 | | |

注：见陈长桐：中行办理侨汇之经过及其改进计划(财政评论十五卷第三期)。

中国银行为专营国际汇兑的国家银行，其承汇侨款数字，据估计战时每年约为全国侨汇总额的百分之五十。假如不错的话，那我们可以推算自卅年至卅四年八月，全国侨汇的数字，有如下所列：(单位：国币百万元)

| | |
|---|---|
| 卅　年 | 二四四 |
| 卅一年 | 八六二 |
| 卅二年 | 二,四〇〇 |
| 卅三年 | 一,四八二 |
| 卅四年一月至八月 | 二八六 |

太平洋战事发生后，南洋各地先后沦陷，侨汇几完全断绝，中国银行为增辟侨汇途径，除伦敦及纽约两经理处外，复在利物浦、雪梨及夏湾那等地，添设分支机构。当时港沪已沦为敌手，外商银行，在我国大后方，鲜有分行或代理店，因此海外各地侨汇，大多交由中国银行上述分支行处汇至国内，尤以汇往广东的四邑(台山、新会、开平、恩平)一带者，为数特多。卅一年以后，我国侨汇，大部为美洲侨汇，在此二三年间，中国银行经收的侨汇，较前增加，(据陈长桐先生统计，中国银行经收侨汇，二十八年为一亿七千三百万元，二十九年为二亿二千二百万元)，系由于美洲华侨，不但未受战争影响，而且收益较平时增加。同时，中国银行于三十一年九月后，已先后在肇庆、台山及开平属之赤坎、金岗等处，设立分支机构，故其汇返四邑家乡(美洲华侨以四邑人占大多数)侨汇特多。而国币之贬值，亦有很大的关系。

我国通货，自卅年以后，急剧膨胀，是年发行数为一百五十亿元，卅一年增到二百四十亿元，卅二年激增至七百五十亿元，卅三年已达一千九百亿元。因币值日跌，物价日涨，我政府为体念侨眷生活困难，曾明令规定，自卅三年一月一日起，凡侨胞赡家汇款，得加给百分之五十补助金，旋又规定自同年一月二十日起，得给一百分之一百补助金。卅三年一月至五月，中国银行经收侨汇数额尚有相当，惟自六月份起，即一落千丈，由五月份的一亿零二百万元，降至六月份的六千万元，自此之后，直至卅四年八月抗战胜利前止，一年多来，全无起色。此中原因，主要是因卅三年六月间，日军在广东各地发动攻势，四邑一带，卷入战事漩涡。中国银行在四邑机构，被迫撤退，海外行处，亦暂停接收四邑汇款。

卅四年八月抗战胜利以后，我国侨汇始见回苏之象，中国银行经收侨汇，据统计由八月份的五千二百万元，增至九月份的一亿三千八百万元，十月份的一亿六千三百万元，十一月份回跌至一亿零五百万元，十二月份复升至一亿三千二百万元。在这几个月中，侨汇之增加，除国内和平重奠，侨胞争先汇款回国接济家用外，政府于是年七月十六日，再将加给补助金倍数，增订为二十四倍，即美金一元，兑换国币五百元，也多少发生一种刺激的作用。

抗战后侨汇的增减已如上述，统计抗战八年来，每年侨汇，平均国币约十亿元，此在表面的名目上看来，数额虽较战前增加三倍，但我们如以国币的实值来计算一下，则抗战期间，每年侨汇，平均起来，不但较诸战前没有增加，而且减少。因为抗战期间币值贬跌，平均至少在十倍以上，即是说，战时每年十亿元的侨汇，还抵不上战前一亿元的币值。这样计算起来，战时每年侨汇实际数字，比较战前数额便减少了三分之一以上。

四、复员后侨汇的减缩与逃避

复员以来，政府当局为尽量吸收侨汇，积极争取外汇起见，虽一面饬由中央银行恢复及扩充国内外各地侨汇机构，一面指定上海、华侨、广东、汇丰、中兴等三十余家银行经营侨汇业务，但华侨汇款仍未见大增，且有减缩之势。复员后侨汇数额究有多少，因其汇兑方法，极不一致，有电汇、票汇、信汇、拨汇等，有交外国银行汇兑，亦有交银号、钱庄、批局或邮局汇兑，更有交私人、水客携带，所以确实数字，无从统计。

兹只能将中国银行复员一年七个月来承汇的侨款，分列于后：

| | |
|---|---|
| 三十四年九月份 | 一三八,〇八五,一八二元 |
| 十月份 | 一六二,七九一,一八〇元 |
| 十一月份 | 一〇五,六五七,〇九四元 |
| 十二月份 | 一三一,七九一,七六五元 |
| 三十五年一月份 | 八七,二七三,二九八元 |
| 二月份 | 四二,六一一,二一七元 |
| 三月份 | 四,七四八,四九〇,〇〇〇元 |
| 四月份 | 八,六一九,六〇九,九三〇元 |
| 五月份 | 六,七二五,七六三,四五六元 |
| 六月份 | 五,七九〇,三三四,八三九元 |
| 七月份 | 四,〇六一,七二〇,二六一元 |
| 八月份 | 八,三〇〇,九一三,六一五元 |
| 九月份 | 七,二九一,一〇七,二三三元 |
| 十月份 | 七,一一二,五〇一,二四二元 |
| 十一月份 | 四,七〇三,一一〇,〇八五元 |
| 十二月份 | 三,六七八,四八七,四四二元 |
| 三十六年一月份 | 一,六〇〇,〇〇〇,〇〇〇元 |
| 二月份 | 八,二七五,〇〇〇,〇〇〇元 |
| 三月份 | 二〇,七四八,一一〇,二五一元 |

根据上表所列,我们即可知复员后半年内,侨汇是增少减多。去年三月开始,侨汇虽实增,但四月以后,又按月递减;八月复骤增,惟此后又按月递减;至今年二月,始复回苏,三月更骤增至二百亿元以上。去年三月与八月,以及今年三月,侨汇所以实增,主要是由于外汇市场开放,美汇汇率调整刺激的结果。查政府对侨汇补助金办法,直至卅五年三月四日外汇市场开放时,始予废止。外汇市

场开放后，美汇汇率由一对二〇，改为一对二，〇二〇，去年八月十九日，调整汇率，由二，〇二〇提高至三，三五〇，至今年二月十六日，复由三，三五〇改为一二，〇〇〇，历次提高汇率，对于吸收侨汇虽发生一点刺激的效果，但这种刺激效果，却不能持久。每次改牌后，官价与黑市，初则尚称接近，继则与日俱远，加以币值的日跌，以及时间延搁，手续麻繁各种关系，遂使侨汇随即徐降，而呈减退现象。

中国银行承汇侨款数字，据估计战时每年约占全国侨汇总额百分之五十，战后因银号、钱庄、批局等纷纷复业，经营侨汇，其比率约减为百分之三十。统计复员后一年七个月来，平均每月经由中国银行承汇的侨款，约为五十亿元，以其占全国侨汇总额百分之三十计算，则复员后每月全国侨汇总额平均约为一百七十亿元，全年大约为二千亿元。此在数目字上看来，虽很可观，但在实值上观察，亦较战前少得可怜。假如以复员后一年七个月来国币贬值平均为战前五千倍计，则战后侨汇每年二千亿元，仅等于战前币值五千万元，约为战前侨汇每年平均三亿元的七分之一。

我们从国币数字来看侨汇的减缩，因币值变动太大，或不易得到一个比较正确的数字，现再从侨汇国币数字折合美金来观察，即不难一目了然。

侨汇折合美金数（单位：万元）

| | |
|---|---|
| 卅四年 | |
| 九月份 | 六九〇 |
| 十月份 | 八〇一 |
| 十一月份 | 五〇三 |
| 十二月份 | 六六〇 |
| 卅五年 | |
| 一月份 | 四三〇 |
| 二月份 | 二一〇 |

续上表

| | |
|---|---|
| 三月份 | 二三五 |
| 四月份 | 四二六 |
| 五月份 | 三三三 |
| 六月份 | 二八六 |
| 七月份 | 二〇一 |
| 八月份 | 三三〇 |
| 九月份 | 二一七 |
| 十月份 | 二一二 |
| 十一月份 | 一三七 |
| 十二月份 | 一一〇 |
| 卅六年 | |
| 一月份 | 四七 |
| 二月份 | 一五四 |
| 三月份 | 一七〇 |

注:卅四年九月至卅五年二月侨汇数字,系以国币二〇元合美金一元计算,(以上各月国币数字,照前表所列,并包括补助金在内);卅五年三月至七月,系以国币二,〇二〇元合美金一元计算,八月如以二,〇二〇计,为美金四二〇万元,如以三,三五〇计,为美金二五〇万元,两者平均计,为美金三三〇万元。卅五年九月至卅六年一月,系以国币三,三五〇合美金一元计算;二月以三,三五〇计,为美金二四〇万元,如以一二,〇〇〇计,为美金六八万元,两者平均计,为一五四万元。三月系以国币一二,〇〇〇元合美金一元计算。

从上表看来,我们可知复员以来,侨汇数目走向下坡,尤以近半年来,情形更坏,如去年三月汇率调整后,四月侨汇即增至四百二十六万美元,随后即按月逐减,八月汇率提高后,亦只复升至三百三十万美元,随后又按后〔月〕递减,至今年一月,更少至四十七万美元,今年二月虽再提高汇率,侨汇亦不过一百五十四万美元,三月份增至一百七十万元,无疑比一月多出二倍,但较去年四月份,则相差达二百五十六万美元之巨。由此可知提高汇率后,只能发生一时的极微的刺激作用，并不能使侨汇大量增加。

如前所述，复员后中国银行承汇侨款，只占全国侨汇总额百分之三十，那其余百分之七十，不是经由外国银行承汇，便是交由本国私家银号、批局等寄出了。这就是说，我国侨汇已大部份逃避了。那末，侨汇为什么要逃避呢？他逃避到那里呢？其影响又如何呢？

侨汇为什么不经由国家银行之手，直接汇回国内，而交由外国银行或私家银号、批局寄出？理由至为简单：第一是官价汇率与黑市价格相差过远，如美金一元，今日黑市价格已涨至二万六千元，而官价汇率还是一万二千元，而且中国银行以一万一千六百元支付（据调查此系按照官价一万二千元，酌取手续费而定者，盖中国银行收得侨汇，依照规定，并不能折售作入口结汇计算，必须全部售与中央银行，而中央银行给价值得一万八千至九千，故所取手续费极微），相差一倍有多。这就是说，华侨汇返一美元，如经由国家银行之手，无异损失了一万四千元。官价与黑市相差如此之大，自令侨汇要逃避了。第二是经办银行，手续麻烦，时间延搁，态度欠佳，头寸不足，因而影响侨汇逃避，这也是无可讳言的事实。今日侨汇大多向外国银行购买美金汇票（通天金仄），或香港汇票（港行仄纸）直接寄返，已简捷便利，又可随时照市价折换国币。如此情形，自难阻止侨汇不逃避了。

侨汇逃避到那里去呢？据美商务部的报告，一九四六年中国侨民，由美汇往中国者，为二千零二十万美元，比一九四五年之二千四百万美元，约减少四百万美元；而由美汇往香港者，为二千四百六十万美元，比一九四五年之十万美元，约增加二千四百五十万美元。由此可知我国侨汇，是以香港为其逃避地点。美国侨汇逃避香港之数，比汇入国内之数，以去年而论，还要多四百四十万美元。目前我国海外侨汇，不论是美洲各国，抑或是英国属地，大多都集中于香港，这就是说，我国海外侨胞汇款返国时，多先汇往香港，然后转汇至国内，故香港无异为侨汇的枢纽。

侨汇为什么要逃避到香港呢?主要是上述逃避的理由,侨眷可以得到比官价更多的汇款,譬如汇一美元,照目前官价,在广州中国银行只能兑到一万一千六百元,在香港则可收到二万数千元,相差甚巨。而华侨汇款,如前所述,今日以美洲侨汇为最多,因美洲在第二次世界大战中未受战事损害,工商各业,如常经营,华侨收益,反因战时景气而较前增加。南洋侨汇,战前虽向较美洲、英伦各埠为多,惟此次世界大战,南洋一带,惨遭敌人破坏,华侨财产损失甚巨,但英属各地殖民政府,严厉限制华侨汇款,故美洲侨汇今日已进居首位。美洲华侨,大部为广东四邑属人,中山、鹤山两邑亦不少,(合称六邑)这六邑与香港交通极为便利,因此美洲侨汇由外国银行直汇香港,也是很自然的事。

最近数个月来,因外汇黑市价格远较官价为高,侨汇逃港数额,随日俱增,据估计最近侨汇逃港,月达美金一千万元,数目之大,至足惊人。

侨汇大量逃港后,一部变为游资,在投机市场上作各种推波助澜的活动;一部变为冻结的资金,存放在外国银行手中,为英人所利用,不论其运用如何,其给与我国经济的影响都是非常重大的。

第一,我国以往对外贸易的入超,主要是靠侨汇弥补,也可说是我国最主要的外汇源泉,尤其是在我国出日〔口〕贸易萎靡不振的今日,更为平衡国际收支的重要项目,今侨汇大部由外国银行之手,直汇香港,无异使我国丧失了大部外汇源泉。据前估计,我国去年侨汇,每月平均约一百七十亿元,一年总额,共约二千亿元,而我国去年对外贸易入超额,据统计为一万零九百亿元,纵令全国侨汇不逃避香港,已难弥补这偌大的入超数字,今日侨汇如此大量逃港,那国际收支自更难平衡了。

第二,侨汇大量逃港的结果,除国际收支更难平衡外,存在外国银行手中,变为冻结资金,不特不会投资于国内生产建设事业,也深蒙与影响〔原文如此〕。因为侨汇如放存在外国银行手中,变为冻结资金,不特不会投资于国内生产建设事业,而且反为英人所利用,徒助长香港的繁荣,如变为游资,参加投机活动,那更加深国内经济危机。在今日我们正渴望侨资投资国内生产建设事业的时候,而侨汇大量的逃港,不能作正当的运用,这实在是国家的一大损失。

第三,今日香港政府正加强其外汇统制,以期将所结汇的美元外汇售与英政府,而弥补其国际收支的入超。所以我国侨汇逃港的结果,直接助长香港的繁荣,间接充实了英国外汇基金,对于我国固将加深了经济上的危机,对于侨胞本身,其实也毫无好处。

五、我国侨汇政策的检讨

我国办理国外汇兑的银行,本指定中国银行为专业银行,在统一外汇办理,调整国际收支的意义上,侨汇似应由中国银行独家经营,专责办理,原属无可厚非,但在实际情形而论,以今日中国银行的人员质量、机构单位以及其他各种条件看来,是否能够独立接做所有海外侨汇,而完全不致漏进于外国银行之手,实成疑问。又中国银行所定的补助金办法,以及照官价汇率汇兑侨款,是否能为侨胞所欢迎,乐意将侨款交由中国银行汇归,也很成问题。笔者站在广东三千五百多万人民的利益立场,对于我国侨汇政策,认为有加以检讨改善的必要。

第一,侨汇如由中国银行独家经营,限制地方银行接驳,必使一部侨汇漏进于外国银行或批局之手,实为国家之重大损失。因为中国银行海外机构,为数无多,而在国内行处,亦不普遍,职员方面,更鲜能操粤闽两省各种方言者,是以侨汇由中国银行专营的结果,必无法完全容纳所有侨汇,而使一部侨汇,不能不漏进于外国银行或批局之手。事实上复员以来,我国侨汇日趋萎缩,即由于此。今日中国银行所接做的侨汇,仅是侨汇的一小部份而已。至解付方面,在中国银行无分支机构地方,虽可托粤闽两省地方银行或邮政储金汇业局代为办理,但辗转托解,手续既麻烦,时间亦延宕。且言语隔阂,更使吸收效能为之减低。假如海外侨汇,得由粤闽两省地方银行在海外广设机构，从事吸收，当可为中国银行之助，使所有侨汇大部落于本国银行手中，因为粤闽两省旅外侨民最多，粤闽两省地方银行，分支机构遍设省内华侨集中之地，地利人和，解付便利，实具有各种优越条件，所以我国当局对于侨汇，必须采取开放政策，不能由中国银行专营，而应分由粤闽两省地方银行兼办。去年笔者晋京，曾以此点向中枢当局详为陈述，当蒙中央银行特许粤闽两省地方银行为办理侨汇银行，而财政部除允许广东省银行原有海外行处继续营业外，其他国外华侨集中之地，亦得斟酌情形设立机构，以便吸收侨汇，此种明智措施，当可使今后侨汇日趋发达。

第二，侨汇支付官价与市价脱节，是为侨汇逃避香港的主要原因，此固非侨汇政策应有的措施，亦非国家引导侨资归国的本旨。因为侨汇政策的运用，要以能大量吸收侨汇为原则，其主要目的之一，是引导侨资投放于生产建设事业上。在战后今日，我国要大量输入先进国家的机器、轮船、火车、飞机、无线电以及其他必要器材原料，以为发展工业，复兴经济之用，自不能不有充沛的外汇，以资支付。要获得充沛的外汇，主要办法，不外：（一）鼓励输出。（二）吸收侨汇。（三）举借外债。在今日鼓励输出，因结汇手续繁难，结汇比率未尽合理，输出根本无利可图，而且本国生产落后，亦无大宗货物可以出口，似难收效，观年来出口贸易的减缩，即可了然。而举借外债，又以国内政治未安定，战事扩大，外人不肯轻于贷放，亦无大希望，如最近五亿美元借款，迟迟未见实现，即可证明。所以唯一可靠的办法，只有吸收侨汇。侨汇吸收愈多，外汇头寸愈足，输入外国机器愈多，复兴本国经济愈快。今我国金融政策，似只着重信用的紧缩，与外汇的管制，而讨〔对〕侨汇的收解，却不肯迁就市价，一面既要吸收侨汇，一面又令侨汇逃避，彼此矛盾，实令人莫解。侨汇政策的目的，原欲尽量吸收侨资，导入生产建设正途，今结果适得其反，自非侨汇政策运用的本意。至中国银行战时实行的补助金制度，虽云系政府体念侨眷生活困难的德意，但其对汇款得加给百分之五十、百分之一百补助金，随又将加给补助金，增订为廿四倍，这些数额，究与当日汇价相差甚远，对吸收侨汇，可说完全没有起着什么作用。

第三，侨汇手续的繁琐，解付的迟缓，以及许多技术上的事项，未能尽如人意，这是众所周知的事实。譬如积压侨汇，这就是侨汇政策所绝不应有的事。战时交通阻塞，邮电延误，有许多地方根本非本身力量所能改进，在这种情形之下，发生积压情事，尚情有可原，惟复员之后，此种情形，仍时发生，似说不过去，今后自非彻底加以改善不可。

六、今后侨汇应有的改进

我们检讨了过去的侨汇政策后，觉得今后急待改进的，主要有下列几个问题：(一) 如何加强吸收侨汇网，(二) 如何消灭官价与市价的差额，(三) 如何改善收付方法，(四) 如何为侨胞服务。这四个问题如能获得适当的解决，侨汇才能大量增加，引起侨资投资国内生产建设事业，也才可顺利进行。

兹就管见所及，将这四个问题的解决办法分别略述如下：

(一) 如何加强吸收侨汇网问题

1. 放宽管制尺度与侨汇网：我国华侨散处海外各地，几无地不有，但目前中国银行在海外的分支机构，并不普遍，如其纽约分行，只有纽约市郊及古巴的夏湾拿两支行；伦敦分行，只有利物浦一支行；新加坡分行，只有吉隆坡、槟榔屿、巴达维亚及雪梨四支行；香港分行，只有加尔各答、孟买、喀拉赤、仰光、西贡、海防等六支行。又广东省银行海外机构，在财政部严格管制之下，目前只有香港、新加坡、澳门三处。广东银行以及其他办理侨汇银行，在海外机构也寥寥可数。以今日海外侨胞之众，散处之广，而仅有如此少数之侨汇机构，实不足以容纳如此众多侨胞之汇款。为使侨汇不致漏落于外国银行之手，当局应一面饬令中国银行，在海外各重要都市增【设】分支行处，一面放宽管制尺度，准许粤闽两省地方银行及其他办理侨汇银行，在海外侨胞较为集中地区，广设分支机构，以完成海外广大之侨汇网，使所有侨汇都能通过本国银行汇返国内。关于这一点，闻中国银行已准备在南洋各地如仰光、曼谷，中南美洲一带，及欧洲大陆各大都市，增设行处；同时，财政部亦允许广东省银行原有海外机构，继续营业，并得斟酌情形于海外侨胞集中之地，设立机构。今后海外侨汇网，自可逐渐完成。

2. 侨汇与批局：批局虽说是一种比较落后的经营侨汇之金融机构，但他对于侨汇的收兑，有比银行所不能做到的各种巧妙办法，手续已简单，办理亦周到。他的优点第一是银信可一齐直接送到收款人手中，并取得收据与家书寄回汇款人。收款人写信用笺信封，一律免费供给。时间甚为迅速，而汇费也较相宜。第二是批局经常委托水客分赴四乡兜揽生意，或在各乡镇遍设分局或代理号，接收信件，且按期分送一种特备之汇款登录部〔簿〕，与各华人厂商负责人，职工欲汇款者，只须填写款额若干于登记部〔簿〕上，并交一信与批局，书明收款人地址，批局即可照汇。此种汇款系赊汇方式，即先汇出，待至收款人收据与复信寄到时，汇款人始照时价折合当地货币偿还批局，这可说是一种信用放款，亦为鼓励华侨汇款的一种最有效方式。因此，一般中下层侨胞，对批局都具有相当信用。他在南洋各地相当发达，尤其在暹罗，更有很大的势力。据调查暹罗首府曼谷一地，战前即有批局一百一十家，其中潮汕帮的七十五家，客家帮的二十家，琼帮的十家，广帮的五家。他在国内华侨社区，亦普遍设立，藉以与海外批局互相呼应。据调查一九三七年，厦门批局就有一百一十四家。抗战期间，批局业务因受战事影响，先后停顿。复员以后，批局为适应侨胞需要，又如雨后春笋的建立起来。据调查国外批局现有三百家左右，其中以香港、暹罗、马来亚等处为最多。国内批局亦有二百家左右，其中以汕头、海口、厦门、广州等处为最多。如余人生庄，规模至为宏大，力量非常雄厚，各地均有其分号。今日批局既如此林立，且具有相当力量，尤其对中下层侨胞汇款的吸收，实较银行略胜一筹，所以我们为欲掌握全部侨汇，对于批局不可忽视，而且应有应付的方法，这种方法大致有二：(一) 银行与其密切联系，凡批局所收汇款由我国银行在该地代为汇出，在香港代为转汇，在国内代为解付，务使外汇落在我国银行手上，而政府可能支配。(二) 由政府规定，凡批局所收外汇，悉数售与我中央银行，同时准许办理侨汇银行在国外得因应需要增设机构，并得办理存放业务，利便侨胞，藉以吸引侨汇，不让批处〔局〕有特殊地位，加强银行对批局竞争的力量，使侨汇转趋我国银行，而不为批局所垄断。

3. 代理店与通汇处：此外各侨汇银行还应多觅代理店，或通汇处，使凡有侨胞留居之所，都能找到本国侨汇机构，将款汇返。这些代理店或通汇处所接做的侨汇，其外汇头寸亦应售与国家银行。

4. 侨汇与银行头寸：海外吸收侨汇网完成后，国内解付侨汇网亦应同时推广，尤其在华侨故乡，如四邑潮汕各地，更应增设解付侨汇机构，使侨眷就地提款，不致发生觅铺担保各种困难。惟现在国内各接做侨汇行处，每因头寸不足，迟迟未能解付侨款，这也是促使侨汇逃港的一个原因。如以银行支票或本票，支付侨汇，侨眷是不大愿意接受的，一般侨眷，不特要现钞，而且要新钞，所以为使侨眷提款便利，各地侨汇行处的库存，必须准备相当充裕的头寸，尤其是在侨汇众多的地方，如广州、厦门、汕头、江门、梅县等地，以应付侨汇的解付。这一点，中央银行及其委托行，自应尽量供应各侨汇银行以充裕现钞。此其四。

(二) 如何消灭官价与市价差额问题

汇率的高低，决于国家的金融政策，其与货币制度尤有密切之关系，这虽为国家整个金融货币政策问题，但有黑市的存在，政府似不能不顾及侨胞的利益，即对侨汇收解兑换国币应有的数额，(照黑市价格计算)不能予以减削。这就是说，不论官价与市价差额若干，对于侨汇收解必须尽可能照市价伸算。否则，利之所在，势必令侨汇逃避香港，或由外国购买美仄、港仄直接寄返，此亦可在黑市照市价找换国币而免损失。外币纵令在国内禁止流通，其又奈外币直接寄港何！所以政府要吸收侨汇，最好能使官价与市价趋于接近，同时调整汇率，以消灭彼此差额，或根本取消官价，任由汇率稳定于自然水准，此其一。

假如政府认为汇率不能任意更变，彼此难求一致，或认为对于侨汇收解，照市价伸算，有碍于外汇政策执行，或官价一时未能予以取消时，政府必须设法补救，唯一的办法，就是施行补贴政策，由政府补回官价与黑市的差额若干与侨眷，以免其受损失。此种办法，战时经已施行过，所谓补助金办法是也。不过因为补助金未能尽量提高，对吸收侨汇效果甚微。今后要施行此种办法，对于补差的数额，必须随时提高，最好由各地国家银行会同当地侨汇银行商议决定，以接近于或不低过黑市汇价为原则，此其二。

为使侨胞不吃眼前亏，避免因币值日跌而受损失，办理外币汇款及存款是很需要的。所谓原币汇款，就是海外侨汇行处接做侨汇，开美金或英镑汇票，不必在国外以官价折合国币后汇入国内。所谓原币存款，就是侨汇原币汇返国内后，可在国内侨汇银行以原币开户存储，以免侨眷将之存在香港或存原汇票而不兑现。两者于解付时，应照当日牌价及补贴办法支付国币。此种办法，既可以吸收侨汇，又可以掌握外汇。此其三。

（三）如何改善收付方法问题

侨汇的收解以简捷为佳，所以手续越简单，办法越方便，收解越迅速，便越能得侨胞的好感。这主要是一种技术问题，只要我们认真讲究办事效率，一切能科学管理，即可办到，如预留印鉴，或开立存户，银行查封印鉴，即可验付。有款汇来，银行即可直接入帐，均无须觅保，可免各种麻烦。又如推行电汇登记，直接通汇，办法既简便，延误亦可减少。此外，对于办理人员态度问题，也须注意。惟能温和有礼对待顾客，然后才能令人乐于与己往来。总之，一切的一切，都要以为侨胞服务为出发点，然后才能尽量吸收侨汇。

四、如何为侨胞服务问题

首先对于海外华侨经济，政府应协助其复员，尤其是南洋华侨经济，更须扶植其发展。此为促进侨汇增加之基本要图，亦为侨胞服务之主要课题，此其一。其次国内外各侨汇银行，应增设一华侨服务机构，代写书信，传达消息，代为设计，解答疑问，以便从中与之联络感情，此亦可使侨汇日增，此其二。再次，如遇侨胞或侨眷生活困难，或断绝接济，或资金一时周转不灵，应举办低利贷款，以济其急，此其三。

七、广东省银行对吸收侨汇的贡献

粤省侨胞，分布海外，为数之众，甲于全国各省，而其汇款约占全国侨汇总额百分之八十五以上，不论平时战时，对乡对国，出力输财，贡献特多。本行自二十六年开始办理侨汇业务，初设香港分行，仅从事接汇及代理海外同业解付内地侨款而已，旋以侨胞迭次要求设立各埠机构，乃于二十七年间在星加坡设立分行，复于二十八年间在澳门设立广记银号，以为沟通海外侨汇之枢纽，并在缅甸、星洲、荷印各属，与中国银行、华侨银行、广东银行等订约通汇，而南洋一带，如星洲之大坡与小坡，峇株、巴辖、吉隆坡、关丹、昔乜加、金保、美里劳匆、槟城、文陆甲、怡保、居銮、古来、麻坡、马六甲等埠，更觅得通汇处与代理店二十余家。卅年度为推广荷印侨汇起见，委托实武牙埠广成公司为通汇处，又与荷属张立端批局订约吸收侨汇。同时复在内地侨眷众多之地，如东江梅县、四邑、琼崖一带，普设行处，并在各机构内增设华侨服务课组系，以利推动，侨汇网次第完成。抗战期间，本行为积极吸收侨汇，曾一面办理，航电联汇（即以航邮及电报联络传递汇款报单）、特约汇款（按月规定金额汇回国内）、侨胞侨属登记、水客登记等工作，一面推行侨眷小额贷款，使在未收到汇款之前，仍得本行资助。推行以来，侨胞称便，成效渐著，侨汇数额，按年递增。兹列举如次：廿六年三，七六三，一〇七元，廿七年二三，九六一，〇〇〇元，廿八年三〇，五二二，七七八元，廿九年八三，二二三，五五一元，三十年七八，七一〇，五六三元（港星沦陷期间）。

自第二次世界大战发生后，各国政府多有统制外汇之举，华侨汇款渐受限制，而英美当局复于三十年七月封存我国资金，港星两地，又颁布限制汇兑之法令，侨汇更遭打击。至太平洋战事猝起，上述两地，相继沦陷，侨汇因而中辍。当时本行针对环境，寻求对策，竭力扶助侨汇，实施左列各事项：

甲、代兑归侨港钞　　香港陷落，港侨携款内迁，络绎于此，当时港钞币值骤跌，内地不能行使，本行为顾全侨胞利益，遵照财政部所颁办法，协助收兑，先后兑入港钞五百七十余万元，计垫付国币二千八百余万元，侨胞得款，赖以遄返内地。

乙、收兑侨胞汇票　　欧美侨胞，每年递寄汇票归国，为数甚巨，此项汇票每由香港各银行承兑。自香港陷落后，一时无法收款，侨眷积存汇票甚多，本行为谋维持侨眷生活起见，通饬侨汇区行处，尽量收兑，侨眷得款，赖以维持生活。

丙、代解美洲侨汇　　太平洋战事发生后，旅美粤侨对于接济内地家属，突告中断，本行在省内侨汇区域，虽已普设行处，解汇便利，但在美洲各地，尚未设有机构，无从收汇。查中国银行在纽约已设有分行，其他各埠亦有代理店，为沟通战时侨汇计，乃与中国银行商定，将所有美洲汇归内地侨款，一律由本行代为解付，虽战时交通梗阻，侨汇亦不致中断。

丁、举办侨眷贷款　　战时侨眷生活，较为困难，本行目睹哀鸿遍地，且平时与侨眷往来密切，不忍坐视，乃向中央银行借款三千万元，在侨汇区域办理侨眷贷款，侨眷得本行借款接济，生活赖以维持。

戊、沟通越南与澳门侨汇　　南洋各埠，虽先后相继沦陷，但毗连昆明及东兴两地之越侨，仍源源汇款归国，本行为适应环境计，分饬昆明及东兴办事处尽量接汇，并予侨胞种种便利，同时在澳门方面，虽孤悬海隅，然当地侨胞及中央驻澳负各种战时特殊任务之人员仍属不少，分行澳门支行，因处于敌伪间接控制之下，仍旧继续奋斗，侨汇赖以沟通。

基于上述各种情形，战时侨汇，得以保持不断。每年经本行汇入侨款，为数仍属庞大，兹列举如次：三十一年一四一，五四二，二四七元，三十二年四〇八，五七五，〇八七元，三十三年六八三，九〇一，二四〇元，三十四年一，〇〇〇，一三四，〇二七元。

自敌人降伏，各地先后复员，本行仍本以往服务侨胞之精神，根据向来办理侨汇之经验，开展侨汇工作。外埠方面，星加坡分行于本年三月恢复营业，在南洋各属觅得代理店廿余家，吸收南洋各埠侨汇。香港分行于本年二月复业，转驳美洲及澳洲等埠侨汇，澳门广记银号改为正式支行，并加强组织，继续营业，沟通葡属各地及欧洲侨汇。海外侨汇，已建立基础。此外，本行以越南海防、暹罗曼谷两地，粤侨众多，亟应增设侨汇机构，以沟通粤省侨汇，现正呈请财政部正式核准设立中。倘获准设立，并于海外其他各地广设机构，则工作更易开展。至内地方面，如潮梅、四邑及琼崖等地行处，早经恢复营业，其尚未设有各行处之地点，则陆续设置解付侨汇之代理店，以期与侨眷密切联络。

统计三十五年度，本行接汇侨汇达一百亿元有奇。最近数个月来侨汇按月递增，今后拟再作缜密之调查及积极之推进，如举办侨胞登记，侨眷登记，水客登记等，务使海外侨款于交汇时手续简便，于转驳时联系得法，于付款办理迅速，预料今后侨汇数字，当可与日俱增。

八、结论

当前侨汇问题，虽因官价与黑市相差太远，而使侨汇逃港，益趋严重，但倘能照上述改善办法，加以改进，亦不难获得圆满的解决。以今日华侨之众，汇款之多，只要我们能善为引导，积极吸收，侨汇前途，是很光明的。

〔中央银行档案〕

## 12. 邮政储金汇业局为奉命移存外汇附送本局外汇资产负债表函

（1947年10月）

案奉财政部九月四日财钱乙字第三三五九四号代电开："关于三行二局所存外汇，应悉数移存中央银行一案，前经奉主席谕饬：三行二局所存外汇，仍先一律移存中央银行，再由中央银行审酌情形，量为转存各该海外行处，由部于卅六年五月三日以京钱乙字第二三六八二号代电，仰遵照办理，并将办理情形具报。嗣以本局办理情形亟待明了，由部于卅六年七月八日以财钱乙字第二九二四〇号代电，请迅为查明报部，如尚未办理，并应迅为洽办勿延各在案，迄仍未将外汇移存数额报部。兹奉行政院张院长九月二日手谕，饬再令三行二局速遵前令，向中央银行办理转帐手续，将所存外汇转入中央【银行】帐内。等因。自应遵办。兹将规定各行局应限于文到一星期内，将所存外汇，悉数移存中央银行，并将移存数额连同各该行局外汇资产负债表，克日报部查核，以凭转陈。除分行外，相应电请查照，切实遵办报核，万勿延误。"等因。奉此。自应遵办。查本局截至本年七月卅一日止，计轧存美金2,122,565.88元，英镑1,535,385-16-8 1/2，轧欠港币35,872.03元。上结各项外汇数额，应予移存贵行。除另文报核外，相应检同外汇资产负债表三份，函请查洽办理见复为荷。此致

中央银行业务局

邮政储金汇业局启（印）

附件

## POSTAL REMITTANCFS AND SAVINGS BANK

## FOREIGN EXCHANGE BALANCE SHEET

July 31,1947

U.S. $ (Adjusted)

| | | | |
|---|---|---|---|
| 现金<br>Cash on hand | 34,725.00 | 应付款项<br>Accounts Payable | 2,200,000.00 § |
| 存放同业<br>Cash in Banks | 4,654,586.65 | 暂记收款<br>Suspense Receipts | 333,624.04 |
| 催收款项<br>Overdue Loans | 445,941.77 | 保证款项<br>Guaranteed Funds | 39,290.46 |
| 应收款项<br>Accounts receivable | 60.35 | 备抵呆帐<br>Doubtful Debts Reserve | 445,941.77 |
| 暂记付款<br>Suspense Payments | 18,600.00 | 卖出期货币<br>Foreign Exchange Sold | 256,155.60 |
| 应收保证款项<br>Guaranteed Funds receivable | 39,290.46 | 存入保证金<br>Marginal Deposit received | 15,157.62 |
| 进口押汇<br>Inward Bills | 6,087.00 | 代收款项<br>Bills for collection | 167,573.25 |
| 存出保证金<br>Marginal Deposit with Central Bank | 3,292.50 | 兑换帐<br>Exchange Account | 2,122,565.88 |
| 应收代收款项<br>Bills for Collection receivable | 167,573.25 | | |
| 国际汇兑<br>International Menly Order | 10,151.64 | | |
| 买入期货币<br>Foreign Exchange Purchased | 200,000.00 | | |
| | 5,580,308.62 | | 5,580,308.62 |

另有政府债券 U.S. $ 2,003,992.00 因不能兑取外汇故不计入。

又有公债利息 U.S. $18,910.00 因不能兑取外汇故不计入。

Note：§ 系提存预付海外侨胞于战前以美金寄来购买之国币储蓄券有一部份购券侨胞曾函请本局仍以原币归还四联总处亦曾议及惟无结果。该案虽未有确实决定本局应预为提存以待解决后遵办。

## POSTAL REMITTANCES AND SAVINGS BANK
## FOREIGN EXCHANGE BALANCE SHEET
### POUND STERLING（Adjusted） July 31，1947

| | | | |
|---|---|---|---|
| 存放同业<br>Cash in Banks | 1,468,327-2-8 | 应付款项<br>Accounts Payable | 14,966-16-0 |
| 政府债券<br>Investment in Government Bonds | 59,873-12-0 § | 暂记收款<br>Suspense Receipts | 12,561-11-1 |
| 公司股票<br>Investment in Stocks | 174-19-6 | 保证款项<br>Guaranteed Funds | 17,837-1-7 |
| 应收保证款项<br>Guaranteed Funds Receivable | 17,837-1-7 | 备抵呆息<br>Interest on doubtful Debts reserve | 8,812-0-0 |
| 应收利息<br>Interest Receivable | 8,812-0-0 | 存入保证金<br>Marginal Deposit Receivable | 60-0-0 |
| 国际汇兑<br>International Money Order | 1,248-9-7 $\frac{1}{2}$ | 卖出期货币<br>Forward Exchange sold | 10,000-0-0 |
| 买入期货币<br>Forward Exchange Purchased | 43,350-0-0 | 备抵呆帐<br>Reserve for doubtful Debts | 51,433-7-5 |
| 催收款项<br>Overdue Loans | 51,433-7-5 | 兑换<br>Exchange Account | 1,535,385-16-8 $\frac{1}{2}$ |
| | £1,651,056-12-9 $\frac{1}{2}$ | | £1,651,056-12-9 $\frac{1}{2}$ |

Note：§ 详附表。

邮政储金汇业局投资英镑政府债券及英镑公司股票清单(截至卅二年二月廿三日止)

| Particulars 债券股票名称 | 面值 Face Value (英镑) | 帐面价值 Book Value |
|---|---|---|
| Crisp Bonds of 1912 undrawn | 18,120-0-0 | 1,812-0-0 |
| Crisp Bonds of 1912 drawn | 3,080-0-0 | 308-0-0 |
| Honan Railway Bonds drawn | 10,000-0-0 | 1,000-0-0 |
| 8% Marconi Bills 1918 undrawn | 68,000-0-0 | 3,400-0-0 |
| 8% Vichers Issue | 198,900-0-0 | 9,945-0-0 |
| Hukuang Railway Bonds American Issue stamped drawn | 220-0-0 | 22-0-0 |
| Hukuang Railway Bonds American Issue stamped undrawn | 200-0-0 | 20-0-0 |
| Hukuang Railway Bonds American Issue unstamped drawn | 200-0-0 | 20-0-0 |
| Hukuang Railway Bonds French Issue stamped undrawn | 20-0-0 | 2-0-0 |
| Hukuang Railway Bonds French Issue stamped drawn | 20-0-0 | 2-0-0 |
| Hukuang Railway Bonds German Issue stamped drawn | 7,56-0-0 | 756-0-0 |
| 5% Reorganization Gold Bond 1913 Belgium Issue unstamped undrawn | 40-0-0 | 4-0-0 |
| 5% Reorganization Gold Bond 1913 British Issue stamped undrawn | 1,120-0-0 | 88-0-0 |
| 5% Reorganization Gold Bond 1913 British Issue stamped drawn | 60-0-0 | 30-0-0 |
| 5% Reorganization Gold Bond 1913 French Issue undrawn | 60-0-0 | 4-0-0 |
| 5% Reorganization Gold Bond 1913 French Issue stamped drawn | 20-0-0 | 4-0-0 |
| 5% Reorganization Gold Bond 1913 German Issue unstamped undrawn | 560-0-0 | 56-0-0 |
| 5% Reorganization Gold Bond 1913 Russian Issue stamped undrawn | 20,980-0-0 | 1,870-0-0 |

续上表

| Particulars 债券股票名称 | 面值 Face Value (英镑) | 帐面价值 Book Value |
|---|---|---|
| 5% Reorganization Gold Bond 1913 Russian Issue stamped drawn | 4,000-0-0 | 628-0-0 |
| 5% Reorganization Gold Bond 1913 Russian Issue unstamped undrawn | 40-0-0 | 4-0-0 |
| Shanghai Nanking Railway 5% Loan of 1903 drawn | 100-0-0 | 10-0-0 |
| Mentain-Pukow Railway Bond of 1908 British Issue stamped drawn | 32,450-0-0 | 3,245-0-0 |
| Mentain-Pukow Railway Bond of 1908 British Issue stamped undrawn | 26,160-0-0 | 2,616-0-0 |
| Mentain-Pukow Railway Bond of 1908 Gefman Issue stamped drawn | 13,700-0-0 | 1,370-0-0 |
| Mentain-Pukow Railway Bond of 1908 Gefman Issue unstamped undrawn | 19,680-0-0 | 1,968-0-0 |
| Mentain-Pukow Railway Bond of 1908 Gefman Issue unstamped drawn | 7,460-0-0 | 746-0-0 |
| Mentain-Pukow Railway Bond of 1910 Gefman Issue stamped drawn | 99,900-0-0 | 9,990-0-0 |
| Mentain-Pukow Railway Bond of 1910 Gefman Issue stamped undrawn | 173,900-0-0 | 17,390-0-0 |
| Mentain-Pukow Railway Bond of 1910 Gefman Issue stamped drawn | 11,000-0-0 | 1,100-0-0 |
| Mentain-Pukow Railway Bond of 1910 Gefman Issue unstamped undrawn | 8,500-0-0 | 850-0-0 |
| Mentain-Pukow Railway Bond of 1910 Gefman Issue unstamped drawn | 5,000-0-0 | 500-0-0 |
| Mentain-Pukow Railway Bond of 1908 Fractional scrip certificate | 115-0-0 | 11-12-0 |
| Mentain-Pukow Railway Bond of 1910 Fractional scrip certificate | 1,020-0-0 | 102-0-0 |
| International Assurance Co. | 1,66-10-0 | § |
| | | £59,873-12-0 |

以上均存伦敦中国银行。

POSTAL REMITTANCES & SAVINGS BANK

FOREIGN EXCHANGE BALANCE SHEET

HONGKONG DOLLAR (Adjusted)　　July 31, 1947

| | | | |
|---|---|---|---|
| 存放同业 Cash in Banks | 86,169.29 | 支票储金 Cheque Savings | 226,866.41 |
| 应收汇票 Bills for collectlon Receivable | 7,100.00 | 应付款项 Accounts Payable | 4,060.00 |
| 港局往来 Current account with Hongkong Branch | 613,137.17 | 暂记收款 Suspense Receivable | 550,796.68 |
| 国际汇兑 Internation Monoy Order | 46,544.60 | 代收汇票 Bills for collection | 7,100.00 |
| 催收款项 Overdue Loans | 125,335.82 | 备抵呆帐 Reserve for Doubtful Debts | 125,335.82 |
| 兑换 Exchange Account | 35,872.03 | | |
| | HK$914,158.91 | | HK$914,158.91 |

〔中央银行档案〕

## 13. 财政部关于战后外汇政策研究报告稿①

(1947年10月)

战后外汇政策研究报告

胜利以来,政府外汇政策及外汇汇率迭有变更。兹综合战后外汇措施,略加检讨,以知其成败因果,而谋今后之对策。

①该件1947年10月16日由财政部秘书处张伯诚所拟,10月28日由秘书处函送钱币司之稿本。

在战时，由于国际交通阻隔，国际贸易中断，外汇政策之决定与执行，因较容易。故自廿九年八月十八日更订汇率为一百元合美金五元又三十二分之九后，在外汇平准基金会调节之下，此种官价一直维持到胜利后次年三月。虽此汇价过分高估，但胜利时，在将至二千倍的物价下，黑市外汇不过百倍左右，这无疑是战时环境特殊，与外汇管制的成就。

战后外汇率变动之经过

战争结束，国际间和平恢复，国际贸易开始活跃。我政府为应付当时情势，规定出口贸易得由出口商将出口货物汇票及证件交中国银行，向国外收兑，俟外汇政策决定后，再行结算。

卅五年二月廿九日，政府公布“中央银行管理外汇暂行办法”，规定外汇买卖由中央银行指定银行办理，并规定对美汇价为二，〇二〇元，央行旋指定广东、汇丰等中外银行二十九家，经营外汇业务。关于进口侨汇及个人申请，均由指定银行办理，多余外汇售与央行，不敷之数，则由央行以官价供给。同时，政府公布“进出口贸易暂行办法”，规定准许进口物品范围。

同年八月十九日，政府公布改订对美汇价为三，三五〇元，并修改进出口贸易暂行办法。十一月十七日，成立输入临时管理委员会，关于外汇申请，由事后审核改为事前审核，出口货物免征出口税，进口则采输入限额制。至翌年二月，复公布奖励输出办法，对进口货征收百分之五十的附加税，对出口货给予百分之百的补助金。

上项奖励出口办法，为变相之汇率更订，且因美国反对，遂即取消，乃于二月十七日改订对美汇价为一万二千元，对于外汇申请办法及贸易管制则仍旧。

八月十八日，行政院公布外汇管理办法及进出口贸易办法，其要点为：(一) 设置外汇平衡基金委员会，负责调节进出口贸易及其他合法外汇买卖之供需，以平衡外汇市价。(二) 设置输出口临时管理委员会，负责限额输入之管理，调节并发展出口贸易。(三)

棉花、米麦、面粉、煤、焦煤五种物品之进口，得仍按美汇官价一万二千元结汇。

战后外汇政策之检讨

综上以观，我国战后外汇政策，除胜利至去年二月外汇政策未经确定之时间外，约可分为二个阶段，即钉住政策阶段与机动政策阶段是。钉住政策阶段，自去年二月至今年八月，其间曾经去年八月与今年二月的两次更订汇率。在此阶段，吾人又可将其分为放任与紧缩二个时期。放任时期始于去年二月，终于去年八月。紧缩时期始于去年八月，终于今年八月。惟新外汇政策，亦采紧缩主义，然为论述方便计，权作如是划分。

战争结束，复员建设开始，工业器材及原料之需要，自为迫切，故对入口贸易，理应放松审核尺度。然央行系采事后审核，是等于完全开放之自由贸易，造成无计划之大量进口。当时所订汇率，虽甚接近黑市，但汇价仍属高估，引起资金逃避现象。而国内经济不安定，与通货膨胀，以致币值之继续低落等因素，均足以使黑市存在，而与官价相去日远。黑市既然发生，侨汇自然走漏，出口贸易或则观望，或则走私，放任之外汇政策，至此发生下列严重之后果：(一）外货涌进，我政府保存之九亿美金，几全部因此浪费，而汇率过低，政府收入法币为数不大。（二）正值复员时期，一切未趋安定，原有生产器材，尚多闲置，于是进口货中，生产工具与原料不多，日常用品反见大部份，国内工业乃受极大之打击。（三）黑市存在，侨汇走漏，出口萎缩，造成国际收支极度失衡。因此钉住之外汇政策，乃转入紧缩时期，而有去年八月改订汇率及修改贸易条例之举。

此种政策之转变，其目的有四：(一）鼓励输出，(二）减少输入，(三）激励侨民汇款回国，(四）扶助国内生产事业。姑无论此种目的是否全部正确，但由于外汇政策并未健全，结果其所希望者，全未达到。第一，汇率由二，〇二〇元提升至三，三五〇元，市场顿时起强烈反应,物价作跳跃式前进,不旬日币值即贬低百分之二十五左右。第二,出口贸易因降低汇价所受之刺激,已因物价上涨而冲消,因之出口仍只有走私或者观望。第三,严格限制入口,造成入口走私及外汇黑市,在黑市外汇与物价相互影响下,黑市汇价与币值相继下跌。第四,黑市的猖獗,使侨汇大部走漏。第五,物价飞涨,原料缺乏,国内工业仅靠政府低利贷款以维残喘,三十六年二月十七日汇率之更订,不过是旧酒装新瓶,其结果完全与前相似。

吾人今进而比较放任与紧缩,其对于外汇黑市、进出口贸易、侨汇与物价之影响程度。

第一,对黑市汇价之影响:各次调整之汇价如左:

第一次,去年二月,美汇官价二,〇二〇元。

第二次,去年八月,美汇官价三,三五〇元。

第三次,今年二月,美汇官价一万二千元。

第四次,今年八月,首次挂牌市价三万九千元。

每次调整之时距,均约为期六月。每次调整之官价,均与黑市相差甚微。故历次官价之相差率,即等于各期黑市之上涨程度。第一次调整与第二次调整提升52%,第二次至第三次提升350%,第三次至第四次约提升330%。因此可见,放任可使黑市涨势平和,而紧缩则显能助其猖獗。

第二,对进出口贸易之影响:据财部九月一日发表之二年来进出口净值数字如下:

卅五年度进口净值:一五〇一一亿零六千余万元,

出口净值:四一二一亿零千余万元;

卅六年一至七月进口净值:三〇九三五亿零千余万元,

出口净值:一四〇五〇亿元。

卅五年进口超过出口250%以上,本年七个月中,进口超过出口120%。今年之进口数字,超过去年进口约二倍,出口则约增加三倍。这个比较显示:第一,放任促使进口增加,紧缩促使进口减少。第二,紧缩时期在推广输出限制输入的措施下,出口增加程度比进口增加程度为大。

第三,对物价之影响:为分析年来外汇政策对物价之影响,我们先看下列几个重要的指数:(基期:二十六年)

| | | | |
|---|---|---|---|
| 卅五年二月份 | 一,八〇〇 | 卅六年二月份 | 一〇,六〇〇 |
| 三月份 | 二,六〇〇 | 三月份 | 一一,二〇〇 |
| 八月份 | 四,三〇〇 | 八月份 | 三三,〇〇〇 |
| 九月份 | 五,一〇〇 | | |

去年二至八月,物价涨220%,八月至今年二月涨260%,今年二月至八月约涨230%,每六个月物价之上涨率,似甚均衡,但我们必须注意:去年八月更订汇率后,政府曾采如下之措施:(一)中央银行大量抛售黄金,(二)重申黄金不得抵押之禁令,(三)上海市政府大量抛售粮食,(四)中纺抛出大批棉纱,(五)政府保证公用事业相当时期内不涨价,(六)国家行局紧缩放款。而在今年二月调整汇率时,政府曾同时励行经济紧急措施方案。凡此办法,对于物价当具有平抑之力量。因此在放任时期,物价上涨程度,虽仅略低于紧缩时期,然在高估汇价之下,对进口放任,其有安定国内物价之力量,自为不可否认之事实。

第四,对侨汇之影响:每当汇率更订时,侨汇辄一度激增,其后则以黑市与官价相去渐远,遂多走漏。兹将去年中国银行经收侨汇数额列下,以资参证:(单位:百万元)

| | | | | | |
|---|---|---|---|---|---|
| 一月 | 八七 | 二月 | 四三 | 三月 | 四,七四八 |
| 四月 | 八,六二〇 | 五月 | 六,七二六 | 六月 | 五,七九〇 |
| 七月 | 四,〇六二 | 八月 | 八,三〇一 | 九月 | 七,二九一 |
| 十月 | 七,一一三 | 十一月 | 四,七〇三 | 十二月 | 三,六七八 |

由此可知,侨汇之汇入,与放任、紧缩无关,其决定性之因素,

厥为汇率之高低。吾人要知，战前侨汇年约一亿美元，去年所入，折合美金不过三千万元。因此，如何改善侨汇，实亦为决定外汇政策时，所当切实注意之问题。

放任与紧缩，无论其后果若何，其不容于我外汇政策，则于上述可以概见。实际上，我国战后外汇政策之最大失策，全在于去年放任之未得其体，放任之进口货物，果为我工业建设所亟需，外汇实力之消耗，固无足惜。深可痛者，国内工业因放任而受摧残，外汇头寸因放任而浪费，以致失去外汇管理之大好时机。时至今日，复图减少输入，以机动政策，争取外汇头寸，弥为不易矣。

新外汇政策是否会成功

新外汇政策是否会成功，全视其是否能消灭黑市，及对物价之影响如何而决定。

一、挂牌汇价，系由平衡会决定，就牌价决定之方式，平衡会的地位和力量，以及对进口限额之严格数点观之，外汇黑市之不能消灭，而且将与市价逐渐增加差距，实为意料中事。

第一，挂牌汇价系以指定银行所商定的市价为依据，指定银行多为商业银行，商业银行类多附设进口公司，故指定银行出售的外汇，往多为其附设之进口公司所购用，而其所出售者，又靠中央银行供给，因此其商定之市价，自然会低于黑市，以谋其本身之利益。此种汇价决定之方式，先天就使黑市具备存在的条件，故当平衡会第一次挂牌时，黑市四万余，而牌价为三万九千元。

第二，平衡会只能在指定银行经营范围内，执行其平衡外汇供需的任务，其所能控制的，只是指定银行的外汇牌价，对于黑市外汇，如因供需关系，或局势影响而猛涨时，平衡会不可能，也无能力以公开市场政策的办法，向黑市场抛售而戢黑市。

第三，新政策对入口仍采限额输入制，而限额程度将更见加强，因此势必无法满足进口商及国内市场之需要，进口走私，必将搜求外汇于黑市。

这三种因素，是黑市无法消灭的根本原因。有了外汇黑市，则牌价无法取得主动，无论牌价变动的材料是依据：(一) 黑市，(二) 物价，(三) 国际收支，或(四) 国际经济变动，但它决不能，也决不可以超越黑市。因为如此，将使牌价与黑市竞赛速度加大，徒然增加国内经济的混乱。若其是依据上述四项材料，则必成为牌价追逐黑市的现象。因为牌价一度提高以后，出口可以增加，走私减少，而侨汇亦将因此被吸收一部份，黑市市场势必减少外汇供应，然进口走私，不见削弱，反必增强，黑市场必提升汇率以为吸引。在此情形之下，汇率的变动，只有两种可能性：其二是变动次数少，或定期变动，其结果将蹈钉住政策之覆辙。其二是变动频繁，其结果必然是：

第一，造成黑市跳动的气焰，加快汇价降落之速度。

第二，使出口变为观望，变为走私，甚至又行萎缩。因为汇率的变动，就是法币对外连续贬值，外商在国内定货，出口商提前出口，均将蒙受严重损失。相当时期后，外商停止定货，出口商徘徊观望，平衡会外汇头寸减少，进口限制必更加严(陈光甫先生说："外汇处理原则量入为出")。黑市猖獗，出口当又循走私一道。

第三，对侨汇之吸收，其情形正复与出口相似，终至为黑市诱致，市价之变动与否，将不为任何人所重视。

第四，频频变动之市价，虽不足以鼓励输出，吸收侨汇，然准许进口货之结汇，必向指定银行申请，因之欲其不助长国内物价之涨风，与外汇黑市之跳动，实不可得。

因此，无论外汇市价所走之路线为何，均将无法与黑市竞争。虽然外汇平衡会成立以来，据说成绩很好，出口已有增加，然自今年二月十七日改订汇率为一万二千元后，半年来，出口货物多因物【价】上涨而阻滞。同时，根据过去经验，每次调整汇价，出口与侨汇皆有显著增加，我们似不能遽以现状，而对新政策表乐观态度。试观自八月十八日平衡会挂牌，至九月十八日虽只挂高百分之三·八五，但至九月底，则连续更订三次，提高有逾百分之二十，与黑市之差距由百分之十增至百分之二十以上，其追逐黑市而不能赶上黑市之窘像，殆已暴露。

二、新政策对物价之影响，与其追逐黑市而不能追上黑市，其对政策本身之打击，具有同样力量。我国物价上涨，系通货与信用膨胀，物资缺乏与流通不畅，为其主要造因。然若谓货币对外贬值，将不影响对内价值，实为不可思议之论调。

既然国内之物价，即使汇价不变动，亦将上涨。外货在物价已涨之下，汇价不动，亦将跟之上涨。但汇价上涨，即使是涨在物价之后，而欲其不刺激物价更上涨，亦即货币对外价值贬低。而欲其不促使国内物价之上涨程度加速者，殊为理论与事实之不可通者也。因此，如果我们希望平衡会调整汇价之技术运用得宜，使汇价的变动不致刺激物价，苟其“技术”非超人的，则此希望定成幻想。

自从平衡会挂牌以来，汇率提高了百分之二十七，同时期物价上涨了百分之三十五，黑市外汇则提高了百分之五十。我们虽无法将汇价与物价隔离，单独测量物价，究竟是否受汇价的影响。但八月份以来，公用事业涨价二次，一般商品节节上扬，谁又能否认汇价的频频变动，确在加速外汇黑市与物价的奔跑呢？

因此，机动的外汇政策，其可能的结果是：第一，对物价的刺激，不是骤然的，而是逐渐的。但必增加其上涨速度与程度。第二，一段时间内，可以吸收一部份出口外汇和侨汇，但不久后，又将走漏。第三，使外汇黑市更形猖獗，这结果显然比钉住政策更坏。在当前国内经济情势之下，我们似乎不能让这种影响持续存在。

今后应有对策

我国适当破坏之后，农工业和交通需要建设与发展，因此需要大量机器、原料与燃料。我国正遭遇可怕的财政收支不衡症，希望国际收支平衡。我国正遭遇可怕的通货膨胀和物价上涨，所以不能有其他因素再来刺激物价。这是决定当前外汇政策的经济背境〔景〕，因此当前所需要的外汇政策，必须具备下列效能：

第一，要能配合经济建设的需要。

第二，要能消灭外汇黑市，全部吸收侨汇，增进出口贸易。

第三，不能因外汇率之更订，而影响物价。

战后外汇政策的放任时期，因其不能达成第二项要求，所以失败。紧缩时期，不能达成第一、第二项要求，所以也失败。当前的机动政策，三项效能，恐均不能具备。因有不少人士主张：平衡会不妨放弃牌价决定工作，让市价在市场寻求自然水准。政府只需筹一笔外汇头寸，用公开市场政策，从事平衡工作，专以打击投机为对象。此种建议，诚较现行政策为优，因其能具备上述第一和第二项效能。但在通货膨胀，国内经济异常不安定的今日，其对国内物价之影响，将必掀风作浪，而至不可收拾。所以当前的外汇政策，开放不可，紧缩不可，钉住不可，机动亦不可。因为历史的经验，不能应付这复杂而特殊的场面，我们须分析当前经济情形，明白我们的需要，然后才能有正确的决定，根据本篇的说明，因作如下之拟议：

第一，进口贸易依高估之外汇市价结汇：平衡会研究国内外物价情形，订定一高估之汇价，以为进口结汇之用。此项汇价最好钉住不动，但因国内物价上涨，以致物价与汇价相差过巨时（假设因此办法施行，黑市消灭，汇价无黑市可资比较），将造成进口商额外巨大利润。故平衡会可订定物价与汇价相差程度之标准，超此程度时，略为提高汇率。

第二，出口外汇与国外汇款，按照市价结购，并给予补助金：平衡会应审度国内物价与出口物资在国外销售情形（假定此办法施行后，无黑市汇价可资比较），随时变动补助金数额，以鼓励及推广出口贸易，并吸收侨汇。

第三，开放自备外汇，增加输入许可证之发放，同时加强贸易管制，严格规定输入物资种类。

但此项办法必须辅以严密之进口缉私，和有效之侨汇改善办法。因侨汇之走漏与否，汇价之高低，固为决定性之因素，然民信局吸收侨汇之方法与态度,均有关系。故欲全部侨汇得入国行,除上述补助金办法外,更应注意简化侨汇手续,推设国行在外机构,设能如此,则此项办法,必收如下之效果:

第一,政府外汇头寸必然激增:(一)侨汇在此办法之引诱下,必全部纳入国行,或以自备外汇方式,将准许输入物资输入,以避免经由民信局之风险。(二)出口走私必然绝灭,出口贸易必然增加。

第二,由于上项之结果,根绝黑市外汇之根源,黑市无法存在,可收消灭黑市之效。

第三,结汇之市价虽有更动,然不频繁,货币对外贬值之程度,远在对内价值之下,不致影响国内物价,而国内农工业反将因获得廉价之机器、原料与燃料,而有复苏之望。

此种结果,虽可预卜,然可虑之点亦有四:

(一)出口既处于绝对有利地位,出口物资将因而涨价。然我国出口商品多为国内有余之农产品,过去农产品价格太低,农村凋敝,产额锐减,果能因此获得合理提高,未始不能发生复兴农村之功效。而且此种产品,少为我国内工业所利用,其价格之上扬,亦不致影响其他物价。

(二)出口补助办法,本年二月曾经实行,因美国之反对,始行放弃。此地重提,似为不识时务。然就事实与理论言,出口补助办法,予中美两国皆为有利,因为:(甲)我国输出物资,多为美国所缺之原料,因与美货不致竞争。(乙)出口补助,而进口则高估结汇,有利于美国之输出。(丙)此项补助办法,系谋我经济复兴,就国际经济合作及国际繁荣立场言,美国自应深谋远虑,予以赞助。

(三)政府收入之外汇头寸愈多,则法币之支出愈多,将恐因此刺激物价上扬。然侨汇与出口外汇所换得之法币,多散布农村,只能因此收平均社会财富之效,而不致成为刺激物价之因。

(四)由于国内需要正殷,进口物资之价值,必大于出口与侨汇之收入。此项政策，将仍不能平衡我国际收支。然就经济复兴立场言，吾人似不能因噎废食，竭阻国内正当需要，尽量减少入口，以谋收支平衡。因此，必须举借外债，以弥补此项不平衡之差额。为谋国际贸易之繁荣，与我贸易最有关国家，亦必乐予贷款我国，以谋其本身之利益。

我国战后外汇政策，几经变动，至今仍无健全之政策，以配合当前的需要，因为单纯的开放或紧缩，钉住或机动，只能顾到单纯的一面，虽我国当前经济局势之混乱，不能因外汇政策之健全，即可谋得解救。但更不能因外汇政策之错误，而加速其崩溃。新外汇政策实行以来，对国内经济之影响，实为严重。本篇分析与建议，虽不免辽东白豕之讥，然果能抛砖引玉有助研议，则为幸甚。

〔国民政府财政部档案〕

## 14. 财政部关于抄发中央银行管理外汇条例令

（1948年1月6日）

财政部训令 财参字第21172号<br>民国三十七年一月六日

事由：抄发中央银行管理外汇条例令仰知照并饬属知照由。

令视察室

查中央银行管理外汇条例业经国民政府于三十六年十二月二十五日明令公布。除分令外，合行抄发条例令仰知照，并饬属知照。此令。

计抄发中央银行管理外汇条例一份

部长 俞鸿钧

中央银行管理外汇条例 卅六年十二月廿五日国府公布

第一章 中央银行之任务

第一条　国民政府为稳定货币，促进经济复员，并为准备实施国际货币基金协定起见，授权中央银行办理下列关于管理外汇之任务：

一、设置外汇平准基金委员会，调节外汇供需。

二、指定国家银行及办理侨汇或与进出口贸易有关之若干银行为指定银行，代理中央银行买卖外汇。

三、规定指定银行一般应遵守之各种章则，并执行之。

四、管理外币有价证券之买卖。

五、依照政府政策处理国外封存资产及其权益。

第二章　指定银行

第二条　中央银行指定国家银行，并得就财政部核准注册之银行中，选择办理侨汇业务或与进出口贸易有关向著信誉著有成绩，并能恪遵法令办理者，为代理中央银行买卖外汇之银行，简称指定银行，发给准许证。

第三条　关于外汇之买卖，必须经由指定银行办理之，只准在其准许经营范围内买卖外汇。

第四条　指定银行应行遵守之条款，由财政部定之。

第三章　外汇交易

第五条　官价外汇之结售及其适用范围，应遵照政府命令办理。

第六条　外汇平准基金委员会应察酌市场供需情形，调节外汇市价。

第七条　指定银行得按平准基金委员会所定之外汇价格，购入下列各项外汇：

一、出口或转出口物资所得之外汇。

指定银行购买远近期出口或转出口外汇者，应于出口时，在出口商之出口证明书签注证明该项近期或远期外汇业由该银行购入，但其货价总值在美金二十五元以下，或相等之其他币值而无商业行为者不在此限。

二、由国外汇入之汇款。

三、在国内出售之外汇。

四、其他一切外汇。

第八条　指定银行得按平准基金委员会所定之外汇基准价格出售外汇，仅以供给下列之用途为限：

一、偿付依照本条例及其章则所规定程序申请主管机关核准之进口物品货价。

二、供给依照本条例及其章则所规定程序申请而获准之个人需要。

三、经行政院核准之其他合法用途。

第九条　指定银行每日买卖外汇结存余额，应结售于外汇平准基金委员会。

第十条　凡无第八条各款所规定之正式核准证件，不得向指定银行购买外汇。

第十一条　凡向指定银行申请购买外汇者，应签具证明书，负责声明申请人并未存有外汇或另向他方重复申请。

第十二条　指定银行为适应进出口商之需要，得在不违背本条例所规定之用途内，为不超过三个月以上之远期买卖，必要时并得向外汇平准基金委员会申请为不超过三个月以上之外汇调转期。

第十三条　指定银行在上海以外各埠之外汇买卖，均应依照本条例之规定办理，但遇有余额不足时，统须经由上海之指定银行汇结。

第十四条　各银行原有外汇存户，截至本条例公布之日尚有余额者，应即将其所存金额依第九条之规定，结售平准基金委员会。

第十五条　非经中央银行核准，各指定银行不得承做以外汇作抵押之国币放款。

第十六条　非经中央银行之核准，各指定银行不得经营外币有价证券之买卖。

第十七条　指定银行不得代客或自身经营有关资金逃避及套汇，或有投机行为之外汇买卖。在解付外汇时，应负责审查明确该项外汇之支付确属符合本条例规定之正当用途。

第十八条　指定银行如遇所售出外汇之有关交易全部或一部份取消而不需要之外汇，应即令原购买人如数按照原价卖与指定银行。

第四章　外汇平准基金委员会

第十九条　中央银行设置外汇平准基金委员会。

第二十条　外汇平准基金委员会设委员三人至五人，由国民政府指派，并指定一人为主任委员。

第二十一条　外汇平准基金委员会得在中央银行设立外汇平准基金户。

第二十二条　外汇平准基金委员会得向中央银行借用外汇及国币款项，其办法由外汇平准基金委员会与中央银行随时商订之。

第二十三条　外汇平准基金委员会得通知任何指定银行，按所定价格代该会购入或售出外汇。

第二十四条　外汇平准基金委员会应将每周调节外汇市场各项措施及购入或售出外汇数额等项，详细报告财政部，并呈报行政院。对于外汇政策及进出口贸易政策之厘订及执行，并得有所建议。

第二十五条　外汇平准基金委员会得调阅主管机关及指定银行有关外汇买卖之证件及文卷。

第二十六条　外汇平准基金委员会得呈准中央银行订定其处理外汇事项之章则及办法。

第五章　报告

第二十七条　指定银行应于每日营业时间终了时，将当日所做下列各项外汇交易，依规定表格填报中央银行。

一、购买外汇者之姓名、金额、汇价、交割日期及其用途。

二、出售外汇者之姓名、金额、汇价、交割日期及其性质或来源。但同一货币而其总值在美金五百元以下者，得从简汇总报告，指定银行并须在报告内切实声明各购买人所购外汇并无与本条例规定相抵触。

第二十八条　中央银行得随时派员查阅指定银行有关外汇业务之帐册、文卷。

第六章　外汇及外币有价证券之定义

第二十九条　本条例所称外汇，包括下列各种无论其封存、半封存与自由，以外币支付或在国外支付者均属之。

一、存于银行、公司、商号及其他组织与个人一切款项。

二、电汇、即期汇票、见票汇票、远期汇票、支票、旅行支票、一年以内到期付款之期票、货款单据及其他一切付款凭证、信用状、银行及商业承兑汇票。

三、凡一年以内到期之一切票据、债券，银行所通常经营者，均包括在内。

第三十条　本条例所谓外币有价证券，包括一切证券，如股份股票、公债及其他债券，其票面系外币或在国外支付者均属之。

第七章　罚则

第三十一条　指定银行违反本条例之规定者，中央银行得停止或撤销其准许营业凭证，其情节重大者，并得商请财政部处以成交总额百分之五十以上之罚锾。

第三十二条　非指定银行经营外汇及外币有价证券之业务者，除没收其外汇外，并处经理人五年以下有期徒刑或拘役。

第三十三条　私人经营外汇及外币有价证券之业务者，除没收其外汇外，并处五年以下有期徒刑或拘役。

第八章　附则

第三十四条　一切外币钞票之进口与出口，非得财政部许可，概行禁止。但每旅客得携带在美金一百元以内之数目或其同等价值之其他外币钞票。

第三十五条　一切外币有价证券之进口或出口，非得财政部之许可，概行禁止。

第三十六条　国营事业机关之外汇，应依照本条例规定办理。

第三十七条　本条例自公布日施行。

〔国民政府财政部档案〕

## 15. 中央银行外汇平准基金委员会卅七年二月份月报

(1948年3月)

外汇平准基金委员会月报

卅七年二月份

自卅六年八月十八日成立外汇平准基金委员会，至卅七年二月，适为半载，今藉本月报告之便，再将此半年内之经过，作一总述，以为检讨。

一、外汇交易

自去岁八月十八日以后，外汇交易分为两种价格，一为平准基金之价格，一为官价。在本会以往之报告中，皆根据于此种分类。但按照平准基金汇价结售之外汇，并非全部商用，其中甚大之部份，仍为行政院嘱付或财政部嘱垫之款项。此种嘱付款项，通常不因外汇牌价之高低而有重要之改变。为欲观察外汇牌价对于外汇供需之影响，应将政府嘱付之外汇，提出重新分类，表一即为此种分析之结果。

表一(一)甲项，为卅六年八月十八【日】至卅七年二月，除去政府嘱付外汇以后，按照平准基金汇价买卖外汇之数量，可简称为民

用外汇。表中系表示中央银行之直接买卖及中央银行与指定银行间之交易。自去年八月十八至卅一日，计净购进四百九十万美元，九月亦买超一百万美元，十月适值物价涨风，若干舆论与一部份政府人士误认为调整汇价之刺激，致汇价落后与物价脱节，故十月、十一月各卖超二百余万美元。但总计自八月至十一月，仍净买超六十九万余美元。去岁十二月情形改变，该月卖超四百六十万美元。本年一月，时届废历年关之前，银根较紧，本会乘机提高汇价，竟使该月卖超减至仅有三千美元而已，惜于废历年关过后，物价暴涨，以致二月卖超又增至四百九十余万美元。总观半年来之结果，计共卖超八百九十万美元，此一部份之外汇供需，如物价略见平稳，使汇率易于调整，则其均衡，并非过难。

表一(一)乙项为政府嘱付外汇之按基金会汇价结付者，此数不受汇价变动之影响。自去年八月至十二月，此项外汇共结出约八百五十万美元，超过同期民用外汇之买超约一倍余。自本年一月以后，棉、米、煤等物品皆按本会汇价结售，故以后此一项目应在增加，幸二月结汇减少，故至本年二月为止，共结出一千九百万美元，仍为民用外汇卖超之一倍强。

官价外汇之买卖，一部份经由指定银行，另一部份则直接由中央银行办理。其经由指定银行之部份，亦列于表中，此一部份一月份仅卖超九十万美元，二月份则增至三百七十万美元，总计半年来共卖超一千七百六十万美元。至于政府所需外汇之直接由中央银行按照官价结购之部份，则从略不予列入。

总观半年来若除政府嘱付之数目不计，则外汇仅净售出八百九十万美元，连同政府嘱付外汇之按照本会汇价结出之数目计之，亦仅二千九百万美元，但经由指定银行之官价外汇即净卖超二千七百六十万美元，其直接由中央银行结出者，尚不在内。足以平衡外汇收支，除应由平准基金会与输管会之努力以外，尚须由政府方面节约其外汇之种种开支。

表二:指定银行之外汇买卖　　（单位:千美元）

| 日期及区域 | | 买进 | | | | 卖出 | | | |
|---|---|---|---|---|---|---|---|---|---|
| | | 出口 | 侨汇 | 其他 | 合计 | 进口 | 个人需要 | 财务支出 | 合计 |
| 一月 | 全国 | 一四,八一四 | 一,二二三 | 九二五 | 一六,九六二 | 一七,一六五 | 二〇〇 | 四七五 | 一七,八四〇 |
| | 上海 | 九,〇四二 | 一,一二一 | 九一五 | 一一,〇七八 | 一四,八七九 | 一四一 | 四〇一 | 一五,四二一 |
| | 外埠 | 五,七七二 | 一〇二 | 一〇 | 五,八八四 | 二,二八六 | 五九 | 七四 | 二,四一九 |
| 二月 | 全国 | 九,二九七 | 八一八 | 二一一 | 一〇,三二六 | 一四,三四九 | 二七九 | 五九〇 | 一五,二一八 |
| | 上海① | 六,〇四一 | 七五 | 一二六 | 六,九二二 | 一二,六六八 | 二三八 | 五二二 | 一三,四二九 |
| | 外埠 | 三,二五六 | 六三 | 八五 | 三,四〇四 | 一,六八一 | 四一 | 六八 | 一,七九〇 |

包括按照官价结售之外汇。

该月折合美币率如下:一月份英镑@三．二五一,港币〇．二〇二三,印币〇．二四三四,第一星期为英镑三．一四〇,港币〇．一九五四,印币〇．二三五一,第二星期英镑三．〇四八,港币〇．一八九七,印币〇．二二八二,第三星期英镑三．〇三八,港币〇．一八九,印币〇．二一五,第四星期英镑三．〇〇,港币〇．一八七,印币〇．二二五。

①二月份上海买进卖出数字均有误。

表二为指定银行在市面购售外汇之分类统计，一月份各指定银行共售出一千七百八十万美元，购入约一千七百万美元。在售出方面，进口占一千七百二十万美元，财务支出占四十七万美元。在购进方面，出口占一千四百八十万美元，侨汇占一百二十万美元。二月份则指定银行共售出一千五百万美元，较上月减少二百万美元，主要者乃因一月份之进口内含有一百二十余万美元为施行进口统制以前之定货。二月外汇之购进共约一千零三十万美元，较上月减少六百六十万美元，外汇购进之减少，其中五百五十万美元乃由于出口之减退，四十万美元由于侨汇买进卖出之减少，又均以上海占最大部份。

本月民用外汇卖超之增加，主要者乃因年关之后物价与黑市外汇暴涨，而基金会之汇价又因一部份舆论之指责不能利用适当时机作机动性之调整，以致合法输出与侨汇之利益减少。

二、物价与汇价

本月适值废历新年，工商各业普发红利，同时一般人民辞岁迎新增加消费，物价大见昂腾，加之投机者之推波助澜，益使当局控制为难。各项物资之中，尤以粮价一项蠢动最烈。兹将本月每两周间物价上涨指数与去年八月十八日之比较列表示之如次：(见下页表三)

至本会核准之汇率，则如表四：

自下列(三)(四)两表观之，可知出口物价指数已上涨百分之三九六·三，而本会外汇牌价仅提高百分之二八二·一，致二月间出口不能畅旺，再是本会外汇来源 亦大见减少，外汇牌价之所以远落一般物价及出口物价之后，则以本会历次调整汇价，外界每有不能了解症结之所在，多方责难，以为本会变动汇率，足以刺激物价，以是本会亦不得不特别审慎将事，滋为可惜。

三、黑市外汇

黑市汇率与本会之牌价关系若干？兹另列表五示之如次：

表三：卅七年二月物价指数

| 日期 | 上海趸售物价 | | 上海出口物价 | | 上海米价 | | 各地平均物价指数 |
|---|---|---|---|---|---|---|---|
| | 指数 | 较八月十八日之增加率 | 指数 | 较八月十八日之增加率 | 每市担 | 较八月十八日之增加率 | 上海广州重庆 |
| 八月十八日 | 三二,五四五 | —— | 三二,五一九 | —— | 四一〇,〇〇〇 | —— | 一〇〇.〇〇 |
| 一月卅一日 | 一五二,〇六六 | 三六七.三 | 九一,一五三 | 一八三.四 | 一,四八〇,〇〇〇 | 二六〇.九 | 四三四.九 |
| 二月三日 | 一五七,四九三 | 三八三.九 | 九五,七七三 | 一九七.八 | 一,五五〇,〇〇〇 | 二七八.五 | 四四四.六 |
| 二月九日 | 春节 | —— | 春节 | —— | 春节 | —— | —— |
| 二月廿日 | 二一八,七〇五 | 五七二.〇 | 一二〇,三六七 | 二七四.三 | 二,二〇〇,〇〇〇 | 四三六.六 | 五二三.四 |
| 二月廿八日 | 二七八,五四七 | 七五五.九 | 一五九,六〇四 | 三九六.三 | 三,〇〇〇,〇〇〇 | 六三一.七 | 六七二.四 |

表四:本会外汇挂牌价之变动

| 日　期 | 美　汇 | 超过八月十九日之百分数 | 英　镑 | 套　价 |
|---|---|---|---|---|
| 八月十九日 | 三九,〇〇〇 | | 一二四,八〇〇 | 三.二〇 |
| 二月二日 | 一一九,五〇〇 | 二〇五.一 | 三七五,〇〇〇 | 三.一四 |
| 二月三日 | 一三一,五〇〇 | 二三七.二 | 四一三,〇〇〇 | 三.一四 |
| 二月九日 | 一三五,五〇〇 | 二四七.四 | 四一三,〇〇〇 | 三.〇五 |
| 二月廿日 | 一四九,〇〇〇 | 二八二.一 | 四四七,〇〇〇 | 三.〇〇 |

表五:二月份黑市外汇与本会挂牌汇率之比较

| 日　期 | 香港每元美币合法币 | 上海收盘全价 | 上海收盘美钞价 | 本会美汇价 | 上海黑市美钞超过本会美汇之百分数 |
|---|---|---|---|---|---|
| 一月卅一日 | 一五〇,一〇〇 | 一〇七,〇〇〇,〇〇〇 | 一八〇,〇〇〇 | 一一九,五〇〇 | 五〇.六 |
| 二月三日 | 一五八,三〇〇 | 一〇三,〇〇〇,〇〇〇 | 一七〇,〇〇〇 | 一三一,五〇〇 | 二九.八 |
| 二月九日 | | | | | |
| 二月廿日 | 二二五,六〇〇 | 一四五,〇〇〇,〇〇〇 | 二一〇,〇〇〇 | 一四九,〇〇〇 | 四〇.九 |
| 二月廿八日 | 三一一,一〇〇 | 二一〇,〇〇〇,〇〇〇 | 三〇五,〇〇〇 | 一四九,〇〇〇 | 一〇四.七 |

本月黑市外汇亦剧烈上涨,其超过本会牌价之比例,由月初之百分之三十,逐渐增至百分之一〇四,计狂升在一倍以上,已由上表示明。考其原因有二:(一)废历开年后,侨汇大见减少,〔外汇〕在港之供给减缩,促使港汇对法币之市价大涨。(二)东北及华北游资大量南流,促使物价与外汇之狂跳。

四、结论

综上所述,本月内因适逢旧历年关岁暮,民众消费之增加。新正以后,侨汇之转趋减少,促使本月内物价与外汇黑市之猛烈上升,而使本会汇率难以及时作合理之调整,以致出口阻滞,国际收支又臻逆境。

本会工作成效若何，与国家整个经济之休戚，具有不可分离之关系。我国外汇之能否大量争取，有恃于本会汇率与出口物价两者之间无脱节之现象。因是，所有可能促使物价不能安定之种种因素，如能尽量避免，则有助于本会政策之施行，亦即有助于我国国际收支之平衡，此固本会所馨香祝祷者也。

〔中央银行档案〕

## 16. 外汇平准基金会工作报告

(1948年4月)

外汇平准基金委员会工作报告　　三十七年四月份

(一) 业务概况

本会四月份业务情形兹谨祠表(一)以示之。为便于明了我国本月间整个民用外汇收支数额起见，特将一切由指定银行官价结汇之数字一并列入，惟政府直接向中央银行官价结汇之数字，以及外币垫款国行自用之外汇，姑予从略：

表一：中央银行之外汇交易　　(单位　千万元)

| (一) 按照平准基金会汇价之交易 | | | | | | | |
|---|---|---|---|---|---|---|---|
| | (甲) 受汇价影响之交易 | | | | (乙) 政府嘱付款 | | |
| 日期 | 买进 | 卖出 | 卖超(一) | 自八月十九日起卖超累积数 | 卖出 | 自八月十八日起累积卖出 | 把基金会汇价累积总数 |
| 三月 | 一〇,四七二 | 一二,八八三 | (一)二,四一一 | (一)二,三二一 | 三,九三五 | (一)二三,〇一二 | (一)三四,三三三 |
| 四月 | 一八,〇二一 | 一五,八七三 | (一)七,二五二 | (一)一八,五七三 | 二,七五〇 | (一)二五,七六二 | (一)四四,三三五 |

| (二)指定银行按官价外汇之交易 | | | | 合计 | |
|---|---|---|---|---|---|
| 买进 | 卖出 | 卖超(一) | 卖超累积数 | 全部外汇卖超合计 | 累积总数 |
| 四八 | 二四五 | (一)一七七 | (一)二七,七八三 | (一) 六,五四三 | (一)六二,一一六 |
| 四二 | 二二四 | (一)一八二 | (一)二七,九六五 | (一)一〇,一八四 | (一)七二,三〇〇 |

自上表观之,我国四月份民用外汇(一)买进八百六十余万美元;(二)卖出一千六百余万美元,卖超计逾七百四十余万美元,本月份本会业务有最显著之特征,即自本会成立以来,外汇买进数字,除去二月份外为最小,而卖出数字则除去年一月份外为最多,收支相抵,卖超数字之巨,则为本会成立以来所未有。

对上情形或不免有对于本会所负使命,提出疑问者。就此问题,本会固不殚辞费会,一再声述外汇平衡政策能否执行顺利,端视本会核定之汇率能否与物价之升涨保持合理之关系。本月间,本会外汇收支益形逆转,促成之原因固不止一端,但本会汇率调整,本月间因政治关系受非常之限制,一时之间几丧失其所负机动性之使命,致使本会牌价与出口货价格形成严重脱节,结果,出口停滞,外汇收支上平衡较以前各月尤难达到。至于卖出外汇之增加,则由于输管会所发输入许可证之故。

(二) 物价与汇价

本月间一般物价变动尚属不大,一个月平均上涨不过百分之十七,其间尤以米价一项最称平稳,同时期之增高不过百分之十一而已,惟最属不幸者则以出口物价,竟独特腾贵,全月升涨在百分之三十以上,则因黑市外汇高涨,出口商群作竞买之举,同时政府正在筹备行宪,外汇政策变动之说,一时又复普遍流传,出口商更作囤积观变之汇率,致造成出口货物腾贵之特殊现象。兹将本月份物价列表如次:(见下页)

表二:卅七年四月份物价指数

| 日期 | 上海趸售物价 | | 上海出口物价 | | 上海米价 | | 各地平均物价指数 |
|---|---|---|---|---|---|---|---|
| | 指数 | 较八月十八日之增加率 | 指数 | 较八月十八日之增加率 | 每市担 | 较八月十八日之增加率 | 上海广州重庆 |
| 八月十八日 | 三二,五四五 | —— | 三二,一五九 | —— | 四一〇,〇〇〇 | —— | 一〇〇.〇 |
| 三月廿七日 | 三四八,七九二 | 九七一.七 | 二四七,二三五 | 六六八.八 | 三,六〇〇,〇〇〇 | 七七八.〇 | 一,〇一四.九 |
| 三月卅一日 | 三四一,〇〇一 | 九四七.八 | 二四二,二九五 | 六五三.四 | 三,四〇〇,〇〇〇 | 七二九.三 | 一,〇二九.六 |
| 四月十日 | 三八六,一七三 | 一,〇八六.六 | 二七〇,八三八 | 七四一.九 | 三,八五〇,〇〇〇 | 八三九.〇 | 一,〇五六.八 |
| 四月廿四日 | 三八五,一五〇 | 一,〇八三.四 | 二九三,三五五 | 八一二.二 | 三,七五〇,〇〇〇 | 八一四.四 | 一,二二〇.〇 |
| 四月三十日 | 三九五,九〇九 | 二一六.五 | 三一〇,六一五 | 八六五.九 | 三,八五〇,〇〇〇 | 八三九.八 | 一,二九五.〇 |

至本会牌价之变动有如下表：

表三：香港外汇与本会挂牌汇率之比较

| 日　　期 | 香港每元美币合法币 | 本会美汇 | 香港美钞超过本会美汇百分比 |
|---|---|---|---|
| 三月卅一日 | 五三八，六〇〇 | 二五五，〇〇〇 | 一一一、〇 |
| 四月十日 | 六六五，五〇〇 | 三二四，〇〇〇 | 一〇五、〇 |
| 四月廿四日 | 七三四，九〇〇 | 三二四，〇〇〇 | 一二九、〇 |
| 四月三十日 | 八四四，一〇〇 | 三二四，〇〇〇 | 一六〇、〇 |

本月间，外汇调整次数全月只有一次，为本会成立以来所未有。此一度之调整幅度，虽有百分之二十七，但以离最近一次调整（三月十七日）整时计达一个半月，在同一时期，视物价增涨程度实属瞠乎其后不能比拟，致使出口阻滞，贸易逆转，外汇卖超，亦为各月之逊。

（三）黑市汇率

本月间外汇黑市以香港币价计算，全月上涨在百分之五十六七，外汇之上涨程度，远在一般物价之上，因是本会汇率虽经调整，本会牌价与黑市汇价，仍不免愈距愈远，至四月月底，黑市汇价超越本会牌价竟达一．六倍，为本会设立以来所未有，兹列表示之如下：

表四：本会外汇挂牌之改动

| 日　期 | 美　汇 | 超过八月十九日之百分数 | 英　镑 | 套　价 |
|---|---|---|---|---|
| 八月十九日 | 三九，〇〇〇 | | 一二四，八〇〇 | |
| 三月十七日 | 二五五，〇〇〇 | 五五三．五 | 七六五，〇〇〇 | 三．〇〇 |
| 四月六日 | 三二四，〇〇〇 | 七三〇．七 | 九七二，〇〇〇 | 三．〇〇 |

本月外汇黑市特殊高涨，实不合理，良以外汇黑市已达超越其

购买力平价水准，实以国内秩序不能安定，资金逃避，蔚为一时之风气，为害我国计民生之严重，实非笔墨所能实述，此则有待我金融检查当局之深切注意而妥筹对策者也。

（四）结论

本月间就本会所负使命而言，为本会成立以来比较上成绩最不能满意之一期间，本会本月份汇率未能充份调整，致与物价（尤以出口物价）发生重大脱离，实为促成此项现象之主因。

本月间因国民大会开会，本会调整汇率不得不特加慎重，良以调整汇率所发生之影响，素有二种不同之看法：（一）调整汇率足以推进输出，同时可以剥夺进口商低价汇率之变相贴补，助长通货之收缩，有助于物价之稳定。（二）另一看法则以一切物价胥看本会牌价之变动为移转，因是提高汇率，可以引起物价涨风，因果循环，益使物价问题不易解决。各有所见，两说聚讼，殊非片言可明是非。对此问题就本会平素研究之结论，固以第一种观点较为正确，惜乎持第二说者，固比比皆是。为免引起行政上口实起见，本会对于调整汇率之建议不得不特别审慎处置，因之本会对于所负机动性调整汇率之使命，益不能充分发挥，亦憾事也。

中央银行按照市价买卖外汇统计

经由指定银行之外汇买卖　　（单位：千美元）

| | （买进） | 卖出 | 买（＋）卖（－）超 | 中央银行直接售出之政府外汇（－） |
|---|---|---|---|---|
| 三十六年 | | | | |
| 八月十九日至卅一日 | 七，五九五 | 二，六九四 | （＋）四，九〇一 | |
| 九月 | 一三，三〇九 | 一二，二六三 | （＋）一，〇四六 | （－）一，〇六一 |
| 十月 | 九，七五七 | 一二，四六四 | （－）二，七〇七 | （－）一，六七五 |

续上表

| | （买进） | 卖出 | 买（＋）卖（－）超 | 中央银行直接售出之政府外汇（－） |
|---|---|---|---|---|
| 十一月 | 一〇，三六九 | 一二，九一四 | （－）二，五四五 | （－）三，四三五 |
| 十二月 | 一三，三一三 | 一七，九四八 | （－）四，六二六 | （－）二，二九一 |
| 三十七年 | | | | |
| 一月 | 一四，四五六 | 一四，四五九 | （－）　三 | （－）六，七七一 |
| 二月 | 七，九三八 | 一二，九一四 | （－）四，九七六 | （－）三，八四四 |
| 三月 | 一〇，四七二 | 一二，八八三 | （－）二，四一一 | （－）三，九三五 |
| 四月 | 八，六二一 | 一五，八七三 | （－）七，二五二 | （－）二，七五〇 |
| 总计 | 九五，八三八 | 一一四，四一二 | （－）一八，五七三 | （－）二五，七六二 |

〔中央银行档案〕

## 17. 中央银行外汇概况节略①

（1948年5月）

外汇概况节略　卅六年三月一日至卅七年五月廿二日止

（一）中央银行外汇头寸概况。

（二）外汇支用之分析。

（三）政府外汇概况。

（四）进出口外汇、侨汇及非进口需要外汇等收支之分析。

（五）外汇存底变动及收支情形与卅五年度之比较。

（六）附录：

（甲）中央银行结售外汇手续。

（乙）中央银行非进口货外汇审核委员会审核费用外汇概况。

①该件系中央银行报送行政院打印稿。

（丙）目前待付政府外汇述要。

（丁）中、交、农、中信、邮汇三行两局外汇移存中央银行之经过。

（一）中央银行外汇头寸概况。

查中央银行卅六年二月底止，可用外汇及所存黄金、白银等，折合美金共约三亿三千七百余万元（见附表一）。截至卅七年五月廿二日止，外汇金银等折合美金共约九千六百余万元，但美金公债净收入（即除去到期已付本息）约合美金二千四百余万元，并未包括在内，否则外汇存底总额应为壹亿二千余万元（见附表二）。该期间内可用外汇资金，净减约合美金二亿四千壹百余万元（如包括美金公债收入，净额美金二千四百万元，则净减数额应合美金贰亿壹千七百万元）。

兹将中央银行五月廿二日止可用外汇资金分析如后：（见附表三）

（甲）美金部份：

| | | |
|---|---|---|
| 流动资金 | 库存现金 | 五一九，九四三．五四元 |
| | 美国财部库券 | 六，〇〇〇，〇〇〇．〇〇元 |
| | 中央银行存放同业 | 二八，〇一六，一三二．七四元 |
| | 共计 | 美金三四，五三六，〇七五．二八元 |
| 流动负债 | 中央银行结欠同业存款 | 一九，一一八，八一八．一九元 |
| | 卅六年美金公债收入外汇 | 一九，二一三，四三五．〇〇元 |
| | 国防部暂存款 | 一，八〇〇，〇〇〇．〇〇元 |
| | 存入保证金 | 一，二一三，〇三四．二〇元 |
| | 共计 | 美金四一，三四五，二八七．三九元 |
| | 负债超过资产 | 美金六，八〇九，二一二．一一元 |

（乙）英金部份：

| | | |
|---|---|---|
| 流动资产 | 库存现金 | 一五三镑二先令 |
| | 中央银行存放同业 | 四九一，三七一镑一先令五便士 |
| | 共计 | 英金四九一，五二四镑三先令五便士 |

| | | |
|---|---|---|
| 流动负债 | 中央银行结欠同业存款 | 三,〇六五,一七七镑二先令四便士 |
| | 卅六年美金公债收入外汇 | 九七二,四三一镑一六先令一便士 |
| | 中央银行向邮汇局借款 | 四六〇,五〇〇镑 |
| | 存入保证金 | 一一二,三五七镑一五先令一〇便士 |
| | 共计 | 英金四,六一〇,四六七镑三先令三便士 |
| 负债超过资产 | | 英金四,一一八,九四二镑一九先令一〇便士 |

(丙)港币部份：

| | | |
|---|---|---|
| 流动资产 | 库存现金 | 一,一一一,七五二.〇八元 |
| | 中央银行存放同业 | 一三,三七五,九三〇.四七元 |
| | 共计 | 港币一四,四八七,六八二.五五元 |
| 流动负债 | 中央银行结欠同业存款 | 四,一一六,五七〇.二九元 |
| | 卅六年美金公债收入外汇 | 三,一九六,九一五.二〇元 |
| | 结欠广州分行(收入税款) | 二〇,〇〇〇,〇〇〇.〇〇元 |
| | 存入保证金 | 一九一,八九八.一〇元 |
| | 共计 | 港币 二七,五〇五,三八三.五九元 |
| 负债超过资产 | | 港币一三,〇一七,七〇一.〇四元 |

(丁)印币部份：

| | | |
|---|---|---|
| 流动资产 | 库存现金 | 二六五,七二七盾五安九派 |
| | 中央银行存放同业 | 八四六,五一三盾一五安六派 |
| | 共计 | 印币一,一一二,二四一盾五安三派 |
| 流动负债 | 中央银行结欠同业存款 | 一,三三六,六三七盾八安四派 |
| | 卅六年美金公债收入外汇 | 五二七,三一七盾五安四派 |
| | 存入保证金 | 一,二〇〇盾 |
| | 共计 | 印币一,八六五,一六四盾一三安八派 |
| 负债部份超过资产印币 | | 七五二,九二三盾八安五派 |

(戊)黄金部份：

中央银行库存黄金(见附表二及附表四)

| | | |
|---|---|---|
| 上海 | 二,二七三,〇四六.九六六盎斯 | 二,四五六,〇六九.二八九盎斯 |
| 各地 | 一八三,〇二二.三二三盎斯 | |

续上表

| | |
|---|---|
| 中央银行存美国纽约联邦准备银行黄金 | 三〇五,四四二．一一〇盎斯（已向该行抵借美金壹千万元） |
| 共计黄金 | 二,七六一,五一一．三九九盎斯 |
| 按照每盎斯美金三十五元折计,共值美金九六,六五二,八九八．九七元。 | |

（己）白银部份(见附表二及附表五)。

中央银行库存白银约四一,六〇〇,〇〇〇盎斯。

按照每盎斯美金七角折计,共值美金二九,一二〇,〇〇〇.〇〇元。

综计外汇部份(美金、英镑、港币、印币)结欠总额共合美金二六,七六五,二八六．四三元,如以卅六年第一、二期美金公债(分十年还本付息)收入,净合美金二四,〇六〇,五八九．二二元并入计算,则结欠美金二,七〇四,六九七．二一元。黄金、白银部份共值美金一二五,七七二,八九八．九七元,故外汇、黄金、白银等合并计算,尚结存美金九九,〇〇七,六一二．五四元(减去平衡会卖出期货币美金二,五四五,九五二．〇〇元,故总数应为美金九六,四六一,六六〇.五四元)(如以美金公债收入并入计算,应为美金一二〇,五二二,二四九．七六元)。

（二）外汇支用之分析。

自卅六年三月一日起,至卅七年五月廿二日止,中央银行可用外汇资金净数约合美金贰亿四千壹百余万元(列入美金公债净减二亿一千七百万元)。

政府外汇支出共计美金壹亿九千四百余万元(见附表六)。

民用外汇卖超净额合美金九千五百余万元(见附表七)。

综计在该时期内,政府及民用外汇支出约合美金二亿八千九百余万元，除将兑入美钞及利息、手续费等收入外汇合美金约四千八百万元抵充外，该十五个月外汇支出净额合美金二亿四千壹百余万元。兹列简表说明如次：

| | | |
|---|---|---|
| 政府外汇支出 | 美金 | 壹亿九千四百余万元 |
| 民用外汇卖超净额 | 美金 | 九千五百余万元 |
| 共计 | 美金 | 贰亿八千九百余万元 |
| 兑入美钞及利息<br>手续费等收入 | 美金 | 四千八百余万元 |
| 外汇支出净额 | 美金 | 贰亿四千壹百余万元 |
| 除去美金公债收入应为二亿一千七百万元 | | |

（三）政府外汇概况。

（甲）收入部份：

1. 公债收入：政府发行卅六年一、二期美金公债，其原币收入除付到期本息外，计合美金贰千肆百余万元另户存储，售出公债收入各种原币，见第一节各项。

2. 税款收入：该时期内关税、印花税及规费收入等之外币收入，共合美金六百余万元，另户存储。

3. 出口收入：中央银行于卅六年六月间购入纱布一批，并委托中纺公司外销，其所得外汇约美金壹千万元，暂立专户存储。又纺织品外销委员会外销纱布等外汇收入，合美金玖百贰拾余万元，由该会以原币在本行立户存储。资源委员会外销矿品及台糖，计收入外汇共合美金壹千肆百余万元，业经先后售予平衡会。

（乙）支出部份：

1. 按官价结售或垫付者，计合美金壹亿陆千捌百余万元。

2. 按平衡会市价结售者，计合美金贰千六百余万元。

共计合美金壹亿玖千肆百余万元。

就上所述政府外汇收入方面言，公债及税款等收入，均已在业务局与国库局之内部往来中立户存储。中央银行委托中纺公司外销纱布及外销委员会外销纱布所得外汇，均在活期存款项下立户存储。资源委员会外销台糖、矿品所得外汇，均已售予平衡会。

上列各项外汇收入既已分别出帐，故在轧记外汇头寸时，自不应与支出外汇两相轧抵，以免重复。

（四）出口暨侨汇等外汇收入及进口暨非进口需要等外汇支出之分析。

（甲）出口及侨汇等外汇收入

自卅六年三月至卅七年五月廿二日止，由输出买入之外汇，经指定银行者，共合美金壹亿玖千壹百余万元，以三月份为最佳，达叁千壹百余万元；四月份次之，约计贰千柒百余万元；五、六月份退至每月柒百余万元；七、八月更减至每月五百余万元。自平衡会成立后，汇率作机动性调整，输出始见增加，九、十两月为壹千叁百余万元，十一月壹千壹百余万元，十二月达壹千伍百余万元，本年一月份为壹千肆百余万元，二月份玖百余万元，三月份壹千余万元，四月份较少约八百余万元，五月份截至廿二日止约八百七十余万元。

上项经指定银行结汇之出口外汇内，除一般贸易出口外，由政府主办者计有：

| | |
|---|---|
| 中信局出口之冰蛋 | 合美金玖百叁拾余万元 |
| 中信局出口之生丝 | 合美金叁百余万元 |
| 中信局出口之大豆 | 合美金叁百贰拾余万元 |
| 中信局出口之纱布 | 合美金六百余万元 |
| | 共合美金贰千壹百余万元 |

除经由指定银行结汇之上项出口外，另有由政府主办之出口所得外汇直接缴入中央银行者，计有：

| | |
|---|---|
| 中纺出口纱布 | 合美金壹千万元(径由中央银行收存) |
| 外销会出口纱布 | 合美金九百廿余万元(径由中央银行收存) |
| 资委会出口矿品 | 合美金壹千肆百余万元(按市价售予平衡会) |
| 资委会出口台糖 | 合美金壹百拾余万元(按市价售予平衡会) |
| | 以上共合美金叁千肆百叁拾余万元 |

该期间就出口收入外汇总额而言,经指定银行结汇者壹亿玖千壹百万元,及由中央银行直接收入者叁千肆百叁拾余万元,总计折合美金贰亿贰千伍百余万元(其中由政府机关径予出口者共合美金伍千伍百余万元),平均每月出口约为壹千伍百余万元。

该期间收入侨汇总数计合美金贰千余万元,不及总收入十分之一,亦以卅六年三月为最盛,几近六百万元,四月份次之约三百余万元,五月份约壹百余万元,六月份减至八十余万元,七月份不到六十万元。八月间平衡会成立汇率调整后,八、九、十三个月每月均在壹百万元以上,十一、十二月又退至五十万元。卅七年一月份较佳,达一百四十余万元,二月份计九十余万元,三月份计伍十余万元,四月只廿八万余元,五月份截至廿二日止约十五万余元。

(乙)进口及非进口需要筹外汇售出

该期间之进口结汇,经指定银行者计合美金叁亿另〔零〕玖百余万元,非进口需要玖百捌拾余万元,其他约壹千壹百玖拾余万元,共合美金叁亿叁千另〔零〕玖拾余万元。

进口结汇亦以卅六年三月为最少,只八百二十万元,而以同年六、七二月为最巨,每月在四千五百万元以上,七〔十一〕、十二月在二千万元以上,其余各月均在一千万元以上而不及二千万元。

进口结汇上述经指定银行结售者合美金叁亿另〔零〕玖百余万元,平均每月约计美金贰千万元弱。

（五）外汇存底变动及收支情形与卅五年度之比较。

查自三十六年三月一日至三十七年五月二十二日十五个月中外汇存底变动以及收支情形与三十五年度比较大致如下：

（甲）三十五年二月底之外汇、金银等结存总额约合美金八亿二千二百余万元。三十六年二月底结存总额约合美金三亿三千七百万元，计十二个月中之支出净额共合美金四亿八千五百余万元，平均每月支出约合美金四千零四十余万元。自三十六年三月一日至三十七年五月二十一日，十五个月中计支出外汇等共合美金二亿四千一百余万元，平均每月支出约合美金一千六百余万元，如除去美金公债收入二千四百万元，则平均每月之支出约合美金一千四百余万元。

（乙）三十五年度之政府外汇支出总额（包括印钞、还债及原币垫款等）约合美金一亿七千一百余万元，平均每月支出约合美金一千四百余万元。三十六年三月至三十七年五月间之政府外汇支出总额约合美金一亿九千四百余万元，平均每月支出约合美金一千三百万元，其中有一部份系以美金公债、政府出口收入等抵补，此与三十五年度情形略有不同。

（丙）自三十五年三月初至三十六年之出口国外汇款收入以及进口暨非进口需要等支出（以指定银行报告为根据）大致如下：（见下页表）

由是可知，在三十六年三月以后十五个月中，出口外汇收入较三十五年度略佳，惟侨汇则不如三十五年。此实由于官价汇率与黑市汇率差额较大，进口支出之每月平均数约较三十五年减少一半。同时，根据上文之分析，因政府推广之出口（包括收购政策等）结果，三十六年三月以后十五个月中，其径政府机关经手出口者，计合美金五千五百余万元（其中有三千四百余万元系直接由中央银行结购，并未包括在指定银行之进口收入内），较三十五年度情形（中央银行直接经收数约三十三万余元）进步良多。

| | 三十五年三月至三十六年二月 | | 三十六年三月至三十七年五月二十二日 | |
|---|---|---|---|---|
| | 总数（美金） | 每月平均 | 总数（美金） | 每月平均 |
| 出口收入 | 一五五，七〇八，〇〇〇 | 一二，九七五，五三八 | 二二五，五二八，三七〇 | 一五，〇三五，二二四 |
| | （包括央行直接收入三三〇，〇〇〇） | | （包括央行直接收入三四，〇〇〇，〇〇〇） | |
| 汇款收入 | 三五，〇五〇，〇〇〇 | 二，九二〇，八三三 | 二〇，一七三，一四〇 | 一，三四四，八七六 |
| 进口支出 | 五〇二，九六六，〇〇〇 | 四一，九一三，八三三 | 三〇九，一五〇，七九七 | 二〇，六一〇，〇五三 |
| 非进口需要 | 二五，二九六，〇〇〇 | 二，一〇八，〇〇〇 | 九，八七六，五八七 | 六五八，四三九 |

## （六）附录

极密　　　　　　　　　　　　　　　　　民国三十六年二月廿八日

| | | | |
|---|---|---|---|
| 存款 | 美金　16,304,013.73 | | |
| 现金 | 美金　6,117,149.37 | | |
| 投资 | 美金　187,600,000.00 | | |
| | 美金　210,021,163.10 | | |
| 减：远期契约及保证金 | 美金　26,473,738.52 | | 美金　183,547,424.58 |
| 存款 | 英金　6,050,447：19：10 | | |
| 现金 | 英金　149：2：0 | | |
| 投资 | 英金　1,000,000：0：0 | | |
| | 英金　7,050,597：1：10 | | |
| 减：远期契约及保证金 | 英金　1,502,457：3：9 | | |
| | 英金　5,548,139：18：1 | | 美金　22,192,559.62 |
| 存款 | 港币　13,038,825.54 | | |
| 现金 | 港币　4,225,346.23 | | |
| | 港币　17,264,171.77 | | |
| 减：远期契约及保证金 | 港币　327,143.18 | | |
| | 港币　16,937,028.59 | | 美金　4,234,257.15 |
| 存款 | 印币　1,901,245：9：2 | | |
| 现金 | 印币　129,352：0：0 | | |
| | 印币　2,030,597：9：2 | | |
| 减：远期契约及保证金 | 印币　837,223：14：3 | | |
| | 印币　1,193,373：10：11 | | 美金　358,012.10 |
| 黄金 | 2,371,461,116盎斯 | | 美金　83,001,139.06 |

续上表

| | | |
|---|---|---|
| | 305,442,110 盎斯 | 美金 10,690,473.85 |
| 白银 | 48,300,000.00 盎斯 | 美金 33,810,000.00 |
| | | 共 计 美金 337,833,866.36 |

极密 民国卅七年五月二十二日

| | | | |
|---|---|---|---|
| 存款 | 美金 | 12,116,120.45 欠 | |
| 现金 | 美金 | 519,942.54 | |
| 投资 | 美金 | 6,000,000.00 | |
| | 美金 | 5,596,177.91 | |
| 加:存入保证金 | 美金 | 1,213,034.20 | |
| | | | 美金 6,809,212.11 欠 |
| 存款 | 英金 | 4,006,738:6:0 欠 | |
| 现金 | 英金 | 153:2:0 | |
| | 英金 | 4,006,585:4:0 | |
| 加:存入保证金 | 英金 | 112,357:15:10 | |
| | 英金 | 4,118,942:19:10 | |
| | | | 合美金 16,475,771.97 欠 |
| 存款 | 港币 | 13,937,555.02 欠 | |
| 现金 | 港币 | 1,111,752.08 | |
| | 港币 | 12,825,802.94 | |
| 加:存入保证金 | 港币 | 191,898.10 | |
| | | 13,017,701.04 | |
| | | | 合美金 3,254,425.26 欠 |
| 存款 | 印币 | 1,017,450:14:2 欠 | |
| 现金 | 印币 | 265,727:5:9 | |
| | 印币 | 751,723:8:5 | |
| 加:存入保证金 | 印币 | 1,200:0:0 | |
| | 印币 | 752,923:8:5 | |
| | | | 合美金 225,877.09 欠 |
| 外汇现金余额 | | | 美金 26,765,286.43 |
| 纯金盎斯 | 2,456,069,289 | | 美金 85,962,425.12 |
| 纯金盎斯 | 305,442,110 | | 美金 10,690,473.85 |
| 白银盎斯 | 41,600,000,000 | | 美金 29,120,000.00 |
| | | | 美金 125,772,898.97 |
| | | | 美金 99,007,612.54 |
| 代平衡会垫付 | | | 美金 19,706,096.00 |
| 英金 | | | 美金 17,634,539.12 |
| 印币 | | | 美金 2,252,881.49 |

续上表

| | | |
|---|---|---|
| 减:存款港币 | 美金 39,593,516.61<br>美金 1,937,471.10 | 美金 37,656,045.51 |
| 平衡会卖超 | 共 计 | 美金 136,663,658.05 |
| | | 美金 40,201,997.51 |
| | | 美金 96,461,660.54 |

同 业 存 款　　民国卅七年五月廿二日

| | | |
|---|---|---|
| 中国银行总管理处 | 美金 | 825,613.32 |
| 交通银行 | 美金 | 98,837.76 |
| 中国农民银行 | 美金 | 1,431,841.95 |
| 邮政储金汇业局 | 美金 | 843,486.27 |
| 中国国货银行 | 美金 | 3,762.38 |
| 上海银行 | 美金 | 6,682.09 |
| 浙江兴业银行 | 美金 | 34,303.89 |
| 中南银行 | 美金 | 3,768.18 |
| 金城银行 | 美金 | 3,553.81 |
| 浙江实业银行 | 美金 | 11,691.43 |
| 中兴银行 | 美金 | 12,423.77 |
| 广东银行 | 美金 | 357.36 |
| 聚兴诚银行 | 美金 | 62,340.51 |
| 华侨银行 | 美金 | 733.61 |
| 大通银行 | 美金 | 869.75 |
| 荷兰银行 | 美金 | 34,895.51 |
| 有利银行 | 美金 | .41 |
| 苏联国家银行 | 美金 | 2,137.29 |
| 纽约联邦准备银行黄金押款 | 美金 | 10,000,000.00 |
| 纽约中国银行 | 美金 | 5,000,000.00 |
| 中央信托局 | 美金 | 741,518.90 |
| | 美金 | 19,118,818.19 |

续上表

| | | | |
|---|---|---|---|
| 售出卅六年美金公债 收入外汇 | 美金 19,213,435.00 | | |
| 国防部 | 美金 1,800,000.00 | | |
| 存入保证金(见附表) | 美金 713,034.20 | | |
| 存入保证金天津中国银行 | 美金 500,000.00 | | |
| | | 美金 | 41,345,287.39 |

存 放 同 业　民国卅七年五月廿二日

| | | | | |
|---|---|---|---|---|
| 纽约联邦准备银行 | 美金 | 961,611.25 | | |
| 纽约大通银行 | 美金 | 879,496.18 | | |
| 纽约中国银行 | 美金 | 12,808,697.68 | | |
| 香港中国银行 | 美金 | 308,408.35 | | |
| 香港汇丰银行 | 美金 | 6,330.62 | | |
| 纽约花旗银行 | 美金 | 557,881.25 | | |
| 纽约欧文信托公司 | 美金 | 32,248.68 | | |
| 信托公司 | 美金 | 100,000.00 | | |
| 香港广东银行 | 美金 | 499,867.00 | | |
| 旧金山广东银行 | 美金 | 135,523.77 | | |
| 中国银行总管理处 | 美金 | 9,174,442.96 | | |
| 浙江实业银行 | 美金 | 750,000.00 | | |
| 汇丰银行 | 美金 | 1,800,000.00 | | |
| 有利银行 | 美金 | 1,625.00 | | |
| | 美金 | 28,016,132.74 | | |
| 库存 | 美金 | 519,942.54 | | |
| 国外投资 | 美金 | 6,000,000.00 | | |
| | | 共 计(欠) | 美金 | 34,536,075.28 |
| | | | 美金 | 6,809,212.11 |

## 同　业　存　款　　民国卅七年五月廿二日

| | | | |
|---|---|---|---|
| 中国银行 | 英金 | 1,775,744：13：0 | |
| 交通银行 | 英金 | 1,995：14：7 | |
| 中国农民银行 | 英金 | 537,995：0：9 | |
| 邮政储金汇业局 | 英金 | 3,552：6：2 | |
| 中国国货银行 | 英金 | 395：9：0 | |
| 浙江兴业银行 | 英金 | 2,045：19：5 | |
| 浙江实业银行 | 英金 | 258,194：12：9 | |
| 广东银行 | 英金 | 246：8：10 | |
| 荷兰银行 | 英金 | 95：0：0 | |
| 金城银行 | 英金 | 72：10：7 | |
| 聚兴诚银行 | 英金 | 4,306：13：6 | |
| 华侨银行 | 英金 | 754：17：9 | |
| 中兴银行 | 英金 | 3,050：4：2 | |
| 中南银行 | 英金 | 42：17：5 | |
| 汇丰银行 | 英金 | 450,000：0：0 | |
| 中央信托局 | 英金 | 26,685：3：5 | |
| | 英金 | 3,065,177：11：4 | |
| 售出卅六年美金公债收入外汇 | 英金 | 972,431：16：1 | |
| 提用邮政储金汇业局存款 | 英金 | 460,500：0：0 | |
| 存入保证金 | 英金 | 112,557：15：10 | |
| | | | 英金　4,610,467：3：3 |

## 存　放　同　业

| | | |
|---|---|---|
| 伦敦大通银行 | 英金 | 800：10：9 |
| 伦敦中国银行 | 英金 | 449,021：7：9 |
| 香港中国银行 | 英金 | 11,388：16：0 |
| 伦敦劳合银行 | 英金 | 8,199：17：8 |
| 中国银行总管理处 | 英金 | 19,680：13：1 |
| 重庆麦加利银行 | 英金 | 2,279：16：2 |
| | 英金 | 491,371：1：5 |

续上表

| | | | | |
|---|---|---|---|---|
| 库存 | 英金 | 153：2：0 | | |
| | | | 英金 | 491,524：3：5 |
| | | 共　计(欠) | 英金 | 4,118,942：19：10 |

同　业　存　款　　民国卅七年五月廿二日

| | | | | |
|---|---|---|---|---|
| 华侨银行 | 港币 | 14,015.91 | | |
| 浙江兴业银行 | 港币 | 21,350.00 | | |
| 中国银行 | 港币 | 318,586.66 | | |
| 中国农民银行 | 港币 | 37,477.67 | | |
| 中国国货银行 | 港币 | 49.43 | | |
| 广东银行 | 港币 | 6,730.00 | | |
| 花旗银行 | 港币 | 3,366,050.00 | | |
| 中兴银行 | 港币 | 729.00 | | |
| 中央信托局 | 港币 | 351,581.62 | | |
| | 港币 | 4,116,570.29 | | |
| 售出卅六年美金公债收入外汇 | 港币 | 3,196,915.20 | | |
| 向分行提用 | 港币 | 20,000,000.00 | | |
| 存入保证金(见附表) | 港币 | 191,898.10 | 港币 | 27,505,383.59 |

存　放　同　业

| | | | | |
|---|---|---|---|---|
| 香港大通银行 | 港币 | 25,206.90 | | |
| 香港中国银行 | 港币 | 6,463,349.70 | | |
| 交通银行 | 港币 | 159,133.62 | | |
| 中国农民银行 | 港币 | 403,005.77 | | |
| 新华信托储蓄银行 | 港币 | 30,234.48 | | |
| 花旗银行 | 港币 | 5,000,000.00 | | |
| 香港中央信托局 | 港币 | 1,295,000.00 | | |
| | 港币 | 13,375,930.47 | | |
| 库存 | 港币 | 1,111,752.08 | | |
| | | | 港币 | 14,487,682.55 |
| | | 共　计(欠) | 港币 | 13,017,701.04 |

存入保证金　　民国卅七年五月廿二日

| 银行名称 | 美金 | 英金 | 印币 | 港币 | 星币 |
|---|---|---|---|---|---|
| 华比银行 | 17,867.49 | 121∶5∶0 | | | |
| 中兴银行 | 9,978.37 | | | 49,500.00 | |
| 华侨银行 | 5,132.00 | 290∶0∶4 | | 3,900.00 | |
| 中法工商银行 | 9,457.30 | 1,892∶8∶7 | | | |
| 金城银行 | 15,835.57 | | | | |
| 上海商业储蓄银行 | 46,607.25 | 2,259∶3∶1 | | 41,908.90 | |
| 中南银行 | 21,750.00 | 2,250∶0∶0 | | 63,602.00 | |
| 安达银行 | | | 1,200∶0∶0 | | 50.00 |
| 广东银行 | 10,343.62 | 1,035∶12∶6 | | 10,200.00 | |
| 东亚银行 | 715.72 | | | 6,771.20 | |
| 东方汇理银行 | 40,627.54 | 23,681∶7∶5 | | | |
| 大通银行 | 4,016.48 | | | | |
| 麦加利银行 | 27,950.76 | 36,996∶2∶10 | | 15,400.00 | |

续上表

| 银行名称 | 美金 | 英金 | 印币 | 港币 | 星币 |
|---|---|---|---|---|---|
| 中国银行 | 307,432.82 | | | | |
| 邮政储金汇业局 | 4,721.22 | | | | |
| 沙逊银行 | | 28,585：0：6 | | | |
| 中国国货银行 | 6,614.90 | | | | |
| 天津中国银行 | 83,425.73 | 6,695：15：6 | | | |
| 天津华比银行 | 9,211.00 | | | | |
| 天津东方汇理银行 | 40,991.63 | 8,426：0：1 | | | |
| 青岛麦加利银行 | | 125：0：0 | | | |
| 厦门中国银行 | | | | 616.00 | |
| 发行局 | 10,354.80 | | | | |
| 民丰纱厂 | 40,000.00 | | | | |
| 共计 | 713,034.20 | 112,357：15：10 | 1,200：0：0 | 191,898.10 | 50.00 |

## 同 业 存 款

| | | | |
|---|---|---|---|
| 中国银行 | 印币 | 99,673：14：9 | |
| 荷兰银行 | 印币 | 8,691：6：6 | |
| 中央信托局 | 印币 | 1,228,272：3：1 | |
| | 印币 | 1,336,637：8：4 | |
| 售出卅六年美金公债收入外汇 | 印币 | 527,327：5：4 | |
| 存入保证金 | 印币 | 1,200：0：0 | |
| | | | 印币 1,865,164：13：8 |

## 存 放 同 业

| | | | | |
|---|---|---|---|---|
| 仰光中国银行 | 印币 | 18,860：15：4 | | |
| 加尔各答中国银行 | 印币 | 296,612：15：2 | | |
| 加尔各答中央信托局 | 印币 | 399,713：2：8 | | |
| 中国银行 | 印币 | 131,326：14：4 | | |
| | 印币 | 846,513：15：6 | | |
| 库存 | 印币 | 265,727：5：9 | | |
| | | | 印币 | 1,112,241：5：3 |
| | | 共 计(欠) | 印币 | 752,923：8：5 |

## 库存黄金分类表 卅七年五月廿二日

| 项 目 | 桶数 | 两别 | 纯金市两 | 纯金盎斯 |
|---|---|---|---|---|
| 原桶黄金 | 357 | | | 1,159,356.432 |
| 金号烊烚赤 | | | | 193,055.577 |
| 敌产处交来烚赤 | | | | 497,339.031 |
| 造币厂烊烚赤 | | | | 8,875.323 |
| 厂 条 | | 60 | 45,799.091 | |
| 厂 条 | | 30 | 17,277.924 | |
| 厂 条 | | 10 | 8,093.499 | |
| 厂 条 | | 6 | 31,455.874 | |
| 厂 条 | | 5 | 3,813.024 | |
| 厂 条 | | 3 | 56,162.906 | |

续上表

| 项　目 | 桶数 | 两别 | 纯金市两 | 纯金盎斯 |
|---|---|---|---|---|
| 厂　条 | | 1 | 36,051.666 | |
| 厂　条 | | 1两以下条 | 675.429 | |
| 中国银行卖买剩余数 | | | 86,869.949 | |
| 南昌分行来厂条 | | | 597.318 | |
| 备付黄金存款厂　条 | | | 5,942.497 | |
| 资委会金铜矿务局 | | | | 4,033.109 |
| 杂　金 | | | 100,694.786 | |
| 杂　金 | | | | 15.111.509 |
| 合　计 | | | 393,422.963 | 1,877,770.981 |
| | | | 折合盎斯 | 395,275.985 |
| | | | | 2,273,046.966 |

现存白银概况表　　民国卅七年五月廿二日

极密

| 运美白银已售出部份 | | | | |
|---|---|---|---|---|
| 第1批 | 白银盎斯 | 400,011.57 | 美金 | 289,921.12 |
| 第2批 | | 455,416.35 | | 359,669.33 |
| 第3批 | | 502,363.09 | | 403,173.93 |
| 第4批 | | —— | | —— |
| 第5批 | | 750,911.13 | | 564,208.15 |
| 第6批 | | 501,313.05 | | 376,760.76 |
| 第7批 | | 350,000.00 | | 263,799.37 |
| 第8批 | | 150,270.80 | | 112,908.78 |
| | | 361.96 | | 225.32 |

续上表

| | | |
|---|---|---|
| 第9批 | 575,296.46 | 408,707.87 |
| 第10批 | 49,638.85 | 35,284.78 |
| 第11批 | 50,000.70 | 35,540.50 |
| 第12批 | 1,022,204.12 | 727,226.68 |
| 第13批 | 150,556.34 | 106,985.33 |
| 第14批 | 150,863.07 | 107,203.29 |
| 第15批 | 149,718.20 | 106,389.75 |
| 第16批 | 50,087.05 | 35,591.86 |
| 第17批 | 99,481.55 | 70,691.59 |
| 第18批 | 50,572.07 | 35,936.51 |
| 第19批 | 50,260.00 | 35,714.76 |
| 第20批 | 250,077.80 | 185,312.79 |
| 第21批 | 250,057.07 | 185,811.88 |
| 第22批 | 250,077.80 | 185,312.78 |
| 第23批 | 250,475.95 | 186,558.29 |
| 第24批 | 199,997.30 | 148,222.19 |
| 第25批 | 225,044.74 | 166,798.54 |
| 共　计 | 6,935,057.04 | 美金 5,133,956.15 |

| | |
|---|---|
| 运美白银共7,398,116.05盎斯，内中已售出6,935,057.04盎斯，现存美白银计 | 463,059.01盎斯 |
| 运存英伦白银 | 1,209,739.87盎斯 |
| 共　计 | 1,672,798.88盎斯 |
| 存国内白银(约计) | 39,700,000.00盎斯 |

## (一) 已整理部份

### 整理各项保管银类状况报告表

卅七年五月廿二日

| 摘要 | 数量 | | | 重量(毛重) | | 备注 |
|---|---|---|---|---|---|---|
| | 品名 | 件数 | 细数 | 市两 | 折合公斤 | |
| 平津分行交来 | 银元 | 8,378箱<br>4,000枚 | 33,512,000枚 | | 894,669.864 | 左列银元内存汇丰银行,库房底层四百箱曾被水浸湿,木箱是否腐烂未能测知,最好以装运八千箱为度。 |
| 伪华兴银行清理处交来 | 银块 | 902块 | | 919,113,900 | 28,722.309 | |
| 伪中储行清理处交来 | 银块 | 358块 | | 366,401,160 | 11,450.036 | 即205箱之熔银。 |
| | 银类(条锭块等) | 41箱 | | | 2,694.370 | 即苏州伪中储行来。 |
| | 银元 | 55箱 | 274,653枚 | | 7,332.439 | 左列银元内54箱每箱计装五千枚,另一箱为4,653枚。 |
| | 白银(条块杂饰) | 5箱 | | 17,494.304 | 546.697 | |
| 合计 | | | | | 945,415.715 | 折合纯银30,395,115.237盎斯。 |

（二）待整理部份

| 摘要 | 品名 | 数量<br>件数 | <br>细数 | 备注 |
|---|---|---|---|---|
| 平津分行交来 | 银元 | 5,040箱 | 19,466,549枚 | 左列细数系根据会计处查帐表报毛重。 |
| | 银块 | 122箱 | 411,504.15市两 | 所列数字扣除已整理者如上数。 |
| | 银辅币 | 12箱 | 275,682.5角 | 确数须待整理后再报。 |

附注:（一）平津分行交来银元已整理之400箱业于卅六年二月廿二日奉谕运出寄存国外,未列本表。

（二）尚有其他各户原封保管及零星银类未列入。

政府机关支用外汇表

| 月份 | 金额 |
|---|---|
| 卅六年三月份 | 美金 3,994,798.04 |
| 卅六年四月份 | 18,536,252.76 |
| 卅六年五月份 | 6,402,792.48 |
| 卅六年六月份 | 13,915,215.72 |
| 卅六年七月份 | 10,158,716.98 |
| 卅六年八月份 | 12,528,306.24 |
| 卅六年九月份 | 8,203,101.84 |
| 卅六年十月份 | 12,664,811.52 |
| 卅六年十一月份 | 22,493,191.58 |
| 卅六年十二月份 | 17,841,218.07 |

续上表

| 月　　份 | 金　　额 |
| --- | --- |
| 卅七年一月份 | 18,436,462.48 |
| 卅七年二月份 | 12,410,231.51 |
| 卅七年三月份 | 11,196,545.21 |
| 卅七年四月份 | 13,978,332.37 |
| 卅七年五月一日至廿二日 | 12,080,532.55 |
| 总　　计 | 美金194,840,509.35 |

中央银行结售政府外汇按用途分类统计表

（自卅六年三月一日至卅七年五月廿二日止）

单位：美金：千元

| | | | |
| --- | --- | --- | --- |
| 军用器材 | 29,584 | 交通器材 | 11,149 |
| 其他器材 | 6,025 | 军用油 | 23,587 |
| 非军用油 | 6,803 | 粮食费 | 33,562 |
| 各机关驻外经费 | 10,098 | 使领馆费 | 7,772 |
| 军事人员训练费 | 2,397 | 教育文化训练费 | 1,716 |
| 国际会费 | 3,975 | 国际会议 | 460 |
| 国外考察 | 191 | 外籍人员费用 | 1,557 |
| 外　　债 | 7,859 | 杂项费用 | 2,572 |
| 印钞费 | 45,534 | | |
| 总　　计 | 194,841 | | |

## 指定银行买入卖出外汇概况表

（买　　入）

| | | 出口汇票 | 华侨汇款 | 其　他 | 合　计 |
|---|---|---|---|---|---|
| 三十六年 | 三月份 | 31,344,888.00 | 5,888,190.00 | 3,605,587.00 | 40,838,665.00 |
| | 四月份 | 27,264,012.00 | 3,005,286.00 | 3,397,341.00 | 33,666,639.00 |
| | 五月份 | 7,554,792.00 | 1,310,965.00 | 1,421,526.00 | 10,187,283.00 |
| | 六月份 | 7,744,606.00 | 814,027.00 | 3,091,011.00 | 11,649,644.00 |
| | 七月份 | 5,902,737.00 | 599,150.00 | 825,004.00 | 7,326,891.00 |
| | 八月份 | 5,829,064.00 | 1,382,241.00 | 1,114,816.00 | 8,326,121.00 |
| | 九月份 | 13,902,109.00 | 1,109,534.00 | 2,130,175.00 | 17,138,818.00 |
| | 十月份 | 13,434,666.00 | 1,770,968.00 | 2,113,167.00 | 17,318,801.00 |
| | 十一月份 | 11,037,330.00 | 508,496.00 | 2,730,693.00 | 14,276,519.00 |
| | 十二月份 | 15,836,306.00 | 568,875.00 | 1,930,715.00 | 18,335,896.00 |
| 三十七年 | 一月份 | 14,814,391.00 | 1,407,018.00 | 740,275.00 | 16,961,684.00 |
| | 二月份 | 9,282,063.00 | 963,546.00 | 64,069.00 | 10,309,678.00 |
| | 三月份 | 10,742,294.00 | 505,309.00 | 372,224.00 | 11,619,827.00 |
| | 四月份 | 8,321,000.00 | 387,000.00 | 153,000.00 | 8,761,000.00 |
| | 五月一日至二十二日 | 8,518,112.00 | 155,535.00 | 37,943.00 | 8,711,590.00 |
| | 总　　计 | 191,528,370.00 | 20,173,140.00 | 23,727,546.00 | 235,429,056.00 |

附注：其他类包括掉期套汇冲帐等。

## 指定银行买入卖出外汇概况表

（卖　　出）

| | 进口需要 | 非进口货需要 | 其　他 | 合　计 | 比较增减 |
|---|---|---|---|---|---|
| 三十六年 | | | | | |
| 三月份 | 8,201,949.00 | 596,153.00 | 1,106,880.00 | 9,904,982.00 | +30,933,633 |
| 四月份 | 19,628,024.00 | 1,625,402.00 | 527,831.00 | 21,781,257.00 | +11,885,382 |
| 五月份 | 46,178,432.00 | 810,613.00 | 1,506,191.00 | 48,495,236.00 | -38,307,953 |

续上表

| | 进口需要 | 非进口货需要 | 其　他 | 合　　计 | 比较增减 |
|---|---|---|---|---|---|
| 六月份 | 48,912,517.00 | 456,281.00 | 1,026,710.00 | 50,395,508.00 | －38,745,864 |
| 七月份 | 26,227,346.00 | 531,147.00 | 947,861.00 | 27,706,354.00 | －20,397,463 |
| 八月份 | 18,215,453.00 | 496,186.00 | 545,809.00 | 19,257,448.00 | －10,931,327 |
| 九月份 | 19,267,453.00 | 862,138.00 | 819,355.00 | 20,948,956.00 | －3,810,138 |
| 十月份 | 14,249,542.00 | 725,375.00 | 948,928.00 | 15,923,845.00 | ＋1,394,956 |
| 十一月份 | 15,617,975.00 | 1,097,778.00 | 288,818.00 | 17,004,571.00 | －2,728,052 |
| 十二月份 | 22,222,840.00 | 1,277,242.00 | 1,777,247.00 | 25,277,329.00 | －6,941,433 |
| 三十七年 | | | | | |
| 一月份 | 17,165,254.00 | 199,895.00 | 474,886.00 | 17,840,035.00 | －878,351 |
| 二月份 | 14,372,685.00 | 279,435.00 | 591,328.00 | 15,243.448.00 | －4,933,770 |
| 三月份 | 14,130,325.00 | 324,108.00 | 655,836.00 | 15,110,269.00 | －3,490,442 |
| 四月份 | 17,093,000.00 | 333,000.00 | 451,000.00 | 17,877,000.00 | －9,116,000 |
| 五月一日至二十二日 | 7,667,992.00 | 261,834.00 | 271,340.00 | 8,201,166.00 | ＋510,424 |
| 总　　计 | 309,150,797.00 | 9,876,587.00 | 11,940,020.00 | 330,967,404.00 | －95,538,348 |

附注:其他类包括掉期套汇冲帐等。

中央银行处理外汇手续

(1)政府外汇

(甲)结购外汇手续

一、凭外汇审核委员会通过之行政院核准函件,由申请结汇机关备函并填具汇款申请书,向本行缴付折合外汇之国币。

一、由本行以票汇、电汇或收帐方式开给该核准函件指定受款人抬头之汇票、电汇证明书或收款存根。

一、制传票水单及成交单,以汇款申请书附传票水单,连同汇票、电汇证明书或收款存根,交申请结汇机关。

一、成交数额记入成交帐，票汇或电汇记入存放国外同业帐。如系收帐，则记入活期存款或本埠同业往来帐。

一、公函归档，并报行政院。

（乙）垫拨外汇手续

一、垫拨外汇须经行政院外汇审核委员会核准。

一、(甲)如财政部来文嘱径电汇国外，则按其抄来收款人姓名、地址，径行电汇。(乙)如财政部来文嘱拨交其指定之机关或个人，则由其指定之机关或个人填具收据前来领款，再由其指定电汇或开汇票或收帐。

一、制传票成交单及水单成交单，数额记入成交帐，票汇或电汇记入存放国外同业帐。如系收帐，则记入活期存款或本埠同业往来帐。

一、兑换折成国币金额付财政部暂欠户。

一、将电汇证明书或领款收据连同水单函送财政部，请饬库归垫并报行政院。

(2) 指定银行结汇

关于指定银行结汇，先由汇票经纪人与本行接洽，再将其签字之成交单送来，亦有指定银行直接向本行结汇，则双方互换成交单签字证明之。如系即期交易，即于当日由指定银行与本行办理交割。电汇或票汇，外汇科根据成交单登记买卖外汇帐，其审核手续由外汇科将各指定银行买卖外汇逐笔数字，每周抄送外汇稽核科(以前外汇审核处)核对，一方【面】由汇票经纪人将每周经手买卖之外汇，亦抄送外汇稽核科(以前外汇审核处)核对，另一方面由指定银行将每周买卖外汇详细情形，陈报该科(以前外汇审核处)审核。

卅六年六月廿三日设立非进口货外汇申请审核委员会，办理左列七项费用外汇之需要：

(甲)自费留学生费用部份。

(一)自费留学生生活费。

每月美金壹百伍拾元或其他同值外币，分六个月申请一次。

(二)自费留学生出国及回国旅费。

按二等船票价格另加杂费美金壹百元,或其他同值外币。

(三)自费留学生医药费。

按实际数目，但至多不得超过美金贰百元，或其他同值外币。

(四)自费留学生丧葬费。

按实际数目,但至多不得超过美金叁百元,或其他同值外币。

(乙)出口货费用部份。

(五)出口货水险。

按实际数目。

(六)出口货运费。

按实际数目。

(七)出口货代理人佣金。

按实际数目，但至多不得超过启岸价格 Fc On Bc 百分之五。

申请手续

(一)凡自费留学生申请上列四项外汇费用,须照章填具申请明〔书〕,连同国外学校及领事馆及医院证明文件,向指定银行申请,指定银行收到该项申请书后,须签署证明无误后,送至本行审核。经核准或批驳后,将申请书发还指定银行办理。

(二)凡出口商申请上列三项出口货外汇费用,须照章填具申请书,连同提单、保险单、发票、出口结汇单副本,向指定银行申请。指定银行收到该项申请书后,须加注该项出口外汇数目若干,确于某月某日结清，并签证无误后，送至本行审核。经核准或批驳后，将申请书发还指定银行办理。

截至本年五月廿二日止：

(甲)自费留学生费用部份外汇共核准：

| | |
|---|---|
| 美金 | 二，八八二，一九七·六六 |
| 英金 | 三九，八七八-二-六 |

(乙)出口货费用部份共核准：

| | |
|---|---|
| 美金 | 七五，〇五一·三八 |
| 英金 | 七，三七〇-一七-三 |
| 港币 | 九，九七五·〇三 |
| 罗比 | 二一，〇九八-一一-四 |
| 坡币 | 一四四·八〇 |
| 澳镑 | 六七-九-三 |
| 比国法郎 | 四，三二〇·〇〇 |

已核准待付外汇清单

(截至卅七年五月廿二日止)

(一) 军火：

| | | |
|---|---|---|
| 甲、由中国银行随时拨付 | US$ | 5,372,756.55 |
| 乙、由本行随时商定拨付 | US$ | 13,764,602.34 |
| | 合计 US$ | 19,137,358.89 |

(二) 军用器材价款及国防部各单位经费：

| | |
|---|---|
| US$ | 7,939,629.95 |
| £ | 28,101:5:0 |
| HK$ | 113,922.00 |
| Rs. | 289,663:0:0 |
| Gld | 1,364.00 |

| | | |
|---|---|---|
| （三）军油： | US $ | 1,864,741.42 |
| （四）交通部油料 | | |
| 甲、由输管会通知指定银行拨付 | US $ | 1,026,790.73 |
| 乙、由本行分期拨付 | US $ | 2,817,724.95 |
| | US $ | 3,844,515.68 |
| （五）中信局买面粉（由中国银行随时拨付） | US $ | 240,887.66 |
| （六）中信局买洋米 | £ | 2,064,000：0：0 |
| （七）台湾肥料 | US $ | 2,565,450.99 |
| （八）1948联合国会费 | US $ | 1,734,900.00 |
| （九）资委会所属单位器材（由输管会通知指定银行拨付） | US $ | 1,577,672.27 |
| （十）已由行政院外汇审核委员会核准并已签奉批准结付者（1—9项除外） | US $ | 11,020,290.89 |
| | £ | 104,473：10：9 |
| | HK $ | 311,705.05 |
| | Rs. | 277,334：4：0 |
| | St $ | 50,680.00 |
| | Fcs | 1,464,750.00 |
| | Ic $ | 3,529.00 |
| （十一）已由行政院外汇审核委员会核准尚未签奉批准结付者（1—10项除外） | US $ | 1,959,123.83 |
| | £ | 72,961：8：3 |
| | HK $ | 361,057.80 |
| | Rs. | 176,183：15：0 |
| | Gld | 216,020.00 |
| | St $ | 3,600.00 |
| | Peso | 5,000.00 |

| | | |
|---|---|---|
| Roubles U. S. S. R. | | 2,592,893.18 |
| TOTAL | US $ | 51,884,571.58 |
| | £ | 2,269,536 : 4 : 0 |
| | HK $ | 786,684.85 |
| | Rs. | 743,181 : 3 : 0 |
| | Gld | 217,384.00 |
| | St $ | 54,280.00 |
| | Peso | 5,000.00 |
| | Fcs | 1,464,750.00 |
| | Ic $ | 3,529.00 |
| | Roubles U. S. S. R. | 2,592,893.18 |

中交农三行中信邮汇两局外汇移存中央银行经过

一、准财政部卅六年二月廿六日京钱乙字第一八一八二号代电，以奉主席面谕：自即日起，所有资源委员会，中国、交通、中国农民三银行，中信、邮汇两局所存外汇，应即悉数移存中央银行。等因。请即洽办。等由。

二、嗣以三行两局分别向本行及财政部函述各该行局外汇不能移存中央银行理由，请免移存。经根据事实，由财政部以三行两局外汇仍先移存中央银行，再由中央银行量为转存各该海外行处，似于外汇集中之旨，并无所悖，而于各行实际运用之便利，亦可兼顾。等语。呈奉主席卅六年四月廿二日府交字第一〇八八〇号代电略开：如拟办理。等因。并经本行召集三行两局负责人开会，商定处理原则五项：

A、中交农三行、中信邮汇两局先将美金、英金、港币三种外汇资金一律移存中央银行，其他各种外汇数额有限，为节省手续，暂缓移存。

B、中央银行将上项外汇资金分别原币，分存纽约、伦敦、香港等地中交农三行。

C、在上列各地中交农三行分别开立各行局外汇资金透支户，其透支款项以不超过各行局移存中央银行各该项原币总数之七成为限。

D、在上列透支额度内，各行局为适应业务需要，得依照规定各自运用。

E、资源委员会系属国营事业机关，按照行政院卅六年二月十七日从责丙字第五二四七号代电规定，其外汇收入及现存外汇，应悉数售与中央银行，不得自行握存。

嗣复经本行拟定移存步骤两项：

A、由各行局将所有外汇资产负债相抵后，净余外汇数额全部定存本行。

B、再由本行将上项定存金额全部转存各该行局，以其中百分之七十作为定期存款，百分之卅作为活期存款。

通知各行局到行洽办移转手续。

三、除资源委员会所有外汇由该会陆续结售本行外，所有三行两局英金、美金，均照上列步骤，自卅六年九月廿六日起至十月廿九日止，全部办理完竣，计由各该行局定存本行美金六七，七九二，○○○.○○元，英金八，○七五，○○○镑，再由本行转存各该行局，计定存户美金四七，四五四，四○○.○○元，英金五，六五二，五○○镑，活存户美金二○，三三七，六○○.○○元，英金二，四二二，五○○镑（详附表）。

四、本年一月廿日，本行以英金头寸缺乏，经商得邮汇局同意，将本行转存该局活存户英金全部借用。二月九日，中美金属借款到期本息共美金一三，六九八，○九九.一三元，为维持对外约信，必须筹付，而本行美汇奇紧，无法全部垫付，经商得各行局同意，将本行转存各该行局活存美金户内借用一部，计中国银行美金八，○○○，○○○.○○元，交通银行美金五○○，○○○.○○元，农民银行美金五○○，○○○.○○元，中信局美金一，五○○，〇〇〇.〇〇元,邮汇局美金五〇〇,〇〇〇.〇〇元,合共美金一〇,八〇〇,〇〇〇.〇〇元,另由本行筹垫美金二,八九八,〇九九.一三元,偿付上项借款本息。所有以上向各行局活存户内借用美金、英金,尚未由本行拨还。

中国交通农民三行及中信邮汇两局外汇资产负债(单位1000)分析总表

中国银行

| 币别 | 资产 | 负债 | 资产负债相抵后余额折合美金 |
|---|---|---|---|
| 美金 | 234,847 | 194,546 | 40,301 |
| 加币 | 412 | 230 | 182 |
| 古巴币 | 1,083 | 1,077 | 6 |
| 菲币 | 2,736 | 2,014 | 361 |
| 瑞士法郎 | 586 | 457 | 39 |
| | | | 40,889 |

| 币别 | 资产 | 负债 | 资产负债相抵后余额折合英金数 |
|---|---|---|---|
| 英金 | 29,132 | 24,110 | 5,022 |
| 印币 | 92,424 | 102,741 | 774(-) |
| 港币 | 142,969 | 111,186 | 1,986 |
| 叻币 | 47,686 | 50,147 | 287(-) |
| 澳镑 | 126 | 129 | 2(-) |
| 荷印币 | 8,515 | 11,384 | 261(-) |
| 越币 | 82,943 | 83,848 | 32(-) |
| 法郎 | 108,045 | 108,045 | — |
| | | | 5,652 |

| 交通银行 | 资　产 | 负　债 | 余　额 |
|---|---|---|---|
| 美　金 | 8,658 | — | 8,658 |
| 中国农民银行 | | | |
| 美　金 | 2,919 | — | 2,919 |
| 英　金 | 576 | — | 576 |
| 邮政储汇局 | | | |
| 美　金 | 5,580 | 3,457 | 2,122 |
| 英　金 | 1,651 | 115 | 1,535 |

| 中央信托局 | 资　产 | 负　债 | 资产负债相抵后余额折合(美金) |
|---|---|---|---|
| 美　金 | 48,788 | 35,593 | 13,195 |
| 菲　币 | 46 | 28 | 9 |
| | | | 13,204 |
| 英　金 | 898 | 582 | 316 |
| 港　币 | 5,395 | 5,573 | 11(—) |
| 越　币 | 55 | 48 | 7 |
| | | | 312 |

注:表内(—)符号表示负债数额较资产数额为大。

## 中国交通农民三行及中信邮汇两局移存中央银行外汇表

| 银行名称 | 移存日期 | 移存本行净额 | | 存放同业 | | | | | |
|---|---|---|---|---|---|---|---|---|---|
| | | | | 美金 | | | 英金 | | |
| | | 美金 | 英金 | 定(70%)存 | 动用日期 | 活(30%)存 | 定(70%)存 | 动用日期 | 活(30%)存 |
| 中国银行 | 36年9月26日 | 40,889,000 | 5,652,000：0：0 | 28,622,300 | | 12,266,700 | 3,956,400：0：0 | | 1,695,600：0：0 |
| | | | | | 37年2月9日 | 8,000,000 | | | |
| | | | | | | 余 4,266,700 | | | |
| 交通银行 | 10月22日 | 8,658,000 | | 6,060,600 | | 2,597,400 | | | |
| | | | | | 3月26日 | 500,000 | | | |
| | | | | | | 余 2,097,400 | | | |
| 中国农民银行 | 10月16日 | 2,919,000 | 576,000：0：0 | 2,043,300 | | 875,700 | 403,200：0：0 | | 172,800：0：0 |
| | | | | | 2月25日 | 500,000 | | | |
| | | | | | | 余 375,700 | | | |
| 邮政储金汇业局 | 10月17日 | 2,122,000 | 1,535,000：0：0 | 1,485,400 | | 636,600 | 1,074,500：0：0 | 31年①1月20日 | 460,500：0：0 |
| | | | | | 2月27日 | 300,000 | | | 460,500：0：0 |
| | | | | | | 余 336,600 | | | |

①31年当为37年之笔误。

续上表

| 银行名称 | 移存日期 | 移存本行净额 | | 存放同业 | | | | | |
|---|---|---|---|---|---|---|---|---|---|
| | | | | 美金 | | | 英金 | | |
| | | 美金 | 英金 | 定(70%)存 | 动用日期 | 活(30%)存 | 定(70%)存 | 动用日期 | 活(30%)存 |
| 中央信托局 | 10月29日 | 13,204,000 | 312,000:0:0 | 9,242,800 | | 3,961,200 | 218,400:0:0 | | |
| | | | | | 2月25日 | 1,500,000 | | | |
| | | | | | | 余 2,461,200 | | | |
| 合计 | | 67,792,000<br>美金 | 8,075,000:0:0<br>英金 | 47,454,400<br>美金 | 合计美金<br>减去<br>余 | 20,337,600<br>10,800,000<br>9,537,600 | 5,652,500:0:0 | 合计英金<br>减<br>余 | 2,422,500:0:0<br>460,500:0:0<br>1,962,000:0:0 |

说明:(一)本表系根据各行局报告编。　(二)存放同业系本行再转存各行局。

〔中央银行档案〕

## 18. 中央银行编制历年外汇牌价与全国趸售物价指数表

（1948年7月）

| 中央银行外汇牌价美汇（每美元合国币元） | | 全国趸售物价指数 民国廿六年上半年＝100 简单几何平均 总指数* | |
|---|---|---|---|
| 民国廿九年 | | 民国廿九年 | |
| 六月 | 3.33 | 六月 | 487 |
| 民国卅一年 | | 民国卅一年 | |
| 四月 | 20.00 | 四月 | 3,131 |
| 五月 | 20.00 | 五月 | 3,351 |
| 九月 | 20.00 | 九月 | 4,946 |
| 十月 | 20.00 | 十月 | 5,437 |
| 民国卅二年 | | 民国卅二年 | |
| 十月 | 20.00 | 十月 | 19,421 |
| 十一月 | 20.00 | 十一月 | 20,837 |
| 民国卅三年 | | 民国卅三年 | |
| 六月 | 20.00 | 六月 | 43,772 |
| 七月 | 20.00 | 七月 | 46,367 |
| 民国卅四年 | | 民国卅四年 | |
| 三月 | 20.00 | 三月 | 118,013 |
| 四月 | 20.00 | 四月 | 135,958 |
| 民国卅六年 | | 民国卅六年 | |
| 十二月 | 12,000.00 | 十二月 | 10,282,500 |
| 民国卅七年 | | 民国卅七年 | |
| 一月 | 12,000.00 | 一月 | 13,790,500 |
| 六月 | 12,000.00 | 六月 | 102,210,000 |

* 每月平均数

〔中央银行档案〕

## 19. 中国农民银行为附送外汇头寸数额表及该行办理外汇备忘录函

(1948年8月31日)

径启者：关于国家行局外汇头寸移存贵行一案，兹将敝行方面备忘录一件，连同敝行外汇头寸余额表一件，随函送奉，至希察洽见复为荷。此致

中央银行

中国农民银行总经理　李叔明(印)

附件　　　　　　　　　　　　　　卅七年八月卅一日

备忘录

查本行在胜利之前，并未开办外汇业务。当时仅有外汇资产而无负债，此项外汇资产除一极小部份存储国外同业以备随时支用外，大部份均集中存储于中央银行。卅五年政府开放外汇后，本行被指定为经营外汇业务银行之一，为便于营运起见，不得不将一部份外汇资金移存国外，以资周转。但因总管理处对外并不营业，故一切手续系由本行沪行办理之，在总处帐上之"存放分支行"，事实上大部份系存放沪行，亦即沪行之营运资金所自出。

本行为努力争取外汇起见，除上海外，并在国内出口贸易重要据点各行处(包括香港在内)开办外汇业务。最近次第开业及准备开业者，有粤、港、汕、厦、闽、津、青、汉等地。上述各地点分支行处外汇业务营运资金，除港行外，均尚待划拨。目下出口贸易因币制改革后物价稳定，已较前显见活跃，今后外汇周转头寸，须逐渐增加，自不待言。假定沪行方面营运资金为美金壹百万元，英金贰拾万镑，印币拾万罗比，港行基金港币壹百伍拾万元，其他分支机构合计为美金伍拾万元，英金拾万镑，则预计需要总额当为：

一、美金壹百伍拾万元。

二、英金叁拾万镑。

三、港币壹百伍拾万元。

四、印币拾万罗比。

今拟即以上开数字为根据，请国行就移存总数内仍予回存本行，此后倘业务进展续有需要，当随时洽请国行回存，以利周转。兹将本行总管理处截至卅七年八月卅一日止之外汇头寸列表附送，以供参考。

中国农民银行总管理处外汇头寸余额表

民国三十七年八月卅一日止

| 项目 | 美金 | 英镑 | 港币 | 印币 |
|---|---|---|---|---|
| 存放国内同业 | 1,371,800.36 | 338,179—18—4 | | |
| 存放国外同业 | 178,546.24 | | | |
| 存放分支行 | 1,821,488.39 | 223,161—11—10 | 1,500,000.00* | 100,652—9—6 |
| 卅六年美金公债 | 1,800,000.00 | | | |
| 合计 | 5,171,834.99 | 561,341—10—2 | 1,500,000.00 | 100,652—9—6 |

*港行基金

〔中央银行档案〕

## 20. 中央银行为附送外汇基金会办理外汇汇率等项业务结束报告函

(1948年10月2日)

中央银行公函　沪央秘(37)第3623号
民国卅七年十月二日

案奉行政院翁院长未眘机电开："查财政经济紧急处分令金圆券发行办法之规定，金圆对美国币券之汇率定为金圆四元合美金一元，对其他各国汇率应依照美汇比率折算之。该行平衡基金委员会原有外汇挂牌市价，应予取销，平衡〔准〕基金委员会之组织，并应结束具报为要。”等因。遵即转函外汇平准基金委员会办理去后。兹准该会九月廿四日函，节开：“遵经即日着手办理结束，除其他应办事项另行办理外，兹谨将本会过去一年间工作情形，编具总报告，随函检送三份，请鉴核分别报请行政院、财政部核备。”等由。相应检同原报告一份，函请查核备案为荷。

此致

财政部

附件

总裁　俞鸿钧

外汇平准基金委员会报告

(一) 设立之经过与组织

我国政府自卅六年二月间公布限制黄金、外币自由买卖，核定官价，由中央银行收兑之后，一时间，国内物价转趋稳定，惟为时不足二、三个月，物价又复蠢然思动，继续上升。而外汇官价则钉住不变，法币币值高估之状态，因之日臻严重，影响所及，出口阻滞。而进口方面，则坐享变相之津贴，国际物资之交流失去均衡，随后虽有政府委托中央信托局之收购物资，以国家立场推动输出，开通我国对外贸易。然国际间贸易之人为阻障，固未能因此而告清除，国际贸易之正常状态根本上仍有待汇价政策方面有所改进。

张前内阁有鉴于斯，乃决在国内物价不能稳定以前，放弃外汇钉住政策，改采机动性汇价，以求法币对外价值之合理化，消除法币币值高估之现象，使国际贸易可以循供求之定律，自然调节，以接近平衡，乃于卅六年八月十八日公布中央银行管理外汇条例，设置外汇平衡基金委员会，专司其事。本条例旋经立法院修正，平衡会乃正名为外汇平准基金委员会，执行平衡外汇之新政策。

按照本委员会组织规程，由国民政府指派委员三至五人组成之，当经奉简派陈辉德、徐柏园、沈熙瑞为委员，并经指定陈辉德为主任委员。卅七年三月,复经加派刘攻芸、孔士谔为委员,共策进行。

（二）执行业务之方法

本委员会依据外汇管理条例所赋予之机能,应负之任务可分为两方面,一为调整汇率,二为外汇之实际买卖。兹分述之：

甲、外汇买卖

本委员会为简化本身事务之处理,关于外汇之实际买卖,经决委由原有之机构办理。本委员会经选定对于经办外汇富有经验之银行廿九家,为承办外汇买卖之指定银行,分别委托其办理普通商业外汇之买卖,而请由国行业务局负责总其成。至国家机构外汇之买卖,则另径托由国行业务局直接办理。所有上项二类买卖,逐日由业务局载入本委员会专户帐。

乙、调整汇率

外汇之实际买卖已由现成机构分任其劳,因之本委员会之基本任务,乃以调整汇率为中心。此项任务之执行妥善与否,关系平衡政策之成效者甚巨,其核定汇率之手续与标准,可略述如下：

子、汇率订定情形

平准会公布之市价汇率,乃在寻求法币合理之币值,因之本委员会尽力尊重市场之意见,而避免本委员会单方面主观的决定。因之平准会汇率之订定,第一步系先经由各指定银行推定代表四人,每日晨九时,轮流在各该行址集议,由本委员会推派委员一人列席参加。在集议中,指定银行代表就市况之变化与外汇之供求,各抒汇率应否调整之意见及调整幅度若何,互相磋商,在半小时内求得结论,以全体代表名义,向本会委员提出建议,本会出席委员乃参照本委员会自身研究所得之各项资料,予以慎重审核,如认所议合理,乃予核准,随即向外界公布。上项议定汇率之办法,不独比较客观,且可免除少数人之取巧操纵。盖汇率之调整,既先须由指定银行代表之协议提出,再经由本会委员之核定。苟指定银行代表建议调整,而本会代表不能同意,则汇率便无由调整。反之,苟本会有意调整，而指定银行代表无所建议，则亦无从成为事实。两者互有牵制，非任何一方面可以事先摆布。即就指定银行各代表而言，各代表亦各有意见，初非代表中任何一人可以独断，因是汇率之议定，常为各方意见之折衷，其应否调整与调整之幅度究为若干，实非任何人事先可以预定。至于汇率一经核准之后，当即公布周知，其间更无空余时间，足供任何人取巧利用。

丑、调整汇率之标准与时机

调整汇率之手续已如前述，至于本委员会核定汇价之标准，则以国内物价为参考，尤着重于出口物价。除各主要城市之每日基要商品趸售价格指数以外，复专为本会参考之用，每日编制出口物价指数，包括出口物品廿三种之上海市价。然汇率之调整，固需以推进出口为主要目标之一，但亦不宜以汇率之改变而影响市场刺激物价。故过去本会汇率之调整，可谓兼顾此两方面。至于改变之日期，则选择尤为审慎，务期不致主动影响市场，由附表四、表五与图一所示可知本会之牌价汇率，本在物价与黑市汇率之下不致影响市场，惟一般舆论不察，常有指摘本会汇率之调整刺激物价者，以致本会不得不尊重市场意见，而不能完全根据物价作充分之调整，致汇价之落后更甚。出口方面，亦须依赖于收购与贷款等其他方法之推动，若无此不明真相之舆论，则本会之汇率必可较为合理也。

（三）业务概况

卅六年八月本会成立之前，国内物价已为战前之三万余倍，与美国物价比较，中美汇兑之购买力平价约为法币六万余元合美金一元，但当时之外汇官价，仍定为一万二千元，黑市美汇亦仅有四万三千元。本会成立以后，虽知根据物价以调整汇价为本会之目的，但以当时之官价距购买力平价过远，骤然提高，必致刺激市面。且按照当时之出口情形，汇价毋须过高即可推动，如若太高或反足以过于压低出口物品在国外之价格，而于我不利。故初步汇率仅定为法币三万九千元合美币一元，此数约低于购买力平价百分之四十，但与原来之官价相较，则对于出口与侨汇已极有利。故以八月下半月与上半月相较，出口外汇之收入骤增至四·六倍，侨汇收入增至二十倍。此种对外经济关系之改善，直维持至卅八年一月，与本会成立以前之七月份相较，自卅六年八月至卅七年一月，计平均每月出口增至二．四倍，侨汇增至二·一倍。不幸自此以后，物价与黑市汇率暴涨，而本会方面则受舆论之责难，谓其提高汇率可以刺激物价，不便尽量提升，以致汇率逐渐落在物价与黑市汇价之下。汇率最低之时，曾仅及购买力平价百分之三十，然与本会成立以前相较，则出口仍有改进，计自二月至五月，平均每月出口外汇收入，仍超过卅六年七月百分之六十八。

由于牌价之调整常被社会责难，以为刺激物价，故卅七年五月廿九日改用结汇证明书办法，出口商与汇入汇款于结售外汇以后，得将其结汇证在市面出售，而进口商则必须获得结汇证后始能结购外汇，此举无异将实际汇率按照市场之供需，由进出口商人自由决定，于是实际汇率乃得常维持在购买力平价百分之六十至九十之间，以卅七年六、七两月与卅六年七月相较，平均每月出口增至三倍，侨汇则增至一·三倍。

表一乃为经由指定银行买卖外汇之分类统计，此项数字大部均为民用外汇，而受汇率之影响较大者，若与表四、表五相较，可见汇率改变对于出口与侨汇之影响。表二为中央银行按照本会汇率买卖外汇之统计，其中中央直接买卖之部份，大致均为政府外汇，不受汇率改变之影响，表中可见本会工作之十二个月内，净售出外汇值美金五千一百余万元，其中经由指定银行之民用外汇，仅净售出一千六百余万美元，中央银行直接净售出之外汇则达三千五百万美元。表三更将此种外汇之买卖超，按照外币种类分类，表中可见十二个月中，美汇净卖超三千六百万元，英汇净卖超三百一十万镑，印汇净卖超七百五十罗比，港汇则净购进一百万港元。表四、表五则为本会汇价与物价购买力平价与黑市汇价之关系。

为清晰起见，今并以图一说明汇价与物价之比较。此图以比率为标尺，汇率曲线与物价曲线在图上之位置，则按照卅六年八月中美汇兑之购买力平价，故可直接比较。由图二可见在卅七年四月以前，黑市汇率始终在购买力平价之下，两者升降并不完全一致。四月中旬以后，则黑市汇率升在物价之上，两者关系亦较密切。至于本会牌价，则始终远在购买力平价与黑市汇率之下，一般舆论有谓其可以刺激物价者，实无理由。采用结汇证办法以后，实际有效汇率已较接近购买力平价，但始终仍为偏低。

图二表示本会外汇之买卖，零线以上代表买进，零线以下代表卖出，红线则为每月买卖超净数。三十六年八月十九日至八月底，初定牌价后，外汇改为买超，九月买卖约相等，十月至三十七年四月则均变为卖超。五月在采用结汇证办法以前，外汇之买进已开始增加而为买超现象，及采用结汇证办法以后，虽仍为卖超，但卖超之数量，则较以前大为减少。

（四）结论

总观本会一年来之工作，在核定汇率时，一方面极力按照物价调整，以期推进出口，另一方面则极力避免刺激市场，此两项条件，有时甚难兼顾。三十七年一月以前，一切情形尚称顺利，出口增进甚多，外汇净售出减少。及三十七年二月以后，物价狂涨，遂不得不以避免刺激为先决条件，而汇率乃落在物价之后，幸出口仍较本会成立以前有所改善，差堪自慰。五月三十日采用结汇证办法，汇价问题暂告解决，出口亦得自动推进。八月十九日改革币制，重定汇率，使其与中外购买力平价及黑市汇率相当，并收兑国内人民手中之金银、外汇。今后如国内物价得以安定，则不独出口与侨汇，且整个国际收支关系，亦得同时解决，本会在过渡时期之任务于以终止，谨遵命正式结束。

表一： 径由指定银行买卖外汇统计

卅六年一月至卅七年七月*　　单位:美元

| 月份 | 买入外汇 | | | 售出外汇 | | | |
|---|---|---|---|---|---|---|---|
| | 出口 | 汇款 | 其他收入 | 进口 | 个人需要 | 保险佣金等费用 | 买(+)卖(-)超 |
| 卅六年 | | | | | | | |
| 一月 | 11,150,219.00 | 2,079,865.00 | 1,582,616.00 | 29,181,520.00 | 1,740,170.00 | 1,730,154.00 | -17,830,144.00 |
| 二月 | 23,334,908.00 | 2,441,102.00 | 3,166,787.00 | 18,744,722.00 | 1,873,091.00 | 1,026,896.00 | +7,298,088.00 |
| 三月 | 31,344,888.00 | 5,888,190.00 | 3,605,587.00 | 8,201,949.00 | 596,153.00 | 1,106,880.00 | +30,933,683.00 |
| 四月 | 27,264,012.00 | 3,005,286.00 | 3,397,341.00 | 19,628,024.00 | 1,625,402.00 | 527,831.00 | +11,885,382.00 |
| 五月 | 7,554,792.00 | 1,210,965.00 | 1,421,526.00 | 46,178,432.00 | 810,613.00 | 1,506,191.00 | -38,307,953.00 |
| 六月 | 7,744,606.00 | 814,027.00 | 3,091,011.00 | 48,912,517.00 | 456,281.00 | 1,026,710.00 | -38,745,864.00 |
| 七月 | 5,902,737.00 | 599,150.00 | 825,004.00 | 26,227,346.00 | 531,147.00 | 947,861.00 | -20,379,463.00 |
| 八月一日至十七日 | 1,030,977.00 | 65,165.00 | 355,023.00 | 12,430,659.00 | 288,837.00 | 301,738.00 | -11,570,069.00 |
| 八月十九至卅日 | 4,798,087.00 | 1,317,076.00 | 759,793.00 | 5,784,794.00 | 207,349.00 | 244,071.00 | +638,742.00 |
| 九月 | 13,902,109.00 | 1,106,534.00 | 2,130,175.00 | 19,267,463.00 | 862,138.00 | 819,355.00 | -3,810,138.00 |
| 十月 | 13,434,666.00 | 1,770,968.00 | 2,113,167.00 | 14,249,542.00 | 725,375.00 | 948,928.00 | +1,394,956.00 |
| 十一月 | 11,037,330.00 | 508,496.00 | 2,730,693.00 | 15,617,975.00 | 1,097,778.00 | 288,818.00 | -2,728,052.00 |

续上表

| | 买入外汇 | | | 售出外汇 | | | |
|---|---|---|---|---|---|---|---|
| 月份 | 出口 | 汇款 | 其他收入 | 进口 | 个人需要 | 保险佣金等费用 | 买(＋)卖(－)超 |
| 十二月 | 15,836,306.00 | 568,875.00 | 1,930,715.00 | 22,222,840.00 | 1,277,242.00 | 1,777,247.00 | －6,941,433.00 |
| 卅七年 | | | | | | | |
| 一月 | 14,814,391.00 | 1,407,018.00 | 740,275.00 | 17,165,254.00 | 199,895.00 | 474,886.00 | －878,351.00 |
| 二月 | 9,282,063.00 | 963,546.00 | 64,069.00 | 14,372,685.00 | 279,435.00 | 591,328.00 | －4,933,770.00 |
| 三月 | 10,742,294.00 | 505,309.00 | 372,224.00 | 14,130,325.00 | 324,108.00 | 655,636.00 | －3,490,442.00 |
| 四月 | 8,582,015.00 | 286,032.00 | 154,845.00 | 17,211,415.00 | 335,032.00 | 455,309.00 | －8,978,864.00 |
| 五月 | 11,083,891.00 | 166,770.00 | 87,565.00 | 10,612,656.00 | 336,982.00 | 520,588.00 | －132,000.00 |
| 六月 | 16,923,063.00 | 611,344.00 | 262,746.00 | 12,212,341.00 | 84,384.00 | 668,748.00 | ＋4,831,580.00 |
| 七月 | 18,034,067.00 | 975,346.00 | 88,608.00 | 10,424,505.00 | 370,452.00 | 766,650.00 | ＋7,536,414.00 |

* 卅七年八月之数字统计尚未完竣

表二： 中央银行按照市价买卖外汇统计

单位：千美元

| 日期 | 经由指定银行之外汇买卖 | | | 中央银行直接买卖之政府外汇 | | | 合计 |
|---|---|---|---|---|---|---|---|
| | 买进 | 卖出 | 买(＋)卖(－)超 | 买进 | 卖出 | 买(＋)卖(－)超 | 买(＋)卖(－)超 |
| 卅六年 | | | | | | | |
| 八月十九至卅日 | 7,595 | 2,694 | (＋)4,901 | — | — | — | (＋)4,901 |
| 九月 | 11,680 | 12,263 | (－) 583 | 1,629 | 1,061 | (＋) 568 | (－) 15 |
| 十月 | 9,712 | 12,464 | (－)2,752 | 45 | 1,675 | (－)1,630 | (－)4,383 |
| 十一月 | 9,869 | 12,914 | (－)3,045 | 500 | 3,435 | (－)2,935 | (－)5,980 |
| 十二月 | 11,705 | 17,948 | (－)6,243 | 1,617 | 2,291 | (－) 674 | (－)6,917 |
| 卅七年 | | | | | | | |
| 一月 | 13,564 | 14,459 | (－) 895 | 892 | 6,771 | (－)5,879 | (－)6,774 |
| 二月 | 3,469 | 12,914 | (－)9,445 | 4,469 | 3,844 | (＋) 625 | (－)8,820 |

续上表

| 日期 | 经由指定银行之外汇买卖 | | | 中央银行直接买卖之政府外汇 | | | 合计 |
|---|---|---|---|---|---|---|---|
| | 买进 | 卖出 | 买(+)卖(-)超 | 买进 | 卖出 | 买(+)卖(-)超 | 买(+)卖(-)超 |
| 三月 | 9,972 | 12,883 | (-)2,911 | 499 | 3,935 | (-)3,436 | (-) 6,347 |
| 四月 | 7,921 | 15,873 | (-)7,952 | 700 | 2,750 | (-)2,050 | (-)10,002 |
| 五月 | 13,463 | 10,875 | (+)2,586 | 2,758 | 2,340 | (+) 418 | (+) 3,006 |
| 六月 | 13,317 | 9,271 | (+)4,046 | 10,258 | 17,447 | (-)7,189 | (-) 3,143 |
| 七月 | 17,704 | 10,052 | (+)7,652 | 2,780 | 12,133 | (-)9,353 | (-)1,701 |
| 八月十九日止 | 8,256 | 10,146 | (-)1,890 | 1,710 | 6,244 | (-)3,534 | (-) 5,424 |
| 总计 | 138,227 | 154,756 | (-)16,529 | 27,857 | 62,926 | (-)35,069 | (-)51,598 |

* 卅七年五月以前每英镑折合四美元六月以后以三元折合

## 表三： 本会外汇买卖超按币别分类表

### 卅六年八月十九日至卅七年八月十九日

| 月份 | 买超 | | | | 卖超 | | | |
|---|---|---|---|---|---|---|---|---|
| | 美金(元) | 英镑(镑) | 港币(元) | 印币(卢比) | 美金(元) | 英镑(镑) | 港币(元) | 印币(卢比) |
| 卅六年 | | | | | | | | |
| 八月十九日至 | 2,095,803.92 | 701,278：16：10 | 7,175.00 | — | — | — | — | — |
| 九月 | 1,585,445.10 | — | 1,791,700.36 | — | — | 513,686：3：8 | — | 3,592：1：6 |
| 十月 | — | — | 2,715,385.78 | — | 2,458,162.91 | 638,287：6：11 | — | 154,187：14：6 |
| 十一月 | — | — | 3,076,778.81 | — | 1,985,193.49 | 823,523：4：4 | | 4,886,751：9：6 |
| 十二月 | — | — | 2,970,549.68 | — | 3,569,163.47 | 942,892：3：2 | — | 1,064,253：3：0 |
| 卅七年一月 | — | — | 4,155,807.62 | — | 3,721,529,31 | 973,164：4：8 | — | 662,855：4：6 |
| 二月 | — | — | — | — | 5,380,965.08 | 628,380：5：8 | 3,145,550.87 | 465,020：0：0 |
| 三月 | — | — | 2,001,730.86 | — | 4,329,026.23 | 621,695：16：4 | — | 103,100：0：0 |
| 四月 | — | — | — | — | 6,344,506.67 | 825,779：0：9 | 1,410,907.14 | 7,682：0：0 |
| 五月 | 1,822,612.06 | 565,222：1：4 | — | — | — | — | 4,064,346.81 | 178,547：12：6 |
| 六月 | — | 1,495,881：15：7 | 399,570.05 | 289,057：1：11 | 7,771,779.86 | — | — | — |
| 七月 | — | 568,940：1：11 | 1,608,705.78 | — | 3,647,688.25 | — | — | 275,633：6：6 |
| 八月十九日 | — | — | — | 824：0：0 | 2,284,766.85 | 480,532：3：11 | 9,061,593.96 | — |
| 合计 | 5,503,861.08 | 3,329,322：5：6 | 18,727,403.94 | 289,881：1：11 | 41,492,782.12 | 6,447,940：9：4 | 17,682,398.78 | 7,803,623：4：0 |
| 全部外汇按币别分类买卖超纯额 | | | 1,045,005.16 | | 35,988,921.04 | 3,118,618：3：10 | | 7,513,742：2：1 |

## 表四：每次改变汇率时物价与汇率之比较

| 日　期 | 上海基要商品趸售物价指数 | | 平准基金会美汇价 | | 黑市美钞价 | | 美汇购买力平价（元） | 美汇对物价百分数卅六年八月十九日等于100 | 美汇对黑市之百分数 | 美汇对购买力平价之百分数 |
|---|---|---|---|---|---|---|---|---|---|---|
| | 廿六年上半年等于一 | 卅六年八月十九日等于一 | 实价（元） | 指数 卅六年八月十九日等于一 | 实价（元） | 指数 卅六年八月十九日等于一 | | | | |
| 卅六年 | | | | | | | | | | |
| 八月十九日 | 32,133 | 1.00 | 39,000 | 1.00 | 43,000 | 1.00 | 61,410 | 100 | 90 | 63 |
| 二十一日 | 34,070 | 1.06 | 38,500 | .99 | 42,000 | .98 | 65,110 | 93 | 91 | 59 |
| 九月三日 | 37,616 | 1.18 | 38,000 | .97 | 46,000 | 1.07 | 71,390 | 82 | 82 | 53 |
| 六日 | 39,258 | 1.22 | 40,000 | 1.03 | 46,000 | 1.07 | 74,070 | 84 | 87 | 54 |
| 十一日 | 41,992 | 1.31 | 40,500 | 1.04 | 46,500 | 1.08 | 77,990 | 79 | 87 | 51 |
| 十八日 | 46,817 | 1.46 | 42,500 | 1.09 | 47,500 | 1.10 | 86,600 | 74 | 89 | 49 |
| 廿六日 | 47,220 | 1.47 | 46,000 | 1.18 | 64,000 | 1.49 | 88,410 | 80 | 72 | 52 |
| 廿九日 | 48,476 | 1.51 | 49,500 | 1.27 | 63,000 | 1.46 | 90,220 | 84 | 79 | 54 |
| 十月九日 | 55,753 | 1.73 | 55,300 | 1.42 | 86,000 | 2.00 | 103,190 | 82 | 64 | 53 |
| 廿四日 | 63,379 | 1.97 | 55,000 | 1.41 | 90,000 | 2.09 | 117,300 | 71 | 61 | 46 |
| 十一月四日 | 63.597 | 1.98 | 59,500 | 1.51 | 83,000 | 1.93 | 117,770 | 76 | 72 | 50 |
| 二十日 | 68,430 | 2.13 | 64,500 | 1.65 | 118,000 | 2.74 | 125,690 | 77 | 55 | 51 |
| 二十五日 | 69,510 | 2.16 | 73,000 | 1.87 | 145,000 | 3.37 | 127,190 | 86 | 50 | 57 |
| 十二月十九日 | 87,712 | 2.73 | 83,000 | 2.13 | 165,000 | 3.84 | 157,870 | 78 | 50 | 52 |

续上表

| 日　期 | 上海基要商品趸售物价指数 | | 平准基金会美汇价 | | 黑市美钞价 | | 美汇购买力平　价(元) | 美汇对物价百分数卅六年八月十九日等于100 | 美汇对黑市之百分数 | 美汇对购买力平价之百分数 |
|---|---|---|---|---|---|---|---|---|---|---|
| | 廿六年上半年等于一 | 卅六年八月十九日等于一 | 实价(元) | 指　数卅六年八月十九日等于一 | 实价(元) | 指　数卅六年八月十九日等于一 | | | | |
| 卅日 | 95,914 | 2.98 | 89,000 | 2.28 | 153,000 | 3.56 | 170,560 | 77 | 58 | 52 |
| 卅七年 | | | | | | | | | | |
| 一月十二日 | 139,128 | 4.33 | 113,500 | 2.91 | 195,000 | 4.53 | 245,850 | 67 | 58 | 46 |
| 廿七日 | 149,297 | 4.65 | 119,500 | 3.06 | 175,000 | 4.07 | 266,740 | 65 | 68 | 44 |
| 二月三日 | 157,493 | 4.90 | 131,500 | 3.37 | 170,000 | 3.95 | 281,090 | 68 | 77 | 46 |
| 九日 | 166,438 | 5.18 | 135,500 | 3.47 | 185,000 | 4.30 | 297,258 | 67 | 73 | 45 |
| 廿日 | 218,705 | 6.81 | 149,000 | 3.82 | 210,000 | 4.88 | 401,730 | 56 | 71 | 37 |
| 三月九日 | 339,986 | 9.96 | 195,000 | 5.00 | 380,000 | 8.84 | 585,550 | 50 | 51 | 33 |
| 十七日 | 322,500 | 10.04 | 255,000 | 5.54 | 490,000 | 11.39 | 583,860 | 65 | 52 | 43 |
| 四月六日 | 366,175 | 11.21 | 324,000 | 8.31 | 570,000 | 13.25 | 662,930 | 74 | 57 | 48 |
| 五月十二日 | 581,086 | 18.08 | 324,000 | 8.31 | 1,500,000 | 30.23 | 1,052,400 | 45 | 28 | 30 |
| 十七日 | 532,038 | 16.55 | 474,000 | 12.15 | 1,150,000 | 26.74 | 963,221 | 73 | 41 | 49 |

表五：结汇证市价与物价汇价之比较

卅七年五月卅一日至八月十九日

| 日期 | 上海基要商品趸售物价指数 | | 结汇证价（千元） | 平准会美汇价与结汇证之总和 | | 黑市美钞价 | | 美汇购买力平价（元） | 美汇及结汇证总和对物价之百分数卅六年八月十九等于100 | 美汇及结汇证总和对黑市之百分数 | 美汇及结汇证总和对购买力平价之百分数 |
|---|---|---|---|---|---|---|---|---|---|---|---|
| | 廿六年上半年等于一 | 卅六年八月十九日等于一 | | 实价（元） | 指数卅六年八月十九=1 | 实价（元） | 指数卅六年八月十九日等于一 | | | | |
| 卅七年 | | | | | | | | | | | |
| 五月卅一日 | 648,333 | 201.8 | — | — | — | 1,230,000 | 28.60 | 1,153,681 | — | — | — |
| 六月五日 | 676,157 | 210.4 | 375 | 849,000 | 21.77 | 1,500,000 | 34.88 | 1,204,639 | 103 | 57 | 70 |
| 十二日 | 836,200 | 260.2 | 540 | 1,014,000 | 26.00 | 1,750,000 | 40.70 | 1,483,450 | 100 | 58 | 68 |
| 十九日 | 1,102,450 | 343.1 | 960 | 1,434,000 | 36.77 | 2,430,000 | 57.00 | 1,951,090 | 107 | 58 | 73 |
| 廿六日 | 1,616,111 | 502.9 | 1,490 | 1,964,000 | 50.36 | 4,300,000 | 100.00 | 2,836,168 | 100 | 46 | 69 |
| 七月三日 | 1,824,708 | 567.9 | 1,950 | 2,424,000 | 62.15 | 4,500,000 | 104.65 | 3,202,242 | 109 | 54 | 76 |
| 十日 | 2,452,611 | 763.3 | 2,220 | 2,694,000 | 69.08 | 6,000,000 | 139.53 | 4,301,498 | 90 | 45 | 63 |
| 十七日 | 3,038,142 | 961.0 | 3,000 | 3,474,000 | 89.08 | 7,000,000 | 162.79 | 5,348,872 | 93 | 50 | 65 |
| 廿四日 | 3,587,000 | 1,116.3 | 3,700 | 4,170,000 | 107.02 | 7,000,000 | 162.79 | 6,238,749 | 96 | 59 | 57 |
| 卅一日 | 3,810,000 | 1,185.7 | 4,350 | 4,824,000 | 123.70 | 8,500,000 | 197。67 | 6,622,868 | 104 | 58 | 73 |
| 八月七日 | 4,463,000 | 1,388.9 | 6,500 | 6,974,000 | 178.8 | 10,300,000 | 239.53 | 7,716,420 | 129 | 68 | 90 |
| 十四日 | 5,901,000 | 1,836.4 | 7,800 | 8,274,000 | 212.1 | 11,700,000 | 272.09 | 10,202,688 | 115 | 71 | 81 |
| 十九日 | 6,071,000 | 1,889.3 | 7,800 | 8,274,000 | 212.1 | 12,500,000 | 290.70 | 10,496,614 | 112 | 66 | 79 |

表六： 本会核准汇率调整表　　单位:国币元

| 日 期 | | | 美 汇 | 英 汇 | 港 汇 | 印 汇 |
|---|---|---|---|---|---|---|
| 卅六年 | 八月 | 18 | 39,000 | 124,800 | 7,800 | 9,300 |
| | | 21 | 38,500 | 123,200 | 7,700 | 9,240 |
| | | 23 | | 120,000 | 7,500 | 9,000 |
| | | 29 | | 117,000 | 7,312.50 | 8,775 |
| | | 30 | | 115,000 | 7,187.50 | 8,525 |
| | 九月 | 3 | 38,000 | 113,000 | 7,033.07 | 8,460.29 |
| | | 6 | 40,000 | 118,000 | 7,344.27 | 8,834.04 |
| | | 8 | | 120,000 | 7,468.75 | 8,984.38 |
| | | 11 | 40,500 | | | |
| | | 12 | | 122,000 | 7,593.23 | 9,134.11 |
| | | 16 | | 120,000 | 7,468.75 | 8,984.38 |
| | | 18 | 42,500 | 125,000 | 7,779.95 | 9,358.72 |
| | | 26 | 46,000 | 135,000 | 8,402.34 | 10,107.42 |
| | | 29 | 49,500 | 148,000 | 9,086.98 | 10,930.99 |
| | 十月 | 9 | 56,300 | 163,000 | 10,143.05 | 12,203.78 |
| | | 24 | 55,000 | 165,000 | 10,269.53 | 12,353.52 |
| | 十一月 | 1 | | 172,000 | 10,705.21 | 12,877.60 |
| | | 4 | 59,500 | 187,000 | 11,638.80 | 14,000.65 |
| | | 7 | | 182,000 | 11,327.60 | 13,626.30 |
| | | 18 | | 188,000 | 11,701.04 | 14,075.52 |
| | | 20 | 64,500 | 197,000 | 12,261.20 | 14,740.35 |
| | | 26 | 73,000 | 223,000 | 14,003.91 | 16,845.70 |
| | 十二月 | 19 | 83,000 | 259,000 | 16,120.05 | 19,391.28 |
| | | 23 | | 270,000 | 16,804.69 | 20,214.84 |
| | | 30 | 89,000 | 290,000 | 15,049.48 | 21,712.24 |
| 卅七年 | 一月 | 12 | 113,500 | 375,000 | 23,339.84 | 28,076.17 |
| | | 27 | 119,600 | | | |
| | 二月 | 3 | 131,500 | 413,000 | 25,704.95 | 30,921.22 |
| | | 9 | 135,500 | | | |

续上表

| 日　期 | | 美　汇 | 英　汇 | 港　汇 | 印　汇 |
|---|---|---|---|---|---|
| | 20 | 149,000 | 447,000 | 27,821.09 | 33,456.80 |
| 三月 | 9 | 195,000 | 585,000 | 36,410.16 | 43,798.83 |
| | 17 | 255.000 | 765,000 | 47,613.28 | 57,275.39 |
| 四月 | 6 | 324,000 | 972,000 | 60,496.88 | 72,773.44 |
| 五月 | 17 | 474,000 | 1,422,000 | 88,504.69 | 108,484.84 |

〔国民政府财政部档案〕

## 21. 中央银行芜湖分行陈报收兑黄金经过情形并附送成色清单快邮代电

(1948年10月4日)

秘书处钧鉴：奉〈1001〉第〈17〉号电敬悉。查职处此次奉令收兑金银，遵照规定以千分之千为标准。事前为保持慎重，严守机密，并为便利应付起见，于八月廿三日晨，商请芜湖银楼业公会派员莅行鉴别成色，旋据该会理事长王岳洲临时派领邵铭良、黄家俊、钱长发、杨思永等四人来行，会同职处原雇鉴别成色人员徐厚坤办理。廿三、四两日均由老庆云银楼经理邵铭良鉴别黄金成色，计廿三日收进黄金毛重肆拾市两零壹钱叁分贰厘，扯色〈9668〉，净重叁拾捌市两捌钱。是日成色最高为九八，最低为六八(仅一笔毛重壹钱肆分柒厘)。廿四日收进黄金毛重壹百五拾陆市两捌钱贰分壹厘，扯色〈962065〉，净重壹百五拾市两零捌钱柒分贰厘，是日成色最高为九八，最低为七〇(仅一笔毛重柒分壹厘)。邵铭良因不能长久驻行办理，自廿五日起改由徐厚坤鉴别，另由该公会正式改派朱元海、金忠义、徐序良、黄家俊、杨思永等五人协同办理收兑事宜，并经陈准人事处，该员等以临时雇员名义雇用在案。职处自八月廿三日起，至九月卅日止，共计兑入黄金毛重壹千五百柒拾叁市两捌钱柒分叁厘，扯色〈954967〉，净重壹千五百零贰市两玖钱玖分陆厘。以上经职处此次收兑黄金之经过情形，至奉查各节，职处遵当随时密切注意，如当地银楼业有暗中破坏企图违法收兑情事，于获悉得有确证时，自当依照金银外币处理办法第十一条及第十四条，函请地方主管机关办理。理合陈复，并抄奉八月廿三、四两日收兑黄金成色清单各一份，统祈察核为祷。芜湖分行。1004。

附件。

民国三十七年八月二十三日收兑黄金成色清单

| 毛　　重（市两） | 成　色 | 净　　重（市两） | 附 |
|---|---|---|---|
| 1997 | 98 | 1957 | |
| 298 | 91 | 271 | |
| 201 | 95 | 191 | |
| 199 | 94 | 187 | |
| 132 | 94 | 124 | |
| 108 | 93 | 100 | |
| 1000 | 98 | 980 | |
| 2012 | 98 | 1971 | |
| 143 | 98 | 140 | |
| 143 | 94 | 134 | |
| 1000 | 98 | 980 | |
| 203 | 94 | 190 | |
| 2986 | 98 | 2926 | |
| 131 | 92 | 120 | |
| 512 | 94 | 481 | |
| 996 | 95 | 946 | |

续上表

| 毛　重（市两） | 成　色 | 净　重（市两） | 附 |
|---|---|---|---|
| 105 | 95 | 100 | |
| 1004 | 94 | 944 | |
| 404 | 94 | 379 | |
| 127 | 94 | 119 | |
| 1000 | 94 | 940 | |
| 751 | 98 | 736 | |
| 1002 | 98 | 982 | |
| 2035 | 97 | 1974 | |
| 2000 | 92 | 1840 | |
| 147 | 68 | 100 | |
| 195 | 92 | 179 | |
| 1000 | 98 | 980 | |
| 1044 | 98 | 1023 | |
| 239 | 98 | 234 | |
| 1844 | 98 | 1807 | |
| 083 | 94 | 078 | |
| 059 | 94 | 055 | |
| 6048 | 98 | 5927 | |
| 1010 | 97 | 980 | |
| 1003 | 97 | 973 | |
| 5990 | 97 | 5810 | |

续上表

| 毛　　重（市两） | 成　　色 | 净　　重（市两） | 附 |
|---|---|---|---|
| 981 | 96 | 942 | |
| 40132 | 9668 | 38800 | |

中央银行芜湖分行填制

民国三十七年八月二十四日收兑黄金成色清单

| 毛　　重（市两） | 成　　色 | 净　　重（市两） | 附 |
|---|---|---|---|
| 9965 | 97 | 9666 | |
| 3998 | 94 | 3758 | |
| 1000 | 91 | 910 | |
| 1453 | 97 | 1409 | |
| 1198 | 92 | 1102 | |
| 2989 | 95 | 2839 | |
| 1993 | 94 | 1873 | |
| 981 | 95 | 932 | |
| 2000 | 955 | 1910 | |
| 1000 | 97 | 970 | |
| 984 | 97 | 954 | |
| 249 | 94 | 234 | |
| 3032 | 97 | 2941 | |
| 1197 | 94 | 1125 | |
| 5044 | 97 | 4893 | |
| 991 | 97 | 961 | |

续上表

| 毛　　重（市两） | 成　色 | 净　　重（市两） | 附 |
|---|---|---|---|
| 091 | 94 | 085 | |
| 243 | 94 | 228 | |
| 108 | 945 | 102 | |
| 1000 | 94 | 940 | |
| 427 | 95 | 406 | |
| 208 | 93 | 193 | |
| 1011 | 97 | 981 | |
| 067 | 94 | 063 | |
| 20039 | 97 | 19438 | |
| 1022 | 97 | 991 | |
| 998 | 97 | 968 | |
| 282 | 95 | 268 | |
| 991 | 94 | 932 | |
| 1000 | 94 | 940 | |
| 094 | 94 | 088 | |
| 049 | 97 | 048 | |
| 2000 | 965 | 1930 | |
| 966 | 86 | 831 | |
| 139 | 94 | 131 | |
| 071 | 70 | 050 | |
| 6994 | 96 | 6714 | |
| 221 | 95 | 210 | |

续上表

| 毛　重（市两） | 成　色 | 净　重（市两） | 附 |
|---|---|---|---|
| 3450 | 97 | 3347 | |
| 196 | 95 | 186 | |
| 306 | 92 | 281 | |
| 048 | 92 | 044 | |
| 126 | 95 | 120 | |
| 1012 | 94 | 951 | |
| 240 | 94 | 226 | |
| 098 | 94 | 092 | |
| 2400 | 96 | 2304 | |
| 998 | 96 | 958 | |
| 5970 | 97 | 5791 | |
| 2017 | 95 | 1916 | |
| 10030 | 97 | 9729 | |
| 138 | 94 | 130 | |
| 19715 | 97 | 19124 | |
| 994 | 95 | 944 | |
| 2190 | 97 | 2124 | |
| 078 | 90 | 070 | |
| 29218 | 96 | 28049 | |
| 1502 | 98 | 1472 | |
| 156821 | 962065 | 150872 | |

中央银行芜湖分行填制　37年10月4日

〔中央银行档案〕

## 22. 贵阳中央银行为陈送加强收兑金银外币谈话会纪录函

（1948 年 10 月 14 日）

摘由：为陈送加强收兑金银外币谈话会纪录请鉴核由。

案奉钧局/处十月九日第(8629)号电：为加强收兑金银、外币一案，经即召集各委托行局集会商讨，加强进行，并以 1013 电陈鉴核在案。理合检附纪录一式二份，函陈钧夺为祷。谨上

业务局

秘书处

附件

贵阳分行

副理　徐钟瀚

民国三十七年十月十四日

加强收兑金银外币谈话会纪录

日期：三十七年十月十三日

地点：中央银行

出席：中央银行潘承炯　陆德尊

贵州省银行　王克新

中国农民银行　陈伯文

贵州邮政管理局　王若瞻

贵阳交通银行　许仲植

贵阳中国银行　黄　锦

主席：潘承炯

提议：奉中央银行总行电饬加强收兑金银、外币，应如何加强办理？

决议：

一、有县金融机构而无三行及省行地方，由央行分别委托。

二、邮局除加强收兑银元外，黄金、白银暂难收兑。

三、中、交、农、省各行本省分支机构，一律即速开兑黄金、白银、外币。

四、鉴定金银人员由各地各行分别聘雇，如有困难，可每地公聘一人。至截止日止，每地估验费用不超过壹百元，由央行负担。如不敷用，随时洽商。上项聘雇人员，聘到日即电报央行。所有成色、重量，由鉴定人员负责，外币如鉴别困难，可以代收方式办理。

五、沿公路线冲要地点，巡回收兑，由央行依次办理。

六、电请省府通知各县转知人民，持有金银，可至有银行地点兑换。

七、基金由各行估计，央行拨付。

上项基金，每地暂拨壹百两黄金兑价，作收兑金银之用。一地有数行者，暂拨贰百两黄金兑价，由数行分摊。

〔中央银行档案〕

## 23. 中央银行转达行政院关于金银外币处理期限延展之补充规定通函

（1948年10月19日）

稽核处通函 （卅七）稽检业合字第五五号
卅七年十月十九日

摘由：奉行政院代电饬知金银外币处理期限延展之补充规定等因，通函查照遵办由。

案奉行政院十月五日（卅七）六财字第41212号代电开：财政经济紧急处分令，人民所有金银外币兑换及存储期限酌予延展，已以（卅七）六经四三五五四号申卅甲经秘代电饬知在案。兹再补充规定：在延展兑换及存储期限内，应依照人民所有金银外币处理办法第二条之规定，严格查禁黄金条块、旧银币、白银及外国币券之买卖，凡超过该办法第三条规定之兑换率从事黑市买卖或作为交易收付者，一经查获，均应依照该办法第十三条之规定：没收其标的物，并依照黄金外币买卖处罚之。要知中央顾念内地人民缴兑之困难，特准延展处理期限，便利人民。但绝对不能因此听任金银、外币发生黑市买卖，或作为交易收付，致影响新币信用，扰乱金融。仰即遵照前发申卅甲经秘代电及本电补充规定各项切实办理。等因。相应通函，即希查照遵办。

此致

各分行处

总行

〔中央银行档案〕

## 24. 中央银行为附送各地收兑金银外币统计表电

（1948年11月2日）

财政部公鉴：财钱乙字第三六二二号及财统字第三七四六号公函均祗悉。查关于收兑金银、外币数量，前因各地尚未据报前来，未及填送，兹分别就各地分行电报数字编就自八月廿三日起至九月卅日止收兑金银、外币数量简明表，及外埠各地收兑金银外币分区统计表、外埠各地收兑金银外币统计表各一份，相应随电附奉，即希察照为荷。中央银行。附件。1102。印。（表见下页）

〔中央银行档案〕

## 25. 王剑锷请准予赎回已兑出黄金函

（1948年11月13日）

鸿钧督导员勋鉴：久违极念。今日阅报载行政院公布人民得自由持有黄金、美钞，显与以前强迫人民兑换黄金之政策相反，过去

收兑金银外币数量简明表

自八月廿三日起至九月卅日止

| | 黄金 | 白银 | 银元 | 银角 | 美钞 | 港钞 | 菲币 |
|---|---|---|---|---|---|---|---|
| 上海部份 | 1,072,333.853 | 923,322.016 | 3,563,163.00 | 3,741,840 | 30,404,000.53 | 9,844,315.12 | 14,579.55 |
| 外埠部份 | 527,469.950 | 7,239,298.023 | 13,623,487.83 | 25,763,183 | 15,807,001.87 | 69,945,043.80 | |
| 总计 | 1,599,803.803 | 8,162,620.039 | 17,186,650.83 | 29,505,023 | 46,211,002.40 | 79,789,358.92 | 14,579.55 |

附注:(1) 收兑金银外币折合美金 132,787,214.17 元

(2) 外埠部份收兑数字系根据各地分行电报数字汇编

(3) 黄金单位:纯金市两　　美钞单位:美金元

白银单位:纯银市两　　港钞单位:港币元

银元单位:元　　菲钞单位:菲币元

银角单位:枚

外埠各地(分区)收兑金银外币统计表

| 地域 | 美钞(元) | 港币(元) | 黄金 纯金市两 | 白银 纯银市两 | 银圆(元) | 银角(枚) |
|---|---|---|---|---|---|---|
| 华东 | 1,572,139.44 | 280,488.40 | 63,079.816 | 293,280.81 | 1,992,000.00 | 2,197,319 |
| 华南 | 7,500,872.60 | 69,413,491.40 | 229,853.158 | 1,904,457.963 | 1,227,656.83 | 11,748,495 |
| 华西 | 352,020.12 | 29,368.00 | 64,384.790 | 694,029.20 | 2,966,232.00 | 11,660,304 |
| 华北 | 6,024,723.83 | 52,022.60 | 41,955.147 | 2,641,096.68 | 4,437,059.50 | 89,013 |
| 华中 | 357,245.88 | 169,673.40 | 128,197.039 | 1,706,433.471 | 3,000,539.50 | 68,052 |
| 总计 | 15,807,001.87 | 69,945,043.80 | 522,469.950 | 7,239,298.023 | 13,623,487.83 | 25,763,183 |

外埠各地收兑金银外币统计表

自八月廿三日起至九月卅日止

| 地名 | 美钞（元） | 港币（元） | 黄金 纯金市两 | 白银 纯银市两 | 银圆（元） | 银角（枚） |
|---|---|---|---|---|---|---|
| 南京 | 1,282,935.39 | 231,639.50 | 39,904.628 | 58,742.74 | 928,173.00 | 84,600 |
| 杭州 | 161,765.50 | 32,879.10 | 11,863.174 | 61,314.18 | 574,976.50 | 980,954 |
| 镇江 | 39,121.50 | 7,273.00 | 2,792.243 | 16,152.53 | 26,532.00 | 10,896 |
| 无锡 | 33,096.55 | 5,618.80 | 3,254.987 | 9,254.00 | 163,754.50 | 163,617 |
| 宁波 | 35,902.00 | 3,075.00 | 5,031.896 | 147,133.80 | 196,689.00 | 952,332 |
| 下关 | 19,175.50 | — | — | — | 85,654.00 | 3,678 |
| 淮阴 | 32.00 | 3.00 | 232.888 | 683.46 | 6,699.00 | 1,242 |
| 连云港 | 111.00 | — | — | — | 9,522.00 | — |
| 小计 | 1,572,139.44 | 280,488.40 | 63,079.816 | 293,280.71 | 1,992,000.00 | 2,197,319 |
| 厦门 | 4,748,780.45 | 1,469,717.49 | 5,120.665 | 160,732.08 | 117,791.00 | 321,180 |
| 台湾 | 634,951.00 | 462,677.00 | 28,859.170 | 127,046.079 | 16,006.83 | — |

续上表

| 地名 | 美钞（元） | 港币（元） | 黄金 纯金市两 | 白银 纯银市两 | 银圆（元） | 银角（枚） |
|---|---|---|---|---|---|---|
| 广州 | 1,432,344.30 | 49,281,913.66 | 121,811.235 | 626,351.966 | 466,406.00 | 1,981,056 |
| 江门 | 155,361.00 | 4,501,783.40 | 8,191.343 | 17,408.43 | 379.00 | 1,302,799 |
| 汕头 | 122,620,000 | 7,017,806.90 | 5,035.221 | 155,659.22 | 112,064.50 | 282,129 |
| 福州 | 235,069.75 | 367,860.85 | 6,354.890 | 139,830.95 | 55,309.00 | 115,090 |
| 海口 | 69,615.00 | 1,743,681.50 | 618.457 | 7,617.13 | 133,187.00 | — |
| 昆明 | 84,255.45 | 65,724.20 | 469,521,196 | 432,576.70 | 265,644.50 | 22,782 |
| 梧州 | 5,854.00 | 2,906,188.00 | 379.440 | 1,212.51 | 2,699.00 | 406,576 |
| 桂林 | 4,903.00 | 36,739.00 | 731.556 | 5,094.798 | 14,381.00 | 566,568 |
| 南宁 | 4,635.20 | 280,632.00 | 3,881.844 | 25,794.99 | 8,516.00 | 296,372 |
| 柳州 | 1,602.00 | 40,237.00 | 1,917.141 | 135,583.79 | 13,749.00 | 3,542,912 |
| 湛江 | 881.45 | 1,238,530.40 | — | 69,549.32 | 21,524.00 | 3,111,031 |
| 小计 | 7,500,872.60 | 69,413,491.40 | 229,853.158 | 1,904,457.963 | 1,227,656.83 | 11,748,495 |

续上表

| 地名 | 美钞（元） | 港币（元） | 黄金 纯金市两 | 白银 纯银市两 | 银圆（元） | 银角（枚） |
|---|---|---|---|---|---|---|
| 重庆 | 264,238.00 | 24,067.00 | 56,590.755 | 254,263.58 | 1,295,360.00 | 11,394,666 |
| 成都 | 57,328.12 | 1,791.00 | 2,375.803 | 198,736.15 | 1,287,073.00 | 28,896 |
| 贵阳 | 20,554.00 | 3,503.00 | 4,532.174 | 68,160.12 | 167,385.50 | 146,034 |
| 迪化 | 5,126.00 | — | — | — | 308.00 | — |
| 万县 | 1,663.00 | — | 289.223 | 8,120.21 | 41,128.00 | — |
| 西宁 | — | — | 17.087 | 124,876.58 | 157,769.50 | — |
| 雅安 | 1,872.00 | 1.00 | 236.713 | 15,424.66 | 6,659.00 | — |
| 康定 | 103.00 | 3.00 | 162.769 | 835.07 | 7,672.00 | 552 |
| 哈密 | — | — | 2.153 | 16,263.81 | 19.00 | — |
| 五通桥 | — | — | — | — | 125.00 | — |
| 自流井 | 1,136.00 | 3.00 | 178.113 | 7,349.02 | 2,733.00 | 90,156 |
| 小计 | 352,020.12 | 29,368.00 | 63,384.790 | 694,029.20 | 2,966,232.00 | 11,660,304 |

续上表

| 地　名 | 美　钞<br>（元） | 港　币<br>（元） | 黄　金<br>纯金市两 | 白　银<br>纯银市两 | 银　圆<br>（元） | 银　角<br>（枚） |
|---|---|---|---|---|---|---|
| 青　岛 | 4,763,570.30 | 32,253.30 | 4,590.426 | 55,713.48 | 927,603.00 | — |
| 天　津 | 611,547.36 | 10,286.00 | 12,105.907 | 1,084,005.67 | 354,362.00 | 4,680 |
| 北　平 | 601,714.30 | 8,785.00 | 9,458.467 | 647,772.52 | 1,242,643.00 | 32,274 |
| 西　安 | 11,092.97 | 131.20 | 9,693.316 | 20,199.13 | 281,069.00 | — |
| 沈　阳 | 8,701.00 | — | 72.458 | 188,134.91 | 18,074.00 | 4,338 |
| 锦　州 | 365.00 | 11.00 | 1.622 | 20,293.94 | 7,470.00 | 4,788 |
| 烟　台 | 11,195.90 | 224.00 | 347.652 | 74,142.93 | 41,114.00 | 18,688 |
| 济　南 | 1,159.00 | — | 158.991 | 54,921.47 | 43,514.00 | — |
| 兰　州 | 9,527.00 | 330.00 | 4,192.786 | 148,846.57 | 672,008.00 | 6,600 |
| 归　绥 | 847.00 | — | 3.436 | 98,675.01 | 427,151.00 | — |
| 宁　夏 | 18.00 | — | 748.599 | 19,831.08 | 45,362.00 | — |
| 太　原 | 63.00 | — | 4.705 | 144,161.95 | 75,599.00 | 17,708 |

续上表

| 地名 | 美钞（元） | 港币（元） | 黄金 纯金市两 | 白银 纯银市两 | 银圆（元） | 银角（枚） |
|---|---|---|---|---|---|---|
| 宝鸡 | 183.00 | — | 455.850 | 1367.52 | 14275.00 | — |
| 天水 | 300.00 | — | 0.474 | 11406.05 | 9066.00 | — |
| 张垣 | 597.00 | — | 73.506 | 16661.10 | 258913.00 | — |
| 承德 | 29.00 | 2.10 | — | 13076.44 | 7901.50 | — |
| 酒泉 | 3449.00 | — | 42.877 | 6014.56 | 1610.00 | — |
| 长春 | — | — | 860.860 | — | — | — |
| 山海关 | 365.00 | — | 5.215 | 33872.35 | 8325.00 | — |
| 小计 | 6,024,723.83 | 52,022.60 | 41,955.147 | 2641096.68 | 4437059.50 | 89013 |
| 南昌 | 13,791.00 | 4,216.60 | 9,442.002 | 601,596.37 | 525,835.00 | 1,452 |
| 长沙 | 48,571.00 | 33,054.00 | 32,564.399 | 189,654.48 | 744,438.00 | — |
| 芜湖 | 10,450.00 | 1,169.00 | 1,502.996 | 21,206.76 | 169,239.50 | 5,394 |
| 汉口 | 245,893.08 | 111,026.80 | 72,843.279 | 484,702.73 | 497,657.00 | 29,915 |
| 衡阳 | 8,291.25 | 18,335.00 | 3,733.487 | 43,895.36 | 130,753.00 | 28,800 |

续上表

| 地名 | 美钞（元） | 港币（元） | 黄金 纯金市两 | 白银 纯银市两 | 银圆（元） | 银角（枚） |
|---|---|---|---|---|---|---|
| 九江 | 16,546.05 | 594.00 | 647.967 | 94,024.67 | 561,255.00 | — |
| 徐州 | 4,664.50 | 215.00 | 827.546 | 11,614.79 | 125,829.00 | 211 |
| 蚌埠 | 4,359.00 | 202.00 | 3,472.086 | 9,782.50 | 42,034.00 | 678 |
| 沅陵 | 326.00 | — | 151.859 | 983.49 | 25,868.00 | 36 |
| 郑州 | 490.00 | — | 680.968 | 1,704.07 | 3,801.00 | — |
| 开封 | 769.00 | — | 393.279 | 30,588.521 | 1,609.00 | — |
| 吉安 | 327.00 | 30.00 | 1,822.158 | 197,021.56 | 63,461.00 | — |
| 合肥 | 1,206.00 | 11.00 | 34.013 | 1,307.17 | 47,655.00 | — |
| 新浦 | 1,562.00 | 820.00 | 81.000 | 18,351.00 | 61,105.00 | 1,566 |
| 小计 | 357,245.88 | 169,673.40 | 128,197.039 | 1,706,433.47 | 13,000,539.50 | 68,052 |
| 总计 | 15,807,001.87 | 69,945,043.80 | 527,469.950 | 7,239,298.023 | 13,623,487.83 | 25,763,183 |

人民遵照命令缴兑之黄金、美钞，系政府一种欺人之骗局，将何以树信于人民。言念及此，不寒而栗。弟于八月卅日将仅有之黄金七两，分别交付中央、中汇两银行兑换金圆券，并持有该两行之水单为凭。政府既然准许人民自由持有，对于强迫兑换之举，依法自应回复原状。应请照前付之金圆券数额，准弟赎回黄金七两，以符政令。伫候明教。专此敬颂。

勋祺　　中央银行编号一一三八七号　中汇银行编号〇〇〇一二八号

弟王剑锷拜启

十一月十三日

〔中央银行档案〕

## 26. 中央银行转陈财政部关于规定查获违法买卖没收金银外币处理办法通函

（1948年11月15日）

稽核处通函　卅七稽检字第六〇号　卅七年十一月十五日

摘由：为财政部规定查获违法买卖没收金银外币处理办法，通函查照由。

案准上海金融管理局十一月二日沪管发稽字第二六六二号函开：案奉财政部本年十月廿八日财参字第六二三六号训令开：查关于依据人民所有金银外币处理办法各规定，查获违法买卖、没收金银、外币案件，除应依照同法第十四条之规定给奖外，并经呈奉行政院(37)六财字第四三七三九号令准按照财务罚锾处理办法及提奖分配细则分别奖解在案。令后所有金银、外币案件，其因告密而查获没收者，应即先依人民所有金银外币处理办法第十四条之规定，先提四成奖给举发人，再按财务罚锾处理办法及提奖分配细则，分别提交司法机关办公费及奖解。其无举发人者，悉按财务罚锾处理办法及提奖分配细则办理奖解。但在上海、广州、汉口三市辖区内，关于因买卖黄金、外币经法院依黄金外币买卖处罚条例论罪处刑没收之案件，仍照旧案以应解库部份拨充当地救济经费。至收兑期限届满以后，因持有金银、外币而没收者，其解库部份应即解入国库。除分行外，合亟令即遵照。等因。奉此。除分函外，相应函达查照。等因。相应通函，即希查照。

此致

各分行处

稽核处

处　长

〔中央银行档案〕

## 27. 中央银行为查报金银外币收兑数额及各分行运出情形呈稿

(1948年11月)①

奉钧谕查报金银、外币收兑数字及各分行运出情形，谨查复如下：

自财政经济紧急处分令颁布，以迄十月卅一日止，共计收兑：

黄金：一百六十六万二千九百八十四市两八钱四分九厘(内上海以外各地五六〇，四五六.一五三市两)。

白银(即银块)：八百九十三万六千八百九十五市两一钱(内上海以外各地七，九六五，六四六.一〇市两)。

银圆：二千四百零三万八千三百九十六元七角三分(内上海以外各地二〇，三四一，二五二.七三元)。

银角：三千五百五十八万二千八百七十二角(内上海以外各地

①1948年11月16日拟稿，11月22日发稿。

三一，六七七，一七八角）。

美钞：四千七百七十三万五千一百四十五元三角三分（内上海以外各地一七，一五二，三九九．八六元）。

港钞：八千七百三十二万五千三百八十五元七角六分（内上海以外各地七六，九六〇，九八三．九四元）。

谨附具统计表壹份（附表一），敬祈鉴察。再收兑数字截至九月三十日止，已于十月二十日列表电呈翁院长鉴察。

上项收兑金银、外币，业于十月二十三日通电各分行，凡在长江以北地区者，一律运集上海，珠江流域暨西南各省运集广州。截至最近，各地运集沪、穗、港数字计：

（1）运集上海：

黄金：十三万零二百八十三市两。

白银（即银块）：八十九万零七百七十四市两。

银圆：四百六十六万八千一百一十五元。

银角：一百零三万七千八百三十九角。

美钞：一千三百四十四万一千三百四十九元。

港钞：四十九万九千六百二十七元。

（2）运集广州：

黄金：一万五千三百五十九市两（广州分行自行收兑一二一，九五二．一六四市两未计入）。

美钞：四十八万九千八百三十二元（广州分行自行收兑一，六三六，八〇九．五五元未计入）。

（3）运集香港：

港钞：六千八百六十二万零二百六十六元。

余数正在陆续起运中。惟最近兰州、长沙、衡阳、汉口等地已发生民意机关及民众阻止运出情事。

兰州方面，本行先后准张长官治中、甘肃省政府电，略以边疆人民向对金银币极为重视，该省参议会屡次建议将收兑之金银币应请留兰，以固人民对新币之信仰，请暂勿他运，以固民信等语。并据兰州分行电转准甘省府代电同前电请示前来，当经转报行政院翁院长核夺。

湘省方面，据长沙分行报称，省参议会、省商联会、省农会、总工会、工业会等，以本省各地央行收兑金银，应须储存原收购地，稳定金圆券信用。近闻即将运沪，群情惶惑，请省政府转函本行缓运等语。正婉复间，突于十一月二日下午各该公会、市参会代表三十余人，来行要求将所兑存金银、银元数额查库，当众会封。众口嚣嚣，颇为严重。经邀省府邓秘书长莅行解释，该代表等坚持须获得缓运保障，当允电请中央核示，始行离去。等情。经已并案转报行政院翁院长核夺。

顷据衡阳分行报称：准湘省商联会、农会、工会、总工会四法团会电，为加强湘民对新币信心，嘱缓运兑入金银等语，并阅长沙报载，湘民反对外运，四法团包围长沙分行，暨由衡市参议会响应阻运各消息。湘省民气强悍，衡市环境复杂，为虞发生意外，所有收兑金银、外币，已暂缓运。惟以湘省阻运金银运动日趋扩大，幕后显有指使，窃恐非局部斡旋所能奏功，恳核示方针等情。

顷又据汉口分行电称，鄂省财政厅沈厅长来行面交张主席十一月八日函，略以准湖北省参议会代电，为闻中央有将金圆券兑换之金银运集首都之讯，是否属实，无从悬揣。惟自财政经济紧急处分办法施行以来，物价狂涨，币信动摇。此项黄金白银如有运往他处，人心益增惶惑。请转呈中央仍存汉口央行等由。事关巩固币信，安定人心，特派财政厅沈厅长质清前来，至希赐洽，幸勿起运。除电陈中枢外，请查照等由。转请察核示遵等情。除并案续报行政院外，并饬各地分行设法洽运。附呈上列各地阻止外运黄金数量表一份(附表二)，敬祈鉴察。奉谕前因，理合具文报请钧鉴为祷。谨呈

总统蒋

附件

职　俞〇〇谨呈

## 中央银行收兑金银外币统计表

民国三十七年八月廿三日至十月卅一日止

各地收兑总数：

| | 黄金 | 银块 | 银元 | 银角(枚) | 美钞 | 港纸 |
|---|---|---|---|---|---|---|
| 东区 | 64,218.116 | 410,868.79 | 2,568,068.50 | 2,805,259 | 1,707,820.33 | 298,611.10 |
| 南区 | 257,414.079 | 2,026,347.32 | 1,832,324.00 | 12,985,472 | 8,133,029.23 | 76,402,561.48 |
| 西区 | 65,578.338 | 741,734.01 | 3,336,607.90 | 15,667,491 | 358,341.14 | 29,880.00 |
| 北区 | 42,602.515 | 2,851,538.43 | 4,575,092.33 | 91,380 | 6,552,889.88 | 53,848.40 |
| 中区 | 130,643.105 | 1,935,158.15 | 8,029,160.00 | 127,576 | 400,319.28 | 176,082.96 |
| 合计 | 560,456.153 | 7,965,646.70 | 20,341,252.73 | 31,677,178 | 17,152,399.86 | 76,960,983.94 |
| 上海收兑总数： | | | | | | |
| 合计 | 1,102,528.696 | 971,248.40 | 3,697,144.00 | 3,905,694 | 30,582,745.47 | 10,364,401.82 |
| 总计 | 1,662,984.849 | 8,936,895.10 | 24,038,396.73 | 35,582,872 | 47,735,145.33 | 87,325,385.76 |

南区各分行收兑金银外币数

| | 黄金 | 银块 | 银元 | 银角(枚) | 美钞 | 港纸 |
|---|---|---|---|---|---|---|
| 厦门 | 6,834.145 | 170,224.91 | 159,452.00 | 397,587 | 5,069,145.25 | 1,520,266.84 |
| 福州 | 6,515.337 | 149,243.52 | 58,206.00 | 126,087 | 246,964.00 | 373,779.85 |
| 广州 | 121,953.164 | 668,775.56 | 128,653.00 | 5,381,856 | 1,636,809.55 | 55,875,241.06 |
| 台湾 | 30,517.146 | 142,971.62 | 20,653.00 | — | 713,499.48 | 510,353.18 |
| 昆明 | 61,879.132 | 433,485.35 | 814,014.50 | 134,888 | 85,651.30 | 65,921.80 |
| 江门 | 8,224.481 | 17,898.37 | 416.00 | 1,436,387 | 159,262.00 | 4,576,581.40 |
| 汕头 | 6,791.424 | 182,896.31 | 121,236.50 | 340,161 | 128,267.00 | 7,119,253.30 |
| 海口 | 619.579 | 9,386.98 | 141,393.00 | — | 73,119.00 | 1,800,102.40 |
| 梧州 | 379.557 | 1,288.46 | 3,124.00 | 735,472 | 6,502.00 | 2,951,354.10 |
| 桂林 | 7,884.529 | 8,277.87 | 39,988.00 | 566,568 | 6,623.00 | 39,017.00 |
| 南宁 | 3,886.898 | 28,323.44 | 8,861.50 | 362,993 | 4,658.20 | 281,484.75 |
| 柳州 | 1,928.687 | 140,544.74 | 311,842.50 | — | 1,616.00 | 42,502.00 |
| 湛江 | — | 73,030.19 | 24,484.00 | 3,503,473 | 912.45 | 1,246,703.80 |
| 总计 | 257,414.079 | 2,026,347.32 | 1,832,324.00 | 12,985,472 | 8,133,029.23 | 76,402,561.48 |

## 西区各分行收兑金银外币数

| | 黄金 | 银块 | 银元 | 银角(枚) | 美钞 | 港纸 |
|---|---|---|---|---|---|---|
| 重庆 | 57,817.853 | 356,511.15 | 1,300,649.00 | 15,336,792 | 269,353.00 | 24,240.00 |
| 成都 | 2,412.756 | 210,059.00 | 1,576,704.50 | — | 58,468.64 | 1,909.00 |
| 贵阳 | 4,625.567 | 7,508.25 | 230,742.50 | 221,094 | 21,184.50 | 3,724.00 |
| 迪化 | — | — | 323.00 | — | 5,726.00 | — |
| 万县 | 290.765 | 9,029.85 | 51,108.00 | — | 1,704.00 | — |
| 西宁 | 17.007 | 130,078.50 | 159,085.50 | — | — | — |
| 雅安 | 71.014 | 17,198.25 | 7,103.90 | — | 1,753.00 | 1.00 |
| 康定 | 162.769 | 892.77 | 7,703.00 | 927 | 103.00 | 3.00 |
| 哈密 | 2.153 | 1,317.21 | 19.00 | — | — | — |
| 五通桥 | — | — | 125.00 | — | — | — |
| 自流井 | 178.454 | 9,139.03 | 3,044.50 | 108,678 | 49.00 | 3.00 |
| 总计 | 65,578.338 | 741,734.01 | 3,336,607.90 | 15,667,491 | 358,341.14 | 29,880.00 |

北区各分行收兑金银外币数

| | 黄金 | 银块 | 银元 | 银角(枚) | 美钞 | 港纸 |
|---|---|---|---|---|---|---|
| 青岛 | 4,689.133 | 63,308.07 | 943,119.00 | — | 5,270,787.59 | 33,178.50 |
| 天津 | 12,401.451 | 1,135,733.27 | 363,478.00 | 11,880 | 616,680.62 | 10,857.00 |
| 北平 | 9,577.745 | 659,196.97 | 1,256,066.50 | 33,012 | 614,068.79 | 8,950.00 |
| 西安 | 9,733.424 | 111,585.77 | 282,146.00 | — | 11,414.98 | 232.60 |
| 沈阳 | 98.854 | 210,257.68 | 18,840.50 | 13,392 | 10,784.00 | 60.00 |
| 锦州 | 1.622 | 20,657.07 | 7,497.00 | 4,884 | 371.00 | 11.00 |
| 烟台 | 348.174 | 74,345.46 | 44,357.50 | — | 11,847.90 | 224.00 |
| 济南 | 158.991 | 54,921.47 | 43,514.00 | — | 1,159.00 | — |
| 兰州 | 4,231.270 | 152,609.98 | 674,430.00 | 7,716 | 9,798.00 | 331.80 |
| 归绥 | 14.732 | 107,423.82 | 428,275.83 | — | 853.00 | — |
| 宁夏 | 748.599 | 20,435.35 | 45,588.50 | 1,650 | 18.00 | — |
| 太原 | 20.565 | 151,505.25 | 83,049.00 | 18,714 | 63.00 | — |
| 宝鸡 | 454.503 | 1,414.20 | 14,300.00 | 132 | 183.00 | — |
| 天水 | —.560 | 11,416.67 | 90,983.00 | — | 300.00 | — |
| 张垣 | 73.506 | 17,575.75 | 259,698.00 | — | 717.00 | — |
| 承德 | — | 14,570.88 | 8,615.50 | — | 30.00 | 3.50 |
| 酒泉 | 42.971 | 6,203.23 | 1,635.00 | — | 3,449.00 | — |
| 长春 | —.860 | — | — | — | — | — |
| 山海关 | 5.555 | 38,377.54 | 9,499.00 | — | 365.00 | — |
| 总计 | 42,602.515 | 2,851,538.43 | 4,575,092.33 | 91,380 | 6,552,889.88 | 53,848.40 |

东区各分行收兑金银外币数

| | 黄金 | 银块 | 银元 | 银角(枚) | 美钞 | 港纸 |
|---|---|---|---|---|---|---|
| 南京 | 40,289.480 | 59,828.40 | 958,087.00 | 74,457 | 1,367,107.03 | 246,580.10 |
| 杭州 | 12,317.502 | 164,950.81 | 874,546.00 | 1,614,526 | 210,582.00 | 35,739.80 |
| 镇江 | 3,018.560 | 24,749.45 | 238,045.00 | 85,236 | 40,103.50 | 7,567.00 |
| 宁波 | 5,061.304 | 150,718.82 | 201,805.00 | 1,029,300 | 36,929.00 | 3,086.00 |
| 无锡 | 3,298.024 | 9,827.11 | 191,491.00 | — | 33,378.80 | 5,620.80 |
| 下关 | — | — | 87,169.50 | — | 19,503.00 | — |
| 连云港 | — | — | 9,636.00 | — | 182.00 | — |
| 淮阴 | 233.246 | 794.20 | 7,289.00 | 1,740 | 35.00 | 17.40 |
| 总计 | 64,218.116 | 410,868.79 | 2,568,068.50 | 2,805,259 | 1,707,820.33 | 298,611.10 |

中区各分行收兑金银外币数

| | 黄金 | 银块 | 银元 | 银角(枚) | 美钞 | 港纸 |
|---|---|---|---|---|---|---|
| 汉口 | 73,614.386 | 551,882.56 | 5,205,915.00 | 37,156 | 279,343.38 | 112,051.80 |
| 长沙 | 33,699.397 | 237,907.19 | 863,184.50 | — | 53,877.00 | 35,508.00 |
| 芜湖 | 1,534.135 | 21,913.71 | 173,179.50 | 5,931 | 10,701.25 | 1,274.00 |
| 南昌 | 9,692.260 | 666,325.39 | 627,723.00 | 16,992 | 15,715.00 | 4,375.50 |
| 衡阳 | 3,872.543 | 51,979.26 | 139,041.00 | 50,544 | 9,575.00 | 20,650.00 |
| 九江 | 669.604 | 104,408.99 | 609,616.00 | — | 16,840.65 | 903.00 |
| 徐州 | 850.472 | 12,951.31 | 129,107.00 | 659 | 4,814.00 | 235.00 |
| 蚌埠 | 3,484.262 | 10,068.48 | 42,522.00 | 678 | 4,424.00 | 202.00 |
| 沅陵 | 169.622 | 1,173.27 | 27,962.50 | 114 | 329.00 | — |
| 郑州 | 682.202 | 1,912.88 | 4,873.00 | — | 550.00 | — |
| 开封 | 391.640 | 36,359.27 | 1,654.00 | — | 964.00 | — |
| 吉安 | 1,834.449 | 207,761.88 | 75,705.50 | 162 | 340.00 | 32.00 |
| 合肥 | 66.145 | 7,262.03 | 67,235.00 | 12,904 | 1,290.00 | 11.00 |
| 新浦 | 81.988 | 23,251.93 | 61,442.00 | 2,436 | 1,556.00 | 840.66 |
| 总计 | 130,643.105 | 1,935,158.15 | 8,029,160.00 | 127,576 | 400,319.28 | 176,082.96 |

〔中央银行档案〕

## 28. 中央银行为答复姚廷芳等质询政府存兑金银办法要点呈稿

（1949年1月13日）

案奉钧院三十七年十二月二十四日六财字第五七零七九号代电，以准立法院咨送委员姚廷芳等对存兑黄金银币办法质询案，抄送原件，饬即迅予答复，以凭核转等因。兹谨就原质询各点，分别答复如次：

（一）关于每户存兑黄金数量之限制者　　查自修正金圆券发行办法公布后，凡请求以金圆券存款兑现者，其每户兑换黄金数量，初未有限制规定。不意自十一月二十二日开始存兑以来，各地黄牛党大肆活跃，形成少数大户套购操纵，秩序难维。各行兑出之黄金，系由中央造币厂在上海一地鼓铸成条，汇解央行分运全国二十二城市应兑。值此交通困难之际，不免有少数城市之承办行，因请兑者多，运存者少，遂不得不为临时权宜之应付。各行中有宣布暂时停兑者（如平、津），亦有酌定最高额为十两（如上海）或一两（如汉口）者。南京一地在存兑开始时，由中央银行南京分行承办，嗣为便利存兑，增托中交农三行自十二月十三日起共同承办。惟四行同时举办，需要数量剧增，仍一律无限存兑，深恐运济不及。且鉴于黄牛套购操纵各情形，利益偏趋，殴争时起，更恐持续日久，发生意外（如上海即因挤兑死伤数十人）。故由四行会商，为预防供应不及，避免操纵，减少争端起见，暂权定每人最高以五两为限。此项存兑数额，政府虽无变更之规定，但揆诸当时迫切情形，临时变通，实非得已。且事隔两日，至十二月十五日，金圆券存兑办法公布限额规定后，上项临时措施统经立即取消。

（二）关于便利军警、公教员工存兑者　　查军警、公教员工因职务在身，不能在办公时间前赴承办行申请存兑，而京、沪等地军警、公教员工特多，在金圆券存款兑现办法未公布前，承办行为简化手续避免拥挤，容(?)或有对机关团体员工造册集体请兑者，酌予考虑情事，照现行金圆券存款兑现办法，规定每星期日专为军警、公教员工办理存兑，是该项人员存兑手续上之困难，业已尽量减少。

以上二项，理合据实答复，敬祈鉴核转复。谨呈

行政院

〔中央银行档案〕

## 29. 国民政府公布之外汇管理条例

（1949年1月28日）

外汇管理条例　三十八年元月二十八日公布

第一条　政府为稳定金融经济，平衡国际收支，实施外汇管理，特制定本条例。

第二条　本条例所称外汇，谓在国内外以外币收付之款项。

第三条　左列各项外汇管理业务，由中央银行办理。

一、买卖外汇及调节外汇之供需。

二、指定办理侨汇或与进出口贸易有关素著声誉之银行(简称指定银行)，代理中央银行办理外汇之买卖收付事宜。

三、管理外币有价证券之买卖。

四、办理政府指定之其他有关外汇事项。

第四条　左列各项外汇应交中央银行或指定银行换取等额之外汇移转证，买卖外汇时，凭外汇移转证为之。

一、出口或转出口货物售得之外币价款。

二、航业、保险业及其他各业商人，基于交易行为所得之外汇。

三、华侨汇款及其他国外汇入之款项。

四、中华民国境内中外人民持有之外国币券。

五、依法令存于中央银行或指定银行之外币外汇。

前项之第三、第四、第五款之外币外汇，得依持有人之志愿，径售与中央银行或指定银行，或存储中央银行或指定银行，不须换取外汇移转证。

第五条　外汇移转证得自行使用或转让，其转让价格，由买卖双方洽定之。

第六条　外汇转移证以六十天为有效期限，其在期限内全部或一部未支付者，应售于中央银行或指定银行。

第七条　左列各项外汇应经中央银行核定数额，以外汇移转证支付之。

一、进口货物价款及其他必需费用，经输出入管理委员会许可进口者。

二、出口佣金、运费、保险费及其他基于交易行为应付之国外费用，其有证明文件者。

三、因业务需要派员出国，经主管部、会核准者。

四、在本条例公布后，外商投资所得之利润不超过周息六厘，请求汇回本国，经工商部核准者。

五、自费学生出国经教育部核准者。

六、患有严重疾病必须出国治疗，经卫生部核准者。

七、外侨回国及华侨回返其原居留地所需之旅费及旅程中之零星费用，分别经外交部及侨务委员会核准者。

八、其他必要用途经财政部核准者。

第八条　政府机关需用外汇时，经行政院核准，由中央银行按法定汇率售与之。其自有外汇之机关，应将所有外汇交存中央银行，于需用时，经行政院核准后方得使用。

第九条　公营事业机关所有之外汇，应交存中央银行或指定银行，于需用时经行政院核准，由中央银行或指定银行签发外汇移转证支付之。

第十条　凡经核准支用之外汇，如因其支用之原因消灭或变更,致全部或一部之外汇无须支用者,应悉数售还于中央银行或指定银行。

第十一条　外国币券不得携带出国,但每人所携外国币券,其总值不超过美金五百元者不在此限。

第十二条　携带外国币券进入国境者,应按法定汇率售与中央银行或指定银行,并得依其志愿存储于中央银行或指定银行。其过境或游历旅客所携外币,仍需携带出境者,应于入境时报明海关,交由中央银行或指定银行封存保管,于出境时领回。

第十三条　外币有价证券非经财政部核准,不得携带出入国境。

第十四条　指定银行非经中央银行之核准,不得经营外币有价证券之买卖。

第十五条　中央银行对有关外汇管理事项所为之规定,应通函各指定银行,并报财政部备案。

第十六条　中央银行应将外汇收支数额按月列报财政部查核,其表式由财政部定之。

第十七条　财政部或中央银行得随时派员查阅指定银行有关外汇之帐册、文卷。

第十八条　指定银行违反本条例之规定,或中央银行通函之规定者,由中央银行停止其外汇经营业务,其触犯其他法令者,并从各该法令之规定处断。

第十九条　私人或团体非法经营指定银行之外汇业务者,除没收其外汇外,并处当事人五年以下有期徒刑,得并科所营业务金额一倍以下之罚金。

第二十条　违反本条例之规定,而以外汇私相转让者,除没收其外汇外,并处当事人六个月以下有期徒刑、拘役或一千元以下之罚金。

第二十一条　违反本条例第十一条者、第十三条者,由海关没收其外国币券及外汇有价证券。

第二十二条　本条例自公布日施行。

〔国民政府财政部档案〕

## 30. 中央银行经办黄金买卖外汇收付各项数额统计表

(1949年1月)

THE CENTRAL BANK OF CHINA

SHANGHAI

售出黄金期货统计表

| 时　期 | 售出两数 | 牌　价 | 售得价款 | 累计两数 | 备　注 |
|---|---|---|---|---|---|
| 33年11月 | 48,810 | $17,500 | $854,175,000 | | 十一月十三日改订牌价 |
| 33年11月 | 68,120 | 20,000 | 1,362,400,000 | 116,930 | |
| 33年12月 | 21,760 | 20,000 | 435,200,000 | 138,690 | |
| 34年1月 | 61,730 | 20,000 | 1,234,600,000 | 200,420 | |
| 34年2月 | 94,510 | 20,000 | 1,890,200,000 | 294,930 | |
| 34年3月 | 15,730 | 20,000 | 314,600,000 | | 三月三十一日改订牌价 |
| 34年3月 | 140 | 35,000 | 4,900,000 | 310,800 | |
| 34年4月 | 730 | 35,000 | 25,550,000 | 311,530 | |
| 34年5月 | 500 | 35,000 | 17,500,000 | 312,030 | 售得价款总数 $6,139,125,000 |

美金节约储蓄券偿付数日表

| 年月 | 行别 | 发行数 | 已付数 | | 未付数 | |
|---|---|---|---|---|---|---|
| | | | 本 | 息 | 本 | 息 |
| 卅七年九月 | 中央 | 18,821,248.16 | 17,605,773.16 | 2,039,859.31 | 1,215,475.00 | 153,346.76 |
| 卅七年九月 | 中国 | 23,821,814.88 | 23,617,087.46 | 1,205,425.31 | 204,727.42 | 23,055.62 |
| 卅七年八月 | 交通 | 28,915,768.54 | 28,582,748.54 | 1,805,499.57 | 333,020.00 | 42,013.80 |
| 卅七年九月 | 中农 | 5,015,570.00 | 4,810,556.00 | 502,255.44 | 205,014.00 | 25,831.77 |
| 卅七年九月 | 中信局 | 9,399,019.00 | 9,197,521.00 | 843,105.61 | 201,498.00 | 25,421.39 |
| 卅七年九月 | 邮汇局 | 6,521,160.00 | 5,659,060.00 | 383,000.95 | 862,100.00 | 108,624.60 |
| | 合计 | 92,494,580.58 | 89,472,746.16 | 6,779,146.19 | 3,021,834.42 | 378,293.94 |

## 滇晋两省购粮搭发储券偿付数目表

| 年月 | 行别 | 发行数 | 已付数 | | 未付数 | |
| --- | --- | --- | --- | --- | --- | --- |
| | | | 本 | 息 | 本 | 息 |
| 卅七年九月 | 中国 | 2,175,000.00 | 2,053,000.00 | 233,540.72 | 122,000.00 | 13,737.20 |
| 卅七年九月 | 中信局 | 2,175,000.00 | 2,074,970.00 | 261,474.14 | 100,030.00 | 12,603.78 |
| 卅七年九月 | 中农 | 2,175,000.00 | 1,901,390.00 | 239,576.76 | 273,610.00 | 34,474.86 |
| 卅七年八月 | 交通 | 2,175,000.00 | 2,013,740.00 | 253,759.16 | 161,260.00 | 20,318.76 |
| 卅七年九月 | 邮汇局 | 2,175,000.00 | 1,889,860.00 | 238,149.78 | 285,140.00 | 35,928.14 |
| | 合计 | 10,875,000.00 | 9,932,960.00 | 1,226,500.56 | 942,040.00 | 117,062.74 |

滇晋两省购粮搭发储券偿付数目表

| 年月 | 行别 | 发行数 | 卅六年十一月以前呈准财部兑付 | | 卅六年十一月以后按12,000兑付 | |
|---|---|---|---|---|---|---|
| | | | 本 | 息 | 本 | 息 |
| 卅六年十一月 | 中国 | 2,175,000.00 | 40.00 | 5.04 | 2,174,960.00 | 274,072.88 |
| 卅六年十一月 | 中信局 | 2,175,000.00 | — | — | 2,175,000.00 | 274,077.92 |
| 卅六年十一月 | 中农 | 2,175,000.00 | 2,850.00 | 359.10 | 2,172,150.00 | 274,042.79 |
| 卅六年十一月 | 交通 | 2,175,000.00 | 14,710.00 | 2,853.46 | 2,160,290.00 | 272,224.46 |
| 卅六年十一月 | 邮汇局 | 2,175,000.00 | — | — | 2,175,000.00 | 274,077.92 |
| | 合计 | 10,875,000.00 | 17,600.00 | 2,217.60 | 10,857,400.00 | 1,368,495.97 |

## 中央银行按廿六牌价售出外汇应向财政部补进之外汇总表

| 项　　目 | 英金 £ | 美金 US$ | 英金 £ | 美金 US$ |
|---|---|---|---|---|
| 三十一年本行印制钞券及运保等费用数额（全年） | £ 891,809：6：5 | US$ 9,614,895.47 | | |
| 三十一年度总额 | …………… | …………… | £ 891,809：6：5 | US$ 9,614,895.47 |
| 三十二年十二月份售出核准政府机关外汇 | £ 157,254：15：0 | US$ 1,083,861.41 | | |
| 三十二年十二月份售出核准个人及工商业外汇 | 853：12：2 | 26,950.00 | | |
| 三十二年本行印制钞券及运保等费用数额 | 1,065,136：12：7 | 16,978,337.60 | | |
| 三十二年度总额 | …………… | …………… | £ 1,223,244：19：9 | US$ 18,089,149.01 |
| 三十三年十二月份售出核准政府机关外汇 | £ 2,367,835：6：2 | US$ 35,753,095.36 | | |

续上表

| 项 · 目 | 英金 £ | 美金 US$ | 英金 £ | 美金 US$ |
|---|---|---|---|---|
| 三十三年十二月份售出核准个人及工商业外汇 | 467,376:17:6 | 5,180,282.28 | | |
| 三十三年本行印制钞券及运保等费用数额 | 862,958:12:4 | 9,346,559.04 | | |
| 三十三年度总额 | ………… | ………… | £3,698,170:16:0 | US$ 50,279,936.68 |
| 三十四年十二月份止售出核准政府机关外汇 | £2,906,924:9:4 | US$60,229,798.89 | | |
| 三十四年十二月份止售出核准个人及工商业外汇 | 1,515,234:5:6 | 2,991,416.65 | | |
| 三十四年本行印制钞券及运保等费用数额 | 1,251,778:17:10 | 13,770,732.31 | | |
| 三十四年度总额 | ………… | ………… | £5,673,937:12:8 | US$ 76,991,947.85 |

续上表

| 项　目 | 英金 £ | 美金 US$ | 英金 £ | 美金 US$ |
| --- | --- | --- | --- | --- |
| 三十五年(三月份上半月止)售出核准政府机关外汇 | £854,157：13：8 | US$64,631,415.28 | | |
| 三十五年(三月份上半月止)售出核准个人及工商业外汇 | 418,101：18：0 | 788,154.73 | | |
| 三十五年本行印制钞券及运保等费用数额 | 241,354：6：0 | 1,247,305.14 | | |
| 三十五年截至三月上半月份止总额 | …………………… | | £1,513,613：17：8 | US$ 66,666,875.15 |
| | | | £13,000,776：12：6 | US$ 221,642,804.16 |
| | | | @4.03 | 52,393,129.79 |
| | | | | US$ 274,035,933.95 |

注：三十二年十一月份以前出售之已核准外汇均按月向平准基会如数补进。

## 中央银行逐月售出核准各政府机关外汇统计表

| 年份 | £ | US$ | £ | US$ |
|---|---|---|---|---|
| 32年12月 | £157,254.15.0 | US$ | 1,083,861.41 | |
| 三十二年度总额 …………………………………… | | | £157,254:15:0 | US$ 1,083,861.41 |
| 33年1月 | £ 89,078:1:6 | US$ 422,080.27 | | |
| 2月 | 87,141:7:5 | 2,831,127.34 | | |
| 3月 | 146,440:16:2 | 3,006,855.65 | | |
| 4月 | 160,608:2:3 | 5,265,603.45 | | |
| 5月 | 149,917:10:9 | 1,295,944.14 | | |
| 6月 | 116,969:2:10 | 4,760,997.09 | | |
| 7月 | 106,810:9:8 | 902,799.00 | | |
| 8月 | 273,888:17:3 | 1,377,060.22 | | |
| 9月 | 262,339:11:6 | 4,540,841.00 | | |
| 10月 | 203,330:13:1 | 6,652,343.16 | | |
| 11月 | 659,622:11:10 | 2,343,177.96 | | |
| 12月 | 111,688:1:11 | 2,354,266.08 | | |
| 三十三年度总额 …………………………………… | | | £2,367,835:6:2 | US$ 35,753,095.36 |
| 34年1月 | £91,380:13:3 | US$ 4,767,204.14 | | |
| 2月 | 599,696:3:5 | 8,002,636.50 | | |
| 3月 | 450,873:6:1 | 1,755,162.85 | | |
| 4月 | 551,021:17:4 | 4,516,834.09 | | |
| 5月 | 76,289:10:0 | 1,557,026.21 | | |
| 6月 | 216,338:6:10 | 3,639,947.85 | | |
| 7月 | 110,036:0:2 | 3,943,823.97 | | |
| 8月 | 549,973:14:6 | 2,778,360.24 | | |
| 9月 | 41,057:2:2 | 4,441,309.25 | | |
| 10月 | 129,115:11:3 | 1,124,812.88 | | |
| 11月 | 30,413:2:3 | 16,828,087.91 | | |
| 12月 | 60,729:2:1 | 6,874,593.00 | | |
| 三十四年度总额 …………………………………… | | | £2,906,924:9:4 | US$ 60,229,798.89 |
| 35年1月 | £123,747:18:11 | US$ 42,280,742.29 | | |
| 2月 | 421,054:17:2 | 19,672,084.96 | | |
| 3月 | 309,354:17:7 | 2,678,588.03 | | |
| 三十五年截至三月上半月止总额 ………………… | | | £ 854,157:13:8 | US$ 64,631,415.28 |
| | | | £6,286,172:4:2 | US$ 161,698,170.94 |

## 华侨复业贷款办法表解

| | 原定办法 | 初期试办办法 | 备考 |
|---|---|---|---|
| 贷款总额 | US $ 50,000,000 | US $ 10,000,000 | (原定数额 $\frac{1}{5}$) |
| 三行分配数额 | 中央 37,500,000<br>中交二行 12,500,000 | 7,500,000<br>2,500,000 | 如因办理此项贷款而发生资金短绌时准向本行作转押 |
| 贷款区域及额度 | 中行马来亚 20,000,000<br>荷属东印度 17,500,000<br>暹越 2,500,000<br>交行菲列宾 5,000,000<br>缅甸 5,000,000<br>US $ 50,000,000 | US $ 4,000,000<br>3,500,000<br>500,000<br>1,000,000<br>1,000,000<br>US $ 10,000,000 | @4=£1,000,000<br>@4=£ 875,000<br>@7=Ic $ 3,500,000<br>@4=£ 250,000 |
| 贷款用途 | 限于华侨农工商矿业之复业 | | 依照银行通常放款办法 |
| 贷款方式 | 抵押及信用放款 | | 抵押以动产不动产为担保每户以美金一万元为限信用以铺保或信用昭客二人以上之担保不得超过美金一千元 |
| 利　息 | 依当地银行放款利率折半计息 | 按当地市价最低利率计算 | |
| 贷款期限 | 不得超过一年 | | 贷款人必要时可得申请转期期限不得超过半年 |
| 中交办理费　用 | 以贷款所得息金之半数贴补之 | | |

附注:查上项贷款前陈行政院核准施行,照报告中原定总额为美金五千万元,但因数目相当巨大,为兼顾起见,经贝总裁于本年五月廿二日签奉宋院长核准,先办一部份即美金一千万元,视成绩如何再行续放。

## 中央银行逐月售出核准个人及工商业外汇分表

| 年份 | £ | US $ | £ | US $ |
|---|---|---|---|---|
| 32年12月 | £ 853.12.2 | US $ 306,177.71 | | |
| 三十二年度总额…… | | | £853：12：2 | US $ 26,950.00 |
| 33年1月 | £13,097：4：4 | US $ 306,177.71 | | |
| 2月 | 117,892：5：8 | 421,695.76 | | |
| 3月 | 6,570：2：9 | 1,024,598.80 | | |
| 4月 | 10,428：0：4 | 230,102.04 | | |
| 5月 | 58,179：5：8 | 280,437.38 | | |
| 6月 | 40,674：10：8 | 160,822.86 | | |
| 7月 | 2,635：2：6 | 60,728.64 | | |
| 8月 | 17,456：3：6 | 185,802.21 | | |
| 9月 | 26,241：7：5 | 341,823.35 | | |
| 10月 | 84,221：3：6 | 806,999.03 | | |
| 11月 | 8,650：2：2 | 565,311.13 | | |
| 12月 | 81,331：9：0 | 795,783.37 | | |
| 三十三年度总额…… | | | £467,376：17：6 | US $ 5,180,282.28 |
| 34年1月 | £5,976：12：0 | US $ 162,005.83 | | |
| 2月 | 2,285：3：3 | 77,331.52 | | |
| 3月 | 5,517：4：4 | 198,542.25 | | |
| 4月 | 10,466：1：10 | 335,177.65 | | |
| 5月 | 897：2：3 | 75,238.44 | | |
| 6月 | 2,676：17：5 | 161,412.80 | | |
| 7月 | 1,898：15：0 | 53,665.00 | | |
| 8月 | 412,849：3：4 | 230,688.65 | | |
| 9月 | 2,008：15：0 | 47,225.00 | | |
| 10月 | 419,832：7：10 | 714,723.79 | | |
| 11月 | 561,974：8：10 | 566,491.70 | | |
| 12月 | 88,878：15：3 | 368,914.02 | | |
| 三十四年度总额…… | | | £1,515,234：5：6 | US $ 2,991,416.65 |
| 35年1月 | £78,215：14：2 | US $ 200,090.52 | | |
| 2月 | 336,400：19：6 | 368,547.27 | | |
| 3月 | 3,485：4：4 | 219,516.94 | | |
| 三十五年截至三月上半月止总额…… | | | £ 418,101：18：0 | US $ 788,154.73 |
| | | | £2,401,566：13：2 | US $ 8,986,803.66 |

## 华侨复业贷款项下本行拨款明细表

| 日期 | 行名 | 币别 | 拨款金额 | 汇往地点 |
|---|---|---|---|---|
| 1946<br>July 4 | 交通银行 | £ | 50,000：— | 电汇伦敦 Midland Bank<br>收交通银行仰光分行帐 |
| July 4 | 交通银行 | US $ | 200,000.00 | 电汇纽约 National City Bank<br>收交通银行菲列滨分行帐 |
| July 13 | 中国银行 | £ | 150,000：— | 电汇伦敦 Bank of China<br>收该总行帐 |
| July 13 | 中国银行 | £ | 50,000：— | 电汇伦敦 Bank of China<br>收该行香港分行帐 |
| TO, TAL | | US $<br>£ | 200,000.00<br>250,000：— | |

## 历年国外借款还本付息表

（截至卅七年十二月卅一日止）

| 借款名称 | 币别 | 借款总额 | 已还本金 | 已付利息 | 合计 |
|---|---|---|---|---|---|
| 美国 | | | | | |
| 桐油借款 | 美金 | 22,000,000.00 | 22,000,000.00 | 1,466,573.78 | 23,466,573.78 |
| 华锡借款 | 美金 | 20,000,000.00 | 15,750,000.00 | 3,475,864.95 | 19,225,864.95 |
| 钨砂借款 | 美金 | 25,000,000.00 | 25,000,000.00 | 3,808,245.15 | 28,808,245.15 |
| 金属借款 | 美金 | 50,000,000.00 | 50,000,000.00 | 6,965,291.51 | 56,965,291.51 |
| 中美五亿元财政协定 | 美金 | 500,000,000.00 | — | — | — |
| 3 C 借款 | 美金 | 50,293,853.38 | 3,352,923.56 | 2,210,756.07 | 5,563,679.63 |
| N-3 货轮十艘借款 | 美金 | 4,243,750.00 | 107,800.00 | 74,876.03 | 182,676.03 |
| 旧船十六艘借款(16Lakes) | 美金 | 2,540,947.55 | — | 145,704.20 | 145,704.20 |
| 铁路材料借款 | 美金 | 16,650,000.00 | — | 589,917.98 | 589,917.98 |
| 发电机设备借款 | 美金 | 8,800,000.00 | — | 171,333.84 | 171,333.84 |
| 煤矿设备借款 | 美金 | 1,500,000.00 | — | 40,132.48 | 40,132.48 |
| 自由轮十艘借款 | 美金 | 4,133,720.00 | 276,200.00 | 143,889.56 | 411,089.56 |
| N-3 轮八艘借款 | 美金 | 2,812,560.00 | 170,960.00 | 97,162.00 | 268,122.00 |
| C-1 轮十二艘借款 | 美金 | 7,462,960.00 | — | 124,744.86 | 124,744.86 |
| $V_{c2}$轮三艘借款 | 美金 | 1,977,980.00 | | | |

续上表

| 借款名称 | 币别 | 借款总额 | 已还本金 | 已付利息 | 合计 |
|---|---|---|---|---|---|
| 英国 | | | | | |
| 第一次信贷 | 英金 | 3,000,000-0-0 | 1,257,589-14-1 | 760,621-19-1 | 2,018,211-13-2 |
| 第二次信贷 | 英金 | 5,000,000-0-0 | 604,833-6-9 | 668,828-6-2 | 1,273,661-12-11 |
| 加拿大 | | | | | |
| 中加信贷 | 加币 | 60,000,000.00 | 2,786,110.17 | | 2,786,110.17 |

三十八年一月十日编制

## 平准基金委员会核结工商业及个人外汇统计表

30年11月至33年3月

| 期别 | 美金 | 英金 |
|---|---|---|
| 30年11月—31年 3月 | US＄ 5,548,801.55 | £1,361,441：4：3 |
| 31年 4月—31年 6月 | 205,593.37 | 126,336：7：6 |
| 31年 7月—31年 9月 | 151,246.69 | 140,327：9：9 |
| 31年10月—31年12月 | 273,676.16 | 117,576：9：3 |
| 32年 1月—32年 3月 | 242,135.05 | 86,325：9：1 |
| 32年 4月—32年 6月 | 370,556.00 | 87,111：1：4 |
| 32年 7月—32年 9月 | 534,074.49 | 86,158：4：5 |
| 32年10月—32年12月 | 465,963.44 | 104,578：5：5 |
| 33年 1月—33年 3月 | 43,755.70 | 600：0：0 |
| 总计 | US＄ 7,865,835.45 | £2,110,454：11：0 |
| 上列英金总额依 4.025 折合美金为 | | US＄8,494,579.56 |

1. 工商业进口物品系包括五金器材及其制成品化学品药品等个人需要包括旅费留外生活费等
2. 三十二年十一月底平准会核结来自三十二年十二月至三十三年三月核结之外汇系为清理积案所核结者
3. 上列英金与美金总额计 US＄ 16,360,415.01

## U. S. DOLLARS SAVINGS CERTIFICATES

### Principal & Interest Paid Ending October 30th, 1948.

| | | |
|---|---|---|
| Funds appropriated by Ministry of Finance | | US $ 100,000,000.00 |
| The Central Bank of China | US $ 19,650,505.91 | |
| Central Trust of China | 12,376,596.54 | |
| Farmers Bank of China | 7,553,350.24 | |
| Bank of China | 27,199,279.61 | |
| Bank of Communications | 32,850,227.09 | |
| Postal Remittances & Sav. Bank | 9,069,490.75 | |
| Over drawn | | 8,699,450.14 |
| | US $ 108,699,450.14 | US $ 108,699,450.14 |

超付部份美金 8,699,450.14 系由向各行局收回购粮储券本金之美金 10,857,400 元项下垫拨之

November 26th, 1946.

## GOLD BAR TRANSACTIONS DURING PERIOD OF JUNE 29,1946 TO NOV. 26, 1946.

| | | | |
|---|---|---|---|
| | Cash in Vault June 29, 1946. | GOZ. 2,908,512.918 | |
| 自七月一日至十一月廿六日收入各笔 | 美国运来黄金 118 桶 | GOZ. 388,064.626 | |
| | 天津分行接收敌伪产业 | GOZ. 160,638.999 | |
| | 保管科移交原桶黄金 23 桶 | GOZ. 74,660.436 | （包括渝行运来 GOZ. 91,734.702 GOZ. 140,464.346 因报单未到收暂存户） |
| | 厦门分行运来 | GOZ. 2,674 | |
| | 昆明分行运来资源委员会金块 | GOZ. 185.267 | |
| | 成都分行运来 | GOZ. 1,887.390 | |
| | 北平分行接收冀省行生金 | GOZ. 16,953.247 | |
| | 海关总税务司缴来 | GOZ. 5.458 | |
| | 代财政部收兑敦余庄缴入焓赤 | GOZ. 588.144 | |
| | | GOZ. 3,551,499.159 | |

续上表

| | | | |
|---|---|---|---|
| 自七月一日至十一月廿六日付出各笔 | 七月份售出焓赤合盎司数 | GOZ. | 130,501.378 |
| | 八月份售出焓赤合盎司数 | GOZ. | 419,215.937 |
| | 九月份售出焓赤合盎司数 | GOZ. | 238,119.090 |
| | 十月份售出焓赤合盎司数 | GOZ. | 197,974.152 |
| | 十一月一日至二十六日售出焓赤合盎司数 | GOZ. | 497,807.021 |
| | 转入纯金市两户 | GOZ. | 100,084.259 |
| | 转入纯金市两户 | GOZ. | 246.523 |
| | 冲渝行暂存户 | GOZ. | 91,734.702 |
| | 冲渝行暂存户 | GOZ. | 140,464.346 |
| | 冲暂存各金号寄存户 | GOZ. | 17.783 |
| | 尾差 | GOZ. | .004 |
| | | | GOZ. 1,816,165.195 |
| Gold in Fine Ounces | | | GOZ. 1,735,333.964 |
| Plus in Shih-Liang (See next sheet) | | | 995,204.152 |
| Total in Shanghai Vault Nov. 26, 1946. | | | GOZ. 2,730,538.116 |

November 26th, 1946.

## GOLD TRANSACTIONS (Supplementary)

| | | | |
|---|---|---|---|
| July 31, | 重庆分行运来 | S. P. Liang Fine Gold | 91,304.657 |
| July 31, | 重庆分行运来 | S. P. Liang Fine Gold | 139,805.860 |
| Aug. 5, | 西安分行运来 | S. P. Liang Fine Gold | 24,335.027 |
| Aug. 22, | 重庆分行运来 | S. P. Liang Fine Gold | 2,574.734 |
| Sept. 9, | 成都分行运来 | S. P. Liang Fine Gold | 140,410.638 |
| Sept. 17, | 重庆分行运来 | S. P. Liang Fine Gold | 60,207.295 |
| Sept. 17, | 重庆分行运来 | S. P. Liang Fine Gold | 54,147.531 |
| Sept. 17, | 重庆分行运来 | S. P. Liang Fine Gold | 14,363.553 |

续上表

| | | | |
|---|---|---|---|
| Sept. 20, | 重庆分行运来 | S. P. Liang Fine Gold | 37,328. 371 |
| Oct. 2, | 重庆分行运来 | S. P. Liang Fine Gold | 66,318. 498 |
| Oct. 9, | 昆明分行运来 | S. P. Liang Fine Gold | 94,778. 869 |
| Oct. 17, | 重庆分行运来 | S. P. Liang Fine Gold | 63,590. 461 |
| Oct. 18, | 重庆分行运来 | S. P. Liang Fine Gold | 44,265. 021 |
| Nov. 19, | 重庆分行运来 | S. P. Liang Fine Gold | 61,520. 489 |
| Nov. 21, | 纯金盎司户转来 | S. P. Liang Fine Gold | 99,615. 072 |
| Nov. 21, | 纯金盎司户转来 | S. P. Liang Fine Gold | 245. 369 |
| | | S. P. Liang Fine Gold | 994,811. 445 |

代付黄金存款 S. P. Liang Fine Gold 4,272. 730

S. P. Liang Fine Gold 4,272. 730

Cash in Vault Nov. 26, 1946. S. P. Liang Fine Gold 990,538. 715

Cash in Vault Nov. 26, 1946.

S. P. Liang Fine Gold 990,538. 715 @100471 GOZ. 995,204. 152

November 26th, 1946.

## U. S. NOTES TRANSACTIONS

| | | |
|---|---|---|
| June 29, 1946 | Cash in vault. | US $ 3,710,671. 15 |
| July 5, | Bought | 257. 50 |
| 5, | Com. for exchange T/T payment | 600. 00 |
| 5, | Young Bros. Banking Corp. | 20,000. 00 |
| July 10, | Cable charges | 6. 00 |
| July 17, | Alien Property Administration | 4,090. 00 |
| July 23, | Rec'd from Tientsin Branch (Bought for our account) | 1,084,721. 00 |

续上表

| | | |
|---|---|---|
| July 31, | Cable changes | 6.00 |
| Aug. 13, | Rec'd for Chase Bank | 3,712.62 |
| 13, | Commission | 111.38 |
| Aug. 17, | Alien Property Adm'n. | 9,167.00 |
| Aug. 29, | Bought | 2,500.00 |
| Aug. 8, | Bought | 1,032.00 |
| Aug. 31, | For exchange of D/D | 1,600.00 |
| Sep. 3, | U. S. Navy | 500,000.00 |
| 3, | Com. on exchange for T/T | 40,000.00 |
| Sep. 4, | Chengtu Branch | 166,054.00 |
| 4, | Chengtu Branch | 706.00 |
| Sep. 7, | Bought | 1,030.00 |
| Sept. 19, | Bank of China | 68,600.00 |
| 19, | Cable and mail charges | 1,400.00 |
| Sep. 26, | U. S. Navy | 200,000.00 |
| Sep. 30, | Amoy Branch | 3,600.00 |
| 30, | Changsha Branch | 543.00 |
| 30, | T/T to Nat. City Bank, N. Y. | 80,000.00 |
| 30, | Cable and mail charges | 2,400.00 |
| 30, | -do- | .75 |
| Oct. 19, | For exchange of D/D | 5,000.00 |
| Oct. 21, | Chungking Branch | 291,662.01 |
| 21, | Kunming Branch | 39,000.00 |
| 21, | Kunming Branch | 64,908.00 |
| Nov. 22, | Bought | 1,196.00 |
| 22, | Nanking Branch | 22,187.00 |
| | Aggregate: | US $ 2,616,090.26 |
| | | 3,710,671.15 |
| | | 6,326,761.41 |
| | Sold in the market: | 1,576,500.00 |
| | | 4,750,261.41 |
| | For persons sent abroad: | 217,388.00 |
| | Cash in vault (Nov. 26, 1946) | US $ 4,532,873.41 |

November 26th, 1946.

## U. S. NOTES TRANSACTIONS

| | | |
|---|---|---|
| June 29, 1946 | Cash in vault. | US $ 3,710,671.15 |
| July 5, | Bought | 257.50 |
| 5, | Com. for exchange T/T payment | 600.00 |
| 5, | Young Bros. Banking Corp. | 20,000.00 |
| July 10, | Cable charges | 6.00 |
| July 17, | Alien Property Administration | 4,090.00 |
| July 23, | Rec'd from Tientsin Branch (Bought for our account) | 1,084,721.00 |
| July 31, | Cable changes | 6.00 |
| Aug. 13, | Rec'd for Chase Bank | 3,712.62 |
| 13, | Commission | 111.38 |
| Aug. 17, | Alien Property Adm'n. | 9,167.00 |
| Aug. 29, | Bought | 2,500.00 |
| Aug. 8, | Bought | 1,032.00 |
| Aug. 31, | For exchange of D/D | 1,600.00 |
| Sep. 3, | U. S. Navy | 500,000.00 |
| 3, | Com. on exchange for T/T | 40,000.00 |
| Sep. 4, | Chengtu Branch | 166,054.00 |
| 4, | Chengtu Branch | 706.00 |
| Sep. 7, | Bought | 1,030.00 |
| Sept. 19, | Bank of China | 68,600.00 |
| 19, | Cable and mail charges | 1,400.00 |
| Sep. 26, | U. S. Navy | 200,000.00 |
| Sep. 30, | Amoy Branch | 3,600.00 |
| 30, | Changsha Branch | 543.00 |
| 30, | T/T to Nat. City Bank, N. Y. | 80,000.00 |
| 30, | Cable and mail charges | 2,400.00 |
| 30, | -do- | .75 |
| Oct. 19, | For exchange of D/D | 5,000.00 |
| Oct. 21, | Chungking Branch | 291,662.01 |
| 21, | Kunming Branch | 39,000.00 |
| 21, | Kunming Branch | 64,908.00 |
| Nov. 22, | Bought | 1,196.00 |
| 22, | Nanking Branch | 22,187.00 |

续上表

| | | |
|---|---|---|
| | Aggregate: | US $ 2,616,090.26 |
| | | 3,710,671.15 |
| | | 6,326,761.41 |
| Sold in the market: | | 1,576,500.00 |
| | | 4,750,261.41 |
| For persons sent abroad: | | 217,388.00 |
| Cash in vault (Nov. 26, 1946) | | US $ 4,532,873.41 |

January 30, 1947.

National Resources Commission

Gold Account.

| Date | Received | Paid | Bought and Earmarked |
|---|---|---|---|
| Nov. 2,1944 | US $ 1,792,411.11 | US $ 1,792,408.61 | Gold Oz. 51,082.020 |
| Nov. 2,1944 | 1,881,322.33 | 1,881,320.14 | 53,615.894 |
| Dec. 11,1944 | 1,138,015.11 | 1,138,014.73 | 32,432.248 |
| Dec. 26,1944 | 182,680.16 | 182,670.36 | 5,205.932 |
| Jan. 10,1945 | 689,714.52 | 689,713.38 | 19,656.023 |
| Jan. 25,1945 | 1,520,554.71 | 1,520,553.61 | 43,334.326 |
| Feb. 28,1945 | 570,615.49 | 570,608.14 | 16,261.797 |
| Mar. 26,1945 | 551,337.78 | 551,331.00 | 15,712.359 |
| Apr. 25,1945 | 218,838.07 | 218,837.39 | 6,236.404 |
| May. 26,1945 | 460,165.14 | 460,161.91 | 13,113.964 |
| Jun. 11,1945 | 413,003.52 | 413,001.54 | 11,769.937 |
| Jul. 10,1945 | 228,226.26 | 228,216.18 | 6,503.947 |
| Aug. 10,1945 | 229,141.25 | 229,139.31 | 6,529.998 |
| Sept. 28,1945 | 149,135.93 | 149,130.79 | 4,250.081 |
| Dec. 27,1945 | 277,513.83 | 277,503.84 | 7,908.363 |
| Jan. 28,1946 | 259,563.31 | 259,561.85 | 7,397.028 |
| May. 27,1946 | 234,839.33 | 234,836.93 | 6,692.380 |
| Jan. 3,1947 | 218,255.40 | 218,253.44 | 6,219.606 |
| | US $ 11,015,333.25 | US $ 11,015,263.15 | Gold Oz. 313,922.307 |

1st shipment arrived Gold Oz. 34,447.701

续上表

| | | |
|---|---|---|
| 2nd shipment arrived | 31,062.804 | |
| 3rd shipment arrived | 34,500.033 | |
| 4th shipment arrived | 181,444.311 | Gold Oz. 281,454.849 |
| Balance due from F. R. B. Gold A/c. No. 2 | | Goz. 32,467.458 |
| Balance due from Central Bank……Gold Oz. | | 48,107.034 |

注：根据二月四日资委会报告为 47,409,005 市两

各行处库存纯金美钞余额

| 行名 | 纯金市两 | 纯金盎司 | 美钞 | 行名 | 纯金市两 | 纯金盎司 | 美钞 |
|---|---|---|---|---|---|---|---|
| 西安分行 | 198.291 | 102.794 | 84.00 | 重庆分行 | 359,575.286 | 67,496.575 | 291,344.01 |
| 南郑分行 | | 478.507 | | 兰州分行 | 33,079.672 | 134.841 | 35.00 |
| 雅安分行 | | 166.664 | | 酒泉分行 | | 2.091 | 865.63 |
| 康定分行 | | 22.840 | | 天山分行 | | 126.393 | |
| 乐山分行 | | 605.573 | | 贵阳分行 | 84,449.915 | 192.411 | |
| 南昌分行 | | 103.163 | | 昆明分行 | 31,529.687 | 683.012 | |
| 九江分行 | | 25.292 | | 西宁分行 | | 350.104 | |
| 上饶分行 | | 8.125 | | 宁夏分行 | | 32.237 | |
| 杭州分行 | | 78.000 | 1,3000.00 | 柳州分行 | | 72.565 | |
| 成都分行 | 39.417 | 81.164 | 15,456.00 | 南宁分行 | | 115.656 | 2,212.00 |
| 三台分行 | | 215.936 | | 桂林分行 | 2.035 | | 15.00 |
| 芜湖分行 | | 12.870 | | 湛江分行 | | | 48.00 |
| 泉州分行 | | | 22,350.00 | 广州分行 | | | 208,177.00 |
| 延平分行 | | 142.849 | 47.00 | 汕头分行 | | | 22,787.00 |
| 福州分行 | | 323.020 | 10.00 | 青岛分行 | | | 31,491.97 |
| 长沙分行 | | | 45.00 | 天津分行 | | 2,058.280 | 25,067.50 |
| 衡阳分行 | | | 858.00 | 北平分行 | | | 19,824.00 |
| 沅陵分行 | | 314.888 | | / / | | | |
| 汉口分行 | | | 7,139.00 | / / | | | |
| 宜昌分行 | | 26.997 | | 共计 | 508,874.303 | 73,972.867 | 649,156.11 |

〔中央银行档案〕

## 31. 金银平准委员会关于抛售黄金外汇及物资报告

（1949年3月）

金银平准委员会第二次报告　（卅八年三月十五日起至三月廿一日止）

本会本周之工作，仍为继续抛售黄金、外汇及物资，并视实际情形酌为收购，以期平衡市场价格。计自三月十五日起至廿二日止，计净售出黄金三九，八七〇两，折合美金一，九九三，五一二．三〇元，净买入移转证美金七四，五〇〇．〇〇元，两计共卖出合美金一，九一九，〇一二．三〇元。又十八日配售银元一六九，三九二元，十九日配售银元一五六，九二七元，共配售银元三二六，三〇九元。物资方面本周内计配售烟煤共合二十五亿圆左右，配售生丝约合六亿余圆，台糖四亿余圆，共收回金圆券三十五亿元以上。至于股票之买卖，本周内黄金公债计买进三六四两，卖出三十三两，两计净买三三一两，付出金圆八千零九十万元。台糖股票共买入四，三三〇股，付出金圆一亿一千七百四十四万元。

根据数周来运用金银、外汇及物资之经验，市场抛售之工具，以黄金及纱布两项最为适宜。纱布因所存有限，未能充分利用，目前之主要工具厥为黄金之买卖。本周内对黄金运用，除仍由交通银行依照本会决定，在市场随时抛售外，对于银楼业之配售，亦采机动办法，银楼之申请，必须于十二时以前送到，十二时一刻由委员会参照市场情形公布配价，一时以前必须缴款，下午之配价及办法，再由委员会参照市场情形另行决定。

除黄金、外汇及物资之买卖外，本周内复增加银元之配售一种，配售对象为本市各商业行庄。三月十八日决定配售银元，不分版别，每元按柒千圆作价，参照行庄前一日之浮存余额百分之廿五以内配售。十九日则按十八日浮存余额百分之廿以内，仍照每元合柒千圆配售。配售以来，银元市价得以稳定。

查本会运用金银、外汇及物资之目的，原在藉金银、外汇之抛售，减少通货之发行，缓和物价上涨之速率。兹将去年八月以来每月之发行增加率及物价上涨率比较如后：

| | 八月 | 九月 | 十月 | 十一月 | 十二月 | 一月 | 二月 | 三月（一至十九日） |
|---|---|---|---|---|---|---|---|---|
| 发行增加率 | 一 | 三.二二三 | 一.六六七 | 二.〇〇一 | 二.五五五 | 二.五四三 | 二.八六五 | 一.八九四 |
| 物价上涨率 | 一 | 一.〇七四 | 一.二六四 | 二.五五六 | 一.八七三 | 二.六〇七 | 九.七二一 | 三.四七七 |
| 物价上涨对发行增加比率 | | 〇.三三 | 〇.七六 | 六.四七 | 〇.七三 | 一.〇二 | 三.三 | 一.八三 |

根据前列统计每月之物价上涨对发行上涨〔增加〕比率，上年九月、十月间物价上涨均小于发行之膨胀，迄十一月时，限价开放，物价骤涨，较同月发行之增加约大六倍半，十二月间物价复趋稳定。惟自本年一月份，物价上涨速率逐渐超过发行之膨胀率，二月份物价之上涨竟超过发行三倍之多。依此推算，设无国行从中调节，物价上涨与发行膨胀之比率，当在二月份之倍数之上。但根据上表之推算，自三月一日至十九日间，物价与发行之上升比率仅一.八三倍。

至就物价上涨之比率言，本年以来，一月份上涨速率较上一月高二倍以上，二月份则达九倍余，三月自一日至十九日，上涨比率较上月仅三倍有余，自系本会运用之结果。

值此军政支出浩繁，政局欠安之际，欲求经济全面稳定，当为非政府现有资力所能及。但如能和缓物价之波动，使通货膨胀暂时不再恶化，一面再探图治根之途径，国民经济已可得益不少。

自 2 月 25 日起至 3 月 21 日止计净卖出：

(1) 黄金 48,284两519 折合US$ 2,414,225.95
(2) 外汇移转证 US$ 2,786,256.79
(3) 美汇,美钞 US$ 409,000.00
(4) 港币:上海售出 HK$ 5,415,500.00
香港售出 HK$ 1,784,147.50
合计 HK$ 7,199,647.50 合US$ 1,439,929.50

折合美金合计 US$ 7,049,412.24

(5) 银元 3月18日卖出 169,382银元
3月19日卖出 156,927银元

共计 326,309银元

## 黄 金 买 卖(上海)

单位:市两

| | 买 进 | 卖 出 | 净买(+)或净卖(—) | 累 计 |
|---|---|---|---|---|
| 2月25日 | — | — | — | — |
| 2月26日 | — | — | — | — |
| 2月28日 | — | — | — | — |
| 3月1日 | — | — | — | — |
| 3月2日 | — | — | — | — |
| 3月3日 | — | — | — | — |
| 3月4日 | — | — | — | — |
| 3月5日 | — | — | — | — |
| 3月7日 | — | — | — | — |
| 3月8日 | — | 286.213 | 286.213(—) | 286.213(—) |
| 3月9日 | — | 2,824.397 | 2,824.397(—) | 3,110.610(—) |
| 3月10日 | — | 5,945.600 | 5,945.600(—) | 9,056.210(—) |

续上表

| | 买 进 | 卖 出 | 净买(+)或净卖(-) | 累 计 |
|---|---|---|---|---|
| 3月11日 | — | 4,035.508 | 4,035.508(-) | 13,091.718(-) |
| 3月12日 | 4,982.828 | 7,054.179 | 2,071.351(-) | 15,163.069(-) |
| 3月14日 | 6,990.029 | 241.233 | 6,748.796(-) | 8,414.273(-) |
| 3月15日 | — | 5,856.556 | 5,856.556(-) | 14,270.829(-) |
| 3月16日 | — | 5,134.587 | 5,134.587(-) | 19,405.416(-) |
| 3月17日 | — | 9,908.257 | 9,908.257(-) | 29,313.673(-) |
| 3月18日 | — | 6,846.816 | 6,846.816(-) | 36,160.489(-) |
| 3月19日 | — | 1,649.414 | 1,649.414(-) | 37,809.903(-) |
| 3月21日 | 275.046 | 10,749.662 | 10,474.616(-) | 48,284.519(-) |

外汇移转证买卖 (上海)

单位:美元

| | 买 进 | 卖 出 | 净买(+)或净卖(-) | 累 计 |
|---|---|---|---|---|
| 2月25日 | — | — | — | — |
| 2月26日 | — | — | — | — |
| 2月28日 | — | 443,100.00 | 443,100.00(-) | 443,100.00(-) |
| 3月1日 | — | — | — | 443,100.00(-) |
| 3月2日 | — | 371,000.00 | 371,000.00(-) | 814,100.00(-) |
| 3月3日 | — | 350,000.00 | 350,000.00(-) | 1,164,100.00(-) |
| 3月4日 | — | 499,157.29 | 499,157.29(-) | 1,663,257.29(-) |
| 3月5日 | — | 420,000.00 | 420,000.00(-) | 2,083,257.29(-) |
| 3月7日 | — | 337,000.00 | 337,000.00(-) | 2,420,257.29(-) |

续上表

| | 买进 | 卖出 | 净买(+)或净卖(-) | 累计 |
|---|---|---|---|---|
| 3月8日 | — | 465,000.00 | 465,000.00(-) | 2,885,257.29(-) |
| 3月9日 | — | 448,000.00 | 448,000.00(-) | 3,333,257.29(-) |
| 3月10日 | — | 43,787.00 | 43,787.00(-) | 3,377,044.29(-) |
| 3月11日 | 369,000.00 | — | 369,000.00(-) | 3,008,044.29(-) |
| 3月12日 | — | 167,600.00 | 167,600.00(-) | 3,175,644.29(-) |
| 3月14日 | 314,887.50 | — | 314,887.50(-) | 2,860,756.79(-) |
| 3月15日 | — | — | — | 2,860,756.79(-) |
| 3月16日 | — | 150,500.00 | 150,500.00(-) | 3,011,256.79(-) |
| 3月17日 | — | — | — | 3,011,256.79(-) |
| 3月18日 | — | — | — | 3,011,256.79(-) |
| 3月19日 | 225,000.00 | — | 225,000.00(-) | 2,786,256.79(-) |
| 3月21日 | — | — | — | 2,786,256.79(-) |

美钞美汇买卖 (上海)

单位:美元

| | 买进 | 卖出 | 净买(+)或净卖(-) | 累计 |
|---|---|---|---|---|
| 2月25日 | — | 40,000 | 40,000(-) | 40,000(-) |
| 2月26日 | — | — | — | — |
| 2月28日 | — | 40,000 | 40,000(-) | 80,000(-) |
| 3月1日 | — | — | — | 80,000(-) |
| 3月2日 | — | 60,000 | 60,000(-) | 140,000(-) |
| 3月3日 | — | — | — | 140,000(-) |
| 3月4日 | — | — | — | 140,000(-) |

续上表

| | 买 进 | 卖 出 | 净买(+)或净卖(-) | 累 计 |
|---|---|---|---|---|
| 3月5日 | — | 100,000 | 100,000(-) | 240,000(-) |
| 3月7日 | — | 50,000 | 50,000(-) | 290,000(-) |
| 3月8日 | — | 78,000 | 78,000(-) | 368,000(-) |
| 3月9日 | — | 16,000 | 16,000(-) | 384,000(-) |
| 3月10日 | — | 25,000 | 25,000(-) | 409,000(-) |
| 3月11日 | — | — | — | 409,000(-) |
| 3月12日 | — | — | — | 409,000(-) |
| 3月14日 | — | — | — | 409,000(-) |
| 3月15日 | — | — | — | 409,000(-) |
| 3月16日 | — | — | — | 409,000(-) |
| 3月17日 | — | — | — | 409,000(-) |
| 3月18日 | — | — | — | 409,000(-) |
| 3月21日 | — | — | — | 409,000(-) |

港 汇 买 卖 (上海)

单位:港币:元

| | 买 进 | 卖 出 | 净买(+)或净卖(-) | 累 计 |
|---|---|---|---|---|
| 2月25日 | — | 15,000 | 15,000(-) | HK$ 15,000(-) |
| 2月26日 | — | — | — | — |
| 2月28日 | — | 737,500 | 737,500(-) | 752,500(-) |
| 3月1日 | — | — | — | — |
| 3月2日 | — | — | — | 752,500 |
| 3月3日 | — | 295,000 | 295,000(-) | 1,047,500(-) |

续上表

| | 买 进 | 卖 出 | 净买(+)或净卖(-) | 累 计 |
|---|---|---|---|---|
| 3月4日 | — | 188,000 | 188,000(-) | 1,235,500(-) |
| 3月5日 | — | 1,055,000 | 1,055,000(-) | 2,290,500(-) |
| 3月7日 | — | 710,000 | 710,000(-) | 3,000,500(-) |
| 3月8日 | — | 1,510,000 | 1,510,000(-) | 4,510,500(-) |
| 3月9日 | — | 855,000 | 855,000(-) | 5,365,500(-) |
| 3月10日 | — | 50,000 | 50,000(-) | 5,415,500(-) |
| 3月11日 | — | — | — | 5,415,500(-) |
| 3月12日 | — | — | — | 5,415,500(-) |
| 3月14日 | — | — | — | 5,415,500(-) |
| 3月15日 | — | — | — | 5,415,500(-) |
| 3月16日 | — | — | — | 5,415,500(-) |
| 3月17日 | — | — | — | 5,415,500(-) |
| 3月18日 | — | — | — | 5,415,500(-) |
| 3月19日 | — | — | — | 5,415,500(-) |
| 3月21日 | — | — | — | 5,415,500(-) |

港 汇 买 卖 (香港)

单位:港币:元

| | 买 进 | 卖 出 | 净买(+)或净卖(-) | 累 计 |
|---|---|---|---|---|
| 2月25日 | — | 362,500 | 362,500(-) | HK $ 362,500(-) |
| 2月26日 | — | — | — | — |
| 2月28日 | — | 63,437.50 | 63,437.50(-) | 425,937.50(-) |
| 3月1日 | — | 472,500 | 472,500(-) | 898,437.50(-) |

续上表

| | 买进 | 卖出 | 净买(+)或净卖(−) | 累计 |
|---|---|---|---|---|
| 3月2日 | — | 790,410 | 790,410(−) | 1,688,847.50(−) |
| 3月3日 | — | 95,300 | 95,300(−) | 1,784,147.50(−) |
| 3月4日 | — | — | — | 1,784,147.59(−) |
| 3月5日 | — | — | — | 1,784,147.50(−) |
| 3月7日 | — | — | — | 1,784,147.50(−) |
| 3月8日 | — | — | — | 1,784,147.50(−) |
| 3月9日 | — | — | — | 1,784,147.50(−) |
| 3月10日 | — | — | — | 1,784,147.50(−) |
| 3月11日 | — | — | — | 1,784,147.50(−) |
| 3月12日 | — | — | — | 1,784,147.50(−) |
| 3月14日 | — | — | — | 1,784,147.50(−) |
| 3月15日 | — | — | — | 1,784,147.50(−) |
| 3月16日 | — | — | — | 1,784,147.50(−) |
| 3月17日 | — | — | — | 1,784,147.50(−) |
| 3月18日 | — | — | — | 1,784,147.50(−) |
| 3月19日 | — | — | — | 1,784,147.50(−) |
| 3月21日 | — | — | — | 1,784,147.50(−) |

## 金圆券发行额

| | 金圆券发行总额 | 发行指数(37年8月底=1) | 较上月增加率 | 以美钞黑市价折合美元数 |
|---|---|---|---|---|
| 37年8月底 | 296,817,201.00 | 1.000 | | @ 4.00 = US$ 74,204,550.00 |
| 37年9月底 | 956,752,494.40 | 3.223 | 3.223 | @ 4.50 = US$ 212,611,665.40 |

续上表

| | 金圆券发行总额 | 发行指数(37年8月底=1) | 较上月增加率 | 以美钞黑市价折合美元数 |
|---|---|---|---|---|
| 37年10月底 | 1,595,386,691.00 | 5.375 | 1.667 | @ 15.00 = US$ 106,359,112.70 |
| 37年11月底 | 3,204,321,603.00 | 10.796 | 2.001 | @ 42.00 = US$ 76,293,371.50 |
| 37年12月底 | 8,186,333,371.00 | 27.580 | 2.555 | @ 135.00 = US$ 60,639,506.45 |
| 38年1月底 | 20,821,562,771.00 | 70.149 | 2.543 | @ 700.00 = US$ 29,745,089.60 |
| 38年2月底 | 59,663,510,771.00 | 201.011 | 2.865 | @ 2,980.00 = US$ 20,021,312.33 |
| 38年3月19日 | 113,043,614,071.00 | 380.853 | 1.894(19天) | @ 9,700.00 = US$ 11,653,980.80 |

| | 趸售物价指数(以战前为基期) | 趸售物价指数(以八月底=1) | 较上月增加率 |
|---|---|---|---|
| 37年8月底 | 186.3 | 1.000 | |
| 37年9月底 | 200.0 | 1.074 | 1.074 |
| 37年10月底 | 252.7 | 1.356 | 1.264 |
| 37年11月底 | 3,273.9 | 17.573 | 12.956 |
| 37年12月底 | 6,131.3 | 32.911 | 1.873 |
| 38年1月底 | 15,983.3 | 85.793 | 2.607 |
| 38年2月底 | 155,378.6 | 834.024 | 9.721 |
| 38年3月19日 | 540,309.0 | 2,900.209 | 3.477(19天) |

〔中央银行档案〕

## 32. 中央银行外汇概况报告

(1948年11月—1949年4月)

一、1948年11月报告

外汇业务报告

查本行外汇业务，系秉承政府指示，并根据“中央银行管理外汇条例”之规定，分别办理。兹将卅七年度各项外汇业务办理情形列述如次：

（一）关于政府机关及国营事业机关需用外汇事项。

此项外汇之支付，系根据行政院命令及财政部通知，由本行视外汇头寸之宽紧，与领用机关洽商支付。综计一年来，付出外汇共折合美金一五六，一六〇，二五四．九一元。

（二）关于商用外汇事项。

此项外汇之买卖，系根据管理外汇条例之规定，由本行委由各指定银行办理。其汇率原系根据外汇平衡委员会规定牌价计算，嗣以外汇黑市逐渐上涨，平衡会牌价汇率与黑市汇价相距日远，出口贸易颇受影响，侨汇亦多流入黑市，而进口商所需外汇，仍照平衡会牌价结汇，不啻享受特殊待遇，爰由本行建议采用结汇证明书办法，对于出口贸易获致外汇颇多裨益，至本年八月十九日政府公布财政经济处分命令，经即将该项办法取消。唯自政府公布修正金圆券发行办法及进出口贸易连锁纲要后，本行为适应事实需要，争取出口外汇，复由本行拟订使用外汇移转证办法，于十一月廿三日公布施行，综计一年来买入外汇共折合美金三三一，三七五，九三六．四九元，卖出外汇共折合美金三二九，四三〇，〇一八．〇八元，买卖相抵净买入美金一，九四五，九一八．四一元。

（三）关于集中外汇头寸事项。

（1）关于国家行局外汇头寸集中本行事项。

中国、交通、农民三行及中信邮汇两局所有外汇资金，原由各该行局自行运用，嗣于本年八月间奉总统指示，各该行局外汇资金全部移交本行，经由本行与各该行局商定由各该行局将外汇资产负债相抵后，净值全部移交本行，再由本行转拨一部资金交由各该行局作为办理外汇业务之周转资金，其拨转情形如次：

| 行局别 | 外汇资产负债相抵后净值折合美金移交本行 | 转拨营业周转金 | 实移本行金额 |
|---|---|---|---|
| 中国银行 | 六七，二〇八，〇〇〇元 | 三七，二〇八，〇〇〇元 | 三〇，〇〇〇，〇〇〇元 |

续上表

| 行局别 | 外汇资产负债相抵后净值折合美金移交本行 | 转拨营业周转金 | 实移本行金额 |
|---|---|---|---|
| 交通银行 | 二五,〇〇〇,〇〇〇元 | 一六,一三〇,〇〇〇元 | 八,八七〇,〇〇〇元 |
| 农民银行 | 七,一八五,〇〇〇元 | 三,六八五,〇〇〇元 | 三,五〇〇,〇〇〇元 |
| 中央信托局 | 六,二二二,〇〇〇元 | 三,二二二,〇〇〇元 | 三,〇〇〇,〇〇〇元 |
| 邮政储金汇业局 | 五,〇〇〇,〇〇〇元 | 二,五〇〇,〇〇〇元 | 二,五〇〇,〇〇〇元 |
| 共　计 | 一一〇,六一五,〇〇〇元 | 六二,七四五,〇〇〇元 | 四七,八七五,〇〇〇元 |

(2) 关于商业行庄外汇资金移存本行事项。

根据财政经济紧急处分令之规定,办理各商业行庄外汇事宜,计截至本年十月底止,共移存本行:

现款部份　折合美金　六,〇九三,三四四.七七元

证券部份　折合美金　三一,一〇四,一〇四.〇七元

共　计　美金　三七,一九七,四四八.八四元

上项证券部份多系国内外币公债债券,如京沪沪杭甬铁路英金公债、湖广陇海等铁路公债等,其在国外市场列有市价者甚少,经由本行将上项证券分别委由伦敦纽约两地中国银行代为保管。

(四) 关于吸收外汇资金事项。

(1) 关于收兑金银外币事项。

按照政府卅七年八月十九日公布财政经济紧急处分令规定,人民所有黄金白银银币及外币,应悉数交由本行及本行委托之代理银行收兑,兹将截至卅七年十月底止收兑数额列述如左:

| 项　目 | 上海部份 | 外埠部份 | 共　计 |
|---|---|---|---|
| 黄金(纯金市两) | 一,一〇二,五二八,六九六 | 二,五五二,四五〇,〇九四 | 一,六五四,九七八,七九〇 |
| 白银(纯银市两) | 九六六,三九八,四四六 | 八,〇七二,一三六,七二〇 | 九,〇三八,五二五,一六六 |
| 银元(元) | 三,六九三,二〇一 | 一九,八五三,六五九.二九 | 二三,五四六,八六〇.二九 |

续上表

| 项目 | 上海部份 | 外埠部份 | 共计 |
| --- | --- | --- | --- |
| 银角(枚) | 三,九〇五,一七八 | 三五,一四一,九八一 | 三九,〇四七,一五九 |
| 美钞(元) | 三〇,八二〇,六二二.八六 | 一七,一四六,七〇九.六一 | 四七,九六七,三三二.四七 |
| 港币(元) | 一〇,五一二,〇八四.三二 | 七〇,九五九,〇九一.三〇 | 八一,四七一,一七五.六二 |
| 菲币(元) | 一六,三二七.八五 | | 一六,三二七.八五 |

(2) 关于政府出口物资吸收外汇事项。

频年以来国内外汇黑市逐渐上涨,虽经实施结汇证及移转证办法,唯出口贸易仍多阻碍,经由本行委托办理外销业务机构收购外销物资外销以裕本行外汇收入,兹列举其中数额较大者如次(收入外汇折合美金计算)。

(甲) 委由中央信托局收购桐油、猪鬃、冰蛋等项,计收入美金二一,四六一,八九一.二八元。

(乙) 委由中央信托局收购到埠外棉纺成纱布外销,计收入美金一〇,二三六,〇二一.七二元。

(丙) 资源委员会收购矿品及与本行合作收购矿品,共收入美金一一,八八九,一五二.七一元。

(丁) 台湾糖业公司外销台糖,计收入美金四,四六一,八九六.八九元。

(五) 关于国际复兴开发银行股款处理事项。

根据政府命令及国际复兴开发银行之规定,办理我国以国币折缴股款之存储保管及动支,并按照政府历次规定汇率洽商财政部调整补缴国币。

二、1949年4月报告

最近四月余来,中央银行外汇概况(卅七年十一月至卅八年三月廿六日止):

(甲) 外汇头寸

(一) 总行部份:自卅七年十二月份起至卅八年三月廿三日止,每月月底存放于国内外银行计:

(1) 卅七年十一月底：美金七千九百七十余万元，英金一十二万余镑，港币一千四百八十余万元，印币一千四百六十余万盾。

(2) 卅八年一月底：美金六千五百八十余万元，英金二十七万余镑，港币一千七百八十余万元，印币一千二百一十余万盾。

(3) 卅八年二月底：美金四千七百九十余万元，英金四十九万余镑，港币四千七百八十余万元，印币一千八百二十万余盾(本月份由广州分行拨存总行港币六千六百余万元，连同原存港币一千七百余万元，合共应为港币八千余万元除其中港币三千二百万元已由本行拨充发行准备外，实存如上数)。

(4) 卅八年三月廿三日：美金四千二百七十余万元，英金六十三万余镑，港币四千六百八十余万元，印币一千七百七十余万盾。

(二) 广州分行部份：自卅七年十二月份起至卅八年三月十九日止每月月底存放于国内外银行计：

(1) 卅七年十二月底：港币九千一百二十余万元，美金五百六十余万元，英金二十八万余镑，印币三十四万余盾。

(2) 卅八年一月底：港币九千八百五十余万元，美金六百零八万余元，英金三十万零四千余镑，印币三十五万余盾。

(3) 卅八年二月底：港币三千二百三十余万元，美金七百五十余万元，英金三十三万余镑，印币三十五万余盾(原存收兑港钞项下约港币六千六百余万元已转付总行帐)。

(4) 卅八年三月十九日：港币三千二百零一万余元，美金八百八十余万元，英金四十万镑，印币三十五万余盾。

(三) 合计：截至卅八年三月廿三日止(广州分行截至三月十九日止)总行与广州分行存放国内外银行外汇头寸合计美金五千一百六十余万元，英金一百零三万余镑，港币七千八百八十余万元，印币一千八百一十余万元〔盾〕。

(乙) 政府机关外汇：

政府机关需用外汇经行政院核准由本行于卅七年十一月份起

至卅八年三月廿六日止，拨付者共折合美金五千九百六十余万元，其中以购置军用器材、军用油、粮食及支付使领馆经费、外债与印钞等项支付数额较巨，计付：

(1) 军用器材：美金一千九百五十余万元，英金五千镑。

(2) 军用油：美金六百一十余万元，港币七十万零五千余元。

(3) 粮食：美金二百六十余万元，英金九十四万余镑，港币三十四万余元，印币五万余盾。

(4) 使领馆费：美金四百零四万余元。

(5) 外债：美金二百五十余万元，英金四十万零一千余镑(本年一月卅一日偿付美棉借款本息美金二千一百余万元并未列入)。

(6) 印钞券：美金四百五十余万元，英金二十六万余镑，港币二千七百五十余万元。

(丙) 商用外汇：

综计自卅七年十一月份起至卅八年三月廿六日止，本行共卖出美金二千六百三十余万元，买入美金一千九百五十余万元，买卖相抵后，净卖出美金六百七十余万元。

(丁) 华侨汇款：

自卅七年十一月份起至卅八年三月廿六日止，收入侨汇共为美金四百三十余万元。

综计自卅七年十一月份起至卅八年三月廿六日止(乙)(丙)(丁)三项收支相抵后净付出美金六千二百零六万余元(连同偿付美棉借款本息美金二千一百余万元净付出美金八千三百零六万余元)。

中央银行总行及粤行存放国内外银行外汇表

(截至卅八年三月二十三日)

| 币 别 | 总 行 | 粤 分 行 | 合 计 |
|---|---|---|---|
| 美(元)金 | 42,743,233.29 | 8,879,210.01 | 51,622,443.30 |
| 英(镑)金 | 636,849-7-0 | 400,008-10-3 | 1,036,857-17-3 |

续上表

| 币别 | 总行 | 粤分行 | 合计 |
| --- | --- | --- | --- |
| 港(元)币 | 46,846,818.69 | 32,010,868.49 | 78,857,687.18 |
| 印(盾)币 | 17,788,320-14-11 | 352,660-5-7 | 18,140,981-4-6 |

## 中央银行总行存放国内外银行外汇表

(卅七年十二月至卅八年三月二十三日)

| 币别 | | 十二月底 | 一月底 | 二月底 | 三月二十三日 |
| --- | --- | --- | --- | --- | --- |
| 国外存款 | 美金 | 57,518,790.22 | 54,589,584.88 | 37,144,311.22 | 36,942,428.19 |
| | 英金 | 107,773-14-6 | 264,967-4-5 | 478,209-3-10 | 621,997-12-1 |
| | 港币 | 14,890,077.01 | 12,863,916.18 | 46,203,569.63 | 46,846,818.69 |
| | 印币 | 14,624,692-13-5 | 12,175,576-4-9 | 18,200,949-13-4 | 17,782,505-1-9 |
| 国内存款 | 美金 | 22,270,016.34 | 11,270,016.34 | 10,780,356.90 | 10,800,805.10 |
| | 英金 | 17,856-9-3 | 14,776-13-1 | 14,776-13-1 | 14,851-14-11 |
| | 港币 | —— | 5,000,000.00 | 1,694,000.00 | —— |
| | 印币 | —— | —— | —— | 5,815-13-2 |
| 合计 | 美金 | 79,788,806.56 | 65,859,601.22 | 47,924,668.12 | 42,743,233.29 |
| | 英金 | 124,830-3-9 | 279,743-17-6 | 492,985-16-11 | 636,849-7-0 |
| | 港币 | 14,890,077.01 | 17,863,916.18 | 47,897,567.63 | 46,846,818.69 |
| | 印币 | 14,624,692-13-5 | 12,175,576-4-9 | 18,200,949-13-4 | 17,788,320-14-11 |

## THE CENTRAL BANK OF CHINA, CANTON

## DEPOSIT WITH BANKS

## MARCH 19, 1949

| NAME OF BANKS | HK $ | US $ | £STG. | RUPEES |
| --- | --- | --- | --- | --- |
| Bank of China | | 8,879,210.01 | 389,747-9-10 | 352,660-5-7 |
| A/C 6990 | 2,198,412.41 | | | |
| Special A/C | 22,492,220.08 | | | |

续上表

| NAME OF BANKS | HK $ | US $ | /£STG. | RUPEES |
|---|---|---|---|---|
| Temporary A/C | | | 10,261-0-5 | |
| Bank of Communications | 2,999,980.00 | | | |
| Farmers Bank of China Exchange A/C | 3,370,222.00 | | | |
| Central Trust of China | 950,034.00 | | | |
| Total | HK $ 32,010,868.49 | US $ 8,879,210.01 | £400,008-10-3 | Rp. 352,660-5-7 |

中央银行总行及粤行存放国内外银行外汇表

（截至卅八年三月二十三日）

| 币　别 | 总　行 | 粤分行 | 合　计 |
|---|---|---|---|
| 美(元)金 | 42,743,233.29 | 8,879,210.01 | 51,622,443.30 |
| 英(镑)金 | 636,849-7-0 | 400,008-10-3 | 1,036,857-17-3 |
| 港(元)币 | 46,846,818.69 | 32,010,868.49 | 78,857,687.18 |
| 印(盾)币 | 17,788,320-14-11 | 352,660-5-7 | 18,140,981-4-6 |

广州分行存放国内外银行外汇表

（卅七年十二月截至卅八年三月十九日）

| 月　别 | 港　币 | 美　金 | 英　金 | 印　币 |
|---|---|---|---|---|
| 三十七年十二月底 | 91,231,565.06 | 5,669,786.67 | 282,526-12-3 | 346,298-1-7 |
| 三十八年　一月底 | 98,552,439.74 | 6,087,216.44 | 304,623-15-1 | 350,091-3-7 |
| 二月底 | 32,380,447.93 | 7,557,385.58 | 335,523-14-9 | 352,022-5-7 |
| 三月十九日 | 32,010,868.69 | 8,879,210.01 | 400,008-10-3 | 352,660-5-7 |

中央银行买卖商用外汇表

（卅七年十一月至卅八年三月廿六日）

| 月　份 | 买　入 | 卖　出 | 买　超 | 卖　超 |
|---|---|---|---|---|
| 三十七年十一月份 | 1,414,124.54 | 9,653,834.38 | | 8,239,709.84 |
| 十二月份 | 3,723,478.23 | 1,447,316.42 | 2,276,161.81 | |

续上表

| 月份 | 买入 | 卖出 | 买超 | 卖超 |
|---|---|---|---|---|
| 三十八年一月份 | 4,506,909.24 | 2,140,464.31 | 1,801,444.93 | |
| 二月份 | 3,951,129.88 | 4,073,881.93 | | 122,752.65 |
| 三月一日至廿六日 | 5,897,515.55 | 8,412,401.24 | | 2,574,885.69 |
| 合计 | 19,528,157.44 | 26,327,898.28 | 4,077,606.74 | 10,877,347.58 |
| 买超卖超相抵后净卖出 US$ 6,799,740.84 | | | | |

指定银行代本行买卖外汇如买入超过卖出，则将余额转缴本行，本行作为“买入外汇”，如卖出超过买入，其不足向本行补足，本行作为“卖出外汇”。

中央银行收入华侨汇款表

（卅七年十一月一日至卅八年三月廿六日）　单位：美元

| 月份 | 金额 |
|---|---|
| 三十七年　十一月份 | 620,238.04 |
| 十二月份 | 1,687,161.11 |
| 三十八年　一月份 | 1,804,960.39 |
| 二月份 | 220,958.35 |
| 三月一日至廿六日 | 62,198.70 |
| 合计 | 4,395,516.59 |

最近五月来销售政府机关外汇表

（自卅七年十一月至卅八年三月廿六日）

| 时间 | 金（美金：元）额 |
|---|---|
| 卅七年十一月份 | 11,548,032.15 |
| 卅七年十二月份 | 9,544,359.69 |
| 卅八年一月份 | 7,167,735.48 |
| 卅八年二月份 | 20,725,766.51 |
| 卅八年三月一日至廿六日 | 10,676,432.02 |
| 合计 | 59,662,325.85 |

中央银行广州分行商用外汇统计表

（卅七年八月廿三日至卅八年三月底止） 单位:美元

| 时期 | 买入 | 卖出 | 买超 | 卖超 |
|---|---|---|---|---|
| 卅七年八月廿三日至九月底 | 5,813,344.12 | 533,107.62 | 5,280,236.50 | |
| 卅七年十月份 | 1,225,062.70 | 1,033,511.51 | 191,551.19 | |
| 十一月份 | 150,852.02 | 691,670.43 | | 540,818.41 |
| 十二月份 | 1,529,304.37 | 223,466.09 | 1,305,838.28 | |
| 卅八年一月份 | 1,522,346.69 | 331,316.43 | 1,191,030.26 | |
| 二月份 | 2,325,957.57 | 692,234.30 | 1,633,723.27 | |
| 三月份 | 3,306,172.69 | 639,244.33 | 2,666,928.36 | |
| 合计 | | | 12,269,307.86 | |

卖超买超相抵后净买超 US$ 11,728,489.45

中央银行总行暨广州分行商用外汇统计表

(卅七年八月廿三日至卅八年三月底止)

单位:美元

| 时期 | 总行 | | 粤分行 | | 合计 | |
|---|---|---|---|---|---|---|
| | 买超 | 卖超 | 买超 | 卖超 | 买超 | 卖超 |
| 卅七年八月廿三日至九月底 | 20,583,532.56 | | 5,280,236.50 | | 25,863,769.06 | |
| 卅七年十月份 | | 374,115.44 | 191,551.19 | | 191,551.19 | 374,115.44 |
| 十一月份 | | 8,239,709.84 | | 540,818.41 | | 8,780,528.25 |
| 十二月份 | 2,276,161.81 | | 1,305,838.28 | | 3,582,000.09 | |
| 卅八年一月份 | 1,801,444.93 | | 1,191,030.26 | | 2,992,475.19 | |
| 二月份 | | 122,752.05 | 1,633,723.27 | | 1,633,723.27 | 122,762.05 |
| 三月份 | | 656,031.74 | 2,666,928.36 | | 2,666,928.36 | 656,031.74 |
| 合计 | 24,661,139.30 | 9,392,609.07 | 12,269,307.86 | 540,818.41 | 36,930,447.16 | 9,933,427.48 |

卖超买超相抵后净买超 US$26,997,019.68

中央银行总行暨粤分行办理华侨汇款统计表

(三十七年八月廿三日至三十八年三月底止)　单位:美元

| 时　期 | 侨汇金额 | | |
|---|---|---|---|
| | 总　行 | 粤分行 | 合　计 |
| 卅七年八月廿三日至九月底 | 4,022,713.08 | 2,529,168.18 | 6,551,881.26 |
| 卅七年十月份 | 2,883,669.10 | 2,203,243.53 | 5,086,912.63 |
| 十一月份 | 620,238.04 | 73,021.16 | 693,259.20 |
| 十二月份 | 1,687,161.11 | 56,868.15 | 1,744,029.26 |
| 卅八年一月份 | 1,804,960.39 | 31,377.43 | 1,836,337.82 |
| 二月份 | 220,958.35 | 2,821.72 | 223,780.07 |
| 三月份 | 62,230.28 | 35,516.50 | 97,746.78 |
| 总　计 | 11,301,930.35 | 4,932,016.67 | 16,233,947.02 |

中央银行总行暨广州分行商用外汇统计表

（卅七年八月廿三日至卅八年三月底止） 单位：美元

| 时期 | 总行 | | 粤分行 | | 合计 | |
|---|---|---|---|---|---|---|
| | 买超 | 卖超 | 买超 | 卖超 | 买超 | 卖超 |
| 卅七年八月廿三日至九月底 | 20,583,532.56 | | 5,280,236.50 | | 25,863,769.06 | |
| 卅七年十月份 | | 374,115.44 | 191,551.19 | | 191,551.19 | 374,115.44 |
| 十一月份 | | 8,239,709.84 | | 540,818.41 | | 8,780,528.25 |
| 十二月份 | 2,276,161.81 | | 1,305,838.28 | | 3,582,000.09 | |
| 卅八年一月份 | 1,801,444.93 | | 1,191,030.26 | | 2,992,475.19 | |
| 二月份 | | 122,752.05 | 1,633,723.27 | | 1,633,723.27 | 122,762.05 |
| 三月份 | | 656,031.74 | 2,666,928.36 | | 2,666,928.36 | 656,031.74 |
| 合计 | 24,661,139.30 | 9,392,609.07 | 12,269,307.86 | 540,818.41 | 36,930,447.16 | 9,933,427.48 |

卖超买超相抵后净买超 US $ 26,997,019.68

## 中央银行总行商用外汇统计表

（卅七年八月廿三日至卅八年三月底止）　　单位：美元

| 时期 | 买入 | 卖出 | 买超 | 卖超 |
|---|---|---|---|---|
| 卅七年八月廿三日至九月底 | | | 20,583,532.56 | |
| 卅七年十月份 | 8,083,202.79 | 8,457,318.23 | | 374,115.44 |
| 十一月份 | 1,414,124.54 | 9,653,834.38 | | 8,239,709.84 |
| 十二月份 | 3,723,478.23 | 1,447,316.42 | 2,276,161.81 | |
| 卅八年一月份 | 4,541,909.24 | 2,740,464.31 | 1,801,444.93 | |
| 二月份 | 3,951,129.88 | 4,073,881.93 | | 122,752.05 |
| 三月份 | 7,393,176.50 | 8,049,208.24 | | 656,031.74 |
| 合计 | | | 24,661,139.30 | 9,392,609.07 |

卖超买超相抵后净买超 US$ 15,268,530.23

附　财政部1948年11月签呈稿

（甲）外汇概况：

一、存放国外外汇资产截至卅八年一月十五日止计美金八千一百余万元。

二、买卖外汇情形：

（1）买入：

（一）商用外汇美金八千八百余万元。

（二）华侨汇款美金九百余万元。

（三）其他外汇如资源委员会外销矿品、台糖，纱布外销委员会及中国纺织建设公司外销纱布，中央信托局代政府外销桐油、猪鬃、冰蛋等所得外汇结售本行，以及收兑外币折合美金等项，总共达美金一亿三千四百余万元。

共计买入外汇折合美金二亿三千一百余万元。

（2）卖出：

（一）商用外汇美金六千七百余万元。

（二）政府机关外汇美金七千五百余万元。

（三）其他外汇美金四千万余元。

共计卖出外汇折合美金一亿八千二百余万元。

买卖两抵净买入外汇美金四千九百余万元。

（乙）外汇方面重要措施：

一、实施结汇证明书办法：频年以来，国内物价腾踊，外汇黑市日趋上涨，原有平衡会汇率与黑市汇价相距日远，出口贸易颇受影响，大部份侨汇亦流入黑市，而进口商所需外汇仍依照平衡委员会市价结购，不啻享受特殊待遇，爰经本行建议采用结汇证明书，对于推进出口贸易获致外汇，颇多裨益。综计自五月卅一日起至公布财政经济紧急处分令止，商用外汇方面本行净收入美金二千零四十余万元。

二、办理中交农三行及中信邮汇五行局外汇移存本行经过，本行奉令办理各行局外汇头寸移存本行概况列表如次：

三行两局外汇资产负债相抵后各项外汇净值共折合美金一一〇，六一五，〇〇〇元全部移交本行。

| | 外汇资产相抵净值移交本行 | 拨付营业周转金 | 移转本行外汇净额 |
|---|---|---|---|
| 中国银行 | 六七，二〇八，〇〇〇元 | 三七，二〇八，〇〇〇元 | 三〇，〇〇〇，〇〇〇元 |
| 交通银行 | 二五，〇〇〇，〇〇〇元 | 一六，一三〇，〇〇〇元 | 八，八七〇，〇〇〇元 |
| 农民银行 | 七，一八五，〇〇〇元 | 三，六八五，〇〇〇元 | 三，五〇〇，〇〇〇元 |
| 中央信托局 | 六，二二二，〇〇〇元 | 三，二二二，〇〇〇元 | 三，〇〇〇，〇〇〇元 |
| 邮政储金汇业局 | 五，〇〇〇，〇〇〇元 | 二，五〇〇，〇〇〇元 | 二，五〇〇，〇〇〇元 |
| 共计 | 一一〇，六一五，〇〇〇元 | 六二，七四五，〇〇〇元 | 四七，八七〇，〇〇〇元 |

上项移存外汇现款部份截至一月十五日止实际余额如次：

| 行别 | 美金 | 英金 |
|---|---|---|
| 中国银行 | 二二，五八一，〇〇〇 | 一，五七三，〇〇〇 |
| 交通银行 | 四，三五〇，〇〇〇 | |
| 农民银行 | 一，七〇〇，〇〇〇 | |
| 中央信托局 | 二，六二〇，〇〇〇 | 一二六，六六六一一三一四 |
| 邮政储金汇业局 | 一，三〇〇，〇〇〇 | 四〇〇，〇〇〇 |
| 共计 | 美金三二，五五一，〇〇〇元 | 二，〇九九，六六六一一三一四 |

三、收兑金银外币：按照政府卅七年八月十九日公布财政经济紧急处分令规定人民所有黄金白银银币及外国币券应悉数交由本行及其委托之银行代为收兑兹将截至卅七年十月底止收兑金银外币数量列表如次：

| | 上海部份 | 外埠部份 | 共计 |
|---|---|---|---|
| 黄金（纯金市两） | 一，一〇二，五二八，六九六 | 五五二，四五〇，〇九四 | 一，六五四，九八七，七九〇 |
| 白银（纯银市两） | 九六六，三九八，四四六 | 八，〇七二，一三六，七二〇 | 九，〇三八，五三五，一六六 |
| 银元（元） | 三，六九三，二〇一 | 一九，八五三，六五九．二九 | 二三，五四六，八六〇．二九 |

续上表

| | 上海部份 | 外埠部份 | 共计 |
|---|---|---|---|
| 银角(枚) | 三,九〇五,一七八 | 三五,一四一,九八一 | 三九,〇四七,一五九 |
| 美钞(元) | 三〇,八二〇,六二二.八六 | 一七,一四六,七〇九.六一 | 四七,九六七,三三二.四七 |
| 港币(元) | 一〇,五一二,〇八四.三二 | 七〇,九五九,〇九一.三〇 | 八一,四七一,一七五.六二 |
| 菲钞(元) | 一六,三二七.八五 | | 一六,三二七.八五 |

上项收兑金银外币除金银部份已悉数移充发行准备基金外,其所收美钞港币部份则分别运美国及香港存储。计开:

(一) 美金部份:

由花旗银行承运者　计美金二九,五二三,七〇四元。

由中国银行承运者　计美金一九,八〇五,三三八元。

共计　美金四九,三二九,〇四二元。

(二) 港币部份:存放香港各行局数额

| | |
|---|---|
| 中国银行 | 五,八〇〇,〇〇〇.〇〇元 |
| 交通银行 | 四一,五〇七,六八七.〇〇元 |
| 农民银行 | 一三,九三五,三〇〇.〇〇元 |
| 中央信托局 | 一五,四五一,一〇一.五五元 |
| 共　计 | 七六,六九四,〇八八.五五元 |

四、办理商业行庄外汇资产移存本行经过:兹将截至卅七年十月底止本行奉令办理商业行庄外汇资产移存本行概况各述如次:

| | | |
|---|---|---|
| 现款部份 | 折合美金 | 六,〇九三,三四四.七七元 |
| 证券部份 | 折合美金 | 三一,一〇四,一〇四.〇七元 |
| 共　计 | 美金 | 三七,一九七,四四八.八四元 |

上项证券部份系国内外币公债债券如京沪沪杭甬铁路,英金公债湖广铁路,陇海铁路公债其在国外市场列有市价者甚少,故此项移存外汇之证券部份可能变现利用者不多,为便于处理起见,上项债券经分别托由伦敦纽约两地中国银行代为保管,间有

美国政府或公司发行有价证券，亦已由各行庄托由本行转知纽约中国银行代为出售，所得外汇多结售本行，故现金部份原移存额为折合美金六百万余，经将证券出售所得外汇转售本行后，现款移存总额增为美金七,四七四,九七二．一七元，其中美金四,〇九八,七六八．一三元，净存本行美金一,五六一,〇八七．一一元。

五、实施外汇移转证：自政府修正金圆券发行办法并公布进出口贸易连销纲要后，本行为适应事实需要争取外汇收入起见，经订定外汇移转证办法实施以来成效已著，综自卅七年十一月廿三日施行至卅八年一月十五日止，净买入商用外汇美金一百八十二万余元。

收兑金银外币数量表

（自卅七年八月十九日政府公布财经紧急处分令起至卅七年十月底止）

| 项目 | 单位 | 上海部份 | 外埠部份 | 共计 |
|---|---|---|---|---|
| 黄金 | 纯金市两 | 1,102,528,696 | 552,450,094 | 1,654,978,790 |
| 白银 | 纯银市两 | 966,398,446 | 8,072,136,720 | 9,038,535,166 |
| 银元 | 元 | 3,693,001 | 19,853,659.29 | 23,546,860.29 |
| 银角 | 枚 | 3,905,178 | 35,141,981 | 39,047,159 |
| 美钞 | 元 | 30,820,622.86 | 17,146,709.61 | 47,967,332.47 |
| 港币 | 元 | 10,512,084.32 | 70,959,091.30 | 81,471,175.62 |
| 菲钞 | 元 | 16,327.85 | | 16,327.85 |

〔中央银行档案〕

# 四、清理敌伪金融机构与收兑伪钞

## 1. 财政部公布伪中央储备银行钞票收换办法

（1945年9月26日）

伪中央储备银行钞票收换办法　三十四年九月二十六日 财政部公布

一、伪中央储备银行钞票准以二百元换法币一元，由中央银行及其委托之机关办理收换事务。收换规则另订之。

二、自民国三十四年十一月一日起，至三十五年三月三十一日止，为收换期间，逾期未持请收换之伪钞，一律作废。

三、伪中央储备银行钞票票版业经接收销毁，其已发行之钞票种类及发行总额，并据财政部京沪区财政金融特派员查报，如有超过原报数额以外及种类不符之钞票，不予收换。

四、凡操纵牟利，故为高下，违反本办法第一条之规定者，以扰乱金融论罪。

〔国民政府财政部档案〕

## 2. 财政部公布伪中央储备银行钞票收换规则

（1945年10月30日）

伪中央储备银行钞票收换规则　三十四年十月三十日 财政部公布

第一条　本规则依照（财政部公布）伪中央储备银行钞票收换办法第一条之规定订定之。

第二条　收换伪中央储备银行钞票（以下简称伪中储券），由中央银行负责办理。中央银行为便利收换，并得委托其他银行或机关代为办理。其办理手续，由中央银行规定之。

第三条　伪中储券持有人向中央银行及其委托之银行、机关申请收换时，每人每次以国币拾元为最低限额，国币五万元为最高限额。

第四条　中央银行及其委托之银行、机关收换伪中储券，为免拥挤起见，得按券类之大小，按月增加收换种类，第一个月收换一千元以上券，第二个月增加收换五百元、二百元、一百元券，第三个月增加收换五十元、十元、五元券，第四个月增加收换一元券及辅币券。

第五条　收换伪中储券如遇残缺不全者，应照中央银行所规定兑换残缺券之标准办理。

第六条　收换伪中储券如遇伪造及种类不符之钞票，应由收换机关当场加盖作废戳记，不予收换。如持券人有混兑嫌疑者，并应送请当地司法机关依法究办。

第七条　各地收换之伪中储券，由中央银行分地集中点验保管，列表报请财政部查核，听候会同审计机关或地方政府派员监视销毁。

第八条　本规则自公布之日起施行。

〔国民政府财政部档案〕

## 3. 财政部公布伪中国联合准备银行钞票收换办法

（1945 年 11 月 21 日）

伪中国联合准备银行钞票收换办法　三十四年十一月二十一日财政部公布

一、伪中国联合准备银行钞票，准以五元换法币一元，由中央银行及其委托之机关办理收换事宜。收换规则另订之。

二、自民国三十五年一月一日起，至同年四月三十日止，为收换期间。逾期未持请收换之伪钞，一律作废。①

三、伪中国联合准备银行钞票票版业经接收销毁，其已发行之钞票种类及发行总额，并据财政部冀鲁察热区财政金融特派员查报，如有超过原报数额以外及种类不符之伪钞，不予收换。

四、凡操纵牟利，故为高下，违反本办法第一条之规定者，以扰乱金融论罪。

〔国民政府财政部档案〕

## 4. 财政部公布伪中国联合准备银行钞票收换规则

(1945年12月)

第一条　本规则依照伪中国联合准备银行钞票收换办法第一条之规定订定之。

第二条　收换伪中国联合准备银行钞票(以下简称为伪联银券)，由中央银行负责办理。中央银行为便利收换，并得委托其他银行或机关代为办理，其办理手续，由中央银行规定之。

第三条　伪联银券持有人向中央银行及其委托之银行、机关申请收换时，每人每次以国币一百元为最低限额。

第四条　收换伪联银券如遇残缺不全者，应照中央银行所规定兑换残缺券之标准办理。

第五条　收换伪联银券如遇伪造及种类不符之钞票，应由收换机关当场加盖作废戳记，不予收换。如持券人有混兑嫌疑者，并应送请当地司法机关依法究办。

第六条　各地收换之伪联银券，由中央银行分地集中点验保管，列表报请财政部查核，听候会同审计机关或地方政府派员监视销毁。

---

①伪联银券收换期限后延至1946年5月底止，5月15日起停止流通。

第七条　本规则自公布之日起施行。

〔国民政府财政部档案〕

## 5. 中央银行审查平津两分行接收伪中国联合准备银行总行报告书(节录)

(1946年8月)

审查平津两行接收敌伪银行情形报告

接收银行名称　　伪中国联合准备银行

地　　　　点　　北平

一、接收经过纪要

查伪中国联合准备银行总行接收工作，系卅四年十月十七日开始，十二月十五日完毕，归由本行北平分行接收，接收委员为卞喜孙，其负责接收各局人员计总务局黄襄成，发行局李庆云，外汇局、计算局林威，营业局、管理局郑元翔，顾问室殷景戌，调查室吴葆瑨。接收竣事后，于同年十二月廿九日缮具接收报告及表册四十八件，陈送财政部驻冀鲁察热区财政金融特派员办公处在案。

二、各项库存实物接收情形

(一) 营业库存

存放本埠库房者：

生金银：

生金

生金银科目　　三一三,五四三．〇六公分

又　　二,二六九．九七市两

此笔在本科目帐上金额为二,二七〇．〇〇市两,照查库实数列入。

代保管货币科目　　一二〇,七三〇．六四公分

寄存品　　一七,〇七九．六九市两

生银

生金银科目　　三,〇三五,一六四．二〇公分

代保管货币科目　　一八，六三七．〇〇公分
又　　六一，八九〇．四五两
此笔在本科目，系折合银元九二，四八七.六九记帐。
现银元
生金银科目　　一二，八四二，四〇九.〇〇
代保管货币科目　　四，九五一，一八七.〇〇
寄存品　　一，〇五四.〇〇
上项代保管货币、寄存品银元中，有赝币四四五．〇〇。
银辅币
生金银科目　　一七，三七四角又五分
此笔在本科目帐上原列一七，九六六角又五分，查库发现内有本行镍币四七〇角，又赝币一二二角。上数系按查库实在数目列记。
代保管货币科目　　二五，〇四四角
此笔在本科目系折合银元二，〇八七．〇〇记帐。
代保管货币科目　　一五角
日本金元
代保管货币科目　　一九〇.〇〇
铜元
特种货币科目　　二，七五三公斤
代保管货币科目　　七枚
此笔在本科目系折合联银券三分记帐。
寄存品　　一三枚
此笔折合联银券十三元记帐。
制钱
特种货币科目　　六公斤
钞券：
法币
卅五年五月十五日已发还三四，五一九，二〇〇.〇〇　　临时放款抵押品　　二〇，一七七，一〇〇．〇〇
现金科目　　四〇八，四一八.〇〇
代保管货币科目　　二，三二九，八九四．八二

| | |
|---|---|
| 寄存品 | 七三六,六八六.八五 |

其他货币

代保管货币科目

| | |
|---|---|
| 美金 | 一五七.五三 |
| 河北省银行券 | 四九,一〇七,九七九.一〇 |
| 冀东银行券 | 一〇,四〇八,〇三九.〇〇 |
| (内切下券角一〇,二二七,〇三九.〇〇) | |
| 北洋保商银行券 | 一,一七三,七〇五.〇〇 |
| (内切角券七三,八〇〇.〇〇) | |
| 中国农工银行券 | 一,〇九三,六七七.〇〇 |
| (内切角券　九,五〇〇.〇〇) | |
| 中国实业银行券 | 四五七,七〇五.〇〇 |
| 大中银行券 | 二七五,七七六.〇〇 |
| 中南银行券 | 二四八,四九〇.〇〇 |
| 中国垦业银行券 | 三七,八八五.〇〇 |
| 山西省银行券 | 二五七,六七七.〇〇 |
| 晋绥地方铁路银号券 | 二〇一,九〇三.五〇 |

以上各项杂币共计六三,二六二,八三六.六〇,每一元折合联银券一元记帐,查库时业已陈准销毁在案。

| | |
|---|---|
| 冀东银行券 | 八,七二四.一一 |
| 其他杂券 | 六五五,三八六.一六 |
| 河北银行铜元券 | 一,一三六,三二〇枚 |
| 河北银钱局铜元票 | 二,九一一,四四四枚 |
| 山东平市官钱局铜元票 | 一,七四一,一一〇枚 |

以上共计五,七八八,四七四枚,每五百枚折合联银券一元记帐,查库时业已陈准销毁在案。

| | |
|---|---|
| 伪中央储备银行券 | 二一〇,一六一,五四九.九一 |

寄存品

| | |
|---|---|
| 杂券 | 七六九,八三七.五〇 |
| 日本银行钞券 | 二,八〇〇.〇〇 |

以上库存、存放现在本行库房及西楼库房,均经分别抽查,除

已奉准销毁各券查案相符，临时放款抵押品法币数额为二〇，一七六，九〇〇．〇〇，实际库存多二〇〇．〇〇，又中储券二〇〇，〇〇〇．〇〇存放中华航空公司作为兑换基金，其余尚属相符。代保管货币科目及寄存品内杂券共计一，四二五，二二三．六六，券类异常复杂，除内有四行以外以前政府准许发行银行之钞券已指定四行分别接收整理有案者，并有外商银行在华银行发行钞券及现仍使用之各省地方银行发行之钞券，更有美钞二十五元，港币五十九元，其中可以行使及不能行使之货币混置一处，而又以原发行处所单位较多，第一步应先着手清理分类，再行分别处理。

存放外埠者：

生金银：

生金

生金银科目　四，八二三，一八七．〇〇公分

又　七，一九〇．〇〇市两

以上存放该行天津分行

代保管货币科目　六〇七，二六八．九〇公分

此笔存放大阪日本银行，有保管证为凭。

生银

生金银科目　二一，五三四，四三三．九二公分

此笔存放朝鲜银行，有保管证为凭。

生金银科目　一四七，五二一．〇二公分

代保管货币科目　九二，〇九三．九五两

此笔在本科目折合银元一二〇，二九九．二〇记帐。

代保管货币科目　一二，四九六．五六公分

此笔在本科目帐上按净重一一，八七一．七三公分记帐。

代保管货币科目　行平一二四，九八四．八八两

此笔在本科目折合银元一八六，七三一．九六记帐。

保管品(增列)　一，五七七．一五公分

以上均存放该行天津分行，其中第一、三、五三笔在该分行帐上原记载总数为生银二八，七〇二．四九公分又四，二一七．三六

市两。市两折算公分后，共计一六〇，四九四．九六公分，较上列总数多列四七七．三八公分，经查明：（一）其中第四七四号保管证生银毛重二一，九九五．三一，津行误以净重二〇，八九五．五四列记，计少列一，〇九九．七七公分。（二）津海关送交津行售与总行生银毛重一，五七七．一五公分，因尚未运平鉴定收买，总行尚未记帐，除饬应以保管品暂行记帐外，总行漏列数减去津行误列数，与差数适相符合。

寄存品

| | |
|---|---|
| 现银元 | 三〇二．七七市两 |
| 生金银科目 | 二，五五七，三一〇．〇〇 |
| 存放　天津分行 | 二，〇六二，二五二．〇〇 |
| 又　青岛分行 | 五六五．〇〇 |
| 又　济南分行 | 五，三八四．〇〇 |
| 又　太原分行 | 四八三，一七四．〇〇 |
| 又　徐州分行 | 四二二．〇〇 |
| 又　石家庄分行 | 二，四八三．〇〇 |
| 又　运城分行 | 二，三一五．〇〇 |
| 又　秦皇岛分行 | 一四．〇〇 |
| 又　烟台分行 | 五三八．〇〇 |
| 又　保定分行 | 一六三．〇〇 |
| 代保管货币科目 | 三四，六八七，七三七．八〇 |
| 又　（补记） | 二三，八二八．〇〇 |

以上存放天津分行注明（补记）之数，系天津分行已记帐总行应补记帐之数。

银辅币：

| | |
|---|---|
| 生金银科目 | 七六，九四〇角又五分 |
| 代保管货币科目 | 二六，八〇七角又五分 |
| 又 | 八〇四角 |

此笔在本科目系折合银元六七．〇〇记帐。

| | |
|---|---|
| 以上存放天津分行 | 一〇〇，五六三角 |

又　太原分行　六八角

又　烟台分行　三,九二一角

铜元：

特种货币科目　四三八．五〇公斤

以上存放　天津分行　六一．五〇公斤

又　烟台分行　一,三五七．五〇公斤

又　青岛分行　一九．五〇公斤

制钱：

特种货币　一九八．五〇公斤

以上存放　天津分行　二八．五〇公斤

又　青岛分行　一七〇．〇〇公斤

钞券：

法币

现金科目　一,〇一九,九七二．〇〇

此笔存放济南分行,有保管证为凭。

代保管货币科目　一,五〇四,二七八．三〇

内存放　济南分行　八七九,八〇五．四〇

又　徐州分行　六二四,四七二·九〇

其他货币

代保管货币科目

美金　八五,五〇〇．〇〇

此笔存放上海正金银行,有保管证为凭。

日本银行券　一八,〇七一．一三

内存放　济南分行　七一．一三

又　烟台分行　一,八〇〇．〇〇

朝鲜银行券　四四,〇〇〇．〇〇

此笔存放烟台分行

卅五年五月十五日增加

六,二四五.〇〇存放济南分行　满洲中央银行券　三〇〇．〇〇

此笔存放太原分行

蒙疆银行券　三五,〇九七．四〇

| | | |
|---|---|---|
| 卅五年五月十五日增加四一〇·〇〇存放济南分行 | 内存放济南分行 | 一，五四四·七〇 |
| | 又　临汾分行 | 二，一五七·七〇 |
| | 又　太原分行 | 三一，三九五·〇〇 |
| | 冀东银行硬币 | 一九，五七一·四八 |
| | 内存放天津分行 | 二，六六六·六〇 |
| | 又　济南分行 | ·五〇 |
| | 又 | 一六，九〇四·三八 |
| 卅五年五月十五日增加二，二五八，二八九，八二三·四九 | 伪中央储备银行券 | 八一一，二二三，九二九·七七 |
| 存放增 二，七八九，八七五·〇〇 | 内存放天津分行 | 一〇三，九六四，〇三六·〇〇 |
| 存放增 四九一，六〇〇·〇〇 | 又　济南分行 | 九五，一七六，六六五·〇〇 |
| 存放增 四，八〇二，〇五〇·〇〇 | 又　青岛分行 | 七八，五二七，四〇七·〇〇 |
| | 又　徐州分行 | 二二，三九七，七六五·三〇 |
| 存放增 三〇，五八四，六二〇·〇〇 | 又　开封分行 | 一〇七，一八〇，一六八·六〇 |
| | 又　兖州分行 | 一五，九四六，九七九·〇〇 |
| | 又　石门分行 | 一五六，九六七·八〇 |
| | 又　运城分行 | 五六九，八三七·二〇 |
| | 又　新乡分行 | 一三〇，二八一，七一八·一四 |
| | 又　太原分行 | 二三六，一七〇·五〇 |
| 存放增三五，六九四，一九七·八〇 | 又　郑州分行 | 二一〇，一四八，三九一·七三 |
| 存放增 二，一八三，九二七，四八〇·六七 | 又　商邱分行 | 四六，六三七，八二三·五〇 |
| | 杂券 | 五，七四七，二三六·二〇 |
| | 内存放　济南分行 | 二三八，二一五·〇九 |
| | 又　太原分行 | 五，五〇八，〇六二·一一 |
| | 又　烟台分行 | 九五九·〇〇 |

铜元票

山东平市官钱局铜元票　　二八四，三六〇枚

山西省银行铜元票　　四六四，九七〇枚

以上共计七四九，三三〇枚，每五百枚折合联银券一元记帐。

以上存放外埠分行各项库存，除天津分行部份业已在津检查时分别核对数目相符，其余根据寄存证查对尚无错误，惟胜利后各地接收情形不一，目前实际情形如何，虽经清理处一再函询，多未得复，将来合并清理时，似应切实查明下落，予以适当处理。

（二）发行库存

钞券

发行货币及销毁货币库存

| 版别券类 | 实际库存 | 帐面数字 | 比较结果 |
|---|---|---|---|
| 一版半分券 | 九五，〇三四．〇二 | 九五，〇三四．〇二 | 相符 |
| 一版一分券 | 一，五三四，一一九．五七 | 一，五三八，一一九．五七 | 少 四，〇〇〇．〇〇 |
| 一版五分券 | 五九一，五一一．七五 | 五九一，五六一．七五 | 又 五〇．〇〇 |
| 一版一角券 | 二，六一一，二九七．一五 | 五〇四，六四五．〇〇 | 多 二，一〇六，六五二．一五 |
| 一版二角券 | 一，五三五，二一八．五〇 | 一五〇，五一三．七〇 | 又 一，三八四，七〇四．八〇 |
| 一版五角券 | 二，八二三，一一〇．七五 | 一，〇四八，七六八．二五 | 又 一，七七四，四四二．五〇 |
| 一版一元券 | 四二，〇五二，三九七．〇〇 | 一一，二一九，八〇〇．〇〇 | 又 三〇，八三二，五九七．〇〇 |
| 一版五元券 | 二九，〇七〇，八二五．〇〇 | 七，一八八，二六二．五〇 | 又 二一，八八二，五六二．五〇 |
| 一版十元券 | 五四，三二四，九五〇．〇〇 | 二八，四〇九，三七五．〇〇 | 又 二五，九一五，五七五．〇〇 |
| 一版五十元券 | 四九八，三〇〇．〇〇 | 四九八，三〇〇．〇〇 | 相符 |
| 一版百元券 | 四一，九五〇，八〇〇．〇〇 | 二五，四四六，二五〇．〇〇 | 多 一六，五〇四，五五〇．〇〇 |
| 一版五百元券 | 七，五五六，二五〇．〇〇 | 五，二九〇，二五〇．〇〇 | 又二，二六六，〇〇〇．〇〇 |
| 千元券 | 一，一三七，〇〇〇．〇〇 | 一，一三七，〇〇〇．〇〇 | 相符 |
| 二版一角券 | 三，九八〇，〇〇〇．〇〇 | 六，〇八六，六五二．一五 | 少 二，一〇六，六五二．一五 |
| 二版二角券 | 五，五一八，〇〇〇．〇〇 | 六，八九二，七〇四．八〇 | 又 一，三七四，七〇四．八〇 |
| 二版五角券 | 四五〇，〇〇〇．〇〇 | 二，〇二二，二一〇．〇〇 | 又 一，五七二，二一〇．〇〇 |
| 二版一元券 | 七，八三五，〇〇〇．〇〇 | 二四，七七二，三五二．〇〇 | 又 一六，九三七，三五二．〇〇 |
| 二版十元券 | 二〇，八四〇，〇〇〇．〇〇 | 二三，四一四，九六〇．〇〇 | 又 二，五七四，九六〇．〇〇 |
| 二版百元券 | 三四，五〇〇，〇〇〇．〇〇 | 三七，八六二，八五〇．〇〇 | 又 三，三六二，八五〇．〇〇 |
| 二版乙种百元券 | 四，〇〇〇，〇〇〇．〇〇 | 七，二七六，六〇〇．〇〇 | 又 三，二七六，六〇〇．〇〇 |

续上表

| 版别券类 | 实际库存 | 帐面数字 | 比较结果 |
|---|---|---|---|
| 三版五元券 | 四,三五〇,〇〇〇．〇〇 | 七,一三九,六〇〇．〇〇 | 又 二,七八九,六〇〇．〇〇 |
| 三版十元券 | 一一,一〇〇,〇〇〇．〇〇 | 一八,一三〇,三四〇．〇〇 | 又 七,〇三〇,三四〇．〇〇 |
| 三版百元券 | 二〇,〇〇〇,〇〇〇．〇〇 | 二二,五〇二,八〇〇．〇〇 | 又 二,五〇二,八〇〇．〇〇 |
| 四版五元券 | 二〇〇,〇〇〇．〇〇 | 一,〇一三,七八〇．〇〇 | 又 八一三,七八〇．〇〇 |
| 四版十元券 | 一,五〇〇,〇〇〇．〇〇 | 四,三五一,四九五．〇〇 | 又 二,八五一,四九五．〇〇 |
| 五版乙种十元券 | 六〇〇,〇〇〇．〇〇 | 六〇〇,〇〇〇．〇〇 | 相符 |
| 六版十元券 | 二,一〇〇,〇〇〇．〇〇 | 一〇,〇二九,九〇五．〇〇 | 少 七,九二九,九〇五．〇〇 |
| 一版乙种五百元券 | —— | 一,二八六,〇〇〇．〇〇 | 少 一,二八六,〇〇〇．〇〇 |
| 二版五元券 | —— | 一八,二七九,一八二．五〇 | 又 一八,二七九,一八二．五〇 |
| 二版乙种五百元券 | —— | 六七九,二五〇．〇〇 | 又 六七九,二五〇．〇〇 |
| 三版五角券 | 一三,一八四,〇〇〇．〇〇 | 一三,三五八,七三二．五〇 | 又 一七四,七三二．五〇 |
| 三版一元券 | —— | 一五,五六四,五三一．五〇 | 又 一五,五六四,五三一．五〇 |
| 三版五百元券 | —— | 三〇〇,七五〇．〇〇 | 又 三〇〇,七五〇．〇〇 |
| 四版一元券 | 二,四二六,〇〇〇．〇〇 | 七八一,七一三．五〇 | 多 一,六四四,二八六．五〇 |
| 四版百元券 | —— | 二,五三六,三五〇．〇〇 | 少 二,五三六,三五〇．〇〇 |
| 五版百元券 | —— | 三,八七七,八〇〇．〇〇 | 又 三,八七七,八〇〇．〇〇 |
| 五版十元券 | —— | 八四〇,一五〇．〇〇 | 又 八四〇,一五〇．〇〇 |
| 五版乙种百元券 | —— | 四,五〇一,〇二〇．〇〇 | 又 四,五〇一,〇二〇．〇〇 |
| 六版百元券 | —— | 九四八,一五〇．〇〇 | 又 九四八,一五〇．〇〇 |
| 三版一分券 | 四,〇〇〇．〇〇 | —— | 多 四,〇〇〇．〇〇 |
| 七版十元券 | —— | 一八七,七〇五．〇〇 | 少 一八七,七〇五．〇〇 |
| 合　计 | 三一八,三六七,九一三．七四 | 三一八,三五五,四六三．七四 | 多 一二,四五〇．〇〇 |

上项帐面数目系根据该行发行货币库存内容明细表内载纸币各数填列，总数为一亿零一百零七万九千八百七十二元六角七分及销废货币库存内容明细表内载纸币各数填列，总数为二亿一千七百二十七万五千五百九十一元零七分，合计如上数。实际库存系查库时实际清点所得，券类比较不符甚多，该行分版记帐错误如此，似无意义可言。更以库存堆放杂乱无章，何者为发行货币库存，

何者为销毁货币库存，亦复无从分析。且其中杂券尾数有业经霉烂无法辨认者，仅只能就原箱所存明细表核计库存实际，库存检查结果计多出一万二千四百五十元，其实际库存与帐面数目不符之处详见前表。

硬币

| 币　别 | 实际库存 | 帐面数目 | 比较结果 |
|---|---|---|---|
| 一　分 | 一，一三〇．九四 | 一，一三〇．九四 | 相符 |
| 五　分 | 一，四九四．〇五 | 一，四九四．〇五 | 又 |
| 一　角 | 一〇，九六二．七〇 | 一〇，九六二．七〇 | 又 |

上项帐面数目系根据该行发行货币库存内容明细表内载硬币各数填列，总数为一万三千五百八十七元六角九分，与实际库存数目相符。

（三）保管品库存（略）

（四）房地产（略）

（五）器具（略）

（六）制券材料库存（略）

（七）储藏物品（略）

三、重要资负科目内容分析

（一）营业部份

说明：

一、各项资负科目数字均以接收日（卅四年十月十六日）为准，其在审查日期（卅五年五月十五日）已有变动者，分别就原科目或原项目分别批明。

二、各项资负科目帐户之敌伪性者，均分别注明“敌”、“伪”字样．其具有两重性者，则注明“敌伪”字样。

三、各项资负科目之有关实物，均于第二节各项库存实物接收情形一章中详为叙明，阅者可以对照。

四、原会计记录之不合会计原理，如代保管货币及对方科目现金，均漏列入总括日计表作为已列入叙述。

五、本报告各项数字除注明币别外，均系原记帐本位币伪联银券数额。

子、资产概况

| | | |
|---|---|---|
| 未收股款 | | 二五，〇〇〇，〇〇〇．〇〇 |

内容说明详见负债概况股本总额说明

| | | |
|---|---|---|
| 现金 | 原列 | 一四二，八三九．〇〇 |
| | 加列 | 一，一四三，八三九，九〇二．八〇 |

第一笔系旧币（法币）一，四二八，三九〇．〇〇按定价@.10折合联银券之数，第二笔系代保管货币科目杂币原记帐数其详内容详见本报告同章代保管货币科目说明及本报告第二章各项库存实物接收情形。

| | | |
|---|---|---|
| 发行准备金 | | 一，一四二，三九九，八五四，五〇七．七八 |

此科目原与本票科目对转，已于卅五年二月廿八日转平。

| | | |
|---|---|---|
| 存放同业 | | 二六，六四四，六一〇，一九九．六一 |
| （敌）朝鲜银行 | 日币 | 二一，六五〇，二七一，二〇二．五六 |
| 又 | 特别日金 | 二四六，三〇七．四九 |

上项特别日金系该行英美金头寸存放朝鲜银行及东京日本银行，日币系敌军在华用款，其中东京日本银行另户五四五，三九五，三五〇．〇〇，日币部份已转购日本公债，详保管品说明。除特别日金中七，六五六，六六八．三六系折合联银券四，九八七，二七七.九八记帐，其余均按原币一元折合联银券一元记帐。

| | | |
|---|---|---|
| （伪）中央储备银行 | 中储券 | 二三，三四八，四四四，五八六．一一 |

上项中储券按@.18折合联银券记帐。

| | |
|---|---|
| （伪）中央储备银行 | 三八，一六七，〇七〇．八八 |
| 又旅客兑换户 | 一二〇，二四九，三五二．二九 |

该行巨额存放伪中央储备银行系华北与华中、华南汇兑差额过巨累积

所致。

| | |
|---|---|
| 官厅放款 | 五,五一二,五六〇,一六〇．七一 |
| 定放 | 一六四,八七八,八二一．〇〇 |
| (伪)财务委员会中国银行更生资金户 | 一四,四三一,八三六．〇〇 |
| 又　又　交通银行　又 | 一七,五一二,二七五．〇〇 |

以上两笔系贷放伪中国银行、交通银行两行周转资金。

| | |
|---|---|
| (敌伪)华北合作事业总会各种资金户 | 九七,四三五,七一〇．〇〇 |
| (伪)河北省政府凿井及设置扬水机贷出资金户 | 三五,二七一,〇〇〇．〇〇 |
| 又　山西上党道长治县公署 | 二二八,〇〇〇．〇〇 |
| 定押 | 六七四,三七九,八四一．八八 |
| (伪)财务委员会中国银行股份有限公司股款垫款户 | 三,〇〇〇,〇〇〇．〇〇 |
| 又　财务委员会交通银行股份有限公司股款垫款户 | 二,五〇〇,〇〇〇．〇〇 |
| 又　财务委员会所属事业股款垫款户 | 三五一,二四三,九〇六．一〇 |
| 又　财务委员会各年度关余押款户 | 三一六,五三四,九七四．二六 |
| 又　北京特别市公署屠宰场借款户 | 一,一〇〇,九六一,五二 |

上项放款所谓抵押品财务委员会所属事业股款户,系以各该事业发行股票或股款收据作为担保,各年度关余押款户,系以所谓"正金另户存款"作为担保,北京特别市公署借款户,系以屠宰场一切设备作为担保。

| | |
|---|---|
| 活放 | 九七八,一六三,〇四〇．〇〇 |
| (敌伪)华北合作事业总会各种资金户 | 九一三,八二〇,〇〇〇．〇〇 |
| (伪)华北食粮公社配给食粮购买资金 | 六四,三四三,〇四〇．〇〇 |
| 活透 | 三,六九五,一三八,四五七．八三 |
| 卅五年二月廿八日至四月廿五日先后收回一一七,一六二,一六六．二八　(伪)财务委员会金库 | 二,五九六,八二〇,一二二．八五 |
| (敌伪)华北食粮公社 | 五〇〇,〇〇〇,〇〇〇．〇〇 |

| | | |
|---|---|---|
| | (伪)财务委员会整理旧通货资金垫款户 | 六七,三六〇,七一八·七一 |
| | 又　又　收兑　又　短少暂记户 | 一,四一九·七九 |
| | 又　又　又收复区域旧通货资金垫款户 | 二三五,〇九三·六〇 |
| | 又　又　代理收买生金资金户 | 八,六七八,七一七·七六 |

此户与代保管货币科目财署生金户有关。

| | | |
|---|---|---|
| 卅五年四月卅日收回四二九,〇〇〇元 | (伪)财务委员会收买现洋旧币资金户 | 二,一二四,〇四五·〇七 |
| | 又　又　卅三年度收买小麦　又 | 一五一,六一二,七六二·四六 |
| | 又　又　食粮资金特别会计户 | 二四五,二七三,四四四·五七 |
| | 又　又　又　其他借款户 | 二五,三二八,八九七·〇四 |
| | 又华北政务委员会粮政借款户 | 二〇,〇〇〇,〇〇〇·〇〇 |
| | (敌伪)华北合作事业总会资金户 | 四九,二三五,六六〇·八三 |
| | 又　华北棉产改进会 | 四六七,五七五·一五 |
| 卅五年二月廿八日收回 | 空军第十地区司令部 | 二八,〇〇〇,〇〇〇·〇〇 |

此项放款当时系以法币　一二,五〇〇,〇〇〇·〇〇抵借。

| | |
|---|---|
| 同业放款 | 四八,九六三,一五九,四三七·九四 |
| 定放 | 二八,〇〇〇,〇〇〇·〇〇 |
| (伪)河北银行 | 二〇,〇〇〇,〇〇〇·〇〇 |
| 又冀东银行总行 | 八,〇〇〇,〇〇〇·〇〇 |
| 定押 | 四四,八二四,三四四,五〇六·五二 |
| (敌)正金银行 | 二一,二一八,三四四,五〇六·五二 |
| 又朝鲜银行 | 二三,五九六,〇〇〇,〇〇〇·〇〇 |
| (敌伪)华北工业银行 | 一〇,〇〇〇,〇〇〇·〇〇 |

上项放款所谓抵押品除华北工业银行注明以该行贷放酒精酿造厂债权抵押外,其余均注明各该行对北支开发会社透支之转抵押。

| | |
|---|---|
| 活押 | 一六六,四五〇,〇〇〇·〇〇 |
| (敌伪)华北工业银行 | 一五,〇〇〇,〇〇〇·〇〇 |

上项放款以承放日丰造纸会社土地建筑物作抵。

| | |
|---|---|
| (伪)冀东银行 | 一二,一五〇,〇〇〇·〇〇 |

上项放款其中三百万元以承放戚文平债权作抵，六百六十五万元以承购北支开发债券作抵，二百五十万元以承放大华窑业公司债权作抵。

卅五年二月廿八日收回　义聚银号　四五，〇〇〇，〇〇〇．〇〇

上项放款以房产五所作为抵押品。

卅五年三月卅一日收回　益恒昌银号　四四，二〇〇，〇〇〇．〇〇

上项放款以房产六所作为抵押品。

卅五年二月廿八日收回　鼎丰银行　三八，〇〇〇，〇〇〇．〇〇

上项放款以房产五所作为抵押品。

卅五年四月十五日收回　广信银号　五，〇〇〇，〇〇〇．〇〇

上项放款以房产一所作为抵押品。

(伪)交通银行　二，〇〇〇，〇〇〇．〇〇

上项放款其中四十万元以承放电车公司债权作抵，一百六十万元以承购北支开发债券作抵。

(伪)中国银行　二，〇〇〇，〇〇〇．〇〇

上项放款以承购北支开发债券作抵。

信诚银行　二，七〇〇，〇〇〇．〇〇

上项放款以承放通诚面粉公司债权作抵。

卅五年二月廿八日收回　金城银行　四〇〇，〇〇〇．〇〇

上项放款以承放电车公司债权作抵。

活透　二，七八三，七八五，四三九．一四

(敌)正金银行　一，〇〇〇，〇〇〇，〇〇〇．〇〇

(敌伪)华北工业银行　六七，八五〇，〇〇〇．〇〇

卅五年四月廿五日收回七五六，七二三，三四二．三七　盐业银行　八二七，四三五，〇〇〇．〇〇

金城银行　八八〇，〇〇〇，〇〇〇．〇〇

卅五年二月廿八日如数收回　其他银行　八，五〇〇，四三九．一四

押透　一，一六〇，五七九，四九二．二八

(敌)满洲中央银行　一，〇八六，一〇〇，五三八．二八

(伪)冀东银行总行　七四，四七八，九五四．〇〇

上项放款所谓抵押品，满洲中央银行系以日本政府发行国债大东亚

战事债券、满洲第四，第五次公债二一〇，〇〇〇，〇〇〇．〇〇作抵。冀东银行总行系以平津房产十所价值二三〇，〇〇〇，〇〇〇．〇〇作抵。

| | |
|---|---|
| 定期放款 | 九九一，六九二，九七五．〇〇 |
| (敌)北支那开发株式会社 | 八一〇，〇〇〇，〇〇〇．〇〇 |
| (敌伪)华北垦业股份有限公司 | 七六，六九三，九七五．〇〇 |
| (伪)华北劳工协会 | 三〇，〇〇〇，〇〇〇．〇〇 |
| 张明炜 | 四〇，〇〇〇，〇〇〇．〇〇 |

此项放款询其借款人据营业局称张明炜系中央宣传部天津区特派员，当时并未缴存法币抵借，迄今亦未归还。

| | |
|---|---|
| 卅五年二月廿八日收回　李宇清 | 五，〇〇〇，〇〇〇．〇〇 |

此项放款当时以法币一，〇六〇，〇〇〇．〇〇抵借，询其借款人，据营业局江怀澄称李宇清系北平行营人员。

| | |
|---|---|
| 陈鼎诚 | 三〇，〇〇〇，〇〇〇．〇〇 |

此项放款当时以法币六，〇〇〇，〇〇〇．〇〇抵借，询其借款，据营业局江怀澄称系外蒙视察团团员。

| | |
|---|---|
| 定期押款 | 二七一，七七三，五二〇．〇〇 |
| (敌伪)华北垦业公司 | 一九，三九八，五二〇．〇〇 |
| (伪)华北土药业总公会 | 二四三，三七五，〇〇〇．〇〇 |
| (伪)河北裕民公司(当铺) | 九，〇〇〇，〇〇〇．〇〇 |

上项放款所谓抵押品除河北土药业总公会放款系以蒙疆雅〔鸦〕片烟土为担保品，此项烟土归由伪禁烟总会保管，胜利后业已焚毁，其余均以各该公司本身设备为担保品。

| | |
|---|---|
| 活期放款 | 二四三，一七〇，五〇〇．〇〇 |
| (敌伪)华北垦业公司 | 二四三，一七〇，五〇〇．〇〇 |
| 活期押款 | 九九，五九九，二三四．〇〇 |
| (敌伪)华北垦业公司 | 四九，五九九，二三四．〇〇 |
| (伪)河北裕民公司(当铺) | 三〇，〇〇〇，〇〇〇．〇〇 |
| (敌)日丰制纸工业会社 | 二〇，〇〇〇，〇〇〇．〇〇 |

上项放款所谓抵押品均以各该公司本身设备及存货作为抵押品。

| | |
|---|---|
| 活期透支 | 二四，〇四九，二七五，四七五．一八 |

(敌)北支那开发株式会社　　二三,九四五,七四八,九九九.二三

(敌)华北纤维股份有限公司　　九,九二六,四七五.九五

卅五年二月廿八日收回　刘福连　　八〇,〇〇〇,〇〇〇.〇〇

上项放款当时系以法币四,六〇〇,〇〇〇.〇〇抵借,照当时市上比例溢借甚多,询其借款,据营业局江怀澄称系由总裁汪时璟亲自接洽,详情不知。

白莲丞　　一三,六〇〇,〇〇〇.〇〇

上项放款当时并未缴存法币抵借,询其借款人,据营业局江怀澄称系由总裁汪时璟亲自接洽,详情不知,至今迄未归还。

抵押透支　　五,〇〇〇,〇〇〇.〇〇

卅五年三月十五日收回一,九一〇,〇〇〇.〇〇　(伪)河南裕民公司　　五,〇〇〇,〇〇〇.〇〇

上项放款所谓抵押品系以该公司全部架存货物作押。

贴现票据　　八九五,七五六,〇〇〇.〇〇

(敌伪)华北食粮公社　　四三〇,〇〇〇,〇〇〇.〇〇

(敌)华北苇席公司　　一九〇,七〇〇,〇〇〇.〇〇

又三菱会社　　一七四,五五六,〇〇〇.〇〇

(伪)新民印书馆　　五〇,〇〇〇,〇〇〇.〇〇

(敌伪)华北工业银行　　二五,〇〇〇,〇〇〇.〇〇

卅五年二月廿八日收回三,〇〇〇,〇〇〇.〇〇　(伪)河北银行　　二一,五〇〇,〇〇〇.〇〇

又冀东银行　　四,〇〇〇,〇〇〇.〇〇

上项贴现票据存放保管品项下,均经检查,并请参阅本报告第二节各项库存实物接收情形。

杂项欠款　　七〇一,九九九,八〇三.三七

卅五年五月十五日止已收回一二五,二五一,〇六〇元　中央来平人员以法币抵押联银借款　　三四七,六六三,三六〇.〇〇

上项借款缴存法币总额为三〇,五三六,一〇〇.〇〇原系保管品项下经于检查库存实物时查点相符。惟因当时法币与伪联银券比例未定,借款数额超出后来五比一定率不少,查明分列于后:

| 姓名 | 缴存法币 | 凭借 | 实借 | 多借 |
|---|---|---|---|---|
| 孙伯宪 | 一五一,〇〇〇.〇〇 | 七五五,〇〇〇.〇〇 | 八〇五,〇〇〇.〇〇 | 五〇,〇〇〇.〇〇 |
| 郭文麟 | 七九二,〇〇〇.〇〇 | 三,九六〇,〇〇〇.〇〇 | 四,〇〇〇,〇〇〇.〇〇 | 四〇,〇〇〇.〇〇 |
| 第五突击队 | 二,〇〇〇,〇〇〇.〇〇 | 一〇,〇〇〇,〇〇〇.〇〇 | 一六〇,〇〇〇,〇〇〇.〇〇 | 一五〇,〇〇〇,〇〇〇.〇〇 |
| 王在恭 | 一九〇,〇〇〇.〇〇 | 九五〇,〇〇〇.〇〇 | 一,九〇〇,〇〇〇.〇〇 | 九五〇,〇〇〇.〇〇 |
| 刘仁畤 | 一三五,〇〇〇.〇〇 | 六七五,〇〇〇.〇〇 | 一,三五〇,〇〇〇.〇〇 | 六七五,〇〇〇.〇〇 |
| 王振华 | 七〇,〇〇〇.〇〇 | 三五〇,〇〇〇.〇〇 | 七〇〇,〇〇〇.〇〇 | 三五〇,〇〇〇.〇〇 |
| 时彦文 | 二二五,〇〇〇.〇〇 | 一,一二五,〇〇〇.〇〇 | 一,二〇〇,〇〇〇.〇〇 | 七五〇,〇〇〇.〇〇[1] |

① 时彦文借款多借应为七五,〇〇〇.〇〇元。

上列七户人员，并经询问现在下落，据营业局江怀澄称孙伯宪系空军第四大队长，郭文麟系第十战区指挥所人员，王在恭系九十二军二十一师少校参谋，刘仁畴系九十二军中校参谋，王振华系九十二军参谋处人员，时彦文系军事委员会战时运输管理局电讯总台平津区台长。其中溢借数目最多者为第五突击队，达一亿五千万元之巨，检阅收据，仅获有第一战区突击第五队长条木戳，并无经手负责人姓名，据江君称当时系总裁汪时璟亲自接洽，详情不知。

卅五年四月十五日收回　行营　一〇〇，〇〇〇，〇〇〇．〇〇

上项放款当时并未交存法币作抵，系盐业银行经手，由董事陈锦文接洽办理。

行营王参谋长　一，〇〇〇，〇〇〇．〇〇

上项放款当时并未交存法币作抵，由董事陈锦文接洽办理。

同　上　刘毅夫　二〇，〇〇〇，〇〇〇．〇〇

上项放款当时并未交存法币作抵，询其借款人，据营业局江怀澄称刘毅夫系战地团北平办事处主任。

姜寰铸　五，〇〇〇，〇〇〇．〇〇

上项放款当时并未交存法币作抵，询其借款人，据营业局江怀澄称姜寰铸系军事委员会国际问题研究所驻平津联合办事处处长。

成经洵　二，五〇〇，〇〇〇．〇〇

查成君系该行太原分行经理，上项借款迄未报销。

购化学药会本券用药　一〇〇，〇〇〇，〇〇〇．〇〇

详细说明参见本报告第二章各项库存实物接收情形（六）制券材料库存说明。

卅五年五月十五日止收回<br>三四，五二七，五二一．二一　生计所　三六，七五二，六〇三．七四

查生计所即员工福利配给实物机构，库存实物配给后，随时与各项开支转帐收回本科目该行接收后，留用员工继续配给折扣薪津，截至查帐日期，所余无多。

卅五年五月十五日止收回<br>七，三二九，五〇二．二一　总行房屋建筑费户　二九，〇一〇，六二二．〇七

该行行屋添设工程尚未完工，建筑材料存储不少。

卅五年五月十五日止业已完全转帐收回　各分行工事费　二一,五八九,一九四.二五

(敌伪)中华航空公司　二,五〇〇.〇〇

又　又　日币　一一,五〇〇.〇〇

办理申汇法币损失　七二,四六八.九八

又　申汇储备券损失　四一九,〇七〇.九四

出售各种旧币损失　八,〇〇〇,〇四三.八五

垫付各银行放款利息　四,四二八,九〇四.〇九

上项垫付各银行放款利息发生之原因,在本报告审查意见内列有专章,可供参阅。

卅五年五月十五日止收回一〇,九四四,二八九.一五　其他杂项借支　一五,五四九,五三五.四五

以上系根据接收日杂项欠款科目分户明细表加以分析批注,至接收日以后转入者尚有:

(伪)河北银行　三,〇〇〇,〇〇〇.〇〇

此款系唐山分行代付托收河北银行款支票乙纸向收迄未归楚,暂行转入。

刘效亮　二,〇〇〇,〇〇〇.〇〇

查刘君系商邱分行经理,被匪绑架逃出,所用款项以书密字不列号划付总行之帐。

津行　五三,五四四,〇〇〇.〇〇

津行代付印券用药品价款尚未转帐。

津行　三三,七〇〇,〇〇〇.〇〇

津行代付收买天津交易团纸张价尚未转帐。

榆行杂欠户　一七,〇二〇,〇〇〇.〇〇

榆行补发行员退职金

青行杂欠户　四,二九三,二四〇.五〇

内何文芳溢支实物津贴二九,三四四.五〇,印刷局用服装各一六三套,价款三二三,一二〇.〇〇,又华北工业银行营业用器具款及用款三,九四〇,七七六.〇〇。

梁登高　一,五〇〇,〇〇〇.〇〇

梁君赴各地接收预支旅费尚未报销。

| | |
|---|---|
| 其他 | 七八九,二九四.〇六 |
| 存出保证金 | 五九,〇六四.〇〇 |
| 特种投资 | 四二,七四五,〇〇〇.〇〇 |
| (伪)中国银行股款 | 五,〇〇〇,〇〇〇.〇〇 |
| 又　交通银行股款 | 五,〇〇〇,〇〇〇.〇〇 |
| 又　河北银行股款 | 五,〇〇〇,〇〇〇.〇〇 |
| 又　冀东银行股款 | 五,〇〇〇,〇〇〇.〇〇 |
| (敌伪)华北工业银行股款 | 五,〇〇〇,〇〇〇.〇〇 |
| (伪)青岛大阜银行股款 | 八,八五〇,〇〇〇.〇〇 |
| 又　山东农业银行股款 | 二,五〇〇,〇〇〇.〇〇 |
| (敌伪)华北合作事业总会股款 | 三,五〇〇,〇〇〇.〇〇 |
| (伪)河北裕民股份有限公司股款 | 一,〇〇〇,〇〇〇.〇〇 |
| 又　山西实业银行股款 | 七五〇,〇〇〇.〇〇 |
| 又　济南鲁兴银行股款 | 七五〇,〇〇〇.〇〇 |
| 又　河南实业银行股款 | 二五〇,〇〇〇.〇〇 |
| 又　河南裕民股份有限公司股款 | 七〇,〇〇〇.〇〇 |
| (伪)证券所股款 | 七五,〇〇〇.〇〇 |
| 有价证券 | |
| (敌)北支那开发株式会社债券 | 九〇,二一五,〇〇〇.〇〇 |
| 生金银 | 四九,六八二,七二七,四一八.〇二 |

| | | | |
|---|---|---|---|
| 生金 | 毛重三一三,五四三.〇六公分<br>纯重二五一,五〇〇.八九公分 | @3.85 | 九六八,二七八.四二 |
| 生金 | 三,〇〇〇,四〇六.四〇公分 | @15,200.00 | 四五,六〇六,一七七,二八〇.〇〇 |
| 生金 | 一,四九九,九七四.〇〇公分 | @1,600.00 | 二,三九九,九五八,四〇〇.〇〇 |
| 生金 | 三二二,八〇六.六〇公分 | @3,200.00 | 一,〇三二,九八一,一二〇.〇〇 |

以上生金第二、三、四笔系收买正金银行。

| | | | |
|---|---|---|---|
| 足金 | 九,四六〇两 | @66,180.00 | 六二六,〇六七,八二五.〇〇 |

杂银 三,一八二,六八五.二二公分 纯重三,一一二,一四一.二二公分 @$\frac{1}{23493448}$ 一三二,四六八.四七

纯银 二一,五三四,四三三.九二公分 纯重二一,五三四,四三三.九二公分 @$\frac{1}{207861309}$ 一,〇三六,〇〇〇.〇〇

现银元 一五,三九九,七一九枚@1 一五,三九九,七一九.〇〇

银辅币 九四,九〇七角@1/15 六,三二七.一三

上项生金银均于检查库存时分别检查,详见本报告第二章各项库存实物接收情形。

卅五年五月十五日止增加 一三,五二〇,〇〇〇.〇〇 营业用器具 一九,八一一,七九五.九四

帐面价值 一九,八一一,七九五.九四

此科目根据帐簿记载计分铁制四,三九六,九五三.三二,木制四,一二二,〇六三.四七,杂制一一,二九二,七七九.一五,其移交清册仅有器具物品数量,并无购置原价,无从核对,则查考器具仅有凭实物清册点收一途,其详细及接收情形,详见本报告第二章库存实物接收情形。

营业用房地产 四一,二九〇,二七〇.三七

卅五年五月十五日止增加 五四,八二六,〇六五.三一 帐面价值 四一,二九〇,二七〇.三七

此科目根据帐册记载,以所在地区分,计有:

| | |
|---|---|
| 总行(北平) | 三九,二九〇,五一七.二三 |
| 天津分行 | 一,一四九,三九七.八九 |
| 青岛分行 | 四四八,〇三三.一二 |
| 济南分行 | 一,四一四,七〇七.五八 |
| 山海关分行 | 五四,六四四.一七 |
| 新乡分行 | 四,一〇〇,四〇八.四八 |
| 保定分行 | 五〇〇,二二三.四〇 |
| 潞安分行 | 一八,六九〇.四八 |

| | |
|---|---|
| 海州分行 | 一六,一二八,〇二六.〇五 |
| 临汾分行 | 一二〇,八四四.八八 |
| 塘沽分行 | 一五,三二七,四三一.八五 |
| 烟台分行 | 一一,七六八.八八 |
| 宿县分行 | 一,七六〇.〇〇 |
| 开封分行 | 五六,五五四.九三 |
| 太原分行 | 一二,二三四.五三 |
| 龙口办事处 | 八二,三五五.三八 |
| 石家庄分行 | 一六,六五八,二三六.三四 |
| 唐山分行 | 二六六,五三三.三九 |
| 兖州办事处 | 四七三,九六七.一〇 |

其总行房地产接收详细情形及分行房地契点收情形详见本报告第二章库存实物接收情形。

| | |
|---|---|
| 买入期货币 | 五,二六八,六八〇.〇六 |
| (敌)买入青岛正金银行特别日金 | 一六六,九五二.六五 |
| 又　又　又　朝鲜　又 | 一,一四一,二〇〇.〇〇 |
| 又　又　天津正金　又 | 六〇六,五五一.六〇 |
| 又　又　又　朝鲜　又 | 四二六,八九一.四〇 |

此项特别日金订约日期最早为卅一年八月二十日,最迟为卅三年五月十六日,询据该行营业局江怀澄君称,特别日金原为英美外汇封锁后之代名词,此次期货币因进出口停止,致无法交割。

| | |
|---|---|
| (敌)青岛正金银行 | 三六一,七七九.一九 |
| 又　天津　又 | 一,四五四,五〇五.二二 |
| 又　又　朝鲜银行 | 一,一一〇,八〇〇.〇〇 |
| 应收利息 | |
| 应收各项放款息 | 二六二,三四三,一二七.七二 |
| 未收款项 | 二五,五八五.〇六 |
| (伪)运城中国联合准备银行定存单 | 二〇,〇〇〇.〇〇 |
| (敌)兖州居留民团支票 | 二,〇〇七.〇〇 |
| 又　太原太原书店等七家贷款据 | 三,五七八.〇六 |
| 保证款项 | |

卅五年五月十五日转结清　(敌伪)华北食粮公社　一〇〇,〇〇〇,〇〇〇.〇〇

特种货币　一,四七六.五一

铜元　三,一九一.五公斤　一,三八七.六一

制钱　二〇四.五公斤　八八.九〇

上项铜元、制钱均于检查库存时分别检查,详见本报告第二章各项库存实物接收情形。

丑、负债概况

股本总额　五〇,〇〇〇,〇〇〇.〇〇

上项总额五〇,〇〇〇,〇〇〇.〇〇减去未收股本二五,〇〇〇,〇〇〇.〇〇,实际收入二五,〇〇〇,〇〇〇.〇〇,其中一二,五〇〇,〇〇〇.〇〇系以华北各银行发行准备金银元作抵,计伪交通银行商股股本六,二二八,〇三一.〇〇,伪中国银行商股股本五,二三一,三九四.〇〇,伪河北银行一,〇四〇,五七五.〇〇,合计如上数。其余一二,五〇〇,〇〇〇.〇〇,据营业局江怀澄君称系由伪华北临时政府向日本兴业银行、正金银行、朝鲜银行等借款拨充,以长芦盐税收入分期归还,计日币九百万元,又纯银七二,七五一,四六五.一〇公分,作价三百五十万元。关于日币部份,自始即存于朝鲜银行,廿七年六月间,该行收买在华北及满洲境内日方各银行所存之现银元,共计六百七十五万四千零十九元,付出价款日币七百五十八万三千二百七十七元四角四分,尚余日币一百四十一万六千七百二十二元五角六分,现仍存于朝鲜银行(存放同业科目通知预金户)。至所收买之银元,经运往伦敦出售,得价英金四十一万六千五百六十五磅〔镑〕十先令六便士,存于伦敦正金银行,旋经变为美金,最后连同其他美金变成特别日金,存于东京正金银行(存放同业科目特别日金第一户)。关于纯银部份,截至卅四年十月十六日,由伪华北政府按原价向该行陆续买回五一,二一七,〇三一.一八公分,归还日本银团借款。至所得价款二百四十六万四千元,由该行存于朝鲜银行(存放同业科目通知

预金户),所余纯银二一,五三四,四三三．九二公分,亦存于朝鲜银行,云云。

| | | |
|---|---|---|
| | 公积金 | 三〇,五〇〇,〇〇〇．〇〇 |
| | 特别公积金 | 三八,九〇〇,〇〇〇．〇〇 |
| | 盈余滚存 | 三,四九六,八六二．一六 |
| 卅五年五月十五日止转出八,七二七,三二七．八四 | 前期损益 | 二四八,一一八,一九七．五四 |
| | 备抵款项 | 一〇五,一〇〇,〇〇〇．〇〇 |
| 卅五年五月十五日止转入一,五一二,二〇七．八〇 | 行员退职基金 | 五,九七二．六八 |
| 卅五年五月十五日止增加三八,〇二八,八四三,〇三五．八四 | 发行货币 | 一四二,三九九,八五四,五〇七．七八 |
| | 定期存款 | 八一八,九六二,二四五．三三 |
| | (敌)华北烟草配给中央组合积存金 | 八,四二四,一四七．七一 |
| | (伪)华北政委会特别预备金 | 八〇八,六四六,〇六五．九六 |
| | 各银行存款准备金 | 一,八九〇,〇〇〇．〇〇 |
| | 其他 | 二,〇三一．六六 |
| | 特别存款 | 四一九,九四三,二七四．二一 |
| | (敌)不动贮金银行 | 五三,〇〇〇,〇〇〇．〇〇 |
| | 又　日本贮蓄银行 | 一六,〇〇〇,〇〇〇．〇〇 |
| | 又各日本保险株式会社 | 三四六,三九二,五七四．二一 |
| | (伪)山西实业银行 | 四〇〇,〇〇〇．〇〇 |
| 卅五年三月卅一日转出系济南分行凭存单代付联行未达帐目转来 | 伪济南鲁兴银行 | 六〇〇,〇〇〇．〇〇 |
| | 又　山东农业银行 | 二五〇,〇〇〇．〇〇 |
| | 又　河南实业银行 | 七〇〇,〇〇〇．〇〇 |
| | 威海复丰银行 | 七五,〇〇〇．〇〇 |
| 截至卅五年五月十五日止已发还六五五,五五〇．〇〇 | 其他 | 二,五二五,七〇〇．〇〇 |

活期存款　九五，六四三，八七九．六七

(敌)华北皮毛统制协会　三〇，〇五三，八九八．〇五

(伪)中华航空股份有限公司　五五，七二八，六五〇．九六

卅五年五月十五日止支付五七，〇二三．七五系拨付债券利息　(敌)北支那开发株式会社四户　五，〇九五，二八二．三三

联行未达帐目转来

陈鼎诚　一，九六四，〇〇〇．〇〇

(敌)华北油料协会户　一，四五〇，六四八．〇五

(伪)河北裕民有限公司　五三八，四〇〇．〇〇

(敌)华北苇席股份有限公司　一六三，七六五．二四

(伪) 华北电业股份有限公司　三四七，六八七．七〇

其他　三〇一，五四七．三四

特别活期存款　一，〇五〇，九四五．九八

卅五年二月十五日支付　膳委会　六〇六，五一〇．〇〇

(敌)尾冢义人　顾问室人员　四〇〇，八一〇．九二

其他　四三，六二五．〇六

通知存款　三一六，五三四，九七四．二六

(敌)正金银行北京支店　三一六，五三四，九七四．二六

官厅存款　八五一，八六三，〇三〇．一五

卅五年五月十五日计转入三，一六四，五三〇．〇二，支付六，三六〇，〇〇〇．〇〇(详表)　(伪)各伪机关存款　八五一，八六三，〇三〇．一五

同业存款　一，七三三，六七一，九三二．六七

(敌)正金银行　二户　一三五，五五九，二〇四．四三

卅五年四月十五日转入四〇，四四三，五〇九．七三　又　朝鲜银行　四户　八一，〇〇四，〇〇五．八八

卅五年二月廿八日支付四一〇．〇〇系代兑钞券转帐　又　蒙疆银行　一，二九二，一六三．七七

又　天津银行　二户　一,三七三,二三三.二七

卅五年二月廿八日

支付六,二四五元　又　满洲中央银行　一六,九九五.三〇

系代兑钞券转帐

又　北京兴业金融组合　三三,三四九.二二

(敌伪)华北工业银行　五一九,二二三.八三

(伪)河北银行　五二,七二九,〇三四.八四

(伪)交通银行总行　二〇,二〇一,八一五.二九

又中国实业银行　一一,〇一五,六三六.九八

又冀东银行　二七,九八七.九〇

又中央储备银行　二四八,二〇二,三三九.九五

又　中储券　一,〇〇〇,〇〇〇,〇〇〇.〇〇

上项中储券按@.18记帐折合联银券一八〇,〇〇〇,〇〇〇.〇〇

大陆银行　五〇五,六七六,三三二.四二

中国农工银行　一三二,六四八,五四〇.〇八

盐业银行　七〇,七一一,六五七.六三

积生银行　六六,五七九,三三九.二二

信诚银行　三七,二三〇,二四九.七〇

上海银行　二五,八五五,一〇三.二五

新华信托储蓄银行　二〇,二四三,五三〇.六二

福利银号　一七,三四八,八二九.〇九

大中银行　一三,八五三,二三六.一四

启明新记银号　一二,〇八〇,九〇四.一五

浙江兴业银行　九,四〇〇,八四一.八一

国华银行　七,四七四,二二八.七〇

厚生银号　八,五五七,八七七.九七

开源银号　八,七八九,三七〇.七三

中南银行　六,二四六,四一六.二六

聚兴城〔诚〕银行　六,七五七,二二二.四一

其他　五二,二四三,二六一.八三

本票　一四二,四〇一,〇八一,一八九.一九

| | |
|---|---|
| 发行准备金 | |
| 放款抵充 | |
| 财委会金库 | 二,五〇〇,〇〇〇,〇〇〇·〇〇 |
| 政委会股款垫款户 | 六七〇,〇〇〇,〇〇〇·〇〇 |
| 又　食粮资金户 | 二四五,〇〇〇,〇〇〇·〇〇 |
| 又　卅三年小麦资金户 | 一五〇,〇〇〇,〇〇〇·〇〇 |
| 朝鲜银行 | 二一,三五〇,三〇八,八二六·九八 |
| 正金银行 | 二一,二一八,三四四,五〇六·五二 |
| 北支那开发会社 | 二三,八〇〇,〇〇〇,〇〇〇·〇〇 |
| 华北食粮公社 | 五〇〇,〇〇〇,〇〇〇·〇〇 |
| 外币存款　日币 | 二二,一九五,六六七,三三八·九四 |
| 又　特别日金 | 九〇,四七五,八〇七·七〇 |

上项日币及特别日金即存放同业，存放朝鲜银行及东京日本银行之数，除其中特别日金七,六五六,六六八·三六系折合联银券四,九八七,二七七·九八记帐，其余均按原币一元折合联银券一元记帐。

| | |
|---|---|
| 生金 | 四九,六六六,一五二,九〇三·四二 |
| 纯银 | 一,〇三六,〇〇〇·〇〇 |
| 杂银 | 一三二,四六八·四七 |
| 现银元 | 一五,三九九,七一九·〇〇 |
| 银辅币 | 六,三二七·一三 |
| 来人八笔 | 一,二一七,〇二八·〇〇 |
| (敌)帝国生命保险会社 | 九,六五三·四一 |

上项发行准备金部份已于二月廿八日完全转清，在日计表上以发行货币科目与有关资产科目径行抵充。

| | |
|---|---|
| 杂项存款 | 一,二〇二,五一九,九二〇·九八 |
| 此科目卅五年五月十五日止转入 | 四九,四九三,〇九七·八一 |
| 东京日本银行备付日本国库债券 | |
| (售金余款作抵存放同业另户) | 五〇〇,〇〇〇,〇〇〇·〇〇 |
| 收买正金金块价款剩余一部份 | 六四七,六六一,四七一·五八 |
| 由京运沪旧币三九八,一九四对债 | 四八五,九六四·八四 |

津没收敌银行旧币售青棉交协会三,〇〇〇,〇〇〇.〇〇 @30% 九〇〇,〇〇〇.〇〇

总行及津行售与舟山部队冀东硬币 二七八,五一七.一六

津行代收售出硬币款四笔 八二六,一五六.八〇

邱行 三〇,〇〇〇,〇〇〇.〇〇

卅四年八月三日朝鲜银行交来,在商邱支用款,接邱行报单时再转入联行科目。

(伪)财委会印刷局二笔 五,四五二,五〇九.三九

据原接收报告注明系油墨价款。

津行 一三,六九二,四三九.五三

据原接收报告注明系本行汇津华北化学制品统制协会退还之款。

(伪)河北银行 九五三,七四一.八八

据原接收报告注明系购买化学药品费。

其他 二,二七九,一一九.八〇

汇款 六,六六五,五〇七,〇九六.〇九

又 中储券一四,四八八.八八按@.18折合 二,六〇八.〇〇

此科目于收入顾客交来汇款时转入,接到联行介讫报单时转出,截至卅五年五月十五日止已转出三,一〇二,五一七,七〇七.〇八,须将联行往来未达帐目完全查清方可确知正确负债数字。

应付利息 三〇,〇二〇,四五六.七一

该行前期结算应付利息于下期结算时一并调整,卅四年下期并未办理结算,以致仍悬帐面。

卖出期货币 五,二六八,六八〇.〇六

(敌)青岛正金银行 特别日金 三六一,七七九.一九

又 天津 又 又 一,四五四,五〇五.二二

又 又 朝鲜银行 又 一,一一〇,八〇〇.〇〇

又 青岛正金银行 一六六,九五二.六五

又 又 朝鲜银行 一,一四一,二〇〇.〇〇

又 天津正金银行 六〇六,五五一,六〇

又 又 朝鲜银行 四二六,八九一.四〇

代收款项 二五,五八五.〇六

| | |
|---|---|
| (敌)济宁居留民团 | 二,〇〇七．〇〇 |
| (敌)正金银行 | 三,五七八．〇六 |
| 又　中村太郎 | 一一〇,〇〇〇．〇〇① |
| 保付款项 | 一〇〇,〇〇〇,〇〇〇．〇〇 |
| 卅五年五月十五日转清　(敌)平衡仓库 | 一〇〇,〇〇〇,〇〇〇．〇〇 |
| 此笔款项系代华北食粮公社保证向平衡仓库预借食粮之最高限额。 | |
| 联行往来 | 四,六四二,七九五,〇〇一．八八 |
| 联银券往户　贷方 | 一〇,〇八八,六八二,四六六．三七 |
| 又　来户　借方 | 六,二九〇,六〇二,九一三．八四 |
| 中储券往户　贷方　中储券 | 四,六九二,八六三,六〇六．七三 |
| 上项中储券按@.18记帐,折合联银券 | 八四四,七一五,四四九．三五 |
| 兑换 | |
| 中储券户　多 | 一七,六五五,五六六,四九〇．五〇 |
| 按@.18折合联银券 | 三,一七八,〇〇一,九六二．八三 |
| 旧币户　多 | 一,四二八,三九〇．〇〇 |
| 旧币即法币按@.10折合联银券 | 一四二,八三九．〇〇 |
| 特别日金户　缺 | 五八五,四八八．七六 |
| 日币户　多 | 一一,五〇〇．〇〇 |
| 特别日金及日币均按@1.00折合联银券一元记帐。 | |
| 联银券户差额　缺 | 三,一七七,五七〇,八一三．〇七 |
| 旧通货整理特别积存金 | 一,八〇四,九八七．七〇 |
| 中国银行　第一号帐户 | 一〇〇,〇〇〇．〇〇 |
| 又　第二号帐户 | 一,六三一,三一九．六〇 |
| 交通银行　第二号帐户 | 七三,六六八．一〇 |

①当系二〇,〇〇〇．〇〇之误。

卅五年五月十五日止转入五一，七八〇．一一，支付六〇〇．〇〇　储蓄存款　二三九，二七七．六三

上项总数包括活期储蓄存款、定期整存整付、零存整付存款、有奖定期存款、特别储金(日人所谓伞下各银行行员存款)均系零星存户，因华北储蓄银行停闭后，移交并帐。

代保管货币

| | |
|---|---|
| 本行库存旧币 | 一，一四三，八三九，九〇二．八〇 |
| 旧币 | 四，一二四，六〇五．一四 |
| 美金 一五七．五三折合联银券 | 一五七．五三 |
| 铜元票 一，〇五一，〇四〇枚折合联银券 | 二，一〇二．〇八 |

代财署收兑旧币

| | |
|---|---|
| 旧币 | 五五，四〇六，二四〇．二七 |
| 铜元票 五，四八六，七六四枚折合联银券 | 一〇，九七三．五三 |

代财署收兑各银行旧币

| | |
|---|---|
| 旧币 | 二〇三，七四八．〇一 |
| 银辅币二六，八二二角又五分折合联银券 | 二，六八二．二五 |
| 生金 一，〇四二．九二公分折合联银券 | 七，〇九二．五〇 |
| 生银 一一，八七一．七三公分　又 | 二〇二．一三 |

此项杂银系该津行收到中央银行交来银锭三九九．八九市两，九五成色，按三，一二五合计纯银一一，八七一．七三公分，1/23493448合银元五〇五．三二(四折合杂币二〇二．一三)

| | |
|---|---|
| 日金元一九〇元折合联银券 | 一九〇．〇〇 |

军警机关没收旧币

| | |
|---|---|
| 旧币 | 二，四八五，三七三．五九 |
| 银元 三，九七一元折合联银券 | 三，九七一．〇〇 |

没收敌系银行旧币

| | |
|---|---|
| 旧币 | 八〇六，二四〇．四〇 |

寄存旧币

旧币　　一〇,二八八,一九二.二〇

银元　一九二.〇〇折合联银券　　一九二.〇〇

生银　一八,六三七公分　又　　七九三.二八

美金　八五,五〇〇.〇〇　又　　八五,五〇〇.〇〇

暂存旧币

旧币　　四,二三二.五〇

铜元票九,〇九〇枚折合联银券　　一八.一八

财署生金

生金七二六,九五六.六二折合联银券　　八,六七八,七一七.七六

卅五年五月十五日
增加二,二五八,二
八九,八二三.四九　中央储备银行券　一,〇二一,三八五,四七九.六八

日本银行券　　一八,〇七一.一三

朝鲜银行券　　四四,〇〇〇.〇〇

卅五年五月十五日
增加六,二四五元　满洲中央银行券　　三〇〇.〇〇

卅五年五月十五日
增加四一〇.〇〇　蒙疆银行券　　三五,〇九七.四〇

冀东银行券　　二〇九,二九五.五九

以上各银行钞券均以票面额作为联银券记帐。

伪华北政务委员会

银元四〇,〇三六,四三四.六五折合联银券　四〇,〇三六,四三四.六五

上项各货币实际库存情形,详见本报告第二章各项库存实物接收情形。

寅、损益概况

收益之部:

收入利息　　四六六,二七五,七三四.六七

收入手续费　　七七,二九八.〇六

特种投资收益　　二四〇,六二五.〇〇

杂项收益　　二〇,三二八,七一一.九一

损失之部:

| | |
|---|---|
| 生金银损益 | 八八三．五〇 |
| 付出利息 | 五,三〇五,七七三．〇一 |
| 杂项损失 | 四四二,八四〇．〇〇 |
| 货币制造费 | 一,一八九,二九九,〇二七．八六 |
| 各项开支 | 四〇六,七一二,四〇〇．七四 |

（二）发行部份

说明：

一、发行货币及准备金各项数字，因库存变动关系，为节省制表工作，使各项数字更有显示现况之价值，均以查帐开始时各帐最后日计表为准（卅五年二月廿八日）。为进一步显示最后实况，更就查帐截止日各帐最后日计表（卅五年六月廿日）各项数字加以说明。

二、该行会计制度，准备金并不归由发行部份独立保管，所有准备金均列记营业部份资产项下，而以负债本票科目与资产发行准备金科目对转，本行接收帐目后，经办人员已饬其冲销两科目矣。

三、发行货币各项库存，均于第二章各项库存实物接收情形一章中详为叙明，阅者可以对照。

四、本报告各项数字，除注明币别外，均系原记帐本位币伪联银券数额。

子、货币

借方科目：

| | |
|---|---|
| 未交定制货币 | 一二一,一二六,一二〇,〇〇〇．〇〇 |
| 发行货币 | 一五六,六二八,三二二,四八七．二六 |
| 钞券： | |
| 第一版： | |
| 半分券 | 二五〇,八四四．六六 |
| 一分券 | 三,〇二五,七九七．五九 |
| 五分券 | 二,八六四,七七五．三五 |

| | |
|---|---|
| 一角券 | 一,一一六,五七五.六〇 |
| 二角券 | 三三九,九三五.九〇 |
| 五角券 | 九五九,九四三.七五 |
| 一元券 | 八,七六五,一六三.〇〇 |
| 五元券 | 一〇,二九三,八三五.〇〇 |
| 十元券 | 六一,五六二,三六五.〇〇 |
| 五十元券 | 四九七,五一〇,六五〇.〇〇 |
| 百元券 | 七,二五四,六〇〇.〇〇 |
| 五百元券 | 二五,五四八,三八三,二五〇.〇〇 |
| 乙种五百元券 | 三,八一七,八〇四,七五〇.〇〇 |
| 千元券 | 二六,四一四,三九八,〇〇〇.〇〇 |

第二版:

| | |
|---|---|
| 一角券 | 二四,三四五,八三九.九〇 |
| 二角券 | 一二,〇六七,一七二.〇〇 |
| 五角券 | 一七,八〇二,二〇六.五〇 |
| 一元券 | 一〇二,一九七,一九二.五〇 |
| 五元券 | 一四一,〇二〇,一六七.五〇 |
| 十元券 | 三六六,一五六,七四〇.〇〇 |
| 百元券 | 一九八,八一七,六〇〇.〇〇 |
| 乙种百元券 | 五,七一五,〇三九,〇〇〇.〇〇 |
| 五百元券 | 四,四九二,五四九,五〇〇.〇〇 |

第三版:

| | |
|---|---|
| 五角券 | 三,八八五,七三〇.五〇 |
| 一元券 | 一八五,四八八,八七九.五〇 |
| 五元券 | 二一九,七三八,四七二.五〇 |
| 十元券 | 一,四九七,九六九,二二五.〇〇 |
| 百元券 | 一,〇四一,一〇一,五〇〇.〇〇 |
| 五百元券 | 二六,五三三,二二一,二五〇.〇〇 |

第四版:

| | |
|---|---|
| 一元券 | 二一,四九三,四〇二.五〇 |
| 五元券 | 九四,三〇六,〇一二.五〇 |

| | |
|---|---|
| 十元券 | 五〇九，九九七，四一五．〇〇 |
| 百元券 | 四，八六五，四八〇，七〇〇．〇〇 |
| 第五版： | |
| 十元券 | 八七，五九七，七九五．〇〇 |
| 乙种十元券 | 五一九，〇九三，六六〇．〇〇 |
| 百元券 | 六，五九三，三三七，〇五〇．〇〇 |
| 第六版： | |
| 十元券 | 九五三，九四一，七一〇．〇〇 |
| 百元券 | 四四，四八三，四一九，八五〇．〇〇 |
| 第七版： | |
| 十元券 | 四八五，九七七，五四五．〇〇 |
| 券类不明 | 一，〇五七，七二五，五三五．三四 |
| 硬币： | |
| 一分币 | 一，六一七，六八三．一七 |
| 五分币 | 一，九六八，五九〇．二〇 |
| 一角币 | 二七，四三四，五七六．八〇 |

以上为卅五年二月廿八日止发行总数，共计联银券一千五百六十六亿二千八百三十二万二千四百八十七元二角六分。

根据卅五年六月廿日发行总数，共计联银券一千八百六十五亿一千五百二十九万零七百七十一元三角二分，除一版五十元券一百五十亿元不应作为发行计算，实际发行数为联银券一千七百十五亿一千五百二十九万零七百七十一元三角二分。

存出分行货币　　八，六〇〇，三七四，八七五．四二

| 行名 | 纸币 | 硬币 |
|---|---|---|
| 天津分行 | 六五，九六九，四〇五．〇三 | 八，一六五．〇〇 |
| 天津北马路办事处 | 三四，八一一，九三九．六〇 | —— |
| 济南分行 | 六一，六七三，六四四．九五 | 五，六八九．八〇 |

续上表

| 行名 | 纸币 | 硬币 |
|---|---|---|
| 青岛分行 | 一,二〇三,七八五,〇一〇.〇九 | 二〇二.九二 |
| 唐山分行 | 三三,六八五,四四八.八八 | 六六四.〇〇 |
| 石家庄分行 | 一八,九三〇,一〇一.〇八 | 二,三四〇.〇〇 |
| 太原分行 | 二,四五三,〇二四,五六三.一五 | 八,三二〇.〇〇 |
| 烟台分行 | 八七二,四七九,二六二.〇五 | 一,一二〇.〇〇 |
| 龙口办事处 | 四〇,八二二,二七九.一五 | —— |
| 山海关分行 | 二一,八七三,九五一.二二 | 二三二.五八 |
| 秦皇岛办事处 | 一,四一八,三九二.六六 | 二八二.一〇 |
| 新乡分行 | 三九二,九九二,六八〇.七三 | 一,一一〇.〇〇 |
| 运城分行 | 一〇〇,九五一,八六六.七九 | 一二六.八六 |
| 临汾分行 | 一一八,四七三,六一九.七〇 | 一二〇.〇〇 |
| 徐州分行 | 二五,一〇四,五二〇,五三 | 三,七五三.二〇 |
| 开封分行 | 五五四,三三〇,九六四.四四 | —— |
| 保定分行 | 三二九,三一三.三二 | —— |
| 塘沽分行 | 七七三,一〇〇,〇六九.四六 | 四四三.〇〇 |
| 商邱分行 | 七九五,一五八,八四八.九〇 | —— |
| 兖州办事处 | 七,六七四,三九五.九七 | —— |
| 郑州分行 | 三七五,二九九,八七七.九二 | 一四.〇九 |
| 许昌分行 | 四五五,七七二,九四八.三八 | —— |
| 洛阳分行 | 一九二,六七八,四一三.八九 | 七七三.九八 |
| 共计 | 八,六〇〇,三四一,五一七.八九 | 三三,三五七.五三 |

以上为卅五年二月廿八日止存出分行总数，共计联银券八十六亿零零三十七万四千八百七十五元四角二分。

根据卅五年六月廿日止存出分行，总数共计联银券七十四亿二千四百六十四万一千零三十一元六角三分，已减少十一亿七千五百七十三万三千八百四十三元七角九分，系二月廿八日后凭分行调用发行库存报单转帐转入发行货币所致。存出数额如此之巨，除存放天津分行六千五百九十七万七千五百七十元零零三分业经在津查帐时查对相符，存放天津北马路办事处三千四百八十一万一千九百三十九元六角，与在津查帐查点库存数目三千四百八十四万二千三百八十三元六角，实际库存数多三万零四百四十四元，经查六月廿日所列存出数目业经相符。其余分行虽经本行天津分行分别函询就地本行分行接收情形，得复者已有郑州分行五月十六日代电称："该分行潜匿无踪，无从接收该行库存。"许昌国税经收处五月廿日函称："伪中国联合准备银行许昌分行早于敞处抵许前撤走。"济南分行五月卅日函称："查伪中国联合准备银行济南分行发库只存联银券六五，〇四二，三六八．〇〇（天津分行去信对帐，存出分行科目该分行余额为八七八，七〇六，一〇九．九五，系根据接收日材料），核与贵分行开来数目不符。据该行负责人称有未达帐，硬币数目则相符合。上述伪联券已折合国币暂存伪联行清理处。"青岛分行六月六日来电称："接收伪中国联合准备银行发库库存数目为二千八百零二万零九百二十五元二角二分。"在本行天津分行以未经管全部发行帐目，亦无从进行进一步追查，此项清理未达帐目工作，似均有待于集中办理。

| | |
|---|---|
| 存出他行货币 | 六一三，二四八，三四三．七八 |
| 纸币： | |
| 大连朝鲜银行 | 二二二，八七三．六七 |
| 下关　又 | 一一，九〇三．六九 |
| 南京中央储备银行 | 一八三，四〇七，一三九．五五 |

| | |
|---|---|
| 蒙疆银行 | 二,三二五,二二一.二三 |
| 德县朝鲜银行 | 二九,九八四,八二八.一五 |
| 张店　又 | 二六三,五六六,七七九.六一 |
| 彰德　又 | 二二,二八二,三四九.九〇 |
| 邯郸　又 | 一一,〇三二,五七二.一六 |
| 鄄城　又 | 三六,六五五,五七一.八〇 |
| 阳泉　又 | 三三,一〇八,〇〇〇.〇〇 |
| 釜山　又 | 三九四,六四五.〇〇 |
| 京城　又 | 二三,九〇三.三一 |
| 潞安　又 | 二七,一三三,四六九.八九 |
| 蚌埠中央储备银行 | 三,〇九八,〇六一.〇〇 |
| 硬币: | |
| 南京中央储备银行 | 二四.八二 |
| 蚌埠　又 | 一,〇〇〇.〇〇 |

以上为卅五年二月廿八日止存出他行,总数共计联银券六亿一千三百二十四万八千三百四十三元七角八分。

根据卅五年六月二十日止存出他行,总数共计联银券六亿五千三百六十九万一千八百五十三元五角一分,增加四千零四十四万三千五百零九元七角三分,系二月廿八日以后凭他行调入发行库存报单转帐减少发行货币所致。综上数字,存出他行数目亦属不少,其接收情形较之存出分行更形紊乱,除各地中央储备银行外,各地朝鲜银行当时由何种机关接收,须事先先行调查,然后于未达帐目告一段落后,根据确定数目,再行分别追究。

| | |
|---|---|
| 销废货币 | 二,三六一,六三一,八九〇.四八 |
| 已销货币 | 二,一四四,三五六,二九九.四一 |
| 纸币 | 二,一二六,二七六,一一二.三二 |
| 硬币 | 一八,〇八〇,一八七.〇九 |
| 未销货币 | 二一七,二七五,五九一.〇七 |
| 一版: | |
| 半分券 | 九五,〇二九.〇二 |

| | |
|---|---|
| 一分券 | 三九,二〇〇．〇〇 |
| 五分券 | 三九三,〇〇〇．〇〇 |
| 一角券 | 七五,六二七．〇五 |
| 二角券 | 四〇,〇〇〇．〇〇 |
| 五角券 | 二〇七,五〇〇．〇〇 |
| 一元券 | 一〇,二八九,三七〇．〇〇 |
| 五元券 | 六,一四〇,〇〇〇．〇〇 |
| 十元券 | 二二,九七〇,〇〇〇．〇〇 |
| 百元券 | 二四,〇〇〇,〇〇〇．〇〇 |
| 五百元券 | 三,五〇一,〇〇〇．〇〇 |
| 二版： | |
| 一角券 | 二,〇七二,二四〇．〇〇 |
| 二角券 | 一,一八〇,〇〇〇．〇〇 |
| 五角券 | 一,〇〇〇,〇〇〇．〇〇 |
| 一元券 | 二〇,六二一,三〇一．〇〇 |
| 五元券 | 一四,〇六〇,〇〇〇．〇〇 |
| 十元券 | 一八,八四三,〇〇〇．〇〇 |
| 百元券 | 三五,六〇〇,一〇〇．〇〇 |
| 乙种百元券 | 四,〇一三,三〇〇．〇〇 |
| 三版： | |
| 一元券 | 八,二八一,〇〇四．〇〇 |
| 五元券 | 四,四〇四,〇〇〇．〇〇 |
| 十元券 | 一一,一四二,五二〇．〇〇 |
| 百元券 | 二〇,〇〇〇,〇〇〇．〇〇 |
| 四版： | |
| 一元券 | 一七五,〇〇〇．〇〇 |
| 五元券 | 二〇〇,〇〇〇．〇〇 |
| 十元券 | 一,五〇一,〇〇〇．〇〇 |
| 百元券 | 一,三〇一,一〇〇．〇〇 |
| 五版： | |
| 十元券 | 一三〇,〇〇〇．〇〇 |

| | |
|---|---|
| 乙种十元券 | 六〇〇,〇〇〇．〇〇 |
| 百元券 | 二,二〇〇,三〇〇．〇〇 |
| 六版： | |
| 十元券 | 二,一〇〇,〇〇〇．〇〇 |
| 百元券 | 一〇〇,〇〇〇．〇〇 |

以上为卅五年二月廿八日止销废货币，总数共计联银券二十三亿六千一百六十三万一千八百九十元零四角八分，迄至卅五年六月廿日止，数目相同，并无变动。所有销废经过，经检查有关帐簿文件，纸币部份，除内中：

| | |
|---|---|
| 一版一分券 | 九张 |
| 二角券 | 五二张 |
| 二版一元券 | 五五张 |
| 又 乙种百元券 | 九〇张 |

并未具备销废关系人员证明，经查阅关系卷宗，系准日本破害〔?〕部队名衣第三〇四二部队长陆军大佐藤田安来信填具证明书，由甲第一四〇〇部队经理部长昭和二十年四月卅日来函烧却，请求兑付，经伪总裁汪时璟批准照办，尚属相符。硬币部份，其销废细数为：

| | |
|---|---|
| 一分 | 一三七,九〇八,二七四枚 |
| 五分 | 六〇,四四八,〇三三枚 |
| 一角 | 一三六,七八七,〇二七枚 |

以上合计联银券一千八百零八万零一百八十七元零九分，系准伪华北政务委员会财秘酉字二二〇五号指令销毁，得价计：

| | |
|---|---|
| 硬币制造费 | 九〇九,六八九．五〇 |
| 又 | 三七五,五一四．一七 |
| 又 | 一,四九二,四五三．二八 |
| 铝价 | 一,三九八,二七九．五七 |
| 杂费 | 三〇,八五七．〇六 |

以上合计联银券四百二十万零六千七百九十三元五角八分，于卅四年四月七日收入货币制造费帐内。至收买机关亦经查明，系日本交易营团北京连络部。关于此案，该行与伪华北政务委员会来往函件并经录存，作为本报告附件。

| | |
|---|---|
| 库存货币 | 二九，五九二，九五一，四一〇．三六 |
| 纸币 | 二九，五九二，九三七，八二二．六七 |
| 减：北平中交两行领用 | 二三，九一六，四七七，九五〇．〇〇 |
| 天津中交两行领用 | 四，八三五，二〇〇，〇〇〇．〇〇 |
| 发青岛分行 | 三三二，〇〇〇，〇〇〇．〇〇 |
| 天津分库库存 | 四〇八，一八〇，〇〇〇．〇〇 |
| 实存库房 | 一〇一，〇七九，八七二．六七 |

上项实存库房数目，依照帐簿原来记载券类版别为：

| | |
|---|---|
| 一版： | |
| 半分券 | 五．〇〇 |
| 一分券 | 一，四九八，九一九．五七 |
| 五分券 | 一九八，五六一．七五 |
| 一角券 | 四二九，〇一七．九五 |
| 二角券 | 一一〇，五一三．七〇 |
| 五角券 | 八四一，二六八．二五 |
| 一元券 | 九三〇，四三〇．〇〇 |
| 五元券 | 一，〇四八，二六二．五〇 |
| 十元券 | 五，四三九，三七五．〇〇 |
| 五十元券 | 四九八，三〇〇．〇〇 |
| 百元券 | 一，四四六，二五〇．〇〇 |
| 五百元券 | 一，七八九，二五〇．〇〇 |
| 乙种五百元券 | 一，二八六，〇〇〇．〇〇 |
| 千元券 | 一，一三七，〇〇〇．〇〇 |
| 二版： | |
| 一角券 | 四，〇一四，四一二．一五 |
| 二角券 | 五，七一二，七〇四．八〇 |

| | |
|---|---|
| 五角券 | 一,〇二二,二一〇.〇〇 |
| 一元券 | 四,一五一,〇五一.〇〇 |
| 五元券 | 四,二一九,一八二.五〇 |
| 十元券 | 四,五七一,九六〇.〇〇 |
| 百元券 | 二,二六二,七五〇.〇〇 |
| 乙种百元券 | 三,二六三,三〇〇.〇〇 |
| 五百元券 | 六七九,二五〇.〇〇 |
| 三版: | |
| 五角券 | 一三,三五八,七三二.五〇 |
| 一元券 | 七,二八三,五二七.五〇 |
| 五元券 | 二,七三五,六〇〇.〇〇 |
| 十元券 | 六,九八七,八二〇.〇〇 |
| 百元券 | 二,五〇二,八〇〇.〇〇 |
| 五百元券 | 三〇〇,七五〇.〇〇 |
| 四版: | |
| 一元券 | 六〇六,七一三.五〇 |
| 五元券 | 八一三,七八〇.〇〇 |
| 十元券 | 二,八五〇,四九五.〇〇 |
| 百元券 | 一,二三五,二五〇.〇〇 |
| 五版: | |
| 十元券 | 七一〇,一五〇.〇〇 |
| 百元券 | 一,六七七,五〇〇.〇〇 |
| 乙种百元券 | 四,五〇一,〇二〇.〇〇 |
| 六版: | |
| 十元券 | 七,九二九,九〇五.〇〇 |
| 百元券 | 八四八,一五〇.〇〇 |
| 七版: | |
| 十元券 | 一八七,七〇五.〇〇 |
| 硬币 | 一三,五八七.六九 |

上项实存库房纸币及硬币,均经实地盘查,其经过情形,详见第二章各项库存实物接收情形一章内,不再赘述,详列券类版别,

俾与有关数目核对。至存放天津分库库存，曾在天津检查，其内容为四版五元券一亿二千八百十八万元，七版十元券二亿八千万元，总数尚属相符。

| | |
|---|---|
| 贷方科目： | |
| 定制货币 | 三一八，五九〇，六四九，〇〇七．三〇 |
| 丑、准备金 | |
| 借方科目： | |
| 生金银 | 四九，六八二，七二七，四一八．〇二 |
| 生金户 | 四九，六六六，一五二，九〇三．四二 |
| 生银户 | 一，〇三六，〇〇〇．〇〇 |
| 杂银户 | 一三二，四六八．四七 |
| 现银元户 | 一五，三九九，七一九．〇〇 |
| 银辅币户 | 六，三二七．一三 |
| 外汇存款 | 二二，二八三，四七三，七五六．二六 |
| 日币户 | 二二，二八三，四七三，七五六．二六 |
| 贷出款项 | 七〇，四三三，六五三，三三三．五〇 |
| 国币户 | 七〇，四三三，六五三，三三三．五〇 |
| 贷方科目： | |
| 发行准备金 | 一四二，三九九，八五四，五〇七．七八 |

以上为卅四年十月十六日接收该行发行准备金帐目，迄至最近止，并无变动。缘已届清理阶段，续有增加发行，亦不再事调整。上项生金银经检查帐目结果，除本行及他行所有应予分别归还剔除计算(详见前送办理运送平行本行接收伪中国联合准备银行库存生金银报告及检查本行寄存平津发行准备金现银部份报告)，实际属存伪中国联合准备银行所有者计有：

| | | |
|---|---|---|
| 生金 | 毛重市两 | 一七七，六九八市两七钱一分 |
| 生银 | 又 | 一〇二，七九五市两五钱五分 |
| 现银元 | | 一，九八五，五九九元 |
| 现银辅币 | | 四六，一一八角 |

上列各项数目，如以接收时市价计算，仍不足抵充当时发行准备。若以目前市价折合国币，与发行联银券数折成国币，两相比较，尚足相埒。该行实际资产负债相抵后之余绌及实存资产如何作价，似有待于全部帐目清理之后，右列各项不过列示该行现有已可计算价值之资产情况而已。至于外币存款及贷出款项，原列营业部份资产项下，详细情形可参阅本报告第三章重要资负科目内容分析一章内。资产概况内存放同业各关系放款科目及负债概况内本票科目有关说明，不再赘述。

四、审查意见(略)

〔中央银行档案〕

## 6. 中央银行审查北平分行接收伪冀东银行总行报告

(1946年8月)

审查北平分行接收敌伪银行情形报告

接收银行名称　　冀东银行总行

地　　　　点　　北平

一、接收经过纪要

查冀东银行总行接收工作，系卅四年十月十七日开始，十一月七日完毕，归由本行北平分行代表接收，接收委员为卞喜孙，其负责代理人为夏慕周、王埜人。接收竣事后，于同年十二月缮具接收报告及接收表册十一件，陈送财政部驻冀鲁察热区财政金融特派员办公处在案。

二、各项库存实物接收情形

甲、现金

营业库存：

伪联银券　　　　　　　　　　　　　二四,三二二,二三五·四〇

已全数转存北平交通银行,经函该行核对,准卅五年七月五日函字第四一九号函复相符。

乙、保管寄存品

(一) 敌天津银行北平支店寄存崂山牌条皂壹百箱,又吉祥牌肥皂伍拾箱,已由该敌行清理处提去。

(二) 本行有价证券:

(1) 伪河北裕民公司股票　二千五百元票　四张　五千元　票　九八张　面额　五〇〇,〇〇〇.〇〇

(2) 伪华北有价证券交易所股票临时收据　四纸　面额　一八三,〇〇〇.〇〇

以上两项,现由平本行清理处保管。

(3) 第十九期北支开发债券　五千元券　九八张　面额　四九〇,〇〇〇.〇〇

(4) 特第二回北支开发债券　收据一纸　面额　五,〇〇〇,〇〇〇.〇〇

(5) 特第五回北支开发债券　收据一纸　面额　二,〇〇〇,〇〇〇.〇〇

以上三项业已移送平本行点验办理敌国债券登记手续。

丙、房地产

该总行购置之房地产,计北平市七处,天津市三处,唐山二处,密云、塘沽、迁安各一处,共计十五处,原购置总值伪联银券七九,六九四,四〇〇.〇〇,其中平津两地之房地产,系由本行平津两分行代表接收。天津部份,另详审查该伪行天津分行及该伪行天津河东办事处接收情形两报告。北平部份接收后,分由平本行及直接税局北平分局占用,并一部份出租,一部份仍作仓库。(详附清册)

丁、器具

接收器具处理情形大致分别如下：

（一）北平市银行借用大部，均有借据为凭，另平本行使用一部。

（二）直接税局北平分局借用大保险柜一只，暖气锅炉一具，储藏室一座，未有借据。

（三）财部特派员办公处接收委员王埜人借用克罗米转椅二件，菊花地毯一方、八十尺地毯一方，方桌一张，衣架一个，柚木色花架二个，三尺半木床一张，借据不全。

（四）少数器具分存该伪行他埠分支机构应用，系由该总行购置列帐。

（五）一部份封存原处未动。

所有接收器具名称、数量及现在情形，兹由平本行清理处造具清册附呈。

察阅在接收器具中，包括各项交通工具，分列如下：

（一）汽车一辆，人力车一辆，现均由平本行使用。

（二）三轮车十辆，由平本行使用一辆，北平市银行借用四辆，封存原处五辆。

（三）自行车三辆，由北平市银行借用二辆，封存原处一辆。

戊、生计所（员工福利社）

该所储存物资为食粮、燃料、布匹、日用品等件，系备配给该行员工之用，储有相当数量。在接收日，该行杂项欠款科目生计所垫款户，金额计为一，六七九，一八五．五〇，清理期间对于留办清算人员，仍继续配给一部份生活必需品，并因虫咬鼠啮风雨侵蚀发生亏耗，其中煤球七，二七七斤，在接收时已遭雨水冲失。截至查帐日止，上项消耗已陆续转付开支及杂项损失，一，二一二，三五一．四〇，该户垫款额减为四六六，八三四．一〇，其接收日原存物品数量、继续配给与亏耗数量及查帐日结存数量，均详附表，表内有疑义处，并由该伪行原经手人王洲出具说明附后。

己、储藏物品

查系内外车带、各项燃料、木料、布料、古玩等件，除烟煤曾拨借直接税局北平分局十吨及末煤继续配给该伪行同人卅三吨外，其他各件俱由平本行使用，或封存保管。此项储藏物品购买价款，系由杂项欠款项下临时垫款户垫支，其接收日各储藏物品数量及查帐日余存数量，并清理期间消耗数量情形，俱详临时垫款明细表附后。

庚、抵押品

西交民巷七十八号仓库所存各项货物押品，因各项放款收回，均已发还清结。

三、重要资负科目内容分析

说明：

（一）各项资负科目数字，均以接收日（卅四年十月十七日）为准，其在审查日期（卅五年五月卅一日）已有变动者，就原科目或原项目分别注明。

（二）各项资负科目帐户之敌伪性者，均分别注明"敌"、"伪"字样。

（三）各项资负科目之有关实物，均于第二节各项库存实物接收情形一章中详为叙明，以资对照。

（四）本报告各项数字，均系原记帐本位币伪联银券数额。

甲、资产概况

（一）现金　　二四，三二二，二三五．四〇

详第二节甲项

（二）存放本埠同业

清理期间借一六六．八七　（伪）中国银行　通汇资金　九，九四五．九八

| | | | |
|---|---|---|---|
| 清理期间借五.〇四 | 又交通银行 | 又 | 三〇二.五五 |
| 清理期间收回各项放款本息存放 | 中国银行 | | 二,七〇七,六三二.六七 |
| 又 | 中央信托局 | | 三二,六三九,七九八.九七 |

（三）存放外埠同业

| | | | |
|---|---|---|---|
| 已收回结清 | （伪）天津河北银行 | 通汇资金 | 二八九,四〇七.六四 |
| 又 | 又 开封河南实业银行 | 又 | 二八,〇八五.八七 |
| 又 | 又 济南鲁兴银行 | 又 | 三〇六,四八四.二四 |
| | 又 济南山东农业银行 | 又 | 一九,六五八.七四 |
| | 又 新京满洲中央银行 | 又 | 一三,九二五.四五 |
| | 又 张家口蒙疆银行 | 又 | 一〇,三二四.五〇 |
| | （敌）东京朝鲜银行 | 又 | 一一,四一一.一一 |
| | 又 大阪 又 | 又 | 二,七七七.二二 |
| | 又 神户 又 | 又 | 四七四.一四 |
| | （伪）济南鲁兴银行中储券户 | 又 | 二〇,九〇六.一六 |
| 清理期间借二三.九六 | 又 青岛大阜银行中储券户 | 又 | 一,七八九.三五 |

（四）外埠同业透支

| | | | |
|---|---|---|---|
| 清理期间借五,四五八.二四 | （伪）天津河北银行 | 又 | 二五八,七五八.五九 |
| 清理期间借四,九三九.一三 | 又 青岛大阜银行 | 又 | 一〇六,三六二.一三 |
| 清理期间借一五四.二六 | 又 济南山东农业银行 | 又 | 二七,六九一.五七 |

查冀东总行与外埠其他各行约定互通汇兑，均预先彼此划拨通汇资金一笔入帐，备代解付汇款。如该项资金不足，转帐时则以同业透支或透支同业科目处理。其与外埠他行往来，系凭特约报单与各该总行或管辖行转帐。所有前列同业往来各户及后列负债概况内同业往来各户，凡注明通汇资金者，均属上述往来通汇款项。

（五）定期放款

| | | |
|---|---|---|
| | 顺昌号 | 三〇,〇〇〇．〇〇 |
| | 义记绸缎百货店 | 三〇,〇〇〇．〇〇 |
| | 刘永谦 | 四八,〇〇〇．〇〇 |
| | 张慧昭 | 四八,〇〇〇．〇〇 |
| 已收回 | 其他十八户 | 二,〇二九,〇〇〇．〇〇 |

上列尚未收回之四户,经面询办理清算人员声称刘永谦、张慧昭二户现已收回(在查帐日之后),义记、顺昌二户正函洽催还中云。

（六）定期押款

| | | |
|---|---|---|
| 均已收回,押品发还 | 七五户 | 九,四六六,〇〇〇．〇〇 |

以不动产股票、物资各项作押

（七）活期透支

| | | |
|---|---|---|
| | 顺昌号 | 一九,七八七．六二 |
| | 义记商行 | 一九,七八七．六二 |
| | 裕泰祥 | 二,〇〇〇．〇〇 |
| | 三义永 | 四六,九四九．五七 |
| 已收回 | 其他六七户 | 二,四四三,二五五．七九 |

上列尚未收回之四户,经面询办理清算人声称裕泰祥户在该行杂项存款项下存有有奖定存五,〇〇〇．〇〇,俟发还存款时,即可扣还,三义永户经催交,日内即可收回,顺昌、义记两户正函洽办理中云。

查本科目接收日总帐余额为二,五三一,七七九．六〇,减清理期间陆续收回六七户金额二,四四三,二五五．七九,在查帐日总帐余额为八八,五二三．八一,但查分户帐,未收回之四户,余额总数实为八八,五二四．八一,计与总帐余额相差一元,其不符原因,经查明系已收回各户中元记煤栈一户结息传票贷利息借活透均误少列一元,而收回各户本息转入存放同业总额仍照原利息表正确数转帐,遂致该元记煤栈户收回数较原欠额反差多一元。此项错误已于在平查帐期间面嘱于六月卅日冲正总帐余额为八八,五

二四．八一。

(八)抵押透支

均已收回押品发还　二一户　三八六,一五五．一八

以不动产机器、物资等项作押

(九) 活期押款

(伪)大华窑业股份有限公司　二,五〇〇,〇〇〇．〇〇

此户押款系由敌伪合办之华北工业银行承做分拨之一部份,其抵押品为该公司全部财产及机器,押品凭证统由华北工业银行保管,保证人为大中染织股份有限公司。现该大华公司已被当局查封。

(十) 贴现票据

(伪) 裕民公司　本票　四,〇〇〇,〇〇〇．〇〇

该公司系伪冀东、河北及中国联合准备三银行投资合办,其本票贴现保人为松华斋。

大隆商行　本票　二〇〇,〇〇〇．〇〇

保人即前列活押借款人大华窑业公司

已收回　其他一八户　本票　一,三八〇,〇〇〇．〇〇

上列各户贴现票据均系当地典当商所出本票

(十一) 杂项欠款

清理期间收回一,二一二,三五一．四〇　生计所垫款　一,六七九,一八五．五〇

详第二节戊项

清理期间收回一,一八一．一二　开支预付金　一一五,五〇七．一三

清理期间全部收回　保险费垫款　本行仓库保险费　一二六,〇四六．〇〇

清理期间收回一九,五八六．六〇　帐簿印刷费　一,〇二五,二五四．四三

清理期间收回三〇〇,五一五．〇〇　临时垫款　八一三,六六五．九〇

详第二节己项

清理期间收回五,〇〇六．三〇　文具垫款　总务科购置　九四,九九六．四〇

(伪)票据交换所保证金　五〇,〇〇〇．〇〇

押租户　电灯电话自来水押金　三,五四九．〇〇

迁安分行　典地质金　二〇〇．〇〇

铸币整理暂付金　各分行处代兑日满币装箱费　三〇,六三一．四三

据称此项装箱费应由日军部偿付,故列杂欠。

（十二）有价证券

（伪）河北裕民公司股票　五〇〇,〇〇〇．〇〇

（敌）北支开发第十九期债券　四八二,五〇〇．〇〇

（面额四九〇,〇〇〇．〇〇,均价〇.九八四六九三）

又特第二回北支开发债券　五,〇〇〇,〇〇〇．〇〇

又　特第五回又　又　二,〇〇〇,〇〇〇．〇〇

（伪）华北有价证券交易所股票　一八三,〇〇〇．〇〇

以上详第二节乙项（二）

（十三）营业用房地产　七九,六九四,四〇〇．〇〇

详第二节丙项

（十四）营业用器具　二,三六〇,三五〇．〇〇

详第二节丁项

（十五）联行往来

| | | | |
|---|---|---|---|
| 清理期间转帐借六,三〇〇,一五三．四〇 | 各分行处往来户 | 借 | 四七,六六四,一二七．六八 |
| 清理期间转帐贷一九,三七九,〇二八．七一 | 又 | 贷 | 七,〇二五,三九三．九七 |

（十六）应收利息　五一,〇〇〇．〇〇

此项应收利息为借款人以存款支票偿还借款利息,因所有存款尚未清理发还未能照付转收利息故暂归入应收利息科目。

## 乙、负债概况

（一）股本总额:

（伪）华北财务委员会　十足收进　五,〇〇〇,〇〇〇.〇〇

又　中国联合准备银行　又　五,〇〇〇,〇〇〇.〇〇

（二）公积金:　历年提存　二五〇,〇〇〇．〇〇

（三）特别公积金:　又　五六〇,〇〇〇．〇〇

(四) 第二特别公积金：又　　　　七四〇,八三四．七〇

查该行发行之硬币曾经限期收回,此项公积金为已发行之硬币未经兑回部份转入。

| | | |
|---|---|---|
| | (五) 备抵款项：历年提存 | 八八二,〇〇〇．〇〇 |
| | (六) 股利平均准备金：又 | 三〇一,〇〇〇．〇〇 |
| | (七) 盈余滚存： | 六八,六九六．八五 |
| | (八) 行员退职基金:历年提存 | 二三五,九五二．〇〇 |
| | (九) 官厅存款： | |
| | (伪)食粮公社经理处 | 四,五二四,九五六．四〇 |
| | 又　又　　管帐户 | 八,六一七．六七 |
| | 又　华北合作事业总会 | 五五,〇五四．〇〇 |
| | 其他 | 四,五四九．二九 |
| | (十) 定期存款： | |
| | (伪)中华人寿保险公司 | 三,〇〇〇,〇〇〇．〇〇 |
| | 陶凤池 | 一〇〇,〇〇〇．〇〇 |
| | (十一) 活期存款： | |
| | (伪)裕民公司 | 三,〇二四,四七五．〇〇 |
| | 又　亚细亚航运公司 | 一一五,九一〇．二六 |
| 支付二八,〇〇〇．〇〇归还该号借款 | 弘兴号 | 二八,一五八．四二 |
| | 义泰药庄 | 一〇,九四一．二八 |
| | 永源粮行 | 三三,〇九九．五一 |
| | 大同商行 | 七六,一九五．八九 |
| | 洪兴行 | 五一,六二四．一四 |
| | 聚增染厂 | 一五,九一九．四七 |
| | 同义公司 | 一四,四八一．二〇 |
| | 大通被服工厂 | 五二,〇九六．八二 |
| | 仁记瑞电料行 | 三八,三八五．〇〇 |
| | 天成铁工厂 | 二一,九九〇．〇〇 |
| | (敌)土尾龟一 | 三七,九五三．四二 |
| | 又　马车制造所 | 七二,八五五．三二 |

| | | |
|---|---|---|
| | 李荣造 | 三三,〇〇〇.〇〇 |
| | 王耀枢 | 一四,七六二.一六 |
| | 荆达义 | 一二,一一九.七一 |
| 支付二,〇〇〇.〇〇归还该户借款 | 益成德和记 | 二,〇二二.四六 |
| 又 | 和丰成 | 二,〇〇一.五九 |
| | 其他三五五户(均属小额存户) | 四一七,三二一.〇八 |

(十二)特种活期存款:

| | | |
|---|---|---|
| | (敌)伊藤侯次 | 七〇,八九五.八五 |
| | 禄记 | 一三二,〇五三.八二 |
| | 保记 | 一五二,〇三五.六五 |
| | 保险部 | 一八,八五〇.〇五 |

以上三户均系该行内部存款为代理保险佣金。

| | | |
|---|---|---|
| 清理期间各分行解来九、十月份扣存二一八.〇〇 | 保证押款 | 一二五,一九三.六五 |

此户存款系由该行全体同人每月薪津项下扣存,作为赔偿保证兼寓储蓄之意。

其他一六九户　九五,〇六七.八八

(十三)通知存款:

| | |
|---|---|
| (伪)绥靖公署 | 三,五五〇,七〇〇.三三 |
| 又　食粮公社经理处 | 二六四,六四五.四三 |
| (敌)北支电业公司 | 七.九〇 |

(十四)有奖定期存款:　二七二,一〇〇.〇〇

此项有奖定存系由伪中国联合准备银行顾问室主持分由各行办理。

(十五)杂项存款:

| | | |
|---|---|---|
| | 未付汇款 | 一,三八二.〇〇 |
| 内兆兴玉户五,〇〇〇.〇〇因归还该户向该伪行借款利息通融照付 | 预购有奖定存四九户 | 一四三,一六四.七八 |

系由该四九户向该行借款项下扣存备购,俟次期有奖定

存发行时即行转帐，殆系一种强迫储蓄。

(伪)食粮公社　二六五．一六

又　统税局　代扣所得税　二，七五二．四八

备交利息三户　七五，〇二三．五〇

此项备交利息经询据称系各借款户一时无力偿还本金，暂先偿付一部利息，故列杂存云。

(十六) 本埠同业存款：

清理期间贷五〇〇，九三九．六四　(伪)中国银行　通汇资金　九二，六三六．九七

清理期间贷一，五二〇．三一　又　交通银行　又　九，四一五．五二

清理期间借四．二二　又华北工业银行　又　五五六．五三

(十七) 外埠同业存款：

清理期间借四，三〇九．二〇　(伪)开封河南实业银行　又　三七〇，八〇六．八七

清理期间借八九〇．七四　又　济南鲁兴银行　又　五四一，四八八．九五

清理期间借八三〇．二八　又　太原山西实业银行　又　九一，一六六．四一

又　新京兴农金库　又　四六，五六五．二〇

又　张家口蒙疆银行　又　三五一．七八

又　保定中国联合准备银行省金库　本行代收税款　七四九，三四九．二七

(十八) 透支本埠同业：

(伪)中国联合准备银行　七五，七九七，二七〇．二六

卅四年十月十五日开出该行支票一纸五〇〇，〇〇〇．〇〇元，系拨交中国行通汇资金，其时联银适被接收，中国行未能收帐，仍予退回。

中国银行　六二，四一九，七二一．六五

此户透支为接收后向该行开户支用，均属清理期间开支款项，由法币折合伪联银券记帐。

(十九) 透支外埠同业：

| | | | |
|---|---|---|---|
| 清理期间贷一一七,七九一.三一 | (伪)青岛大阜银行 | 通汇资金 | 二六七,七六五.五五 |
| 清理期间贷一八七,八五二.二六 | 又 太原山西实业银行 | 又 | 一一六,四二二.八四 |
| | 又 大连满洲中央银行 | 又 | 一一八.〇八 |
| | 又 新京兴农金库 | 又 | 九七五.五六 |
| 清理期间贷 | 又 天津河北银行 | 又 | 五九,八八三.六八 |
| 又 | 又 开封河南实业银行 | 又 | 五一,八八九.一三 |
| 又 | 又 济南鲁兴银行 | 又 | 三四六,二六五.七六 |
| | (二十)借入款: | | |
| | (伪)中国联合准备银行 | 不计息 | 八,〇〇〇,〇〇〇.〇〇 |
| | 又 | 又 | 四,〇〇〇,〇〇〇.〇〇 |
| | 以河北裕民公司借据转抵押 | | |
| | (伪)中国联合准备银行 | | 三,〇〇〇,〇〇〇.〇〇 |
| | 以戚文平借据转抵押 | | |
| | (伪)中国联合准备银行 | | 四,七五〇,〇〇〇.〇〇 |
| | 以北支开发特二债券作押 | | |
| | (伪)中国联合准备银行 | | 一,九〇〇,〇〇〇.〇〇 |
| | 以北支开发特五债券作押 | | |
| | (伪)中国联合准备银行 | | 二,五〇〇,〇〇〇.〇〇 |
| | 以大华窑业公司借据转抵押 | | |
| 清理期间凭续到报单转帐付出三八六,〇〇〇.〇〇 | (廿一)汇出汇款: | | 一,一二七,〇一〇.〇〇 |
| | (廿二)应付利息: | | |
| 清理期间收到分行代付报单转帐付出一,八三七.〇〇 | 一至六期有奖定存应付奖金 | | 三八,一二一.二五 |
| | (廿三)前期损益: | | 四七,八八〇.八四 |

## 丙、损益概况

| | |
|---|---|
| 利益： | |
| 收入利息 | 六,四九五,八七四．五〇 |
| 收入手续费 | 二六,三九二．二八 |
| 杂项收益 | 七六,〇二八,一〇九．八五 |
| 仓库利益 | 二一四,九八八．〇〇 |
| 损失： | |
| 付出利息 | 二,六一四,九五一．九一 |
| 杂项损失 | 三,二五二,四〇九．六五 |
| 各项开支 | 二七,一七九,五二一．九五 |

以上损益相抵,计帐面利益四九,七一八,四八一．一二,截至查帐日止,其变动情形如下：

| | |
|---|---|
| 利益： | |
| 收入利息 | 一一,五一九,三三八．九六 |
| 收入手续费 | 二六,四四九．七八 |
| 杂项收益 | 七六,〇四五,八六七．八七 |
| 仓库利益 | 三四四,一五二．〇〇 |
| 损失： | |
| 付出利息 | 二,六九一,一七七．〇五 |
| 杂项损失 | 三,二五二,四〇九．六五 |
| 各项开支 | 九〇,六九一,七二二．四〇 |

损益相抵,计帐面损失 八,六九九,五〇〇．四九

四、审查意见

（一）该伪行营业库存业已转存交通银行,仍列现金科目有欠适当,似应转入存放同业科目处理。

（二）查接收之敌伪房地产,照政府规定应经敌伪产业处理局处理,关于平津本行接收该伪行之房地产,平津部份有由本行占用及其他机关占用情形,本行奉令代表接收,因公务上之需要,自有优先承受权利,似应早向敌伪产业处理局接洽办理,俾该伪行之资产价值亦可早日确定,以利清算。

（三）接收器具直接税局北平分局借用部分未有借据及财部

接收委员王埜人私人借用部分借据不全,手续均欠适妥。关于直接税局借用部分,或因其公务需要勉为通融,仍应办理借用手续,以备查考。至王埜人借用部分,似应即向收回,以重公物。

所有接收器具,似应连同接收之房地产一并转报敌伪产业处理局办理,以利清算。

(四)该伪行生计所余存物资,尚有相当数量,似应早为处理,以免放置时间过久遭受损失。

(五)该伪行储藏物品车带、燃料、布料、木料等件,或被各机关借用,或由本行使用,或仍封存未动,似应分别作价清偿,并转敌伪产业处理局洽办,以便清算。

(六)该伪行定放、定押、活透、押透、活押、贴现各项放款总额达伪联银券二二,六四八,九三四.七八元,截至查帐日止,计已收回一五,七〇四,四一〇.九七元,未收回数尚有六,九四四,五二三.八一元,亟应从速继续催收。关于杂项欠款,多属内部往来款项,并应早日清理。

(七)联行往来余额二千七百余万元,其中分行处各户未达帐目尚多,似应早日查明转帐清结。

(八)关于该伪行与外埠同业通汇往来存款及透支款项互有存欠,似应通知各该关系行清理处查明未达帐目,分别转帐轧出净存净欠数额,以便清理。

(九)各项存款,除该行内部往来及敌伪性以外部份,在能确定该伪行资产实值时,似可即予定期发还,藉使昭信于民。

(十)综观该伪行自接收迄今将近七月,未经清理之帐务事务尚多,而清理期间各项开支耗用,已约达法币壹千贰百柒拾万元之巨,此后一切清理事项,似应积极办理,俾早结束,藉省公帑。

## 日 计 表

中华民国 34 年 10 月 17 日　　　　冀东银行总行

| 借方 | 会计科目 | 贷方 |
| --- | --- | --- |
| | 负债类 | 13315901400 |
| | 股本总额 | 1000000000 |
| | 公积金 | 25000000 |
| | 特别公积金 | 56000000 |
| | 第二特别公积金 | 74083470 |
| | 备抵款项 | 88200000 |
| | 股利平均准备金 | 30100000 |
| | 盈余滚存 | 6869685 |
| | 行员退职基金 | 23595200 |
| | 官厅存款 | 459317736 |
| | 定期存款 | 310000000 |
| | 活期存款 | 407531273 |
| | 特种活期存款 | 59409690 |
| | 通知存款 | 381535366 |
| | 有奖定期存款 | 27210000 |
| | 本票 | |
| | 杂项存款 | 22258792 |
| | 保付款项 | |
| | 本埠同业存款 | 10260902 |
| | 外埠同业存款 | 179972848 |
| | 透支本埠同业 | 7579727026 |
| | 透支外埠同业 | 38528203 |
| | 借入款 | 2415000000 |
| | 汇出汇款 | 1127010000 |
| | 应付股利 | |
| | 应付利息 | 3812125 |
| | 预收利息 | |
| | 联行往来 | |
| | 前期损益 | 4788084 |
| | | |
| | | |
| 18287749512 | 资产类 | |
| | 未收股本 | |
| 2432223540 | 现金 | |
| | 运送中现金 | |
| 1024853 | 存放本埠同业 | |
| 70524442 | 存放外埠同业 | |
| | 本埠同业透支 | |
| 39281229 | 外埠同业透支 | |

续上表

| 借方 | 会计科目 | 贷方 |
|---|---|---|
| 218500000 | 定期放款 | |
| 946600000 | 定期押款 | |
| 253177960 | 活期透支 | |
| 38615518 | 抵押透支 | |
| 250000000 | 活期押款 | |
| 558000000 | 贴现票据 | |
| | 押汇 | |
| | 购买票据 | |
| 393903579 | 杂项欠款 | |
| 816550000 | 有价证券 | |
| | 保证款项 | |
| | 应收利息 | |
| | 预付利息 | |
| 7969440000 | 营业用房地产 | |
| 236035020 | 营业用器具 | |
| | 开办费 | |
| 4063873371 | 联行往来 | |
| | 前期损益 | |
| | | |
| | | |
| 3304688351 | 损益类 | 8276536463 |
| | 收入利息 | 649587450 |
| | 收入手续费 | 2639228 |
| | 杂项收益 | 7602810985 |
| | 有价证券利益 | |
| | 仓库利益 | 21498800 |
| 261495191 | 付出利息 | |
| | 付出手续费 | |
| 325240965 | 杂项损失 | |
| | 有价证券损失 | |
| | 仓库损失 | |
| | 呆帐 | |
| 2717952195 | 各项开支 | |
| | 各项摊销 | |
| | 各项提存 | |
| | 前期滚存 | |
| | | |
| | | |
| 21592437863 | 合计 | 21592437863 |

# 日计表

中华民国35年5月31日　　冀东银行总行

| 借方 | 会计科目 | 贷方 |
|---|---|---|
| | 负债类 | 19591422430 |
| | 股本总额 | 1000000000 |
| | 公积金 | 25000000 |
| | 特别公积金 | 56000000 |
| | 第二特别公积金 | 74083470 |
| | 备抵款项 | 88200000 |
| | 股利平均准备金 | 30100000 |
| | 盈余滚存 | 6869685 |
| | 行员退职基金 | 23595200 |
| | 官厅存款 | 459317736 |
| | 定期存款 | 310000000 |
| | 活期存款 | 404331273 |
| | 特种活期存款 | 59431490 |
| | 通知存款 | 381535366 |
| | 有奖定期存款 | 27210000 |
| | 本票 | |
| | 杂项存款 | 21758792 |
| | 保付款项 | |
| | 本埠同业存款 | 60506475 |
| | 外埠同业存款 | 179369826 |
| | 透支本埠同业 | 13771699191 |
| | 透支外埠同业 | 114896417 |
| | 借入款 | 2415000000 |
| | 汇出汇款 | 74101000 |
| | 应付股利 | |
| | 应付利息 | 3628425 |
| | 预收利息 | |
| | 联行往来 | |
| | 前期损益 | 4788084 |
| | | |
| | | |
| 18721472381 | 资产类 | |
| | 未收股本 | |
| 2432223540 | 现金 | |
| | 运送中现金 | |
| 3535785208 | 存放本埠同业 | |
| 8129063 | 存放外埠同业 | |

续上表

| 借方 | 会计科目 | 贷方 |
| --- | --- | --- |
| | 本埠同业透支 | |
| 40336392 | 外埠同业透支 | |
| 15600000 | 定期放款 | |
| | 定期押款 | |
| 8852381 | 活期透支 | |
| | 抵押透支 | |
| 250000000 | 活期押款 | |
| 420000000 | 贴现票据 | |
| | 押汇 | |
| | 购买票据 | |
| 227434937 | 杂项欠款 | |
| 816550000 | 有价证券 | |
| | 保证款项 | |
| 5100000 | 应收利息 | |
| | 预付利息 | |
| 7969440000 | 营业用房地产 | |
| 236035020 | 营业用器具 | |
| | 开办费 | |
| 2755985840 | 联行往来 | |
| | 前期损益 | |
| | | |
| 9663530910 | 损　益　类 | 8793580861 |
| | 收入利息 | 1151933896 |
| | 收入手续费 | 62644978 |
| | 杂项收益 | 7604586789 |
| | 有价证券利益 | |
| | 仓库利益 | 34475200 |
| 269117705 | 付出利息 | |
| | 付出手续费 | |
| 325240965 | 杂项损失 | |
| | 有价证券损失 | |
| | 仓库损失 | |
| | 呆帐 | |
| 9069172240 | 各项开支 | |
| | 各项摊销 | |
| | 各项提存 | |
| | 前期滚存 | |
| | | |

续上表

| 借方 | 会计科目 | 贷方 |
|---|---|---|
| | | |
| 28385003291 | 合计 | 28385003291 |

〔中央银行档案〕

## 7. 财政部清理伪中央储备银行工作报告(节录)

(1946年8月)

财政部清理伪中央储备银行工作报告①

(自本年二月廿日本处奉令成立截至本年五月底止)

第一项　接收及计划事项

一、接收经过

查伪中央储备银行南京总行系于上年九月十二日停业,原由京沪区财政金融特派员派中央银行南京分行经理兼接收委员李嘉隆负责接收,并成立伪中央储备银行南京区清理处进行清理,嗣由京沪区财政金融特派员令派谢国慈为处长,合并南京区清理处,改组为伪中央储备银行清理总处,旋本处奉令成立,遂于二月廿日与前伪中央储备银行清理总处洽办交接事宜,所有前总处文卷、帐册及伪中储行文卷、帐册、财产等项,于三月底均大致照册点收,移转本处接管,并经会同谢前处长国慈将交接经过连同各项交接清册,会衔呈报,嗣奉财政部令准予备案在案。

二、统筹清理

伪中储行分支行处遍及京、沪、鄂、赣、豫、粤、闽等地,机构众多,

①原报告各项附表达30余种之多,除该伪行1945年上期及1945年10月30日、1946年5月31日之资产负债表附后外,余均从略。

业务纷繁。本处成立后，鉴于前清理处之推动困难，非有统筹整个之计划，殊难副短期完成之使命。兹就本处成立后，统筹清理情形撮叙如下：

1. 机构调整——分区集中

本处奉令成立之始，其时散布各地之伪行分支行处，或尚未接收，或已接收而仍在保管之中。其在进行清理之中者，实从京沪两处及极少数分支机构而已。而此少数之清理单位，尚复各自为政，彼此不相联系，情形复杂，办法分歧，步骤既不一致，推动自感困难，爰经拟定分区集中清理办法，呈奉核准设立上海、杭州、汉口、广州四清理区处，将各该区管辖内之伪行分支机构迅予分别集中，而由本处统一指挥，并分饬拟具清理工作计划，分期实施，如限完成。

2. 拟定清理步骤

查伪行清理工作关系敌日赔偿问题，自以争取时间提早完成为宜。经查酌实际情形，将清理工作划为四期，第一期调查规划业务，第二期清理债权资产，第三期清查债务内容，第四期办理结束事务。嗣呈奉令饬将二、三两期工作同时进行。现经按照上项时限着手推动，如无特殊阻碍，则所有全部清理工作当可如期完成。

3. 拟定划一清理办法

查伪行系采用总行制，帐务之处理与全体行处息息相关。过去之清理工作，各区未能统一指挥，以致步骤未趋一致，办法亦多分歧。本处成立后，即参酌伪行原有组织系统、会计规程及实际情形，遵照伪中储行分区集中清理办法第七条之规定，拟定划一清理办法，呈请核定一致遵行。同时更为本处内部工作统筹划一，以求速效起见，先后拟定“伪中储行敌伪债权划一追收办法”、“伪行代理伪国库收支未达款项清理转帐办法”、“京区集中行留守期间开支费用报销办法”、“伪中储行未销开支转帐办法”、“伪中储行行员福利社总分社间往来报单转帐办法”等五种，兹随抄附，以供查核。

（附办法一至五）

第二项　调查及整理事项

一、伪行原有机构情况之调查

查伪中储行所属各机构，其平日业务与管辖情形，以及成立暨停业时日之调查，对于清理工作之推动，关系至巨。兹就调查所得，编具简表列后：

伪行原有机构情况调查表

| 所属原管辖行 | 行名 | 成立年月 | 三十四年停业日期 | 备考 |
|---|---|---|---|---|
| | 南京总行 | 三十年一月六日 | 九月十一日 | 伪行总行除设有业务局外，汇局办理一切银行业务外，另设有国库局、发行局、稽核处调查处。 |
| | 上海分行 | 三十年一月卅日 | 九月十二日 | |
| | 苏州支行 | 三十年二月十八日 | 九月十三日 | |
| | 杭州支行 | 三十年三月三日 | 十月廿四日 | |
| | 宁波支行 | 卅一年五月四日 | 十一月廿一日 | |
| | 蚌埠支行 | 三十年五月十九日 | 九月十五日 | |
| | 汉口支行 | 三十一年八月三日 | 九月廿二日 | 不做放款业务 |
| | 广州支行 | 卅一年七月六日 | 九月廿二日 | 同上 |
| | 徐州支行 | 卅三年二月二十日 | 九月十九日 | 同上 |
| | 芜湖办事处 | 三十年八月十六日 | 九月十二日 | |
| | 无锡办事处 | 三十年九月廿五日 | 九月十四日 | |
| | 常州办事处 | 卅一年五月二十日 | 九月十五日 | |
| | 扬州办事处 | 三十年十月十五日 | 九月十五日 | |
| | 镇江办事处 | 三十年十二月一日 | 九月十五日 | |
| | 泰县办事处 | 卅一年四月一日 | 九月廿四日 | |
| | 安庆办事处 | 卅一年九月五日 | 九月十九日 | |
| | 厦门办事处 | 卅一年十一月十六日 | 十月十八日 | 不做放款业务 |
| | 东京办事处 | 三十年十二月十日 | 不详 | 该办专办印运伪券事宜，不做银行业务。 |

续上表

| 所属原管辖行 | 行　名 | 成立年月 | 三十四年停业日期 | 备　考 |
|---|---|---|---|---|
| 沪分行 | 南通办事处 | 三十年九月廿六日 | 十月十七日 | |
| | 松江办事处 | 卅一年八月十日 | 九月十五日 | |
| | 太仓办事处 | 三十年十一月三日 | 九月十三日 | |
| | 沪西办事处 | 卅一年六月廿四日 | 九月十二日 | |
| | 沪南办事处 | 卅一年七月二十日 | 九月十二日 | |
| 杭支行 | 嘉兴办事处 | 三十年十月七日 | 十月卅一日 | |
| | 硖石办事处 | 卅二年十月八日 | 九月十五日 | |
| | 绍兴办事处 | 卅二年八月十八日 | 九月十七日 | |
| | 湖州办事处 | 卅四年二月一日 | 九月廿二日 | |
| 苏支行 | 常熟办事处 | 卅十年九月廿二日 | 九月十三日 | |
| | 昆山办事处 | 卅一年九月一日 | 九月十三日 | |
| 汉支行 | 南昌办事处 | 卅二年六月廿一日 | 九月廿七日 | 不做放款业务 |
| | 九江办事处 | 卅二年六月十八日 | 九月廿一日 | 同　上 |
| | 武昌办事处 | 卅三年三月十五日 | 九月廿四日 | 同　上 |
| | 沙市办事处 | 卅三年五月十四日 | 七月卅一日 | |
| 粤支行 | 汕头办事处 | 卅三年三月一日 | 九月廿七日 | 不做放款业务 |
| 甬支行 | 余姚办事处 | 卅二年九月一日 | 十一月八日 | |
| | 镇海办事处 | 卅二年十一月十八日 | 十一月廿六日 | |
| 徐支行 | 海州办事处 | 卅三年三月一日 | 十二月十五日 | 不做放款业务 |
| | 连云港办事处 | 卅三年三月一日 | 九月二十日 | 同　上 |
| | 宿县办事处 | 卅三年三月一日 | 九月廿九日 | 同　上 |
| | 淮阴办事处 | 卅三年三月一日 | 八月十三日 | 同　上 |

（注）各伪行处停业日期报处有案者根据其报告，无案者根据所收到之最后帐表日期。

## 二、伪行各分支行处接收及清理情形之调查

伪行总行及各分支行处自经央行接收后，其接收经过与其分别清理情形，均系向各该区特派员报告，前清理总处多无案可稽。

本处奉令改隶后，即着手接管清理，积极调查，指示清理。兹将过去及本处接收后处理情况列表如下：

| 所属清理处别 | 行　　名 | 接收人 | 本处成立前接收及清理情况 | 截至本年五月底止情况 |
|---|---|---|---|---|
| 直辖总处（十四单位） | 南京总行 | 李嘉隆 | 已由接收人移交清理总处进行清理 | 由本处接收调整机构继续清理 |
| | 蚌埠支行 | 余浩如 | 已接收未集中清理 | 已运集本处清理 |
| | 徐州支行及发行支库 | 朱承略 | 在办理接收中 | 同　　前 |
| | 镇江办事处 | 杨国桢 | 已接收未运京清理 | 同　　前 |
| | 扬州办事处 | 陆元恺 | 同　　前 | 同　　前 |
| | 泰县办事处 | | 由伪行原主管人移京中 | 同　　前 |
| | 常州办事处 | 周丕承 | 已接收运京清理 | 继续清理 |
| | 芜湖办事处 | 王以叙 | 同　　前 | 同　　前 |
| | 安庆办事处 | 冯达璋 | 已接收未运京清理 | 已由本处电催接收人运京清理 |
| | 宿县办事处 | | 已由伪行原主管人运京中 | 已在京清理 |
| | 海州办事处 | 陆宗藩 | 未派员接收 | 已由本处洽经京沪区特派员指派央行板浦分行经理负责接收，惟尚未前往办理。 |
| | 连云港办事处 | | 同　　前 | 已运集本处着手清理 |
| | 淮阴办事处 | | 该县情形特殊迄今无法接收 | |
| 上海区处（十二单位） | 上海分行及发行分库 | 李骏耀 | 已成立上海区清理处，集中十二单位从事清理，该处原由京沪区特派员直接指挥，与总处无隶属关系，各单位情况未据报。 | 已遵照分区集中清理办理，改组原有机构，成立上海区处，集中原有十二单位继续清理，本总处成立后，初经接洽联系甚少，结果截至五月底止，以上海区处改隶未久，各单位详情经饬查报尚未据复。 |
| | 苏州支行及发行支库 | | | |

续上表

| 所属清理处别 | 行名 | 接收人 | 本处成立前接收及清理情况 | 截至本年五月底止情况 |
|---|---|---|---|---|
| | 沪西办事处 | | | |
| | 昆山办事处 | | | |
| | 沪南办事处 | | | |
| | 无锡办事处 | | | |
| | 南通办事处 | | | |
| | 太仓办事处 | | | |
| | 常熟办事处 | | | |
| | 松江办事处 | | | |
| 浙江区清理处（九单位） | 杭州支行及发行支库 | 张忍甫 | 已成立浙江区清理处集中各单位清理。惟绍兴办事处尚未接收由京沪特派员直接指挥。 | 由浙江区清理处继续清理，截至五月底止以尚未改组未得充分联系，详情不明。 |
| | 宁波支行 | | | |
| | 嘉兴办事处 | | | |
| | 湖州办事处 | | | |
| | 硖石办事处 | | | |
| | 余姚办事处 | | | |
| | 镇海办事处 | | | |
| | 绍兴办事处 | | 尚未接收（因原主管人及会计均被拘判刑） | 已函浙江区清理处查报该处接收情形 |
| 湖北区清理处（六单位） | 汉口支行及发行支库 | 杨汝梅 | 已成立湖北区清理处集中武昌办事处及汉支库从事清理 | 由湖北区清理处继续清理，原由湘鄂赣特派员直接指挥，各单位情形未据详报。 |
| | 武昌办事处 | | | |
| | 沙市办事处 | | 尚未集中清理 | |
| | 九江办事处 | 浔央行 | 已接收尚未清理 | |
| | 南昌办事处 | 昌央行 | 同前 | |
| 广州区清理处（四单位） | 广州支行及发行支库 | 广州央行 | 已成立广州区清理处 | 由广州区清理处继续清理 |
| | 汕头办事处 | 汕头央行 | 已接收未清理 | |
| | 厦门办事处 | 厦门央行 | 同前 | |

三、全行资负总况之调查及内部帐务之整理

查伪中储行各分支行处计三十九单位之多，过去亦因交通梗阻，报表不齐，而伪总行所有资料亦系远在一年以上者，至卅四年九月间各伪行处先后奉令停业，由各地中央银行分别接收，停业间帐表报单积压事所必然。本处成立后，即予调查整理，编制资负总表，以备参考。兹将办理情形，撮叙于后：

1. 清查联行未达帐

伪行各联行间彼此往来款项，过去因交通阻滞，各种收条报单未能按时到达，致甲行已入帐者乙行未必记帐，甲行未记帐者乙行或已入帐，因此彼存此欠，常有巨数差额。伪行卅三年下期未达帐，至停业日止，尚未查清。此次未达帐之清理，因须逐笔核对号码、金额及摘要，相符后始能销帐，手续至繁。业经根据各行处抄回报单核对销帐者，计共达壹万肆千肆百余笔，将来此项工作之烦巨与困难必多，职处亦已积极筹划清查，希能如期完成。

2. 清查各行处缺少表报

伪行各行处停业期前寄送总行审核之各项帐表，为清理工作重要资料，如联行未达帐之清查，全体总帐之编制，倘缺一行处之报表，即感无法办理。过去各行处寄核帐表，颇多缺漏，其中途遗失者为数亦多。现业经查明之每一行处所缺帐表种类、数量，已分别行名开列清单，通知各区处补制送处，以利清理。

3. 编制停业日止全行资负概况表

伪行各分支行处停业已久，但因交通阻滞，环境特殊，已如前述。为明了各该行截至停业日止资负总况，并便于查考起见，经根据各行处所报截至停业日止之资负平衡表、各科目余额表，分别加以统计，编制卅四年停业日止全行资负总表备查。惟其中汉口支行、汕头、淮阴两办事处暨武昌、沙市两分处停业日表报迄未报处，权按各该行处最后到达日计表各科目之余额合并列编(附表 2)。

4. 编制卅四年上期及接收日止全行各项资负总表

伪行每期决算，向由稽核处根据各行处决算表报编制总决算表备查。惟卅四年上期决算，因邮递濡滞，各单位所寄表报未能如期到达，致未编造。再伪行各行处自停业后，因交通梗阻，至接收日期，中间相隔甚久，其业已发生收付款项者，资负内容亦随之变动。近查各行处所缺决算表报及各区处所送接收表报，均先后寄到。为明了总分支行处卅四年上期及截至接收日止资负总额起见，经根据上项表报，分别编制伪行卅四年上期总决算表（粤湘两行处因屡催未到，暂予剔除），及截至接收日止全行资负总表（尚未接收或虽经接收表报未到之行处，则按各该行处停业日止或最后到达日计表各科目之余额合并列编），用备参考（附表3—4）。

四、财产之调查及整理

本处奉令成立后，对伪行财产清理工作，经通盘筹划，积极推进。兹将清查及整理概况分述如下：

1. 查核各单位接收情形

缘本处接自伪中储行清理总处，而该处又转接自央行，其间两经交接，表册已至繁杂。而在央行接管期间，各项财产挪借损耗，迁动散失，所在皆有。前清理处亦有出借耗用，更兼在央行接收前后，为其他各机关挪借占用，又复比比皆是，以此清查整理，倍觉困难。本处接管整理之始，即感对前后交接情形之全盘明了为急要任务，故初步工作即为查核前后各承办清理机关对伪行各单位之接收情形，分别殷实予以记录，以备查考。

2. 清查各行处散失财产

接收伪行之始，亦正我中枢各机关还都复员之时，而财部为统筹金融业务之接收管理，更有财政金融特派员办公处之设置。其时各还都机关以业务上之需要，纷向伪行借用物品用具甚夥，除一部分仍造有拨借清册有案可稽外，一部份查已散失无着，此项财产即于清查承办清理之各单位交接情形时，同时详为清查，刻已略见端绪。

3. 审核伪行停业前之财产实况

央行接收伪行时，悉凭伪行造具之移交清册点收，然当时人心未定，人手不敷，按册详稽，势有难能，舛误遗漏，事所难免。本处接管后，已根据伪行在停业前之帐册记载财产状况，逐项清查，俾获知其财产之实际移交数量，再根据查获情形，补记其遗漏，纠正其舛误，追查其不符，并按银行资产折耗常理，予以审核，总期明确核实，杜绝弊端。

4. 整理统计伪行财产

伪中储行财产种类繁多，地区分散，产权关系又极复杂。本总处成立后，先就伪总行财产着手整理统计，兹将清查结果，分项制成下列统计表三种。至其他各地之伪行财产，俟各该地区之清理行处查明报处后，再行汇计造具伪行财产总目录。

………

5. 伪币之发行及其准备之调查及整理

伪行发行局所属各分支库及其他有关伪币各印券、制纸等机构之关联事项特多，头绪亦极繁杂，故着手清理之初，即分别调查其印制、发行及准备之情形，以利清理工作之进行。兹谨将清查概况略述如下：

1. 伪币印制之调查

伪行定制储券机构，计有日本帝国内阁印刷局、香港日本帝国内阁印刷局、日本凸版印刷株式会社、上海伪行印刷所、上海首善印刷公司、汉口丸三商工公司、上海精版株式会社济南工厂、上海华成印刷公司等八户。

日本帝国内阁印刷局及日本凸版印刷株式会社之承印储券事项，除由伪行沪顾问室与该局等随时接洽外，均由伪行东京办事处经办装运手续，每月印运情形皆由该处报告伪总行核对。自卅四年一月起，此项印运月报即告中断，该印刷机构停运之时，有无已印未交之券及东处卅四年度收运券数共有若干，均不明了。本处开始接管后，即函前沪区清理处转向伪行顾问室在沪日人查究现状，虽经由沪区辗转托查，曾据伪行副顾问大久保太三郎呈复前来，但该顾问亦因电信不通已久，无从得悉。本处复将应行调查各点开单，呈请财政部行文转饬在日接收人员就地调查，须待查得真象，方能逐步清理。

香港日本帝国内阁印刷局，系直隶于日本帝国内阁印刷局，印成储券向由伪行粤支库点收报发行局转帐，查粤支库该项收券报单业已陆续补寄来处，正在核办转帐手续中，拟俟转帐完毕，将该局承印之券，分别定制、已交、未交等项列单，函送粤区处并转向该局接收机关查对，如与本处帐面相符，即将未交部份转回定制券帐。

上海伪行印刷所及上海首善印刷公司印成券向由伪行沪分库点收后报发行局转帐，此项沪分库收券报单，业经本处转帐完毕。惟该两机构已印之券是否与本处帐面所收之数相符，尚待查对，本处曾迭次函向沪区处转嘱接收机关将接收情形查明报处，迄未得复。

汉口丸三商工公司印成券向由伪行汉支库点收后报发行局转帐，此项汉支库收券报单，业经本处转帐完毕。关于该公司之定制、已交、未交等数额，业已按照本处帐面余额列表函寄汉口区处转向接收机关查对，一俟查复相符，即可将未交部份转回定制券帐。

上海精版株式会社济南工厂，虽由伪行定制储券一批，惟已否开印，尚无所闻，本处曾函请晋鲁豫区特派员调查，迄未得复，拟即再函催询，如能证明该场确未开印，应即将全部未交券转回定制券帐。

上海华成印刷公司承印储券早经如数交清，无须清理。又伪总行发行局及沪汉两库，于卅四年间先后收到日本运来印成万元券，共计三五七，六〇〇，〇〇〇，〇〇〇元，查接管伪行券〔卷〕内，并未向日本定制万元伪券，须俟查明日本帝国内阁印刷局情形后，方能明了。

2. 伪币发行之调查

查伪总行停业日(卅四年九月十一日)发行帐面,发行总额为中储券三,八八二,五六二,九三九,〇〇〇元,经本处陆续补转外埠各分支行未达发行数,计二〇四,〇七五,六五一,四〇〇元,截至卅五年五月卅一日止,帐面发行总额共为四,〇八六,六三八,五九〇,四〇〇元。帐后之外埠发行数额,现经调查准确者,计沪行发行四六六,一八三,六五〇,〇〇〇元,杭行发行四,一八二,〇〇〇,〇〇〇元,甬行发行一,一四六,一〇〇,〇〇〇元,粤行发行四五,二〇一,九六九,八〇〇元,汉行发行二,二四二,六〇〇,〇〇〇元,徐行发行一二,三九八,四〇〇,〇〇〇元,各办事处发行三,七三五,〇〇〇,〇〇〇元,共应增发行额五三五,〇八九,七一九,八〇〇元,其发行总额约计已达四,六二一,七二八,三一〇,二〇〇元。惟苏、杭、甬三库应补之转帐单据,迭经函催,迄未寄到,故实际发行总额尚无准确数字。兹将已行调查之各行处发行总数列表,以供参考(附表5)。

3. 准备金之调查

查伪总行停业日(卅四年九月十一日)发行帐面之发行券准备金,计原额九七二,二七四,四〇一,五七七 · 五〇八九八,抵充伪币款三,八八二,五六二,九三九,〇〇〇元,上项准备金有伪行业务局、沪分行、沪分库、汉支行等分别开具保存物件之寄存证存执,经本处陆续转帐后,截至卅五年五月卅一日止,发行帐面之发行券准备金,共计原额一,一七六,三五〇,〇五三,一三六 · 九六〇五三,抵充伪币额四,〇八六,六三八,三九〇,四〇〇元。兹将准备金之内容详为列表,用备查考(附表6)。详细情形见本报告伪币清理工作节。

六、东京办事处资产之调查

查伪行东京办事处,系于卅二年十二月设立于东京,专管伪中储券之印运事项,并无其他业务。该处会计独立,一切用款,均由伪总行划拨,其关于资产在伪行帐面可以查得者,计有存放国外同业有价证券及购买房产等项(附表6)。自卅四年一月以后,该处与伪总行邮讯中断,并闻已在上年五月遭盟机炸毁,其损失程度、职员存亡以及自该年度一月份起有无支付款项情事,均无法查悉。经抄同该处资产清单暨原有职员名单,于本年四月呈部转院,转请盟军总部代为调查,以便清理。

第三项　清理事项

一、帐务清理工作

查伪行南京总行对外营业部份,除发行钞券、收受公库及机关存款、银行存款准备金等特定业务外,并经营普通存放、汇兑业务,截至三十四年九月十一日止,资负总额计七万九千余亿元。其帐务之处理,分中储券、联银券、日金、日本自由元四种货币,以中储券为本位币,作记帐单位。自本处改隶后,即分别科目逐项清理,截至本年五月卅一日止,帐面资负总额计八万二千余亿元。兹分别将各科目增减变动情形略述于后:

A、负债类科目

(1)股本总额、公积金、备抵滞呆帐、盈余滚存、行员年金、行员退职金等各科目余额,均属内部帐务,须俟清理至相当程度,按其性质,分别清结,故无增减。

(2)行员储蓄金科目增加数目,系补转伪行停业前由各单位划来代收储金之数。

(3)发行兑换券科目增加数目,系补转伪行停业前之发行伪券收付数,盖此项转帐须凭伪行各分支行处及分支库双方报单到齐,经核对相符后方可办理,截至五月底止,补转数详见附表(7),其未到部份,现分向各区处查询中,故所列兑换券科目之余额,尚非确实发行数。

(4)他行领用兑换券准备金科目减少数目,系南洋商业银行领用暗记券,销约后改为伪行本身发行之冲转数。

(5)同业存款科目减少数目,系伪行停业前误收台湾银行沪电一三三四汇款拾亿元一笔，经与沪处及接收台湾银行之中国农民银行对帐查明后冲回之数。

(6) 国库存款科目变动之数，系补转伪行停业前各联行代理国库所收支之结果，其内容详见附表(8)。

(7) 机关存款科目减少数目，系伪中央农具制造实验厂存款，经前清理总处呈准京沪特派员支付本息之数。

(8) 活期存款科目增加数目，系行员福利社户补转伪行停业前各分社划来之款并存该户。

(9) 暂时存款科目增加数目，系伪行移交案内庶务科应发未领之员役遣散费三一二，七八五，二九二．六七元，行员福利社应发未领退给款二九，三三二，九〇〇．〇〇元，发行局流动金余额一，一九四，五七〇．〇〇元，代海州办事处收回债权款四〇〇，〇〇〇，〇〇〇．〇〇元，沪处划来中央印制厂购买钞券纸价等款五，六六〇，六五〇，三七二．三六元。以上各项尚待洽明性质，始能转帐，故先以暂存记帐。又原科目内有特约仓库手续费五，〇二九．三八元，已照数转入计损益科目。

(10) 存款票据、定期存款、特种定期存款各科目余额，俟对外发还存款时，就其性质分别处理，但存款票据科目内，除本票八亿一千万元仍应收回外，余属抵充发行准备。

(11) 汇出汇款科目减少数目，系伪行停业前各行处已解未销汇款之转销，及未解汇款之退汇，经查明转入应付款项科目者。上项查对工作，极感繁复，缘以往交通时阻，汇款委托书电及解讫收条票根等邮失甚多，致逐笔查对稽勾费时，现对上项查询工作正积极推进中。

(12) 金融机关存款准备金科目减少数目，系由京沪特派员核准发还之一三九户本息款。

(13) 应付款项科目增加数目，系转入退汇款一五，二六一，五四四，六六三．四八元及其他六四，四四四，九七〇．〇〇元之合计数。

(14) 未拨准备金科目增加数目，系发行兑换券科目所补转之数，惟应拨之兑换券准备金，现届清理阶段，自无从拨充，经添列此科目，以与兑换券准备金科目对转。

(15) 内部往来科目，系与伪外汇局款项往来所专用者，经抄帐查对相符后，即可将该余额划拨结平。

(16) 全体损益科目所变动数目，系补转伪行卅四年上期各行处之未达损益，计汉行纯益二四六，三〇一，二〇〇．三四元，粤行纯益五五，二〇〇，〇四九．三四元，厦处纯损二一，七八二，七四八．九一元，汕处纯损一二，三九二，八〇三．〇九元。此科目之余额，原购资产经上项转帐后，益超于损，故属负债。

B、利益类科目

(1) 手续费、贴现息、汇水、收入租金、有价证券损益，以上各科目俱无收付，故无增减。

(2) 兑换损益科目增加数目，系伪行兑入关金券一万一千零八十一元，先后比价收益之数。

C、资产类科目

(1) 现金科目减少数目，系伪行营业库存交央行按率兑换法币之数。

(2) 兑换券准备金科目增加数目，系与负债类未拨准备金对转之数。

(3) 他行领用兑换券科目减少数目，系与负债类他行领用兑换券准备金科目对转之数。

(4) 存放同业科目余额，系伪行存放正金银行南京支店之款。

(5) 存放外埠同业科目减少数目，系伪总行存放上海华兴银行之款，已收回结清。

(6) 活期押款科目减少数目，系伪中央日报社向报纸押款，已向该报社接收人收回结清。

（7）往来抵押透支科目减少数目，系收回南京商业公典、伪南京市公典及南京化学工业社等三户透支欠款（内利息一〇，九一六，八九二．二六元），尚未收回，各户催收情形详见附表（9）。

（8）暂记欠款科目变动数目，系补转伪行停业前已付未转开支一八，二二四，九三四，八七二．一一元及收回其他九二，六七四，六〇八，四〇一．三一元。至帐面尚未收回之各笔，有属未销开支，有属应收债权，其处理情形及催收经过详见附表（10）。

（9）储存物料科目增加数目，系补转伪沪行划付停业前在沪之物料，仓库购进印刷品款。

（10）定期押款科目所列之余额，其押借性质及催收经过详见附表（11）。

（11）投资科目余额，系伪行附属机构之资本及其他之投资，其内容情形见附表（12）。

（12）押租科目之余额，系伪总行租赁房地及水电之押金。

（13）应收利息科目之余额，系伪行购入日本大东亚战争国库债券时连同过期利息一并购进，须俟该债券付息时方能转销，故列应收科目。

（14）生金银科目增加之数，系伪沪行代总行购入伪江苏地方银行金条二十条，计重一九九，五五五，尚存沪保管，凭伪沪行222号保管证转帐。本科目全部金银之内容，详见附表（13）。

（15）有价证券及营业用房产科目余额之内容，详见附表（14）、（15）。

（16）营业用器具科目增加数目，系补转停业前伪沪行划来沪检查金融事务处及检查保险业事务处应由伪总行出帐之购置用具款。

（17）开办费科目所列之余额，依照划一清理办法规定，即可转付摊销科目。

（18）发行制券费科目变动数目，系伪行停业前沪、汉各地代付之印券费及收入沪销毁废券打浆款。本科目余额,俟有关制券各费清算后,再转摊销科目。

(19) 行员福利社基金科目,俟该社清理竣事,再行清结。

(20) 应收款项科目增加数目,系伪行行员重领遣散费一笔,在未追回前,先转此科目。

(21) 总行科目变动数目,系联行间划款、汇款收付相对之数(附表 16)。此项清理工作,已逐步推进,欲求短期查清,实困难多多,因各项表报因过去邮失过多,兹互相相〔相衍字〕查对,逐件补制,其繁杂费时,自在意中。且行处中有被共军侵扰者,则查对工作更无法进行,将来结果,难免挂一漏万,除全力进行办理外,今后当视差额之大小,再议处理办法。

(22) 兑换科目增加数目,系清理期间发生法币收付之换算数字。

D、损失类科目

(1) 收入利息数目减少,因伪行卅四年上期决算匡计各项应收利息次期照列冲转,致该科目余额由付项改列收项。

(2) 付出利息科目增加数目,系支付领券及存款准备金等之利息。

(3) 营业开支、日用开支、特别开支各科目增加之数,系补转停业前之已附开支,其内容详见附表(17)。

(4) 什损益科目停业前余额原列付款,因清理期间补转停业前运汉伪券损失数一,五六一,〇〇〇.〇〇元。又收入保险佣金六一,五六二.四九元,特约仓库未领手续费五,〇二九.三八元。上项收付相抵后,其余额致在收项。

(5) 摊销开办费、摊销制券费、营业用房产折旧各科目余额,均为伪行停业日原数,并无增减。

资负损益各科目之余额增减变动情形已如上述,兹为更求明了便于查核起见,谨编制卅四年九月十一日(停业日)与本年五月卅一日资负余额增减比较表及分别币名、资负余额增减比较表两种，用备参考（附表18、19）。

甲、收回债权情形

伪总行债权之收回，自卅四年停业日迄本年五月底止，共计收回中储券一九，九九二，四三五，七七八．五五元。兹将收回各科目（包括与开支有关而转帐者）分别列次：

1. 暂记欠款　一九，九一四，八四四，九五〇．八一伪元（详见附表10）

2. 活期押款　二〇，〇〇〇，〇〇〇．〇〇伪元

3. 往来抵押透支　四八，五九〇，八二七．七四伪元（详见附表9）

4. 存放外埠同业　九，〇〇〇，〇〇〇．〇〇伪元

乙、偿付债务情况

伪总行债务之偿付，除同业存款、机关存款及金融机关准备金业经酌予拨还一部份外，其他各项存款、汇款，现亦正在清查中。兹谨将已经拨付之各科目列次：

1. 同业存款　一，〇〇二，六八四，九三一．五一伪元（系南京正金银行汇款误收转出之数）

2. 机关存款　五三，〇〇四，九二九．六二伪元

3. 金融机关存款准备金　三三二，一四九，〇九二．五二伪元

4. 他行领用兑换券准备金　一〇，〇〇〇，〇〇〇．〇〇伪元

以上计偿付中储券一，三九七，八三八，九三三．六五伪元。

丙、内部帐务清理情况

查内部帐务之清理，首应一面清理积压，统筹整理，补转伪行停业前未销开支，查对汇款，补转停业前伪行代理国库之帐务，一面审核各区伪行处之接收表册，验收京区各行处文卷帐册等工作，

以求资负确实，而使清理工作不致遗漏。兹择要分述如下：

1. 审核停业前未销开支

伪行总分支行处营业开支项下支出交际、旅运各费，向系先付暂欠科目，一面填具交际费报告书、旅费计算书、运送费明细表，送经总行稽核处核销后，始得收回暂欠，转付开支科目。查伪行稽核处移交上项书表，为数颇多，业经由处查明核讫，发还各区处转帐者计二二七笔，金额二三一，五六一，五一二．八六伪元。

2. 审核各区伪行处之接收帐册

伪行各分支行处自奉令停业后，即由各当地之中央银行先后分别接收，其各项接收表册，自为清理工作之必要依据。是以各区伪行处之接收表册，应详为审核，以免遗漏，而影响清理工作之进行。现经审核完竣之各伪行处，计有南京区之总行、蚌埠、安庆、芜湖、镇江、扬州、常州、泰州、宿县等九行处，上海区之沪行、沪西、沪南、苏州、无锡、南通、常熟、松江、昆山、太仓等十行处，杭州区之杭行、宁波、嘉兴、湖州、硖石、余姚、镇海等七行处，汉口区之南昌一处，广州区之汕头、厦门两处，共二十九行处。其有接收尚未办竣者，现正分别催办中。

3. 验收京区各行处文卷帐册

京区集中各单位已将文卷帐册运到者，计有徐州、蚌埠两支行，芜湖、常州、泰县、宿县、扬州、镇江六办事处。各项运件到达后，由处派员根据原接收清册逐项验收，业经先后办理竣事，并将原卷交由伪行原主管人负责保管。关于未到文卷帐册及器具物料部份，业已分别造册函知原接收人补行运京，或掣取保管凭证送处，以便清理。

4. 查对各区汇款及办理退汇

查伪行各行处在停业前各联行间相互委解各项汇款，因交通梗阻，邮电迟延，报单及委托书未能送达，以致汇出汇款有已经对方行处解讫入帐，而委托行尚未入帐者，未经对方行处解付，应转入退汇科目者。再汇入汇款有经代理行已经解付入帐，而对方行处尚未入帐者，故彼此间债权债务，非经分别查明，难以清理。现经查明伪总行汇出汇款部份，在停业日之余额为五四二，八九〇，八一五，九六二，七六八．五九伪元，经对方查复已解讫销帐者计四〇八，五六八，九五〇，六七四，一六一．四七伪元，应查复应付退汇者计三六，三一五，三一八，四六八，六四三．四八伪元（详见附表20）。关于汇入汇款部份，停业日余额为五〇七，七一四，七〇八．一二伪元，经查明退往对方者，计二八二，六七七，八一六．一九伪元（详见附表21）。

5．补转停业前有关国库帐务

伪行代为财政部办理国库款项收支，在伪总行以“国库存款”科目列帐，如有库款不足支付时，亦由伪总行代为垫付，以“国库欠款”入帐处理。截至卅四年九月十一日伪行停业时，帐面库存余额计四〇，三八〇，五三七，七五五．〇七伪元，至本年五月卅一日经清理转帐收入岁入各科目计二，五六二，五二六，三一七．九二伪元，付出岁出各科目计八，六五三，二六〇，三四三．〇〇伪元，库存余额结为三四，二八九，八〇三，七二九．九九伪元，尚有伪国库支票一二五三六及一三〇三九号两纸，计伪币三八九，八六一，一五一．〇〇伪元，系由伪行国库局开国库支票付伪南京要港司令部及伪军事委员会委员长侍从室两机关，未向伪行支领，故仍应加入伪行国库局库存，故总计库存余额为三四，六七九，六六四，八八〇．九九伪元（见附表8）。

丁、催收债权情况

查伪总行债权，除已收回者外，其余未归偿者，有因地址不明或对方藉词推诿责任延不清偿，或无负责机关清理积欠而暂予搁置不理，是以催收工作倍感困难。本处有鉴及此，乃择定伪行敌伪债权划一追收办法，经呈奉令准施行，即依据该法逐一催收。现京区各单位债权正在催收者，计有抵押透支项下伪南京特别市政府等六户，定期押款项下伪实业部煤矿增产督导委员会一户，暂记欠款项下南京市商会等十户，至其他各项有关债权及各地伪行之债权，亦正分饬加紧催收中。

二、财产清理工作

1. 房地产之清理

伪行房地产分自置、租用及占用三种。兹将伪总行在京产业之清理情形分述于后：

A、自置部份

(1) 小铜银巷1号及夫子庙永安商场，前者暂作本处职员宿舍，后者除楼上为民教馆占用两间外，余为审计处洽商借用，楼下暂应租户再三请求，仍续租于厂商营业。

(2) 铁管巷四号房地产，在本处未经接管前，即为中统局占用，历时半载，迄未交还，刻正交涉收回中。

(3) 下关绥远路一八六八号房产，原系伪行购进，该屋地基亦有原出卖人代订之永久租约，地基仍非伪行所有。胜利之初，该屋曾一度为三青团第四分团占用，经交涉收回后，大部复为中央银行所占用。最近据交行迭函声称该屋地基一部系交行产业，并提具证明，请将占用部份折让，以利兴建。本处以事关国库权益，伪行原有契约仍待清查，几经磋商，暂准交行先将占用部份拆卸，但附有协议四项：① 伪行既保有地上权，所经拆卸部份须行估价。② 交行须保证拆卸后该屋之安全。③ 交行须负担拆卸工程及修复工程之一切费用。④ 嗣后查明该地产权不属交行时，交行应负责恢复原有建筑。

B、租用部份

(1) 北平路卅六号伪行于卅四年五月承租用作贵宾招待所，中央接收亦未交本处接管，即由马市长迁入居住。查该屋系由伪地政局出租，让渡费伪中储券三百五十万元，历年装修费伪中储券七，七七三，九〇〇．〇〇元，故在该项债权未经清偿前，仍当视为伪行财产之一部，刻正进行处理中。

(2) 莫愁路四十八号，伪行于卅三年五月承租，作俱乐部，历年装修费用计伪中储券二，二一六，八六〇·〇〇元。刻由财政部径予房主租用，正进行处理中。

(3) 大石桥(包括荷叶巷廿八号及石婆婆巷七号、九号)，历年装修费用计伪中储券一三，八七八，六〇九·〇〇元，现其中一部仍充本处职员宿舍，其余部份由钱币司借作职员宿舍，屋主迭次请求收回，当以该项产权仍须详查，未便遽予发还，经允俟原租约届满时续订合约，以示体恤。

(4) 中山东路一、三号后院草地两方及汽车间、汽油间、警卫室、防空壕等，均系租地建筑，现除央行使用三间外，余已接管，充本处储藏室。

C、占用部份

(1) 中山东路一号交行原址及三号浙江兴业银行原址，均系伪行占用，该项房屋除本处业务上需用者外，业经分别发还。惟伪行装修、设备清理问题，刻正进行办理中。

(2) 大方巷廿一号伪行占用后，作为日籍顾问公馆，历年修缮费计伪中储券四四〇，〇四六·六七元，该屋经央行接收后，由原主收回，故本处未经接管。惟上项装修费用未经合理解决前，似应为伪行产权之一部，仍须清查处理。

(3) 宁海路五十四号，原为伪行日籍顾问住宅，历年修缮费计伪中储券四二六，六七四·六五元，该屋由财政金融特派员办公处驻京办事处处长陈耀东使用，该处结束迁让时，未经移归本处接管，即由其径行交还原房主，以是该屋原存家具什物多未经收回，迭经交涉，均未获结果，刻仍继续洽办中。

2. 家具车辆及图书等之清理(略)

三、伪币清理工作

关于伪币清理事项，经根据伪行发行局移交清册核对有关伪币及其准备金各种帐表案卷逐一往事清理(原文如此),截至本年五月底止,计已查转伪币兑换券帐五百十五款。该帐因有券类之别,如合并统计,每款以三笔计,约合一千五六百笔。至伪币准备金帐,共已转二百卅笔。兹分别将发行及准备金两部份,截至卅五年五月卅一日止,查转各科目增减情形列述于后:

兑换券负债类

| | | |
|---|---|---|
| 定制券 | 三十四年十月三十日余额 | 二三,六四六,一二二,一五〇,〇〇〇元 |
| | 日本内阁印刷局交汉库印成券一笔 | 四〇,〇〇〇,〇〇〇,〇〇〇元 |

查上列收券未经伪总行签订注文书,因汉行业经领用,故先行收帐,其定印手续尚待查明。

计增 四〇,〇〇〇,〇〇〇,〇〇〇元

| | | |
|---|---|---|
| | 三十五年五月三十一日余额 | 二三,六八六,一二二,一五〇,〇〇〇元 |
| 暂存券 | 三十四年十月三十日余额 | 七八,一九七,九〇〇,〇〇〇元 |
| | 收沪运汉券二笔 | 二〇,八五四,〇〇〇,〇〇〇元 |
| | 付销沪运汉券三笔 | 二一,八七四,〇〇〇,〇〇〇元 |
| | 付销沪运粤券六笔 | 一,〇八四,〇〇〇,〇〇〇元 |
| | 付销沪运蚌券一笔 | 一〇,〇〇〇,〇〇〇,〇〇〇元 |
| | 付销沪运杭券一笔 | 二,〇〇〇,〇〇〇,〇〇〇元 |
| | 付销京运蚌券二笔 | 八,〇〇〇,〇〇〇,〇〇〇元 |

计减 二二,一〇四,〇〇〇,〇〇〇元

| | | |
|---|---|---|
| | 三十五年五月三十一日余额 | 五六,〇九三,九〇〇,〇〇〇元 |

兑换券资产类

| | | |
|---|---|---|
| 未交券 | 三十四年十月三十日余额 | 一九,〇九六,〇二一,六九九,九五七元 |

| | | |
|---|---|---|
| | 伪行印刷所交沪库印成券二笔 | 一八,四〇〇,〇〇〇,〇〇〇元 |
| | 日本内阁印刷局交粤库印成券一笔 | 四,二四〇,〇〇〇,〇〇〇元 |
| | 香港内阁印刷局交粤库印成券廿三笔 | 四三,二五九,五〇〇,〇〇〇元 |
| | 汉口丸三印刷公司交汉库印成券廿九笔 | 七,五九二,〇〇〇,〇〇〇元 |
| | 计减 | 七三,四九一,五〇〇,〇〇〇元 |
| | 三十五年五月三十一日余额 | 一九,〇二二,五三〇,一九九,九五七元 |
| 存出券 | 三十四年十月三十日余额 | 六八三,五五一,二八〇,六〇〇元 |
| | 收沪运粤券二十笔 | 四,五六五,〇〇〇,〇〇〇元 |
| | 收沪运汉券三笔 | 二一,八七四,〇〇〇,〇〇〇元 |
| | 收沪运京券一笔 | 一八,〇〇〇,〇〇〇,〇〇〇元 |
| | 收沪运蚌券一笔 | 一〇,〇〇〇,〇〇〇,〇〇〇元 |
| | 收沪运甬券一笔 | 二,〇〇〇,〇〇〇,〇〇〇元 |
| | 收沪库付销毁组待销券一笔 | 二〇〇,〇〇〇元 |
| | 收沪行领用沪库券二笔 | 一三五,三三〇,七五〇,〇〇〇元 |
| | 收沪南处领用沪库券二笔 | 一,九〇〇,〇〇〇,〇〇〇元 |
| | 收沪西处领用沪库券三笔 | 一,二〇〇,〇〇〇,〇〇〇元 |
| | 收苏行领用苏库券一笔 | 一,七〇〇,〇〇〇,〇〇〇元 |
| | 收徐行领用徐库券四笔 | 一二,一三〇,〇〇〇,〇〇〇元 |
| | 收汉行领用汉库券卅四笔 | 四七,六九二,五一九,〇〇〇元 |
| | 收汉库转正处运汉券一笔 | 一,五六一,〇〇〇元 |

| | | |
|---|---|---|
| | 收粤行领用粤库券五十二笔 | 九,六七二,二〇〇,〇〇〇元 |
| | 付沪行交回沪库一笔 | 四,〇〇〇,〇〇〇元 |
| | 付伪行印刷所交沪库印成券二笔 | 一八,四〇〇,〇〇〇,〇〇〇元 |
| | 付运沪库伪行发行局库存券一笔 | 一七,七五六,七〇〇,〇〇〇元 |
| | 付苏行交回苏库券一笔 | 一,一四二,〇〇〇,〇〇〇元 |
| | 付汉行交回汉库券六笔 | 四,二一〇,〇〇〇,〇〇〇元 |
| | 付沪运汉券二笔 | 二〇,八五四,〇〇〇,〇〇〇元 |
| | 付发行局运汉券一笔 | 三〇,〇〇〇,〇〇〇,〇〇〇元 |
| | 付日本内阁印刷局运交汉库印成券一笔 | 四〇,〇〇〇,〇〇〇,〇〇〇元 |
| | 付汉口丸三公司交汉库印成券廿九笔 | 七,五九二,〇〇〇,〇〇〇元 |
| | 付粤行交回粤库五十四笔 | 一九五,三七八,六〇〇元 |
| | 付沪运粤券十六笔 | 三,四八一,〇〇〇,〇〇〇元 |
| | 付发行局运粤券三笔 | 二三二,〇〇〇,〇〇〇元 |
| | 付日本内阁印刷局运交粤库印成券一笔 | 四,二四〇,〇〇〇,〇〇〇元 |
| | 付香港内阁印刷局交粤库印成券廿三笔 | 四三,二五九,五〇〇,〇〇〇元 |
| | 计减 | 七四,六九九,六五一,四〇〇元 |
| | 三十五年五月三十一日余额 | 六〇八,八五一,六二九,二〇〇元 |
| 外存券 | 三十四年十月三十日无余额 | |
| | 交中央京行保管伪行发行局库存券一笔 | 七八,七七五,六七〇元 |
| | 交中央京行保管沪运京券一笔 | 一八,〇〇〇,〇〇〇,〇〇〇元 |

| | | |
|---|---|---|
| | 计增 | 一八,〇七八,七七五,六七〇元 |
| | 三十五年五月卅一日余额 | 一八,〇七八,七七五,六七〇元 |
| 流通券 | 三十四年十月卅日余额 | 三,八七七,二八〇,九七九,〇〇〇元 |
| | 他行领用券转入自身发行三笔 | 四,〇一〇,〇〇〇,〇〇〇元 |
| | 转正沪运汉券一笔 | 一,六五一,〇〇〇元 |
| | 沪行领用二笔 | 一三五,三三〇,七五〇,〇〇〇元① |
| | 苏行领用一笔 | 一,七〇〇,〇〇〇,〇〇〇元 |
| | 徐行领用四笔 | 一二,一三〇,〇〇〇,〇〇〇元 |
| | 汉行领用三十四笔 | 四七,六九二,五一九,〇〇〇元 |
| | 粤行领用五十二笔 | 九,六七二,二〇〇,〇〇〇元 |
| | 沪南处领用二笔 | 一,九〇〇,〇〇〇,〇〇〇元 |
| | 沪西处领用三笔 | 一,二〇〇,〇〇〇,〇〇〇元 |
| | 沪行交回一笔 | 四,〇〇〇,〇〇〇元 |
| | 苏行交回一笔 | 一,一四二,〇〇〇,〇〇〇元 |
| | 汉行交回六笔 | 四,二一〇,〇〇〇,〇〇〇元 |
| | 粤行交回五十四笔 | 一九五,三七八,六〇〇元 |
| | 计增 | 二〇八,〇八五,六五一,四〇〇元 |
| | 三十五年五月卅一日余额 | 四,〇八五,三六六,六三〇,四〇〇元 |
| 他行领用券 | 三十四年十月卅日余额 | 五,二八一,九六〇,〇〇〇元 |
| | 中国银行结束领用券一笔 | 二,〇〇〇,〇〇〇,〇〇〇元 |
| | 交通银行结束领用券一笔 | 二,〇〇〇,〇〇〇,〇〇〇元 |

①该项数字不清晰,一三五,三三〇,七五〇,〇〇〇元或三三五,三三〇,七五〇,〇〇〇元或三五,三三〇,七五〇,〇〇〇元。

| | | |
|---|---|---|
| | 南洋商业银行结束领用券一笔 | 一〇,〇〇〇,〇〇〇元 |
| | 计减 四,〇一〇,〇〇〇,〇〇〇元 | |
| | 三十五年五月卅一日余额 | 一,二七一,九六〇,〇〇〇元 |
| 样本券 | 三十四年十月卅日余额 | 一,一一七,七八〇元 |
| | 本科目无变动 | |
| | 三十五年五月卅一日余额 | 一,一一七,七八〇元 |
| 销废券 | 三十四年十月卅日余额 | 六二二,四六八,七四七.一一元 |
| | 沪库付交销毁组待销券一笔 | 二〇〇,〇〇〇元 |
| | 计增 二〇〇,〇〇〇元 | |
| | 三十五年五月卅一日余额 | 六二二,六六八,七四七.一一元 |
| 运送券 | 三十四年十月卅日余额 | 四〇,六三二,〇〇〇,〇〇〇元 |
| | 运沪伪行发行局库存券一笔 | 一七,七五六,七〇〇,〇〇〇元 |
| | 付销京运汉券一笔 | 三〇,〇〇〇,〇〇〇,〇〇〇元 |
| | 付销京运蚌券二笔 | 八,〇〇〇,〇〇〇,〇〇〇元 |
| | 付销京运粤券三笔 | 二三二,〇〇〇,〇〇〇元 |
| | 付销伪行发行局运沪券一笔 | 一七,七五六,七〇〇,〇〇〇元 |
| | 计减 三八,二三二,〇〇〇,〇〇〇元 | |
| | 三十五年五月卅一日余额 | 二,四〇〇,〇〇〇,〇〇〇元 |
| 损失券 | 三十四年十月卅日余额 | 三,〇九三,〇六八,二四五.八九元 |
| | 本科目无变动 | |
| | 三十五年五月卅一日余额 | 三,〇九三,〇六八,二四五.八九元 |

| | | |
|---|---|---|
| 库存券 | 三十四年十月卅日余额 | 一七,八三五,四七五,六七〇元 |
| | 运□沪库一笔 | 一七,七五六,七〇〇,〇〇〇元 |
| | 交南京央行保管一笔 | 七八,七七五,六七〇元 |
| | 计减 | 一七,八三五,四七五,六七〇元 |
| | 三十五年五月卅一日无余额 | |
| 准备金负债类 | | |
| 现金准备金 | 三十四年十月卅日余额 | 三,四一七,三四六,三〇四,七七七.七七元 |
| | 他行领用券准备金转入自身发行三笔 | 四,〇一〇,〇〇〇,〇〇〇元 |
| | 转正沪运汉券准备金一笔 | 一,五六一,〇〇〇元 |
| | 沪行发行二笔 | 一三五,三三〇,七五〇,〇〇〇元 |
| | 苏行发行一笔 | 一,七〇〇,〇〇〇,〇〇〇元 |
| | 徐行发行四笔 | 一二,一三〇,〇〇〇,〇〇〇元 |
| | 汉行发行卅四笔 | 四七,六九二,五一九,〇〇〇元 |
| | 粤行发行五十二笔 | 九,六七二,二〇〇,〇〇〇元 |
| | 沪南处发行二笔 | 一,九〇〇,〇〇〇,〇〇〇元 |
| | 沪西处发行三笔 | 一,二〇〇,〇〇〇,〇〇〇元 |
| | 沪行收回一笔 | 四,〇〇〇,〇〇〇元 |
| | 苏行收回一笔 | 一,一四二,〇〇〇,〇〇〇元 |
| | 汉行收回六笔 | 四,二一〇,〇〇〇,〇〇〇元 |
| | 粤行收回五十四笔 | 一九五,三七八,六〇〇元 |
| | 收转正沪存赤金重量一笔计赤金三一,二五八.一六七两 | 一〇,三四〇,四八二,六一〇元 |
| | 付转正沪存赤金重量二笔计赤金三一,〇九八, | |

| | | |
|---|---|---|
| | 七一五.四五两 | 一〇,三四〇,四八二,六一〇元 |
| | 计增 | 二〇八,〇八五,六五一,四〇〇元 |
| | 三十五年五月卅一日余额 | 三,六二五,四三一,九五六,一七七.七七元 |
| 保证准备金 | 三十四年十月卅日余额 | 四五九,九三四,六七四,二二二.二三元 |
| | 本科目无变动 | |
| | 三十五年五月卅一日余额 | 四五九,九三四,六七四,二二二.二三元 |
| 他行领用券准备金 | 三十四年十月卅日余额 | 八一,九六〇,〇〇〇元 |
| | 结束南洋商业银行领用券准备金一笔 | 一〇,〇〇〇,〇〇〇元 |
| | 计增 | 一〇,〇〇〇,〇〇〇元 |
| | 三十五年五月卅一日余额 | 七一,九六〇,〇〇〇元 |
| 他行领用券保证准备金 | 三十四年十月卅日余额 | 五,二〇〇,〇〇〇,〇〇〇元 |
| | 结束中国银行领用券准备金一笔 | 二,〇〇〇,〇〇〇,〇〇〇元 |
| | 结束交通银行领用券准备金一笔 | 二,〇〇〇,〇〇〇,〇〇〇元 |
| | 计减 | 四,〇〇〇,〇〇〇,〇〇〇元 |
| | 三十五年五月卅一日余额 | 一,二〇〇,〇〇〇,〇〇〇元 |

准备金资产类

| | | |
|---|---|---|
| 特存准备金 | 三十四年十月卅日余额 | 五〇八,五四五,三二五,〇〇三．〇二元 |
| | 本科目无变动 | |
| | 三十五年五月卅一日余额 | 五〇八,五四五,三二五,〇〇三．〇二元 |
| 存出准备金 | 三十四年十月卅日余额 | 二,九〇八,三二七,三八四,二一九．二〇元 |
| | 收转正沪存赤金重量一笔计赤金三一,二五八．一六七两 | 一〇,三四〇,四八二,六一〇元 |
| | 付转正沪存赤金重量一笔计赤金三一,〇九八．七一五四五两 | 一〇,三四〇,四八二,六一〇元 |
| | 本科目抵充额无变动 | |
| | 三十五年五月卅一日余额 | 二,九〇八,三二七,三八四,二一九．二〇元 |
| 存出保证准备金 | 三十四年十月卅日余额 | 四六五,一三四,六七四,二二二．二三元 |
| | 转回存出沪库保证准备金证品二笔 | 四,〇〇〇,〇〇〇,〇〇〇元 |
| | 计减 | 四,〇〇〇,〇〇〇,〇〇〇元 |
| | 三十五年五月卅一日余额 | 四六一,一三四,六七四,二二二．二三元 |
| 外存准备金 | 三十四年十月卅日余额 | 五五五,五五五,五五五．五五元 |
| | 本科目无变动 | |
| | 三十五年五月卅一日余额 | 五五五,五五五,五五五．五五元 |

| | | |
|---|---|---|
| 未拨准备金 | 三十四年十月卅日无余额 | |
| | 补转总分支行处发行券收回券之准备金共五十五笔 | 二〇八,〇七五,六五一,四〇〇元 |
| | 计增 | 二〇八,〇七五,六五一,四〇〇元 |
| | 三十六年五月卅一日余额 | 二〇八,〇七五,六五一,四〇〇元 |

资产负债总额见附表#22——#27。

1. 伪币印制之清理

伪行印券机构经查明有案可稽者,计有日本帝国内阁印刷局、香港日本帝国内阁印刷局、日本凸版印刷株式会社、上海伪行印刷所、上海首善印刷公司、汉口丸三商工公司、上海精版株式会社济南工厂、上海华成印刷公司等八户,散处国内外各大埠,其中除华成早经停业印券业已交清外,其他在日本所印之伪券,皆由伪行东京办事处办理点收装运付款等一切手续。自卅四年一月份起,该处月报迄未到达,所有装运伪券及购运印券所用纸张、油墨暨其他材料等件,究有若干,无从查考,业经呈请财部转行查询,俟上海、汉口、广州、香港、济南各印券制纸等机构,备办纸墨、机器等各种应用材料及预领印工等款,均向伪行上海分行及广州支行领支后,报由伪总行列付暂记欠款帐。各该机构停业前未经与伪行结算之纸墨材料及各项欠款,自各该机构被接收后,本处迭向前上海区清理处及汉口、广州两区处查询,除上海方面已由中央印制厂交到一部份券纸购价,油墨购价,因数量尚未查清,价格未尽符合,未经结案,仍继续函催外,其余各处迄无确切答复。再伪行运送遇险之损失券五批,现已办理搜集各有关保险证件,呈请财部交涉保险赔款中。

2. 伪币发行之清理

伪行发行帐项,计分自身发行与他行领用券两项。其自身发行券,经本处补转因埠未达发行数额及取消领用券转入自身发行后,截至本年五月卅一日止，帐面自身发行额为四，〇八五，三六六，六三〇，四〇〇伪元，他行领用券经中国、交通及南洋商业银行等三户取消领用后，帐面领用额为一，二七一，九六〇，〇〇〇．〇〇元，共计发行总额为四，〇八六，六三八，五九〇，四〇〇．〇〇伪元。再自身发行项下帐后尚未查清及尚未补转齐全之情形，均见前述“发行之调查”中，他行领用券项下尚有南京农商银行、兴业银行、上海中央储蓄会三户未经结束领券契约。查农商、兴业两行所应缴之领券准备金及制券费，均已于领券时如数缴清，本处应付未付之准备金利息，如在本处公告清理债务限期以前该两行不来清结，即认为自动放弃，即由本处自行转为自身发行券帐。至上海中央储蓄会一户，业已函知沪处遵照部令依照伪行敌伪债权划一追收办法办理矣。

3. 伪币准备金之清理

查伪币准备金在前清理总处成立日（卅四年十月卅日），帐面总额为九七二，二七四，四〇一，五七七，五〇八.九八，抵充伪币三，八八二，五六二，九三九，〇〇〇．〇〇元。在本处清理期内，截至本年五月卅一日止，经本处清理补转未达等各项发行数额，帐面总额计为一，一七六，三五〇，〇五三，一三六，九六〇.五三，抵充伪币四，〇八六，六三八，五九〇，四〇〇．〇〇元，所有补转数额，均以本处办事细则所规定之未拨准备金科目转帐，赤金项下因有一部份于卅四年伪行未停业前改铸，而未经在帐内转正重量，曾于卅五年五月二日办理补转手续，计增赤金一五九.四五一五五，其抵充数额未有变动。至伪币准备金之来源，因所涉甚繁，刻正积极进行清理，专案报部。

四、京区集中行清理概况

A、关于帐务清理方面

集中总处各单位清理期间收付款项每十日结帐一次，由本处指定人员根据所制传票核对分户帐册。兹将已经清理之芜湖、常州、泰县、宿县、扬州五办事处截至本年五月底止进度情形分别列表，并将清理经过及增减原因在进度说明栏内叙明，用备参考(28—32)。

B、关于财产清理方面

1. 芜处财产清理概况

房产：行屋及宿舍均系租用，押租伪中储券三，六〇〇，〇〇〇.〇〇元，月租六〇〇，〇〇〇．〇〇元，自卅四年十月即未付租，本可依约解租，惟伪行所作装修设备，如柜台、铁门等，所值不赀，事关伪行产权之清理，刻正详慎清查处理中。

家具：胜利初临，杂军进驻，少数家具散失，已饬原负责人切实查报，并提供证明再凭核办。惟前财政金融特派员办公处接收员王以叙接收家具经其留存央行保管后，本处曾派员前往洽收，俾便运京集中清理。嗣据该行声称，上项家具业经陈奉特派员办公处核准使用在案，刻正汇案处理中。

备存物料：市面秩序紊乱时，少数肥皂及大宗栗柴散失损耗，已饬原负责人据实查报，至留守期间正当之消耗，俟其详列具报，再行议处。

2. 宿处财产清理状况

房产：行屋及宿舍均由伪联合准备银行移让转租，移让费计伪中储券一，二一五，九一九．二二元，共增建瓦平房十间及日人所增金库门一扇。上项房屋曾由宿县县银行及四区专员公署占用，刻正洽办中。

家具：胜利之初，杂军进驻，家具稍有损失，其余大部份由宿县县银行及四区专员公署借用或占用，经分别查讯，刻已略见端倪，惟仍继续核对中，余存少数家具，因留守员结束留守事务，业经饬办托管手续，一并汇案处理。

备存物料：所存杂品文具等总值计伪中储券肆千余万元，除因市面紊乱损耗一部外，其余业经宿县县银行借用。至留守期间消耗部份,正审核处理中。

3. 常处财产清理情况

房屋:行屋及宿舍均系租用,押租一,六〇〇,〇〇〇.〇〇元,除已收回押租四十万元外,余数可以允租人前存伪常处活期存款冲抵,目前该屋已由中信局、直接税局径与洽租。查该屋装修设备所值不赀,上项产权未经清理前,前订租约自不便解约,刻正与原房主洽商解决中。

家具:该处家具经财政金融特派员办公处接收员周丕承接管后,因杂军进驻,稍有损失,其余大部分由直接税局借用,经留守员保管者,已饬将贵重物品运京处理。

备存物料:计有米、柴、印刷品多种,已饬该处列表备核。至留守期间消耗者,俟详核后再行处理。

4. 泰处财产清理情况

房屋:行屋系属租用,押租伪中储券一,二〇〇,〇〇〇.〇〇元,仓库押租五,〇〇〇.〇〇元,订有合约,并自建库房等设备。该屋已经泰县商会会长吴云山占用,并称上项房屋系伪行强行租用,有损其产权,请求赔偿。经核原租约,该屋出租人系吴仲记代表童君等负责允租,与具所称情节不符,已饬留守员径与原负责出租人洽办中。

家具:该处家具经各机关借用者,有江苏银行、青年团、军需处,除三青团借用部份,函请苏行代为收存外,军需处借用家具因其业经他迁无法洽办,已饬留守员负责查报,刻正查讯处理中。

备存物料:除文具、印刷品外,尚有汽油、糖、盐等项,因交通梗阻不宜运京处理,已饬列表报核。至留守期间消耗之物料,刻正审核中。

5. 镇处财产清理情况

房屋:行屋及卡车间均系租用,押租计中储券一六〇,〇〇〇.〇〇元。该处经伪行装修设备,计有库房铁门、柜台等项,所值不赀，刻正查核处理中。

家具：尚称完善，除电台用具由忠救军① 借用外，余由央行随同行屋一并借用，业经统筹列表，以凭核办。

备存物料：有文具、印刷品、杂品三项，计中储券七，七〇二，三〇五·〇〇元，业经统计列表，刻正审核处理中。

6. 扬处财产清理情况

房屋：行屋原为中央银行扬州分行行址，因该地未遭兵燹，房屋尚称完整。胜利之初，即行移交央行接管。

家具：自置家具种类繁多，本年一月由央行全部借用，业经列表汇计，用凭查考。

备存物料：计印刷品、文具、杂品三项，均由央行一并接管，至留守期间消耗部份及江都县政府借用者，刻正分别审核办理中。

7. 徐处财产清理情况

房地产：

(1) 自置部份：行屋购自日人东光公司，原屋虽系四层楼屋，然未完工，此后迭经修葺整建，计伪中储券五〇，五一七，五六〇·四〇元，胜利之初，即由央行接管。至自购地基及附屋并未由央行接收，刻正查询中。

(2) 租用部份：自置房屋基地一块，计六六五平方，系向伪市府租用，免付租金。至检金处租用房屋，押租三八八，八八八·八九元(伪中储券)，并无行租，刻该屋已由原主收回，惟押租及装修设备未经清理前仍待查核处理，自不能承认其为合法之解租。

家具：原由徐属党政接收委员会接管，并经按册点交，嗣因卅八军进驻，该会无法全部移出，至移京清册，该会亦拒不签章，刻正分别查询处理中。

---

①即忠义救国军简称。

备存物料：计文具、印刷品、什品三项值伪中储券一三三，三二〇，〇〇〇．六五元，业经移交徐属党政接收委员会接管，至留守期间消耗部份，已饬列表备核。

五、各区处清理概况

关于集中上海、浙江、湖北、广州四区清理处之各单位，截至五月底止清理情形，前经本处检发进度表式，通饬各区处填报。兹查已经报处者，计有上海区处报来伪上海分行外汇局、苏州支行、无锡、南通、松江、常熟、沪西、沪南六办事处、太仓、昆山两办事分处清理进度表各一份。浙江区清理处报来伪杭行、宁波两支行、嘉兴办事处、硖石、湖州、镇海、余姚四办事分处清理进度表各一份，湖北区清理处报来伪汉口支行及武昌、沙市两办事分处清理进度表一份，广州区清理处报来伪广州支行清理进度表二份（原币伪币各一份），其余汕头、厦门两办事处尚未集中广州，迄未清理。绍兴办事分处因该处原主管人及会计均被拘判刑，无人负责移交，迄未接收。九江、南昌两办事处由江西区处清理，现已改隶湖北区清理处，所有清理进度表，尚未寄到。兹将各行处已到表件，一并附呈查核，以明清理概况。附33—35年表。

结论

伪中储行分支机构达三十九个单位，分布苏、浙、皖、赣、粤、闽六省及京、沪、汉、广四市，伪总行及京区十三单位清理事项，因系由本处直接办理，故指挥灵便，进度较速，其余各地初分别隶于各区财政金融特派员。本处成立后，虽呈奉核准由本处监督指挥，但以承办机关仍为各地中央银行，仍复各行其是，益以央行本身事务繁多难期兼顾，以故本处无法贯彻统筹指挥之任务，其进度难悉与本处直接办理各单位情形相比拟，亦属事实使然。将来依照本处呈奉核定之分区集中清理办法之规定分别集中，各区负责人员由部遴派，则办理既能灵活迅速，自可计日程功。

就本处本身工作而言，依照呈奉核定之分期计划，本年五月底以前(本处系于本年三月正式开始工作),应为本处工作之第一期。此一期间,工作重心应在清查接收情形及规划清理事宜之进行,关于策划部份,业已如期完成,关于调查事项,虽以交通及其他特殊关系(如淮阴状况迄仍不明,央行尚无法前往接收),未有完满成就。但大体言之,亦已告一段落,同时为争取时效计,在本期工作以外之清理事项,但凡可能提前办理者,均经积极同时赶办,不遗余力,其内容已详见报告原文。今后自当仍本此项原则进行,总期迅速达成清理任务。

中央储备银行资产负债表

中华民国 34 年上期决算

| 收项余额 | | | | | | | | | | | | | | 科目 | 付项余额 | | | | | | | | | | | | | |
|---|---|---|---|---|---|---|---|---|---|---|---|---|---|---|---|---|---|---|---|---|---|---|---|---|---|---|---|---|
| 千 | 百 | 十 | 万 | 千 | 百 | 十 | 万 | 千 | 百 | 十 | 元 | 角 | 分 | | 千 | 百 | 十 | 万 | 千 | 百 | 十 | 万 | 千 | 百 | 十 | 元 | 角 | 分 |
| | | | | | | | | | | | | | | 负债类 | | | | | | | | | | | | | | |
| | | | | | | | | | | | | | | 资本总额 | | | | 1 | 0 | 0 | 0 | 0 | 0 | 0 | 0 | 0 | 0 | 0 |
| | | | | | | | | | | | | | | 公积金 | | | | | 6 | 3 | 3 | 0 | 0 | 0 | 0 | 0 | 0 | 0 |
| | | | | | | | | | | | | | | 盈余滚存 | | | | | | 1 | 9 | 2 | 1 | 9 | 6 | 7 | 3 | 5 |
| | | | | | | | | | | | | | | 行员年金 | | | | | | 1 | 9 | 9 | 7 | 4 | 3 | 0 | 2 | 8 |
| | | | | | | | | | | | | | | 备抵呆帐 | | | | 1 | 0 | 0 | 0 | 0 | 0 | 0 | 0 | 0 | 0 | 0 |
| | | | | | | | | | | | | | | 行员退职基金 | | | | | 1 | 5 | 2 | 0 | 0 | 0 | 0 | 0 | 0 | 0 |
| | | | | | | | | | | | | | | 行员福利金 | | | | | | | | | | | | | | |
| | | | | | | | | | | | | | | 行员储蓄金 | | | | | | 1 | 4 | 5 | 9 | 4 | 0 | 8 | 3 | 9 |
| | | | | | | | | | | | | | | 发行兑换券 | 7 | 1 | 5 | 3 | 5 | 2 | 9 | 2 | 4 | 0 | 0 | 0 | 0 | 0 |
| | | | | | | | | | | | | | | 他行领用兑换券准备金 | | | | | 8 | 1 | 9 | 6 | 0 | 0 | 0 | 0 | 0 | 0 |
| | | | | | | | | | | | | | | 汇出汇款 | | 6 | 2 | 5 | 9 | 4 | 5 | 0 | 7 | 0 | 1 | 8 | 5 | 8 |
| | | | | | | | | | | | | | | 同业存款 | | 6 | 5 | 4 | 0 | 2 | 2 | 6 | 8 | 0 | 2 | 4 | 6 | 4 |
| | | | | | | | | | | | | | | 外埠同业存款 | | 1 | 8 | 7 | 2 | 6 | 5 | 2 | 0 | 8 | 4 | 0 | 9 | 5 |
| | | | | | | | | | | | | | | 透支同业 | | | 3 | 5 | 2 | 0 | 2 | 8 | 3 | 0 | 3 | 0 | 0 | 5 |
| | | | | | | | | | | | | | | 国库存款 | | | 1 | 0 | 0 | 2 | 5 | 0 | 0 | 2 | 1 | 5 | 4 | 4 |
| | | | | | | | | | | | | | | 机关存款 | | | 8 | 7 | 7 | 2 | 8 | 9 | 5 | 8 | 3 | 5 | 5 | 7 |
| | | | | | | | | | | | | | | 往来存款 | | | | 3 | 8 | 8 | 2 | 9 | 8 | 9 | 7 | 3 | 7 | 4 |
| | | | | | | | | | | | | | | 活期存款 | 1 | 2 | 6 | 4 | 7 | 9 | 8 | 0 | 9 | 4 | 3 | 3 | 7 | 1 |
| | | | | | | | | | | | | | | 通知存款 | | | 1 | 1 | 1 | 6 | 9 | 5 | 7 | 7 | 0 | 2 | 7 | 4 |
| | | | | | | | | | | | | | | 保付支票 | | | | 1 | 7 | 4 | 7 | 4 | 9 | 0 | 1 | 6 | 7 | 4 |
| | | | | | | | | | | | | | | 存款票据 | 7 | 1 | 6 | 0 | 2 | 3 | 0 | 9 | 0 | 4 | 6 | 5 | 6 | 3 |
| | | | | | | | | | | | | | | 金融机关存款准备金 | | | 6 | 7 | 1 | 6 | 0 | 0 | 4 | 7 | 9 | 7 | 1 | 2 |
| | | | | | | | | | | | | | | 暂时存款 | | 2 | 1 | 8 | 4 | 4 | 8 | 9 | 3 | 6 | 8 | 5 | 3 | 2 |
| | | | | | | | | | | | | | | 应付款项 | | | 1 | 4 | 4 | 2 | 5 | 1 | 9 | 1 | 9 | 8 | 1 | 7 |
| | | | | | | | | | | | | | | 定期存款 | | | | | 1 | 5 | 3 | 1 | 2 | 4 | 1 | 3 | 9 | 8 |
| | | | | | | | | | | | | | | 特种定期存款 | | | | 9 | 3 | 3 | 4 | 6 | 9 | 9 | 4 | 8 | 4 | 9 |
| | | | | | | | | | | | | | | 应付利息 | | | | 6 | 4 | 4 | 4 | 1 | 5 | 8 | 3 | 3 | 4 | 4 |
| | | | | | | | | | | | | | | 预收利息 | | | 2 | 3 | 3 | 6 | 5 | 3 | 6 | 9 | 5 | 0 | 7 | 7 |

续上表

| 收项余额 | | | | | | | | | | | | | | 科目 | 付项余额 | | | | | | | | | | | | | |
|---|---|---|---|---|---|---|---|---|---|---|---|---|---|---|---|---|---|---|---|---|---|---|---|---|---|---|---|---|
| 千 | 百 | 十 | 万 | 千 | 百 | 十 | 万 | 千 | 百 | 十 | 元 | 角 | 分 | | 千 | 百 | 十 | 万 | 千 | 百 | 十 | 万 | 千 | 百 | 十 | 元 | 角 | 分 |
| | | | | | | | | | | | | | | 代收款项 | | | 1 | 6 | 7 | 7 | 4 | 0 | 0 | 9 | 8 | 3 | 1 | 1 |
| | | | | | | | | | | | | | | 特殊本票 | | | 2 | 7 | 0 | 1 | 3 | 4 | 0 | 0 | 0 | 0 | 0 | 0 |
| | | | | | | | | | | | | | | 兑换 | | | | | | | | | | | | | | |
| | | | | | | | | | | | | | | 总（未达）行 | | | 3 | 0 | 4 | 8 | 4 | 2 | 2 | 6 | 6 | 7 | 9 | 3 |
| | | | | | | | | | | | | | | 内部往来 | | | | 4 | 1 | 2 | 4 | 8 | 2 | 4 | 6 | 2 | 2 | 9 |
| | | | | | | | | | | | | | | 处庄往来 | | | | | | | | | | | | | | |
| | | | | | | | | | | | | | | 预收押金 | | | | | | | | 5 | 5 | 0 | 0 | 0 | 0 | 0 |
| | | | | | | | | | | | | | | 全体损益 | | | | | | | | | | | | | | |
| | | | | | | | | | | | | | | 本期损益 | | | | | | 6 | 1 | 7 | 2 | 2 | 1 | 3 | 0 | 4 |
| | | | | | | | | | | | | | | | | | | | | | | | | | | | | |
| | | | | | | | | | | | | | | | | | | | | | | | | | | | | |
| | | | | | | | | | | | | | | 资产类 | | | | | | | | | | | | | | |
| | 1 | 3 | 1 | 1 | 5 | 5 | 8 | 8 | 7 | 7 | 7 | 6 | 7 | 现金 | | | | | | | | | | | | | | |
| | | | | | | | | | | | | | | 运送现金 | | | | | | | | | | | | | | |
| 7 | 1 | 5 | 3 | 5 | 2 | 9 | 2 | 4 | 0 | 0 | 0 | 0 | 0 | 兑换券准备金 | | | | | | | | | | | | | | |
| | | | | 8 | 1 | 9 | 6 | 0 | 0 | 0 | 0 | 0 | 0 | 他行领用兑换券 | | | | | | | | | | | | | | |
| 6 | 5 | 5 | 1 | 9 | 8 | 5 | 3 | 8 | 1 | 3 | 7 | 4 | 0 | 存放同业 | | | | | | | | | | | | | | |
| | | 1 | 0 | 3 | 0 | 3 | 4 | 7 | 8 | 4 | 3 | 9 | 5 | 存放国外同业 | | | | | | | | | | | | | | |
| | | 3 | 1 | 7 | 5 | 0 | 6 | 6 | 2 | 1 | 9 | 4 | 1 | 存放外埠同业 | | | | | | | | | | | | | | |
| | | | 7 | 8 | 4 | 5 | 0 | 0 | 0 | 0 | 0 | 0 | 0 | 拆放同业 | | | | | | | | | | | | | | |
| | | 5 | 6 | 8 | 8 | 3 | 1 | 4 | 5 | 4 | 1 | 3 | 5 | 同业透支 | | | | | | | | | | | | | | |
| | | 1 | 9 | 5 | 2 | 8 | 6 | 1 | 6 | 0 | 0 | 0 | 0 | 活期押款 | | | | | | | | | | | | | | |
| | 3 | 9 | 5 | 5 | 7 | 6 | 5 | 5 | 3 | 5 | 0 | 3 | 2 | 往来抵押透支 | | | | | | | | | | | | | | |
| | 5 | 1 | 5 | 3 | 1 | 1 | 3 | 9 | 6 | 5 | 2 | 3 | 2 | 暂记欠款 | | | | | | | | | | | | | | |
| | 1 | 1 | 9 | 8 | 1 | 4 | 7 | 2 | 6 | 0 | 0 | 0 | 0 | 贴现放款 | | | | | | | | | | | | | | |
| 2 | 2 | 0 | 3 | 0 | 3 | 8 | 0 | 6 | 7 | 5 | 7 | 1 | 7 | 重贴现 | | | | | | | | | | | | | | |
| | | | | | | | | | | | | | | 进口押汇 | | | | | | | | | | | | | | |
| | | | | | | | | | | | | | | 出口押汇 | | | | | | | | | | | | | | |
| | | | | 2 | 9 | 0 | 0 | 0 | 0 | 0 | 0 | 0 | 0 | 外埠期票 | | | | | | | | | | | | | | |
| | | 7 | 9 | 3 | 5 | 2 | 7 | 9 | 6 | 2 | 0 | 8 | 3 | 定期押款 | | | | | | | | | | | | | | |
| | | 3 | 1 | 2 | 4 | 3 | 1 | 9 | 3 | 1 | 5 | 4 | 3 | 转抵押款 | | | | | | | | | | | | | | |
| | | 2 | 0 | 5 | 4 | 7 | 7 | 4 | 8 | 7 | 6 | 9 | 2 | 应收利息 | | | | | | | | | | | | | | |
| | | | | 5 | 2 | 6 | 1 | 8 | 1 | 6 | 3 | 2 | 0 | 联行汇款 | | | | | | | | | | | | | | |
| | | | | 1 | 3 | 1 | 1 | 2 | 0 | 5 | 5 | 5 | 2 | 押租 | | | | | | | | | | | | | | |
| | 1 | 3 | 8 | 9 | 2 | 9 | 5 | 3 | 0 | 8 | 7 | 1 | 3 | 生金银 | | | | | | | | | | | | | | |
| | 1 | 0 | 2 | 6 | 9 | 7 | 7 | 8 | 6 | 4 | 9 | 0 | 3 | 有价证券 | | | | | | | | | | | | | | |
| | | | 5 | 7 | 2 | 3 | 1 | 4 | 9 | 2 | 2 | 5 | 6 | 营业用房产 | | | | | | | | | | | | | | |
| | | | 5 | 0 | 0 | 7 | 2 | 2 | 5 | 9 | 0 | 2 | 1 | 营业用器具 | | | | | | | | | | | | | | |
| | | | 2 | 4 | 8 | 5 | 0 | 0 | 0 | 0 | 0 | 0 | 0 | 投资 | | | | | | | | | | | | | | |
| | | | 4 | 2 | 0 | 5 | 0 | 0 | 0 | 0 | 0 | 0 | 0 | 行员福利社基金 | | | | | | | | | | | | | | |
| | | 1 | 1 | 3 | 3 | 5 | 2 | 5 | 3 | 4 | 6 | 4 | 9 | 备存物料 | | | | | | | | | | | | | | |
| | | | | | | | 9 | 5 | 3 | 6 | 0 | 5 | 5 | 交出证金 | | | | | | | | | | | | | | |
| | | | | 1 | 9 | 6 | 9 | 9 | 0 | 6 | 6 | 9 | 0 | 开办费 | | | | | | | | | | | | | | |
| | | | | | | | | | | | | | | 发行制券费 | | | | | | | | | | | | | | |
| | | 1 | 6 | 7 | 7 | 4 | 0 | 0 | 9 | 8 | 3 | 1 | 1 | 未收款项 | | | | | | | | | | | | | | |

续上表

| 收项余额 | | | | | | | | | | | | | | 科目 | 付项余额 | | | | | | | | | | | | | |
|---|---|---|---|---|---|---|---|---|---|---|---|---|---|---|---|---|---|---|---|---|---|---|---|---|---|---|---|---|
| 千 | 百 | 十 | 万 | 千 | 百 | 十 | 万 | 千 | 百 | 十 | 元 | 角 | 分 | | 千 | 百 | 十 | 万 | 千 | 百 | 十 | 万 | 千 | 百 | 十 | 元 | 角 | 分 |
| | | | | | | | | | | | | | | 保证 | | | | | | | | | | | | | | |
| | | | | | | | | | | | | | | 兑换 | | | | | | | | | | | | | | |
| | | | | | | | | | | | | | | 总（未达）行 | | | | | | | | | | | | | | |
| | | | | | | | | | | | | | | 内部往来 | | | | | | | | | | | | | | |
| | | | | | | | | | | | | | | 处庄往来 | | | | | | | | | | | | | | |

## 中央储备银行资产负债表

### 中华民国34年停业期决算

| 收项余额 | | | | | | | | | | | | | | 科目 | 付项余额 | | | | | | | | | | | | | |
|---|---|---|---|---|---|---|---|---|---|---|---|---|---|---|---|---|---|---|---|---|---|---|---|---|---|---|---|---|
| 千 | 百 | 十 | 万 | 千 | 百 | 十 | 万 | 千 | 百 | 十 | 元 | 角 | 分 | | 千 | 百 | 十 | 万 | 千 | 百 | 十 | 万 | 千 | 百 | 十 | 元 | 角 | 分 |
| | | | | | | | | | | | | | | 负债类 | | | | | | | | | | | | | | |
| | | | | | | | | | | | | | | 股本总额 | | | | 1 | 0 | 0 | 0 | 0 | 0 | 0 | 0 | 0 | 0 | 0 |
| | | | | | | | | | | | | | | 公积金 | | | | | 6 | 3 | 3 | 0 | 0 | 0 | 0 | 0 | 0 | 0 |
| | | | | | | | | | | | | | | 盈余滚存 | | | | | | 1 | 9 | 2 | 1 | 9 | 6 | 7 | 3 | 5 |
| | | | | | | | | | | | | | | 行员年金 | | | | | | 1 | 9 | 9 | 7 | 4 | 3 | 0 | 2 | 8 |
| | | | | | | | | | | | | | | 备抵呆帐 | | | | 1 | 0 | 0 | 0 | 0 | 0 | 0 | 0 | 0 | 0 | 0 |
| | | | | | | | | | | | | | | 行员退职基金 | | | | | 1 | 5 | 2 | 0 | 0 | 0 | 0 | 0 | 0 | 0 |
| | | | | | | | | | | | | | | 行员福利金 | | | | | | | | | | | | | | |
| | | | | | | | | | | | | | | 行员储蓄金 | | | | | | 1 | 5 | 0 | 8 | 3 | 9 | 2 | 1 | 1 |
| | | | | | | | | | | | | | | 发行兑换券 | 3.8 | 7 | 7 | 3 | 6 | 2 | 9 | 3 | 9 | 0 | 0 | 0 | 0 | 0 |
| | | | | | | | | | | | | | | 他行领用兑换券准备金 | | | | | 8 | 1 | 9 | 6 | 0 | 0 | 0 | 0 | 0 | 0 |
| | | | | | | | | | | | | | | 汇出汇款 | 7 | 0 | 7 | 5 | 6 | 0 | 0 | 1 | 5 | 2 | 4 | 1 | 2 | 1 |
| | | | | | | | | | | | | | | 同业存款 | 3 | 1 | 1 | 9 | 9 | 6 | 2 | 9 | 4 | 1 | 6 | 1 | 2 | 6 |
| | | | | | | | | | | | | | | 外埠同业存款 | | 2 | 3 | 0 | 6 | 3 | 4 | 7 | 3 | 3 | 2 | 8 | 1 | 0 |
| | | | | | | | | | | | | | | 透支同业 | | | 5 | 1 | 0 | 2 | 2 | 1 | 4 | 7 | 4 | 9 | 8 | 9 |
| | | | | | | | | | | | | | | 国库存款 | | 4 | 0 | 7 | 7 | 0 | 3 | 9 | 8 | 9 | 0 | 6 | 0 | 7 |
| | | | | | | | | | | | | | | 机关存款 | | 3 | 2 | 5 | 1 | 3 | 3 | 7 | 8 | 2 | 3 | 3 | 7 | 0 |
| | | | | | | | | | | | | | | 往来存款 | | | 6 | 3 | 3 | 7 | 8 | 7 | 4 | 2 | 9 | 9 | 8 | 2 |
| | | | | | | | | | | | | | | 活期存款 | | 3 | 4 | 8 | 4 | 8 | 5 | 8 | 4 | 9 | 6 | 7 | 6 | 9 |
| | | | | | | | | | | | | | | 通知存款 | | | | 6 | 9 | 7 | 3 | 1 | 4 | 8 | 1 | 4 | 3 | 7 |
| | | | | | | | | | | | | | | 保付支票 | | | | 4 | 8 | 0 | 2 | 1 | 2 | 2 | 7 | 3 | 7 | 4 |
| | | | | | | | | | | | | | | 存款票据 | 3.8 | 8 | 4 | 6 | 0 | 7 | 7 | 4 | 9 | 8 | 5 | 5 | 8 | 3 |
| | | | | | | | | | | | | | | 金融机关存款准备金 | | 1 | 8 | 2 | 0 | 2 | 7 | 6 | 1 | 8 | 3 | 9 | 6 | 6 |
| | | | | | | | | | | | | | | 暂时存款 | | 3 | 3 | 2 | 0 | 9 | 5 | 6 | 0 | 1 | 0 | 2 | 2 | 9 |
| | | | | | | | | | | | | | | 应付款项 | | | 2 | 2 | 2 | 5 | 5 | 2 | 3 | 1 | 8 | 4 | 4 | 0 |
| | | | | | | | | | | | | | | 定期存款 | | | | | | 5 | 7 | 8 | 7 | 5 | 0 | 3 | 6 | 0 |
| | | | | | | | | | | | | | | 特种定期存款 | | | | 9 | 2 | 0 | 4 | 2 | 5 | 1 | 1 | 7 | 8 | 8 |
| | | | | | | | | | | | | | | 应付利息 | | | | | | 8 | 9 | 8 | 0 | 6 | 0 | 6 | 1 | 0 |
| | | | | | | | | | | | | | | 预收利息 | | | 8 | 0 | 0 | 4 | 9 | 4 | 3 | 7 | 3 | 2 | 3 | 0 |
| | | | | | | | | | | | | | | 代收款项 | | | | 6 | 9 | 4 | 9 | 3 | 9 | 7 | 1 | 0 | 2 | 0 |
| | | | | | | | | | | | | | | 特殊本票 | | | 3 | 2 | 3 | 9 | 8 | 4 | 0 | 0 | 0 | 0 | 0 | 0 |

续上表

| 收项余额 | | | | | | | | | | | | | | 科目 | 付项余额 | | | | | | | | | | | | | |
|---|---|---|---|---|---|---|---|---|---|---|---|---|---|---|---|---|---|---|---|---|---|---|---|---|---|---|---|---|
| 千 | 百 | 十 | 万 | 千 | 百 | 十 | 万 | 千 | 百 | 十 | 元 | 角 | 分 | | 千 | 百 | 十 | 万 | 千 | 百 | 十 | 万 | 千 | 百 | 十 | 元 | 角 | 分 |
| | | | | | | | | | | | | | | 兑换 | | | | 1 | 5 | 4 | 0 | 8 | 3 | 3 | 1 | 9 | 5 | 8 |
| | | | | | | | | | | | | | | 总（未达）行 | | | | | | | | | | | | | | |
| | | | | | | | | | | | | | | 内部往来 | | | | | | 5 | 6 | 4 | 2 | 6 | 4 | 0 | 4 | 8 |
| | | | | | | | | | | | | | | 处庄往来 | | | | | | | | | | | | | | |
| | | | | | | | | | | | | | | 预收押金 | | | | | | | | 6 | 0 | 0 | 0 | 0 | 0 | 0 |
| | | | | | | | | | | | | | | 全体损益 | | | | | | | | | | | | | | |
| | | | | | | | | | | | | | | 前期损益 | | | | | | | | | | | | | | |
| | | | | | | | | | | | | | | 资产类 | | | | | | | | | | | | | | |
| | 7 | 2 | 1 | 0 | 4 | 7 | 6 | 7 | 1 | 9 | 9 | 3 | 2 | 现金 | | | | | | | | | | | | | | |
| | | | | | | | | | | | | | | 运送现金 | | | | | | | | | | | | | | |
| 3.8 | 7 | 7 | 3 | 6 | 2 | 9 | 3 | 9 | 0 | 0 | 0 | 0 | 0 | 兑换券准备金 | | | | | | | | | | | | | | |
| | | | | 8 | 1 | 9 | 6 | 0 | 0 | 0 | 0 | 0 | 0 | 他行领用兑换券 | | | | | | | | | | | | | | |
| | | 5 | 7 | 4 | 3 | 7 | 2 | 0 | 7 | 1 | 3 | 3 | 5 | 存放同业 | | | | | | | | | | | | | | |
| | | 1 | 0 | 3 | 1 | 4 | 8 | 7 | 7 | 7 | 2 | 0 | 6 | 存放国外同业 | | | | | | | | | | | | | | |
| | | 3 | 2 | 1 | 1 | 1 | 6 | 9 | 8 | 5 | 4 | 7 | 0 | 存放外埠同业 | | | | | | | | | | | | | | |
| | | | | | | | | | | | | | | 拆放同业 | | | | | | | | | | | | | | |
| | | 4 | 6 | 2 | 1 | 3 | 7 | 2 | 0 | 0 | 9 | 4 | 8 | 同业透支 | | | | | | | | | | | | | | |
| | | 1 | 9 | 5 | 4 | 0 | 0 | 0 | 0 | 0 | 0 | 0 | 0 | 活期押款 | | | | | | | | | | | | | | |
| | 3 | 3 | 5 | 4 | 8 | 8 | 3 | 1 | 6 | 7 | 8 | 9 | 4 | 往来抵押透支 | | | | | | | | | | | | | | |
| 2 | 9 | 3 | 1 | 0 | 4 | 6 | 1 | 7 | 8 | 4 | 1 | 0 | 1 | 暂记欠款 | | | | | | | | | | | | | | |
| | | 2 | 5 | 9 | 0 | 0 | 0 | 0 | 0 | 0 | 0 | 0 | 0 | 贴现放款 | | | | | | | | | | | | | | |
| 6 | 7 | 6 | 0 | 8 | 5 | 3 | 0 | 5 | 4 | 2 | 0 | 0 | 0 | 重贴现 | | | | | | | | | | | | | | |
| 3 | 9 | 0 | 5 | 8 | 1 | 0 | 6 | 0 | 0 | 0 | 0 | 0 | 0 | 特种借款 | | | | | | | | | | | | | | |
| | | 2 | 5 | 3 | 1 | 1 | 8 | 0 | 0 | 0 | 0 | 0 | 0 | 流通特殊本票 | | | | | | | | | | | | | | |
| | | | | | | | | | | | | | | 外埠期票 | | | | | | | | | | | | | | |
| | | 3 | 6 | 5 | 5 | 0 | 0 | 0 | 0 | 0 | 0 | 0 | 0 | 定期押款 | | | | | | | | | | | | | | |
| | 2 | 9 | 1 | 6 | 9 | 3 | 4 | 4 | 6 | 4 | 0 | 0 | 0 | 没收押品 | | | | | | | | | | | | | | |
| | | | | | 3 | 5 | 4 | 7 | 0 | 2 | 0 | 8 | 2 | 应收利息 | | | | | | | | | | | | | | |
| | | | | 1 | 1 | 7 | 4 | 2 | 5 | 4 | 9 | 3 | 0 | 联行汇款 | | | | | | | | | | | | | | |
| | | | | 3 | 5 | 6 | 4 | 9 | 7 | 0 | 6 | 3 | 6 | 押租 | | | | | | | | | | | | | | |
| 2.9 | 0 | 8 | 2 | 8 | 9 | 6 | 1 | 1 | 5 | 3 | 1 | 8 | 2 | 生金银 | | | | | | | | | | | | | | |
| 2 | 3 | 9 | 4 | 1 | 6 | 3 | 0 | 1 | 5 | 6 | 6 | 0 | 1 | 有价证券 | | | | | | | | | | | | | | |
| | 1 | 8 | 9 | 7 | 8 | 0 | 6 | 4 | 6 | 4 | 6 | 1 | 2 | 营业用房产 | | | | | | | | | | | | | | |
| | | | 9 | 2 | 6 | 3 | 9 | 7 | 4 | 7 | 0 | 9 | 1 | 营业用器具 | | | | | | | | | | | | | | |
| | | 1 | 2 | 4 | 8 | 5 | 0 | 0 | 0 | 0 | 0 | 0 | 0 | 投资 | | | | | | | | | | | | | | |
| | | | 4 | 2 | 0 | 5 | 0 | 0 | 0 | 0 | 0 | 0 | 0 | 行员福利社基金 | | | | | | | | | | | | | | |
| | | 7 | 5 | 5 | 3 | 5 | 5 | 9 | 4 | 0 | 2 | 8 | 1 | 备存物料 | | | | | | | | | | | | | | |
| | | | | | | | 7 | 0 | 3 | 6 | 8 | 0 | 5 | 交出证金 | | | | | | | | | | | | | | |
| | | | | 1 | 7 | 4 | 7 | 2 | 4 | 4 | 6 | 3 | 4 | 开办费 | | | | | | | | | | | | | | |
| | 2 | 0 | 1 | 7 | 8 | 2 | 6 | 6 | 0 | 9 | 4 | 6 | 2 | 发行制券费 | | | | | | | | | | | | | | |
| | | | 6 | 9 | 4 | 9 | 3 | 9 | 7 | 1 | 0 | 2 | 0 | 未收款项 | | | | | | | | | | | | | | |
| | | | | | | | | | | | | | | 保证 | | | | | | | | | | | | | | |
| | | | | | | | | | | | | | | 兑换 | | | | | | | | | | | | | | |
| 3 | 0 | 5 | 2 | 3 | 2 | 0 | 9 | 7 | 9 | 9 | 6 | 9 | 8 | 总（未达）行 | | | | | | | | | | | | | | |
| | | | | | | | | | | | | | | 内部往来 | | | | | | | | | | | | | | |

续上表

| 收项余额 | | | | | | | | | | | | | | 科目 | 付项余额 | | | | | | | | | | | | | |
|---|---|---|---|---|---|---|---|---|---|---|---|---|---|---|---|---|---|---|---|---|---|---|---|---|---|---|---|---|
| 千 | 百 | 十 | 万 | 千 | 百 | 十 | 万 | 千 | 百 | 十 | 元 | 角 | 分 | | 千 | 百 | 十 | 万 | 千 | 百 | 十 | 万 | 千 | 百 | 十 | 元 | 角 | 分 |
| | | | | | | | | | | | | | | 处庄往来 | | | | | | | | | | | | | | |
| | | | 2 | 1 | 8 | 3 | 4 | 6 | 2 | 3 | 8 | 3 | 9 | 全体损益 | | | | | | | | | | | | | | |
| | 9 | 1 | 7 | 7 | 7 | 0 | 6 | 2 | 5 | 0 | 0 | 4 | 2 | 本期损益 | | | | | | | | | | | | | | |

## 中央储备银行资产负债表

## 中华民国34年接收期决算

| 收项余额 | | | | | | | | | | | | | | 科目 | 付项余额 | | | | | | | | | | | | | |
|---|---|---|---|---|---|---|---|---|---|---|---|---|---|---|---|---|---|---|---|---|---|---|---|---|---|---|---|---|
| 千 | 百 | 十 | 万 | 千 | 百 | 十 | 万 | 千 | 百 | 十 | 元 | 角 | 分 | | 千 | 百 | 十 | 万 | 千 | 百 | 十 | 万 | 千 | 百 | 十 | 元 | 角 | 分 |
| | | | | | | | | | | | | | | 负债类 | | | | | | | | | | | | | | |
| | | | | | | | | | | | | | | 股本总额 | | | | 1 | 0 | 0 | 0 | 0 | 0 | 0 | 0 | 0 | 0 | 0 |
| | | | | | | | | | | | | | | 公积金 | | | | | 6 | 3 | 3 | 0 | 0 | 0 | 0 | 0 | 0 | 0 |
| | | | | | | | | | | | | | | 盈余滚存 | | | | | | 1 | 9 | 2 | 1 | 9 | 6 | 7 | 3 | 5 |
| | | | | | | | | | | | | | | 行员年金 | | | | | | 1 | 9 | 9 | 7 | 4 | 3 | 0 | 2 | 8 |
| | | | | | | | | | | | | | | 备抵呆帐 | | | | 1 | 0 | 0 | 0 | 0 | 0 | 0 | 0 | 0 | 0 | 0 |
| | | | | | | | | | | | | | | 行员退职基金 | | | | | 1 | 5 | 2 | 0 | 0 | 0 | 0 | 0 | 0 | 0 |
| | | | | | | | | | | | | | | 行员福利金 | | | | | | | | | | | | | | |
| | | | | | | | | | | | | | | 行员储蓄金 | | | | | | 1 | 5 | 0 | 8 | 3 | 9 | 2 | 1 | 1 |
| | | | | | | | | | | | | | | 发行兑换券 | 3.8 | 7 | 7 | 3 | 6 | 2 | 9 | 3 | 9 | 0 | 0 | 0 | 0 | 0 |
| | | | | | | | | | | | | | | 他行领用兑换券准备金 | | | | | 8 | 1 | 9 | 6 | 0 | 0 | 0 | 0 | 0 | 0 |
| | | | | | | | | | | | | | | 汇出汇款 | 7 | 0 | 7 | 8 | 7 | 1 | 3 | 3 | 2 | 2 | 4 | 1 | 2 | 1 |
| | | | | | | | | | | | | | | 同业存款 | 3 | 1 | 1 | 8 | 3 | 8 | 4 | 7 | 8 | 8 | 9 | 4 | 6 | 0 |
| | | | | | | | | | | | | | | 外埠同业存款 | | 2 | 3 | 0 | 6 | 3 | 4 | 7 | 3 | 3 | 2 | 8 | 1 | 0 |
| | | | | | | | | | | | | | | 透支同业 | | | 5 | 1 | 0 | 2 | 2 | 1 | 4 | 7 | 4 | 9 | 8 | 9 |
| | | | | | | | | | | | | | | 国库存款 | | 4 | 0 | 7 | 7 | 0 | 3 | 9 | 8 | 9 | 0 | 6 | 0 | 7 |
| | | | | | | | | | | | | | | 机关存款 | | 3 | 2 | 5 | 5 | 8 | 2 | 8 | 6 | 3 | 6 | 0 | 5 | 0 |
| | | | | | | | | | | | | | | 往来存款 | | | 6 | 3 | 3 | 7 | 8 | 7 | 4 | 2 | 9 | 9 | 8 | 2 |
| | | | | | | | | | | | | | | 活期存款 | | 3 | 4 | 8 | 5 | 1 | 2 | 7 | 1 | 9 | 1 | 0 | 7 | 5 |
| | | | | | | | | | | | | | | 通知存款 | | | | 6 | 9 | 7 | 3 | 1 | 4 | 8 | 1 | 4 | 3 | 7 |
| | | | | | | | | | | | | | | 保付支票 | | | | 4 | 8 | 0 | 2 | 1 | 2 | 2 | 7 | 3 | 7 | 4 |
| | | | | | | | | | | | | | | 存款票据 | 3.8 | 8 | 4 | 6 | 0 | 7 | 7 | 4 | 9 | 8 | 5 | 5 | 8 | 3 |
| | | | | | | | | | | | | | | 金融机关存款准备金 | | 1 | 8 | 2 | 0 | 2 | 7 | 6 | 1 | 8 | 3 | 9 | 6 | 6 |
| | | | | | | | | | | | | | | 暂时存款 | | 3 | 3 | 0 | 8 | 9 | 5 | 6 | 0 | 1 | 0 | 2 | 2 | 9 |
| | | | | | | | | | | | | | | 应付款项 | | | 2 | 1 | 9 | 7 | 2 | 2 | 4 | 1 | 7 | 1 | 8 | 0 |
| | | | | | | | | | | | | | | 定期存款 | | | | | | 5 | 7 | 8 | 7 | 5 | 0 | 3 | 6 | 0 |
| | | | | | | | | | | | | | | 特种定期存款 | | | | 9 | 2 | 0 | 4 | 2 | 5 | 1 | 1 | 7 | 8 | 8 |
| | | | | | | | | | | | | | | 应付利息 | | | | | | 8 | 9 | 7 | 1 | 8 | 5 | 8 | 9 | 9 |
| | | | | | | | | | | | | | | 预收利息 | | | 8 | 0 | 0 | 4 | 9 | 4 | 3 | 7 | 3 | 2 | 3 | 0 |
| | | | | | | | | | | | | | | 代收款项 | | | | 6 | 9 | 4 | 9 | 3 | 9 | 7 | 1 | 0 | 2 | 0 |
| | | | | | | | | | | | | | | 特殊本票 | | | 3 | 2 | 3 | 9 | 8 | 4 | 0 | 0 | 0 | 0 | 0 | 0 |
| | | | | | | | | | | | | | | 兑换 | | | | 1 | 5 | 4 | 0 | 8 | 3 | 3 | 1 | 9 | 5 | 8 |
| | | | | | | | | | | | | | | 总（未达）行 | | | | | | | | | | | | | | |

续上表

| 收项余额 | | | | | | | | | | | | | | 科目 | 付项余额 | | | | | | | | | | | | | |
|---|---|---|---|---|---|---|---|---|---|---|---|---|---|---|---|---|---|---|---|---|---|---|---|---|---|---|---|---|
| 千 | 百 | 十 | 万 | 千 | 百 | 十 | 万 | 千 | 百 | 十 | 元 | 角 | 分 | | 千 | 百 | 十 | 万 | 千 | 百 | 十 | 万 | 千 | 百 | 十 | 元 | 角 | 分 |
| | | | | | | | | | | | | | | 内部往来 | | | | | | 5 | 6 | 4 | 2 | 6 | 4 | 0 | 4 | 8 |
| | | | | | | | | | | | | | | 处庄往来 | | | | | | | | | | | | | | |
| | | | | | | | | | | | | | | 预收押金 | | | | | | | | 6 | 0 | 0 | 0 | 0 | 0 | 0 |
| | | | | | | | | | | | | | | 全体损益 | | | | | | | | | | | | | | |
| | | | | | | | | | | | | | | 前期损益 | | | | | | | | | | | | | | |
| | | | | | | | | | | | | | | | | | | | | | | | | | | | | |
| | | | | | | | | | | | | | | | | | | | | | | | | | | | | |
| | | | | | | | | | | | | | | 资产类 | | | | | | | | | | | | | | |
| | 7 | 0 | 8 | 2 | 4 | 5 | 1 | 1 | 1 | 2 | 5 | 5 | 2 | 现金 | | | | | | | | | | | | | | |
| | | | | | | | | | | | | | | 运送现金 | | | | | | | | | | | | | | |
| 3.8 | 7 | 7 | 3 | 6 | 2 | 9 | 3 | 9 | 0 | 0 | 0 | 0 | 0 | 兑换券准备金 | | | | | | | | | | | | | | |
| | | | | 8 | 1 | 9 | 6 | 0 | 0 | 0 | 0 | 0 | 0 | 他行领用兑换券 | | | | | | | | | | | | | | |
| | | 5 | 7 | 4 | 3 | 7 | 0 | 6 | 8 | 5 | 1 | 3 | 5 | 存放同业 | | | | | | | | | | | | | | |
| | | 1 | 0 | 3 | 1 | 4 | 8 | 7 | 7 | 7 | 2 | 0 | 6 | 存放国外同业 | | | | | | | | | | | | | | |
| | | 3 | 2 | 1 | 1 | 1 | 6 | 9 | 8 | 5 | 4 | 7 | 0 | 存放外埠同业 | | | | | | | | | | | | | | |
| | | | | | | | | | | | | | | 拆放同业 | | | | | | | | | | | | | | |
| | | 4 | 6 | 2 | 1 | 3 | 7 | 2 | 0 | 0 | 9 | 4 | 8 | 同业透支 | | | | | | | | | | | | | | |
| | | 1 | 9 | 5 | 4 | 0 | 0 | 0 | 0 | 0 | 0 | 0 | 0 | 活期押款 | | | | | | | | | | | | | | |
| | 3 | 3 | 5 | 4 | 8 | 8 | 3 | 1 | 6 | 7 | 8 | 9 | 4 | 往来抵押透支 | | | | | | | | | | | | | | |
| 2 | 9 | 4 | 5 | 2 | 5 | 2 | 5 | 6 | 3 | 1 | 5 | 0 | 1 | 暂记欠款 | | | | | | | | | | | | | | |
| | | 2 | 5 | 9 | 0 | 0 | 0 | 0 | 0 | 0 | 0 | 0 | 0 | 贴现放款 | | | | | | | | | | | | | | |
| 6 | 7 | 6 | 0 | 8 | 5 | 3 | 0 | 5 | 4 | 2 | 0 | 0 | 0 | 重贴现 | | | | | | | | | | | | | | |
| 3 | 9 | 0 | 5 | 8 | 1 | 0 | 6 | 0 | 0 | 0 | 0 | 0 | 0 | 特种借款 | | | | | | | | | | | | | | |
| | | 2 | 5 | 3 | 1 | 1 | 8 | 0 | 0 | 0 | 0 | 0 | 0 | 流通特殊本票 | | | | | | | | | | | | | | |
| | | | | | | | | | | | | | | 外埠期票 | | | | | | | | | | | | | | |
| | | 3 | 6 | 5 | 5 | 0 | 0 | 0 | 0 | 0 | 0 | 0 | 0 | 定期押款 | | | | | | | | | | | | | | |
| | 2 | 9 | 1 | 6 | 9 | 3 | 4 | 4 | 6 | 4 | 0 | 0 | 0 | 没收押品 | | | | | | | | | | | | | | |
| | | | | | 3 | 5 | 4 | 7 | 0 | 2 | 0 | 8 | 2 | 应收利息 | | | | | | | | | | | | | | |
| | | | | 1 | 1 | 7 | 4 | 2 | 5 | 4 | 9 | 2 | 0 | 联行汇款 | | | | | | | | | | | | | | |
| | | | | 3 | 5 | 6 | 4 | 9 | 7 | 0 | 6 | 3 | 6 | 押租 | | | | | | | | | | | | | | |
| 2.9 | 0 | 8 | 2 | 8 | 9 | 6 | 1 | 1 | 5 | 3 | 1 | 8 | 2 | 生金银 | | | | | | | | | | | | | | |
| 2 | 3 | 9 | 4 | 1 | 4 | 4 | 8 | 9 | 0 | 3 | 9 | 0 | 3 | 有价证券 | | | | | | | | | | | | | | |
| | 1 | 8 | 9 | 7 | 8 | 0 | 6 | 4 | 6 | 4 | 6 | 1 | 2 | 营业用房产 | | | | | | | | | | | | | | |
| | | | 9 | 2 | 6 | 7 | 4 | 6 | 8 | 5 | 9 | 5 | 7 | 营业用器具 | | | | | | | | | | | | | | |
| | | 1 | 2 | 4 | 8 | 5 | 0 | 0 | 0 | 0 | 0 | 0 | 0 | 投资 | | | | | | | | | | | | | | |
| | | | 4 | 2 | 0 | 5 | 0 | 0 | 0 | 0 | 0 | 0 | 0 | 行员福利社基金 | | | | | | | | | | | | | | |
| | | 7 | 5 | 5 | 3 | 9 | 1 | 6 | 7 | 2 | 8 | 5 | 4 | 备存物料 | | | | | | | | | | | | | | |
| | | | | | | | 7 | 0 | 3 | 6 | 8 | 0 | 5 | 交出证金 | | | | | | | | | | | | | | |
| | | | | 1 | 8 | 9 | 9 | 8 | 5 | 8 | 4 | 6 | 6 | 开办费 | | | | | | | | | | | | | | |
| | 2 | 0 | 1 | 7 | 8 | 2 | 6 | 6 | 0 | 9 | 4 | 6 | 2 | 发行制券费 | | | | | | | | | | | | | | |
| | | | 6 | 9 | 4 | 9 | 3 | 9 | 7 | 1 | 0 | 2 | 0 | 未收款项 | | | | | | | | | | | | | | |
| | | | | | | | | | | | | | | 保证 | | | | | | | | | | | | | | |

续上表

| 收项余额 | | | | | | | | | | | | | | 科目 | 付项余额 | | | | | | | | | | | | | |
|---|---|---|---|---|---|---|---|---|---|---|---|---|---|---|---|---|---|---|---|---|---|---|---|---|---|---|---|---|
| 千 | 百 | 十 | 万 | 千 | 百 | 十 | 万 | 千 | 百 | 十 | 元 | 角 | 分 | | 千 | 百 | 十 | 万 | 千 | 百 | 十 | 万 | 千 | 百 | 十 | 元 | 角 | 分 |
| | | | | | | | | | | | | | | 兑换 | | | | | | | | | | | | | | |
| 3 | 0 | 5 | 1 | 4 | 6 | 2 | 1 | 4 | 9 | 6 | 4 | 9 | 8 | 总（未达）行 | | | | | | | | | | | | | | |
| | | | | | | | | | | | | | | 内部往来 | | | | | | | | | | | | | | |
| | | | | | | | | | | | | | | 处庄往来 | | | | | | | | | | | | | | |
| | | | 2 | 1 | 8 | 3 | 4 | 6 | 2 | 3 | 8 | 3 | 9 | 全体损益 | | | | | | | | | | | | | | |
| | 9 | 1 | 7 | 7 | 4 | 9 | 4 | 5 | 7 | 1 | 1 | 9 | 8 | 本期损益 | | | | | | | | | | | | | | |

〔国民政府财政部档案〕

## 8. 俞鸿钧关于伪满央行券及苏军票收换整理划一东北币制呈稿

（1946年12月25日）

密代电　13491

国民政府蒋主席钧鉴：密。卅五年十二月十一日府交京字第八五八八号代电，以据东北各省市商联代表李藻芳、赵有臻等二十九人联呈请求事项内，有关统一东北币制事项，饬参酌核议办理等因。奉悉。查本部前以东北陷敌较久，其经济、金融情形，与内地各省迥异。收复伊始，为避免该地金融物价发生过分波动起见，爰经决定由中央银行发行东北流通券，为该地行使之法币，并订定东北与内地汇兑管理办法，以管制东北与内地货币之交流，稳定关内外金融。东北接收以后，中央银行承汇东北军政人员赡家汇款，暂定东北流通券一元折合法币十三元，其后经中央银行与东北行辕经济委员会就关内外物价之平价及汇出汇入款之多寡，加以研究，商定自东北汇出为十一元五角，汇入为十二元五角，自九月十六日起暂行试办。办理以来，以关外汇入关内之款项较多，遂致逐渐发生黑市。目前黑市市价在八元以上十元以下，自应从促进关外物资出口，藉以调整汇率入手，以期消灭黑市，俟汇价相当稳定，再行收回东北流通券，较为妥善。再查东北接收之初，若干地区情形仍属特殊，伪满洲中央银行迄未能全部接收，加以东北流通券限于印刷力量，小额券不克尽量印刷，为便利人民日常交易起见，伪满洲中央银行钞票，暂准其与东北流通券等价流通，原属权宜办法。现东北局势日趋稳定，此项伪钞拟由部电东北行辕经济委员会，迅行核拟收换办法，送部核定施行，限期收兑。至苏军军用票百元票收换事宜，即将全部竣事，十元以下小票，亦经东北行辕经济委员会商准中央银行及其委托银行无限制收兑。为早日兑清，以肃币政起见，拟由部电中央银行充分准备收换所需东北流通券料，一面电东北行辕经济委员会克日限期收换。以上东北币制处理情形及改进意见，经由部于参加国防最高委员会财政经济专门委员会审查朱委员霁青提议，请停止使用东北伪满券与苏军小票，并划一国币与东北流通券案时，提供参考，并经该专门委员会议决：（一）由财政部转行中央银行准备东北流通券料，迅行收换伪满券与苏军票。（二）东北流通券与法币汇率之调整，由财政部拟具妥善办法，于适当时期施行之等语，呈请国防最高委员会核夺，俟奉核定行知，即由部遵照办理。至共党发行之伪币，应予作废。奉电前因，理合陈复鉴察。财政部部长俞○○叩。京钱乙 1770。12。25。印。

〔国民政府财政部档案〕

## 9. 行政院关于核备实施财政部督导接收敌伪金融机构整理清理办法令

（1947 年 2 月 6 日）

行政院指令　从伍字第 3864 号
　　　　　　中华民国卅六年二月六日

令财政部

卅五年十二月廿五日京督秘字第 1194 号呈拟本部督导接收

敌伪金融机构整理清理办法请备案，并请分饬各区敌伪产业处理机构遵办由。呈件均悉，准予备案。并已分行各区敌伪产业处理机构照办。仰即知照。此令

院长　宋子文

财政部督导接收敌伪金融机构整理清理办法

一、总则

第一条　凡本部指定各行局处接收敌伪金融机构整理清理工作，均依照本办法办理之。

第二条　负责接收各敌伪金融机构之行局处（以下简称接收行局），于接收完竣后，应即将接收情形缮具报告，并连同具有原移交人及接收人签署盖章之原始接收清册各四份，除原指定接收人自存一份外，余呈各该总行局分别存转财政部及该区敌伪产业处理机关各一份。其在东北区及台湾省者，应分别加送财政部驻东北区财政金融特派员办公处及台湾省行政长官公署财政处一份。若原始接收清册不足分配，则应加缮副本，由负责人盖章，注明与原始接收清册无异字样，分送上列机关备核。

第三条　接收行局除经财政部另行核定者外，即为整理或清理行局。各行局办理接收整理清理工作人员，由各该总行局统筹指定专责办理，并继续指挥监督。

第四条　各接收行局于编造各敌伪金融机构之接收及整理清理报告时，应依下列办法汇集：

甲、各总行局应将接收整理清理敌伪金融机构之报告，按每一机构汇核转送财政部。但前已送缴财政部财政金融特派员办公处者，得予注明，免予重送。

乙、被接收之敌伪金融机构，可分为敌性及伪性两大类。关于敌性者，分总行在我国及不在我国两种。关于伪性者，分被劫持及战时新设两种。敌性金融机构总行在我国者，应将其接收整理情形汇集于其总行之接收机关汇造总报告。总行不在我国者，则以其分

支机构之原管辖区为单位，分别汇造报告。伪性金融机构之接收清理报告，俱应汇集于其伪总行之接收机关编造总报告。

第五条　各敌伪金融机构之资产负债数字，及整理清理期间收付款项之记帐单位，得以伪币、原币表示，但应按规定比率折成法币。如为敌军用手票，与法币无比率时，可仍列原币。其原有外币或法币帐户者，仍按原币记帐，但均应加以注明。

第六条　接收敌伪金融机构之库存货币、金银、证券、珍宝、饰物及原封保管品，应悉数暂送中央银行专户保管，报部核办。

二、债权债务之整理或清理

第七条　接收敌伪金融机构后，应即清查其资产负债确数，分别加以整理清理。整理敌性金融机构时，应追回债权。其债务除依第八条办理外，暂不清偿，俟敌国履行赔款后再行核议。至清理伪性金融机构时，应先收回债权。其债务除敌伪性及附逆者一律扣留报部核办外，余得酌予偿付。

第八条　敌伪金融机构间债权债务，除敌性金融机构相互间者及欠负敌性者均暂不清偿外，余应互相抵销，其差额并予清偿。至敌伪金融机构与其他非金融范围敌伪机构债权债务之互相抵销，应以彼此互有债权债务足资抵冲之机构为限，即一经抵销，同一机构之债权债务，即为同数之减少。

第九条　敌性机构或公私团体及伪政府或团体所负债务，如附有抵押品或在各该敌伪金融机构尚有其他债权者，毋须通知，即以其抵押品或其他债权抵偿。其无抵押品或其他债权或债权及抵押品变价不足抵偿者，得商同该敌伪机关、团体之接收机关或团体，就其所接收该敌伪机关、团体之总资产项下迅即清偿。

第十条　各项债权无法追收者，应将催收经过及无法追收之原因，详细报部核定处理。

三、财产之处理

第十一条　接收敌伪机构之财产，除整理清理工作公务上所必需留用者外，其余均应尽速洽由敌伪产业处理机关处理，但情形特殊者得先报部核准，再行移付处理。如有价款收入，应暂送中央银行专户保管，仍归各该敌伪金融机构清理，或整理范围，并报部备案，俟整理清理完竣，再将其剩余数额洽由敌伪产业处理机关汇缴国库。

上项公务留用之财产，于整理清理工作结束时，应一并移交敌伪产业处理机关处理，补行入帐，并报部备案。

第十二条　接收敌伪金融机构财产中，其应予发还原主者，统应洽由敌伪产业处理机关查明确实证据，凭保领回，不得自行处理。

四、附则

第十三条　接收敌伪金融机构于整理或清理完竣后，应造具迄至当日止之资产负债表，连同尚未处理财产清册等有关表册，一并报部结束。

第十四条　凡本部前此公布敌伪金融机构之接收整理清理有关法令，与本办法有抵触者，应参酌本办法修正之。

第十五条　接收及整理清理敌伪金融机构经费之报销办法另订之。

第十六条　本办法自核定之日起施行。

〔国民政府财政部档案〕

## 10. 财政部关于伪蒙疆银行钞票收换办法公告稿

（1947年4月23日）

公告　京钱乙字第四七号

查中央为顾念收复区人民之利益，维持市场之安定暨整肃币制起见，对于伪中央储备银行及伪中国联合准备银行钞票，业经先后订定收换办法公布施行在案。惟伪蒙疆银行前因总行设于张家口，为共军盘据，未能早日前往接收清理，致该行所发钞票，迄未能定价收兑。嗣国军收复张家口后，本部已将该项钞票种类及发行数字予以查明，呈奉行政院三十六年三月二十七日从伍字第一一一四四号代电，略以迭次呈电均悉。该项伪钞准以一元兑换法币四角，特电遵办具报。等因。兹订定收换办法如下：

（一）伪蒙疆银行钞票准以一元兑换法币四角，由中央银行及其委托之机关办理收换事宜，收换规则另订之。

（二）自民国三十六年六月一日起，至同年九月三十日为收换期限，逾期未持请收换之伪钞，一律作废。

（三）伪蒙疆银行钞票种类及发行总额，本部业经据报有案，如有超过原报数额及种类不符之伪钞，不予收换。

（四）凡操纵牟利，故为高下，违反本办法第一条之规定者，以扰乱金融论罪。

以上办法，除呈报暨分行外，合行布告周告。此告。

〔国民政府财政部档案〕

## 11. 中央银行东北区接收清理伪满中央银行本店报告（节录）

（1947年5月31日）

一、接收以前情况

自日本投降，苏军进驻东北，于三十四年八月十八日抵达长春，伪满中央银行本店曾被占据，遭受洗劫，关于掠夺、搬运损失财物之惨重，数字业于接收清册分别记载，谨将本行接收以前伪行劫后惨状酌予陈述。查十一月间，东北行营到达后，首先向苏军总部几经交涉，将伪行大楼腾让，于是，行营经济委员会总务处凌副处长志斌奉令接收，亲自到行勘察，目睹各层楼内各部课所藏文书帐卷，无不委弃满地，厚几盈尺，惟以秽污凌乱不堪。盖苏军与共军两度盘据，凡一切公物，恣意糟蹋，言之痛心。时届冬令，东北酷寒，如暖气破裂，水道冻结。苏共部队遂在各部课室便溺不羁，什物亦随地毁坏，厥状尤惨。凌副处长当召集伪行人员、日籍理事等数十人洽议，暂组大楼保管处，于十一月二十六日成立，并请苏军再派兵驻守，专司门禁，一切公物不得携出，稍有秩序，档卷帐表狼籍纷陈，据保管处人员称，曾经择洁整理，仍置书柜，其污沾者，随同垃圾扫除楼外，付诸焚毁，亘半月而不绝，所有帐卷之散失，盖由是也。

二、接收经过

本行奉命接收伪满央行总分机构，长春为伪行总行所在地，本行人员十二月十三日由平飞长，一面筹备设行，一面进行接收。财政部东北区陈特派员① 派海关韩税务司联璧会同本行人员办理接收，时值苏军占驻期间，诸受牵掣，于此困难万状中，本行长春分行于十二月二十二日，就伪行本店开业矣。夫伪满僭号，十有四载，乃日寇窃踞我东北领土为其殖民地，处心积虑榨取囊括，无非为掠夺资源，支援侵略。而伪满央行实操其财政金融剥削手段之枢纽，故接收该行，其意义至深长也。查伪行现款簿据，曾于上年四月十四日苏军撤退共军攻陷长春之役，再度遭受损失，迨本行长春分行七月七日复业后，关于接收伪行之清理，赓续进行，当经督饬交待人员，根据帐册文卷，不厌求详，检查审核，并将关系事由扼要译成中文，选具接收清册。只以伪行业务繁复，帐卷均用日文，且各项纪录颇呈简略，每有质询佯谓不知，冀图含糊交代早以卸

①即陈公亮。

责。尤有若干重要业务，多属机密，苟非日籍高级职员，绝难道其底蕴，具见日人心地狡谲，追究维艰。本行感于接收任务之重大，固不仅以接收有形资产为已足，抑须揭穿日寇搜括无餍之面目，乃不惜费时努力，以期穷其根源。兹就历次兵燹劫余之断简残篇中搜集资料，作有系统较翔实之报告，盖亦藉此清理机会，不避艰困，勉供刍荛耳，谨将各部门接收情形并加检讨，分陈于后，幸祈钧察。

………

三、接收项目

………

4. 贮金部　　法令规程(附件二)

起因：伪康德七年三月成立，目的在于将邮局储金在伪行管制之下善为利用，其后逐渐加入邮政生命保险、政府职员储金等资金，于是力量乃集中配合国策，紧缩通货，成效大著。

存款来源：皆由国家各机关吸收民间各基层节约个人所得经由国库存储转来等。

放款对象：存款既来自民间，仍应还流于民间，故其放款于各地方都邑计划等建设性长期放款，聊示点缀，惟此仅占全存款之百分之二三，其他大部份则用于购买公债及股票等。

放款程序：地方政府因地方之建设，需向贮金部借款时，须呈请经济部核准，贮金部始能贷与。

贮金部之功用，在于吸收民间零星游资，紧缩通货与共同融资，制度类似“资金统制”，限制资金之放出，此则吸收已放出之资金，二者相辅而行。

该部存储总额，迄光复累计拾叁亿柒千余万元，其中邮政储金计拾壹亿伍千余万有奇。

该部之损失，由伪行负担。

储金部

| 资产 | | | | | | | | |
|---|---|---|---|---|---|---|---|---|
| 科目 | 民国三十四年七月三十一日结余 | | 八月廿日停业结余 | | 十一月十三日移交结余 | | 比较增减 | |
| 贷付金(定放) | 八九,二九二,五八七 | 六四 | 八九,二九二,〇一三 | 四七 | 八九,二九二,〇一三 | 四七 | 五七四 | 一七 |
| 预金(存放同业) | 八六,一〇〇,四九五 | 二一 | 五七,三一六,五三一 | 八五 | 五七,三一六,五三一 | 八五 | 二八,七八三,九六三 | 三六 |
| 公债(公债) | 一,〇三四,〇四八,二四〇 | 〇〇 | 一,〇三四,〇四八,二四〇 | 〇〇 | 一,〇三四,〇四八,二四〇 | 〇〇 | 〇 | |
| 社债(社债) | 八六,八五一,四五〇 | 〇〇 | 八六,八五一,四五〇 | 〇〇 | 八六,八五一,四五〇 | 〇〇 | 〇 | |
| 株式(股票) | 七四,六九一,〇〇六 | 〇〇 | 七四,六九一,〇〇六 | 〇〇 | 七四,六九一,〇〇六 | 〇〇 | 〇 | |
| 假拂金(暂付) | 三〇,〇四〇,四一八 | 七三 | 三〇,〇四〇,四一八 | 七三 | 三〇,〇四〇,四一八 | 七三 | 〇 | |
| 未收利息(应收利息) | 三,八四八,九八二 | 八四 | 三,八四八,九八二 | 八四 | 三,八四八,九八二 | 八四 | 〇 | |
| 损益金(损益) | 四,五六三,三七二 | 二二 | 三,六九三,六二七 | 九〇 | 三,六九三,六二七 | 九〇 | 八六九,七四四 | 三二 |
| 合计 | 一,四〇九,四三六,五五二 | 六四 | 一,三七九,七八二,二七〇 | 七九 | 一,三七九,七八二,二七〇 | 七九 | 二九,六五四,二八一 | 八五 |

| 负债 | | | | | | | | |
|---|---|---|---|---|---|---|---|---|
| 科目 | 民国三十四年七月三十一日结余 | | 八月二十日停业结余 | | 十一月十三日移交结余 | | 比较增减 | |
| 定期预金(定存) | 一一一,三三〇,一五一 | 七八 | 一一二,一三〇,一五一 | 七八 | 一一二,一三〇,一五一 | 七八 | 八〇〇,〇〇〇 | 〇〇 |
| 当座预金(活存) | 一,二九五,七六六,二二二 | 五八 | 一,二六五,三一一,九四〇 | 七三 | 一,二六五,三一一,九四〇 | 七三 | 三〇,四五四,二八一 | 八五 |
| 假受金(暂收) | 二七九,八七七 | 八四 | 二七九,八七七 | 〇〇 | 二七九,八七七 | 〇〇 | 〇 | |
| 未拂利息(应付利息) | 二,〇六〇,三〇〇 | 四四 | 二,〇六〇,三〇〇 | 四四 | 二,〇六〇,三〇〇 | 四四 | 〇 | |
| 合计 | 一,四〇九,四三六,五五二 | 六四 | 一,三七九,七八二,二七〇 | 七九 | 一,三七九,七八二,二七〇 | 七九 | 二九,六五四,二八一 | 八五 |

定期预金(定存)

| 存户 | 民国三十四年七月三十一日结余 | | 八月二十日停业结余 | | 十一月十三日移交结余 | | 查帐说明 增减 千元 | 性质 | 机关 | 原因 |
|---|---|---|---|---|---|---|---|---|---|---|
| 政府职员共特别会计积立金等五十三笔 | 一一一,三三〇,一五一 | 七八 | 一一二,一三〇,一五一 | 七八 | 一一二,一三〇,一五一 | 七八 | 八〇〇 | 伪 | 军政 | 法定贮金各户细数在主管机关伪行无帐可查 |
| 合计 | 一一一,三三〇,一五一 | 七八 | 一一二,一三〇,一五一 | 七八 | 一一二,一三〇,一五一 | 七八 | 八〇〇 | | | |
| 当座预金(活存) | | | | | | | | | | |
| 政府职员共济特别会计积立金外七笔 | 一,二九五,七六六,二二二 | 五八 | 一,二六五,三一一,九四〇 | 七三 | 一,二六五,三一一,九四〇 | 七三 | 三〇,四五四 | 伪 | 军政 | 法定贮金各户细数在主管机关,伪行无帐可查。 |
| 合计 | 一,二九五,七六六,二二二 | 五八 | 一,二六五,三一一,九四〇 | 七三 | 一,二六五,三一一,九四〇 | 七三 | 三〇,四五四 | | | |
| 假受金(暂存) | | | | | | | | | | |
| 暂存 | 二七九,八七七 | 八四 | 二七九,八七七 | 八四 | 二七九,八七七 | 八四 | 〇 | | | 正常 |
| 合计 | 二七九,八七七 | 八四 | 二七九,八七七 | 八四 | 二七九,八七七 | 八四 | 〇 | | | |
| 未拂利息(应付利息) | | | | | | | | | | |
| 定期存款息 | 八四九,七五八 | 三三 | 八四九,七五八 | 三三 | 八四九,七五八 | 三三 | 〇 | | | |
| 活期存款息 | 一,二一〇,五四二 | 一一 | 一,二一〇,五四二 | 一一 | 一,二一〇,五四二 | 一一 | 〇 | | | |
| 合计 | 二,〇六〇,三〇〇 | 四四 | 二,〇六〇,三〇〇 | 四四 | 二,〇六〇,三〇〇 | 四四 | 〇 | | | |

贷付金(定放)

| 借户 | 民国三十四年七月三十一日结余 | | 八月二十日停业结余 | | 十一月三十日移交结余 | | 查帐说明 | | | |
|---|---|---|---|---|---|---|---|---|---|---|
| | | | | | | | 增减 千元 | 性质 | 机关 | 原因 |
| 吉林市等三三一笔 | 八九,二九二,五八七 | 六四 | 八九,二九二,〇一三 | 四七 | 八九,二九二,〇一三 | 四七 | 〇 | 伪 | 军政 | 地方建设十年以上长期放款分期摊还本息 |
| 合计 | 八九,二九二,五八七 | 六四 | 八九,二九二,〇一三 | 四七 | 八九,二九二,〇一三 | 四七 | 〇 | | | |
| 预备金(存放同业) | | | | | | | | | | |
| 中银本店营业部 | 八六,一〇〇,四九五 | 二一 | 五七,三一六,五三一 | 八五 | 五七,三一六,五三一 | 八五 | 二八,七八三 | 伪 | 金融 | 贮金部多余现金 |
| 合计 | 八六,一〇〇,四九五 | 二一 | 五七,三一六,五三一 | 八五 | 五七,三一六,五三一 | 八五 | 二八,七八三 | | | |
| 有价证券 | | | | | | | | | | |
| 伪满公债 | 一,〇三四,〇四八,二四〇 | 〇〇 | 一,〇三四,〇四八,二四〇 | 〇〇 | 一,〇三四,〇四八,二四〇 | 〇〇 | 〇 | 伪 | 军政 | 利用贮金购国债 |
| 社债 | 八六,八五一,四五〇 | 〇〇 | 八六,八五一,四五〇 | 〇〇 | 八六,八五一,四五〇 | 〇〇 | 〇 | 伪 | 团体 | 利用贮金投资重工业 |
| 股票 | 七四,六九一,〇〇六 | 〇〇 | 七四,六九一,〇〇六 | 〇〇 | 七四,六九一,〇〇六 | 〇〇 | 〇 | 伪 | 团体 | 利用贮金投资公用事业总员紧缩通货政策 |
| 合计 | 一,一九五,五九〇,六九六 | 〇〇 | 一,一九五,五九〇,六九六 | 〇〇 | 一,一九五,五九〇,六九六 | 〇〇 | 〇 | | | |
| 假拂金(暂付) | | | | | | | | | | |
| 伪满政府经济部 | 二七,九四五 | 二〇 | 二七,九四五 | 二〇 | 二七,九四五 | 二〇 | 〇 | 伪 | 军政 | 不正常 |
| 伪满央行大阪驻在员 | 二〇,〇〇八,八一五 | 〇〇 | 二〇,〇〇八,八一五 | 〇〇 | 二〇,〇〇八,八一五 | 〇〇 | 〇 | 伪 | 金融 | 逃避资金手续尚未完毕 |

续上表

| 借户 | 民国三十四年七月三十一日结余 | | 八月二十日停业结余 | | 十一月三十日移交结余 | | 查帐说明 | | | |
|---|---|---|---|---|---|---|---|---|---|---|
| | | | | | | | 增减 千元 | 性质 | 机关 | 原因 |
| 伪满央行大阪驻在员 | 一〇,〇〇〇,〇〇〇 | 〇〇 | 一〇,〇〇〇,〇〇〇 | 〇〇 | 一〇,〇〇〇,〇〇〇 | 〇〇 | 〇 | 伪 | 金融 | 大阪驻在员事务所长吉村永治经办 |
| 额尔克纳左旗 | 六二七 | 三八 | 六二七 | 三八 | 六二七 | 三八 | 〇 | 伪 | 军政 | 放款欠息 |
| 陈巴尔虎旗 | 八七四 | 一〇 | 八七四 | 一〇 | 八七四 | 一〇 | 〇 | 伪 | 军政 | 放款欠息 |
| 索伦旗 | 一,二九〇 | 〇〇 | 一,二九〇 | 〇〇 | 一,二九〇 | 〇〇 | 〇 | 伪 | 军政 | 放款欠息 |
| 新巴尔虎左旗 | 八六七 | 〇五 | 八六七 | 〇五 | 八六七 | 〇五 | 〇 | 伪 | 军政 | 放款欠息 |
| 合计 | 三〇,〇四〇,四一八 | 七三 | 三〇,〇四〇,四一八 | 七三 | 三〇,〇四〇,四一八 | 七三 | 〇 | | | |
| 未收利息(应收利息) | | | | | | | | | | |
| 社债息 | 四三六,八二二 | 九六 | 四三六,八二二 | 九六 | 四三六,八二二 | 九六 | 〇 | | | |
| 公债息 | 三,二三三,五一三 | 八五 | 三,二三三,五一三 | 八五 | 三,二三三,五一三 | 八五 | 〇 | | | |
| 存放同业息 | 一七八,六四六 | 〇三 | 一七八,六四六 | 〇三 | 一七八,六四六 | 〇三 | 〇 | | | |
| 合计 | 三,八四八,九八二 | 八四 | 三,八四八,九八二 | 八四 | 三,八四八,九八二 | 八四 | 〇 | | | |
| 损益金 | | | | | | | | | | |
| 纯损 | 四,五六三,三七二 | 二二 | 三,六九三,六二七 | 九〇 | 三,六九三,六二七 | 九〇 | 八六九 | | | 贮金存息较放息约高一二厘势必每期全损 |
| 合计 | 四,五六三,三七二 | 二二 | 三,六九三,六二七 | 九〇 | 三,六九三,六二七 | 九〇 | 八六九 | | | |

………

查伪行停业日为八月二十日，但接收清册则按十一月十三日为移交日期，本行来长接收时，命令以八月二十日为最终结帐期日办移交，但计算课之转帐至八月八日，八月九日后该课停止工作。惟营业部对外付款，则至八月二十日，然营业部国库及发行事务转帐尚多，本店经理部四千万元暂付款，亦须整理转帐，查其日期为十一月十三日，乃皆以十一月十三日为其最后移交日期。

资本金　　一亿元，已缴足贰千五百万元。

　　　　　全数由伪政府出资。

积立金(公积金)　五六，九三〇千元，由伪康德九年十一月一日伪行改组以来公积金之累积数(按伪央行法每期由纯益中提存30%为公积金，其余皆缴纳于政府)。

拂込未齐资本金(未缴纳资本金)七千五百万元。

货币一三，六八八，四六二，二六四元四九五。

查该科目八月八日结余八，一五一，七〇二，五八三元八七五，八月二十日结余九，四〇六，三六九，〇九四元四四五，假定八月八日货币结余视为正常阶段，其后非法付出者居多，本结余较八月八日结余实增加发行五，五三六，七五九，六八〇元六二。其内容如下：(1) 八月八日迄八月二十日营业部业务上付出一，二五五，六六六，五一〇元七五。苏军劫去五〇九，二七七，二〇〇元一〇，兴农金库寄托金二三，四〇〇，〇〇〇元〇〇。(2) 向各店运送途中一，〇〇九，七五〇，〇〇〇元〇〇。(3) 根据各店电报八月八日发行课推算各支店发库库存二，七三六，五五四，八一〇元九三，盖各店报告日期不一。(4) 蒙疆银行代理保管四，八八七元九〇。查各数额与增加额相较少二，一〇六，二七一元一二，其原因乃发行课虽将八月八日发行数额转帐，然在计算课须隔日转帐所致。查该日各支店发行总数为九，五九五，〇〇五元四四，减去三，七六七，七七一元一三，纯发行数为五，八二七，二三四元三一，再减去营业部发行三，七二〇，九六三元一九及推算各支店八月八日发行总数计二，一〇六，二七一元一二，再加此数后，适与增加发行数额相符。

政府预金十一月十三日结余二三二，九九八，一六八元三七七内，伪康德十一年度结余存四七四，二二三，二七五元七〇六，伪康德十二年度结欠二四一，二二五，一〇七元三二九，计算课根据国库课传票记总帐，国库金总收付完全与本科目对转国库，各单位帐表损失未达帐难以稽考，乃最严重之问题。

别段预金（杂项存款）四，二二四，三〇八元二二，系属伪行职员保身押款（行员储金），归庶务课经办，本课仅记总帐。

预托金一，七六八元四一　存放新京邮政局。委托汇款基金人事部经办，为便于伪行同人汇往日本各地款而设。

营业用动产不动产结余一三，三二三，一〇二元六五　此为伪行全体营业用土地、行舍、宿舍、本店什器，经历年摊提后之余额。

新筑费一，九〇〇，四二六．九四　北安、通化等十一处建筑工程，据接收清册记载，均已逾期，应早完工。本科目与营业用动产不动产对转详情见管财课。

所有动产不动产一三二，八八五元　各地房产地、土地，经历年摊提后之余额。

本支店勘定（联行往来）一三，九五三，一二四，一四九元六四二　伪行现有机构，本店及各支店、所、厂四十三单位及已撤销之阿尔山、山神府二单位，未达帐有余额，除大阪、上海帐务不独立并归本店办理，发行课勘定之结余，（借）四，二八一，〇九三，一七〇元〇五，为发行课推算八月八日各支店发库库存扫数作为发行数。

假受金（暂存）四，八八四，四八三元二〇　计算课汇总本店各课暂存款项，总帐登记。

假拂金（暂付）一〇，一五一，五六七元五三　（1）庶务课旅费各款二二千余元，正常借支。(2) 保证金三万余元，正常垫付。(3) 大阪资金户，大阪驻在总事务所经费二一九千余元。(4) 垫付印刷所各项开支四八三千余元。(5) 国民储蓄户六千余元。(6) 庶务科杂户一，二六五，〇〇〇元，光复期间不正常垫付。(7) 发行课户二，三七〇千元，七月十四日垫付“帝国印刷厂”向日本购买机器，尚未成交清楚，仍予追查。(8) 人事部户二七六千元，垫付九台疗养所伪行分担款。(9) 管财课户二，六二四千元:(A) 工务户一，四九二千元，垫付购买电气、砖瓦材料价款，该行备用材料存置仓库，皆为苏军劫取。内八月十五日垫付四笔，计一四二千元(不合理)。(B) 财产户五六一千元，一月十七日本店购置奉天大和区淀町八号房舍一处，卖主德国贸易商人 Dei Bort，仍托卖主居住，价款二三八，五一三元一〇，当即付清，奉天支店支店长代理高桥武夫经手。该支店当时并未经管。查本行沈阳分行对该房产尚未接收，应予追究。收买四平省长岭县太平川土地建筑物计一八六，三七五元，查该地产尚在未收复区，未接收。购置汽车等七万六千元，该项车辆已损失。其他各款六万余元。(C) 接收物件二十笔，计壹万元。接收旧四行号抵押放款典权垫款，当时因鉴于各典户有赎回之可能，乃列于暂欠，否则列归记帐外。(D) 不动产管理损失九，〇〇〇元，怀德经租处等开销。(E) 杂项五四九千余元，内大屯太平川农场修缮等费三八六千元，其他各项材料费一六三千元。(10) 用度课五户计二，八五二千元，为大屯太平川农场俱乐部等垫付开支。退职手当准备金(退职赠与准备金)一〇，八八八，三三六元五〇，每年决算按同仁之年资、薪俸历年提存总数。未拂利息其他(应付未付利息)五，八七〇，四七九元七二，应付存款息、纸币、储蓄票制造费、共同融资、贮金部损失负担金。损益:纯损五〇，六二四，一四〇元三四，由四月一日，自十一月十三日〔原文如此〕，损益余额，应于九月办理决算，但未办理。

伪行三十四年三月第一上期决算表(附件十四)

## 1. 本店计算课本店各部合并总表

| 资产 | | | | | | | | |
|---|---|---|---|---|---|---|---|---|
| 科目 | 民国三十四年七月三十一日结余 | | 八月二十日停业结余 | | 十一月十三日移交结余 | | 比较增减 | |
| 拂込未齐资本金(未收股本) | 七五,〇〇〇,〇〇〇 | 〇〇 | 七五,〇〇〇,〇〇〇 | 〇〇 | 七五,〇〇〇,〇〇〇 | 〇〇 | | 〇 |
| 预托金 | 一,七六八 | 四一 | 一,七六八 | 四一 | 一,七六八 | 四一 | | 〇 |
| 营业日动产不动产 | 一三,二六五,八四一 | 〇五 | 一三,三二三,一〇二 | 六五 | 一三,三二三,一〇二 | 六五 | 五七,二六一 | 六〇 |
| 新筑费 | 一,九〇〇,四二六 | 九四 | 一,九〇〇,四二六 | 九四 | 一,九〇〇,四二六 | 九四 | | 〇 |
| 所有动产不动产 | 一三二,八八五 | 〇〇 | 一三二,八八五 | 〇〇 | 一三二,八八五 | 〇〇 | | 〇 |
| 本支店(总分行) | 八,二九二,九四三,六七四 | 一四二 | 八,三四四,一九一,八二〇 | 八九二 | 一三,九五三,一二四,一四九 | 六四二 | 五,六六〇,一八〇,四七五 | 五〇 |
| 假拂金(暂付) | 八,三三八,六三八 | 〇二 | 八,七二二,四五四 | 六五 | 一〇,一五一,五六七 | 五三 | 一,八一二,九二九 | 五一 |
| 损益金 | 一六,三四七,三九六 | 〇二 | 一七,三六九,二七一 | 一七 | 五〇,六二四,一四〇 | 三四 | 三四,二七六,七四四 | 三二 |
| 合计 | 八,四〇七,九三〇,六二九 | 五八二 | 八,四六〇,六四一,七二九 | 七一二 | 一四,一〇四,二五八,〇四〇 | 五一二 | 五,六九六,三二七,四一〇 | 九三 |

续上表

| | 负 | | | | | | 债 | |
|---|---|---|---|---|---|---|---|---|
| 科目 | 民国三十四年七月三十一日结余 | | 八月二十日停业结余 | | 十一月十三日移交结余 | | 比较增减 | |
| 资本金 | 一〇〇,〇〇〇,〇〇〇 | 〇〇 | 一〇〇,〇〇〇,〇〇〇 | 〇〇 | 一〇〇,〇〇〇,〇〇〇 | 〇〇 | 〇 | |
| 积立金（公积金） | 五六,九三〇,〇〇〇 | 〇〇 | 五六,九三〇,〇〇〇 | 〇〇 | 五六,九三〇,〇〇〇 | 〇〇 | 〇 | |
| 货币（发行伪满券） | 八,〇八五,〇四二,四三六 | 七三五 | 八,一五一,七〇二,五八三 | 八七五 | 一三,六八八,四六二,二六四 | 四九五 | 五,六〇三,四一九,八二七 | 七六 |
| 政府预金（政府存款） | 一四〇,〇一八,五六一 | 二五七 | 一二六,〇六二,〇〇八 | 三三七 | 二三二,九九八,一六八 | 三七七 | 九二,九七九,六〇七 | 一二 |
| 别段预金（杂存） | 四,二九四,九〇四 | 九四 | 四,二九五,八八一 | 四八 | 四,二二四,三〇八 | 二二 | 七〇,五九六 | 七二 |
| 假受金（暂收） | 四,八四四,九四九 | 四三 | 四,八八六,一八九 | 八〇 | 四,八八四,四八三 | 二〇 | 三九,五三三 | 七七 |
| 退职手当准备金 | 一〇,九二九,二九七 | 五〇 | 一〇,八九四,五八六 | 五〇 | 一〇,八八八,三三六 | 五〇 | 四〇,九六一 | 〇〇 |
| 未拂利息其他 | 五,八七〇,四七九 | 七二 | 五,八七〇,四七九 | 七二 | 五,八七〇,四七九 | 七二 | 〇 | |
| 合计 | 八,四〇七,九三〇,六二九 | 五八二 | 八,四六〇,六四一,七二九 | 七一二 | 一四一,〇四二,二五八,〇四〇 | 五一二 | 五,六九六,三二七,四一〇 | 九三 |

## 2. 计算课本店部份各科目分类比较表

（资产）

| 科目 | 民国三十四年七月三十一日结余 | | 八月二十日停业结余 | | 十一月十三日移交结余 | | 增减 千元 | 查帐说明 |
|---|---|---|---|---|---|---|---|---|
| 未收股本 | 七五,〇〇〇,〇〇〇 | 〇〇 | 七五,〇〇〇,〇〇〇 | 〇〇 | 七五,〇〇〇,〇〇〇 | 〇〇 | 〇 | |
| 预托金 | 一,七六八 | 四一 | 一,七四八 | 四一 | 一,七四八 | 四一 | 〇 | |
| 营业用动产不动产 | 一三,二六五,八四一 | 〇五 | 一三,三二三,一〇二 | 六五 | 一三,三二三,一〇二 | 六五 | 五七 | |
| 新筑费 | 一,九〇〇,四二六 | 九四 | 一,九〇〇,四二六 | 九四 | 一,九〇〇,四二六 | 九四 | 〇 | |
| 所有动产不动产 | 一三二,八八五 | 〇〇 | 一三二,八八五 | 〇〇 | 一三二,八八五 | 〇〇 | 〇 | |
| 本支店（总分行） | 八,二九二,九四三,六七四 | 一四二 | 八,三四四,一九一,八二〇 | 八九二 | 一三,九五三,一二四,一四九 | 六四二 | 五,六六〇,一八〇 | 付发行五五五六百万元政府贷上金五亿元收营业部国库付三九四百万元营业部代付四千万元 |

续上表

| 科目 | 民国三十四年七月三十一日结余 | | 八月二十日停业结余 | | 十一月十三日移交结余 | | 增减 千元 | 查帐说明 |
|---|---|---|---|---|---|---|---|---|
| 假拂金 | 八,三三八,六三八 | ○二 | 八,七二二,四五四 | 六五 | 一○,一五一,五六七 | 五三 | 一,八一二 | 付管财课购入建筑材料一.四五万元 |
| 损益金 | 一六,三四七,三九六 | ○二 | 一七,三六九,二七一 | 一七 | 五○,六二四,一四○ | 三四 | 三四,二七六 | 付疏散费救济费等二五.一九万元营缮费二.六一万元,援助费一百万元苏军提取一.八八万元 |
| 合计 | 八,四○七,九三○,六二九 | 五八二 | 八,四六○,六四一,七二九 | 七一二 | 一四,一○四,二五八,○四○ | 五一二 | 五,六九六,三二五 | |

（负债）

| | | | | | | | | |
|---|---|---|---|---|---|---|---|---|
| 资本金 | 一〇〇,〇〇〇,〇〇〇 | 〇〇 | 一〇〇,〇〇〇,〇〇〇 | 〇〇 | 一〇〇,〇〇〇,〇〇〇 | 〇〇 | 〇 | |
| 积立金 | 五六,九三〇,〇〇〇 | 〇〇 | 五六,九三〇,〇〇〇 | 〇〇 | 五六,九三〇,〇〇〇 | 〇〇 | 〇 | |
| 货　币 | 八,〇八五,〇四二,四三六 | 七三五 | 八,一五一,七〇二,五八三 | 八七五 | 一三,六八八,四六二,二六四 | 四九五 | 五,六〇三,四一九 | 发行额 |
| 政府预金 | 一四〇,〇一八,五六一 | 二五七 | 一二六,〇六二,〇〇八 | 三三七 | 二三二,九九八,一六八 | 三七七 | 九二,九七九 | 付国库收入三八八百万元收政府贷上金五万元 |
| 别段预金 | 四,二九四,九〇四 | 九四 | 四,二九五,八八一 | 四八 | 四,二二四,三〇八 | 二二 | 七〇 | 付退职行员保身押款 |
| 假受金 | 四,八四四,九四九 | 四三 | 四,八八六,一八九 | 八〇 | 四,八八四,四八三 | 二〇 | 三九 | |
| 退职手当准备金 | 一〇,九二九,二九七 | 五〇 | 一〇,八九四,五八六 | 五〇 | 一〇,八八八,三三六 | 五〇 | 四〇 | 付退职行员津贴 |
| 未拂利息其他 | 五,八七〇,四七九 | 七二 | 五,八七〇,四七九 | 七二 | 五,八七〇,四七九 | 七二 | 〇 | |
| 合　计 | 八,四〇七,九三〇,六二九 | 五八二 | 八,四六〇,六四一,七二九 | 七一二 | 一四,一〇四,二五八,〇四〇 | 五一二 | 五,六九六,三二七 | |

………

己、业务部

(1) 资金统制课　　法令规程(附件三、四、五)

该课职掌:

企划系　　职掌资金统制企划及经济动员资金部事务

审查系　　资金统制之核驳

庶务系　　不属他系事务

关于该课所办之资金统制成绩,由该课小栗勇喜课长另著"临时资金统制"一文详为述明(附件十三)。

按其效果:

① 使资金纳入正轨,以免浮资作祟。

② 安定物价。

③ 配合战争之需要。

(2) 经济动员资金部　　法令(附件四)

太平洋战争末期,日本本国因受美军空袭甚烈,各工厂大都陷于停顿,乃拟急速迁来东北。伪满为配合此种迁移计划,乃有该部之设,举凡经济动员各项,皆包括于本部内。因实行以来未及匝月,成效尚微,虽核定放款额有贰亿叁千柒百余万元,但实际已放出者,亦达壹亿壹千陆百余万元,详情可查阅清册该部勘定概况。

外资课　　法令规程(附件一、二、三、四、五、二十)

外资课除办理收兑金银、管制外汇等督导统计事宜外,并承伪政府命令兼办经济平衡、资金部交易、特别资金部、特殊财产资金部等会计事宜。其业务内容,兹分条检讨如下:

(甲) 金银　　(附件二十)

A、黄金　　伪行根据产金买上法,一手收买东北所生产之一切黄金。最初收买店有沈阳、长春、哈尔滨、延吉四处,其后始集中于沈阳一处。本店营业部虽稍有办理,大都为应付特殊需要,其他各行则概不办理。东北产金资源甚丰,伪满曾设"满洲采金公司”，以独占的开采搜括之。伪行十四年间经手买进者，重达三二，四四二，八五三两六八七，除一小部份消费于国内，计六六三，三八七两七九七外（主要用于镶牙），输出者计达二九，二四七，五二四两二八，输出之用途，大都为换取外汇，以为日本增强战力购取物资之用，其中有五十万两，为日本根据日苏渔业条约偿还苏联之用者。

金之收购价格，由伪满公定，最初每两不过二元四角七分，光复前二三年，始提价至四元四角，然较之实际价格，则相差奚啻霄壤，日寇榨取事实，可见一般〔斑〕。

金之精炼等事宜，则由伪行奉天造币厂办理。

卅四年八一五光复，当时外资课推定黄金之库存，长春本店、奉天支店两处应有一，六七二，二四五两五〇，然实际数字据本店营业部帐册，该时存金三六，二一二公分三四。本行沈阳分行接收奉天支店报告八月十一日止，存金一，七四六，七七二公分六六，收入寄存黄金四〇〇，八七〇公分二九，造币厂报告存量较支店帐面多存数三二六，〇一三公分二三，共计二，四七三，六五六公分一八。本店营业部及奉天支店两处存金二，五〇九，八六八公分五二，奉天方面卅四年八月十九日经由奉天省次长兼军需局长源田松三提取一，五三四，五七九公分一五。本案损失情形，乃根据奉天支店长松本修一报告，应予追究赔偿。其余九七五，二八九公分三七，皆为长沈两地苏军劫去。

伪满央行黄金买卖历年累计总数(1)

| 摘要 | 重量 | | 备注 |
|---|---|---|---|
| 买入 | 两<br>三二，四四二，八五三 | 六八七 | 民国廿二年六月伪“产金买上法”施行前伪行存有黄金二，一九六，〇二九两四九三并计在内 |
| 卖出 | 二九，九三二，九八五 | 一六七 | |
| 最后存库 | 二，五〇九，八六八 | 五二 | |

## 伪行各店黄金变动情形(2)

| 最后库存(金) | | | 损失 | | |
|---|---|---|---|---|---|
| 奉天支店 | 两<br>一,〇四三,四八五 | 一九 | 伪奉天省次长兼军需局长源田松三在奉天支店非法提取 | 两<br>一,五三四,五七九 | 一五 |
| 奉天造币厂 | 一,四三〇,一七〇 | 九九 | 长沈两地苏军劫去 | 九七五,二八九 | 三七 |
| 本店营业部 | 三六,二一二 | 三四 | | | |
| 合计 | 二,五〇九,八六八 | 五二 | 合计 | 二,五〇九,八六八 | 五二 |

## 历年卖出黄金购户分析表(3)

| 国内 | | | 国外 | | |
|---|---|---|---|---|---|
| 购户 | 重量 | | 购户 | 重量 | |
| 关东军及关东局 | 两<br>六六,四六四 | 五〇 | 运往美国 | 两<br>二二,九七四,九六四 | 六五 |
| 伪政府经济部及军事部 | 三二,二六七 | 四九 | 运往中国(沦陷区域) | 二,一六七,〇四〇 | 〇四 |
| 满洲矿山及通讯机会社(日人) | 九一八 | 一〇 | 运往泰国 | 四,四四七 | 〇一 |
| 关东州齿科医师会及贵金属商(日人) | 四八六,三三八 | 二八 | 运往越南 | 一九,九九一 | 八九 |
| 伪行造币厂及其他 | 七七,三九九 | 四二七 | 运往日本 | 四,〇八一,〇八〇 | 六九 |
| 合计 | 六六三,三八七 | 七九七 | 合计 | 二九,二四七,五二四 | 二八 |
| 精炼加工减耗及其他 | 二二,〇七三 | 〇九 | | | |
| 卖出黄金总计 | 二九,九三二,九八五 | 一六七 | | | |

B、白银　　东北非白银之产地，仅各主要都市有现洋及东边道（安东、旅大）一带有镇平银及现小洋之流通。伪满根据伪大同元年六月之“旧货币整理办法”，先后将东边道一带之银两及现小洋全部收回，再输往英美，计输出银块一九七，六七一，七九四两六七，现小洋一一三，三四五，一一三两七〇，现大洋一六九，五八八，二〇三两四三。

伪满于银之买卖等，虽无明文取缔，然因银币之流通既已禁止，而金店又勒令取消，经搜括后，数量甚少之白银，已无用武之地矣。

根据本店营业部帐面记载及本行沈阳分行接收奉天支店报告，卅四年八月二十日本店营业部库存白银六五，六〇八两一〇，现大洋三九元，卅四年八月十一日奉天支店库存白银九，二三九，一一五两一五，现大洋二四六，六五六元〇〇，现小洋四六，七三三元九五，造币厂库存白银六一七，八九三两六八，本店营业部、奉天支店及造币厂等三处共存白银九，九二二，六一六两九三，现大洋二四六，六九五元，现小洋四六，七三三元九五。奉天方面卅四年八月十六日，经伪奉天省次长兼军需局长源田松三利用光复时变乱，非法提取白银一，四〇〇，〇〇〇两。本案损失情形，前据奉天支店长松本修一报告如此，应予追究赔偿。其余库存白银八，五二二，六一六两九三，现大洋二四六，六九五元，现小洋四六，七三三元九五，悉被长、沈两地苏军劫去。

伪满央行白银买卖历年累计总数(1)

| 摘　要 | 白　银 | | 现大洋 | | 现小洋 | |
|---|---|---|---|---|---|---|
| | 两 | | 元 | | 元 | |
| 买　入 | 六一六,一六二,〇一九 | 五六二 | 七,四一一,〇九五 | 〇〇 | 六,二七四,九四一 | 二〇 |
| 卖　出 | 六〇六,二三九,四〇二 | 六三二 | 七,一六四,四〇〇 | 〇〇 | 六,二二八,二〇七 | 二五 |
| 最后库存 | 九,九二二,六一六 | 九三 | 二四六,六九五 | 〇〇 | 四六,七三三 | 九五 |

查本表所列白银买卖累计额，系自民国廿五年一月至卅四年三月之数目，民国廿一年至廿四年期间白银买卖，因资料搜查困难，尚未计入。

伪行各店白银最后库存实况(2)

| 摘要 | 保管店 | | | | | | | |
|---|---|---|---|---|---|---|---|---|
| | 本店营业部 | | 奉天支店 | | 奉天造币厂 | | 合计 | |
| 白银 | 两<br>六五,六〇八 | 一〇 | 两<br>九,二三九,一一五 | 一五 | 两<br>六一七,八九三 | 六八 | 两<br>九,九二二,六一六 | 九三 |
| 现大洋 | 元<br>三九 | 〇〇 | 元<br>二四六,六五六 | 〇〇 | 〇 | | 元<br>二四六,六九五 | 〇〇 |
| 现小洋 | 〇 | | 元<br>四六,七三三 | 九五 | 〇 | | 元<br>四六,七三三 | 九五 |

伪行各店库存白银损失情形(3)

| 摘要 | 损失数额 | | 损失原因 |
|---|---|---|---|
| 白银 | 两<br>九,九二二,六一六 | 九三 | 伪奉天省次长兼军需局长源田松三在奉天支店非法提去一,四〇〇,〇〇〇两，长沈两地苏军劫去八,五二二,六一六两九三 |
| 现大洋 | 元<br>二四六,六九五 | 〇〇 | 悉被长沈两地苏军劫去 |
| 现小洋 | 元<br>四六,七三三 | 九五 | 悉被驻沈苏军劫去 |

（乙）外汇　（附件二十）

伪满于民【国】廿七年起实行管理外汇，凡日本以外之其他地域外汇之买卖，每笔皆须透过伪行向伪经济部核准，伪行则从事于汇兑资金之调筹及汇兑集中事宜。伪满外汇政策皆以日本之马首是瞻，最初与英镑联系，其次为美元。逮太平洋战之前夕，又俯贴于日本之特别圆制度矣。伪满之外汇事宜，名义上虽系自行办理，实

伪满央行白银输出历年累计总数(4)

(自民国廿一年八月至卅四年八月输出实数)

| 输出 | 现大洋 | | 现小洋 | | 银块 | | 合计 | |
|---|---|---|---|---|---|---|---|---|
| | 两 | | 两 | | 两 | | 两 | |
| 伦敦 | 一六九,三〇三,二二一 | 八三 | 一一三,三四五,一一三 | 七〇 | 一七三,〇二三,八九六 | 三八 | 四五五,六七二,二三一 | 九一 |
| 纽约 | 二八四,九七九 | 六〇 | 〇 | | 九,六六二,四四八 | 九〇 | 九,九四七,四二八 | 五〇 |
| 日本 | 〇 | | 〇 | | 一四,九八五,四四九 | 三九 | 一四,九八五,四四九 | 三九 |
| 合计 | 一六九,五八八,二〇一 | 四三 | 一一,三三四,五一一三 | 七〇 | 一九七,六七一,七九四 | 六七 | 四八〇,六〇五,一〇九 | 八〇 |

际则由横滨正金银行代庖。

伪行光复止在外资金之存欠状况如下：

| | |
|---|---|
| 日本欠 | 二,三二三,七〇〇千元 |
| 华北欠 | 九八八,九一八千元 |
| 蒙疆欠 | 二八,六七四千元 |
| 华中南欠 | 五一,一九七千元 |
| 第三国存 | 三,一四九千元 |

（丙）经济平衡资金部 （附件二十）

伪满于伪康德九年五月，曾以敕令第百二十五号制定“关于经济平衡资金之件”法令，以实行经济平衡资金制度，于伪康德十年十月复强化之，将前项法令加以修正，设经济平衡资金部于伪行内，并以伪行总裁为其代表人。查经济平衡资金部设立之目的在于：(1) 平衡国内外之物价，(2) 奖励生产或输入国家所需要之物资。其施行方法，即励行贴补制度，凡由(1) 华北、华南、蒙疆输入之重要物资，因该处物价高，予以补贴。(2) 由此间输往上述各地之物资则反之。(3) 国内生产之重要物资，如钢铁等，予以贴补，奢侈品等，则征收赋课金。

该制度自伪康德九年起实行，至康德十二年日寇乞降时，征收之款额为六八九，七三九，八〇七元四一，其中以纸烟为最多，计一二六，九八一，一七六元五〇，而其贴补总额则达二，〇三二，九六六，〇三五元〇三，其中以矿业品及纤维品为大宗，矿业品七九四，〇六七，四八五元〇三，纤维品四九五，六四二，〇七三元一六。

根据经济平衡资金制度发生之伪满与华南、华北、蒙疆各地资金之收付，则分别由正金银行、伪联合准备银行、伪蒙疆银行分别为其划拨，迄光复止，透借伪联银联币一，〇八六，四四八，一六六元七八，伪蒙银五九，五五七，五七〇元九九，正金银行六九，八五五,七八七元七三。

平衡资金部成立以来,最后损益数纯损四亿壹千八百余万元。

再查申请进口商人已得伪满政府许可,并已付与补贴,惟未按公定价格出售或尚未进口者,在光复前后当能有若干户。

该课长辻村朔郎陈复此类情事势所难免,惟追究责任,则在政府。盖伪政府直接向华北、华南、蒙疆各地之进出口商直接发出征收或贴补之命令,该商则直接向代理银行缴纳或领取。平衡资金代理银行代理收付后,即拨转该部帐,故该部仅系办理该项平衡资金事后转帐记录,其经过则非所知。推测此类未达帐亦必能有,然无法稽考。

查该部贴补、征收相抵差额,按照历年累计贴补损失拾叁亿肆千叁百贰拾贰万陆千贰百贰拾柒元陆角贰分,因系敌伪搜括物资增加战力之手段,应由日本政府负担。

(丁)特别财产资金部(附件二十)

伪满于太平洋战争起后,制定"外国人取引(交易)取缔规则",以接管盟国在东北之资产,亦即所谓敌产,因管理人分歧,难收统一运用之妙,于民【国】卅三年六月,乃又制定"特殊财产措置法",于伪行内设特殊财产资金部,伪行总裁为其代表人,敌伪处理敌产之办法如下:

(一)各敌产皆置管理人管理之。

(二)其中凡能经营有利或能直接增强战力之事业单位,皆划归特殊财产资金部。

处理敌伪产之方式

伪满没收敌产,将其事业单位售于特殊财产资金部,该部再以新评价售出,即以此价款为出资于该事业单位之资本金,售出价皆较购进价高,故有盈余。然其买卖价格之决定,皆取决于伪满政府。

特殊财产资金部先后接管之所谓敌产事业,计有秋林股份有限公司、启东、老巴夺烟草公司、平和洋行等处,其中以胶合板公司

## 经济平衡资金征收及贴补额比较表

| 摘要 | 征收额 | | 贴补额 | | 比较存欠 | 金额 | |
|---|---|---|---|---|---|---|---|
| 伪康德十年 | 九四,五二一,〇八八 | 一七 | 五八,八三〇,一〇〇 | 一九 | 存 | 三五,六九〇,九八七 | 九八 |
| 伪康德十一年 | 三一七,三六七,六一九 | 三三 | 六一九,八五一,二二四 | 五六 | 欠 | 三〇二,四八三,六〇五 | 二三 |
| 伪康德十二年 | 二七七,八五一,〇九九 | 九一 | 一,三五四,二八四,七一〇 | 二八 | 欠 | 一,〇七六,四三三,六一〇 | 三七 |
| 合计 | 六八九,七三九,八〇七 | 四一 | 二,〇三二,九六六,〇三五 | 〇三 | 欠 | 一,三四三,二二六,二二七 | 六二 |

## 商品别经济平衡资金征收及贴补额比较表

| 分类 | 征收额 | | 贴补额 | | 比较存欠 | 金额 | |
|---|---|---|---|---|---|---|---|
| 矿产品 | 一九,六七三,三三九 | 一九 | 七九四,〇六七,四八五 | 〇三 | 欠 | 七七四,三九四,一四五 | 八四 |
| 纤维品 | 一二二,三〇三,五〇七 | 八六 | 四九五,六四二,〇七三 | 一六 | 欠 | 三七三,三三八,五六五 | 三〇 |
| 工业品及机械 | 一三三,七二九,六六二 | 七三 | 九四,五六二,一四一 | 六六 | 存 | 三九,一六七,五二一 | 〇七 |
| 农产及林产品 | 三六,四一〇,二〇一 | 三四 | 四二,一一八,三一〇 | 八〇 | 欠 | 五,七〇八,一〇九 | 四六 |
| 杂货 | 二六,九九四,二〇五 | 〇〇 | 四一五,九一〇,〇八一 | 〇八 | 欠 | 三八八,九一五,八七六 | 〇八 |
| 现金 | 三五〇,五五五,九〇一 | 七七 | 一九〇,六〇六,一〇〇 | 一八 | 存 | 一五九,九四九,八〇一 | 五九 |
| 利息 | 七二,九八九 | 五二 | 五九,八四三 | 一二 | 存 | 一三,一四六 | 四〇 |
| 合计 | 六八九,七三九,八〇七 | 四一 | 二,〇三二,九六六,〇三五 | 〇三 | 欠 | 一,三四三,二二六,二二七 | 六二 |

及烟草公司营业鼎盛，收益颇多。

此外伪行总裁（实际由代理人哈、沈两行经理管理）直接管理之敌产机构有三个单位（附件二十）。

（1）汇丰银行（沈阳、哈尔滨两处）。

（2）花旗银行（哈尔滨一处）。

（3）日本 Ceneral Motors Co 在长春正金银行之存款。

其资金运用情形

（1）存放银行　　该部存放于本店营业部之款。

（2）存放其他银行、没收启东在汇丰之存款，该行无款可付，乃以其贷于哈尔滨平和洋行之贷款相抵，不敷数数额更换名头为该部在汇丰之存款，获得之债权，则作为哈尔滨【胶】合板之资本金。

此外，该部继承启东在各行之存款（奉天、哈尔滨、伪央行、大连 大阪住友 正金住友），皆仍用原存户名义存放于各该行。

（3）出资金

（A）交易特别资金部四百万元，此外其所需之营运头寸，亦由该部供应。

（B）哈尔滨胶合板 Co 贰百万元，最初该公司罹火灾营业不振后，经该部贷款（实际系欠汇丰之款）补充资本，营业始逐渐鼎盛。因飞行机所需之胶合板，皆由此处供应故也。

（4）贷付金

贷款总额柒亿贰千柒百余万元。

借户为总务厅企划处、资源公会、交易特别资金部，此三单位皆为供应紧急军需之机构，其经费于伪满国库面上表面无法负担，乃以此变相掩饰方法处理之。

（5）借入金　　总额九亿五千壹百万元，皆为由伪行营业部借来。

(6) 管理金　　共肆千柒百余万元，皆为处理敌产所得及扣留敌人之存款，此外存款息、房租等亦占一小部份。

(7) 暂记付款　　贰亿柒千叁百九拾余万元，主要为补助受空袭之鞍山制铁，援助其得以复兴。鞍山制铁之复兴，即系日本战力之增强，故此款之收回，应由日本负责。

整理特殊财产资金部之债权，计拾亿九百八十余万元，债务为玖亿九千八百余万元，相抵净值壹千壹百余万元。该部成立以来，其损益辗转滚存，迄未处理。

(戊) 交易特别资金部(附件二十)

查该部根据“交易特别资金部设置纲要”，于民【国】卅二年一月成立。成立原因，乃因太平洋战事末期交通困难，军需物资异常缺乏，该时新任关东军参谋大前中佐，系由上海登【陆】部队调来者，目睹华南日本海军利用“万和公司”，陆军利用“昭和通商公司”等机构搜括物资，成绩卓著。同时鞍山制钢厂复遭美军空袭，损害惨重，急待恢复，伪满政府亦希望由华南输入物资于斯，二者意见一致，遂由关东军主动与伪满政府洽商，以从事搜括物资之任务，由特殊财产资金部出资四百万圆，惟事实乃系伪央行之资金透过特殊财产资金部供给该部运用。何以如此，以该部设立事关机密，复因非正式法人。

该部最大买办为“三京”及“满洲交易”二公司，三京之负责人户川及满洲交易之大平，皆系日本二·二六事件之罪魁，故颇得军人信任，岩田公六郎及安藤道夫二人前为伪满官吏，又为总务厅次长古海忠之心腹，故关东军与伪满政府洽商结果，乃推出此等人选。此等买办既有强力背景，故可任所欲为，达成搜括物资之能事。核该部暂欠科目，垫出款达三亿七千二百余万之巨，独以彼辈动用者居多。

该部主要输出之物资为鸦片，计输出华北及华南者达九拾万两，黄金一，六二九，〇二一圆五七，输入之物资则多为机械、棉织

特殊财产资金部管理各事业分类表　（民国三十四年十一月十三日）

| 业务种类 | 事业名 | 所在地 | 管理人或代表人 | 与特殊财产资金部之关系 | |
|---|---|---|---|---|---|
| | | | | 科目 | 结余 |
| 胶合板制造及贩卖业 | 哈尔滨合板株式会社(旧平和洋行) | 哈尔滨市南岗区长官公署街四九号 | 社长 坂本实 | 出资金 | 二,〇〇〇,〇〇〇.〇〇 |
| | | | | 贷付金 | 六九八,七〇一.二五 |
| | | | | 假拂金 | 七五五,一六二.〇〇 |
| | | | | 小计 | 三,四五三,八六三.二五 |
| 烟草制造及贩卖业 | 满洲中央烟草会社 | 奉天市敷岛区协和街一段六四号 | 社长 御影池辰雄 | 贷付金 | 二八,五七五,一八二.〇〇 |
| 烟草制造及贩卖业 | (旧)启东烟草公司 | 奉天市敷岛区协和街一段六四号 | 奉天省次长 皆田丰治 | 管理金 | 一四,八二六,三八八.〇〇 |
| 烟草制造及贩卖业 | (旧)老巴夺烟草公司 | 奉天市敷岛区协和街一段六四号 | 同右 | 管理金 | 一,七二四,二六六.〇〇 |
| 保险业 | London & Lancashire Insurance Co | | 满洲火灾海上保险株式会社 | 贷付金 | 六七〇,〇〇〇.〇〇 |
| 保险业 | Hanober Insurance Co | | 同右 | 贷付金 | 六〇,〇〇〇.〇〇 |
| 烟草制造及贩卖业 | 驻华英美烟草公司 | 香港 | | 管理金 | 二三,六一一,三五一.〇〇 |

续上表

| 业务种类 | 事业名 | 所在地 | 管理人或代表人 | 与特殊财产资金部之关系 | |
|---|---|---|---|---|---|
| | | | | 科目 | 结余 |
| 烟草制造及贩卖业 | 英商老巴夺公司 | 英国 | | 管理金 | 七一四,七八一.〇〇 |
| 烟草制造及贩卖业 | 英美烟草公司 | London | | 管理金 | 一,七二五,四八九.〇〇 |
| 投资公司 | 中英公司 | | | 管理金 | 三,二〇五,三六三.五二 |
| 汽车贩卖业 | 日本 General Morton's Co（美国资本） | 日本大阪市西区土佐堀通一,大同 t"n | 伪满央行总裁 | 管理金 | 一,二一一,〇八〇.八一 |
| 杂货商业 | (旧)惠隆洋行(英商) | 奉天市 | 奉天省次长 皆川丰治 | 管理金 | 二三,六八四.五一 |
| 农具贩卖业 | 万国农具公司 | 哈尔滨市 | 滨江省次长 田村敏雄 | 管理金 | 三四二,二六五.一一 |
| 列车寝台旅行服务事业 | 万国寝台株式会社(美国资本) | 哈尔滨市 | 同右 | 管理金 | 六,九八六.〇七 |

续上表

| 业务种类 | 事业名 | 所在地 | 管理人或代表人 | 与特殊财产资金部之关系 | |
|---|---|---|---|---|---|
| | | | | 科目 | 结余 |
| 计 | 资产勘定 合计<br>负债勘定 合计 | | | | 三二,七五九,〇四五.二五<br>四七,三九一,六五五.〇二 |
| 政府特殊交易事业 | 交易特别资金部 | 新京伪满央行内 | 伪满央行总裁 | 出资金<br>贷付金 | 四,〇〇〇,〇〇〇.〇〇<br>四一六,三〇六,〇四一.一〇 |
| 政府特殊资源回收事业 | 特别资源公会 | | 理事长 古海忠之 | 贷付金 | 一七〇,〇〇〇,〇〇〇.〇〇 |
| 制铁业 | 满洲制铁株式会社 | 鞍山市昭和街一段 | 理事长 岸本绫夫 | 假拂金 | 二七二,一七〇,六六三.三二 |

特殊财产资金部管理金分类表(民国三十四年十一月十三日)

| 原金额种类 | 敌性机关 | 金额 |
|---|---|---|
| 出售敌产价款 | 启东烟草公司(管理人奉天省次长皆川丰治) | 圆<br>一四,八二六,三八八.〇〇 |
| 出售敌产价款 | 老巴夺烟草公司(管理人同右) | 一,七二四,二六六.〇〇 |
| 出售敌产价款 | 惠隆洋行(管理人同右) | 二三,六八四.五一 |
| 小计 | | 一六,五七四,三三八.五一 |
| 敌人之债权 | 英美烟草公司 | 一,七二五,四八九.〇〇 |
| 敌人之债权 | 驻华英美烟草公司 | 二三,六一一,三五一.〇〇 |
| 敌人之债权 | 英商老巴夺烟草公司 | 七一四,七八一.〇〇 |
| 小计 | | 二六,〇五一,六二一.〇〇 |
| 敌人之存款及存款息 | 日本 Cenerel Mortor's Co①(管理人 伪满央行总裁) | 一,二一一,〇八〇.八一 |
| 敌人之存款及存款息 | 万国农具公司(管理人滨江省次长 田村敏雄) | 三四二,二六五.一一 |
| 敌人之存款及存款息 | 万国寝台株式会社(管理人同右) | 六,九八六.〇七 |
| 敌人之存款及存款息 | Corn & Leonand | 一,四〇〇.〇〇 |
| 敌人之存款及存款息 | Laza lovich & Kaufman 一族 | 二,〇〇〇.〇〇 |
| | V. E. Bazdellnin | 三三五.九六 |
| 小计 | | 一,五六四,〇六七.九五 |
| 敌人之现款 | V. E. Bazdellnin | 八二四.六三 |
| 敌人之现款 | Lazalarich & kanfman 一族 | 一,一六二.八六 |
| 小计 | | 一,九八七.四九 |
| 敌人之存款 | 中英公司 | 三,二〇五,三六三.五二 |
| 小计 | | 三,二〇五,三六三.五二 |
| 合计 | | 四七,三九七,三七八.四七 |

① 应为 General Mortor's Co.

特殊财产资金部借入金用途分类表　(民国三十四年十一月十三日)

| 借 | 入 | 用 | | | 途 |
|---|---|---|---|---|---|
| 借入户名 | 借入结余 | 科目 | 借户 | 结余 | 备考 |
| 特别户 | 圆<br>一三〇,〇〇〇,〇〇〇.〇〇 | 贷付金 | 交易特别资金部 | 一二九,〇〇〇,〇〇〇.〇〇 | 交易特别资金部一般资金 |
| 乙户 | 二八七,三〇六,〇四一.一〇 | 贷付金 | 交易特别资金部 | 二八七,三〇六,〇四一.一〇 | 交易特别资金部华北贸易资金 |
| 一般户 | 五三三,七九八,一一一.八一 | 贷付金 | 总务厅企建处<br>(参事官石田芳穗) | 一一一,二九八,一一一.八一 | 政府收购不用机械及物资 |
| | | 贷付金 | 特别资源公会<br>(理事长古海忠之) | 一七〇,〇〇〇,〇〇〇.〇〇 | 政府收购不用机械及物资 |
| | | 假拂金 | 哈尔滨合板会社<br>(社长坂本实) | 七五五,一六二.〇〇 | 买卖平和洋行差额 |
| | | 假拂金 | 满洲制铁会社<br>(理事长岸本绫夫) | 二七三,一七〇,六六三.三二 | 补偿满洲制铁所受之损害 |
| | | 小计 | 注:借出款与借入款之差额以其他资金补充之 | 五五五,二二三,九三七.一三 | |
| 计 | 九五一,一〇四,一五二.九一 | | | 九七一,五二九,九七八.二三 | |

注:借款合计额与所用之款相差二〇,四二五,八二五圆三二,乃因有其他资金,亦即管理金、暂记存款等收入资金,以资挹注。

品等物资。

据现存资料调查所得，存于上海、大连、天津等处尚未运来物资数量颇多，惟查究详情，则非询诸当时各该地驻在之伪满领事矣。

查白金及钻石收售，由该部主办，白金收回总量六，九八五两一，八三八，一二三，二四九两四二三六，钻石收回总量二六两九四一二，七一四 Karat 一二五〇．四二一八个。该部供应日本军需为化学兵器材料，输往白银一一七，〇四二两三〇三七，按限价计算，仅收价款一二，四〇二，三四〇圆四九，尚欠价款四九二，七九七圆，钻石三，七二六个，已收价款二七五，〇〇〇圆，尚欠价款三，三五〇，二一九圆八〇，附带黄金六二两五八．一二两五，钟表机械三六个，白银五两五〇，青玉一四个，价款尚未收回。

最后库存白金六，九八五两一八三八，六二〇七两一一九九，钻石二六两九四一二，七一四 Karat 一二五〇，四九二个。本店营业部保管，据接收清册记载，卅四年八月廿三日悉被苏军劫去。

伪满央行白金及钻石收付总数(1)

| 摘要 | 白金 | | 钻石 | | |
|---|---|---|---|---|---|
| | 两 | 两 | 两 | Karat① | 个 |
| 收回总数 | 六，九八五两一八三八 | 一二三二四九两四二三六 | 二六两九四一二 | 七一四 Karat 一二五〇 | 四，二一八个 |
| 输出日本总数 | 〇 | 一一七，〇四二两三〇三七 | 〇 | 〇 | 三七二六个 |
| 最后库存 | 六，九八五两一八三八 | 六二〇七两一一九九 | 二六两九四一二 | 七一四 Karat 一二五〇 | 四九二个 |

①Karat 后数字原档不清。

输出日本白金钻石及附属品总数(2)

| 摘要 | 数量 | 备注 |
|---|---|---|
| 白金 | 一一七,〇四二两三〇三七 | 已收价款一二,四〇二,三四〇圆四九,尚欠四九二,七九七圆 |
| 钻石 | 三,七二六个 | 已收价款二七五,〇〇〇圆,尚欠三,三五〇,二一九圆八〇 |
| 附带黄金 | 六二两五八<br>一二两五 | 价款尚未收回 |
| 附带钟表机械 | 三六个 | 价款尚未收回 |
| 附带白银 | 五两五〇 | 价款尚未收回 |
| 附带青玉 | 一四个 | 价款尚未收回 |

查一两核三.七五两,一八七五 Karat 〇.〇〇七五斤。

该部虽其使命在于搜括物资,然受伪政府之命,亦经办其他事务,如贷款于警务总局及铁石部队款等是,盖一时因国库无预算,二因利用特殊汇率,乃由该部暂为借出者也。

交易特别资金部主要输入物资配给表

(民国三十四年十一月十三日)

| 品名 | 单位 | 输入量 | 配给商品 | |
|---|---|---|---|---|
| | | | 配给商品 | 数量 |
| (1)机械及金属 | | | | |
| 机械类 | 台 | 一,二五七 | 满洲重工业会社<br>未定 | 一,〇一三<br>二四四 |
| 铜 | 千两 | 八一五,一四五 | 日满商事 | 八一五,一四五 |
| 钨矿 | 千两 | 一八,八九九 | 日满商事 | 一八,八九九 |
| 镍及 Nickrome | 千两 | 八〇,八七六 | 日满商事<br>满洲制铁会社及电热器组合 | 六五八<br>八〇,二一八 |

续上表

| 品名 | 单位 | 输入量 | 配给商品 | |
|---|---|---|---|---|
| | | | 配给商品 | 数量 |
| (2) 棉毛类 | | | | |
| 棉布类 | 匹 | 一六,三〇八 | 纤维公社 | 一六,三〇八 |
| 服类 | 着 | 七二,八八二 | 满洲生活必需品会社<br>纤维公社 | 六五,四八二<br>七,四〇〇 |
| 棉制品 | 打 | 四,〇〇九 | 厚生会<br>未定 | 七四五<br>三,二六四 |
| 毡子 | 打 | 八〇〇 | 厚生会 | 八〇〇 |
| 纯毛槛楼 | 千两 | 一二,四三二 | 纤维公社 | 一二,四三二 |
| 毛毯 | 床 | 八,〇三〇 | 纤维公社<br>厚生会 | 六,〇三〇<br>二,〇〇〇 |
| (3) 鞋类 | | | | |
| 鞋类 | 双 | 一二,二一〇 | 满洲生活必需品会社 | 一二,二一〇 |
| (4) 松脂 | | | | |
| 松脂 | 千两 | 一一五,九〇八 | 日满商事 | 一一五,九〇八 |
| (5) 农业用品 | | | | |
| 空洋油桶 | 个 | 二,六三四 | 农产公司 | 二,六三四 |
| 瓶装及苇席 | 张 | 七四,二五〇 | 农产公司 | 七四,二五〇 |

注：本表仅将主要输入物资加以分类，尚有其他输入品未经并入。

## 交易特别资金部输出品各主要购户分析表

（民国三十四年十一月十三日）

| 品名 | 单位 | 数量 | 购户 | |
|---|---|---|---|---|
| | | | 主要购户 | 数量 |
| (1) 金属及机械类 | | | 中华航空 | 五〇,〇〇〇 |
| 铣铁及铜 | 吨 | 七七一．一八 | 海军工作部 | 一五九,〇〇〇 |
| | | | 薛永魁 | 一〇,〇〇〇 |
| | | | 中华交通团 | 一一八,〇八七 |
| 机械类 | 部 | 一七．〇〇 | 在华北日本海军 | 一七,〇〇〇 |

续上表

| 品名 | 单位 | 数量 | 购户 | |
|---|---|---|---|---|
| | | | 主要购户 | 数量 |
| (2) 土建材料 | | | 华中振兴 | 二一三,八五〇 |
| 水泥类 | 吨 | 一,八三六.〇五 | 东和贸易 | 一〇〇,〇〇〇 |
| | | | 衣粮厂 | 一〇〇,〇〇〇 |
| | | | 海军经理部 | 一,一八二,二五〇 |
| | | | 中贸联 | 一五〇,〇〇〇 |
| 玻璃 | 箱 | 二,〇六八.〇〇 | 东和贸易 | 三〇〇,〇〇〇 |
| | | | 福岛忠夫 | 八三四,〇〇〇 |
| | | | 高桥达雄 | 八三四,〇〇〇 |
| | | | 领事馆用 | 一〇〇,〇〇〇 |
| 坑木 | 根 | 五二七,五〇〇 | 海军经理部 | 五,二七五,〇〇〇 |
| (3) 农产品 | | | | |
| 人参 | 斤 | 一四一,五四二.〇〇 | 三鑫公司 | 二九(箱) |
| 包米及包米粉 | 吨 | 五,二一二.〇〇 | 在华北日本海军 | 五,二一二,〇〇〇 |
| 大豆油 | 吨 | 一,〇四一.三五 | 兴南公司 | 一八三,四六七 |
| | | | 五号机关 | 三〇〇,〇〇〇 |
| | | | 海军经理部 | 五〇三,三七六 |
| (4) 化学工业品及药品 | | | | |
| 硫化□ | 吨 | 三〇.〇〇 | 薛永魁 | 二.〇〇〇 |
| | | | 上海满交 | 二〇,一五二 |
| 面碱 | 吨 | 八七,七八二 | 长江实业 | 五六,六〇八 |
| 硫安 | 吨 | 四〇〇,〇一二 | 广东向(岩田) | 四〇〇,〇一二 |
| 药品 | 箱 | 三,六二九,〇〇〇 | 三鑫公司 | (详细不明) |
| (5) 特殊高价品 | | | | |
| 皮张 | 张 | 一四七,五〇〇,〇〇〇 | 亚细亚贸易 | 一四七,五〇〇,〇〇〇 |
| 鸦片 | 两 | 九〇〇,〇〇〇两.〇〇〇 | 运往华中 | 七〇〇,〇〇〇两.〇〇〇 |

续上表

| 品　　名 | 单位 | 数　　　　量 | 购 | 户 |
|---|---|---|---|---|
| | | | 主要购户 | 数　　　　量 |
| | 千两 | 一〇,〇〇〇,〇〇〇 | 华北日本海军 | 一五,〇〇〇,〇〇〇 |
| | | | 运往广东（岩田） | 一四〇,〇〇〇,〇〇〇 |
| | | | 运往香港（安藤） | 四五,〇〇〇,〇〇〇 |
| | | | 德国(Karlo-wity 商会) | 一〇,〇〇〇,〇〇〇 |
| 黄金 | 两 | 一,六二九,〇二一,五七〇 | 运往华中 | 一,六〇四,八二五,六七〇 |
| | | | 运往华北（宇野御郎） | 三,三七六,〇〇〇 |
| | | | 运往广东（岩田） | 一六,三七二,八九〇 |
| | | | 运往泰国(隐岐参事官) | 四,四四七,〇一〇 |

注：一、未经指出销售地点者皆系上海。

二、输出数量与出售数量不一致,系因输送消耗及尚未售出存货。

本行接收清理伪满央行,要在明确伪满央行债权债务之关系,以为清理之根据,故各表册编制,莫不以此目的为依归。惟本报告中“伪满贸易统计”一项特再列入,盖汇兑与贸易互为因果关系至切,以贸易观外汇始能得其全豹也。(见下页表)

复查日本盘踞东北十有四年,经之营之,独占东北市场及富源,以尽工农分业经济侵略之能事。十四年来,日本与东北之贸易状况如下:

| 伪满进口总值 | 由日本进口总值 | 占进口总值% | 主要进口物资 |
|---|---|---|---|
| 一四,〇五五,八一九 | 一一,二一一,〇四一 | 80% | 杂货棉织品等 |
| 伪满出口总值 | 向日本出口总值 | 占出口总值% | 主要出口物资 |
| 八,六一〇,九〇二 | 五,三〇九,九八九 | 60% | 原料及农产品 |

交易特别资金部各地存货调查表（民国三十四年十一月十三日）

| 存货所在地 | 输出或输入 | 品名 | 单位 | 数量 | 存货所在地 | 输出或输入 | 品名 | 单位 | 数量 |
|---|---|---|---|---|---|---|---|---|---|
| 上海（码头军仓库） | 输出品 | （1）金属 | | | 奉天（奉天日满商事输送中） | 输入品 | 松脂 | 千两 | 一七，五二〇．〇〇 |
| | | 铣铁 | 吨 | 二五六．七九 | | | 铜 | 千两 | 四五，七七九．〇〇 |
| | | 钢骨 | 吨 | 一一五，七二四 | | 输入品 | （1）金属机械工具 | | |
| | | 炭素工具钢 | 吨 | 六一，五一九 | 大连（码头仓库） | | 工作机械 | 部 | 四〇一．〇〇 |
| | | （2）土建材及用具 | | | | | 发动机 | 部 | 二四四．〇〇 |
| | | 硅酸水泥 | 吨 | 六一．八〇 | | | 缝纫机 | 部 | 二〇．〇〇 |
| | | 建筑用 Jack | 台 | 六〇〇．〇〇 | | | 汽车 | 辆 | 四．〇〇 |
| | | Sanp-Lock | 台 | 三〇．〇〇 | | | 工具 | 捆 | 六七．〇〇 |
| | | | | | | | 熔接工具 | 部 | 二八．〇〇 |
| | | 代用钉 | 千两 | 五〇〇．〇〇 | | | 皮带 | 捆 | 一八．〇〇 |
| | | 合页 | 千两 | 四，四五〇．〇〇 | | | Nickrome 线 | 磅 | 一九六，六九〇．〇〇 |
| | | （3）纸类 | | | | | 铜及锌 | 磅 | 一七，三〇三．〇〇 |
| | | 模纸 | 张 | 一〇一，〇〇〇．〇〇 | | | （2）纤维品 | | |
| | | 壁纸 | 捆 | 二一．〇〇 | | | 冬季用劳工服 | 套 | 一〇，〇〇〇．〇〇 |
| | | 腾写版用纸 | 册 | 四五〇．〇〇 | | | 棉制品 | 打 | 三，二六四．〇〇 |

续上表

| 存货所在地 | 输出或输入 | 品名 | 单位 | 数量 | 存货所在地 | 输出或输入 | 品名 | 单位 | 数量 |
|---|---|---|---|---|---|---|---|---|---|
| | | （4）杂货 | | | | | 战斗帽 | 个 | 四,〇〇〇.〇〇 |
| | | 火柴轴木 | 包 | 三七五.〇〇 | | | 棉布 | 疋 | 二,五〇〇.〇〇 |
| | | 天瓜粉 | 箱 | 二四〇.〇〇 | | | 纯毛褴褛 | 磅 | 二七,二九七.〇〇 |
| | | 喷雾器 | 个 | 一〇,九八〇.〇〇 | | | 钨线 | | 五六,四二二.〇〇 |
| | | Fumakira 洗粉 | 袋 | 一三五,〇〇〇.〇〇 | | | （3）杂品 | | |
| | | 波斯顿手提包 | 箱 | 一八.〇〇 | | | 训练用鞋 | 双 | 二,三二〇.〇〇 |
| | | 刷子 | 捆 | 一一〇.〇〇 | | | 黑皮鞋 | 双 | 二〇〇.〇〇 |
| | | 香料 | 千两 | 一,七四五.五〇 | | | 橡皮 | 千两 | 一二.〇〇 |
| | | | | | | | 药品 | 捆 | 一七.〇〇 |
| 天津（军货物厂） | 输入品 | 松脂 | 千两 | 九五,八一四.〇〇 | | | 印刷油墨 | 磅 | 一,〇〇〇.〇〇 |
| | | | | | | | 灯泡 | 个 | 六,〇〇〇.〇〇 |
| | | | | | | | 洋漆 | 磅 | 二,三五八.〇〇 |

注：上海存货中，领事馆自用之存货不在其内。

上表所示吾人可能得悉日人榨取东北之事实，以剥削所得辗转牟利，投资伪满，即所谓“在满投资”，亦即东北人之血汗也。

再日本投降，苏军出兵东北，据美国赔偿专家鲍莱调查苏军搬走各工业等设备约计廿亿美元，苏联竟谬论谓对日本“战利品”。然据贸易统计，输往欧美之农产物等，十四年来凡一一，六〇六，八五七千伪满元，金银输出者一一六，三二八千伪满元，二者计一，七二三，一八五千伪满元，以伪满币壹百元折合美金廿三元，则达一九六，三三一，四〇〇美元。按此二亿元美金之外汇，仅就物资限价价格计算，酌予估计，加以黑市计算，约在限价十倍以上。如当年高粱米每斤九分，实际黑市每斤则在一元左右，则在二十亿美元以上。其如秘密输出之鸦片等物，皆不在内。而贸易统计编制，又系根据片断资料，若综合涓滴无遗之统计数字，当更增加几倍矣。凡输出欧美换得之外汇可能，皆为输入建设器材之用，故苏军撤去之设备，为吾东北人民血汗所积成，由此又可得确证。况由欧美输入之机器，仅为建设工厂或发电所设备之一部份，其他厂房或水力发电所堰堤之建设，实系其固定资产之最大部份，凡此种种，又何者不为东北人民血汗之结晶耶。

(附件二十)〔略〕

发行课　　法令规程(附件一至九)

查该课为统辖伪行发行事务之枢纽，举凡伪满通货之印制、铸造、销废、焚毁、发行、收回以及运送事宜，全由该课统筹调度。发行准备金之策划及伪币在国外兑换、委托同业办理契约(即以同业往来处理为原则)之洽订诸事，均由该课负责。

(1) 制造货币勘定(印制及铸造)

一、伪满央行货币印制及铸造总数计壹百肆拾肆亿贰千伍百捌拾肆万壹千陆百柒拾伍圆捌角伍分。(A) 纸币印制总数计壹百肆拾贰亿肆千肆百壹拾柒万贰千伍百圆整，(B) 辅币铸造总数计壹亿捌千壹百陆拾陆万玖千壹百叁拾伍圆捌角伍分整。

## 货币发行总额表

| 摘要 | 七月三十一日结余 | | 十一月十三日移交结余 | | 增减 | 金额 | |
|---|---|---|---|---|---|---|---|
| 印制铸造总数 | 一三,八〇七,七五一,五七五 | 八五 | 一四,四二五,八四一,六七五 | 八五 | 增 | 六一八,〇九〇,一〇〇 | 〇〇 |
| 发行总数 | 八,〇八五,〇四二,四三六 | 七三五 | 一三,六八八,四六二,二六四 | 四九五 | 增 | 五,六〇三,四一九,八二七 | 七六 |
| 发库库存总数 | 五,〇七四,三五七,九〇八 | 四二 | 八九,〇二八,一八〇 | 六六 | 减 | 四,九八五,三二九,七二七 | 七六 |
| 销废总数 | 五九,四七二,九〇〇 | 〇〇 | 五九,四七二,九〇〇 | 〇〇 | | 〇 | |
| 销毁及熔化总数 | 五八八,八七八,三三〇 | 六九五 | 五八八,八七八,三三〇 | 六九五 | | 〇 | |

## 货币发行总额分析表

纸　币

| 摘要 | 七月三十一日结余 | | 十一月十三日移交结余 | | 增减 | 金额 | |
|---|---|---|---|---|---|---|---|
| 印制总数 | 一三,六二六,四九二,五〇〇 | 〇〇 | 一四,二四四,一七二,五〇〇 | 〇〇 | 增 | 六一七,六八〇,〇〇〇 | 〇〇 |
| 发行总数 | 八,〇〇二,二二六,九四五 | 〇〇 | 一三,五八三,三一七,九八〇 | 〇〇 | 增 | 五,五八一,〇九一,〇三五 | 〇〇 |

续上表

| 摘要 | 七月三十一日结余 | | 十一月十三日移交结余 | | 增减 | 金额 | |
|---|---|---|---|---|---|---|---|
| 发库库存总数 | 五,〇三三,六七四,六五五 | 〇〇 | 七〇,二六三,六二〇 | 〇〇 | 减 | 四,九六三,四一一,〇三五 | 〇〇 |
| 销废总数 | 一五,五〇〇,〇〇〇 | 〇〇 | 一五,五〇〇,〇〇〇 | 〇〇 | | | 〇 |
| 销毁总数 | 五七五,〇九〇,九〇〇 | 〇〇 | 五七五,〇九〇,九〇〇 | 〇〇 | | | 〇 |

辅 币

| 摘要 | 七月三十一日结余 | | 十一月十三日移交结余 | | 增减 | 金额 | |
|---|---|---|---|---|---|---|---|
| 铸造总数 | 一八一,二五九,〇七五 | 八五 | 一八一,六六九,一七五 | 八五 | 增 | 四一〇,一〇〇 | 〇〇 |
| 发行总数 | 八二,八一五,四九一 | 七三五 | 一〇五,一四四,二八四 | 四九五 | 增 | 二二,三二八,七九二 | 七六 |
| 发库库存总数 | 四〇,六八三,二五三 | 四二 | 一八,七六四,五六〇 | 六六 | 减 | 二一,九一八,六九二 | 七六 |
| 销废总数 | 四三,九七二,九〇〇 | 〇〇 | 四三,九七二,九〇〇 | 〇〇 | | | 〇 |
| 熔化总数 | 一三,七八七,四三〇 | 六九五 | 一三,七八七,四三〇 | 六九五 | | | 〇 |

二、纸币券类共分六种：百圆券、拾圆券、伍圆券、壹圆券、五角券、壹角券，因各券发行日期先后不同，故样式、版次各异，计分改造、甲、乙、丙四号，除改造纸币为伪行继承东三省官银号者外，其余甲、乙、丙三种纸币均为日本内阁印刷局及伪满印刷局所印制。

三、铸币共分四种：壹角、五分、壹分、五厘，因币质、重量及样式不同，各币计分旧白铜、新白铜、旧铝、新铝、青铜、镁币等六类，除镁币由沈阳东洋 trzre 会社制成镁币原版后送交伪满央行造币厂加印者外，其余各种铸币皆由伪满央行奉天造币厂铸造。

四、卅四年八月一日以后止印制及铸造货币增加额计陆亿壹千捌百零九万零壹百圆，纸币计陆亿壹千柒百陆拾捌万圆，辅币计肆拾壹万零壹百圆，经核与帐相符。

八月一日以后印制及铸造总数增加实况

| 摘要 | 收款日期 | 收款行 | 金额 | | 备注 |
|---|---|---|---|---|---|
| 纸币 | 八月六日 | 本店营业部 | 六一七，六八〇，〇〇〇 | 〇〇 | 日本内阁印刷局缴送东京支店转来 |
| 辅币 | 八月二日 | 营口支店 | 三〇〇，〇〇〇 | 〇〇 | 伪满政府印刷局营口工场缴送营口支店 |
| 辅币 | 八月八日 | 本店营业部 | 一一〇，一〇〇 | 〇〇 | 伪满政府印刷局新京工场缴送本店营业部 |
| 合计 | | | 六一八，〇九〇，一〇〇 | 〇〇 | |

(2) 发行货币勘定(发行)

一、查三十四年七月三十一日止发行总额计捌拾亿零捌千伍百零肆万贰千肆百叁拾陆圆柒角叁分五厘，十一月十三日发行总额计壹百叁拾陆亿捌千捌百肆拾陆万贰千贰百陆拾肆圆肆角玖分五厘，共计增加发行伍拾陆亿零叁百肆拾壹万玖千捌百贰拾柒圆柒角陆分。查增加发行之详情，业于计算课说明并饬前发行课长武田克提出书面报告(附件二十二)。

八月一日以后发行总数增加实况

| 增加原因 | | |
|---|---|---|
| 各店增加发行（各支店截至八月八日<br>本店营业部截至八月二十五日） | 一,三二四,四三二,九二八 | 八三 |
| 本店营业部现送各支店 | 一,〇〇九,七五〇,〇〇〇 | 〇〇 |
| 本店营业部寄放兴农金库寄托金 | 二三,四〇〇,〇〇〇 | 〇〇 |
| 苏军提取本店营业部发库库存 | 五〇九,二七七,二〇〇 | 一〇 |
| 各支店发库库存（截至八月八日） | 二,七三六,五五四,八一〇 | 九三 |
| 蒙疆银行代理保管伪满币 | 四,八八七 | 九〇 |
| 合计 | 五.六〇三,四一九,八二七 | 七六 |

（3）发行元货币勘定（发库）

一、查三十四年七月三十一日止各店发库库存总数伍拾亿零柒千肆百叁拾伍万柒千玖百零捌圆肆角贰分，十一月十三日结余，即仅以本店营业部发库库存捌千九百零贰万捌千壹百捌拾圆陆角陆分为未发行券科目之余额外，其他各店发库一律已按发行转帐，故本科目余额减少肆拾玖亿八千伍百叁拾贰万玖千柒百贰拾柒圆柒角陆分，该课权宜处理，自与事实不符，爰据各店发库最后报告应有库存数额另行列表，以待日后清理。（附件二十二）

（4）废弃货币勘定（作废券币）

一、查本科目伪币销废总数伍千玖百肆拾柒万贰千玖百圆内，有纸币壹千伍百伍拾万圆，辅币肆千叁百玖拾柒万贰千玖百圆。

二、本店营业部保管销废纸币计伍百万圆，全数已接收，内有已穿孔券叁百陆拾贰万伍千圆，其中于四一四损失七千圆，尚未穿孔券壹百叁拾柒万伍千圆，全数于四一四被奸匪劫去。

三、吉林支店保管销废纸币计柒百伍拾万圆。全数已穿孔，查系上年七月二十日由本店营业部运送该支店暂为保管，原定在七月二十一日分六次送交吉林伪满特殊制纸会社销废，用为再造钞纸之用，已否销毁，尚待查问。

四、销废铸币叁千肆百万圆。查此项铸币于三十三年十二月十二日运交日本长府市神户制钢所铝币，供给日本航空兵器总局制造飞机原料价款，尚未收回，收据由大阪驻在员事务所保管。关于本案详情，已饬发行课长武田克书面报告。(附件二十二)

五、查伪行收回铸币之处分情形，为配合日本作战，军用必需直接输出日本熔化者，占半数以上，其余即就地办理，由伪行造币厂或伪满轻金属会社熔化后再运往日本，亦属军需使用。查销毁铸币数字，已熔解或熔解未完成者共计伍千柒百柒拾陆万零叁百叁拾圆陆角玖分五厘，而已熔解完毕之铸币，其重量已达壹千陆百捌拾余千吨之巨，足见铸币之献纳与日本供应军火原料之概况矣。

已销废货币保管实况

| 摘要 | 保管处 | 金额 | | 备注 |
|---|---|---|---|---|
| 纸币 | 本店营业部 | 五,〇〇〇,〇〇〇 | 〇〇 | 已穿孔券三,六二五,〇〇〇圆<br>未穿孔券一,三七五,〇〇〇圆 |
| | 奉天支店 | 三,〇〇〇,〇〇〇 | 〇〇 | 全数已穿孔 |
| | 吉林支店 | 七,五〇〇,〇〇〇 | 〇〇 | 全数已穿孔为充制造纸币用纸原料故由该店保管 |
| | 合计 | 一五,五〇〇,〇〇〇 | 〇〇 | |
| 辅币 | 日本航空兵器总局 | 三四,〇〇〇,〇〇〇 | 〇〇 | 民国三十三年十二月十二日输出现物送交日本长府市神户制钢所熔解，价款尚未收回 |
| | 奉天伪行造币厂 | 三,七二九,四〇〇 | 〇〇 | |
| | 抚顺满洲轻金属会社 | 六,二四三,五〇〇 | 〇〇 | 价款七六〇,八五二圆六八,卅四年八月十九日已收 |
| | 合计 | 四三,九七二,九〇〇 | 〇〇 | 以工为熔解未完成数 |

(5) 烧弃熔解货币勘定(销毁熔化)

一、查各种货币烧毁及熔化总数计伍亿捌千捌百捌拾柒万捌千叁百叁拾圆陆角玖分伍厘:(A) 已烧毁纸币计伍亿柒千伍百零玖万零玖百圆,(B) 已熔化完成铸币计壹千叁百柒拾捌万柒千肆百叁拾圆陆角玖分五厘。

(6) 发行准备金

一、查伪满币发行准备金根据伪货币法第十条及十一条规定,必须准备有货币发行额百分之三十以上之现金准备。该现金准备应以银块、金块,确实可靠之外国通货及在外国银行之金银、存款拨充,其余部份则以公债、商业票据及有价证券抵充保证准备。

二、核伪行现金准备之趋势,自伪满币发行后二、三年间,为取得民间及国外之信用,现金准备内容尚称健全,自伪满币与日本圆决定维持等价关系后,迄至伪康德四年实行产业五年计划止,现金准备中之金、银块相继输出英美,故法定现金准备内容已形空虚无法维持,伪满政府对准金扩大解释为伪"货币法第十条代金银以日本公债充之",无非掩人耳目。迨七七战事及太平洋战争相继爆发,现金准备内容愈趋枯竭,前后经四次扩大解释伪货币法之结果,现金准备完全变为公债及借款证书,实质与保证准备有何差别?关于发行准备金历年变动情形,另有统计可供稽考。(附件二十二)

三、查伪满币发行准备金最终情形如下:

A、现金准备额计　二,五九四,〇〇〇,〇〇〇圆〇〇,占发行额之 32.1%。

B、保证准备额计　五,四九一,〇四二,四三六圆七三五,占发行额之 67.9%。

现准内容已非昔比,计有伪满政府及横滨正金银行借款证书占半数以上,日本及伪满政府公债占不足半数,所有金、银已经日本席卷而去,保证准备内容以商业票据占多数,其余为各种有价证券及质押证书等,详情参阅伪行发行准备之运用政策(附件二十二)。

发行准备金分析表

| 现金准备 | | | 保证准备 | | |
|---|---|---|---|---|---|
| 准备内容 | 金额 | | 准备内容 | 金额 | |
| 日本国公债 | 六六一,〇〇〇,〇〇〇 | 〇〇 | 商业票据 | 五,〇三一,〇四二,四三六 | 七三五 |
| 满洲国公债 | 三五〇,〇〇〇,〇〇〇 | 〇〇 | 满洲兴业银行根抵当(质押证书) | 二〇〇,〇〇〇,〇〇〇 | 〇〇 |
| 伪满政府发行证书 | 二二八,〇〇〇,〇〇〇 | 〇〇 | 各种有价证书 | 二六〇,〇〇〇,〇〇〇 | 〇〇 |
| 正金银行借款证书 | 一,三五五,〇〇〇,〇〇〇 | 〇〇 | | | |
| 现金准备合计 | 二,五九四,〇〇〇,〇〇〇 | 〇〇 | 保证准备合计 | 五,四九一,〇四二,四三六 | 七三五 |
| 现金准备率 | 三二.一 | | 保证准备率 | 六七.九 | |

(7) 国外同业收兑伪满币情形

一、截至移交时止国外各银行代理收兑伪满币额如左:

国外各银行收兑伪满币实况

| 地址 | 兑换银行名 | 收兑伪满币最后保管额 | | | 查帐说明 |
|---|---|---|---|---|---|
| | | 日期 | 金额 | | |
| 日本 | 帝国银行东京本店 | 民国三四.七.九 | 一,六五六 | 六〇 | 收兑伪满币最后保管额与本店营业部假拂金勘定"暂时付款科目"国币交换户、所列数目相符。 |
| | 帝国银行神户支店 | 民国三四.四.一 | 六,一九二 | 五〇 | |
| | 帝国银行高丽桥支店 | 民国三四.六.十六 | 四六,〇二二 | 七〇 | |
| | 帝国银行门司支店 | 民国三四.五.五 | 五,〇一二 | 九〇 | |
| | 帝国银行广岛支店 | 民国三四.六.三〇 | 一四五,九四九 | 〇五 | |
| | 北陆银行敦贺本店 | 民国三四.四.二七 | 六八,九〇七 | 〇〇 | 收兑伪满币最后保管额与本店营业部假拂金勘定"暂时付款科目"国币交换户、所列数目相符。 |
| | 北陆银行伏木支店 | 民国三四.六.八 | 一,〇七三 | 五〇 | |
| | 第四银行新潟本店 | 民国三四.六.二七 | 五九,二〇六 | 三五 | 收兑伪满币最后保管额与本店营业部假拂金勘定"暂时付款科目"国币交换户、所列数目相符。 |

续上表

| 地址 | 兑换银行名 | 收兑伪满币最后保管额 | | | 查帐说明 |
|---|---|---|---|---|---|
| | | 日期 | 金额 | | |
| 日本 | 横滨正金银行长崎支店 | 民国三四.六.二六 | 三三二,三一七 | 一四 | 收兑伪满币最后保管额与本店营业部假拂金勘定"暂时付款科目"国币交换户、所列数目相符。 |
| | 朝鲜银行下关支店 | 民国三四.六.二八 | 一七〇,六一二 | 九〇 | 收兑伪满币最后保管额与本店营业部假拂金勘定"暂时付款科目"国币交换户、所列数目相符。 |
| | 朝鲜银行福冈支店 | 民国三四.六.一九 | 一七四,五九二 | 〇〇 | |
| | 朝鲜银行大阪支店 | 民国三四.六.一九 | 五,三八八 | 二〇 | |
| | 共　计 | | 六,四七九,一八五 | 七一 | |
| 朝鲜 | 朝鲜银行京城本店 | 民国三四.八.三 | 三,九〇五,五二九 | 〇一 | 收兑伪满币最后保管额与本店营业部假拂金勘定"暂时付款科目"国币交换户、所列数目相符。 |
| | 朝鲜银行釜山支店 | 民国三四.八.二 | 三五三,八七五 | 九四 | |
| | 朝鲜银行清津支店 | 民国三四.八.六 | 一,〇六〇,二五三 | 二四 | |
| | 朝鲜银行罗津支店 | 民国三四.八.六 | 一九〇,二二七 | 四〇 | |
| | 朝鲜银行新义州支店 | 民国三四.八.九 | 九六九,三〇〇 | 一一 | |
| | 共　计 | | 六,四七九,一八五 | 七一 | |
| 台湾 | 台湾银行台北本店 | 民国三四.四.一 | 一 | 六四 | 收兑伪满币最后保管额与本店营业部假拂金勘定"暂时付款科目"国币交换户、所列数目相符。 |
| 中国 | 横滨正金银行上海支店 | 民国三四.七.九 | 四,九一〇,八七七 | 九〇 | 收兑伪满币最后保管额与本店营业部假拂金勘定"暂时付款科目"国币交换户、所列数目相符。 |
| 蒙疆 | 蒙疆银行本店 | 民国三四.八.七 | 四,八八七 | 九〇 | 收兑伪满币最后保管额与本店营业部"发行元货币保管高(?)帐"所列数目相符。 |
| 日本 | 伪满央行东京支店 | 民国三四.七.一四 | 二五六,三四〇 | 五四 | 收兑伪满币最后保管额与本店营业部假拂金勘定"暂时付款科目"国币交换户所列数目相符。 |
| | 合　计 | | 一二,七三二,三三三 | 五三 | |

二、上项兑换各款，统已结算清楚，伪满币仍存于各代兑银行

保管,应即分别运回。

(8)伪满央行代理收兑外国货币情形

一、截至移交时止,伪满央行各店代理收兑朝鲜银行券计柒拾捌万陆千圆,蒙疆银行券计肆万伍千伍百零柒圆肆角。

二、现款保管店及数目列表如下:

伪满央行代理收兑外币实况

| 券类 | 集中轧帐店 | 收兑外币最后保管额 | | | 现金保管店及保管额 | 备考 |
|---|---|---|---|---|---|---|
| | | 日期 | 金额 | | | |
| 朝鲜银行券 | 本店营业部 | 民国三四.八.一九 | 八五,〇〇〇 | 〇〇 | 吉林支店 三七,四〇〇.〇〇<br>四平支店 二一,五〇〇.〇〇<br>白城子支店 二五,三〇〇.〇〇<br>兴安支店 三〇〇.〇〇<br>五叉沟事务所 五〇〇.〇〇 | 收兑外币最后保管额与本店营业部“委托保管帐”所列数目相符。 |
| | 奉天支店 | 民国三四.七.二七 | 一二一,〇〇〇 | 〇〇 | 因报告表已遗失故各店保管数额不明 | |
| | 哈尔滨支店 | 民国三四.八.七 | 三三〇,〇〇〇 | 〇〇 | 因报告表已遗失故各店保管数额不明 | |
| | 牡丹江支店 | 民国三四.七.三〇 | 二五〇,〇〇〇 | 〇〇 | 因报告表已遗失故各店保管数额不明 | |
| | 共计 | | 七八六,〇〇〇 | 〇〇 | | |
| 蒙疆银行券 | 本店营业部 | 民国三四.八.二〇 | 四五,五〇七 | 四〇 | 本店营业部三,六三五.二〇<br>大连支店三,七一六.四〇<br>承德支店三六,六七一.三〇<br>安东支店 八一二.〇〇<br>东京支店 四一九.一〇<br>锦州支店 二五三.四〇 | 收兑外币最后保管额与本店营业部“蒙疆券代理保管帐”所列数目相符。 |
| | 合计 | | 八三一,五〇七 | 四〇 | | |

三、上项代理保管外币价款,已与各行结算过帐,但现钞于各店保管究竟有无损失,仍待续查。

(9)发行手续未完备之纸币

一、伪行为谋纸币在国内自给自足及充裕筹码,自伪康德十一年即于伪满帝国印刷局印制各种丁号、戊号及千圆券,至移交时止，虽有数种已经印制完竣，但发行该券法律上之手续因未完成，故丁号、戊号及千圆券从未发行，仍为不通用之纸币。

二、发行手续未完备纸币中，已由印刷局印竣缴送伪行者，计千圆券、丁号百圆券、丁号五角券三种，票面总额三亿零壹百零伍万圆，除丁号五角券贰百贰拾伍万圆已照数接收外，千圆券二亿伍千万圆伪行全数送交抚顺支店，仍应查究。丁号百圆券肆千捌百捌拾万圆，于卅四年九月六日悉被苏军劫去。

三、在伪满印刷局印制中发行手续亦未完备之纸币

A、在伪满印刷局（伪行后楼工场）库房保管者共两种，已印竣千圆券四六〇，〇〇〇张，苏军劫去四五六，〇〇〇张，接收四，〇〇〇张。未印竣千圆券四七四，四一〇张，全数运往伪行抚顺支店，应予查究。未印竣丁号百圆券三〇九，二六二张，苏军劫去一，三二〇张，接收三〇七，九四二张。

B、在伪行本店营业部保管者一种，未印竣戊号百圆券七六九，三二〇张，全数已接收。

四、查接收正印制中各券，伪行无帐可稽，仅就放置地点加以检查封存，嗣于卅五年三月二十二日鉴于苏军撤退期近，长春外围共军麇集，为防患未然，即将上项接收印制未完成各券计一，〇八一，二六二张，派本行朱襄理志清会同伪行保管员高藻翎野副重胜在本行焚钞炉眼同焚毁，业于卅五年四月四日以春字 268 号函陈报本行秘书处、发行局备案。

（10）发行纸币寄托金

A、寄托金

一、伪行寄托金系于伪康德十年八月一日实行者，其目的有三：一为使地方通货供应灵活。二为减轻寄托银行库存现金之耗息，藉以减低成本，供给农业资金。三为防止伪行货币发行额之无形增高。此项寄托金现款，由各寄托银行自行封存保管，但伪行发行帐面仍按各该管辖店发库库存合并处理，于必要时寄托银行须

## 已缴送伪行发行手续未完成纸币实况

| 券类 | 已缴送伪行本店营业部保管总数 | | 运出及损失额 | | 接收额 | | 备注 |
|---|---|---|---|---|---|---|---|
| 千圆券 | 二五〇,〇〇〇,〇〇〇 | 〇〇 | 二五〇,〇〇〇,〇〇〇 | 〇〇 | 〇 | | 八月十三日运达通化支店，八月十五日转运沈途中，因沈抚交通断绝故全数存放抚顺支店。 |
| 丁号百圆券 | 四八,八〇〇,〇〇〇 | 〇〇 | 四八,八〇〇,〇〇〇 | 〇〇 | 〇 | | 卅四年九月六日全数被苏军劫去 |
| 丁号五角券 | 二,二五〇,〇〇〇 | 〇〇 | 〇 | | 二,二五〇,〇〇〇 | 〇〇 | 全数接收 |
| 合计 | 三〇一,〇五〇,〇〇〇 | 〇〇 | 二九八,八〇〇,〇〇〇 | 〇〇 | 二,二五〇,〇〇〇 | 〇〇 | |

## 伪满帝国印刷局印制中发行手续未完成纸币实况

| 券种 | 印制程度 | 印制总数 | 运出或损失额 | 接收额 | 说明 |
|---|---|---|---|---|---|
| 千圆券 | 全部印竣 | 四六〇,〇〇〇张 | 四五六,〇〇〇张 | 四,〇〇〇张 | 苏军进驻长春时劫去四五六,〇〇〇张,剩余四,〇〇〇张已全数接收。 |
| 千圆券 | 一部份号码尚未印竣 | 四七四,四一〇张<br>四七四,四一〇,〇〇〇圆 | 四七四,四一〇张<br>四七四,四一〇,〇〇〇圆 | 〇<br>〇 | 八月十三日运达通化支店四七四,四一〇张,八月十五日转运沈阳途中,因沈抚交通断绝将全数存放抚顺支店。 |
| 丁号百圆券 | 一部份号码尚未印竣 | 三〇九,二六二张<br>三〇,九二六,二〇〇圆 | 一,三二〇张<br>一三二,〇〇〇圆 | 三〇七,九四二张<br>三〇,七九四,二〇〇圆 | 苏军进驻长春时劫去一,三二〇张,剩余三〇七,九四二张已照数接收。 |
| 戊号百圆券 | 只印完一色或三色 | 七六九,三二〇张<br>七六,九三二,〇〇〇圆 | 〇<br>〇 | 七六九,三二〇张<br>七六,九三二,〇〇〇圆 | 全数接收 |

请准统辖店可自行启封动用寄托金。为防止寄托银行不法动用寄托金,除由各统辖店经常监督管理外,更设有监察制度,以期万〔安〕全。关于本制度之详细情形,请参阅伪行规程(附件三)第235页。

二、截至移交时止伪行寄托金实况如下:

寄托各银行发库库存分析表

A、寄托金(民国三十四年七月二十日结余)

| 寄托银行 | 寄托银行保管店数 | 寄托金额 | |
|---|---|---|---|
| 兴农金库 | 一〇〇 | 二二〇,〇〇〇,〇〇〇 | 〇〇 |
| 满洲兴业银行 | 一 | 三,二〇〇,〇〇〇 | 〇〇 |
| 合计 | 一〇一 | 二二三,二〇〇,〇〇〇 | 〇〇 |

B、特别寄托金

一、伪行特别寄托金系于伪康德十一年十二月一日创设之者,其目的(一)为分散受空袭之危险,(二)为预防交通隔绝时不致使通货之供应受阻。此项寄托金由双方银行会封后,现款托由被寄托银行保管,除有伪行命令外,不准动用。此项寄托金于伪行帐面仍合并于各该管统辖店发库库存处理。关于本制度之详细情形,请阅伪行发行课长武田克说明书(附件二十二)。

二、截至移交时止伪行特别寄托金实况如下:

特别寄托金(民国三十四年七月三十一日结余)

| 寄托银行 | 寄托银行保管店数 | 寄托金额 | |
|---|---|---|---|
| 兴农金库 | 六 | 四八,〇〇〇,〇〇〇 | 〇〇 |
| 商工金融合作社 | 二 | 五七,〇〇〇,〇〇〇 | 〇〇 |
| 满洲兴业银行 | 四 | 四八,二四〇,〇〇〇 | 〇〇 |
| 横滨正金银行 | 一 | 八,四〇〇,〇〇〇 | 〇〇 |

续上表

| 寄托银行 | 寄托银行保管店数 | 寄托金额 | |
|---|---|---|---|
| 哈尔滨银行 | 一 | 五〇,〇〇〇,〇〇〇 | 〇〇 |
| 合计 | 一四 | 二一一,六四〇,〇〇〇 | 〇〇 |

………

查本行接收清理伪满央行本支店所,其在已收复地区者,业经分别办理,所有本店接收情形、损失情形及各部门之业务,检查历年统计资料已如上述。清理方面,奉准专设机构赓续进行。今后之处理问题,另由清理处拟具意见,制定各种结束办法陈报核准后,即行分别办理结束。谨此报告,敬祈鉴核。

谨致

总行

中央银行东北区特派专员　王钟(印)

长春分行经理　韦锡九(印)

中华民国三十六年五月三十一日

〔国民政府财政部档案〕

## 12. 财政部督导接收敌伪金融机构整理清理办法施行细则①

(1947年8月13日)

财政部督导接收敌伪金融机构整理清理办法施行细则　卅六

①该细则系财政部1947年6月18日呈拟财政部督导接收敌伪金融机构整理清理办法补充办法八项,1947年8月13日行政院核定改为施行细则。

年八月十三日行政院核准备案

第一条　凡本部指定各行局处接收敌伪金融机构之整理清理工作，除依照部订督导接收敌伪金融机构整理清理办法办理外，依照本细则办理之。

第二条　接收敌性金融机构财产，依照左列四项规定办理：

甲、各种动产及不动产，除应收敌伪债权外，于移付敌伪产业处理机关处理时，即一律按照原帐面余额冲帐。

乙、上项动产及不动产价格，无原帐可稽但政府有规定者，如黄金、白银、外币、镍币、铜元、制钱等，得按接收时规定价格冲帐。

丙、上项动产及不动产价格，无原帐可稽，政府又无规定者，得由整理机关按接收时市价估定冲帐。

丁、所持有之应收敌伪债权（包括有价证券），于整理期限内无法收回者，即一律按照原帐面余额冲转损益帐，但敌伪有价证券部份，仍应详细列册报部备查。其已依照规定向中中交农四行登记向敌索赔者，并应专册造报。

第三条　接收敌性金融机构之应付敌性债务（即敌性金融机构欠负敌性机构或个人之款项），应一律以“敌性债务”科目冲帐。

第四条　接收伪性金融机构财产，应于清理期限内依照部订督导接收敌伪金融机构整理清理办法第十一条之规定，悉数移付处理完结，依限结束。

如上项财产，因敌伪产业处理机关未能于清理期限内处理完结，其未了帐务结束事宜，除伪中央储备银行部份专案核办外，均由原清理行局派员兼办，不得再行报支清理费用。

第五条　接收敌性金融机构之应收敌性债权（即敌性机构或个人欠负伪性金融机构之款项），于清理期限内无法收回者，即一律按原帐面余额以“向敌索赔”科目冲帐。

第六条　接收清理（整理）费用，如接收各该机构库存及收回债权，仍不敷支应时，得商由接收其他敌伪金融机构资产暂垫，报部备查。

第七条　接收清理(整理)敌伪金融机构费用,除依照部订接收清理敌伪金融机构费用报支办法办理外,于报请核定后,一律在各该敌伪金融机构损益项下以“清理(整理)费用”科目列帐。

第八条　本细则自核准日施行。

〔国民政府财政部档案〕

## 13. 财政部关于台湾省原有金融机构接收整理清理指示限期结束的训令

(1948年3月8日)

财政部训令　财督五字第23767号　民国卅七年三月八日发

事由:为清理台省原有金融机构特加指示令仰转饬遵照迅速切实办理由。

令台湾省财政厅

查台湾省内原有各金融机构前经由部授权前台湾省行政长官公署财政处接收清理,及限期清理结束,编造清理结束总报告报部备核,并经迭电饬先将各该机构之原始接收清册,及接收报告报部各在案。兹逾时已久,仍有多数机构未据将原始清册接收报告及清理结束总报告造报前来,其已造送结束报告者,清算办法亦与部颁办法参差不齐。为求各该机构之清理工作早日结束,并使步骤齐一起见,特加指示如次:

一、台湾省内原有日资及日台合资设立之金融机构及其分支机构(以下简称原有金融机构),于接收后应即清查其资产负债确数,分别加以清理,追回债权。其债务除普通商民、盟国侨民,前身纯系日方经营或日台合资经营,现由我政府接收之公私企业者得予清偿外,其余一律扣留报部核办。惟上列应予追收债权及得予偿付债务，得由就各该原有金融机构改组合并成立之新金融机构承受，仅就其总差额清理之。

二、接收原有金融机构财产，均应洽由敌伪产业处理机关处理，或经其核定价格，由接办之新机构承受。

三、原有金融机构清理后之剩余资产，应按各股东所缴股款之数额比例分派，其中日人股权所应得之权益，应全部收归国有，提缴国库，惟得呈经本部核准，将其全部或一部拨充就各该原有机构改组合并所成新机构之公股。

四、接收原有金融机构之原始交接清册及接收报告，应依照部颁督导接收敌伪金融机构整理清理办法第二、四两条之规定办理，限于卅七年三月底以前送达本部备核。

五、接收原有各金融机构，最迟限于卅七年四月底以前清算完毕，并即依照上项整理清理办法第十三条及本部卅七年京督秘155、0213代电之规定编造清理结束总报告一式三份，报部备核。

以上各项，统仰转饬遵照，迅速切实办理为荷。

此令。

部长　俞鸿钧

〔国民政府财政部档案〕

# （二）国家金融机构业务之扩张

## 一、中央银行业务概况

### 1. 中央银行办理商业行庄重贴现转质押转押汇暂行办法

（1946年12月14日）

中央银行办理商业行庄重贴现转质押转押汇暂行办法

卅五年十二月十四日中央银行业务局通函公布（致本行各分行处）

甲、一般规定

（一）贷款由当地银行或钱庄组织银团办理，每一银团最少包括行庄七家，但倘专办转押汇者，得最少包括行庄三家。

（二）行庄组织银团时，应订立合约，并由银团推举代表行庄三家（转押汇两家）与本行订约，合约格式由本行规定之。

（三）每一行庄转质押或重贴现额最多一亿五千万元，转押汇额最多三亿元。

（四）重贴现、转质押或转押汇均由银团出面承借，其借款本息由全体团员连带负责。

（五）银团申请重贴现、转质押或转押汇，应先将原贷款申请人所填贷款申请书、资产负债表及有关单据，逐笔送交本行审查合格再行承做。

（六）原贷款申请人应以合法设立，直接经营本业，加入各该业同业公会之工厂或公司、商号，现在继续生产或经营者为限。

（七）原贷款用途必须正当，由承放行庄负监督责任。

（八）原放款利率不得超过月息五分，并不得另收其他费用。重贴现、转质押或转押汇照原放款利率二分之一计算。

（九）重贴现、转质押或转押汇折扣，以原放款额七五折计算。

（十）行庄原放款额票据贴现，每户不得超过二千万元，质押放款每户不得超过五千万元，押汇每户不得超过一亿元。

（十一）原贷款人每一单位最多能向各行庄办理票据贴现二千万元，质押五千万元，押汇一亿元。

（十二）行庄原放款如为票据贴现，各户合计总额不得超过一亿元。

乙、重贴现

（一）重贴现原放款对象，暂以中小型生产事业及出口商为限。工厂厂址或出口商地址应在申请所在地。

（二）重贴现期限自核准办理之日起算，至原票据到期日为止（原票据期限最长不得超过九十天）。

（三）贴现票据以商业承兑汇票或银行承兑汇票为限。

（四）申请重贴现应附缴有关合法商业行为证件，如发票、定单、合同等。

（五）商业承兑汇票之承兑人，应为经营本业之商人。

丙、转质押

（一）转质押原放款对象暂以中小型生产事业及出口商为限，工厂厂址或出口商地址应在申请所在地。

（二）转质押期限至多九十天，并以不超过原放款到期日为限。

（三）出口商质押品应为本业之商品。

（四）工厂质押品应为与本厂制造有关之原料、半制品或制成品。

（五）质押品栈单以公共仓库所出栈单为限。

（六）质押品如仍置厂内，应由银团派员管理，或数厂共派一人巡回管理，在不减少押品价值范围内，准其随时掉换增减，每十日由银团开立押品清单，报告本行一次。

（七）质押品折扣照市价六折计算。

（八）质押品均应保险。

丁、转押汇

（一）押汇货物以民生日用必需品、当地特产或出口物资为限。

（二）转押汇期限视运输情形而定，最长三十天，并以不超过原押汇到期日为限。

（三）押汇货物折扣照起运地市价最高七折计算。

（五）押汇货物均应保险。

戊、附则

（一）各省市地方银行向本行办理重贴现、转质押或转押汇时，以适用商业行庄诸规定为原则，但倘依国家行局成例将所有头寸集中存放本行，同时所有放款经由四联总处核准者，得适用国家行局诸规定。

（二）重贴现、转质押、转押汇之审核原则，由本行参酌市面金融情况及有关法令决定之。

（三）本办法其他未尽事宜，依照银行惯例办理，或由本行临时公告之。

（四）特种性质之贷款，其办法另订之。

（五）重贴现、转质押、转押汇其他手续，照本行规定办理。

（六）本办法自公布之日实行。

银团与本行合约格式（略）

〔国民政府财政部档案〕

## 2. 中央银行 1946 年度营业报告

(1947 年)

中央银行三十五年度营业报告

绪言

本年为抗战胜利之第二年头，抗战大业虽于去年完成，而当去年胜利之时已届秋半，仅余一年中三分一之时间。曾几何时，岁聿云暮，一切善后事宜，千头万绪，初非一蹴可成，正待本年之逐步进行，如后方之复员，灾区之救济，以及收复区之建设等等为其尤著者。而此项之一切善后事宜，其策进之动力，实在金融。本行为金融之总枢，故尤有息息相关之势。夫国家预算赤字，收支不能平衡，发行数量增巨，物价随之上腾，此为战后应有之过程。在此过程中，执掌金融者，既须一面供给国家之需要，又须一面兼顾人民之生活，所谓国计民生，兼筹并顾。故于此之时，不仅责任重大，抑亦职务极为艰巨也。兹值三十五年度决算蒇事，所有本行各项业务，谨分别编制详细报告，爰摘其大要概括述之：一曰关于发行者。本年内复员绥靖各费之支出、经常军政各费之增加，以及救济建设各大政需要百端，本行秉承国策，力求紧缩，故发行总额较之上年度只增两倍有余(东北券除外)，尚不如社会人士想像之巨。钞券面额亦仅伍千元为止，努力应付，尚幸无误。二曰关于外汇者。本年内外汇政策一如往昔，悉秉政府之命执行，先后于三月、八月间两次调整对美汇率。前一次变更牌价为美金一元合国币二，〇二〇元，后一次变更牌价为美金一元合国币三，三五〇元，以供求之不能平衡，故综合市场买卖与政府结汇计算，支出超出收入百分之十有零，以故运用调节煞费经营。三曰关于内汇者。内汇业务实与发行业务相因相连。本年度发行上增加之数，既因各种需要，则内汇自必随之增繁，其连带而生之运送钞券接济解汇头寸，以及运送费之支出，亦随之而增加。四曰关于国库者。本行代库事务年有进展，代库机构亦逐年增加，本年度下期内实施公款存汇办法，实为国库业务上之新纪元。此项办法系政府颁布，而本行努力奉行，以期策应紧缩通货、稳定物价之政策。本年尚在创始时期，来年更当积极策进。除此而外，如分支机构之裁并，票据交换之推行，贴放政策之伸缩，金融机构之检查，敌伪钞券之清理，无不遵循政府意旨，按照联处指挥，慎重办理，以副使命。兹谨缕晰具陈报告如次：

经济概况

从经济上言之，战争结束，并非战时经济即已告终，必待整个国民经济自战时经济复员而至于平时经济，始得谓为战时经济告终。盖战事结束之后，军队之复员，政府之还都，流亡之辑抚，生产之复员建设，皆非一蹴即就，而费用又甚繁夥，自不能以平时经济视之。故以美国经济力量之雄厚，社会组织之严密，于本年底始宣布自一九四七年元旦起始视为战事终结。我国经济受战事之影响，至深且巨，且国内纠纷未平，用兵未已，政府各项措施，悉以应付非常为目的。故本年度之我国经济，一面承袭战时经济之各项措施，以应付复员期中之非常局面，一面采取各项新的管制办法，务期社会稳定，逐渐步入平时经济，以图开始经济建设，而求国民经济之繁荣。

抑尤有进者，在战争时期交通阻隔，我国经济上几与外界绝缘。胜利以后，海运重开，重与海外懋迁有无，与世界经济之荣枯，息息相关。而同盟各国又揭橥国际经济合作，以共期世界之繁荣。我国更积极参与各项国际经济会议，与盟邦共同倡导各项经济合作。惟各国经济情形不同，对外经济政策，自不能不斟酌本国情势，采取适当措施，在国际经济合作之中，以求国民经济之发展。而在战争结束之短期间内，尤不能不着重复员工作之进行，积极扶植国内产业之发展，抑止不必要物资之大量涌进，以防止国际收支之过份逆转，而求国内经济之安定与发展，与国际经济关系之增进与合作。

国内外经济大势既如前述，其主要事实分述于后：

一、国内经济

以言国内经济，可分物价、贸易、生产、金融四方面。简述其重要变革如左：

(1) 物价　本年度全国各地物价仍在继涨中，以上海为例，全年共计上涨百分之五四五. 二，平均每月上涨之百分率为一六. 八，上涨速度较上年胜利后四个月为缓和。其主要原因，厥为本年三月间外汇市场重开后，国外物资开始大量输入，同时政府所接收之敌伪物资，亦陆续向市场倾售，复辅以抛售黄金政策之运用，致市场之商品供给既增，而增发之通货复能收回一部份，于是物价之上涨得趋于缓和。

就全年物价变动之过程观之，约可分为三阶段。第一阶段，自年初迄外汇市场之重开。此时期输入物资数量甚微，而上海物价水准较低，所引起大后方游资汇集上海争购物资之风，犹未中辍，致本年一、二两个月上海物价平均上涨之百分比高达四四 . 九，其速度超过年内其他时期。第二阶段，自三月外汇市场重开，以迄八月十七日外汇率调整。在此近六个月期间，国外物资输华数量渐增，而汇率复始终固定，致进口物价及出口物价构成其主要成本费用之其他物价，亦因此趋于平稳。此期间物价之每月上涨百分比所以尚达一八. 八者，盖由于与汇率稳定比较无关之粮价上涨较速所致。粮价涨，工资亦增，一般物价遂均受其影响。第三阶段，自八月十七日起迄年底止。在此四个半月期间，第一个月由于汇价提高百分之六十五，一般物价亦跟涨百分之二二 . 七。但自调整汇率之刺激消失后，进出口物价复趋平定，因全国秋收成绩尚佳，新谷登场后，粮价涨势转缓。故此期间物价平均上涨之百分比，仅有八 . 九，为全年各期中物价涨势最和缓者。

本年度因各地交通尚未全复，致各地物价水平差异殊大。如本年上海物价共计上涨五倍半弱，而重庆物价一年内所增尚不及一倍。又因各种商品之供源有丰啬，消费者之需要有强弱，以致各类商品上涨之速度，亦颇不平衡。由此可知，各地及各类商品价格继涨之不平衡，仍为战后中国物价变动之显著特征。

（2）贸易　　政府于本年二月二十六日颁布“进出口贸易暂行办法”，三月四日正式开放外汇市场，使中国停滞已久之对外贸易，又获重开。惟以国内需要迫切，进口贸易，为数甚巨，出口贸易则未见大量增加，政府乃于八月十九日起，又将对美汇率由二，〇二〇元放长至三，三五〇元。汇率调整后，虽出口贸易稍有转机，但进口激增所造成之贸易逆势依然。为使进口贸易臻于合理化起见，于十一月十七日，又将前订对外贸易办法废止，另颁“修正进出口贸易暂行办法”，除禁止进口之奢侈品外，对一切进口物品，均施以许可制度。

本年度全年进口净值共一一，五〇一，一六五，二四六千元，出口净值共四一二，一一一，八一一千元，入超总额一，〇八九，〇五三，四三五千元。如将全年各月对外贸易额折成美金，则约如下所列（单位：百万美元）：

| 月　　份 | 出　口 | 进　口 |
|---|---|---|
| 一至三月 | 一六 | 五九 |
| 四至八月 | 六八 | 二八六 |
| 九至十二月 | 七七 | 二六〇 |
| 总　　计 | 一六五 | 六〇五 |

本年贸易入超数额既巨，而华南走私进口尤足惊人。据粤海关消息，光复以来有统计进口美货约值七亿美元，而走私漏税之美货最少亦达六亿美元。此种走私，以玻璃、尼隆、丝袜、洋酒及卷烟居多，大部系体小值大而为禁止入口之奢侈品，政府在财政上损失税收不资。进口私货大部系由兵舰及商轮水手偷运入关，而且走私组织严密，与各关系方面俱有联络，查缉深感困难。

（3）生产　　本年国内农工业生产，除尚有戡乱地区外，已渐由破坏停顿而步入建设发展。如国内轻工业巨臂之中国纺织建设公司所属各厂，在接收之初，仅开日班纱锭三十四万七千余枚，布机九千余台。迄本年底止，开工率已增至日夜班，共开纱锭二百七十二万零三百余枚，布机亦增至五万七千三百四十六台，全年纯益达一万亿余左右。除纺织业外，如橡胶、火柴、搪瓷、卷烟各业，均为相当繁荣之工业。此数部门工业之所以呈现景气，与外汇市场重开后能获得国外廉价原料之供应颇有关系。惟除此以外，其他部门工业，或受外货之竞争，或因销路之疲滞，或因资金之不足，其处境均有困难。

政府为增加生产，充裕物资，平抑物价，而扩大生产事业贷款，由本行透过国家行局贷出之款项，有蚕丝、茶叶、染织、食盐民生日用必需品及国内押汇、出口物资押汇等。凡国家行局向本行转质押、重贴现、转押汇及临时短期拆款，均予以便利。同时，本行利用商业行庄组织银团，举办工商事业各种生产运销贷款之押款、贴现、押汇及出口物资押款、押汇等，均经本行予以转质押、重贴现及转押汇之便利，藉以扶助工商事业之发展，增强民生日用必需品之生产运销，鼓励物资出口，以增加外汇收入。

迨十二月间，以年关在迩，工商业更感资金不敷周转，特由四联总处设置生产事业贷款委员会，规定凡生产事业为采购原料，整修设备，或在国内外运销产品需款周转者，可经过行庄或直接向审委会申请生产贷款。此项贷款并可向本行办理重贴现，其利息较原贷放利息尚低百分之五十，工商业得此大量生产贷款之助，始获安渡年关。至于农业生产方面，经战时长期之破坏，战后复因匪乱及劳力缺乏关系，未复耕田地甚多，致政府虽力图增产，但就全国总收获量而言，则本年度食粮产量，仍比战前正常时期减少百分之八至百分之十二，有几省粮食之缺少，且有高达百分之四十者。其他农作物之减少，亦与粮食情形相同。如战前全国棉产量年达一千四五百万担，已差可自给，去年棉产虽已较战时增加，亦仅七百数十万担，除农村自用外，即使余数能全部运出，亦只能供给全国纱厂需棉量之三分之二。

(4) 金融　　随通货及游资数量之增加，全国金融业存款数字亦见增加。如本年一月，全国省市县及商业行庄存款总额仅七五，五〇三，三六二千元，迄年底止已增至四九七，〇六二，八七六千元。

为导引游资入于资本市场，以利工商业之发展，上海证券交易所于本年九月九日在沪成立，并于十六日起正式开拍第一批核准上市股票，计有永安纱厂等二十种华商股票，政府公债及外商股票，犹未上市。

上海为全国商业经济重心，投机事业盛行，各地游资群趋沪地活动。试观各商业行庄汇入汇出款项差额之巨，即可见游资集中上海之一斑。本年度各商业行庄汇入款项计一，二四六，二八五，八一二，七五〇元，汇出款项计四六三，七一六，五一五，三〇八元，汇入之数超出汇出者七八二，五六九，二九七，三九七元，计超过二·六九倍。而且汇入之款项逐月递增，本年一月份汇入款项仅一四，七七四，〇七四，二八二元，十二月份增达二四四，二二四，八二四，五七九元，计增十七倍之多，殊足惊人。因游资之集中上海，遂使上海商品市场及金融市场投机之风盛行，尤甚于内地。而内地则资金枯窘，与上海之游资壅塞，适成一对照。

财部为使银行业务臻于健全化，在战时原订有“非常时期管理银行暂行办法”(于三十二年一月曾加修正)，战后因环境已多变更，于本年四月十七日将前颁办法废止，另颁“财政部管理银行暂行办法”，较前改进之点，为加强管理，并将各行庄缴存本行之存款准备金，活期减低至百分之十五至二十，定期减低至百分之七至十五。

本年二月二十六日，政府所颁之“中央银行管理外汇暂行办法”，曾授权本行以管理外汇之任务，本行遵于三月一日设立外汇审核处，负责外汇之审核，举凡“指定银行”之指定，甲乙两种准许经营行号，及外汇经纪人之核定，以及其所营外汇业务之管制，均由本行办理。

本行遵照“中央银行管理外汇暂行办法”第二十九条之规定，于本年三月八日起，开始在上海买卖黄金，售金兼采明配暗售之方式。明配系以每日上午十时市场金价为标准，决定当日配价，按金业、银楼两公会会员之需要申请而配售。暗售系于每日明配之后，根据市场情形而抛售。

上海票据交换所在抗战胜利前交换之场所有三，一为洋商自组之票据交换所，二为钱业所组之钱业票据交换所，三为银行业所组之银行业票据交换所，三者分庭抗礼，鼎足而立。自本行来沪复员后，即依中央银行法第二十八条三款之规定，办理票据交换事宜，乃于本年三月改组上海票据交换所，由上海银行业公会与钱业公会，混合组织办理全市金融业票据之交换。外商银行票据之交换，亦参加改组后之上海票据交换所。自后各行庄票据之交换集中办理，不但时间可以节省，而手续亦较简单，对于同业收付之便利，及票据流通之推进，裨益良多。

上海银钱业准备库系由上海银钱业联合准备会设立，本年七月开始办理，认缴财产，以房地产、证券及百货缴纳者，已有一百八十八万三千八百万元，年内已签发之公库证，计达一百零五万三千三百万元。年底因银根骤紧，暗息高至二角以上，幸公库证发出调剂市面，本行亦尽力维护同业，金融局势转危为安。故公库证之拆借，对于同业周转偶感不敷时，有莫大裨益也。

二、国际经济

一九四六年为战后之第一年。在本年度内，国际经济之合作与繁荣，乃为国际经济措施主要目标。此种措施约可分为两类：一为偏于消极性质者，一为偏于积极性质者。前者如善后救济工作之进行，粮食会议之举行，战败国赔偿之处理，均为大战后必须进行之善后工作。后者如国际货币基金，国际复兴开发银行之筹备，世界贸易预备会议之举行等，则为战后积极建设之措施。此等措施果能如理想之成功，则世界经济必可大为发展，各国之就业水准，与生活成〔程〕度，必可大为提高。兹分述之：

(1) 国际善后救济

国际善后救济工作，奠基于一九四三年十一月之国际善后救济会议。当时决定成立善后救济总署，隶于联合国机构之下。一九四六年为该署工作进行最积极之时期，当年初之时，该署发现世界有三类国家急需救济，一为阿尔巴尼亚、希腊、义大利与南斯拉夫，此等国家因地中海区域于一九四五年发生荒旱，收获仅及平时之半。二为中国对于米、麦之需要，均甚殷切。三为奥国、捷克与波兰，由于战争之破坏，生产减少，粮食不足。粮食需要既如此严重，而一九四六年初粮食输出国家之存底，则为一九四〇年以来最少之一年，联总在救济方面所完成之工作，至值重视。据拉加第亚氏报告，截至十一月八日为止，联总业已完成工作百分之七十二，当时自会员国家共计收入三,六六三,三七五,五七八美元，其中计粮食一,一三三,七九〇,六九七元，衣服及纺织品四二九,七一〇,八一〇元，工业设备六八四,七九三,三三一元，农业供应品三四二,五八六,五八二元，医药用品一一五,七七二,五〇七元。运华物资迄十一月中达，配给中国部份之百分之四十三，共计二二九,一〇四,〇〇〇美元。联总第五次全会本决定欧洲之工作于一九四六年年底结束，亚洲于一九四七年三月底结束，后于十二月十三日全会中，因事实需要，决将欧亚两区工作结束之日期迟延九十日，以后救济工作移归联合国机构办理，而由捐助国家决定救济之时间与地点。

(2) 国际粮食会议

为应付一九四六年之粮荒，曾举行多次国际会议，最重要者如二月十四日联合国大会，一致通过采纳以前五强关于粮食之决议案。五月十八日，英、美两国成立解决粮荒协定，尽量由本国拨出粮食，解决世界粮食之匮乏。五月二十日，国际粮食会议在华盛顿开幕，出席者有十八个国家之代表，同月二十七日闭幕时通过议案三项：(一) 设立粮食急赈会议，接办联合【国】粮食局分发粮食之工作。(二) 草拟一九四六至四七年收获期之粮食生产、保藏、分配等计划。(三) 联合国粮食、农业机构下添设一“世界粮食情报局”，供给急赈会议以参考资料。

(3) 赔款

关于战败国之赔偿问题，除意、匈、罗、保、芬五国外，在一九四六年内终未获一满意之解决。其主要原因，在同盟国间之矛盾与猜忌，如德国问题，依照波茨坦协定，德国投降后，应为一经济整体，但四强在四个占领区内各自为政，遂将德国事实上分为四个国家。苏联申称，根据波茨坦协定，苏联可取得德国百亿美元之赔偿，遂由其占领区内将德国之机器与设备大批运去，英美抗议亦在所不顾。以后苏联应运给西部之粮食，亦停止接济，英、美占领区应给与苏联之机器，亦中道停运，波茨坦协定遂破坏无余。十二月二日，英、美双方更宣布两占领区之经济合并，苏联认为此举之目的在联合对付苏联。在政治体制方面，英、美、法主张德国应实行地方分权，苏联主张应实行中央集权。在疆界方面，法国力争萨尔区在经济上并入法国鲁尔，与莱茵独立，其他三强未能尽予同意。波兰要求维持现存之占领界线以为永久之疆界，美国又不赞同。此等棘手之问题，必须俟诸一九四七年由四强共同解决。

日本赔偿问题未能迅速解决之原因，一为保留之工业水准未能确定，二为苏联由我东北及朝鲜运去之机器，究竟应否由其应得之赔偿中扣除，迄未获得协议。关于第一个问题，美国赔偿专员鲍莱本建议日本之工业，保持一九二八年之水准，美国国务院尚嫌此一水准过低，而主将其提高至一九三二年，甚或一九三四年之水准。果如此，日本生产能力将仍执亚洲之牛耳，在国际贸易上将构成中国与印度之劲敌。

(4) 国际货币基金

国际货币基金与国际复兴开发银行，于三月八日在萨伐那举行理事会成立大会，五月六日常务理事会举行首次业务会议。九月二十七日第一次理事会核准义、土、叙、黎四国参加基金与银行。截至年底为止，基金之会员国共有四十三国，银行有四十二国。十二月十八日，基金正式接受各会员国之汇兑平价。主要国家货币对于美元之比率如下：

| | |
|---|---|
| 丹麦克伦 | 〇·二〇八七三元 |
| 埃及镑 | 四·一三三〇〇元 |
| 法国法郎 | 〇·〇八三九九元 |
| 印度卢比 | 〇·三〇二二五元 |
| 墨西哥皮苏 | 〇·二〇五九七元 |
| 荷兰盾 | 〇·三七六九五元 |
| 挪威克伦 | 〇·二〇一五〇元 |
| 菲律宾皮苏 | 〇·五〇〇〇〇元 |
| 南非镑 | 四·〇三〇〇〇元 |
| 联合王国镑 | 四·〇三〇〇〇元 |

至此基金之准备工作已几于完成，决于一九四七年三月一日开始汇兑交易。

(5) 国际复兴开发银行

国际复兴开发银行至一九四六年底已接到七个国家之通知申请借款，申请数额共约二十二亿九千万美元。该行拟发长期与短期债券，以应贷款之需要，但美国投资家对于此等债券之反应不能令人乐观，竟有发起运动加以抵制者。如何说服美国之投资家，使彼等认为此种投资安全无虞，实为该行今后主要之课题。

(6) 国际贸易就业会议之筹备

与上述二大国际金融机构相辅相成者，为计划成立之国际贸易机构。一九四六年十月十五日至十一月二十六日国际贸易就业会议筹备委员会第一次集会于伦敦，以美国建议之宪章为基础，而加以讨论，结果原建议之条文约有百分之八十五业经同意，其余条文因时间之限制，未作具体决定，待一九四七年四月时该委员会将再度在日内瓦开会，以期拟具一国际贸易机构方案，促进世界贸易自由。

国际货币基金、国际复兴开发银行与世界贸易会议，均由美国所倡议，其目标端在发展世界贸易，提高就业水准，使世界各国免于匮乏，从而和平相处，勿再发生战争，用意可谓至善。但苏联之未能参加，不无遗憾，且其他国家亦因工业发达之水准高低不齐，利害亦不一致，故世界经济合作之前途，似尚不无障碍，仍有待于各国之共同努力也。

主要业务

发行

胜利以还，国家复员、善后、绥靖、建设诸端，工作艰巨，在在需款，同时对于增加生产，扶助出口，又不得不兼筹并顾。以是，券需浩大，供应不易。兹将三十五年度内本行发行业务之荦荦大者简述于左：

一、办理各项经常业务情形

甲、券料之准备事项

本行为配合政府复员建国大业之需要，非准备巨额券料，不足以应事机而完使命。故当三十四年度终了之际，即匡计三十五年度国库之需要，预为筹谋，分向国内外印钞厂家订印适量之券料，限期运储备用。一年以来，国家军政要需，与夫建设诸费，差能供应无缺。

乙、券料之调拨事项

我国幅圆辽阔，抗战胜利以还，物价频涨，军政需要券用浩繁。而交通未能畅达，运输殊为困难，故原拟计划系就全国各印钞厂分区印制，俾就近供应，以期减少运输上之困难。无如限于各厂机器设备不周，印钞材料缺乏，例如中央印制厂北平分厂，印制材料大都须由沪运往，以是上项计划不易实施，只得依据环境随时调配，除将总库集中上海外，并将原有重庆及昆明二发行分局撤销，另于国内重要地区，如南京、重庆、昆明、广州、西安、汉口、桂林、沈阳、杭州、成都、兰州、北平、青岛、长春、南昌、福州、郑州、迪化、天津等分行，分别筹设发行课组，俾为券料存储集中站，互相连系，作机动性之配合，以期调拨之便利。

丙、发行总额与准备成份

国家支出浩繁，工商需要亦巨，发行增加，势所必然。但政府在不得已之中，仍努力紧缩支出，是以实际发行数字尚不如社会人士想像之巨。查三十五年度国币券发行总额计三，七二六，一一八，三六八，二〇五．〇七元，东北流通券发行总额计二七，五三〇，九一五，五〇〇．〇〇元，与上年度比较，本年度增加发行额计国币券二，六九四，一八六，四五二，七二一．三二元，东北流通券系本年一月份开始发行，故无比较。至本年度发行准备金成数，计现金准备金为百分之五三．二二，保证准备金为百分之四六．七八，经本行监事会检查无误。

丁、票版之整理事项

(1) 小额券之收兑及销毁

因物价之上涨，支收频繁，二十五元以下之小额券已无需要。为应付环境，并便利人民起见，经委托三行两局及各省地银行一律收兑。为免库储拥挤与运送困难，及节省国帑计，并制定就地销毁办法。除当地有造纸厂可价售煮作制纸原料以资利用者外，余均随时办理销毁。此项销毁工作，均须随时呈请核准，并请审计机关人员莅场验明监销，以昭慎重。

(2) 收兑污损券

法币使用过久，污损券与日俱增。除历经饬知各地分行处，并委托各地邮局尽量收兑外，沪埠同业积数亦巨，纷向本行请求兑换，爰经厘订趸兑同业积存污损券及小额券办法，予以畅兑，并于门市无限制收兑，以便民众。惟此项污损券大都为小额券，检点匪易。经数月之积极办理，门兑渐见松懈。总计上海一隅，自三十五年八月二十六日开始，迄年底止，计收兑污损中小券二八六，五〇〇，〇〇〇．〇〇元，小额券二，〇〇七，九五〇，〇〇〇．〇〇元。

戊、收兑杂银硬币事项

收复区内杂银硬币，民间仍多收藏。本历年既定方针，尽力继续收兑。惟自战争发生，迄至胜利复员，物价上涨，人民生活费用日高，按照财部二十九年八月之规定，其杂银收兑折价，系以杂银成包合成纯银，再照法定（二三，四九三，四四八）公分折合国币一元。其硬币收兑，系硬币一元，掉法币一元三角（包括手续费），并未因物价之高涨有所变更。故办理以来，除海关及法院充公没收之杂银、硬币向本行兑换者外，民间请兑，几已绝迹。

己、保管各省银行券及发行准备

查各省省银行钞券及发行准备金，除山西省银行、新疆省银行仍由财政部另案办理，富滇新银行发行钞券由部准由该行自行收回，前发行管理委员会粤分会保管广东省银行券准其中一部份由该分会存粤省行总行，及香港东方汇理银行仓库，沙面万国银行仓库，业于港岛沦陷后被劫失，无法移交。其余交存香港中国银行及广州国货银行之准金，已接洽收回，其由粤省行历次在粤销毁之毫券及大洋券，正在汇核数字，准备调整准备金中，又江苏农民银行久悬未缴之准备四百余万元，已历经催缴，刻正分别在补缴中外，其他各省行之交存保管券及发行准备金，仍由本行保管。惟统一发行已有多年，各省银行之发行，原仅辅券及十元以下之元券，按诸现在物价情形，已无用处。为早清悬案，便利人民起见，拟请财部规定办法，限期收回，依法销毁。

再现在台湾行使之台湾银行券，本行在台湾未设机构，迄未奉到接收台券之命令，故台券及台券发行准备金，本行均无关系。

二、经办政府交办特种业务情形

甲、东北流通券之发行

抗战胜利，东北国土收复。政府为安定东北民众生计起见，决定授权本行发行东北流通券一种，就地行使。本行即在沪、平、渝三地，委托中央印制厂承印此种券料，本年度内已陆续运往流通，经济情形尚称稳定。

乙、收兑伪中储券

东南半壁，沦陷日久，民众备受荼毒，尤以经济为甚。敌伪所发伪中储券，政府于收复之始，即委托本行代为收兑，自三十四年十一月一日开始，由持券人向本行各地分行处及本行委托之各行庄，及各县政府，以法定二百作一兑换法币，手续分门兑、登记、接收保管三项，总计各项数字共为四，二八六，五八八，四〇〇，三八一.九四元。

(1) 门兑部份　各代兑行庄所有基金，预向本行领取，收兑期限规定自三十四年十一月一日起，至三十五年三月底截止。

(2) 登记部份　门兑截止后，仍有未兑余额。财部为体恤人民生计，规定自三十五年四月一日至三十日为登记期限。凡不及兑换者，可持券向本行办理登记，于九月一日至三十日，凭登记证照原兑换率兑换法币。

(3) 接收保管部份　接收伪中储行发库库存之未发行券，除南京、杭州、广州、郑州、徐州等地交由本行保管者，最近已在依法办理销毁外，其余各处之未发行券，已由财政部清理伪中央储备银行各区处办理。至其他各机关接收之伪中储券，除属于登记范围者已按照财部规定分别处理外，其余尚待财部核定中。

(4) 销毁办法　各分行处收兑之伪中储券，于转帐手续办妥后，由各该分行陈报总行转请财政、审计两部派员会同当地各行政机关代表监销，并编制销毁记录及证明书，送总行核转财、审两部。其销毁方法，与本行销毁破损本券同。至应行销毁之伪中储券，除一小部份尚在办理手续外，其余均已销毁竣事。

附注：办理收兑伪中储券，自三十四年十一月起，至三十五年九月底止，历时十一月。在伪中储券流通区内，除河南省二十三县及江苏省灌云等县，因交通梗阻尚在洽兑中，及最近又准财政部电嘱补办苏北收复区登记外，其余各地均告结束。

丙、收兑伪联银券

(1) 门兑部份　财部委托收兑伪联银券，因地区关系，为管理便利起见，经本行指定天津分行集中办理，自三十五年一月七日至同年六月三十日止，由持券人向本行各地分行处及本行委托之各行庄，以法定五对一之比率，折兑法币(山西省以情形特殊，奉准展至三十五年七月底止)，手续与收兑伪中储券同，总计各项数字为一九二，八七二，七一五，五二五.一七元。

(2) 登记部份　门兑逾期之伪联银券，准自三十五年八月二十八日开始办理登记，至同年九月三十日截止。惟财部为体恤人民起见，重行规定续办登记华北、冀、鲁、豫绥靖区各县之伪联银券，于每县收复后，即规定登记日期，期限一个月，现正办理中。

(3) 接收保管部份　计分两类:(一) 接管各机关送交保管者。(二) 各分行处接管伪联银行及伪中储行库存之伪联银券，至如何处理，尚待财部核定。

(4) 销毁办法　其手续与销毁伪中储券同。

丁、收兑其他伪券及红军票

在绥远等边省区域，尚有流通之伪蒙疆银行发行之券，收换比率在本年内尚未经财部核定，惟最近据本行归绥分行报称，绥省当局前曾办理登记计约二亿余元，并由省政府暂定每伪蒙钞一元折合法币四角，并由省银行于三十六年一月底收兑完竣。

又在东北各省流通之伪满洲中央银行发行之伪满券及红军票，除红军票业经办理登记兑换外，伪满券政府尚未决定处置办法，已饬长春分行调查流通数额，以备转呈核夺。

三、印制与运输

本年印制费总数为一五，九一一，八六九，四九七.五一元，运输费总数为三，四九三，七二二，五七四.三六元，印制费与运输费比较为五与一之比稍弱。就运输费而言:(一) 水运:招商局照面额计费，运费庞大。此案曾经行政院召集财、交、经三部及本行会议，决定改按吨位计算，原则由交部按照一般货物酌加若干拟订运价，与本行商洽办理，但迄今尚待交部决定。(二) 陆运:铁路方面，原与交部订有互惠办法，免费代运。现交部因公款存汇办法实行，提议取销互惠办法，曾由四联总处商请另订优待办法，尚未实现。公路方面，向按一等品付费。空运，中央航空公司约按普通货物四倍计算，中国航空公司较中央约廉三分之一。按本行每年所负印制费用既如上述，为数极巨，国库垫款利息已虞不敷抵偿，再加此项巨额运费，委实无由挹注。且本行调券，均系解付各地军政款项，与营利性质不同，拟请政府统筹，并饬国营交通机构对于本行运券免费，或另订优待办法，以利供应。

四、今后业务之推进意见

鉴往可以知来，惩前始能毖后。在抗战期间，本行负供应军政饷糈之重大使命，对于券料之筹划，虽煞费苦心，犹难差强人意。尤以印制技术之不能精良，票版格式之不能统一，运输调拨种种困难，虽限于当前事实，但今后自当针对以上弱点，逐步改善。谨述办法如次：

甲、印制技术仍本上年度改善计划，尽量设法改进，以臻印制精良，版式简化之鹄的。

乙、匡计今后需要，充裕券源，预为准备。

丙、目前交通虽较抗战期间为畅通，然内战未已，困难仍多。本行调拨券料，仍需后方勤务总司令部、空军总部、各水陆空交通机构之密切协助，方可克应事机。

外汇

一、概况

三十五年度，本行外汇业务，在一月至三月三日此一时期中，因复员工作尚待次第完成，故外汇业务，亦同时分开在渝、沪两地进行。当以外汇仍在严格管制时期，经办事项亦比较单纯，除清理以前未结束事宜外，所有行政院及财政部核准拨发之紧急需要之外汇帐务处理之重心，仍在重庆。此外，商业及私人申请之外汇，因复员关系，暂形停顿，同业间往来亦少，因此外汇业务不若以前之繁重。当时外汇率，本行挂牌为：

| | |
|---|---|
| 英金三便士 | 合国币一元 |
| 美金五元 | 合国币一百元 |
| 印币十六盾又八分之五 | 合国币一百元 |

自三月四日政府改变外汇政策，调整美金牌价为每美元合国币二，〇二〇元以后，本行业务局外汇业务，乃因时势之需要，而骤形忙繁。当时因各机关复员工作已告段落，国内建设事业，战后亟待开展，政府需用之外汇既日见增加，国内工商业需求外汇用以恢复生产扩展业务者，亦较前为殷切。所有各机关请购之外汇，除仍由行政院核准或由财政部通知本行予以结购外，至于工商业及个人需要之外汇，则由本行另设外汇审核处专理其事。并为加强管制各银行外汇业务起见，经指定若干银行，得以经营外汇业务，随时受本行之查核。此外，又在广州、天津等地分行设立汇兑课，藉以处理当地外汇业务，秉承业务局指示办理。至八月十七日，政府再度调整美金汇率为三，三五〇元。其时国内物价腾涨，为配合国家政策，紧缩通货，平抑物价起见，本行代理财政部抛售黄金事务，乃益臻重要，对于外汇之收付及买卖黄金之数量，均有显著之增加。

二、外汇买卖情形

自三月四日管理外汇暂行办法实施之日起，至十二月三十一日止，本行买卖外汇、黄金情形列表如后（附逐月买卖外汇表），并加说明如次：

（甲）市场买卖

（1）卖出总额美金二亿五千七百九十余万元，英金六百二十三万余镑（折合美金二千四百九十余万元），总计美金二亿八千二百八十余万元，均系卖给指定银行转售进口商，以棉花、化学原料、液体燃料、纸烟草、粮食为大宗。

（2）买入总额美金二千九百七十万余元，英金四百九十四万余镑（折合美金一千九百七十余万元），总计美金四千九百四十余万元，大部系侨汇暨指定银行缴售之出口商结汇及进口商因取消开出之信用书而退回之外汇。

(3) 买卖两抵，净卖出美金二亿三千三百四十余万元。

(乙) 政府机关结汇支出

行政院及财政部通知结汇美金五千零二十余万元，英金一百九十七万余镑，本行印钞等费用美金二百九十余万元，英金一百零三万余镑，总计政府机关结汇支出及本行印钞费用支出共折合美金六千五百二十余万元。

(丙) 前二项总计

市场买卖，净卖出连同政府机关结汇支出及本行印钞等费用结汇支出，共为美金二亿九千八百六十余万元。

(丁) 英金部份分析

以上英金数目包括印币、港币等一切外币在内。

(一) 港币　每港币一元合英金一先令三便士

(二) 印币　每一罗比合英金一先令六便士

(三) 星币　每一星币合英金二先令四便士

(四) 澳币　每一百二十五镑合英金一百镑

(五) 荷币　每十一盾合英金一镑

(六) 法国法郎　每五百法郎合英金一镑

三、代财政部买卖黄金情形(附代部买卖黄金表)

(甲) 买入总额黄金一万九千余条，折合国币三百九十四亿一千二百五十余万元，大部份系资源委员会外销矿产换得之黄金及行庄因当夜交换头寸轧缺时售与本行之黄金。

(乙) 卖出总额黄金二十七万三千七百余条，折合国币六千七百八十七亿零五百三十余万元，其中明配金业及银楼两公会者，计四万二千一百余条，又托金号及银楼暗售者计二十三万一千六百余条。

(丙) 买卖两抵后，计净卖出黄金二十五万四千七百余条，折合国币六千三百九十二亿九千二百八十余万元。

中央银行代财政部买卖黄金表
自民国三十五年三月份起至十二月份止

| 月份 | 买 | | 进 | 卖 | | 出 |
|---|---|---|---|---|---|---|
| | 金条条数 | 均价 | 折合国币数 | 金条条数 | 均价 | 折合国币数 |
| 卅五年三月份 | | | | 4,090 条 | 166.057 | 6,791,765,000.00 |
| 卅五年四月份 | 3,000 条 | 175.166 | 5,255,000,000.00 | 3,674 条 | 178.195 | 6,546,885,000.00 |
| 卅五年五月份 | 1,500 条 | 171.666 | 2,575,000,000.00 | 12,830 条 | 181.048 | 23,228,515,413.75 |
| 卅五年六月份 | 384 条 | 186.064 | 714,487,752.00 | 19,982 条 | 192.011 | 38,367,733,753.75 |
| 卅五年七月份 | 59 条 | 184.405 | 108,799,200.00 | 12,780 条 | 193.202 | 24,691,285,306.25 |
| 卅五年八月份 | 4,000 条 | 196.855 | 9,645,939,378.62 | 42,239 条 | 215.325 | 90,951,535,545.00 |
| 卅五年九月份 | 3,200 条 | 213.149 | 6,820,785,864.49 | 23,976 条 | 215.328 | 51,627,049,370.00 |
| 卅五年十月份 | 2,223 条 | 217.839 | 4,842,561,820.00 | 20,411 条 | 223.332 | 45,594,533,196.25 |
| 卅五年十一月份 | 1,696 条 | 217.198 | 3,683,672,710.00 | 55,498 条 | 253.439 | 140,653,787,055.00 |
| 卅五年十二月份 | 2,056 条 | 280.462 | 5,766,307,450.00 | 78,306 条 | 319.583 | 250,252,276,412.50 |
| 合计 | 19,018条 | 207.238 | 39,412,554,175.11 | 273,786 条 | 247.896 | 678,705,366,052.50 |

内汇

一、汇款概况

本行自在沪复业之后，为应介〔解〕军政机关巨额汇款，所有各地委介〔解〕同业汇款，因券料不丰，多未开放。嗣因后方各商业银行纷来上海筹设分行，或回沪复业之后，即承做各地工商业汇款来沪，因同业汇款未予开放，头寸无法调拨，遂致申汇汇率一再上涨（当时渝沪汇率曾一度高至每千元收三百元）。当时本行各局处机构仍在重庆，尚未全部复员来沪，惟发行局经数月之努力，沪地印制机构已能生产，足资应付。业务局为压低汇率及便利工商业汇款便利起见，先行开放行局汇款，同时在西安、成都、昆明、长沙、贵阳等重要都市，经业务局在渝核定汇额，电饬各地分行照汇。于是，工商业小额汇款多向五行局洽汇。嗣又在渝开放商业行庄汇款，惟汇额则加以限制，各地汇率遂渐趋平定。四月间本行抛售黄金，各方多从外埠调汇资金来沪，致游资集中上海，刺激物价。于是，本行对同业汇款，乃严加限制，以减少筹码支出。凡三行两局需调各地头寸来沪，先由各行局在沪机构与业务局接洽，统筹办理，饬令本行各地行处应凭业务局通知，再行承汇。至其他商业行庄，最初规定每周每家暂以三千万元为限，本年下期行局需要头寸，迭请本行予以便利允调，遂暂时规定中国银行每周各地允调数额改为五十亿元，并另行规定侨汇头寸十亿元，共六十亿元。交通银行则暂定每周为四十亿元，侨汇头寸十亿元，共五十亿元。中农行每周为三十五亿元，中信、邮汇两局则视其实际需要情形，随时商定。然中交农三行往往因特种需要，仍迭请本行放宽限额。业务局为明了各该行存放款及汇兑情形，经嘱各行局每周抄送存放款增减及汇款收付状况表，送业务局参考，视其实际，商酌允调。至各地其他商业银行，因各地头寸多缺关系，亦纷请本行予以放宽，本行第三届行务会议，亦多有建议，经将南京、杭州等处每周每家放宽为五千万元，西安、重庆、成都、汉口、兰州、天津、广州、青岛、昆明等处每周每家限额改为四千万元，其他各地仍以每周每家为三千万元为限。此为本行应付同业汇款及各地调拨头寸之情形。

二、业务局汇出汇款

承汇军政机关汇款，为本行主要业务。过去在渝因政府所在地，各地军政各费，均在渝汇拨，故汇出汇款远较汇入汇款为多。上海素称介〔解〕款码头，胜利之后，政府未整个迁回南京之前，各军政机关巨额汇款，咸多调汇来沪，各同业亦将多余头寸调集上海者居多，是以汇入汇款之笔数，较诸汇出汇款超过二三倍以上。汇出汇款以军政及党务机关汇款为最巨，占全年汇款总额百分之八〇.四。惟自十一月间军政机关公款存汇办法实施之后，各机关公款存汇多移归国库局办理，业务局承汇之款，即骤形减少。慈善事业机关汇款，以善后救济总署及友邦各教会等慈善机构汇往各地之赈款及经费占百分之〇.五三，国营及公营事业机关汇款，以招商局汇款较多，占百分之〇.一七。同业汇款，则以行局接济各地分行处之

头寸居多，占百分之一.〇六。其他则多为本行员工汇寄赡家费汇款，占百分之〇.二〇。（附表）

三、业务局汇入汇款

汇入汇款以同业汇款为最巨，占全年汇入总额百分之四八.三。次之为军政、党务机关汇款，占百分之四三.九。再次为国营及公营事业机关汇款，占百分之〇.四三。本行员工及其他各级机关服务人员汇寄赡家费汇款，占百分之〇.二一。最少为慈善机关汇款，仅占百分之〇.一四，盖各国教会经费及捐款，多系集中上海分发也。（附表）

四、全行汇出汇款总额

| 性质项目 | 十二月份决算日余额 | 百分比 |
|---|---|---|
| 党政军机关 | 三，三九七，三一四，〇七三 | 六八.六三 |
| 慈善事业 | 一五，六九六，五五〇 | .三一 |
| 国公营事业机关 | 九五，四二五，〇五五 | 一.九三 |
| 商业 | 三一，六一九，一八九 | .六四 |
| 同业 | 一，二九八，五〇七，三八八 | 二六.二三 |
| 个人 | 七三，七三三，七九一 | 一.四九 |
| 其他 | 三八，〇〇六，八三一 | .七七 |
| 合计 | 四，九三〇，三〇二，八七七 | 一〇〇.〇〇 |

查三十四年度全行汇出汇款总额计一，一七六，一〇七，八一六元，本年度与三十四年度比较，增加三十七亿余元，若就百分数作分析的比较，则三十四年度汇出之款，党政军费及国营公营事业费，占全部汇款百分之八十五以上，本年度则上两项之汇款只占百分之七十稍强，而同业汇款之百分数乃较三十四年度增加一倍以上，其原因已于第一节述之矣。

## 中央银行业务局汇出汇款分析表

单位:国币千万元　　　　35年度

| | 总　计 | 党政军机关 | 慈善事业 | 公有营业或事业 | 同　业 | 其　他 | 备　注 |
|---|---|---|---|---|---|---|---|
| 上期合计 | 12677 | 10388 | 491 | 184 | 1539 | 75 | |
| 一月份 | 615 | 590 | 8 | 2 | 13 | 2 | |
| 二月份 | 1657 | 1139 | 18 | 22 | 467 | 11 | |
| 三月份 | 1019 | 622 | 78 | 15 | 298 | 6 | |
| 四月份 | 3635 | 3160 | 124 | 14 | 301 | 36 | |
| 五月份 | 3416 | 2829 | 105 | 73 | 398 | 11 | |
| 六月份 | 2335 | 2048 | 158 | 58 | 62 | 9 | |
| 下期合计 | 21857 | 17372 | 1337 | 390 | 2039 | 719 | |
| 七月份 | 3889 | 3701 | 59 | 82 | 31 | 16 | |
| 八月份 | 5830 | 5117 | 373 | 21 | 274 | 45 | |
| 九月份 | 5362 | 4890 | 242 | 39 | 168 | 23 | |
| 十月份 | 4093 | 3143 | 319 | 246 | 354 | 31 | |
| 十一月份 | 1640 | 268 | 184 | 1 | 686 | 501 | |
| 十二月份 | 1043 | 253 | 160 | 1 | 526 | 103 | |
| 全年合计 | 34534 | 27760 | 1828 | 574 | 3578 | 794 | |
| 上下两期比较 | +9180 | +6984 | +846 | +206 | +500 | +644 | |
| 全年百分比 | 34534 | 80.4% | 5.3% | 1.7% | 10.6% | 2% | |

## 中央银行业务局汇入汇款分析表

单位:国币千万元　　　　35年度

| | 总　计 | 党政军机关 | 慈善事业 | 公有营业或事业 | 同　业 | 其　他 | 备　注 |
|---|---|---|---|---|---|---|---|
| 上期合计 | 44727 | 26614 | 405 | 1739 | 15033 | 936 | |

续上表

| | 总　计 | 党政军机关 | 慈善事业 | 公有营业或事业 | 同　业 | 其　他 | 备　注 |
|---|---|---|---|---|---|---|---|
| 一月份 | 4613 | 2552 | 18 | | 1909 | 134 | |
| 二月份 | 2412 | 1528 | 12 | 2 | 807 | 63 | |
| 三月份 | 4665 | 2344 | 7 | 191 | 2007 | 116 | |
| 四月份 | 12758 | 7592 | 266 | 327 | 4436 | 137 | |
| 五月份 | 9047 | 5283 | 76 | 264 | 3148 | 276 | |
| 六月份 | 11232 | 7315 | 26 | 955 | 2726 | 210 | |
| 下期合计 | 97871 | 36028 | 1630 | 4387 | 53817 | 2009 | |
| 七月份 | 10791 | 5251 | 293 | 629 | 4064 | 554 | |
| 八月份 | 17559 | 8951 | 701 | 505 | 7179 | 223 | |
| 九月份 | 18914 | 10116 | 230 | 702 | 7606 | 260 | |
| 十月份 | 20775 | 8528 | 384 | 1448 | 10138 | 277 | |
| 十一月份 | 15539 | 1461 | 21 | 549 | 13183 | 325 | |
| 十二月份 | 14293 | 1721 | 1 | 554 | 11647 | 370 | |
| 全年总计 | 142598 | 62642 | 2035 | 6126 | 68850 | 2945 | |
| 上下两期比较 | ＋53144 | ＋9414 | ＋1225 | ＋2648 | ＋38784 | ＋1073 | |
| 全年百分比 | 142598 | 43.9% | 1.4% | 4.3% | 48.3% | 2.1% | |

国库

自公库法施行，迄今已逾七载。本行代理国库业务，与年俱增。胜利以来，收复区域广大，国库机构骤增，国库业务遂更形繁赜。机关公款存汇办法实施后，职责更加繁重。兹将三十五年度营业状况分述于左：

一、机构之扩充与调整

本年度国库各级机构，根据原定计划，积极扩充调整，除国库总库于本年七月间完成复员工作，并分在京、沪办公外，其他各级国库机构，本年来变迁殊多。其在收复区扩充之机构，共约三百三十余单位，在内地各省所设之机构，因战后情形变迁予以撤销者约八十余单位。截至年底止，总计库数为一，七五二单位，较上年年底增加二百五十单位。查国库各级机构向系因地制宜，以为设置或改委之标准。胜利后情形与前迥异，其应变更等级或改委代理者颇多，全年共计调整一百六十余次，国库各级机构之动态报告表，共出四十八期，为公库法实行以来敷设机构业务最繁忙之一年。（附国库机构统计表）

二、经办岁入业务

本年国库收入总存款总收入，根据总库已转帐数字，共计六九，〇六〇亿余元，较上年国库总收入增加五七，二四〇亿余元，约增加百分之四八四强，其中以银行垫借款最多，约占总额百分之六十七，其余收入共占百分之三十三。兹将各项税收数字分列于左：

课税收入九，一四〇亿余元，较上年增加八，五六二亿余元，约增加百分之一四八一。

各项收入一一，三七二亿余元，较上年增加一〇，九〇六亿余元，约增加百分之二三四〇。

债款收入一四亿余元，较上年减少五九八亿余元，约减少百分之九七。

垫款收入四六，八四二亿余元，较上年增加三七，〇七五亿余元，约增加百分之三七九。

补收以前年度收入一，六九〇亿余元，较上年增加一，二九四亿余元，约增加百分之三二六。

（附国库收入总存款收入款项一览表及三十五年份国库经收岁入款与上年份比较表）

三、经办岁出业务

本年国库收入总存款总支出，根据总库已转帐数字共计国币五〇，四七〇亿余元，较上年增加三九，四四九亿余元，约增加百分之三五七，其中以紧急命令拨付款为最多，约占岁出总额百分之五十二，军政部主管支出及国防部主管支出次之，前者占百分之十二，后者占百分之五。（详见国库支付款项比较表）

四、存汇业务概况

战事结束后，各地物价复趋上涨。政府为紧缩通货，稳定物价，于若干办法中，颁布军政机关公款存汇办法一种，盖军政机关公款受公库法控制者仅达十分之四，其余十分之六，类皆提存非代库银行转为游资，不免流入市场，刺激物价，故政府颁布此项办法，以资加强控制。依照是项办法之规定，所有军政机关公款，应一律存库，转移转汇时，均应分别按库款转移或转汇办法办理，俾使国库支付款项，在付与政府债权人之前，不致流入市场，增加游资。本行为加强办理是项存汇业务起见，特于九月十六日开始在国库局增设存汇一种，以责专成，除将岁出科原办机关存款业务移交该科接办外，复增办库款转移转汇业务。更鉴于国库拨款大部均集中首都，为便于上项政策实施有效起见，于十一月一日在京开始对外营业，办理拨款及存汇业务。同时在沪除继续办理机关存款业务外，亦开始办理公款转移转汇业务，为时虽仅两月，汇款方面几已完全达到目的。至存款方面，因实行伊始，各机关及各行局格于困难，尚未彻底遵行，有待改进，以期达成完全控制库款之目的。兹将本年度普存、特存及公款汇出、汇入数字分列如次：

（1）普通经费存款余额计三，六〇二亿余元，较上年增加二，二四二亿余元，约增加百分之一六四。

（2）特种基金存款余额计国币一五六亿余元，较上年减少七六亿余元，约较上年减少百分之三三。

（3）汇款业务

上海方面：汇入三，一五七亿余元，汇出一，二四七亿余元。

南京方面：汇入一〇五亿余元，汇出一二，三一〇亿余元。

（附普存、特存收付数报告表及比较表、转出转入库款报告表）

至于国库局全部存款情形，一并报告于下：

（甲）普通存款（活期存款债券本息户）。决算日存款余额共一五四亿余元，较上年增加一四九亿余元，计增加百分之三〇三三。

（乙）公库存款。此项科目内，包括公库收入总存款、公库普通经费存款、公库特种基金存款、公库保管金四子目。上项(1)、(2)两项数字，即此项科目内之一部份，决算日存款余额共一六，三七四亿余元，较上年增加一四，五九三亿余元，计增加百分之八一九。（详见存款情形表）

五、办理敌伪债、敌债券登记，经理政府债券及代收捐献款项。

三十五年初，本行受财政部委托，在沪办理登记敌伪发行债券及被敌伪劫失我国债券等事宜，均经依限办理竣事。又财政部寄存本行前在香港被敌劫持债券，并经派员接收完毕。本年因政府未发行新公债，又以抗战胜利捐献减少，故经理政府债券收付数字及代收捐献款项，大致较上年就各个科目分析言之，增加者少，减少者多。兹将数字分列如次：

(1) 经收国币公债计一〇七，一四四万余元，较上年增加四，七〇九万元，计增加百分之四。

(2) 核拨国币债票计四二七，五九二万余元，较上年增加三四〇，〇六五万元，计增加百分之三八八。

(3) 还本付息国币公债计一四，三七一万余元，较上年减少七六，三五八万余元，计减少百分之八四。

(4) 经收捐献计国币二九，〇六九万余元，较上年减少一，一三七万余元，计减少百分之三。

其余美金、英金债券收付数字，均较上年减少，其详细数字详经理中央公债及捐献款项营业概况表及比较表内。（附经理中央公债及捐献款项营业概况表及比较表）

六、经理保管业务

保管业务分为保管品业务与保管金业务两项，关于前者，除办理一般保管品业务外，本年更因复员关系，将在渝保管之各项重要保管品运沪保管，暨接收财政部委托登记各项敌伪产业，计收入保管品类别达六十余种。关于后者，因军政机关公款存汇办法实行以后，所有各机关原存本行业务局之公款，均改存国库，以保管金科目处理之，致保管金存款数额激增。本年底定期保管金余额伍亿元，活期保管金余额玖拾肆亿伍千余万元（外币部份已折合计算在内），合计达玖拾玖亿伍千余万元，较上年底余额增加玖拾捌亿玖千余万元，约增加百分之一七三五六。（附活期保管金余额报告表）

国库总库及所属分支机构统计表

第　表　　　　　　　　　　　　　　　　　　年　月　日

| 代理行别 | 总计 | 合计 | | 总库 | 分库 | | 支库 | | 收支处 | | 经收处 | |
|---|---|---|---|---|---|---|---|---|---|---|---|---|
| | | 已成立 | 筹备中 | | 已成立 | 筹备中 | 已成立 | 筹备中 | 已成立 | 筹备中 | 已成立 | 筹备中 |
| 合计 | 1752 | 1499 | 253 | 1 | 34 | 7 | 971 | 56 | 56 | 61 | 438 | 109 |
| 中央银行 | 105 | 91 | 14 | 1 | 34 | 7 | 39 | 7 | 18 | | | |
| 中国银行 | 72 | 60 | 19 | | | | 43 | 7 | 9 | 3 | 8 | 2 |
| 交通银行 | 48 | 40 | 8 | | | | 39 | 3 | 4 | 6 | 34 | |
| 中国农民银行 | 71 | 60 | 11 | | | | 48 | 8 | 3 | 3 | 9 | |
| 邮局 | 878 | 699 | 179 | | | | 293 | 24 | 12 | 48 | 395 | 107 |
| 浙江地方银行 | 69 | 56 | 3 | | | | 62 | | 4 | 3 | | |
| 安徽地方银行 | 35 | 34 | 1 | | | | 34 | 1 | | | | |
| 江西省银行 | 63 | 63 | | | | | 63 | | | | | |
| 湖北省银行 | 12 | 11 | 1 | | | | 11 | 1 | | | | |
| 湖南省银行 | 35 | 35 | | | | | 34 | | 1 | | | |

续上表

| 代理行别 | 总计 | 合计 | | 总库 | 分库 | | 支库 | | 收支处 | | 经收处 | |
|---|---|---|---|---|---|---|---|---|---|---|---|---|
| | | 已成立 | 筹备中 | | 已成立 | 筹备中 | 已成立 | 筹备中 | 已成立 | 筹备中 | 已成立 | 筹备中 |
| 四川省银行 | 55 | 53 | 2 | | | | 53 | 1 | | 1 | | |
| 西康省银行 | 7 | 7 | | | | | 7 | | | | | |
| 福建省银行 | 55 | 55 | | | | | 55 | | | | | |
| 广东省银行 | 79 | 76 | 3 | | | | 72 | 1 | 4 | 2 | | |
| 广西银行 | 51 | 16 | 15 | | | | 16 | | | 15 | | |
| 江苏省银行 | | | | | | | | | | | | |
| 河南省银行 | 22 | 19 | 3 | | | | 18 | 3 | 1 | | | |
| 陕西省银行 | 44 | 44 | | | | | 41 | | | | 3 | |
| 甘肃省银行 | 61 | 61 | | | | | 61 | | | | | |
| 中央信托局 | 1 | 1 | | | | | | | | | 1 | |
| 资阳县银行 | 5 | 5 | | | | | | | | | 5 | |
| 三台县银行 | 3 | 3 | | | | | | | | | 3 | |
| 河北省银行 | 1 | | 1 | | | | | 1 | | | | |

本行代理国库经管收入总存款收入款项一览表

中华民国三十五年一至十二月份

| 科目 | 金额 | 附注 |
|---|---|---|
| 田赋 | 1,403,878,437.83 | |
| 契税 | 5,029,766,366.61 | |
| 所得税 | 20,383,622,004.83 | |
| 遗产税 | 557,899,170.33 | |
| 非常时期过分利得税 | 9,014,298,880.08 | |
| 营业税 | 40,383,898,244.98 | |
| 地价及土地增值税 | 236,700,954.71 | |

续上表

| 科目 | 金额 | 附注 |
|---|---|---|
| 印花税 | 38,198,060,365.73 | |
| 关税 | 285,331,012,104.63 | |
| 矿税 | 6,373,017,938.20 | |
| 货物税 | 386,759,785,483.68 | |
| 战时消费税 | 56,792,996.96 | |
| 盐税 | 105,024,996,142.62 | |
| 食盐战时附税 | 15,336,686,069.15 | |
| 盐专卖收入 | 505,766,258.50 | |
| 烟专卖收入 | 3,565,096.96 | |
| 罚款及赔偿收入 | 505,574,905.66 | |
| 规费收入 | 2,235,381,439.46 | |
| 信托管理收入 | 369,952.62 | |
| 财产孳息收入 | 587,645,108.80 | |
| 公有营业盈余收入 | 33,493,087,807.28 | |
| 公有事业收入 | 985,643.45 | |
| 捐献及赠与收入 | 67,415,320,302.04 | |
| 其他收入 | 494,090,447.60 | |
| 财产及物产售价收入 | 529,612,401,473.01 | |
| 内债 | 1,384,754,893.13 | |
| 外债 | 25,814,428.37 | |
| 未售债券本息 | 3,942.00 | |
| 收回各年度溢出款 | 12,799,764,727.49 | |
| 上年度结存转入款 | 11,035,582,515.60 | |
| 暂收款 | 2,623,329,475.56 | |
| 国外借款购入物资及黄金售价收入 | 105,888,082,272.63 | |
| 征借实物收入 | 5,336,745.00 | 1,692,707,272,595.50 |
| 银行借垫款 | 4,374,271,558,381.16 | |

续上表

| 科　　　目 | 金　　额 | 附　　注 |
|---|---|---|
| 补收卅三年度各科目收入款 | 1,197,460,660.51 | 其中 $311,917;960.51 系补转数 |
| 补收卅四年度各科目收入款 | 167,895,499,612.28 | |
| 预收卅六年度各科目收入款 | 670,000,000,000.00 | 此款内有卅六年度借垫款三千一百亿，上年度结存转入款三千六百亿，合计数如上款。 |
| 合　　　计 | $6,906,071,791,249.45 | |

附注：本表所列数字系以总库已转列库帐者为依据。

三十五年份国库经收岁入款与上年份比较表

| 时期别 / 收入类别 | 三十四年一至十二月份 | 三十五年一至十二月份 | 比　较 |
|---|---|---|---|
| 课税收入 | 57,803,250,482.26 | 914,090,415,160.34 | 增　856,287,164,678.08 |
| 各项收入 | 46,596,041,574.82 | 1,137,206,288,113.66 | 增 1,090,610,246,538.84 |
| 债款收入 | 61,309,864,066.32 | 1,410,569,321.50 | 减　59,899,294,744.82 |
| 垫借收入 | 976,695,170,701.14 | 4,684,271,558,381.16 | 增 3,707,576,387,680.02 |
| 补收以前年度收入 | 39,641,669,631.02 | 169,092,960,272.79 | 增　129,451,290,641.77 |
| 合　计 | $1,182,045,996,455.56 | $6,906,071,791,249.45 | $5,724,025,794,793.89 |

附注：(一) 卅五年份“垫借收入”中包括预收卅六年度垫借款三千一百亿元在内。

(二) 卅五年份“补收以前年度收入”中包括银行垫借款约九百三十八亿元在内。

(三) 卅五年份“各项收入”中包括上年度结存转入款计卅五年度一百三十亿及预收卅六年度三千六百亿在内。

本行代理国库经管收入总存款三十五年度与三十四年度支出款项比较表

| 科　　目 | 三十五年度 | 三十四年度 | 比　　较 |
|---|---|---|---|
| 政权行使支出 | 60,429,170,154.00 | | |

续上表

| 科　　目 | 三十五年度 | 三十四年度 | 比　　较 |
|---|---|---|---|
| 中央党部主管 | 57,704,660.00 | 10,765,316,144.50 | |
| 国防最高委员会主管 | 91,805,958.00 | 564,958,786.50 | 49,132,982,521.00 |
| 国民政府主管 | 6,834,801,204.00 | 981,851,302.40 | 5,852,949,901.60 |
| 行政院主管 | 3,300,472,447.00 | 1,317,901,637.54 | 1,982,570,809.44 |
| 内政部主管 | 18,261,381,903.00 | 1,226,214,720.25 | 17,035,167,183.60 |
| 外交部主管 | 3,714,565,879.89 | 457,947,306.13 | 3,256,618,573.76 |
| 军政部主管 | 619,464,249,150.79 | 184,811,887,355.37 | 434,652,361,795.42 |
| 财政部主管 | 109,651,210,740.70 | 13,032,539,859.99 | 96,618,670,880.71 |
| 经济部主管 | 16,300,607,531.09 | 658,489,289.84 | 15,642,118,241.25 |
| 教育部主管 | 123,361,409,974.51 | 18,891,232,842.83 | 104,470,177,131.68 |
| 交通部主管 | 108,187,493,180.50 | 1,090,394,593.33 | 107,097,098,587.17 |
| 农林部主管 | 12,145,130,641.41 | 174,952,218.00 | 11,970,178,423.41 |
| 社会部主管 | 13,690,375,389.00 | 1,089,872,646.07 | 12,600,502,742.93 |
| 粮食部主管 | 88,419,374,772.07 | 11,404,547,815.53 | 77,014,826,956.54 |
| 司法行政部主管 | 59,154,823,056.18 | 3,593,817,433.99 | 55,561,005,622.19 |
| 蒙藏委员会主管 | 1,783,772,093.40 | 251,877,898.50 | 1,531,894,194.90 |
| 侨务委员会主管 | 1,877,299,993.03 | 84,889,082.09 | 1,792,410,910.94 |
| 赈济委员会主管 | 447,908.00 | 765,014,505.07 | －764,566,597.07 |
| 水利委员会主管 | 46,651,816,728.00 | 205,682,279.11 | 46,446,134,448.89 |
| 卫生署主管 | 7,143,899,169.39 | 796,194,881.41 | 6,347,704,287.98 |
| 地政部主管 | 8,488,200,585.00 | 1,215,728,444.00 | 7,272,472.141.00 |
| 立法院主管 | 1,391,044,800.00 | 129,680,280.00 | 1,261,364,520.00 |
| 司法院主管 | 1,888,207,829.00 | 172,735,651.80 | 1,715,472,177.20 |
| 考试院主管 | 4,039,567,613.00 | 410,617,162.75 | 3,628,950,450.25 |

续上表

| 科目 | 三十五年度 | 三十四年度 | 比较 |
|---|---|---|---|
| 监察院主管 | 6,544,122,484.00 | 729,210,443.60 | 5,814,912,040.40 |
| 债款卖出 | 53,356,115,395.98 | 4,423,176,753.93 | 48,932,938,642.05 |
| 公务人员退休及抚恤支出 | 278,512,301.78 | 315,669,313.00 | −37,157,011.22 |
| 补助支出 | 47,204,301,209.40 | 350,446,327.64 | 46,853,854,881.76 |
| 省市支出 | 232,982,610,097.99 | 15,270,956,608.22 | 217,711,653,489.77 |
| 省级公粮支出 | 443,288,786.00 | 956,669,250.00 | −513,380,464.00 |
| 分配县市国税支出 | 36,700,865,100.14 | 2,802,953,801.73 | 33,897,911,298.41 |
| 退还各年度岁入款 | 57,692,838.53 | 11,086,222.50 | 46,606,116.03 |
| 紧急命令拨付款 | 2,657,208,015,893.55 | 800,964,576,499.21 | 1,856,243,439,394.34 |
| 善后救济基金 | 126,934,918,000.00 | —— | 126,934,918,000.00 |
| 善后救济总署主管 | 18,944,359,152.00 | —— | 18,944,359,152.00 |
| 事业支出 | 101,961,151,715.00 | —— | 101,961,151,715.00 |
| 复员支出 | 150,780,213,775.00 | —— | 150,780,213,775.00 |
| 各省市复员支出 | 26,927,116,000.00 | —— | 26,927,116,000.00 |
| 国防部主管 | 285,964,277,571.00 | —— | 285,964,277,571.00 |
| 县市建设支出 | 4,479,149,600.00 | —— | 6,479,149,600.00 |
| 国防支出 | —— | 92,583,897.00 | −92,583,897.00 |
| 营业基金 | —— | 6,601,728,341.00 | −6,601,728,341.00 |
| 其他事业基金 | —— | 2;296,790,089.00 | −2,296,790,089.00 |
| 建设基金 | —— | 13,174,092,934.13 | −13,174,092,934.13 |
| | 5,047,000,129,458.18 | 1,102,084,294,618.30 | 3,944,915,834,839.88 |

附注:1. 本表所列数字系总库已列转库帐者为依据。

2. 卅五年度政权行使支出及中央党部主管及国防最高委员会主管与卅四年度中央党部主管及国防最高委员会主管合并比较。

3. 卅五年度自卅五年一月四日起至十二月卅一日止,卅四年度自卅四年一月四日起至十二月卅一日止。

## 总库经管普通经费存款收付数报告表

三十五年一至十二月份

| 月份 | 收入 | 付出 | 余额 |
|---|---|---|---|
| 1 | 197,674,703,582.12 | 108,524,513,307.72 | 89,150,190,274.40 |
| 2 | 59,996,340,183.11 | 81,308,844,914.06 | 67,837,685,543.45 |
| 3 | 24,188,218,378.17 | 87,542,018,959.19 | 4,483,884,962.43 |
| 4 | 99,623,743,032.98 | 65,838,717,459.21 | 38,268,910,536.20 |
| 5 | 69,021,390,846.85 | 77,176,758,198.68 | 30,113,543,184.37 |
| 6 | 71,029,748,420.18 | 54,755,453,869.68 | 46,387,837,734.87 |
| 7 | 85,465,911,374.13 | 88,097,242,686.36 | 43,756,506,422.64 |
| 8 | 111,951,679,056.40 | 127,296,184,299.12 | 28,412,001,179.92 |
| 9 | 113,238,535,905.14 | 105,148,233,175.50 | 36,502,303,909.56 |
| 10 | 112,144,566,097.52 | 105,499,702,163.81 | 43,147,167,843.27 |
| 11 | 1,227,297,566,313.16 | 927,294,255,467.07 | 343,150,478,689.36 |
| 12 | 1,287,394,807,887.21 | 1,270,330,791,976.26 | 360,214,494,600.31 |
| 合计 | 3,459,027,211,076.97 | 3,098,812,716,476.66 | |

附注:本表数字系以总库已转帐者为准。

## 总库经管特种基金存款收付数报告表

三十五年一至十二月份

| 月份 | 收入 | 付出 | 余额 |
|---|---|---|---|
| 1 | 24,775,030,968.40 | 10,863,044,458.42 | 13,911,986,509.98 |
| 2 | 6,875,082,697.69 | 10,504,890,012.11 | 10,282,179,195.56 |
| 3 | 47,695,692,653.74 | 57,662,182,747.82 | 315,689,101.48 |
| 4 | 4,301,687,520.10 | 1,980,076,998.41 | 2,637,299,623.17 |
| 5 | 16,258,043,576.00 | 10,564,206,731.73 | 8,331,136,467.44 |
| 6 | 16,199,804,025.00 | 10,788,979,386.60 | 13,741,961,105.84 |

续上表

| 月份 | 收　　入 | 付　　出 | 余　　额 |
|---|---|---|---|
| 7 | 10,996,991,996.80 | 21,945,325,980.48 | 2,793,627,122.16 |
| 8 | 19,431,733,606.49 | 19,379,862,800.34 | 2,845,497,928.31 |
| 9 | 21,053,620,375.16 | 10,379,540,770.10 | 13,519,577,533.37 |
| 10 | 6,710,230,650.84 | 16,004,952,689.71 | 4,224,855,494.50 |
| 11 | 73,748,847,000.68 | 52,856,975,235.18 | 25,116,727,260.00 |
| 12 | 25,880,413,808.10 | 35,300,561,546.94 | 15,696,579,521.16 |
| 合计 | $273,927,178,879.00 | $258,230,599,357.84 | |

附注:本表数字系以总库已转帐者为准。

本行代理国库经管普通经费存款三十五及
三十四年份收付余额比较表

| 款别 | 三十五年份 | 三十四年份 | 增或减 |
|---|---|---|---|
| 收入总数 | 3,459,027,211,076.97 | 995,611,515,913.96 | 增2,463,415,697,883.01 |
| 付出总数 | 3,098,812,716,476.66 | 859,639,399,299.81 | 增2,239,173,317,176.85 |
| 余额 | 320,214,494,600.31 | 135,972,116,614.15 | 增224,242,380,706.16 |

本行代理国库经管特种基金存款三十五年及
三十四年份收付余额比较表

| 款别 | 三十五年份 | 三十四年份 | 增或减 |
|---|---|---|---|
| 收入总数 | 273,927,178,879.00 | 219,134,348,331.53 | 增54,792,830,547.47 |
| 付出总数 | 258,230,599,357.84 | 195,758,425,347.87 | 增62,472,174,009.97 |
| 余额 | 15,696,579,521.16 | 23.375,922,983.66 | 减7,679,343,462.50 |

## 国库总库转出转入库款报告表

35年11—12月份

| 年月份 | 汇出 | | 汇入 | |
|---|---|---|---|---|
| | 南京 | 上海 | 南京 | 上海 |
| 35年11月份 | 537,424,017,665.19 | 58,090,699,177.38 | 5,272,339,192.84 | 161,055,264,040.02 |
| 35年12月份 | 693,601,733,206.96 | 66,617,663,329.68 | 5,268,358,940.90 | 154,680,575,251.54 |
| 合计 | $1,231,025,750,872.15 | $124,708,362,507.06 | $10,540,698,133.74 | $315,735,839,291.56 |

## 中央银行国库局存款情形表

中华民国三十五年

| | | |
|---|---|---|
| 普通存款 | | 15,475,513,828.35 |
| 活期存款 | 15,475,513,828.35 | |
| 公库存款 | | 1,637,488,806,662.40 |
| 公库收入总存款 | 1,251,626,905,372.37 | |
| 公库普通经费存款 | 360,214,494,600.31 | |
| 公库特种基金存款 | 15,696,579,521.16 | |
| 公库保管金 | 9,950,827,168.56 | |
| 合计 | | $1,652,964,320,490.75 |

## 中央银行国库局经理中央公债及捐献营业概况表

中华民国三十五年度

| 摘要 | 金额 | | | | 备注 |
|---|---|---|---|---|---|
| | 国币 | 美金 | 英金 | 银锭 | |
| 经收债款 | 1,071,443,538.10 | | | | |
| 核拨债票 | 4,275,920,787.00 | 163,815.00 | 14,910⁻/– | | |
| 还本付息:本票 | 63,659,638.92 | 7,152,304.84 | 9,970⁻/– | | |

续上表

| 摘　　要 | 金 | | | 额 | 备　注 |
|---|---|---|---|---|---|
| | 国　　币 | 美　　金 | 英　金 | 银　　锭 | |
| 息票 | 80,057,778.53 | 4,375,465.43 | 16,346²/₆ | | |
| 经收捐献:款项 | 289,671,394.88 | | | | |
| 证券 | 1,091,095.00 | | | 17.80 | |
| 合　　计 | $5,781,772,232.43 | U.S.$11,691,585.27 | $41,226²/₆ | (银锭公两) 17.80 | |

## 中央银行国库局经理公债及经收捐献比较表

35年:34年

| 年度/款别 | 币　别 | 三十五年度款 | 三十四年度款 | 增　加 | 减　少 |
|---|---|---|---|---|---|
| 经收债款 | $ | 1,071,443,538.10 | 1,024,347,436.33 | 47,096,101.77 | |
| | u.s.$ | | 87,575.75 | | 87,575.75 |
| | £ | | 646³/₆ | | 646³/₆ |
| 核拨债票 | $ | 4,275,920,787.00 | 875,260,830.00 | 3,400,659,957.00 | |
| | u.s.$ | 163,815,00 | 2,258,745.00 | | 2,094,930.00 |
| | £ | 14,910-/- | 73,250-/- | | 58,340-/- |
| 还本付息 | $ | 143,717,417.45 | 907,305,585.52 | | 763,588,168.07 |
| | u.s.$ | 11,527,770.27 | 12,306,612.12 | | 778,841.85 |
| | £ | 26,316²/₆ | 1,638,418⁷/₆ | | 1,612,102⁵/- |
| | c.g.u | | 9,893,597.25 | | 9,893,597.25 |
| 经收捐献 | $ | 290,690,489.88 | 302,067,231.12 | | 11,376,741.24 |
| | u.s.$ | | | | |
| | £ | | | | |
| 银　锭 | | 17.80公两 | | 17.80公两 | |
| 黄金证券 | | | 1,000两 | | 1,000两 |

本行代理国库总库活期保管金余额报告表

民国卅五年一至十二月底止

| 月份 | 币名 | 金额 | 币名 | 金额 | 币名 | 金额 | 币名 | 金额 | 币名 | 金额 |
|---|---|---|---|---|---|---|---|---|---|---|
| 1 | $ | 512,888,447.98 | us $ | 5,704.19 | £ | 163.8/8 | glds | 303.82 | Hk $ | 9.90 |
| 2 | $ | 1,461,514,272.13 | us $ | 91,549.35 | £ | 163.8/8 | glds | 303.82 | Hk $ | 9.90 |
| 3 | $ | 199,679,052.16 | us $ | 86,518.54 | £ | 3.11/3 | glds | 0 | Hk $ | 0 |
| 4 | $ | 474,979,469.55 | us $ | 86,518.54 | £ | 3.11/3 | | | | |
| 5 | $ | 567,162,578.43 | us $ | 86,518.54 | £ | 3.11/3 | | | | |
| 6 | $ | 843,611,786.25 | us $ | 86,518.54 | £ | 3.11/3 | | | | |
| 7 | $ | 1,299,951,193.59 | us $ | 86,518.54 | £ | 3.11/3 | | | | |
| 8 | $ | 1,369,660,450.75 | us $ | 1,723,130.59 | £ | 3.11/3 | | | | |
| 9 | $ | 6,989,409,529.96 | us $ | 1,723,130.59 | £ | 3.11/3 | | | | |
| 10 | $ | 7,524,091,665.71 | us $ | 290,294.77 | £ | 3.11/3 | | | | |
| 11 | $ | 7,014,625,336.87 | us $ | 290,294.77 | £ | 3.11/3 | | | | |
| 12 | $ | 8,475,861,226.81 | us $ | 291,022.38 | £ | 3.11/3 | | | | |

附注：三十四年十二月余额 $56,929,859.11　us $5,813.61
£$163.8/8　glds303.82　HK $9.90

存款

本行存款业务，包括活期存款、定期存款、同业存款、银行存款准备金以及验资等事务。本年度各项存款皆有增加，兹分列于后：

一、活存　总分行全体，十二月份余额四，二七二，二七〇，八九四，八四五.〇四元。

总行业务局部份，十二月份余额五八五，七三五，三八一，九三八.八四元。

本项业务局部份存款，较上年十二月份三二，六五七，九九五，九一二.二六元，增加五五三，〇七七，三八六，〇二六.五八元，每月存款皆有显著增加。三月份起，开立代售财政部黄金存款户，存款益形庞大，该户至年底结存四千六百七十余亿元，占此项存款之大部。十一月份起，国府军政机关存汇办法实施，一部份军政存户移转国库局，然因巨额存户多系国营事业机关，故存款仍未见减少。

二、定存　　总分行全体，十二月份余额四，八二三，五七〇，〇八九.九六元。

总行业务局部份，十二月份余额四，六六八，四九八，五一八.二八元。

本项业务局部份存款，系于四月份由渝移申，较移转时四，四六二，九九九，九七六.二四元，增加二〇五，四九八，五四二.〇四元，多系各行局转存乡镇公益储蓄存款。

三、银行存款准备金　　总分行全体，十二月份余额国币六六，一九〇，八五二，七三五.九九元。

总行业务局部份，十二月份余额国币三七，二〇四，五〇〇，六八九.六八元。

经收本市各行庄及信托公司存款准备金，系自三十五年一月份开始办理活定期存款，总额按20%缴纳。自六月份起，活期存款改按20%，定期存款改按15%缴纳。又于十二月份起，活期存款改按15%，定期存款改按10%缴纳。故十二月份所收准备金较十一月份减少约国币十九亿元。兹将全年各月余额（业务局部份）分列如下：

| | | |
|---|---|---|
| 一月份 | 国币 | 五，七五〇，一三九，〇一三.五四元 |
| 二月份 | 国币 | 七，三〇三，〇六四，四二一.九九元 |
| 三月份 | 国币 | 八，三〇三，〇五七，五二二.一四元 |
| 四月份 | 国币 | 一一，一一六，二五二，五七〇.二八元 |
| 五月份 | 国币 | 一六，〇六四，九二七，一二三.八六元 |

| | | |
|---|---|---|
| 六月份 | 国币 | 一八,二三六,九七四,〇四一.三三元 |
| 七月份 | 国币 | 二〇,〇四八,六七四,〇三八.九五元 |
| 八月份 | 国币 | 二九,四七六,七八二,二一二.六四元 |
| 九月份 | 国币 | 二九,四二六,五〇三,九二一.五九元 |
| 十月份 | 国币 | 三六,四九三,二三三,三七七.一六元 |
| 十一月份 | 国币 | 三九,一九六,五一七,四五五.一二元 |
| 十二月份 | 国币 | 三七,二〇四,五〇〇,六八九.六八元 |

四、代部查验行庄及保险公司资本　　各行庄、信托公司及保险公司所有资本,或新增资本,经向财政部申请登记核准后,由财部委托本行派员查验,本年度内经查验者计:

| | |
|---|---|
| 银行四十七家,资本国币 | 一,二六八,三三二,七八九元 |
| 钱庄四十家,资本国币 | 一,九四四,四四〇,六〇三元 |
| 信托公司六家,资本国币 | 一五四,一八〇,〇〇〇元 |
| 保险公司三十三家,资本国币 | 四五五,九八六,二〇〇元 |
| 共计一二六家,资本国币 | 三,八二二,九三九,五九二元 |

三十五年度各月存款余额表

| | 定期存款 | 活期存款 |
|---|---|---|
| 1 | 4,151,833,940.02 | 51,883,808,920.57 |
| | | (渝业局)31,351,915,617.41 |
| 2 | 4,417,704,130.59 | 56,708,417,127.20 |
| | | (渝业局)38,951,488,976.67 |
| 3 | 4,466,889,507.60 | 68,487,322,687.94 |
| | | (渝业局)41,961,509,019.14 |
| 4 | 4,462,999,976.24 | 117,423,558,674.48 |
| 5 | 4,492,464,168.93 | 173,242,034,414.82 |
| 6 | 4,587,772,144.62 | 179,814,581,705.18 |
| 7 | 4,602,619,676.75 | 149,868,255,860.06 |

续上表

| | 定期存款 | 活期存款 |
|---|---|---|
| 8 | 4,633,517,570.95 | 259,750,046,563.60 |
| 9 | 4,579,998,270.95 | 342,148,332,801.74 |
| 10 | 4,580,262,960.95 | 385,267,490,790.35 |
| 11 | 4,677,603,278.28 | 494,997,577,324.07 |
| 12 | 4,668,498,518.28 | 585,735,381,938.84 |

放款

查三十五年度，本行各项放款，包括拆放同业、重贴现、同业质押透支、同业质押放款、活存质押透支、定期质押放款等科目。就总行业务局方面言，上项各科目合计总余额国币七，三五八，一二〇，二七三，八四八元一六分，比较三十四年度各项放款总余额计增加国币五，九九八，二四九，六二四，七〇八元五五分。其主要原因有下列两端：

一、关于三行两局为奉行国策承做之春、秋茧贷及缫丝贷款、茶叶贷款、染织业贷款、食盐贷款，国内埠际押汇、出口物资押汇、民生日用必需品之生产贷款及工矿贷款等，本行均予协助，以转质押、重贴现、转押汇及临时短期拆款之便利。

二、关于推动商业行庄组织银团，举办中小型工商事业各项生产运销贷款之押款、贴现及押汇，以及各外汇指定银行承做之出口国外物资之押款、押汇等，均经本行予以转质押、重贴现及转押汇之便利，藉以扶持工商业，加强民生日用必需品之生产运销，并鼓励物资出口，增益外汇收入。兹将总行业务局方面本年度各项放款内容分析如后：

（甲）按科目分析：

（一）拆放同业　一五六，三四〇，一〇〇，〇〇〇元

（二）重贴现　四，〇八四，〇二七，七六二元五〇分

（三）同业质押透支　一四，五一五，三三一，七五六元四〇分
（四）活存质押透支　七，一五二，四八四，〇四八，八一九元二二分
（五）同业质押放款　二五，七七六，五六二，八七五元
（六）定期质押放款　四，九一六，二六六，六三五元〇四分
合　计　七，三五八，一二〇，二七三，八四八元一六分
（乙）按借款人分析：
（一）财部垫款户　六，八五二，六五六，三〇二，九五一元四一分
（二）行政机关　一八〇，二五七，二九七，八九六元五三分
（三）教育机关　六三，七一一，五三六元八〇分
（四）文化机关　三七，七六二元二四分
（五）国营机关　一八，五一七，三五一，〇一七元二四分
（六）民营机关　三，四二一，四一六，八二一元七五分
（七）同　业　二〇〇，七一九，九二二，三九三元九〇分
（八）代财部垫付收购黄金价款户　六六，一八〇，〇三一，九五三元九三分
（九）工商押款　五，一七九元二六分
（十）其　他　三六，三〇四，二九六，三三五元一〇分
合　计　七，三五八，一二〇，二七三，八四八元一六分

兹再将总分行本年度全体放款余额列举如后：

一、存放同业　五三〇，〇六六，八八一，二四六.六六

此项科目包括(1)存放同业，(2)拆放同业，(3)中央信托局往来三子目，其余额比较三十四年度增加五千一百四十五亿余元，占全体放款百分之六.一〇。

二、重贴现　四，二七一，五二七，七六二.五〇

此项余额比较三十四年度增加三十六亿余元，占全体放款百分之〇.〇五。

三、透支　　　七,二八九,八七七,六七九,三五一.一二

此项科目包括(1)活存质押透支,(2)同业质押透支两子目,其余额比较三十四年度增加五万九千二百五十一亿余元,占全体放款百分之八三.九六。

四、定期放款　　　六一,〇六五,二七四,五九八.四二

此项科目包括(1)定期质押放款,(2)同业质押放款两子目,其余额比较三十四年度增加五百六十六亿余元,占全体放款百分之〇.七〇。

五、其他:

暂行付款　　　七九六,六二三,六一八,〇八八.九〇

催收款项　　　二三二,四四二.八四

应收款项　　　一,〇九〇,一六二,〇〇〇.七九

此项余额并计比较三十四年度增加五千六百九十九亿余元,占全体放款百分之九.一九。

全体放款合计八,六八二,九九五,三七五,四九一.二三。

票据交换

一、本年推进情形

本年度票据交换业务,除若干地方以情形特殊未能开办外,其余均能按照预定计划推行。三十四年度办理交换地方为七处,本年度至年底止,增至十五处。除上海一处仍委托上海银钱业公会合组票据交换所代办外,其余均由本行各地分行主持办理。其中采用直接交换制度者,计天津、北平、沈阳、广州四处,采用代理交换制度者计南京、杭州、汉口、青岛、重庆、成都、贵阳、昆明、西安、兰州十处,又有厦门、自流井、宁波、镇江、长沙五处。其余各重要都市,已由本行筹备就绪,即可于三十六年春开办,如济南、南昌、福州、长春四地正筹划中。本行未设分行地方之票据交换,则由本行委托其他国家行局代办,目前已经决定者,绍兴委托中国银行,苏州委托交通银行,均在积极筹备中。故本年各地交换业务颇见进展,交换

票据张数、金额、差额，亦均有增加。如西南各地，自政府东迁，上半年略见减少，但下半年又渐形增加，交换金额及票据张数，均以上海为最大最多，天津、重庆、北平次之。

二、上海交换情形

上海票据交换，系由本行委托银钱业两公会合组之票据交换所代办，于三十四年十一月一日开办。交换方法，分直接与代理两种。直接交换行庄之票据，由各该行庄派员至交换所直接与其他行庄互相交换，并在本行开立存款户，其收付由本行处理。代理交换行庄之票据，则由交换所居间代为交换，在交换所开立存款户，收付由交换所处理，其余额则由交换所全部转存本行。开办时参加行庄一百四十九家，内直接交换行庄四十家，代理交换行庄一百零九家，至本年底直接交换行庄增至五十家，代理交换行庄增至一百六十七家，共二百十七家，交换票据张数、金额，逐月均有增加。一月份票据张数每日平均为二万七千九百十张，金额平均为一百八十二亿零一百七十万零八千六百五十四元三角六分，差额平均为二十七亿九千九百九十五万八千九百七十九元五角五分。十二月份张数平均为八万九千二百四十九张，金额平均为三千二百四十九亿五千八百二十万零一千九百十六元五角二分，差额平均为三百九十五亿八千五百七十三万八千五百四十三元零四分。

本年上海金融市场曾数度发生动荡，六月下旬大亚银行以经营不善，信用低落，至二十八日，其应付交换差额竟无法补足，乃由交换所宣布停止其交换。次日（二十九日），市场受其影响，发生提存，复以本行交换轧进一百四十余亿，银根奇紧，部份行庄头寸无法轧平，以美钞、黄金作价售与本行，始行补足。直至七月五日以后，银根始逐渐松动。九月下旬起，市上谣传外汇将改牌价，致黄金、美钞、物价均有波动。本行为抑平金价，逐日抛售黄金，同业头寸颇紧，多数同业各具戒心，互拆减少，部份同业头寸更觉困难。十月十八日，同康钱庄因投机失败，其交换应付差额，至午夜尚缺三亿余元不能补足，由票据交换所宣布停止其交换。至十月下旬，市场头寸始告回松。十二月下半月，银根复紧，缺款行庄极多，每夜须在十一时后方能补齐，形势险恶。本行为安定金融，予以拆款救济，始得安度年关。此项拆款系透过银钱业联合准备会转拆各行庄，所拆总额曾达十三亿五千三百万元，但仍有成大银号、建国银行两家，因经营不善，无法维持，经交换所于十二月二十一日、二十五日先后停止其交换。又本年度另有中孚银行一家，曾于二月四日因案奉财部令暂停营业，停止交换，旋经改组复业，恢复交换。

上海交换方法因分直接与代理两种，待遇不均，同业颇表不满。经交换所委员会决定，于七月间略加变更，取销直接交换行庄及代理交换行庄名称，凡加入交换之行庄，一律改称交换行庄，但交换方法，仍分直接与送票两种。原代理交换行庄，仍须送票交换名称，虽则一列，待遇实未平允，行庄仍有烦言。复有若干行庄，以资本短绌，存款缺少，平时赖同业拆款营运，在银风紧俏之时，往往未能向同业拆得款项，则大量退票，以弥补其交换应付差额。此种作风，影响市场颇巨也。

三、各地交换情形

（1）天津　　天津票据交换于本年一月七日开办，参加行庄一百家，至年底增至一百二十九家，又委托代理交换行庄十八家。一月份票据张数每日平均一千四百九十六张，金额平均八亿零一百五十八万九千七百十元零一角，差额平均为二亿五千九百七十六万一千七百十二元三角九分。十二月份张数每日平均二万三千一百四十张，金额平均四百零二亿六千二百四十五万一千八百零九元零九分，差额平均五十三亿六千三百十四万六千六百十三元九角二分，进展甚速，各交换行庄经营尚称稳健。

（2）北平　　北平票据交换与天津同日举办，当时参加行庄二十一家，十二月底增为四十一家，又委托代理交换行庄十五家。

一月份票据张数，每日平均一百六十一张，金额平均二亿八千八百八十九万七千七百零五元二角三分，差额平均二亿四千二百十八万八千九百三十三元一角，逐月均有增加。十二月份张数每日平均二千六百四十五张，金额平均六十五亿四千七百五十九万五千九百零五角一分，差额平均二十六亿二千八百四十一万二千八百七十一元零四分，业务颇见进展。

(3) 重庆　　重庆自三十一年六月一日开办交换以来，当时该地为战时首都，政治、经济之中心。交换数字逐年增加颇速，至三十四年夏达最高峰，票据张数每日平均约八千张。抗战胜利，政府复员东还，交换数字剧见低落。本年一月份，票据张数每日平均四千九百八十七张，金额平均一百四十三亿零七百五十一万二千八百四十一元二角九分，差额平均二十六亿四千九百零一万四千八百零一元五角九分。至十月以后，又渐见增加，十二月份张数每日平均五千四百三十张，金额平均三百零四亿八千一百七十七万六千四百十元零一角八分，差额平均六十九亿六千六百七十三万二千三百九十七元二角四分。该地交换行庄开办时为八十三家，本年底为一百零一家，经营大部尚称稳健。本年恢复交换者有大夏银行、华侨兴业银行两家，因周转不灵停止交换者两家。义亨钱庄于四月二十二日起，建国银行于十二月二十七日起，均停止交换。十二月份银根奇紧，若干行庄情形危殆，经银钱两业电请救济，当经本行准以公库证作抵，拆款维持，始告稳定。当时向本行申请拆款者，有川康银行、成大银号、安康银行、和丰银行等四家。

(4) 成都　　成都交换行庄本年底止共五十八家，本年一月份交换票据张数每日平均九百八十九张，金额平均十五亿六千三百五十三万六千二百八十八元九角，差额平均四亿九千一百零二万四千八百三十八元七角三分。十二月份张数每日平均三千四百九十三张，金额平均六十五亿七千九百九十三万九千九百七十二元八角一分，差额平均十四亿四千五百七十八万六千四百三十七元二角九分。该地交换自三十二年五月二十五日开办以来，交换数额增加颇缓，本年十月份突然剧增，十二月份票据张数与三十四年十二月份比较，增加几达三倍。该地四川省银行、成都市银行曾数次以交换轧出无法补足，向本行申请拆款。

（5）昆明　　昆明于三十三年十一月二十七日开办交换，当时参加行庄四十一家，至本年底增至四十四家。该地在抗战期间为中印航运起点，交换数每月均有增加，以三十四年七月为最高，票据张数平均每日二千八百六十四张。胜利后形势改变，交换数骤减一半，今年虽逐月渐见增加，尚难恢复旧观。本年一月份张数每日平均一千六百二十五张，金额平均三十三亿二千七百三十四万六千八百九十一元一角五分，差额平均九亿五千零三十九万六千五百七十二元零八分。十二月份张数每日平均二千四百十五张，金额平均七十亿零五千四百九十一万四千六百十三元二角八分，差额平均十九亿七千四百八十万零三千二百十四元四角二分。

（6）西安　　西安交换行庄共九十一家，其中华侨兴业银行三十四年因周转不灵停止交换，本年改组就绪，经核准复业，恢复交换。该地于三十三年五月十六日开办交换，在三十三、三十四两年间，行庄虽多，交换数额不大，本年始逐月增加。一月份张数每日平均三百八十一张，金额平均十一亿一千六百三十四万六千二百十六元五角一分，差额平均五亿零八百八十一万零七百零二元零八分。十二月份张数每日平均一千七百七十九张，金额平均一百零三亿四千一百六十五万九千四百八十九元二角五分，差额平均二十四亿五千三百四十二万九千二百二十五元八角六分，票据张数增加超过三倍。

（7）贵阳　　贵阳于三十四年二月十九日开办交换，当时参加行庄二十七家，其中福钰银行于当年停业，国货银行于胜利后撤销。故本年底交换行庄为二十五家。该地业务较为清淡，一月份张数每日平均三百十七张，金额平均六亿三千一百六十六万六千五百零五元六角三分，差额平均二亿五千七百七十六万八千七百八十六元七角四分。十二月份张数每日平均六百七十张，金额平均十八亿一千九百七十八万四千四百十五元二角五分，差额平均五亿九千八百六十八万一千一百三十七元六角三分，本年与去年票据张数比较，平均增加百分之十。

(8) 兰州等处　兰州于三十四年六月十五日开办交换，当时参加行庄十七家，本年底为二十家。该地交换业务最为清淡，本年票据张数全年平均每日仅一百八十八张。南京票据交换于本年五月一日开办，当时参加行庄二十七家，至年底增至四十家。汉口本年六月一日起办理交换，参加者三十一家，年底增至三十九家，尽为银行，因该地钱庄尚未经部核准给照，不得参加交换也。广州本年八月一日开办交换，当时参加者十六家，年底增至二十三家，尽为银行。杭州、青岛两处均系九月二日开办，杭州开办时参加者银行二十家，嗣后钱庄核准复业陆续加入，至年底增至四十八家。青岛开办时参加行庄十六家，年底增至二十三家。沈阳十一月一日开办，参加行庄十八家。各地交换业务，预计在三十七年均将大有进展。

本行未办票据交换，而有三行两局地方，为执行行局头寸集中本行国策起见，均由本行办理四行两局间票据收解。截至本年底止，已开办者宁夏、开封、宝鸡、南郑、宁波、南昌、赣州、九江、宜昌、自流井、万县、三台、乐山、雅安、汕头、湛江、厦门、福州、泉州等十九处，尚有西宁、天水、扬州、徐州、蚌埠、合肥、吉安、武昌、常德、桂林、梧州、南宁、海口市等十三处已筹备就绪，定于三十六年开业日开办。衢州、沅陵、衡阳、韶关、柳州、锦州、芜湖等地，亦在积极筹备中。

附上海、天津、北平、重庆、成都、昆明、西安、贵阳、兰州、南京、汉口、广州、杭州、青岛、沈阳三十五年份票据交换统计表各一份

## 上海市三十五年全年票据交换统计表

| 月份 | | 票据张数 | 交换金额 | 交换差额 |
|---|---|---|---|---|
| 1 | | 669,845 | 436,841,007,702.45 | 67,199,015,509.39 |
| 2 | | 641,734 | 667,704,300,990.26 | 97,804,583,627.70 |
| 3 | | 982,545 | 1,159,003,758,384.47 | 153,449,124,155.47 |
| 4 | | 1,265,444 | 1,938,629,272,149.17 | 224,706,753,379.17 |
| 5 | | 1,630,906 | 3,128,173,921,556.04 | 373,804,644,934.02 |
| 6 | | 1,702,243 | 3,751,128,773,175.90 | 495,087,549,148.85 |
| 7 | | 1,564,467 | 3,494,803,397,134.95 | 555,967,078,321.41 |
| 8 | | 1,781,234 | 4,434,620,122,842.37 | 502,761,887,127.61 |
| 9 | | 1,967,417 | 5,265,152,011,847.43 | 614,033,917,708.85 |
| 10 | | 2,244,065 | 6,285,472,383,740.25 | 621,572,229,696.36 |
| 11 | | 2,153,501 | 7,047,102,715,747.78 | 747,073,673,790.42 |
| 12 | | 2,231,214 | 8,123,955,047,913.01 | 939,643,463,576.00 |
| 全年共计 | | 18,834,615 | 45,732,536,713,184.08 | 5,443,103,925,975.25 |
| 最高 | 月日 | 12月21日 | 12月21日 | 12月31日 |
| | 数额 | 148,654 | 473,228,239,076.16 | 57,028,449,657.43 |
| 最低 | 月日 | 2月4日 | 2月4日 | 2月6日 |
| | 数额 | 1,434 | 2,534,192,151.23 | 1,510,257,894.27 |
| 每日平均 | | 62,573 | 151,935,504,030.51 | 18,083,401,747.42 |

附注：本年交换票据每张平均金额为2,428,132.00

本年交换差额与交换金额之比为11.90%

本年交换共301天

## 天津市三十五年全年票据交换统计表

| 月份 | 票据张数 | 交换金额 | 交换差额 |
|---|---|---|---|
| 1 | 32,909 | 17,634,975,622.11 | 5,714,767,672.51 |
| 2 | 60,805 | 32,820,142,719.93 | 7,684,346,539.19 |
| 3 | 114,862 | 60,306,760,414.75 | 14,226,502,429.37 |
| 4 | 180,850 | 125,963,690,620.69 | 22,964,529,783.56 |
| 5 | 273,088 | 199,100,673,234.54 | 40,582,833,238.59 |

续上表

| 月份 | | 票据张数 | 交换金额 | 交换差额 |
|---|---|---|---|---|
| 6 | | 267,033 | 224,430,769,914.71 | 40,128,280,840.85 |
| 7 | | 293,557 | 270,560,795,200.63 | 48,318,333,531.09 |
| 8 | | 355,287 | 407,587,208,308.28 | 70,889,574,894.56 |
| 9 | | 470,301 | 590,407,745,449.04 | 99,815,208,143.61 |
| 10 | | 577,322 | 310,583,499,040.55 | 119,400,790,671.80 |
| 11 | | 598,873 | 1,013,748,882,206.18 | 149,786,010,980.72 |
| 12 | | 578,512 | 1,006,561,295,227.16 | 134,078,665,348.09 |
| 全年共计 | | 3,803,409 | 4,759,726,436,458.57 | 753,309,834,124.04 |
| 最高 | 月日 | 11月4日 | 12月30日 | 11月18日 |
| | 数额 | 37,197 | 69,288,432,355,86 | 11,516,990,365.81 |
| 最低 | 月日 | 2月5日 | 2月5日 | 2月5日 |
| | 数额 | 474 | 215,944,987.61 | 106,291,066.31 |
| 每日平均 | | 12,763 | 15,972,236,363.95 | 2,527,885,349.41 |

附注:本年交换票据每张平均金额为1,251,436.92

本年交换差额与交换金额之比为15.83%

本年交换共298天

## 北平市三十五年全年票据交换统计表

| 月份 | 票据张数 | 交换金额 | 交换差额 |
|---|---|---|---|
| 1 | 3,543 | 6,335,749,515.11 | 5,328,156,528.38 |
| 2 | 3,396 | 7,260,597,317.73 | 3,631,354,497.99 |
| 3 | 3,919 | 3,643,569,753.06 | 2,480,227,035.26 |
| 4 | 12,650 | 10,893,998,579.25 | 6,553,872,799.82 |
| 5 | 22,088 | 21,336,096,009.78 | 11,113,052,342.46 |
| 6 | 20,031 | 19,755,696,177.42 | 8,087,134,117.35 |
| 7 | 22,640 | 24,150,820,910.15 | 9,811,594,887.95 |
| 8 | 32,389 | 42,470,568,147.64 | 17,124,534,936.51 |
| 9 | 39,318 | 66,444,960,005.75 | 24,814,142,431.71 |
| 10 | 46,791 | 88,983,703,215.54 | 31,059,187,825.24 |

续上表

| 月份 | | 票据张数 | 交换金额 | 交换差额 |
|---|---|---|---|---|
| 11 | | 52,126 | 118,216,199,171.55 | 40,285,461,337.47 |
| 12 | | 66,124 | 163,689,898,012.68 | 65,710,321,776.04 |
| 全年共计 | | 325,015 | 573,192,856,815.66 | 227,999,040,516.18 |
| 最高 | 月日 | 12月23日 | 12月30日 | 12月23日 |
| | 数额 | 5,136 | 10,349,470,442.55 | 3,822,209,558.83 |
| 最低 | 月日 | 2月5日 | 2月5日 | 2月5日 |
| | 数额 | 45 | 15,702,780.00 | 13,277,234.00 |
| 每日平均 | | 1,091 | 1,932,465,962.46 | 765,097,451.39 |

附注:本年交换票据每张平均金额为1,763,563.98

本年交换差额与交换金额之比为39.78%

本年交换共298天

## 重庆市三十五年全年票据交换统计表

| 月份 | | 票据张数 | 交换金额 | 交换差额 |
|---|---|---|---|---|
| 1 | | 119,690 | 343,380,308,191.09 | 63,576,355,238.25 |
| 2 | | 99,042 | 363,993,339,202.12 | 83,601,166,597.77 |
| 3 | | 112,270 | 420,951,517,340.35 | 91,571,348,939.02 |
| 4 | | 140,315 | 543,197,998,985.27 | 100,227,558,662.95 |
| 5 | | 122,658 | 453,593,399,810.00 | 81,778,785,790.15 |
| 6 | | 104,889 | 402,605,941,326.27 | 66,246,061,002.23 |
| 7 | | 112,951 | 507,189,653,534.41 | 73,985,305,602.05 |
| 8 | | 115,148 | 505,736,701,123.33 | 78,152,707,227.85 |
| 9 | | 123,535 | 612,833,702,717.03 | 71,313,927,243.71 |
| 10 | | 126,181 | 568,595,977,535.83 | 63,039,518,563.51 |
| 11 | | 128,321 | 746,022,424,539.81 | 167,485,242,671.72 |
| 12 | | 135,758 | 762,044,410,254.55 | 174,168,309,931.03 |
| 全年共计 | | 1,440,758 | 6,230,145,374,550.06 | 1,115,146,287,470.24 |
| 最高 | 月日 | 9月3日 | 11月30日 | 12月31日 |
| | 数额 | 21,220 | 98,799,694,804.68 | 12,656,084,754.01 |

续上表

| 月份 | | 票据张数 | 交换金额 | 交换差额 |
|---|---|---|---|---|
| 最低 | 月日 | 2月4日 | 2月6日 | 3日6日 |
| | 数额 | 1,825 | 8,930,727,733.81 | 1,461,168,638.89 |
| 每日平均 | | 4,787 | 20,698,157,390.53 | 3,704,804,941.75 |

附注：本年交换票据每张平均金额为4,324,213.63

本年交换差额与交换金额之比为17.90%

本年交换共301天

## 成都市三十五年全年票据交换统计表

| 月份 | | 票据张数 | 交换金额 | 交换差额 |
|---|---|---|---|---|
| 1 | | 23,732 | 37,524,870,933.59 | 11,784,596,129.59 |
| 2 | | 18,342 | 32,391,373,266.38 | 9,265,680,405.86 |
| 3 | | 29,067 | 50,956,317,345.05 | 14,614,998,379.10 |
| 4 | | 33,110 | 67,159,386,051.16 | 20,201,366,536.15 |
| 5 | | 38,471 | 73,977,886,904.03 | 18,829,058,275.28 |
| 6 | | 36,813 | 72,059,690,654.52 | 16,795,070,681.85 |
| 7 | | 33,590 | 80,232,672,957.16 | 21,129,023,730.27 |
| 8 | | 36,711 | 88,153,361,376.90 | 24,028,859,029.71 |
| 9 | | 47,300 | 124,815,098,185.16 | 31,371,517,066.40 |
| 10 | | 72,105 | 160,762,519,491.36 | 33,715,906,874.80 |
| 11 | | 77,014 | 150,356,145,063.19 | 30,158,283,281.13 |
| 12 | | 83,934 | 157,918,559,347.58 | 34,698,874,495.08 |
| 全年共计 | | 535,089 | 1,096,307,881,576.08 | 266,593,224,885.22 |
| 最高 | 月日 | 12月16日 | 11月30日 | 11月30日 |
| | 数额 | 8,196 | 18,992,988,392.81 | 2,497,800,348.09 |
| 最低 | 月日 | 2月5日 | 2月5日 | 2月5日 |
| | 数额 | 118 | 216,016,629.70 | 174,343,138.00 |
| 每日平均 | | 1,814 | 3,716,294,513.82 | 903,705,874.19 |

附注：本年交换票据每张平均金额为2,048,832.88

本年交换差额与交换金额之比为24.32%

本年交换共295天

## 昆明市三十五年全年票据交换统计表

| 月份 | | 票据张数 | 交换金额 | 交换差额 |
|---|---|---|---|---|
| 1 | | 38,989 | 79,856,325,387.50 | 22,809,517,730.04 |
| 2 | | 32,949 | 80,637,303,171.74 | 23,614,666,947.70 |
| 3 | | 42,979 | 101,601,378,351.61 | 27,881,009,761.00 |
| 4 | | 46,932 | 111,302,286,778.97 | 28,993,381,412.02 |
| 5 | | 51,837 | 154,192,249,166.82 | 42,772,514,519.01 |
| 6 | | 43,297 | 115,316,807,268.03 | 32,008,510,439.16 |
| 7 | | 48,660 | 123,745,016,103.00 | 36,939,869,466.95 |
| 8 | | 50,301 | 135,488,925,227.22 | 41,447,134,514.46 |
| 9 | | 50,704 | 142,137,913,995.86 | 47,161,779,920.11 |
| 10 | | 54,536 | 141,248,226,149.37 | 42,140,512,825.94 |
| 11 | | 57,275 | 168,805,846,665.82 | 47,490,540,295.74 |
| 12 | | 57,960 | 169,317,950,718.72 | 47,395,277,146.16 |
| 全年共计 | | 576,419 | 1,523,950,230,984.66 | 440,654,714,978.29 |
| 最高 | 月日 | 12月23日 | 12月16日 | 5月9日 |
| | 数额 | 4,197 | 10,267,915,296.78 | 3,675,376,623.67 |
| 最低 | 月日 | 2月4日 | 2月5日 | 2月4日 |
| | 数额 | 409 | 1,105,641,354.90 | 479,332,814.56 |
| 每日平均 | | 1,921 | 5,079,834,103.28 | 1,468,849,049.93 |

附注:本年交换票据每张平均金额为2,643,823.72

本年交换差额与交换金额之比为28.91%

本年共交换300天

## 西安三十五年全年票据交换统计表

| 月份 | 票据张数 | 交换金额 | 交换差额 |
|---|---|---|---|
| 1 | 9,149 | 26,793,309,196.17 | 12,211,456,879.81 |
| 2 | 10,015 | 27,926,634,800.31 | 10,019,165,371.70 |
| 3 | 14,759 | 45,072,446,123.52 | 18,795,196,167.36 |
| 4 | 18,190 | 50,574,654,623.10 | 23,222,043,374.71 |

续上表

| 月份 | | 票据张数 | 交换金额 | 交换差额 |
|---|---|---|---|---|
| 5 | | 25,478 | 101,327,005,075.39 | 38,591,657,641.31 |
| 6 | | 22,892 | 82,705,658,489.04 | 23,293,584,187.53 |
| 7 | | 25,591 | 116,536,203,791.46 | 36,531,813,665.57 |
| 8 | | 29,234 | 121,440,870,026.54 | 37,772,098,318.47 |
| 9 | | 35,007 | 176,802,464,170.36 | 40,487,304,209.24 |
| 10 | | 36,570 | 221,628,665,893.29 | 63,972,838,512.59 |
| 11 | | 40,819 | 249,651,521,457.68 | 57,137,383,230.48 |
| 12 | | 44,481 | 258,541,487,231.18 | 61,335,730,646.57 |
| 全年共计 | | 312,185 | 1,479,000,222,878.04 | 423,370,272,175.34 |
| 最高 | 月日 | 11月4日 | 10月9日 | 10月7日 |
| | 数额 | 2,734 | 17,071,315,075.28 | 10,591,752,442.77 |
| 最低 | 月日 | 2月4日 | 2月4日 | 1月22日 |
| | 数额 | 16 | 251,773,000.00 | 146,228,278.43 |
| 每日平均 | | 1,044 | 4,946,491,380.85 | 1,415,954,027.51 |

附注:本年交换票据每张平均金额为4,737,581.65

本年交换差额与交换金额之比为28.63%

本年交换共299天

## 贵阳三十五年全年票据交换统计表

| 月份 | 票据张数 | 交换金额 | 交换差额 |
|---|---|---|---|
| 1 | 7,605 | 15,159,996,135.12 | 6,186,450,881.73 |
| 2 | 7,075 | 15,553,571,593.50 | 5,841,988,367.12 |
| 3 | 9,779 | 19,229,164,852.10 | 7,508,286,814.10 |
| 4 | 10,928 | 23,684,610,202.58 | 10,191,477,203.39 |
| 5 | 12,402 | 25,384,875,951.89 | 9,192,897,028.35 |
| 6 | 10,524 | 19,965,295,843.48 | 7,338,335,783.91 |
| 7 | 11,662 | 25,085,127,968.06 | 10,678,520,623.99 |
| 8 | 12,203 | 26,660,079,003.24 | 10,174,912,492.97 |
| 9 | 13,933 | 33,212,228,579.47 | 12,859,106,688.07 |

续上表

| 月份 | | 票据张数 | 交换金额 | 交换差额 |
|---|---|---|---|---|
| 10 | | 16,643 | 38,938,868,284.55 | 14,305,398,489.11 |
| 11 | | 16,067 | 41,778,827,157.36 | 14,372,926,061.12 |
| 12 | | 16,073 | 43,674,825,965.92 | 14,368,347,303.05 |
| 全年共计 | | 144,894 | 328,327,471,537.27 | 123,018,647,736.91 |
| 最高 | 月日 | 12月26日 | 12月30日 | 7月11日 |
| | 数额 | 3,907 | 2,416,976,192.16 | 1,359,936,504.31 |
| 最低 | 月日 | 2月4日 | 2月4日 | 2月3日 |
| | 数额 | 77 | 215,234,528.96 | 103,729,245.33 |
| 每日平均 | | 484 | 1,098,085,189.29 | 411,433,604.47 |

附注：本年交换票据每张平均金额 2,265,983.90

本年交换差额与交换金额之比为 37.47%

本年共交换 299 天

## 兰州三十五年全年票据交换统计表

| 月份 | 票据张数 | 交换金额 | 交换差额 |
|---|---|---|---|
| 1 | 3,446 | 9,758,084,573.06 | 5,707,714,561.93 |
| 2 | 2,909 | 11,986,953,850.78 | 8,873,308,721.43 |
| 3 | 3,439 | 11,566,654,676.48 | 6,135,470,098.97 |
| 4 | 3,570 | 14,818,797,698.65 | 8,837,044,409.32 |
| 5 | 4,551 | 22,925,621,387.26 | 11,544,675,143.20 |
| 6 | 4,428 | 16,384,511,745.92 | 8,505,129,839.82 |
| 7 | 4,377 | 25,085,750,382.10 | 14,544,012,847.02 |
| 8 | 5,607 | 34,817,057,749.61 | 18,844,657,831.33 |
| 9 | 6,328 | 44,771,569,049.94 | 21,783,795,486.73 |
| 10 | 6,120 | 43,716,338,974.16 | 21,335,653,167.26 |
| 11 | 6,116 | 51,148,438,299.11 | 35,080,408,579.91 |
| 12 | 5,677 | 43,526,138,483.26 | 20,358,165,032.36 |
| 全年共计 | 56,568 | 330,525,916,861.33 | 171,550,035,719.28 |

续上表

| 月份 | | 票据张数 | 交换金额 | 交换差额 |
|---|---|---|---|---|
| 最 | 月日 | 12月13日 | 12月15日 | 2月12日 |
| 高 | 数额 | 461 | 4,317,192,892.70 | 2,659,175,662.30 |
| 最 | 月日 | 2月2日 | 2月2日 | 2月2日 |
| 低 | 数额 | 2 | 4,300,000.00 | 4,300,000.00 |
| 每日平均 | | 188 | 1,098,092,747.05 | 569,933,673.49 |

附注:本年交换票据每张平均金额5,842,983.96

本年交换差额与金额之比为51.90%

本年交换共301天

## 南京市三十五年全年票据交换统计表

| 月份 | | 票据张数 | 交换金额 | 交换差额 |
|---|---|---|---|---|
| 5 | | 19,611 | 68,455,477,847.02 | 32,862,975,171.81 |
| 6 | | 20,882 | 81,109,594,847.81 | 38,157,383,283.97 |
| 7 | | 21,603 | 84,280,379,491.17 | 44,710,365,305.79 |
| 8 | | 24,027 | 88,092,378,571.12 | 40,106,435,870.05 |
| 9 | | 25,281 | 112,864,309,929.25 | 55,089,348,779.09 |
| 10 | | 30,247 | 143,478,972,827.08 | 52,695,056,087.40 |
| 11 | | 33,057 | 197,294,272,925.45 | 79,790,041,107.55 |
| 12 | | 33,804 | 240,297,907,808.25 | 94,839,705,793.09 |
| 全年共计 | | 208,512 | 1,015,873,294,247.15 | 438,251,311,397.79 |
| 最 | 月日 | 11月18日 | 11月18日 | 11月29日 |
| 高 | 数额 | 2,071 | 15,029,701,921.12 | 8,793,386,172.85 |
| 最 | 月日 | 5月1日 | 5月9日 | 5月9日 |
| 低 | 数额 | 504 | 1,114,697,280.16 | 447,096,732.15 |
| 每日平均 | | 1,027 | 5,004,301,942.10 | 2,158,873,455.16 |

附注:本年交换票据每张平均金额4,872,013.57

本年交换差额与交换金额之比为43.14%

本年交换共203天

## 汉口市三十五年全年票据交换统计表

| 月份 | | 票据张数 | 交换金额 | 交换差额 |
|---|---|---|---|---|
| 6 | | 5,055 | 34,572,161,998.34 | 15,762,633,571.99 |
| 7 | | 5,614 | 44,864,559,670.84 | 22,261,639,386.90 |
| 8 | | 6,695 | 62,508,074,835.17 | 27,801,173,115.93 |
| 9 | | 8,240 | 79,793,855,798.66 | 34,603,018,403.22 |
| 10 | | 11,013 | 107,213,833,284.97 | 38,821,681,806.76 |
| 11 | | 10,308 | 107,335,612,683.53 | 31,784,759,178.97 |
| 12 | | 11,547 | 130,079,017,118.78 | 39,731,346,442.96 |
| 全年共计 | | 58,472 | 566,367,115,390.29 | 210,766,301,906.73 |
| 最高 | 月日 | 12月21日 | 12月31日 | 12月16日 |
| | 数额 | 707 | 8,325,442,524.69 | 4,138,686,156.53 |
| 最低 | 月日 | 6月12日 | 6月3日 | 6月3日 |
| | 数额 | 148 | 803,071,671.87 | 369,326,413.00 |
| 每日平均 | | 332 | 3,217,994,973.81 | 1,197,535,806.29 |

附注：本年交换票据每张平均金额9,686,125.25

本年交换差额与交换金额之比为7.21%

本年共交换176天

## 广州市三十五年全年票据交换统计表

| 月份 | | 票据张数 | 交换金额 | 交换差额 |
|---|---|---|---|---|
| 8 | | 9,633 | 51,046,018,958.01 | 24,790,156,181.65 |
| 9 | | 9,308 | 43,298,222,730.07 | 18,896,562,621.15 |
| 10 | | 11,180 | 51,825,904,328.44 | 18,925,305,145.06 |
| 11 | | 11,590 | 77,446,466,018.95 | 28,415,009,269.16 |
| 12 | | 13,373 | 100,754,536,649.64 | 35,182,503,161.23 |
| 全年共计 | | 55,084 | 324,371,148,685.11 | 126,209,536,378.25 |
| 最高 | 月日 | 12月19日 | 12月31日 | 12月30日 |
| | 数额 | 653 | 5,986,870,015.69 | 2,839,291,277.28 |
| 最低 | 月日 | 10月31日 | 10月31日 | 8月31日 |
| | 数额 | 104 | 736,326,440.54 | 232,745,182.66 |

续上表

| 月份 | 票据张数 | 交换金额 | 交换差额 |
|---|---|---|---|
| 每日平均 | 441 | 2,594,969,189.41 | 1,009,676,291.02 |

附注:本年交换票据每张平均金额为5,888,663.68

本年交换差额与交换金额之比为38.91%

本年共交换125天

## 杭州市三十五年全年票据交换统计表

| 月份 | | 票据张数 | 交换金额 | 交换差额 |
|---|---|---|---|---|
| 9 | | 12,705 | 23,894,940,513.51 | 9,748,886,644.97 |
| 10 | | 14,470 | 42,079,613,332.81 | 12,688,990,500.18 |
| 11 | | 16,801 | 74,119,002,261.35 | 20,936,779,306.60 |
| 12 | | 44,273 | 122,215,353,245.56 | 27,829,858,488.73 |
| 全年共计 | | 88,249 | 263,108,909,353.23 | 71,204,514,940.48 |
| 最高 | 月日 | 12月21日 | 12月27日 | 12月27日 |
| | 数额 | 3,399 | 3,145,479,814.16 | 3,347,854,845.97 |
| 最低 | 月日 | 9月11日 | 9月6日 | 9月5日 |
| | 数额 | 350 | 766,374,066.08 | 146,185,979.19 |
| 每日平均 | | 874 | 2,645,543,656.96 | 704,995,197.43 |

附注:本年交换票据每张平均金额为3,038,095.73

本年交换差额与交换金额之比为26.56%

本年交换共101天

## 青岛市三十五年全年票据交换统计表

| 月份 | 票据张数 | 交换金额 | 交换差额 |
|---|---|---|---|
| 9 | 9,023 | 41,204,495,428.87 | 16,245,188,290.61 |
| 10 | 14,910 | 81,196,345,722.53 | 31,880,257,751.93 |
| 11 | 16,060 | 101,733,091,012.84 | 38,413,972,712.26 |

续上表

| 月份 | | 票据张数 | 交换金额 | 交换差额 |
|---|---|---|---|---|
| 12 | | 21,570 | 127,129,978,871.37 | 41,521,171,095.73 |
| 全年共计 | | 61,563 | 351,263,911,135.61 | 128,060,589,850.53 |
| 最高 | 月日 | 12月23日 | 12月23日 | 12月9日 |
| | 数额 | 1,500 | 9,746,549,611.71 | 4,281,160,707.25 |
| 最低 | 月日 | 9月7日 | 9月11日 | 9月11日 |
| | 数额 | 153 | 643,452,527.33 | 270,456,620.64 |
| 每日平均 | | 609 | 3,477,860,106.29 | 1,267,946,429.75 |

附注:本年交换票据每张平均金额为5,705,763.38

本年交换差额与交换金额之比为36.46%

本年交换共101天

## 沈阳市三十五年全年票据交换统计表

| 月份 | | 票据张数 | 交换金额 | 交换差额 |
|---|---|---|---|---|
| 11 | | 24,004 | 7,962,388,105.00 | 4,993,571,327.59 |
| 12 | | 31,485 | 9,811,604,374.49 | 5,056,265,541.46 |
| 全年共计 | | 55,485 | 17,773,992,479.49 | 10,049,836,869.05 |
| 最高 | 月日 | 12月23日 | 12月31日 | 12月31日 |
| | 数额 | 2,536 | 1,022,954,234.65 | 690,748,679.63 |
| 最低 | 月日 | 11月2日 | 11月23日 | 11月23日 |
| | 数额 | 498 | 105,829,621.71 | 40,731,596.71 |
| 每日平均 | | 1,110 | 355,479,849.59 | 200,996,737.38 |

附注:本年交换票据每张平均金额为320,338.69

本年交换差额与交换金额之比为56.54%

本年交换共50天

总分行机构之变迁

自抗战胜利，本行复员工作积极进行，对于收复区分行之规划筹设及后方行处之裁撤紧缩，经斟酌各地实际情形，拟具计划次第实施。至三十五年度止，业已全部办理蒇事。兹将各分行处复业、设置及裁撤等情形分述如次：

一、复业行处　收复区内重要地点，本行在战前均已设有分行，除南京、北平、天津、广州、杭州等重要行处已于三十四年内复业外，三十六年度正式复业者，计有下列各行处：

| | |
|---|---|
| 山东省 | 青岛分行三十五年一月四日复业 |
| | 济南分行三十五年三月十八日复业 |
| 福建省 | 厦门分行(漳州办事处移设)三十五年六月一日改称复业 |
| 广东省 | 汕头分行(南雄分行移设)三十五年五月二十九日改称复业 |
| | 湛江分行三十五年四月一日复业 |
| 广西省 | 梧州分行(全县分行移设)三十五年一月一日改称复业 |
| 河南省 | 郑州分行(漯河分行移设)三十五年一月一日改称复业 |
| 江苏省 | 新浦分行三十五年十二月二十三日复业 |
| | 扬州分行三十五年三月十一日复业 |
| | 徐州分行三十五年三月十一日复业 |
| | 镇江分行三十五年一月四日复业 |
| | 南京下关办事处三十五年九月十六日复业 |
| 安徽省 | 芜湖分行(屯溪办事处移设)三十五年二月十一日改称复业 |
| | 蚌埠分行三十五年七月一日复业 |
| 江西省 | 赣县分行(安远办事处移设)三十五年四月一日复业 |
| 河北省 | 石家庄办事处三十五年九月十六日复业 |
| 湖北省 | 武昌办事处三十五年四月一日复业 |
| 浙江省 | 衢县办事处三十五年九月五日复业 |

二、新设行处　复员后，本行鉴于东北、西北各省沦陷较

久，金融基础亟待树立，故新设行处为数较多。其他东南各省，因地方需要，亦经酌设行处。除三十四年度已开业者外，三十五年度内正式开业者，计有下列各行处：

| | |
|---|---|
| 热河省 | 承德分行三十五年十一月一日开业 |
| 东九省 | 哈尔滨分行三十五年一月一日开业 |
| | 永吉分行三十五年十月十二日开业 |
| | 四平分行三十五年八月一日开业 |
| | 安东分行三十五年十二月十五日开业 |
| 察哈尔省 | 张家口分行三十五年十二月一日开业 |
| 山西省 | 太原分行三十五年七月二十六日开业 |
| 河北省 | 山海关分行三十五年十一月九日开业 |
| 绥远省 | 归绥分行(陕坝分行移设)三十五年三月十一日开业 |
| 琼　崖 | 海口分行三十五年五月一日开业 |
| 安徽省 | 合肥分行(立煌分行移设)三十五年一月四日开业 |
| 湖南省 | 湘潭分行(洪江分行移设)三十五年十一月五日开业 |
| 河南省 | 新乡国税经收处三十五年九月十六日先办收解 |
| 江苏省 | 淮阴分行及青口办事处正在筹备即可开业 |

三、裁撤行处　　复员后政治、金融重心东移，本行在后方之机构，按照原定计划予以调整，凡业务清简行处，均予以撤销。下列各行处均于三十五年度内结束蒇事：

| | |
|---|---|
| 四川省 | 发行第一分局、重庆新市区分行、云阳分行、绵阳分行、宜宾分行、内江分行、广元分行、泸县分行、威远国税经收处、涪陵国税经收处、什邡国税经收处 |
| 湖南省 | 零陵分行、辰溪分行、洪江分行、宝庆分行、芷江分行、新津国税经收处 |
| 湖北省 | 老河口分行、大宁国税经收处 |
| 广西省 | 宜山分行、郁林办事处 |
| 贵州省 | 盘县分行、都匀分行 |
| 江西省 | 南城国税经收处 |

| | |
|---|---|
| 云南省 | 发行第二分局、蒙自分行、保山分行、下关分行 |
| 福建省 | 浦城分行、延平分行、建瓯分行、石码国税经收处、侯官市国税经收处、肇庆国税经收处、安海国税经收处 |
| 广东省 | 龙川国税经收处、惠阳国税经收处 |
| 陕西省 | 邠县分行、凤翔国税经收处、长武国税经收处 |
| 甘肃省 | 武威分行 |
| 越　南 | 河内分行 |

四、紧缩行处　本行为简化机构，撙节开支起见，后方行处除已裁撤者外，并将业务较简行处予以缩小范围，计有四川之万县、西康之雅安两二等分行降格为三等分行，又江西之上饶分行、河南之许昌分行、四川之南部分行、甘肃之平凉分行均降缩为国税经收处，于三十五年度内改组就绪(附现有行处一览表)。

中央银行现有行处一览表(共八十七行处)

一等分行(共十八行)

| | | | |
|---|---|---|---|
| 苏 | 南京分行 | 浙 | 杭州分行 |
| 川 | 重庆分行 | 黔 | 贵阳分行 |
| | 成都分行 | 桂 | 桂林分行 |
| 滇 | 昆明分行 | 粤 | 广州分行 |
| 陕 | 西安分行 | 甘 | 兰州分行 |
| 鄂 | 汉口分行 | 冀 | 天津分行、北平分行 |
| 鲁 | 青岛分行 | 闽 | 厦门分行 |
| 东北 | 沈阳分行、长春分行、哈尔滨分行 | | |

二等分行(共二十三行)

| | | | |
|---|---|---|---|
| 苏 | 新浦分行、扬州分行、镇江分行 | | |
| 赣 | 南昌分行 | 鄂 | 宜昌分行 |
| 湘 | 常德分行、沅陵分行、衡阳分行、长沙分行 | | |
| 川 | 自流井分行 | 粤 | 韶关分行、汕头分行 |
| 桂 | 柳州分行、梧州分行 | | |

闽　　福州分行

豫　　洛阳分行、开封分行、郑州分行

陕　　宝鸡分行、南郑分行

新　　迪化分行　　　　晋　　太原分行

东北　　永吉分行

三等分行(共三十二行)

浙　　温州分行、宁波分行

湘　　湘潭分行

川　　万县分行、三台分行、乐山分行

康　　康定分行、雅安分行

桂　　南宁分行　　　　新　　哈密分行

闽　　泉州分行

甘　　天水分行、酒泉分行

宁　　宁夏分行　　　　青　　西宁分行

绥　　归绥分行　　　　粤　　湛江分行

琼崖　　海口市分行

苏　　徐州分行、淮阴分行

皖　　芜湖分行、蚌埠分行、合肥分行

赣　　赣县分行、九江分行、吉安分行

热　　承德分行　　　　察　　张家口分行

冀　　山海关分行

东北　　四平分行、锦州分行、安东分行

办事处(共五处)

苏　　下关办事处、青口办事处(尚未开业)

浙　　衢县办事处　　　　鄂　　武昌办事处

冀　石家庄办事处

国税经收处(共九处)

川　　五通桥国税经收处、井研国税经收处、太和镇国税经收处、南部国

税经收处、乐至国税经收处

赣　上饶国税经收处

粤　江门国税经收处

豫　许昌国税经收处

甘　平凉国税经收处

其他事项

一、总行暨分行之稽核事项

(1) 业务帐务之审核

全行帐务以稽核处为集中审核机构，总行方面，业务、发行、国库三局暨会计处逐日帐表，均送稽核处审核，其他分行处亦逐日寄由稽核处复核。所有总分行处关于帐务指示事项，或关于业务纠正事项，均按照法令章则及关系局处规定指示纠正，或会发通函划一办理。稽核处全年审核总分行处传票抄报，约在四万五千册以上，表报约二十五万份以上，决算表册上下期合计约三百册以上。关于指示纠正函件，约一万二千宗以上。兹就审核工作约举大要如次：

(甲) 密切配合业务方针　稽核处职司稽核，审核要旨，即在切实执行业务大计，遵循政府政策，随时与国家需要相配合。故审核工作之积极作用，在使各项业务之推行得循其轨范，以增进国策之效果。

(乙) 审核手续之改进　如办事效率之提高，审核标准之划一，文书手续之简化，均已次第实施。关于工作之检讨，稽核处有处务会议，及各科组会议，研究实际问题，俾于各项设施得为有系统有计划之推进。

(丙) 分区分组审核　此项制度，稽核处施行已久。抗战时期分为(一) 川康，(二) 滇黔桂湘鄂，(三) 陕豫甘宁青新，(四) 粤闽浙赣四区，每区设主管稽核一人，以专员辅佐之。科主任以次，设领组任复核之责。各区视行处多寡，配置核帐人员，分层负责。本年十月改组以后，全国重新划分为十二区，计：(一)总行，(二)苏皖，(三)闽浙，(四)豫鄂，(五)湘赣，(六)粤桂，(七)滇黔，(八)川康，(九)新甘宁青，(十)晋绥陕，(十一)冀鲁，(十二)东北。从此，分区范围紧缩，庶几复核工作益求缜密。

(丁)改订备忘录　审核帐务工作，备忘录为一重要工具。原有备忘录无一定标准，因之纪录内容繁简不一。现以同人经验所得，集合多数之建议，重行厘订备忘录，拟定目录记录须知及表格十二种，已分别施行。

(戊)审核人员内外交流　凡可以增长实际经验，接触实务，以期于审核工作益能了解，则愈能把握要点，而适应内外情势，则工作必愈能切实。因之，稽核处随时甄选分行处有经验人员内调，俾免于实务有所隔阂。

(2)各种费用之稽察

总行各项费用购置，事属秘书处主管，然一般事项均于事先征询稽核处意见，并由稽核处指定人员会签支票，事后均经稽核处稽察，以定取舍。凡在法令章则范围以内，或切合事实者，但求原则之合理，而不计苛细，在公平范围之内，泯内外之别。故分行处关于规定应事先请核事项，亦必迅予适当之指示。兹就办理情形约举大要如次：

(甲)不经济支出之剔驳　按过去稽核处审核费用支出，凡不合规定涉于浮滥者，均经据实核驳，其饬令负责人收回者，屡见不鲜，合全行而计，为数颇巨，一则所以节流，一则亦在求其公允。

(乙)各项费用之研究及调整　查本行岁计方面，原已另有专责部门，惟实际支出，在审核时即首当注意，应就支出内容加以研究，以期合理，而为庶政改进之张本，或作调整之建议。

(丙)征集资料以供参考　稽核处随时审核有关费用支出，各种实物价格或估价招标，自宜平常征集资料，以供参考，则于审核工作时，方可求其切合实际。

(3) 赴外稽核

查总行方面，检查帐务、库存，均经随时举行，从未间断。其分行处在抗战期间，虽因交通困阻，然稽核处逐年就川康、西北、西南、东南各区，分别进行实地查核各该分行处帐册、簿据。其业务较繁者，往往历时经月，不厌求详，并详具查帐意见转陈核示，实于业务帐务之纠正，裨益良多。自复员后，交通日益便利，赴外稽核工作，正在努力加强。每一分行处，每年拟至少检查一次，俾沟通内外情形，洵亦有助于行务之开展。

二、检查金融机构事项

(1) 检查区域之规划

本行于民国三十四年六月，经财政部授权检查全国各地金融机构业务，乃成立金融机构业务检查处，至本年十月始归并稽核处。最初为实施迅捷，曾就各分行处普遍设置检查课组系，其时负责检查行达七十个之多。嗣以胜利后收复区次第复行，为配合本行今后业务方针，集中管理起见，于本年一月起，将原订之分区检查办法予以修正，负责检查行改为三十处，以每省指定一处为原则，但情形特殊者，得兼辖数省或每省指定二个以上之负责行分别办理。各负责行已设置课组系者，计重庆等二十二区，此外台北区因本行在台湾尚未设分行，暂缓实施。至承德、张家口、沈阳、长春、哈尔滨、迪化等区，均视各该地金融情形，分别推进。又自财政部授权办理以来，重庆一区原由部直接检查，迨还都后，改由本行重庆分行接办。惟上海区之上海市及南京区之南京市内各金融机构，则由部直接检查。

(2) 检查业务之实施

检查案件分“普查”、“专案检查”两类。普查系各负责检查行，依照财政部授权办法，每一单位每年不得少于一次。专案检查乃临时指定之案件，常为财政部通知个别办理者。总计本年度内检查案件为普查七五二件，专案三五〇件。普查案件中以成都区一八五件为最多，太原为最少。专案以天津八十件为最多，开封、雅安、归绥、迪化、厦门等处为最少。

(3) 各地金融机构动态之调查

为明了各地金融机构分布情形起见，在前检查处办理时期，曾订定调查表式分发全国各地调查，并编有全国金融机构分布一览初版，惟因限于当时局势，所有调查仅限于后方各省。胜利以后，收复区各地行庄纷纷复业，复因各地交通迄未完全恢复，调查进行颇费时日，现已完成泰半，即将前编之全国金融机构分布一览修订再版付印。至各负责行于每一地区普查完毕后，编制当地金融动态报告，送由稽核处审核，如此可以对于全国各地金融动态易于明了。所有各地报告，均经稽核处汇集整编，并陆续交经济研究处于本行出版刊物上刊载。此外，就工作情形，编制各项统计，业已完成者为：(一) 全国金融机构分布一览增订本，(二) 全国各省金融机构分类统计，(三) 三十四年度下半年全国各行庄检查结果不合法令各项事实统计，(四) 三十四年度下半年全国各行庄检查结果不合法令被处分情形统计，(五) 三十五年度全国各月份普通存款及准备金统计表及全国各大城市利率核定表等。

三、督缴银行存款准备金事项

自本年四月一日起，全国各地行庄普通存款准备金之督缴、审核事宜，由业务局划归稽核处接管。前检查处办理，除上海市各行庄应缴准备金仍先由业务局收存后将报表转送稽核处审核外，其余各省区行庄普存准备金之督缴审核事宜，均由稽核处与各区负责行径行洽商办理。本年度内有青海、新疆及四川省川北各县银行，先后以资金短缺，周转困难，呈请各该省府转借财政部准予将此项准备金缓缴，惟均经财政部批驳，令饬照缴，并经稽核处饬各承办行严加督催，各该县行仍均遵照缴纳。至利率核定问题，政府前为管制市场利率以安定金融起见，特制定“银行存放款利率管理条例”公布施行，前经分发各分行处遵办在案。关于原条例第二条应由银钱业公会斟酌当地金融情形，公议同业日拆及放款日拆两种最高额，报请所在地本行分行处核定牌告，俾为各行庄存放款利率之基准，关系相当重要。惟各分行处因办理伊始，不免手续稽延，或未能依照规定处理者，均经分别核定之。截至本年底止，计报请备案者有五十五处，其中按照规定核定牌告者，计四十六城市，此外青岛、郑州、迪化、太原、温州、雅安、哈密、归绥、蚌埠等九处，因所请与规定不符，均经查明，分别予以指正。所报利率中，同业日拆以太原为最高，每千元日拆四元，放款日拆以杭州、温州为最高，每千元日拆五元。关于过高地区，如杭州、温州等区之利率，均经转饬核定行逐渐抑低。

四、经办政府交办特种业务事项

查本行总分行接收整理及清理各敌伪金融机构，系经财政部驻各区特派员办公处分别洽定办理。自各特派员办公处撤销后，经财政部电嘱仍由本行各接收行处继续办理。本年五月，本行指定前检查处负此项工作综核督导之责。同年十月一日，检查处归并稽核处，此项工作即由稽核处继续办理。截至本年年底止，本行总分行共计接收敌伪金融机构三十七家，附属机构五十五处，以敌伪合办之伪华兴商业银行、华北之伪中国联合准备银行、伪冀东银行、东北之伪满洲中央银行及各地敌朝鲜银行等行规模较大。伪华兴商业银行，系三十四年九月间于接收后即成立清理处，伪中国联合准备银行及伪满洲中央银行，因鉴于组织庞大，确有设处清理必要，经于本年九月及十一月先后设立清理处，至其他各机构，大都为地方或私人组织。除伪满洲中央银行及伪蒙疆银行总行，因环境关系，尚未开始清理，分支机构亦多未接收外，大部份均已开始整理清理。只以各分行接收清理工作，当时系受财政部驻各区特派员办公处之分别委托办理，故事权不一，办法各异。复因本行总分行本身业务繁重，人手不敷，各分行接收单位过多，而接收清理工作又至为综错复杂，囿于事实殊不易迅速进行。如徐州分行接收之各机构，均经转辗接收，库存资产追收困难，人员不敷，工作进展因之迟缓，稽核处曾指派专人前往督促办理，惟收复区地面辽阔，无法一一派员前往督导。为使各接收行处有所遵循及划一步骤，而便于督导起见，曾于本年七月拟订“中央银行接收敌伪金融机构整理或清理统一办法”，送请财政部核定施行，惟迄今尚未准核复，以致原定所有各接收单位一律限本年底以前办竣之计划未能实现。

五、人事管理之改进事项

查本年度之人事工作计划纲要，前经拟定为实施年资自然升级，确定升职次序，实行职务分类甄拔新材，充实人事纪录，加强分区视察，奖励抗战有功人员，举办员工福利事业，暨增进国家行局人事联系等项。惟一年以来，适本行由渝复员来沪，因交通困难，人员络绎于道途者几历半载，业务分在渝沪办理，两须兼顾。迨复员完成，又逢第三届行务会议在南京举行，一切有关人事制度之重要问题，类皆留待行务会议决定，故本年度实际工作与原定计划，容未尽同。兹将实际工作分考核、甄训、福利三部份分列如次：

(1) 考核部份

(甲) 人事与复员　本行复员开始于三十四年秋，其时交通未畅，人事调派仅限于收复区之接收工作人员。迨本年春夏间，人事调派频繁，除接收工作人员外，并有收复区复业及筹设新分行人员之调遣与遴派。在此时期，人事之调动占总人数百分之七十以上，为本行成立以来人事迁调之最大者。东北主权恢复，本行在东九省各重要城市，均先后设立分行。又苏北、鲁、皖各绥靖区，亦须设立分行，以负调剂市面供应军需之责。在上列各省区交通尚未十分通畅，新设分行为数较多，除中级以上干部人员均由西南、西北裁撤之分行人员中遴选优秀者予以擢升任用外，其因业务急切需要之低级行员，则准其就地录用练习员、助员，以资佐理。在本年度中，中级以上干部擢升人员共计五〇三人，占总人数百分之十强。

此外，本行代理政府委办各种业务所需人员之调遣，为数亦有可观。如金融机构业务之检查，库款之存汇，外汇之审核，黄金政策之推行等项人员之调遣与任用，亦在七八百人以上，计占全行总人数百分之二十。此为一年来复员人事调派之大略情形。

（乙）鼓励行员前往边疆服务　甘、宁、青、新等地以交通不便，物质条件较为欠缺。战时总行内迁，边疆较近，尚无人愿往服务。胜利以后，原有人员均纷纷请求内调。为鼓励人员继续前往起见，先行征求志愿，分别予以登记，并规定服务边疆优待办法暨实施细则，凡前往服务人员，均优予晋级加薪，服务满三年，仍得内调服务，其不愿内调者，得给予回籍省亲假期，或奖金等项之优待，故康、新等省分行行员均能安心工作。

（丙）重申禁止请托杜绝营求　行员应安分守己，努力本身工作，以求成绩之表现，而获得升迁之机会。不得旷废公务，奔竞请托，妄冀升迁，历经通饬有案。本年以胜利复员，机会较多，于是倩人关说，冀求升调者，又故态复萌。经先后重申禁令，凡请托妄冀升迁者，年终考绩即停止晋叙，以挽颓风而资警惕。

（丁）拟采年资自然升级制度　本年第三届行务会议通过年资自然升级案，正在拟订办法付诸实施。此项办法，其优点有二：（一）可免每年考绩查报之烦，（二）可免主管偏袒之弊。至实施职务分类确定升职次序，乃为避免躐等升迁，以杜幸进。该项办法虽未制定方案，然本年度中于审核行员升职时，无形中已依照此项原则办理，并注意升职候选人曾否受有记过、警告、罚俸等项处分，或越级升迁。故不次之擢显形减少，迁调时且须循序渐进，务期业务不受阻碍，位置得当。

（戊）举办胜利普遍考绩　本行行员于抗战期间，前方军汇紧急之时，以手无寸铁之身，随军进退，执行任务，其事迹有足多者，除死难人员业由行另案优恤外，其余行员大多并无特殊奖励，虽政府有胜利勋章之规定，但国家银行人员并未受有该项殊荣。为励来兹起见，乃于三十四年度考绩案中规定，抗战期间在后方继续服务五年以上之行员考绩，得酌予优叙，藉示酬庸。

(2) 甄训部份

(甲) 添用新员　　本年度复员工作积极推进，收复区撤退行处之恢复，以及新机构之筹设，在在需人。除尽量调派旧员外，为应付紧急需要起见，自不能不录用新员，本年度新进人员为数共一，一九一名，占行员总数百分之二十五强。

(乙) 甄用临时雇员　　本年度为推行黄金政策，法币大量回笼，为清点整理，以应业务、发行两局及各分行处之需，经先后考取临时雇员三百二十八人。是项人员系属临时性质，一俟任务完毕，即予解雇。

(丙) 严行考试制度　　查收复区及东北就地甄用之临时试用员，经试用三月，如成绩优良，经过考试及格，则签请正式派员，不及格者，即予遣散。凡报务、机务、工程、打字等各种技术专用人员遇有需要时，即在登记人员中予以考试，对其专技考验尤为注重，以期所学得有所用，而能发挥工作效果。

(3) 福利部份

(甲) 筹组员工福利委员会　　员工身心安定，方足以增进其办事能力。故福利事业，名虽嘉惠员工，实与行政效率息息相关。以往本行员工福利事业，并不尽属人事职掌范围，本年第三届行务会议决定组织员工福利委员会，专司其事，以加强一切福利事业之推行，正在计划推进之中。

(乙) 续办行员子女教育贷金　　复员以来，遍地烽烟，致物价竞腾不已，行员入不敷出。本行为使各人安心服务计，曾照四联总处办法，办理行员子女教育贷金。综计本年度请求人数为二百六十六人，贷款计壹千捌百伍拾捌万陆千陆百元，较去年增加一倍。

统计图表〔图略〕

中央银行全体存款分析比较表

中华民国三十四、五年度

单位:元

| 科目 | 三十四年度决算日余额(1) | 百分比 | 三十五年度决算日余额(2) | 百分比 | 比较增减 | |
|---|---|---|---|---|---|---|
| 同业存款 | 161,904,916,726.52 | 25.30 | 376,940,529,936.61 | 7.35 | 增 | 215,035,613,210.09 |
| 同业存款 | 143,606,316,265.89 | | 353,292,928,934.84 | | | |
| 中央信托局往来 | 18,298,600,460.63 | | 23,647,601,001.77 | | | |
| 活期存款 | 416,038,766,663.15 | 65.02 | 4,272,270,894,845.04 | 83.25 | 增 | 3,856,232,128,181.89 |
| 活期存款 | 139,794,683,826.92 | | 2,215,289,957,039.04 | | | |
| 公库存款 | 256,454,682,463.34 | | 2,041,842,121,149.94 | | | |
| 本款 | 19,789,396,372.89 | | 15,138,812,656.06 | | | |
| 保付支款 | 4,000.00 | | 4,000.00 | | | |
| 定期存款 | 4,107,242,306.00 | 0.65 | 4,823,570,089.96 | 0.09 | 增 | 716,327,783.96 |
| 定期存款 | 4,103,818,697.14 | | 4,775,314,269.43 | | | |
| 行员储蓄存款 | 3,423,608.86 | | 48,255,820.53 | | | |

续上表

| 科目 | 三十四年度决算日余额(1) | 百分比 | 三十五年度决算日余额(2) | 百分比 | 比较增减 | |
|---|---|---|---|---|---|---|
| 其他 | 57,776,786,430.98 | 9.03 | 477,963,987,946.84 | 9.31 | 增 | 420,187,201,515.86 |
| 国库待转款项 | 3,219,827,544.78 | | 19,706,489,688.35 | | | |
| 暂记收款 | 45,249,253,119.99 | | 362,548,065,776.98 | | | |
| 应付款项 | 9,307,705,766.21 | | 95,709,432,481.51 | | | |
| 存款总额 | 639,827,712,126.65 | 100.00 | 5,131,998,982,818.45 | 100.00 | 增 | 4,492,171,270,691.80 |

附注：1. 本表34年数字除决算表数字外，另包括未办决算之沈阳、长春、锦州三行数字在内。

2. 本表35年数字除决算表数字外，另包括未办决算之安东、新浦、张家口三行数字在内。

## 中央银行全体放款分析比较表

中华民国三十四、五年度

单位：元

| 科目 | 三十四年度决算日余额(1) | 百分比 | 三十五年度决算日余额(2) | 百分比 | 比较增减 | |
|---|---|---|---|---|---|---|
| 存放同业 | 15,470,253,786.44 | 0.96 | 530,066,881,246.66 | 6.10 | 增 | 514,596,627,460.22 |
| 存放同业 | 13,813,803,462.75 | | 352,624,658,312.59 | | | |
| 拆放同业 | 545,200,000.00 | | 176,324,000,000.00 | | | |
| 中央信托局往来 | 1,111,250,323.69 | | 1,118,222,934.07 | | | |
| 重贴现及买汇 | 653,860,000.00 | 0.04 | 4,271,527,762.50 | 0.05 | 增 | 3,617,667,762.50 |
| 重贴现 | 653,860,000.00 | | 4,271,527,762.50 | | | |
| 透支 | 1,364,724,870,371.97 | 84.61 | 7,289,877,679,351.12 | 83.96 | 增 | 5,925,152,808,979.15 |
| 活存质押透支 | 1,364,673,455,293.20 | | 7,264,452,672,773.56 | | | |
| 同业质押透支 | 51,415,078.77 | | 25,425,006,577.56 | | | |
| 定期放款 | 4,424,749,356.64 | 0.27 | 61,065,274,598.42 | 0.70 | 增 | 56,640,525,241.78 |
| 定期质押放款 | 4,112,933,315.07 | | 14,891,161,723.42 | | | |
| 同业质押放款 | 311,816,041.57 | | 46,174,112,875.00 | | | |

续上表

| 科目 | 三十四年度决算日余额(1) | 百分比 | 三十五年度决算日余额(2) | 百分比 | 比较增减 | |
|---|---|---|---|---|---|---|
| 其他 | 227,743,935,989.99 | 14.12 | 797,714,012,532.53 | 9.19 | 增 | 569,970,076,542.54 |
| 暂记付款 | 227,718,935,989.99 | | 796,623,618,088.90 | | | |
| 催收款项 | | | 232,442.84 | | | |
| 应收款项 | 25,000,000.00 | | 1,090,162,000.79 | | | |
| 放款总数 | 1,613,017,669,505.04 | 100.00 | 8,682,995,375,491.23 | 100.00 | 增 | 7,069,977,705,986.19 |

附注：1. 本表34年数字除决算表数字外，另包括未办决算之沈阳、长春、锦州三行数字在内。

2. 本表35年数字除决算表数字外，另包括未办决算之安东、新浦、张家口三行数字在内。

中央银行普通存款对象分析表

中华民国三十五年度　　单位:千元

| 项目 | 三十五年度决算日余额 | 百分比 |
|---|---|---|
| 公库 | 2,041,842,121 | 39.79 |
| 机关团体 | 2,230,841,203 | 43.47 |
| 工矿业 | 40,492,495 | 0.78 |
| 交通公用事业 | 10,238,633 | 0.21 |
| 商业 | 59,393,672 | 1.17 |
| 农业 | 137,252 | 0 |
| 个人 | 3,939,753 | 0.07 |
| 同业 | 391,707,845 | 7.63 |
| 其他 | 353,406,008 | 6.88 |
| 合计 | 5,131,998,982 | 100.00 |

附注:本表35年数字除决算表数字外,另包括未办决算之安东、新浦、张家口三行数字在内。

中央银行普通放款对象分析表

中华民国三十五年度　　单位:千元

| 项目 | 三十五年度决算日余额 | 百分比 |
|---|---|---|
| 工矿业 | 53,047,556 | 0.61 |
| 农业 | 30,000 | 0 |
| 运销事业 | 20,000 | 0 |
| 其他生产事业 | 54,790 | 0 |
| 交通公用事业 | 8,193,965 | 0.09 |
| 教育文化事业 | 334,460 | 0 |
| 军政机关 | 7,208,946,202 | 83.03 |

续上表

| 项　　目 | 三十五年度决算日余额 | 百　分　比 |
|---|---|---|
| 其　他 | 1,412,368,401 | 16.27 |
| 合　计 | 8,682,995,374 | 100.00 |

附注:本表35年数字除决算表数字外,另包括未办决算之安东、新浦、张家口三行数字在内。

中央银行汇出汇款分析比较表

中华民国三十四、五年度　　单位:千元

| 项　　目 | 三十四年度全年总额(1) | 百分比 | 三十五年度全年总额(2) | 百分比 | 比　较　增　减 | |
|---|---|---|---|---|---|---|
| 党政军机关 | 968,669,770 | 82.34 | 3,397,314,073 | 68.63 | 增 | 2,428,954.303 |
| 慈善事业 | 9,026,639 | .77 | 15,696,550 | .31 | 增 | 6,669,911 |
| 公有营业或事业 | 42,915,065 | 3.65 | 95,425,055 | 1.93 | 增 | 52,509,990 |
| 商　　业 | 14,110,207 | 1.20 | 31,619,189 | .64 | 增 | 17,508,982 |
| 同　　业 | 117,877,821 | 10.02 | 1,298,507,388 | 26.23 | 增 | 1,180,629,567 |
| 个　　人 | 15,523,641 | 1.32 | 73,733,791 | 1.49 | 增 | 58,210,150 |
| 其　　他 | 8,294,673 | 70 | 38,006,831 | .77 | 增 | 29,712,158 |
| 合　　计 | 1,176,107,816 | 100.00 | 4,950,302,877 | 100.00 | 增 | 3,774,195,061 |

附注:1. 本表34年数字除决算表数字外,另包括未办决算之沈阳、长春、锦州三行数字在内。

2. 本表35年数字除决算表数字外,另包括未办决算之安东、新浦、张家口三行数字在内。

中央银行存放款比较表

中华民国三十四、五年度

单位:元

| 科目 | 三十四年度决算日余额(1) | 三十五年度决算日余额(2) | 比较增减 | | |
|---|---|---|---|---|---|
| | | | 增或减 | 金额 | 百分数 |
| 存款总数 | 639,827,712,126.65 | 5,131,998,982,818.45 | 增 | 4,492,171,270,691.80 | 802% |
| 放款总数 | 1,613,017,669,505.04 | 8,682,995,375,491.23 | 增 | 7,069,977,705,986.19 | 538% |
| 存放相抵 | (放超)973,189,957,378.39 | (放超)3,550,996,392,672.78 | | | |

附注：1. 本表34年数字除决算表数字外,另包括未办决算之沈阳、长春、锦州三行数字在内。

2. 本表35年数字除决算表数字外,另包括未办决算之安东、新浦、张家口三行数字在内。

中央银行同业存款暨存放同业比较表

中华民国三十四、五年度

单位:元

| 科目 | 三十四年度决算日余额(1) | 三十五年度决算日余额(2) | 比较增减 | | |
| --- | --- | --- | --- | --- | --- |
| | | | 增或减 | 金额 | 百分数 |
| 同业存款 | 161,904,916,726.52 | 376,940,529,936.61 | 增 | 215,035,613,210.09 | 233% |
| 存放同业 | 15,470,253,786.44 | 530,066,881,246.66 | 增 | 514,596,627,460.22 | 3426% |
| 存放相抵 | (存超)146,434,662,940.08 | (放超)153,126,351,310.05 | | | |

附注:1. 本表 34 年数字除决算表数字外,另包括未办决算之沈阳、长春、锦州三行数字在内。

2. 本表 35 年数字除决算表数字外,另包括未办决算之安东、新浦、张家口三行数字在内。

中央银行全体银行存款准备金比较表

中华民国三十四、五年度　　单位：元

| 月份 | 三十四年度各月余额(1) | 三十五年度各月余额(2) | 比较增减 | |
|---|---|---|---|---|
| 1 | 1,630,958,496.55 | 17,467,144,838.35 | 增 | 15,836,186,341.80 |
| 2 | 1,831,215,344.00 | 21,666,249,917.04 | 增 | 19,835,034,573.04 |
| 3 | 1,902,075,252.80 | 24,643,025,888.90 | 增 | 22,740,950,636.10 |
| 4 | 2,249,113,578.07 | 29,860,784,832.60 | 增 | 27,611,671,254.53 |
| 5 | 2,673,856,134.51 | 39,130,240,843.66 | 增 | 36,456,384,709.15 |
| 6 | 2,974,899,328.20 | 46,206,357,301.61 | 增 | 43,231,457,973.41 |
| 7 | 3,557,241,772.62 | 49,899,044,402.77 | 增 | 46,341,802,630.15 |
| 8 | 4,187,615,984.98 | 63,604,479,907.15 | 增 | 59,416,863,922.17 |
| 9 | 4,489,233,195.78 | 67,232,466,150.20 | 增 | 62,743,232,954.42 |
| 10 | 6,289,178,626.88 | 66,484,305,941.11 | 增 | 60,195,127,314.23 |
| 11 | 9,027,847,502.32 | 72,323,156,732.88 | 增 | 63,295,309,230.56 |
| 12 | 8,964,976,094.62 | 75,155,828,830.61 | 增 | 66,190,852,735.99 |

附注：1. 本表34年数字除决算表数字外，另包括未办决算之沈阳、长春、锦州三行数字在内。

2. 本表35年数字除决算表数字外，另包括未办决算之安东、新浦、张家口三行数字在内。

〔中央银行档案〕

## 3. 中央银行贴放委员会核准贷款分类统计表

(1947年12月)

### 说　明

1. 本会自三十六年四月成立至十一月底止共计核准贷款638

件，金额142,140百万元。

2. 本会核准之贷款内，计工业贷款607件，金额129,780百万元，出口物资贷款20件，金额6,420百万元，押汇物资贷款11件，金额5,940百万元。

3. 本会核准之638件贷款内，包括厂商共计493家。

4. 本会核准之607件工业贷款内计经核准一次之工厂339家，二次之工厂115家，三次之工厂10家，四次之工厂2家，共计工厂466家。

5. 本会核准之20件出口物资贷款内计经核准一次之商号16家，二次之商号2家，共计商号18家。

6. 本会核准之11件押汇物资贷款内计经核准一次之厂商8家，三次之厂商1家，共计厂商9家。

7. 本名册所列之厂商分类，系以各该厂商所隶之各该业同业公会为标准，其中有少数厂商尚未加入公会或未有公会组织者，均视其业务范围分别列入各该业分类中。

8. 本名册按制造业别分为9类：

(1) 棉纺织染类 8种工业，计工厂152家。

(2) 毛纺织染类 2种工业，计工厂 25家。

(3) 丝 绸 类 2种工业，计工厂 28家。

(4) 化 工 类 9种工业，计工厂 86家。

(5) 机械电工类 5种工业，计工厂 75家。

(6) 饮 食 类 4种工业，计工厂 21家。

(7) 建 筑 类 4种工业，计工厂 20家。

(8) 日 用 品 类 7种工业，计工厂 38家。

(9) 其 他 类 9种工业，计工厂 21家。

9. 本名册所列之贷出款项系截至十二月十三日为止。

10. 本名册内出口及押汇物资贷款各厂商，因无法依据工业同业公会分类，故只以营业性质分列。

机器染织整理工业

| 厂名 | 核准贷款 | | 贷出 | | 备考 |
|---|---|---|---|---|---|
| | 件数 | 金额 | 件数 | 金额 | |
| 友生染织厂 | 2 | 120 | 2 | 96 | |
| 天益染织厂 | 2 | 250 | 2 | 200 | |
| 纯昌棉织厂 | 1 | 50 | | | |
| 大明信染织厂 | 2 | 350 | 2 | 280 | |
| 大陆染织厂 | 2 | 750 | 2 | 600 | |
| 公泰染织厂 | 2 | 900 | 2 | 720 | |
| 中国公胜纺织印染厂 | 2 | 340 | 2 | 272 | |
| 泰兴染织厂 | 1 | 500 | 1 | 400 | |
| 民华染织公司 | 1 | 200 | 1 | 160 | |
| 联益染织厂 | 1 | 200 | 1 | 160 | |
| 永丰义记染织厂 | 1 | 200 | 1 | 160 | |
| 中国大新染织厂 | 2 | 300 | 2 | 240 | |
| 沪丰染织厂 | 1 | 100 | 1 | 80 | |
| 明明机织印染厂 | 4 | 800 | 4 | 640 | |
| 勤益盛记染织厂 | 1 | 120 | 1 | 96 | |
| 寰华染织厂 | 3 | 200 | 3 | 160 | |
| 信丰染织厂 | 1 | 120 | 1 | 96 | |
| 民通染织厂 | 1 | 70 | 1 | 56 | |
| 经德染织厂 | 1 | 200 | 1 | 160 | |
| 仁余染织厂 | 1 | 200 | 1 | 160 | |
| 中棉织染厂 | 1 | 150 | 1 | 120 | |
| 源丰染织厂 | 1 | 300 | 1 | 240 | |
| 光新机织印染厂 | 2 | 500 | 1 | 240 | |
| 光中染织厂 | 2 | 650 | 2 | 520 | |

续上表

| 厂名 | 核准贷款 | | 贷出 | | 备考 |
|---|---|---|---|---|---|
| | 件数 | 金额 | 件数 | 金额 | |
| 中国华德染织厂 | 2 | 400 | 2 | 320 | |
| 荣华染织厂 | 2 | 600 | 2 | 480 | |
| 恒昌染织厂 | 1 | 300 | 1 | 240 | |
| 三乐染织厂 | 1 | 60 | 1 | 48 | |
| 永余染织厂 | 1 | 150 | 1 | 120 | |
| 光华染织厂 | 1 | 250 | 1 | 200 | |
| 裕丰染织厂 | 1 | 50 | 1 | 40 | |
| 一中棉织厂 | 1 | 300 | | | |
| 南华棉织印染公司 | 1 | 200 | 1 | 160 | |
| 永生染织厂 | 1 | 150 | | | |
| 大伟印染织造厂 | 1 | 300 | 1 | 240 | |
| 鸿祥丰记布厂 | 1 | 60 | 1 | 48 | |
| 大来棉织厂 | 1 | 200 | 1 | 160 | |
| 大丰恒染织厂 | 1 | 150 | 1 | 120 | |
| 双鹿明记布厂 | 1 | 100 | 1 | 80 | |
| 顺丰和记染织布厂 | 1 | 200 | 1 | 160 | |
| 三兴织造厂 | 1 | 50 | 1 | 40 | |
| 中国实业染织厂 | 1 | 250 | 1 | 200 | |
| 联新染织厂 | 2 | 150 | 2 | 120 | |
| 华一毛纺染织厂 | 1 | 200 | 1 | 160 | |
| 荣记织造厂 | 1 | 200 | 1 | 160 | |
| 益昌染织厂 | 2 | 70 | 2 | 56 | |
| 鸿新染织厂 | 1 | 250 | 1 | 200 | |
| 恒源祥公记染织厂 | 2 | 420 | 2 | 336 | |

续上表

| 厂名 | 核准贷款 | | 贷出 | | 备考 |
|---|---|---|---|---|---|
| | 件数 | 金额 | 件数 | 金额 | |
| 昌明染织厂 | 1 | 50 | 1 | 40 | |
| 群华染织厂 | 1 | 150 | 1 | 120 | |
| 美丰染织厂 | 1 | 250 | 1 | 200 | |
| 启明染织厂 | 3 | 520 | 2 | 400 | |
| 鸿纶染织厂 | 1 | 300 | 1 | 240 | |
| 振德染织厂 | 1 | 200 | 1 | 160 | |
| 中国雨衣服装织造厂 | 2 | 400 | 2 | 320 | |
| 信孚辘线厂 | 1 | 300 | 1 | 240 | |
| 华成线厂 | 1 | 200 | 1 | 160 | |
| 合计 | 79 | 15,000 | 74 | 11,424 | |

针织工业

| 厂名 | 核准贷款 | | 贷出 | | 备考 |
|---|---|---|---|---|---|
| | 件数 | 金额 | 件数 | 金额 | |
| 光华仁记厂 | 2 | 80 | 2 | 64 | |
| 学昌织造厂 | 1 | 20 | | | |
| 永大协记电机针织厂 | 1 | 20 | 1 | 16 | |
| 华兴针织厂 | 1 | 30 | 1 | 24 | |
| 美丰袜厂 | 1 | 150 | 1 | 120 | |
| 共和袜厂 | 1 | 100 | 1 | 80 | |
| 兴泰织造厂 | 2 | 400 | 2 | 320 | |
| 勤新针织厂 | 2 | 40 | 2 | 32 | |
| 振新针织厂 | 2 | 350 | 2 | 280 | |
| 鸿兴织造厂 | 2 | 500 | 2 | 400 | |
| 厚丰永针织厂 | 2 | 100 | 2 | 80 | |

续上表

| 厂名 | 核准贷款 | | 贷出 | | 备考 |
| --- | --- | --- | --- | --- | --- |
| | 件数 | 金额 | 件数 | 金额 | |
| 康福织造厂 | 2 | 500 | 2 | 400 | |
| 美丰电机针织厂 | 1 | 50 | 1 | 40 | |
| 永新织造厂 | 1 | 50 | | | |
| 明艺针织厂 | 1 | 80 | 1 | 64 | |
| 公大电机袜厂 | 1 | 50 | 1 | 40 | |
| 裕丰电织厂 | 1 | 60 | 1 | 48 | |
| 大丰电机织造厂 | 1 | 60 | 1 | 48 | |
| 瑞纶针织厂 | 1 | 50 | 1 | 40 | |
| 联鑫针织厂 | 1 | 70 | 1 | 56 | |
| 培德袜厂 | 1 | 150 | | | |
| 华洋袜厂 | 1 | 100 | 1 | 80 | |
| 兄弟织造厂 | 1 | 100 | 1 | 80 | |
| 茂华袜厂 | 1 | 50 | 1 | 40 | |
| 中国宏甡织造厂 | 1 | 120 | 1 | 96 | |
| 振艺针织厂 | 1 | 300 | 1 | 240 | |
| 宝泰织造厂 | 1 | 50 | 1 | 40 | |
| 华丰裕电机织造厂 | 1 | 300 | 1 | 240 | |
| 统一棉织厂 | 1 | 40 | 1 | 32 | |
| 光华织造厂 | 1 | 200 | 1 | 160 | |
| 人和织造厂 | 1 | 300 | 1 | 240 | |
| 协平织造厂 | 1 | 200 | 1 | 160 | |
| 新华棉织厂 | 1 | 250 | | | |
| 合计 | 40 | 4,920 | 36 | 3,560 | |

内衣织造工业

| 厂名 | 核准贷款 | | 贷出 | | 备考 |
|---|---|---|---|---|---|
| | 件数 | 金额 | 件数 | 金额 | |
| 民生织造厂 | 1 | 50 | 1 | 40 | |
| 元大织造厂 | 1 | 20 | 1 | 16 | |
| 祥生棉织厂 | 2 | 120 | 2 | 96 | |
| 盈康棉织厂 | 2 | 70 | 2 | 56 | |
| 新声棉织厂 | 2 | 900 | 2 | 720 | |
| 启新织造厂 | 1 | 200 | 1 | 160 | |
| 承丰棉织厂 | 1 | 100 | 1 | 80 | |
| 景纶衫袜纺织厂 | 1 | 300 | 1 | 240 | |
| 勤余织造厂 | 1 | 100 | 1 | 80 | |
| 华昌织造厂 | 1 | 120 | 1 | 96 | |
| 五和织造厂 | 1 | 300 | 1 | 240 | |
| 正昌织造厂 | 1 | 150 | 1 | 120 | |
| 华庆织造厂 | 1 | 60 | 1 | 48 | |
| 中南棉毛织造厂 | 1 | 120 | 1 | 96 | |
| 红福棉织厂 | 1 | 60 | 1 | 48 | |
| 振丰棉织厂 | 1 | 400 | 1 | 320 | |
| 利华织造厂 | 1 | 50 | 1 | 40 | |
| 友联棉织内衣厂 | 2 | 140 | 1 | 32 | |
| 天华织造厂 | 1 | 50 | 1 | 40 | |
| 万利织造厂 | 1 | 150 | 1 | 120 | |
| 庆祥棉织厂 | 1 | 200 | 1 | 160 | |
| 建国实业公司 | 1 | 150 | 1 | 120 | |
| 艺昌棉织厂 | 1 | 100 | 1 | 80 | |

续上表

| 厂名 | 核准贷款 | | 贷出 | | 备考 |
|---|---|---|---|---|---|
| | 件数 | 金额 | 件数 | 金额 | |
| 民新织造厂 | 1 | 20 | 1 | 16 | |
| 伟达正记针织厂 | 1 | 150 | 1 | 120 | |
| 祥生雨衣服装制造厂 | 2 | 350 | 2 | 280 | |
| 合计 | 31 | 4,430 | 30 | 3,464 | |

毛巾被毯工业

| 厂名 | 核准贷款 | | 贷出 | | 备考 |
|---|---|---|---|---|---|
| | 件数 | 金额 | 件数 | 金额 | |
| 太平洋织造厂 | 3 | 650 | 3 | 520 | |
| 上海毛巾厂 | 1 | 20 | 1 | 16 | |
| 中国华众制造公司 | 2 | 700 | 2 | 560 | |
| 大统织造厂 | 2 | 900 | 2 | 720 | |
| 大中织造厂 | 2 | 300 | 2 | 208 | |
| 大生棉麻染织厂 | 2 | 300 | 2 | 240 | |
| 锦乐织造厂 | 1 | 100 | 1 | 80 | |
| 亚洲织造厂 | 2 | 340 | 2 | 272 | |
| 中国染织厂 | 1 | 50 | 1 | 40 | |
| 天隆染织厂 | 1 | 200 | 1 | 160 | |
| 大源织造厂 | 1 | 150 | 1 | 120 | |
| 天红染织厂 | 1 | 50 | | | |
| 华盛协记棉织厂 | 1 | 120 | 1 | 96 | |
| 合计 | 20 | 3,880 | 19 | 3,032 | |

手帕织造工业

| 厂名 | 核准贷款 | | 贷出 | | 备考 |
|---|---|---|---|---|---|
| | 件数 | 金额 | 件数 | 金额 | |
| 九星织造厂 | 3 | 200 | 3 | 160 | |
| 寰球手帕织造厂 | 2 | 600 | 2 | 480 | |
| 合计 | 5 | 800 | 5 | 640 | |

织带工业

| 厂名 | 核准贷款 | | 贷出 | | 备考 |
|---|---|---|---|---|---|
| | 件数 | 金额 | 件数 | 金额 | |
| 光明织造厂 | 1 | 50 | 1 | 40 | |
| 德龙宽紧织物厂 | 2 | 280 | 2 | 224 | |
| 利昌织造厂 | 1 | 50 | | | |
| 天纶织造厂 | 1 | 100 | 1 | 80 | |
| 大中华鞋料制造厂 | 1 | 100 | 1 | 80 | |
| 利达织带厂 | 2 | 150 | 2 | 120 | |
| 合计 | 8 | 730 | 7 | 544 | |

蓬帆工业

| 厂名 | 核准贷款 | | 贷出 | | 备考 |
|---|---|---|---|---|---|
| | 件数 | 金额 | 件数 | 金额 | |
| 华成帆布厂 | 1 | 300 | 1 | 240 | |
| 新华帆布织造厂 | 1 | 200 | 1 | 160 | |
| 锦仁棉织厂 | 1 | 100 | 1 | 80 | |
| 美纶防水织物制造厂 | 2 | 600 | 2 | 480 | |
| 合计 | 5 | 1,200 | 5 | 960 | |

## 毛绒纺织整染工业

| 厂　　名 | 核准贷款 | | 贷　　出 | | 备　　考 |
|---|---|---|---|---|---|
| | 件数 | 金　额 | 件数 | 金　额 | |
| 光大毛织厂 | 3 | 520 | 3 | 416 | |
| 大公毛纺织染厂 | 3 | 550 | 2 | 400 | |
| 新华毛纺织厂 | 1 | 300 | 1 | 240 | |
| 新新毛纺织染厂 | 2 | 760 | 2 | 608 | |
| 大东信记毛织厂 | 1 | 200 | 1 | 160 | |
| 鸿发仁记毛绒纺织厂 | 1 | 170 | 1 | 136 | |
| 美纶毛纺织染厂 | 1 | 50 | 1 | 40 | |
| 上海裕民毛绒线厂 | 2 | 500 | 2 | 400 | |
| 大光明毛纺织染厂 | 2 | 250 | 2 | 200 | |
| 振丰毛纺织厂 | 1 | 400 | 1 | 320 | |
| 中国维一毛纺染织厂 | 1 | 400 | 1 | 320 | |
| 元丰毛纺织染公司 | 1 | 300 | 1 | 240 | |
| 大业毛纺织染厂 | 2 | 300 | 2 | 240 | |
| 民治毛纺织公司 | 1 | 500 | 1 | 400 | |
| 华丰毛绒厂 | 1 | 300 | 1 | 240 | |
| 瑞华毛织染厂 | 1 | 300 | 1 | 240 | |
| 时纶染织厂 | 2 | 50 | 2 | 40 | |
| 永明毛纺织染公司 | 1 | 50 | 1 | 40 | |
| 美新毛织厂 | 1 | 60 | 1 | 48 | |
| 合　　计 | 28 | 5,960 | 27 | 4,728 | |

## 骆驼绒工业

| 厂　　名 | 核准贷款 | | 贷　　出 | | 备　　考 |
|---|---|---|---|---|---|
| | 件数 | 金　额 | 件数 | 金　额 | |
| 纬纶泰记毛织厂 | 1 | 300 | 1 | 240 | |
| 茂兴毛织厂 | 1 | 50 | 1 | 40 | |

续上表

| 厂名 | 核准贷款 | | 贷出 | | 备考 |
|---|---|---|---|---|---|
| | 件数 | 金额 | 件数 | 金额 | |
| 立新正记织造厂 | 1 | 30 | 1 | 24 | |
| 精益怡记毛织厂 | 2 | 580 | 2 | 464 | |
| 新华毛织厂 | 1 | 50 | | | |
| 华翔毛织厂 | 1 | 300 | 1 | 240 | |
| 合计 | 7 | 1,310 | 6 | 1,008 | |

丝织工业

| 厂名 | 核准贷款 | | 贷出 | | 备考 |
|---|---|---|---|---|---|
| | 件数 | 金额 | 件数 | 金额 | |
| 美立绸厂 | 1 | 50 | 1 | 40 | |
| 锦丰良记绸厂 | 1 | 50 | 1 | 40 | |
| 长丰织绸厂 | 1 | 100 | 1 | 80 | |
| 久丰丝织公司 | 2 | 100 | 2 | 80 | |
| 恒丰丝织厂 | 2 | 420 | 2 | 336 | |
| 富华丝织公司 | 1 | 50 | 1 | 40 | |
| 德记绸厂 | 1 | 60 | 1 | 48 | |
| 万丽绸厂 | 1 | 50 | 1 | 40 | |
| 承志织绸厂 | 1 | 50 | 1 | 40 | |
| 九昌织造厂 | 2 | 450 | 1 | 320 | |
| 华兴绸厂 | 2 | 160 | 2 | 128 | |
| 翔华鸿记织绸厂 | 2 | 160 | 2 | 128 | |
| 五福绸厂 | 1 | 120 | | | |
| 勤成绸厂 | 1 | 30 | 1 | 24 | |
| 中国富强丝织公司 | 1 | 300 | 1 | 240 | |

续上表

| 厂名 | 核准贷款 | | 贷出 | | 备考 |
|---|---|---|---|---|---|
| | 件数 | 金额 | 件数 | 金额 | |
| 阜成绸厂 | 1 | 80 | 1 | 64 | |
| 美益织绸厂 | 1 | 100 | 1 | 80 | |
| 锦丰丝织厂 | 1 | 80 | 1 | 64 | |
| 三一新织造厂 | 1 | 100 | 1 | 80 | |
| 嘉华织绸厂 | 1 | 250 | 1 | 200 | |
| 祥锦织绸厂 | 1 | 100 | 1 | 80 | |
| 裕成昌绸厂 | 1 | 150 | 1 | 120 | |
| 大诚织绸厂 | 1 | 250 | 1 | 200 | |
| 新甡丝织公司 | 1 | 300 | 1 | 240 | |
| 和丰兴记绸厂 | 1 | 120 | 1 | 96 | |
| 富华丝毛染织厂 | 1 | 150 | 1 | 120 | |
| 合计 | 31 | 3,830 | 29 | 2,928 | |

绸缎印花工业

| 厂名 | 核准贷款 | | 贷出 | | 备考 |
|---|---|---|---|---|---|
| | 件数 | 金额 | 件数 | 金额 | |
| 百乐丝织厂 | 1 | 120 | 1 | 96 | |
| 中国绸缎印染厂 | 1 | 50 | 1 | 40 | |
| 合计 | 2 | 170 | 2 | 136 | |

化学原料工业

| 厂名 | 核准贷款 | | 贷出 | | 备考 |
|---|---|---|---|---|---|
| | 件数 | 金额 | 件数 | 金额 | |
| 大业工业原料厂 | 1 | 100 | 1 | 80 | |

续上表

| 厂　　名 | 核准贷款 | | 贷　出 | | 备　考 |
|---|---|---|---|---|---|
| | 件数 | 金　额 | 件数 | 金　额 | |
| 天中电化厂 | 1 | 500 | 1 | 400 | |
| 华元化学厂 | 2 | 600 | 2 | 480 | |
| 文英化学厂 | 1 | 200 | 1 | 160 | |
| 庆华颜料化学厂 | 1 | 400 | 1 | 320 | |
| 庆裕化学工业公司 | 1 | 400 | 1 | 320 | |
| 华联染料化工厂 | 2 | 340 | 2 | 272 | |
| 华丰染料化工厂 | 1 | 240 | 1 | 192 | |
| 虹光颜料厂 | 1 | 400 | 1 | 320 | |
| 太平洋颜料制造厂 | 1 | 150 | 1 | 120 | |
| 天山工业公司 | 1 | 500 | 1 | 400 | |
| 启新化学工业厂 | 1 | 300 | 1 | 240 | |
| 力生化学工厂 | 1 | 200 | 1 | 160 | |
| 上海薄荷制造公司 | 1 | 50 | 1 | 40 | |
| 同兴油厂 | 1 | 300 | | | |
| 中原电化厂 | 1 | 500 | 1 | 400 | |
| 中国钙厂 | 1 | 100 | | | |
| 西湖炼乳公司 | 1 | 150 | 1 | 120 | |
| 合　　计 | 20 | 5,430 | 18 | 4,024 | |

制药工业

| 厂　　名 | 核准贷款 | | 贷　出 | | 备　考 |
|---|---|---|---|---|---|
| | 件数 | 金　额 | 件数 | 金　额 | |
| 华星化学工业公司 | 1 | 400 | 1 | 320 | |
| 中法油脂化学制造厂 | 1 | 500 | 1 | 400 | |

续上表

| 厂名 | 核准贷款 | | 贷出 | | 备考 |
|---|---|---|---|---|---|
| | 件数 | 金额 | 件数 | 金额 | |
| 杨氏化学治疗研究所 | 1 | 200 | 1 | 160 | |
| 九福制药公司 | 2 | 300 | 2 | 240 | |
| 优生化学制药厂 | 2 | 520 | 2 | 416 | |
| 仙鹤草素药厂 | 2 | 300 | 2 | 240 | |
| 中苏化学制药厂 | 1 | 200 | 1 | 160 | |
| 人和化学制药厂 | 2 | 250 | 2 | 200 | |
| 通用药厂 | 1 | 50 | | | |
| 海普化学制药厂 | 1 | 200 | 1 | 160 | |
| 中国微菌工业厂 | 1 | 120 | | | |
| 大中化学工业厂 | 1 | 140 | 1 | 112 | |
| 惠生药棉纱布厂 | 1 | 100 | 1 | 80 | |
| 合计 | 17 | 3,280 | 15 | 2,488 | |

橡胶工业

| 厂名 | 核准贷款 | | 贷出 | | 备考 |
|---|---|---|---|---|---|
| | 件数 | 金额 | 件数 | 金额 | |
| 益昌橡胶物品制造厂 | 2 | 130 | 2 | 104 | |
| 光华橡胶厂 | 1 | 110 | 1 | 88 | |
| 上海橡胶制品厂 | 1 | 100 | 1 | 80 | |
| 上海红星橡胶厂 | 2 | 600 | 2 | 480 | |
| 大成橡胶厂 | 1 | 300 | 1 | 240 | |
| 新生橡胶厂 | 1 | 50 | 1 | 40 | |
| 庆德橡胶厂 | 1 | 200 | 1 | 160 | |
| 中南橡胶厂 | 1 | 500 | 1 | 400 | |

续上表

| 厂　　名 | 核准贷款 | | 贷　　出 | | 备　　考 |
|---|---|---|---|---|---|
| | 件数 | 金　额 | 件数 | 金　额 | |
| 上海科学橡胶厂 | 1 | 300 | 1 | 240 | |
| 中国申一橡胶带厂 | 1 | 500 | 1 | 400 | |
| 大同实业公司 | 1 | 400 | 1 | 320 | |
| 振华橡胶厂 | 1 | 300 | 1 | 240 | |
| 企昌橡胶厂 | 1 | 250 | 1 | 200 | |
| 合众橡胶制品厂 | 1 | 250 | 1 | 200 | |
| 合　　计 | 16 | 3,990 | 16 | 3,192 | |

玻璃工业

| 厂　　名 | 核准贷款 | | 贷　　出 | | 备　　考 |
|---|---|---|---|---|---|
| | 件数 | 金　额 | 件数 | 金　额 | |
| 晶华玻璃公司 | 2 | 1,000 | 2 | 800 | |
| 新华玻璃厂 | 1 | 250 | 1 | 200 | |
| 大明玻璃厂 | 1 | 150 | | | |
| 海昌玻璃厂 | 1 | 100 | 1 | 80 | |
| 中央化学玻璃厂 | 2 | 600 | 1 | 160 | |
| 中汇玻璃厂 | 1 | 100 | 1 | 80 | |
| 中华机器玻璃厂 | 1 | 50 | 1 | 40 | |
| 协和玻璃厂 | 1 | 200 | 1 | 160 | |
| 合　　计 | 10 | 2,450 | 8 | 1,520 | |

搪瓷工业

| 厂　　名 | 核准贷款 | | 贷　　出 | | 备　　考 |
|---|---|---|---|---|---|
| | 件数 | 金　额 | 件数 | 金　额 | |
| 益丰搪瓷厂 | 1 | 200 | 1 | 160 | |

续上表

| 厂　　　名 | 核准贷款 | | 贷　　出 | | 备　　考 |
|---|---|---|---|---|---|
| | 件数 | 金　额 | 件数 | 金　额 | |
| 顺风珐琅厂 | 2 | 500 | 2 | 400 | |
| 中华珐琅厂 | 1 | 500 | 1 | 240 | |
| 新华珐琅厂 | 2 | 310 | 2 | 248 | |
| 民丰珐琅厂 | 1 | 30 | 1 | 24 | |
| 金星搪瓷厂 | 2 | 500 | 2 | 400 | |
| 合　　　计 | 9 | 1,840 | 9 | 1,472 | |

造纸工业

| 厂　　　名 | 核准贷款 | | 贷　　出 | | 备　　考 |
|---|---|---|---|---|---|
| | 件数 | 金　额 | 件数 | 金　额 | |
| 沪江造纸厂 | 2 | 500 | 2 | 400 | |
| 光中造纸厂 | 1 | 480 | 1 | 384 | |
| 华章纸厂 | 2 | 700 | 2 | 560 | |
| 海龙纸厂 | 1 | 500 | 1 | 400 | |
| 民丰造纸公司 | 2 | 500 | 2 | 400 | |
| 勤工实业公司 | 1 | 500 | 1 | 400 | |
| 大中华造纸厂 | 1 | 500 | 1 | 400 | |
| 大华造纸厂 | 1 | 400 | | | |
| 中国海京合记造纸厂 | 1 | 500 | 1 | 400 | |
| 天丰造纸厂 | 1 | 250 | 1 | 200 | |
| 永安福记造纸厂 | 1 | 200 | 1 | 160 | |
| 合　　　计 | 14 | 5,030 | 13 | 3,704 | |

造漆工业

| 厂名 | 核准贷款 | | 贷出 | | 备考 |
|---|---|---|---|---|---|
| | 件数 | 金额 | 件数 | 金额 | |
| 天一造漆厂 | 2 | 100 | 2 | 80 | |
| 永华制漆公司 | 1 | 200 | 1 | 160 | |
| 上海喷漆制造厂 | 1 | 50 | 1 | 40 | |
| 新华造漆厂 | 1 | 200 | 1 | 160 | |
| 国华造漆厂 | 1 | 300 | 1 | 240 | |
| 合计 | 6 | 850 | 6 | 680 | |

制革工业

| 厂名 | 核准贷款 | | 贷出 | | 备考 |
|---|---|---|---|---|---|
| | 件数 | 金额 | 件数 | 金额 | |
| 久新制革厂 | 2 | 360 | 2 | 288 | |
| 大元皮厂 | 2 | 900 | 2 | 720 | |
| 三友制革厂 | 2 | 600 | 2 | 480 | |
| 协源昌合记制革厂 | 1 | 150 | 1 | 120 | |
| 广州制革厂 | 1 | 150 | 1 | 120 | |
| 华大皮革公司 | 1 | 400 | 1 | 320 | |
| 永良制革厂 | 1 | 300 | 1 | 240 | |
| 大同制革厂 | 1 | 200 | 1 | 160 | |
| 精益制革厂 | 1 | 250 | 1 | 200 | |
| 光华制革厂 | 1 | 200 | 1 | 160 | |
| 合计 | 13 | 3,510 | 13 | 2,808 | |

酒精工业

| 厂名 | 核准贷款 | | 贷出 | | 备考 |
|---|---|---|---|---|---|
| | 件数 | 金额 | 件数 | 金额 | |
| 同济酒精厂 | 2 | 900 | 2 | 720 | |
| 合计 | 2 | 900 | 2 | 720 | |

电工器材工业

| 厂名 | 核准贷款 | | 贷出 | | 备考 |
|---|---|---|---|---|---|
| | 件数 | 金额 | 件数 | 金额 | |
| 丽华电线厂 | 2 | 550 | 2 | 440 | |
| 耀华电器厂 | 1 | 250 | 1 | 200 | |
| 振丰电器厂 | 1 | 70 | 1 | 56 | |
| 鑫泰电器厂 | 1 | 200 | 1 | 160 | |
| 华通电业机器厂 | 2 | 950 | 2 | 760 | |
| 长城电业厂 | 2 | 550 | 2 | 440 | |
| 公明电泡厂 | 1 | 60 | 1 | 48 | |
| 中国电工企业公司 | 1 | 120 | 1 | 96 | |
| 华明电线制造厂 | 1 | 80 | 1 | 64 | |
| 中国亚浦耳电器厂 | 1 | 500 | 1 | 400 | |
| 中实电料厂 | 1 | 120 | 1 | 96 | |
| 亚明电灯泡厂 | 1 | 400 | 1 | 320 | |
| 五洲电器制造厂 | 1 | 200 | 1 | 160 | |
| 光华电器制造厂 | 1 | 20 | | | |
| 工商电器厂 | 1 | 200 | 1 | 160 | |
| 中原电话器材制造厂 | 2 | 1,000 | 2 | 800 | |
| 亚达无线电制造厂 | 1 | 350 | 1 | 280 | |
| 益中福记瓷电公司 | 2 | 500 | 2 | 400 | |

续上表

| 厂名 | 核准贷款 | | 贷出 | | 备考 |
|---|---|---|---|---|---|
| | 件数 | 金额 | 件数 | 金额 | |
| 华成电器厂 | 1 | 500 | 1 | 400 | |
| 大成电机工程公司 | 1 | 500 | 1 | 400 | |
| 晋华电机制造厂 | 2 | 600 | 2 | 480 | |
| 新安电机厂 | 2 | 500 | 2 | 400 | |
| 新元电机制造厂 | 1 | 400 | 1 | 320 | |
| 公用电机制造公司 | 2 | 900 | 2 | 720 | |
| 合计 | 32 | 9,520 | 31 | 7,600 | |

金属品冶制工业

| 厂名 | 核准贷款 | | 贷出 | | 备考 |
|---|---|---|---|---|---|
| | 件数 | 金额 | 件数 | 金额 | |
| 久丰直浇铁管厂 | 1 | 70 | 1 | 56 | |
| 祥丰直浇铁管厂 | 1 | 140 | 1 | 112 | |
| 亚细亚钢业公司 | 2 | 1,000 | 2 | 800 | |
| 华丰钢铁厂 | 1 | 250 | | | |
| 德泰金属罐铸造厂 | 1 | 200 | 1 | 160 | |
| 沈元吉冶坊 | 1 | 70 | 1 | 56 | |
| 邢永昌翻砂厂 | 1 | 200 | 1 | 160 | |
| 合计 | 8 | 1,930 | 7 | 1,344 | |

机器工业

| 厂名 | 核准贷款 | | 贷出 | | 备考 |
|---|---|---|---|---|---|
| | 件数 | 金额 | 件数 | 金额 | |
| 美星机器厂 | 1 | 50 | 1 | 40 | |

续上表

| 厂名 | 核准贷款 | | 贷出 | | 备考 |
|---|---|---|---|---|---|
| | 件数 | 金额 | 件数 | 金额 | |
| 永生铁工厂 | 2 | 640 | 2 | 512 | |
| 源丰机器厂 | 1 | 500 | 1 | 400 | |
| 公利铁厂 | 2 | 1,000 | 2 | 800 | |
| 四方工程公司 | 1 | 300 | 1 | 200 | |
| 新友机器铁工厂 | 1 | 500 | 1 | 400 | |
| 沪江机器厂 | 1 | 300 | 1 | 240 | |
| 新业机器公司 | 1 | 500 | 1 | 400 | |
| 承泰铁工厂 | 1 | 80 | 1 | 64 | |
| 永进机器工程公司 | 1 | 70 | 1 | 56 | |
| 隆泰丰记机器皮棍厂 | 1 | 150 | 1 | 120 | |
| 华昌机器铁工厂 | 1 | 100 | 1 | 80 | |
| 求精机器铁工厂 | 1 | 500 | 1 | 400 | |
| 惠工铁工厂沪厂 | 1 | 400 | 1 | 320 | |
| 生生铁厂 | 1 | 400 | | | |
| 上海中央机器制造厂 | 2 | 500 | 2 | 400 | |
| 宏记铁工厂 | 3 | 120 | 3 | 96 | |
| 利中机器厂 | 1 | 100 | 1 | 80 | |
| 中和机器制造厂 | 1 | 300 | 1 | 240 | |
| 上海钢窗厂 | 2 | 400 | 2 | 320 | |
| 日亚钢业厂 | 1 | 500 | 1 | 400 | |
| 上海协成银箱厂 | 1 | 400 | 1 | 320 | |
| 中铸精铁厂 | 1 | 500 | 1 | 400 | |
| 大中金属材料厂 | 1 | 150 | 1 | 120 | |
| 企华铁工厂 | 1 | 500 | 1 | 400 | |

续上表

| 厂名 | 核准贷款 | | 贷出 | | 备考 |
|---|---|---|---|---|---|
| | 件数 | 金额 | 件数 | 金额 | |
| 中央工记铁工厂 | 1 | 400 | 1 | 320 | |
| 金钢机器铰链厂 | 1 | 200 | 1 | 160 | |
| 震旦机器铁工厂 | 1 | 400 | 1 | 320 | |
| 恒昌祥钟记机器造船厂 | 1 | 50 | 1 | 40 | |
| 顺昌制造机器船厂 | 1 | 160 | 1 | 128 | |
| 恒安机器造船厂 | 2 | 200 | 2 | 160 | |
| 金刚机器厂 | 2 | 850 | 2 | 680 | |
| 华一工程企业公司 | 1 | 400 | | | |
| 乙丰染织机器厂 | 1 | 300 | 1 | 240 | |
| 协昌缝衣机器制造厂 | 2 | 450 | 2 | 360 | |
| 合计 | 44 | 12,370 | 42 | 9,216 | |

钢铁炼制工业

| 厂名 | 核准贷款 | | 贷出 | | 备考 |
|---|---|---|---|---|---|
| | 件数 | 金额 | 件数 | 金额 | |
| 大中华钢铁厂 | 1 | 150 | | | |
| 上海钢铁公司 | 2 | 1,000 | 2 | 800 | |
| 兴亚钢业公司 | 2 | 1,000 | 2 | 800 | |
| 民生铁厂 | 2 | 580 | 2 | 464 | |
| 合计 | 7 | 2,730 | 6 | 2,064 | |

钢精工业

| 厂名 | 核准贷款 | | 贷出 | | 备考 |
|---|---|---|---|---|---|
| | 件数 | 金额 | 件数 | 金额 | |
| 圣业祥五金钢精厂 | 2 | 200 | 2 | 160 | |

续上表

| 厂　　名 | 核准贷款 | | 贷　　出 | | 备　　考 |
|---|---|---|---|---|---|
| | 件数 | 金　额 | 件数 | 金　额 | |
| 上海华昌钢精厂 | 1 | 160 | 1 | 128 | |
| 良工钢精制品厂 | 1 | 150 | 1 | 120 | |
| 亚洲五金钢精厂 | 1 | 150 | 1 | 120 | |
| 西南金属器材厂 | 2 | 700 | 2 | 560 | |
| 合　　计 | 7 | 1,360 | 7 | 1,088 | |

面粉工业

| 厂　　名 | 核准贷款 | | 贷　　出 | | 备　　考 |
|---|---|---|---|---|---|
| | 件数 | 金　额 | 件数 | 金　额 | |
| 振华面粉厂 | 3 | 700 | 3 | 560 | |
| 顺丰面粉厂 | 1 | 100 | | | |
| 福昌新面粉厂 | 2 | 490 | 2 | 392 | |
| 鸿昌面粉厂 | 1 | 200 | 1 | 144 | |
| 鸿新面粉厂 | 1 | 200 | 1 | 160 | |
| 合　　计 | 8 | 1,690 | 7 | 1,256 | |

植物油工业

| 厂　　名 | 核准贷款 | | 贷　　出 | | 备　　考 |
|---|---|---|---|---|---|
| | 件数 | 金　额 | 件数 | 金　额 | |
| 大生机器榨油厂 | 1 | 300 | 1 | 240 | |
| 大昌新润记榨油厂 | 1 | 50 | 1 | 40 | |
| 大德新榨油厂 | 1 | 50 | 1 | 40 | |
| 长德榨油厂 | 1 | 500 | 1 | 400 | |
| 恒丰榨油厂 | 1 | 200 | 1 | 160 | |

续上表

| 厂名 | 核准贷款 | | 贷出 | | 备考 |
|---|---|---|---|---|---|
| | 件数 | 金额 | 件数 | 金额 | |
| 广生榨油公司 | 1 | 500 | | | |
| 天原酿造厂 | 1 | 100 | 1 | 80 | |
| 老元大酱油酿造厂 | 2 | 300 | 2 | 240 | |
| 合计 | 9 | 2,000 | 8 | 1,200 | |

罐头食品工业

| 厂名 | 核准贷款 | | 贷出 | | 备考 |
|---|---|---|---|---|---|
| | 件数 | 金额 | 件数 | 金额 | |
| 泰康罐头食品公司 | 3 | 700 | 3 | 560 | |
| 梅林罐头食品公司 | 2 | 400 | 2 | 320 | |
| 如生罐头食品厂 | 1 | 150 | 1 | 120 | |
| 安西糖果饼干厂 | 2 | 300 | 2 | 240 | |
| 合计 | 8 | 1,550 | 8 | 1,240 | |

调味粉工业

| 厂名 | 核准贷款 | | 贷出 | | 备考 |
|---|---|---|---|---|---|
| | 件数 | 金额 | 件数 | 金额 | |
| 太乙调味粉厂 | 2 | 150 | 2 | 120 | |
| 天香味宝厂 | 1 | 100 | 1 | 80 | |
| 天生滋味素厂 | 1 | 100 | 1 | 80 | |
| 恒丰化学工业厂 | 1 | 50 | 1 | 40 | |
| 合计 | 5 | 400 | 5 | 320 | |

五金工业

| 厂　　名 | 核准贷款 | | 贷出 | | 备　　考 |
|---|---|---|---|---|---|
| | 件数 | 金　额 | 件数 | 金　额 | |
| 益生铁工厂 | 1 | 260 | | | |
| 良生五金制品厂 | 1 | 50 | 1 | 40 | |
| 荣业五金电器厂 | 1 | 300 | 1 | 240 | |
| 中央熔炼厂 | 1 | 150 | | | |
| 慎昌五金制品厂 | 1 | 150 | 1 | 120 | |
| 元昌铜厂 | 4 | 500 | 4 | 400 | |
| 兴华制铜厂 | 1 | 100 | 1 | 80 | |
| 合　　计 | 10 | 1,510 | 8 | 880 | |

水泥砖瓦工业

| 厂　　名 | 核准贷款 | | 贷出 | | 备　　考 |
|---|---|---|---|---|---|
| | 件数 | 金　额 | 件数 | 金　额 | |
| 上海水泥公司 | 1 | 500 | 1 | 400 | |
| 顺昌石灰水泥厂 | 1 | 500 | 1 | 400 | |
| 泰山砖瓦公司 | 2 | 100 | 2 | 80 | |
| 昆山振苏砖瓦厂 | 2 | 1,000 | 2 | 800 | |
| 合　　计 | 6 | 2,100 | 6 | 1,680 | |

制钉工业

| 厂　　名 | 核准贷款 | | 贷出 | | 备　　考 |
|---|---|---|---|---|---|
| | 件数 | 金　额 | 件数 | 金　额 | |
| 国华制钉厂 | 1 | 70 | 1 | 56 | |
| 国华五金制造厂 | 2 | 450 | 2 | 360 | |
| 利民制铁厂 | 1 | 500 | 1 | 400 | |

续上表

| 厂名 | 核准贷款 | | 贷出 | | 备考 |
|---|---|---|---|---|---|
| | 件数 | 金额 | 件数 | 金额 | |
| 中国制钉公司 | 1 | 300 | 1 | 240 | |
| 光华金属制造厂 | 1 | 300 | 1 | 240 | |
| 合计 | 6 | 1,620 | 6 | 1,296 | |

锯木工业

| 厂名 | 核准贷款 | | 贷出 | | 备考 |
|---|---|---|---|---|---|
| | 件数 | 金额 | 件数 | 金额 | |
| 扬子木材厂 | 2 | 500 | 2 | 400 | |
| 祥泰夹板厂 | 1 | 400 | 1 | 320 | |
| 震昌锯木厂 | 1 | 50 | 1 | 40 | |
| 正大锯木厂 | 1 | 100 | 1 | 80 | |
| 合计 | 5 | 1,050 | 5 | 840 | |

皂烛工业

| 厂名 | 核准贷款 | | 贷出 | | 备考 |
|---|---|---|---|---|---|
| | 件数 | 金额 | 件数 | 金额 | |
| 光华化学制品厂 | 2 | 550 | 2 | 440 | |
| 明星肥皂厂 | 2 | 300 | 2 | 240 | |
| 南阳皂烛厂 | 1 | 50 | 1 | 40 | |
| 五星肥皂厂 | 1 | 300 | | | |
| 大新化学厂 | 1 | 500 | 1 | 400 | |
| 中国化学工业社 | 1 | 500 | 1 | 400 | |
| 中兴化学工业厂 | 1 | 100 | | | |
| 丽来化学工业厂 | 1 | 50 | | | |

续上表

| 厂名 | 核准贷款 | | 贷出 | | 备考 |
|---|---|---|---|---|---|
| | 件数 | 金额 | 件数 | 金额 | |
| 欧治化学工业厂 | 1 | 300 | 1 | 240 | |
| 合计 | 11 | 2,650 | 8 | 1,760 | |

火柴工业

| 厂名 | 核准贷款 | | 贷出 | | 备考 |
|---|---|---|---|---|---|
| | 件数 | 金额 | 件数 | 金额 | |
| 华昌火柴梗片公司 | 2 | 70 | 2 | 56 | |
| 华商瑞士火柴厂 | 1 | 50 | 1 | 40 | |
| 福新火柴厂 | 1 | 50 | 1 | 40 | |
| 正明火柴厂 | 2 | 700 | 2 | 560 | |
| 大华火柴公司 | 1 | 50 | 1 | 40 | |
| 黎明火柴厂 | 2 | 550 | 2 | 440 | |
| 中国火柴公司 | 1 | 300 | 1 | 240 | |
| 荣华火柴梗片厂 | 1 | 50 | 1 | 40 | |
| 海通火柴梗片厂 | 1 | 300 | 1 | 240 | |
| 合计 | 12 | 2,120 | 12 | 1,696 | |

衬衫工业

| 厂名 | 核准贷款 | | 贷出 | | 备考 |
|---|---|---|---|---|---|
| | 件数 | 金额 | 件数 | 金额 | |
| 伟新内衣厂 | 1 | 50 | 1 | 40 | |
| 福华内衣厂 | 1 | 150 | 1 | 120 | |
| 合计 | 2 | 200 | 2 | 160 | |

草呢帽工业

| 厂名 | 核准贷款 | | 贷出 | | 备考 |
|---|---|---|---|---|---|
| | 件数 | 金额 | 件数 | 金额 | |
| 华商制帽厂 | 2 | 350 | 2 | 280 | |
| 瑞记制帽厂 | 1 | 150 | 1 | 120 | |
| 中孚制帽厂 | 2 | 500 | 2 | 400 | |
| 源喆帽厂 | 1 | 100 | 1 | 80 | |
| 大中央制帽厂 | 1 | 50 | 1 | 40 | |
| 新华制帽厂 | 1 | 300 | 1 | 240 | |
| 广生制帽厂 | 1 | 200 | 1 | 160 | |
| 大来兔绒帽坯厂 | 1 | 100 | 1 | 80 | |
| 利康毛纺制帽厂 | 1 | 70 | 1 | 56 | |
| 合计 | 11 | 1,820 | 11 | 1,456 | |

牙刷工业

| 厂名 | 核准贷款 | | 贷出 | | 备考 |
|---|---|---|---|---|---|
| | 件数 | 金额 | 件数 | 金额 | |
| 梁新记牙刷厂 | 1 | 250 | 1 | 200 | |
| 合计 | 1 | 250 | 1 | 200 | |

热水瓶工业

| 厂名 | 核准贷款 | | 贷出 | | 备考 |
|---|---|---|---|---|---|
| | 件数 | 金额 | 件数 | 金额 | |
| 国光实业厂 | 1 | 50 | 1 | 40 | |
| 中星热水瓶厂 | 1 | 50 | 1 | 40 | |
| 永生热水瓶厂 | 1 | 200 | 1 | 160 | |
| 国华窑业厂 | 1 | 300 | 1 | 240 | |

续上表

| 厂名 | 核准贷款 | | 贷出 | | 备考 |
|---|---|---|---|---|---|
| | 件数 | 金额 | 件数 | 金额 | |
| 合计 | 4 | 600 | 4 | 480 | |

机制煤工业

| 厂名 | 核准贷款 | | 贷出 | | 备考 |
|---|---|---|---|---|---|
| | 件数 | 金额 | 件数 | 金额 | |
| 义泰兴煤球制造厂 | 1 | 50 | 1 | 40 | |
| 南方煤球厂 | 1 | 100 | 1 | 80 | |
| 华通煤球厂 | 1 | 200 | 1 | 160 | |
| 敦大成煤球厂 | 1 | 200 | 1 | 160 | |
| 合计 | 4 | 550 | 4 | 440 | |

印铁制罐工业

| 厂名 | 核准贷款 | | 贷出 | | 备考 |
|---|---|---|---|---|---|
| | 件数 | 金额 | 件数 | 金额 | |
| 中国恒达软管厂 | 1 | 50 | 1 | 40 | |
| 康元制罐厂 | 1 | 130 | 1 | 104 | |
| 合计 | 2 | 180 | 2 | 144 | |

制针工业

| 厂名 | 核准贷款 | | 贷出 | | 备考 |
|---|---|---|---|---|---|
| | 件数 | 金额 | 件数 | 金额 | |
| 华昌制针厂 | 2 | 130 | 2 | 104 | |
| 大中工业社 | 1 | 250 | 1 | 200 | |
| 中国制针厂 | 1 | 180 | 1 | 144 | |

续上表

| 厂名 | 核准贷款 | | 贷出 | | 备考 |
|---|---|---|---|---|---|
| | 件数 | 金额 | 件数 | 金额 | |
| 上海第一制针厂 | 2 | 600 | 2 | 480 | |
| 华光实业公司制针厂 | 1 | 100 | 1 | 80 | |
| 合计 | 7 | 1,260 | 7 | 1,008 | |

仪器文具工业

| 厂名 | 核准贷款 | | 贷出 | | 备考 |
|---|---|---|---|---|---|
| | 件数 | 金额 | 件数 | 金额 | |
| 上海铅笔厂 | 2 | 700 | 2 | 560 | |
| 四达实业公司 | 2 | 330 | 2 | 264 | |
| 中国标准铅笔厂 | 1 | 500 | 1 | 400 | |
| 华孚二厂 | 1 | 100 | 1 | 80 | |
| 保权工艺厂 | 1 | 300 | 1 | 240 | |
| 合计 | 7 | 1,930 | 7 | 1,544 | |

纱管工业

| 厂名 | 核准贷款 | | 贷出 | | 备考 |
|---|---|---|---|---|---|
| | 件数 | 金额 | 件数 | 金额 | |
| 成大筒管厂 | 1 | 500 | 1 | 400 | |
| 宏大纱管厂 | 1 | 400 | | | |
| 合计 | 2 | 900 | 1 | 400 | |

钟表工业

| 厂名 | 核准贷款 | | 贷出 | | 备考 |
|---|---|---|---|---|---|
| | 件数 | 金额 | 件数 | 金额 | |
| 远东钟表厂 | 2 | 150 | 2 | 120 | |

续上表

| 厂名 | 核准贷款 | | 贷出 | | 备考 |
|---|---|---|---|---|---|
| | 件数 | 金额 | 件数 | 金额 | |
| 中明钟表制造厂 | 1 | 200 | 1 | 160 | |
| 合计 | 3 | 350 | 3 | 280 | |

无线电工业

| 厂名 | 核准贷款 | | 贷出 | | 备考 |
|---|---|---|---|---|---|
| | 件数 | 金额 | 件数 | 金额 | |
| 美国无线电机厂 | 3 | 150 | 3 | 120 | |
| 合计 | 3 | 150 | 3 | 120 | |

造车工业

| 厂名 | 核准贷款 | | 贷出 | | 备考 |
|---|---|---|---|---|---|
| | 件数 | 金额 | 件数 | 金额 | |
| 新星机器厂 | 2 | 900 | 2 | 720 | |
| 上川交通公司 | 1 | 500 | 1 | 400 | |
| 合计 | 3 | 1,400 | 3 | 1,120 | |

军装工业

| 厂名 | 核准贷款 | | 贷出 | | 备考 |
|---|---|---|---|---|---|
| | 件数 | 金额 | 件数 | 金额 | |
| 成森泰军装五金厂 | 2 | 450 | | | |
| 合计 | 2 | 450 | | | |

钮扣工业

| 厂名 | 核准贷款 | | 贷出 | | 备考 |
|---|---|---|---|---|---|
| | 件数 | 金额 | 件数 | 金额 | |
| 新中钮扣厂 | 1 | 30 | 1 | 24 | |

续上表

| 厂名 | 核准贷款 | | 贷出 | | 备考 |
|---|---|---|---|---|---|
| | 件数 | 金额 | 件数 | 金额 | |
| 合计 | 1 | 30 | 1 | 24 | |

肠衣业

| 厂名 | 核准贷款 | | 贷出 | | 备考 |
|---|---|---|---|---|---|
| | 件数 | 金额 | 件数 | 金额 | |
| 和安企业公司 | 1 | 100 | 1 | 80 | |
| 金城贸易公司 | 1 | 300 | 1 | 240 | |
| 郭顺记肠业厂 | 1 | 350 | 1 | 160 | |
| 合计 | 3 | 750 | 3 | 480 | |

猪鬃业

| 厂名 | 核准贷款 | | 贷出 | | 备考 |
|---|---|---|---|---|---|
| | 件数 | 金额 | 件数 | 金额 | |
| 积记华行 | 1 | 170 | 1 | 136 | |
| 扬子建业公司猪鬃部 | 2 | 740 | 2 | 592 | |
| 和源实业公司 | 1 | 500 | | | |
| 宝丰实业公司 | 1 | 450 | | | |
| 合计 | 5 | 1,860 | 3 | 728 | |

皮毛业

| 厂名 | 核准贷款 | | 贷出 | | 备考 |
|---|---|---|---|---|---|
| | 件数 | 金额 | 件数 | 金额 | |
| 源泰祥 | 1 | 70 | | | |
| 和昌商行 | 1 | 500 | 1 | 400 | |

续上表

| 厂名 | 核准贷款 | | 贷出 | | 备考 |
|---|---|---|---|---|---|
| | 件数 | 金额 | 件数 | 金额 | |
| 永盛福记毛号 | 1 | 170 | | | |
| 合计 | 3 | 740 | 1 | 400 | |

草帽业

| 厂名 | 核准贷款 | | 贷出 | | 备考 |
|---|---|---|---|---|---|
| | 件数 | 金额 | 件数 | 金额 | |
| 瑞和行 | 1 | 500 | 1 | 400 | |
| 汇泰进出口行 | 2 | 670 | 2 | 536 | |
| 合计 | 3 | 1,170 | 3 | 936 | |

烟草业

| 厂名 | 核准贷款 | | 贷出 | | 备考 |
|---|---|---|---|---|---|
| | 件数 | 金额 | 件数 | 金额 | |
| 恒泰贸易行 | 1 | 90 | 1 | 72 | |
| 合计 | 1 | 90 | 1 | 72 | |

蛋品制造业

| 厂名 | 核准贷款 | | 贷出 | | 备考 |
|---|---|---|---|---|---|
| | 件数 | 金额 | 件数 | 金额 | |
| 丰裕永记号 | 1 | 250 | | | |
| 合计 | 1 | 250 | | | |

桐油业

| 厂名 | 核准贷款 | | 贷出 | | 备考 |
|---|---|---|---|---|---|
| | 件数 | 金额 | 件数 | 金额 | |
| 原诚企业公司上海分公司 | 1 | 500 | | | |

续上表

| 厂名 | 核准贷款 | | 贷出 | | 备考 |
|---|---|---|---|---|---|
| | 件数 | 金额 | 件数 | 金额 | |
| 同兴和 | 1 | 500 | | | |
| 合计 | 2 | 1,000 | | | |

制麻业

| 厂名 | 核准贷款 | | 贷出 | | 备考 |
|---|---|---|---|---|---|
| | 件数 | 金额 | 件数 | 金额 | |
| 上川企业公司 | 1 | 360 | 1 | 288 | |
| 合计 | 1 | 360 | 1 | 288 | |

茶叶业

| 厂名 | 核准贷款 | | 贷出 | | 备考 |
|---|---|---|---|---|---|
| | 件数 | 金额 | 件数 | 金额 | |
| 新华茶叶股份有限公司 | 1 | 200 | 1 | 160 | |
| 合计 | 1 | 200 | 1 | 160 | |

棉织品

| 厂名 | 核准贷款 | | 贷出 | | 备考 |
|---|---|---|---|---|---|
| | 件数 | 金额 | 件数 | 金额 | |
| 全国百货公司 | 1 | 100 | | | |
| 振丰纺织公司 | 1 | 1,000 | 1 | 423 | |
| 合计 | 2 | 1,100 | 1 | 423 | |

卷烟

| 厂名 | 核准贷款 | | 贷出 | | 备考 |
|---|---|---|---|---|---|
| | 件数 | 金额 | 件数 | 金额 | |
| 华菲烟草公司 | 3 | 1,000 | 3 | 472 | |

续上表

| 厂名 | 核准贷款 | | 贷出 | | 备考 |
|---|---|---|---|---|---|
| | 件数 | 金额 | 件数 | 金额 | |
| 国华烟厂 | 1 | 240 | | | |
| 中国利华烟草公司 | 1 | 800 | 1 | 640 | |
| 合计 | 5 | 2,040 | 4 | 1,112 | |

棉花

| 厂名 | 核准贷款 | | 贷出 | | 备考 |
|---|---|---|---|---|---|
| | 件数 | 金额 | 件数 | 金额 | |
| 申新纺织六厂 | 1 | 1,000 | | | |
| 申新纺织七厂 | 1 | 1,000 | | | |
| 合计 | 2 | 2,000 | | | |

燃料

| 厂名 | 核准贷款 | | 贷出 | | 备考 |
|---|---|---|---|---|---|
| | 件数 | 金额 | 件数 | 金额 | |
| 义丰德记煤号 | 1 | 300 | | | |
| 合计 | 1 | 300 | | | |

皂碱

| 厂名 | 核准贷款 | | 贷出 | | 备考 |
|---|---|---|---|---|---|
| | 件数 | 金额 | 件数 | 金额 | |
| 英商中国肥皂公司 | 1 | 500 | | | |
| 合计 | 1 | 500 | | | |

〔中央银行档案〕

## 4. 中央银行1948年上期业务报告书(节录)

(1948年8月)

中央银行卅七年度上半年业务报告

### 甲编 一般业务

#### (一) 经理国库

一、委托代库业务 全国各地国库机构,均经往年普设,截至三十七年六月底止,共计一,六五五单位。因战区国库机构撤退,故较上年年底减少七十三单位。关于代库中层机构之组织,本年因实施区分库转帐制度略有变更,系将全国各地分为十九区,大致每省划为一区。惟亦有偏僻之省份数省合并为一区者,如甘、宁、青、冀、热、察等区;又有一省幅员辽阔分为二区者,如四川省分为川东及川西两区。每一区设立一区分库,办理该区内各支库库款收付转帐事务,均于本年一月一日成立,除江苏区分库由上海本局代理外,余均由本行各地原代理分库分行代理。又江苏区分库自六月一日起划分为苏沪区及苏京区,分别由上海本局及南京本局代理之。在区分库未成立以前,全国各省省会及特别市,均设有分库,除办理当地之支库业务外,复办理各省行代库库款承转事宜,其已成立者计有三十五单位。自区分库成立后,各分库原办理之分库业务,已移归区分库办理。故分库事实上已无存在之必要,乃于本年四月底(三十六年度国库收支结束之期)取销其名义,改称支库,以符名实。又本年四联总处为加强控制库款,经决议将原存各行局军政机关存款,移存本行。为吸收是项存款,便利各军政机关库款收支起见,国库局特在沪成立虹口收支处,在京成立城南、城北两收支处,专营库款收支存汇业务(附表一)。

二、岁入业务 本年上半年,经收国库岁入款,兹分别年度略述如次:

(1) 三十六年度者 本年一至六月份,经收国库款,根据总库已转帐数字，共计国币六一，三八五亿余元。其中以银行垫借款之收入最巨，计三〇，九一七亿余元，占收入总额百分之五十强。此为国库收支不敷，其差额由本行垫借者。至税收方面，则以货物税占第一位，盐税次之。

(2) 三十七年度者　　本年一至六月份经收国库款，根据总库已转帐数字，共计国币八七二，六六八亿余元，以内债收入占第一位，货物税次之、"国有财产及物资售价收入"及关税又次之。本年度因实施新订国库出纳会计制度，银行垫借款之列收，改由国库总库统筹办理，与卅六年度之由本行各分行代库分别办理者不同。本年度银行垫借款之数字，即国库经付岁出款总额减国库经收岁入款总额之差额，一至六月份约计一，五一八，九五九亿余万元，收入款项一览表内未予列入(附表 2 及 3)。

三、岁出业务　　本年上半年经付国库款，除本年上半年度及卅六年度者外，尚有预付三十七年下半年度者。兹分别略述如次：

(1) 三十六年度者　　本年一至六月份，经付国库款，根据总库已转帐数字，计国币五九，四七三亿余元，以事业费占第一位，粮食部主管及国防部主管次之(附表 4)。

(2) 三十七年度上半年度　　一至六月份经付国库款，根据已转帐数字，共计国币二，三九一，六二八亿余元，其中以国防部主管为最巨，计国币一，四〇五，八〇五亿余元，占总额百分之五十九，粮食部主管及省市补助费次之，紧急命令拨付款又次之(附表 5)。

(3) 三十七年下半年度者　　预付三十七年下半年度之款，自六月份开始，共计预付一四二，八七五亿余元，其中仍以国防部主管最巨，计一二七，七三三亿余元，占总额百分之八十九(附表 6)。

四、国库局存款情形及库款转汇业务

(1) 存款情形　　存款分普通存款及公库存款两种，兹分述如次：

1. 普通存款(活期存款)　　此种存款之性质，即国库局经理政府公债，政府拨交国库局备付还本付息之款，截至本年六月底止，存款余额，计国币八，〇〇八亿余元(附表7)。

2. 公库存款　　此即国库局代理国库总库所收存之国库存款。本年四月间，因各行局原存各军政机关公款移存本行，致自四月份起，国库局公库普特存款骤增，尤以京局收存移转来之军政机关存款为最巨，其四月份普存余额较三月份者增加一倍以上。兹将本年度六月底普特存【款】余额分述如次：

| | | |
|---|---|---|
| 京　局 | 普存余额 | 一四〇，三六六亿余元 |
| | 特存余额 | 八，八九〇亿余元 |
| 沪　局 | 普存余额 | 一二，九〇四亿余元 |
| | 特存余额 | 一三，二四四亿余元 |

(附表8、9)

(2) 库款转汇　　本年国库局京沪两处办理库款转汇数字分列于下：

| | |
|---|---|
| 1. 京　局 | 汇入八六五，五九九亿余元 |
| | 汇出五六，五八九亿余元 |
| 2. 沪　局 | 汇入一一，六一〇亿余元 |
| | 汇出　一，四六五亿余元(附表10) |

五、保管业务　　国库保管业务，原分保管金与保管品两种，惟自本年起，保管金科目取销，改以特种基金存款科目处理，上年年底之保管金存款余额，于本年初悉数移存特种基金存款科目内，故本年之国库保管业务，仅办理保管品部份而已。此项业务包括政府交管之各种国债文件及有价证券。查国债文件为我国政府与各国所订之各种重要合同、契约，前经行政院送交本行，归由国库局设立专户保管，截至本年六月底止，计保管是项文件一百四十件。至有价证券，以政府发行之各种公债、库券等，由财部送国库局点收保管者为主，至六月底止，计保管有价证券共六九七万余张，又五十三包。其他保管品，尚有票据、单据、各国钞票等等(详表11)。

（二）经理政府债券

经理政府债券业务，本年继续上年发售第二期三十六年短期库券 美金公债，惟短期库券于本年三月间奉命停售，但美金公债仍继续发售。本年四月起，奉令发售卅七年短期国库券，发售以来，吸收游资，颇著成效。兹将本年一至六月份之债券收支情形略述如次：

| | 国币部份 | 美金部份 |
|---|---|---|
| 经收债券 | 二七五，二三七亿余元 | 二，七一五万余元 |
| 核拨债票 | 四六九，二四〇亿余元 | 四，一七一万余元 |
| 还本付息 | 八亿余元 | 一，六二四万余元 |
| 经收捐献 | 一千余万元 | |

以上详细数字请参阅经理中央公债及捐献营业概况表（附表12）。

附表1　国库总库所属分支机构统计表

37年6月30日

| 代理行别 | 总计 | 合计 | | 区分库 | | 支库 | | 收支处 | | 经收处 | |
|---|---|---|---|---|---|---|---|---|---|---|---|
| | | 已成立 | 筹备中 | 已成立 | 筹备中 | 已成立 | 筹备中 | 已成立 | 筹备中 | 已成立 | 筹备中 |
| 合计 | 1,655 | 1,570 | 85 | 20 | — | 890 | 26 | 201 | 29 | 459 | 30 |
| 中央银行 | 85 | 85 | — | 20 | — | 57 | — | 8 | — | — | — |
| 中国银行 | 74 | 66 | 8 | — | — | 42 | 3 | 10 | 4 | 14 | 1 |
| 交通银行 | 60 | 56 | 4 | — | — | 30 | — | 9 | 4 | 17 | — |
| 中国农民银行 | 81 | 81 | — | — | — | 63 | — | 4 | — | 14 | — |
| 邮局 | 789 | 725 | 64 | — | — | 244 | 19 | 83 | 18 | 398 | 27 |
| 中央信托局 | 2 | 2 | — | — | — | — | — | — | — | 2 | — |
| 中央合作金库 | 3 | 2 | 1 | — | — | — | — | — | — | 2 | 1 |
| 江苏省银行 | 5 | 3 | 2 | — | — | 2 | 2 | — | — | 1 | — |
| 浙江省银行 | 68 | 68 | — | — | — | 41 | — | 27 | — | — | — |
| 安徽省银行 | 33 | 33 | — | — | — | 33 | — | — | — | — | — |
| 江西省银行 | 61 | 61 | — | — | — | 61 | — | — | — | — | — |

续上表

| 代理行别 | 总计 | 合计 | | 区分库 | | 支库 | | 收支处 | | 经收处 | |
|---|---|---|---|---|---|---|---|---|---|---|---|
| | | 已成立 | 筹备中 | 已成立 | 筹备中 | 已成立 | 筹备中 | 已成立 | 筹备中 | 已成立 | 筹备中 |
| 湖北省银行 | 10 | 10 | — | — | — | 10 | — | — | — | — | — |
| 湖南省银行 | 47 | 47 | — | — | — | 16 | — | 31 | — | — | — |
| 四川省银行 | 53 | 52 | 1 | — | — | 52 | 1 | — | — | — | — |
| 西康省银行 | 5 | 5 | — | — | — | 5 | — | — | — | — | — |
| 福建省银行 | 54 | 54 | — | — | — | 54 | — | — | — | — | — |
| 广东省银行 | 79 | 76 | 3 | — | — | 71 | — | 5 | 3 | — | — |
| 广西省银行 | 30 | 30 | — | — | — | 29 | — | 1 | — | — | — |
| 河南省银行 | 8 | 8 | — | — | — | 7 | — | 1 | — | — | — |
| 河北省银行 | — | — | — | — | — | — | — | — | — | — | — |
| 陕西省银行 | 36 | 35 | 1 | — | — | 10 | — | 22 | — | 3 | 1 |
| 甘肃省银行 | 61 | 61 | — | — | — | 61 | — | — | — | — | — |
| 山东省银行 | 1 | 1 | — | — | — | 1 | — | — | — | — | — |
| 资阳县银行 | 4 | 4 | — | — | — | — | — | — | — | 4 | — |
| 三台县银行 | 3 | 3 | — | — | — | — | — | — | — | 3 | — |
| 云南劝业银行 | 1 | 1 | — | — | — | — | — | — | — | 1 | — |
| 江苏省农民银行 | 1 | 1 | — | — | — | 1 | — | — | — | — | — |
| 云南兴文银行 | 1 | — | 1 | — | — | — | 1 | — | — | — | — |

## 附表 2　本行代理国库经管收入总存款收入款项一览表

中华民国卅六年 1—12 月份　卅六年度

| 科目 | 金额 | 附注 |
|---|---|---|
| 田赋 | 52,605,265,589.62 | |
| 地价税 | 3,262,365,118.95 | |
| 土地增值税 | 1,717,886,494.80 | |
| 所得税 | 158,891,240,115.74 | |
| 遗产税 | 8,757,426,125.50 | |

续上表

| 科目 | 金额 | 附注 |
|---|---|---|
| 过份利得税 | 36,420,640,744.48 | |
| 营业税 | 11,284,043,305.92 | |
| 特种营业税 | 116,846,138,055.53 | |
| 印花税 | 85,824,601,209.29 | |
| 关税 | 191,104,330,241.12 | |
| 矿税 | 44,103,844,055.93 | |
| 货物税 | 955,107,147,630.81 | |
| 盐税 | 633,041,448,145.08 | |
| 罚款与赔偿收入 | 8,529,855,675.13 | |
| 规费收入 | 8,374,943,217.45 | |
| 信托管理收入 | 5,644,811.80 | |
| 财产孳息收入 | 12,291,611,059.04 | |
| 公有营业盈余收入 | 46,327,465,838.92 | |
| 公有事业收入 | 1,952,720.00 | |
| 捐献及赠与收入 | 18,497,081,802.38 | |
| 其他收入 | 7,235,298,729.75 | |
| 国有财产及物资售货收入 | 270,065,842,914.08 | |
| 内债 | 827,990,994.50 | |
| 外债 | 229,055,217,895.81 | |
| 银行垫借款 | 3,091,768,208,107.41 | |
| 未售债券本息 | 586,497,481.50 | |
| 收回各年度岁出款 | 24,947,506,829.06 | |

续上表

| 科　　目 | 金　　额 | 附　　注 |
|---|---|---|
| 上年度结存转入款 | 92,000,000,000.00 | |
| 暂　收　款 | 12,234,620,832.04 | |
| 收回各年度岁入款 | 2,681,897,688.61 | |
| 征借实物收入 | 21,208,125,671.35 | |
| 契　　税 | 73,906,190.45 | |
| 烟专卖收入 | 28,324,294.70 | 6,121,182,479,336.27 |
| 补收卅三年度各科目收入款 | 66,600,000.00 | 66,600,000.00 |
| 补收卅四年度各科目收入款 | 168,500,000.00 | 168,500,000.00 |
| 补收卅五年度各科目收入款 | 17,091,112,171.15 | 17,091,112,171.15 |
| 合　　计 | $6,138,508,691,507.42 | $6,138,508,691,507.42 |

附表3　本行代理国库经管收入总存款收入款项一览表

中华民国卅七年1—6月份　　37年上半年度

| 科　　目 | 金　　额 | 附　　注 |
|---|---|---|
| 土　地　税 | 86,735,829,143.54 | |
| 所　得　税 | 3,483,273,004,292.35 | |
| 遗　产　税 | 25,078,684,658.24 | |
| 过份利得税 | 67,450,208,564.00 | |
| 营　业　税 | 35,231,262,415.55 | |
| 特别营业税 | 493,605,229,407.70 | |
| 印　花　税 | 1,736,398,366,807.31 | |
| 矿　　税 | 347,262,171,409.14 | |

续上表

| 科目 | 金额 | 附注 |
|---|---|---|
| 货物税 | 20,028,426,348,791.36 | |
| 关税 | 13,525,702,240,593.94 | |
| 盐税 | 6,566,683,628,327.94 | |
| 信托管理收入 | 82,556.00 | |
| 罚款及赔偿收入 | 28,764,085,637.60 | |
| 规费收入 | 70,774,879,175.71 | |
| 国有财产孳息收入 | 16,731,050,617.31 | |
| 国有营业盈余收入 | 269,766,219,874.58 | |
| 国有事业收入 | 326,915,059.46 | |
| 其他收入 | 1,859,345,778.91 | |
| 国有财产及物资售价收入 | 14,974,889,914,364.39 | |
| 捐献及赠与收入 | 6,132,324,390.43 | |
| 未售债券本息 | 457,013,438,057.41 | |
| 收回各年度岁出款 | 281,609,670,656.96 | |
| 暂收款 | 312,371,879,258.56 | |
| 征借实物收入 | 27,250,355,400.79 | |
| 内债 | 23,055,426,831,622.00 | |
| 外债 | 1,366,725,558,256.20 | |
| 以前各年度岁入款 | 1,398,889,846.72 | |
| | $87,266,888,414,964.10 | |

附注:本表所列数字,以总库已转列库帐者为依据。

## 附表4 本行代理国库经管收入总存款支付款项一览表

中华民国卅六年1—6月份 36年上半年度

| 科目 | 金额 | 附注 |
| --- | --- | --- |
| 政权行政支出 | 1,577,788,500.00 | |
| 国民政府主管 | 11,005,027,966.00 | |
| 行政院主管 | 41,984,314,063.50 | |
| 内政部主管 | 68,048,927,241.00 | |
| 外交部主管 | 40,726,877,098.36 | |
| 国防部主管 | 1,477,160,034,901.37 | |
| 财政部主管 | 151,665,075,548.38 | |
| 经济部主管 | 23,393,697,718.00 | |
| 教育部主管 | 248,176,157,016.05 | |
| 交通部主管 | 30,132,970,888.00 | |
| 农林部主管 | 17,415,000,933.50 | |
| 社会部主管 | 18,096,732,931.36 | |
| 粮食部主管 | 1,607,544,974,594.65 | |
| 司法行政部主管 | 240,645,258,979.20 | |
| 蒙藏委员会主管 | 5,132,329,900.00 | |
| 侨务委员会主管 | 1,006,066,500.00 | |
| 水利委员会主管 | 17,910,622,403.00 | |
| 资源委员会主管 | 2,635,326,100.00 | |
| 卫生署主管 | 392,694,000.00 | |
| 地政署主管 | 12,608,468,200.00 | |
| 善后救济总署主管 | 582,035,000,000.00 | |

续上表

| 科目 | 金额 | 附注 |
|---|---|---|
| 立法院主管 | 13,037,381,000.00 | |
| 司法院主管 | 201,000,000.00 | |
| 考试院主管 | 3,921,366,170.00 | |
| 监察院主管 | 2,952,493,978.00 | |
| 审计部主管 | 6,217,566,822.00 | |
| 债务支出 | 207,878,170,758.76 | |
| 公务人员退休及抚恤支出 | 6,570,694,591.06 | |
| 补助支出 | 6,262,104,850.00 | |
| 省市补助费 | 859,617,053,237.58 | |
| 复员支出 | 5,283,257,731.00 | |
| 退还各年度岁入款 | 420,202,890.14 | |
| 以前半年度出款 | 2,191,299,191.61 | |
| 卫生部主管 | 14,167,427,201.31 | |
| 水利部主管 | 3,214,168,380.00 | |
| 地政部主管 | 9,420,302,216.00 | |
| 事业费 | 2,121,481,221,006.53 | |
| 善后救济基金 | 143,739,118,669.00 | |
| 紧急命令拨付款 | 2,058,364,061,090.00 | |
| 合计 | 5,947,304,113,085.36 | |

附注：本表所列数字，系以总库已转列库帐者为依据。

## 附表5　本行代理国库保管收入总存款支付款项一览表

中华民国卅七年一至六月份　　37年上半年度

| 科目 | 金额 | 附注 |
|---|---|---|
| 政权行政支出 | 579,922,393,145.00 | |
| 国民政府主管 | 459,860,671,153.00 | |
| 行政院主管 | 365,539,776,546.80 | |
| 内政部主管 | 1,101,919,382,214.00 | |
| 外交部主管 | 162,153,835,624.90 | |
| 国防部主管 | 140,580,510,185,079.25 | |
| 财政部主管 | 6,663,757,488,883.89 | |
| 经济部主管 | 470,009,089,272.47 | |
| 教育部主管 | 7,643,604,462,941.20 | |
| 交通部主管 | 2,405,075,596,874.00 | |
| 农林部主管 | 376,712,642,725.00 | |
| 社会部主管 | 686,733,032,579.00 | |
| 粮食部主管 | 18,526,702,994,892.85 | |
| 司法行政部主管 | 3,896,278,760,716.38 | |
| 水利部主管 | 556,079,388,250.00 | |
| 卫生部主管 | 355,950,373,672.00 | |
| 地政部主管 | 240,636,481,210.00 | |
| 蒙藏委员会主管 | 92,822,559,400.00 | |
| 侨务委员会主管 | 50,784,350,695.00 | |
| 资源委员会主管 | 116,041,229,000.00 | |
| 立法院主管 | 695,614,211,397.95 | |

续上表

| 科目 | 金额 | 附注 |
|---|---|---|
| 司法院主管 | 73,331,055,188.00 | |
| 考试院主管 | 191,297,654,600.00 | |
| 监察院主管 | 192,598,958,000.00 | |
| 审计部主管 | 242,115,934,202.00 | |
| 债务支出 | 3,575,178,246,088.73 | |
| 公务人员退休及抚恤支出 | 76,867,741,800.00 | |
| 补助支出 | 7,286,275,055.72 | |
| 省市补助费 | 17,639,481,158,514.31 | |
| 复员支出 | 2,317,717,970,695.00 | |
| 退还各年度岁入款 | 20,211,077,093.53 | |
| 贴补准备金 | 3,735,220,700,000.00 | |
| 调整生活补助费及补助费准备金 | 15,424,542,000.00 | |
| 事业费(交通部主管) | 8,134,037,261,195.55 | |
| 事业费(农林部主管) | 234,817,493,000.00 | |
| 事业费(社会部主管) | 25,000,000,000.00 | |
| 事业费(水利部主管) | 438,250,953,347.91 | |
| 事业费(卫生部主管) | 15,298,000,000.00 | |
| 事业费(侨务委员会主管) | 4,100,000,000.00 | |
| 事业费(资源委员会主管) | 1,717,155,584,315.00 | |
| 紧急命令拨付款 | 14,480,746,031,784.00 | |

续上表

| 科目 | 金额 | 附注 |
| --- | --- | --- |
| 合计 | 239,162,845,543,152.44 | |

附注：本表所列数字系以总库已转列库帐者为依据。

附表6　本行代理国库经管收入总存款支付款项一览表

中华民国三十七年六月起　　37年下半年度

| 科目 | 金额 | 附注 |
| --- | --- | --- |
| 国民政府主管 | 52,951,480,000.00 | |
| 行政院主管 | 15,483,960,000.00 | |
| 内政部主管 | 295,584,690,000.00 | |
| 外交部主管 | 25,392,795,000.00 | |
| 国防部主管 | 12,773,374,065,014.00 | |
| 财政部主管 | 164,564,290,000.00 | |
| 经济部主管 | 66,993,656,000.00 | |
| 教育部主管 | 214,204,788,000.00 | |
| 交通部主管 | 213,651,380,000.00 | |
| 农林部主管 | 99,464,505,000.00 | |
| 社会部主管 | 68,159,802,000.00 | |
| 粮食部主管 | 4,344,810,000.00 | |
| 司法行政部主管 | 29,372,175,000.00 | |
| 水利部主管 | 36,701,295,000.00 | |
| 卫生部主管 | 77,727,000,000.00 | |

续上表

| 科目 | 金额 | 附注 |
| --- | --- | --- |
| 地政部主管 | 494,730,000.00 | |
| 蒙藏委员会主管 | 650,070,000.00 | |
| 侨务委员会主管 | 12,626,412,000.00 | |
| 资源委员会主管 | 38,400,000,000.00 | |
| 考试院主管 | 45,599,295,000.00 | |
| 审计部主管 | 6,292,398,000.00 | |
| 省市补助费 | 45,557,000,000.00 | |
| 合计 | 14,287,590,596,014.00 | |

附注：本表所列数字系以总库已转列库帐者为依据。

## 附表7 中央银行国库局存款情形表

中华民国三十七年六月份止

| | | |
| --- | --- | --- |
| 普通存款 | | 800,802,898,929.44 |
| 活期存款 | 800,802,898,929.44 | |
| 公库存款 | | 21,590,300,056,500.62 |
| 公库收入总存款 | 2,721,125,683,241.96 | |
| 公库普通经费存款 | 16,495,488,344,317.85 | |
| 公库特种基金存款 | 2,373,686,028,940.81 | |
| 合计 | | $ 22,391,102,955,430.06 |

## 附表 10 国库总库转出转入库款报告表

37 年 1—6 月份

| 月份 | 转出 | | 转入 | |
| --- | --- | --- | --- | --- |
| | 南京 | 上海 | 南京 | 上海 |
| 1 | 5,658,997,524,118.26 | 146,521,317,564.69 | 86,559,997,264.47 | 1,161,074,601,408.07 |
| 2 | 10,690,846,682,359.80 | 123,699,355,378.09 | 85,760,845,406.12 | 1,610,046,035,343.48 |
| 3 | 13,842,259,888,999.71 | 258,575,491,791.29 | 209,018,054,002.25 | 2,298,620,231,564.23 |
| 4 | 21,983,458,144,336.70 | 540,815,955,455.69 | 186,198,290,738.55 | 3,332,457,633,890.02 |
| 5 | 44,054,119,399,147.00 | 493,561,317,811.87 | 261,048,251,178.62 | 6,192,442,632,176.69 |
| 6 | 64,482,345,083,649.01 | 1,751,091,988,683.97 | 359,098,297,512.47 | 8,986,274,416,677.42 |
| 合计 | 160,712,026,722,610.48 | 3,314,265,426,685.60 | 1,187,683,736,102.48 | 23,580,915,551,059.91 |

## 附表11　本行代理国库总库保管品分类余额表

民国三十七年上期止

| 类　别 | 品　　名 | 单　位 | 数　量 | 币　名 | 面　值　金　额 |
|---|---|---|---|---|---|
| A. 有价证券 | 1. 政府发行美金公债票及其息票 | 以张计 | 1,309,980张 | US$ | 76,000,109.00 |
| | 2. 政府发行美金库券及本息票 | 以张计 | 3,150,440张 | US$ | 257,516,636.60 |
| | 3. 政府发行关金公债票及息票 | 以张计 | 21,988张 | Cgu | 776,890.00 |
| | 4. 政府发行国币公债票及息票 | 以张计 | 2,303,914张 | $ | 1,351,268,103.50 |
| | 5. 政府发行短期国库券 | 以张计 | 40,450张 | $ | 12,424,000,000,000.00 |
| | 6. 已打洞国币债票 | 以张计 | 45,399张 | $ | 13,400,870.00 |
| | 7. 其他各项有价证券 | 以张计 | 10,481张 | $ | 69,225,425.00 |
| | 其他各项有价证券 | 以张计 | 234张 | US$ | 1,910.00 |
| | 8. 已打洞各项有价证券 | 以张计 | 256张 | $ | 2,560,000.00 |
| | 已打洞各项有价证券 | 以包计 | 53包 | — | — |
| | 9. 政府发行英金公债票及其息票 | 以张计 | 80,654张 | £ | 647,030-/- |
| | 10. 已打洞英金债票 | 以张计 | 8,835张 | £ | 1,569,600-/- |
| B. 契约合同 | 国债文件 | 以件计 | 140件 | — | — |
| C. 票据与单据 | 各项票据与单据 | 以件计 | 104件 | — | — |
| D. 钞　币 | 1. 各种旧钞票 | 以箱计 | 2箱 | | 259952.00 |
| | 各种旧钞票 | 以张计 | 1张 | | 10.00 |
| | 2. 英镑票 | 以张计 | 86张 | £ | 125-/- |
| | 3. 法郎票 | 以张计 | 1张 | Frs | 100.00 |

续上表

| 类别 | 品名 | 单位 | 数量 | 币名 | 面值金额 |
|---|---|---|---|---|---|
| | 4. 意大利票 | 以张计 | 10张 | LiLa | 100.00 |
| | 5. 瑞士票 | 以张计 | 6张 | St $ | 30.00 |
| | 6. 银币 | 以枚计 | 13枚 | $ | 13.00 |
| E. 原封保管 | 1. 各项原封保管之件 | 以件计 | 12件 | — | — |
| | 2. 各项原封保管箱 | 以箱计 | 6箱 | — | — |
| F. 敌伪债券与单据 | 各项敌伪债券与单据 | 以张计 | 24,230张 | — | — |
| G. 敌伪钞币 | 1. 各项敌伪兑换券及钞票 | 以张计 | 6,148张 | — | — |
| | 2. 日本硬币 | 以枚计 | 3,214枚 | — | — |
| | 合　计 | | | | |
| A. 有价证券 共 | | | 6,972,631张 | US $ | 333,518,655.60 |
| | | | | Cgu | 776,890.00 |
| | | | | $ | 12,425,436,454,398.50 |
| | | | | £ | 2,216,630-/- |
| | | | 53包 | — | — |
| B. 契约合同 共 | | | 140件 | — | — |
| C. 票据及单据 共 | | | 104件 | — | — |
| D. 钞币 共 | | | 2箱 | $ | 259,962.00 |
| | | | 104张 | £ | 125-/- |
| | | | 13枚 | $ | 13.00 |
| | | | | Frs | 100.00 |
| | | | | LiLa | 100.00 |
| | | | | St $ | 30.00 |
| E. 原封保管 共 | | | 12件 | | |
| | | | 6箱 | | |

续上表

| 类别 | 品名 | 单位 | 数量 | 币名 | 面值金额 |
|---|---|---|---|---|---|
| F. 敌伪债券及单据共 | | | 24,230张 | | |
| G. 敌伪钞币共 | | | 6,148张 | | |
| | | | 3,214枚 | | |

附表12　中央银行国库局经理中央公债及捐献营业概况表

中华民国三十七年一至六月

| 摘要 | 国币 | 美金 | 英金 |
|---|---|---|---|
| 经收债款 | 27,523,769,633,367.00 | 27,159,951.60 | |
| 核拨债票 | 46,924,051,099,200.00 | 41,715,540.00 | |
| 还本付息:公债本票 | 131,295,959.60 | 5,905,891.21 | 14,081∶15∶0 |
| 公债息票 | 690,480,214.97 | 2,497,191.11 | 27,209∶2∶6 |
| 库券本息票 | | 7,843,346.10 | |
| 经收捐献款项 | 13,501,241.85 | | |

(三)放款业务

一、放款总额

查三十七年上半年度,本行业务局各项放款总额为国币三,一四七,六三五亿元,比较三十六年度底各项放款总额国币四三三,四一八亿元,计增加国币二,七一四,二一七亿元。兹按放款科目及放款对象分析列表如后:

(甲)　放款分析表

按科目分析　单位:亿元

| 科目 | 37年6月底余额 |
|---|---|
| 拆放同业 | 2,000 |

续上表

| 科目 | 37年6月底余额 |
|---|---|
| 重贴现 | —— |
| 同业质押放款 | 12,697 |
| 同业质押透支 | 73,099 |
| 活存质押透支 | 2,903,440 |
| 定期质押放款 | 156,399 |
| 合计 | 3,147,635 |

（乙） 放款分析表

按放款对象分析 单位:亿元

| 名称 | | 37年6月底余额 |
|---|---|---|
| 财部垫款 | | 2,502,797 |
| 财部垫款 | 1,907,505 | |
| 财部东北券垫款<br>(东北券 51,556E@11.50) | 592,894 | |
| 代财部垫付款 | 1,364 | |
| 代财部购黄金垫款 | 1,034 | |
| 物资垫款 | | 458,422 |
| 同业放款 | | 87,796 |
| 军政机关贷款 | | 87,641 |
| 文化教育贷款 | | 2,924 |
| 公用事业贷款 | | 6,817 |
| 其他放款 | | 1,238 |
| 合计 | | 3,147,635 |

二、转质押及重贴现

查三十七年度上期，本行业务局除食盐贷款银团内由商业行庄参加一部份外，未办理商业行庄新贷款。至国家行局库及上海市银行为增加生产、平抑物价、鼓励出口、增益外汇以及畅通货运，经四联总处核准之国策贷款及本行贴放委员会核准之业务贷款，均予以转抵押之周转便利。兹将办理三十七年度上期转质押（本期重贴现无）列表如次：

转质押分类统计表　　单位：亿元

| | 总计 | 农业及土地金融 | 工矿 | 交通公用 | 盐务 | 贸易 | 其他 |
|---|---|---|---|---|---|---|---|
| 总计 | 85,796 | 48,574 | 14,436 | 1,000 | 949 | 15,279 | 5,558 |
| 中国 | 16,284 | 250 | 5,232 | | 249 | 10,523 | 30 |
| 交通 | 14,463 | 250 | 9,204 | | 214 | 4,658 | 137 |
| 农民 | 39,566 | 39,343 | | | 143 | | 80 |
| 中信 | 2,247 | | | | 53 | 98 | 2,096 |
| 邮汇 | 1,102 | | | 1,000 | 53 | | 49 |
| 合库 | 8,821 | 8,731 | | | | | 90 |
| 省市银行及商业行庄 | 3,313 | | | | 237 | | 3,076 |

三、贴放委员会审核贷款情形

上年十一月间，政府为收缩信用，平抑物价，四联总处遂停止贷款，本行贴放委员会亦遵令暂停贴放。本年三月间，政府为配合国策，适应需要，决定恢复贷款。四联总处厘订之三十七年度生产事业贷款方针内，规定中央银行设置贴放委员会，审核关于各行局库经办一般业务贷款之转抵押、转押汇、重贴现，并得接受商业行庄转抵押、转押汇、重贴现之申请案件。本行依据此项规定，于本年四月间，将以前之贴放委员会撤销，重行组织贴放委员会，开始接受申请贷款案件。除审查国策贷款案件均经送请四联总处核定办理外，自四月间起至六月底止，共计核定业务贷款转抵押案件十六起，转押总额计二万九千五百十二亿元。兹附具统计表于后：

中央银行贴放委员会核定业务贷款统计

表一：　　卅七年六月底止　　单位：亿元

| 方式 | 件数 | 原核定金额 | 贴放金额 |
|---|---|---|---|
| 重贴现 | — | — | — |
| 转质押 | 16 | 4,216 | 2,951.2 |
| 转押汇 | — | — | — |
| 合计 | 16 | 4,216 | 2,951.2 |

表二：

| 类别 | 件数 | 原核定金额 | 贴放金额 |
|---|---|---|---|
| 交通类 | 7 | 1,140 | 798 |
| 公用类 | 2 | 750 | 525 |
| 工业类 | 7 | 2,326 | 1,628.2 |
| 合计 | 16 | 4,216 | 2,951.2 |

表三：

| 行别 | 件数 | 原核定金额 | 贴放金额 |
|---|---|---|---|
| 中国银行 | (2)* | 425 | 297.5 |
| 交通银行 | 16 | 3,791 | 2,653.7 |
| 合计 | 16 | 4,216 | 2,951.2 |

注：贴放金额业务贷款系七折计算。

* 中国银行两笔贷款系与交通银行合贷，故件数不另计。

## 中央银行贴放委员会核定业务贷款案件报告

卅七年六月底止　　　　金额：亿元

| 承贷银行 | 机构名称 | 贷款用途 | 申请金额 | 核定金额 | 折扣 | 转质押金额 | 本会决议意见 | 贴放会次 |
|---|---|---|---|---|---|---|---|---|
| 交通银行沪行 | 益祥轮船公司 | 交通银行申请将该公司修船贷款余欠80亿元办理转抵押 | 80 | 80 | 七折 | 56 | 准按业务贷款贴放规则七折转抵押 | 第六次通过 |
| 交通银行沪行 | 海鹰轮船公司 | 交通银行申请将该公司修船贷款50亿元办理转抵押 | 50 | 50 | 七折 | 35 | 准按业务贷款贴放规则七折转抵押 | 第六次通过 |
| 交通银行贵阳行 | 贵阳水利林牧公司 | 交通银行贵阳行承做该公司完成全市各线马路自来水设备贷款126亿元申请转抵押 | 126 | 126 | 七折 | 88.2 | 准按业务贷款贴放规则七折转抵押 | 第六次通过 |
| 交通银行贵阳行 | 贵州省公路联营运输处 | 交通银行已准该处以全部资产作抵押200亿元请予办理转抵押 | 200 | 200 | 七折 | 140 | 准照贴放规则向本行七折转抵押 | 第七次通过 |
| 交通银行汉行 | 中国植物油料厂汉阳厂 | 交通银行汉行已准该厂透借贷款300亿元请予办理转抵押 | 300 | 300 | 七折 | 210 | 同上 | 第七次通过 |
| 交通中国银行汉行合贷 | 汉口既济水电公司 | 添购燃料550亿元及湘沪京煤油押汇600亿元 | 1150 | 550 | 七折 | 385 | 拟准照贴放通则规定向本行七折转质押所请600亿元押汇取销 | 第八次通过 |
| 交通银行沪行 | 上海内地自来水公司 | 改善沪西区供水敷设水管 | 200 | 200 | 七折 | 140 | 拟准照贴放通则规定向本行七折转质押 | 第八次通过 |

续上表

| 承贷银行 | 机构名称 | 贷款用途 | 申请金额 | 核定金额 | 折扣 | 转质押金额 | 本会决议意见 | 贴放会次 |
|---|---|---|---|---|---|---|---|---|
| 交通银行京行 | 江南铁路公司 | 卸运钢轨透支 | 50 | 50 | 七折 | 35 | 拟准照贴放通则规定向本行七折转质押 | 第八次通过 |
| 交通银行西安行 | 陇海路局 | 购置机煤及物料 | 500 | 500 | 七折 | 350 | 拟准照贴放通则规定向本行七折转质押惟承贷行应商由该局以存煤或物料作抵 | 第八次通过 |
| 交通银行南宁办事处 | 广西省公路局 | 抢修路基购备材料 | 140 | 140 | 七折 | 98 | 拟准照贴放通则规定向本行七折转质押 | 第八次通过 |
| 交通银行沪行 | 苏嘉湖长途汽车公司 | 添购新车及车胎汽油等 | 120 | 120 | 七折 | 84 | 拟准照贴放通则规定向本行七折转质押惟承贷行应商由该公司以车胎等物料作抵 | 第八次通过 |
| 中国交通银行贵阳行合贷 | 贵州企业公司 | 购置原料 | 300 | 300 | 七折 | 210 | 拟准照贴放通则规定向本行七折转质押 | 第八次通过 |
| 交通银行沪行 | 天利淡气制品公司 | 资金不敷周转透借 | 200 | 200 | 七折 | 140 | 拟准照贴放通则规定向本行七折转质押 | 第八次通过 |
| 交通银行泰州支行 | 泰来面粉厂 | 资金不敷运用拟购原料透支 | 500 | 500 | 七折 | 350 | 拟准照贴放通则规定向本行七折转质押 | 第八次通过 |

续上表

| 承贷银行 | 机构名称 | 贷款用途 | 申请金额 | 核定金额 | 折扣 | 转质押金额 | 本会决议意见 | 贴放会次 |
|---|---|---|---|---|---|---|---|---|
| 交通银行沪行 | 中国植物油料厂 | 收购菜籽透借 | 400 | 400 | 七折 | 280 | 拟准照贴放通则规定向本行七折转质押惟应由承贷行商该厂以油料作押 | 第八次通过 |
| 交通银行津行 | 久大盐业公司 | 购制原料盐所需周转资金透借 | 500 | 500 | 七折 | 350 | 拟准照贴放通则规定向本行七折转质押以盐斤作押 | 第八次通过 |
| 合计 | | 16件 | 4,816 | 4,216 | | 2,951.2 | | |

（四）收缴存款准备金

本年度存款准备金奉财政部规定，改称保证准备金，并规定普通存款与储蓄存款准备金之收存，均每月调整一次准金缴存比率，商业行庄暂定为活期存款百分之十五，定期存款为百分之十。国家行局及省市银行之比率为活期存款百分之十二，定期存款为百分之八。国家行局仅缴存储蓄存款准金，由各该总行局按月集中汇缴，并得以债券抵充，均已通饬各行庄照办。查商业行庄分布各地，本行为便利行庄缴存起见，经委托国家行局之分支机构三百零九家及省市银行廿一家，代为承收转介〔解〕。关于本行付给准金利率，本期已提高至月息一角二分。又台湾各行庄准金，自光复后，迄以货币不同，而本行在台又无分行，以致迟未收存，现已洽妥台湾银行代收，庶使法令普遍全国各隅，不稍遗漏。本年各月份收存准金数额逐有增加，计本年一月份全国收存准金数为八五八，二五六，五五〇，九八八．〇八元，六月份为三，八一五，四四八，九三一，八二三．三五元(附表)。

## 全国各行庄存款及准备金总额比较表

37 年度

| 月份 | 活期存款 | 定期存款 | 存款总额 | 已缴准备金 |
|---|---|---|---|---|
| 1 | 5,342,355,399,771.18 | 731,261,153,431.78 | 6,073,616,553,202.96 | 858,256,550,988.08 |
| 2 | 8,303,282,850,133.51 | 852,443,685,290.13 | 9,155,726,535,423.64 | 1,387,667,570,875.20 |
| 3 | 8,427,623,320,101.16 | 1,104,475,612,813.97 | 9,532,098,932,915.13 | 1,356,509,821,621.03 |
| 4 | 12,468,222,038,697.07 | 2,507,225,510,885.03 | 14,975,447,549,582.10 | 2,068,223,431,829.73 |
| 5 | 19,204,865,823,461.28 | 3,731,225,593,756.87 | 22,936,091,417,218.15 | 3,149,278,440,727.67 |
| 6 | 23,187,339,795,761.10 | 4,339,825,484,929.82 | 27,527,165,280,690.92 | 3,815,448,931,823.35 |

中央银行稽核处编

### （五）办理金融检查及管制利率情形

一、检查各地金融机构业务情形

全国行庄业务之检查，除南京由财政部直接派员检查，上海、汉口、广州、天津由各该地金融管理局检查外，其他各地均经本行视各地金融状况，划分区域，指定分行负责检查，并依照财政部规定检查办法，采用普查、专案及抽查三种方式，对于业务不健全之行庄，随时派员抽查，并根据行庄平时交换票据退票情形，予以突击检查，其行庄资金运用、开发本票等等情形，亦均随时注意。自办理以来，尚称顺利。总计本年度上半年内检查案件为普查三百四十六件，专案一百四十八件，普查案件中以重庆区六十二件，专案以杭州区廿五件为最多（附表）。

二、检查国家行局原存公款

查军政机关公款存汇办法实施以后，本行为控制库款起见，经商准财政部授权本行检查国家行局公库业务、帐务。此项检查工作，各区负责行已先后展开，对于各行局所收军政机关公款，经发现仍未移存国库者，均由本行通知收存行移存国库办理。

中央银行各负责行检查案件统计表

民国37年6月30日

| 负责行名称 | 当地金融机构家数（包括国省县市银行） | 本月收到普查报告 | | 本月收到专案报告 | | 备考 |
|---|---|---|---|---|---|---|
| | | 件数 | 累计 | 件数 | 累计 | |
| 汉口分行 | 147 | | 4 | | | |
| 西安分行 | 95 | | 53 | | 18 | |
| 成都分行 | 80 | | 38 | | 9 | |
| 兰州分行 | 36 | | 10 | | 5 | |
| 南昌分行 | 52 | | 12 | | 4 | |
| 南京分行 | 107 | | 31 | | 11 | |
| 沈阳分行 | 44 | | 12 | | 12 | |
| 广州分行 | 118 | | 21 | | 13 | |

续上表

| 负责行名称 | 当地金融机构家数(包括国省县市银行) | 本月收到普查报告 | | 本月收到专案报告 | | 备　考 |
|---|---|---|---|---|---|---|
| | | 件　数 | 累　计 | 件　数 | 累　计 | |
| 归绥分行 | 12 | | 5 | | | |
| 昆明分行 | 58 | | 13 | | 1 | |
| 杭州分行 | 83 | | 4 | | 25 | |
| 济南分行 | 64 | | 9 | | 5 | |
| 天津分行 | 229 | | | | 1 | |
| 长沙分行 | 43 | | 7 | | 1 | |
| 贵阳分行 | 29 | | 7 | | 1 | |
| 厦门分行 | 24 | | 9 | | 3 | |
| 北平分行 | 115 | | 4 | | 7 | |
| 重庆分行 | 141 | | 62 | | 17 | |
| 雅安分行 | 14 | | 8 | | 1 | |
| 芜湖分行 | 21 | | 7 | | 2 | |
| 福州分行 | 28 | | 10 | | 5 | |
| 开封分行 | 22 | | 4 | | 3 | |
| 青岛分行 | 55 | | 10 | | 1 | |
| 桂林分行 | 10 | | 6 | | | |
| 长春分行 | 17 | | | | 1 | |
| 总　处 | | | | | 2 | |
| 合　计 | | | 346 | | 148 | |

三、核定利率事项

依照利率管理条例之规定，各地之利率应由当地银钱业两公会会同公议，拟定同业日拆及放款日拆两种最高额，以每千元计，报请本行斟酌当地金融市场情形核定牌告。惟为使银钱业利率接近市场水准，以便行庄吸收游资，加以控制起见，该项利率自应随时予以调整。经本行稽核处督促办理以来，各地利率已适合市场情形，随时改定牌告。截至本年六月底止，已核定地区者，计共六十六处，以汕头一地为最高，计同业日拆廿二元，放款日拆廿八元。兹检附本年六月卅日全国各重要城市利率调查表一份(附表)。

## 全国各重要城市利率调查表

民国 37 年 6 月份

| 类别<br>利率<br>地区 | 同业日拆<br>(每千元) | 放款日拆<br>(每千元) | 备注 |
|---|---|---|---|
| 上海 | 7.00 | 9.00 | |
| 南京 | 6.00 | 8.00 | |
| 杭州 | 7.00 | 9.00 | |
| 重庆 | 7.00 | 8.00 | |
| 成都 | 7.50 | 12.00 | |
| 贵阳 | 7.00 | 10.00 | |
| 桂林 | 4.00 | 6.00 | |
| 昆明 | 7.20 | 9.00 | |
| 广州 | 6.00 | 8.00 | |
| 西安 | 8.00 | 10.00 | |
| 兰州 | 5.00 | 7.80 | |
| 汉口 | 6.00 | 8.00 | |
| 天津 | 7.00 | 9.00 | |
| 北平 | 6.00 | 9.00 | |
| 青岛 | 5.50 | 7.50 | |
| 厦门 | 5.00 | 8.00 | |
| 南昌 | 6.50 | 7.50 | |
| 沅陵 | 3.00 | 6.00 | |
| 长沙 | 6.00 | 8.00 | |
| 万县 | 9.00 | 14.00 | |
| 自流井 | 7.00 | 9.00 | |
| 西宁 | 6.00 | 6.00 | |

续上表

| 地区＼利率＼类别 | 同业日拆（每千元） | 放款日拆（每千元） | 备注 |
|---|---|---|---|
| 柳州 | 4.00 | 6.00 | |
| 梧州 | 6.00 | 10.00 | |
| 福州 | 6.00 | 8.00 | |
| 洛阳 | 3.00 | 4.50 | |
| 开封 | 2.00 | 6.50 | |
| 郑州 | 5.50 | 8.00 | |
| 宝鸡 | 8.00 | 9.50 | |
| 南郑 | 4.00 | 8.00 | |
| 南宁 | 2.20 | 5.40 | |
| 衡阳 | 6.00 | 8.00 | |
| 扬州 | 5.00 | 7.00 | |
| 济南 | 3.50 | 6.50 | |
| 太原 | 5.00 | 8.00 | |
| 温州 | 6.50 | 8.50 | |
| 常德 | 6.00 | 8.00 | |
| 汕头 | 22.00 | 28.00 | |
| 合肥 | 2.00 | 4.00 | |
| 内江 | 7.00 | 9.00 | |
| 乐山 | 3.00 | 4.00 | |
| 雅安 | 5.50 | 7.00 | |
| 康定 | 7.00 | 8.00 | |
| 宁波 | 6.00 | 9.00 | |
| 天水 | 6.00 | 12.00 | |
| 归绥 | 5.00 | 6.50 | |

续上表

| 类别 利率 地区 | 同业日拆（每千元） | 放款日拆（每千元） | 备注 |
|---|---|---|---|
| 湛江 | 6.00 | 8.00 | |
| 徐州 | 3.00 | 7.00 | |
| 蚌埠 | 5.50 | 8.00 | |
| 宁夏 | 5.00 | 7.00 | |
| 吉安 | 4.00 | 5.00 | |
| 锦州 | .50 | 1.20 | |
| 承德 | 3.00 | 4.00 | |
| 南充 | 6.00 | 7.50 | |
| 长春 | .50 | 4.00 | |
| 淮阴 | 5.00 | 7.00 | |
| 九江 | 4.00 | 7.00 | |
| 张垣 | 5.50 | 7.00 | |
| 沈阳 | | 4.00 | |
| 太仓 | 7.00 | 8.00 | |
| 哈密 | | 2.50 | |
| 石家庄 | 4.00 | 6.00 | |
| 镇江 | 3.50 | 9.50 | |
| 新浦 | 4.00 | 8.00 | |
| 海口 | 4.00 | 5.00 | |
| 昆山 | 7.00 | 10.00 | |

（六）国内汇兑

本年度上期，本行业务局汇兑业务，仍配合政府经济紧急措施限制各地同业申汇款项。惟以发行数字日增，限额亦随之放宽。汇出款项，除对于华南区因有走私关系特加限制外，余则尽量承汇。至承汇对象，均以军政机关、国营事业以及同业为主。各地汇率，仍由本行主动邀集其他国家行局库每周厘订，除华南区汇率因走私关系必须提高外，其余各地则设法抑低，以畅其流。本年上半年度业务局汇入汇款，以商业行庄最多，占32.75%，国家行局次之；汇出汇款，以军政党、慈善机关为最多，占59%，国家行局次之（详见附表）。

一、同业调拨头寸

（1）国家行局库调拨头寸，由本行业务局统筹，先由各行局库申请指定地点及金额，经核定后，电分行照汇。各行局每周填送存放汇动态表，先核其沪地差额，然后定其调沪头寸额度，不使过分集中。本年上半年度每周限额如下：

| | |
|---|---|
| 中国 240亿 | 交通 200亿 |
| 农民 150亿 | 信托局 100亿 |
| 邮汇局 150亿 | 合库 120亿 |

（2）商业银行调沪头寸，自本年二月份起，每周每家改为贰亿元，略事放宽。

（3）汇水规定平、津汇京、沪、杭等地，及汇往闽、粤、海口等地，十足收费，余则六折。国家行局库收费相同。

二、其他代理收付款项

本期内部往来，除继续办理国家行局库、商业行庄托收款、代理收付中信局差额等业务外，其他代收代付款项，或为争取外汇，或为购售国棉民食。兹将各项数字分述于后：

（1）代收出口结汇拆款　　本行为争取外汇，在汕、梧两地办理当地中交两行出口结汇拆款，再由业务局向沪中交两行收回，计国币贰千贰百叁拾陆亿元。

（2）代收转押汇票　　本行各分行委托业务局代收各该分行承做出口物资转押汇票计：

1. 中农行国币壹拾肆亿元。

2. 商业银行共国币肆亿元。

（3）代收收购冰蛋、花生、国棉及五厂公记代粮部抛售面粉款：

1. 中信局代政府收购冰蛋款，由本行汉口分行拨付，由业务局收汉口分行帐，计国币叁千捌百捌拾亿元。

2. 中信局代政府收购花生款，由本行天津、青岛分行拨付，由业务局收津、青两分行帐，计国币肆千贰百亿元。

3. 中农行代政府收购国棉款，由本行汉口、郑州、西安各分行拨付，由业务局收汉、郑、陕三分行帐，计国币伍千零贰拾亿元。

4. 代粮食部收中农行介〔解〕来五厂公记抛售面粉款，由南京分行收粮部户帐，计国币肆千壹百肆拾贰亿元。

(4) 代付收购米、麦、豆饼款：

1. 代粮食部付中农行拨交五厂公记购粮麦款，由南京本行付粮部户帐，计国币肆千捌百陆拾柒亿元。

2. 代粮食部付中农行购储米谷款，由南京本行付粮部户帐，计国币肆千伍百亿元。

3. 代粮食部付中农行购办豆饼款，由南京本行付粮部户帐，计国币肆千贰百亿元。

4. 代付晋省府购粮款，由太原本行转付晋省府户帐，计国币叁千捌百柒拾伍亿元。

(5) 各地同业托收款　　各地同业委请本行各分行处转托业务局代收沪款，计：

1. 国家行局库共国币柒百玖拾亿元。

2. 商业行庄共国币叁百叁拾肆亿元。

(6) 代理收付中信局差额　　本行各分行处代理收付中信局差额，报请业务局转收付中信局帐，计：

1. 共收国币玖千玖百贰拾玖亿元。

2. 共付国币玖千肆百陆拾玖亿元。

(7) 代付到期折金存款　　业务局代付渝、蓉、黔、滇、陕、陇六地本行到期法币折合黄金存款，共纯金壹百柒拾贰市两。

(8) 代兑东北流通券　　东北区来沪受伤员兵随带之东北流

通券，由业务局代兑折付国币，计东北券叁亿肆千万元。

三、全行汇出总额

兹就总分行全体汇出总额，制就汇出汇款分析比较表，并附百分数列后：

中央银行业务局汇入汇款分析表

单位：国币亿元　　　　三十七年度上期

| 月　份 | 总　计 | 党政军机关 | 慈善机关 | 公有营业或事业 | 国家行局 | 普通同业 | 其　他 |
|---|---|---|---|---|---|---|---|
| 1月份 | 10,212 | 1,649 | 150 | 2,132 | 3,602 | 2,263 | 416 |
| 2月份 | 12,334 | 1,910 | 19 | 1,611 | 4,450 | 3,999 | 345 |
| 3月份 | 17,419 | 2,124 | 208 | 2,802 | 5,612 | 5,859 | 814 |
| 4月份 | 33,604 | 2,561 | 888 | 5,581 | 11,846 | 11,587 | 1,141 |
| 5月份 | 64,852 | 17,835 | 10 | 11,445 | 11,987 | 21,457 | 2,118 |
| 6月份 | 90,743 | 20,398 | 223 | 8,699 | 26,526 | 29,926 | 4,971 |
| 上期合计 | 229,164 | 46,477 | 1,498 | 32,270 | 64,023 | 75,091 | 9,805 |
| 占上期百分比 | 229,164 | 20.29% | .66% | 14.08% | 27.94% | 32.75% | 4.28% |

中央银行业务局汇出汇款分析表

单位：国币亿元　　　　三十七年度上期

| 月　份 | 总　计 | 军事党务慈善机关 | 行政机关 | 国营或公营事业机关 | 国家行局 | 普通同业 | 其　他 |
|---|---|---|---|---|---|---|---|
| 1月份 | 11,533 | 464 | 483 | 8,261 | 1,494 | 732 | 99 |
| 2月份 | 6,304 | 1,011 | 367 | 1,791 | 1,035 | 871 | 1,229 |
| 3月份 | 13,522 | 3,043 | 1,537 | 1,552 | 4,193 | 1,254 | 1,943 |
| 4月份 | 22,692 | 3,167 | 4,962 | 8,164 | 5,324 | 977 | 98 |
| 5月份 | 36,739 | 6,466 | 6,333 | 4,763 | 18,279 | 772 | 126 |
| 6月份 | 102,803 | 79,973 | 6,484 | 8,557 | 6,109 | 1,482 | 198 |

续上表

| 月　　份 | 总　计 | 军事党务慈善机关 | 行政机关 | 国营或公营事业机关 | 国家行局 | 普通同业 | 其　他 |
|---|---|---|---|---|---|---|---|
| 上期合计 | 193,593 | 94,124 | 20,166 | 33,088 | 36,434 | 6,088 | 3,693 |
| 占上期百分比 | 193,593 | 48.62% | 10.42% | 17.09% | 18.81% | 3.15% | 1.91% |

中央银行汇出汇款分析比较表

三十六年下期、三十七年上期　　　单位：千元

| 项　目 | 三十六年度下期总额（7—12月份） | 百分比 | 三十七年度上期总额（1—6月份） | 百分比 | 比较增减 | |
|---|---|---|---|---|---|---|
| 党政军机关 | 25,969,962,797 | 73.11 | 219,833,914,833 | 70.63 | 增 | 193,863,952,036 |
| 慈善事业 | 40,427,317 | .11 | 142,531,207 | .05 | 增 | 102,103,890 |
| 公有营业及事业 | 898,874,040 | 2.53 | 8,717,715,897 | 2.80 | 增 | 7,817,841,857 |
| 商　业 | 203,909,650 | .58 | 881,762,514 | .29 | 增 | 677,852,864 |
| 同　业 | 6,007,996,088 | 16.91 | 44,320,497,853 | 14.24 | 增 | 33,312,501,765 |
| 个　人 | 159,659,465 | .45 | 1,318,693,573 | .42 | 增 | 1,159,034,108 |
| 其　他 | 2,242,719,726 | 6.31 | 36,013,949,789 | 11.57 | 增 | 33,771,230,063 |
| 合　计 | 35,524,549,083 | 100.00 | 311,229,065,666 | 100.00 | 增 | 275,704,516,583 |

（七）票据交换

本市票据交换，仍由本行委托银钱两业合组之票据交换所代办。一、二两月参加行庄共二三六家，三月份起，上海市兴业信托社并入上海市银行，交换行庄减为二三五家。交换票据金额，逐月均见增加，张数初亦增加，六月一日起，实行他行支票在未收妥前不得抵用后，略见减少。每张票据之平均金额，亦以币值日落，增加五倍以上。退票情形，自本行订定取缔退票办法于三月一日起实行后，略见好转。附一至六月份统计表于后：

（八）其他

兹将总分行全体存款、放款制成“存放比较表”、“全体存款分析比较表”、“全体放款分析比较表”三种列后：

## 上海市三十七年一月票据交换统计表

| 日期 | 交换票据 | | | 退票 | | 同业存款余额 |
|---|---|---|---|---|---|---|
| | 张数 | 金额 | 差额 | 张数 | 金额 | |
| 1 | | | | | | |
| 2 | | | | | | |
| 3 | | | | | | |
| 4 | | | | | | |
| 5 | **289,609 | 6,089,086,064,801.30 | 450,293,728,769.84 | **7,871 | 71,878,714,960.60 | 614,691,348,480.20 |
| 6 | 193,825 | 5,469,060,253,927.24 | 466,699,566,164.46 | 4,286 | 46,624,930,175.75 | 568,635,421,959.56 |
| 7 | 179,783 | 5,436,195,265,941.45 | 340,367,691,683.00 | 3,439 | 40,901,823,848.00 | 558,245,335,145.18 |
| 8 | 186,279 | 5,989,038,261,918.55 | 452,405,397,010.46 | 3,132 | 44,502,983,589.80 | 493,963,366,330.52 |
| 9 | 176,740 | 6,527,755,765,271.27 | 427,537,545,836.51 | 2,897 | 61,082,605,497.00 | 459,876,806,178.81 |
| 10 | 233,995 | 7,739,545,999,340.94 | 478,563,343,894.39 | 5,303 | 93,781,483,324.51 | 464,882,151,942.21 |
| 11 | | | | | | |
| 12 | 250,711 | **7,812,345,845,636.06 | 460,569,527,241.28 | 5,763 | 122,338,857,471.32 | 488,680,558,341.60 |
| 13 | 186,978 | 6,446,023,406,543.65 | 456,742,442,863.51 | 4,289 | 100,862,822,456.27 | 494,120,696,260.67 |
| 14 | 173,461 | 5,882,148,338,631.62 | 382,909,914,725.97 | 3,805 | 84,787,229,816.20 | 480,480,579,213.72 |
| 15 | 205,245 | 6,788,608,834,805.05 | **531,913,102,269.14 | 7,108 | 244,878,244,379.50 | 336,472,392,522.23 |
| 16 | 180,596 | 5,780,338,846,760.85 | 339,933,231,400.43 | 5,991 | 196,653,287,771.00 | *328,824,471,389.14 |
| 17 | 182,145 | 5,628,567,579,943.98 | 375,074,250,235.51 | 4,603 | 98,729,120,530.04 | 353,503,087,956.37 |
| 18 | | | | | | |
| 19 | 223,263 | 6,285,731,792,081.85 | 429,781,655,401.49 | 5,350 | 93,663,838,235.39 | 568,947,693,525.50 |

续上表

| 日期 | 交换票据 | | | 退票 | | 同业存款余额 |
|---|---|---|---|---|---|---|
| | 张数 | 金额 | 差额 | 张数 | 金额 | |
| 20 | 200,252 | 5,876,955,154,185.50 | 453,009,018,230.12 | 5,739 | 124,574,452,750.00 | 406,773,561,550.45 |
| 21 | 164,700 | *4,841,269,353,169.92 | 385,299,366,902.58 | 3,728 | 70,102,954,407.13 | 484,207,270,088.07 |
| 22 | 166,641 | 5,083,064,853,613.29 | 404,257,676,316.94 | 3,525 | 57,512,524,315.55 | 568,670,385,246.67 |
| 23 | 156,056 | 5,086,852,922,913.98 | 399,056,971,758.64 | 3,086 | 45,499,653,142.44 | 566,082,853,971.28 |
| 24 | 166,835 | 5,419,501,888,733.68 | 351,077,229,182.46 | 3,789 | 48,929,846,556.50 | 570,817,337,196.74 |
| 25 | | | | | | |
| 26 | 232,487 | 6,786,779,422,730.64 | 499,621,225,377.10 | 5,007 | 75,504,567,845.10 | 576,554,858,269.34 |
| 27 | 164,700 | 5,302,017,089,873.99 | 429,777,467,056.14 | 3,739 | 52,292,325,630.28 | 498,751,842,458.94 |
| 28 | 159,472 | 5,203,837,037,594.54 | 324,807,640,732.88 | 3,218 | 45,264,146,038.00 | 621,897,407,089.50 |
| 29 | 148,178 | 4,950,359,112,199.96 | *303,903,054,442.46 | *2,674 | *35,147,217,102.94 | 747,737,055,600.08 |
| 30 | 163,220 | 5,574,761,772,951.76 | 370,511,047,815.90 | 3,262 | 43,620,790,042.12 | **751,910,622,910.53 |
| 31 | 201,777 | 6,886,358,027,798.96 | 470,395,748,911.17 | 4,263 | 67,303,528,708.11 | 367,827,448,519.62 |
| 共计 | 4,586,948 | 142,866,202,891,370.03 | 9,985,197,844,204.38 | 106,767 | 1,963,437,948,593.55 | |
| 平均 | 191,123 | 5,952,758,453,807.84 | 416,049,910,175.18 | 4,449 | 81,809,914,524.73 | |

（1）* 本月最低　　（2）**本月最高

（3）参加行庄共 236 家　　（4）本月差额与金额之比为 6.99%

（5）本月交换票据每张平均金额 31,146,217.11

## 上海市三十七年二月份票据交换统计表

| 日期 | 交换票据 | | | 退票 | | 同业存款余额 |
|---|---|---|---|---|---|---|
| | 张数 | 金额 | 差额 | 张数 | 金额 | |
| 1 | | | | | | |
| 2 | 219,800 | 6,561,444,318,616.11 | 384,170,633,052.32 | 4,970 | 72,551,057,504.11 | 349,046,510,220.49 |
| 3 | 175,223 | 5,696,697,971,718.06 | 408,761,430,914.66 | 3,615 | 55,610,909,768.17 | 351,961,426,187.58 |
| 4 | 166,584 | 5,633,729,830,856.25 | 419,135,323,016.91 | 3,383 | 52,949,083,091.84 | 382,246,561,956.17 |
| 5 | 185,390 | 6,354,022,321,619.71 | 478,605,980,475.66 | 4,451 | 78,698,500,744.00 | *330,677,124,828.87 |
| 6 | 179,393 | 6,356,250,109,981.28 | 423,385,701,494.58 | 4,271 | 79,841,771,739.60 | 385,005,927,391.76 |
| 7 | 227,366 | 7,692,457,438,755.31 | 521,905,785,536.02 | **6,400 | 127,396,939,338.13 | 387,855,443,614.15 |
| 8 | | | | | | |
| 9 | **249,192 | 6,946,203,294,725.36 | 524,125,968,987.03 | 5,723 | 53,002,684,709.34 | 790,006,822,005.31 |
| 10 | | | | | | |
| 11 | *11,879 | *421,748,749,001.78 | *101,786,514,484.28 | 524 | 8,296,435,253.00 | 839,062,864,164.68 |
| 12 | 12,383 | 583,422,040,038.68 | 173,438,934,154.08 | *487 | *7,125,276,312.00 | 868,405,039,491.54 |
| 13 | 19,599 | 939,645,541,801.31 | 193,223,109,183.06 | 682 | 10,227,117,645.00 | 917,640,514,324.05 |
| 14 | 42,677 | 1,875,410,812,932.80 | 233,217,984,114.21 | 1,312 | 25,936,959,681.68 | 939,231,790,805.36 |
| 15 | | | | | | |
| 16 | 96,596 | 3,849,431,320,507.63 | 387,083,003,744.30 | 2,702 | 35,663,412,732.81 | 1,027,519,676,796.32 |
| 17 | 96,950 | 4,443,742,201,336.91 | 516,945,027,814.56 | 1,730 | 20,228,742,270.69 | 966,377,766,837.14 |
| 18 | 100,391 | 5,241,676,113,321.90 | 590,095,833,088.45 | 1,538 | 22,303,436,510.00 | 1,094,178,523,997.46 |
| 19 | 120,690 | 6,120,367,476,224.96 | 702,494,905,661.17 | 1,705 | 23,436,607,651.14 | 1,017,951,246,523.16 |
| 20 | 134,561 | 6,588,072,345,042.50 | 589,997,261,550.58 | 2,125 | 26,964,657,557.00 | 1,189,983,962,351.28 |

续上表

| 日期 | 交换票据 | | | 退票 | | 同业存款余额 |
|---|---|---|---|---|---|---|
| | 张数 | 金额 | 差额 | 张数 | 金额 | |
| 21 | 144,594 | 7,528,730,925,682.25 | 809,456,808,181.12 | 1,948 | 29,405,468,880.50 | 1,191,546,363,614.49 |
| 22 | | | | | | |
| 23 | 197,202 | 9,047,330,737,473.43 | 711,870,951,477.78 | 2,862 | 41,559,294,116.27 | 1,267,710,847,969.52 |
| 24 | 178,056 | 8,658,127,384,231.06 | 685,041,515,450.76 | 2,415 | 67,266,153,831.00 | 1,217,339,770,674.14 |
| 25 | 184,654 | 9,153,390,601,553.76 | 737,799,561,966.92 | 2,441 | 42,076,009,328.98 | 1,102,018,240,525.82 |
| 26 | 189,013 | 9,636,207,336,692.70 | 606,891,697,140.07 | 2,529 | 72,484,887,412.66 | **1,337,365,722,057.75 |
| 27 | 177,879 | 9,940,999,431,365.86 | 773,289,897,183.69 | 2,475 | 55,993,705,423.00 | 1,279,710,097,935.25 |
| 28 | 228,222 | **12,828,700,977,126.14 | **970,125,095,421.67 | 3,723 | **136,690,541,101.45 | 934,359,232,018.11 |
| 共计 | 3,338,256 | 142,122,769,280,605.75 | 11,942,848,824,093.88 | 64,011 | 1,145,709,634,830.37 | |
| 平均 | 145,141 | 6,179,250,838,278.21 | 519,254,296,699.73 | 2,783 | 49,813,462,383.93 | |

(1) * 最低　(2) ** 最高

(3) 本月参加行庄 236 家　(4) 本月差额与金额之比为 8.40%

(5) 本月交换票据金额每张平均为 42,573,830.03

## 上海市三十七年三月份票据交换统计表

| 日期 | 交换票据 | | | 退票 | | 同业存款余额 |
|---|---|---|---|---|---|---|
| | 张数 | 金额 | 差额 | 张数 | 金额 | |
| 1 | 245,051 | 12,139,190,744,284.49 | 752,295,530,988.42 | 4,826 | 146,597,177,064.10 | 1,023,076,141,845.29 |
| 2 | 100,032 | 9,748,119,862,957.35 | 603,352,232,893.32 | 3,079 | 84,390,210,969.10 | 1,147,081,583,410.82 |

续上表

| 日期 | 交换票据 | | | 退票 | | 同业存款余额 |
|---|---|---|---|---|---|---|
| | 张数 | 金额 | 差额 | 张数 | 金额 | |
| 3 | 180,842 | *9,729,372,124,877.69 | 708,806,716,910.32 | 2,351 | 65,086,239,019.60 | 995,422,199,627.82 |
| 4 | *178,191 | 10,265,763,319,505.96 | 571,929,042,703.24 | *2,273 | *50,065,935,311.49 | 879,152,106,519.05 |
| 5 | 199,061 | 11,074,709,559,624.06 | 543,159,301,203.06 | 2,685 | 61,028,720,270.00 | 742,559,080,891.74 |
| 6 | 200,932 | 11,260,640,425,487.75 | 735,166,518,644.34 | 3,230 | 108,458,095,576.67 | 497,358,517,361.68 |
| 7 | | | | | | |
| 8 | 253,864 | 12,947,425,314,770.82 | 806,419,437,774.53 | 3,839 | 112,771,475,119.00 | 712,883,069,040.04 |
| 9 | 196,157 | 11,420,333,462,141.93 | 653,033,171,080.87 | 2,707 | 86,474,459,102.00 | 753,850,278,188.84 |
| 10 | 227,509 | 12,726,499,163,470.18 | 733,491,390,739.71 | 3,458 | 108,193,338,379.75 | 466,480,115,315.15 |
| 11 | 204,131 | 12,347,831,929,936.49 | 540,985,059,598.06 | 3,047 | 119,397,522,895.51 | 642,848,135,435.19 |
| 12 | 198,923 | 12,026,629,988,187.48 | 687,656,597,254.91 | 3,658 | 163,324,091,507.84 | 501,728,579,888.05 |
| 13 | 216,383 | 13,222,019,318,493.91 | 824,833,870,012.01 | 4,038 | 160,952,460,803.20 | 771,443,464,641.49 |
| 14 | | | | | | |
| 15 | 279,679 | **15,790,213,070,965.85 | 1,093,321,968,749.78 | **8,667 | **490,376,379,026.50 | *386,715,294,011.48 |
| 16 | 212,258 | 12,327,830,134,215.05 | 722,788,224,831.42 | 7,158 | 471,324,967,040.00 | 499,516,403,935.10 |
| 17 | 191,072 | 11,126,882,326,894.10 | 662,382,531,806.23 | 4,409 | 185,469,087,352.00 | 808,933,806,678.10 |
| 18 | 190,822 | 11,568,027,422,060.60 | 903,024,561,061.36 | 3,546 | 119,497,729,685.00 | 691,665,989,480.78 |
| 19 | 184,399 | 12,248,400,875,865.55 | 772,570,692,030.76 | 2,886 | 96,811,965,950.10 | 603,877,335,669.84 |
| 20 | 223,945 | 13,893,133,947,415.37 | 680,015,127,312.46 | 4,822 | 194,546,688,198.44 | 437,061,607,561.61 |
| 21 | | | | | | |

续上表

| 日期 | 交换票据 | | | 退票 | | 同业存款余额 |
|---|---|---|---|---|---|---|
| | 张数 | 金额 | 差额 | 张数 | 金额 | |
| 22 | 248,297 | 14,877,303,614,851.62 | 1,015,597,465,846.15 | 6,952 | 417,653,403,326.00 | 555,419,196,280.86 |
| 23 | 194,079 | 12,416,887,550,270.02 | 870,114,643,088.05 | 6,118 | 454,816,764,573.00 | 584,467,906,227.99 |
| 24 | 182,940 | 11,284,116,154,306.49 | 711,319,777,042.78 | 5,651 | 343,635,689,279.00 | 833,147,264,849.95 |
| 25 | 195,728 | 11,631,764,635,600.00 | 672,461,598,148.86 | 4,773 | 202,139,671,821.63 | 900,468,161,729.87 |
| 26 | 186,728 | 12,356,785,031,204.66 | 698,500,345,284.70 | 3,621 | 135,261,376,231.00 | 1,146,191,266,729.02 |
| 27 | 195,361 | 12,331,670,206,916.63 | 588,149,738,755.40 | 3,801 | 125,798,724,295.00 | 1,123,732,706,286.16 |
| 28 | | | | | | |
| 29 | | | | | | |
| 30 | ** 281,108 | 15,735,919,800,121.39 | ** 1,333,442,340,474.99 | 7,181 | 210,977,721,210.15 | ** 1,863,271,604,656.57 |
| 31 | 211,910 | 13,761,841,022,740.84 | 937,045,257,927.02 | 4,474 | 184,569,939,662.19 | 1,618,061,958,990.10 |
| 共计 | 5,469,393 | 320,369,311,007,174.28 | 19,812,863,142,182.75 | 113,250 | 4,900,619,833,668.27 | |
| 平均 | 210,361 | 12,321,896,577,199.01 | 762,033,197,776.26 | 4,354 | 188,485,378,218.01 | |

(1) * 本月最低　　(2) ** 本月最高

(3) 参加行庄 235 家　　(4) 差额与金额之比为 6.18%

(5) 交换票据每张平均金额 58,875,004.76

# 上海市三十七年四月份票据交换统计表

| 日期 | 交换票据 | | | 退票 | | 同业存款余额 |
| --- | --- | --- | --- | --- | --- | --- |
| | 张数 | 金额 | 差额 | 张数 | 金额 | |
| 1 | 188,527 | *12,620,728,252,565.94 | 1,036,643,466,164.48 | 3,085 | 82,160,017,278.00 | 1,714,850,749,954.11 |
| 2 | 200,546 | 13,526,820,438,001.41 | 689,930,696,177.80 | 2,977 | 76,346,169,738.76 | 1,691,752,369,187.58 |
| 3 | 198,305 | 12,821,501,478,187.76 | 815,661,970,071.47 | 2,816 | *64,497,913,552.00 | 1,589,104,007,562.03 |
| 4 | | | | | | |
| 5 | 257,362 | 15,624,172,231,423.79 | 914,897,255,882.92 | **4,290 | **120,474,209,364.40 | 1,370,565,702,819.05 |
| 6 | 194,300 | 12,820,669,207,187.00 | 890,979,886,126.03 | 2,805 | 73,272,667,921.29 | 1,525,185,632,298.92 |
| 7 | 190,144 | 13,237,244,333,736.00 | *647,158,339,110.26 | 2,494 | 88,073,674,897.44 | 1,539,440,805,922.34 |
| 8 | 198,023 | 15,084,781,279,218.02 | 886,488,242,789.98 | 2,294 | 83,954,127,209.56 | 1,685,843,543,475.64 |
| 9 | 202,097 | 16,094,155,015,595.35 | 964,221,731,465.43 | 2,162 | 77,159,886,575.00 | 1,704,387,824,910.74 |
| 10 | 283,389 | 18,305,554,206,309.35 | 1,000,733,399,076.98 | 3,092 | 76,597,513,325.25 | 1,675,480,726,492.13 |
| 11 | | | | | | |
| 12 | 267,756 | 20,076,441,054,425.08 | 1,186,827,770,438.68 | 3,613 | 96,818,319,206.31 | 1,550,132,056,737.73 |
| 13 | 199,545 | 16,322,565,461,063.72 | 905,419,923,968.87 | 2,378 | 65,205,658,932.11 | **1,723,890,721,616.68 |
| 14 | *184,151 | 15,413,421,129,616.64 | 707,234,429,156.68 | 2,270 | 74,668,174,960.00 | 1,416,964,502,665.19 |
| 15 | 214,628 | 18,033,402,153,109.38 | 1,174,081,290,786.28 | 2,829 | 116,110,838,118.00 | 918,361,615,560.86 |
| 16 | 206,075 | 15,952,408,198,470.00 | 904,742,872,759.00 | 2,399 | 83,679,623,300.00 | 1,183,365,756,607.82 |
| 17 | 213,192 | 16,990,509,152,030.00 | 862,723,036,035.00 | 2,612 | 70,606,925,362.00 | 1,313,758,525,895.38 |
| 18 | | | | | | |
| 19 | 259,555 | 19,358,608,874,104.00 | 1,169,078,957,762.00 | 4,035 | 110,274,190,788.00 | 945,132,560,696.28 |
| 20 | 231,809 | 18,277,551,156,301.00 | 947,707,487,751.00 | 3,283 | 119,058,025,499.00 | 1,019,994,783,557.16 |

续上表

| 日期 | 交换票据 | | | 退票 | | 同业存款余额 |
|---|---|---|---|---|---|---|
| | 张数 | 金额 | 差额 | 张数 | 金额 | |
| 21 | 202,666 | 17,424,524,301,760.00 | 750,622,568,856.00 | 2,391 | 83,274,802,289.00 | 642,217,242,306.85 |
| 22 | 210,731 | 17,914,274,787,263.00 | 921,097,786,728.00 | 2,384 | 84,355,247,047.00 | 605,393,039,535.67 |
| 23 | 198,796 | 17,408,726,507,351.00 | 885,854,727,923.00 | 2,141 | 68,928,721,224.00 | *581,264,107,891.39 |
| 24 | 218,020 | 19,211,729,754,018.00 | 1,190,586,280,321.00 | 2,621 | 103,390,041,538.00 | 817,813,331,245.07 |
| 25 | | | | | | |
| 26 | **286,659 | 21,639,740,119,255.00 | 1,113,258,035,934.00 | 4,005 | 108,997,833,056.00 | 843,489,008,874.64 |
| 27 | 210,172 | 17,944,497,965,877.00 | 823,854,347,364.00 | 2,483 | 80,815,058,590.00 | 1,163,274,896,019.73 |
| 28 | 203,223 | 18,592,210,501,726.00 | 974,639,320,005.00 | 2,255 | 70,547,977,171.00 | 1,389,260,098,076.62 |
| 29 | 198,265 | 19,416,718,536,131.00 | 1,275,816,856,452.00 | *2,085 | 84,074,702,483.00 | 1,023,552,547,716.44 |
| 30 | 260,124 | **22,593,925,861,155.00 | **1,432,788,811,607.00 | 3,283 | 96,866,356,140.00 | 953,445,038,134.85 |
| 共计 | 5,628,222 | 442,706,881,756,883.44 | 24,972,999,490,712.86 | 73,082 | 2,260,246,675,565.12 | |
| 平均 | 216,470 | 17,027,187,759,880.13 | 960,499,980,412.03 | 2,811 | 86,932,564,444.81 | |

(1) * 最低　　(2) * * 最高

(3) 本月参加行庄 236 家　　(4) 本月交换票据每张平均金额 78,658,390.12

(5) 本月差额与金额之比为 5.64%

# 上海市三十七年五月票据交换统计表

| 日期 | 交换票据 | | | 退票 | | 同业存款余额 |
|---|---|---|---|---|---|---|
| | 张数 | 金额 | 差额 | 张数 | 金额 | |
| 1 | *204,509 | *19,173,498,752,443.00 | *993,370,008,739.00 | 2,855 | 95,655,726,356.00 | 1,365,773,678,979.70 |
| 3 | 269,406 | 23,389,688,068,586.00 | 1,547,146,981,340.00 | 3,975 | 135,476,345,929.00 | 1,341,117,036,258.52 |
| 4 | 227,308 | 21,169,285,095,624.00 | 1,466,211,158,348.00 | 2,868 | 91,654,310,700.00 | 1,328,454,056,336.99 |
| 5 | 220,681 | 21,229,837,503,516.00 | 1,369,457,739,892.00 | 2,597 | 127,385,404,630.00 | 1,344,619,809,361.03 |
| 6 | 230,489 | 24,026,195,003,486.00 | 1,237,641,852,871.00 | *2,368 | 91,422,454,084.00 | 1,628,381,984,859.57 |
| 7 | 231,881 | 23,909,150,394,441.00 | 1,464,607,371,547.00 | 2,532 | 94,206,734,919.00 | 1,493,634,992,701.04 |
| 8 | 257,351 | 27,738,835,566,061.00 | 1,450,639,969,836.00 | 2,739 | 90,456,822,527.00 | 1,309,537,965,313.90 |
| 9 | | | | | | |
| 10 | 332,836 | 32,391,897,894,235.00 | 1,708,666,952,481.00 | 4,187 | 145,472,835,017.00 | 1,256,344,676,497.79 |
| 11 | 228,746 | 26,908,799,810,303.00 | 1,402,418,532,658.00 | 2,459 | *89,859,551,103.00 | 1,058,192,663,514.49 |
| 12 | 241,978 | 29,023,692,087,797.00 | 1,389,819,266,331.00 | 2,490 | 95,465,893,765.00 | 1,278,538,683,522.34 |
| 13 | 250,180 | 31,535,934,416,453.00 | 2,247,888,998,292.00 | 3,298 | 389,320,961,341.00 | 1,702,182,213,737.11 |
| 14 | 245,117 | 31,036,860,748,781.00 | 1,953,642,606,397.00 | 4,937 | 966,424,926,648.00 | 1,681,078,993,873.70 |
| 15 | 294,708 | 33,276,892,648,836.00 | 1,860,692,068,466.00 | 8,258 | **1,492,435,788,746.00 | *1,038,119,013,083.71 |
| 16 | | | | | | |
| 17 | 333,953 | 31,298,570,616,407.00 | 1,844,935,622,204.00 | 7,483 | 805,547,451,492.00 | **2,068,771,855,083.21 |
| 18 | 248,859 | 26,555,287,980,005.00 | 1,763,819,436,122.00 | 3,980 | 340,012,656,190.00 | 1,666,305,603,841.31 |
| 19 | 227,227 | 26,106,495,013,618.00 | 1,821,014,070,909.00 | 2,988 | 158,171,631,330.00 | 1,702,253,326,745.21 |

续上表

| 日期 | 交换票据 | | | 退票 | | 同业存款余额 |
|---|---|---|---|---|---|---|
| | 张数 | 金额 | 差额 | 张数 | 金额 | |
| 20 | 254,619 | 28,431,105,887,126.00 | 2,024,469,163,025.00 | 3,702 | 205,423,216,619.00 | 1,295,908,814,496.55 |
| 21 | 237,929 | 26,006,678,202,191.00 | 1,422,235,483,761.00 | 2,820 | 133,325,679,927.00 | 1,246,837,434,886.88 |
| 22 | 252,732 | 28,283,781,124,484.00 | 1,702,663,978,785.00 | 3,092 | 130,424,777,844.00 | 1,669,538,597,310.81 |
| 23 | | | | | | |
| 24 | 323,112 | 33,189,055,975,465.00 | 2,222,101,664,371.00 | 4,397 | 195,665,837,240.00 | 1,929,234,213,770.93 |
| 25 | 263,494 | 29,861,289,356,254.00 | 1,873,867,889,738.00 | 3,540 | 181,967,755,344.00 | 1,975,745,911,887.36 |
| 26 | 244,083 | 28,829,444,801,899.00 | 1,505,291,245,088.00 | 2,863 | 125,670,113,190.00 | 1,445,079,968,968.56 |
| 27 | 244,502 | 29,817,691,127,598.00 | 1,711,858,076,301.00 | 2,708 | 118,899,824,464.00 | 1,507,679,568,339.78 |
| 28 | 236,856 | 29,034,326,320,102.00 | 2,106,184,576,560.00 | 2,693 | 117,800,125,615.00 | 1,619,477,191,767.92 |
| 29 | 252,375 | 30,599,115,043,605.00 | 1,650,656,481,967.00 | 2,924 | 121,968,263,868.00 | 1,978,023,074,747.29 |
| 30 | | | | | | |
| 31 | * * 362,757 | * * 39,218,550,766,837.00 | * * 2,551,510,473,950.00 | * * 9,697 | 1,453,689,238,082.00 | 1,783,103,955,381.80 |
| 共计 | 6,712,709 | 732,041,960,206,123.00 | 44,292,811,669,979.00 | 98,468 | 7,993,804,326,970.00 | |
| 平均 | 258,181 | 28,155,460,007,928.00 | 1,703,569,679,614.00 | 3,787 | 307,454,012,576.00 | |

(1) * 本月最低　　(2) * * 本月最高

(3) 参加行庄 235 家　　(4) 差额与金额之比为 6.05%

(5) 交换票据每张平均金额为 109,053,134.91

# 上海市三十七年六月份票据交换统计表

| 日期 | 交换票据 | | | 退票 | | 同业存款余额 |
|---|---|---|---|---|---|---|
| | 张数 | 金额 | 差额 | 张数 | 差额 | |
| 1 | 131,317 | **12,273,726,997,183.00 | **1,719,852,930,269.00 | 6,794 | 678,630,910,043.00 | 2,531,104,266,904.35 |
| 2 | 153,546 | 15,316,039,301,897.00 | 1,821,140,062,698.00 | 4,390 | 433,157,454,271.00 | 3,175,804,086,136.14 |
| 3 | 163,584 | 18,274,164,202,919.00 | 2,008,090,040,323.00 | 3,023 | 178,030,050,467.00 | 3,772,781,802,697.99 |
| 4 | 167,312 | 19,385,818,358,496.00 | 1,648,874,457,868.00 | 2,578 | 142,469,659,271.00 | 3,086,250,930,086.73 |
| 5 | 196,823 | 24,769,488,643,459.00 | 2,268,041,561,054.00 | 3,203 | 198,526,691,974.00 | 2,641,806,887,903.60 |
| 6 | | | | | | |
| 7 | 275,087 | 25,994,927,479,804.00 | 2,033,583,758,107.00 | 3,629 | 216,817,904,596.00 | 2,910,596,698,196.80 |
| 8 | 212,735 | 24,073,585,365,291.00 | 1,816,826,337,170.00 | 2,654 | 113,565,143,487.00 | 2,677,501,872,730.10 |
| 9 | 194,168 | 26,366,397,988,419.00 | 2,184,890,324,679.00 | 2,087 | **91,529,668,016.00 | 3,244,460,001,075.84 |
| 10 | 223,910 | 32,561,003,170,905.00 | 2,917,592,543,740.00 | 2,779 | 131,778,850,820.00 | 1,483,296,438,481.27 |
| 11 | 193,621 | 28,690,492,459,216.00 | 2,280,682,754,426.00 | **2,064 | 109,075,778,391.00 | 1,445,834,599,652.83 |
| 12 | 186,173 | 29,605,687,073,065.00 | 1,863,573,904,015.00 | 2,303 | 122,206,508,203.00 | 1,758,973,788,214.83 |
| 13 | | | | | | |
| 14 | 244,733 | 34,565,153,531,878.00 | 2,760,900,778,402.00 | 3,223 | 133,544,662,928.00 | 2,217,047,809,907.83 |
| 15 | 213,716 | 35,479,580,725,755.00 | 2,941,235,732,566.00 | 2,771 | 142,293,858,204.00 | 1,742,296,485,552.41 |
| 16 | 203,008 | 33,814,705,333,306.00 | 2,447,374,879,098.00 | 2,357 | 209,549,817,092.00 | 2,392,251,979,031.88 |
| 17 | 203,959 | 37,858,773,887,697.00 | 2,978,455,837,513.00 | 2,237 | 113,364,956,967.00 | 2,320,291,664,878.29 |
| 18 | 200,772 | 38,939,671,754,549.00 | 2,920,948,741,906.00 | 2,251 | 141,516,350,620.00 | **1,433,615,267,392.92 |
| 19 | 218,688 | 46,646,993,686,606.00 | 3,303,990,822,047.00 | 2,480 | 170,059,252,907.00 | 2,208,105,105,576.52 |

续上表

| 日期 | 交换票据 | | | 退票 | | 同业存款余额 |
|---|---|---|---|---|---|---|
| | 张数 | 金额 | 差额 | 张数 | 差额 | |
| 20 | | | | | | |
| 21 | | | | | | |
| 22 | *379,945 | *56,200,486,206,724.00 | *4,385,005,427,775.00 | *7,567 | 850,337,046,556.00 | 4,090,090,813,224.07 |
| 23 | 220,055 | 41,359,635,909,766.00 | 4,225,099,645,839.00 | 3,902 | 560,818,549,191.00 | 5,153,032,062,204.36 |
| 24 | 193,532 | 35,952,441,709,114.00 | 2,662,858,340,283.00 | 3,235 | 327,724,475,498.00 | *5,379,245,202,485.68 |
| 25 | 189,707 | 39,769,852,420,441.00 | 3,424,665,891,364.00 | 3,066 | 234,010,148,585.00 | 4,104,484,874,993.68 |
| 26 | 215,277 | 48,231,176,795,959.00 | 3,066,390,687,481.00 | 3,620 | 418,098,482,975.00 | 3,139,858,295,510.87 |
| 27 | | | | | | |
| 28 | 258,338 | 48,245,773,941,335.00 | 3,393,253,016,832.00 | 4,614 | 506,829,622,728.00 | 3,012,635,961,299.96 |
| 29 | 186,054 | 43,315,568,272,399.00 | 4,081,315,432,472.00 | 3,496 | 591,390,693,276.00 | 2,171,242,936,626.77 |
| 30 | 213,862 | 50,622,687,593,688.00 | 4,110,699,366,316.00 | 5,102 | *856,070,239,429.00 | 1,840,455,339,497.00 |
| 共计 | 5,239,322 | 848,306,632,811,871.00 | 69,265,233,374,250.00 | 85,425 | 7,671,396,776,495.00 | |
| 平均 | 209,573 | 33,932,265,312,474.84 | 2,770,609,334,970.00 | 3,417 | 306,875,871,069.80 | |

(1) * 最高　　(2) * * 最低

(3) 参加行庄 235 家　　(4) 差额与金额之比为 8.17%

(5) 交换票据每张平均金额为 161,911,528.40

## 中央银行存放款比较表

三十六年下期，三十七年上期

单位：国币元

| 科目 | 三十六年度下期决算日余额（7—12月份） | 三十七年度上期决算日余额（1—6月份） | 比较增减 | | |
|---|---|---|---|---|---|
| | | | 增或减 | 金额 | 百分数 |
| 存款 | 20,986,388,025,882.58 | 186,726,306,822,827.39 | 增 | 165,739,918,796,944.81 | 890% |
| 放款 | 52,800,520,290,984.44 | 382,557,050,969,526.75 | 增 | 329,756,530,678,542.31 | 725% |
| 存放相抵 | 31,814,132,265,101.86（放超） | 195,830,744,146,699.36（放超） | | | |

附注：1. 本表三十六年下期数字缺石家庄分行。

2. 本表三十七年上期数字缺开封分行。

## 中央银行全体存款分析比较表

三十六年下期，三十七年上期

单位：国币元

| 科目 | 三十六年度下期决算日余额（7—12月份） | 百分比 | 三十七年度上期决算日余额（1—6月份） | 百分比 | 比较增减 | |
|---|---|---|---|---|---|---|
| 同业存款 | 3,623,103,159,829.10 | 17.26 | 17,710,275,914,841.04 | 9.49 | 增 | 14,087,172,755,011.94 |
| 同业存款 | 3,362,786,144,727.65 | | 16,951,404,385,269.80 | | | |
| 中央信托局往来 | 260,317,015,101.45 | | 758,871,529,571.24 | | | |

续上表

| 科目 | 三十六年度下期决算日余额(7—12月份) | 百分比 | 三十七年度上期决算日余额(1—6月份) | 百分比 | | 比较增减 |
|---|---|---|---|---|---|---|
| 活期存款 | 15,682,621,442,616.45 | 74.73 | 136,257,470,069,363.54 | 72.97 | 增 | 120,574,848,626,747.09 |
| 活期存款 | 8,845,206,391,413.89 | | 67,572,631,564,048.00 | | | |
| 公库存款 | 6,553,148,526,529.15 | | 60,938,212,649,354.81 | | | |
| 本票 | 284,266,520,673.41 | | 7,746,625,851,960.73 | | | |
| 保付支票 | 4,000.00 | | 4,000.00 | | | |
| 定期存款 | 218,702,734,374.42 | 1.04 | 971,772,779,371.99 | 0.52 | 增 | 753,070,044,997.57 |
| 定期存款 | 218,595,429,788.55 | | 971,684,674,044.39 | | | |
| 行员储蓄存款 | 107,304,585.87 | | 88,105,327.60 | | | |
| 其他 | 1,461,960,689,062.61 | 6.97 | 31,786,788,059,250.82 | 17.02 | 增 | 30,324,827,370,188.21 |
| 国库待转款项 | | | 14,987,685,020,346.60 | | | |
| 暂记收款 | 1,115,243,446,130.36 | | 14,182,995,138,396.07 | | | |
| 应付款项 | 346,717,242,932.25 | | 2,616,107,900,508.15 | | | |
| 存款总数 | 20,986,388,025,882.58 | 100.00 | 186,726,306,822,827.39 | 100.00 | 增 | 165,739,918,796,944.81 |

附注：1. 本表三十六年下期数字缺石家庄分行。

2. 本表三十七年上期数字缺开封分行。

# 中央银行全体放款分析比较表

三十六年下期，三十七年上期　　　　单位：国币元

| 科目 | 三十六年度下期决算日余额（7—12月份） | 百分比 | 三十七年度上期决算日余额（1—6月份） | 百分比 | | 比较增减 |
|---|---|---|---|---|---|---|
| 存放同业 | 2,352,673,697,568.82 | 4.45 | 5,786,168,386,676.33 | 1.52 | 增 | 3,433,494,689,107.51 |
| | 2,347,896,978,849.27 | | 4,610,215,726,167.58 | | | |
| 拆放同业 | 2,638,000,000.00 | | 1,140,300,000,000.00 | | | |
| 中央信托局往来 | 2,138,718,719.55 | | 35,652,660,508.75 | | | |
| 重贴现及买汇 | 11,453,400,000.00 | 0.02 | | | 减 | 11,453,400,000.00 |
| 重贴现 | 11,453,400,000.00 | | | | | |
| 透支 | 44,772,617,394,532.48 | 84.80 | 320,735,703,175,022.49 | 83.84 | 增 | 275,963,085,780,490.01 |
| 活存质押透支 | 43,990,458,466,365.43 | | 303,450,111,697,382.85 | | | |
| 同业质押透支 | 782,158,928,167.05 | | 17,285,591,477,639.64 | | | |
| 定期放款 | 1,354,930,847,892.85 | 2.57 | 19,640,339,129,355.57 | 5.13 | 增 | 18,285,408,281,462.72 |
| 定期质押放款 | 914,702,608,462.36 | | 15,966,649,661,146.71 | | | |
| 同业质押放款 | 440,228,239,430.49 | | 3,673,689,468,208.86 | | | |

续上表

| 科目 | 三十六年度下期决算日余额（7—12月份） | 百分比 | 三十七年度上期决算日余额（1—6月份） | 百分比 | 比较增减 | |
|---|---|---|---|---|---|---|
| 其他 | 4,308,844,950,990.29 | 8.16 | 36,394,840,278,472.36 | 9.51 | 增 | 32,085,995,327,482.07 |
| 国库待转款项 | 80,394,531,090.87 | | | | | |
| 暂记付款 | 4,228,279,697,973.53 | | 36,345,934,523,687.10 | | | |
| 催收款项 | 11,961,579.99 | | 12,256,764.47 | | | |
| 应收款项 | 158,760,345.90 | | 48,893,498,020.79 | | | |
| 放款总数 | 52,800,520,290,984.44 | 100.00 | 382,557,050,969,526.75 | 100.00 | 增 | 329,756,530,678,542.31 |

附注：1. 本表三十六年下期数字缺石家庄分行。

2. 本表三十七年上期数字缺开封分行。

乙编　专业及特种业务

（一）发行钞券

戡乱大业尚未完成，国库支出增加益巨，物价高涨，通货膨胀，无可讳言。本行为应付军政费用及配合扶助出口外汇资金、吸收侨汇以及维护农村民生经济等国策贷款，以期增加国家控制物资能力起见，力谋充裕券源，以应实际需要。截至本年六月三十日止，计共发行国币券壹百玖拾陆万伍千贰百零叁亿余元，较三十六年十二月三十一日发行额叁拾叁万壹千捌百捌拾伍亿余元，半年内计增加壹百陆拾叁万叁千叁百拾柒亿余元，其增加百分比为百分之四百九十二强；又东北区为战事重心，情形特殊，需券尤殷。截至六月三十日止，计共发行东北流通券贰万壹千柒百拾亿余元，较上年十二月三十一日发行额贰千柒百柒拾叁亿余元，半年内计增加壹万捌千玖百叁拾柒亿余元，其增加百分比为百分之六百八十二强。

（二）财部垫款

查三十七年上半年度，政府为加强戡乱建国，各项费用支应浩繁，有赖于本行垫款扶助者，为数至巨。计截至本年六月底止，本行（包括总分行在内）对财部各项垫款：

一、财部垫款户　　三十六年底余额为国币三二一，三三六亿元，三十七年六月底余额为国币一，七一一，九〇六亿元，计三十七年上半年度内实垫额为国币一，三九〇，五七〇亿元。

二、财部临时垫款户　　三十六年底余额为国币一〇，三五九亿元，三十七年六月底余额为国币一九五，五九九亿元，计三十七年上半年度内实垫额为国币一八五，二四〇亿元。

三、财部东北券垫款户　　三十六年底余额为东北券四，一七五亿元，三十七年六月底余额为东北券五一，五五六亿元，计三十七年上半年度内实垫额为东北券四七，三八一亿元（照十一元五角折算共为国币五四四，八八二亿元）。

以上三项，三十七年上半年度实垫额为国币二，一二〇，六九二亿元。

（三）收购物资

本行收购物资，可分为政府管制物资、政府配给物资、出口物资及一般物资等四类。兹就本期办理情形分叙如次：

一、政府管制物资　　关于花纱布一项，自政府实施统购统销以来，花纱布管理委员会即向本行订约，透借收购国棉资金及代纺工缴费用，至六月底止，共计国币一〇六，九九七亿元。本行并委托中农行在苏北及陕、豫、鄂各地收购国棉九九，六七二担。此外，并有行总棉纱，截至六月底止，已收购四四，〇四二件，其中二〇，〇二六件，并已转交花管会抛售。

关于燃煤一项，计向开滦、华东、淮南三矿办理定货贷款一七六，五〇〇吨，并于到期时交燃料管理委员会配售。

二、政府配给物资　　计有米、食油、面粉三项。计上海方面，由上海市政府民食调配会向本行透借购米款项二四，七一二亿元，购油借款一二，一五三亿元，订明配售价款均在本行立户存储，备还借款本息之用。此外，并透借四，二〇一亿元，购储煤屑，以备配售煤球之用。

平津两市配售面粉，系由本行拨款委托中信局购运，除自三十六年九月份起配售公教人员及私立大中小学共七六五，〇〇〇袋外，复自四月份起，与美国救济会间月办理普配，五、七两月，系本行面粉，计共购运二四六万袋。青岛配粉，亦由本行垫款，托中信局购运八万袋。以上共计垫款三九，八〇二亿元。

三、出口物资　　政府为推进出口争取外汇起见，经核定由本行垫款委托中信局办理重要出口物资之购销事项。本期办理者，计有冰蛋、桐油、花生、蛋黄、蛋白等项。计收购冰蛋三，五二五吨，出口三，五〇七吨；收购桐油三，〇三九吨，出口一，一七七吨；收购花生八八〇吨，出口六〇〇吨；收购蛋黄白五一，二〇〇吨，出口五一，二〇〇吨。又本行垫拨外汇向美国订购肥料八万四千吨，其中六万四千吨拨台湾省，有一部份换购出口物资。

四、其他物资　　其他物资种类繁多，兹举其比较重要各种简述如次：

(1) 丝茧　　本期遵四联总处议决收购合作烘茧，估计鲜茧约一一，五二六·二九市担，上年收丝经分别内销及出口，尚存丝三三五包，粗丝三二一包。

(2) 食糖　　收购台湾糖业公司食糖，六月底止，计存一九，九三五吨。

(3) 水泥　　收购启新洋灰公司水泥二〇，〇〇〇公吨（内二，〇〇〇吨已销菲列滨）；辽宁水泥公司三，三三三公吨。

(4) 东北物调局粮食交换大豆　　本案因交通间断关系，经协定将已购粮食等平均分配，本行计分得麻袋二〇〇，〇〇〇条，面粉一三三，六二三袋，米二三，八〇九包，棉纱五〇〇件。

(5) 肥料换米　　本行美购肥料二万吨，转运大陆各地，经与中农行及农林部订约，委托办理以肥料贷换食米，估计至本年十一月底，可收回食米二六，五一三短吨。又拨台湾六万四千吨化学肥料中，有一部份洽换食米。

(6) 四联总处核定收购成品　　计有火柴、水泥、肥皂、成药、棉织品、车床、织布机、引擎、帮浦马达、钢丝绳等，总计付出成本国币九二〇亿元，经陆续交由中央信托局标售，至六月底约已标出百分之四十。

(7) 四联总处核定定货贷款　　资源委员会所属煤业、钢铁、石油、机械、电工、化工、水泥、纸业等事业机构定货贷款，计总值八千七百亿元，由本行委托中交两行办理。其他如收购永和矿冶公司灰口生铁、威远公司煤斤、齐鲁公司青岛橡胶厂成品等，均经四联总处核定后，分交各分支行办理。

兹将本期物资垫款各户逐月余额增减情形列表如次：

中央银行业务局三十七年一至六月份各项物资报告表　单位:国币亿元

| 户　　名 | 一月份 | 二月份 | 三月份 | 四月份 | 五月份 | 六月份 |
|---|---|---|---|---|---|---|
| 中信局代政府收购春丝户 | 77E | 77E | 77E | 77E | 77E | 77E |
| 中信局收购秋丝户 | 43 | 43 | 43 | 43 | 43 | 43 |
| 中信局收购另烘茧丝户 | 19 | 19 | 19 | 19 | 19 | 19 |
| 中信局暂记出口冰蛋垫款户 | 396 | 396 | 396 | 396 | 396 | 396 |
| 中信局购料处购储食油原料户 | 350 | 350 | 350 | 350 | 350 | 350 |
| 中信局收购桐油垫款专户 | 1,219 | 1,173 | 1,188 | 1,208 | 1,216 | 1,256 |
| 中信局收购猪鬃垫款专户 | 635 | 641 | 654 | 688 | 692 | 693 |
| 中信局购料处代购面粉专户 | 2,694 | 2,784 | 4,224 | 2,784 | 2,784 | 2,784 |
| 中信局购料处收购外棉专户 | 1,500 | 1,535 | 1,781 | 1,948 | 1,916 | 2,028 |
| 中信局代理收购35年度农行押台箱茶垫款专户 | 220 | 222 | — | — | — | — |
| 中信局收购36年度春丝户 | 2,325 | 2,599 | 3,071 | 3,480 | 4,131 | 4,184 |
| 收购纱厂紧急申请及第一季配购外棉代纺棉纱垫款户 | 4,294 | 4,682 | 4,909 | 5,036 | 5,194 | 5,229 |
| 经济部上海区配料管理委员会户 | 116 | 920 | 279 | — | — | 346 |
| 中信局收购36年度春丝乙户 | 54 | 58 | 108 | 143 | 154 | 172 |
| 资委会金属矿业管理处购运矿品周转资金户 | 300 | 300 | 300 | 300 | — | — |
| 中信局代四联总处收购食油原料贷款户 | 698 | 713 | 748 | 748 | 712 | 712 |
| 收购行总棉花垫款户 | 6,148 | 9,146 | 12,110 | 15,976 | 23,219 | 31,901 |

续上表

| 户　　名 | 一月份 | 二月份 | 三月份 | 四月份 | 五月份 | 六月份 |
|---|---|---|---|---|---|---|
| 中信局在青收购食油原料户 | 800 | 800 | 800 | 800 | — | — |
| 中信局续购出口冰蛋垫款户 | 476 | 476 | 476 | 476 | 476 | 476 |
| 上海市民食调整委员会购油透支户 | 1,168 | 1,553 | 1,153 | 3,112 | 3,112 | 3,403 |
| 中信局东北物资调节委员会垫购大米面粉及麻袋等交换大豆透支户 | 1,400 | 1,400 | 1,400 | 1,400 | 1,400 | 1,400 |
| 中信局东北物调会在沪收购中纺布匹及棉纱垫款户 | 399 | 399 | 399 | 399 | 399 | 400 |
| 中信局代本行收购四川丝业公司春丝户 | 156 | 156 | 156 | 156 | 709 | 709 |
| 中信局收购蛋黄蛋白出口垫款户 | 24 | — | — | — | — | — |
| 委托中信局代向中粮公司购面粉运青垫款户 | 435 | 435 | 435 | 435 | 435 | 132 |
| 经济部全国花纱布管委会购花纱布垫款户 | 12,600 | 13,494 | 22,211 | 59,498 | 81,201 | 106,997 |
| 中信局救济平津面粉运什费垫款户 | 50 | 60 | 158 | 158 | 227 | 112 |
| 中信局收购粤省生丝垫款户 | 20 | 20 | 20 | 42 | 42 | 62 |
| 中信局储运处备付洋米运什费户 | 232 | 933 | 1,675 | 1,568 | 1,366 | 1,218 |
| 云南锡业公司收购纯锡垫款户 | 632 | 812 | 1,012 | 1,816 | 1,938 | 2,691 |

续上表

| 户 名 | 一月份 | 二月份 | 三月份 | 四月份 | 五月份 | 六月份 |
|---|---|---|---|---|---|---|
| 承购物资供应局剩余物资变价外汇专户 | 3,036 | 43,516 | 57,115 | 72,561 | 82,705 | 104,772 |
| 外销委员会加工费用专户 | — | 423 | 807 | 1,576 | 1,843 | 2,113 |
| 平津两市配售民食专户 | — | — | 7,711 | 22,629 | 35,499 | 36,764 |
| 纺织品外销委员会乙户 | — | — | 169 | 381 | 634 | 844 |
| 中信局收购37年度冰蛋垫款户 | — | — | 2,169 | 14,129 | 26,282 | 43,876 |
| 中信局代理政府收购花生米垫款户 | — | — | — | 4,200 | 4,200 | 4,200 |
| 中信局代理收购37年度桐油垫款专户 | — | — | 1,093 | 4,829 | 6,529 | 6,512 |
| 37年度中信局收购蛋品外销垫款专户 | — | — | 32 | 65 | 127 | 579 |
| 中信局购智利硝运什费垫款户 | — | — | — | — | 794 | 1,716 |
| 垫付外棉总行佣金户 | — | — | — | — | 163 | 163 |
| 中信局储运处37年度缅米运什垫款专户 | — | — | — | — | — | 367 |
| 中信局储运处购美肥料运什费户 | — | — | — | — | 41 | 3,973 |
| 纺织品外销委员会纱布垫款户 | — | — | — | — | 760 | 760 |
| 外销委员会委托中纺购棉应付关税运什费户 | — | — | — | — | 453 | 3,114 |
| 渝中信局代四联总处收购乐山华新纱厂36年垫款户 | — | — | — | — | 23 | 23 |
| 中信局收购37年春茧贷款二成垫款一成实物生丝垫款户 | — | — | — | — | — | 257 |

续上表

| 户　　　　名 | 一月份 | 二月份 | 三月份 | 四月份 | 五月份 | 六月份 |
|---|---|---|---|---|---|---|
| 中国银行定货贷款户 | — | — | — | — | 831 | — |
| 委托中纺公司代购代销行总纱线成本专户 | 325 | 325 | 325 | 325 | 325 | 325 |
| 中纺公司收购外销纱布出口结汇银行佣金户 | — | — | — | 48 | 48 | — |
| 中纺公司收购麻袋垫款户 | 1 | 1 | 7 | 24 | 24 | 24 |
| 经济部纺织品外销委员会为备付开发 AIP 印棉垫款户 | — | — | — | 15 | 15 | 15 |
| 纱布外销委员会出口银行佣金户 | — | — | — | 65 | 79 | 14 |
| 中信局代本行收购到埠外棉外销纱布结汇银行佣金户 | — | — | — | 17 | 24 | 81 |
| 中纺公司代外销委员会订购印棉运什费垫款户 | — | — | — | 890 | 1,683 | 7 |
| 中纺公司代办六区纱厂抵购公债纱布出口垫款户 | — | — | — | 43 | 53 | 54 |
| 第二季外棉垫付结汇银行佣金及各项费用户 | — | — | — | 3 | 3 | 3 |
| 上海丝织品输出劝导会管理处垫付出口银行佣金户 | — | — | — | — | — | — |
| UTEC 棉花项下垫付佣金及电报费户 | — | — | 2 | 2 | 2 | 2 |
| 外销会以印棉掉换中纺布匹出口运杂费垫款户 | — | — | — | 5 | — | — |
| 中纺公司代外销委员会定购美棉巴西棉运什费垫款户 | — | — | — | 92 | 2,570 | 4,151 |
| 经济部全国花纱布管理委员会纺织品外销委员会户 | — | — | — | — | 14 | 860 |

续上表

| 户名 | 一月份 | 二月份 | 三月份 | 四月份 | 五月份 | 六月份 |
|---|---|---|---|---|---|---|
| 中纺公司代购纱布垫款户 | — | — | — | 4,314 | 4,315 | 4,702 |
| 合计 | 42,852E | 90,401E | 129,980E | 229,269E | 303,047E | 388,071E |

## 中央银行业务局各项物资垫款报告表

三十七年一月一日至三十七年六月卅日　三十七年八月制

| 户名 | 金额 | | | 单位:亿元 | | | 备考 |
|---|---|---|---|---|---|---|---|
| | 一月份 | 二月份 | 三月份 | 四月份 | 五月份 | 六月份 | |
| 中信局代德侨清理处购买日本染料垫款户 | 66 | 66 | 66 | 66 | 66 | 66 | |
| 上海市民食调配会购粮借款户 | 2,400 | 3,395 | 3,796 | 3,796 | 3,796 | 3,796 | |
| 中农信托部受委收购苏北棉花户 | 150 | 150 | 155 | 160 | 161 | 161 | |
| 委托中农收购国棉垫拨资金户 | 3,000 | 3,641 | 8,465 | 8,620 | 9,400 | 9,400 | |
| 台湾糖业公司 | 5,032 | 5,032 | 5,032 | 5,032 | 5,032 | 5,032 | |
| 委托代购上海市民食油原料借款户 | 1,400 | 2,722 | 4,360 | 6,108 | 6,500 | 6,800 | |
| 上海市民食调配会购粮借款乙户 | 927 | 1,211 | 1,300 | 1,500 | 1,500 | 1,500 | |
| 中信局在青收购齐鲁公司生油垫款户 | 278 | 292 | 299 | 299 | 309 | 318 | |
| 华东煤矿股份有限公司 | 240 | 240 | 240 | 240 | 240 | — | |
| 淮南矿路股份有限公司 | 150 | 400 | 400 | 400 | 261 | — | |

续上表

| 户　　名 | 金 | 额 | | | 单位:亿元 | | 备　考 |
|---|---|---|---|---|---|---|---|
| | 一月份 | 二月份 | 三月份 | 四月份 | 五月份 | 六月份 | |
| 垫拨资委会台湾金铜矿务局生产品垫款户 | 576 | 576 | 816 | 1,256 | 1,704 | 1,448 | |
| 委托中信局收购启新洋灰借款户 | 940 | 940 | 940 | 940 | 798 | 798 | |
| 上海市民食调配会向江南煤矿公司订购煤屑借款户 | 100 | 100 | 100 | 100 | 100 | 100 | |
| 开滦矿务局定货贷款借款户 | — | 1,600 | 1,599 | 1,599 | 1,599 | — | |
| 委托中信局收购中央电工器材厂天津厂收音机垫款户 | — | 65 | 65 | 65 | 65 | 65 | |
| 台湾糖业公司一万吨砂糖垫款户 | — | 2,560 | 2,560 | 2,560 | 2,560 | 2,560 | |
| 收购资源委员会钨砂及纯锑垫款户 | — | 241 | 241 | 241 | 867 | 867 | |
| 台湾水泥公司定货款借款户 | — | 705 | 705 | 378 | — | — | |
| 收购辽宁水泥公司洋灰垫款户 | — | 78 | 156 | 156 | 182 | 202 | |
| 上海市民调会收购北平行辕门煤借款丙户 | — | — | 564 | 727 | 764 | 776 | |
| 上海市民食调配会购粮借款丙户 | — | — | 2,740 | 5,315 | 7,916 | 7,916 | |
| 开滦矿务局定货借款乙户 | — | — | 1,571 | 1,571 | 1,521 | 1,521 | |

续上表

| 户名 | 金额 单位:亿元 | | | | | | 备考 |
|---|---|---|---|---|---|---|---|
| | 一月份 | 二月份 | 三月份 | 四月份 | 五月份 | 六月份 | |
| 上海市民食调配会购粮借款丁户 | — | — | 710 | 2,800 | 4,000 | 4,000 | |
| 上海市民食调配会收购食油原料借款丙户 | — | — | 500 | 1,000 | 1,500 | 1,500 | |
| 上海市民调会收购门头沟公司门煤借款户 | — | — | 843 | 1,332 | 1,822 | 2,240 | |
| 上海市民调会收购湖北利华白煤屑借款户 | — | — | — | 636 | 636 | 710 | |
| 上海市民调会收购食油原料乙户 | — | — | 150 | 305 | 450 | 450 | |
| 台湾糖业公司砂糖垫款乙户 | — | — | — | 7,334 | 411 | 7,315 | |
| 民调会收购长城煤屑借款户 | — | — | — | — | 356 | 325 | |
| 37年度春季合作烘茧定货贷款户 | — | — | — | — | 850 | 4,295 | |
| 本行收购滇锡价款户 | — | — | — | — | 95 | 95 | |
| 收购厂商成品垫款户 | — | 913 | 919 | 920 | 920 | 691 | |
| 资委会附属各厂矿定货贷款户 | — | — | — | — | — | 1,898 | |
| 民调会托苏农行收购食米新户 | — | — | — | — | — | 7,500 | |
| 合计 | 15,259 | 24,927 | 39,292 | 55,456 | 56,481 | 74,395 | |

## 中央银行逐月买卖外汇表

民国三十七年一月份起至六月份止

| 月份 | 买进 | | | | 卖出 | | | |
| --- | --- | --- | --- | --- | --- | --- | --- | --- |
| | 美金 | 英金 | 印币 | 港币 | 美金 | 英金 | 印币 | 港币 |
| 一月份 | 128,552.26 | 14,601∶13/— | — | 10,519.33 | 7,090,134.42 | 654,553∶2∶7 | 30,000∶0∶0 | 3,815,183.61 |
| 二月份 | 129,314.67 | 52,388∶12∶10 | — | — | 7,415,785.20 | 606,638∶12∶3 | 3,657∶8∶0 | 2,243,489.94 |
| 三月份 | 41,993.92 | 1,548∶8∶5 | 195∶13∶11 | 1,214.95 | 4,273,996.43 | 276,533∶6∶3 | 10,000∶0∶0 | 1,209,484.55 |
| 四月份 | 19,836.46 | 4,982∶19∶9 | 501∶6∶— | 8,070.00 | 7,921,716.59 | 182,245∶0∶9 | 296,587∶4∶8 | 5,495,417.07 |
| 五月份 | 18,356.52 | 12,966∶14∶10 | — | — | 5,464,103.12 | 1,193,602∶8∶2 | 120,820∶0∶0 | 2,606,013.41 |
| 六月份 | 818,627.97 | 1,195∶10∶1 | — | 500.00 | 50,314.79 | 1,149∶9∶2 | 564∶5∶6 | 729,339.12 |
| 合计 | 1,156,681.80 | 87,683∶18∶11 | 697∶3∶11 | 20,304.28 | 32,216,050.55 | 2,914,723∶19∶2 | 461,629∶—2∶2 | 16,098,927.70 |

注：本表系按照官价(12,000)买卖

（四）管理外汇

一、外汇之管理　　自上年八月十八日行政院公布中央银行管理外汇办法后，在中央银行内设置外汇平衡基金委员会，察酌市场供需，调整外汇市价。同年十二月，中央银行管理外汇条例复经国府公布，本行经即依照办理，同时与输出入管理委员会随时取具联系及合作。故于三十七年度上期六个月之中，在初期数个月，对于吸收出口外汇及华侨汇款，尚著成效。其后以物价及外汇黑市日见高涨，平衡会之市价与黑市相距日远。出口贸易既受影响，侨汇亦大部份流入黑市，而进口商所需外汇，仍照平衡会市价结购，则不啻享受特殊待遇，亦欠公平。爰经集纳各方建议，于五月三十一日改订外汇政策，施行结汇证明书办法，旨在使进口商输入货物付相当合理之代价，俾进出口商利益趋于均衡，兼使华侨汇款纳入正轨，外汇来源，亦可期比较充裕。复为避免刺激物价安定民生起见，对于米、麦、面粉、棉花、肥料之进口，及其他经政府核准之需要结汇者，毋需使用结汇证明书，仍照平衡会结汇率计算。此项办法施行以来，为时虽暂，已渐著显效，诚当随时斟酌情形，徐求改善，以期尽臻完密。兹将本行三十七年一至六月份逐月买卖外汇数字及外汇平衡基金委员会逐月买卖外汇数字，暨本行奉行政院核准结售政府机关外汇数字，分别列表如后：（见上页）

外汇平衡基金委员会买卖外汇数额表

自三十七年一月份起至六月份止

| 名称 | 买入 | 卖出 | 买卖外汇净额 | |
|---|---|---|---|---|
| | | | 买超 | 卖超 |
| 美金 | 79,889,952.44 | 105,615,147.53 | | 25,725,195.09 |
| 英金 | 7,908,675：0：9 | 8,898,589：11：4 | | 989,914：10：7 |
| 印币 | 637,907：9：2 | 1,766,055：8：3 | | 1,128,147：15：1 |

续上表

| | | | | |
|---|---|---|---|---|
| 港　币 | 28,326,558.87 | 30,390,255.16 | | 2,063,696.29 |
| 卖出各种外汇折合美金总数　149,336,886.24 | | | | |
| 买入各种外汇折合美金总数　118,797,664.58 | | | | |
| 卖超折合美金总数　30,539,221.66 | | | | |

注：本表汇率仅平衡会市价一种。

中央银行奉行政院核准结售政府机关外汇表

卅七年一月份起至六月份止　　(折合美金数)

| 月　份 | 垫付部份 | 结购部份 | 合　计 |
|---|---|---|---|
| 卅七年一月份 | US$11,495,342.54 | US$3,177,748.97 | US$14,673,091.51 |
| 二月份 | 7,993,753.75 | 1,316,449.44 | 9,310,203.19 |
| 三月份 | 5,199,279.06 | 4,107,026.99 | 9,306,306.05 |
| 四月份 | 5,718,958.26 | 5,044,760.79 | 10,763,719.05 |
| 五月份 | 4,716,666.96 | 4,389,362.49 | 9,106,029.45 |
| 六月份 | 7,523,130.34 | 8,199,594.97 | 15,722,725.31 |
| | US$42,647,130.91 | US$26,234,943.65 | US$68,882,074.56 |

注：本表结售汇率包括官价、平衡会市价以及结汇证明书价。

二、市场外汇交易(各指定银行买卖外汇情形)　兹根据本行统计，将本年上半年度市场外汇买卖情形简列于左：

(1) 各指定银行买入之外汇：

1. 出口货价　　美金七一，四二七，七二〇元
2. 华侨汇款　　美金　四，一四六，九四一元
3. 其他　　美金　一，四七四，七五七元

共　计　美金七七，〇四九，四一八元

（2）各指定银行卖出之外汇：

1. 进口货价　美金八五，七〇四，六七一元

2. 非进口货需要　美金　四，九二六，六三七元

共　计　美金九〇，六三一，三〇八元

两抵净卖出　美金一三，五八一，八九〇元

（3）与三十六年上半年度外汇收支之比较：

1. 买入出口货价外汇：

三十六年上半年度买入共计美金一〇八，四〇二，四二五元。

本年上半年度比较少买美金三六，九七四，七〇五元，约占百分之三四强。

2. 买入华侨汇款：

三十六年上半年度买入共计美金一五，四三九，四三五元。

本年上半年度比较少买美金一一，二九二，四九四元，约占百分之七三强。

3. 售出进口货价外汇：

三十六年上半年度共售出美金一七〇，八四七，一六四元。

本年上半年度比较少售美金八五，一四二，四九三元，约占百分之五十弱。

4. 售出非进口货需要外汇：

三十六年上半年度共售出美金七，一〇一，七一〇元。

本年上半年度比较少售美金二，一七五，〇七三元，约占百分之三十强。

5. 其他外汇：

三十六年上半年度共买入美金一六，二六四，八六八元。

本年上半年度比较少买美金一四，七九〇，一一一元，约占百分之九一弱。

三十六年上半年度共售出美金六，九二四，六六二元。

本年上半年度未有售出。

(4)实施结汇证明书办法后，外汇收支之比较：

1. 买入出口货价外汇：

本年五月份共买入美金一一，〇八三，八九〇元，六月份共买入美金一六，九二三，〇六二元，计增加美金五，八三九，一七二元，约占百分之五十。

上年度五、六月份买入出口货【价】外汇数字接近。

2. 买入华侨汇款外汇：

本年五月份共买入美金二〇四，六八九元，六月份共买入美金六七七，六二九元，计增加美金四七二，九四〇元，约占百分之二三一强。

上年度六月份较五月份减少百分之五十弱。

3. 卖出进口货价外汇：

本年五月份共售出美金一〇，六一二，六五五元，六月份共售出美金一二，二一二，三四一元，计增加美金一，五九九，六八六元，约占百分之一五强。

上年度六月份较五月份多售约占百分之五强。

4. 卖出非进口货需要外汇：

本年五月份共售出美金八五七，五七〇元，六月份共售出美金七五三，一三二元，计减少一〇四，四三八元，约占百分之一二强。

上年度六月份较五月份减少约占百分之四四弱。

5. 其他外汇：

本年五月份共买入美金四九，六四六元，六月份共买入美金一九六，四六〇元，计增加美金一四六，八一四元，约占百分之二九五强。

上年度六月份较五月份多买入一倍强。

本年度五、六月份未有售出。

## 全国指定银行买入及卖出外汇统计表

民国卅七年一月至六月

卖出外汇

| | 美金 | 英金 | 港币 | 罗比 | 瑞士法郎 | 新币 | 菲币 | 澳币 | 瑞典币 |
|---|---|---|---|---|---|---|---|---|---|
| 进口货价 | 57,097,869.71 | 4,363,860- -9- -2 | 54,124,973.97 | 9,122,716- -8-8 | 3,195,942.07 | 5,681,633.34 | 25,602.00 | 47,404-9-10 | 109,021.64 |
| 个人外汇需要 | 1,503,339.66 | 18,602-19- -6 | --- | --- | --- | --- | --- | --- | --- |
| 非进口货之外汇需要 | 1,939,838.22 | 340,414-19-11 | 1,655,161.95 | 219,155- -5-9 | 62,181.96 | 36,832.11 | 1,863.15 | 270- -1-5 | 1,201.71 |
| 合计 | 60,541,047.59 | 4,722,878- -8- -7 | 55,780,135.02 | 9,341,871-14-5 | 3,258,124.03 | 5,718,465.45 | 27,465.15 | 47,674-11-3 | 110,223.35 |

| | 比法郎 | 法郎 | 爪哇币 | 荷盾 | 加币 | 暹币 | 越币 | 各币折成美金数合计 |
|---|---|---|---|---|---|---|---|---|
| 进口货价 | 206,707.90 | --- | --- | --- | --- | --- | --- | US$85,704,671.— |
| 个人需要外汇 | --- | --- | --- | --- | --- | --- | --- | 1,559,838.— |
| 非进口货之外汇需要 | 7,275.19 | 229,251.66 | 65.62 | 741.96 | 21.16 | 0.70 | 71.50 | 3,366,799.— |
| 合计 | 213,983.09 | 229,251.66 | 65.62 | 741.96 | 21.16 | 0.70 | 71.50 | US$90,631,308.— |

## 全国指定银行买入及卖出外汇统计表

卅七年一月至六月

买入外汇

| | 美金 | 英金 | 港币 | 卢比 | 瑞士法郎 | 新币 | 菲币 | 澳币 | 瑞典币 |
|---|---|---|---|---|---|---|---|---|---|
| 出口货价 | 39,838,649.81 | 5,033,064- -1-1 | 69,226,827.90 | 3,507,709- -9- -3 | 4,027,058.97 | 3,703,412.92 | 127,713.00 | - - - | 16,668.00 |
| 华侨汇款 | 3,067,708.18 | 293,953- -7-0 | 285,664.00 | 299,423- -3- -1 | 178,778.48 | 7,040.15 | 117.24 | 45-14-11 | 15,193.36 |
| 其他 | 1,380,271.84 | 17,732-19-6 | 56,755.95 | 109,891-15-10 | 18,418.14 | 1,841.40 | 103.59 | 2- -8- -6 | 62.79 |
| 合计 | 44,286,629.83 | 5,344,750- -7-7 | 69,569,247.85 | 3,917,024-12-2 | 4,224,255.59 | 3,712,294.47 | 127,933.83 | 48- -3- -5 | 31,924.15 |

| | 法郎 | 比法郎 | 荷币 | 爪哇币 | 加币 | 越币 | 以上各币折合美金数合计 |
|---|---|---|---|---|---|---|---|
| 出口货价 | 33,520.00 | 1,944,519.34 | - - - | - - - | - - - | - - - | US$71,427,720.00 |
| 华侨汇款 | 152,868.10 | 26,200.00 | 2,456.40 | 1.03 | 228.23 | - - - | 4,146,941.00 |
| 其他 | 90,347.33 | 1,654.59 | 121.47 | 61.53 | 2.23 | 2,641.25 | 1,474,757.00 |
| 合计 | 276,735.43 | 1,972,373.93 | 2,577.87 | 62.56 | 230.46 | 2,641.25 | US$77,049,418.00 |

附注：其他类包括冻结款项，指定银行各种杂项收入等。

综上各点，结汇证明书办法施行以后，为期一月，买入出口外汇及侨汇，各激增百分之五十，而其他外汇收入更达三倍之多，前途乐观。同时售出进口货价外汇，亦增加百分之十五，于必需进口之物资稍有裨益。而其他外汇之支出，则尽量紧缩，力予撙节，故售出甚少。

三、吸收侨汇

侨汇一项，本为我国平衡国际收支之主要收入。惟频年因政府规定汇价与黑市汇价发生差额，而南洋等地复有民信局等组织竞揽侨汇，致此项外汇收入逐渐减少。上年八月间，外汇平衡委员会成立后，初期因汇率与黑市尚相接近，故侨汇数字略见起色。嗣因物价上涨，平衡会汇率与黑市脱节，致自一月以后，侨汇即逐渐减少。至六月初，实行结汇证明书制度后，收入始见增加，上节“市场外汇交易”内，已详列比较数字。兹将本年一至六月侨汇收入数字另列一表，以窥其详(附表)。

全国指定银行购入华侨汇款数额

| | | |
|---|---|---|
| 卅七年一月份 | US $ | 1,406,967.66 |
| 卅七年二月份 | | 963,542.83 |
| 卅七年三月份 | | 541,565.02 |
| 卅七年四月份 | | 352,547.49 |
| 卅七年五月份 | | 204,689.35 |
| 卅七年六月份 | | 677,629.61 |
| 共计 | US $ | 4,146,941.96 |

## 丙编　人事开支及盈亏

### (一) 开支及盈亏概况

本行三十七年上期全体损益，计纯益国币二千三百九十五亿九千一百七十二万九千一百四十六元五角整。其损益情形如后：

损失之部

| | |
|---|---|
| 利息支出 | 二四,一二五亿 |
| 手续费支出 | 一,三二六亿 |
| 各项费用 | 一七,九一二亿 |
| 四联经费 | 一八七亿 |
| 摊销发行券印制费 | 四,七九三亿 |
| 各项提存 | 三亿 |
| 现金运送费 | 五,七一八亿 |
| 证券损益 | 二五,九〇二亿 |
| 证券利息所得税 | 二一八亿 |
| 特种营业税 | 二,二二〇亿 |
| 杂项支出 | 一,三三四亿 |
| 物资配委会经费 | 三七亿 |
| 利益之部 | |
| 利息收入 | 六五,〇〇六亿 |
| 手续费收入 | 二,〇九〇亿 |
| 汇费 | 一七,九三六亿 |
| 投资损益 | 五三七亿 |
| 杂项收入 | 六〇五亿 |

查本行三十七年上期营业预算·预计净利益数为国币二千六百九十一亿四千零八十万元,同案盈亏拨补表列分配红利拨解国库国币一千三百三十亿元。至本行上期全体损益计算表,列有证券损二五,九〇二亿(大部系属本行发行短期库券之折扣损失),又物资配委会经费三七亿,该两项在同期预算中原未编列,因编制该期预算时,短期库券尚未发行,及物资配委会之经费尚未经规定之故。此外,证券利息所得税,原预算估计为四亿,特种营业税原预算估计为四一七亿,但实际支出时以收益额激增,纳税额因以增加,致该两项较原预算共增二,〇一六亿。以此情形,本行三十七年上期全体纯益数字,虽较原预算估计数减少二九五亿,而负担特种营业税则增加三倍有奇。

至三十七年上期全体各项费用总数计国币一八,一〇〇亿,其中计各项开支国币一七,九一二亿,四联经费一八七亿,同期预算各项开支估计为三,〇八〇亿,实际开支超出预算数计一四,八三二亿,四联经费原预算估计数一二〇亿,实际支出超出预算数计六七亿,上项超出预算数额,仍将依照向例办理追加手续。本行本期各项费用支出,虽力事撙节,仍不得不超出预算,仍为物价上涨过巨,超出预计之自然结果。

关于损益内容分析,因分行表报未齐,俟到齐后再行补报。

(二)人事工作概况(略)

〔四联总处档案〕

## 5. 中央银行业务局为附送财政经济紧急处分令公布后该局业务情形函稿

(1948年8月25日)

准贵处八月廿四日秘字第四八三五号函,略以四联总处本星期四理事会议嘱将关于财政经济紧急处分令实施后,有关本局主管部份事项,编具书面报告,送奉汇编等由洽悉。兹编就本局财政经济紧急处分令公布后业务情形一份,随函奉达,即希查照汇编为荷。此致

秘书处

附件

中央银行业务局关于财政经济紧急处分令公布后,所有最近业务情形,兹分别开列于后:

一、存款

关于业务事项:(1) 存款单位金圆。A、英文GOID YUAN,简写G.Y。B、存款余额在金圆一分以上者,一律自动转成金圆,

金圆一分以下者四舍五入。余额不满金圆一分者，以一分论。C、本月廿日以前开出法币支票，均一律折合金圆收付及交换，分以下四舍五入。D、存款利率改为月息二分(原定月息八分)。

二、放款

放款：A、拆款利率改为每日千元七角(原定每千元八元)计算。B、已订契约继续有效(仍照原约规定)。C、已核准未用款者，暂缓办理(候四联核定再办)。D、新放款暂停。

三、国内汇兑

汇款：A、各地汇款视库存情形尽量开放。B、汇水暂照现行汇率减低百分之五十，国家行局、国营事业、商业行庄一律办理，不另折扣。C、应解未解汇款折付金圆(金圆一分以下者四舍五入)。

四、外汇业务

(甲) 订定外汇交易各项办法

自奉总统卅七年八月二十日令颁财政经济紧急处分后，原有结汇证明书办法已不适用，经即规定出口商等经由指定银行缴售外汇，本行得按法定汇率，每美元合金圆四元计算，兑付全部金圆券，不再发给结汇证明书。又进口商等已领有进口许可证奉准结购外汇者，得按美金一元合金圆券肆元之比率购买外汇，毋需缴纳结汇证明书。其已获有结汇证明书者，得照缴结汇证明书，同时随付国币四十七万四千元，或金圆券壹角伍分八厘购买外汇。至其他一切外汇交易，概按金圆券四元合美金一元计算之，并核定其余主要外汇，英金一镑合金圆券十二元，港币一元合金圆券七角五分，印币一卢比合金圆券九角。至于指定银行每日外汇余额亦经规定，应于每日营业时间终了后结清。所有美金、英镑以外之外汇，应分别折成美金或英镑结清，其折合率规定为港币一元合英镑一先令三便士，印币一卢比合英镑一先令六便士，叻币一元合英镑二先令四便士，瑞士法郎为四法郎合美金一元，菲币二披莎合美金一元，加币一元合美金一元，荷币十一盾合英镑一镑。此外，因改革币制，外汇业务上若干技术问题，亦经次第修正。例如关于出口寄售货物应做外汇之期限，凡在卅七年八月廿三日以前届满而尚未结汇者，概照本行第一三四号通函第五节规定办理，即以前平衡会汇率国币四十七万四千元，或等值之金圆券一角五分八厘予以结汇。如规定限期在卅七年八月廿三日以后届满而逾期结汇者，准按法定汇率五成计算结汇。又关于指定银行向客户购回过期信用状，或委购证等项下未用外汇之处理办法规定三点：（一）凡在卅七年五月卅一日以前售出之外汇，未附有结汇证明书暨卅七年五月卅一日以后售出之外汇而附有结汇证明书者，指定银行重行购回时，概照法定汇率七成计算。（二）凡在卅七年五月卅一日以后及在卅七年八月廿三日以前期间，根据本行第一三五号通函规定，按照前平衡会汇率计算，而未附结汇证明书售出之外汇，指定银行重行购回时，得按照本行第一四九号通函之规定，仍按平衡会汇率计算。（三）凡在卅七年八月廿三日以后售出之外汇，指定银行重行购回时，得按原汇率计算。又关于外埠结汇证在沪出售后，汇款优待办法，事实上已无需要，亦经予以取销。

（乙）八月廿三、廿四两日本行超买(Over bought)外汇数额：

| 币别 | 廿三日 | 廿四日 |
|---|---|---|
| 美金 | 一，四二三，〇九四．七九元 | 一，八三二，〇三二．三七元 |
| 英金 | 一八〇，七〇八镑五先令二便士 | 二七六，〇二五镑七先令七便士 |
| 港币 | 二一，八九三．六六元 | 七三〇，九三二．七三元 |

五、收兑金银及外币

（甲）金银部份：

本行自奉令收兑金银及外币钞券以来，市民请兑者异常踊跃，足见人民遵照法令爱护新币之热诚。本行为便利收兑起见，除在本局门市收兑外，加设收兑处一处，并委托各行局代理收兑，计委托代理收兑黄金者有中国银行信托部、交通银行信托部、中国农民银行信托部,委托收兑黄金、白银者有盐业银行、大陆银行、联合商业储蓄信托银行,再委托收兑外币者有中、交、农三行及大通、麦加利、浙江兴业、浙江实业、上海商业、金城、中南、国货、中央信托局、邮汇局。所有八月廿三、廿四两日收兑金银数量,另见附表。

(乙)外币部份:

(一)收兑种类　　暂以美钞及港币两种为限。

(二)委托收兑行庄　　除由本行直接收兑外,并以请兑人数过于拥挤,已先后委托中国、交通、中农、中信、邮汇、浙江兴业、浙江实业、金城、上海、中南、国货、聚兴诚、大通、麦加利、汇丰等行局(系属指定银行),同时代理收兑,以赴事功。代兑手续费概按千分之二.五计算,每周结算一次。各代兑行兑入外币,当日交与本行,兑出金圆券头寸,亦由本行当日拨还。代兑行如有需要,得由本行先行酌拨金圆券若干,限当日轧结。

(三)八月廿三、廿四两日收兑外币数量,另见附表。

兑入黄金白银银圆及外国币券数量表　　(上海部份)

八月廿三日

| | 黄金 | 白银 | 银圆 | 美钞 | 港币 |
|---|---|---|---|---|---|
| (中央)门市 | 5,635.197 | 8,776.963 | 19,961.00 | 210,909.00 | 32,459.00 |
| 同业 | | | 8,400.00 | | |
| 收税处 | | | | | |
| 中国 | 2,113.163 | | | 302,639.00 | 19,205.00 |
| 交通 | | | | 89,118.00 | 76,420.00 |
| 农民 | | | | 146,827.00 | 8,618.00 |
| 大通 | | | | 26,976.50 | |
| 麦加利 | | | | 43,162.00 | |
| 共计 | 7,748.360 | 8,776.963 | 28,361.00 | 819,631.50 | 136,702.00 |
| 综计兑出金圆 5,013,777.39 圆 | | | | | |

## 收兑金银外币数量表 （上海部份）

卅七年八月廿四日

| | 黄金（纯金市两） | 白银（纯银市两） | 银元（元） | 美钞（元） | 港钞（元） |
|---|---|---|---|---|---|
| （中央）门市 | 6,363.209 | 24,354.793 | 47,243.00 | 143,086.25 | 65,070.10 |
| 收税处 | 314.550 | | | 1,053.50 | 7,683.00 |
| 中国 | 4,458.880 | | | 341,363.00 | 214,145.00 |
| 交通 | 2,043.405 | | | 115,498.00 | 36,018.00 |
| 农民 | 3,443.702 | | | 360,573.30 | 96,479.00 |
| 大通 | | | | 92,848.60 | |
| 麦加利 | | | | 233,895.00 | 155,735.00 |
| 共计 | 17,128.696 | 24,954.793 | 47,243.00 | 1,286,317.65 | 575,130.10 |
| 累计 | 24,877.056 | 88,731.756 | 75,604.00 | 2,107,949.15 | 711,632.10 |

## 各地兑入黄金银圆白银及外国币券数额表

八月廿三日

| | 黄金（两） | 银元（元） | 白银（两） | 美钞（元） | 港币（元） |
|---|---|---|---|---|---|
| 台湾 | 674.550 | | | 50,346.00 | 35,614.00 |
| 重庆 | 58.418 | 11,347.00 | | 3,728.00 | |
| 青岛 | 194.072 | 9,468.00 | | 193,241.15 | 179.00 |
| 北平 | 201.814 | 23,995.50 | 5,417.37 | 27,222.00 | |
| 天津 | 140.980 | 481.00 | | 20,089.85 | 300.00 |
| 镇江 | 194.435 | 4,743.00 | | 131.00 | |
| 南京 | 1,747.476 | 22,311.00 | 104.42 | 54,391.00 | |
| 杭州 | 904.656 | 18,999.00 | | 5,688.00 | 120.00 |
| 汕头 | 86.689 | | | 2,558.00 | 7,677.20 |
| 厦门 | | | | 157,141.00 | 207,848.00 |

续上表

| | 黄金（两） | 银元（元） | 白银（两） | 美钞（元） | 港币（元） |
|---|---|---|---|---|---|
| 共计 | 4,212.090两 | 91,344.50元 | 5,521.79两 | 514,536.00元 | 251,738.20元 |

以收到电报行处为限

各地兑入黄金银圆白银及外国币券数额表

八月廿三日(续编)

| | 黄金（两） | 银元（元） | 白银（两） | 美钞（元） | 港币（元） |
|---|---|---|---|---|---|
| 宁夏 | 56.668 | | | | |
| 无锡 | | | | 20.00 | |
| 福州 | 193.090 | | | 11,698.00 | 13,812.00 |
| 湛江 | | | | | 9,451.00 |
| 共计 | 249.758 | | | 11,718.00 | 23,263.00 |

以收到电报行处为限

各地兑入黄金银圆白银及外国币券数额表

八月廿四日

| | 黄金（两） | 银元（元） | 白银（两） | 美钞（元） | 港钞（元） |
|---|---|---|---|---|---|
| 青岛 | 375.661 | 22,155.00 | | 217,052.29 | 16.00 |
| 汕头 | 41.221 | | | 6,634.00 | 2,234,015.90 |
| 南京 | 1,776.309 | 46,383.00 | 39.960 | 36,211.00 | 6,643.00 |
| 杭州 | 904.656 | 19,328.00 | | 1,775.00 | 220.00 |
| 台湾 | 1,938.360 | 291.00 | | 51,049.00 | 34,768.00 |
| 重庆 | | | | 4,209.00 | |
| 湛江 | | | | | 9,451.00 |
| 共计 | 5,036.207 | 88,157.00 | 39.960 | 316,930.29 | 2,285,113.90 |

以收到电报行处为限

〔中央银行档案〕

## 6. 中央银行业务局为附送央行投资生产事业情形报告表函

（1948年9月17日）

业总字(37)第二一二三九号

案准贵处卅七年九月三日京业字第二九三一七号代电，略以按照“各行局库办理信托及投资应行注意事项”第五项之规定，各行局库所有已投资之事业，应限期详细填报贵总处备案，嘱将本行过去办理投资情形填报等由。准此。相应将本行投资情形填具细表一份，随函送奉，即希查照转陈备案并见复为荷。此致

四联总处秘书处

附表一份

中央银行

业务局副局长　王紫霜(印)

| 户　名 | 票　面　金　额 |
|---|---|
| 六联印刷股份有限公司 | C.N.C. 997,700,000.00 |
| 中央合作金库 | 5,000,000.00 |
| 职业互助保证协会基金 | 17,500.00 |
| 重庆电力公司股票 | 3,150,000.00 |
| 华西建设公司股票 | 250,000.00 |
| 西南麻织公司股票 | 111,000.00 |
| 甘肃矿业公司股票 | 1,750,000.00 |
| 中国兴业公司股票 | 36,000,000.00 |
| 江西兴业公司股票 | 630,000,000.00 |
| 中国人事保险公司 | 41,000,000.00 |
| 上海市文化信用合作社 | 50,000,000.00 |
| 锡沪长途汽车公司 | 144,000,000.00 |

续上表

| 户名 | 票面金额 |
| --- | --- |
| 中央印制厂 | 110,000,000.00 |
| 合计 | C.N.C. $ 2,018,978,500.00 |

| 户名 | 票面金额 |
| --- | --- |
| 香港国民日报社 | H.K. 100,000.00 |
| 合计 | H.K. $ 100,000.00 |

〔四联总处档案〕

## 7. 中央银行1948年7至10月份各月存汇业务分析表

（1948年12月24日）

### 汇出汇款分析表

单位:国币亿元　　　　37年7月份

| 受款行名 | 总计 | 军事党务慈善机关 | 行政机关 | 国营或公营事业机关 | 国家行局 | 普通同业 | 其他 |
| --- | --- | --- | --- | --- | --- | --- | --- |
| 总计 | 333968 | 132135 | 34759 | 4441 | 82077 | 80106 | 450 |
| 重庆 | 22816 | 11061 | 302 | 1563 | 8870 | 1020 | |
| 广州 | 54334 | 9278 | 4884 | 596 | 33523 | 6053 | |
| 福州 | 52218 | 3392 | 110 | 71 | 5405 | 43240 | |
| 昆明 | 4430 | 2256 | 336 | 919 | 340 | 579 | |
| 南京 | 31455 | 20543 | 9532 | 50 | 1040 | 290 | |
| 青岛 | 5057 | 4630 | 105 | | 150 | 172 | |
| 北平 | 43944 | 41642 | 2302 | | | | |

续上表

| 受款行名 | 总计 | 军事党务慈善机关 | 行政机关 | 国营或公营事业机关 | 国家行局 | 普通同业 | 其他 |
|---|---|---|---|---|---|---|---|
| 天津 | 4372 | 603 | 3760 | 9 | | | |
| 杭州 | 7533 | 190 | 570 | | 2037 | 4736 | |
| 汉口 | 12162 | 3767 | 1142 | 298 | 4730 | 2225 | |
| 长沙 | 3900 | 989 | 2150 | | 730 | 31 | |
| 贵阳 | 2445 | 162 | | 425 | 410 | 1448 | |
| 西安 | 3717 | 2711 | 981 | 25 | | | |
| 成都 | 1546 | 712 | 834 | | | | |
| 南昌 | 1743 | 160 | 1039 | | 344 | 200 | |
| 兰州 | 6611 | 5088 | 1445 | 78 | | | |
| 其他 | 75685 | 24951 | 5267 | 407 | 24498 | 20112 | 450 |

## 汇入汇款分析表

单位：国币亿元　　　　　　　　　　37年7月份

| 汇款行名 | 总计 | 党政军机关 | 慈善机关 | 公有营业或事业 | 国家行局 | 普通同业 | 个人及其他 |
|---|---|---|---|---|---|---|---|
| 总计 | 357742 | 33787 | 21 | 24558 | 161186 | 131286 | 6904 |
| 重庆 | 2797 | | | 525 | 1100 | 1160 | 12 |
| 成都 | 25 | | | 20 | | | 5 |
| 贵阳 | 6 | | | | | | 6 |
| 汉口 | 12 | 4 | | 3 | | | 5 |
| 西安 | 8400 | 25 | 5 | 1786 | 3063 | 3410 | 111 |
| 天津 | 148988 | 9318 | | 1240 | 76380 | 62000 | 50 |
| 昆明 | 446 | 92 | | 350 | | | 4 |
| 南昌 | 2727 | 37 | 14 | | 2425 | 250 | 1 |
| 兰州 | 1584 | 105 | | 155 | 750 | 516 | 58 |

续上表

| 汇款行名 | 总计 | 党政军机关 | 慈善机关 | 公有营业或事业 | 国家行局 | 普通同业 | 个人及其他 |
|---|---|---|---|---|---|---|---|
| 广州 | 147 | 87 | | 60 | | | |
| 长沙 | 1501 | | | 1500 | | 1 | |
| 南京 | 40626 | 1433 | 2 | 2920 | 13414 | 20059 | 2798 |
| 其他各地 | 150483 | 22686 | | 15999 | 64054 | 43890 | 3854 |

## 汇出汇款分析表

单位：金圆仟元　　　　37 年 8 月份

| 受款行名 | 总计 | 军事党务慈善机关 | 行政机关 | 国营或公营事业机关 | 国家行局 | 普通同业 | 其他 |
|---|---|---|---|---|---|---|---|
| 总计 | 25266 | 16857 | 2077 | 1346 | 3104 | 1578 | 304 |
| 重庆 | 1045 | 469 | 5 | 56 | 348 | 132 | 35 |
| 广州 | 1846 | 569 | 119 | 92 | 958 | 99 | 9 |
| 福州 | 404 | 154 | | 4 | 20 | 126 | 100 |
| 昆明 | 569 | 19 | 4 | 434 | 68 | 43 | 1 |
| 南京 | 3690 | 2493 | 1062 | 26 | 100 | | 9 |
| 青岛 | 579 | 459 | 1 | 54 | 28 | 37 | |
| 北平 | 3473 | 3286 | | 145 | | 40 | 2 |
| 天津 | 315 | 76 | 11 | 11 | | 215 | 2 |
| 杭州 | 225 | 8 | 7 | 31 | 111 | 67 | 1 |
| 汉口 | 1126 | 745 | 24 | 33 | 213 | 108 | 3 |
| 长沙 | 714 | 6 | 400 | 259 | 70 | 3 | 3 |
| 贵阳 | 75 | 7 | | | 21 | 46 | 1 |
| 西安 | 1199 | 1155 | | 3 | | 40 | 1 |
| 成都 | 105 | 22 | 5 | | 28 | 48 | 2 |
| 南昌 | 448 | 23 | 400 | | 2 | 23 | |
| 兰州 | 1051 | 1042 | | 9 | | | |
| 其他 | 8375 | 6324 | 39 | 189 | 1137 | 551 | 135 |

## 汇入汇款分析表

单位：金圆仟元　　　　　　　　　　　　　　　　37 年 8 月份

| 汇款行名 | 总计 | 党政军机关 | 慈善机关 | 公有营业或事业 | 国家行局 | 普通同业 | 个人及其他 |
|---|---|---|---|---|---|---|---|
| 总计 | 40797 | 3485 | 1 | 2531 | 19478 | 14986 | 316 |
| 重庆 | 22 | | | 21 | | | 1 |
| 成都 | 67 | | | | 17 | 49 | 1 |
| 贵阳 | 1 | | | | | | 1 |
| 汉口 | 1 | | | | | | 1 |
| 西安 | 289 | | | 29 | 67 | 190 | 3 |
| 天津 | 16801 | 47 | | 213 | 9158 | 7370 | 13 |
| 昆明 | 36 | 13 | | 13 | | 10 | |
| 南昌 | 263 | | 1 | | 90 | 172 | |
| 兰州 | 415 | | | 19 | 138 | 253 | 5 |
| 广州 | 1600 | 33 | | | 528 | 1039 | |
| 长沙 | 1 | | | | | | 1 |
| 南京 | 1383 | 90 | | 84 | 359 | 652 | 198 |
| 其他各地 | 19918 | 3302 | | 2152 | 9121 | 5251 | 92 |

## 汇出汇款分析表

单位：金圆仟元　　　　　　　　　　　　　　　　37 年 9 月份

| 受款行名 | 总计 | 军事党务慈善机关 | 行政机关 | 国营或公营事业机关 | 国家行局 | 普通同业 | 其他 |
|---|---|---|---|---|---|---|---|
| 总计 | 45903 | 31232 | 1628 | 6065 | 3149 | 3541 | 288 |
| 重庆 | 783 | 561 | 5 | 57 | 10 | 143 | 7 |
| 广州 | 3565 | 1100 | 63 | 138 | 686 | 1470 | 108 |
| 福州 | 598 | 274 | | | | 318 | 6 |
| 昆明 | 2276 | 15 | 18 | 2242 | | | 1 |
| 南京 | 16812 | 16115 | 528 | 155 | 1 | | 13 |
| 青岛 | 937 | 306 | 42 | 245 | 303 | 40 | 1 |
| 北平 | 5532 | 5106 | 74 | 327 | 1 | 20 | 4 |
| 天津 | 370 | 184 | 59 | 92 | 3 | 30 | 2 |

续上表

| 受款行名 | 总计 | 军事党务慈善机关 | 行政机关 | 国营或公营事业机关 | 国家行局 | 普通同业 | 其他 |
|---|---|---|---|---|---|---|---|
| 杭州 | 53 | 3 | | | 48 | | 2 |
| 汉口 | 2028 | 950 | 605 | 6 | 314 | 145 | 8 |
| 长沙 | 608 | 43 | | 540 | | 22 | 3 |
| 贵阳 | 63 | 4 | 1 | 1 | 50 | 7 | |
| 西安 | 586 | 521 | | 3 | 30 | 31 | 1 |
| 成都 | 69 | 39 | 15 | | | 12 | 3 |
| 南昌 | 1146 | 80 | | 1060 | | 6 | |
| 兰州 | 695 | 690 | 1 | 4 | | | |
| 其他 | 9782 | 5241 | 217 | 1195 | 1703 | 1297 | 129 |

## 汇入汇款分析表

单位：金圆仟元　　　　　　　　　　37 年 9 月份

| 汇款行名 | 总计 | 党政军机关 | 慈善机关 | 公有营业或事业 | 国家行局 | 普通同业 | 个人及其他 |
|---|---|---|---|---|---|---|---|
| 总计 | 71487 | 12327 | 114 | 9084 | 16954 | 32091 | 917 |
| 重庆 | 1879 | | | 95 | 370 | 1412 | 2 |
| 成都 | 199 | 20 | | | | 175 | 4 |
| 贵阳 | 178 | | | | 20 | 157 | 1 |
| 汉口 | 529 | | | | | 528 | 1 |
| 西安 | 1814 | | | 111 | 880 | 818 | 5 |
| 天津 | 8622 | 152 | | 1888 | 2110 | 4416 | 56 |
| 昆明 | 2527 | 24 | | 55 | 1275 | 1170 | 3 |
| 南昌 | 949 | | | | 400 | 541 | 8 |
| 兰州 | 663 | | | 24 | 509 | 129 | 1 |
| 广州 | 13831 | | | | 1839 | 11978 | 14 |
| 长沙 | 710 | | | | 350 | 357 | 3 |
| 南京 | 4210 | 1296 | 3 | 134 | 1950 | 400 | 427 |
| 其他各地 | 35376 | 10835 | 111 | 6777 | 7251 | 10010 | 392 |

## 汇出汇款分析表

单位：金圆仟元　　　　　　　　　　　　37 年 10 月份

| 受款行名 | 总计 | 军事党务慈善机关 | 行政机关 | 国营或公营事业机关 | 国家行局 | 普通同业 | 其他 |
|---|---|---|---|---|---|---|---|
| 总计 | 46982 | 7328 | 923 | 18488 | 11617 | 8506 | 120 |
| 重庆 | 1202 | 55 | 10 | 111 | 505 | 515 | 6 |
| 广州 | 1802 | 143 | 84 | 186 | 836 | 533 | 20 |
| 福州 | 383 | 196 | | 7 | 40 | 128 | 12 |
| 昆明 | 1086 | 35 | 34 | 692 | 100 | 223 | 2 |
| 南京 | 6619 | 4342 | 637 | 390 | 1211 | 20 | 19 |
| 青岛 | 790 | 226 | 4 | 272 | 150 | 130 | 8 |
| 北平 | 764 | 146 | 32 | 574 | 5 | | 7 |
| 天津 | 521 | 169 | 45 | 259 | 46 | | 2 |
| 杭州 | 906 | 3 | | 800 | 100 | | 3 |
| 汉口 | 11300 | 572 | 14 | 5152 | 1804 | 3751 | 7 |
| 长沙 | 2382 | 27 | | 800 | 792 | 763 | |
| 贵阳 | 789 | 27 | 4 | 2 | 493 | 262 | 1 |
| 西安 | 5238 | | | 5115 | | 120 | 3 |
| 成都 | 53 | 39 | 10 | 2 | | | 2 |
| 南昌 | 3348 | 25 | | 1650 | 1541 | 130 | 2 |
| 兰州 | 219 | 1 | 4 | 212 | | | 2 |
| 其他 | 9580 | 1322 | 45 | 2264 | 3994 | 1931 | 24 |

## 汇入汇款分析表

单位：金圆仟元　　　　　　　　　　　　37 年 10 月份

| 汇款行名 | 总计 | 党政军机关 | 慈善机关 | 公有营业或事业 | 国家行局 | 普通同业 | 个人及其他 |
|---|---|---|---|---|---|---|---|
| 总计 | 89623 | 5568 | | 9354 | 36310 | 36600 | 1791 |
| 重庆 | 3562 | | | 100 | 3360 | 95 | 7 |
| 成都 | 158 | 1 | | | 50 | 105 | 2 |

续上表

| 汇款行名 | 总计 | 党政军机关 | 慈善机关 | 公有营业或事业 | 国家行局 | 普通同业 | 个人及其他 |
|---|---|---|---|---|---|---|---|
| 贵阳 | 2 | | | | | | 2 |
| 汉口 | 9 | | | 7 | | | 2 |
| 西安 | 2506 | | | 152 | 620 | 1730 | 4 |
| 天津 | 24067 | 347 | | 1978 | 9770 | 11964 | 8 |
| 昆明 | 1781 | 19 | | 85 | 760 | 914 | 3 |
| 南昌 | 4 | | | | | 3 | 1 |
| 兰州 | 1011 | | | 87 | 420 | 485 | 19 |
| 广州 | 11295 | 4 | | 170 | 2620 | 8322 | 179 |
| 长沙 | 362 | | | | 30 | 331 | 1 |
| 南京 | 4305 | 370 | | 9 | 2530 | 580 | 816 |
| 其他各地 | 40561 | 4827 | | 6766 | 16150 | 12071 | 747 |

中央银行业务局存款余额表

| 日期 | 活期存款 | 定期存款 |
|---|---|---|
| 七月底 | $ 92,527,095,953,200.70 | $ 545,027,044,523.65 |
| 八月底 | G.Y.60,675,350.43 | G.Y.9,293.19 |
| 九月底 | G.Y.148,487,922.63 | G.Y.3,707,337.13 |
| 十月底 | G.Y.191,935,579.33 | G.Y.4,974.79 |
| 十一月底 | G.Y.308,199,457.61 | G.Y.1,998.01 |

〔国民政府财政部档案〕

## 8. 中央银行上海区分支行1947年11月至1948年11月逐月存放余额表

（1948年12月）

### 中央银行上海区银行存款余额表

民国36年11月底

| 机构别 | 共计 | 普通存款 | | 同业存款 | 其他存款 |
|---|---|---|---|---|---|
| | | 定期 | 活期 | | |
| 业务局国币 | 2,443,110,459,259.82 | 148,315,903,310.23 | 1,808,456,415,091.86 | 405,705,977,997.10 | 80,632,162,860.63 |
| 美金 | 335,823,639.91 | | 224,367,736.63 | 75,438,578.84 | 36,017,324.44 |
| 英金 | 28,136,234.4/1 | 2,916.13/4 | 17,299,303 18/11 | 10,054,030 13/2 | 779,982 18/8 |
| 印币 | 11,161,107 2/6 | | 3,482,039 15/11 | 6,183,949 14/3 | 1,495,117 4/4 |
| 纯金 | 1,967,661.547 | | 1,743,799.619 | 45,816.027 | 178,045.901 |
| 港币 | 17,245,193.29 | | 14,364,033.09 | 210,030.50 | 2,671,129.70 |
| 星币 | 119,404.43 | | 11,469.19 | 21,562.50 | 86,372.74 |
| 越币 | 1,299.58 | | | 1,299.58 | |
| 澳币 | 10,960 14/0 | | | 10,566 15/0 | 393 19/0 |

续上表

| 机构别 | 共计 | 普通存款 | | 同业存款 | 其他存款 |
|---|---|---|---|---|---|
| | | 定期 | 活期 | | |
| 菲币 | 450.00 | | | 450.00 | |
| 荷币 | 2,585.07 | | 303.82 | | 2,281.25 |
| 法国法郎 | 740.34 | | 740.34 | | |
| 纯金市两 | 267,982.513 | | 267,982.513 | | |
| 德国马克 | 1,039.20 | | | 1,039.20 | |
| 瑞士法郎 | 28,473.73 | | 28,473.73 | | |

注意：机构别栏内应将在上海市区内之本行(局库)及分支机构分别列入

## 中央银行上海区银行放款余额表

民国36年11月底

| 机构别 | | 共计 | 定期放款 | 活期放款及透支 | 存放同业 | 其他放款 |
|---|---|---|---|---|---|---|
| 业务局 | 国币 | 34,060,677,185,808.51 | 578,795,598,928.10 | 31,222,006,321,868.18 | 138,527,904,318.10 | 2,121,347,360,694.13 |
| | 美金 | 195,904,059.15 | | 7,917,219.46 | 107,769,315.92 | 80,217,523.77 |
| | 英金 | 14,583,577$^{8}/_{2}$ | | 547,820$^{6}/_{5}$ | 12,219,693$^{5}/_{3}$ | 1,816,063$^{16}/_{6}$ |

续上表

| 机构别 | 共计 | 定期放款 | 活期放款及透支 | 存放同业 | 其他放款 |
|---|---|---|---|---|---|
| 印币 | $12,897,435^{8}/_{4}$ | | $4,937,776^{8}/-$ | $7,162,623^{5}/_{7}$ | $797,035^{10}/_{9}$ |
| 纯金 | 387,224.586 | | | 354,554.645 | 32,669.941 |
| 港币 | 13,990,696.94 | | 108,640.00 | 13,840,861.97 | 41,194.97 |
| 日圆 | 18,800.79 | | | 18,800.79 | |
| 星币 | 263,740.77 | | | 263,740.77 | |
| 菲币 | 227,656.14 | | 628.77 | 227,027.37 | |
| 澳币 | $10,915^{14}/_{2}$ | | | $10,915^{14}/_{2}$ | |
| 荷币 | 9,112.98 | | 8.58 | 9,104.40 | |
| 越币 | 5,824,848.87 | | 127.79 | 4,928,683.08 | 896,038.00 |
| 加币 | 3,101.50 | | 7.75 | 3,093.75 | |
| 法国法郎 | 1,438,905.54 | | | 1,438,905.54 | |
| 东北券 | 384,458,201,134.56 | | 384,453,601,302.56 | | 4,599,832.00 |
| 瑞士法郎 | 18,293.90 | | | 18,293.90 | |

注意：机构别栏内应将在上海市区内之本行(局库)及分支机构分别列入

## 中央银行上海区银行存款余额表

民国 36 年 12 月底

| 机构别 | 共计 | 普通存款 定期 | 普通存款 活期 | 同业存款 | 其他存款 |
|---|---|---|---|---|---|
| 业务局国币 | 4,298,902,983,003.58 | 208,148,472,695.48 | 3,310,716,938,403.79 | 697,691,197,227.13 | 82,346,374,677.18 |
| 美金 | 326,731,213.03 | | 210,597,812.82 | 75,148,295.33 | 40,985,104.88 |
| 英金 | $28,701,338.^{8}/_{1}$ | $2,916^{13}/_{4}$ | $17,534,556^{18}/_{5}$ | $10,494,263^{13}/_{10}$ | $669,601^{2}/_{6}$ |
| 印币 | $12,473,331^{4}/_{7}$ | | $4,229,752^{15}/_{3}$ | $6,932,021^{9}/_{0}$ | $1,311,556^{12}/_{4}$ |
| 纯金 | 1,407,865. 847 | | 1,230,017. 721 | | 177,848. 126 |
| 港币 | 24,397,761.97 | | 21,229,781.32 | 544,738.53 | 2,623,242.12 |
| 星币 | 184,501.68 | | 111,469.19 | 21,551.75 | 51,480.74 |
| 越币 | 1,299.58 | | | 1,299.58 | |
| 澳币 | $10,960^{14}/_{0}$ | | | $10,754^{15}/_{0}$ | $205^{19}/_{0}$ |
| 菲币 | 450.00 | | | 450.00 | |
| 荷币 | 2,585.07 | | 303.82 | | 2,281.25 |
| 法国法郎 | 12,242.18 | | 740.34 | | 11,501.84 |
| 纯金市两 | 267,787. 691 | | 267,787.691 | | |

续上表

| 机构别 | 共计 | 普通存款 | | 同业存款 | 其他存款 |
|---|---|---|---|---|---|
| | | 定期 | 活期 | | |
| 德国马克 | 1,039.20 | | | 1,039.20 | |
| 瑞士法郎 | 85,835.53 | | 85,835.53 | | |

注意：机构别栏内应将在上海市区内之本行(局库)及分支机构分别列入

## 中央银行上海区银行放款余额表

民国 36 年 12 月底

| 机构别 | 共计 | 定期放款 | 活期放款及透支 | 存放同业 | 其他放款 |
|---|---|---|---|---|---|
| 业务局 国币 | 40,337,916,063,067.98 | 1,124,415,211,800.84 | 36,564,321,927,048.68 | 532,166,035.91 | 2,648,646,758,182.55 |
| 美金 | 185,442,566.98 | | 9,464,985.12 | 95,620,989.83 | 80,356,592.03 |
| 英金 | 14,596,459$^{6}/_{4}$ | | 1,788,936$^{13}/_{10}$ | 10,640,981$^{8}/_{11}$ | 2,166,541$^{3}/_{7}$ |
| 印币 | 14,140,654$^{9}/_{5}$ | | 6,071,949$^{11}/_{0}$ | 4,517,704$^{5}/_{10}$ | 3,551,000$^{8}/_{7}$ |
| 纯金 | 387,224.586 | | | 354,554,645 | 32,669.941 |
| 港币 | 18,179,573.41 | | 130,102.23 | 16,508,276.21 | 1,541,194.97 |

续上表

| 机构别 | 共计 | 定期放款 | 活期放款及透支 | 存放同业 | 其他放款 |
|---|---|---|---|---|---|
| 日圆 | 18,800.79 | | | 18,800.79 | |
| 星币 | 228,737.66 | | | 228,737.66 | |
| 菲币 | 227,656.14 | | 628.77 | 227,027.37 | |
| 澳币 | 10,915 $^{14}/_{2}$ | | | 10,915 $^{14}/_{2}$ | |
| 荷币 | 9,112.98 | | 8.58 | 9,104.40 | |
| 越币 | 7,268,243.98 | | 127.78 | 6,372,078.19 | 896,038.00 |
| 加币 | 3,101.50 | | 7.75 | 3,093.75 | |
| 法国法郎 | 1,450,407.38 | | | 1,450,407.38 | |
| 东北券 | 426,660,034,166.67 | | 426,656,733,048.01 | | 3,301,118.66 |
| 瑞士法郎 | 76,547.80 | | | 76,547.80 | |

注意：机构别栏内应将在上海市区内之本行(局库)及分支机构分别列入

## 中央银行上海区银行存款余额表

民国 37 年 1 月底

| 机构别 | 共计 | 普通存款 | | 同业存款 | 其他存款 |
|---|---|---|---|---|---|
| | | 定期 | 活期 | | |
| 业务局国币 | 6,423,641,593,682.39 | 191,904,836,409.48 | 5,234,083,813,242.60 | 901,367,281,383.73 | 96,285,662,646.58 |
| 美金 | 320,674,319.42 | | 207,703,828.64 | 74,735,782.03 | 38,234,708.75 |
| 英金 | 28,707,012.-/_ | 2,916 13/4 | 17,427,080 10/3 | 10,576,689 1/2 | 700,325 15/3 |
| 印币 | 8,759,867 4/9 | | 4,988,120 8/8 | 2,548,498 12/6 | 1,223,247 15/7 |
| 纯金 | 1,408,023. 889 | | 1,230,175. 763 | | 177,848. 126 |
| 港币 | 27,712,054.02 | | 26,714,431.88 | 535,182.69 | 462,439.45 |
| 星币 | 221,694.91 | | 111,469.19 | 36,661.75 | 73,563.97 |
| 越币 | 1,299.58 | | | 1,299.58 | |
| 澳币 | 960. 14/0 | | | 754 15/0 | 205 19/0 |
| 菲币 | 450.00 | | | 450.00 | |
| 荷币 | 2,585.07 | | 303.82 | | 2,281.25 |
| 法国法郎 | 12,242.18 | | 740.34 | | 11,501.84 |
| 纯金市两 | 267,784. 761 | | 267,784. 761 | | |

续上表

| 机构别 | 共计 | 普通存款 | | 同业存款 | 其他存款 |
|---|---|---|---|---|---|
| | | 定期 | 活期 | | |
| 德国马克 | 1,039.20 | | | 1,039.20 | |
| 瑞士法郎 | 156,110.46 | | 156,110.46 | | |

注意：机构别栏内应将在上海市区内之本行(局库)及分支机构分别列入

## 中央银行上海区银行放款余额表

民国37年1月底

| 机构别 | | 共计 | 定期放款 | 活期放款及透支 | 存放同业 | 其他放款 |
|---|---|---|---|---|---|---|
| 业务局 | 国币 | 49,241,199,038,233.04 | 1,833,474,679,556.21 | 41,876,544,953,547.25 | 107,532,166,035.91 | 5,423,647,239,093.67 |
| | 美金 | 198,580,192.11 | | 19,533,054.37 | 99,019,255.30 | 80,027,882.44 |
| | 英金 | 14,544,953$^{15}/_{7}$ | | 3,093,290$^{17}/_{10}$ | 9,211,782$^{17}/-$ | 2,239,880$^{-}/_{9}$ |
| | 印币 | 11,736,976$^{7}/_{11}$ | | 6,758,640$^{15}/_{6}$ | 862,644$^{-}/_{8}$ | 4,115,691$^{7}/_{9}$ |
| | 纯金 | 387,224.586 | | | 354,554.645 | 32,669.941 |
| | 港币 | 21,052,391.05 | | 157,366.77 | 19,315,029.31 | 1,579,994.97 |
| | 日圆 | 18,800.79 | | | 18,800.79 | |
| | 星币 | 265,929.65 | | | 265,929.65 | |

续上表

| 机构别 | 共计 | 定期放款 | 活期放款及透支 | 存放同业 | 其他放款 |
|---|---|---|---|---|---|
| 菲币 | 227,656.14 | | 628.77 | 227,027.37 | |
| 澳币 | 915 14/2 | | | 915 14/2 | |
| 荷币 | 9,112.98 | | 8.58 | 9,104.40 | |
| 越币 | 7,268,158.98 | | 127.79 | 6,371,993.19 | 896,038.00 |
| 加币 | 3,101.50 | | 7.75 | 3,093.75 | |
| 法国法郎 | 1,493,694.38 | | | 1,493,694.38 | |
| 东北券 | 652,013,762,159.27 | | 652,008,461,040.61 | | 5,301,118.66 |
| 瑞士法郎 | 146,722.73 | | | 146,722.73 | |

注意：机构别栏内应将在上海市区内之本行(局库)及分支机构分别列入

## 中央银行上海区银行存款余额表

民国37年2月底

| 机构别 | 共计 | 普通存款 | | 同业存款 | 其他存款 |
|---|---|---|---|---|---|
| | | 定期 | 活期 | | |
| 业务局国币 | 11,322,377,364,740.34 | 1,119,352,620,734.98 | 8,588,343,931,313.30 | 1,482,652,337,805.01 | 132,028,474,887.05 |

续上表

| 机构别 | 共计 | 普通存款 | | 同业存款 | 其他存款 |
| --- | --- | --- | --- | --- | --- |
| | | 定期 | 活期 | | |
| 美金 | 324,852,795.97 | | 209,738,289.24 | 76,281,874.78 | 38,832,631.95 |
| 英金 | 30,132,652 8/10 | 2,916 13/4 | 17,437,699 10/7 | 11,956,717 1/7 | 735,319 3/4 |
| 印币 | 9,140,127 -/7 | | 5,313,379 5/6 | 2,725,034 11/6 | 1,101,712 15/7 |
| 纯金 | 1,405,304.555 | | 1,227,456.429 | | 177,848.126 |
| 港币 | 28,558,137.95 | | 27,633,039.29 | 484,399.11 | 440,699.55 |
| 星币 | 464,806.91 | | 384,538.19 | 36,661.75 | 43,606.97 |
| 越币 | 1,299.58 | | | 1,299.58 | |
| 澳币 | 960. 14/- | | | 960 14/- | |
| 菲币 | 450.00 | | | 450.00 | |
| 荷币 | 2,585.07 | | 303.82 | | 2,281.25 |
| 法国法郎 | 12,242.18 | | 740.34 | | 11,501.84 |
| 纯金市两 | 268,224.010 | | 268,224.010 | | |
| 德国马克 | 1,039.20 | | | 1,039.20 | |
| 瑞士法郎 | 156,110.46 | | 156,110.46 | | |

注意:机构别栏内应将在上海市区内之本行(局库)及分支机构分别列入

# 中央银行上海区银行放款余额表

民国37年2月底

| 机构别 | 共计 | 定期放款 | 活期放款及透支 | 存放同业 | 其他放款 |
|---|---|---|---|---|---|
| 业务局国币 | 58,244,494,359,151.52 | 2,953,990,323,745.43 | 49,541,650,209,145.03 | 7,732,166,035.91 | 5,741,121,660,225.15 |
| 美金 | 205,765,026.73 | | 26,208,095.18 | 83,143,180.11 | 96,413,751.44 |
| 英金 | 16,263,546.5/4 | | 3,764,700 3/6 | 10,165,227 3/11 | 2,333,618 17/11 |
| 印币 | 13,420,165 12/3 | | 7,621,160 15/6 | 1,174,587 3/9 | 4,624,417 9/– |
| 纯金 | 387,224.586 | | | 354,554.645 | 32,669.941 |
| 港币 | 21,856,148.23 | | 157,366.77 | 20,098,786.49 | 1,599,994.97 |
| 日圆 | 18,800.79 | | | 18,800.79 | |
| 星币 | 508,100.05 | | | 508,100.05 | |
| 菲币 | 227,656.14 | | 628.77 | 227,027.37 | |
| 澳币 | 915 14/2 | | | 915 14/2 | |
| 荷币 | 9,112.98 | | 8.58 | 9,104.40 | |
| 越币 | 7,271,609.98 | | 127.79 | 6,375,444.19 | 896,038.00 |
| 加币 | 3,101.50 | | 7.75 | 3,093.75 | |
| 法国法郎 | 1,485,555.38 | | | 1,485,555.38 | |

续上表

| 机构别 | 共计 | 定期放款 | 活期放款及透支 | 存放同业 | 其他放款 |
|---|---|---|---|---|---|
| 东北券 | 721,006,080,017.89 | | 720,902,028,880.06 | | 104,051,137.83 |
| 瑞士法郎 | 146,722.73 | | | 146,722.73 | |

注意:机构别栏内应将在上海市区内之本行(局库)及分支机构分别列入

## 中央银行上海区银行存款余额表

民国37年3月底

| 机构别 | 共计 | 普通存款 | | 同业存款 | 其他存款 |
|---|---|---|---|---|---|
| | | 定期 | 活期 | | |
| 业务局国币 | 14,523,673,947,599.53 | 194,118,797,454.98 | 11,875,413,953,189.23 | 2,340,959,524,286.94 | 113,181,672,668.38 |
| 美金 | 318,805,383.55 | | 208,405,625.31 | 72,641,812.93 | 37,757,945.31 |
| 英金 | 30,097,123 19/2 | 2,916 13/4 | 17,533,646 13/6 | 11,845,103 9/7 | 715,457 2/9 |
| 印币 | 8,849,421 8/5 | | 6,580,289 2/10 | 1,236,754 6/– | 1,032,377 15/7 |
| 纯金 | 1,231,694.700 | | 1,227,552.214 | | 4,142.486 |
| 港币 | 35,238,395.79 | | 34,313,820.94 | 604,331.11 | 320,243.74 |
| 星币 | 763,526.41 | | 721,031.38 | 42,289.35 | 205.68 |

续上表

| 机构别 | 共计 | 普通存款 | | 同业存款 | 其他存款 |
|---|---|---|---|---|---|
| | | 定期 | 活期 | | |
| 越币 | 1,299.58 | | | 1,299.58 | |
| 澳币 | 960 14/– | | | 960 14/– | |
| 菲币 | 450.00 | | | 450.00 | |
| 荷币 | 2,525.07 | | 303.82 | | 2,221.25 |
| 法国法郎 | 114,364.18 | | 740.34 | 102,122.00 | 11,501.84 |
| 纯金市两 | 268,220.133 | | 268,220.133 | | |
| 德国马克 | 1,039.20 | | | 1,039.20 | |
| 瑞士法郎 | 167,210.46 | | 156,110.46 | | 11,100.00 |

注意:机构别栏内应将在上海市区内之本行(局库)及分支机构分别列入

## 中央银行上海区银行放款余额表

民国 37 年 3 月底

| 机构别 | 共计 | 定期放款 | 活期放款及透支 | 存放同业 | 其他放款 |
|---|---|---|---|---|---|
| 业务局国币 | 81,016,638,388,511.11 | 4,501,677,298,553.73 | 67,635,082,638,659.77 | 287,532,166,035.91 | 8,592,346,285,261.72 |

续上表

| 机构别 | 共计 | 定期放款 | 活期放款及透支 | 存放同业 | 其他放款 |
|---|---|---|---|---|---|
| 美金 | 210,092,226.84 | | 28,409,599.98 | 86,850,342.35 | 94,832,284.51 |
| 英金 | 15,833,883$^{15}/_{11}$ | | 4,282,734$^{13}/_{8}$ | 9,168,674$^{19}/4$ | 2,382,474$^{2}/_{11}$ |
| 印币 | 16,230,201$^{1}/_{6}$ | | 7,724,260$^{15}/_{6}$ | 3,881,522$^{9}/-$ | 4,624,417$^{9}/-$ |
| 纯金 | 387,224.586 | | | 354,554.645 | 32,669.941 |
| 港币 | 25,293,551.65 | | 157,366.77 | 21,749,622.91 | 3,386,561.97 |
| 日圆 | 18,800.79 | | | 18,800.79 | |
| 星币 | 806,858.95 | | | 806,858.95 | |
| 菲币 | 227,656.14 | | 628.77 | 227,027.37 | |
| 澳币 | 915$^{14}/_{2}$ | | | 915$^{14}/_{2}$ | |
| 荷币 | 9,052.98 | | 8.58 | 9,044.40 | |
| 越币 | 13,190,703.05 | | 127.79 | 12,294,537.26 | 896,038.00 |
| 加币 | 3,101.50 | | 7.75 | 3,093.75 | |
| 法国法郎 | 1,608,470.43 | | | 1,608,470.43 | |
| 东北券 | 1,137,160,934,301.85 | | 1,137,056,883,164.02 | | 104,051,137.83 |
| 瑞士法郎 | 146,722.73 | | | 146,722.73 | |

注意：机构别栏内应将在上海市区内之本行(局库)及分支机构分别列入

# 中央银行上海区银行存款余额表

民国37年4月底

| 机构别 | 共计 | 普通存款 | | 同业存款 | 其他存款 |
|---|---|---|---|---|---|
| | | 定期 | 活期 | | |
| 业务局国币 | 23,061,533,374,036.14 | 1,360,545,697,114.48 | 19,878,407,489,236.51 | 1,654,376,997,163.48 | 168,203,190,521.67 |
| 美金 | 318,837,897.38 | | 208,621,043.00 | 72,821,727.21 | 37,395,127.17 |
| 英金 | 30,648,906$^{2}/_{9}$ | 2,916$^{13}/_{4}$ | 17,558,123$^{15}/_{8}$ | 11,983,741$^{19}/_{9}$ | 1,104,123$^{14}$/– |
| 印币 | 10,933,406$^{9}/_{2}$ | | 8,555,639$^{6}/_{6}$ | 1,343,859$^{5}/_{4}$ | 1,033,907$^{13}/_{4}$ |
| 纯金 | 1,232,644.576 | | 1,228,777,041 | | 3,867,535 |
| 港币 | 34,807,301.11 | | 34,078,782.87 | 408,865.30 | 319,652.94 |
| 日圆 | | | | | |
| 星币 | 812,499.87 | | 803,141.07 | 9,203.12 | 155.68 |
| 菲币 | 450.00 | | | 450.00 | |
| 澳币 | 960$^{14}$/– | | | 960$^{14}$/– | |
| 荷币 | 2.525.07 | | 303.82 | | 2.221.25 |
| 越币 | 78,199.58 | | | 1,299.58 | 76,900.00 |
| 加币 | | | | | |

续上表

| 机构别 | 共计 | 普通存款 | | 同业存款 | 其他存款 |
|---|---|---|---|---|---|
| | | 定期 | 活期 | | |
| 法国法郎 | 102,862.34 | | 740.34 | 102,122.00 | |
| 东北券 | | | | | |
| 瑞士法郎 | 158,758.59 | | 158,758.59 | | |
| 纯金市两 | 268,261.192 | | 268,261.192 | | |
| 德国马克 | 1,039.20 | | | 1,039.20 | |

注意：机构别栏内应将在上海市区内之本行(局库)及分支机构分别列入

## 中央银行上海区银行放款余额表

民国37年4月底

| 机构别 | | 共计 | 定期放款 | 活期放款及透支 | 存放同业 | 其他放款 |
|---|---|---|---|---|---|---|
| 业务局 | 国币 | 113,361,911,907,859.00 | 6,850,885,991,500.69 | 96,451,755,009,349.63 | 348,532,166,035.91 | 9,710,738,740,972.77 |
| | 美金 | 204,980,374.05 | | 32,054,924.97 | 76,144,806.87 | 96,780,642.21 |
| | 英金 | 16,876,844 2/9 | | 5,309,536 14/5 | 9,172,658 14/1 | 2,394,648 14/3 |

续上表

| 机构别 | 共计 | 定期放款 | 活期放款及透支 | 存放同业 | 其他放款 |
|---|---|---|---|---|---|
| 印币 | 15,220,793$^{4}$/– | | 7,731,942$^{15}$/$_{6}$ | 2,864,432$^{11}$/$_{6}$ | 4,624,417$^{9}$/– |
| 纯金 | 387,224.586 | | | 354,554.645 | 32,669.941 |
| 港币 | 21,010,682.12 | | 157,366.77 | 16,414,986.38 | 4,438,328.97 |
| 日圆 | 18,800.79 | | | 18,800.79 | |
| 星币 | 1,027,093.28 | | | 1,027,093.28 | |
| 菲币 | 227,656.14 | | 628.77 | 227,027.37 | |
| 澳币 | 885$^{14}$/$_{2}$ | | | 885$^{14}$/$_{2}$ | |
| 荷币 | 9,052.98 | | 8.58 | 9,044.40 | |
| 越币 | 13,176,434.75 | | 127.79 | 12,280,268.96 | 896,038.00 |
| 加币 | 3,101.50 | | 7.75 | 3,093.75 | |
| 法国法郎 | 1,709,864.59 | | | 1,709,864.59 | |
| 东北券 | 1,712,294,874,404.35 | | 1,712,190,823,266.52 | | 104,051,137.83 |
| 瑞士法郎 | 138,270.86 | | | 138.270.86 | |

注意:机构别栏内应将在上海市区内之本行(局库)及分支机构分别列入

## 中央银行上海区银行存款余额表

民国 37 年 5 月底

| 机构别 | 共计 | 普通存款 | | 同业存款 | 其他存款 |
|---|---|---|---|---|---|
| | | 定期 | 活期 | | |
| 业务局国币 | 39,421,894,609,352.67 | 1,572,246,271,153.11 | 33,994,343,827,550.40 | 3,295,528,721,606.08 | 559,775,789,043.08 |
| 美金 | 332,247,835.64 | | 205,938,457.54 | 87,148,089.28 | 39,161,288.82 |
| 英金 | 30,532,527$^{10}/_{9}$ | 2,916$^{13}/_{4}$ | 17,575,973$^{6}/_{8}$ | 12,158,435$^{12}/_{3}$ | 795,201$^{18}/_{6}$ |
| 印币 | 12,342,526$^{13}/_{1}$ | | 10,010,382$^{11}/_{3}$ | 1,332,376$^{11}/_{4}$ | 999,767.$^{6}/_{6}$ |
| 纯金 | 1,128,707.305 | | 1,128,663.096 | | 44.209 |
| 港币 | 29,163,163.46 | | 24,754,380.22 | 4,088,537.50 | 320,245.74 |
| 星币 | 915,096.10 | | 906,435.55 | 8,504.87 | 155.68 |
| 越币 | 155,376.67 | | | 1,299.58 | 154,077.09 |
| 澳币 | 960$^{14}/-$ | | | 960$^{14}/-$ | |
| 菲币 | 450.00 | | | 450.00 | |
| 荷币 | 12,038.19 | | 303.82 | | 11,734.37 |
| 法国法郎 | 1,262,850.59 | | 740.34 | 102,122.00 | 1,159,988.25 |

续上表

| 机构别 | 共计 | 普通存款 | | 同业存款 | 其他存款 |
|---|---|---|---|---|---|
| | | 定期 | 活期 | | |
| 纯金市两 | 273,622.933 | | 273,622.933 | | |
| 德国马克 | 1,039.20 | | | 1,039.20 | |
| 日圆 | 19,283.29 | | | | 19,283.29 |
| 瑞士法郎 | 183,732.80 | | 183,732.80 | | |

注意：机构别栏内应将在上海市区内之本行(局库)及分支机构分别列入

## 中央银行上海区银行放款余额表

民国37年5月底

| 机构别 | 共计 | 定期放款 | 活期放款及透支 | 存放同业 | 其他放款 |
|---|---|---|---|---|---|
| 业务局国币 | 172,746,517,849,631.03 | 6,912,419,015,495.11 | 153,014,884,951,289.43 | 415,532,166,035.91 | 12,403,681,716,810.58 |
| 美金 | 212,366,483.90 | | 26,668,123.15 | 88,564,674.83 | 97,133,685.92 |
| 英金 | $15,941,172^{5}/_{5}$ | | $4,715,761^{13}/-$ | $8,954,796^{18}/_{7}$ | $2,270,613^{13}/_{10}$ |
| 印币 | $13,692,340^{6}/_{1}$ | | $7,527,990^{12}/-$ | $1,539,932^{1}/_{1}$ | $4,624,417^{9}/-$ |

续上表

| 机构别 | 共计 | 定期放款 | 活期放款及透支 | 存放同业 | 其他放款 |
|---|---|---|---|---|---|
| 纯金 | 387,224.586 | | | 354,554.645 | 32,669.941 |
| 港币 | 20,564,735.35 | | 2,184,406.77 | 12,966,599.61 | 5,413,728.97 |
| 日圆 | 18,800.79 | | | 18,800.79 | |
| 星币 | 1,148,229.54 | | | 1,148,229.54 | |
| 菲币 | 227,656.14 | | 628.77 | 227,027.37 | |
| 澳币 | $885^{14}/_{2}$ | | | $885^{14}/_{2}$ | |
| 荷币 | 9,052.98 | | 8.58 | 9,044.40 | |
| 越币 | 13,213,742.18 | | 127.79 | 12,317,576.39 | 896,038.00 |
| 加币 | 3,101.50 | | 7.75 | 3,093.75 | |
| 法国法郎 | 1,770,044.59 | | | 1,770,044.59 | |
| 东北券 | 1,997,123,351,243.29 | | 1,997,016,491,673.46 | | 106,859,569.83 |
| 瑞士法郎 | 163,397.47 | | | 163,397.47 | |

注意：机构别栏内应将在上海市区内之本行(局库)及分支机构分别列入

## 中央银行上海区银行存款余额表

民国 37 年 6 月底

| 机构别 | 共计 | 普通存款 | | 同业存款 | 其他存款 |
|---|---|---|---|---|---|
| | | 定期 | 活期 | | |
| 业务局国币 | 70,114,975,652,127.35 | 901,247,152,526.36 | 53,355,703,666,316.45 | 4,074,843,282,996.78 | 11,783,181,550,287.76 |
| 美金 | 300,729,257.63 | | 174,883,551.21 | 87,769,014.33 | 38,076,692.09 |
| 英金 | 29,327,216$^{17}/_{8}$ | 2,916$^{13}/_{4}$ | 16,509,688$^{1}/_{4}$ | 11,774,349$^{-}/-$ | 1,040,263$^{3}/-$ |
| 印币 | 13,843,786$^{10}/_{3}$ | | 11,299,751$^{8}/_{5}$ | 1,545,467$^{11}/_{4}$ | 998,567$^{6}/_{6}$ |
| 纯金 | 1,129,865.614 | | 1,129,791.761 | | 73.853 |
| 港币 | 21,968,458.55 | | 14,545,138.03 | 587,974.90 | 6,835,345.62 |
| 星币 | 359,721.49 | | 351,060.94 | 8,504.87 | 155.68 |
| 越币 | 78,199.58 | | | 1,299.58 | 76,900.00 |
| 澳币 | 960$^{14}/-$ | | | 960$^{14}/-$ | |
| 菲币 | 450.00 | | | 450.00 | |
| 荷币 | 2,525.07 | | 303.82 | | 2,221.25 |
| 法国法郎 | 102,862.34 | | 740.34 | 102,122.00 | |

续上表

| 机构别 | 共计 | 普通存款 | | 同业存款 | 其他存款 |
|---|---|---|---|---|---|
| | | 定期 | 活期 | | |
| 纯金市两 | 272,398.394 | | 272,398.394 | | |
| 德国马克 | 1,039.20 | | | 1,039.20 | |
| 瑞士法郎 | 175,950.94 | | 175,950.94 | | |

注意：机构别栏内应将在上海市区内之本行（局库）及分支机构分别列入

## 中央银行上海区银行放款余额表

民国37年6月底

| 机构别 | 共计 | 定期放款 | 活期放款及透支 | 存放同业 | 其他放款 |
|---|---|---|---|---|---|
| 业务局国币 | 278,627,605,117,119.95 | 16,909,588,220,587.76 | 238,364,552,358,545.58 | 200,535,121,711.91 | 23,152,929,416,274.70 |
| 美金 | 206,823,130.75 | | 36,366,354.57 | 81,116,542.13 | 89,340,234.05 |
| 英金 | 14,804,585 4/6 | | 3,304,332 10/6 | 9,244,441 5/2 | 2,255,811 8/10 |
| 印币 | 14,972,916 1/10 | | 7,238,933 10/1 | 3,109,564 14/9 | 4,624,417 9/– |
| 纯金 | 387,224.586 | | | 354,554.645 | 32,669.941 |

续上表

| 机构别 | 共计 | 定期放款 | 活期放款及透支 | 存放同业 | 其他放款 |
|---|---|---|---|---|---|
| 港币 | 19,879,050.61 | | 2,184,406.77 | 10,723,047.87 | 6,971,595.97 |
| 日圆 | 18,800.79 | | | 18,800.79 | |
| 星币 | 1,514,276.91 | | | 1,514,276.91 | |
| 菲币 | 227,656.14 | | 628.77 | 227,027.37 | |
| 澳币 | 885 14/2 | | | 885 14/2 | |
| 荷币 | 9,052.98 | | 8.58 | 9,044.40 | |
| 越币 | 14,981,116.77 | | 127.79 | 14,084,950.98 | 896,038.00 |
| 加币 | 3,101.50 | | 7.75 | 3,093.75 | |
| 法国法郎 | 1,770,044.59 | | | 1,770,044.59 | |
| 东北券 | 5,195,266,023,002.15 | | 5,195,156,886,913.24 | | 109,136,088.91 |
| 瑞士法郎 | 160,697.47 | | | 160,697.47 | |

注意:机构别栏内应将在上海市区内之本行(局库)及分支机构分别列入

# 中央银行上海区银行存款余额表

民国 37 年 7 月底

| 机构别 | 共计 | 普通存款 | | 同业存款 | 其他存款 |
|---|---|---|---|---|---|
| | | 定期 | 活期 | | |
| 业务局国币 | 121,730,939,466,917.86 | 545,027,044,523.65 | 92,527,095,953,200.70 | 14,312,704,190,039.30 | 14,346,112,279,154.21 |
| 美金 | 296,315,405.96 | | 167,431,175.76 | 90,885,128.58 | 37,999,101.62 |
| 英金 | 29,121,844$^{9}/_{8}$ | 2,916$^{13}/_{4}$ | 16,973,226$^{2}/_{9}$ | 10,934,158$^{10}/_{8}$ | 1,211,543$^{2}/_{11}$ |
| 印币 | 11,634,521$^{13}/_{9}$ | | 9,124,208$^{6}/_{7}$ | 1,511,746$^{-}/_{8}$ | 998,567$^{6}/_{6}$ |
| 纯金 | 1,130,798.116 | | 1,130,288.851 | | 509.265 |
| 港币 | 23,289,811.53 | | 17,046,475.44 | 1,898,532.87 | 4,344,803.22 |
| 星币 | 1,057,526.13 | | 652,243.44 | 405,172.01 | 110.68 |
| 越币 | 78,199.58 | | | 1,299.58 | 76,900.00 |
| 澳币 | 960$^{14}/_{-}$ | | | 960$^{14}/_{-}$ | |
| 菲币 | 450.00 | | | 450.00 | |
| 荷币 | 2,525.07 | | 303.82 | | 2,221.25 |
| 法国法郎 | 102,862.34 | | 740.34 | 102,122.00 | |
| 纯金市两 | 273,339.852 | | 273,339.852 | | |

续上表

| 机构别 | 共计 | 普通存款 | | 同业存款 | 其他存款 |
|---|---|---|---|---|---|
| | | 定期 | 活期 | | |
| 德国马克 | 1,039.20 | | | 1,039.20 | |
| 瑞士法郎 | 175,950.94 | | 175,950.94 | | |

注意：机构别栏内应将在上海市区内之本行(局库)及分支机构分别列入

## 中央银行上海区银行放款余额表

民国 37 年 7 月底

| 机构别 | 共计 | 定期放款 | 活期放款及透支 | 存放同业 | 其他放款 |
|---|---|---|---|---|---|
| 业务局国币 | 434,148,078,696,979.04 | 55,090,617,174,259.22 | 309,129,363,114,674.34 | 1,967,568,215.91 | 69,926,130,839,829.57 |
| 美金 | 202,294,141.12 | | 38,379,669.10 | 80,218,291.18 | 83,696,180.84 |
| 英金 | 14,180,676$^{14}/_{5}$ | | 2,663,801$^{8}/_{7}$ | 9,251,726$^{19}/_{4}$ | 2,265,148$^{6}/_{6}$ |
| 印币 | 15,308,597$^{2}/_{3}$ | | 7,514,567$^{-}/_{7}$ | 2,870,356$^{6}/_{5}$ | 4,923,673$^{11}/_{3}$ |
| 纯金 | 387,224.586 | | | 254,554.645 | 32,669.941 |
| 港币 | 18,979,377.92 | | 1,534,406.77 | 10,431,375.18 | 7,013,595.97 |
| 日圆 | 18,800.79 | | | 18,800.79 | |

续上表

| 机构别 | 共计 | 定期放款 | 活期放款及透支 | 存放同业 | 其他放款 |
|---|---|---|---|---|---|
| 星币 | 1,515,205.75 | | | 1,515,205.75 | |
| 菲币 | 227,656.14 | | 628.77 | 227,027.37 | |
| 澳币 | $885^{14}/_{2}$ | | | $885^{14}/_{2}$ | |
| 荷币 | 9,052.98 | | 8.58 | 9,044.40 | |
| 越币 | 14,859,260.32 | | 127.79 | 14,782,232.53 | 76,900.00 |
| 加币 | 3,101.50 | | 7.75 | 3,093.75 | |
| 法国法郎 | 1,806,386.59 | | | 1,806,386.59 | |
| 东北券 | 7,825,984,204,820.48 | | 7,825,875,068,731.57 | | 109,136,088.91 |
| 瑞士法郎 | 160,697.47 | | | 160,697.47 | |

注意:机构别栏内应将在上海市区内之本行(局库)及分支机构分别列入

## 中央银行上海区银行存款余额表

民国37年8月底

| 机构别 | 共计 | 普通存款 | | 同业存款 | 其他存款 |
|---|---|---|---|---|---|
| | | 定期 | 活期 | | |
| 业务局金圆 | 136,551,526.41 | 9,293.19 | 60,675,350.43 | 70,657,768.37 | 5,209,114.42 |

续上表

| 机构别 | 共计 | 普通存款 | | 同业存款 | 其他存款 |
|---|---|---|---|---|---|
| | | 定期 | 活期 | | |
| 美金 | 288,830,989.77 | | 162,449,974.77 | 88,390,474.56 | 37,990,540.44 |
| 英金 | $28,733,540^{15}/_{5}$ | $2,916^{13}/_{4}$ | $17,061,550^{11}/_{11}$ | $10,455,220^{17}/_{9}$ | $1,213,852^{12}/_{5}$ |
| 印币 | $11,556,462^{11}/_{3}$ | | $9,332,078^{14}/_{1}$ | $1,225,816^{6}/_{8}$ | $998,567^{6}/_{6}$ |
| 纯金 | 1,130,850.116 | | 1,130,340.851 | | 509.265 |
| 港币 | 20,113,631.30 | | 13,102,732.79 | 418,224.98 | 6,592,673.53 |
| 星币 | 477,407.47 | | 453,718.27 | 10,721.41 | 12,967.79 |
| 越币 | 78,199.58 | | | 1,299.58 | 76,900.00 |
| 澳币 | $960^{14}/-$ | | | $960^{14}/-$ | |
| 菲币 | 450.00 | | | 450.00 | |
| 荷币 | 4,525.07 | | 303.82 | | 2,221.25 |
| 法国法郎 | 102,862.34 | | 740.34 | 102,122.00 | |
| 纯金市两 | 273,339.852 | | 273,339.852 | | |
| 德国马克 | 1,039.20 | | | 1,039.20 | |
| 瑞士法郎 | 175,950.94 | | 175,950.94 | | |

注意:机构别栏内应将在上海市区内之本行(局库)及分支机构分别列入

## 中央银行上海区银行放款余额表

民国37年8月底

| 机构别 | 共计 | 定期放款 | 活期放款及透支 | 存放同业 | 其他放款 |
|---|---|---|---|---|---|
| 业务局金圆 | 319,593,004.80 | 41,202,529.95 | 209,936,343.93 | 655.85 | 68,453,475.07 |
| 美金 | 205,834,749.11 | | 45,041,101.73 | 75,123,844.21 | 85,669,803.17 |
| 英金 | 14,939,317$^{18}/_{3}$ | | 3,430,442$^{5}/_{2}$ | 9,344,167$^{6}/_{7}$ | 2,164,708$^{6}/_{6}$ |
| 印币 | 14,408,344$^{6}/_{-}$ | | 7,517,943$^{-}/_{7}$ | 1,538,858$^{4}/_{2}$ | 5,351,543$^{1}/_{3}$ |
| 纯金 | 387,255.397 | | | 354,554.645 | 32,700.752 |
| 港币 | 33,408,500.83 | | 5,020,677.24 | 20,863,232.62 | 7,524,590.97 |
| 日圆 | 18,800.79 | | | 18,800.79 | |
| 星币 | 453,718.27 | | .. | 453,718.27 | |
| 菲币 | 227,656.14 | | 628.77 | 227,027.37 | |
| 澳币 | 885$^{14}/_{2}$ | | | 885$^{14}/_{2}$ | |
| 荷币 | 9,052.98 | | 8.58 | 9,044.40 | |
| 越币 | 14,880,950.91 | | 127.79 | 14,803,923.12 | 76,900.00 |
| 加币 | 3,101.50 | | 7.75 | 3,093.75 | |

续上表

| 机构别 | 共计 | 定期放款 | 活期放款及透支 | 存放同业 | 其他放款 |
|---|---|---|---|---|---|
| 法国法郎 | 1,806,386.59 | | | 1,806,386.59 | |
| 瑞士法郎 | 160,697.47 | | | 160,697.47 | |

注意:机构别栏内应将在上海市区内之本行(局库)及分支机构分别列入

## 中央银行上海区银行存款余额表

民国37年9月底

| 机构别 | 共计 | 普通存款 | | 同业存款 | 其他存款 |
|---|---|---|---|---|---|
| | | 定期 | 活期 | | |
| 业务局金圆 | 341,458,323.99 | 3,707,337.13 | 148,487,922.63 | 172,297,642.55 | 16,965,421.68 |
| 美金 | 384,666,701.94 | | 166,982,489.66 | 178,769,817.11 | 38,914,395.17 |
| 英金 | 34,738,944.$^{19}/_{1}$ | 2,916$^{13}/_{4}$ | 17,324,214$^{7}/_{3}$ | 16,616,270$^{17}/_{6}$ | 795,543$^{1}/_{-}$ |
| 印币 | 16,394,280$^{-}/_{-}$ | | 14,152,636$^{7}/_{11}$ | 1,243,076$^{1}/_{7}$ | 998,567$^{6}/_{6}$ |
| 纯金 | 1,096,779.156 | | 1,096,268.318 | | 510.838 |
| 港币 | 18,447,452.41 | | 13,751,441.05 | 668,501.76 | 4,027,509.60 |
| 星币 | 1,302,592.08 | | 1,278,902.88 | 10,721.41 | 12,967.79 |

续上表

| 机构别 | 共计 | 普通存款 | | 同业存款 | 其他存款 |
|---|---|---|---|---|---|
| | | 定期 | 活期 | | |
| 越币 | 78,199.58 | | | 1,299.58 | 76,900.— |
| 澳币 | 1,860$^{14}$/— | | 900.00 | 960$^{14}$/— | |
| 菲币 | 460.00 | | | 450.00 | 10.00 |
| 荷币 | 2,525.07 | | 303.82 | | 2,221.25 |
| 法国法郎 | 1,552,081.24 | | 1,449,959.24 | 102,122.00 | |
| 纯金市两 | 288,645.883 | | 288,645.883 | | |
| 德国马克 | 1,039.20 | | | 1,039.20 | |
| 瑞士法郎 | 175,950.94 | | 175,950.94 | | |

注意:机构别栏内应将在上海市区内之本行(局库)及分支机构分别列入

## 中央银行上海区银行放款余额表

民国37年9月底

| 机构别 | 共计 | 定期放款 | 活期放款及透支 | 存放同业 | 其他放款 |
|---|---|---|---|---|---|
| 业务局金圆 | 826,004,846.22 | 41,573,762.96 | 601,403,289.77 | 665.85 | 183,027,127.64 |

续上表

| 机构别 | 共计 | 定期放款 | 活期放款及透支 | 存放同业 | 其他放款 |
|---|---|---|---|---|---|
| 美金 | 302,037,505.12 | | 46,183,894.47 | 167,670,210.51 | 88,183,400.14 |
| 英金 | 21,343,794.$^{8}/_{3}$ | | 3,573,318$^{13}/_{3}$ | 15,673,043$^{2}/_{6}$ | 2,097,432$^{12}/_{6}$ |
| 印币 | 18,861,563.$^{8}/_{5}$ | | 7,479,464$^{5}/_{2}$ | 6,030,556$^{2}/_{-}$ | 5,351,543$^{1}/_{3}$ |
| 纯金 | 387,269.962 | | | 354,554.645 | 32,715.317 |
| 港币 | 51,129,823.70 | | 5,603,592.22 | 36,972,073.51 | 8,554,157.97 |
| 日圆 | 18,800.79 | | | 18,800.79 | |
| 星币 | 503,356.10 | | | 503,356.10 | |
| 菲币 | 227,656.14 | | 628.77 | 227,027.37 | |
| 澳币 | 1,785.$^{14}/_{2}$ | | | 1,785$^{14}/_{2}$ | |
| 荷币 | 9,052.98 | | 8.58 | 9,044.40 | |
| 越币 | 15,721,300.51 | | 127.79 | 14,817,134.72 | 904,038.00 |
| 加币 | 3,101.50 | | 7.75 | 3,093.75 | |
| 法国法郎 | 1,815,605.49 | | | 1,815,605.49 | |
| 瑞士法郎 | 160,697.47 | | | 160,697.47 | |

注意:机构别栏内应将在上海市区内之本行(局库)及分支机构分别列入

## 中央银行上海区银行存款余额表

民国37年10月底

| 机构别 | 共计 | 普通存款 | | 同业存款 | 其他存款 |
|---|---|---|---|---|---|
| | | 定期 | 活期 | | |
| 业务局金圆 | 302,360,073.80 | 4,974.79 | 191,935,579.33 | 91,489,794.93 | 18,929,724.75 |
| 美金 | 378,061,146.43 | | 171,940,940.59 | 168,774,791.26 | 37,345,414.58 |
| 英金 | $34,091,923^{10}/_{3}$ | $2,916^{13}/_{4}$ | $16,808,347^{2}/_{11}$ | $16,481,609^{5}/_{11}$ | $799,050^{8}/_{1}$ |
| 印币 | $17,091,395^{9}/_{1}$ | | $15,855,512^{4}/_{7}$ | $236,490^{15}/_{6}$ | $999,392^{5}/_{-}$ |
| 纯金 | 1,119,718.041 | | 1,097,696.997 | | 22,021.044 |
| 港币 | 23,574,048.65 | | 20,116,841.31 | 460,346.01 | 2,996,861.33 |
| 星币 | 1,983,886.29 | | 1,953,075.19 | 10,721.41 | 20,089.69 |
| 越币 | 78,199.58 | | | 1,299.58 | 76,900.00 |
| 澳币 | $1,860^{14}/_{-}$ | | $900^{-}/_{-}$ | $960^{14}/_{-}$ | |
| 菲币 | 597.00 | | | 450.00 | 147.00 |
| 荷币 | 2,525.07 | | 303.82 | | 2,221.25 |
| 法国法郎 | 1,552,081.24 | | 1,449,959.24 | 102,122.00 | |
| 纯金市两 | 299,206.206 | | 299,166.107 | | 40.109 |

续上表

| 机构别 | 共计 | 普通存款 | | 同业存款 | 其他存款 |
|---|---|---|---|---|---|
| | | 定期 | 活期 | | |
| 德国马克 | 1,039.20 | | | 1,039.20 | |
| 瑞士法郎 | 175,950.94 | | 175,950.94 | | |
| 银元 | $170,808^{6}/_{-}$ | | | | $170,808^{6}/_{-}$ |
| 纯银 | 45,326 84 | | | | 45,326 84 |

注意:机构别栏内应将在上海市区内之本行(局库)及分支机构分别列入

## 中央银行上海区银行放款余额表

民国37年10月底

| 机构别 | 共计 | 定期放款 | 活期放款及透支 | 存放同业 | 其他放款 |
|---|---|---|---|---|---|
| 业务局金圆 | 1,436,396,149.59 | 78,834,232.84 | 1,013,062,711.88 | 865,002.64 | 343,634,202.23 |
| 美金 | 304,934,738.17 | | 45,987,682.34 | 158,925,031.70 | 100,022,024.13 |
| 英金 | $20,582,824^{1}/_{5}$ | | $3,566,480^{1}/_{11}$ | $14,916,330^{5}/_{3}$ | $2,100,013^{14}/_{3}$ |
| 印币 | $21,929,446^{3}/_{-}$ | | $7,479,464^{5}/_{2}$ | $9,098,438^{12}/_{7}$ | $5,351,543^{1}/_{3}$ |

续上表

| 机构别 | 共计 | 定期放款 | 活期放款及透支 | 存放同业 | 其他放款 |
|---|---|---|---|---|---|
| 纯金 | 387,274.412 | | | 354,554.645 | 32,719.767 |
| 港币 | 60,354,673.56 | | 5,679,876.02 | 47,596,289.57 | 7,078,507.97 |
| 日圆 | 18,800.79 | | | 18,800.79 | |
| 星币 | 1,188,908.66 | | | 1,188,908.66 | |
| 菲币 | NIL | | | | |
| 澳币 | 1,785¹⁴/– | | | 1,785¹⁴/– | |
| 荷币 | 9,052.98 | | 8.58 | 9,044.40 | |
| 越币 | 15,726,642.91 | | 127.79 | 14,822,477.12 | 904,038.00 |
| 加币 | NIL | | | | |
| 法国法郎 | 2,356,348.21 | | | 2,356,348.21 | |
| 瑞士法郎 | 130,697.47 | | | 130,697.47 | |
| 银元 | 1,010,000⁻/– | | | | 1,010.000⁻/– |

注意:机构别栏内应将在上海市区内之本行(局库)及分支机构分别列入

# 中央银行上海区银行存款余额表

民国 37 年 11 月底

| 机构别 | 共计 | 普通存款 | | 同业存款 | 其他存款 |
| --- | --- | --- | --- | --- | --- |
| | | 定期 | 活期 | | |
| 业务局金圆 | 458,496,059.92 | 48,483,663.711 | 308,199,457.61 | 83,599,889.72 | 18,213,048.88 |
| 美金 | 382,568,368.50 | | 174,261,856.13 | 154,218,957.21 | 54,087,555.16 |
| 英金 | 32,029,975$^{18}/_{5}$ | 2,916$^{13}/_{4}$ | 17,245,328$^{4}/_{4}$ | 14,026,708$^{12}/_{-}$ | 755,022$^{8}/_{9}$ |
| 印币 | 22,847,630$^{10}/_{9}$ | | 21,597,522$^{11}/_{9}$ | 259,907$^{11}/_{5}$ | 990,200$^{3}/_{7}$ |
| 纯金 | 1,260,844.522 | | 1,097,696.997 | | 163,147.525 |
| 港币 | 24,829,132.57 | | 23,220,741.81 | 1,094,852.87 | 513,538.39 |
| 星币 | 2,375,406.08 | | 2,289,854.85 | 10,835.41 | 74,915.82 |
| 越币 | 111,136.31 | | | 1,299.58 | 109,836.73 |
| 澳币 | 1,860.$^{14}/_{-}$ | | 900$^{-}/_{-}$ | 960$^{14}/_{-}$ | |
| 菲币 | 453.75 | | | 450.00 | 3.75 |
| 荷币 | 2,525.07 | | 303.82 | | 2,221.25 |
| 法国法郎 | 112,081.24 | | 9,959.24 | 102,122.00 | |
| 纯金市两 | 299,258.810 | | 299,218.701 | | 40 109 |

续上表

| 机构别 | 共计 | 普通存款 | | 同业存款 | 其他存款 |
|---|---|---|---|---|---|
| | | 定期 | 活期 | | |
| 德国马克 | 1,039.20 | | | 1,039.20 | |
| 瑞士法郎 | 175,950.94 | | 175,950.94 | | |
| 银圆 | 1,840,179⁻/₋ | | | | 1,840,179⁻/₋ |
| 纯银 | 126,516.510 | | | | 126,516.510 |

注意:机构别栏内应将在上海市区内之本行(局库)及分支机构分别列入

## 中央银行上海区银行放款余额表

民国37年11月底

| 机构别 | 共计 | 定期放款 | 活期放款及透支 | 存放同业 | 其他放款 |
|---|---|---|---|---|---|
| 业务局金圆 | 2,937,803,160.89 | 192,228,408.59 | 1,557,298,354.40 | 22,334,615.64 | 1,165,941,782.26 |
| 美金 | 336,356,523.96 | | 46,089,558.94 | 195,329,977.32 | 94,936,987.70 |
| 英金 | 17,256,095$^{12}/_{7}$ | | 3,564,757$^{-}/_{3}$ | 11,312,700$^{8}/_{1}$ | 2,378,688$^{4}/_{3}$ |
| 印币 | 27,939,835$^{8}/_{10}$ | | 7,479,389$^{5}/_{2}$ | 15,108,903$^{2}/_{5}$ | 5,351,543$^{1}/_{3}$ |
| 纯金 | 585,691.028 | | | 354,554.645 | 231,136.383 |

续上表

| 机构别 | 共计 | 定期放款 | 活期放款及透支 | 存放同业 | 其他放款 |
|---|---|---|---|---|---|
| 港币 | 30,585,581.90 | | 5,679,339.48 | 17,827,734.45 | 7,078,507.97 |
| 日圆 | 18,800.79 | | | 18,800.79 | |
| 星币 | 1,595,805.97 | | | 1,595,805.97 | |
| 菲币 | NIL | | | | |
| 澳币 | 1,785^14/– | | | 1,785^14/– | |
| 荷币 | 9,052.98 | | 8.58 | 9,044.40 | |
| 越币 | 15,762,166.34 | | 127.79 | 14,858,000.55 | 904,038.00 |
| 加币 | NIL | | | | |
| 法国法郎 | 931,874.21 | | | 931,874.21 | |
| 瑞士法郎 | 130,697.47 | | | 130,697.47 | |
| 银元 | 1,610,000⁻/– | | | | 1,610,000⁻/– |

注意:机构别栏内应将在上海市区内之本行(局库)及分支机构分别列入

〔国民政府财政部档案〕

## 二、中国银行业务概况

### 1. 中国银行陈报增设行处办理暹越区华侨复业贷款情形函

（1946年12月13日）

敬启者：先后接奉大部京钱乙1043、0928及1319、1114号两代库〔电〕以准外交部先后电称：据新加坡总领事馆呈，略以马来亚联邦政府已指定的款九十六万镑，以三厘息金，供给当地各矿业作为复兴事业之用。至我政府举办之华侨复业贷款，马来亚方面侨胞深盼早日举办，嘱为查照，迅将办理情形具报。等因。查华侨复业贷款总额，原定为美金五千万元，除菲律宾及缅甸两区贷额美金一千万元，由交行承办外，其余马来亚区美金壹千五百万元，香港区美金五百万元，荷属东印度区美金一千七百五十万元，暹越区美金二百五十万元，以上共计美金四千万元，规定由敝行承办。除自行担任百分之廿五外，其余百分之七十五，应由国行一次拨交。嗣以上项贷款总额经国行陈奉宋院长核定减按五分之一，即美金一千万元试办，并先拨周转金五分之一，即美金二〇〇万元，内计敝行应领美金一百六十万元，除荷属东印度区按照比例应拨周转金美金七十万元，因当地政府统制外汇关系迄未照领，前与国行商妥，拟以当地所收侨汇头寸抵拨，迭经饬由巴达维亚敝行与当地政府交涉，尚未获得具体结果，一时尚无法举办外，马来亚及香港两区照比例应拨周转金美金八十万元，内计马来亚区六十万元，香港区二十万元，经商承国行按比价洽拨英金廿万镑，内计马来亚区十五万镑，香港区五万镑，汇存伦敦敝行，以便随时调往马来亚及香港区内动用。此项侨贷已在积极开始举办。至于暹越区按照比例应拨周转金美金十万元，业经国行商承大部核准在部存河内敝行存款内洽拨越币七十万元，亦经拨到。惟暹越区内包括暹罗、越南两区，其贷款额度如何分配，前经饬由河内敝行就暹越两区内华侨人数，以及战时损害程度分别调查，按照比例拟定分配贷款额度去后。嗣据陈复，略以暹罗侨胞约在二百万左右，越南侨胞约在七十万左右，按人口比例应为三与一之比。惟越南曾直接遭受战事灾害损失较暹罗为重，故暹越区侨贷分配额度，拟定为暹罗区五分之三，越南区五分之二，业经敝处复准照办。惟以河内敝行因筹备结束迁往西贡营业，现西贡敝行业于十二月二日开业，已可会同海防敝行就上项拨到之周转金越币七十万元，内以五分之二，即越币二十八万元，先行开始举办，其余五分之三，即越币四十二万元，属于暹罗区侨贷头寸。惟因暹罗方面敝行尚无机构设立，前曾嘱由河内敝行设法委托暹罗境内银行代办，惟以种种困难未得结果。兹敝行为便于办理侨贷，并疏通暹罗侨汇起见，业已决定在曼谷设立机构，已派员着手筹备。将来暹罗方面办理侨贷所需周转金，能否即以已拨之越币四十二万元，转汇暹罗折兑暹币办理，或另请国行改拨之处，容俟曼谷敝行筹备开业之后，再与国行商办。奉电前因。除分饬星加坡、香港、西贡、河内等地经办行处尽速举办，以免侨胞久待，并将办理情形具复，俟复到再行转报外，用先奉复，即请鉴核为荷。此上

财政部

中国银行总管理处启

中华民国卅五年十二月十三日

〔国民政府财政部档案〕

## 2. 中国银行1946年度业务报告

(1947年8月18日)①

中国银行三十五年度业务报告

①此系中国银行总管理处报送四联总处时间。

本行业务之进行，向系遵循国策，并照四联总处规定办法办理。本年度除努力协助平抑物价、稳定金融外，对于发展国际贸易、揽收侨胞汇款，以及扶助国内工矿业等，均尽力以赴。兹将各项业务情形分述如次：

（一）受中央银行之委托，经理政府国外款项之收付。

本行在国外代理政府收付款项，如经付公债本息、代收侨捐、汇拨驻外政府机关经费等等，本年度仍继续办理。至纽约分行担保中美华锡借款本息之偿付，截至本年底止已如数用足限额美金二千万元，除还美金八，三〇〇，〇〇〇元外，尚结欠美金一一，七〇〇，〇〇〇元。又伦敦分行代理二十八年五厘英金购料公债，截至本年底止，共计发行英金二，八二一，一〇〇镑，还本英金七二六，二五四镑五先令七便士，尚结欠英金二，〇九四，八四五镑十四先令五便士。

（二）发展与扶助国际贸易，并办理有关事业之贷款与投资。

本年度以国际交通恢复，进出口贸易颇形活跃。惟以出口物资缺乏，入超甚巨。本行为谋国际收支平衡及发展专业起见，对于出口物资及减少进口贸易品之生产事业，均积极加以扶助。截至本年十二月底止，计上项事业贷款余额，共为二千零九十二亿八千九百余万元，较上年底增加二十倍以上。投资额共为二十三亿九千余万元，较上年底增加七倍以上。兹将此项业务概况分述如次：

1. 出口矿产事业贷款

查出口矿产锑、钨、锡，以产地湘、桂、赣等省均曾沦陷，矿区亦遭破坏。目前虽由资委会设立三区特种矿产管理处从事开采，惟大都尚未复工，故产量不丰。本年度本行每区核准贷款一亿元，亦未用足。至滇锡贷款，本年度虽核准三十六亿元，因采锡成本过高，业务发展困难，致贷款不常动用。截至本年十二月底止，上项贷款实际余额总数仅三亿三千一百余万元，较上年底略减。

2. 出口农产与畜产加工制造事业贷款

本年内以海运畅通，我国农产品如桐油、茶叶、生丝，畜产品如猪鬃、羊毛、肠衣等，均有大量出口，故运销与加工制造之厂商，所需营运资金较历年陡增。本行以专业所系，对于此项贷款协助，不遗余力。截至本年十二月底止，总计核准额为七百八十七亿四千八百余万元，实际贷款额为六百三十九亿六千五百余万元，较上年底之实际贷款额增加约四十倍。

3. 减少进口贸易品之生产贷款

胜利以来，收复区工矿事业未能迅速恢复生产，政府乃责成三行两局贷放巨额低利复工贷款。本行对于减少进口贸易品之生产事业，向系尽力协助，本年度贷额更巨，截至十二月底止，核准额为一千零九十一亿零七百余万元，实际贷款亦达八百四十八亿二千六百余万元，较上年度之实际贷款额增加十倍以上。

4. 协助其他有关国际贸易之贷款

本年协助有关国际贸易事业，除上列各项贷款外，尚有国外行处之贷款，其大部份系协助侨胞所办事业之资金周转。又本行于上海、天津、青岛等处，办理进口贸易事业贷款，协助工矿、商业向国外采购机器、燃料、化学原料及日用必需品等。以上两项贷款，截至本年十二月底止，其余额折合国币共为六百零一亿六千五百万元。

5. 对于进出口贸易及其有关事业之投资

本年度本行为鼓励国产外销，争取外汇起见，对于进出口贸易及其有关事业，仍本既定方针尽量促进。截至本年底止，此项事业之投资总额为二十三亿九千零七十余万元，较上年底增加二十一亿一千六百九十余万元，其中投资新事业者计六单位，占十六亿九千五百万元，原投资事业增资者八单位，占四亿二千一百九十余万元。

(三) 受中央银行之委托，经办进出口外汇及侨汇业务。

自本年三月四日外汇市场开放后，本行各种外汇业务均逐渐开展，尤以进口更为发达。迨十一月十七日政府颁布“修正进出口贸易暂行办法”，对于货物进口及外汇供应，均严加管制。于是，进口始渐减少，至出口贸易，于本年初尚称活跃，后以成本日高，利益微薄，虽经本行予以贷款协助，终鲜起色。关于侨汇，本年一、二两月，仍按加给二十四倍补助金办法付款。自外汇开放后，侨款汇返颇巨。嗣以黑市汇率升腾，侨汇泰半流入香港，本行收汇数目随之递减。兹将本年度外汇收付数目列表如下：

甲、外汇收入方面：

一、华侨汇款：

| | |
|---|---|
| 美金 | 二三，二九五，五一二．五一元 |
| 英金 | 二，三六六，〇二七镑二先令四便士 |
| 罗比 | 七五〇，八五七盾零七派 |

二、出口结汇：

| | |
|---|---|
| 美金 | 二一，二四九，五八五．四五元 |
| 英金 | 一，〇九一，五五九镑零十一便士 |
| 叻币 | 一，三一一，四七五．四六元 |
| 罗比 | 四，一一三，五六八盾八安四派 |
| 港币 | 八，八六九，〇一二．一八元 |
| 瑞士法郎 | 八六一，七三九．六四元〔法郎〕 |

三、买入冻结外汇：

| | |
|---|---|
| 美金 | 四，三一五，四五五．六八元 |
| 英金 | 一一，九六八镑十二先令 |
| 罗比 | 二四八，七六〇盾三安十派 |
| 港币 | 五〇，九二四．一〇元 |

四、买入其他外汇：

| | |
|---|---|
| 美金 | 一三，九三六，〇八四．〇五元 |
| 英金 | 七四二，三〇六镑十四先令九便士 |
| 澳镑 | 一一八，〇七三镑二先令二便士 |
| 叻币 | 七一，一一一．八三元 |

| | |
|---|---|
| 罗比 | 二,六六九,八二六盾十二安三派 |
| 港币 | 一,三九八,四五七．八七元 |
| 瑞士法郎 | 二一,八二八．三二元 |

乙、外汇付出方面：

一、进口结汇：

| | |
|---|---|
| 美金 | 八五,二八九,〇一四．七一元 |
| 英金 | 二,二〇六,九七八镑十三先令一便士 |
| 澳镑 | 四〇,二八二镑六先令十便士 |
| 叻币 | 五五四,二七八．五三元 |
| 罗比 | 一一,〇八七,二八三盾五安 |
| 港币 | 八三四,〇七〇．二二元 |
| 瑞士法郎 | 四六七,八六六．九〇元 |

二、私人结汇：

| | |
|---|---|
| 美金 | 七〇三,九四四．八〇元 |
| 英金 | 九,四三五镑九先令四便士 |
| 澳镑 | 五七三镑 |
| 叻币 | 七,一五〇．〇〇元 |
| 罗比 | 一六,七三〇盾 |
| 港币 | 一五,六一三．〇〇元 |
| 瑞士法郎 | 一四,六〇〇．〇〇元 |

三、售出其他外汇：

| | |
|---|---|
| 美金 | 四五一,七三七．〇八元 |
| 英金 | 一四四,七三〇镑一先令十一便士 |
| 澳镑 | 四一〇镑 |
| 叻币 | 一一,五〇五．九三元 |
| 罗比 | 三三,五五四盾五安三派 |
| 港币 | 二九,八〇五．五六元 |
| 瑞士法郎 | 二七,二九五．二五元 |

| | |
|---|---|
| 越币 | 一一八,七〇八.〇〇元 |

(四)办理国内工商业汇款

本年度国内汇款业务,截至十二月底止,总数为一万九千一百二十九亿余元,较上年度总数计增加五倍以上。其中以工商业汇款为最巨,计一万二千六百十九亿余元,占总数百分之六十六。军政汇款计二千一百四十九亿余元,占百分之十一。团体、个人及其他汇款,计四千三百五十九亿余元,占百分之二十三。

(五)办理储蓄信托业务

甲、储蓄业务

本年度以市面上暗息甚高,推行储蓄极感困难。本行本以往精神,努力迈进,勉能达到预期目标。截至本年十二月底止,各项储蓄存款余额共一百二十三亿余元,与三十四年底比较,计增五十五亿元。其中折金存款,以到期兑付关系,减少较巨,如不计在内,本年度净增七十五亿元,超过三十四年底一倍有余。又本年七月间,鉴于郊区工厂林立,为便利职工储蓄起见,经与各工厂接洽,试办服务处,派员驻厂办事,截至本年底止,已成立者计十四单位。关于资产运用方面,仍照四联总处前订"各行局储蓄存款投放生产事业办法",委托银行部代为营运,或搭放联行生产贷款。本年底投放上项资金,共计九十四亿元。

乙、信托业务

1. 办理华侨债捐款及领发公债

本年度经收海外捐款总数共计二十一亿三千四百余万元,较上年度约增一十五亿五千余万元。又经收债款三种,共计美金八万余元,较上年度略少。兹将本年度经收华侨捐款及债款数目,列表如下:

| | | |
|---|---|---|
| 一、统一捐款 | 经收国币 | 二,一三四,九六六,九五四.二六元 |
| 二、二十九年建设美金公债 | 经募美金 | 三四,二九〇.二〇元 |

续上表

| | | |
|---|---|---|
| 三、三十二年同盟胜利国币公债 | 经募美金 | 四八,一〇四.三九元 |
| 四、三十三年同盟胜利国币公债 | 经募美金 | 五,〇〇〇.〇〇元 |

关于本行办理领发各种公债事宜,除国内部份本年度并无领发外,国外部份计寄发二十七年美金公债二,五四九张,面额美金一万七千一百九十五元。二十九年建设美金公债一〇,七五六张,面额美金一十万零一千八百八十元。

2. 信托存款

本年度所收信托存款,至年底止共计国币四十九亿八千四百余万元,较三十四年底国币五千三百余万元,增加约及一百倍。兹将各种信托存款余额分列如下:

| | | |
|---|---|---|
| 一、特种活期信托存款 | 国币 | 四,九〇七,一七九千元 |
| 二、活期信托存款 | 国币 | 七二,〇〇〇千元 |
| 三、定期信托存款 | 国币 | 五,五四六千元 |

3. 经付公债本息·

查本行代理经付各种公债本息工作,在抗战期内,系由重庆分行集中经办。本年四月份起,改由信托部在沪办理。截至十二月底止,计代付本息数额如下:

| | | |
|---|---|---|
| 国币公债本息 | 国币 | 九二,〇五二,六四四.七四元 |
| 美金公债本息 | 美金 | 二,二二九,八四九.九九元 |
| 英金公债本息 | 英金 | 一,〇〇〇.2/8镑 |

4. 证券业务

本年九月十六日,上海证券交易所正式开业后,本行开始办理证券业务。截至十二月底止,代客购进股票共计国币四九一,五二七,九七一.〇〇元,代客售出七二九,六四一,六〇四元。

又国外证券部份,本行于民国二十六年在美国证券投资共美金三百四十万元,内债票占39%,股票占61%。抗战期中并无进出。胜利后，将股票部份售出，换进政府债券，以厚保障。截至本年底止，计投资总额为美金四百三十八万元，内债券占 61.1%，股票占 38.9%，计债券部份较上年增 101%，股票部份减 15%。

5. 地产业务

本年度上海地产业，因环境关系，交易颇形呆滞。本行经办房地产业务，仅有下列三项：

一、代理买卖地产：计三宗，成交价额共为三亿一千一百余万元。

二、经租：计一处，全年收入租金一百四十余万元（本行自有房地产，在上海沦陷以前，即由本行投资，另设上海地产公司经管，现仍由该公司经租管理）。

三、代办声请土地登记：胜利后，上海市政当局整理地权，于三十四年十一月十八日，公告开办本市黄浦、沪南、法华、闸北、漕泾、引翔六区土地总登记，本行为协助地政及便利业主登记起见，特受托代办此项登记。并代理土地丈量、认图及领取新状等手续。全年受托代办各项产证，计一千九百五十件，面积约占三千四百市亩。

6. 保管业务

本年度保管业务，可分保管箱及露封保管两项，报告如下：

一、保管箱：本行自复员返沪后，即着手整理原有保管箱设备，四月四日正式开始营业，截至十二月底止，大小保管箱计租出四千四百一十八只，占全数百分之四三强。

二、露封保管：本行为便利顾客起见，办理露封保管，本年内总计缴入保管品六，九七九，二七五件，取出保管品八一六，五一五件，年终结存六，一六二，七六〇件（内部及联行不包括在内）。

本行保管各项有价证券，兼代顾客领取公债本息及办理过户增资换票等事宜。本年中，计代办过户增资等四千六百八十七件，代领公债本息计美金八，四四七．〇二元，国币二，四〇七，一四〇．四八元。

（六）其他有关业务

1. 协助食盐之产运销贷款

本行对于盐贷素颇重视，本年沿海产盐区收复，所需产运销资金甚巨，四联总处特组银团办理之(上海区盐贷银团，本行摊放五十五亿余元)。截至本年十二月底止，本行对此类贷款之核准额共达一百四十四亿四千六百万元，实际贷款额计一百十八亿六千四百万元，较上年度增加几达五倍。

2. 协助糖类之产运销贷款

本年度本行糖贷对象，仍以川糖为主。截至本年十二月底止，核准额约计二十亿元，实际贷款额为十五亿八千九百万元，较上年度略增。

3. 协助棉花运销贷款

本年度政府为扶助国棉生产，促进纺织工业起见，在产棉区域举办棉花贷款，计分押款与押汇两种方式。截至本年十二月底止，本行此类贷款余额计达一百二十六亿六千六百万元。

4. 协助其他事业及军政机关之贷款

本行协助交通公用、教育文化事业之贷款，及军政机关之借款，除一小部份系自动承放外，大部份均属四联总处交办之案件。截至本年十二月底止，余额共计一百七十一亿五千万元，其中交通公用事业贷款占百分之五十，教育文化事业贷款占百分之十七，军政机关借款占百分之三十三。

5. 协助一般工商业贷款

凡不属于上列各类放款范围内之一般工商业，如实业公司、小工厂、印刷所、营造厂、以及运销事业等，本行所贷款项，截至本年底止，计余额四百零五亿四千一百万元。

6. 对于一般生产企业之投资

本行对于一般生产事业，凡与民生日用有关，或系著名特产，均经斟酌情形予以投资。截至本年底止，其投资额共计四亿二千零六十余万元，较上年底增加二亿七千八百四十余万元。其中投资新事业者计十二单位，占二亿六千四百三十余万元，原投资事业增资者计五单位，占一千四百十九万余元，退股者一单位，计十五万元。

7. 存款业务

本行三十五年度普通存款业务，截至十二月底止，国内行处存款余额共计二千二百七十一亿余元，其中工矿、商业存款约占百分之五十，公营事业及机关存款约占百分之三十五，个人、团体及其他存款约占百分之十五。国外行处存款余额，外币折合国币共计一千九百九十六亿元，其中大部份系侨胞事业之流动资金。本年度全行存款余额总计四千二百六十七亿余元（包括信托存款在内），活期存款占百分之九十七，定期存款占百分之三，总数较上年底约增八倍。

8. 调整机构

本行三十五年度所属分支机构之调整，截至十二月底止，计国内复业及新设者，有青岛、沈阳、长春、济南、塘沽、连云港等七十四处，国外有香港、海防、仰光、吉隆坡、巴达维亚等五处。裁撤者计大埔、兴宁、肇庆、保山、大庾等二十六处。总计三十五年度底实际开业之分支为二百二十二处，较上年度增加五十三处。此外，尚有正在筹设者十九处及收复行处尚未复业者十处。

本行普通存款表　　单位：千元

| 项目 | 三十五年底 | 三十四年底 | 三十三年底 |
|---|---|---|---|
| 定期存款 | 10,774,149 | 653,536 | 336,664 |
| 活期存款 | 415,935,845 | 47,951,456 | 9,204,099 |
| 合计 | 426,709,994 | 48,604,992 | 9,540,763 |

本行普通放款表　　单位：千元

| 项目 | 三十五年底 | 三十四年底 | 三十三年底 |
|---|---|---|---|
| 定期放款 | 13,327,532 | 501,719 | 86,351 |

续上表

| 项目 | 三十五年底 | 三十四年底 | 三十三年底 |
| --- | --- | --- | --- |
| 活期放款 | 264,527,197 | 13,640,261 | 4,096,504 |
| 合计 | 277,854,729 | 14,141,980 | 4,182,855 |

本行储蓄存款统计表　　单位:国币千元

| 储蓄种类 | 三十五年底 | 三十四年底 | 三十三年底 |
| --- | --- | --- | --- |
| 定期储蓄存款 | 366,954 | 208,778 | 194,439 |
| 活期储蓄存款 | 8,479,247 | 2,364,985 | 431,854 |
| 节约建国储金 | 103,782 | 97,969 | 99,117 |
| 节约建国储券 | 2,111,175 | 929,479 | 677,678 |
| 乡镇公益储券 | 1,141,516 | 999,796 | 100,843 |
| 公益基金储券 | 32,709 | 53,824 | 12,799 |
| 美金储蓄券 | 62,603 | 135,803 | 519,936 |
| 法币折合黄金存款 | 64,845 | 2,059,307 | 910,020 |
| 合计 | 12,362,831 | 6,849,941 | 2,946,686 |

说明:上表定期存款栏内所列数字卅四年卅三年包括外币定期储蓄存款

本行储蓄部放款及购存有价证券表　单位:国币千元

| 项目 | 三十五年底 | 三十四年底 | 三十三年底 |
| --- | --- | --- | --- |
| 定期押款 | 106,296 | 2,723 | 114,567 |
| 活期押款 | 1,037,647 | 1,653,105 | 632,588 |
| 有价证券 | 8,297,505 | 76,787 | 76,305 |
| 合计 | 9,441,448 | 1,732,615 | 823,460 |

本行生产事业投资表　　　　单位:千元

| 项　　目 | 三十五年底 | 三十四年底 | 三十三年底 |
|---|---|---|---|
| 投资总额 | 2,811,379 | 415,990 | 363,023 |

表列生产事业投资数字与各该期资产负债平衡表内"生产事业投资"科目余额数字略有出入系因平衡表内已将一部份不能收回之投资予以剔除于帐面上只作一元之纪录

本行汇款总额表　　　　单位:千元

| 项　　目 | 三十五年底 | 三十四年底 | 三十三年底 |
|---|---|---|---|
| 汇款总额 | 1,971,782,581 | 277,402,720 | 63,989,527 |

三十五年底本行国内汇款总额表　　　　单位:千元

| 国内汇款总额 | 工商汇款 | 军政汇款 | 其他汇款 |
|---|---|---|---|
| 1,912,901,410 | 1,261,961,770 | 214,968,420 | 435,971,220 |

三十五年度本行经收侨汇统计表

| 币别<br>行处 | 美金 | 英金 | 印币 | 折合国币 |
|---|---|---|---|---|
| 纽约分行 | 17,992,214.04 | 428,260-8-3 | | 34,686,055,055.30 |
| 伦敦分行 | | 1,094,519-14-7 | | 10,035,856,210.11 |
| 古巴经理处 | 3,207,597.05 | | | 6,506,282,741.00 |
| 雪梨经理处 | | 324,951-12-6 | | 205,709,413.00 |
| 加尔各答经理处 | | 229,025-3-11 | 116,884-0-7 | 1,879,653,666.28 |
| 新加坡分行 | | 273,476-0-0 | | 2,245,223,000.00 |
| 仰光经理处 | | 15,794-3-1 | 33,973-0-0 | 185,376,000.00 |
| 他行代收 | 2,095,701.42 | | | 3,137,014,728.31 |

续上表

| 行处 \ 币别 | 美金 | 英金 | 印币 | 折合国币 |
|---|---|---|---|---|
| 总计 | 23,295,512.51 | 2,366,027-2-4 | 750,857-0-7 | 58,881,170,814.00 |

## 三十五年度本行各地分支机构变动情形表

| 省市 | 三十四年度分支总计 | 三十五年度 | | 三十五年度分支总计 |
|---|---|---|---|---|
| | | 复业及增设 | 撤销 | |
| 南京市 | 1 | 4 | | 5 |
| 上海市 | 1 | 4 | | 5 |
| 江苏 | 1 | 10 | | 11 |
| 浙江 | 13 | 6 | 1 | 18 |
| 安徽 | 2 | 9 | | 11 |
| 江西 | 12 | 4 | 1 | 15 |
| 湖北 | 2 | 3 | | 5 |
| 湖南 | 14 | 2 | 6 | 10 |
| 广西 | 10 | | 3 | 7 |
| 广东 | 15 | 1 | 5 | 11 |
| 福建 | 18 | | 3 | 15 |
| 四川 | 27 | | | 27 |
| 重庆市 | 4 | | | 4 |
| 云南 | 8 | | 2 | 6 |
| 贵州 | 11 | | 5 | 6 |
| 陕西 | 6 | 1 | | 7 |
| 甘肃 | 4 | | | 4 |
| 宁夏 | 1 | | | 1 |
| 青海 | 1 | | | 1 |

续上表

| 省　　市 | 三十四年度分支总计 | 三十五年度 复业及增设 | 撤　销 | 三十五年度分支总计 |
|---|---|---|---|---|
| 西　　康 | 1 | | | 1 |
| 山　　东 | | 6 | | 6 |
| 青 岛 市 | | 1 | | 1 |
| 河　　北 | | 4 | | 4 |
| 天 津 市 | 1 | 2 | | 3 |
| 北 平 市 | 4 | | | 4 |
| 河　　南 | | 3 | | 3 |
| 山　　西 | | 1 | | 1 |
| 辽　　宁 | | 9 | | 9 |
| 吉　　林 | | 3 | | 3 |
| 辽　　北 | | 1 | | 1 |
| 国　　外 | 12 | 5 | | 17 |
| 合　　计 | 169 | 79 | 26 | 222 |

附注：本来分支机构数以实际开业者为限

〔四联总处档案〕

## 3. 财政部上海金融管理局关于中国银行考查报告

(1948年1月14日)①

中国银行考查报告

奉派考查中国银行业务情形及资负、损益状况，遵经会同前往

①此系报送财政部日期。

该行考查总管理处国外部、信托部、储蓄部暨上海分行，兹已办理完竣，谨将查得情形，分别报告于后：

甲、总述

（一）资负状况

该行帐面截至卅六年六月卅日止，全行资产总额六万六千二百六十三亿元，负债总额六万零二十五亿余元，净值总额二百三十八亿余元。上项资负中，除代收款、未收代收款、保证款项、未收保证款项及信托资产、信托负债各项数字系属帐面对转性质外，其实际资产为五万零六百六十四亿余元，实际负债为五万〇四百二十六亿余元。依其内容分析如次：

| | | | |
|---|---|---|---|
| 实际资产 | 100% | 实际负债 | 100% |
| 现金及存放同业 | 40.8% | 同存及转贴押 | 25.8% |
| 各项放款 | 18.2% | 各项存款 | 23.1% |
| 房地产证券及投资 | 22.5% | 备抵损失及各项折旧 | 17.3% |
| 杂项资产 | 18.5% | 杂项负债 | 33.8% |

就上列百分比观察，资产方面，现金及存同为数最大，系因该行分支机构众多，当前环境中资金之流动率颇大，故各地机构均不能不保持较大数目之支付准备。各项放款所占比例，并不甚大，以该行资力而言，扩大放款，绰有余裕。其所以保持紧缩者，固因体奉政府政策，亦由该行以往稳健风气所致。房地产、有价证券及各项投资，为该行资产之大宗，其帐面数字约占实际资产总额之22.5%，已属可观。然该行房地产、证券及投资，大半系在战前购置及投放，或则原先作价颇低，或则久未升值，故其实值，如按市价估计，定当超出帐面甚巨。负债方面，同存、透同及转质押、转贴现，约合占该行资金来源之四分之一，其中以同业存款居其大半，系因该行各地机构均为同业所信赖。至向国行透支及转贴押款项为数较

少，可见该行资金营运，并不以国行供给为主要来源。各项存款在该行资金来源中，所占比例不足四分之一，似尚嫌少。且存款来源，以国营事业居其大宗，则该行对于吸收工商界游资一点，似尚未曾尽其最大之努力，虽当前提高利率问题，迄未有所决定，然以该行历史上信誉为号召，在技术方面多所讲求，存款之增加，当有厚望。备抵损失为数八千七百余亿元，据称系备抵外汇汇率降落之提存准备，惟其数甚巨，在事实上似不免有减少盈余之影响。

（二）资金调拨及头寸情形

该行资金营运情形，尚属稳健。就本年上期结算分析，全行普通存款与放款之比例，存款超过放款约超出五分之一。同业往来各科目轧抵，存同超过同存约超出三分之一。现金支付准备，约为存款百分之十五，资金之用于证券及投资者虽巨，然其来源率系行方自身资力所经营，故能无碍普通业务资金之圆滑运行。转贴现约为贴现百分之一，转质押约为质押放款八分之一，透支同业约为拆放同业七分之一，其业务资金颇能充裕，故其自身头寸尚能运用自裕。

该行资金之调拨，除存放及内汇头寸需要调度外，复须兼顾侨汇头寸之调度。原则上各分行辖内所属行处头寸之调拨，由主管分行负责。各分行间头寸调拨，由各分分〔分字衍〕行视其本身头寸宽绌情形相互洽拨。至巨额头寸，则由总处集中调拨委员会统筹办理。惟总处系管理机构，并无对外营业关系，故不论侨汇或内汇项下头寸，概由沪行秉承总处指示办理调拨。侨汇之解付，以闽、粤为多，尤以粤省台山、赤勘、江门等地为最。各该地吸收存汇头寸困难，其解付侨汇所需国币头寸，每月约需五六十亿元，均由总处将侨汇项下收进外汇，按照规定在沪售与国行，其结换所得国币头寸，即在沪托国行或自行调运往闽、粤两行，再以轮舟转运解付各地。至国内其他行处，解付侨汇为数较少，大部均由当地先行筹垫，再由总处拨还。该行总处为求内汇头寸调度灵活，乃规定由各分行按存款总余额提出一成，作为集中调拨基金，分存沪、津、渝三地统筹支配。头寸调拨办理除托国行调汇外，必要时运现抵解，国行规定对该行免费调汇军政款项，本年九月一日以前，每周为六十亿元，自九月一日起，增为一百二十亿元。

（三）损益情形

该行本年上期全体总结算之结果，计纯益一八，二三六，八二五，六九九．三三元。就其收支项目分析如次：

| | | | |
|---|---|---|---|
| 收益类 | 100% | 损失类 | 100% |
| 利　息 | 61.5% | 各项费用 | 74.7% |
| 手续费 | 6.0% | 折旧及摊提 | 20.2% |
| 汇　费 | 27.8% | 杂项支出 | 4.4% |
| 证券损益 | 0.4% | 营业外支出 | 0.7% |
| 投资损益 | 0.3% | | |
| 兑换损益 | 3.1% | | |
| 仓库损益 | 0.2% | | |
| 营业外收入 | 0.7% | | |

以上列比例观察，收益方面，该行收入之来源，以利息及汇费居其十分之九。利息项下，利息收入约为利息支出之四倍，利息收入以押透息、出押息、证券息、活押息为主，利息支出以活存息为大宗，约居其半。手续费项下，手续费收入，亦约为手续费支出之四倍。损失方面，各项费用居其四分之三，而以人事费用居其大半。折旧及摊提项下，提存奖励金等项共达二二五亿余元。就上列情形而言，该行业务，系以银行之普通存放汇业务为主，藉以维持其营业之繁荣，并获致盈益。至房地产、证券及其他投资实值虽巨，而收益有限，惟具保存价值之功用，以厚基础。

（四）专业进展情形

该行专业使命为以协助发展国际及国内贸易为主，并以与贸易有关之工矿事业贷款为副。该行总处负筹划方针、调度资金及督率办理之责，由国外部、沪行及其他重要行处分别经办，且有因特殊任务而专设机构者，如粤省台山、赤勘、江门等行处，系为配合经办侨汇而设立。分支行处分布于国内沿海、沿江各都市者既多，而散布于国外印、缅、南洋、美、澳各地之行处又有十余单位之众，是以推进专业之发展，颇为灵活。

统计该行本年上期底放款总额九，二三一亿余元，其中有关国际贸易者三，七〇三亿余元，有关运销事业者一，二四三亿余元，两者约合占总额53%。国内汇款总额三六，四一二亿余元，内工商汇款二六，五七三亿余元，约占总额73%。投资总额七十六亿余元，内有关贸易者八亿余元，约占总额11%。以上专业数字比例，尚属不低。

本年该行经办外汇，截至十月廿五日，计购入外汇项下，出口结汇 U.S. $ 6,992,811.73，£ 1,952,170－13－4，HK $ 3,595,022.67，St $ 1,888,956.59，Rs 828,108－14－9，Sw Fcs 710,111.90，Aus £ 175－0－0。侨汇 US $ 4,956,308.53，£ 224,479－9－9。售出外汇项下，进口结汇 US $ 58,613,014.73，£ 2,647,652－5－6，HK $ 3,565,037.26，St $ 398,678.58，Rs 33,163,633－10－3，Aust 45,646－1－9，Sw Fcs 891,399.24，Can $ 9,348.90。上列外汇数字并不微少，其进出情形，亦颇繁冗。该行对于扶助国际贸易，颇有贡献。

乙、普通业务

（一）放款

该行本年上期底止全行普通放款依类别分析如次：

| 类　　别 | 金　　额(千元) |
|---|---|
| 贴现及买汇 | 三二五，三六五，二六二 |
| 活期放款 | 五五四，六五三，四〇〇 |

续上表

| 类别 | 金额(千元) |
| --- | --- |
| 定期放款 | 四三,一七九,五六九 |
| 合计 | 九二三,一九八,二三一 |

再依对象别分析如次:

| 放款对象 | 金额(千元) |
| --- | --- |
| 国际贸易 | 三七〇,三九五,〇八一 |
| 工矿业 | 三四九,五一七,六二九 |
| 运销事业 | 一二四,三四八,四八〇 |
| 交通公用事业 | 四八,五八三,四二一 |
| 军政机关 | 七,三六八,〇二〇 |
| 生产事业 | 五,一四一,一四〇 |
| 教育文化事业 | 四,二二三,八九四 |
| 农林业 | 八二,二〇〇 |
| 其他 | 一三,五三八,三六六 |
| 合计 | 九二三,一九八,二三一 |

该行总处并不对外营业,放款业务悉由各分支机构承办,而其重心则在于沪行。沪行承做之放款数额既巨,类别亦多,兹分述之:

(1) 出口押汇　沪行本年十月十五日出口押汇余额如次:

| | |
| --- | --- |
| 属于普通商业者 | 一一,〇八六,〇〇〇,〇〇〇元 |
| 属于厂商者 | 一五,一六五,〇〇〇,〇〇〇元 |
| 属于盐贷者 | 一三,〇二五,一七八,一三七.五〇元 |
| 合计 | 三九,二七六,一七八,一三七.五〇元 |

普通商业部份，多系运销事业，如宝元通、德丰永记等押汇，货物大都为香烟、纱布、绸、呢、食糖、麻袋、百货等项。押汇地点则为国内各重要口岸。经抽查宝元通户之契约，约定得循环叙做沪渝押汇，以十亿元为度。货物之保险，半由中国保险公司承保，半由上海义丰钱庄出具书面保证。又抽查大业公司九月十七日布匹押汇往汉口二亿元一笔，十月八日到期后，据汉口来电报告，尚未归收。

厂商部份多系制造业，如申新纱厂、仁余针织厂等，其押汇货物为棉织品等日用必需品居多，惟内有中国盐业公司上海事务所之十四亿元为最巨，系由押汇麻袋一二五件往天津。

盐贷部份分两类，一为经由盐贷银团摊放者，计一二，四九〇，一七八，一三七．五〇元，一为该行自做之盐业贷款，计尚有五三五，〇〇〇，〇〇〇元。未曾结清，计有恒泰义记盐号、铭新盐号、大业盐号、安华盐业公司等户，金额自二亿余元至二十余亿元不等，借期长者且将达三月，余欠之款业已过期一月以上。押汇货物为长芦及台湾盐，地点为长沙、蚌埠。查盐业贷款本归盐贷银团集中办理，据该行经办人称，长芦、台湾盐不属盐贷银团范围，故按民生日用必需品押汇办法酌予承做，该款正严催归还中。

(2) 进口押汇　　沪行承办均系国内各口岸之进口押汇，由客户洽妥该分行，开具商业购买证，以凭办理。截至检查日，尚有中植厂由万县、宜昌、重庆等处之桐油押汇五十二亿元及申新纺织厂、合丰公司、永安纺织公司、信和纱厂由南通、汉口等处之机花押汇十九亿元，因未到期，未曾清结。经查中植厂各笔以头寸关系，多先洽妥当地央行转押汇，始行承做。又申新纺织厂及合丰公司两笔棉花，系由南通购入，即由该公司及该厂分批自交帆船运往无锡，该行无法取得提单，故另由该借款人在沪另提供机花作质。

(3) 打包放款　　截至检查沪行日，本科目余额二八，五八

一,六七〇,三四二.八三元,其重要各户列后:

| 户名 | 金额 | 期限 | 押品 | 保人 | 备考 |
|---|---|---|---|---|---|
| 四川畜产公司 | 十三亿 | 10/7—10/27 | 中国银行栈单计猪鬃一五〇件 | 重庆庆汇字号上海分号 | 伦敦该行#5833、#5837信用证 |
| | 六十八亿 | 9/5—10/20 | 中国银行栈单计猪鬃六五〇关担 | 重庆庆汇字号上海分号 | 纽约该行#563信用证 |
| | 七十五亿 | 9/3—10/18 | 中国银行栈单计猪鬃九五〇箱 | 重庆庆汇字号上海分号 | 纽约该行对汉口该行所开#561信用证 |
| | 三十亿 | 8/9—9/8 | 该公司自出猪鬃七五〇关担信托栈单货存平和仓内 | 重庆庆汇字号上海分号 | 纽约该行对重庆该行开#562信用证 |
| 中植油厂 | 四十五亿 | 9/11—11/12 | 该厂自出三〇三七号栈单桐油三八〇吨存浦西该厂第三厂 | 大德新油厂 | 纽约花旗银行#905692信用证 |
| 沈元来号 | 十五亿 | 10/13—11/12 | 该号自出九二四号栈单桐油二千担,另提沪三三一〇号土地状作质 | 元成钱庄 | 纽约该行#639信用证 |
| | 十亿 | 10/7—11/6 | 该号自出九二三号栈单桐油一千五百担第二种保品同前 | 元成钱庄 | 纽约该行#639信用证 |
| 华义公司 | 二十亿 | 36/7/29—37/1/29 | 存该公司第一仓库猪鬃三〇九箱,薄荷脑七七箱 | 华美食品公司 | |

查四川畜产公司在本年向该行申请打包放款共廿余笔,金额自五千万至二十四亿不等,累计数共达三百十余亿元,其出口结汇亦多售与该行。惟八月九日所借三十亿元一笔,业已到期,尚未归还。此笔及中植厂一笔、沈元来两笔,均系收受各该借户自出栈单作质,华义公司一笔,其用途约定为专作采购出口货物及包装整理之用,并按照质物多寡,开具支票使用。十月十五日余额为十九亿

余元。此外，并查有和源实业公司打包放款五亿元一笔，系以中国银行栈单猪鬃五十件作质，惟无外国商行寄来之信用证，仅凭该公司与纽约行家之往来电报承做，但其交易行为尚未确实成立，该行遽予放款，似嫌过早。

(4) 贴现　　沪行本年十月十五日贴现余额三一，六五五，〇三一，七〇〇．〇〇元，大多为银行承兑汇票，商业承兑者，亦有廿余笔。期限以六十日及九十日居多，仅大中国茶叶公司一亿元一笔，自八月十八日至十一月十七日为期九十一天（十一月十六日为星期日）。据经办人称，承做前必须由客户附送商业行为证件，承做时开本票，则以有关商业行为人为抬头人等语，经抽对尚符。兹将贴现各户之重要者列后：

| 发票人及贴现人 | 金　额 | 承兑人 | 日　期 |
|---|---|---|---|
| 耀华玻璃公司 | 三十亿元 | 六联总购处 | 卅六．九．廿六 |
| 大统染织厂 | 三千万元 | 上海帐子公司 | ．廿九 |
| 中国内衣公司 | 四亿元 | 大茂纺织公司 | 十．七 |
| 上海公共交通公司 | 五亿元 | 公用局 | ．八 |
| 景福衫袜厂 | 二三四，一三七，五〇〇元 | 组美号 | ．九 |
| 扬子电器公司 | 十五亿元 | 广东银行 | 九．二 |
| 洪康棉织厂 | 二亿四千万元 | 衡通庄 | 十九 |
| 上海公共交通公司 | 十亿元 | 公用局 | 十．一 |

(5) 活存质押透支　　沪行本年十月十五日本科目余额一二六，九六〇，六四一，六八三．七六元，押品多为原料、成品，利息多为月息五分，惟四川畜产公司卅亿元一户80‰。期限较长者为华新水泥公司四十六个月，中央化工厂、闸北水电公司、浦东电气等十八个月。数额较巨者为中国蚕丝公司十四亿余元，中国银行员工

消费合作社十四亿元，民生公司十五亿余元，上海公共交通公司十八亿余元，民生公司另户卅三亿余元，合作供销处十三亿余元，中国油轮公司八十七亿余元，京沪铁路卅亿元，大诚绸厂十亿余元，中植厂卅亿元，资委会煤业局五十七亿元，工贷户九十亿元，抚顺矿卅三亿元，中植厂另户九十亿元，华新水泥厂卅五亿元，中国石油公司四十六亿元，四川畜产公司廿九亿元。各户之逾期未还者列后：

| 户名 | 十月十五日透额(元) | 到期日 | 备考 |
|---|---|---|---|
| 晶华 | 二六五，七五二，四〇六 | 七．廿二 | 八月十五日函催 |
| 联营公司 | 三六〇，二六二，三七七 | 十．四 | 近洽订新约 |
| 阜丰 | 九八七，六六〇，三六九 | 九．卅 | 九月廿五日函催 |
| 亚浦耳厂 | 二八八，五〇〇，七二五 | 十．九 | 十月六日函催 |
| 中南橡胶厂 | 三一五，三七一，〇九八 | 九．三 | 该厂申请增贷为卅亿元，该行于九月廿五日函复前欠还清再办 |
| 仁余染织厂 | 四九八，四一七，四三六 | 九．廿四 | 九月十二日函催已于十月廿五日还清 |
| 一德橡胶厂 | 一九五，四七五，八五四 | 十．十 | 十月七日函催 |
| 华成电器厂 | 四七三，二九〇，一二九 | 十．十六 | 十月七日函请展期正陈核中 |
| 企华铁工厂 | 一二五，五二八，八七一 | 九．廿六 | 同前 |
| 四川畜产公司 | 二，九九〇，四〇七，七六〇 | 九．廿七 | 到期后函催同时该公司申请增额已准 |

(6) 活期放款　沪行本年十月十五日余额一，〇〇八，九六〇，〇〇〇元，均系机关，以其在该行所存巨额存款抵借员工子女教育贷金，论其动机，乃为员工福利设想，未可厚非，惟机关公款是否可充员工福利借款之押品，似值研究。各户内容如次：

| 户名 | 贷额 | 余额 | 贷款理由 | 期限 | 利率 | 押品 |
|---|---|---|---|---|---|---|
| 财政部上海盐务办事处 | 二亿 | 一三三,三二〇,〇〇〇元 | 员工子女教育贷金 职员二百万元,工役一百万元 | 36/8/12 ／ 37/2/12 月还1/6 | 一分 | 该处在中行同孚路处所开五〇八八号盐款营运资金存户作抵 |
| | 二亿 | 一三三,三二〇,〇〇〇元 | 同右（附属机关） | 36/8/15 ／ 37/2/15 月还1/6 | 一分 | |
| | 一亿七千六百万 | 一一七,三二〇,〇〇〇元 | 同右（盐警部队） | 36/9/5 ／ 37/2/5 月还1/6 | 一分 | |
| 中国盐业公司沪处 | 三千万 | 二五,〇〇〇,〇〇〇元 | 职员十五人子女教育贷金 | 36/9/8 ／ 37/2/28 | 一分 | 该公司所开五一五〇号存户作抵 |
| 交通部国际电台 | 二亿 | 二〇〇,〇〇〇,〇〇〇元 | 员工子女教育贷金 | 36/9/10 ／ 37/2/28 | 一分 | 以西藏路办事处001号存户作抵 |
| | 二亿 | 二〇〇,〇〇〇,〇〇〇元 | | 36/9/12 ／ 37/2/28 | 一分 | |
| | 二亿 | 二〇〇,〇〇〇,〇〇〇元 | | 36/9/15 ／ 37/2/28 | 一分 | |

（7）定期质押放款　沪行所做定质放数额较大，以纱厂借款居多，押品则多系棉花。按四联总处核定卅五年度棉花押汇原则，业经期满，行局对于花商采购原料，应改照民生日用必需品押汇办法协助。经查该行承做关于超过限额之此种贷款，往往先行承做后报总处，或一面先做押款之一部，一面陈报总处核示，而总处则又多系一面核复准办，一面函报四联总处核议。且该分行陈报总处及总处转报四联总处文内，均称拟做某某公司押汇押款若干亿元云云，而实际则押款业已径做，并未经过押汇方式办理。是以其后虽经四联总处核复应改依民生日用必需品押汇办法办理时，该分行早已接做押款矣。兹以此项情形之重要各户列后：

| 户　名 | 金　额 | 押品 | 沪行报总处日期 | 沪行实际接做日期 | 总处核复及转报四联总处日期 | 四联总处核定日期及核定放款方式 | 备　注 |
| --- | --- | --- | --- | --- | --- | --- | --- |
| 鼎鑫纱厂 | 二十亿 | 棉花 | 五.十九 | 五.廿七 | 五.廿四 | 六.廿四 押汇 | |
| 和源公司 | 七亿 | 猪鬃 | 七.廿一 | 七.十六 | 八.一准予备案除汇报四联外即希查照 | —— | |
| 中华烟草公司 | 五亿 | 烟草 | 十.十六 | 十.十六 | —— | —— | |
| 兆丰纺织公司 | 八亿 | 棉花 | 五.八 | 五.三 3亿<br>五.十二 3亿<br>五十四 2亿 | 五.九 | 六.七押汇 | |
| 丹阳纱厂 | 十亿 | 棉花 | | 五.五 3亿<br>五.九 7亿 | 四.廿六准予照办除转四联外即希查照 | —— | |
| 申新厂 | 五十亿 | 棉花 | 五.五 | 五.五 6亿<br>五.七 6亿<br>五.九 38亿 | 五.七准予照办,除转报四联外,即希查照。 | —— | |
| 翔丰公司 | 五亿 | 棉花 | 五.十四 | 五.六 3亿<br>五.廿二 2亿 | 五.十七 | 六.廿七押汇 | |
| 庆丰公司 | 六亿 | 棉花 | 五.十五 | 五.七 | 五.十七 | —— | |

(8) 买汇　　沪行联行往来抄报帐上列有代收津、汉两行买入申汇款项多笔,汉行往来中,计五月一日代收买汇五千万元,五月十四日津行往来中计四月七日代收买汇康知本户一,六六六,六三七.五〇元,四月十日代收买汇达仁堂户三千万元,五月十日代收买汇达仁堂户一千万元,五月十五日代收买汇捷成行户一亿元,五月卅日及六月五日代收买汇达仁堂户四千五百万元及四千万元。

(二) 存款

该行去年底全行普通存款与本年上期底比较如次:

| 时　间 | 项　目 | 金　额(千元) |
| --- | --- | --- |
| 卅五年底 | 普通存款 | 四一〇,〇一二,三二五 |
| 卅六年上期底 | 普通存款 | 一,一四〇,五九六,七七二 |

以上普通存款(不包括信托存款及储蓄存款)在本年上期中计增加七千三百余亿元,增加率约为百分之一七八,即增加倍半有余。数字虽不在少,然较之社会经济环境之变动,犹多不及。

再就存款性质分析如次:

| 项　目 | 卅六年上期底余额(千元) | 百分比 |
|---|---|---|
| 甲种活存 | 九六三,五五二,四五一 | 84.4% |
| 乙种活存 | 一三三,九八一,一二八 | 11.7% |
| 公库存款 | 七,〇六八,一〇八 | 0.6% |
| 本　票 | 六,六九四,九八七 | 0.5% |
| 保付支票 | 一〇七,七四九 | 0.1% |
| 定期存款 | 二八,八八三,六四一 | 2.5% |
| 通知存款 | 三〇八,七〇八 | 0.2% |
| 合　计 | 一,一四〇,五九六,七七二 | 100.00% |

以上各种存款,甲存最多,乙存次之,而活期性质之存款,合占总额百分之九十六以上,定期性质之存款,仅占数极微,此为各行存款之通有现象。

该行所吸收之存款,其来源以国营事业机关居其大宗。目前社会资金极富流动性,故各行庄所收存款,多半为代办收付及暂时寄存性质,而国家行局存款利率,又远较商业行庄为低,故其所能吸收之社会游资,为数甚微。因此,国家行局资金之主要来源,系由国营事业机关及其他公共团体所供给,其资金之主要用途,亦系以供应国营事业机关及其他公共团体居多,于是,国家行局业务与普通工商业间多少发生隔离之现象。惟国家行局业务政策之动向,牵涉问题颇多,自须全盘检讨。但仅就加强行局能力,吸收社会游资一节而言,似以斟酌提高利率为前提。

(三) 汇兑

该行去年全年全体汇出汇款总额一九,〇一七亿余元,本年上半年汇出汇款总额三六,四一二亿余元,半年间数字已约抵去年全年数字之两倍。其激增之主因,系由于物价高涨之故,预计本年全年数字当可抵去年数字四倍以上。

就汇款之内容分析如次:

| 性质别 | 金额(千元) | 百分比 |
| --- | --- | --- |
| 工商汇款 | 二,六五七,三〇七,四三六 | 72.9% |
| 军政汇款 | 二三一,四九五,九四四 | 6.5% |
| 其他汇款 | 七五二,四七〇,五七五 | 20.6% |
| 合　计 | 三,六四一,二七三,九五五 | 100.00% |

以上工商汇款由沈阳、上海、天津、南京、重庆各行属经办者为数较多,军政汇款由南京、上海、重庆、广州、杭州各行属经办者为数较多,其他汇款由上海经办者较多,其他行属经办者大致平均。

再就汇出汇款与汇入汇款以行属别比较:

| 行属别 | 汇出汇款(千元) | 汇入汇款(千元) |
| --- | --- | --- |
| 上　海 | 七四三,九九九,五八〇 | 一,一六九,二八二,四三〇 |
| 南　京 | 四六二,三六五,二二〇 | 二七三,〇三五,五四〇 |
| 杭　州 | 二三一,〇七五,七九二 | 一八〇,三八四,二二〇 |
| 汉　口 | 二八六,四九五,七七一 | 三一六,八一〇,四五〇 |
| 重　庆 | 三四七,八五四,二九〇 | 三二四,九四八,四七〇 |
| 西　安 | 一八四,三四四,三七五 | 一一三,八四六,九〇〇 |
| 天　津 | 四二六,九〇九,八四〇 | 四七五,三九六,五八〇 |
| 青　岛 | 二二五,七三一,〇一〇 | 一三八,五三五,六三〇 |
| 厦　门 | 四一,〇〇八,〇六二 | 七二,八一三,八六〇 |
| 广　州 | 一〇八,九二〇,〇八〇 | 一四八,九六五,二〇〇 |
| 沈　阳 | 五八二,五六九,九三五 | 一八二,一〇八,三二〇 |

以上汇入超过汇出者为沪、汉、津、厦、榕等行属，计沪属超入四，二五三亿余元，汉属超入三〇四亿余元，津属超入四八四亿余元，厦属超入三一八亿余元，榕属超入四〇〇亿余元。汇出超过汇入者为京、杭、渝、西安、青岛、沈阳等行属，计沈属超出四，〇〇四亿余元，京属超出一，八九三亿余元，杭属超出五〇六亿余元，渝属超出二二九亿余元，西安属超出七〇五亿余元，青岛属超出八七二亿余元，社会资金之动向，可由此略窥一斑。

（四）有价证券及各项投资

该行有价证券为值甚巨，系分列各分支机构帐上，卅六年上期总余额为一〇，九七八亿余元，为该行资产之最重要部份。

国外部帐上本年上期底有价证券余额如次：

| | |
|---|---|
| 美金 | 七，八七四，一六二．二二 |
| Pesos | 九四一，七〇〇．〇〇 |
| 英镑 | 五八六，四〇〇．〇/〇 |

信托部帐上本年十月廿日有价证券余额如左：

| | |
|---|---|
| 国币 | 一一五，九二〇，五〇〇．九〇 |
| 美金 | 三，六五七，七八二．五六 |

前项国币部份证券，为统一、九六、救国、上海市各公债，交通银行、大生纱厂各股票等等。美金部份证券为公债库券及股票等等，内以 U.S. Treasury Bonds ＄1,500,000.-为数最大。

该行各单位帐上所提列“备抵证券损失”数字，每多超过帐列有价证券甚多者，似属特殊，兹举例于次：

| 单位别 | 日期 | 有价证券余额(元) | 备抵证券损失余额(元) |
|---|---|---|---|
| 上海分行 | 36/10/15 | 七六，三〇三，二五四．七八 | 七二三，五〇九，七七六．三七 |
| 国外部 | 36/10/25 | 一八，〇六一，五〇〇．〇〇 | 三，五六八，四一七，一九四．三八 |
| 信托部 | 36/10/20 | 一一五，九二〇，五〇〇．〇〇 | 三，〇三一，一二〇，七六八．八五 |
| 储蓄部 | 36/10/24 | 一，四三七，五九三，二六九．二一 | 二，〇七七，二一九，四〇五．五四 |

该行投资生产事业，系由各分支机构承办，业务室负责管理，

信托部集中登记。据会计处帐表所列本年上期底投资总额四,七〇九,三五八,六三八．六四元,结算时减去备抵投资损失15%,故余额四,〇〇九,三五八,六三八．六四元。据业务室依照上数,再加业已有案而会计处未及进帐之数字,统计如次：

| 类别 | 金额(元) |
| --- | --- |
| 化学工业 | 三,九四四,八三一,四五〇．〇〇 |
| 纺织工业 | 一,四二八,四八五,二七六．六七 |
| 贸易 | 八六九,八七一,九二〇．〇〇 |
| 机械工业 | 六四二,五七九,四二三．〇八 |
| 矿业 | 三二八,四二八,〇〇〇．〇〇 |
| 运输业 | 二六九,九五九,七〇〇．〇〇 |
| 金融保险业 | 二一三,二八八,〇九三．七五 |
| 食品工业 | 一一三,六九六,〇〇〇．〇〇 |
| 水利垦殖 | 四九,七五〇,〇〇〇．〇〇 |
| 冶炼工业 | 二〇,〇二〇,〇〇〇．〇〇 |
| 电力工业 | 五,八五〇,〇〇〇．〇〇 |
| 其他 | 一二七,六四九,〇〇〇．〇〇 |
| 合计 | 七,六一四,四〇八,八六三．五〇 |

据信托部登记,截至本年十月廿日止,投资事业共一百卅七单位,投资总额二七,一五三,二二一,九四三．三四元,其中有由该行单独投资者,有投资额占资本总额半数以上者,有所投资单位经营状况不佳,而帐面上折价为一元或二元者。兹分别列后：

(1) 该行单独投资：

| 名称 | 投资额 | 备考 |
| --- | --- | --- |
| 中国产物保险公司 | 二,五二〇,三三四．四二元 | |

续上表

| 名称 | 投资额 | 备考 |
| --- | --- | --- |
| 雍兴实业公司 | 四〇,〇〇〇,〇〇〇.〇〇元 | 内有储蓄部投资二百万元 |
| 豫安纺织公司 | 五,九三〇,〇〇〇.〇〇元 | 该公司业务不振,故该行帐面折为一元 |
| 益中实业公司 | 一,〇〇〇,〇〇〇,〇〇〇.〇〇元 | |

(2) 该行投资额占资本总额半数以上者:

| 名称 | 资本总额 | 该行认股额 | 该行帐面投资额 | 该行股份百分比 | 备注 |
| --- | --- | --- | --- | --- | --- |
| 丹阳纱厂 | 额定六〇〇亿<br>先收五〇〇亿 | 三七五亿 | 一七,二五〇,〇〇〇(千元) | 62.5% | 其余股款陆续转报中 |
| 中国炼糖公司 | 八〇〇万 | 六,七三七,七〇〇元 | 六,七三七,七〇〇元 | 84.22% | |
| 四川榨油厂 | 一千万 | 七,六七〇,〇〇〇元 | 七,六七〇,〇〇〇元 | 76.7% | 已更名为中国油脂工业公司 |
| 豫丰纱厂 | 一,四七〇万 | 一〇,一九九,一四〇元 | 一〇,一九九,一四〇元 | 74.45% | |

(3) 该行投资额在一亿元以上者:

| 名称 | 股份 | 投资额 | 备注 |
| --- | --- | --- | --- |
| 华新水泥公司 | 该行占总额17.8% | 认股 三,五七二,四四八,七五〇元<br>已缴 三,四〇五,三一一,二五〇元 | 该公司资本总额二百亿元 |
| 中国盐业公司 | 该行占总额3% | 认股 三,〇〇〇,〇〇〇,〇〇〇元<br>已缴 二,〇〇〇,〇〇〇,〇〇〇元 | 该公司资本总额一千亿元 |
| 云南锡业公司 | 三,〇一五,〇〇〇<br>◎100.-- | 三〇一,五〇〇,〇〇〇元 | 该行占总额30.15% |
| 中国纸厂 | 二七二,〇〇〇<br>◎100.— | 二七二,〇〇〇,〇〇〇元 | 该行占总额16% |

续上表

| 名称 | 股份 | 投资额 | 备注 |
|---|---|---|---|
| 裕滇纱厂 | 该行占总额 30% | 一二〇,〇〇〇,〇〇〇元 | 该公司资本总额四亿元 |
| 馥记营造公司 | 该行占总额 7.52% | 三七六,二五〇,〇〇〇元 | 该公司资本总额五十亿元 |
| 中国国货联营公司 | 该行占总额 6.7% | 二〇一,〇〇〇,〇〇〇元 | 该公司资本总额卅亿元 |
| 上海证券交易所 | 一,〇〇〇,一三五 @— | 一〇〇,〇〇〇,〇〇〇元 | |
| 中国农业机械公司 | 五五,六二五 @10,000.— | 五五六,二五〇,〇〇〇元 | |
| 天津证券交易所 | 100,000 @1,000.— | 一〇〇,〇〇〇,〇〇〇元 | |
| 华义沈阳公司 | | 一〇三,五〇〇,〇〇〇元 | |
| 庐山缆车公司 | | 一〇〇,〇〇〇,〇〇〇元 | |
| 广东农业机械公司 | | 一六〇,〇〇〇,〇〇〇元 | |

(4) 该行投资单位业务不振者,计有西南麻织厂、重庆电力公司、淮南路矿公司、裕安纱厂、江南铁路公司等四十余单位,并另有商报社、大刚报社、六联印刷公司等单位,该行均将投资额在帐面折低为一元或二元。

(5) 上海地产公司亦系该行所经营,其设立动机在于战事初起时,为保全房地产免在上海沦陷后为日人夺取起见,乃洽由美商出面组织公司,由该行将房地产移转管理,例如该行同孚路房地产,即系在当时改作有价证券列帐。该行除将房地产改作有价证券处理外,并承购上海地产公司债券为数颇多。胜利以来,该公司仍继续承办管理该行房地产事务。

丙、外汇业务

(一) 买卖外汇

(1) 购入外汇　该行国外部本年一月四日至十月廿五日购入外汇情形如次:

| 来　源 | U.S. $ | £ | HK $ | St $ | Rs | SwFcs | 其他货币 |
|---|---|---|---|---|---|---|---|
| 出口结汇 | 6,992,811.73 | 1,952,170-13-4 | 3,595,022.67 | 1,888,956.59 | 828,108-14-9 | 710,110.90 | Aus£ 175-0-0 |
| 代收款项 | 871,131.91 | 99,308-12-4 | 1,796,095.47 | 1,944,619.88 | 569,750-9-8 | 29,537.— | Aus£ 2,567-4-10 |
| 买入票据 | 3,813,052.06 | 302,192-10-7 | 484,891.74 | 133,543.33 | 264,561-8-9 | 3,240.89 | Aus£ 122,082-0-9 |
| 买入票据 | — | — | — | — | — | — | Ps 165,714.10 |
| 买入票据 | — | — | — | — | — | — | F. Fcs 6,207.— |
| 买入票据 | — | — | — | — | — | — | Can $ 3,202.50 |
| 侨　汇 | 4,956,308.53 | 224,479-9-9 | 103,150.74 | — | 1,990-5-6 | 26,66 | Aus£ 1-17-9<br>Ps 4.03 |
| 同业结汇 | 73,160,622.05 | 6,149,912-19-7 | 9,061,118.53 | 2,963.00 | 511,700-0-0 | 237,000 | — |
| 联行结汇 | 26,248,631.47 | 1,800,583-11-2 | 9,545,319.10 | 846,926.57 | 32,735,001-9-11 | 177,580.62 | Aus£ 29,153-3-5<br>Ps 693,643.22 |
| 买回进口外汇 | 1,744,509.27 | 77,257-0-5 | 476.33 | 11,987.77 | 33,421-7-0 | 682.20 | Aus£ 1,572-19-5 |

(2) 售出外汇　　该行国外部本年一月四日至十月廿五日售出外汇情形如次：

| 用途 | U.S.$ | £ | HK$ | St$ | Rs | SwFcs | 其他货币 |
|---|---|---|---|---|---|---|---|
| 进口结汇 | 58,613,014.73 | 2,647,652-5-6 | 3,565,037.26 | 398,678.58 | 33,163,633-10-3 | 891,344.24 | Aus£ 45,646-1-9<br>Can$ 8,348.90 |
| 个人结汇 | 309,827.42 | 8,535-14-0 | 5,000.— | 200.— | 400-0-0 | — | — |
| 非进口货结汇 | 467,588.89 | 172,127-12-0 | 660,574.87 | 15,329.62 | 521,843-8-3 | 11,289.87 | Aus£ 290-1-3 |
| 同业结汇 | 45,436,157.79 | 5,234,065-5-8 | 9,377,420.— | 42,000.— | 4,469,142-8-0 | 255,620.05 | — |
| 联行结汇 | 20,006,840.56 | 2,926,814-8-10 | 9,787,074.10 | 3,896,927.55 | 6,101,677-11-9 | 65,000.— | Ps 222,479.32<br>Can$ 3,000.— |
| 杂项 | 93,001.56 | 97,594-3-4 | 45,028.42 | 451,769.08 | 25-0-7 | 192.76 | F.Fcs 52.20<br>Aus£ 17-1-10 |

（二）出口押汇

（1）押汇货物及汇往地点　　该行国外部本年上期承做出口押汇业务状况列后：

| 押汇货物 | 运往美国 U.S.$ | 运往英国 £ | 运往香港 HK$ | 运往新加坡 St$ | 运往印度 Ps | 运往瑞士 S.Fcs | 运往澳洲 Aus£ |
|---|---|---|---|---|---|---|---|
| 猪鬃 | 2,049,795.99 | 228,098-6-0 | — | — | — | 117,151.76 | — |

续上表

| 押汇货物 | 运往美国 U.S. $ | 运往英国 £ | 运往香港 HK $ | 运往新加坡 St $ | 运往印度 Ps | 运往瑞士 S. Fcs | 运往澳洲 Aus £ |
|---|---|---|---|---|---|---|---|
| 茶叶 | 204,770.92 | 138,128-11-8 | — | 60,000.00 | 42,898-7-0 | — | — |
| 皮革 | 470,811.93 | 8,486-0-11 | 1,859.63 | — | — | 23,074.00 | — |
| 羊毛 | 171,150.96 | — | — | — | 2,437-8-0 | 16,801.70 | — |
| 油类 | 412,373.18 | 840,918-9-2 | — | — | — | 5,970.08 | — |
| 丝类 | 62,944.82 | 7,098-7-4 | 146,498.65 | 6,064.77 | 375,391-11-8 | — | — |
| 肠衣 | 63,754.19 | — | — | — | — | 158,649.21 | — |
| 手工艺品 | 70,421.59 | 1,422-15-0 | 357,495.77 | 114,428.81 | — | 17,220.55 | — |
| 矿产物 | 576,368.65 | 2,324-15-2 | — | — | — | — | — |
| 其他 | 441,824.91 | 410,948-18-2 | 1,898,964.00 | 706,570.26 | 81,587-5-11 | 118,606.17 | 175-0-0 |
| 合计 | 4,524,216.64 | 637,426-3-5 | 2,404,818.05 | 887,063.85 | 502,315-0-7 | 457,473.47 | 175-0-0 |

(2) 押汇客户　　该行国外部本年上期出口押汇承做笔数甚多，客户亦众。兹择其较大客户述之如次：

| 客户名称 | 押汇总数 | 货款总数 | 押汇情形 |
|---|---|---|---|
| 中国植物油厂 | 英金七十五万镑<br>瑞士法郎十三万七千元 | 英金七十三万五千镑<br>国币二亿五千三百万元 | 出口以桐油为主，并有菜饼薄荷油等，半年中经该行出口之押汇约三千公担，均系运销英国。 |
| 四川畜产公司 | 美金七十万元<br>英金六万镑 | 美金十四万六千二百元<br>国币十亿五千一百万元 | 出口以猪鬃为主，约占出口总数七分之六，大部运销美国，并有桐油、牛皮运销英美。 |
| 扬子建业公司 | 美金二十万元<br>英金三万五千镑<br>瑞士法郎六万五千元 | 美金十万元<br>英金八千三百镑 | 出口以猪鬃为主，半年来运销美国八百余箱，并有桐油、麝香、薄荷油、茶叶、皮毛运销英美。 |
| 崇德公司 | 美金十八万元<br>英金一万镑 | 美金十一万七千元<br>英金一千镑 | 半年内约运猪鬃八百箱销英美。 |
| 和源实业公司 | 美金十三万五千元<br>英金二万镑 | 美金九千元<br>英金三千五百镑 | 半年来出口猪鬃约六百担运英美。 |
| 中国纺建公司 | 英金一万八千镑<br>港币六十五万元<br>美金二万六千元 | 英金二千五百镑 | 出口以纱布为主运销南洋。 |
| 瑞记洋行 | 英金三万三千六百镑<br>瑞士法郎四万元 | 英金五万零七百镑 | 该公司为英商，出口肠衣运销瑞士，其余桐油、猪鬃五倍子等销英。 |
| 全华公司 | 英金三万四千镑<br>美金四万六千元 | 英金二万一千四百镑<br>美金三万四千元 | 出口为猪鬃、羊毛、五倍子、樟脑运销英美。 |
| 华茶公司 | 美金五万五千元<br>英金五千镑 | 美金七万元<br>英金九千镑 | 半年内出口茶叶运英七百箱，运美二千箱。 |
| 诚利行 | 港币卅万元 | 港币一万八千元 | 半年内出口大量花生、花生油及杂粮销港。 |

(三) 进口押汇

(1) 开出信用证　　该行国外部本年上期开出进口押汇信用证概况如下：

| 类别 | U.S. $ | £ | AUS£ | Rs | HK $ | St $ | SwFcs | Ch $ |
|---|---|---|---|---|---|---|---|---|
| 五金机器马达汽车 | 7,364,825.77 | 74,252-17-2 | 600-0-0 | 4,385-0-0 | 895,200.00 | — | — | — |
| 油类 | 7,509,492.56 | 1,456-0-0 | — | — | 22,995.00 | — | — | — |
| 棉花 | 7,461,340.30 | — | — | 396,390-0-0 | — | — | — | — |
| 药品颜料化学品 | 895,489.39 | 32,611-0-7 | 2,226-6-8 | — | 1,628,810.00 | — | — | — |
| 铁路器材 | 1,500,000.00 | — | — | — | — | — | — | — |
| 电气器材 | 49,278.48 | 11,441-10-6 | — | — | — | — | — | — |
| 车胎橡胶 | 71,363.95 | 2,197-2-0 | — | — | 48,384.00 | 42,427.20 | — | — |
| 羊毛 | 75,447.78 | 39,114-6-8 | 8,755-0-0 | | 7,550.00 | — | — | — |
| 麻 | — | — | — | 994,000-0-0 | — | — | — | — |
| 豆类 | — | — | — | — | — | — | — | 13,500,000,000.00 |
| 食糖 | 92,784.74 | 900-0-0 | — | 35,933-16-0 | 34,175.00 | 15,352.00 | — | — |

续上表

| 类别 | U.S.$ | £ | AUS£ | Rs | HK$ | St$ | SwFcs | Ch$ |
|---|---|---|---|---|---|---|---|---|
| 麻袋 | — | — | — | 7,188,615-0-0 | — | — | — | — |
| 玻璃 | 64,215.50 | — | — | — | — | — | — | — |
| 木材 | 594,084.00 | — | — | 18,900-0-0 | — | — | — | — |
| 纸 | 552,711.75 | 7,189-15-0 | — | — | — | — | — | — |
| 烟叶 | 530,801.00 | — | — | 91,653-14-0 | — | — | — | — |
| 料器仪器医药设备 | 63,871.88 | 3,055-1-0 | — | — | — | — | — | — |
| 杂项物品 | 290,474.88 | 34,144-5-1 | 1,485-0-0 | 63,789-2-0 | 150,448.00 | — | 139,540.25 | — |
| 合计 | 27,116,181.98 | 206,361-18-0 | 13,066-6-8 | 8,833,106-12-0 | 2,785,562.00 | 57,779.20 | 139,540.25 | 13,500,000,000.00 |

（2）信用证客户　该行国外部本年上期进口押汇开出信用证较大各户列后：

| 客户名称 | 押汇总数 | 进口情形 |
|---|---|---|
| 亚光公司 | £ 21,300-0-0 | 进口以意国电气设备及马达为大宗，保证金五成。 |
| 培丰行 | U.S$ 214,000.—<br>St$ 39,800.— | 进口以柴油引擎及橡胶为大宗，保证金四至五成。 |
| 中国纺建公司 | U.S$ 6,808,000.—<br>£ 22,453-0-0<br>Rs 994,000-0-0<br>HK$ 1,584,000.—<br>Aus£ 8,755-0-0 | 进口以麻、棉、铁皮、染料、羊毛居多，保证金二至十成不等。 |
| 人人企业公司 | U.S$ 67,800.—<br>£ 2,121-0-0<br>Rs 478,800-0-0 | 进口以化学药品、火油、烧碱及日光灯居多，保证金五成。 |
| 中国石油公司 | U.S$ 4,037,000.— | 进口以原油燃料油、汽油、炼油机器及零件居多，保证金二成半。 |
| 孚中公司 | U.S$ 8,100.— | 进口以车船杂货居多，保证金五成。 |
| 协和行 | U.S$ 28,800.— | 进口以工业原料为主，保证金五成。 |
| 淮南铁路公司 | U.S$ 1,500,000.—<br>HK$ 880,000.—<br>£ 390-0-0 | 进口以枕木为大宗。 |
| 光华火油公司 | U.S$ 133,000.00 | 进口为火油柴油等，保证金五成至十成。 |
| 南洋企业公司 | U.S$ 7,200.—<br>£ 460-0-0<br>HK$ 7,750.— | 进口以日光灯灯泡化学药品为多，保证金五成。 |
| 信谊药厂 | U.S$ 31,400.— | 进口以制药器材及原料为多，保证金二至五成。 |

续上表

| 客户名称 | 押汇总数 | 进口情形 |
|---|---|---|
| 天元公司 | U.S$ 87,300.—<br>£ 4,000-0-0 | 进口以玻璃及机器为多，保证金五成。 |
| 扬子建业公司 | U.S$ 22,000.— | 进口以染料、油墨、烧碱、香烟纸居多，保证金二成。 |
| 台湾糖业公司 | U.S$ 5,000,000.— | 进口以制糖器材为多。 |

（四）华侨汇款

该行国外部经办华侨汇款，以原币数字列次：

| | | |
|---|---|---|
| 卅六年一月至六月 | U.S$ | 4,211,493.38 |
| | £ | 176,398-0-7 |
| | RS | 1,594-4-8 |
| | Aus£ | 1-17-9 |
| | SwFcs | 26.66 |
| | Ps | 4.03 |
| 卅六年七月至十月廿五日 | U.S$ | 744,815.15 |
| | £ | 48,081-9-2 |
| | HK$ | 103,150.74 |
| | Rs | 1,990-5-6 |

侨汇之吸收，因外汇黑市之影响，有每况愈下之趋势。该行本年下期三个月侨汇数字，与上期六个月数字比较，显有不振之现象。兹就国币数字分列各月侨汇如下：

| | | | |
|---|---|---|---|
| 一月份 | 一，六七八，○五九，四六五．四七 | 二月份 | 八，二七五，七四五，五五二．四六 |
| 三月份 | 二○，七四八，一一○，二五一．六三 | 四月份 | 二○，二七一，五八七，八○四．五○ |

续上表

| | | | |
|---|---|---|---|
| 五月份 | 一〇,五三六,六六六,七三一.三六 | 六月份 | 三,八四三,二九〇,七二四.九五 |
| 七月份 | 一,七三七,六八一,二三四.五〇 | 八月份 | 八,九二八,八〇四,一六六.三九 |
| 九月份 | 二一,二三五,五三七,三六八.一二 | 合　计 | 九七,二五五,八四三,二九九.三八 |

侨汇来源以本年上期数字分析如后:

| | | |
|---|---|---|
| 纽约 | 四二,五〇〇,一七九,八〇九.二〇 | 65.1% |
| 伦敦 | 二,九七四,九九七,九〇三.一七 | 4.5% |
| 古巴 | 六,八八二,三五〇,一八五.〇〇 | 10.5% |
| 雪梨 | 三五五,三六六,三五五.〇〇 | 0.5% |
| 加尔各答 | 一,三六四,三三〇,五六五.六〇 | 2.1% |
| 仰光 | 二,一九三,四三一,〇〇〇.〇〇 | 3.4% |
| 新加坡 | 九二六,六一〇,〇〇〇.〇〇 | 1.4% |
| 吉隆坡 | 一,五五二,五〇四,六二八.〇〇 | 2.4% |
| 槟榔屿 | 七五六,一七〇,九七三.〇〇 | 1.2% |
| 西贡 | 一五九,一九六,五四五.八〇 | 0.2% |
| 巴达维亚 | 一,二八五,〇〇〇,〇〇〇.〇〇 | 6.7% |
| 其他 | 四,四〇三,三二二,五六五.六〇 | 2.0% |
| 合计 | 六五,三五三,四六〇,五三〇.三七 | 100.0% |

丁、信托业务

(一) 外汇套利

该行信托部业务单纯,为求资金运用灵活起见,曾于本年七月呈准总处向国外部叙做外汇套利,一面向国外部约购外币现货,同时即委托该部卖出外币期货。买入之外币存于国外部,列在内部往来帐上。卖出之期货【外】币,经由兑换科目分以卖出期货币及约期收款科目，表示于国币及外币帐上，到期交割后，所获盈余转入兑换损益科目。截至十月廿日止，该部尚有套售美汇六十万元未曾清结，其内容如下：

| 起迄日期 | 套售美汇 | 折合率 | 折合国币 |
|---|---|---|---|
| 36/10/6—36/11/6 | U.S$ 100,000.00 | @53460.— | CN$ 5,346,000,000.— |
| 36/10/8—36/11/8 | 100,000.00 | 53460.— | 5,346,000,000.— |
| 36/10/11—36/11/11 | 200,000.00 | 59,724.— | 11,944,800,000.— |
| 36/10/14—36/11/14 | 100,000.00 | 59,724.— | 5,972,400,000.— |
| 36/10/20—36/11/20 | 100,000.00 | 59,724.— | 5,972,400,000.— |

（二）代理公债本息

该行信托部经付公债本息，计有金融、统一、复兴、救国、国防、军需、同盟胜利等项国币公债暨廿七、廿九、卅一年各项外币公债，其中以经付美金公债项下为数繁多，本年截至十月廿一日止，各项公债经付累计数为八,三三二,五六八,六六一·二三元，送财政部核销者七,一三三,六二七,二九〇·三三元，已开具核销清单并附债券呈请核销中，其余债券则尚存该行待办报核手续。

该行信托部应收款项帐上，其中大半为垫付经付公债本息款项，截至本年十月廿日止，共计垫付美金七万五千余元，国币六百零四亿余元。

（三）代理股票买卖

该行信托部接受顾客委托，代理买卖永纱、信和、美亚、新光等项股票、现货或期货，再以之转向浙江兴业银行等经纪人委托买卖，所收顾客之手续费，系与经办之经纪人对分。本年五月廿三日至十月廿日代理买卖股票之总值统计如次：

买入现货　　一二,一二三,九二九,五五二·五〇元

卖出现货　　二,九九一,〇九二,一五九.〇〇元

买入期货　　二,四三八,七二四,七一〇.〇〇元

卖出期货　　一〇,八五九,〇九二,五六九.七二元

以上买卖交易中,其为套利性质者,亦复不少,举例如次:

| 日期 | 户名 | 股票名称 | 买入现货 | 卖出期货 |
|---|---|---|---|---|
| 九月四日 | 武汉中 | 新光廿万股@162,167.<br>景福廿万股@161,165. | 五六,七六九,八〇〇元 | 五八,一九五,六〇〇元 |
| 九月四日 | T. C. Hsia | 永纱十万股@240.247. | 二四,〇七二,〇〇〇元 | 二四,六一三,五五〇元 |
| 十月十六日 | 徐承业 | 永纱四十万股 | 一三〇,三九〇,〇〇〇元 | 一三五,三二四,七〇〇元 |
| 十月十六日 | 中振小学基金户 | 永纱九万股 | 二九,七八九,一〇〇元 | 三〇,九〇五,四五一元 |
| 十月十六日 | 台糖公司 | 永纱151万股 | 四九九,〇九二,八〇〇元 | 五一七,八六七,〇九九元 |
| 六月六日 | 总处同人储金营运户 | 永纱四万股 | 二四〇,三六〇,〇〇〇元 | 二五〇,五九七,八〇〇元 |
| 六月十二日 | 总处同人储金营运户 | 永纱45,000股 | 二四七,四二〇,五七五元 | 二五三,九六六,〇四七.五〇元 |
| 六月十八日 | 总处同人储金营运户 | 永纱35,000股 | 二六一,三九一,五〇〇元 | 二七二,一〇四,七〇〇元 |
| 六月廿七日 | 总处同人储金营运户 | 永纱二万股 | 一八四,二七六,〇〇〇元 | 一九三,六一二,〇〇〇元 |
| 七月十六日 | 上海地产公司 | 永纱一百万股 | 三二五,九七五,〇〇〇元 | 三三九,一〇八,九五〇元 |
| 八月七日 | 上海地产公司 | 永纱150万股 | 三三七,二七八,八一〇元 | 三四三,五九三,一九五元 |
| 八月廿一日 | 上海地产公司 | 永纱200万股 | 四四六,三三五,〇〇〇元 | 四五三,二〇八,二〇〇元 |
| 八月廿八日 | 上海地产公司 | 永纱100万股 | 二五〇,七五〇,〇〇〇元 | 二五六,一〇〇,五〇〇元 |
| 七月四日 | 上海地产公司 | 永纱35,000股 | 二八四,三五四,五〇〇元 | 二九三,九六七,五〇〇元 |
| 七月十一日 | 上海地产公司 | 永纱30,000股 | 三二五,八七四,七〇〇元 | 三三八,七一〇,三五〇元 |
| 七月卅一日 | 上海地产公司 | 永纱150万股 | 三四五,七八五,五〇〇元 | 三三八,五一二,五〇〇元 |
| 六月十八日 | 上海地产公司 | 永纱15,000股 | 一一一,三三三,〇〇〇元 | 一一五,五四四,一七五元 |

续上表

| 日期 | 户名 | 股票名称 | 买入现货 | 卖出期货 |
|---|---|---|---|---|
| 六月廿六日 | 上海地产公司 | 永纱15,000股 | 一三五,四〇五,〇〇〇元 | 一四一,六二七,五六〇元 |
| 六月廿七日 | 上海地产公司 | 永纱20,000股 | 一八四,五五二,〇〇〇元 | 一九三,二二一,三五〇元 |
| 九月十二日 | 上海地产公司 | 永纱100万股 | 二三四,七〇二,〇〇〇元 | 二三八,九六〇,七〇〇元 |
| 九月十八日 | 上海地产公司 | 永纱100万股 | 二三三,六九九,〇〇〇元 | 二三九,一六〇,〇〇〇元 |

以上证券买卖情形,以上海地产公司为数繁巨。按该公司系由该行所经营,总处同人储金营运于证券方面者为数亦不少,其余客户类皆零散。除以上个别套利外,该行前曾举办集团套利,至办至十九期为止。嗣以政府规定关系,停止续办。关于未上市之洋股及华股,该行亦复代客买卖,其中有代客买卖中国银行股票多笔。

(四)信托及保管

(1)房地产信托　　该行信托部接受沪行委托经理兴业里房产事务,又代泰利机械厂保管土地所有权状一纸。

(2)证券信托　　该行信托部接受委托经理证券事务,除战前旧帐各户外,其重要者如次:

总处同人储金营运户项下,英联船坞一千股,永安纱厂廿二万股,中华书局一千二百股,大中华火柴七十五万股,卅六年短期库券第一期债票(美金二五,〇〇〇.二〇)、第二期短期库券(美金七,六三〇),查系总处拨交该部代为运用之行员储金,自本年五月廿七日起至十月廿日止,共拨一,〇三〇,〇〇〇,〇〇〇元,连同前后经营证券套利、库券还本所获孳息三七八,一五一,二四五元,合共一,四〇八,一五一,二四五元。此项资金即由该部用以购存前项股票及债券。

中振小学基金项下永纱股票九万股,系该部摊付子弟小学基金三千万元,代为运用购存股票。

天原电化厂项下天厨味精厂股票一百十万股,系向盐务机关担保该厂奉准使用之工业用盐，不作违反规定之使用及照章纳税担保金额五千七百六十万元，当由该厂缴入上项股票，以资保证。

宝鸡宏文造纸公司项下美金库券（美金五〇，〇四二.一〇），系该公司向该部透支七亿元之担保品。

(3) 保管箱　该行行址底层建筑，有规模宏大之保管库，内有大小保管箱万余只，由信托部经管公开出租各界使用。

戊、储蓄业务

(一) 普通储蓄

该行储蓄部经收各项普通储蓄存款，截至本年十月二十四日止，其数额如下：

| | |
|---|---|
| 活期储蓄 | 七二，二七一，八四九，三七七．六〇元 |
| 通知储蓄 | 二〇，一四一．二二元 |
| 零存整付 | 四〇一，三〇七．一九元 |
| 整存整付 | 四五，八〇三，二七五．九二元 |
| 整存零付 | 一一四，七三九．〇四元 |
| 存本付息 | 一，六三二，五二四．〇〇元 |
| 集团储蓄 | 七二，三六三．七七元 |
| 教育养老储蓄 | 九，二二六．〇〇元 |
| 人寿储蓄 | 五九四，三二二．三六元 |

以上储蓄存款名目繁多，在平时其作用系为以不同方式，多方吸收人民储蓄，而在非常时间，则其效用难于实现。就上项储蓄数字而言，除活期储蓄外，余均为数无几，其中多半且系战前旧帐。可见在现在情况下，欲推进储蓄业务颇属不易，该部经收储款几全为活期储款，按其性质亦属与普通活存无多差异。故该行储蓄部目前之地位，乃不过等于该行多增一吸收存款之经办单位而已。此种现象为各银行所通有，如何推进行局储蓄业务，似为当前值得研讨问

题之一。

该行储蓄部为维持营业起见，乃设法普遍招徕储户，在沪与各大工厂特约代为发放薪工，并就地设立服务处，一面代理资方发薪支款，一面招徕劳方开户收付。截至本年六月底，计成立服务处十九所，吸收储款一百廿三亿余元，储户一三，三九一户，以服务争取存款，该部在技术方面已有成就。

（二）节建储蓄

该行节建储蓄业务清淡，现有帐面数字，大多为继续以往经收储款本息之办理。截至本年上期底止，全体节储各项目余额列下：

| | |
|---|---|
| 甲种储蓄券 | 一，九九八，一八八，五一七．七一元 |
| 乡镇公益储蓄券 | 一，一五九，三二四，〇一四．八〇元 |
| 乙种储蓄券 | 一三，九九一，三九七．四五元 |
| 公益基金储蓄 | 三一，六二五，六九七．四七元 |
| 美金储蓄券 | 三二，六一三，八四五，七六〇．〇〇元 |

（三）储款营运

该行储蓄部资金大部系委托联行代为放款，或由总处指定搭放，如盐贷等是。截至本年十月廿四日止，其资金营运情形如次：

| 资金来源 | 数额（千元） | 资金用途 | 数额（千元） |
|---|---|---|---|
| 各项储蓄存款 | 七二，三二〇，四九四 | 现金及存放银行 | 一三，八九六，一一七 |
| 转质押 | 五，一三三，一一九 | 各项放款 | 八，二八〇，二三二 |
| 总分部往来 | 六，四四一，〇九五 | 有价证券 | 一，四三七，五九三 |
| 本票 | 二三四，七〇五 | 本行往来 | 六五，九二六，九三八 |

己、内部管理

（一）机构

该行总管理处内部组织与其他行局微有不同，在总经理之下，设有总稽核、总秘书各一人，综管内部事务。再分国内、信托、储蓄三部，另设业务、总帐、人事、检查、经济研究各室及会计处、秘书室等，组织方面颇为紧凑，且总揽其成之总稽核、总秘书、会计处长等集中办公，遇事随时商决，工作效率因以加强。每天早晨十时，该行总经理召集各重要人员会谈一次，交换各项情报，研讨当日业务方案，此亦为该行办事之一特点。

该行分支机构，截至本年上期止，共有二二三单位，以去年底比较，其增减情形如下：

| | 卅五年十二月底 | 卅六年六月底 | 增加 | 减少 |
|---|---|---|---|---|
| 分　行 | 一五单位 | 一五单位 | —— | —— |
| 支　行 | 三二单位 | 三五单位 | 三单位 | —— |
| 办事处 | 一六二单位 | 一六一单位 | —— | 一单位 |
| 经理处 | 一三单位 | 一二单位 | —— | 一单位 |
| 合　计 | 二二二单位 | 二二三单位 | 一单位 | —— |

再就地区分布情形比较如次：

| 区　域 | 卅五年十二月底 | 卅六年六月底 | 增 | 减 |
|---|---|---|---|---|
| 沿海各省 | 八三单位 | 九四单位 | 一一单位 | —— |
| 沿江各省 | 七二单位 | 五七单位 | —— | 一五单位 |
| 西南各省 | 二〇单位 | 一八单位 | —— | 二单位 |
| 西北各省 | 一七单位 | 二二单位 | 五单位 | —— |
| 东北各省 | 一三单位 | 一六单位 | 三单位 | —— |
| 国　外 | 一七单位 | 一六单位 | —— | 一单位 |

（二）人事

该行全体人员，截至本年十月廿一日计共五，八七〇名，其中除去试用雇员、临时雇员等三三四名，计有正式行员五，五三六名。分析如下：

| | | | |
|---|---|---|---|
| 总　处 | 二九三人 | 国外部 | 三五〇人 |
| 信托部 | 八〇人 | 储蓄部 | 一二四人 |
| 国内行处 | 四，一五二人 | 国外行处 | 六六二人 |
| 电　台 | 二〇九人 | | |

（三）职员待遇

（1）薪俸　　行员支本俸，雇员、练习生、检券生、试用员、派驻员、仓库员支正项津贴，行员所支本俸自卅元起至七〇〇元止。

（2）公费　　自六十元至六百元，分级支给。其计算方法为：①先按公务员公费数目乘以一三．四，再以十倍之，并另加三成。②自本年五月份起，依照公务员公费加倍办法另加两倍支给。

（3）生活补助费　　基本数及加成数，均照公务员分区标准并另加三成。

（4）实物配售差额金　　以上海市政府按月公布公务员所支数额支给。

（5）膳费　　按一市石米价支给。

（6）公厨供应　　按一市石六斗米价折给。

（7）宿费　　自六万元至□□万元分级支给。

（四）开支

该行本年上期全行各项费用合计八六，六〇七，九〇〇，九三三．七〇元，其中总务费用约占 38%，业务费用约占 17%，特别费用约占 45%。再就用途分析如次：

| 用　途 | 金　额(千元) | 百 分 比 |
| --- | --- | --- |
| 人事费用 | 六一,三七九,一三〇 | 71% |
| 办公费用 | 一八,九七四,二一二 | 22% |
| 营膳费用 | 二,九八二,一八一 | 3% |
| 交际费及捐款 | 三,二七一,三六六 | 4% |

庚、考查意见

（一）综核该行全盘状况，全行放款约占实际资产五分之一，比例并不甚大，该行尚能体奉紧缩信用之政策。全行普通存款在资金来源中所占比例不足四分之一，似尚嫌少，而存款内容又以国营事业机关居其大宗，该行似应对于吸收社会游资多所努力，就大体而言，该行资金营运尚属稳健，头寸调拨亦能裕如。

（二）考查该行资金投放于贸易及运销事业者，已达全部放款半数以上，对于协助发展国际及国内贸易，亦复多所贡献，其业务进展之趋向，尚能逐渐步入专业之途。

（三）考查该行上海分行放款业务，盐贷部份单独承放之大业盐号等户，早已逾期，迄未归收。打包部份四川畜产公司一户，逾期月余，亦未归收。和源公司一户，并无商业信用证，仅凭其与纽约往来电报，遽予放款。活存质透部份，晶华等户，逾期过久，未曾归收。活期放款部份，盐务办事处等三户，系以各该机关存在该行公款抵借员工子女教育贷金。定期质放部份，对于超过限额之贷款，往往先做后报。又查津、汉等分行先后曾做买入申汇多笔，凡此情形，似应由该行总处注意督策改善。

所有以上考查结果，理合报请鉴核。

职　徐达文　朱盛荃　谨呈
　　杨本泰　洪文濬

三十六年十一月十九日

## 中国银行信托部总帐

民国 36 年 12 月 18 日

（国币）

| 会计科目 | 借方 | 贷方 | 余额 |  |
|---|---|---|---|---|
|  |  |  | 借方 | 贷方 |
| 同业存款 |  |  |  | 3,882,417,550.50 |
| 本票 | 9,114,190,215.00 | 9,037,975,575.00 |  | 127,311,980.45 |
| 保付支票 |  |  |  |  |
| 特种活期信托存款 | 8,830,573,530.00 | 16,415,863,708.66 |  | 95,668,565,051.93 |
| 活期信托存款 | 7,831,400.00 | 4,436,600.00 |  | 245,179,750.05 |
| 定期信托存款 |  |  |  | 3,656,187.34 |
| 应付款项 |  | 167,955,136.00 |  | 8,158,566,859.66 |
| 应付利息 |  |  |  | 1,723,924,862.50 |
| 暂记收款 | 1,059,954,982.00 | 54,801,716.00 |  | 8,882,029,706.88 |
| 存入保证金 | 33,885,000.00 | 49,400,000.00 |  | 730,307,644.21 |
| 代理期付款项 | 218,108,170.00 | 5,458,693,652.75 |  | 8,505,154,472.75 |
| 期付券价 |  |  |  |  |
| 承兑汇票 | 122,265,000.00 |  |  | 2,279,030,000.00 |
| 卖出期货币 |  |  |  |  |
| 卖出期证券 |  |  |  |  |

续上表

| 会计科目 | 借方 | 贷方 | 余额 | |
|---|---|---|---|---|
| | | | 借方 | 贷方 |
| 付质押 | | | | 6,635,782,797.71 |
| 预收利息 | | | | 5,333,333.34 |
| 保证款项 | | | | 403,325,170.00 |
| 信托负债 | | | | 137,443,195.75 |
| 备抵器具折旧 | | | | 41,677,253.60 |
| 备抵证券损失 | | | | 3,686,232,766.85 |
| 备抵兑换损失 | | | | 10,680,908,215.02 |
| 备抵呆帐 | | | | 300,162,027.09 |
| 行员年金准备 | | | | 90,784,638.00 |
| 现金 | 9,129,664,952.00 | 3,200,602,037.00 | 11,953,297,158.14 | |
| 贴现 | | | 200,000,000.00 | |
| 活期质押放款 | | | 13,792,399,370.73 | |
| 存放同业 | 9,000,000,000.00 | 9,000,000,000.00 | 2,293,387.30 | |
| 活期质押透支 | | | 5,559,667,932.98 | |
| 定期质押放款 | | | 678,006,250.00 | |
| 有价证券 | | | 265,160,500.90 | |

续上表

| 会计科目 | 借方 | 贷方 | 余额 | |
|---|---|---|---|---|
| | | | 借方 | 贷方 |
| 生产事业投资 | | | 54,782,689,939.84 | |
| 房地产投资 | | | 694,087.24 | |
| 营业用器具 | | | 1,223,960,437.50 | |
| 应收款项 | 10,584,444.00 | | 12,279,670,429.20 | |
| 应收利息 | | | 4,897,440.09 | |
| 预付费用 | 8,650,000.00 | | 2,376,403,591.26 | |
| 暂记付款 | 1,805,000.00 | 2,510,000.00 | 919,637,834.26 | |
| 存出保证金 | | 13,530,000.00 | 19,338,360.00 | |
| 催收款项 | | | 30,143.62 | |
| 约期收款 | | | 61,236,000,000.00 | |
| 期收券价 | | | | |
| 买入期货币 | | | | |
| 买入期证券 | | | | |
| 代理期收款项 | 5,466,351,965.00 | 218,426,407.50 | 8,517,092,815.00 | |
| 定期放款 | | | 80,000,000.00 | |
| 未收代理房地租 | | | | |

续上表

| 会计科目 | 借方 | 贷方 | 余额 | |
|---|---|---|---|---|
| | | | 借方 | 贷方 |
| 应收保证款项 | | | 403,325,170.00 | |
| 信托资产 | | | 1,540,486,528.25 | |
| 出口押汇 | | | 511,668,084.38 | |
| 应收承兑汇票 | | 122,265,000.00 | 2,279,030,000.00 | |
| 兑换 | | 27,889,800.00 | 18,168,174,959.33 | |
| 储蓄部往来 | | | 39,000,000.00 | |
| 总行新 | | | | |
| 内部往来 | | | | |
| 联行专户往来 | 16,389,303,384.50 | 14,573,663,047.00 | 5,962,987,245.75 | |
| 联行往来 | 651,820.00 | 8,620,831.50 | | 2,139,017,052.93 |
| 利息收入 | 27,889,800.00 | 1,058,733,762.00 | | 8,389,821,513.23 |
| 利息支出 | 1,733,171.50 | | 4,285,776,785.68 | |
| 手续费收入 | | 20,538,312.25 | | 1,877,363,743.24 |
| 手续费支出 | | | 104,006,567.42 | |
| 汇费 | | | | 101,085,710.80 |
| 保管费 | | | | |

续上表

| 会计科目 | 借方 | 贷方 | 余额 | |
|---|---|---|---|---|
| | | | 借方 | 贷方 |
| 证券损益 | | | | 42,812,150.00 |
| 生产投资损益 | | | | 52,042,125.00 |
| 房地产投资损益 | | | | |
| 兑换损益 | | | | 9,860,213,993.49 |
| 所得税 | | | 11,516,019.56 | |
| 各项费用 | 12,462,750.00 | | 4,200,139,054.33 | |
| 器具折旧 | | | 22,962,863.84 | |
| 各项提存 | | | 1,941,161,965.45 | |
| 杂项收入 | | | | 158,184,274.34 |
| 杂项支出 | 1,66 | | 37,308,238.03 | |
| 呆帐 | | | | |
| 总处经费 | | | 210,000,000.00 | |
| 联行利息 | | | | 5,800,449,133.42 |
| 合计 | 59,435,905,585.66 | 59,435,905,585.66 | 213,608,783,160.08 | 213,608,783.160.08 |

〔国民政府财政部档案〕

## 4. 中国银行1947年度业务报告

(1948年2月)

中国银行三十六年度业务报告

三十六年度为我国胜利复员后金融经济最艰困之一年。本行秉承国策，在四联总处督导之下竞竞以赴，其努力目标注重下列各项：

(一) 改善服务手续，增进存款业务，以吸收游资。

(二) 扶助出口贸易，促进侨汇，以增加外汇收入。

(三) 协助工矿增产，以稳定物价。

(四) 沟通运销，以谋物资交流，增进税收。

兹将本年度本行业务情形，分别报告如下：(一部份业务数字因十二月底各行处表报未到齐，系以十一月底数字为根据。)

(甲) 一般存汇业务

(一) 普通及储蓄存款

本年度本行吸收存款方针，除遵照四联总处规定，由各地分支行处参照当地市场情形，会同其他行局酌量增加利率外，一面注意改善服务手续，以期增进存款之吸收。惟因黑市利率高昂，除储蓄存款增进情形尚具成效外，国内普通存款共只增加四倍半，尚待继续努力。兹将截至三十六年十一月底普通及储蓄存款分别分析比较如下：

(1) 普通存款

A、与上年底比较 (单位：亿元)

| 存款种类 | 国内行处 | 较上年底增减 | 国外行处 | 较上年底增减 | 合计 | 较上年底增减 |
|---|---|---|---|---|---|---|
| 活期 | 一二,二〇五 | 增一〇,〇三九 | 三四,六八九 | 增三二,七四六 | 四六,八九四 | 增四二,七八五 |
| 定期 | 一七六 | 增一一七 | 七七五 | 增七二七 | 九五一 | 增八四四 |

续上表

| 存款种类 | 国内行处 | 较上年底增减 | 国外行处 | 较上年底增减 | 合　计 | 较上年底增减 |
| --- | --- | --- | --- | --- | --- | --- |
| 总计 | 一二,三八一 | 增一〇,一五六 | 三五,四六四 | 增三三,四七三 | 四七,八四五 | 增四三,六二九 |

B、国内普通存款按月增减比较　(单位:亿元)

| 月　份 | 活　期 | 定　期 | 合　计 | 较上月增减 |
| --- | --- | --- | --- | --- |
| 一月份 | 二,三四五 | 六二 | 二,四〇七 | 增　一八六 |
| 二月份 | 二,八四三 | 九五 | 二,九三八 | 增　五三一 |
| 三月份 | 三,一九八 | 七八 | 三,二七六 | 增　三三八 |
| 四月份 | 四,七五九 | 九九 | 四,八五八 | 增一,五八二 |
| 五月份 | 四,六九六 | 一〇四 | 四,八〇〇 | 减　五八 |
| 六月份 | 四,九六〇 | 一〇九 | 五,〇六九 | 增　二六九 |
| 七月份 | 六,〇四一 | 一〇二 | 六,一四三 | 增一,〇七四 |
| 八月份 | 六,五六七 | 一一三 | 六,六八〇 | 增　五三七 |
| 九月份 | 九,七三九 | 一三六 | 九,八七五 | 增三,一九五 |
| 十月份 | 一一,〇七九 | 一四三 | 一一,二二二 | 增一,三四七 |
| 十一月份 | 一二,二〇五 | 一七六 | 一二,三八一 | 增一,一五九 |

C、国内普通存款按地区分析　(单位:亿元)

| 地　区 | 存款总额 | 百分比 |
| --- | --- | --- |
| 上　海 | 三,〇八三 | 百分之二五 |
| 天　津 | 八二九 | 百分之七 |
| 汉　口 | 二三九 | 百分之二 |
| 广　州 | 一〇九 | 百分之一 |
| 国内其他各地 | 八,一二一 | 百分之六五 |

续上表

| 地区 | 存款总额 | 百分比 |
|---|---|---|
| 总计 | 一二,三八一 | 百分之一〇〇 |

(2) 储蓄存款

A、与上年底比较 (单位:亿元)

| 存款种类 | 余额 | 较上年底增减 |
|---|---|---|
| 活储 | 一,二九六 | 增 一,二一一 |
| 定储 | 一四 | 增 一〇 |
| 其他储蓄 | 二九三 | 增 二五七 |
| 总计 | 一,六〇三 | 增 一,四七八 |

B、按月增减比较 (单位:亿元)

| 月份 | 活储 | 定储 | 其他储蓄 | 合计 | 较上月增减 |
|---|---|---|---|---|---|
| 一月份 | 八九 | 四 | 一四一 | 二三四 | 增 一〇九 |
| 二月份 | 一一三 | 四 | 一三九 | 二五六 | 增 二二 |
| 三月份 | 一五八 | 四 | 三九三 | 五五五 | 增 二九九 |
| 四月份 | 二〇八 | 五 | 三七〇 | 五八三 | 增 二八 |
| 五月份 | 二四九 | 六 | 三六七 | 六二二 | 增 三九 |
| 六月份 | 二八九 | 七 | 三六〇 | 六五六 | 增 三四 |
| 七月份 | 四一一 | 七 | 三五八 | 七七六 | 增 一二〇 |
| 八月份 | 四三三 | 七 | 三五七 | 七九七 | 增 二一 |
| 九月份 | 七七三 | 八 | 三五三 | 一,一三四 | 增 三三七 |
| 十月份 | 九一三 | 九 | 五四七 | 一,四六九 | 增 三三五 |
| 十一月份 | 一,〇六七 | 一〇 | 四五四 | 一,五三一 | 增 六二 |

续上表

| 月份 | 活储 | 定储 | 其他储蓄 | 合计 | 较上月增减 |
|---|---|---|---|---|---|
| 十二月份 | 一,二九六 | 一四 | 二九三 | 一,六〇三 | 增 七二 |

C、按地区分析 (单位:亿元)

| 地区 | 存款总额 | 百分比 |
|---|---|---|
| 上海 | 一,二四五 | 77.67% |
| 天津 | 一 | 0.06% |
| 汉口 | 一 | 0.06% |
| 广州 | 九 | 0.56% |
| 其他各地 | 三四七 | 21.65% |
| 总计 | 一,六〇三 | 100.00% |

(二)汇款

(1)国内汇款

本年度本行汇款方针,除致力沟通正当工商业运销资金之调拨外,对于防止游资集中上海以及汇入华南一节,尤予注意办理。兹将截至三十六年十一月底国内汇款内容分析如下:

| 地区 | 汇出总额 | 百分率 | 汇入总额 | 百分率 |
|---|---|---|---|---|
| 上海 | 一三,八六一亿元 | 13% | 三二,九〇七亿元 | 30% |
| 汉口 | 四,二二八亿元 | 4% | 三,三五二亿元 | 3% |
| 天津 | 七,〇三〇亿元 | 6% | 一〇,二四一亿元 | 9% |
| 广州 | 一,四一〇亿元 | 1% | 二,七七九亿元 | 3% |
| 其他各地 | 八二,〇七九亿元 | 76% | 五九,三二九亿元 | 55% |
| 总计 | 一〇八,六〇八亿元 | 100% | 一〇八,六〇八亿元 | 100% |

(2) 侨汇

A、本年度办理情形

本年度为吸收港币外汇起见，已由香港分行在港积极揽做侨汇。曼谷经理处于十月间开业，办理侨汇。又巴达维亚经理处，前因当地统制外汇，未能接做侨汇。嗣经我政府一再交涉，自五月份起，局部开放，每年分四季，每季每人可汇荷币三十余盾，由荷政府折合美金拨交我国。关于国外行处接做侨汇汇率，原系按照上海指定银行买入汇价计算。为加强吸收起见，于十一月间改照平衡基金会所规定之基准市价办理。至于上年度举办之各项改善措施，本年度悉予继续办理。惟原举办之原币及港币两项汇票，除港币汇票已予停办外，原币汇票则因黑市汇率较高，侨胞请求开发者，为数亦少。

B、本年度减退情形

本年度平衡基准汇率，虽经随时调整，但黑市继续存在，故经收侨汇，颇感困难。本年度所收之侨汇，其国币数字虽较增加，如以原币计算，除香港分行经收港币十一万余元外，其余各项外币，则均减退甚巨。兹列表比较如下：

| 币别 | 金额 | 较上年增减 |
|---|---|---|
| 美金 | 六,八九〇,七三〇．三四 | 减 一六,四〇四,七八二．一七 |
| 英金 | 四一八,六六二 一〇/二 | 减一,九四七,三六四 一二/二 |
| 罗比 | 九,九〇五 一五/一一 | 减 七四〇,九五一 〇/八 |
| 港币 | 一一一,一三六．二〇 | 增 一一一,一三六．二〇 |

本年度侨汇减退情形之严重，实堪惊人。在黑市汇率未能消灭前，今后应如何推进侨汇，以增加国家外汇之收入，事关整个外汇政策，拟请中央银行统盘考虑。(附本年度经收侨汇数额统计表)

## 本年度本行经收侨汇数额统计表

| 行处 | 美金 | 英金 | 罗比 | 港币 | 折合国币 |
|---|---|---|---|---|---|
| 纽约分行 | 四,〇七一,五六六．七一 | | | | 九二,八〇二,六三七,五〇五．五〇 |
| 华人区办事处 | 一,五一二,二三二．三五 | | | | 二六,六九三,四三八,〇一〇．〇〇 |
| 伦敦分行 | | 二一一,七三八.三/七 | | | 二四,五六七,八三二,三一二．九六 |
| 古巴经理处 | 五八六,四三七.二〇 | | | | 一一,〇八四,〇二一,四四一．〇〇 |
| 雪梨经理处 | | 一二,三九一.二/九 | | | 九二七,六二〇,一九九．〇〇 |
| 加尔各答经理处 | | 四一,七七二.八/一 | 九,九〇五.一五/一一 | | 二,五九一,六二三,八四九．八一 |
| 仰光分经理处 | | 六四,八〇一.一五/五 | | | 四,八四四,二〇〇,〇〇〇．〇〇 |
| 新加坡分行 | | 六七,六五九.〇/四 | | | 四,六四七,七二一,〇〇〇．〇〇 |
| 巴达维亚经理处 | 三二八,〇〇〇．〇〇 | | | | 一二,七一〇,一〇〇,〇〇〇．〇〇 |
| 曼谷经理处 | | 三〇〇.〇/〇 | | | 八七,〇〇〇,〇〇〇．〇〇 |
| 他行代收 | 三九二,四九四．〇八 | | | | 四,九一四,三九〇,〇〇〇．〇〇 |
| 香港分行 | | | | 一一一,一三六．二〇 | 九二四,五九六,六八八．〇〇 |
| 总计 | 六,八九〇,七三〇．三四 | 四一八,六六二.一〇/二 | 九,九〇五.一五/一一 | 一一一,一三六．二〇 | 一八六,七九五,一八一,〇〇六．二七 |

(三) 信托业务

(1) 信托存款

本行信托部奉令停做放款，本年度注意改善服务手续，所收之信托存款，活期项下尚具相当成效。兹将截至十二月底止各种信托存款列表比较如下：

A、与上年底比较 (单位：百万元)

| 存款类别 | 金额 | 较上年底增减 |
|---|---|---|
| 特种活期信托存款 | 九二，六八八 | 增 八七，七八一 |
| 活期信托存款 | 二八九 | 增 二一七 |
| 定期信托存款 | 六 | 同 |
| 合计 | 九二，九八三 | 增 八七，九九八 |

B、按月增减比较 (单位：百万元)

| 月份 | 活信存 | 定信存 | 合计 | 较上月增减 |
|---|---|---|---|---|
| 一月 | 四，六二三 | 五 | 四，六二八 | 减 三五七 |
| 二月 | 四，八五八 | 五 | 四，八六三 | 增 二三五 |
| 三月 | 六，〇五二 | 五 | 六，〇五七 | 增 一，一九四 |
| 四月 | 七，九八一 | 六 | 七，九八七 | 增 一，九三〇 |
| 五月 | 一二，八六四 | 六 | 一二，八七〇 | 增 四，八八三 |
| 六月 | 一八，八三九 | 六 | 一八，八四五 | 增 五，九七五 |
| 七月 | 一九，九二三 | 六 | 一九，九二九 | 增 一，〇八四 |
| 八月 | 三二，〇八四 | 六 | 三二，〇九〇 | 增 一二，一六一 |
| 九月 | 三三，七四八 | 五，〇〇六 | 三八，七五四 | 增 六，六六四 |
| 十月 | 五九，三二〇 | 六 | 五九，三二六 | 增 二〇，五七二 |

续上表

| 月份 | 活信存 | 定信存 | 合计 | 较上月增减 |
|---|---|---|---|---|
| 十一月 | 八三,九〇〇 | 六 | 八三,九〇六 | 增 二四,五八〇 |
| 十二月 | 九二,九七七 | 六 | 九二,九八三 | 增 九,〇七七 |

(2) 经募政府公债

本年度发行之美金债券,系在国内发行。本行经募债款,除国内部份较上年增加外,国外部份则较减少。列表如下:

| 经募债别 | 国内部份 | 国外部份 | 合计 |
|---|---|---|---|
| 三十三年同盟胜利国币公债 | | 美金一〇,〇〇〇元 | 美金一〇,〇〇〇元 |
| 三十六年美金公债 | 美金 八,五一六,〇五〇元 | | 美金 八,五一六,〇五〇元 |
| 三十六年美金短期库券 | 美金 二,一三五,九三〇元 | | 美金 二,一三五,九三〇元 |
| 总计 | 美金 一〇,六五一,九八〇元 | 美金 一〇,〇〇〇元 | 美金 一〇,六六一,九八〇元 |
| 较上年增减 | 增美金 一〇,六五一,九八〇元 | 减美金 七七,三九四元 | 增美金 一〇,五七四,五八六元 |

(3) 经收海外捐款

本年度经收海外捐款情形列表比较如下(单位:亿元)

| 捐款 | 经收金额 | 较上年增减 |
|---|---|---|
| 统一捐款 | 一〇九 | 增 八八 |

(4) 代客买卖

本行信托部代客买卖业务,计为① 证券、② 地产两种。除地产部份因沪市房地产交易未臻活泼,代客买卖交易无多外,关于证券部份,本行奉命停做套利业务,截至十二月底止,所有代客买卖

证券情形,列表比较如下:(单位:亿元)

| 证券类别 | 代客买进 | 较上年增减 | 代客卖出 | 较上年增减 | 备注 |
|---|---|---|---|---|---|
| 上市股票 | 一,九一七 | 增一,九一二 | 一,九〇六 | 增一,八九九 | 上年系自九月份起开始办理 |
| 未上市股票 | 一五 | 增 一五 | 一六 | 增 一六 | 本年九月份起举办 |

(5) 保管业务

本年对于保管业务,注意服务效率,尚具成效。兹将截至十二月底止保管业务情形列表比较如下:

| 类别 | 本年年底租出箱数结存件数 | 上年年底租出箱数结存件数 | 比较增减 |
|---|---|---|---|
| 保管箱 | 八,七六七只 | 四,四一八只 | 增 四,三四九只 |
| 露封保管 | 二六,〇九六,六六六件 | 六,一六二,七六〇件 | 增一九,九三三,九〇六件 |

(乙) 放款业务

本年度截至十一月底止,本行放款总额共为三三,九二二亿元,较上年度十二月底增三〇,八二五亿元,列表比较如下:(单位:亿元)

| 行别 | 本年十一月底总额 | 较上年底增减 |
|---|---|---|
| 国内行处 | 二五,六二一 | 增 二二,九九八 |
| 国外行处 | 八,三〇一 | 增 七,八二七 |
| 总计 | 三三,九二二 | 增 三〇,八二五 |

国内行处国币部份之放款,共为一四,七一六亿元,内中经四联总处核定者一三,四三八亿元,占百分之九一,本行自办放款一,二七八亿元,占百分之九。

(一) 专业放款

本行专业放款为① 国际贸易、② 国内运销、③ 国内工矿等事业,截至十一月底止,共为三一,二七八亿元,占放款总额百分之九

十二,列表比较如下:(单位:亿元)

| 借户类别 | 金　额 | 较上年底增减 |
|---|---|---|
| 国际贸易 | 一四,八六七 | 增　一三,六二二 |
| 国内运销 | 四,三〇七 | 增　三,七七四 |
| 国内工矿 | 一二,一〇四 | 增　一一,二五六 |
| 总　计 | 三一,二七八 | 增　二八,六五二 |

(1) 国际贸易贷款

本行国际贸易贷款,截至十一月底止计为:

① 国外行处接做八,三〇一亿元。

② 国内行处依照规定接做进口结汇贷款五五〇亿元。

③ 国内行处接做出口物资贷款六,〇一六亿元。

关于出口物资贷款,除注意对美、英输出外,对于增辟南洋市场,尤予致力办理。列表比较如下:(单位:亿元)

| 物资种类 | 贷款金额 | 百分率 | 较上年增减 |
|---|---|---|---|
| 猪　鬃 | 二,一六四 | 36% | 增　一,九五五 |
| 桐　油 | 一,七四五 | 29% | 增　一,五三一 |
| 生　丝 | 三九三 | 7% | 增　三二四 |
| 茶　叶 | 二七〇 | 4% | 增　二〇三 |
| 其　他 | 一,四四四 | 24% | 增　一,三六〇 |
| 合　计 | 六,〇一六 | 100% | 增　五,三七三 |

本年度截至十二月底止,全年经办出口结汇总额共合美金三千二百余万元,列表比较如下:

| 币别 | 金额 | 折合美金 | 较上年度增减 |
|---|---|---|---|
| 美金 | 一六,〇〇五,八一二元 | 一六,〇〇五,八一二元 | 美金原币减五,二四三,七七三元 |
| 英金 | 二,五〇二,一一一镑 | 八,一三九,〇三六元 | 英金原币增一,四一〇,五五二镑 |

续上表

| 币　别 | 金　额 | 折合美金 | 较上年度增减 |
|---|---|---|---|
| 港　币 | 三二,九〇二,三七二元 | 六,六五九,七五七元 | 港币原币增二四,〇三三,三六〇元 |
| 罗　比 | 一,〇三〇,八五二盾 | 二五一,五〇三元 | 罗比原币减三,〇八二,七一六盾 |
| 叻　币 | 二,九六〇,四九七元 | 一,一二三,五六二元 | 叻币原币增一,六四九,〇二二元 |
| 瑞士法郎 | 一一二,六二六法郎 | 三四,六〇二元 | 瑞士法郎原币减七四九,一一三法郎 |
| 比　沙 | 二一,三九三元 | 一〇,六九六元 | 比沙原币增二一,三九三元 |

总计折合美金三二,二二四,九六八元,较上年度增加美金二,二五六,八〇八元。

注:本年十二月底各行处表报尚未到齐,上表所列出口结汇金额,系根据上海、天津、青岛、汉口、重庆、广州、厦门等行处所报数字编制。

(2) 国内运销贷款

本年度国内运销贷款,注意协助盐、棉、糖及其他日用必需品之运销。兹将截至十一月底止贷款内容列表分析比较如下:(单位:亿元)

| 类　别 | 金　额 | 较上年底增减 |
|---|---|---|
| 食　盐 | 一,三五四 | 增　一,二三六 |
| 食　糖 | 一,六七四 | 增　一,六五八 |
| 棉　花 | 三六四 | 增　二三七 |
| 其他日用必需品 | 九一五 | 增　六四三 |
| 总　计 | 四,三〇七 | 增　三,七七四 |

注:购棉贷款实际共为一,二四九亿元,内中对纱厂贷借八八五亿元部份,系列入工矿贷款项下。如将纱厂购棉贷款列入运销项下,则本年度截至十一月底止,国内运销贷款应为五,一九二亿元。

(3) 国内工矿贷款

本年度本行对于工矿贷款,除继续协助面粉、煤矿、石油等工业增产外,并以棉织、针织等日用必需品可以运销南洋,为增辟南洋市场,对于各该工业之增产尤予注意贷助,俾于供应国内需要之外,再以一部份成品运销南洋,争取外汇收入。兹将截至十一月底止国内工矿贷款内容列表分析如下:

| 贷款类别 | 金额 |
|---|---|
| 棉纺织工业贷款 | 三,二二七亿元 |
| 丝织工业贷款 | 三五四亿元 |
| 面粉工业贷款 | 四一一亿元 |
| 煤矿业贷款 | 七六二亿元 |
| 石油贷款 | 一,三五三亿元 |
| 化学工业贷款 | 九三二亿元 |
| 电工器材工业贷款 | 七〇亿元 |
| 其他工矿业贷款 | 四,九九五亿元 |
| 总计 | 一二,一〇四亿元 |

(注)本表所列棉纺织工业贷款一项内,有纱厂购棉贷款八八五亿元,如将此数改列国内运销贷款,则棉纺织工业贷款应为二,三四二亿元,其贷款对象则以棉织、针织等工业为主。

(二) 普通贷款

本年度普通贷款,除因调拨需要买入商业公司、商号等汇款外,注意协助交通公用事业。兹将截至十一月底止普通贷款内容分析比较如下:(单位:亿元)

| 借款类别 | 金额 | 较上年底增减 |
|---|---|---|
| 交通公用事业 | 一,一三二 | 增 一,〇七六 |
| 教育文化事业 | 七三 | 增 五四 |

续上表

| 借款类别 | 金额 | 较上年底增减 |
|---|---|---|
| 军政机关 | 二六七 | 增　二三一 |
| 其他 | 一,一七二 | 增　八一二(包括买入汇款) |
| 总计 | 二,六四四 | 增　二,一七三 |

本行于十一月下旬奉命停止贷款,当即电饬国内各分支行处遵照办理。截至十二月底止,本行国内行处放款总额为二四,二八二亿元(根据各行处电报数字),较十一月底减少一,三三九亿元。其所以未能大量减少者,则系由于原经四联总处核准之贷款在有效期内,仍得继续办理所致。

(三) 投资事业及附设机构

本行投资业务,截至三十六年十一月底止,独资经营者共六单位计五十八亿元,合资经营而参加管理者共三十一单位计三百八十四亿元,其他投资并未参加管理者共一百零一单位计七十三亿元,总计投资一百三十八单位,金额五百十五亿元,较上年底增加四百七十八亿元。兹按投资机构业务性质列表分别比较如下:

| 投资性质 | 三十六年十一月底 | | 较上年底增减 | |
|---|---|---|---|---|
| | 单位 | 金额 | 单位 | 金额 |
| 有关进口出贸易事业 | 六七 | 四〇五亿元 | 增　六 | 三八一亿元 |
| 一般生产企业 | 七一 | 一一〇亿元 | 增　一五 | 九七亿元 |
| 总计 | 一三八 | 五一五亿元 | 增　二一 | 四七八亿元 |

(丙) 政府交办特种业务

(一) 购买外棉垫款

近年我国购买外棉需付外汇甚巨，我政府为撙节外汇支出，特委托各银行先开立信用证，垫付购棉外汇，然后分期归还。本年度本行垫付此项外汇，计第二季外棉款总额美金一千万元，由中央银行分十二个月平均归还。又额外印棉款计罗比柒百伍拾万盾，由中央银行于六个月后一次归还。

（二）易货垫款

自纺织品外销委员会成立后，为增加外棉进口，并鼓励棉织品出口起见，特规定“以货易货”办法，将国内之棉纱、棉布等制成品装运出口，换回印棉进口，由国内厂商于接到国外银行所开订购棉织品之信用证后，即托本行代开购买印棉信用证，其所需外汇，在出口外汇未收到以前，统由本行垫付。是项业务于本年十二月份开始，至年底止，已开出信用证约罗比柒百万盾。（附开出信用证统计表）

易货项下开出信用证统计表

| 厂名 | 罗比数 | 印棉数 |
|---|---|---|
| 永安纺织公司 | 三九〇，〇〇〇 | 一，〇〇〇包 |
| 中国纺织建设公司 | 七六四，〇〇〇 | 二，〇〇〇包 |
| 新裕纺织有限公司 | 五一五，〇三二 | 一，四八二包 |
| 德丰纺织股份有限公司 | 二四五，七〇〇 | 六二一包 |
| 民丰纺织厂 | 三二三，三八五 | 九三四包 |
| 振新纺织股份有限公司 | 五二七，一一三 | 一，四七二包 |
| 申新纺织第二、五厂 | 三六二，五〇〇 | 一，〇〇〇包 |
| 利用纱厂 | 一八八，八六六 | 五三五包 |
| 新裕纺织有限公司 | 五〇七，七〇〇 | 一，四〇〇包 |
| 永安纺织公司 | 七四五，〇〇〇 | 二，〇〇〇包 |
| 申新纺织第二、五厂 | 二五三，六〇〇 | 七五一包 |
| 申新纺织第二、五厂 | 一〇四，〇〇〇 | 三二〇包 |

续上表

| 厂名 | 罗比数 | 印棉数 |
|---|---|---|
| 嘉丰纺织整染股份有限公司 | 一二五,〇〇〇 | 三五五包 |
| 申新纺织第二、五厂 | 二五,九〇三 | 七一包 |
| 申新纺织第二、三、五、九厂 | 六五〇,〇〇〇 | 一,八〇〇包 |
| 天同纺织公司 | 二三八,〇五〇 | 六七三包 |
| 崇信纺织公司 | 四二四,五三一 | 一,二〇六包 |
| 中国纺织建设公司 | 三六〇,〇〇〇 | 九七八包 |
| 总计 | 六,七五〇,三八〇 | 一八,五九八包 |

(三)台湾糖业公司借款

资源委员会与台湾省政府合办之台湾糖业公司，为添购机器恢复炼糖设备，特向本行商借美金五百万元，于本年二月初签订合约，至年底止已支用美金肆百万元。此项外汇经充分利用，我国糖产可大为增加，将来除自给外，尚可出口，与国计民生，关系至巨。

(四)交通部购船借款

交通部为向美国购买剩余船舶，需付保险、修缮、配件及驶华等费用，计美金叁百捌拾贰万元，经奉准由本行暂行垫借，并自卅七年四月份起，由交通部陆续向中央银行结汇归还。兹此案正在办理手续中。

(五)代办购粮

本行受粮食部委托代办三十五年度汉口、长沙、杭州、南昌等四区购粮业务，所需资金由粮食部与国行订约拨付，收购价格则由四联总处、粮食购储委员会随时核定限价通知办理。时期自三十五年十一月起，至三十六年六月止(南昌区自三十五年十二月二十日起移交中农行办理)，共代购进糙米四十七万八千余市石，黄谷二十万三千余市石，以糙米一市石合黄谷两市石计算，共合黄谷一百十六万余市石，平均黄谷每市石价一万七千六百余元，共计价款二百零四亿余元。又续办三十六年度汉口、杭州两区购粮业务，自三十六年九月起，截至最近止，约共代购进糙米十六万余市石，黄谷四万六千余市石。以糙米一市石合黄谷两市石计算，共合黄谷三十六万六千余市石，平均每市石黄谷价二十三万五千余元，共计价款八百五十三亿余元。

（丁）人事机构开支及业务盈亏估计

（一）人事

本行用人向取谨慎。抗战期内人员，较诸战前已有巨量减少。复员期间，收复区分支机构次第复业，需员办理，除尽量由内地行处抽调前往任职外，其不足之数，以战前旧员陆续复职，藉资补充。机构既见骤增，所用人员为配合业务推展之需要，自不免比抗战期内为多，三十六年内每月全行总人数始终在五千余人之谱。三十六年九月奉四联总处蒋主席、张副主席函示，职员应裁汰闲冗，并停止新进行员，当经本行总经理、副总经理通函各分行，嘱以简化事务，节省人力，并将各处人手尽量匀调，避免录用新员。一面仍就原有人员严格考核，其年老力衰，或不甚得力者即予裁汰去后，各分行均能尽力遵办。如沈阳分行即裁员五十人，厦门分行裁员十二人，其他行处陆续解雇及资遣者亦有三十六人。截至卅六年底，全体员额为五，八六四人，而全行总分支机构计达二百一十五处，平均每一机构仅有职员二十七人（强），以后仍将酌视情形，力求紧缩。惟本行国外行处遍布英、美、古巴、印度、暹罗、缅甸、马来、越南、香港、荷印、澳洲各处，遇有添设机构，或业务推广，所需人手，如均由国内调派前往，有时等待护照，缓不济急，且所用旅费因支用外币，所费较多，亦不经济。是以除副主任以上人员，规定应由国内派遣外，其余佐理人员，仍不得不随时就当地华侨，或留学生，或当地外籍人士遴用，不特可以随时视事实需要增减员额，并可节省旅费，俾外币之动用，从而减少，表面上虽难免征用新员，而旅费各项开支，反可减轻担负，似尚能符节约之旨。但仍尽量减缩，以期节省人力。

关于本行职员待遇，原系与其他国家行局一致办理。三十六年九月，奉四联总处蒋主席、张副主席核定国家行局待遇，计① 底薪及加倍数，② 基本数，③ 特别办公费，④ 实物配售差额金，⑤ 膳宿公厨，当即恪遵办理。其中实物配售差额金，系以上月份上海市政府公布数额，作为次月发给数目(例如十二月份所发之数，即为市府公布十一月份应发之数)。且如米价时有上涨，但发给次月膳费等项，仍以上月份卅一日之米价为计算标准，无形中已减少酬给，藉轻负担。惟际兹物价不时波动，如何可使职员生活比较安定，同时并须顾到开支，洵为艰巨之工作。目前除对各行处人事、开支时加注意外，对于各地膳费、米价，仍予严格考核，以防浮滥。

(二) 机构

本年度因戡乱关系，本行分支机构总数，较上年度略减。截至本年底止，包括因战事而撤退之行处在内，共有机构二百十五处(附分支机构变动情形表)，计国内一百九十八处，国外十七处，较三十五年度减少七处。兹将全年裁撤增减情形分述如次：

A、复业者，计新浦、泰县、东台、周村、陕州、灵宝、彰德、漯河、安东、公主岭等十处。

B、增设者，国内计上海西康路及北苏州路、汉口汉正街、广州太平南路、青岛辽宁路、沈阳铁西区及洛阳、樊城等八处，国外计曼谷一处。

C、裁撤者，国内计临淮关、大庾、沅陵、韶关、连城、上杭、北碚、奉节、保山、彰德、周村、张店、博山等二十五处，其中周村及彰德二处系于本年度复业，旋因战局关系，而复行裁撤者。国外裁撤者，计利物浦一处。

## 三十六年度本行各地分支机构变动情形表

| 省市别 | 三十五年度分支总计 | 三十六年度 | | | 三十六年度分支总计 |
| --- | --- | --- | --- | --- | --- |
| | | 复业 | 增设 | 裁撤 | |
| 南京市 | 五 | | | | 五 |
| 上海市 | 五 | | 二 | | 七 |
| 江苏 | 一一 | 三 | | | 一四 |
| 浙江 | 一八 | | | | 一八 |
| 安徽 | 一一 | | | 一 | 一〇 |
| 江西 | 一五 | | | 三 | 一二 |
| 湖北 | 五 | | 二 | | 七 |
| 湖南 | 一〇 | | | 一 | 九 |
| 广西 | 七 | | | 二 | 五 |
| 广东 | 一一 | | 一 | 二 | 一〇 |
| 福建 | 一五 | | | 四 | 一一 |
| 四川 | 二七 | | | 四 | 二三 |
| 重庆 | 四 | | | | 四 |
| 云南 | 六 | | | 二 | 四 |
| 贵州 | 六 | | | 一 | 五 |
| 陕西 | 七 | | | | 七 |
| 甘肃 | 四 | | | | 四 |
| 宁夏 | 一 | | | | 一 |
| 青海 | 一 | | | | 一 |
| 西康 | 一 | | | | 一 |

续上表

| 省市别 | 三十五年度分支总计 | 三十六年度 | | | 三十六年度分支总计 |
|---|---|---|---|---|---|
| | | 复业 | 增设 | 裁撤 | |
| 山东 | 六 | 一 | | 三 | 四 |
| 青岛市 | 一 | | 一 | | 二 |
| 河北 | 四 | | | | 四 |
| 天津市 | 三 | | | | 三 |
| 北平市 | 四 | | | | 四 |
| 河南 | 三 | 四 | 一 | 一 | 七 |
| 山西 | 一 | | | | 一 |
| 辽宁 | 九 | | 一 | 一 | 九 |
| 吉林 | 三 | 一 | | | 四 |
| 辽北 | 一 | | | | 一 |
| 安东 | | 一 | | | 一 |
| 国外 | | | | | |
| 香港 | 一 | | | | 一 |
| 印度 | 三 | | | | 三 |
| 缅甸 | 一 | | | | 一 |
| 安南 | 二 | | | | 二 |
| 暹罗 | | | 一 | | 一 |
| 马来半岛 | 三 | | | | 三 |
| 爪哇 | 一 | | | | 一 |

续上表

| 省市别 | 三十五年度分支总计 | 三十六年度 | | | 三十六年度分支总计 |
|---|---|---|---|---|---|
| | | 复业 | 增设 | 裁撤 | |
| 澳洲 | 一 | | | | 一 |
| 英国 | 二 | | | 一 | 一 |
| 美国 | 二 | | | | 二 |
| 古巴 | 一 | | | | 一 |
| 合计 | 二二二 | 一〇 | 九 | 二六 | 二一五 |

## 中国银行资产负债平衡表

中华民国三十六年十二月三十一日

| 资产 | 金额 | 负债及净值 | 金额 |
|---|---|---|---|
| 资产 | $ | 负债 | $ |
| 现金 | 930,511,757,354.04 | 同业存款 | 9,325,779,397,427.98 |
| 存放同业 | 11,965,539,719,212.45 | 转贴现及质押 | 186,113,650,401.39 |
| 贴现及买汇 | 1,143,296,773,798.81 | 活期存款 | 5,680,268,845,504.40 |
| 活期放款及透支 | 1,822,634,878,259.23 | 定期存款 | 112,139,183,507.67 |
| 定期放款 | 231,288,644,150.70 | 汇款 | 590,467,262,069.94 |
| 证券及投资 | 7,815,247,525,391.48 | 应付及期付款项 | 3,060,332,105,329.59 |
| 应收及期收款项 | 2,346,349,496,963.89 | 各部往来 | 214,874,276,582.74 |
| 房地产及器具 | 219,305,386,792.49 | 其他负债 | 1,075,996,462,453.57 |
| | | 代收款项 | 1,673,304,256,513.12 |
| 各部基金 | 5,000,000.00 | 保证款项 | 10,216,140,878,568.05 |
| 其他资产 | 346,634,053,568.17 | 信托负债 | 328,488,471,797.13 |
| 未收代收款 | 1,673,304,256,513.12 | 负债合计 | $ 32,463,904,790,155.58 |
| | | 净值 | |
| 应收保证款项 | 10,216,140,878,568.05 | 资本 | 60,000,000.00 |
| 信托资产 | 328,488,471,797.13 | 公积及盈余 | 1,046,455,238.14 |
| | | 兑换准备 | 6,500,444,377,014.28 |
| | | 意外损失准备 | 4,529,282,588.92 |
| | | 本年纯益 | 68,761,937,372.61 |
| | | 净值合计 | $ 6,574,842,052,213.95 |

续上表

| 资产 | 金额 | 负债及净值 | 金额 |
|---|---|---|---|
| 资产总额 | $ 39,038,746,842,369.53 | 负债及净值总额 | $ 39,038,746,842,369.53 |

## 中国银行损益计算表

### 中华民国三十六年十二月三十一日

| 损失 | 金额 | 利益 | 金额 |
|---|---|---|---|
| 营业支出 | $ 631,964,464,687.71 | 营业收入 | $ 737,204,142,646.78 |
| 各项费用 | 435,517,681,760.30 | 利息 | 438,032,473,929.23 |
| 各项折旧及摊提 | 159,097,676,271.83 | 手续费 | 51,934,154,906.74 |
| 其他支出 | 37,394,106,655.58 | 其他收入 | 247,237,513,630.81 |
| 营业外支出 | 12,823,180,215.17 | 营业外收入 | 6,345,439,808.71 |
| 解缴国库 | 30,000,000,000.00 | | |
| 本年纯益 | 68,761,937,372.61 | | |
| 合计 | $ 743,549,582,275.49 | 合计 | $ 743,549,582,275.49 |

## 中国银行储蓄部资产负债平衡表

### 中华民国三十六年十二月三十一日

| 资产 | 金额 | 负债及净值 | 金额 |
|---|---|---|---|
| 资产 | $ | 负债 | $ |
| 现金及存放银行 | 173,926,621,507.01 | 转质押 | 5,940,095,116.93 |
| 活期质押放款 | 7,213,154,023.53 | 活期储蓄存款 | 133,288,142,741.24 |
| 定期质押放款 | 603,957,995.40 | 定期储蓄存款 | 1,437,126,231.03 |
| 有价证券 | 128,287,574,522.29 | 应收及期付款项 | 11,916,001,275.38 |
| 应收及期收款项 | 5,091,798,394.89 | 储蓄保证准备 | 32,775,995,336.28 |
| 缴存储蓄保证准备 | 32,775,995,336.28 | 其他负债 | 1,630,089,158.18 |
| 其他资产 | 15,707,547,332.61 | 代收黄金存款 | 1,371,160,000.00 |
| 缴存黄金款项 | 1,371,160,000.00 | 代收款项 | 6,407,971.81 |
| | | 负债合计 | 188,365,017,830.85 |
| 未收代收款 | 6,407,971.81 | 净值 | |
| | | 资本 | 5,000,000.00 |
| | | 公积及盈余 | 64,929,121.37 |

续上表

| 资　　产 | 金　　　额 | 负债及净值 | 金　　　额 |
|---|---|---|---|
| | | 兑换准备 | 172,388,775,619.15 |
| | | 意外损失准备 | 980,233,664.84 |
| | | 本年纯益 | 3,180,260,847.61 |
| | | 净值合计 | 176,619,199,252.97 |
| 资产总额 | $ 364,984,217,083.82 | 负债及净值总额 | $ 364,984,217,083.82 |

中国银行储蓄部损益计算表

中华民国三十六年十二月三十一日

| 损　　失 | 金　　　额 | 利　　益 | 金　　　额 |
|---|---|---|---|
| 营业支出 | $ 10,431,785,485.07 | 营业收入 | $ 13,909,433,201.61 |
| 各项费用 | 7,916,554,884.66 | 利息 | 13,691,488,490.55 |
| 各项折旧及摊提 | 2,476,872,526.49 | 手续费 | 15,189,551.22 |
| 其他支出 | 38,358,073.92 | 其他收入 | 202,755,159.84 |
| 营业外支出 | 371,228,808.86 | 营业外收入 | 73,841,939.93 |
| 本年纯益 | 3,180,260,847.61 | | |
| 合　　计 | $ 13,983,275,141.54 | 合　　计 | $ 13,983,275,141.54 |

〔四联总处档案〕

## 5. 中国银行陈报办理侨贷情形并附送西贡海防两行侨贷放款表呈

（1948年2月9日）

案查本行奉命承办荷印、马来亚、香港、暹越等四区华侨复业贷款，除荷印区因管制外汇限制放款一时不克叙做，又马来亚区已由当地财政司转向英伦请示尚未准复，暂时亦无法举办外，至其余两区侨贷，前曾先后奉大部财钱乙字第一九六三及二三五四号代电，嘱将办理情形、贷出数目以及越南情势是否业已好转，侨贷押款可否恢复各节，详查具复。各等因。经即转饬各该有关行处查报去后，业据先后陈复，略以一、暹罗方面，自曼谷经理处于上年十月间开业后，即经调查。惟当地侨胞，在战事期间损失不多，无贷放之必要。二、香港方面，初因当地未设领馆，无法办理证明手续，嗣经商请外交部驻港特派员办理，至上年四月十八日始接函称可代办证明手续，惟此时香港市面资金已日渐充裕，且放款数额不大，侨商多已不感需要。是以截至现在止并无放出，前由中央银行拨存伦敦分行充作该区侨贷周转金英金五万镑，亦无需用，应否如数拨还，请核示。三、越南方面，除西贡、海防两行已设有机构外，其余各地因时局及交通关系，所放侨贷，尚未能普遍推广。且照规定，侨贷每户放额由美金官价折合越币计算，信用放款每户只限越币七千元，抵押放款每户只限越币七万元，为数过少，因越币贬值，实不足以应需要，故前来申请者不多。附陈西贡及海防两地贷出清单一份，请鉴核。至于越南侨贷，抵押放款目前可否恢复一节，以法越双方尚无协调象征，四乡时有冲突，各地交通仍属梗塞，远地调查，至为困难。而押品远在四乡，管理方面，鞭长莫及。且各保险公司均不接受战争保险，押品毫无保障，故在目前尚无法举办。各等情。查所称香港及暹罗方面侨贷均无放出，为免呆搁资金，所有两行前拨香港区周转金英金五万镑，应否拨还？又暹罗方面原定周转金越币四十二万元，暂由本行西贡经理处收存。兹既无需要，可否即将该款移交该经理处一并放贷之处，除已函请中央银行核示以便饬遵外，兹将西贡、海防两行截至本年十一月份止放出侨贷清单一份附呈，敬祈鉴核备案。谨呈

财政部

中国银行总管理处（印）

附件

中华民国卅七年贰月九日发出

表一　　防分处侨贷放款表

| 叙做日期 | 户　名 | 金　额 | 到期日期 | 方式 | 备　注 |
|---|---|---|---|---|---|
| 25-10-47 | 天　兴 | IC $ 7,000.- | 25-4-1948 | 信用 | |
| 25-10-47 | 宏　发 | 7,000.- | 25-4-1948 | 信用 | |
| 28-10-47 | 英　泰 | 7,000.- | 28-4-1948 | 信用 | |
| 合　计 | IC $ 21,000.- | | | | |

表二　　贡处侨贷放款表

| 放出日期 | 户　名 | 金　额 | 方式 | 到期日 | 备　注 |
|---|---|---|---|---|---|
| 9-1-47 | 庄　烟 | IC $ 5,000.- | 信用 | 8-1-1948 | 原借六个月展期半年 |
| 17-1-47 | 乾泰来 | 60,000.- | 质押 | 17-7-1947 | 已收回 |
| 17-2-47 | 周海记 | 7,000.- | 信用 | 17-8-1947 | 已收回 |
| 18-2-47 | 大德药房 | 7,000.- | 信用 | 18-8-1947 | 已收回 |
| 9-4-47 | 德和号 | 5,000.- | 信用 | 8-9-1947 | 已收回 |
| 28-4-47 | 林鸿拔 | 7,000.- | 信用 | 27-4-1948 | 原借半年展期半年 |
| 7-5-47 | 万安号 | 10,000.- | 质押 | 6-1-1948 | 原借半年展期二月 |
| 1-7-47 | 蔡德昌 | 7,000.- | 信用 | 31-12-1947 | |
| 18-10-47 | 文山相馆 | 7,000.- | 信用 | 17-4-1948 | |
| 合　计 | IC $ 115,000.- | | | | |

〔国民政府财政部档案〕

## 6. 中国银行 1948 年上期业务报告①

(1948 年 11 月 20 日)

中国银行卅七年上期业务报告

本年上期,本行业务在四联总处督导之下,仍照上年方针注意:(一)增进服务效率,以吸收存款,(二)协助工矿,增产日用必需品运销,以稳定物价,一面为争取外汇,商同中央银行拟订“出口物资贷款定额结汇办法”,报经四联总处核准办理,同时提高存放款利率,以配合中央银行之利率政策。

兹将本年上期本行业务情形,分别报告如下(一部份业务数字因六月底各行处表报未到齐,系以电报数字为根据)。

(甲)一般存汇业务

(一)普通及储蓄存款

本年上期本行对于存款利率,为配合中央银行利率政策,由各地分支行处与其他行局库商酌再度提高。惟因黑市利率较前更趋高昂,所订存款利率,仍属相差甚巨,以致吸收存款颇感困难。本行有鉴于此,仍照上年方针,继续注意增进服务效率,以利吸收,尚具相当成效。计国内普通存款较上年底增加四倍,储蓄存款增加五倍半。国内各地行处军政机关公款,经已遵照规定与中央银行商妥,于本年四月底以前,分期移存国库。至于国外行处战前国币存款,为体念侨胞起见,并经规定得比照国内偿付办法办理,由原存款行向国内联行开出汇票,在国内以法币支付之。

兹将截至卅七年六月底普通及储蓄存款分别分析比较如下:

(1)普通存款

A、与上年底比较 (单位:亿元)

①该件系中国银行总管理处 1948 年 11 月 20 日呈送财政部之报告。

| 存款种类 | 国内行处 | 较上年底增减 | 国外行处 | 较上年底增减 | 合计 | 较上年底增减 |
|---|---|---|---|---|---|---|
| 活期 | 八九,一〇九 | 增 七五,〇五七 | 二一二,三一二 | 增 一七〇,四〇一 | 三〇一,三三一 | 增 二四五,四五八 |
| 定期 | 四五一 | 增 三三七 | 四,九二九 | 增 三,九二二 | 五,三八〇 | 增 四,二五九 |
| 总计 | 八九,四七〇 | 增 七五,三九四 | 二一七,二四一 | 增 一七四,三二三 | 三〇六,七一一 | 增 二四九,七一七 |

B、国内普通存款按月增减比较 (单位:亿元)

| 卅七年 | 活期 | 定期 | 合计 | 较上月增减 |
|---|---|---|---|---|
| 一月底 | 一六,七八五 | 一二六 | 一六,九一一 | 增 二,八三五 |
| 二月底 | 二八,六〇二 | 一一九 | 二八,七二一 | 增一一,八一〇 |
| 三月底 | 三九,五五〇 | 一一三 | 三九,六六三 | 增一〇,九四二 |
| 四月底 | 三八,一四九 | 一〇九 | 三八,二五八 | 减 一,四〇五 |
| 五月底 | 五六,三一五 | 三六三 | 五六,六七八 | 增一八,四二〇 |
| 六月底 | 八九,〇一九 | 四五一 | 八九,四七〇 | 增三二,七九二 |

C、国内普通存款按地区分析 (单位:亿元)

| 地区 | 存款总额 | 百分比 |
|---|---|---|
| 上海 | 二一,二六九 | 百分之二四 |
| 天津 | 一九,三三三 | 百分之二二 |
| 汉口 | 九八三 | 百分之一 |
| 广州 | 二,二六三 | 百分之三 |
| 国内其他各地 | 四五,六二二 | 百分之五〇 |
| 总计 | 八九,四七〇 | 百分之一〇〇 |

（2）储蓄存款

A、与上年底比较　（单位：亿元）

| 存款种类 | 余额 | 较上年底增减 |
|---|---|---|
| 活期 | 一〇，四八五 | 增　九，一五二 |
| 定期 | 二九 | 增　一五 |
| 其他储蓄 | 二一四 | 减　七七 |
| 总计 | 一〇，七二八 | 增　九，〇九〇 |

B、按月增减比较　（单位：亿元）

| 卅七年 | 活期 | 定期 | 其他储蓄 | 合计 | 较上月增减 |
|---|---|---|---|---|---|
| 一月底 | 一，五七二 | 一五 | 二四八 | 一，八三五 | 增　一九七 |
| 二月底 | 四，〇八〇 | 一七 | 一九八 | 四，二九五 | 增　二，四六〇 |
| 三月底 | 四，九〇〇 | 一九 | 一九四 | 五，一一三 | 增　八一八 |
| 四月底 | 五，八六二 | 一九 | 一九七 | 六，〇七八 | 增　九六五 |
| 五月底 | 七，六七二 | 二四 | 二一八 | 七，九一四 | 增　一，八三六 |
| 六月底 | 一〇，四八五 | 二九 | 二一四 | 一〇，七二八 | 增　二，八一四 |

C、按地区分析　（单位：亿元）

| 地区 | 存款总额 | 百分比 |
|---|---|---|
| 上海 | 九，九六四 | 百分之九二.八八 |
| 天津 | 六八 | 百分之〇.六三 |
| 汉口 | 一四 | 百分之〇.一三 |
| 广州 | 九九 | 百分之〇.九二 |
| 其他 | 五八三 | 百分之五.四四 |

续上表

| 地　区 | 存款总额 | 百分比 |
|---|---|---|
| 合　计 | 一〇,七二八 | 百分之一〇〇.〇〇 |

(二) 国内汇款

本年上期,本行汇款方针仍照上年办法,一面协助正当工商业运销资金之调拨,一面注意防止游资流入沪穗等地。本年上期汇款累计总额共为法币六十四万四千余亿元,较上年全年经汇总额增加五倍。

兹将截至卅七年六月底国内汇款内容分析如下:

卅七年一至六月汇款总数(单位:亿元)

| 地　区 | 汇出总额 | 百分率 | 汇入总额 | 百分率 |
|---|---|---|---|---|
| 上　海 | 七〇,五四一 | 百分之一一 | 一七七,七八〇 | 百分之二八 |
| 汉　口 | 一〇,〇九〇 | 百分之二 | 一七,四八六 | 百分之三 |
| 天　津 | 四七,三七〇 | 百分之七 | 一〇六,一六八 | 百分之一六 |
| 广　州 | 一一,〇〇二 | 百分之二 | 一二,六八五 | 百分之二 |
| 其他各地 | 五〇五,九一七 | 百分之七八 | 三三〇,八〇一 | 百分之五一 |
| 总　计 | 六四四,九二〇 | 百分之一〇〇 | 六四四,九二〇 | 百分之一〇〇 |

(三) 信托业务

(1) 信托存款

本行信托部办理信托存款,仍照上年办法,注意增进服务效率,所收之信托存款,较上年增加五倍。兹将截至卅七年六月底各种信托存款列表比较如下:

A、与上年底比较　(单位:亿元)

| 存款类别 | 余额 | 较上年度增减 |
| --- | --- | --- |
| 特种活期信托存款 | 五,五五六 | 增 四,六三〇 |
| 活期信托存款 | 二〇 | 增 一七 |
| 定期信托存款 | 八 | 增 八 |
| 合计 | 五,五八四 | 增 四,六五五 |

B、按月增减比较 (单位:亿元)

| 月份 | 活信存 | 定信存 | 合计 | |
| --- | --- | --- | --- | --- |
| 一月份 | 八二三 | 八 | 八三一 | 减 九八 |
| 二月份 | 一,四一〇 | 八 | 一,四一八 | 增 五八七 |
| 三月份 | 三,六九〇 | 八 | 三,六九八 | 增 二,二八〇 |
| 四月份 | 三,〇一七 | 八 | 三,〇二五 | 减 六七三 |
| 五月份 | 三,三四六 | 八 | 三,三五四 | 增 三二九 |
| 六月份 | 五,五七六 | 八 | 五,五八四 | 增 二,二三〇 |

(2) 经付公债本息及经募公债

A、经付公债本息

本年上期经付各种公债本息,除国币公债外,所有外币公债本息在国内兑付者,均遵规定一律折付法币,惟经专案陈奉财部核准以外币偿付者,则仍以原币兑付。兹将本年一至六月份经付各债本息数目分列如下:

| | | | |
| --- | --- | --- | --- |
| 1. | 国币公债本息 | 计法币 | 一四,五〇六,二一〇·二四元 |
| 2. | 外币公债本息折付法币部份 | 计法币 | 七四六,九五五,九九九,九〇一·〇〇元 |
| 3. | 美金公债本息财部核准以原币偿付者 | 计美金 | 一,八四一,〇四八·八三元 |

| | | |
|---|---|---|
| 4. 英金公债本息财部核准以原币偿付者 | 计英金 | 二六二镑一六先令七便士 |

B、经募政府公债

本年上期政府未另发行新公债,本行经募数额较上年为少,计经募卅六年美金短期库券票面美金五〇九,一三〇元,折合法币九七,八一〇,七七〇,〇〇〇元。

(3) 经收海外华侨捐款

本年上期经收海外华侨捐款情形列表如下:

| | |
|---|---|
| 美金 | 三八九,一九三.〇三元 |
| 英金 | 五,一三六.三/七镑 |
| 坡币 | 三九.四〇元 |
| 国币 | 六八八,八一七,〇七七.〇〇元 |

总计折合法币一二七,七三九,五四六,三四四.三九元,较三十六年度全年经收总数增加法币一千一百六十八亿余元。

(4) 代办土地登记及买卖房地产

本年上期共计代办土地登记一八一件,土地面积四五七亩二分七厘五毫。代理买卖及证明立契计九件,土地面积二十二亩二分九厘一毫。

(5) 保管业务

本行信托部对于保管业务,仍照上年方针,注意服务效率。分述如下:

1. 保管箱　　保管箱库共有大小保管箱计一〇,〇八九只,截至三十七年六月底止,共租出九,六九〇只,较三十六年底租出总数计增九二三只。

2. 露封保管　　截至三十七年六月底止,代客保管总数计四,九八七,四五五,七六二,〇九八保管单位,内中大部份系政府公债及上市股票。

(乙) 放款业务

本年上期,本行放款业务,依照四联总处之规定,分为国策与业务两种。国策放款由四联总处核定交办,业务放款由本行遵照四联总处规定方针办理,汇报四联总处备查。截至六月底止,本行放款总额共为法币三六四,二四八亿元,较三十六年十二月底增加三三二,一九八亿元。列表比较如下:(单位:亿元)

| 行别 | 本年六月底余额 | 较上年底增减 |
|---|---|---|
| 国内行处 | 二七五,六四七 | 增 二五二,五三六 |
| 国外行处 | 八八,六〇一 | 增 七九,六六二 |
| 总计 | 三六四,二四八 | 增 三三二,一九八 |

国内行处国币部份之放款,共为法币一三五,五〇二亿元,内中经四联总处核定之国策放款,计五四,六九〇亿元,占百分之四十。报请四联总处备案之业务放款,计八〇,八一二亿元,占百分之六十。

(一) 专业放款

本行专业放款为:(1) 国际贸易,(2) 国内运销,(3) 国内工矿等事业。截至六月底止,共为法币三一六,九七八亿元,占放款总额百分之八十七。比较如下:(单位:亿元)

专业放款　　三十七年六月底

| 借户类别 | 金额 | 较上年底增减 |
|---|---|---|
| 国际贸易 | 一七〇,二五八 | 增 一五五,五一一 |
| 国内运销 | 二二,五七二 | 增 二〇,六二五 |
| 国内工矿 | 一二四,一四八 | 增 一一二,三一八 |
| 总计 | 三一六,九七八 | 增 二八八,四五四 |

(1) 国际贸易贷款

本行国际贸易贷款,截至六月底止,计为:

A、国外行处接做者，折合法币八八，六〇一亿元。

B、国内行处依照规定接做进口结汇放款，合法币五，九九四亿元。

C、国内行处接做出口物资放款，合法币七五，六六三亿元。

关于出口物资贷款，为掌握出口结汇起见，经商同中央银行拟具“出口物资定额结汇贷款办法”，报请四联总处理事会核定办理。兹将出口物资贷款列表比较如下：（单位：亿元）

| 物资种类 | 贷款金额 | 百分率 | 较上年底增减 |
|---|---|---|---|
| 猪鬃 | 三一，五六〇 | 百分之四二 | 增 二九，五〇六 |
| 桐油 | 一九，九八一 | 百分之二六 | 增 一八，三五九 |
| 生丝 | 三，〇六六 | 百分之四 | 增 二，七四二 |
| 茶叶 | 一，三九八 | 百分之二 | 增 一，一二八 |
| 其他 | 一九，六五八 | 百分之二六 | 增 一八，五二三 |
| 合计 | 七五，六六三 | 百分之一〇〇 | 增 七〇，二五八 |

本年上期自举办出口物资定额结汇贷款以来，出口结汇总额共合美金一八，三二九，六四三元，较上年度半年平均数增加美金二，二一七，一五九元，尚具相当成效。

| 币别 | 金额 | 折合美金 | 较上年度半年平均数比较增减 | |
|---|---|---|---|---|
| 美金 | 一二，一八七，〇六一元 | 一二，一八七，〇六一元 | 美金原币增 | 四，一八四，一五五元 |
| 英金 | 一，〇四三，四九二镑 | 三，一三〇，四七六元 | 英金原币减 | 二〇七，五六三镑 |
| 港币 | 一〇，二〇三，三一二元 | 一，九一三，一二一元 | 港币原币减 | 六，二四七，八七四元 |
| 叻币 | 二，二一六，〇四二元 | 七七五，六一五元 | 叻币原币增 | 七三五，七九四元 |
| 罗比 | 一，〇六八，三三一盾 | 二四〇，三七四元 | 罗比原币增 | 五五二，九〇五元 |
| 瑞士法郎 | 一四五，三七四法郎 | 三六，三四四元 | 瑞士法郎原币增 | 八九，〇六一元〔法郎〕 |
| 比沙 | 一，九四一，九三一元 | 四四，〇八二元 | 比沙原币增 | 一，九三一，二三五元 |
| 澳币 | 一镑 | 二元 | 澳币原币增 | 一镑 |
| 菲币 | 五，一三五元 | 二，五六八元 | 菲币原币增 | 二，五六八元 |

总计折合美金一八,三二九,六四三元,较上年半年平均数增加美金二,二一七,一五九元。

(2) 国内运销贷款

本年上期国内运销贷款,仍照上年方针,注意协助盐、糖、棉及其他日用必需品之运销。兹将截至六月底止贷款内容列表分析如下:(单位:亿元)

| 贷款类别 | 金额 | 附注 |
|---|---|---|
| 食盐 | 三,九六九 | |
| 食糖 | 一一三 | |
| 棉花 | 五一 | |
| 日用必需品 | 一七,〇四五 | |
| 其他 | 一,三九四 | |
| 合计 | 二二,五七二 | |

(3) 国内工矿贷款

本年上期,本行办理工矿贷款,仍照上年方针,除注意协助食糖、面粉、煤矿、石油等工业增产外,对于棉织、针织等日用品工业,其成品可以运销南洋争取外汇者,亦予注意贷助。兹将截至六月底止国内工矿贷款列表分析如下:

| 贷款类别 | 金额 |
|---|---|
| 棉纺织工业 | 二四,八六一亿元 |
| 丝织工业 | 三,四七九亿元 |
| 制糖工业 | 二二,九七一亿元 |
| 面粉工业 | 四,一二〇亿元 |
| 煤矿业 | 一〇,九五三亿元 |
| 石油 | 三,一〇八亿元 |

续上表

| 贷款类别 | 金额 |
| --- | --- |
| 化学工业 | 一二,四六五亿元 |
| 电工器材工业 | 二,四六〇亿元 |
| 其他工矿业 | 三九,七三一亿元 |
| 合计 | 一二四,一四八亿元 |

（注）本表所列棉纺织工业贷款一项内，有购棉贷款一，五八三亿元。如将此数改列国内运销贷款，则棉纺织工业贷款应为二三，二七八亿元，其贷款对象则以棉织、针织等工业为主。

（二）普通贷款

本年上期，本行普通贷款，以协助交通公用事业为主。兹将截至六月底止普通贷款内容分析比较如下：（单位：亿元）

| 贷款类别 | 金额 | 较上年底增减 |
| --- | --- | --- |
| 交通公用事业 | 二九，八二七 | 增 二八，六九九 |
| 教育文化事业 | 一五五 | 减 六〇 |
| 军政机关 | 二，五二一 | 增 一，七七四 |
| 其他 | 一四，七六七 | 增 一三，三三一（包括买入汇款） |
| 总计 | 四七，二七〇 | 增 四三，七四四 |

（三）投资事业

本年上期，除原有投资事业资产增值升股及增资八百七十三亿四千万元外，新投资事业为黄浦港、兴业公司等九单位，共计法币三百六十三亿三千二百万元。至原投资部份则退出昆明营业公司等四单位，收回投资法币一亿七千余万元。分别列表比较如下：

（4）投资单位及数额：

| 种　类 | 单　位 | 较上年底增减 | 投　资　额 | 较上年底增减 |
| --- | --- | --- | --- | --- |
| 独资事业 | 六 | 同 | 五三七亿元 | 增　四四七亿元 |
| 合资事业（投资额占半数以上） | 一六 | 同 | 四三〇亿元 | 增　九二亿元 |
| 合资事业（投资额占半数以下） | 一二八 | 增　五 | 八四八亿元 | 增　六六六亿元 |
| 合　计 | 一五〇 | 增　五 | 一,八一五亿元 | 增　一,二三五亿元 |

（B）投资内容分析：

| 投　资 | 三十七年六月底 | | 较上年底增减 | |
| --- | --- | --- | --- | --- |
| | 单位 | 金　额 | 单位 | 金　额 |
| 有关进出口贸易事业 | 七三 | 一,〇七五亿元 | 增二 | 增　六五八亿元 |
| 一般生产企业 | 七七 | 七四〇亿元 | 增三 | 增　五七七亿元 |
| 总　计 | 一五〇 | 一,八一五亿元 | 增五 | 增　一,二三五亿元 |

（丙）受中央银行之委托经理国外款项之收付情形

本行在国外代理政府收付款项，除经付公债本息、代收侨捐及汇拨驻外机关经费外，兹将本行代为担保及垫款情形分述如下：

（一）担保部份

（1）伦敦分行担保廿八年五厘英金购料公债，截至本年六月底止，共发行公债收条二〇五批，合计英金二，八四二，六〇〇镑，已还本金英金一，一一八，八三一镑十七先令九便士，尚结欠本金英金一，七二三，七六八镑二先令三便士。

（2）纽约分行担保华锡借款美金二千万元，截至本年六月底止已还美金一三，八五〇，〇〇〇元，尚欠美金六，一五〇，〇〇〇元。

（3）纽约分行承兑美棉借款期票本息美金三四，六二五，二七四元三〇分，截至本年六月底止，已还本息美金四，八五九，〇七五元二九分，尚欠美金二九，七六六，一九九元〇一分。

（4）纽约分行担保永利化学工业公司借款美金一千六百万元，约定期票发行后，十年内还清。

以上四笔担保款项，本行对外应负之未了保证责任共计：

英金　　　　一，七二三，七六八镑二先令三便士

美金　　　　五一，九一六，一九九元〇一分

（二）垫款部份

（1）纽约分行承兑美棉借款，其已偿还本息美金四，八五九，〇七五元二九分，除已由中央银行拨来美金八五〇，〇九〇元八三分外，其余美金四，〇〇八，九八四元四六分，未准中央银行拨到，悉由纽约分行勉力垫付，以维债信。

（2）本年二月间，资源委员会（由中央银行担保）与华盛顿进出口银行订借之金属借款，应付之末次本息到期，中央银行动用本行头寸美金一千二百万元，以资偿欠。嗣拨还四百万元，截至六月底止，仍欠美金八百万元。

（3）中央银行曾以美金作抵，在本行国外部借用英金二，〇〇〇，〇〇〇镑，截至六月底止，余欠英金八六九，六二三镑九先令八便士。

（4）中央银行本年五月间又在纽约分行借款美金五百万元，以供其支付对外款项，以出售剩余物资款拨还。截至六月底止，余欠美金四，六五〇，〇〇〇元。

（5）此外，为配合国策，奉令办理并由中央银行担保之政府机关、国营事业放款，如交通部、中纺公司、石油公司、台糖公司、纺织品外销会等。截至六月底止，余欠合计亦达美金二一，〇八九，〇五七元六四分，罗比六，七七二，四四七盾五安。

以上五项，共计代垫：

美金　　　　三七，七四八，〇四二元一〇分

英金　　　　八六九，六二三镑九先令八便士

罗比　　　　六，七七二，四四七盾五安

总计全部担保及垫款折合美金九千八百九十六万八千余元。

（丁）办理国外汇兑及经收侨汇业务情形

（一）国外汇兑

本年上期,本行出口结汇,较上年上下期平均结汇数额增进情形,已于放款业务项下详述。但本年上期出口结汇数额如与上年上期比较,则本年上期本行经办出口结汇约计增加百分之四十。至进口结汇,则因输管会核洽外汇綦严,故本年上期本行经办进口结汇,较上年同期约减少百分之三十六。除侨汇业务内容另行详述外,兹将本年上期本行国外汇兑收付情形列表如下:(各项外币均折合美金)

1. 外汇收入部份

| | | |
|---|---|---|
| 出口结汇 | 美金 | 一八,三三〇,〇〇〇元 |
| 侨　　汇 | 美金 | 一,〇三二,〇〇〇元 |
| 买入其他外汇 | 美金 | 三五,〇〇〇元 |
| 以上共计收入 | 美金 | 一九,三九七,〇〇〇元 |

2. 外汇付出部份:

| | | |
|---|---|---|
| 进口结汇 | 美金 | 三五,四六七,〇〇〇元 |
| 其他结汇 | 美金 | 一,一二五,〇〇〇元 |
| 以上共计付出 | 美金 | 三六,五九二,〇〇〇元 |

(二) 侨汇

本年上期一至五月,本行国外行处经办侨汇,仍照上年办法,将汇率提高,按照平衡会所规定之基准市价办理。惟因平衡会基准市价较之黑市汇率相差过远,侨汇收入减退甚巨。五月卅一日中央银行公布结汇证明书办法,使外汇汇率得随市场情形自动调整,用意极善。但证明书之供求,一时未能协调,而综合汇率与黑市汇率,仍有相当距离。复因侨胞对侨汇证明书办法尚多未尽明了,故侨汇仍未显著增加。列表如下:

| 币　别 | 金　　额 | 较上年下期增减 |
|---|---|---|
| 美　金 | 八五五,九八〇.六三 | 减 八六八,九七五.九六 |
| 英　金 | 五五,一七五.六/七 | 减 一〇七,〇一四.二/九 |
| 罗　比 | 一五,四二六.九/九 | 增 五,五二〇.九/一〇 |
| 港　币 | 四五,六三九.一九 | 减 六五,四九七.〇一 |

(附本年上期经收侨汇统计表)

## 本年上期本行经收侨汇统计表

| 行处 | 美金 | 英金 | 罗比 | 港币 | 折合国币 |
|---|---|---|---|---|---|
| 纽约分行 | 五六七,二八〇·一三 | | | | |
| 华人区办事处 | 四八,三六二·七四 | | | | |
| 伦敦分行 | | 五〇,八二三·二/四 | | | |
| 古巴经理处 | 一九,二三五·九六 | | | | |
| 雪梨经理处 | | 一,四七〇·〇/〇 | | | |
| 加尔各答经理处 | | 九六二·八/六 | 一五,四二六·九/九 | | |
| 仰光分经理处 | | 八五八·一九/〇 | | | |
| 新加坡分行 | | 三八一·一九/一一 | | | |
| 巴达维亚经理处 | 一八八,〇〇〇·〇〇 | | | | |
| 曼谷经理处 | | 二〇〇·〇/〇 | | | |
| 槟榔屿经理处 | | 三〇五·一六/一〇 | | | |
| 吉隆坡经理处 | | 一五五·〇/〇 | | | |
| 香港分行 | | | | 四五,六三九·一九 | |
| 他行代收 | 三三,一〇一·八〇 | | | | |
| 总计 | 八五五,九八〇·六三 | 五五,一五七·六/七 | 一五,四二六·九/九 | 四五,六三九·一九 | 四二四,八三六,六〇〇,二七六·二五 |

（戊）政府交办其他特种业务

（一）有关外汇部份

1. 资委会所属台湾电力公司，为修复台省电气设备，向美国西屋电气公司订借美金二百万元，由本行代为担保付款。

2. 资委会所属中国石油公司，为配合石油产销计划，向人人企业公司租用载重一万五千吨之油轮两艘，由本行代开运费信用证美金二百七十万元。

3. 本年上期中央银行为购买美棉及巴西棉，曾托本行代中纺公司开立购买证美金一千万元，该款由本行代垫，由申纺公司分十个月归还。

4. 关于以易货方式将国产棉织品换购印棉进口办法，本年上期仍继续推行。在此期间，本行办理此项业务，总额约计罗比一千万盾，港币七百五十万元。

5. 本行受中央银行委托，经收纺织品外销会及中纺公司等纱布出口外汇暨资委会钨砂出口外汇，均以原币解缴中央银行。本年上期本行经收此项外汇，约计美金八百万元。

（二）代办三十六年度购粮业务

粮食部委托本行办理三十六年度购粮业务，计有鄂、浙两区，均自卅六年九月份起开始办理，原定收购目标鄂区黄谷六十万市石，浙区黄谷三十万市石。惟鄂区因当地环境关系未能尽量收购，自十二月十三日起因奉鄂省府通知停购即行停办。浙区原系缺粮区域，收购工作亦属未能积极推进。故该两区卅六年度实际收购数额较原定目标为少，计鄂区共代购谷米折合黄谷廿二万余市石，浙区共代购谷米折合黄谷十五万二千余石。

（三）代办收购厂商成品业务

本年年初，各行局奉令停止贷款，此时适逢旧历年关，厂商需款孔急。政府为兼顾事实起见，经规定国家行局代政府收购厂商成品办法，凡厂商需资周转，应按收购成品方式办理。各地本行代办此项业务，计有上海、重庆、天津、北平、青岛等五行。各行代购成品，以价额计算，计上海分行法币四百十九亿元，重庆分行法币三百三十亿元，天津分行法币二百四十四亿元，北平支行法币一百三十六亿元，青岛分行法币四百七十二亿元。

(己) 本年上期决算报告

本行因分支行处众多，表报收集需时，致本年上期决算报告，尚未编就，现正赶办中。兹将各行电报数字编就资负情形如下：

(一) 资负情形

(1) 本行三十七年度上期银行部资产负债情形：(单位：亿元)

| 资产 | 余额 | 负债 | 余额 |
| --- | --- | --- | --- |
| 现金 | 三五，一二六 | 同存 | 五七九，五七九 |
| 同放 | 五九四，六四二 | 转质押 | 二七，七六四 |
| 贴放 | 一二八，八七八 | 活存 | 三〇六，九〇七 |
| 活放 | 一九一，三七八 | 定存 | 五，三八八 |
| 定放 | 四三，八八三 | 汇出 | 一一九，一〇五 |
| 证券 | 四七四，七八一 | 其他负债 | 一五八，六一二 |
| 其他资产 | 七〇，四九八 | | |
| 合计 | 一，五三九，一八六 | 合计 | 一，一九七，三五五 |

(2) 本行三十七年度上期储蓄部资产负债情形：(单位：亿元)

| 资产 | 余额 | 负债 | 余额 |
| --- | --- | --- | --- |
| 现金及存放银行 | 九，二五九 | 活期储蓄存款 | 一〇，四八五 |
| 活期质押放款 | 八四 | 定期储蓄存款 | 二九 |
| 定期质押放款 | 一五 | 其他储蓄存款 | 二一四 |
| 有价证券 | 九，九八九 | 转质押 | 七〇 |
| 其他资产 | 一，一五〇 | 其他负债 | 三，一四四 |
| 合计 | 二〇，四九七 | 合计 | 一三，九四二 |

（二）开支

本年上期本行银行部费用实支数共为法币一九，七八八亿元，内国外行处六，〇九五亿元，较三十六年下期增加四，六八六亿元，系因外币按平衡基金委员会基准价折合国币故增。国内行处一三，六九三亿元，较三十六年下期增加一一，六一三亿元，系由于国内物价继续上涨故增。又储蓄部各项费用，亦因国内物价上涨，较前增加。兹分别列表比较如下：(单位：亿元)

（1）本行三十七年度上期及三十六年度下期银行部全体各项费用比较：

| | 国内行处 | 国外行处 | 全行合计 |
|---|---|---|---|
| 三十七年上期合计 | 一三，六九三 | 六，〇九五 | 一九，七八八 |
| 三十六年下期合计 | 二，〇八〇 | 一，四〇九 | 三，四八九 |
| 比较增减 | 增一一，六一三 | 增　四，六八六 | 增一六，二九九 |
| 三十七年上期总务费用 | 四，八五六 | 四，八〇三 | 九，六五九 |
| 三十六年下期总务费用 | 七五八 | 一，一四九 | 一，九〇七 |
| 比较增减 | 增　四，〇九八 | 增　三，六五四 | 增　七，七五二 |
| 三十七年上期业务费用 | 二，二八九 | 七九九 | 三，〇八八 |
| 三十六年下期业务费用 | 三五〇 | 一五二 | 五〇二 |
| 比较增减 | 增　一，九三九 | 增　六四七 | 增　二，五八六 |
| 三十七年上期特别费用 | 六，五四八 | 四九三 | 七，〇四一 |
| 三十六年下期特别费用 | 九七二 | 一〇八 | 一，〇八〇 |
| 比较增减 | 增　五，五七六 | 增　三八五 | 增　五，九六一 |

（3）本行三十七年度上期及三十六年下期储蓄部全体各项费用比较：

| 费用项目 | 三十七年度上期 | 较三十六年度下期增减 |
| --- | --- | --- |
| 总务费用 | 二〇七亿元 | 增　一五七 |
| 业务费用 | 七四亿元 | 增　六〇 |
| 特别费用 | 一二〇亿元 | 增　一〇三 |
| 合　计 | 四〇一亿元 | 增　三三八 |

(三) 业务盈亏估计

本年上期各行处表报尚未到齐,兹就已寄到之帐表估计本期银行部纯益,计为法币六千亿元,较原编损益预算表估计纯益数额增五千五百六十三亿余元。

(庚) 人事及机构情形

(一) 人事

本行用人,一贯以慎重为主旨。在本年六个月中,离职、养老、身故职员,共计七十一人。惟因券钞数额激增,销对本票工作繁重,乃陆续征用临时雇员等,计七十一人。此项临时工作人员,一俟券钞减少,随时即可解雇。故截至本年六月底止,全体员额仍为五,八六四人,与上期报告比较,并无增减。以全行总分支机构计达二〇三处而言,平均每一机构仅有职员廿八人,以目下点钞工作之繁忙,计帐数字之庞大,本行人员已属非常紧凑。关于本行职员待遇,原系与其他国家行局一致办理。卅六年九月,曾奉四联总处核定国家行局待遇,计(1) 底薪及加倍数,(2) 基本数,(3) 特别办公费,(4) 实物配售差额金,(5) 膳宿公厨。嗣于卅七年一月,复奉准四联总处核定国家行局待遇,改按指数调整,即将原有(1)、(2)二项生活补助费按指数调整,仍加三成支给。职员薪额在三十元以下者,按照三十元计算。超过三十元者,一律以十分之一照指数支给。此外,并为撙节开支起见,将原有第四项实物配售差额金,自一月份起取消,以符节约之旨。再统计本行职员,具有襄理以上之资格者，仅为全数百分之五，襄理以下之有名义人员，仅占全数百分之十一强，其余均属办事员、雇员、练习生、检券生、临时雇员等等。仍取考试选用制度，并视业务事务之状况，为增减人数之标准，以期互相配合，俾免冗滥。

（二）机构

本年上期，因戡乱战事关系，本行对所属分支机构已作适度调整，凡因战事撤退一时难望复业之行处，大多已予裁撤。截至六月底止，国内外分支总计二百零三处，国内计一百八十六处，较三十六年底减少十二处，国外仍为十七处。兹就半年来复业增设及裁撤情形摘述如次：

1. 复业行处，计上海南市办事处一处。

2. 增设行处，计黄浦及榆林港二处。

3. 裁撤行处计东台、石家庄、洛阳、永吉、辽阳、鞍山等十五处。

| 省市 | 三十六年底分支总计 | 三十七年上期 | | | 三十七年上期分支总计 |
|---|---|---|---|---|---|
| | | 复业 | 增设 | 裁撤 | |
| 南京 | 五 | | | | 五 |
| 上海 | 七 | 一 | | | 八 |
| 江苏 | 一四 | | | 一 | 一三 |
| 浙江 | 一八 | | | 二 | 一六 |
| 安徽 | 一〇 | | | | 一〇 |
| 江西 | 一二 | | | | 一二 |
| 湖北 | 七 | | | | 七 |
| 湖南 | 九 | | | | 九 |
| 广西 | 五 | | | | 五 |

续上表

| 省 市 | 三十六年底分支总计 | 三十七年上期 | | | 三十七年上期分支总计 |
|---|---|---|---|---|---|
| | | 复 业 | 增 设 | 裁 撤 | |
| 广东 | 一〇 | | 二 | | 一二 |
| 福建 | 一一 | | | | 一一 |
| 四川 | 二三 | | | | 二三 |
| 重庆 | 四 | | | | 四 |
| 云南 | 四 | | | 一 | 三 |
| 贵州 | 五 | | | | 五 |
| 陕西 | 七 | | | | 七 |
| 甘肃 | 四 | | | | 四 |
| 宁夏 | 一 | | | | 一 |
| 青海 | 一 | | | | 一 |
| 西康 | 一 | | | | 一 |
| 山东 | 四 | | | | 四 |
| 河北 | 四 | | | 一 | 三 |
| 天津 | 三 | | | | 三 |
| 北平 | 四 | | | | 四 |
| 河南 | 七 | | | 三 | 四 |
| 山西 | 一 | | | | 一 |
| 辽宁 | 九 | | | 五 | 四 |
| 吉林 | 四 | | | 二 | 二 |
| 辽北 | 一 | | | | 一 |
| 安东 | 一 | | | | 一 |

续上表

| 省市 | 三十六年底分支总计 | 三十七年上期 | | | 三十七年上期分支总计 |
|---|---|---|---|---|---|
| | | 复业 | 增设 | 裁撤 | |
| 国外： | | | | | |
| 香港 | 一 | | | | 一 |
| 印度 | 三 | | | | 三 |
| 缅甸 | 一 | | | | 一 |
| 安南 | 二 | | | | 二 |
| 暹罗 | 一 | | | | 一 |
| 马来半岛 | 三 | | | | 三 |
| 爪哇 | 一 | | | | 一 |
| 澳洲 | 一 | | | | 一 |
| 英国 | 一 | | | | 一 |
| 美国 | 二 | | | | 二 |
| 古巴 | 一 | | | | 一 |
| 合计 | 二一五 | 一 | 二 | 一五 | 二〇三 |

## 中国银行普通放款余额按对象期报表

37年上期(半年)底止

| 放款对象 | 数额（百万元） | 备注 |
|---|---|---|
| 工矿业 | 11,794,045 | |
| 农林业 | 10,900 | |
| 国际贸易 | 16,174,463 | |
| 运销事业 | 2,074,177 | |

续上表

| 放款对象 | 数额（百万元） | 备注 |
|---|---|---|
| 其他生产事业 | 59,850 | |
| 交通公用事业 | 2,833,603 | |
| 教育文化事业 | 15,500 | |
| 军政机关 | 239,463 | |
| 其他 | 940,178 | |
| 总计 | 34,142,179 | |

本表根据结算数字编制。

放款科目:贴现、买汇、进押、出押、活放、活押、活透、押透、打包、定放、定押。

## 中国银行投资余额期报表

卅七年上期(半年)底止

| 类别 | 数额（百万元） | 备注 |
|---|---|---|
| 总计 | 45,831,865 | |
| 有价证券 | 45,659,550 | 包括“有价证券”科目余额 |
| 生产事业投资 | 172,315 | 包括“生产事业投资”科目余额 |

## 中国银行放款余额及专业部份放款百分比季报表

37年6月份

| 行别 | 总额（百万元） | 专业部份放款百分比 % | 备注 |
|---|---|---|---|
| 上海 | 17,039,972 | 86% | |
| 南京 | 1,295,750 | 81% | |
| 天津 | 1,970,364 | 95% | |

续上表

| 行别 | 总额（百万元） | 专业部份放款百分比 % | 备注 |
|---|---|---|---|
| 重庆 | 1,066,242 | 95% | 本表包括放款科目：贴现、买汇、进押、出押、活放、活押、活透、押透、打包、定放、定押。 |
| 汉口 | 1,050,446 | 91% | |
| 广州 | 764,477 | 72% | |
| 昆明 | 21,815 | 79% | |
| 西安 | 863,229 | 99% | |
| 镇江 | 50,503 | 92% | |
| 杭州 | 484,445 | 87% | |
| 宁波 | 17,028 | 82% | |
| 徐州 | 2,208 | 100% | |
| 芜湖 | 55,985 | 80% | |
| 安庆 | 3,978 | 99% | |
| 南昌 | 114,401 | 70% | |
| 九江 | 16,646 | 97% | |
| 宜昌 | 13,902 | 98% | |
| 长沙 | 249,126 | 88% | |
| 衡阳 | 47,589 | 95% | |
| 成都 | 18,625 | 71% | |
| 自流井 | 6,207 | 94% | |
| 福州 | 25,741 | 88% | |
| 桂林 | 38,415 | 100% | |
| 贵阳 | 61,341 | 81% | |
| 济南 | 8,155 | 88% | |
| 青岛 | 526,983 | 71% | |
| 洛阳 | — | 裁撤 | |
| 开封 | 800 | 81% | |
| 太原 | 0 | 0 | |
| 北平 | 179,913 | 69% | |
| 保定 | — | 筹设中 | |

续上表

| 行　　别 | 总　　额<br>（百万元） | 专业部份放款<br>百分比　% | 备　　注 |
|---|---|---|---|
| 兰　　州 | 53,760 | 89% | |
| 沈　　阳 | 69,964 | 88% | |
| 张 家 口 | — | 筹设中 | |
| 归　　绥 | — | 筹设中 | |
| 承　　德 | — | 未设行 | |
| 西　　宁 | 0 | 0 | |
| 宁　　夏 | 3,500 | 79% | |
| 雅　　安 | 0 | 0 | |
| 其他行合计 | 8,020,669 | 89% | |
| 总　　计 | 34,142,179 | 88% | |

注:本表根据结算数字编制。

### 中国银行库存总额季报表

卅七年六月底　　　　单位:百万元

| 行　　别 | 总　　额 | 备　　注 |
|---|---|---|
| 上　　海 | 360,636 | |
| 南　　京 | 30,462 | |
| 天　　津 | 3,170 | |
| 重　　庆 | 3,792 | |
| 汉　　口 | 6,777 | |
| 广　　州 | 32,318 | |
| 昆　　明 | 7,724 | |
| 西　　安 | 21,098 | |
| 镇　　江 | 2,586 | |
| 杭　　州 | 23,184 | |

续上表

| 行　　别 | 总　额 | 备　　注 |
|---|---|---|
| 宁　　波 | 4,574 | |
| 徐　　州 | 3,252 | |
| 芜　　湖 | 3,619 | |
| 安　　庆 | 17,236 | |
| 南　　昌 | 93,323 | |
| 九　　江 | 4,475 | |
| 宜　　昌 | 2,146 | |
| 长　　沙 | 11,247 | |
| 衡　　阳 | 1,550 | |
| 成　　都 | 16,218 | |
| 自　流　井 | 3,281 | |
| 福　　州 | 7,908 | |
| 桂　　林 | 3,161 | |
| 贵　　阳 | 527 | |
| 济　　南 | 1,276 | |
| 青　　岛 | 21,002 | |
| 洛　　阳 | | |
| 开　　封 | 3,029 | |
| 太　　原 | 3,170 | |
| 北　　平 | 35,889 | |
| 保　　定 | | |
| 兰　　州 | 3,456 | |

续上表

| 行　　别 | 总　　额 | 备　　注 |
|---|---|---|
| 沈　　阳 | 98,490 | |
| 张　家　口 | | |
| 归　　绥 | | |
| 承　　德 | | |
| 西　　宁 | 1,742 | |
| 宁　　夏 | 111 | |
| 雅　　安 | 1,127 | |
| 其他行合计 | 3,054,100 | |
| 总　　计 | 3,887,656 | |

注:“其他行合计”包括海外行处数字。

中国银行存款余额按地别季报表

卅七年六月底　　　　单位:百万元

| 行　　别 | 总　　额 | 备　　注 |
|---|---|---|
| 上　　海 | 3,681,813 | |
| 南　　京 | 428,620 | |
| 天　　津 | 1,940,169 | |
| 重　　庆 | 209,893 | |
| 汉　　口 | 99,713 | |
| 广　　州 | 236,277 | |
| 昆　　明 | 61,334 | |
| 西　　安 | 510,044 | |

续上表

| 行　　别 | 总　　额 | 备　　注 |
|---|---|---|
| 镇　　江 | 5,241 | |
| 杭　　州 | 76,088 | |
| 宁　　波 | 24,459 | |
| 徐　　州 | 33,834 | |
| 芜　　湖 | 9,392 | |
| 安　　庆 | 14,766 | |
| 南　　昌 | 51,402 | |
| 九　　江 | 22,992 | |
| 宜　　昌 | 3,636 | |
| 长　　沙 | 80,826 | |
| 衡　　阳 | 30,748 | |
| 成　　都 | 12,002 | |
| 自　流　井 | 38,971 | |
| 福　　州 | 22,955 | |
| 桂　　林 | 8,280 | |
| 贵　　阳 | 35,308 | |
| 济　　南 | 116,836 | |
| 青　　岛 | 294,786 | |
| 洛　　阳 | | |
| 开　　封 | 7,245 | |
| 太　　原 | 251 | |
| 北　　平 | 231,888 | |

续上表

| 行别 | 总额 | 备注 |
| --- | --- | --- |
| 保定 | | |
| 兰州 | 102,713 | |
| 沈阳 | 559,106 | |
| 张家口 | | |
| 归绥 | | |
| 承德 | | |
| 西宁 | 430 | |
| 宁夏 | 991 | |
| 雅安 | 907 | |
| 其他行合计 | 23,428,004 | |
| 总计 | 32,381,920 | |

注："其他行合计"包括海外行处数字。

## 中国银行资产负债平衡表

（中华民国三十七年六月卅日）

| 资产 | 金额 | 负债及净值 | 金额 |
| --- | --- | --- | --- |
| 现金 | $ 3,845,787,700,065.70 | 资本 | $ 60,000,000.00 |
| 存放同业 | 69,313,317,299,202.85 | 公积 | 16,714,508,767.75 |
| 贴现及买汇 | 12,044,913,492,812.32 | 兑换准备 | 34,720,532,144,061.54 |
| 活期放款及透支 | 18,053,572,151,235.15 | 意外损失准备 | 4,529,282,588.92 |
| 定期放款 | 4,033,764,137,924.99 | 同业存款 | 57,984,971,915,854.24 |
| 证券及投资 | 44,832,988,599,943.23 | 转贴现及质押 | 2,781,468,939,229.25 |
| 应收及期收款项 | 30,011,142,026,756.59 | 活期存款 | 30,767,090,362,368.75 |
| 房地产及器具 | 990,674,461,003.08 | 定期存款 | 542,024,210,098.47 |
| 各部基金 | 5,000,000.00 | 汇款 | 6,486,208,655,251.38 |
| 其他资产 | 4,788,767,783,884.40 | 应付及期付款项 | 34,200,197,595,044.27 |

续上表

| 资　　产 | 金　　额 | 负债及净值 | 金　　额 |
|---|---|---|---|
| 未收代收款 | 7,513,400,541,015.16 | 各部往来 | 880,450,909,927.27 |
| 应收保证款项 | 42,504,246,834,326.31 | 其他负债 | 8,918,342,247,372.37 |
| 信托资产 | 11,536,551,392,647.73 | 代收款项 | 7,513,400,541,015.16 |
| | | 保证款项 | 42,504,246,834,326.31 |
| | | 信托负债 | 11,536,550,392,647.73 |
| | | 本期纯益 | 612,341,882,765.10 |
| 合　　计 | $ 239,469,130,420,817.51 | 合　　计 | $ 239,469,130,420,817.51 |

## 中国银行损益计算书

中华民国三十七年一月一日至三十七年六月三十日

| 损　　失 | 金　　额 | 利　　益 | 金　　额 |
|---|---|---|---|
| 营业支出 | $ 3,797,078,802,173.59 | 营业收入 | $ 4,489,317,059,021.70 |
| 各项费用 | 2,001,811,021,845.49 | 利息 | 2,057,810,696,396.26 |
| 各项折旧及摊提 | 945,869,367,005.39 | 手续费 | 797,694,077,175.41 |
| 其他支出 | 849,398,413,322.71 | 其他收入 | 1,633,812,290,450.03 |
| 营业外支出 | 42,634,913,698.87 | 营业外收入 | 19,738,539,615.68 |
| 解缴国库 | 57,000,000,000.00 | | |
| 本期纯益 | 612,341,882,765.10 | | |
| 合　　计 | $ 4,509,055,598,637.56 | 合　　计 | $ 4,509,055,598,637.56 |

## 中国银行储蓄部资产负债平衡表

中华民国三十七年六月三十日

| 资　　产 | 金　　额 | 负债及净值 | 金　　额 |
|---|---|---|---|
| 现金及存放银行 | 847,687,100,658.18 | 活期储蓄存款 | 1,408,508,004,814.06 |
| 活期质押放款 | 8,425,184,006.30 | 定期储蓄存款 | 2,852,704,502.57 |
| 定期质押放款 | 1,500,336,896.96 | 应付及期付款项 | 238,361,929,851.06 |
| 农业放款 | | 储蓄保证准备 | 92,467,792,911.04 |
| 有价证券 | 998,871,124,689.87 | 其他负债 | 74,560,371,024.08 |
| 应收及期收款项 | 8,719,707,980.81 | 代收黄金存款 | 7,223,760,000.00 |
| 缴存储蓄保证准备 | 92,467,799,911.04 | 代收款项 | 1,200,448.64 |

续上表

| 资　　产 | 金　　额 | 负债及净值 | 金　　额 |
|---|---|---|---|
| 其他资产 | 102,110,798,141.09 | 转质押 | 6,988,813,786.77 |
| 缴存黄金款项 | 7,223,760,000.00 | 负债合计 | 1,470,964,577,338.22 |
| | | 净　值 | |
| 未收代收款 | 1,200,448.64 | 资　本 | 5,000,000.00 |
| | | 公积及盈余 | 3,245,189,968.98 |
| | | 意外损失准备 | 980,233,664.84 |
| | | 兑换准备 | 567,480,014,298.48 |
| | | 本期纯益 | 24,331,990,562.37 |
| | | 净值合计 | 596,042,428,494.67 |
| 资产总值 | 2,067,007,005,832.89 | 负债及净值总额 | 2,067,007,005,832.89 |

## 中国银行储蓄部全体损益计算表

中华民国三十七年一至六月份

| 科　目 | 金　　额 | 科　目 | 金　　额 |
|---|---|---|---|
| 损　失 | | 利　益 | |
| 营业支出 | 62,571,609,690.17 | 营业收入 | 87,378,682,015.74 |
| 手续费 | 2,201,918,983.35 | 利息 | 82,366,588,685.42 |
| 各项费用 | 40,190,037,474.27 | 手续费 | |
| 各项折旧及摊提 | 16,437,281,648.21 | 其他收入 | 5,012,093,330.32 |
| 其他支出 | 3,742,371,584.14 | 营业外收入 | 50,561,742.60 |
| 营业外支出 | 525,643,505.80 | | |
| 本期纯益 | 24,331,990,562.37 | | |
| 合　计 | 87,429,243,758.34 | 合　计 | 87,429,243,758.34 |

## 中国银行节约建国储蓄资产负债平衡表

中华民国三十七年六月三十日

| 资　　产 | 金　　额 | 负债及净值 | 金　　额 |
|---|---|---|---|
| 资　　产 | | 负　债 | |
| 现金及存放银行 | 78,226,712,152.16 | 甲种储蓄券 | 1,948,454,127.64 |
| 各项放款 | 4,195,662.12 | 乙种储蓄券 | 13,402,777.39 |

续上表

| 资　　产 | 金　　额 | 负债及净值 | 金　　额 |
|---|---|---|---|
| 各项投资 | | 乡镇公益储蓄券 | 1,014,138,124.80 |
| 有价证券 | 4,492,876.50 | 公益基金储蓄 | 35,329,698.31 |
| 其他资产 | 1,406,444,074.42 | 美金储蓄券 | 11,104,929,672.00 |
| 未收代收款 | 15,648,000.00 | 汇出美券汇款 | 4,584,381,357.00 |
| 未收代售券款 | 49,239,665.00 | 甲种储金 | 1,934,960.81 |
| 应收日期收款项 | 2,776,591,047.98 | 乙种储金 | 103,507,039.27 |
| | | 其他负债 | 202,044,305.47 |
| | | 代收款项 | 15,648,000.00 |
| | | 签出代售储券 | 49,239,665.00 |
| | | 应付及期付款项 | 1,243,620,516.10 |
| | | 负债合计 | 20,316,630,243.79 |
| | | 净　　值 | |
| | | 累积盈余 | 860,590,592.95 |
| | | 兑换准备 | 57,397,331,307.32 |
| | | 本期纯益 | 3,908,771,334.12 |
| | | 净值合计 | 62,166,693,234.39 |
| 资产总额 | 82,483,323,478.18 | 负债及净值总额 | 82,483,323,478.18 |

## 中国银行节约建国储蓄全体损益计算表

中华民国三十七年六月三十日

| 科　　目 | 金　　额 | 科　　目 | 金　　额 |
|---|---|---|---|
| 损　　失 | | 利　　益 | |
| 营业支出 | 215,733,411.15 | 营业收入 | 4,124,507,530.65 |
| 手续费 | 198,961.29 | 利息 | 4,124,507,530.65 |
| 各项费用 | 3,224,739.86 | 手续费 | |
| 各项折旧及摊提 | | 其他收入 | |
| 其他支出 | 212,309,710.00 | | |
| 营业外支出 | 2,793.22 | 营业外收入 | 7.84 |
| 本期纯益 | 3,908,771,334.12 | | |
| 合　　计 | 4,124,507,538.49 | 合　　计 | 4,124,507,538.49 |

〔国民政府财政部档案〕

# 三、交通银行业务概况

## 1. 交通银行仰光支行办理华侨复业贷款情形①

(1946年11月25日)②

交通银行仰光支行办理华侨复业贷款情形

(一)利息:为顾到银行收益起见,兹与借户在契约上订明,一经开立透支户,在约定期限内,不论有无动用贷款,银行得按约定限额三分之一计息,并每月结息一次。

(二)放款对象:关于是项问题,以个人抑或以商号为对象,就较稳当亦经与律师研讨,及征询尹总领事意见:

(1)律师意见:根据当地法律第七章第五十八条第一节合股法条例,合股公司得向公司登记处注册,惟非强制执行,注册手续须在法定申请案内填明:(a)公司名称,(b)总公司地址,(c)联号名称及地址,(d)股东加入日期,(e)股东姓名及地址,(f)合股期限。查注册公司与未经注册公司不同之处,为注册公司在法律上享有债权者之权利,得以公司名义控诉该公司之债务者。未经注册公司,则失去法律上债权者之权利,并不得以公司名义控诉该公司任何债务者。惟公司对外负债时,不论已否注册,均须负清还之义务。据调查所得缅华商号,大多未经注册,最大原因为逃避营业所得税。且现时商号多属临时性质合组经营,盈利时继续营业,亏折时甚或股东意见纷歧时,随即折〔拆〕股宣告停业或更换字号,其组织极不健全,殷实与否,无从查考。纵以注册公司为对象,亦有未妥。缘以注册证件内,并未明列资本额、营业种类及组织等主要条件,不得作为商号资誉之根据,商号调查至为困难。犹以现在时期商情

---

①该件为交通银行总管理处抄送财政部附件。

②此系交行抄送财政部时间。

混乱，对于小额放款不如以个人为宜，因调查简便，个人信誉如何，易于确悉，实较可取。

(2) 领馆审查：据尹总领事解释，依照侨贷各条规定，华侨二字系指个人而言，在审查方面参照财部核定华侨复业贷款优先贷放规定各条：(一) 凡华侨在敌人占领期内曾直接参加祖国或当地抗敌工作者，(二) 曾间接参加协助祖国或当地政府抗敌者，(三) 不与敌人合作者，至曾参加敌伪组织或有附敌嫌疑者，不予贷放。以上情形，显以个人为对象，至商号审查，以随时可改号名，漫无标准，无以审核。

综合律师意见及领馆审核，以个人为对象似较适宜。为慎重计，自当酌量办理，择其稳当者，然后承做。

(三) 抵押方式：按照侨贷规定条例，并参照当地法律及银行惯例办理。查抵押放款计分两种：

(1) 正式抵押(Proper martgage)：凡借户交来房地产契据等押品须正式做抵，经过送呈法院登记等手续。至归还原主时，亦应同样办理。手续繁多，花费浩大。盖除律师做抵外，尚须缴纳印花税。

(2) 公允质押(Eguatarle mortgage)：凡借户交来房地产契据等押品，只须银行抵押品帐上有是项记载，并注明系某借户之担保品，在银行方面则有合法占有权。倘借户不能履行契约上各项义务，银行则有自由处置押品之权力，合法简便。

查当地各银行办理抵押放款，为节省手续，减轻费用计，多采用公允质押方式，以公允质押方式我方律师对此亦表赞同，似属可行。是以交来房地产契约，除妥为保管外，不办正式抵押手续。

(四) 抵押品种类：缅甸经过两次战祸，破坏重大，能作押品者，范围甚狭，属于动产者几无。属于不动产者计有田地房厂址及厂内永久性设备等。田地作押，我方律师之意，以受当地法律限制，如不能如期纳税及无人耕种时，得由政府收回等规定，不宜承做。

房屋作押较为稳妥，既有确实收益，复有相当价值。押透借户交来契据，送由律师审查认为无误，另派员前往调查，并经估价，确实稳妥者，然后承做。查民房地产产权计分两种：

(1) 永久权(Free Hold Land)即永久占有权。

(2) 租借权(Lrase Land)即业主占有九十九年产业权是，则经过九十九年后，得由政府收回另行估价拍卖。

查缅甸民房地产占有永久权者不多，租借权者极为普遍。房屋价值亦以有效年期之长短而定。若有效年期尚有五十至六十年者，则认为合格。

(五) 担保方式：查申请信贷者多系小商人，其经办商号，亦属小规模者居多，是以不得不着重担保人方面。

(1) 商号担保：缅甸华侨商号情形，详见律师意见项下，多属合股性质，其本身组织已不健全，所具担保显见不妙。复查当地法律，公司法亦有规定，合股公司经理之权力，只限于业务范围内之处理，对第三者之担保，非经全部股东同时签字认可，不能作为合法。此间商号多未注册，谁是合法股东，无从查悉。若因担保三千盾借款，着其办理注册手续，事实上确难办到。凡此种种商号担保，未见稳妥。

(2) 保人担保：以目下生活程度之高涨三千之数，只作为小额论。查担保人贰人，平均每人负担一千五百盾，稍有资誉人士，自能担当，更不愿因此小数，而致损誉，个人担保，似较稳妥。

(六) 营业执照：查缅甸营业法，商号开设，除经营特税商业如酒店、当铺，危险物品如汽油、酒精及违禁物品如鸦片、毒药等外，余皆无须营业执照，亦无办理普通商号执照机关。此间普通商号，皆无营业执照，侨贷规例缴验执照一节，致未能照办。

〔国民政府财政部档案〕

## 2. 交通银行总管理处为附送1946年度业务报告书函

(1947年2月12日)

迳启者：准上海四联分处译转二月三日尊电，以奉主席面谕，嘱将敝行卅五年度业务情形，依照所列项目编具报告，送处核转等由。祗悉，自应遵办。兹编具敝行卅五年度业务报告一式二份，随函附奉，即希察核汇转。再敝行分支机构遍设各地，目前交通未畅，各行处表报多未能按时寄达，所有卅五年度决算无法及时编竣，报告内除全体损益及费用概况，系按上期数字编列外，其余数字均系根据电报统计数字填列，与正式决算数字容有出入，合并陈明，统希察洽为荷。此致

四联总处

交通银行总管理处启

附件

交通银行三十五年度业务报告

引言

本行卅五年度业务，依照原定计划及根据四联总处规定业务计划纲领拟订之中心工作计划，积极推展。一年来，对于吸存揽储，协助交通公用及工矿生产事业之恢复与发展，疏畅国内外汇兑，以及推进信托业务，办理政府交办之特种业务等，无不努力以赴。兹将本年度业务情形，分述如次：

一、卅五年内经办各项重要业务经过

(一) 推进各项存储，吸收市场游资。

自客岁胜利，本年度政府积极展开复员工作，经建复兴，在在均待协助。本行使命所在，为适应需要，并配合政府平抑物价吸收游资政策，爰经积极努力吸存揽储，厚集资金。并曾分别订定各种

存款增存目标，为普通存款一百亿元，储蓄存款四十亿元，信托存款十五亿元。一年来经不断努力，于储蓄方面，并特别注意于工矿员工之小额存储，以及举办教育储蓄等。截至年底，存储数字均有增加，计普通存款二千零八十亿余元，较卅四年底增加一千六百七十亿，超过目标十六倍。储蓄存款除有奖储券、美金储券、折金存款及乡镇公益储券外，余额为一百零二亿六千余万元，较卅四年底增加五十二亿七千万元，超过目标十余亿元。信托存款六十七亿余万元，较卅四年底增加五十亿余，超过目标三倍以上。综计本年底存储余额共约二千二百五十亿，贷放资金之一部，赖以应付。兹将各种存款数额列表于后：

交通银行各种存储款项比较表　　单位：万元

<table>
<tr><th colspan="3">存款种类</th><th>35年底余额</th><th>34年底余额</th><th colspan="2">比较增减</th></tr>
<tr><td colspan="2" rowspan="2">普通存款</td><td>定期</td><td>356,467</td><td>31,830</td><td>+</td><td>324,637</td></tr>
<tr><td>活期</td><td>20,482,899</td><td>4,106,924</td><td>+</td><td>16,375,975</td></tr>
<tr><td rowspan="3">储蓄存款</td><td rowspan="2">普通储蓄</td><td>定期</td><td>27,166</td><td>17,962</td><td>+</td><td>9,204</td></tr>
<tr><td>活期</td><td>891,041</td><td>402,104</td><td>+</td><td>488,937</td></tr>
<tr><td colspan="2">节建储蓄※</td><td>108,282</td><td>79,512</td><td>+</td><td>28,770</td></tr>
<tr><td colspan="2" rowspan="2">信托存款</td><td>定期</td><td>10,409</td><td>8,451</td><td>+</td><td>1,958</td></tr>
<tr><td>活期</td><td>668,139</td><td>163,734</td><td>+</td><td>504,405</td></tr>
<tr><td colspan="3">合计</td><td>22,544,403</td><td>4,810,517</td><td>+</td><td>17,733,886</td></tr>
</table>

※包括甲乙种储金储券及公益基金储蓄。

（二）协助交通公用及工矿生产事业之恢复与发展

(1) 扶助交通事业：三十五年度值政府积极复员之时，本行为配合国策并加强专业使命起见，对于交通事业之协助，自为当务之亟，且以往在抗战期内，后方交通情形素较落后，协助之对象不多。胜利后收复区内各大铁路，以及江海各线轮运，其需待整理恢复与夫改良拓展者，莫不有赖于金融之调剂。本行有鉴于此，故对于陆海空各项交通事业，均竭力予以贷助。全年贷款情形，计：

1. 铁路　　五十五笔，总额国币二百三十三亿五千六百万元，贷助之铁路如津浦、平汉、粤汉、陇海、湘桂黔、北宁、中长各路，全国主要铁路几全包括在内。

2. 轮船　　其中贷给流动资金者达一五七笔，总额八十八亿六千二百二十万元，除一部份以短期贴现方式贷给外，余照规定以轮船作抵，目前受押之轮船共二十九艘，吨位四万四千六百三十二吨。又协助购买轮船贷款共七笔，总额四十五亿八千五百万元，计大小船只三十二艘，共六，五六二吨。又遵照交部及四联所订协助航商打捞沉船贷款共二十六笔，总额七亿六千五百十二万元，均为内河沉轮，共三十二艘，二，〇八六吨。以上几全为民营之航商，总计贷放一百九十笔，总额一百四十二亿一千二百三十二万元。

3. 公路　　关于公路贷款，以交部公路总局贷款七十八亿元为大宗（截至年底止尚未放出），连同其余国营公营之公路贷款共三十四笔，总额八十亿零六千八百万元。至民营方面，均以协助长途汽车公司购置汽车，恢复各公路客货运输，或贷给流动资金协助其周转为目的，计购车部份八笔，共四亿二千万元，购车六十五辆。流动资金贷款十六笔，总额十九亿三千三百万元。以上总计五十八笔，总额一百零四亿二千一百万元。

4. 航空　　航空以对象不多，贷款亦少，贷出共五笔，总额十一亿六千一百六十万元，其中以中央航空公司之十一亿元为大宗。

（2）公用事业：

1. 公用事业，以我国现状而论，自以电力事业为首，盖电力为工业及民生之母，协助其扩充与发展，在本行自属责无旁贷，尤以收复区内各大都市为迫切。卅五年内所贷各款，除资委会所属电厂部份另列外，计放出流动资金一四三笔，总额六十七亿零一百八十万元。协助扩充购置发电机及其他机件者，共二十五笔，总额十亿零六千六百五十万元，两共一百六十八笔；金额七十七亿六千八百卅万元。地点包括上海、南京、重庆、汉口、南昌、济南、湖州、绍兴、兰溪、温州、武昌、镇江、蚌埠、芜湖、宜昌、成都等全国各大都市。

2. 自来水事业，在我国并不普遍，故是项贷款不多。计流动资金贷款四十笔，总额二十亿零一千一百万元，购买机器材料贷款二笔，总额六亿六千万元，地点包括上海、南京、天津、重庆、成都等地。

3. 其他公用事业，如市内交通以及市内下水道、码头轮渡等等为数亦不在少，共贷出流动资金贷款五十七笔，总额国币五十七亿六千二百五十万元。购买机器或车辆等五笔，总额三十三亿九千五百万元，两共六十二笔，总额国币九十一亿五千七百五十万元。

复查关于公用事业贷款，平时亦多由本行单独办理，纵有会同各行局合贷者，亦以本行为主体，摊放比例亦较其他行局为高，其情形与交通事业贷款同。

(3) 扶植工矿事业

扶植工矿亦为本行主要使命之一。胜利后，各地工矿复员以及扩充改善，瞩望于金融扶持者日益迫切。本行职责所系，凡合乎四联贷放原则者，无不尽力予以维持，以是贷款案件及数额，颇有突跃之趋势。综计贷出四，九七三笔，总额一千八百二十三亿余元（所有工矿事业之贷助，其以押汇方式处理者，其数字未包括在内）。兹分别归类如下：

(A) 一般工矿事业，主要以民营或官商合办之企业为主，计四，八六三笔，一千六百五十四亿九千余万元。

一般工矿事业贷款分类表　　单位:万元

| 种类 | 流动资金借款 | | 购买机材借款 | | 合计 | |
|---|---|---|---|---|---|---|
| | 笔数 | 金额 | 笔数 | 金额 | 笔数 | 金额 |
| 钢铁 | 88 | 186,470 | | | 88 | 186,470 |
| 机械 | 170 | 309,280 | | | 170 | 309,280 |
| 电工 | 56 | 135,230 | | | 56 | 135,230 |
| 化工 | 475 | 1,073,493 | | | 475 | 1,073,493 |
| 矿业 | 350 | 1,924,524 | 5 | 322,500 | 355 | 2,247,024 |
| 食用 | 667 | 2,184,580 | | | 667 | 2,184,580 |
| 纺织 | 2,266 | 7,347,307 | 1 | 1,000 | 2,267 | 7,348,307 |
| 其他 | 782 | 2,885,379 | 3 | 180,000 | 785 | 3,065,379 |
| 合计 | 4,854 | 16,046,263 | 9 | 503,500 | 4,863 | 16,549,763 |

(B) 国营工矿事业主要以资委会所属各单位为对象，包括三十四年工贷未贷出部份及三十五年度工贷全部共一一〇笔，一百六十八亿余元。

国营工矿事业贷款分类表　　单位:万元

| 种类 | 贷款 | |
|---|---|---|
| | 笔数 | 金额 |
| 机械 | 7 | 65,375 |
| 电工 | 16 | 124,800 |
| 钢铁 | 15 | 120,225 |
| 化工 | 6 | 55,750 |
| 煤矿 | 41 | 361,210 |
| 石油 | 3 | 30,000 |
| 电力 | 16 | 247,000 |

续上表

| 种类 | 贷款 | |
|---|---|---|
| | 笔数 | 金额 |
| 资委会 | 6 | 675,900 |
| 合计 | 110 | 1,680,260 |

统观上列数字，可略窥本行资金在工矿生产事业中运用之一般情况。兹再将一般工矿事业贷款内容，择要略加说明：

查本行在三十五年度中对于一般民营生产事业扶持之中心，规定系以直接与民生建设有关之纺织染工业(包括棉毛丝三项)、食用工业(面粉业为主)、化工业(基本化学工业及化学用品业为主)及矿业(煤矿业为主)等四项为最重要对象。其中尤以纺织染及食用两项为我国目前生产事业之巨臂，亦最具历史及规模，故贷额亦最巨。计纺织染一项共贷出二，二六七笔，总额七百三十四亿八千余万元，占工矿贷款44%，其中以棉纺最多，丝织次之，毛织又次，盖亦社会经济实况使然。贷放地点，几包括全国各地大小城市，由数十万锭之纱厂以迄一般小城市中有关当地人民生计之手工业止，均有贷助。又如卅五年下期，本行为救助上海丝织业，曾与中行共同贷放巨款，计本行摊贷陆拾陆亿元，以及杭市丝织工业及绸商业巨额贷款，本行亦摊贷额二十四亿元(本款仅贷出一小部份，余在卅六年可陆续贷足)。矿业三五五笔，二百二十四亿七千余万元，占工矿贷款13.5%，全国产煤区域如山东、河南、河北、湖南、四川等省，以及较大之煤矿如中兴、开滦、淮南、河南民生、四川天府等，均有往来。再次为食用工业六六七笔，总额二百十八亿四千余万元，占工矿事业贷款13%，其中大部均为面粉工业，地点包括全国各大都市，除普通原料成品押放外，对于各工厂在麦季内赴产区购置原料，向采购料垫款方式协助，以期资金确用于购料增产之途径。再次化工业四七五笔，一百零亿三千余万元，占工矿贷款6%，化工在我国工业部门尚未十分普遍，惟本行贷助，除对较大之化工业，如永利化学公司各附属单位尽量协助外，即一般小厂及其他化学日用品之制造，亦普遍贷给。至其他一项，数额虽亦不在少，但内容较广，包括水泥、炼油、制革、橡胶、汽车配件、建筑等。

(4) 推进埠际押汇、棉贷押汇及出口物资押汇押款

押汇业务，所以调节货运与通货之流布。本年度为配合政府疏通物资，平抑物价政策，遵照四联所订押汇原则及国行规定埠际货物押汇、转贴现办法，积极展开国内埠际出口押汇业务。又于产棉季节，各厂商赴产区收购棉花，并经依照四联方针，办理购棉押汇。至出口商之在内地搜购物资运销国外者，倘需资金融通，亦经参照国行办理出口国外物资贷款转质押暨转押汇办法规定，凡向本行办理结汇之出口物资，均可予以贷助。截至年底，办理埠际押汇计一千二百九十二亿六千余万元，棉贷押汇二百五十四亿四千余万元，办理出口国外物资押汇押款三百四十亿余元。惟以国内交通情况未臻畅通，欲谋发展，犹有待于各方共同之努力。

综计全年内协助交通公用、工矿各事业之贷款，总额合国币二千六百十一亿四千余万元，截至年底止，上项贷放余额为一千四百十亿余元，约占放款总额百分之七十五以上，具征本行在三十五年度对于扶助交通公用、工矿各生产事业，盖已不遗余力，而亦勉符专业之使命云。

(三) 疏通国内外汇兑

(1) 疏通后方与收复区汇兑

溯自复员以来，收复区百业待兴，所需资金，端赖后方拨济。惟胜利伊始，交通未畅，券运艰困。本行有鉴及此，除积极筹复收复区行处小额券汇兑线外，并由总处集中调拨分于工商业繁盛，解款重要地点设置汇兑基金，以为调节。同时为协助政府鼓励生产运销事业，使货畅其流起见，各行处普遍办理进出口押汇。综计一年来，各行处汇兑业务较胜利前，其总数计增一万四千余亿。兹列表以明

之：

交通银行各行处汇出汇款统计表　单位：万元

| 行属 | 三十四年度 | 三十五年度 |
| --- | --- | --- |
| 渝属 | 4,545,496 | 18,565,458 |
| 滇属 | 2,714,632 | 3,089,766 |
| 黔属 | 964,259 | 2,497,298 |
| 桂属 | 108,004 | 3,413,777 |
| 粤属 | 224,171 | 5,500,990 |
| 汉属 | 200,618 | 7,598,124 |
| 湘属 | 618,991 | 7,155,700 |
| 赣属 | 213,986 | 3,862,282 |
| 秦属 | 2,949,695 | 21,177,058 |
| 沪属 | 62,611 | 17,859,133 |
| 京属 | 9,703 | 18,793,228 |
| 浙属 | 150,762 | 9,815,599 |
| 闽属 | 454,799 | 5,198,068 |
| 沈属 | 247,145 | 12,080,870 |
| 青属 | | 4,811,036 |
| 长属 | | 2,487,500 |
| 合计 | 13,364,872 | 154,814,887 |
| 比较增减 | 三十五年度较增 | 141,450,015 |

(2) 管理各地申汇

上年七月，国行为平抑沪市物价，管理各地申汇，经与本行洽定，由该行每周代本行调沪四十亿，闽、粤侨汇十亿，嗣后各地不再运现来沪。本行为严密管理起见，每月由总处视各行属需要情形，按周向国行统筹洽调，分配承汇。并严限各行处承做申汇以工商等正常需要为准。余如同业托调，亦在禁做之列，俾在限制之中仍寓疏畅之意。办理以来，各行尚能恪遵。惟本行机构遍布全国，截至上年年底止，总数达二百余处，国行每周配汇额度，实不足应付柜面需要，现正在洽商增加中。

(3) 办理华侨汇款

本行于抗战胜利之初，即经拟定恢复侨汇办法，并与中央银行洽商拨运钞券，以利汇解。印度方面在抗战期间，原有机构继续收汇。菲律宾方面自经美军收复，即委菲律宾交通银行经收侨汇，异常涌旺。越南及缅甸机构亦经先后复业。综计所收侨汇，以汇往闽、粤一带为大宗。本行爰在各省侨眷集中区域增设机构，一面尽量简捷收解手续。卅四年底收汇数字，合国币已达六十余亿元。本年三月，中央银行开放外汇市场，提高美汇汇率以后，三四月份侨汇合国币各增至十二亿余元。惟其后因汇价关系，致侨汇逐见下降，虽八月间美汇汇率重又调整，收汇数字仍鲜起色。至全年收做侨汇合国币共为四十五亿五千余万元，内菲律宾方面计卅八亿七千余万元，印、缅方面计六亿七千余万元。

(4) 代办管理外汇业务

本年三月，政府公布管理外汇及进出口贸易办法，授权中央银行暂行办理管理外汇之任务。并规定指定银行得经营外汇，本行为指定银行之一，以管汇重心系在上海，因先由上海分行方面依照管汇办法，经营外汇交易。其余汉口、天津、广州、汕头、江门、梧州、青岛等地，嗣亦相继开办。除购入外汇外，所有出售外汇，悉以合乎规定用途为限。关于外币存款，除管汇办法实施时即依照停收外，其国内行处九月卅日止外币存款余额，并已先后改结国币，由本行分别以英、美金转售中央银行。十一月十七日，进出口贸易暂行办法重经修订，对于输入须先申请输入许可证。除上海方面对附表一、三类货物价在二千美元以下者之申请，可由指定银行办理外，其余输入之申请，均须经输入会之核准，同时办理进口商登记，结售外汇业务，暂告顿滞。至出口结汇一项，因汇价及国内外成本、售价关系，虽有承做，为数不多。

（四）推进信托业务

本年度信托业务之推进，除吸存情形已见前述外，对于一般信托业务，无不积极推展。举其荦荦大者，如协助创设上海证券市场，并派员驻场办理交割，俾证券交易入于正轨。承募上海市轮渡公司股款，投资交通长途汽车公司，及正在规划天津海河驳运事宜，以协助交通建设，并受多数生产事业机关之委托，代收股款。此外，于收复地区恢复或增设仓库，以配合进出口押汇业务，截至年底，所有设仓地点计二十余处。兹列表如次：

交通银行仓库名称地点表

| 仓名 | 地点 | 备注 | 仓名 | 地点 | 备注 |
|---|---|---|---|---|---|
| 总仓库 | 上海 | | 赣仓 | 南昌 | |
| 沪仓 | 上海 | | 蓉仓 | 成都 | |
| 陵仓 | 南京下关 | | 陈仓 | 宝鸡 | |
| 汉仓 | 汉口 | | 华仓 | 金华 | |
| 湘仓 | 长沙 | | 兰仓 | 兰州 | |
| 沙仓 | 沙市 | | 桂仓 | 桂林 | 筹备中 |
| 渝仓 | 重庆 | | 越仓 | 海防 | 筹备中 |
| 秦仓 | 西安 | | 郑仓 | 郑州 | 筹备中 |
| 门仓 | 江门 | | 嘉仓 | 嘉兴 | 筹备中 |
| 青仓 | 青岛 | | 蚌仓 | 蚌埠 | 与中国、上海、金城等行合办 |
| 津仓 | 天津 | | | | |

二、经办政府交办特种业务情形

（一）继续办理后方紧急工贷

卅四年八月抗战胜利后，收复区各大都市商品，陆续渗入后方倾销，各地物价惨跌。而后方工业设备，原较沿海各都市简陋。八年抗战中，又无从扩充改善，成本向极高昂，致大部工厂无法维持，相继停工，影响后方经济至巨。爰由政府当局指定四联总处举办期长息低之后方紧急工贷，以资救济，计总额五十亿元，由本行会同中国、中信、邮汇各行局办理。本行计摊放总额二十亿元，成份最高。惟实际货放数额，截至卅四年底止，本行部份共为十一亿一千八百七十万元，后方工业方得赖以勉渡难关。卅五年以部份工厂尚未获得此项急贷，爰仍继续办理，惟数已寥寥。综计先后贷出六笔，总额五千二百万元。

（二）举办收复区复工贷款

胜利之后，政府鉴于收复区内各民营厂矿，或在沦陷期内停顿已久，或甫自敌伪手中收回，复工需资，至为迫切。经四联总处先后于上海、天津两区，会同有关各机关组织复工贷款委员会，审查各户申请案件，由本行分别贷放。三十五年度本行共贷出一〇二笔，计五十九亿六千八百二十五万元。

（三）华侨复业贷款

财政部为协助华侨复业起见，经订定华侨复业贷款办法，交由我行及中国银行举办。贷款总额定为美金五千万元，由中央银行担任百分之七十五，中我两行共同担任百分之廿五。贷款分五区办理，除马来亚、荷属东印度、暹越三区由中国银行承办外，本行承办区域为菲列滨及缅甸二区，贷额各为美金五百万元，经洽由中央银行于本年七月间，拨来侨贷基金菲列滨区美金廿万元，缅甸区英金五万镑。菲列滨区委托菲列滨交通银行，正与当地领事馆洽办中。缅甸区已由仰光支行于基金拨到后即开始贷放，计分质押透支及信用透支两种。开办以后，申请贷款者，颇为踊跃。续经洽由国行先后拨仰十万镑，连前共计十五万镑，约合卢比二百万盾。截至本年十二月底止，共放出质押透支卢比一百九十六万盾，信用透支卢比六万三千盾，两共二百零二万三千盾。

三、交通银行卅五年上期各项损益概况

查本行三十五年上期全体纯益五八，七八二，三四三．二〇元，就损益各项分别言之，利益项下为营业收入八，六〇四，二〇二，三四〇．六〇元，内计利息三，八五二，七八一，七三六．四〇元，手续费九二三，二四九，〇九五．四〇元，其他收入三，八二八，一七一，五〇八．八〇元。营业外收入二七六，三八六，四九六．八七元，共计八，八八〇，五八八，八三七．四七元。损失项下为营业支出八，四一六，三五〇，九八二．四六元，内计各项费用五，八四三，三八五，四四七．八八元，各项折旧及摊提二，三二六，七二六，七三四．六四元，所得税一五三，六四九．八六元，其他支出二四六，〇八五，一五〇．〇八元。营业外支出三五五，四五五，五一一．八一元，内计什项支出二六九，〇五〇，九一〇．九五元，四联经费八六，四〇四，六〇〇．八六元，又解缴国库五千万元，共计八，八二一，八〇六，四九四．二七元。损益相抵，纯益如上数。兹检附本行三十五年上期全体损益计算表一份：

交通银行全体损益计算表

中华民国卅五年上期

| 损 | 失 | 利 | 益 |
|---|---|---|---|
| 营业支出 | | 营业收入 | |
| 各项费用 | 5,843,385,447.88 | 利息 | 3,852,781,736.40 |
| 各项折旧及摊提 | 2,326,726,734.64 | 手续费 | 923,249,095.40 |
| 所得税 | 153,649.86 | 其他收入 | 3,828,171,508.80 |
| 其他支出 | 246,085,150.08 | 营业外收入 | |
| 营业外支出 | | 杂项收入 | 276,386,496.87 |
| 杂项支出 | 269,050,910.95 | | |

续上表

| 损　　失 | | 利　　益 | |
|---|---|---|---|
| 四联经费 | 86,404,600.86 | | |
| 解缴国库 | 50,000,000.00 | | |
| 本期纯益 | 58,782,343.20 | | |
| 合　计 | 8,880,588,837.47 | 合　计 | 8,880,588,837.47 |

四、交通银行卅五年上期各项费用概况

查本行卅五年上期全体费用总计五,八四三,三八五,四四七.八八元,内计管理费用二七九,九六七,二四九.七〇元,占全体费用百分之四.七九,业务费用四,二九一,八七九,七三二.二〇元,占全体费用百分之七三.四五,其他费用一,二七一,五三八,四六五.九八元,占全体费用百分之二一.七六。兹检附本行三十五年上期全体费用结算表一份:

交通银行全体费用(结算)表

自中华民国三十五年一月一日起至六月三十日止

| 摘　要 | 本年上期结算数 | 备　注 |
|---|---|---|
| 管理费用 | | |
| 薪　俸 | 525,993.85 | |
| 特别办公费 | 25,208,073.70 | |
| 董监事出席费 | 453,031.80 | |
| 津　贴 | 798,919.78 | |
| 工　资 | 49,776.43 | |
| 宿　费 | 13,947,007.00 | |
| 基本生活补助费 | 120,765,143.39 | |
| 加成生活补助费 | 59,262,930.22 | |

续上表

| 摘　　要 | 本年上期结算数 | 备　　注 |
|---|---|---|
| 文具费 | 9,582,514.12 | |
| 书报费 | 1,976,110.60 | |
| 水电灯炭费 | 29,734,941.85 | |
| 会计师费 | 499,74 | |
| 杂　费 | 17,662,307.22 | |
| 合　计 | 279,967,249.70 | |
| 业务费用 | | |
| 薪　俸 | 1,692,914.12 | |
| 特别办公费 | 114,490,025.91 | 1. 本表子目分类系根据国家银行统一会计制度之规定编列 |
| 津　贴 | 17,834,349.83 | |
| 工　资 | 1,773,077.57 | |
| 膳　费 | 1,005,730,161.56 | 2. 本表所列管理费用系总管理处各该子目支出之数业务费用及其他费用包括全体行处各该子目支出之数 |
| 宿　费 | 98,661,765.29 | |
| 基本生活补助费 | 1,049,919,329.13 | |
| 加成生活补助费 | 324,411,243.38 | |
| 房地租 | 50,705,545.03 | |
| 车马费 | 211,074,752.12 | |
| 保险费 | 2,911,733.74 | |
| 税　捐 | 3,846,806.55 | |
| 文具费 | 80,543,925.29 | |
| 书报费 | 22,484,047.94 | |
| 水电灯炭费 | 229,276,290.01 | |
| 邮电费 | 140,860,467.82 | |
| 运送费 | 12,839,549.14 | |

续上表

| 摘　　要 | 本年上期结算数 | 备　　注 |
|---|---|---|
| 旅　费 | 104,879,409.62 | |
| 广告费 | 9,935,748.70 | |
| 印刷费 | 78,090,559.36 | |
| 营缮费 | 143,698,770.05 | |
| 警卫费 | 196,653,511.31 | |
| 交际费 | 183,995,003.32 | |
| 律　费 | 617,092.12 | |
| 会　费 | 8,664,989.76 | |
| 调查费 | 601,647.49 | |
| 杂　费 | 195,687,016.04 | 73.45 |
| 合　计 | 4,291,879,732.20 | |
| 其他费用 | | |
| 捐　款 | 29,132,539.43 | |
| 福利费 | 1,242,405,926.55 | |
| 合　计 | 1,271,538,465.98 | 21.76 |

五、分支机构裁撤增减情形

本行办理复员，于本年四月间次第完成。总管理处随同政府全部东返，对于收复地区分支机构，经审察环境，积极筹备复业。其在后方地区，因经济情势变迁，已无存在必要之机构，并一本过去方针，继续加以调整。综计本年内裁撤者计十六单位，其中属于同在一埠之辅助机构有重庆之小龙坎、新桥、化龙桥、黄桷桠、歌乐山，泸县之蓝田坝，贵阳之图云关，沅陵之孝平乡等计七单位。此外有四川之彭水、涪陵，云南之下关、宜良，贵州之盘县，广东、广西、陕西之老隆、百色、大荔，计九单位。至本年内核定筹设者，国内为江苏之无锡、武进、南通、常熟、扬州、丹阳、如皋、泰兴、江阴、淮阴、宝应、溧阳、高邮、太仓、海门、泰兴〔?泰县〕、东台、浦口,浙江之余姚、吴兴、衢县、嘉兴,安徽之安庆、田家庵,江西之樟树镇、临川,山东之枣庄、历城、潍县、张店、博山,湖北之大冶、石灰窑、武穴,湖南之湘潭、株州,河北之塘沽、保定、秦皇岛、门头沟,河南之许昌、螺河、灵宝、新乡、信阳、洛阳,广东之海口、湛江、潮安,广西之贵县、金城江,察哈尔之张家口,东北九省之营口、锦州、四平、抚顺、鞍山、葫芦岛、开原、本溪湖、吉林、安东等八十四单位,遍及于收复区各省。而尤以东北及苏北为多。国外则有安南之河内、西贡等二单位。截至本年底止,本行分支机构连总管理处在内,总计二二四单位,较卅四年底增加七十单位。兹将分布情形及增减状况分别列表如次:

卅五年度机构增减情况表

| 省别 | 卅四年底数 | 卅五年度增减状况 | | | 卅五年底数 |
|---|---|---|---|---|---|
| | | 复业数 | 增设数 | 裁撤数 | |
| 江苏 | 一三 | 一八 | 七 | | 三八 |
| 四川 | 二二 | | 一 | 八 | 一五 |
| 西康 | 一 | | | | 一 |
| 云南 | 五 | | | 二 | 三 |
| 贵州 | 六 | | | 二 | 四 |
| 广西 | 七 | 一 | 一 | 一 | 八 |
| 广东 | 一三 | | 六 | 一 | 一八 |
| 湖南 | 八 | 二 | 一 | 一 | 一〇 |
| 江西 | 九 | | 三 | | 一二 |
| 福建 | 一九 | | | | 一九 |
| 浙江 | 六 | 四 | 一 | | 一一 |
| 安徽 | 三 | | 二 | | 五 |
| 湖北 | 四 | | 三 | | 七 |

续上表

| 省别 | 卅四年底数 | 卅五年度增减状况 | | | 卅五年底数 |
| --- | --- | --- | --- | --- | --- |
| | | 复业数 | 增设数 | 裁撤数 | |
| 河南 | 二 | 三 | 三 | | 八 |
| 陕西 | 一〇 | | | 一 | 九 |
| 甘肃 | 六 | | | | 六 |
| 宁夏 | 一 | | | | 一 |
| 河北 | 七 | 四 | 三 | | 一四 |
| 山东 | 三 | 五 | 三 | | 一一 |
| 察哈尔 | | 一 | | | 一 |
| 台湾 | 一 | | | | 一 |
| 东北 | 四 | 四 | 八 | | 一六 |
| 国外 | 四 | 一 | 一 | | 六 |
| 共计 | 一五四 | 四三 | 四三 | 一六 | 二二四 |

注：本表数字包括筹备中之行处。

卅五年度机构分布区域表(略)

六、员工进退增减情形　(略)

七、对已往工作之检讨及推进今后业务之意见

过去一年内，贷放于交通公用、工矿事业之资金，累积共达二千六百十一亿四千余万元，至年底止余额尚有一千四百十亿余万元，几占全部放款百分之七十五以上，虽不可谓不巨，惟以视战后我国各地复员以及推进建设所需之资金，则实微不足道。是尤有待于本行十百倍之努力。惟今后须配合国家经建政策暨金融方针，贯彻本行使命，其最大之前提，厥惟资金之筹措问题。

(一) 属于救济维持性质之贷款，希望政府比照紧急农贷办法，划拨专款转贷。

(二) 属于建设性质之贷款，应由国行接受十足转抵押。

（三）普通贷款，属于专业范围者九折转抵押；不属于专业范围之贷款，仍照向例办理。

又本行为便利货运，疏畅内汇，一年以来，添设机构，设置汇兑基金，并由总处集中调拨，不遗余力，已如前述。惟以吾国幅员广阔，交通不便，券运维艰，头寸调抵，每难恰如理想，致使各地汇价，远较战前为高，未能逐步捺低，以减工商成本，深以为憾。今后除在绥靖区随时添设机构，并于手续方面，力求迅捷，尽量为工商各界服务外，并希望于中央银行者：（1）首先减低各地汇价，以为倡导，并对国家银行通常托调款项，改照牌价五折收费。（2）除申汇外，其余各地间托国行调款，应请无限制承汇，并由业务局授权各地分支行处，随时洽办，以争时效。（3）各地对沪贸易，多属入超，所需申汇，远在国行每周代调数额以上，请再从宽匡配。又三行两局各地代理国库，收付差额，系径解交国库，非与流入市场可比，请勿轧入每周调拨申汇额内计算。（4）拆款为垫解汇款临时所需，并请国行宽放额度，对东北各行，并免在关内缴存同额法币作抵规定，以便收解。以上四项，倘能确实办到，则各地汇价自可逐渐降低。此外，东北与上海轮运畅通后，沈国行代三行两局轧调关内外汇款差额，应增加上海一埠，俾便货运往来。至侨汇方面，本行自恢复收做以来，经先后在国内侨眷集中地区增设机构，并改善收汇手续。凡所以便利侨汇之设施，莫不竭力做到。初期收做侨汇，异常涌旺，后因汇价关系，收汇数字逐见减少。其间虽经中央银行调整美汇汇率，收效未宏。近出口津贴已见诸实施，侨汇是否亦可给予津贴，尚未奉规定。倘能随时察酌实际，酌给津贴，当能刺激侨汇之增进。至侨贷业务，自办理以来，缅甸侨胞申请贷款，由领事馆核可者尚多，而在试办时期，中央银行拨给贷款基金，系以总数五分之一为限，殊感不足应付，似宜将拨发基金限度予以放宽，以利进行。

〔四联总处档案〕

## 3. 交通银行总管理处为陈送交行办理信托及投资业务报表呈

(1948年9月29日)①

案奉钧部财钱庚一字第三五八四号训令,嘱将本行所有信托及投资业务汇编具报,等因。敬悉。自当遵办。兹将本行所有信托及投资业务编表附呈,敬祈鉴核为祷。谨呈

财政部

交通银行总管理处呈

交通银行信托部信托存款一览表　37年9月20日

| 科目 | 余额 | 性质 |
|---|---|---|
| 特别活期信托存款 | G.Y. 10,092,585.70 | 活期收付款项应用送款回单及支票(内备付37年8月份短期库券G.Y. 9,415,357.00)。 |
| 普通活期信托存款 | G.Y. 165,597.72 | 活期凭折收付,余额内包括受国行委托代办之厂商占总黄金折合美元之外币存款US$ 38,595.55,折合GY 154,382.20。 |
| 定期信托存款 | G.Y .07 | 定期存满三个月后可一次提取。 |
| 基金信托存款 | G.Y. 201,750.00 | 定期存款至少一月,为便利公私社团储备创业基金而设。 |
| 工厂添购机器基金信托存款 | G.Y. 2.00 | 定期存款至少一年,为协助工厂添购国外机器预储基金而设现因结汇困难暂予停办。 |
| 特约买业存款 | G.Y. 9.17 | 定期性质,存期分一年期及二年期两种。 |
| 合计 | G.Y. 10,459,944.66 | |

①此系发稿时间。

交通银行信托部信托放款一览表　37年9月20日

| 科目 | 余额 | 放款对象分析 |
|---|---|---|
| 活期质押放款 | G.Y. 1,310,107.05 | 1. 交通事业 98.12% 2. 工矿事业 0.22% 3. 盐业 1.6% 4. 教育事业 0.06%。 |
| 定期质押放款 | G.Y. 38,500.01 | 1. 交通事业 17.32% 2. 工矿事业 3.03% 3. 出口业 69.26% 4. 公用事业 10.39%。 |
| 活期放款 | G.Y. 6,000.00 | 本行员工合作社。 |
| 合计 | G.Y. 1,354,607.06 | |

信托部本年度为响应国策，收缩通货，稳定物价，受国行委托，代理买卖短期库券，推销国营事业股票，及收兑黄金，换发金圆券，以及协助公营事业机关与厂家等发行股票，收付股款股息等信托业务。所有办理情形，除列附报表外，兹略陈如左：

（一）代理买卖期证券：受中央银行委托，代理买卖卅七年短期国库券，自本年六月份开始，截至八月份止，计代卖出国币一百六十八万五千七百廿三亿元，买入一百五十七万三千三百八十亿元。

（二）代理收兑黄金：自本年八月廿四日开始受中央银行委托收兑黄金，结至填报日止（九月十八日），共计收兑纯金叁万六千八百七十六市两又一钱二分六厘，按纯金每壹市两兑换金圆贰百元计算，合计兑付金圆七百三十七万五千余元。（详附表二）

（三）代理经销国营事业股票　受中央银行委托，经销中国纺建、台湾糖业、招商局、台湾纸业及天津纸业等五公司股票。自本年九月十日起至十八日填报日止，总计售出七千三百余股，以每股为金圆壹百元计算，合计售出金额为金圆七十三万余元。（详附表

三）

（四）其他代理业务：

（甲）代收股款　　有裕湘纱厂、华新水泥厂、中央制药厂、新光内衣厂及信丰面粉厂等各户之委托，代收股款，或增资股款，总计国币六百八十余亿元。（详附表四）

（乙）代理经付市轮渡公司股息　　本年五月份开始，经代付出该公司股息计国币壹亿八千六百余万元。（详附表五）

（丙）代理保险　　代理客户向太平洋保险公司投保火险、运输险、汽车险等（自本年一月份至八月份），计保额国币九千八百零九亿六千余万元。（详附表六）

（丁）代收学费等　　受江苏省立上海中学之委托，代收学费、制服费等，计第一期（八月四日至十一日）收法币壹百五十九亿余元，第二期（八月廿六日至九月四日）收金圆四千四百余元。（详附表七）

附表一

交通银行信托部37年6—8月受国行委托代理
买卖37年短期国库券统计表

| 月份 | 代理买入 | 代理卖出 | 备注 |
| --- | --- | --- | --- |
| 6—8月 | $ 157,338,000,000,000.00 | $ 168,572,300,000,000.00 | 均系法币 |

附表二

交通银行信托部受国行委托收兑黄金统计表
自37年8月24日至9月18日止

| 收兑黄金重量(纯金) | 收兑金圆金额 | 备注 |
| --- | --- | --- |
| 市两<br>36,876.126 | G.Y.$7,375,225.19 | 按纯金每一市两兑换金圆贰百元计算 |

附表三

交通银行信托部受国行委托代理经销国营事业股票统计表

自37年9月10日至9月18日止

| 公司名称 | 中国纺织建设公司 | 台湾糖业公司 | 招商局轮船公司 | 台湾纸业公司 | 天津纸业公司 |
|---|---|---|---|---|---|
| 股　数 | 5,150股 | 1,972股 | 120股 | 32股 | 40股 |
| 金额（金圆） | G.Y.$ 515,000./ | G.Y.$ 197,200./ | G.Y.$ 12.000./ | G.Y.$ 3,200./ | G.Y.$ 4,000./ |

交通银行信托部37年上期代收股款统计表

| 公司名称 | 性质 | 收款日期 | 股款金额 | 备注 |
|---|---|---|---|---|
| 裕湘纱厂 | 增资 | 19/1—26/5 | $19,506,169,792./ | 均系法币数 |
| 华新水泥厂 | 二期溢价增资 | 6/2—28/2 | 2,353,680,720./ | |
| 中央制药厂 | 增资 | 22/3—20/5 | 19,994,000,000./ | |
| 新光内衣厂 | 增资 | 9/4—14/4 | 1,818,300,000./ | |
| 信丰阜记面粉厂 | 增资 | 7/6 | 25,000,000,000./ | |
| 共　计 | | | $68,672,150,512./ | |

附表五

交通银行信托部37年上期代理经付市轮渡公司股息

| 月　份 | 股息金额 | 备　注 |
|---|---|---|
| 五月份 | $57,131,498./ | 均系法币数 |
| 六月份 | 129,176,302 | |
| 合　计 | $186,307,800.00 | |

附表六

交通银行信托部37年1—8月代理保险业务统计表

| 代理保险公司名称 | 代理保险种类 | 代理保险金额 | 备　注 |
|---|---|---|---|
| 太平洋保险公司 | 火险运输险汽车险 | $980,960,000,000.00 | 均系法币数 |

附表七

交通银行信托部受学校委托代收学费等统计表

| 学校名称 | 托收费种类 | 收款日期 | 金　　额 |
| --- | --- | --- | --- |
| 江苏省立上海中学 | 学费制服费被单费 | 4/8—11/8 | C.N.C. $15,939,910,000.00 |
| | | 26/8—4/9 | G.Y. $4,409.03 |

交通银行投资数额表

说　明

（一）本月以八月十九日止之数字编制。

（二）本表数额系按本行投资各事业之股份票面金额为准。

（三）各投资事业于三十六年度内办理升值增资而增加之数额，均已包括在内。

（四）本行投资除四联总处交办者外，大都系与四行两局或与经济部、交通部、农林部，或与各省府、各省行等共同参加，并报四联总处核定存案。

交通银行投资数额表　（参加投资部份）

37年8月19日止

| 类别 | 公司名称 | 公司资本总额 | 本行投资股份面额 | 百分比 | 附　注 |
| --- | --- | --- | --- | --- | --- |
| 纺织工业 | 裕湘纺织公司 | 45,000,000,000.00 | 13,495,760,000.00 | 29.9905% | 经济部、湘省府、湘省行、中信、邮汇 |
| | 中本纺织公司 | 8,000,000,000.00 | 4,435,000,000.00 | 55.4380% | |
| | 裕滇纺织公司 | 400,000,000.00 | 80,000,000.00 | 20% | 中行 |
| | 大生第一纺织公司 | 20,000,000,000.00 | 453,674,400.00 | 2.2683% | |
| | 中国纺织企业公司 | 50,000,000.00 | 6,000,000.00 | 12% | 中、农、信 |
| | 中国毛纺织公司 | 5,000,000,000.00 | 450,000,000.00 | 9% | 中农、中信 |
| | 西北毛纺织公司 | 1,500,000,000.00 | 75,000,000.00 | 5% | 经济部、甘省府、青省府、中信 |

续上表

| 类别 | 公司名称 | 公司资本总额 | 本行投资股份面额 | 百分比 | 附注 |
|---|---|---|---|---|---|
| | 西南麻织公司 | 2,000,000.00 | 113,600.00 | 5.68% | 经济部、川省府、贸易委员会、中央、中农 |
| | 四川绢纺厂 | 50,000,000,000.00 | 4,000,000,000.00 | 8% | 中蚕公司、中、农、川省行 |
| | 西南纺织厂 | 5,000,000,000.00 | 4,900,000,000.00 | 98% | |
| 食用工业 | 广西面粉厂 | 50,000,000.00 | 11,000,000.00 | 22% | 桂省府、中行、桂省行 |
| | 阜记面粉厂 | 100,000,000,000.00 | 25,000,000,000.00 | 25% | |
| 造纸工业 | 川嘉造纸公司 | 4,000,000.00 | 305,000.00 | 7.625% | 经济部、中行 |
| | 云丰造纸公司 | 450,000,000.00 | 37,500,000.00 | 8.3333% | 经济部、中行 |
| | 中南造纸厂 | 6,000,000.00 | 1,200,000.00 | 20% | 中、农、中信 |
| | 中国纸厂 | 50,000,000,000.00 | 8,996,400,000.00 | 17.9928% | 经济部、五行局 |
| | 上海纸厂 | 5,000,000,000.00 | 5,000,000.00 | .1% | 中行、中农、中信 |
| 化学工业 | 永新化学工业公司 | 300,000,000.00 | 1,000,000.00 | .3% | |
| | 兴业化学工厂 | 300,000.00 | 60,000.00 | 20% | |
| | 广西化工厂 | 504,000,000.00 | 44,000,000.00 | 8.73% | 经济部、邮汇局、桂省行 |

## 交通银行投资数额表　（参加投资部份）

37年8月19日止

| 类别 | 公司名称 | 公司资本总额 | 本行投资股份面额 | 百分比 | 附注 |
|---|---|---|---|---|---|
| 化学工业 | 江西兴业电化厂 | 4,000,000.00 | 1,250,000.00 | 31.25% | |
| | 天山工业公司 | 1,500,000,000.00 | 468,000,000.00 | 31.2% | 经济部 |
| | 联合颜料厂 | 5,000,000,000.00 | 10,000,000.00 | .2% | |
| | 中央制药厂 | 20,000,000,000.00 | 11,000,000,000.00 | 55% | 卫生部 |
| | 中心制药厂 | 10,000,000,000.00 | 250,000,000.00 | 2.5% | 中农、中信 |
| | 湖南火柴厂 | 10,000,000.00 | 1,800,000.00 | 18% | |
| 缫丝工业 | 四川丝业公司 | 10,000,000,000.00 | 450,000,000.00 | 4.5% | 中、中农、中信、川省府 |

续上表

| 类别 | 公司名称 | 公司资本总额 | 本行投资股份面额 | 百分比 | 附注 |
|---|---|---|---|---|---|
| 制盐工业 | 中国盐业公司 | 100,000,000,000.00 | 3,000,000,000.00 | 3% | 中农、中行、中信、合库 |
| 榨油工业 | 中国植物油料厂 | 2,000,000,000.00 | 20,000,000.00 | 1% | 经济部、中农、川、湘、鄂、浙、赣省府 |
| | 南京榨油厂 | 2,000,000,000.00 | 1,000,000,000.00 | 50% | |
| 钢铁工业 | 中国兴业公司 | 120,000,000.00 | 14,000,000.00 | 11.6666% | 经济部、川省府、川省行、中、农、中信 |
| | 中国电力制钢厂 | 2,000,000.00 | 20,000.00 | 1% | 经济部 |
| 机械工业 | 经纬纺织机制造公司 | 10,200,000,000.00 | 8,139,500,000.00 | 79.8% | 国库署、经济部、资委会 |
| | 四川机械公司 | 226,280,000.00 | 2,500,000.00 | 1.1% | 资委会、川省部 |
| | 建国机械农垦公司 | 100,000,000.00 | 10,000,000.00 | 10% | 各行局 |
| | 中国农业机械公司 | 80,000,000,000.00 | 5,119,440,000.00 | 6.3993% | 各行局 |
| | 郑州农业机械公司 | 2,000,000,000.00 | 200,000,000.00 | 10% | 各行局 |
| | 汉口农业机械公司 | 6,000,000,000.00 | 600,000,000.00 | 10% | 各行局 |
| | 柳州农业机械公司 | 5,000,000,000.00 | 225,000,000.00 | 4.5% | 各行局 |
| | 长沙中国农业机械公司 | 15,000,000,000.00 | 375,000,000.00 | 2.5% | 各行局 |

## 交通银行投资数额表　（参加投资部份）

37年8月19日止

| 类别 | 公司名称 | 公司资本总额 | 本行投资股份面额 | 百分比 | 附注 |
|---|---|---|---|---|---|
| 机械工业 | 广州农业机械公司 | 3,075,000,000.00 | 192,000,000.00 | 6.2439% | 各行局 |
| 建筑工业 | 华新水泥公司 | 26,000,000,000.00 | 954,611,600.00 | 3.6715% | 经济部、资委会、中行 |

续上表

| 类别 | 公司名称 | 公司资本总额 | 本行投资股份面额 | 百分比 | 附注 |
|---|---|---|---|---|---|
| | 华大机器砖瓦厂 | 1,000,000.00 | 50,000.00 | 5% | |
| | 金城砖瓦公司 | 30,000,000,000.00 | 3,000,000,000.00 | 10% | 中、农、信三行局 |
| | 华新建筑材料公司 | 2,000,000.00 | 50,000.00 | 2.5% | |
| | 馥记营造厂 | 5,000,000,000.00 | 456,250,000.00 | 9.125% | 中行 |
| | 浙江建筑器材公司 | 30,000,000,000.00 | 2,000,000,000.00 | 6.6666% | 浙省府、五行局、浙省行 |
| 印刷工业 | 时兴潮印刷公司 | 30,000,000.00 | 4,800,000.00 | 16% | 中、交、农、信、邮五行局 |
| | 联合印刷公司 | 1,500,000.00 | 300,000.00 | 20% | |
| | 六联印刷公司 | 5,000,000,000.00 | 997,090,000.00 | 19.9418% | 中中交农中信邮汇六行局 |
| 其他工业 | 贵州企业公司 | 5,000,000,000.00 | 1,390,000,000.00 | 27.8% | 经济部、黔省府、中国中农 |
| | 江西兴业公司 | 3,600,000,000.00 | 360,000,000.00 | 10% | 经济部、赣省府、中中交农四行 |
| | 川康兴业公司 | 70,000,000.00 | 1,292,500.00 | 1.8464% | 川康省府 |
| | 大中国茶叶公司 | 250,000,000.00 | 20,000,000.00 | 7.2% | 五行局 |
| | 中国麻业公司 | 200,000,000.00 | 15,000,000.00 | 7.5% | 各行局 |
| | 光大瓷业公司 | 50,000,000.00 | 5,875,000.00 | 11.75% | 中行、中信局 |
| | 中国标准铅笔公司 | 10,000,000,000.00 | 585,000,000.00 | 5.85% | 中行 |
| | 中国手工艺产品公司 | 50,000,000.00 | 10,000,000.00 | 20% | |
| | 中国亚浦耳电器厂 | 1,200,000,000.00 | 20,000,000.00 | 1.6666% | 中行、中信局 |
| | 中国国货实验工厂 | 2,000,000.00 | 150,000.00 | 7.5% | |
| | 中央湿电池制造厂 | 40,000,000,000.00 | 3,000,000,000.00 | 7.5% | 交通部、邮汇局、各铁路 |

<u>交通银行投资数额表</u>　　(参加投资部份)

37年8月19日止

| 类别 | 公司名称 | 公司资本总额 | 本行投资股份面额 | 百分比 | 附　　注 |
|---|---|---|---|---|---|
| 其他工业 | 渭南打包公司 | 500,000.00 | 200,000.00 | 40% | |
| | 灵宝中华打包公司 | 203,200,000.00 | 108,000,000.00 | 53.12% | |
| 矿业 | 东林煤矿公司 | 1,200,000,000.00 | 241,600,000.00 | 20.133% | |
| | 甘肃矿业公司 | 10,000,000.00 | 1,000,000.00 | 10% | 资委会、甘省府、中中交农四行 |
| | 贵州煤矿公司 | 1,000,000,000.00 | 125,000,000.00 | 12.5% | 资委会、中、农 |
| | 淮南矿路公司 | 18,000,000,000.00 | 600,000,000.00 | 3.3333% | 中行 |
| 渔业 | 农林部渔业银团 | 70,000,000,000.00 | 6,000,000,000.00 | 8.5714% | 农林部、中、农、信、中合 |
| | 东南渔业公司 | | 200,000.00 | | |
| | 青岛渔业公司 | 200,000,000.00 | 504,000.00 | .252% | |
| 林业 | 西北林业公司 | 5,000,000,000.00 | 2,435,000,000.00 | 48.7% | 交通部 |
| | 广西采木公司 | 1,500,000,000.00 | 500,000,000.00 | 33.3333% | 桂省行、桂市行 |
| | 远东木业公司 | 10,000,000,000.00 | 910,000,000.00 | 9.1% | 中行 |
| 交通事业 | 民生实业公司 | 10,000,000,000.00 | 714,375,000.00 | 7.1437% | |
| | 重庆缆车公司 | 60,000,000.00 | 5,000,000.00 | 8.3333% | 经济部、海市府、中行、中信 |
| | 中国桥梁公司 | 20,000,000.00 | 4,000,000.00 | 20% | 交通部、中行、中国兴业公司 |
| | 庐山电力缆车公司 | 1,000,000,000.00 | 100,000,000.00 | 10% | 五行局 |
| | 太一实业公司 | 1,200,000,000.00 | 60,000,000.00 | 5% | 各行局 |
| | 渤海航运仓库公司 | 5,000,000,000.00 | 2,500,000,000.00 | 50% | |
| | 上海市轮渡公司 | 1,500,000,000.00 | 246,867,000.00 | 16.4578% | 沪市府 |

## 交通银行投资数额表　（参加投资部份）

37年8月19日止

| 类别 | 公司名称 | 公司资本总额 | 本行投资股份面额 | 百分比 | 附　注 |
|---|---|---|---|---|---|
| 交通事业 | 沪闵长途汽车交通公司 | 60,000,000.00 | 30,000,000.00 | 50% | |
| | 川黔铁路 | 20,000,000.00 | 1,350,000.00 | 6.75% | 交通部、川省府、中行 |
| | 江南铁路 | 3,000,000.00 | 50,000.00 | 1.6666% | |
| | 厦门市轮渡公司 | 1,000,000,000.00 | 66,000,000.00 | 6.6% | 厦门市政府、中行、中信、闽省行 |
| | 梧州粤桂航业公司 | 1,400,000,000.00 | 200,000,000.00 | 14.2857% | |
| | 首都公共汽车公司 | 10,000,000,000.00 | 3,335,880,000.00 | 33.3588% | 南京市政府、六行局库 |
| | 复兴航业公司 | 900,000,000,000.00 | 20,135,351,341.40 | 22.3715% | |
| 公用事业 | 扬子电气公司 | 20,000,000,000.00 | 1,000,000,000.00 | 5% | 中国 |
| | 重庆电力公司 | 30,000,000.00 | 1,800,000.00 | 6% | 中中交农四行、川省行 |
| | 富源水力发电厂 | 1,000,000,000.00 | 104,250,000.00 | 10.425% | 经济部、川康兴业公司 |
| | 庐山电气公司 | 500,000.00 | 100,000.00 | 20% | 中行、江西省政府 |
| | 杭州电气公司 | 28,000,000,000.00 | 2,156,000,000.00 | 7.7% | 中行 |
| | 渝西自来水厂 | 4,880,000,000.00 | 244,000,000.00 | 5% | 经济部、海市府、中、农、信 |
| | 汉镇既济水电公司 | 7,620,000,000.00 | 202,998,660.00 | 2.664% | 湖北省政府、中行 |
| | 苏州自来水公司 | 3,000,000,000.00 | 5,000,000.00 | .1666% | 中国、中农、中信 |
| 企业 | 南亚企业公司 | 20,000,000.00 | 2,000,000.00 | 10% | |
| | 华侨企业公司 | 200,000,000.00 | 10,000,000.00 | 5% | 经济部、中信局 |
| | 蜀余企业公司 | 100,000,000.00 | 100,000,000.00 | 100% | |
| | 西宁兴业公司 | 2,000,000.00 | 500,000.00 | 25% | |
| | 京沪兴业公司 | 2,000,000,000.00 | 300,000,000.00 | 15% | 中行 |

## 交通银行投资数额表 （参加投资部份）

37年8月19日止

| 类别 | 公司名称 | 公司资本总额 | 本行投资股份面额 | 百分比 | 附注 |
|---|---|---|---|---|---|
| 企业 | 丰盛实业公司 | 5,000,000.00 | 50,000.00 | 1% | |
| | 长江实业公司 | 147,725,000.00 | 4,431,780.12 | 3% | |
| | 侨联实业公司 | 200,000,000.00 | 30,000,000.00 | 15% | 中行、邮汇局 |
| | 中国孚中实业公司 | 300,000,000.00 | 100,000,000.00 | 33.3333% | |
| | 华西建设公司 | 5,000,000.00 | 250,000.00 | 5.% | 中中交农四行、川省行 |
| | 新中国建设公司 | 3,500,000.00 | 50,000.00 | 1.43% | |
| | 中国工矿建设公司 | 10,000,000.00 | 328,000.00 | 3.28% | |
| | 黄浦港兴业公司 | 200,000,000,000.00 | 18,000,000,000.00 | 9% | 广东省政府、六行局库 |
| 运销事业 | 中华国货产销协进公司 | 6,000,000,000.00 | 1,200,000,000.00 | 20% | |
| | 中华国货联营公司 | 3,000,000,000.00 | 201,000,000.00 | 6.7% | 中行 |
| | 重庆中国国货公司 | 400,000,000.00 | 60,000,000.00 | 15% | 中行、川省行 |
| | 广州中国国货公司 | 200,000,000.00 | 30,000,000.00 | 15% | 中行 |
| | 首都中国国货公司 | 1,800,000,000.00 | 345,750,000.00 | 19.2083% | 中行、中信 |
| | 武汉中国国货公司 | 2,000,000,000.00 | 300,000,000.00 | 15% | 中行 |
| | 成都中国国货公司 | 40,000,000.00 | 800,000.00 | 2% | 中行 |
| | 贵阳中国国货公司 | 600,000,000.00 | 18,600,000.00 | 3.1% | 中行 |
| | 桂林中国国货公司 | 2,000,000,000.00 | 105,200,000.00 | 5.26% | 中行 |
| | 温州中国国货公司 | 1,000,000,000.00 | 50,000,000.00 | 5% | 中行 |

续上表

| 类别 | 公司名称 | 公司资本总额 | 本行投资股份面额 | 百分比 | 附注 |
|---|---|---|---|---|---|
| | 青岛中国国货公司 | 2,000,000,000.00 | 332,000,000.00 | 16.6% | 中行、中信、中纺公司 |
| | 福州中国国货公司 | 500,000,000.00 | 40,000,000.00 | 8% | 中行 |

## 交通银行投资数额表　（参加投资部份）

37年8月19日止

| 类别 | 公司名称 | 公司资本总额 | 本行投资股份面额 | 百分比 | 附注 |
|---|---|---|---|---|---|
| 运销事业 | 昆明中国国货公司 | 1,500,000,000.00 | 16,000,000.00 | 1.0666% | 中行 |
| | 天津中国国货公司 | 10,000,000,000.00 | 2,000,000,000.00 | 20% | 中行 |
| | 泉州中国国货公司 | 5,000,000,000.00 | 1,000,000,000.00 | 20% | 中行 |
| | 中国物产公司 | 10,000,000.00 | 2,000,000.00 | 20% | 中行湘、赣省府、粤、皖省行 |
| | 中国棉业公司 | 10,000,000.00 | 3,000,000.00 | 30% | 中行 |
| | 通济贸易公司 | 120,000,000.00 | 10,000,000.00 | 8.3333% | 五行局 |
| | 通成公司 | 1,000,000,000.00 | 200,000,000.00 | 20% | |
| | 中华实业信托公司 | 10,000,000,000.00 | 700,000,000.00 | 7% | |
| 金融事业 | 中央合作金库 | 60,000,000.00 | 5,000,000.00 | 8.3333% | |
| 保险事业 | 太平洋保险公司 | 5,000,000,000.00 | 2,250,000,000.00 | 45% | |
| | 太平产物保险公司 | 120,000,000.00 | 19,247,400.00 | 16.0395% | |
| | 太平人寿保险公司 | 1,000,000.00 | 204,500.00 | 20.45% | |
| | 中国人事保险公司 | 1,200,000,000.00 | 41,000,000.00 | 3.42% | 各行局 |
| 文化事业 | 中国文物公司 | 50,000,000.00 | 1,000,000.00 | 2% | 中、中、交、农、中信、邮汇、六行局 |

续上表

| 类别 | 公司名称 | 公司资本总额 | 本行投资股份面额 | 百分比 | 附注 |
|---|---|---|---|---|---|
| | 上海市文化信用合作社 | 6,000,000,000.00 | 50,000,000.00 | .83% | 七行局库 |
| | 中国新闻事业公司 | 10,000,000.00 | 2,500,000.00 | 25% | |
| | 上海自由论坛报 | 300,000,000.00 | 25,000,000.00 | 8.33% | |
| | 中美日报 | 800,000,000.00 | 5,000,000.00 | .625% | |
| | 金融日报 | 3,000,000,000.00 | 160,880,000.00 | 5.36% | 各行局库 |
| | 上海商报 | 1,400,000,000.00 | 5,000,000.00 | .367% | 各行局 |

## 交通银行投资数额表 （参加投资部份）

37年8月19日止

| 类别 | 公司名称 | 公司资本总额 | 本行投资股份面额 | 百分比 | 附注 |
|---|---|---|---|---|---|
| 文化事业 | 大刚报 | 50,000,000.00 | 5,030,000.00 | 10.06% | 中、交、农、中信、邮汇五行局 |
| | 中国经济通讯社 | 10,000,000,000.00 | 300,000,000.00 | 3% | 中、中、交、农、中信、邮汇六行局 |
| | 南京市文化信用合作社 | | 50,000,000.00 | | 六行局库 |
| 其他事业 | 云南蚕业新村公司 | 25,000,000.00 | 600,000.00 | 2.4% | 中行、中农 |
| | 中国公估行 | 5,000,000.00 | 104,000.00 | 2.08% | |
| | 上海证券交易所 | 1,000,000,000.00 | 100,000,000.00 | 10% | 各行局 |
| | 天津证券交易所 | 1,000,000,000.00 | 100,000,000.00 | 10% | 五行局 |
| | 总计 | | 176,208,043,781.52 | | |

〔国民政府财政部档案〕

## 4. 交通银行1948年度上半年业务报告

（1948年10月）

交通银行卅七年上半年业务报告

甲、一般存汇业务

一、存款

年来市拆高昂，物价上涨，吸揽存款，既感艰困。四月间复以奉行军政机关公款存汇办法，将收存之此项存款，悉数移转国库，至是揽存之途径益狭，而物价日见高涨，所有公用、交通、工矿各事业，其期求本行之协助者，愈感急切。本行为应因计，自维努力吸存，以裕资金。故于揽存方式，除依照预订计划，随时遵照当地四联分支机构商订划一办法调整存款利率外，并加强代理公私事业机关、厂矿收付事宜，或前往各该机关、厂矿敷设临时服务机构，一面核定各行属增存目标，分别督率努力推进。截至六月底止，普通存款总余额计拾壹万叁千壹百柒拾伍亿元，较卅六年底总余额壹万柒千零贰拾捌亿元比增玖万陆千壹百肆拾柒亿元，较之预订半年增存目标，国内各行属总计叁千亿元比增柒万玖千壹百陆拾捌亿元，超达廿六倍以上。所有存款进度情形，各属逐月存额及存款对象分类，暨各属派员前往收付，或临时敷设服务机构之各该公私事业机关、厂矿单位数额，兹分别列表于次：

卅七年上期普通存款进度表　　单位：亿元

| 行属 | 三十七年六月底余额 | 三十六年底余额 | 比增 | 预定半年增存目标 | 实际增存与预定目标比较 | |
|---|---|---|---|---|---|---|
| 沪属 | 11,108 | 1,698 | 9,410 | 500 | 增 | 8,910 |
| 京属 | 10,733 | 2,802 | 7,931 | 500 | 增 | 7,431 |
| 津属 | 18,444 | 1,704 | 16,740 | 400 | 增 | 16,340 |
| 汉属 | 5,293 | 525 | 4,768 | 200 | 增 | 4,568 |

续上表

| 行　属 | 三十七年六月底余额 | 三十六年底余额 | 比　增 | 预定半年增存目标 | 实际增存与预定目标比较 | |
|---|---|---|---|---|---|---|
| 秦　属 | 5,847 | 711 | 5,136 | 400 | 增 | 4,736 |
| 渝　属 | 5,844 | 495 | 5,349 | 100 | 增 | 5,249 |
| 沈　属 | 19,795 | 1,992 | 17,803 | 250 | 增 | 17,553 |
| 青　属 | 4,391 | 619 | 3,772 | 100 | 增 | 3,672 |
| 浙　属 | 2,355 | 295 | 2,060 | 75 | 增 | 1,985 |
| 粤　属 | 3,507 | 418 | 3,089 | 200 | 增 | 2,889 |
| 桂　属 | 832 | 161 | 671 | 75 | 增 | 596 |
| 湘　属 | 3,120 | 240 | 2,880 | 60 | 增 | 2,820 |
| 赣　属 | 671 | 67 | 604 | 50 | 增 | 554 |
| 闽　属 | 1,681 | 236 | 1,445 | 75 | 增 | 1,370 |
| 滇　属 | 487 | 124 | 363 | 10 | 增 | 353 |
| 黔　属 | 174 | 27 | 147 | 5 | 增 | 142 |
| 小　计 | 94,282 | 12,114 | 82,168 | 3,000 | 增 | 79,168 |
| 国外行 | 18,794 | 4,724 | 14,070 | | | |
| 总　处 | 99 | 190 | 减　91 | | | |
| 小　计 | 18,893 | 4,914 | 13,979 | | | |
| 总　计 | 113,175 | 17,028 | 96,147 | | | |

卅七年上期逐月普通存款余额表　　　　单位:亿元

| 行　属 | 一月份 | | 二月份 | | 三月份 | | 四月份 | | 五月份 | | 六月份 | |
|---|---|---|---|---|---|---|---|---|---|---|---|---|
| | 定期 | 活期 | 定期 | 活期 | 定期 | 活期 | 定期 | 活期 | 定期 | 活期 | 定期 | 活期 |
| 沪　属 | 1 | 2,234 | 1 | 5,612 | 68 | 6,139 | 68 | 8,779 | 454 | 10,411 | 496 | 10,612 |
| 京　属 | 1 | 3,368 | | 3,509 | | 7,726 | 151 | 6,080 | 201 | 8,454 | 219 | 10,514 |
| 津　属 | 52 | 1,989 | 52 | 3,129 | 52 | 4,453 | 52 | 5,828 | 87 | 7,934 | 37 | 18,407 |

续上表

| 行属 | 一月份 | | 二月份 | | 三月份 | | 四月份 | | 五月份 | | 六月份 | |
|---|---|---|---|---|---|---|---|---|---|---|---|---|
| | 定期 | 活期 | 定期 | 活期 | 定期 | 活期 | 定期 | 活期 | 定期 | 活期 | 定期 | 活期 |
| 汉属 | | 1,032 | | 1,362 | 1 | 1,774 | 1 | 2,559 | 66 | 4,882 | 66 | 5,227 |
| 秦属 | | 975 | | 1,223 | | 1,848 | 2 | 2,752 | 6 | 5,218 | 10.5 | 5,742 |
| 渝属 | | 724 | | 1,106 | | 1,665 | | 2,148 | 30 | 3,021 | | 5,844 |
| 沈属 | 2 | 1,684 | 2 | 1,597 | 2 | 3,094 | 1 | 5,361 | 1 | 7,898 | 2 | 19,793 |
| 青属 | | 580 | | 693 | | 1,355 | | 1,940 | | 2,523 | | 4,391 |
| 浙属 | | 379 | | 535 | | 951 | | 1,126 | | 1,195 | | 2,355 |
| 粤属 | | 571 | | 891 | | 783 | | 1,609 | | 1,983 | | 3,507 |
| 桂属 | | 271 | | 409 | | 425 | | 852 | | 1,228 | | 832 |
| 湘属 | | 249 | | 558 | | 688 | | 1,335 | | 1,869 | | 3,120 |
| 赣属 | | 123 | | 140 | | 236 | | 337 | 30 | 562 | 30 | 641 |
| 闽属 | 11 | 336 | 11 | 553 | 6 | 630 | 8 | 1,041 | 12 | 1,343 | 17 | 1,664 |
| 滇属 | | 122 | | 216 | | 249 | | 424 | | 664 | | 487 |
| 黔属 | | 75 | | 55 | | 70 | | 162 | | 203 | | 174 |
| 小计 | 67 | 14,712 | 66 | 21,588 | 129 | 32,086 | 283 | 42,333 | 887 | 59,388 | 972 | 93,301 |
| 国外行 | 539 | 4,439 | 537 | 4,439 | 544 | 4,585 | 545 | 4,267 | 37 | 3,956 | 195 | 18,599 |
| 总处 | | 66 | | 66 | | 190 | | 156 | | 53 | | 99 |
| 小计 | 539 | 4,505 | 537 | 4,505 | 544 | 4,775 | 545 | 4,423 | 37 | 4,009 | 195 | 18,698 |
| 总计 | 606 | 19,217 | 603 | 26,093 | 673 | 36,861 | 828 | 46,756 | 924 | 63,397 | 1,167 | 112,008 |

卅七年上期存款余额对象分类表　　单位:亿元

| 行属 | 存款余额 | 工矿 | | 购销 | | 公库 | | 其他 | |
|---|---|---|---|---|---|---|---|---|---|
| | | 余额 | 百分比 | 余额 | 百分比 | 余额 | 百分比 | 余额 | 百分比 |
| 沪属 | 11,108 | 5,089 | 46 | 756 | 7 | 333 | 3 | 4,930 | 44 |
| 京属 | 10,733 | 2,431 | 23 | 211 | 2 | 152 | 1 | 7,939 | 74 |
| 津属 | 18,444 | 11,218 | 61 | 278 | 1 | 595 | 3 | 6,343 | 35 |
| 汉属 | 5,293 | 1,323 | 25 | 232 | 4 | 2,427 | 46 | 1,311 | 25 |
| 秦属 | 5,847 | 3,402 | 58 | 44 | 1 | 612 | 10 | 1,789 | 31 |

续上表

| 行属 | 存款余额 | 工矿 | | 购销 | | 公库 | | 其他 | |
|---|---|---|---|---|---|---|---|---|---|
| | | 余额 | 百分比 | 余额 | 百分比 | 余额 | 百分比 | 余额 | 百分比 |
| 渝属 | 5,844 | 2,929 | 50 | 538 | 9 | 970 | 17 | 1,407 | 24 |
| 沈属 | 19,795 | 16,800 | 85 | | | | | 2,995 | 15 |
| 青属 | 4,391 | 3,485 | 79 | 164 | 4 | 3 | | 739 | 17 |
| 浙属 | 2,355 | 688 | 29 | 95 | 4 | 739 | 31 | 833 | 36 |
| 粤属 | 3,507 | 589 | 17 | 562 | 16 | 1,021 | 29 | 1,335 | 38 |
| 桂属 | 832 | 520 | 63 | 152 | 18 | 1 | | 159 | 19 |
| 湘属 | 3,120 | 1,703 | 55 | 213 | 7 | 901 | 29 | 303 | 9 |
| 赣属 | 671 | 400 | 60 | 118 | 17 | | | 153 | 23 |
| 闽属 | 1,681 | 73 | 4 | 188 | 11 | 25 | 2 | 1,395 | 83 |
| 滇属 | 487 | 381 | 78 | 46 | 9 | | | 60 | 13 |
| 黔属 | 174 | 76 | 44 | 31 | 18 | | | 67 | 38 |
| 小计 | 94,282 | 51,107 | 54 | 3,628 | 4 | 7,779 | 8 | 31,768 | 34 |
| 国外行 | 18,794 | 188 | 1 | 548 | 3 | | | 18,058 | 96 |
| 总处 | 99 | | | | | | | 99 | 100 |
| 小计 | 18,893 | 188 | 1 | 548 | 3 | | | 18,157 | 96 |
| 总计 | 113,175 | 51,295 | 45 | 4,176 | 4 | 7,779 | 7 | 49,925 | 44 |

## 派员前往公私事业机关厂矿办理收付款或临时敷设机构统计表

| 行属 | 机构数额 |
|---|---|
| 沪属 | 30 |
| 京属 | 10 |
| 汉属 | 14 |

续上表

| 行属 | 机构数额 |
|---|---|
| 秦属 | 8 |
| 青属 | 8 |
| 粤属 | 3 |
| 湘属 | 2 |
| 闽属 | 3 |
| 滇属 | 2 |
| 合计 | 80 |

二、汇款

本年对于疏畅国内汇款，除协助中央银行转汇库款及承办未设中央银行机构地点军政汇款仍继续努力外，并尽量便利一般工商汇款，间接促使物资之畅通。至规定限汇地区，则随时严格遵行，以期配合国策，达成任务。截至六月底止，国内汇出汇款总数计肆拾捌万零零肆拾壹亿元，较卅六年上期总数贰万伍千伍百肆拾陆亿元，比增肆拾伍亿〔万〕肆千肆百玖拾伍亿元，较卅六年全年总数拾万零贰千肆百肆拾玖亿元，亦比增叁拾柒万柒千伍百玖拾贰亿元。兹将汇出汇款进度及逐月汇出汇入数额分别列表如次：

卅七年上期国内各行属汇出汇款进度表　单位：亿元

| 行属 | 三十七年上期 | 三十六年上期 | 三十六年全年 | 比较增减 | | | |
|---|---|---|---|---|---|---|---|
| | | | | 与三十六年上期比较 | | 与三十六年全年比较 | |
| 沪属 | 64,446 | 3,678 | 13,733 | 增 | 60,768 | 增 | 50,713 |
| 京属 | 63,625 | 3,203 | 13,819 | 增 | 60,422 | 增 | 49,806 |
| 津属 | 51,137 | 3,168 | 15,138 | 增 | 47,969 | 增 | 35,999 |
| 汉属 | 27,239 | 2,145 | 6,836 | 增 | 25,094 | 增 | 20,403 |

续上表

| 行属 | 三十七年上期 | 三十六年上期 | 三十六年全年 | 比较增减 | | | |
|---|---|---|---|---|---|---|---|
| | | | | 与三十六年上期比较 | | 与三十六年全年比较 | |
| 秦属 | 36,237 | 2,931 | 9,995 | 增 | 33,306 | 增 | 26,242 |
| 渝属 | 34,370 | 1,763 | 6,923 | 增 | 32,607 | 增 | 27,447 |
| 沈属 | 79,870 | 1,757 | 7,274 | 增 | 78,113 | 增 | 72,596 |
| 青属 | 19,773 | 1,131 | 4,972 | 增 | 18,642 | 增 | 14,801 |
| 浙属 | 25,362 | 1,519 | 8,359 | 增 | 23,843 | 增 | 17,003 |
| 粤属 | 14,518 | 782 | 3,166 | 增 | 13,736 | 增 | 11,352 |
| 桂属 | 11,184 | 627 | 2,467 | 增 | 10,557 | 增 | 8,717 |
| 湘属 | 18,435 | 974 | 3,530 | 增 | 17,461 | 增 | 14,905 |
| 赣属 | 9,422 | 688 | 2,234 | 增 | 8,734 | 增 | 7,188 |
| 闽属 | 17,679 | 731 | 2,454 | 增 | 16,948 | 增 | 15,225 |
| 滇属 | 3,094 | 179 | 628 | 增 | 2,915 | 增 | 2,466 |
| 黔属 | 3,650 | 270 | 921 | 增 | 3,380 | 增 | 2,729 |
| 总计 | 480,041 | 25,546 | 102,449 | 增 | 454,495 | 增 | 377,592 |

卅七年上期国内各行属逐月汇出汇款数额表　单位:亿元

| 行属 | 一月份 | 二月份 | 三月份 | 四月份 | 五月份 | 六月份 | 合计 |
|---|---|---|---|---|---|---|---|
| 沪属 | 2,902 | 3,001 | 6,853 | 8,415 | 16,006 | 27,269 | 64,446 |
| 京属 | 2,237 | 3,221 | 9,347 | 11,991 | 13,964 | 22,865 | 63,675 |
| 津属 | 1,693 | 2,513 | 5,559 | 8,383 | 11,935 | 21,054 | 51,137 |
| 汉属 | 1,514 | 2,287 | 3,046 | 3,738 | 6,163 | 10,491 | 27,239 |
| 秦属 | 2,050 | 2,321 | 3,651 | 6,170 | 8,807 | 13,238 | 36,237 |
| 渝属 | 1,398 | 2,100 | 4,153 | 5,256 | 8,119 | 13,344 | 34,370 |
| 沈属 | 2,383 | 2,625 | 4,606 | 10,223 | 21,806 | 38,227 | 79,870 |
| 青属 | 876 | 909 | 2,278 | 3,015 | 3,739 | 8,956 | 19,773 |

续上表

| 行属 | 一月份 | 二月份 | 三月份 | 四月份 | 五月份 | 六月份 | 合计 |
|---|---|---|---|---|---|---|---|
| 浙属 | 2,054 | 3,474 | 5,371 | 3,142 | 4,183 | 7,138 | 25,362 |
| 粤属 | 979 | 555 | 1,416 | 1,978 | 3,490 | 6,100 | 14,518 |
| 桂属 | 582 | 668 | 1,264 | 1,966 | 3,063 | 3,641 | 11,184 |
| 湘属 | 750 | 1,107 | 2,118 | 3,261 | 5,622 | 5,577 | 18,435 |
| 赣属 | 408 | 706 | 1,220 | 1,230 | 2,426 | 3,432 | 9,422 |
| 闽属 | 543 | 712 | 1,697 | 2,464 | 5,050 | 7,213 | 17,679 |
| 滇属 | 204 | 133 | 475 | 271 | 828 | 1,183 | 3,094 |
| 黔属 | 287 | 202 | 392 | 483 | 734 | 1,552 | 3,650 |
| 总计 | 20,860 | 26,534 | 53,446 | 71,986 | 115,935 | 191,280 | 480,041 |

卅七年上期国内各行属逐月汇入汇款数额表　　单位:亿元

| 行属 | 一月份 | 二月份 | 三月份 | 四月份 | 五月份 | 六月份 | 合计 |
|---|---|---|---|---|---|---|---|
| 沪属 | 3,856 | 4,985 | 11,983 | 18,481 | 25,349 | 34,453 | 99,107 |
| 京属 | 1,942 | 1,286 | 2,857 | 4,001 | 8,782 | 11,122 | 29,990 |
| 津属 | 3,375 | 3,767 | 8,322 | 14,931 | 26,683 | 36,953 | 94,031 |
| 汉属 | 1,317 | 2,497 | 3,700 | 3,719 | 7,899 | 9,456 | 28,588 |
| 秦属 | 1,436 | 2,071 | 2,518 | 4,561 | 6,286 | 9,131 | 26,003 |
| 渝属 | 1,356 | 2,006 | 4,795 | 5,120 | 7,498 | 12,420 | 33,195 |
| 沈属 | 529 | 1,052 | 885 | 1,319 | 2,195 | 10,335 | 16,315 |
| 青属 | 345 | 682 | 1,505 | 1,984 | 2,353 | 7,978 | 14,047 |
| 浙属 | 1,564 | 3,289 | 4,587 | 4,468 | 6,191 | 6,879 | 26,978 |
| 粤属 | 730 | 780 | 2,570 | 2,366 | 5,181 | 6,625 | 18,252 |
| 桂属 | 426 | 456 | 866 | 1,467 | 1,688 | 2,652 | 7,555 |
| 湘属 | 628 | 932 | 1,612 | 2,495 | 3,453 | 6,128 | 15,248 |
| 赣属 | 457 | 559 | 1,166 | 1,083 | 2,052 | 3,153 | 8,470 |
| 闽属 | 546 | 500 | 908 | 1,505 | 2,225 | 3,154 | 9,135 |
| 滇属 | 113 | 211 | 416 | 399 | 663 | 1,378 | 3,180 |

续上表

| 行　属 | 一月份 | 二月份 | 三月份 | 四月份 | 五月份 | 六月份 | 合　计 |
|---|---|---|---|---|---|---|---|
| 黔　属 | 289 | 188 | 405 | 446 | 574 | 1,027 | 2,929 |
| 合　计 | 18,909 | 25,561 | 49,095 | 18,345 | 109,072 | 162,844 | 433,826 |

三、储蓄

本年度全年收储目标为贰千亿元，截至六月底止，收储总额伍千捌百陆拾柒亿元，较卅六年底总余额壹千叁百柒拾叁亿余元，增加肆千肆百玖拾肆亿元，已超过目标甚巨。就内容分析：

㈠ 普通储蓄存款余额肆千零贰拾贰亿元，较上年底柒百零陆亿元增加叁千叁百拾陆亿元，其中定期为贰百捌拾壹亿元，活期为叁千柒百肆拾壹亿元。其本年度为适应环境而举办之各种储蓄，除优利分红储蓄存款尚在研讨中外，其余如：

1. 旅行支票储蓄存款，于本年三月起在京沪等行处开办，票面原分贰拾万元、伍拾万元、壹百万元三种，近复添印伍百万元、壹千万元票面两种，以适应社会需要，深具号召力量。各行处纷请开办。现指定举办此项存款业务者，已达五十行处，六月底存额已达壹千余亿元，今后拟更努力，俾得大量开展。

2. 礼券储蓄存款，于本年二月间开办以来，社会称便，成绩亦尚可观。

3. 定额支票储蓄存款，此项存款，抗战时期后方行处早已开办，嗣因面额过小，不合需要。复员以后，筹备恢复，经呈准财政部改印壹千万元票面一种，并已通函各行处准备开办。此项支票具有保付支票性质，足以提高储蓄支票信用，以其过去之成绩预料，推行前途必可乐观。

㈡ 节建储蓄存款余额为伍拾陆亿肆千余万元，其中节建储金叁千余万元，较上年底柒百余万元，增加贰千叁百余万元。节建储券伍拾陆亿壹千余万元，较上年底拾壹亿陆千余万元，增加肆拾肆亿伍千余万元。

㈢ 美金储券早经奉命结束，未兑美金共计伍拾肆万陆千捌百伍拾元，按记帐定价折合国币壹千柒百柒拾肆亿元。

㈣ 乡镇公益储蓄，计公益基金储蓄余额为壹千伍百余万元，乡镇公益储蓄余额拾叁亿陆千余万元。

四、信托

㈠ 信托存款　　截至六月底止，信托存款总余额为叁千陆百叁拾壹亿元，较上年底总余额叁百贰拾陆亿余元，比增叁千叁百零伍亿元，其中定期存款六千余万元，活期存款叁千陆百叁拾亿余元。

㈡ 垫款代理购运原料及成品：

1. 垫款代理购运原料　　此项业务约分工业、纺织及酿造等三类，上期垫购总额为国币肆百贰拾余亿元，其中工业原料贰百捌拾柒亿元，占 70%，纺织原料壹百拾贰亿余元，占 25%，酿造原料贰拾肆亿余元，占 5%。

2. 垫款代理运销成品　　此项业务约分民生日用品、纺织机件及包装用品三类，上期垫贷总额国币贰百陆拾余亿元，其中日用品部分计贰百拾玖亿余元，占 81%，纺织机件叁拾肆亿元，占 15%，包装用品拾亿元，占 4%。

㈢ 承受及经募公司股款及经付股息：

1. 承受及经募公司股款　　本年上期承受各公司增资股款，计有湘三厂陆拾伍亿玖千余万元，华新水泥公司贰拾叁亿壹千余万元，中央制药厂捌拾伍亿元，及信丰阜记面粉厂贰百伍拾亿元。至经募部份，则有新光内衣公司拾捌亿元，湘三厂壹百贰拾玖亿余元，华新水泥公司肆千余万元，及中央制药厂壹百拾肆亿玖千余万元。

2. 经付股息　　五月份开始，代理经付上海市轮渡公司股款利息，截至六月底止，计代付壹亿捌千陆百余万元。

㈣ 仓库　本行信托部总仓库容积三百万立方尺，为沪市最大仓库。本年上期寄托物进仓，以洋纸、棉花为大宗，出仓以茶叶、杂货较多。外埠行处设有仓库者，并已陆续增至三十余处。

㈤ 其他代理业务：

1. 代理买卖短期国库券　本年六月份起，接受国行委托代理买卖短期国库券，全月份计代购入金额叁拾陆万玖千肆百玖拾叁亿余元，卖出叁拾陆万捌千捌百陆拾肆亿余元，共收代理买卖手续费捌亿肆千伍百贰拾柒万余元。

2. 代理保险　上期代理客户向太平洋保险公司及中信局产险处投保火险、运输险、汽车险，保额共国币肆千玖百玖拾余亿元，核收代理手续费共贰拾柒亿伍千余万元。

3. 此外对于代客保管、代办土地登记、代理经租、代国库局经收库款等，亦均继续推展。

五、其他

㈠ 经收侨汇

本行经收侨汇，除越南方面因受当地法令限制并未做开外，他若非列滨及印缅两区，以侨汇汇率按照平衡会挂牌市价折算，虽能不时调整，六月份起，并实施结汇证制，但与黑市汇率距离尚远，侨汇收入仍无起色。综计本年一月份起至六月底止，折合国币共仅叁拾肆亿贰千柒百叁拾柒万余元，数甚微末殊不足道。以后如能将结汇证价格充分提高，俾与黑市汇率接近，则侨汇当可大量增进也。

㈡ 办理进出口结汇

本年上半年，政府方面对输入许可证限制甚严，核准不多。而输出方面，又以平衡会挂牌市价与黑市汇率相差颇远，输出数量亦少。自六月起实施结汇证办法后，输出入均较前活泼。本行自一月份起至六月底止，经办进出口结汇，计结售出口外汇美金肆百捌拾贰万余元，英金柒拾玖万玖千余镑，港币贰百肆拾余万元，罗比肆千余盾，星币玖千余元。结售进口外汇，计美金壹百柒拾伍万余元，英金陆万肆千余镑，港币叁百叁拾万元，罗比叁拾伍万盾，星币肆万肆千余元，澳币叁千余镑。兹分别列表于次：

三十七年一至六月份进口结汇统计表

| 币　　别 | | 结汇数额 | 备　注 |
| --- | --- | --- | --- |
| 美　金 | U.S.$ | 1,757,608.39 | |
| 英　金 | £ | 64,811-11-1 | |
| 港　币 | HK$ | 3,297,281.66 | |
| 卢　比 | RS | 349,960-0-0 | |
| 星　币 | ST$ | 44,716.10 | |
| 澳　币 | A£ | 3,881-2-0 | |

三十七年一至六月经办出口结汇统计表

| 币　　别 | | 结汇数额 | 备　注 |
| --- | --- | --- | --- |
| 美　金 | U.S.$ | 4,821,164.35 | |
| 英　金 | £ | 799,236-19-2 | |
| 港　币 | HK$ | 2,439,503.19 | |
| 罗　比 | RS | 4,315-2-0 | |
| 星　币 | ST$ | 9,333.00 | |

乙、放款及投资业务

一、放款

本年度放款业务，本专业之使命，配合国策，以协助生产，增裕国民经济为前提。截至六月底止，放款总余额计十二万四千零八十九亿余元，较卅六年底总余额二万零八百十九亿余元，比增十万零三千二百七十亿余元。就性质分析，计：

1. 定期放款　六月底余额为二万六千四百九十一亿余元，较上年底余额四千二百卅四亿余元，比增二万二千二百五十七亿余元。

2. 活期放款　　六月底余额为六万四千五百四十四亿余元，较上年底余额一万一千五百四十三亿余元，比增五万三千零一亿余元。

3. 贴现及押汇　　六月底余额为三万三千零五十四亿元，较上年底余额五千零四十亿余元，比增二万八千零十四亿元。

至各项放款之内容，除国外各行外，兹再分析比较如后：

（甲）专业放款

1. 工矿事业放款余额计六万一千一百卅六亿余元，占放款总额百分之六十，较上年底余额一万零七百六十五亿余元，比增五万零三百七十一亿余元。

2. 交通事业放款余额计一万零七百廿六亿元，占放款总额百分之十一，较上年底余额二千七百零五亿余元，比增八千零廿一亿元。

（乙）普通放款

1. 粮食放款余额计一千八百八十二亿元，占放款总额百分之二，较上年底余额一百五十七亿余元，比增一千七百廿五亿元。

2. 购销放款余额计一万六千二百六十六亿余元，占放款总额百分之十六，较上年底余额一千五百零二亿余元，比增一万四千七百六十四亿余元。

3. 盐务放款余额计五千五百五十二亿元，占放款总额百分之五，较上年底余额七百五十四亿余元，比增四千七百九十八亿元。

4. 其他放款余额计六千三百六十三亿余元，占放款总额百分之六，较上年底余额一千八百卅一亿余元，比增四千五百卅二亿余元。

综计国内各行处专业放款总余额为七万一千八百六十二亿余元，占放款总额百分之七十一，普通放款总余额为三万零零六十三亿余元，占放款总额百分之二十九。

至其累计数字有如下表：

单位：百万元

(1) 卅七年一至六月份专业放款总额——————9,385,769

1.

| | 类别 | 金额 |
|---|---|---|
| 交通事业 | 铁路 | 528,090 |
| | 公路 | 56,710 |
| | 轮船 | 937,015 |
| | 其他交通事业 | 48,050 |
| | 小计 | 1,569,865 |

2.

| | 类别 | 金额 |
|---|---|---|
| 公用事业 | 电力 | 859,840 |
| | 自来水 | 45,150 |
| | 其他公用事业 | 308,110 |
| | 小计 | 1,213,100 |

3.

| | 类别 | 金额 |
|---|---|---|
| 工矿事业 | 矿业 | 1,768,515 |
| | 机械 | 475,888 |
| | 纺织 | 2,040,793 |
| | 食用 | 828,880 |
| | 化工 | 672,269 |
| | 其他工业 | 816,459 |
| | 小计 | 6,602,804 |

(2) 卅七年一至六月份普通放款总额——8,479,347

| 类别 | 金额 |
|---|---|
| 盐务 | 1,064,712 |
| 出口物资 | 3,236,131 |
| 民生日用品运销及其他 | 4,178,304 |

总计——17,865,116

(3) 卅七年一至六月份代政府收购成品及定货贷款——573,328

| | 金额 |
|---|---|
| 收购成品 | 82,078 |
| 定货贷款 | 491,250 |

就表列数字观之,本行一至六月放款累计总额共十七万八千余亿元,其中专业放款九万三千余亿元,大都期限六个月最长,周转较缓。普通放款八万四千余亿元,均系短期运销押汇及出口物资贷款。另承做代政府收购成品及定货贷款总数共五千七百亿元。

以上系半年来放款综述。兹再进一步根据本年所拟全年放款业务计划加以分析与检讨:

㈠ 关于扶助交通公用事业方面,原计划要点,交通事业以铁路、公路、轮船、航空、电信之整理与拓展为主,本年上期恢复放款以来,即本此目标办理。并以时值戡乱紧急时期,对于军运交通系统之维持为首要,故贷款方面亦特别侧重铁路与轮船。计本年上期对于铁路之修复、赶工等贷款,数达四千一百四十七亿元。协助赶工筑路者,计有浙赣、湘桂、黔江、南成渝各路;协助复路及抢修者,计有津浦、陇海、平汉各路。至于平时各路局周转所需,除上述各路外,复有京沪、淮南、粤汉、川滇、滇越、平津各路,总计一千零二十五亿元,已包括全国各铁路在内。其次公用事业原计划列电力为积极办理之主要对象，本年上期除对资委会所属各电厂均在资委会工贷案内配贷外，其余曾各别提出贷放，并拟具华中电力事业贷款计划，提奉四联核嘱按业务贷款个别核贷，业经分别办理。综计电业贷款，共贷增加设备款二千零五十亿元，购储燃料等周转资金一千九百二十二亿元，包括全国各大小都市电力事业在内。

㈡ 查目前华北煤矿，大都已陷停顿，产运困难。经济部为补救计，积极提倡增加华南、华中煤业生产。故本行为配合国策起见，本年对于扶植工矿事业方面，亦即以煤矿为首要对象。并以通盘计划核贷为原则，本年上期先经核定第一区煤矿增产贷款总额八千一百七十亿元（其中建设贷款六千亿元，收煤贷款一千零五十亿元，周转贷款一千一百二十亿元）。建设及周转部份，陆续于五月下旬及六月上旬先后订约贷放，收煤部份则以系受国行委托办理，迟于下期初始行洽办。兹将各矿贷款成效分述如下：

Ⓐ 淮南矿路公司（建设贷款五千三百亿元，收煤贷款七百亿元）贷款用途，原指定作铺设淮南铁路永裕段之用。贷款后积极继续进行复路工作，目前所集材料，可供铺至巢县之需，巢县以下至裕溪口一段材料，尚无着落，主要原因在申贷后，物价增涨，不能照原计划购置。至筑路工程方面，现已铺完二十余公里，预计两个月内可以展筑至合肥。

Ⓑ江南煤矿公司（建设贷款二百五十亿元，中交四六分放）贷款原定用途为改良土井及续凿新井。现改良土井工作，坑道修整已完成十分之七，绞车已装竣，钢轨亦已购妥一部，待各路工程及设备完成后，即可照原计划，自日产八十吨增至二百吨。且目前初步增产已在逐步实现。至续凿新井，已进至全程之百分之六五（九十六公尺），因申贷后物价激涨，未能照原计划备齐各项材料，现正续请增借（已奉准增贷一千二百五十亿元）。待各项材料购齐后，不难于三数月内完成，初期产量估计可达日产五百吨。

Ⓒ华东煤矿公司（建设贷款二百三十亿元，收煤贷款三百五

十亿元，周转贷款一百二十亿元，中交四六分放）贷款后，作续做韩桥三、四两号新井之用。湘南煤矿局（建设贷款二百二十亿元，中交各半）贷款，则为资兴矿场复矿之需，以订借较迟，在上期中尚鲜进展，须在下期考核。至中兴煤矿公司（周转贷款一千亿元，中交四六分放）贷款，则专为增加供销数量周转之需，其供销数量胥视津浦路运量而定，亦因订借较迟，详细效果须待下期考核。

㊂ 关于收购成品、定货贷款二项，所以协助政府掌握物资，原计划列明尽先推行。本年上期办理尚具成绩，总计收购成品共八百二十余亿元，定货贷款共四千九百十余亿元，其中一部份系在二月间办理，当时物价尚低，故数字较小，实际以目前衡量，价值已增数十倍。收购及定货范围，包括水泥、纸张、棉织品、化学品、火柴、矿产、食盐、皮革、机械、燃煤、钢铁、电工器材等十二类，亦尚广泛。兹将分类数额统计列表如下：

(1) 收购成品　　　　单位：百万元

| 物品名称 | 金额 |
|---|---|
| 水泥 | 22,467 |
| 纸张 | 4,500 |
| 棉织品 | 18,913 |
| 化学品 | 3,400 |
| 火柴 | 1,530 |
| 矿业 | 4,450 |
| 食盐 | 20,000 |
| 皮革 | 600 |
| 机械 | 6,218 |
| 合计 | 82,078 |

(2) 定货贷款

| 物品名称 | 金额 |
|---|---|
| 煤 | 131,094 |
| 钢铁 | 233,505 |
| 机械 | 96,076 |
| 电工 | 30,575 |
| 合计 | 491,250 |

二、投资

本行办理各种生产事业投资，截至六月底止，总计投资面〔数〕额一千六百九十八亿元，较上年十一月底数额二百三十四亿元，计增加一千四百六十四亿余元。上项增加数额，除各该事业办理升值者外，实际增投七百八十七亿元。兹将投资事业种类、单位、数额分析比较附表如下：

交通银行投资事业分类单位及数额比较表

37年6月30日　　单位：亿元

| 投资类别 | 投资单位 | 投资数额 | 百分比 |
|---|---|---|---|
| 工矿事业 | 91 | 1,039 | 61.20% |
| 交通公用事业 | 30 | 329 | 19.38% |
| 渔林事业 | 6 | 77 | 4.53% |
| 企业运销事业 | 33 | 214 | 12.59% |
| 其他事业 | 43 | 39 | 2.30% |
| 总计 | 203 | 1,698 | 100% |

说明：1. 本表根据各行本年上期营业及信托固有会计证券与投资两科目数字编列。

2. 本表数字均按投资票面额计算。

根据上表所列，投资事业以工矿事业之一千零卅九亿元为最多，计占总额百分之六一强。次为交通公用事业，计三百廿九亿元，占总额百分之一九强。渔、林事业计七十七亿元，占百分之四强。投资单位，亦以工矿事业为最多，计九十三单位，占总单位百分之四十四强，交通公用事业计三十单位，占百分之十四强。工矿事业无论在单位及数额方面，均占投资事业之第一位。就工矿、交通、渔林三类投资总额，计占百分之八十五以上，足征趋向于专业之情形。至数额较巨之事业单位，为纺织工业之裕湘纺织公司一百卅四亿元，中本纺织公司四十四亿元，西南纺织公司四十七亿元，四川绢纺厂四十亿元，食用工业之阜记面粉厂二百五十亿元，南京榨油厂十亿元，中国盐业公司卅亿元，制药工业之中央制药厂一百十亿元，造纸工业之中国纸厂八十九亿元，建筑工业之金城砖瓦公司卅亿元，其他工业如中央湿电池制造厂三十亿元，贵州企业公司十三亿元，首都公共汽车公司四十三亿元，渤海航运公司二十五亿元，公用事业扬子电气公司十亿元，杭州电厂廿一亿元，运销事业之中华国货产销协进公司十二亿元，各地中国国货公司共十五亿元。最近粤省府等组之黄埔港兴业公司，本行并摊认股份一百八十亿元。

丙、承办华侨复业贷款

本行经办菲律宾区及缅甸区华侨复业贷款，原订贷款总额各为美金五百万元。兹将本年上期经办情形分述如次：

A、菲律宾区　　该区贷放基金由中央银行拨到美金四十万元，因每户最高贷额过低，申请者并不踊跃。贷户到期时，除全部偿清者外，转期各户大都先还一部份。截至六月底止，尚余信透三十二户，共美金二万九千七百元，押透二十九户，共美金十一万四千五百元。

B、缅甸区　　该区侨贷基金先后由中央银行拨到计共为英金二十五万镑，折合美金仅一百万元。查该区因战事期间侨胞损失惨重，申请贷款者极多，而基金有限不敷分配，办理甚为困难。截至六月底止，除已到期清偿者外，尚贷出信放十六笔，共缅币一万八千盾，押放一百三十九户，共国币三百十九万四千盾，内到期续转者共四十户，又到期尚未清偿者，尚有七十户，共缅币一百四十四万二千盾，则以依照规定侨贷到期时续转不得超过六个月，而该区贷户于转期到期时，因贷款已购存商品，或用于经营事业，一时无力偿还，纷请再予延转。本行以格于规定，除严加催索外，已呈请财部核示。

丁、本年上期决算报告

查本行卅七年上期总结算，因分支行处遍设国内外各地，交通不便，表报未到齐，尚未办竣。兹将该期资负情形编制概况表，并估计该区损益撮述如左：

三十七年上期全体纯益估计为三千四百七十三亿，利益项下为营业收入三兆零三百四十七亿，营业外收入为一百六十五亿，利益合计三兆零五百十二亿。损失项下为营业支出二兆六千零二十三亿，营业外支出一千零十六亿，损失合计二兆七千零三十九亿，损益相抵，纯益估计如上数。另附资产负债概况表、损益概况表各一份于后：

交通银行资产负债概况表

37 年 6 月 30 日　　　　单位：亿元

| 资　　产 | 金　额 | 负债及净值 | 金　额 |
|---|---|---|---|
| 资　　产 | | 负　　债 | |
| 现　　金 | 21,537 | 同业存款 | 107,527 |
| 存放同业 | 161,757 | 转贴现转质押 | 19,508 |
| 贴现及押汇 | 33,053 | 活存及定存 | 113,175 |
| 活放及定放 | 91,036 | 汇出汇款 | 93,334 |
| 证券及投资 | 26,161 | 暂记收款 | 32,595 |
| 买入汇款 | 40,951 | 应付款项 | 14,196 |

续上表

| 资　　产 | 金　额 | 负债及净值 | 金　额 |
|---|---|---|---|
| 暂记付款 | 18,543 | 代收款项 | 3,014 |
| 应收款项 | 5,777 | 保证款项 | 53,325 |
| 未收代收款 | 3,014 | 受托代放款项 | 2,907 |
| 应收保证款项 | 53,325 | 其他负债 | 186,173 |
| 代放款项 | 2,907 | 负债合计 | 625,754 |
| 其他资产 | 172,312 | 净　　值 | |
| | | 资本及公积 | 137 |
| | | 意外损失准备 | 1,009 |
| | | 本期盈余 | 3,473 |
| | | 净值合计 | 4,619 |
| 资产总额 | 630,373 | 负债及净值总额 | 630,373 |

注　本表根据各行处月计表编制，间有月计表未到者，即采用电报数字。

三十七年上期损益概况表　　单位：亿元

| 损　　失 | 金　额 | 利　　益 | 金　额 |
|---|---|---|---|
| 营业支出 | | 营业收入 | |
| 各项费用 | 11,058 | 利　息 | 18,019 |
| 各项折旧及提存 | 8,060 | 手续费 | 1,055 |
| 所得税 | 35 | 汇　费 | 10,317 |
| 特种营业税 | 1,145 | 其他收入 | 956 |
| 提抵呆帐及战事损失 | 5,000 | 营业外收入 | |
| 其他支出 | 725 | 杂项收入 | 165 |
| 营业外支出 | | | |

续上表

| 省别 | 分行 | 支行 | 办事处 | 办事分处 | 简易储蓄处 | 合计 |
|---|---|---|---|---|---|---|
| 甘肃 | —— | 一 | 四 | 三 | —— | 八 |
| 宁夏 | —— | —— | 一 | —— | —— | 一 |
| 察哈尔 | —— | 一 | —— | —— | —— | 一 |
| 热河 | —— | —— | 一 | —— | —— | 一 |
| 绥远 | —— | —— | 二 | —— | —— | 二 |
| 台湾 | 一 | —— | —— | —— | —— | 一 |
| 东北 | 一 | 三 | 七 | 二 | —— | 一三 |
| 海外 | 一 | 四 | —— | 一 | —— | 六 |
| 共计 | 一四 | 七二 | 一一〇 | 三九 | 三 | 二三八 |

注：本表数字包括筹备中之行处。

三十七年一至六月分支机构增减情况表

| 省别 | 三十六年底数 | 三十七年一至六月增减状况 | | | 三十七年六月底数 |
|---|---|---|---|---|---|
| | | 复业数 | 增设数 | 裁撤数 | |
| 江苏 | 四四 | —— | 一 | 一 | 四四 |
| 浙江 | 一一 | —— | 一 | —— | 一二 |
| 安徽 | 七 | —— | 一 | —— | 八 |
| 江西 | 九 | —— | —— | —— | 九 |
| 湖南 | 九 | —— | 一 | —— | 一〇 |
| 湖北 | 七 | —— | 三 | —— | 一〇 |
| 福建 | 一二 | —— | —— | —— | 一二 |
| 广东 | 一六 | —— | 二 | —— | 一八 |
| 广西 | 八 | —— | —— | 一 | 七 |

续上表

| 省别 | 三十六年底数 | 三十七年一至六月增减状况 | | | 三十七年六月底数 |
|---|---|---|---|---|---|
| | | 复业数 | 增设数 | 裁撤数 | |
| 四川 | 一七 | 二 | —— | 一 | 一八 |
| 西康 | 一 | —— | —— | —— | 一 |
| 云南 | 三 | —— | —— | —— | 三 |
| 贵州 | 五 | —— | —— | —— | 五 |
| 山东 | 一二 | —— | —— | —— | 一二 |
| 山西 | 一 | —— | —— | —— | 一 |
| 河北 | 一五 | —— | —— | —— | 一五 |
| 河南 | 一二 | —— | —— | 一 | 一一 |
| 陕西 | 九 | —— | —— | —— | 九 |
| 甘肃 | 七 | —— | 一 | —— | 八 |
| 宁夏 | 一 | —— | —— | —— | 一 |
| 察哈尔 | 一 | —— | —— | —— | 一 |
| 热河 | 一 | —— | —— | —— | 一 |
| 绥远 | 二 | —— | —— | —— | 二 |
| 台湾 | 一 | —— | —— | —— | 一 |
| 东北 | 一五 | —— | —— | 二 | 一三 |
| 海外 | 六 | —— | —— | —— | 六 |
| 共计 | 二三二 | 二 | 一〇 | 六 | 二三八 |

注：本表数字包括筹备中之行处。

〔国民政府财政部档案〕

## 5. 交通银行上海区分支行1949年3月底存放款余额表

(1949年4月)

### 交通银行上海区存款余额表

38年3月底　　　　单位:金圆千元

| 机构别 | 总计 | 储蓄存款 | | 普通存款 | | 同业存款 | 其他存款 |
|---|---|---|---|---|---|---|---|
| | | 定期 | 活期 | 定期 | 活期 | | |
| 合计 | 5,203,132 | — | 9,547 | 10 | 3,911,553 | 1,280,796 | 1,226 |
| 上海分行 | 2,788,885 | — | 1,616 | 10 | 1,505,501 | 1,280,532 | 1,226 |
| 静安寺支行 | 2,228,124 | — | 82 | — | 228,042 | — | — |
| 南京路支行 | 870,195 | — | 6,692 | — | 863,503 | — | — |
| 林森路支行 | 228,264 | — | 185 | — | 228,070 | 9 | — |
| 民国路支行 | 163,002 | — | 801 | — | 162,201 | — | — |
| 虹口支行 | 924,662 | — | 171 | — | 924,236 | 255 | — |

注:信托存款余额列入其他存款内。

### 交通银行上海区放款余额表

38年3月底　　　　单位:金圆千元

| 机构别 | 总计 | 定放 | 活放 | 存放同业 | 其他放款 |
|---|---|---|---|---|---|
| 合计 | 4,836,434 | 1,048,406 | 1,787,731 | 2,000,295 | 2 |
| 上海分行 | 4,560,231 | 809,906 | 1,750,030 | 2,000,295 | — |
| 静安寺支行 | 2,041 | — | 2,040 | — | 1 |
| 南京路支行 | 52,541 | 17,000 | 35,541 | — | — |
| 林森路支行 | 40 | — | 40 | — | — |
| 民国路支行 | 20,040 | 20,000 | 40 | — | — |

续上表

| 机构别 | 总计 | 定放 | 活放 | 存放同业 | 其他放款 |
|---|---|---|---|---|---|
| 虹口支行 | 201,541 | 201,500 | 40 | — | 1 |

注：活放余额包括活存透支、活存质押、透支贴现及进出口押汇五科目，储蓄信托放款列入其他放款内。

〔国民政府财政部档案〕

# 四、中国农民银行业务概况

## 1. 中国农民银行办理农贷办法纲要

（1945年12月6日）

中国农民银行办理农贷办法纲要

（卅四年十二月六日四联总处第二九六次理事会议通过）

一、为谋促进农业生产，发展农村经济，特订定本办法办理各省农贷事宜。

二、贷款种类分左列五种：

甲、农业生产贷款。

乙、农田水利贷款。

丙、农业推广贷款。

丁、农村副业贷款。

戊、农产运销贷款。

三、农贷用途规定如左：

甲、农业生产贷款以购买种籽、种苗、肥料、农具、耕畜、饲料、血清、防治病虫害药剂、器械及其他有关生产上必需费用为限。

乙、农田水利贷款以用于修渠筑堰等大型工程，开塘凿井等小型工程及办理农村水力事业为限。

丙、农业推广贷款以用于繁殖优良种籽、种苗、种畜、种禽、鱼苗、制造防治病虫害之药剂、器械、血清及农具、肥料等而作为推广之用途者为限。

丁、农村副业贷款以视当地情形购买副业原料、工具、种畜、种禽、鱼苗、饲料及购置有关设备等为限。

戊、农产运销贷款以用于支付集中产品之价值、加工、运销费用及设备费用、建筑仓库、购置储藏设备费用及办理农民自有产品储押贷款为限。

四、贷款额度规定如左：

甲、用于生产及营运流动资金之贷款，以时值或费用之六成为最高额。

乙、用于购置设备之贷款，以时值七成为最高额。

丙、大型农田水利贷款以全部工程或设备费用之九成为最高额，小型农田水利贷款以八成为最高额。

五、贷款之期限暂规定如左：

甲、用于生产及营运流动资金之贷款，除耕畜及农具得分两年摊还外，最长均以十个月为限。

乙、用于购置设备之贷款，最长以两年为限，得分期摊还。

丙、水利贷款于每一工程局部完工可资利用时起，其大型工程以五年为限，必要时得酌予延长，小型工程最长以三年为限，陆续分期摊还。

六、贷款对象规定如左：

甲、合作社、农会及其他农民合法组织。

乙、农业改进机关、农业学校、农业团体、水利团体及农业企业机构等。

丙、农场、林场、渔牧场、垦殖场等。

七、贷款担保规定如左：

甲、对于农民团体之贷款，除以借款人依法律规定对外应负之经济责任外，必要时应以实物担保或由贷款机关认可之其他保证人担保。

乙、对于农业改进机关团体及农业学校等之贷款，除以实物担保外，必要时应由贷款机关认可之保证人担保。

丙、对于农林渔牧场之贷款，除以实物担保外，必要时应由贷款机关认可之保证人担保。

丁、凡借款购置加工原料、设备及办理运销之货品，均应尽可能全部保险，并以之作贷款担保。

戊、水利贷款由省政府承借者，除由国库或省库担保外，并应以受益田亩及水费为第二担保。

八、贷款利率规定如左：

甲、各项农贷利率，由本行斟酌各地情形，随时规定其最高额及最低额。

乙、直接对于合作社或农会之放款，得另加收合作指导事业或农会指导事业补助费，月息一厘，其动支办法另行规定。

以上甲、乙两项所订之利率，总数以不超过当地一般贷款利率为原则。

丙、未正式申请展期或申请未经核准之逾期期间利率，应照原订利率加收三分之一利息计算。

丁、贷款利息之起止日期，除合约有特别规定者外，均自汇出或借出之日起息，还款时以汇出或收股〔款〕之前一日止息，不足一月者，按日计算。

戊、贷款期限在一年以上者，得分期摊还。于每期摊还本金时，并应将全部利息还清，每半年结息一次。

九、各项农贷，应由借款人直接向所在地本行或其辅导之合作金库申请洽贷，以资简捷，其详细贷款手续另行规定之。

十、各项农贷，除有特殊约定者外，均以由本行直接贷放为原则。

十一、有关土地贷款，依照中国农民银行兼办土地金融业务条例办理之。

十二、本办法经四联总处核定施行，并报行政院备案。

〔国民政府财政部档案〕

## 2. 财政部上海金融管理局考查中国农民银行业务报告（节录）

（1947年11月19日）

中国农民银行业务考查报告

奉派查考中国农民银行本年上期结算情形、资负实况及业务情形，遵经会同前赴该行总管理处、信托部及京、沪两分行，分别查考完竣，谨将查得情形报告如次：

一、三十六年上期盈亏情形

该行三十六年上期全体正式结算书表，因材料尚未到齐，未能编造，其盈亏数字，据告亦无法详悉。现可知者，为银行部约亏五亿九千万元，储蓄部约盈三千四百万元，土地金融部约盈一亿二千万元，信托部净盈二十二亿八千五百一十九万五千四百五十九元，合计约盈一十八亿余元。

银行部份本年上期应办结算行处为一六九单位，截至检查日止，仅有一六七单位将盈亏数字报来，尚有吉林及四平街两支行之数字未到。兹列举其盈亏较巨之行处及其数字如下：

盈余行处

| | |
|---|---|
| 上　海 | 四，三五八，三七二，六二四．二八 |
| 汉　口 | 二，一二八，六〇九，五〇八．八七 |
| 天　津 | 一，四三五，九一〇，一八三．五〇 |
| 汕　头 | 一，三七七，一〇六，一八三．二〇 |
| 南　京 | 一，一三五，八四三，七一九．〇七 |
| 无　锡 | 八八六，九〇六，三七四．二七 |
| 下　关（京行属） | 七四一，五〇九，八八四．二七 |

| | |
|---|---|
| 沈　阳 | 七〇二,九六七,八八二．九〇 |
| 广　州 | 七五八,八四九,九四三．八八 |
| 厦　门 | 六八二,〇〇二,六〇九．〇二 |
| 营　口 | 五九一,一五〇,二九八．一〇 |
| 西　安 | 五一七,三一〇,三一九．一五 |
| 武　进 | 四二八,四九一,三三〇．一五 |
| 郑　州 | 四一四,一五九,三一七．四八 |
| 苏　州 | 四〇一,七七八,五一九．六〇 |
| 沙　市 | 三八七,九八〇,〇九〇．〇二 |
| 兰　州 | 三八五,三四八,九四四．一五 |
| 南　通 | 三七三,九三五,一一七．五三 |
| 杭　州 | 三二七,三〇五,四六〇．〇〇 |
| 锦　州 | 二六六,六四〇,六七五．三〇 |
| 亏损行处 | |
| 总　处 | 一三,三七〇,五五二,八六二．一四 |
| 芜　湖 | 七六七,三六一,五五四．九六 |
| 太　原 | 五九五,六一六,〇〇〇．九六 |
| 南　充 | 三九六,三九八,四一〇．一三 |
| 济　南 | 三八一,九三八,〇七七．八六 |
| 贵　阳 | 三六四,五一五,五一五．一一 |
| 张家口 | 三三〇,三一二,三九七．二四 |
| 屯　溪 | 三一四,六一五,三〇三．九三 |
| 蚌　埠 | 二五七,七三七,一三一．三〇 |
| 新　昌 | 二六一,九七三,八四三．〇二 |
| 内　江 | 二三四,四一九,三七八．五四 |
| 长　春 | 二二八,三四五,〇七〇．〇〇 |
| 成　都 | 二二三,八三七,三三三．六一 |
| 雅　安 | 二一〇,〇〇四,四〇一．八三 |

开支方面，以该行总处为例，本年上期各项费用，共支八，〇四八，〇八三，一九五．五一元，除分摊信托、储蓄、土地金融三部费用二，〇七〇，〇〇〇，〇〇〇．〇〇元外，银行部负担五，九七八，〇八三，一九五．五一元，平均每月全体约共支十四亿元，内银行部约支十亿元，总处各月中之开支，复以基本及加成生活补助费与膳费三项为最巨，约占开支总额百分之六十。

二、头寸情形

兹根据该行所编头寸日报表，将其头寸盈绌情形作乙简单统计如下：

| 年月日 | 盈缺 | 数额（百万元〇〇〇，〇〇〇） | 年月日 | 盈缺 | 数额（百万元〇〇〇，〇〇〇） |
|---|---|---|---|---|---|
| 35.12.31 | 缺 | 一六，七七二 | 36.2.10 | 缺 | 二六，八二四 |
| 36.1.6 | 缺 | 一七，五一三 | 36.2.15 | 缺 | 三四，三二二 |
| 36.1.10 | 缺 | 二四，八九三 | 36.2.20 | 缺 | 三三，八九九 |
| 36.1.15 | 缺 | 二八，二〇一 | 36.2.25 | 缺 | 三九，〇五九 |
| 36.1.20 | 缺 | 四七，七四一 | 36.2.28 | 缺 | 一六，三五九 |
| 36.1.25 | 缺 | 三五，〇六八 | 36.3.5 | 缺 | 一七，八九五 |
| 36.1.31 | 缺 | 三〇，六八九 | 36.3.10 | 缺 | 二六，三六六 |
| 36.2.5 | 缺 | 三五，三五三 | 36.3.15 | 缺 | 一七，〇四四 |
| 36.3.20 | 缺 | 二五，五九五 | 36.5.15 | 缺 | 八五，二二八 |
| 36.3.25 | 缺 | 一六，〇四七 | 36.5.20 | 缺 | 九八，七二六 |
| 36.3.31 | 缺 | 一〇，一一二 | 36.5.26 | 缺 | 一一八，一五六 |
| 36.4.4 | 缺 | 三〇，二九九 | 36.5.31 | 缺 | 一七二，一〇四 |
| 36.4.10 | 缺 | 二一，五九二 | 36.6.5 | 缺 | 二五八，四七九 |
| 36.4.15 | 缺 | 一六，一二九 | 36.6.10 | 缺 | 三九九，二四一 |
| 36.4.19 | 缺 | 三〇，〇〇七 | 36.6.16 | 缺 | 四三七，三〇八 |
| 36.4.25 | 缺 | 二九，四〇七 | 36.6.21 | 缺 | 四四一，九一五 |
| 36.4.30 | 缺 | 三四，三八八 | 36.6.25 | 缺 | 四六四，四四八 |
| 36.5.5 | 缺 | 四九，八七七 | 36.6.30 | 缺 | 二八四，七九四 |
| 36.5.10 | 缺 | 六五，八五二 | | | |

观上表可知该行头寸常在短绌状态中，尤以自五月廿一日至

六月廿五日一段时期内短绌特甚，据称是时适因办理农贷及丝茶贷款需款过巨有以致之。诚以五月底之情形为例，属于东北区以外之各省农贷，五月底计增贷二千九百余亿元，丝贷约一千八百亿元，茶贷约五十七亿元，共约四千八百亿元。而是月底各项存款余额约三千亿元，其不足之数约一千七八百亿元，适与上表所列五月底头寸之短绌情形相符。

该行头寸短绌既如是之巨，其抵补办法厥为抵借国行头寸以资挹注。惟各地国行多未奉令办理转抵押，故全由上海分行向国行业务局办理拆借手续，据称拟俟各地全部办理转抵押时，再以转押所得头寸归还国行等语。兹将该行上海分行本年六月十八日至同月底向国行拆款数字列表如下：

| | |
|---|---|
| 18/6 | 四七〇，〇〇〇（单位百万元） |
| 19 | 四七五，〇〇〇 |
| 21 | 四七五，〇〇〇 |
| 23 | 四七一，〇〇〇 |
| 24 | 四八八，五〇〇 |
| 25 | 四八八，五〇〇 |
| 26 | 四七三，〇〇〇 |
| 27 | 二六八，五〇〇 |
| 28 | 二七二，〇〇〇 |
| 30 | 三〇〇，〇〇〇 |

试以该行短缺头寸数字与该沪行向国行拆借数字比较，又可发现该行常有拆进款项大于所缺头寸之情形，似堪注意。

该行各行处中短缺头寸者，以上海分行为最巨，估计最近约缺三，三五〇亿元，其余汉口约缺一〇〇亿元，重庆约缺五〇亿元，桂林约缺四〇亿元。至头寸丰裕行处，则以沈阳分行为最多，约盈一五〇亿元，其次南京约盈一〇〇亿元，厦门约盈五〇亿元，兰州、天津各约盈三〇亿元。

三、放款及投资

甲、放款

〔一〕普通放款

（一）放款业务概况　该行本年度预定放款方针为:（1）赓续办理各种普通农贷。（2）着重于粮食增产及特种农产品之产销。（3）扩大各种农产品押汇业务。（4）办理各项生产事业贷款。（5）办理合法票据之短期贴现。关于该行之农产及土地金融两项放款业务,因属于该行专业范围,业经于另节分别专叙。兹将该行本年上期全体放款余额分析如次:

（1）依放款科目分析:

| 放款科目 | 卅六年五月底余额(单位千元,〇〇〇) |
|---|---|
| 贴现 | 一三,三九八,二二〇 |
| 押汇 | 二三,九六〇,二六六 |
| 活期质押放款 | 三五,四九四,〇六〇 |
| 定期质押放款 | 八,六〇二,二七二 |
| 农业放款 | 三五一,〇六九,五八五 |
| 土地金融放款 | 一一,七六五,四四九 |
| 总计 | 四四四,二八九,八五二 |

就以上数字观之,该行农业放款数字,可占全体放款百分之七十九,其比率甚高。但此项数字系包括丝、茶两种特种农产品贷款在内,该两项贷款共计二千零七十四亿余元,丝茧贷款一项,系政府临时交办者,所占数字尤大,若不将此项数字计入,则全体贷款总额为二三六,八六二,三五八,〇〇〇元,农业放款为一四三,六四二,〇九一,〇〇〇元,仅占全体放款百分之六〇.六四,仅及该行专业放款应占之比率。更有应研究者,该行提供上项资料,并未包括买汇在内。而查该行京行及若干行处,本年上期均曾接做买汇。若将此项数字列入,则农贷数字所占比率,当稍有减少。

（2）依放款对象分析:

| 放款对象 | 卅六年六月底余额(单位千元) |
|---|---|
| 工矿业 | 三二,三三二,二二六 |
| 农林业 | 五六六,三三二,七〇八 |
| 商业 | 四六,四四一,一四八 |
| 交通公用事业 | 五,八八八,七五二 |
| 教育文化事业 | 三,二五三,三二〇 |
| 军政机关 | 三,四七二,二七〇 |
| 个人 | 一〇二,〇四一 |
| 其他 | 七,八五九,八九二 |
| 合计 | 六六五,六八二,三五七 |

以上数字,农林业一项计占全体放款百分之八十五强,据称此项数事〔字〕系包括林、牧、渔业在内,并非全属农贷。

(二) 放款利率与期限

(1) 利率　　该行办理各项放款,所订利率,系斟酌各地情形随时规定其最高额与最低额,然后在此项额度内,视各项贷款周转之久暂与利润之厚薄,酌定一折衷之利率。具体言之,各省农贷利率,大抵在月息二分至四分之间,最高则为五分。一般农业生产贷款以二分五厘居多,特种紧急性质之贷款,则仅二分。其他普通放款,有关生产事业者,通常在三分六厘左右(此项放款得向国行转抵押),其余为五分至八分。普通放款之过期罚息为七分至九分。香港分行放款利率,大概为七厘至一分,或周息五厘左右。各行处放款利率,以镇、扬等地为最高,通常在七分以上。

(2) 期限　　该行农业放款之期限,用于生产及营运流动资金者期限较短,约在十个月以内。用以购置设备者期限较长,大抵不超过两年。农田水利贷款则须至每一工程可资利用时为开始还款之期,致还款期限大型工程约为五年,小型工程约为三年以下,大都分期摊还。其他普通放款,贴现至短为五天,通常在三十天至九十天之间。押汇视实需途程而定,约在七天至廿五天之间。押款大抵为三个月。香港分行所做进出口押汇,通常为一个月或二个月,间有半个月者。该分行所做押款,最短十五天,最长三十天。

〔二〕农贷

该行为农业金融专业银行。自农本局、中国银行、交通银行及中信局等农贷业务先后于三十、三十一年移交该行专办后,其专业之职责,乃克名符其实。近年以来,机构逐增,贷区愈广,贷款方式与重心固属因时而异,专业数字尚能渐有增进。兹将该行本年上期农贷业务推进情形分述如次:

(1) 本年度农业贷款核定额

该行本年度农贷核定额如次:

| | | |
|---|---|---|
| (子)普通农贷总额 | | 一〇〇,〇〇〇,〇〇〇(千元) |
| 农业生产贷款 | | 二五,四〇〇,〇〇〇 |
| 大型农田水利贷款 | | 一〇,四九四,〇〇〇 |
| 小型农田水利贷款 | | 八,〇〇〇,〇〇〇 |
| 农产运销贷款 | | 二五,〇〇〇,〇〇〇 |
| 农业推广贷款 | | 一一,〇〇〇,〇〇〇 |
| 农村副业贷款 | | 一八,二〇〇,〇〇〇 |
| 准备额 | | 一,九〇六,〇〇〇 |
| (丑)特种农产品贷款总额 | | 三五八,四〇〇,〇〇〇 |
| 丝贷 | | 二七六,五〇〇,〇〇〇 |
| 茶贷 | | 八一,九〇〇,〇〇〇 |
| (寅)特产产销贷款 | 总额 | 一九六,九二〇,〇〇〇 |
| 棉贷 | | 一三六,六〇〇,〇〇〇 |
| 粮贷 | | 二〇,〇〇〇,〇〇〇 |
| 烟贷 | | 二八,〇三五,〇〇〇 |
| 糖贷 | | 四,一〇〇,〇〇〇 |
| 盐贷 | | 八,一八五,〇〇〇 |
| (卯)其他贷款 | 总额 | 五二,九〇〇,〇〇〇 |

| | |
|---|---|
| 绥靖区小本贷款 | 二四,〇〇〇,〇〇〇 |
| 淮泛区贷款 | 三,九〇〇,〇〇〇 |
| 收复区紧急农贷 | 五,〇〇〇,〇〇〇 |
| 以上核定额合计 | 七〇八,四三二,〇〇〇,〇〇〇 |

(2) 农业贷款概况

该行本年度农贷业务,除普通农贷外,尤着重于特种农产品之贷款,并承办政府指定各项紧急救灾贷款。截止〔至〕本年五月底止,各项贷款数字统计如次:(下列农业生产贷款包括特产产销贷款在内)

| | |
|---|---|
| 农业生产 | 七〇,〇六四,六四九,八三〇.五八元 |
| 大型水利 | 一〇,三三七,六七八,一九三.一三元 |
| 小型水利 | 五,三二一,五〇七,四一〇.〇七元 |
| 农业推广 | 七,三〇〇,二九五,六五八.二五元 |
| 农产运销 | 二三,八一九,八八五,〇八八.六〇元 |
| 农村副业 | 一一,二五五,七三八,七一三.二七元 |
| 复区贷款 | 二五,七五六,一七八.八七元 |
| 战区贷款 | 四一,一一五,三八〇.〇〇元 |
| 边区贷款<br>复区紧急 | 三九,八七九,六五四.一二元 |
| 救济贷款 | 三,八二三,一六五,三七四.三二元 |
| 小本贷款 | 八,〇二四,六〇〇,〇〇〇.〇〇元 |
| 特种农产品 | 二〇七,四二七,四九三,六五八.二四元 |
| 合计 | 三五一,〇六九,五八五,一三六.七五元 |

就以上数字观之,该行五个月来农贷数字,已达本年核定贷额百分之五十,足见尚能切实推进,其特种农产品贷款一项,进展较速,系因此项贷款具有时间性之故。

(3) 各项农业贷款进展之比较

该行各项农业贷款之进展情形,战时及复员后互有不同。兹列表比较如次:

| 贷款种类 | 卅四年底余额（单位千元） | 百分比 | 卅五年底余额（单位千元） | 百分比 | 卅六年五月底余额（单位千元） | 百分比 |
|---|---|---|---|---|---|---|
| 农业生产贷款 | 一,三七三,二九七 | 27.88 | 一〇,四二六,二七二 | 21.21 | 七〇,〇六四,六五〇 | 19.95 |
| 农田水利贷款 | 二,七九〇,七六〇 | 56.68 | 八,二〇一,三六八 | 16.69 | 一五,六五九,一八五 | 4.45 |
| 农业推广贷款 | 二二七,三二四 | 4.62 | 三,〇六三,一二八 | 6.23 | 七,三〇〇,二九六 | 2.07 |
| 农产运销贷款 | 三六八,八一九 | 7.49 | 一九,四六二,七六九 | 39.63 | 二三,八一九,八八五 | 6.78 |
| 农村副业贷款 | 一六三,五五四 | 3.33 | 三,四一〇,二六二 | 6.94 | 一一,二五五,七三九 | 3.26 |
| 特种农产品贷款 | —— | —— | —— | —— | 二〇七,四二九,四九四 | 59.07 |
| 小本贷款 | —— | —— | —— | —— | 八,〇二四,六〇〇 | 2.28 |
| 复区紧急农贷 | —— | —— | 四,五六三,三九二 | 9.30 | 三,九二九,九一六 | 1.12 |
| 淮泛区贷款 | —— | —— | —— | —— | 三,五八七,八二〇 | 1.02 |
| 合计 | 四,九二三,七五四 | 100.00 | 四九,一二七,一九一 | 100.00 | 三五一,〇六九,五八五 | 100.00 |

该行战时贷款，以水利贷款所占比率最大，其次为农业生产贷款，两项合占 54.56%，可见当时业务重心在于增产。胜利后第一年生产与水利两者比例已渐见减低，农产运销贷款转占第一位，其贷款重心已移转于运销方面。本年上期各项农贷数字，均有激增之现象，而对于有关出口之特种农产品贷款，尤倾全力以赴，其比率几占百分之六十，其他各项贷款，已退居次要地位矣。

(4) 农贷区域之分布

该行办理农贷以时间性及地域性之不同，其业务重心之转移亦有明显之差异。兹就最近二年来各省贷款所占百分比列表如次：

| 省别 | 卅四年底百分比 | 卅五年底百分比 | 卅六年底百分比 |
| --- | --- | --- | --- |
| 四川 | 三一．八〇 | 九．七四 | 七．六〇 |
| 陕西 | 二一．一四 | 八．七九 | 八．〇四 |
| 甘肃 | 一五．六一 | 五．一二 | 八．一六 |
| 云南 | 四．一三 | 二．四〇 | 一．一四 |
| 贵州 | 四．〇四 | 〇．八一 | 〇．八二 |
| 广西 | 三．九七 | 三．四八 | 三．六〇 |
| 湖南 | 二．四八 | 四．三二 | 三．三三 |
| 江西 | 二．三八 | 四．四〇 | 三．一六 |
| 湖北 | 二．一五 | 二．七七 | 六．八九 |
| 河南 | 一．九九 | 四．五一 | 四．四五 |
| 福建 | 一．九七 | 一．九九 | 一．六五 |
| 广东 | 一．五八 | 三．二五 | 六．三九 |
| 青海 | 一．四二 | 〇．三二 | 〇．六七 |
| 山西 | 一．二一 | 一．二七 | 〇．八四 |
| 西康 | 一．一三 | 〇．七五 | 〇．九〇 |
| 浙江 | 一．〇二 | 六．五二 | 八．〇〇 |
| 安徽 | 一．〇一 | 一．四九 | 二．三九 |

续上表

| 省别 | 卅四年底百分比 | 卅五年底百分比 | 卅六年底百分比 |
|---|---|---|---|
| 绥远 | ○.七四 | 一.五一 | 二.三七 |
| 宁夏 | ○.二二 | ○.二三 | ○.二四 |
| 江苏 | ○.○一 | 二四.四○ | 二四.四八 |
| 河北 | ○.○○ | ○.一一 | 三.四九 |
| 山东 | ○.○○ | 一.八二 | 一.三九 |

战时之农贷,系以川、陕、甘、云、贵为贷放之主要地区。胜利后,贷款地区逐渐扩大,重心移转滨海及沿江一带,其中江苏一省贷款特多之原因,系以大宗外销特产品皆集中上海之故。陕西及湖北二省因办理棉贷,浙江省因办理丝茧贷款,甘肃省因办理水利贷款,故数字亦较大。

(5) 农贷对象之分析

该行农业投放,系以合作组织、农民团体、农民改进机关及其他有关农林之机构为对象。兹就卅六年四月底投放情形分析如次:

| 对象别 | 卅六年四月底结余额(单位千元) |
|---|---|
| 各级合作金库 | 一七九,二八○ |
| 各级合作社 | 二八,九六九,一四七 |
| 工业合作社 | 一二九,五二二 |
| 农会 | 一○,七一三,七四四 |
| 水利协会 | 一,○一一,二五○ |
| 农仓 | 五,○九二,八二二 |
| 其他农民团体 | 四,二三九,三○三 |
| 农业机关 | 一,五三八,九八一 |
| 水利机关 | 九,三二六,三九二 |
| 农业学校 | 二七九,二五○ |
| 农业企业 | 六,五二四,二五三 |

| | |
|---|---|
| 农林牧场 | 二,一六二,八六四 |
| 供销代营机关 | 四八六,三四八 |
| 垦殖机关 | 四,五〇四 |
| 省县政府 | 八三一,九七一 |
| 农民个人 | 一,五九四,八六五 |
| 农业金融机关 | 一,九八〇,〇〇〇 |
| 合库提倡股 | 五一,〇九四 |
| 投放农业企业 | 四三四,一八五 |
| 其他投资 | 二,七九〇 |
| 其他放款 | 一六三,四八二,一八八 |
| 合计 | 二三九,〇五二,七五三 |

(6) 重要贷款办理情形

(子) 丝茧贷款　　核定额二千七百六十五亿元,分收购鲜茧、干茧质押及出口地点抵押三种贷款。至六月廿日止,已贷出二三七,六六六,〇二二,七八六.三三元,其资金来源系按九折向国行转抵押。

(丑) 茶叶贷款　　计分毛茶加工贷款、箱茶运销贷款及出口地点箱茶押款三种。计截至六月底止,已放出毛茶加工贷款八,四五九,七一〇,〇〇〇.〇〇元(内包括短期储押者一,一四五,四四〇,〇〇〇.〇〇元),又箱茶运销贷款四六八,〇八〇,〇〇〇.〇〇元。出口地点箱茶押款,则以出口时期未届,尚未开始。至资金来源,亦系按九折向国行转抵押。

(寅) 棉花贷款　　计核定生产贷款一,二六〇亿元,加工贷款一〇六亿元,截至六月上旬止,已放出生产贷款四八,九六一,一六九,〇〇〇.九二元。

(卯) 烟叶贷款　　计核定生产贷款一五六亿元,加工贷款一三四亿三五〇〇万元,截至六月上旬止,已贷出生产贷款三,六六五,四四四,〇〇〇.〇〇元。

以上棉花、烟叶二项贷款之资金，系由国行先予透支五百亿元，嗣后再陆续办理转抵押。

（辰）粮食贷款　　核定二百亿元，截至六月底止，已贷出二十亿九千余万元。其资金系由该行先行贷出，再陆续向国行九折转抵押。

（巳）盐贷　　该行参加盐贷银团，摊放上海区卅一亿八千万元，川康区卅七亿二千五百万元，两广区十五亿八千万元。其贷放资金，系向国行转抵押。

（午）紧急救灾农贷　　政府先后拨发专款共四十亿元，办理复区急贷，嗣复因湘灾加拨十亿元，已在各省贷放完竣。其余陆续到期收回者，酌再续放。

（未）绥靖区小本贷款　　政府拨交该行第一、二两期小本贷款资金各一二〇亿元，截至六月上旬止，已贷出八，三五七，八〇〇，〇〇〇．〇〇元。

（申）淮泛区贷款　　政府核拨专款卅九亿元，截至六月上旬止，已贷出三，五八七，八二〇，〇〇〇．〇〇元。

（酉）黄泛区贷款　　政府核拨专款二百亿元，正向国库洽领中，截止六月底，配贷工作尚未开始。

〔三〕土地金融

（1）放款业务　　该行土地金融放款，本年度经四联总处核定为三百六十亿元，迄本年五月底止，实际贷放额为一百十七亿余元。其分类如次：

三十六年五月底土地金融放款余额表（单位千元）

| 类　　别 | 核定贷款 | 实贷余额 |
|---|---|---|
| 扶植自耕农 | 一三，八〇〇，〇〇〇 | 二，一〇五，六六七 |
| 土地改良 | 一七，〇〇〇，〇〇〇 | 九，二〇五，六四〇 |
| 地籍整理 | 四，〇〇〇，〇〇〇 | 一八九，五〇〇 |
| 土地征收 | 三〇〇，〇〇〇 | 九五，一五六 |

续上表

| 类　　别 | 核定贷款 | 实贷余额 |
|---|---|---|
| 土地重划 | 三〇〇,〇〇〇 | 三〇,三二四 |
| 乡镇造产 | 三〇〇,〇〇〇 | 一三二,五四二 |
| 收买土地 | 三〇〇,〇〇〇 | 二,六一八 |
| 共　　计 | 三六,〇〇〇,〇〇〇 | 二,七六五,四四九 |

该行土地金融放款,以扶植自耕农及土地改良为中心业务。其实贷情形如左:

(子) 扶植自耕农放款　　计分甲、乙二种。甲种放款,系与当地政府合作,划定区域,征购土地,配给农户耕种,分期清偿本息。业已完成或将近完成者,有四川之北碚、甘肃之湟惠渠及福建之龙岩等拾余处,共征购土地十八万零八百廿四亩,扶植自耕农八千七百八十户。乙种放款,系协助农民购赎土地,办理区域计有川、黔、桂等十四省内七十五县市,已购赎之土地六十九万九千一百十四亩,扶植自耕农四万七千六百七十七户。

(丑) 土地改良放款　　计分市地、农地二种。市地改良放款全系协助市民修建房屋,五月底余额七十二亿元,已修建之房屋计二千五百余户。农地改良放款,其中垦殖放款余额九亿元,增殖土地二十余万亩。甘肃改良碱地放款余额十一亿元,已改良之碱地十二万亩。各项放款大半按借款人实需额之五成贷给,利息四分至五分,为期一年至五年,最长达十年,其中以甘肃之改良碱地放款,成效最为显著。

(2) 资金来源　　土地金融业务资金之来源,计有下列四项:

一、基金。

二、发行土地债券。

三、向银行部透支。

四、向中央银行转抵押。

该行办理土地金融业务基金，卅一年份由国库拨二千万元，土地债券发行总额，截至本年五月底止，共为一亿七千余万元。以上两项资金，为数甚微，故过去办理各种放款之资金，几全部由银行部供应。自本年度起，经四联总处核定各种放款，得向国行按原贷额九折办理转抵押，现正在商洽中。

(3) 损益及成本匡计　　土地金融部主要收益为放款利息之收入(放款息四分至五分)，主要支出为付给银行部透支息(透支息二分五厘)，及各项开支费用。本年五月底收入及支出情形如次：

卅六年五月底土地金融部损益匡计表(单位千元)

| | |
|---|---|
| 收益部份： | |
| 利息收入 | 二，三〇一，七〇三 |
| 其他收入 | 一二〇，五〇二 |
| 合　　计 | 二，四二二，二〇五 |
| 支出部份： | |
| 利息支出 | 九二五，二六七 |
| 各项费用 | 六五二，四九九 |
| 其他支出 | 二一五，四六七 |
| 合　计 | 一，七九三，二三三 |
| 匡计纯益 | 六二八，九七二 |

五月底止，其放款成本匡计如次：

| | |
|---|---|
| 各项放款总额 | 一一，七六五，四四九，九九五元 |
| 各项支出总额 | 一，七九三，二三三，七三二元 |

每放款一元，五个月总成本为一角五分，约合月息三分。

(4) 债券业务　　土地金融部最理想之资金来源，为发行土地债券。惟处此币值下落，物价腾涨之时，债券推行颇为不易。该行曾于卅一年份，奉准发行土地债券一亿元，至卅五年底，始发行完毕。嗣又呈准续发十亿元，迄本年五月底止，仅发行七千余万元。

最近该行为配合政府办理绥靖区征收土地政策，拟发行绥靖区土地债券，以稻麦为本位，各发行一千万石。是项债券，业已印就，将来或较普通债券易于推行也。

〔四〕京沪两行放款情形

该行总处并不直接办理放款，关于各分支行处放款之审核，系凭分支行处陈送之函件或报告表，逐案查核，分别准驳，或转报四联总处核议。其稿件经判发后，随时存档，并无专设帐册登记。至放款之统计数字，则系根据各分支行处之统计表报汇编，故对于该行办理放款之实际情形，非查阅分支行处帐册，未易明了。爰经分赴该行南京、上海二分行，予以考察。兹将该二分行放款情形分陈如次：

（1）南京分行放款情形　　该行总管理处并不直接对外营业，在总处方面考查放款之结果，已知其全行放款整个情况。就其汇总统计之数字，予以归纳并分析，而得明了该行专业化之程度与放款政策之趋势。兹再就南京分行放款之内容，进而考查该行放款之实际情况：

该分行本年七月廿二日各项放款余额如次：

| | |
|---|---|
| 贴现 | 一，四八八，〇〇〇，〇〇〇．〇〇元 |
| 出口押汇 | 四八二，〇〇〇，〇〇〇．〇〇元 |
| 活存透支 | 一，〇五四，五〇四，七五二．七二元 |
| 活存质透 | 一，六六五，一九二，三二二．五〇元 |
| 定期质放 | 四一四，五〇〇，〇〇〇．〇〇元 |
| 农业放款 | 五，五三二，九三一，九八六．一九元 |
| 合　计 | 一〇，六三七，一二九，〇六一．四一元 |

依据上项数字，该分行农业放款约占放款总额百分之五十二。

贴现共廿八户，各户贴现金额自一千万元至二亿五千万元不等，其中报馆二户，学校五户，余为厂商，期限自一月至三月不等。

出口押汇共六户，恒大粮号以小麦运天津押汇八千万元，期限六月廿八日至七月十一日。南京碾米厂以小麦运无锡押汇三千六百万元，期限七月十四日至十七日。长丰粮行以小麦运天津押汇七千二百万元，期限七月十五日至卅日。恒大粮号以小麦及面粉运天津押汇八千六百万元及四千万元各一笔，期限半个月。恒丰面粉厂以面粉运天津押汇一亿六千八百万元，期限半个月。

活存透支共七户，多数为金融性质之团体，内中政校同学会一户，限额一千万元，目前余额一亿九千余万元。

活质透共廿五户，内报馆三户，余则多为中山北路建筑贷款。

定质放共十六户，内有十四户为报馆，期限以六个月居多。

买入汇款八笔，计中国通商银行五亿元，四明银行一亿元，中国实业银行五亿元，江苏省银行五亿元，江苏农民银行五亿元，中央银行三笔共七亿元，已另见关于各行局买汇之专案报告中。

(2) 上海分行放款情形

(子) 买汇　　该分行最近日计表买汇一科目并无余额，据称自经济紧急措施方案公布后，即行停做买汇。惟查该分行联行往来及汇费帐上，本年二月十七日以后，仍有有关买汇之记载，大多系由其他联行买入申沪者，其汇费系由双方对分，事实上等于该分行亦参加此项业务也。兹就帐上发现有关买汇各笔摘抄如左：

① 见于联行往来帐上者：

| 记帐日期 | 对方行处 | 报单号码 | 解款行庄 | 金　额 | 备　注 |
|---|---|---|---|---|---|
| 六.一 | 渝　　行 | 去收#64 | 上海中和银行 | 两亿五千万元 | |
| 六.五 | 苏州办事处 | 去收#41 | 上海中美银行 | 六千万元 | |
| 六.五 | 苏州办事处 | 去收#42 | 上海商业银行 | 五千万元 | |
| 六.五 | 苏州办事处 | 去收#43 | 上海四明银行 | 五千万元 | |
| 六.廿三 | 苏州办事处 | 去收#53 | 上海四明银行 | 一亿元 | |
| 六.廿三 | 苏州办事处 | #50 | 上海四明银行 | 五千万元 | |
| 六.廿三 | 苏州办事处 | #67 | 上海四明银行 | 二亿元 | |
| 六.廿五 | 苏州办事处 | #51 | 中国实业银行 | 五千万元 | |

续上表

| 记帐日期 | 对方行处 | 报单号码 | 解款行庄 | 金　额 | 备　注 |
|---|---|---|---|---|---|
| 六.廿五 | 苏州办事处 | #52 | 国货银行 | 五千万元 | |
| 六.廿五 | 苏州办事处 | #61 | 四明银行 | 一亿元 | |
| 六.廿五 | 苏州办事处 | #62 | 上海商业银行 | 一亿元 | |
| 六.廿六 | 苏州办事处 | #56 | 新华银行 | 五千万元 | |
| 六.廿六 | 苏州办事处 | #63 | 新华银行 | 一亿五千万元 | |
| 六.廿六 | 苏州办事处 | #64 | 国货银行 | 五千万元 | |
| 六.五 | 南京下关办事处 | #19 | 川康银行 | 一亿元 | |
| 六.六 | 南京下关办事处 | #21 | 和成银行 | 二亿元 | |
| 六.十二 | 南京下关办事处 | #23 | 和成银行 | 二亿元 | |
| 六.十四 | 南京下关办事处 | #25 | 上海商业银行 | 二亿元 | |
| 六.廿一 | 南京下关办事处 | #27 | 和成银行 | 二亿元 | |
| 六.廿五 | 南京下关办事处 | #30 | 中国实业银行 | 二亿元 | |

② 见于汇费帐上者：

| 记帐日期 | 对方行处 | 金　额 | 解　款　人 | 应收取汇费 | 备　注 |
|---|---|---|---|---|---|
| 五.十二 | 粤行 | 二亿元 | 上海中植油厂 | 一千五百万元 | 汇费对分 |
| 六.十二 | 粤行 | 二亿元 | 上海中植油厂 | 五百万元 | |
| 六.廿二 | 粤行 | 二亿元 | 国货银行 | 一千一百万元 | |

（丑）出口押汇　　该分行自卅五年底至本年内，所做出口押汇，逾期还款或改在上海还款者颇多。其中逾期在半年以上者，亦占多笔，逾期最久者，竟达九个月以上始行归还。又截至检查时止，帐上尚未赎清之出口押汇尚有六笔。考其逾期或改在上海还款之原因，多系因押汇货物变值困难，无法在付款地依限还款所致，亦证其主管营业人员接做押汇时，未能慎之于始。兹将该分行所做出口押汇截至卅六年九月底止尚未赎清及在沪逾限还款者各户分别摘录如次：

① 尚未赎清者：

| 押汇人 | 金　　额 | 押汇货名 | 付款地 | 起讫日期<br>起　讫 | 备　　注 |
|---|---|---|---|---|---|
| 中一行 | 万元<br>四,五〇〇 | 烧碱 | 汉口 | 36.2.18—2.28 | 曾分别函催押汇人及保证人并报告总处核备 |
| 沪华贸易公司申庄 | 二,八〇〇 | 泽广货 | 汉口 | 36.2.25—3.12 | 曾分别函催押汇人及保证人并报告总处核备 |
| 协鑫祥纱布号 | 六,〇〇〇 | 棉布 | 重庆 | 36.3.5—4.4 | 曾分别函催押汇人及保证人并报告总处核备 |
| 中一行 | 七,〇〇〇 | 棉布 | 重庆 | 36.3.17—4.16 | 曾分别函催押汇人及保证人并报告总处核备 |
| 康福药房 | 八,四〇〇 | 眼药水 | 天津 | 36.7.31—8.15 | 尚欠四,五〇〇万元 |
| 华联兴业公司 | 五,〇〇〇 | 疔毒片 | 广州 | 36.8.5—8.15 | |

(2) 改在上海还款者：

| 押汇人 | 金　额<br>单位万元 | 押汇货品 | 付款地 | 起讫日期<br>起　讫 | 实际还款日期 | 还款地点 | 备　　注 |
|---|---|---|---|---|---|---|---|
| 祥昌申庄 | 三,七〇〇 | 卫生衫袜 | 汉口 | 35.11.18—12.8 | 36.9.20 | 上海 | 逾期日久迭经函催押汇人声请在沪还款 |
| 永新泰 | 一,〇〇〇 | 卫生衫 | 汉口 | 35.11.21—12.21 | 36.9.23 | 上海 | 逾期日久迭经函催押汇人声请在沪还款 |
| 永新泰 | 一,〇〇〇 | 卫生衫 | 汉口 | 35.11.26—12.16 | 36.9.20 | 上海 | 逾期日久迭经函催押汇人声请在沪还款 |
| 诚益申庄 | 三,六〇〇 | 卫生衫<br>手帕袜 | 汉口 | 35.11.27—12.17 | 36.9.23 | 上海 | 逾期日久迭经函催押汇人声请在沪还款 |
| 信　达 | 四,五〇〇 | 花呢 | 天津 | 35.11.21—12.21 | 36.9.31 | 上海 | 逾期日久迭经函催押汇人声请在沪还款 |
| 颐华公司 | 四,〇〇〇 | 棉纱 | 天津 | 35.12.11–12.31 | 36.9.31 | 上海 | 逾期日久迭经函催押汇人声请在沪还款 |
| 永成行 | 四,五〇〇 | 烧碱 | 青岛 | 35.12.30—36.1.19 | 36.9.31 | 上海 | 逾期日久迭经函催押汇人声请在沪还款 |
| 联源申庄 | 二,〇〇〇 | 呢帽 | 长沙 | 36.1.14—2.3 | 36.7.5 | 上海 | 逾期日久迭经函催押汇人声请在沪还款 |

续上表

| 押汇人 | 金　额<br>单位万元 | 押汇货品 | 付款地 | 起讫日期<br>起　讫 | 实际还<br>款日期 | 还款<br>地点 | 备　注 |
|---|---|---|---|---|---|---|---|
| 联源申庄 | 二,三〇〇 | 呢帽 | 汉口 | 36.1.15—2.4 | 36.7.5 | 上海 | 逾期日久迭经函催押汇人声请在沪还款 |
| 东海实业公司 | 四,五〇〇 | 棉纱 | 天津 | 36.1.16—2.15 | 3.31 | 上海 | 逾期日久迭经函催押汇人声请在沪还款 |
| 上海第一制针厂 | 三,〇〇〇 | 袜针 | 镇江 | 36.1.21—1.31 | 1.31 | 上海 | 押汇人声请在沪归还 |
| 中大贸易公司 | 四,五〇〇 | 烧碱 | 汉口 | 36.1.31—2.20 | 5.21 | 上海 | 押汇人声请在沪归还 |
| 中大贸易公司 | 四,五〇〇 | 烧碱 | 汉口 | 36.2.5—2.25 | 6. 7<br>9 | 上海 | 押汇人声请在沪归还 |
| 洽大号 | 四,五〇〇 | 烧碱 | 汉口 | 36.2.8—2.28 | 6. 21<br>24 | 上海 | 押汇人声请在沪归还 |
| 联华申庄 | 一,八〇〇 | 热水瓶 | 汉口 | 36.2.22—3.14 | 9.23 | 上海 | 押汇人声请在沪归还 |
| 协鑫祥纱布号 | 七,五〇〇 | 棉布 | 重庆 | 36.3.1—3.31 | 4. 17<br>19 | 上海 | 押汇人声请在沪归还 |
| 洽大号 | 三,五〇〇 | 棉布 | 重庆 | 36.3.5—4.4 | 5.1 | 上海 | 押汇人声请在沪归还 |
| 华中实业公司 | 八,〇〇〇 | 颜料 | 汉口 | 36.3.4—4.3 | 4.12 | 上海 | 押汇人声请在沪归还 |
| 震寰染织厂 | 七,五〇〇 | 颜料 | 汉口 | 36.3.14—4.3 | 4.12 | 上海 | 押汇人声请在沪归还 |
| 德茂长申庄 | 七,五〇〇 | 颜料 | 汉口 | 36.3.14—4.3 | 4.12 | 上海 | 押汇人声请在沪归还 |
| 旭华染织厂 | 七,五〇〇 | 颜料 | 汉口 | 36.3.15—4.4 | 4.14 | 上海 | 押汇人声请在沪归还 |
| 统亚纱布号 | 五,〇〇〇 | 棉纱 | 汉口 | 36.3.15—4.4 | 4.10 | 上海 | 押汇人声请在沪归还 |
| 中大贸易公司 | 七,〇〇〇 | 布匹 | 重庆 | 36.3.17—4.16 | 4.11 | 上海 | 押汇人声请在沪归还 |
| 广大华行 | 五,〇〇〇 | 麻袋 | 营口 | 36.5.3—5.23 | 6.26 | 上海 | 因承运之民生公司新英平轮失事原单退回 |
| 金丰实业公司 | 七,五〇〇 | 棉纱 | 汉口 | 36.6.10—7.8 | 7.9 | 上海 | 押汇人申请在沪还款 |
| 兴业纱布号 | 七,五〇〇 | 棉纱 | 汉口 | 36.6.10—7.8 | 7.9 | 上海 | 押汇人申请在沪还款 |
| 统亚染织厂 | 九,八〇〇 | 棉纱 | 汉口 | 36.6.23—7.8 | 7.11 | 上海 | 押汇人申请在沪还款 |
| 统亚纱布号 | 九,八〇〇 | 棉纱 棉布 | 汉口 | 36.6.25—7.10 | 7.11 | 上海 | 押汇人申请在沪还款 |
| 新　大 | 四,八〇〇 | 棉纱 | 汉口 | 36.3.10—3.30 | 3.24<br>4.10 | 上海 | 押汇人申请在沪还款 |

以上改在上海还款各笔押汇,大多均系逾期还款,亦有尚未逾期,而根据押汇人之申请准予在沪还款者。查国家行局办理押汇之目的,不外协助工矿事业购运原料,及协助民生日用必需品与出口物资之运销二种。若其对象为商号,而又在借款地点还款,则其性

质似与商业放款无异。再查上列各笔押款中，复发现以下各情形尤堪注意：

1. 卷查祥昌申庄、永新泰及诚益申庄三笔共九千三百万元，系由一名马康达者，洽由中农沪行储蓄股办事员王斌祖向行方介绍叙做。押汇到期后久未清还，经由沪行迭电汉口分行接收，并处分押品，迄无结果。复由王斌祖亲自前往交涉，觅得本市山西路廿六弄三号协大荣记号负责人陈荣才，允由该号将押汇货物承受，并代为在沪还款。于本年五月十日由出让人马康达、介绍人王斌祖及见中严叔良立据出让，并由六月六日由马康达代表祥昌等三号，陈荣才代表协大，联登上海新闻报声明祥昌对营业失败，将所做押汇之货物及债务，转让与协大号。讵同月十一日，新闻报上忽刊有立成新记织造厂警告马康达等之启事一则，谓其押汇货物系由押汇人以空头支票诈取，事后马康达逃匿无踪，所得货物化名祥昌等号押入农行，兹又无条件转让，显系有计划之共同行为，限三日内来厂理处〔处理〕，否则追究通缉等语。旋又由盛葆权、范耀祥当面调处，于六月十七日刊登新闻报声明和解。至九月下旬，始由陈荣才将款还清。职等经按址前往协大荣记号查询，曾与陈荣才面谈，据称祥昌等所做各笔押汇，运抵汉口时，无法售出，且其中多为卫生衫，且季节已过，销售困难。其押品中线袜一项，原据报称系属舞袜，实则均系童袜，其价值相差甚远。该马康达及农行二方，均非内行，故无法以相当之价格售出。本号系经营棉织品物，且转让时，又将达秋季，故愿意接受等语。查此号系为化名，分户之借款，自借款之日起，以达收回之日止，历时十月，虽已如数收清，并由代还人贴补汇费，惟行方所受损失亦属不少，原介绍人王斌祖，似应负相当责任。

2. 前列各笔押汇中，其迹近化名分户者，除上述祥昌等数笔外，计有中大贸易公司及洽大号汉口烧碱押汇三笔，协鑫祥纱布号及洽大号重庆棉布押汇二笔，华中、震寰、德茂长、旭华等汉口颜料押汇四笔，金丰、兴业、统亚、新大等汉口棉纱押汇五笔，其押品及付款人姓名、地址均属相同，似系同一对象。

3. 关于押汇人是否确实，曾择上列逾期及改在上海还款各户中曾做二笔以上之中大贸易公司、洽大号、协鑫祥纱布号及中一行四家，按址前往调查，兹将调查结果录后：

一、中大贸易公司及洽大号　据中农沪行登记地址，均为上海汉弥尔登大楼二〇四室，经按址前往调查，并无中大及洽大二号。经询问处之管理员答称：该室战前即为天同公司及恒益谦租用。

二、协鑫祥纱布号　据中农沪行登记地址为福建中路一三三号，经按址前往调查，该址为老长生糖行，询据该糖行店夫，答称并无协鑫祥纱布号在内。

三、中一行　据中农沪行登记地址为洋行街（现更名阳翔街），其门牌亦已改编。经分别询问新旧门牌五十一号各屋，其中均系经营批发之行，并无中一行在内。

根据以上抽查情形，各该押汇行号，是否确实，殊滋疑窦。以上各笔押汇，介绍人未能查出，惟中大、洽大、中一等三户，在该行分行均开有甲存户，其存款印鉴则注明系由该行副理欧阳升为介绍。

查该行承做押汇，对于押汇人及保证人，例皆由营业股派员查对。倘押汇人系属虚构，则营业股之主管人及负责查对人员，无论有无串同行为，其玩忽职务之咎，似无可辞。

（寅）贴现　该行所做各笔贴现中，发现下列二点似堪注意：

1. 卅六年八月廿一日裕和行叙做贴现二千五百万元，由女子银行承兑，期限四十五天，于十月五日到期。到期之日，据贴现人函称："兹因留存该行（女子银行）之票据、印鉴，似稍糊模，已不及于当日提出交换，待届时一并补奉。"等语。经该行副理周开第批："照准。"到期由贴现人以现钞归还。

2. 抽查一部贴现人情形

（甲）卅五年五月廿二、廿三日昌明仁记烟公司及大元纺织公司二千万元及一千万元贴现各一笔，分由东莱及绸业承兑①，地址均为天津路八十五号。经按址前往调查，该址为东莱银行，大元设在二楼，领有卅五年十二月廿四日经济部新字第一四二八号执照。昌明原在该行二楼大东保险公司内，没有牌号，现已搬迁。

（乙）卅六年六月廿六日大德号贴现一千五百万元，福利钱庄承兑，地址中正东路一二八弄八号。经按址前往，并无大德号在内。

（丙）卅五年七月廿五日浦丰公司贴现二千万元，绸业银行承兑，地址中正东路一〇七号三一一室，现为建成公司筹备处，该处伙伴称迁入不久，以前有无浦丰公司，不得而知等语。

（丁）卅五年八月二日怡兴企业公司贴现二千万元，绸业银行承兑，地址中正东路三四〇弄卅二号。该址分左右二室，右室为裕记兴报关行，左室现由昌兴号暂借，据称为怡兴旧址，但彼此并无关系等语。

（戊）卅六年二月一日美达实业公司贴现二千万元，中级信托公司承兑，地址北京东路一五九号，据询前确有美达，但现已结束。

乙、投资概况

该行除自办各地实验示范场外，并投资于各种农业、企业机构。其经由该行加以控制并管理者计有：

（一）中国农业保险公司　　投资九千三百万元，占股份总额93%。该公司办理牲畜、农产品等项农业保险，该行信托部予以管理。

（二）中国农业机构公司　　投资八亿七千五百万元，占股本总额35%。该公司制造新式农业机械为主要业务。又郑州、汉口、广州三地农械公司股份中，亦有该行投资。

（三）中国农业供销公司　　该公司设立未久，由农行投资二亿元，其业务为办理烟叶、肥料、棉花等农产品之供给与运销，在上海、汉口、青岛等地均有机构。

---

①即东莱银行及上海绸业商业储蓄银行。

（四）中国农村水力实业公司　　投资三千五百万元，占股额70％。

（五）广西水利林垦公司　　投资三千五百万元，占股额70％。

（六）浙江省垦殖公司　　投资三亿六千万元，占股额60％。

四、存款

该行卅五年十二月底各项存款结余额为一千三百五十二亿余元，卅六年度工作计划规定进度，截至六月底止，应增存款总额七百亿元，实际数字则增加一千六百余亿元，比较上年底增加百分之一百二十，吸收存款颇为努力。兹再将该行银行部普通存款数字详为分析如次：

（甲）按存款种类分析：（单位千元）

| 存款种类 | 卅六年五月底余额 | 百分比 | 备考 |
|---|---|---|---|
| 活期存款 | 二八三，六〇九，三二一 | 97.25％ | |
| 定期存款 | 六五三，八二三 | 0.22％ | |
| 公库存款 | 七，三九一，二六一 | 2.53％ | |
| 总计 | 二九一，六五四，四〇五 | 100％ | 此项分析数字该行仅提供至五月底 |

就以上数字观之，该行普通存款中，活存占百分之九十七强，公库存款占百分之二．五，定存只占百分之〇．二二，此固由于目前市场情况之影响。惟就该行专业性质而言，其放款期限大率较长，而活期存款对于专业放款之配合较难适应，如何增进定存数字，似有待于努力。

（乙）按存款对象分析：（单位千元）

| 对象别 | 卅五年十二月底余额 | 卅六年六月底余额 | 比较增减 | 备注 |
|---|---|---|---|---|
| 机关团体 | 九二，八〇七，一四二 | 一四七，三〇八，五六一 | 增五四，五〇一，四一九 | |

续上表

| 对象别 | 卅五年十二月底余额 | 卅六年六月底余额 | 比较增减 | 备注 |
|---|---|---|---|---|
| 工矿及公用事业 | 一〇,六二六,五八八 | 四〇,九六九,五一〇 | 增三〇,三四二,九二二 | |
| 商业 | 一三,〇六一,四二八 | 三九,五三一,八九九 | 增二六,四七四,四七一 | |
| 农业 | 一,五一〇,七〇五 | 一四,四九二,三〇三 | 增一二,九八一,五九八 | |
| 个人 | 七,七七七,四六八 | 一九,六九二,九七六 | 增一一,九一五,五〇九 | |
| 其他 | 九,五一五,四〇四 | 三四,〇九〇,一七九 | 增二四,五七四,七七一 | |
| 总计 | 一三五,二九八,七五三 | 二九六,〇八五,四二八 | 增一六〇,七八六,六七五 | |

就以上数字观之,该行各项存款数字均有增进。在比例上,农业存款增加几达十倍。工矿及商业存款亦各增加三、四倍。其他一项,则为公库存款及无资料可资分析者,所增亦多。个人存款,亦增加一倍以上,机关存款则仅增加百分之六十弱,此殆由于限制军政机关公款存汇办法之影响,惟该行此项存款数字,仍占全体存款百分之五十弱。查该行机关存款数字,以南京分行居首位,经赴该分行考查其存款情形,兹谨概叙如次:

该分行六月底存款余额为二百八十余亿元,其存款对象中,以军事机关所占数字为最多,行政及事业机关次之。军事机关中,尤以国防部财务署及联合勤务总司令部运输署二户为最大,前者存款余额经常在六七十亿间,最多曾达八十余亿元,后者亦经常在廿亿元左右,最高达卅五亿余元。此外,余额经常在七、八亿元以上之军事机关,亦有四、五户。即此六、七户,已占其六月底存款余额之半,可见其存款内容之一斑。

(丙)存款较多行处举例:(单位千元)

| 行处别 | 卅五年十二月底余额 | 卅六年六月底余额 | 备注 |
|---|---|---|---|
| 南京分行 | 一六,七六七,七六八 | 二八,三六三,九一〇 | |
| 香港分行 | 一〇,八五八,〇〇〇 | ※一〇,三六六,二〇〇 | |
| 上海分行 | 八,〇三七,一一九 | 一〇,九〇四,四六三 | |

续上表

| 行处别 | 卅五年十二月底余额 | 卅六年六月底余额 | 备　注 |
|---|---|---|---|
| 西安分行 | 六,一六一,四七七 | 一三,四一六,九七五 | |
| 沈阳支行 | 五,四二八,四四七 | ※二二,六四七,四一〇 | |
| 天津分行 | 四,四二九,一〇四 | 六,九二二,五四六 | |
| 杭州分行 | 六七九,一一六 | ※二七,〇七二,八〇一 | |

注：有“※”号者，系六月份表报未到，系用五月底数字。

就以上数字观之，该行各分支行存款余额，始终以南京分行居首位。杭州分行上年底余额甚少(另有若干分支行处均不止此)，今年六月底一跃而居第二位，进展甚速。上海、天津二分行，存款数字增进较少，未进规定进度。香港分行反形减少。此种情形，表示工商业愈发达之码头，吸收存款愈感不易，如何设法增进，似有待各该分行主管人之努力。

五、汇兑

该行卅五年度全体行处汇款累记〔计〕数，计汇出一千九百六十一亿余元，汇入一千九百九十四亿余元。本年六月底累计数，计汇出五千四百五十三亿余元，汇入五千六百七十四亿余元，其差额常为入超。查银行汇出汇入差额之发生，系因未达帐关系，一般情形多为出超，间有因上月份未达帐本月已达，而成为入超者。惟连续多月累计，其结果仍必为出超。该行此种经常为入超之现象颇费解释，经请其主管科负责人细查，尚未查出入超之原因。

依照该行规定，本年六月底汇款进度，全体汇出汇款累计数应达五千七百八十亿元，实达数字虽尚短三百余亿元，然该行一部份行局之汇款数字，因表报未到，仍用五月底累计数，如表报到齐，谅可符合进度。

兹将该行全体汇出汇款数字按对象分析如次：

| 对象别 | 卅五年度汇出汇款累计数 | 卅六年上期汇出汇款累计数 | 备　注 |
|---|---|---|---|
| 党政机关 | 四一,五五九,六三九 | 七四,九八〇,一六五 | 单位 千元 |
| 慈善事业 | 一,三四三,四九八 | 一,一六九,七八三 | |
| 公营事业 | 八,七八一,三八四 | 一六,三四四,九一三 | |
| 商　业 | 六三,二二二,〇九六 | 二五〇,二三五,〇三二 | |
| 同　业 | 四九,〇六二,四四九 | 一二四,八九九,六一〇 | |
| 个　人 | 二五,三四五,〇七〇 | 三四,一三五,四〇四 | |
| 其　他 | 六,八一三,二四三 | 四三,五四三,五三〇 | |
| 总　计 | 一九六,一二七,三七九 | 五四五,三〇八,四三八 | |

就以上数字观之,该行上年及本年度汇款中,均以商业汇款为最多,同业次之,机关又次之。

兹再将该行各分行中汇款较多者六月底汇出汇入汇款累计数列后:(单位千元)

| 分行别 | 汇　出　汇　款 | 汇　入　汇　款 | 比　较　差 |
|---|---|---|---|
| 上海 | 一〇一,八六四,一〇七 | 一八六,二二四,九五五 | 入超 八四,三六〇,八四八 |
| 杭州 | 二九,七〇一,七〇三 | 一,九五四,二四〇 | 出超 二七,七四七,四六三 |
| 北平 | 二九,二四九,六四八 | 一一,五三三,九六九 | 出超 一七,七一五,六七九 |
| 天津 | 二〇,三一七,七〇〇 | 二九,六八〇,〇〇二 | 入超 九,三六二,三〇二 |
| 沈阳 | 一一,七七〇,九三四 | 三,四〇八,八六四 | 出超 八,三六二,〇七〇 |
| 汉口 | 一一,五八五,九八六 | 一三,〇九五,八〇七 | 入超 一,五〇九,八二一 |
| 长沙 | 一一,二二八,四四六 | 六,三四〇,七〇八 | 出超 四,八八七,七三八 |
| 青岛 | 一〇,七六一,四五七 | 二,三四二,二五〇 | 出超 八,四一八,八〇七 |

就以上数字观之,上海、天津、汉口三地汇入多于汇出,杭州、北平、沈阳、长沙、青岛等地汇出多于汇入。此种现象,表示各地游资集中流向商业码头,其情形固属难免。惟如何设法疏导游资,使分布于全国各地,在汇款之限制方面,似亦应负部份之使命。

六、储蓄

（甲）储蓄种类　　该行储蓄帐分二种：一、普通储蓄，二、节约建国储蓄。迄本年五月底止，各种储蓄存款总额为一百零七亿余元。其分类如次：

卅六年五月底储蓄存款余额表（单位千元）

| | |
|---|---|
| 普通储蓄 | |
| 活期 | 三，一八〇，五六七 |
| 特种活期 | 四，八七一，六二〇 |
| 定期 | 三一二，五九三 |
| 小计 | 八，三六四，七八〇 |
| 节约建国储蓄 | |
| 甲种储蓄券 | 六四七，四〇四 |
| 乙种储蓄券 | 三，八七六 |
| 乡镇公益储蓄券 | 一，六四九，〇〇三 |
| 美金储蓄券 | 五六，三六一 |
| 公益基金储蓄券 | 二〇，八二四 |
| 小　计 | 二，三七七，四六八 |
| 共　计 | 一〇，七四二，二四八 |

自复员以来，该行储蓄业务重心，已趋于普通储蓄。战时所推行之各项特种储蓄，除甲乙种节建储券外，均已先后奉令停办。而甲乙种节建储券，过去亦赖政治力量推行，自各种搭销办法取消后，年来已陷半停顿状态中。普通储蓄中，活期及特种活期占普通储蓄总额 96%，定期仅占 4%。

（乙）储蓄利率　　该行储蓄存款利率、节建储蓄利率，悉依政府规定办理。普通储蓄利率，卅五年份以前，悉依四联总处所定原则办理，本年度起，为加强吸收储款起见，曾通饬各分部参照当地市场情形及其他国家行局利率酌为调整，期收因地制宜之效。截至最近止，统计已呈报调整者，计有汉口等十九个分部，其中以汉口为最高，其调整后之利率，计活期周息二分，特种活期一分五厘，定期五分。至其余各地，大致活期一分二厘，特种活期一分，定期三分。

(丙) 储款运用：

(一) 普通储款五月底运用情形如次：

| | |
|---|---|
| ㈠ 存放银行部 | 五十六亿余元 |
| ㈡ 定期质押放款 | 十七亿余元 |
| ㈢ 有价证券 | 十二亿余元 |

存放银行部占总额66%，定期质押放款占20%，有价证券占14%。质押放款中农贷与工矿生产贷款各占半数，有价证券中卅六年美金库券十二亿元，余为各种统一公债，是项证券均系抵缴保证准备之用。

(二) 节建储蓄五月底运用情形如次：

| | |
|---|---|
| ㈠ 存放中央银行 | 十四亿余元 |
| ㈡ 委托信托部搭放 | 一〇亿余元 |
| ㈢ 有价证券 | 一亿余元 |
| ㈣ 存放银行部 | 一亿余元 |
| ㈤ 投资 | 七千万元 |

节建储蓄中之乡镇公益储券及美金储券，依照规定须转存中央银行，其余可以运用之甲、乙两种储蓄券等，其储金多系委托信托部搭放。

七、信托

查该行信托总部设于上海，另于南京、广州、汉口、杭州、重庆等十五地之分支行内，附设信托分支部。该部目前重要业务，为生产事业投资、化学肥料运输及证券业务等项。其资金来源，大体以来自内部往来者为主，存款及暂收款项次之。至于资金运用，则以生产事业投资为主要去路，垫付款项及房地产两项次之。该部本年上期净盈二，二八五，一九五，四五九·二二元，查其内容，利益以农产品售价、利息及手续费收入，损失则以农产品销售成本、手续费支出，及各项费用为主焉。兹再就其重要项目析述其业务情形如下：

（甲）农产品　　计有木材、台糖、豆饼、金丝草帽及麻帽等项。关于木材 一项，其收购目的系配合该行土地金融处举办之市地政改良业务而办理者，自三十四年一月起至卅五年八月止，分在湖南洪江、零陵等地购进杉条、杉桐九，〇二八两，各项杉板一九，七三一块。截至本年九月，已于京、沪、常等地售出杉桐、杉条六，八七五两，各项杉板一五，四五九块，余杉条、杉桐二，一五三两，杉板四，二七二块，亦已售出，尚未转帐。至于豆饼一项，系去年九月与常州同和成记油厂合作办理，共运销中饼十六万八千片，海饼六万一千四百片。内中饼十万片，海饼一万八千四百五十五片，系托台湾土地银行及同和成记油厂代销。另中饼六万八千片及海饼四二，三八一片，则供行方实物贷放之用。此外，有五六四片结存未售。又查在台湾出售之豆饼，其所得价款，即供购运台糖一，四六五．五三市担，销售京、沪之用，现已全部出售，唯其中之四四七．七一市担尚未转帐。

（乙）农业生产用品　　计分卡车、轮胎两类，卡车部份系于去年四月及九月份向顺通汽车公司、海宁洋行购入五十辆，轮船部份则系于去年九月及本年八月向华贸公司购入各式计三四二套，其销售情形有如下示：

卡　车

| | | |
|---|---|---|
| 自用 | 21 辆 | 包括行方各分支机构在内 |
| 农业运销公司 | 20 | 尚未提车 |
| 外界 | 47 | 杭州公共汽车公司 16 辆、中联企业 10 辆、联华交通 6 辆、合作金库 6 辆、津浦路局 4 辆、鄞奉汽车公司 2 辆、央行 2 辆、新疆法院 2 辆。 |

| | | |
|---|---|---|
| 结存 | 12 | |
| 合计 | 100 | |

轮　胎

| | | |
|---|---|---|
| 自用 | 104套 | 包括行方各分支机构在内 |
| 外界 | 72 | 大利材料行30、夹行16、联华12、建春材料行10、丁瑞荣2、薛迪锦、薛农山各一套 |
| 结存 | 166 | |
| 合计 | 342 | |

上项卡车、轮胎之售价，据称较市稍廉，且按美金作价折合国币给付。经查一百辆卡车之购进成本为九一三，〇〇四，〇八四.五九元，八十八辆之售价则为三，八二三，五七二，四四九.〇八元。又三百四十二套之轮胎购进成本为二三一，七九八，六五九.七九元，而一百六十七套之售价，则为三九七，九八〇，〇〇〇元，据此可知其利益优厚之为如何也。

（丙）垫付款项　　查联总运至我国救济物资内，有化学肥料八万六千吨，须于本年内陆续在上海、天津、九龙、厦门入口，交付行总接收转交农林部免费发放全国农民使用。但因缺乏运输资金，经联总及农林部会商，决定以应交总量中之三万五千吨免费发放，五万一千吨供实物贷放之用，农林部并委托该行办理运转贷放、发放等事宜。各地所需接运卸堆费用，亦全部由该行垫付，即以将来实物贷放所获款项，抵付垫款之本息。惟查该行对于贷放事宜，系由农贷部份办理，而自口岸接运至各目的地之运储事务，则由信托部办理。惟此中又分两段，其自口岸至上海、广州等十六地，所谓大据点者之运储事务，归由行总接收代运，其余各地之运输，则由该部自办。故本科目所垫款项中，分为预拨行总代运救济肥料运费及行方自付运费二部份，前者已拨二十五亿元，系准行总函拨，现仅报来单据八亿八千余万元，正审核中，余尚未据报。后者又可分为三项：一为垫付肥料空口袋费用户，计一二六，五六八，九二〇元，系因行总拨入备用空口袋所支付之各项费用。二为该部直接实付之各批运费，计九四，四一三，四〇〇元。三为垫付各行部运输肥料运费准备金户，系根据各行部所编之运费估计表预拨之款，计六，四五〇，〇二四，四〇七．六六元。经抽查广州、上海、镇江、厦门、芜湖、福州等地所呈报之估计运费表，除广州之廿亿因发还重编无表可查外，余与原规定办法尚无不合。至于其他各地，由预拨款项实际支付情形，该部并不知悉，是其缺点。又查该部因垫付肥料运费款甚巨，自身头寸不敷应用，爰于本年九月间经由沪行向央行透支一百亿备用。

（丁）应收利息　　内分三类：一为应收新华制刷公司及中和盐业公司七、八月份投资息一，六八八，七八八，四〇五．〇八元，二为有价证券、美金库券三亿元七、八月份利息三二，二〇〇，〇〇〇元，三为垫付预拨行总代运救济肥料运费卅五户之应收息三二三，一七一，六五八．五八元。

（戊）暂记付款　　经查金额较巨各笔，计有员工借支薪金、年津三，四五一，二五三，三〇九．四九元，购买安和寺路地皮一，九九七亩及钢窗备建宿舍款三二七，〇九七，九〇〇元，汉口、嘉定二轧花厂之筹备费一九八，七〇六，九六六．六八元，中国农业供销公司资本廿亿元，及其他之三，一四五，九五九，一四八．三〇元。农业公司资本一笔，曾报经该行三五六次常董会备案，实系投资性质，似应转帐。其他一项之重要内容，则为垫付该行汉口第一仓库装置设备及购买油拖驳等款之尚未划付汉口分部帐者。

（己）暂记收款　　其中洪江及零陵购木二户，计一，四三九，八七四，五二一元，查系预收货款。永丰德二次结帐户一，七二二，五〇〇，〇〇〇元，据称系该部与永丰德合营东北大豆所得之盈余，俟正式结算后，再行分配。代理央行购棉专户之一百亿元，系央行预拨之周转金，经查双方尚未正式订约，其草约内称，央行为掌握国棉，调节棉价，供应纺织事业需要，以期增加生产起见，委托该行于卅六年十月至三十七年三月期内，在陕、豫、鄂三省收购棉花四十万市担，运沪交货，全部购运总值估计一万亿元，该行按总成本25%收取手续费，并可先请拨周转金备用。又其他子目中金额七，七〇三，八五四，八二八．九二元，为数亦甚巨。查其内容，则以预收信泰棉行及中国农业供销公司购买陕棉六五七包，价款六二三，一七七，五〇〇元为主。按该部前曾办理陕、汉棉购销业务，惟因奉经济紧急措施令停止买卖后，购买业务即行停止，但销售事宜迄未了结。经查其销售情形，据称鄂棉共运沪一，六四一包，按三八〇斤合六，二三五．八担，已全部销讫，以大同棉业公司购买三五〇包、翔丰纱厂二三六包、大丰纱厂二四二包为巨。陕棉运沪四，五七四件，按四百斤计，合一八，二九六担，除渭南及三原次白九件无法销售外，余全部卖出，并以中国农业供销公司购买一，〇六六件，信泰棉行八三七件，大同棉业公司六五七件，永安纱厂三八〇件，申新九厂三六三件为较多。其最后一次售与中国农业供销公司之四一九件，价款尚未清讫，故亦未提货。按该公司为该行之附属机构，将大量棉花转售该公司，似仍不无变相经营棉花销售业务之嫌也。

（庚）本行往来　查该部与沪行之往来，计分数户：一为沪行甲户，沪行列入甲种活期存款科目，备票据交换及其他须开具支票付款交易之用也。此户只存不欠，如有多缺，则由下列一户调予之。二为普通往来户，经常多示贷余，是为向分行调用之款项，其九月廿七日之贷余为二百亿余元，可见调用款项情形之一斑。三为沪行肥料垫款户，贷余一百亿，系沪行向央行透支之化学肥料运费，参阅垫付款项科目。四为沪行农产加工专户，计一百二十五亿元，系收购青岛烤烟厂结欠沪行之款。又本科目中尚有储蓄处行员储蓄投资及储蓄处垫拨行员储金二户，目前共仅结存三千余万元。其余则用于购买证券，计十月一日经由该部一五八号证券经纪人恒康丰证券号，由投资户拨款一，六四二，三五九，九〇〇元，购入永安纱厂股票六一〇万股、景福一五〇万股，由垫款户拨出五八九，八八三，五〇〇元，购入永纱二一〇万股、美亚五万股、信和十万股。询其垫款原因，据称须询储蓄处始能知悉之。再查该部现有二证券经纪人，一为原有之四十七号，另一为向外借用之一五八号恒康丰号，其往来亦列入本科目之内。关于该部借用恒康丰号牌号事，经查系自去年九月一日起，期一年，合约内订明对外仍用恒康丰号名义经营，有关开支、收益及应缴保证等项，均归行方处理。恒康丰号经纪人朱鼎爕，由该部任用为职员，其余职员并由该部认可借用。至于该部除自有之牌号外，另复借用牌号之目的，经询据称乃求经营较为灵活，俾业务易于开展。嗣复准该部卅六年十月廿九日函称，与恒康丰号所立合约，经于满期后，陈奉总处核示，不再继续，应予解约等因，业已函知该号，即日解约等语。

（申）总分部往来　　查本科目亦常示贷余，构成该部运用资金之次一来源。其九月廿七日之余额，存者以南京分部之一一九亿、西安分部之一五〇余亿、广州分部肥料运费户之廿亿为最巨。欠者则以汉口分部之十亿余元为最多。考其原因，南京则据称系以吸收之存款转存，西安以代售棉花关系。广州之肥料运费，系预拨之运费准备金。至于汉口则因上期纯盈二十五亿余元之转入及划付该分部各轧花打包厂资金十亿余元之所致也。

壬、生产事业投资　　查该部办理生产事业投资，在抗战期间受财政部盐政总局之委托，投资仁、綦、涪三岸盐运。抗战结束以后，除盐运业务仍继续办理外，并投资于棉花、猪鬃、生丝等特种农产之收购、加工及运销。对于上项特产之投资，均以组织健全之厂家为对象，以便利用各厂家原有设备及技术。其投资方式分四类：

㈠ 股本投资　　由该部依照公司组织认购若干成股本，并派员参加共同经营。

㈡ 保证投资　　系由受资者对于该部投放资本负保本保息之责，其本身之盈亏自行负担。

㈢ 合营投资　　系应付临时需要而生，此种投资多为短期性质，受资者除负保本保息责任外，并照结算后之纯益，双方议定比例分配。

㈣ 委托投资　　纯系受该部之委托经营特定业务，对方仅负技术上之责任，不负任何盈亏。

依照上列方式经该部约定投资之厂商共二十余户，迄本年九月廿七日止，投资余额计五百零八亿余元，其中投资数额较大者有新华制刷公司、中和盐业公司及中国农业供销公司三户。兹分别研讨如下：

㈠ 新华制刷公司　　总公司设于上海，在汉口、重庆设有分公司及加工厂，各地设有分庄。资本六十亿元，该部投资半数。本年一月十五日订约，期限三年，由公司保息六分，利润按该部40%，公司60%分派。后因各地原鬃价值高涨，资金不敷周转，于七月六日续订临时投资合约，总额九十亿元，期一年，该部投资八十一亿元，由公司保息六分，保红二分，利润分配仍照合营户办理。据八月卅一日该公司报告，共收生熟猪鬃三，○八一关担，价值一百十二亿余元。

㈡ 中和盐业公司　　该部投资盐业已久，近为加强业务起见，将运盐部份划归中和盐业公司接办。该公司于本年一月成立，股本一亿元，由该部投资九，九○○万元。该公司因营运资金不敷周转，该部又续拨临时投资一一○亿元，由该公司保息四分半，红利五分。据该公司报告，本年六、七、八三个月中，计销盐斤二四六，九三七担，共得价款一百五十一亿余元。

㈢ 中国农业供销公司　　该行为统筹全国主要农产品之供销，奉准组织中国农业供销公司，资本二十亿元，现正积极筹备中。该公司为争取时间，已在陕西开始收购棉花，并向该部申请临时投资一百亿元，于卅六年七月十七日订约，期六个月，息五分。业务结束时，酌提若干手续费。迄九月底止，业已支用九十六亿余元，已收棉花若干，尚未据报告。

该部对各投资事业之管理尚称严格，上列三公司其向该部领用之资金，均经抽查，尚无用于不正当之途。

八、其他(略)

九、考查意见(略)

右报告敬祈

鉴核

职 徐达文 杨本泰 朱盛荃 洪文澹 谨呈

三十六年十一月十九日

〔国民政府财政部档案〕

### 3. 财政部关于办理农贷概略稿①

(1948年2月)

一、农贷沿革

我国以农立国，而农民贫苦，需要农业金融机关为之融通资金以为救助。在民国廿三年前，本部核准注册之殖业、垦业等农民银行，虽有十六家之多，以限于资力，未能达成扶助农村经济之任务。

二十二年豫、鄂、皖、赣各省兵燹以后，农村凋蔽，急需救济，遂于是年四月一日成立四省农民银行与豫鄂皖省剿匪总司令部所属之农村金融处，联合办理三省十五县收复匪区农村合作预备社，办理农业贷款，并于各地组织合作社，逐渐推行。

二十四年六月，本部呈准国民政府公布中国农民银行组织条例，将豫鄂皖赣四省农民银行改组为中国农民银行，扩充业务，负

①该件前面部份由财政部主笔，故有“本部”之谓，后面部份由农行主笔，故又有“本行”之谓。

责办理全国长期、中期、短期各种农业金融。抗战军兴，东南各省因战事影响，一部份贷款无法收回，农贷业务颇受阻碍。

二十六年十月，军事委员会颁布战时合作农贷调整办法，对于因兵燹蒙受损失之农贷，规定由本部及省政府妥订分别担保办法，并由部订定补救办法，查明确实无法收回之农贷，由国库负担。

二十七年，临时全国代表大会决议扩大农民贷款范围，供给农民需要资金，以巩固经济基础。是时各省地方金融机关，亦先后成立农贷机构，办理合作农贷放款。

二十九年，四联总处以各行办理农贷，均就其分支行所在地附近核贷，未免偏枯，经约集五行局代表商定划分各行贷款区域。至战区、边区贷款，非一行力量所可及者，仍联合贷放，并推一行为代表行，在中、交、农三行及中央信托局、农本局五行局贷款区域内，省银行不得贷款。

三十年，奉令将农本局原办农贷业务，移交农民银行接办，所有各种联合农贷，原定农本局应摊成数，改由农民银行担任。是年各行局共计贷出四亿九千八百五十余万元，结余总额计四亿六千五百余万元，全年贷出额与各省约定贷款总额四亿六千二百余万元相较，实际超出四千六百余万元。

三十一年，政府采紧缩信用政策，对农村以提〔投〕放于能增加生产者为原则。计是年各行局贷出六三四，五〇一，〇〇〇元，截至十二月底止，结余数为六八二，八〇五，〇〇〇元。

各行局历年农贷出额统计表　　单位:1000元

| 年度 | 总计 | 农本局 | 中信局 | 中国行 | 交通行 | 中农行 |
|---|---|---|---|---|---|---|
| 民国26年 | 40,535 | 8,545 | —— | 13,186 | 3,863 | 14,036 |
| 民国27年 | 65,806 | 13,604 | —— | 4,199 | 369 | 47,681 |
| 民国28年 | 93,994 | 30,789 | —— | 7,492 | 6,227 | 49,486 |
| 民国29年 | 130,014 | —— | 5,052 | 49,124 | 9,365 | 66,000 |

续上表

| 年　度 | 总　计 | 农本局 | 中信局 | 中国行 | 交通行 | 中农行 |
|---|---|---|---|---|---|---|
| 民国 30 年 | 498,561 | —— | 15,896 | 195,153 | 28,252 | 259,200 |
| 民国 31 年 | 634,501 | —— | 9,436 | 155,048 | 26,682 | 441,335 |

注：表内中信、中国、交通三行局数字仅至八月底止。

各行局历年农贷结余额统计表　　单位:100 元

| 年　　度 | | 总　计 | 农本局 | 中信局 | 中国行 | 交通行 | 中农行 |
|---|---|---|---|---|---|---|---|
| 民国 26 年年底止 | | 39,529 | 5,481 | —— | 12,095 | 2,344 | 19,604 |
| 民国 27 年年底止 | | 73,551 | 4,345 | —— | 12,665 | 1,619 | 47,922 |
| 民国 28 年年底止 | | 110,563 | 21,384 | —— | 17,365 | 7,341 | 64,473 |
| 民国 29 年年底止 | | 211,408 | 37,858 | 10,976 | 51,350 | 14,483 | 91,741 |
| 民国 30 年年底止 | | 465,306 | —— | 26,856 | 181,830 | 36,240 | 220,380 |
| 民国 31 年 | 8 月底止 | 584,904 | —— | 25,949 | 230,584 | 44,639 | 283,732 |
| | 12 月底止 | 682,905 | —— | —— | —— | —— | 682,805 |

自本年厉行国家银行专业化后，所有各行局农贷业务，规定应由中国农民银行集中办理，爰经四联总处订定各行局农贷业务交换〔接〕原则，及中中交农四行局战区边区联合农贷交接办法，将中央信托局及中国、交通两行所办之普通农贷及战区、边区联合农贷，一概移归中国农民银行接办。

三十二年三月，将中国、交通、农民三银行暨中央信托局办理各省战区边区农贷暂行办法改订为战区边区农贷修正暂行办法，规定各省战区及边区农贷事宜，概由当地中国农民银行会同省政府及其他有关机关派员合组农贷委员会，负规划考核之责。同时，为配合军事进展，安定战后民生起见，复订有推进收复地区农贷办法施行，凡收复区内农民购买种子、肥料、耕畜、农具、食粮与修理小型农田水利工程，以及经营农林副业，均可依照规定申请贷助，并以贷放实物为原则，藉收迅速恢复农村生产，增加民食来源之效。至普通农贷，该行仍继续办理。其办理农贷办法纲要及手续细则，经于三十二年及三十四年先后修订，俾资适应。就历来贷放数额言，三十二年计贷出十四亿一百余万元，较之三十一年增加甚多。三十三年贷出二十五亿七千余万元，三十四年贷出六十九亿六千四百余万元，递有增加。

抗战胜利后，广大收复区内，农村破产，民生凋敝，需要救济，至为殷切。政府因拨发紧急救济农贷四十亿元，交由该行贷放，分贷苏、浙、粤、桂、湘、鄂、赣、闽、皖、豫、鲁、晋、冀、绥、热各省，另核拨东北九省流通券二亿六千万元。此外，以湖南省灾情特为严重，复经拨发十亿元增贷，因是三十五年农贷数额激增，总额计达六百八十八亿三千四百余万元，较之三十四年超出九倍。

该行除办理农贷外，并设立土地金融处，兼办土地金融业务。该处于三十年四月筹备就绪后，翌年开始推行业务，其贷放种类，计有土地重划、土地改良、土地征收、收买土地、地籍整理、扶植自耕农与乡镇造产等十种。其中土地重划、土地改良、收买土地及扶植自耕农各项放款，分别订有放款规则，以资依据。惟是我国幅员辽广，地价调查及土地清丈等工作，诸待展开，重以资金筹措困难，不免影响业务进行。是年核定各项土地贷款二千八百三十四万余元，实际贷出二千五百三十三万余元，内中土地重划较多，计一千一百四十万元，约占总额百分之四十五，土地改良次之，计九百万元，约占总额百分之三十五强，再次为扶植自耕农放款，四百九十万余元，约占总额百分之十九强。三十二年以后，农业逐渐拓展，贷款范围扩大，数额随之递增，尤以土地改良、扶植自耕农、地籍整理及乡镇造产四项增加甚为迅速。

至三十五年底，余额计达七十八亿五千一百七十四万余元，其中土地改良占百分之八十六以上。兹将中国农民银行四年来农业贷款及投资暨土地金融放款数字分别列表于后：

三十二年至三十五年度土地金融放款余额分类表 （单位：千元）

| 年度 | 总计 | | 土地重划 | | 土地改良 | | 土地征收 | | 收买土地 | | 地籍整理 | | 扶植自耕农 | | 乡镇造产 | |
|---|---|---|---|---|---|---|---|---|---|---|---|---|---|---|---|---|
| | 数额 | 百分比 | 数额 | 百分比 | 数额 | 百分比 | 数额 | 百分比 | 数额 | 百分比 | 数额 | 百分比 | 数额 | 百分比 | 数额 | 百分比 |
| 32 | 64.011 | 100 | 2.345 | 3.66 | 36,707 | 57.34 | 5,250 | 9.20 | 4,000 | 6.25 | 1,930 | 1.02 | 12,129 | 19.30 | 16,000 | 2.50 |
| 33 | 165.887 | 100 | 775 | 0.46 | 97,567 | 58.83 | 5,550 | 2.91 | 4,170 | 2.93 | 13,211 | 7.96 | 40,180 | 24.28 | 4,373 | 2.63 |
| 34 | 313.864 | 100 | 3,650 | 1.16 | 195,002 | 62.13 | 11,257 | 3.59 | 4,000 | 1.27 | 9,411 | 3.00 | 85,453 | 27.23 | 5,071 | 1.62 |
| 35 | 7.851.740 | 100 | 3.325 | 0.04 | 6,826,673 | 86.94 | 7.657 | 0.10 | 4,000 | 0.05 | 75,000 | 0.96 | 915,995 | 11.67 | 19,090 | 0.24 |

二、三十七年度农田水利贷款之分配及其工程进行情形

三十七年度农田水利基金一千亿元，业经水利部依照各区地工程需要妥为分配。兹将分配情形及工程进行分述如下：福建长乐莲柄港灌溉亩数七万六千元〔亩〕，完成后年增粮三万八千市石，完成期限五个月，已拨工款九万万元，拟分配工款八十四万万元，现在进行情形，机器已运到，正筹安装工程及修理抽水机。山东章绳邱惠渠，灌溉亩数五，一二二，完成后年增粮四十六万五千市石，完成期限九个月，已拨工款一八，六二一.七万元，拟分配工款六二七，四一〇万元，现在进行情形，土方工程已征正完成十分之六左右，闸隍桥涵已招标完竣。绥远后套杨家河灌溉亩数一二万七百零，永济渠灌溉亩数一百零四万四千一，复兴渠灌溉亩数八十一万二千，航再渠灌溉亩数六十二万八千，完成后年增粮三百万市石，完成期限二年半，已拨工款二十五万万元，拟分配工款二百九十二万【万】九千万元，现在进行情形，黄杨闸已于三十六年六月廿九日开始挑挖闸基。陕西城关□□惠渠灌溉亩数一六三，六三〇，完成后年增粮十六万市石，完成期限五个月，已拨工款二十一万【万】五千万元（内涝惠渠二，〇〇〇万元），拟分配工款八十万万元，现在进行情形，渠首及其他主要工程均已完工，仅余渠尾零星工程。大荔洛惠渠灌溉亩数五十万，完成后年增粮五十万市石，完成期限六个月，已拨工款三五五，一三二万元，拟分配工款六十万万元，现在进行情形，主要工程均已完成，仅余支渠零星工程。甘肃靖远源盛渠（靖乐渠）灌溉亩数二万，完成后年增粮二万市石，完成期限六个月，已拨工款十万万元，拟分配工款十五万【万】二千万元，现在进行情形，尚未据报。酒泉洪水坝工程灌溉亩数三万七千，完成后年增粮八千市石，完成期限五个月，拟分配工款六十万万元，现在进行情形，新工。古浪柳条河工程，灌溉亩数十五万，完成后年增粮三万市石，完成期限一年，拟分配工款七五二，五九〇万元，现在进行情形，新工。察哈尔之安东洋河灌溉工程，灌溉亩数二十七万，完成

后年增粮三十四万五千市石，完成期限二年，拟分配工款一百万万元，现在进行情形，新工。安徽华阳河垦殖工程，灌溉亩数一万，完成后年增粮二万市石，完成期限四个月，拟分配工款七十万万元，现在进行情形，新工。陕西高陵富并第二渭惠渠，灌溉亩数十五万，完成后年增粮、棉花七五〇万斤，完成期限三年，拟分配工款一百万万元，现在进行情形，新工。统计十四处，灌溉亩数四，八一〇，四五二，完成后年增粮四，二四一，五〇〇市石（参阅新中国画报）。

三、三十七年度农贷计划

| | |
|---|---|
| 粮产贷款： | 五，〇〇〇，〇〇〇，〇〇〇元 |
| 棉花贷款： | 三，〇〇〇，〇〇〇，〇〇〇 |
| 蚕丝生产： | 一五〇，〇〇〇，〇〇〇 |
| 挖塘凿井： | （未载明） |
| 食糖生产： | 二，四〇〇，〇〇〇，〇〇〇 |
| 烟叶生产： | 六〇〇，〇〇〇，〇〇〇 |
| 农田水利： | 一，五五〇，〇〇〇，〇〇〇 |
| 茶叶生产： | 五〇，〇〇〇，〇〇〇 |
| 渔业贷款： | 五〇〇，〇〇〇，〇〇〇 |
| 农林副业： | 三〇〇，〇〇〇，〇〇〇 |
| 农仓建设： | 四〇〇，〇〇〇，〇〇〇 |
| 其他贷款： | |
| 花生虫病 | 五〇七，〇〇〇，〇〇〇（参阅新中国画报） |

〔国民政府财政部档案〕

## 4. 中国农民银行 1948 年上期业务报告

（1948 年 7 月）

（甲）一般存汇业务

一、普通存款

本年六月底，本行普通存款余额为四〇，七〇五亿元，与三十六年底余额七，九二七亿元相较，计增三二，七七八亿元，达四倍以上，较预定进度一〇，五〇〇亿元，超出二二，二七八亿元，达二倍以上。如将战前存款清偿及军政机关公款移转并计在内，则本期存款之增加，已逾四〇，〇〇〇亿元。兹按各月份余额列表比较增减如次：

| 月份 | 存款余额 | 比较增减 | |
|---|---|---|---|
| 一月份 | 七，九六二亿元 | 增 | 三五亿元 |
| 二月份 | 九，六五八亿元 | 增 | 一，六九六亿元 |
| 三月份 | 一二，九七四亿元 | 增 | 三，三一六亿元 |
| 四月份 | 一五，四三六亿元 | 增 | 二，四六二亿元 |
| 五月份 | 三五，六四九亿元 | 增 | 二〇，二一三亿元 |
| 六月份 | 四〇，七〇五亿元 | 增 | 五，〇五六亿元 |

二、储蓄存款

本年六月底，本行储蓄存款余额为七五八亿元，与三十六年底余额一六八亿元相较，计增五九〇亿元，约三倍半之数，较预定进度二五亿元，超出五六五亿元，达十二倍以上。兹按各月份余额列表比较增减如次：

| 月份 | 存款余额 | 比较增减 | |
|---|---|---|---|
| 一月份 | 一六九亿元 | 增 | 一亿元 |
| 二月份 | 二二一亿元 | 增 | 五二亿元 |
| 三月份 | 二八三亿元 | 增 | 六二亿元 |
| 四月份 | 三三八亿元 | 增 | 五五亿元 |
| 五月份 | 七九九亿元 | 增 | 四六一亿元 |
| 六月份 | 七五八亿元 | 减 | 四一亿元 |

上项储蓄存款中，有一部份系属代理性质，其资金须缴存中央银行，本行不得自行运用，其余资金分别由储蓄部购置政府债券、投资生产事业及由银行部代为运用于农贷。

三、国内汇款

本年上期各月汇出汇款累计额为三一二,三五六亿元,汇入汇款累计额为三〇九,三〇五亿元,较诸三十六年度下期各增六倍有余。兹列表叙明如次:

| 项　目 | 卅七年度上期累计额 | 卅六年度下期累计额 | 比较增减 |
|---|---|---|---|
| 汇出汇款 | 三一二,三五六亿元 | 四三,三七五亿元 | 增　二六八,九八一亿元 |
| 汇入汇款 | 三〇九,三〇五亿元 | 四三,四八三亿元 | 增　二六五,八二二亿元 |

又本期各月汇出汇款及汇入汇款数字如下表:

| 类别<br>月别 | 汇出汇款 | 汇入汇款 |
|---|---|---|
| 一月份 | 一二,二五一亿元 | 一二,三五八亿元 |
| 二月份 | 一五,二二九亿元 | 一五,〇四六亿元 |
| 三月份 | 二六,七〇二亿元 | 二五,六五七亿元 |
| 四月份 | 三八,七五八亿元 | 三六,六五一亿元 |
| 五月份 | 七八,七七四亿元 | 七七,四三八亿元 |
| 六月份 | 一四〇,六四二亿元 | 一四二,一五五亿元 |
| 合　计 | 三一二,三五六亿元 | 三〇九,三〇五亿元 |

上项汇出汇款累计数较预定进度二六〇,一〇〇亿元,亦已超出五二,二五六亿元。

四、信托业务

(一)信托存款:本年六月底,本行信托存款余额为四,〇一二亿元,与三十六年底余额二二六亿元相较,计增三,七八六亿元,达一十七倍之数。兹按各月份余额列表比较增减如次:

| 月　别 | 存款余额 | 比较增减 |
|---|---|---|
| 一月份 | 三〇一亿元 | 增　七五亿元 |
| 二月份 | 三五五亿元 | 增　五四亿元 |
| 三月份 | 一,七二九亿元 | 增　一,三七四亿元 |

续上表

| 月别 | 存款余额 | 比较增减 |
| --- | --- | --- |
| 四月份 | 一,七七一亿元 | 增　四二亿元 |
| 五月份 | 二,五六一亿元 | 增　七九〇亿元 |
| 六月份 | 四,〇一二亿元 | 增　一,四五一亿元 |

（二）农产加工：本行之农产加工业务，计有嘉定、乌江、沙道观等处轧花厂，系利用行总拨交农林部之加工机械，由本行拨款筹设，为农民服务。截至本年六月底止，已拨到轧花机及打包机各九套，榨油机二套。所设嘉定轧花厂，自三十六年十二月二十八日开始以来，计共轧籽棉一一,八五七市担，轧出皮棉三,五四五市担，棉籽六,九八一市担，拣出脚花一,一一四市担，打成机包及踏包共二,〇二七包。榨油部门之装建亦已完成，不久即可开始工作。乌江厂之厂房建筑，最近亦已完成，轧花业务下期即可开始。沙道观之厂房，现亦完成五分之三，预期今秋当可装置竣事。其余预定筹设之岳口、老河口、黄口、枣阳、洛阳、津市六轧花厂，均因地方治安欠靖，一时尚无法积极筹设。

（三）代理收购：该项业务以协助政府掌握民生日用物资为主旨。本期所经办者，以代理粮食部收购小麦、谷米、杂粮及豆饼，代理中央银行收购棉花为主要业务。（以上业务另详政府交办特种业务章）

（四）其他业务：计有办理仓储暨代客买卖短期国库券等。

（乙）放款业务

一、农业放款（本行专业放款之一）

本年度农业放款，首事粮食、棉花、食糖、烟叶、蚕桑等生产贷款及外销农产丝、茶两项之加工运销贷款，其次为水利贷款、推广贷款、副业贷款等，视各省农业环境与治安情况，分贷川、康、鄂、湘、粤、桂、黔、滇、江、浙、皖、闽、赣、陕、豫、晋、甘、绥、宁、青、冀、鲁、察二十三省及东北收复区。兹约略分述本年上期经办情形如次：

（一）各类农业放款核定额：本年本行农贷额度经四联总处核

定为九一，八七〇亿元，此外，外销农产加工运销贷款、各类灾贷等，或以核定额系以实物为准(如合作烘茧)，或以陆续专案核定，均不在内。兹列表叙明如次：

| 年期<br>项目 | 卅七年度总核定额 | 卅七年度上期配额 |
|---|---|---|
| 粮食贷款 | 三八，五〇〇亿元 | 三五，三五九亿元 |
| 棉花贷款 | 二〇，四〇〇亿元 | 一七，〇三八亿元 |
| 烟叶贷款 | 四，五五〇亿元 | 三，三九三亿元 |
| 茶叶贷款 | 四〇〇亿元 | 四〇〇亿元 |
| 蔗糖贷款 | 一，八五〇亿元 | 一，八五〇亿元 |
| 蚕桑贷款 | 一，〇〇〇亿元 | 一，〇〇〇亿元 |
| 渔业贷款 | 一，〇〇〇亿元 | 五〇〇亿元 |
| 水利贷款 | 一三，五〇〇亿元 | 六，四七六亿元 |
| 简仓贷款 | 三，三〇〇亿元 | 一，六一二亿元 |
| 副业贷款 | 一，五〇〇亿元 | 一，二五六亿元 |
| 其他生产贷款 | 五，八七〇亿元 | 五，三八六亿元 |
| 合计 | 九一，八七〇亿元 | 七四，二七〇亿元 |

(二)本年上期进度：本年农贷总额较往年庞大，惟迄三月底始奉核定，故贷放工作自四月初始行推进。截至本年六月底全部农贷(包括上年核定本期贷出者)，共贷出累计额达一四二，〇一八亿元，除收回外，尚有余额一一五，七六〇亿元，(包括上年贷款余额在内，若就本年新核定之各类贷款言，则至六月底之贷出余额为一一二，五七八亿元，内除专案核定之外销农产加工运销贷款四九，一二一亿元外，其经四联总处初次核定之各类农贷，计贷出六三，四五七亿元，占预定进度百分之八五．四四，实因若干地区受战事影响，贷务无法推进，尤以河南为甚。)占各项放款总额百分之八九．五，与三十六年底余额八，九一七亿元(不包括合作金库提倡股)相较，计增一〇六，八一三亿元，达十二倍之数。兹将本年上期各月各类放款余额列表如次：

| 月别<br>期别 | 一月份 | 二月份 | 三月份 | 四月份 | 五月份 | 六月份 |
|---|---|---|---|---|---|---|
| 农业生产贷款 | 二,一五八亿元 | 二,〇九〇亿元 | 二,一九五亿元 | 八,九一〇亿元 | 二九,五三七亿元 | 五四,九七九亿元 |
| 农田水利贷款 | 四三四亿元 | 五〇四亿元 | 五四七亿元 | 一,〇四六亿元 | 三,一二七亿元 | 六,九八六亿元 |
| 农业推广贷款 | 四〇二亿元 | 四二七亿元 | 四八八亿元 | 一,〇〇二亿元 | 一,八二七亿元 | 一,八〇六亿元 |
| 农产运销贷款 | 一,二二四亿元 | 一,二五八亿元 | 一,二〇四亿元 | 一,〇七八亿元 | 二,九八七亿元 | 三,六五一亿元 |
| 农村副业贷款 | 二三六亿元 | 二四五亿元 | 二二一亿元 | 一,二二五亿元 | 一,九九八亿元 | 三,二二八亿元 |
| 特种农产品贷款 | 三,〇九九亿元 | 二,六一四亿元 | 二,三三六亿元 | 二,五四五亿元 | 二一,〇八六亿元 | 四二,八六五亿元 |
| 收复区紧急农贷 | 一八亿元 | 一六亿元 | 一五亿元 | 一三亿元 | 三〇亿元 | 四四亿元 |
| 绥靖区小本贷款 | 一三三亿元 | 一五一亿元 | 一三三亿元 | 一四四亿元 | 一四八亿元 | 一六九亿元 |
| 灾区贷款 | 二〇九亿元 | 二三〇亿元 | 二五六亿元 | 二五七亿元 | 二六五亿元 | 二,〇三二亿元 |
| 合　计 | 七,九一三亿元 | 七,五三五亿元 | 七,三九五亿元 | 一六,二二〇亿元 | 六一,〇〇五亿元 | 一一五,七六〇亿元 |

（三）各类贷款推进情形及效果：

（子）农业生产贷款

1. 粮食生产贷款——本年粮食生产贷款，系配合农林部粮食增产计划办理，以促进各省稻麦、杂粮增产为目的。预定贷放面积二，〇〇〇万亩，贷款总额五〇，〇〇〇亿元，本行承贷三九，〇〇〇亿元，分配于江、浙、皖、赣、鄂、湘、川、冀、鲁、豫、晋、陕、甘、闽、粤、桂、察、绥等十八省，后因一部份贷额奉准移作其他贷款，实配额为三八，五〇〇亿元。

自四月上旬开始办理以来，除若干省份或因战事关系，或因各级民意机关要求普遍贷放，致略延缓外，其余各省，本行均能按照进度尽速贷出。截至六月底，各省贷出总额已达三〇，〇四〇．六一亿元，此项贷款之实际成效，因此时未届收获季节，言之似嫌过早。惟据贷放实况估计，有借款农户一，一六三，九五二户，借款社团七，〇一六单位，受益田亩一一，六一八，〇一七亩，平均每亩增产粮食二斗，估计共可增产二三〇万石。就实例而言，如南京八卦洲，利用粮增贷款，实行机械耕作，六月间以江水陡涨，淹没麦田壹万数千亩，乃利用抽水机排尽积水，万余亩小麦幸获丰收，秋禾亦可移栽。由贷款所生经济价值，尤为显著。

2. 棉花生产贷款——本年棉贷，系配合农部棉花增产计划办理，预定贷款面积一，〇〇〇万亩，核定总贷额三〇，〇〇〇亿元，本行承贷二一，〇〇〇亿元，分配于江、浙、皖、赣、鄂、湘、川、冀、鲁、晋、豫、陕、甘等十三省，后因一部份贷额奉准移作其他贷款，实配额为二〇，四〇〇亿元。

各省棉贷，除河南因战事关系无从推进，以及湖北沙市一度匪风甚紧，贷放稍缓外，余均能依进度贷放。截至六月底，已贷出一五，六八五．六一亿元。此外，为期有增加棉产起见，经与棉产改进处商洽办理棉作病虫药械贷款四〇〇亿元，并对农部病虫药械制造厂贷放二〇〇亿元，以供制造病虫药械之需。

本期棉花贷款，计有借款社团一，八七七单位，借款农户七五六，六六九户，植棉五，一五五，四七五亩，每亩平均增产籽棉十斤计，可增产五一五，五四七担。本年各省因配有大量棉贷，对于鼓励农民植棉，收效最著。年来，陕西棉田逐渐扩展，可为佐证。此种奖励植棉之贷款，实为促进棉产之最大助力。此外，棉花最易为病虫灾害所袭，其严重者竟全无收获。而本行在各省配放之防治病虫药械贷款，收效甚宏，亦为促进棉产之一种有效方法。

3. 蚕桑生产贷款——本年是项贷款共核定一，五〇〇亿元，本行承贷一，〇〇〇亿元，计分桑叶增产、育蚕及制种三种贷款办理。

桑叶增产贷款计四三亿元，分贷于江、浙、川、粤四省，以公私蚕桑机关、学校、社团为对象。六月底计贷江、浙二省六县三十一单位金额三二·三九亿元。

育蚕贷款五三二亿元，亦配贷于江、浙、川、粤四省，以办理共同催青或共同饲育之合法蚕农团体为对象，作为购种及支付育蚕费用之用。六月底止，计贷卅一县六八七单位，金额八八二·二七亿元。

制种贷款四二五亿元，分贷江、浙、川、滇四省，以蚕种制造场、蚕桑学校等为对象，作为购买原料、桑叶、支付工资等用途。六月底止，计贷四省廿六县一五七单位，金额七五四·二五亿元。

以上三项贷款，共计贷出一，六六八·八〇亿元，其超过配额部份，系由其他贷额中移来。本年蚕桑贷款因推动扎实，成效颇著，计桑叶部份增桑苗一〇，五六一，六七四株，育蚕部份计用蚕种二〇三，一六六张，产鲜茧五〇，七九〇余市担，制种部份制造改良种一，九三三，三二一张。

4. 茶叶生产贷款——本年茶叶生产贷款经核定八〇〇亿元，本行承贷四〇〇亿元，分贷赣、闽、湘、鄂、浙、皖、滇、康各省茶区。贷款用途以购肥料、种苗及支付摘茶之工资为限。六月底止，除湖北因局势影响尚无贷出外，其余各省共贷出四〇八．七八亿元，计产茶叶二九，八八四市担。往年茶区资金通融，多由茶商向茶农举办贷款，条件甚苛，茶贷〔农〕受尽剥削。近年自本行举办茶贷后，以手续简便，利率低微，茶商剥削渐除，茶农经济显有改进。

5. 烟叶生产贷款——本年烟贷核定六，〇〇〇亿元，本行承贷四，五五〇亿元，系配合农部烟叶增产计划办理，计配贷皖、鲁、豫、川、云、贵、浙七省。烟贷用途以购买种子、肥料、烤烟用煤及支付工资等为限。截至六月底，除河南因战事尚未贷出，鲁、皖二省亦因战事影响进度外，黔、滇、川等省，均已超额，计共贷出二，五七九．七五亿元，计受益烟田三七四，七五〇亩，增产烟叶一一，二四二，二五〇市斤。经办各行中，昆明行办理改良烟种实物贷放以改进烟产品质，蚌埠行办理烤烟用煤实物贷放以减轻烟农负担，成效最为显著。

6. 蔗糖生产贷款——本年蔗糖贷款，本行承贷二二，〇〇〇亿元，二〇，〇〇〇亿元配贷台湾，以气候关系，须俟七月后始行贷放。其余二，〇〇〇亿元，配贷川、粤、浙三省，后因一部奉准移作其他贷款，实贷一，八五〇亿元。三省之中，以川省最多，粤省次之。六月底贷出一，五三八．八八亿元，贷区十六县，借款社团五一二单位，蔗农三八，八六七户，植蔗二〇九，四三一亩，计增产蔗糖四一，八〇〇余担。

7. 渔业贷款——本年渔贷配额一，〇〇〇亿元，计海洋渔贷八〇〇亿元，贷放江、浙、闽、粤、冀、鲁六省。淡水渔贷 二〇〇亿元，贷放江、浙、粤、皖、赣、湘、鄂七省，以扶植直接从事渔业生产之渔民为限。由于贷放季节适值春汛，渔民需款殷切，贷放顺利。六月底贷出八〇〇．八七亿元，已超过春汛应贷数额，计共贷助二七二社团，受益渔船六，四六二艘，受益渔户二七，四三一户，计可增产各种渔〔鱼〕类六十余万担。

8. 普通农业生产贷款——此项贷款系指前列各种特产贷款

以外之一般生产贷款而言，目的在使非特产区之农业亦得普沾农贷实惠。本行承贷额原为四，四七〇亿元，嗣以边省不敷分配，乃奉准自其他贷款内移拨一部，将配额增至五，八七〇亿元，计配贷江、浙、皖、赣、湘、鄂、川、康、滇、黔、粤、桂、闽、冀、鲁、豫、晋、陕、甘、绥、青、宁、察等二十三省，六月底已贷出三，六一三·三一亿元，借款社团二，三八一单位，借户二八五，六六二户，受益农民一，四一三，三一〇人，受益田亩一，二二九，一一五亩，可增产粮食一二〇余万石。

（五）外销农产加工运销贷款

1. 蚕丝加工运销贷款——本年蚕丝贷款分为厂商春茧贷款及合作烘茧贷款两类办理。厂商部份核定以估计江、浙两省鲜茧产量十七万担（江苏一〇八，一〇〇担，浙江六一，九〇〇担）为贷放标准，总额五三，六〇四亿余元（江苏三四，五七〇亿三，八〇〇万元，浙江一九，〇三四亿二，五〇〇万元），均系按照规定茧价（改良种江苏每担二，六〇〇万元，浙江每担二，五〇〇万元）及收茧开支（改良茧不得超过茧价百分之廿三，土种茧不得超过茧价百分之卅二）核计，按八成贷放，并由厂商自筹垫头二成，成丝由政府收购八成。申请贷款厂商计九八家，经审查合格订约者八六家，配贷茧量计一六五，四七八担（江苏一〇三，六〇一担，浙江六一，八七七担），贷款总额为五二，一五八亿余元（江苏三三，一三一亿余元，浙江一九，〇二七亿余元）。合作烘茧部份核定贷额为鲜茧六万市担，本行承贷四万市担，亦配于江、浙二省。贷款方式分定货及储押两种贷款，各占半数。

本年物价波动过烈，致规定茧价不及市价甚远，影响收茧工作。截至七月底止，厂商部份计贷两省八个收茧区，净贷额三二，五一五亿余元，收集鲜茧一一四，四三〇余担。合作烘茧部份实贷两省十四县卅四单位，内定货贷款二，三〇三亿余元，收集鲜茧七，三七〇余担。储押贷款一，四八七亿余元，收集鲜茧七，三七〇余担。

本年茧贷共集鲜茧一二九，一八〇余担，以烘折二八〇斤计，可烘成干茧四六，一三七担，以缫折四二〇斤计，可缫生丝约一一，〇〇〇担，其余出口外汇之增裕，可以想见。

2. 茶叶加工运销贷款——本行此类茶贷以协助外销茶之加工运销为主，贷放茶类计有十二种，为祁红、屯婺绿、平绿、遂绿、温红、温绿、浮红、宁红、玉红、瑞红、湘红、鄂红等，分布于皖、浙、赣、闽、湘、鄂等六省。本年核定额度为八，四九〇亿元（另案核定），预计可以收精茶一一四，〇〇〇市担，贷放程序分见“毛茶加工贷款”、“箱茶运销贷款”及“出口地点箱茶押款”三个阶段。截至六月底，计贷毛茶加工贷款一，七三九．五一亿元，加工茶叶五五，三四五．二五担。运销货款贷出四七三．二九亿元，运销茶叶一〇，六九九．五七担，出口押款贷出五〇一．三二亿元，计押茶叶七，五一二担。

（寅）农田水利贷款

1. 大型水利工程贷款——大型水利工程多为开渠筑坝之自流式灌溉工程，设计施工均需较高之技术，故与水利部订有联系办法，凡计划之审核、工程督察，均由该部负责，贷款以省政府为对象。本行除审查工程经济价值及稽核贷款用途外，并派水利技术人员分驻贷款省份，督察工程之进行。本年大型工程贷款核定七，五〇〇亿元，指定办理川、桂、粤、闽、浙、赣、鄂、苏、鲁、陕、甘、青等十二省工程四十处，及宁、察、绥三省装修工程，并先择工程经济价值较优，施工机构健全，地方治安良好，以及完工日期较短之廿六处工程，于上半年贷放五，〇〇〇亿元兴工，余俟下半年再行酌办，此廿六处工程，可于年内或明春完成，受益田亩预计为四，四三六，〇五〇市亩。截至六月底止，计已订约拨款之工程，有粤、赣、苏、陕、甘、宁、绥、察、浙、闽、桂、鄂等十二省廿一处及三省装修工程贷出款项三，五四四．四七亿元（连上年未收回额共计四，三六二．

六八亿元）。大型工程之兴办虽非易事，然一经完成，则收效甚著。如陕西各干渠完成后，渠水灌溉所经荒地变为沃土，增产棉花、稻谷数量甚巨，受益农民莫不深感。

2. 小型水利工程贷款——小型工程多为凿井开塘、修理圩堤及购置抽水机等，工程简单，由农民团体或个人直接向本行申请贷款。本年小型工程贷款六，〇〇〇亿元，配合粮食增产计划，分配苏、浙、皖、湘、粤、赣、鄂、川、闽、桂、甘、察、绥、陕、豫、冀、鲁、晋等十八省。至六月底止，除豫省因战事未能贷放外，计已贷放二，二五二·八九亿元（连上年未收回额共计二，六二二·八八亿元），借款社团八三六单位，借户二四〇，六九八户，预计受益田亩一，四三五，六五五市亩。小型水贷效益亦甚显著，如青岛行上年办理此项水贷，共灌田四五七市亩，据调查青岛市及即墨县灌溉地与非灌溉地，每亩收获量之比例为三三五市斤与一一二市斤之比，每亩灌溉地可增产小麦一二三市斤①，则全部受益田亩共可增产小麦五六，三一六市斤，由此推算，增加农民收益，实不在少数。

（卯）农村副业及农仓贷款

1. 农村副业贷款——农业具有季节性，一年之中，忙闲不均。农村副业系利用农闲剩余劳力、原料及隙地，从事生产工作，以增农民收益。本行贷助之农村副业，计分工艺、畜养、种植三种，视各地环境之所宜，分别贷款协助。

本年副贷核定总额一，五〇〇亿元，经分配苏、浙、川、粤、闽、冀、鲁、赣、鄂、湘、康、滇、黔、桂、豫、晋、陕、甘、宁、绥等省，就各省重要副业分县配贷。种植方面以蓝靛、药材、油桐为主，畜养方面以养猪、养羊、养鱼为主，工艺方面以织布、造纸、榨油、编织草席草帽及精制陶瓷为主。截至六月底止，贷出一，二一五·七二亿元（连同上年未收回额及收回复贷额共三，二二八·四四亿元），贷款地区

---

①三三五斤与一一二斤相较，应为二二三斤：三者原有一数字有误。

达十四省一一九县市。贷放纺织者约占百分之四十，造纸及养猪各占百分之二十，其他榨油、陶瓷等占百分之二十。总计可增产各种布匹十万余匹，改良纸一二，〇〇〇令，普通纸二三，〇〇〇余担，猪只三二，〇〇〇余头，他如零星日用品经贷款而促成制造，非特有助于实物之供应，即对农民收益之增加，亦有可观。

2. 农业仓库贷款——本年农仓贷款，特别注重与粮食增产贷款密切配合，集中区域，适当供应农民资金，促进农产物之资金化，发挥增产更大效能〔原文如此〕。本行农仓贷款，分自营农仓与简易农仓两种。本年自营农仓，以四联总处未配贷额，乃由各经办行自筹资金办理，维持以往规模，继续为农民服务，惟以资金有限，多数农仓均感贷额不敷，影响业务推进甚巨。本行自营农仓上年底计有四十七仓，本年曾撤销两仓增设三仓，共为四十八仓。六月底，各仓放出押款三三．五八亿元，受益农户六，四七一户。

本年简易农仓贷额，原奉核定三，五〇〇亿元，嗣经奉准移拨青、康、热、察四省其他生产二〇〇亿元，实际为三，三〇〇亿元，分配于苏、浙、皖、湘、赣、鄂、桂、闽、甘、绥、粤、川等十二省。贷款用途原规定以修缮仓房为主，嗣据各处陈报推行困难，爰复规定可视当地实际需要，酌办储押贷款。本贷款以受生产季节限制，故上半年放款为数尚少，六月底经放出九二．七二亿元，借款社团十单位，借户三，三一一户，建仓八间，储押小麦一，八一一石。关于简贷效益，本期小麦储押，每石价格不及五百万元，储押不足贰月，已增值三倍以上，其对农民收益之增进，可见一斑，俟秋收后大量举办，其裨益农民，当更著成效也。

（辰）农业推广贷款

本年推广贷款未奉四联核定专额，显以推广业务关系各项农业生产甚大，经就各项农业生产贷款额内，酌拨一，七一九．三六亿元，配合各该项贷款推进，以期提高增产效能。截至六月底，上项贷额已全部贷出，连上年未收回余额，共计一，八〇〇．五九亿元。

兹依贷款性质，将其内容简述之：

1．良种作物繁殖贷款，只贷出八三〇·三五亿元，其中良种繁殖贷款一〇一·二五亿元，分贷皖、冀、滇等十一省，计繁殖水稻良种五，一六〇亩，可推广一，二九〇，〇〇〇亩，烟叶良种二，六一〇亩，可推广一九五，七五〇亩，优良棉种四，〇二〇亩，可推广四五九，〇〇〇亩，其他麦种、杂粮等，只可供推广四〇，二六〇亩。其次良种推广贷款核贷七二九·一〇亿元，分配苏、浙、皖等九省，预定收购良种稻、麦、棉及绿肥等种子一五，九三二担，以供推广之用。

2．公私农林渔牧垦殖场贷款，共贷三五八·八六亿元，借款农场九一单位，分布苏、浙、皖等十七省，其中私营农场计四七单位，公营农场四二单位，合作农场二单位。

3．制造改良农具及肥料贷款，共三〇五亿元，其中贷放无锡农业制造厂及中央农业机械厂等机构二五五亿元，用以购置原料，以供制造各项农业机械。另贷四川农业公司五〇亿元，以备制造肥料。

4．优良种畜繁殖推广贷款，共贷二三·七〇亿元，贷放滇、黔、晋、察、赣等省繁殖种牛、种羊、种猪及鱼苗等，贷款对象为农改所及各畜牧场。

5．防治病虫害药械及兽医血清制造贷款，共贷二〇一·四五亿元，一部贷与湖北农改所血清厂制造血清，其余则分贷农部各病虫药械厂，以制各种杀虫药械，俾供推广。

二、土地金融放款（本行专业放款之二）

本年度土地金融放款，仍本历年办理方针，以扶植自耕农及农地改良放款为主，以市地改良及地籍整理放款为辅。其他各类放款，则视政府需要，随时配合办理，以数额有限，均采重点推进方式集中办理。兹约略分述本年上期经办情形如次：

（一）各类土地金融放款核定额

| 年期<br>项目 | 卅七年度总核定额 | 卅七年度上期配额 |
| --- | --- | --- |
| 扶植自耕农放款 | 二,五三〇亿元 | 一,五〇〇亿元 |
| 农地改良放款 | 二,七〇〇亿元 | 一,〇〇〇亿元 |
| 市地改良放款 | 一,五〇〇亿元 | 一,五〇〇亿元 |
| 地籍整理放款 | 一,二〇〇亿元 | 四〇〇亿元 |
| 其他放款 | 二〇〇亿元 | 一〇〇亿元 |
| 合计 | 八,一三〇亿元 | 四,五〇〇亿元 |

（二）本年上期进度　本年各类土地金融放款，自三月底奉核定，四月初开始推进以来，至六月底止，共放出三，五一四亿元，各项放款余额为三，六八四亿元，占各项放款总额百分之二．八，与卅六年底余额五七七亿元相较，计增三，一〇七亿元，约五倍半之数。兹将本年上期各月各类放款余额列表如次：

| 类别<br>月别 | 扶植自耕农放款 | 农地改良放款 | 市地改良放款 | 地籍整理放款 | 其他放款 | 合计 |
| --- | --- | --- | --- | --- | --- | --- |
| 一月份 | 一二四亿元 | 一二六亿元 | 三四四亿元 | 四九亿元 | 二一亿元 | 六六四亿元 |
| 二月份 | 一二六亿元 | 一三六亿元 | 三五八亿元 | 五六亿元 | 二一亿元 | 六九七亿元 |
| 三月份 | 一五六亿元 | 一四七亿元 | 三七五亿元 | 五六亿元 | 二一亿元 | 七五五亿元 |
| 四月份 | 二四九亿元 | 三一三亿元 | 六八四亿元 | 七九亿元 | 二〇亿元 | 一,三四五亿元 |
| 五月份 | 五六三亿元 | 四八六亿元 | 一,一一七亿元 | 一三七亿元 | 一九亿元 | 二,三二二亿元 |
| 六月份 | 一,〇二三亿元 | 八〇五亿元 | 一,六四八亿元 | 一七七亿元 | 三一亿元 | 三,六八四亿元 |

（三）发行土地债券　本年六月底，土地债券发行余额为一三三亿元，较诸卅六年底余额一十亿元，计增一二三亿元，达十二倍以上。兹将本年上期各月发行余额列举如次：

| | | | |
| --- | --- | --- | --- |
| 一月份 | 一三亿元 | 二月份 | 一三亿元 |
| 三月份 | 一四亿元 | 四月份 | 二〇亿元 |
| 五月份 | 三八亿元 | 六月份 | 一三三亿元 |

（四）各类放款效果　　扶植自耕农放款著重配合各级政府选择地区，办理扶植自耕农实验区，本期共扶植自耕农民一三，〇三九户，协助地方政府征购土地一六，〇〇〇亩及购赎解除高利负债土地五二，〇四一亩。农地改良放款著重甘肃、宁夏两省碱地铺沙及各省垦殖。本期共协助农民及农民团体一一，三三一户，改良农地一三八，三七五亩，约可增产粮食二七六，七一四市担。市地改良放款，旨在协助战争破坏之城市解决房荒，本期共在六十五个重要城市协助公教人员及市民二，九九八户，建造自住房屋一〇，二四九间。地籍整理放款，旨在配合地政部本年度地籍整理计划，协助各省市加速完成地籍整理事业。本期计协助地政部及二十八县市完成地籍整理土地一〇，三三〇，〇〇〇亩。其他放款包括土地重划、土地征收、照价收卖土地及乡村造产四类，分别配贷各地方政府办理指定业务，收效亦宏。

三、普通放款

本行之普通放款专为配合专业需要酌做，自上年十二月初奉命停止放款后，其间除奉四联总处专案核定及与其他行局库一致承放者外，对一般业务放款之申请，均予拒却。直至本年三月中旬，始奉四联总处核定三十七年度生产事业贷款方针，同时恢复放款，本行即秉此方针，配合专业使命，慎重办理。截至本期六月底止，各项普通放款余额为一一，三七二亿元，占各项放款总额百分之八．七，与卅六年底余额二，五〇五亿元相较，计增八，八六七亿元，约四倍之数。兹将本年上期各月各项放款余额列表如次：

| 类别<br>月别 | 贴　　现 | 进出口押汇 | 定期放款 | 活期放款 | 合　　计 |
|---|---|---|---|---|---|
| 一月份 | 八一亿元 | 九七二亿元 | 二五五亿元 | 一，四八〇亿元 | 二，七八八亿元 |
| 二月份 | 一一五亿元 | 一，〇四〇亿元 | 四五六亿元 | 一，四七四亿元 | 三，〇八五亿元 |
| 三月份 | 七一亿元 | 一，五五五亿元 | 四二二亿元 | 一，四九三亿元 | 三，五四一亿元 |
| 四月份 | 五三三亿元 | 二，一〇二亿元 | 三九三亿元 | 一，一〇二亿元 | 四，一三〇亿元 |
| 五月份 | 一，〇九八亿元 | 三，一〇四亿元 | 八九一亿元 | 一，九九八亿元 | 七，〇九一亿元 |

续上表

| 月别＼类别 | 贴现 | 进出口押汇 | 定期放款 | 活期放款 | 合计 |
| --- | --- | --- | --- | --- | --- |
| 六月份 | 一,五〇四亿元 | 四,一二三亿元 | 二,四八四亿元 | 三,二六一亿元 | 一一,三七二亿元 |

四、投资业务

截至本年六月底,本行投资总额为九八三亿元,又港币一〇〇,〇〇〇元,内中农业投资七二四亿元,包括各种有关农业公司三十六家及各级合作金库、农场等共三二八单位,生产事业投资二五九亿元,另港币一〇〇,〇〇〇元,投资公司三十八家,较诸三十六年底之投资总额一八五亿元,增加四倍有余。增加原因,系由于年来物价上涨过骤,各投资公司纷纷办理升值增资之故。本期新投资之公司,仅增四川绢纺厂、中国制药公司、香港国民日报、黄埔兴业公司及南京市文化信用合作社五家。

丙、政府交办特种业务

一、代理粮食部收购粮食

(一) 小麦　　该项业务系上年七月间奉粮食部委托办理,于本年四月底停购结束。本期四个月,计续购进小麦四六〇,九九七市担,连上期购进数,共计三,五三一,四五〇市担,除遵粮食部电示拨用小麦一,一二五,三三九．九一市担外,其余悉托由本行代委面粉厂制成面粉,交部配用。

(二) 谷米　　该项业务系上年九月间奉粮食部委托办理,于本年五月底停购结束。本期五个月,计续购进黄谷一,一九六,〇九四市担,连上期购进数,共计二,七二九,〇二七市担,均已随购随缴粮食部仓库接收储运。

(三) 杂粮　　粮食部以委托本行办理三十六年度购储谷米业务,因受环境限制未能及时采购足额,于本年二月初代电本行,嘱依照购储谷米办法,于徐州、蚌埠、汉口、芜湖、无锡五地采购一部份杂粮补替,品类以玉米、黄豆、小米、高粱为限。本行奉委后,以上述各地杂粮存底不丰，为免刺激粮价影响民食起见，仅就黄豆一项，于锡、蚌两地酌量采购，自二月份起至五月底结束，共购进四二，五八二．八三石（每石一四〇斤），已遵粮食部指示运交锡、常油厂交换豆饼一四八，四七一片，拨交粮食部指定接运机关接收。

（四）豆饼　　粮食部为与台湾交换食米充实粮源计，于本年四月初电嘱本行即日代购豆饼六十万斤，并指定在上海交货。本行奉委后，即就上海市场积极缜密进行，截至六月底止，除以前项代购黄豆换得豆饼一四八，四七一片外，计购进四四六，二〇〇片，随时拨交粮食部指定接运机关装运台省。

二、代理中央银行收购棉花

中央银行为把握物资，充实纺织原料，调剂供求起见，于上年十月间委托本行代购陕、豫、鄂三省原棉五十万担，以受产区军事影响，运输困难，未能达成预期目标。截至本期六月底，共购进九七，七四二市担，均已全部运抵沪，交由中央银行接收。

三、贷放化学肥料

本行贷放之化学肥料，系上年联总救济物资，共八六，〇〇〇吨，内五一，〇〇〇吨委托本行作实物贷放，其余三五，〇〇〇吨免费发予农民，以贷放所入供全部化学肥料运储、改装、发放各费之需。贷放区域为苏、浙、粤、闽四省，第一、二两期贷放工作，自上年起至本年三月间办竣，共贷出四七、八六六吨，折价一，三三一亿元，借肥社团一五，一八六单位，户数一，九〇六，八六七户，受益田亩一一，五七八，九一二亩，每亩增产粮食，据各地所报，自二、三十斤至七、八十斤不等，共增产谷米约三，八三三，〇〇〇市石。

因第一、二期肥料贷放效果良好，农林部又委托本行办理第三期，贷放肥料共三，三〇〇吨，仍为联总物资，贷放地区定为江、浙两省，以为棉、麻增产之用。该项贷放工作，刻正在办理中。

本年农林部与中央银行自美购入化学肥料二〇，〇〇〇吨，其中一五，二二七吨委托本行贷放，规定配合政府粮食增产政策及供应配售粮食之需，办理方式概按“贷肥收谷”及“谷米交换”，刻正在积极推进中。

四、绥靖区小本贷款

绥靖区小本贷款系由国库核拨专款，委托本行贷放，以救助绥靖区之贫苦农民及小工商人复耕复业为主旨，计分第一、第二两期，共二四〇亿元，配贷苏、皖、鲁、豫、冀、热、察、绥、晋、鄂、陕、甘、宁十三省绥靖区二〇八县二一蒙旗。截至六月底，共已贷出一六四亿元，受贷人数一四二，六四六户。本年又核定皖省绥靖区小本贷款六〇亿元，六月底已贷出一三亿元，受贷人数一，五八六户。上开各省绥靖区，久经匪乱，田园荒芜，人民流离失所，经本行办理小本贷款后，流离难民得以返籍复耕复业，对于安定社会，裨益戡乱工作匪浅。

五、各省灾区贷款

年来，国家多难，除匪患外，各地水、旱、虫灾纷至，民不聊生。政府体念灾黎，曾迭拨专款交由本行贷放，作紧急救济。兹略予分述如次：

（一）六省灾区贷款　　该项贷款由政府拨款三一六亿元，交予本行贷放苏、鲁、晋、冀、豫、粤六省灾区农民，以助其购买种子、肥料、农具、食粮之用。截至本年六月底，共已贷出二五四亿元。

（二）皖省紧急灾贷　　皖省六合等二十四县，迭遭水、匪灾害，农村荒芜，政府特拨款七五亿元，交由本行贷放，以资救济，促进复耕。截至本年六月底，共已贷出四一亿元。

（三）东北各省灾区贷款　　该项贷款总额为流通券一八〇亿元，以一比十折合法币一，八〇〇亿元，分两期办理，第一期六〇〇亿元，以军事关系，仅配贷辽、吉两省。第二期一，二〇〇亿元，均已先后拨交本行，截至本年六月底，共已贷出九二〇亿元。

丁、本年上期决算报告

一、各项收入：

本年上期六个月各项营业收入共二四，八二一亿元，较诸三十六年度下期之一〇，〇一五亿元，计增一四，八〇六亿元，约一倍半之数。

二、各项支出：

本年上期六个月各项营业支出共二三，八五〇亿元，较诸三十六年度下期之九，九九九亿元，计增一三，八五一亿元，约一．四倍之数。

三、损益概况：

本年上期六个月全行各部总纯益九七一亿元，较诸三十六年度下期之一五亿元，计增九五六亿元，达六十倍以上。

附具：三十七年度上期资产负债平衡表及全行各部损益结算表各一份

## 中国农民银行全行各部资产负债平衡表

中华民国37年6月30日

| 资产 | 金额 | 负债及净值 | 金额 |
|---|---|---|---|
| 资产 | | 负债 | |
| 现金 | 1,365,306,216,162.64 | 同业存款 | 4,585,326,271,109.61 |
| 存放同业 | 1,461,832,262,555.90 | 转贴现及质押 | 7,028,154,205,797.00 |
| 贴现及买汇 | 2,138,852,768,698.01 | 活期存款 | 4,698,862,965,755.21 |
| 活期放款及透支 | 330,996,887,106.82 | 定期存款 | 101,728,964,334.06 |
| 定期放款 | 12,330,915,610,183.51 | 汇款 | 5,099,409,594,739.73 |
| 证券及投资 | 379,612,551,560.10 | 应付及期付款项 | 2,059,934,270,655.71 |
| 应收及期收款项 | 1,495,344,028,481.07 | 各部往来 | |
| 房地产及器具 | 218,510,059,416.21 | 其他负债 | 1,623,424,721,007.47 |
| 各部往来 | 3,200,587,792,805.19 | 代收款项 | 131,232,752,442.43 |
| 其他资产 | 2,284,912,525,911.97 | 保证款项 | 45,021,953,460.00 |
| 未收代收款 | 131,232,732,442.43 | 发行土地债券 | 5,371,685,493.09 |
| 应收保证款项 | 45,021,953,460.00 | 储蓄保证准备 | 9,120,739,640.00 |
| 缴存储蓄保证准备 | 9,120,739,640.00 | 节约建国储蓄 | 2,214,612,458.31 |

续上表

| 资产 | 金额 | 负债及净值 | 金额 |
|---|---|---|---|
| 缴存黄金款项 | 1,983,500.00 | 代收黄金存款 | 4,587,500.00 |
| 信托资产 | 921,341,287,960.54 | 信托负债 | 924,522,792,681.54 |
| | | 负债合计 | $26,214,330,117,074.16 |
| | | 资本 | 60,000,000.00 |
| | | 公积及盈余 | 1,352,291,873.21 |
| | | 意外损失准备 | 766,225,413.35 |
| | | 本期纯益 | 97,080,785,521.67 |
| | | 净值合计 | $99,259,302,808.23 |
| 资产总额 | $26,313,589,419,882.39 | 负债及净值总额 | $26,313,589,419,882.39 |

## 中国农民银行全行各部损益结算表

自中华民国37年1月1日至37年6月30日

| 损失 | 金额 | 利益 | 金额 |
|---|---|---|---|
| 营业支出 | 2,384,439,602,363.30 | 营业收入 | 2,132,716,394,915.75 |
| 各项费用 | 1,162,912,867,939.22 | 利息 | 1,089,726,961,014.05 |
| 各项折售及摊提 | 1,155,846,633,842.84 | 手续费 | 267,793,904,002.23 |
| 其他支出 | 65,680,100,581.24 | 汇费 | 647,849,701,185.84 |
| | | 其他收入 | 127,345,828,713,63 |
| 营业外支出 | 556,715,724.79 | | |
| | | 营业外收入 | 349,360,708,694.01 |
| 摊销非常损失 | 556,715,724.79 | 什项收入 | 349,360,708,694.01 |
| 本期纯益 | 97,080,785,521.67 | | |
| 合计 | $2,482,077,103,609.76 | 合计 | $2,482,077,103,609.76 |

## 戊、人事及机构情形

### 一、人事

本行自三十六年度下期奉政府紧缩人事令后，遵即切实奉行。

本年上期仍本此旨办理，截至六月底，全行员生共计四，七七三人，较诸上年底之四，七八二人，减少九人。兹将各月人数列表如次：

| 月份 | 人数 | 比较增减 |
| --- | --- | --- |
| 一月份 | 四，七八〇人 | 减 二人 |
| 二月份 | 四，七七七人 | 减 三人 |
| 三月份 | 四，七七五人 | 减 二人 |
| 四月份 | 四，七七五人 | —— |
| 五月份 | 四，七七三人 | 减 二人 |
| 六月份 | 四，七七三人 | —— |

二、机构

本行分支机构，在三十六年底，共有七四四单位，本年因受战区扩大影响，不得不随时作适当之调整，以致逐月均见递减，截至本年六月底总数为七〇九单位，反较上年底减少三五单位。兹将本年各月动态列表如次：

| 类别<br>月别 | 分行 | 支行 | 办事处 | 分理处 | 农业仓库 | 农贷通讯处 | 辅设合作金库 | 合计 |
| --- | --- | --- | --- | --- | --- | --- | --- | --- |
| 一月份 | 二三 | 二〇 | 一二四 | 一一〇 | 四六 | 九二 | 三二七 | 七四二 |
| 二月份 | 二三 | 二〇 | 一二四 | 一一〇 | 四九 | 七五 | 三二六 | 七二七 |
| 三月份 | 二三 | 二一 | 一二三 | 一一〇 | 四九 | 七五 | 三二五 | 七二六 |
| 四月份 | 二三 | 二一 | 一二三 | 一〇九 | 四九 | 七五 | 三二五 | 七二五 |
| 五月份 | 二三 | 一九 | 一二四 | 九五 | 四九 | 七九 | 三二五 | 七一四 |
| 六月份 | 二三 | 一九 | 一二四 | 九五 | 四九 | 七五 | 三二四 | 七〇九 |

己、检讨及建议意见

一、农贷部份

(一) 困难问题之检讨

(子) 治安问题　　优良之治安环境，为一切事业推进之前提。农业生产需要较长时间方有收获。半年来，农贷推进，正值戡乱军事万分紧急之际，若干重要农业区，因共匪流窜，致业务无法推进，如山东胶济沿线之昌潍，津浦沿线之泰、兖，均为该省产烟地区，河南省境复为棉花、烟叶重要产区，只以匪乱关系，本行机构被迫撤退，若干临近战区之行处，曾不顾一切勉力推进，惟共匪出没无常，工作人员出生入死，备受威胁。如晋察等地农贷人员，迭经被俘，至今尚有不明其生死者。此外，后方各地，虽无战事，亦多盗匪，治安欠佳。如贵州铜仁，本行贷放该县敖寨乡贷款，须路过匪窟，下乡须武装护送，贷放之日当晚，竟有土匪大举夜袭。际此烽火弥天，萑苻遍地，此项客观事实困难，均足以影响农贷业务之推进。

（丑）地方人士暗于中央政策　　本年农贷旨在配合政府农业增产政策，采取重点集中贷放，以期发挥增产效能。此项集中贷放原则，曾经四联通过，并由行政院通令各省府切实施行。不意行至各省，辄为地方人士所不了解，坚持扩大贷区，普遍平均贷放。若湖南、福建、安徽、江西、甘肃等省，均有此项争执，虽经邀同省府向民意机关多方解释，但几经商讨，影响时效，多方责难纷至，诚令经办人员有不胜应付之苦，甚有少数省份经婉释后，不复坚持前议，然为示好于地方，又暗中通令未大量配贷额之县份，群起要求贷放，使本行执行上感受莫大之困难。

（寅）土劣之肆意攻击　　物价上涨，经商囤积，利润特优，地方土劣不肖之流，难免不趁机混入农民组织，企图攫取贷款以自肥。但本行监放复查手续严密，贷款直接交与农民，使若辈狡黠者计不得售，于失望之余，遂设法肆意攻击，或登报章，或散传单，非控本行扣款不贷，即诬谓办事人员贪污中饱，诬捏事实，层出不穷。经本行派员澈查后，每发觉传单通告，类多匿名，无人出面，且系虚构事实。此外，地方政府对农民组织指导不严，亦易启歹人觊觎之机。如安徽怀宁县对合作社组织，粗制滥造，在本年四月中旬至五月中旬之三十日内，登记成立之合作社竟达二四〇余社，其中除极少数健全外，大多为地方土劣把持，本行派往调查之人员，竟被包围要挟。其组织不良未准贷放之各社职员，竟群集城内，每日来行咆哮叫嚣，并登报捏辞攻击。盖办理农贷愈切实，土劣愈无法染指，因而愈感失望，攻击亦愈烈。本行今后工作，自应益加警惕，严密核贷。而政府方面对农民组织，亦应多加扶植，分别良莠，与本行密切合作，则此类事件自可渐少。

（卯）计划与实施问题　本年农贷计划自三月十一日经四联理事会核定，因种种手续关系，至四月间始获国行分月透支。其较远省份，复以券料不裕，拨款稍迟，虽经本行积极督贷，然难免有失农时影响耕作。关于国行按月分期拨款，原为统筹调度头寸，适时供应资金，但若干地方农情特殊，需要贷款甚早。如察、绥二省气候高寒，种植春麦必需于二月间发放始合需要。他如渔业贷款，分春、秋两汛，太早、太迟均弗相宜，若必按月陆续拨款贷放，恐不能适合渔民需要。此外，计划与实施未能完全配合者尚有：(1) 计划内列各种贷额未依照物价上涨情形予以调整，经相当时间后，即不能适合需要。(2) 计划内列粮、棉、烟、糖等项贷款，仅限于生产部份，对加工、运销所需贷款，未同时核定，致影响计划之完整性。

（辰）资金供应问题　本行农贷资金，全赖国行支持供应。然以军事关系，交通梗阻，运送券料不无困难，间有未能及时运达，而致延缓贷放工作。此种情形，本行与国行间虽能互相体察，而外界不明个中真相，常误认扣款不贷或移用自肥，尽情诋毁，无法申辩。

（巳）农贷机构问题　本行与中央合作金库为求贷款避免重复起见，暂按地域划分，然于划分办法颇难规定一具体标准。此外，农贷实施办法虽有划一规定，但行库贷款详细手续，贷款对象之舍取，贷额之分配及审核贷款之宽紧、步调，仍恐不免歧异，易起农民误会。至若同一地区重复贷款，人力、财力尤属浪费。

（午）农贷业务之改进问题　本行对本年农贷业务之改进极为注意，关于改进之重要设施，一为扩展实物贷放，以应农民需要，一为加强监放工作，以期贷款完全到达农民之手，惟所遇之困难，亦不一而足。

实物贷放最受农民欢迎，惟预先购备实物，需资甚巨，深恐筹措不易。半年来，试办实物贷放，因限于资金、人力以及各项设备，致未能普遍推进，目前办理者，仅限种子、肥料两种，其他如农具、牲畜及一切农业生产加工所需物料、设备等项，均格于种种客观条件，一时尚难举办。至于贷放实物之储运，又辄受交通、治安之影响，而生意外风险，影响业务开展。

加强监放工作　　以农贷区域辽阔，数额零星，本行农贷人手有限，既感监督难周，而各地农民教育程度低落，亦易被人利用，民意机关与农民团体又每派别纷歧，往往假借农民名义，以有关农贷事项作为彼此攻讦之工具，甚至各地农贷人员亦常被作为攻击对象。

（二）今后之展望　　本行办理农贷自廿二年起，历十余年，贷额由小而大，贷区由狭而广，贷款种类由简而繁，几经变迁，始建农业金融系统完整之局面。然以国家多难，政治、社会、经济均欠稳定，致农贷业务亦不能达于理想之境域。姑以本年上期农贷而论，困难重重，问题迭出，展望将来，有待改进之点甚多。兹将改进意见分述如下：

（子）划分行库业务　　本年农贷，因行库分办，步调既难趋一致，双方力量亦时有重复之弊。今后似应各按设立目标，将双方业务范围严格划分，除目前划区贷款办法外，似可按贷款性质划分办理。凡合作社社员共同经营业务所需之资金，由中合库贷放，其透过合作社转放与社员个别经营业务所需之资金，则由农民银行贷放。

（丑）计划内容应请四联将行库业务分别订定　　过去农贷计划，仅分农业贷款及土地金融贷款二项。今后为明白规定行库业务范围，似应增列合作贷款一项内容如次：

（1）农业贷款部份：包括有关各类内销外销之农业特产及一

般重要农产之生产、加工、运销及农田水利、农村副业、农业推广等项贷款，由本行承办。

(2) 合作贷款部份：包括消费、供销、保险、公用、工业及合作社社员共同经营之农业贷款业务，由中合库承办。

(3) 土地金融贷款部份：包括农地与市地各种贷款，由本行承办。

(寅) 农贷项目与额度之调整　　贷款项目应于农林、水利、地政、工商等部之计划全面配合，以利推进。若干重要农产，如桐油、大豆、猪鬃等农产，有关争取外汇，亦应列入。至于各项贷款数额，优应参酌实需核定，不宜相差过甚，致难执行。

(卯) 贷额之核定与运用应加改进　　(1) 各项贷额应于年底以前核定，以便充分准备，生产贷款与加工运销贷款应衔接办理，其贷款〔额〕必须同时核定。(2) 各省贷额既经核定，自应严格遵行。然以各省治安、交通变化莫测，必要时得经四联核准在总额内予以增减，俾贷额能随时调度充分利用。至于资金供应倘无必要，不再分月透支，以争时效。(3) 各地将国行透支款贷出后，规定得按九折向该行办理转抵押，本行自行垫放一成。惟本年贷额庞大，一成垫头为数亦甚可观，在若干地区，因限于环境，吸收大量存款不易，每感无法筹垫，而影响贷务之推进，今后似应准予以贷放款项十足转抵押，俾利资金周转。

(辰) 实物贷放业务应予加强　　举办实物贷放，农民所得实惠至巨，农贷实效较著，今后似应大量展开实贷业务。至于实物之购运，应于前一年着手准备，其种类除改良种籽、肥料两项外，应视需要情形予以增加，如小型农具、病虫害药械及加工设备等，贷放地区尤须设法推广。

(巳) 农贷与组训工作严密配合　　农民组织健全，农贷自少弊端，各级政府对农民团体组训经费，应配合农贷需要妥为筹措。其贷款数额较大，贷区较广之省份，如省库经费不足，应准由中央予以补助。再农民团体缺乏公正领袖，似应由各级主管机关配合农贷计划，加强农民组训，培养乡村公正领袖及业务技术人才，俾使农贷业务获得健全有力之对象，以促进农业生产之迅速发展。

二、土地金融部份

（一）贷额问题　本年度土地金融贷额，系于三十六年底拟定。半年来，物价波动甚巨，原有数额已感不敷，按以往各年情形，贷款大多于下半年度内贷出，此因农村土地买卖，咸在秋收以后，故扶植自耕农贷款以彼时需要最殷。又农地改良贷款，原计划系以甘、宁两省铺砂贷款为主，此种铺砂须至冬季始为施工时期，就目前情形估计，原定贷额已不敷甚巨，拟另案请增。

（二）利率问题　土地金融贷款原应长期低利，惟受资金来源限制，期限不得不尽量缩短，利率则随政府核定利率办理。为推行国策，密切配合农民需要起见，拟请国行准将土地金融贷款之转质押期限酌予延长，利率并尽量减低。

〔四联总处档案〕

## 5. 中国农民银行为报送该行农业投资暨生产事业投资清单函

（1948 年 8 月 21 日）

业(37)字第七二九二号

查前准贵处京业字第 28176 号代电转知行局办理投资业务应行注意事项，自应照办。兹依照该注意事项第五点之规定，制就本行“农业投资”及“生产事业投资”清单各一份，随函附上，即请察核备案。嗣后如有新投资案件，当另案报核，并希洽照为荷。此致
中中交农四行联合办事总处秘书处

附件清单二份

中国农民银行总管理处启(印)

## 中国农民银行农业投资清单

单位：国币壹元　　　　三十七年八月一日制

| 本行原始投资日期 | 公司名称 | 本行原始投资金额 | 历次本行投资增值 | 历次增资本行增缴 | 现有本行投资金额 |
|---|---|---|---|---|---|
| 22/11/22 | 中国粮食工业公司 | 1,000,000 | | 599,000,000 | 600,000,000 |
| 1/7/36 | 中国农业供销公司 | 2,000,000,000 | | | 2,000,000,000 |
| 27/4/33 | 四川农业公司 | 5,000,000 | | 25,000,000 | 30,000,000 |
| 18/12/32 | 中国农业机械公司 | 30,000,000 | 10,106,418,500 | 8,899,911,500 | 19,036,330,000 |
| 5/6/35 | 广东农业机械公司 | 240,000,000 | | | 240,000,000 |
| 2/6/35 | 汉口农业机械公司 | 300,000,000 | | 600,000,000 | 900,000,000 |
| 7/1/37 | 长沙农业机械公司 | 375,000,000 | | 187,500,000 | 562,500,000 |
| 10/6/36 | 郑州农业机械公司 | 300,000,000 | | | 300,000,000 |
| 19/6/32 | 广西水利林垦公司 | 7,000,000 | | 28,000,000 | 35,000,000 |
| 14/6/37 | 北碚富源水电公司 | 150,000,000 | | | 150,000,000 |
| 10/12/34 | 中国农林建设公司 | 5,000,000 | | 3,000,000 | 8,000,000 |
| 2/2/35 | 建国机械农垦社 | 20,000,000 | | | 20,000,000 |
| 10/10/32 | 浙江垦殖公司 | 7,000,000 | | 353,000,000 | 360,000,000 |
| 4/3/33 | 中国农业保险公司 | 93,000,000 | | 9,207,000,000 | 9,300,000,000 |

续上表

| 本行原始投资日期 | 公司名称 | 本行原始投资金额 | 历次本行投资增值 | 历次增资本行增缴 | 现有本行投资金额 |
|---|---|---|---|---|---|
| 12/6/35 | 中国农村电影教育公司 | 90,000,000 | | 8,910,000,000 | 9,000,000,000 |
| 25/11/36 | 农林部渔业银团 | 2,000,000,000 | | 10,000,000,000 | 12,000,000,000 |
| 2/10/35 | 中和盐业公司 | 99,000,000 | | 891,000,000 | 990,000,000 |
| 21/10/36 | 中国盐业公司 | 3,000,000,000 | | | 3,000,000,000 |
| 30/4/35 | 安徽茶叶公司 | 20,000,000 | 204,000,000 | 896,000,000 | 1,120,000,000 |
| 29/6/35 | 大中国茶叶公司 | 20,000,000 | | | 20,000,000 |
| 16/4/35 | 久兴茶叶公司 | 20,000,000 | | 180,000,000 | 200,000,000 |
| 3/6/31 | 中国纺织企业公司 | 1,000,000 | | 3,500,000 | 4,500,000 |
| 15/1/36 | 崇裕丝业公司 | 1,020,000,000 | | | 1,020,000,000 |
| 4/2/27 | 四川丝业公司 | 100,000 | 167,400,000 | 676,250,000 | 843,750,000 |
| 5/5/28 | 云南蚕业新村公司 | 200,000 | | 200,000 | 400,000 |
| 1/3/37 | 四川绢纺厂 | 4,000,000,000 | | | 4,000,000,000 |
| 17/4/35 | 中国麻业公司 | 10,000,000 | | 5,000,000 | 15,000,000 |
| 30/8/28 | 西南麻织厂 | 10,000 | | 50,000 | 60,000 |

续上表

| 本行原始投资日期 | 公司名称 | 本行原始投资金额 | 历次本行投资增值 | 历次增资本行增缴 | 现有本行投资金额 |
|---|---|---|---|---|---|
| 1/11/29 | 中国毛纺织厂 | 150,000 | | 224,850,000 | 225,000,000 |
| 19/6/36 | 中国植物油料厂 | 120,000,000 | | | 120,000,000 |
| 30/3/32 | 中国造纸厂 | 6,000,000 | 2,126,000,000 | 3,870,000,000 | 5,997,600,000 |
| 1/12/36 | 上海造纸厂 | 40,000,000 | | | 40,000,000 |
| 31/7/36 | 中心制药厂 | 50,000,000 | 75,000,000 | 125,000,000 | 250,000,000 |
| 21/5/37 | 中国制鬃公司 | 500,000,000 | | | 500,000,000 |
| 15/7/37 | 中华畜产公司 | 5,000,000,000 | | | 5,000,000,000 |
| 20/5/32 | *中国农村水利公司 | 7,000,000 | | 28,000,000 | 35,000,000 |
| 4/6/32 | *柳州骨粉厂 | 550,000 | | | 550,000 |
| | 合计 | 19,537,010,000 | 12,674,418,500 | 45,732,261,500 | 77,923,690,000 |

*系正结束清算中公司,另各级合库投资及农场投资 77,550,000 元未计入内。

中国农民银行生产事业投资清单

单位:壹元　　三十七年八月一日制

| 本行原始投资日期 | 公司名称 | 本行原始投资金额 | 历次本行投资增值 | 历次增资本行增缴 | 现有本行投资金额 |
|---|---|---|---|---|---|
| 10/1/33 | 中国兴业公司 | 4,000,000 | | 4,000,000 | 8,000,000 |
| 19/6/28 | 云南电力制钢厂 | 10,000 | | | 10,000 |
| 4/6/32 | 甘肃矿业公司 | 225,000 | | 525,000 | 750,000 |
| 19/8/33 | 贵州煤矿公司 | 5,000,000 | 10,000,000 | 47,500,000 | 62,500,000 |
| 11/10/25 | 中原煤矿公司 | 140,000 | | | 140,000 |
| 7/5/25 | 中国汽车制造厂 | 750,000 | | 82,000 | 832,000 |
| 12/9/34 | 中国手工艺产品公司 | 10,000,000 | | | 10,000,000 |
| 23/8/35 | 上海证券交易所 | 80,000,000 | | | 80,000,000 |
| 16/10/36 | 天津证券交易所 | 80,000,000 | | | 80,000,000 |
| 19/10/33 | 中国人事保险公司 | 2,000,000 | | 39,000,000 | 41,000,000 |
| 10/12/35 | *庐山电力缆车公司 | 100,000,000 | | | 100,000,000 |
| 22/9/23 | 锡沪汽车公司 | 200,000 | | 3,699,800,000 | 3,700,000,000 |
| 10/23/30 | 重庆电力厂 | 900,000 | | | 900,000 |
| 30/4/36 | 太一航业公司 | 60,000,000 | | | 60,000,000 |

续上表

| 本行原始投资日期 | 公司名称 | 本行原始投资金额 | 历次本行投资增值 | 历次增资本行增缴 | 现有本行投资金额 |
|---|---|---|---|---|---|
| 31/10/36 | 首都公共汽车公司 | 200,000,000 | | | 200,000,000 |
| 23/8/33 | 渝西自来水厂 | 2,000,000 | | | 2,000,000 |
| 4/12/36 | 金城砖瓦公司 | 3,000,000,000 | | 1,500,000,000 | 4,500,000,000 |
| 12/5/35 | 金融日报社 | 20,000,000 | 20,000,000 | 120,000,000 | 160,000,000 |
| 1/10/35 | 自由论坛报社 | 25,000,000 | | | 25,000,000 |
| 14/5/35 | 商报社 | 5,000,000 | | | 5,000,000 |
| 20/1/35 | 中美日报社 | 10,000,000 | | | 10,000,000 |
| 3/5/35 | 民力报社 | 100,000 | | | 100,000 |
| 8/12/34 | 大刚报社 | 5,000,000 | | | 5,000,000 |
| 11/12/32 | 中国新闻事业公司 | 50,000 | 50,000 | 2,000,000 | 2,100,000 |
| 17/3/37 | 香港国民日报社 | HK 100,000 | | | HK 100,000 |
| 4/8/34 | 中国文化公司 | 1,000,000 | | | 1,000,000 |
| 14/12/34 | 六联印刷公司 | 13,330,000 | | 983,760,000 | 997,090,000 |
| 21/3/33 | 通济公司 | 10,000,000 | | 19,000,000 | 29,000,000 |
| 4/9/28 | 华西建设公司 | 250,000 | | 250,000 | 500,000 |

续上表

| 本行原始投资日期 | 公司名称 | 本行原始投资金额 | 历次本行投资增值 | 历次增资本行增缴 | 现有本行投资金额 |
|---|---|---|---|---|---|
| 21/5/32 | 川康兴业公司 | 1,000,000 | | 292,500 | 1,292,500 |
| 1/6/28 | 贵州企业公司 | 600,000 | 135,660,000 | 528,740,000 | 665,000,000 |
| 13/3/32 | 江西兴业公司 | 2,250,000 | 219,438,307 | 48,311,683 | 270,000,000 |
| 15/6/37 | 黄埔兴业公司 | 16,000,000,000 | | | 16,000,000,000 |
| 5/2/35 | 首都消费合作社 | 1,000,000 | | 500,000 | 1,500,000 |
| 1/7/36 | 首都银行同仁消费合作社 | 429,000 | | | 429,000 |
| 1/12/36 | 上海市文化信用合作社 | 50,000,000 | | | 50,000,000 |
| 15/5/37 | 南京市文化信用合作社 | 50,000,000 | | | 50,000,000 |
| 4/1/33 | * 时与潮印刷厂 | 800,000 | | 4,000,000 | 4,800,000 |
| | 合计 | 19,741,034,000<br>HK 100,000 | 385,148,307 | 6,997,761,193 | 27,123,943,500<br>HK 100,000 |

* 系正结束清算中公司。

〔四联总处档案〕